Staats- und Verwaltungsrecht
Baden-Württemberg

Textbuch Deutsches Recht

Staats- und Verwaltungsrecht Baden-Württemberg

Stand: 1. März 2019

Zusammengestellt von

Prof. Dr. Dres. h.c. Paul Kirchhof

und

Prof. Dr. Charlotte Kreuter-Kirchhof

41., neu bearbeitete Auflage

C.F. Müller

Bibliografische Information der Deutschen Nationalbibliothek
Die Deutsche Nationalbibliothek verzeichnet diese Publikation in der Deutschen Nationalbibliografie; detaillierte bibliografische Daten sind im Internet über http://dnb.d-nb.de abrufbar.

ISBN 978-3-8114-4764-6

E-Mail: kundenservice@cfmueller.de
Telefon: +49 89/2183-7923
Telefax: +49 89/2183-7620

www.cfmueller.de
www.cfmueller-campus.de

Satz: FotoSatz Pfeifer GmbH, Krailling
Druck: CPI Clausen & Bosse, Leck

Inhaltsverzeichnis

Lfd. Nr.	Änderndes Gesetz	Datum	Fundstelle	Geänderte Artikel	Art der Änderung
19.	G zur Änderung der Verfassung	6. 5. 2008	GBl. S. 119	71 Abs. 3	geänd.
				93a	geänd.
20.	G zur Änderung der Verfassung	7. 2. 2011	GBl. S. 46	34a	geänd.
21.	G zur Änderung der Verfassung	1. 12. 2015	GBl. S. 1030	43 Abs. 2	geänd.
				59	geänd.
				60 Abs. 5 Satz 2	geänd.
				67 Abs. 3	geänd.
22.	G zur Änderung der Verfassung	1. 12. 2015	GBl. S. 1030	31 Abs. 2	geänd.
				42 Abs. 1	geänd.
				57 Abs. 1, Abs. 2 Satz 3, Abs. 3 und Abs. 4	geänd.
				64 Abs. 1 Satz 3	geänd.
				68 Abs. 1 Satz 1, Abs. 3 Satz 1 und Satz 2 und Abs. 4 Satz 1	geänd.
				76	geänd.
				89	geänd.
23.	G zur Änderung der Verfassung	1. 12. 2015	GBl. S. 1032	2a	eingef.
				3a Abs. 2	eingef.
				3c Abs. 1	geänd.
				13 Satz 1 und 2	geänd.

Verfassung des Landes Baden-Württemberg

vom 11. November 1953 (GBl. S. 173)

Änderungen der Verfassung

Lfd. Nr.	Änderndes Gesetz	Datum	Fundstelle	Geänderte Artikel	Art der Änderung
1.	G zur Änderung der Verfassung	7. 12. 1959	GBl. S. 171	93a	eingef.
2.	G zur Änderung der Verfassung und zur Ausführung von Art. 15 Abs. 2 der Verfassung	8. 2. 1967	GBl. S. 7	14 Abs. 2 Satz 4 15	eingef. geänd.
3.	G zur Änderung der Verfassung	11. 2. 1969	GBl. S. 15	19	geänd.
4.	G zur Änderung der Verfassung	17. 3. 1970	GBl. S. 83	26 Abs. 1, 28 Abs. 2 Satz 1	geänd.
5.	G zur Änderung des Art. 45 Abs. 3 der Landesverfassung	17. 11. 1970	GBl. S. 492	45 Abs. 3	geänd.
6.	G zur Änderung des Art. 74 der Landesverfassung	26. 7. 1971	GBl. S. 313	74	geänd.
7.	G zur Änderung der Verfassung	19. 10. 1971	GBl. S. 425	79, 82, 83, 84	geänd.
8.	G zur Änderung der Verfassung	16. 5. 1974	GBl. S. 186	26 Abs. 2, 43 Abs. 1, 59, 60, 64 Abs. 3	geänd.
9.	G zur Änderung der Verfassung	19. 11. 1974	GBl. S. 454	28 Abs. 2	geänd.
10.	G zur Änderung der Verfassung	4. 11. 1975	GBl. S. 726	62, 63 Abs. 3	geänd.
11.	G zur Änderung der Verfassung	10. 2. 1976	GBl. S. 98	86	geänd.
12.	G zur Änderung der Verfassung	3. 3. 1976	GBl. S. 176	34 Abs. 2, 35	geänd.
13.	G zur Änderung der Verfassung	6. 2. 1979	GBl. S. 65	35a	eingef.
14.	G zur Änderung der Verfassung	11. 4. 1983	GBl. S. 141	26, 28 Abs. 2	geänd.
15.	G zur Änderung der Verfassung	14. 5. 1984	GBl. S. 301	32 Abs. 1	geänd.
16.	G zur Änderung der Verfassung	12. 2. 1991	GBl. S. 81	26 Abs. 2	aufgeh.
17.	G zur Änderung der Verfassung	15. 2. 1995	GBl. S. 269	Vorspruch, 2 Abs. 1, 30 Abs. 1 Satz 1, 43, 72, 86 2a, 3a, 26 Abs. 8, 34a	geänd. eingef.
18.	G zur Änderung der Verfassung	23. 5. 2000	GBl. S. 449	3b, 3c 86	eingef. aufgeh.

INHALTSÜBERSICHT*

---

* *Die Inhaltsübersicht und die Artikelüberschriften sind nicht amtlich.*

Vorspruch

Im Bewußtsein der Verantwortung vor Gott und den Menschen, von dem Willen beseelt, die Freiheit und Würde des Menschen zu sichern, dem Frieden zu dienen, das Gemeinschaftsleben nach den Grundsätzen der sozialen Gerechtigkeit zu ordnen, den wirtschaftlichen Fortschritt aller zu fördern, und entschlossen, dieses demokratische Land als lebendiges Glied der Bundesrepublik Deutschland in einem vereinten Europa, dessen Aufbau föderativen Prinzipien und dem Grundsatz der Subsidiarität entspricht, zu gestalten und an der Schaffung eines Europas der Regionen sowie der Förderung der grenzüberschreitenden Zusammenarbeit aktiv mitzuwirken, hat sich das Volk von Baden-Württemberg in feierlichem Bekenntnis zu den unverletzlichen und unveräußerlichen Menschenrechten und den Grundrechten der Deutschen kraft seiner verfassunggebenden Gewalt durch die Verfassunggebende Landesversammlung diese Verfassung gegeben.

Erster Hauptteil

Vom Menschen und seinen Ordnungen

I. Mensch und Staat

Art. 1 [Menschenbild; Aufgaben des Staates]. (1) Der Mensch ist berufen, in der ihn umgebenden Gemeinschaft seine Gaben in Freiheit und in der Erfüllung des christlichen Sittengesetzes zu seinem und der anderen Wohl zu entfalten.

(2) [1]Der Staat hat die Aufgabe, den Menschen hierbei zu dienen. [2]Er faßt die in seinem Gebiet lebenden Menschen zu einem geordneten Gemeinwesen zusammen, gewährt ihnen Schutz und Förderung und bewirkt durch Gesetz und Gebot einen Ausgleich der wechselseitigen Rechte und Pflichten.

Art. 2 [Grundrechte; Recht auf Heimat]. (1) Die im Grundgesetz für die Bundesrepublik Deutschland festgelegten Grundrechte und staatsbürgerlichen Rechte sind Bestandteil dieser Verfassung und unmittelbar geltendes Recht.

(2) Das Volk von Baden-Württemberg bekennt sich darüber hinaus zu dem unveräußerlichen Menschenrecht auf die Heimat.

Art. 2 a [Rechte von Kindern und Jugendlichen]. Kinder und Jugendliche haben als eigenständige Persönlichkeiten ein Recht auf Achtung ihrer Würde, auf gewaltfreie Erziehung und auf besonderen Schutz.

Art. 2 b [Benachteiligungsverbot für Behinderte]. Niemand darf wegen seiner Behinderung benachteiligt werden.

Art. 3 [Sonn- und Feiertage]. (1) [1]Die Sonntage und die staatlich anerkannten Feiertage stehen als Tage der Arbeitsruhe und der Erhebung unter

Rechtsschutz. [2]Die staatlich anerkannten Feiertage werden durch Gesetz bestimmt. [3]Hierbei ist die christliche Überlieferung zu wahren.

(2) [1]Der 1. Mai ist gesetzlicher Feiertag. [2]Er gilt dem Bekenntnis zu sozialer Gerechtigkeit, Frieden, Freiheit und Völkerverständigung.

Art. 3 a [Natürliche Lebensgrundlagen]. (1) Der Staat schützt auch in Verantwortung für die künftigen Generationen die natürlichen Lebensgrundlagen im Rahmen der verfassungsmäßigen Ordnung durch die Gesetzgebung und nach Maßgabe von Gesetz und Recht durch die vollziehende Gewalt und die Rechtsprechung.

(2) Der Staat fördert gleichwertige Lebensverhältnisse, Infrastrukturen und Arbeitsbedingungen im gesamten Land.

Art. 3 b [Tierschutz]. Tiere werden als Lebewesen und Mitgeschöpfe im Rahmen der verfassungsmäßigen Ordnung geachtet und geschützt.

Art. 3 c [Kultur, Sport, Landschaft, Denkmale]. (1) Der Staat, die Gemeinden und die Gemeindeverbände fördern den ehrenamtlichen Einsatz für das Gemeinwohl, das kulturelle Leben und den Sport unter Wahrung der Autonomie der Träger.

(2) Die Landschaft sowie die Denkmale der Kunst, der Geschichte und der Natur genießen öffentlichen Schutz und die Pflege des Staates und der Gemeinden.

II. Religion und Religionsgemeinschaften

Art. 4 [Kirchen, Religions- und Weltanschauungsgemeinschaften]. (1) Die Kirchen und die anerkannten Religions- und Weltanschauungsgemeinschaften entfalten sich in der Erfüllung ihrer religiösen Aufgaben frei von staatlichen Eingriffen.

(2) Ihre Bedeutung für die Bewahrung und Festigung der religiösen und sittlichen Grundlagen des menschlichen Lebens wird anerkannt.

Art. 5 [Staat und Kirche]. [1]Für das Verhältnis des Staates zu den Kirchen und den anerkannten Religions- und Weltanschauungsgemeinschaften gilt Artikel 140 des Grundgesetzes für die Bundesrepublik Deutschland. [2]Er ist Bestandteil dieser Verfassung.

Art. 6 [Wohlfahrtspflege der Kirchen]. Die Wohlfahrtspflege der Kirchen und der anerkannten Religions- und Weltanschauungsgemeinschaften wird gewährleistet.

Art. 7 [Staatsleistungen an die Kirchen]. (1) Die dauernden Verpflichtungen des Staates zu wiederkehrenden Leistungen an die Kirchen bleiben dem Grunde nach gewährleistet.

(2) Art und Höhe dieser Leistungen werden durch Gesetz oder Vertrag geregelt.

(3) Eine endgültige allgemeine Regelung soll durch Gesetz oder Vertrag getroffen werden.

Art. 8 [Kirchenverträge]. Rechte und Pflichten, die sich aus Verträgen mit der evangelischen und katholischen Kirche ergeben, bleiben von dieser Verfassung unberührt.

Art. 9 [Ausbildung der Geistlichen]. Die Kirchen sind berechtigt, für die Ausbildung der Geistlichen Konvikte und Seminare zu errichten und zu führen.

Art. 10 [Theologische Fakultäten]. Die Besetzung der Lehrstühle der theologischen Fakultäten geschieht unbeschadet der in Artikel 8 genannten Verträge und unbeschadet abweichender Übung im Benehmen mit der Kirche.

III. Erziehung und Unterricht

Art. 11 [Recht auf Erziehung und Ausbildung]. (1) Jeder junge Mensch hat ohne Rücksicht auf Herkunft oder wirtschaftliche Lage das Recht auf eine seiner Begabung entsprechende Erziehung und Ausbildung.

(2) Das öffentliche Schulwesen ist nach diesem Grundsatz zu gestalten.

(3) Staat, Gemeinden und Gemeindeverbände haben die erforderlichen Mittel, insbesondere auch Erziehungsbeihilfen, bereitzustellen.

(4) Das Nähere regelt ein Gesetz.

Art. 12 [Erziehungsziele; Träger der Erziehung]. (1) Die Jugend ist in der Ehrfurcht vor Gott, im Geiste der christlichen Nächstenliebe, zur Brüderlichkeit aller Menschen und zur Friedensliebe, in der Liebe zu Volk und Heimat, zu sittlicher und politischer Verantwortlichkeit, zu beruflicher und sozialer Bewährung und zu freiheitlicher demokratischer Gesinnung zu erziehen.

(2) Verantwortlicher Träger der Erziehung sind in ihren Bereichen die Eltern, der Staat, die Religionsgemeinschaften, die Gemeinden und die in ihren Bünden gegliederte Jugend.

Art. 13 [Schutz von Kindern und Jugendlichen]. [1]Kinder und Jugendliche sind gegen Ausbeutung, Vernachlässigung und gegen sittliche, geistige, körperliche und seelische Gefährdung zu schützen. [2]Staat, Gemeinden und Gemeindeverbände schaffen die erforderlichen Einrichtungen.

Art. 14 [Schulpflicht; Schulgeld- und Lernmittelfreiheit]. (1) Es besteht allgemeine Schulpflicht.

(2) [1]Unterricht und Lernmittel an den öffentlichen Schulen sind unentgeltlich. [2]Die Unentgeltlichkeit wird stufenweise verwirklicht. [3]Auf ge-

meinnütziger Grundlage arbeitende private mittlere und höhere Schulen, die einem öffentlichen Bedürfnis entsprechen, als pädagogisch wertvoll anerkannt sind und eine gleichartige Befreiung gewähren, haben Anspruch auf Ausgleich der hierdurch entstehenden finanziellen Belastungen. [4]Den gleichen Anspruch haben auf gemeinnütziger Grundlage arbeitende private Volksschulen nach Art. 15 Abs. 2. [5]Näheres regelt ein Gesetz.

(3) [1]Das Land hat den Gemeinden und Gemeindeverbänden den durch die Schulgeld- und Lernmittelfreiheit entstehenden Ausfall und Mehraufwand zu ersetzen. [2]Die Schulträger können an dem Ausfall und Mehraufwand beteiligt werden. [3]Näheres regelt ein Gesetz.

Art. 15 [Volksschulen; Elternrecht]. (1) Die öffentlichen Volksschulen (Grund- und Hauptschulen) haben die Schulform der christlichen Gemeinschaftsschule nach den Grundsätzen und Bestimmungen, die am 9. Dezember 1951 in Baden für die Simultanschule mit christlichem Charakter gegolten haben.

(2) [1]Öffentliche Volksschulen (Grund- und Hauptschulen) in Südwürttemberg-Hohenzollern, die am 31. März 1966 als Bekenntnisschulen eingerichtet waren, können auf Antrag der Erziehungsberechtigten in staatlich geförderte private Volksschulen desselben Bekenntnisses umgewandelt werden. [2]Das Nähere regelt ein Gesetz, das einer Zweidrittelmehrheit bedarf.

(3) Das natürliche Recht der Eltern, die Erziehung und Bildung ihrer Kinder mitzubestimmen, muß bei der Gestaltung des Erziehungs- und Schulwesens berücksichtigt werden.

Art. 16 [Christliche Gemeinschaftsschule]. (1) [1]In christlichen Gemeinschaftsschulen werden die Kinder auf der Grundlage christlicher und abendländischer Bildungs- und Kulturwerte erzogen. [2]Der Unterricht wird mit Ausnahme des Religionsunterrichts gemeinsam erteilt.

(2) [1]Bei der Bestellung der Lehrer an den Volksschulen ist auf das religiöse und weltanschauliche Bekenntnis der Schüler nach Möglichkeit Rücksicht zu nehmen. [2]Bekenntnismäßig nicht gebundene Lehrer dürfen jedoch nicht benachteiligt werden.

(3) Ergeben sich bei der Auslegung des christlichen Charakters der Volksschule Zweifelsfragen, so sind sie in gemeinsamer Beratung zwischen dem Staat, den Religionsgemeinschaften, den Lehrern und den Eltern zu beheben.

Art. 17 [Grundsätze des Schulrechts]. (1) In allen Schulen waltet der Geist der Duldsamkeit und der sozialen Ethik.

(2) Die Schulaufsicht wird durch fachmännisch vorgebildete, hauptamtlich tätige Beamte ausgeübt.

(3) Prüfungen, durch die eine öffentlich anerkannte Berechtigung erworben werden soll, müssen vor staatlichen oder staatlich ermächtigten Stellen abgelegt werden.

(4) [1]Die Erziehungsberechtigten wirken durch gewählte Vertreter an der Gestaltung des Lebens und der Arbeit der Schule mit. [2]Näheres regelt ein Gesetz.

Art. 18 [Religionsunterricht]. [1]Der Religionsunterricht ist an den öffentlichen Schulen ordentliches Lehrfach. [2]Er wird nach den Grundsätzen der Religionsgemeinschaften und unbeschadet des allgemeinen Aufsichtsrechts des Staates von deren Beauftragten erteilt und beaufsichtigt. [3]Die Teilnahme am Religionsunterricht und an religiösen Schulfeiern bleibt der Willenserklärung der Erziehungsberechtigten, die Erteilung des Religionsunterrichts der des Lehrers überlassen.

Art. 19 [Lehrerausbildung]. (1) [1]Die Ausbildung der Lehrer für die öffentlichen Grund- und Hauptschulen muß gewährleisten, daß die Lehrer zur Erziehung und zum Unterricht gemäß den in Artikel 15 genannten Grundsätzen befähigt sind. [2]An staatlichen Einrichtungen erfolgt sie mit Ausnahme der in Absatz 2 genannten Fächer gemeinsam.

(2) Die Dozenten für Theologie und Religionspädagogik werden im Einvernehmen mit der zuständigen Kirchenleitung berufen.

Art. 20 [Hochschulautonomie]. (1) Die Hochschule ist frei in Forschung und Lehre.

(2) Die Hochschule hat unbeschadet der staatlichen Aufsicht das Recht auf eine ihrem besonderen Charakter entsprechende Selbstverwaltung im Rahmen der Gesetze und ihrer staatlich anerkannten Satzungen.

(3) Bei der Ergänzung des Lehrkörpers wirkt sie durch Ausübung ihres Vorschlagsrechts mit.

Art. 21 [Staatsbürgerliche Erziehung]. (1) Die Jugend ist in den Schulen zu freien und verantwortungsfreudigen Bürgern zu erziehen und an der Gestaltung des Schullebens zu beteiligen.

(2) In allen Schulen ist Gemeinschaftskunde ordentliches Lehrfach.

Art. 22 [Erwachsenenbildung]. Die Erwachsenenbildung ist vom Staat, den Gemeinden und den Landkreisen zu fördern.

Zweiter Hauptteil

Vom Staat und seinen Ordnungen

I. Die Grundlagen des Staates

Art. 23 [Grundstruktur]. (1) Das Land Baden-Württemberg ist ein republikanischer, demokratischer und sozialer Rechtsstaat.

(2) Das Land ist ein Glied der Bundesrepublik Deutschland.

Art. 24 [Landesfarben; Landeswappen]. (1) Die Landesfarben sind Schwarz-Gold.

(2) Das Landeswappen wird durch Gesetz bestimmt.

Art. 25 [Staatsgewalt; Gewaltenteilung]. (1) [1]Die Staatsgewalt geht vom Volke aus. [2]Sie wird vom Volke in Wahlen und Abstimmungen und durch besondere Organe der Gesetzgebung, der vollziehenden Gewalt und der Rechtsprechung ausgeübt.

(2) Die Gesetzgebung ist an die verfassungsmäßige Ordnung in Bund und Land, die vollziehende Gewalt und die Rechtsprechung sind an Gesetz und Recht gebunden.

(3) [1]Die Gesetzgebung steht den gesetzgebenden Organen zu. [2]Die Rechtsprechung wird durch unabhängige Richter ausgeübt. [3]Die Verwaltung liegt in der Hand von Regierung und Selbstverwaltung.

Art. 26 [Wahl- und Stimmrecht]. (1) Wahl- und stimmberechtigt ist jeder Deutsche, der im Lande wohnt oder sich sonst gewöhnlich aufhält und am Tage der Wahl oder der Abstimmung das 18. Lebensjahr vollendet hat.

(2) (aufgehoben)

(3) Die Ausübung des Wahl- und Stimmrechts ist Bürgerpflicht.

(4) Alle nach der Verfassung durch das Volk vorzunehmenden Wahlen und Abstimmungen sind allgemein, frei, gleich, unmittelbar und geheim.

(5) Bei Volksabstimmungen wird mit Ja oder Nein gestimmt.

(6) Der Wahl- oder Abstimmungstag muß ein Sonntag sein.

(7) [1]Das Nähere bestimmt ein Gesetz. [2]Es kann das Wahl- und Stimmrecht von einer bestimmten Dauer des Aufenthalts im Lande und, wenn der Wahl- und Stimmberechtigte mehrere Wohnungen innehat, auch davon abhängig machen, daß seine Hauptwohnung im Lande liegt.

(8) Für Wahlen und Abstimmungen in Gemeinden und Kreisen gilt Artikel 72.

II. Der Landtag

Art. 27 [Funktionen des Landtags; Freies Mandat]. (1) Der Landtag ist die gewählte Vertretung des Volkes.

(2) Der Landtag übt die gesetzgebende Gewalt aus und überwacht die Ausübung der vollziehenden Gewalt nach Maßgabe dieser Verfassung.

(3) [1]Die Abgeordneten sind Vertreter des ganzen Volkes. [2]Sie sind nicht an Aufträge und Weisungen gebunden und nur ihrem Gewissen unterworfen.

Art. 28 [Wahlsystem; Wählbarkeit]. (1) Die Abgeordneten werden nach einem Verfahren gewählt, das die Persönlichkeitswahl mit den Grundsätzen der Verhältniswahl verbindet.

(2) [1]Wählbar ist jeder Wahlberechtigte. [2]Die Wählbarkeit kann von einer bestimmten Dauer der Staatsangehörigkeit und des Aufenthalts im Lande abhängig gemacht werden.

(3) [1]Das Nähere bestimmt ein Gesetz. [2]Es kann die Zuteilung von Sitzen davon abhängig machen, daß ein Mindestanteil der im Lande abgegebenen gültigen Stimmen erreicht wird. [3]Der geforderte Anteil darf fünf vom Hundert nicht überschreiten.

Art. 29 [Wahlvorbereitungsurlaub; Behinderungsverbot]. (1) Wer sich um einen Sitz im Landtag bewirbt, hat Anspruch auf den zur Vorbereitung seiner Wahl erforderlichen Urlaub.

(2) [1]Niemand darf gehindert werden, das Amt eines Abgeordneten zu übernehmen und auszuüben. [2]Eine Kündigung oder Entlassung aus einem Dienst- oder Arbeitsverhältnis aus diesem Grunde ist unzulässig.

Art. 30 [Wahlperiode; Zusammentritt]. (1) [1]Die Wahlperiode des Landtags dauert fünf Jahre. [2]Sie beginnt mit dem Ablauf der Wahlperiode des alten Landtags, nach einer Auflösung des Landtags mit dem Tage der Neuwahl.

(2) Die Neuwahl muß vor Ablauf der Wahlperiode, im Falle der Auflösung des Landtags binnen sechzig Tagen stattfinden.

(3) [1]Der Landtag tritt spätestens am sechzehnten Tage nach Beginn der Wahlperiode zusammen. [2]Die erste Sitzung wird vom Alterspräsidenten einberufen und geleitet.

(4) [1]Der Landtag bestimmt den Schluß und den Wiederbeginn seiner Sitzungen. [2]Der Präsident kann den Landtag früher einberufen. [3]Er ist dazu verpflichtet, wenn ein Viertel der Mitglieder des Landtags oder die Regierung es verlangt.

Art. 31 [Wahlprüfung]. (1) [1]Die Wahlprüfung ist Sache des Landtags. [2]Er entscheidet auch, ob ein Abgeordneter seinen Sitz im Landtag verloren hat.

(2) Die Entscheidungen können beim Verfassungsgerichtshof angefochten werden.

(3) Das Nähere bestimmt ein Gesetz.

Art. 32 [Präsidium; Geschäftsordnung]. (1) [1]Der Landtag wählt seinen Präsidenten und dessen Stellvertreter, die zusammen mit weiteren Mitgliedern das Präsidium bilden, sowie die Schriftführer. [2]Der Landtag gibt sich eine Geschäftsordnung, die nur mit einer Mehrheit von zwei Dritteln der anwesenden Abgeordneten geändert werden kann.

(2) [1]Der Präsident übt das Hausrecht und die Polizeigewalt im Sitzungsgebäude aus. [2]Ohne seine Zustimmung darf im Sitzungsgebäude keine Durchsuchung oder Beschlagnahme stattfinden.

(3) [1]Der Präsident verwaltet die wirtschaftlichen Angelegenheiten des Landtags nach Maßgabe des Haushaltsgesetzes. [2]Er vertritt das Land im

Rahmen der Verwaltung des Landtags. [3]Ihm steht die Einstellung und Entlassung der Angestellten und Arbeiter sowie im Einvernehmen mit dem Präsidium die Ernennung und Entlassung der Beamten des Landtags zu. [4]Der Präsident ist oberste Dienstbehörde für die Beamten, Angestellten und Arbeiter des Landtags.

(4) Bis zum Zusammentritt eines neugewählten Landtags führt der bisherige Präsident die Geschäfte fort.

Art. 33 [Öffentlichkeit; Mehrheitsprinzip; wahrheitsgetreue Berichte]. (1) [1]Der Landtag verhandelt öffentlich. [2]Die Öffentlichkeit wird ausgeschlossen, wenn der Landtag es auf Antrag von zehn Abgeordneten oder eines Mitglieds der Regierung mit einer Mehrheit von zwei Dritteln der anwesenden Abgeordneten beschließt. [3]Über den Antrag wird in nichtöffentlicher Sitzung entschieden.

(2) [1]Der Landtag beschließt mit der Mehrheit der abgegebenen Stimmen, sofern die Verfassung nichts anderes bestimmt. [2]Für die vom Landtag vorzunehmenden Wahlen kann die Geschäftsordnung Ausnahmen zulassen. [3]Der Landtag gilt als beschlußfähig, solange nicht auf Antrag eines seiner Mitglieder vom Präsidenten festgestellt wird, daß weniger als die Hälfte der Abgeordneten anwesend sind.

(3) Für wahrheitsgetreue Berichte über die öffentlichen Sitzungen des Landtags und seiner Ausschüsse darf niemand zur Verantwortung gezogen werden.

Art. 34 [Anwesenheit der Regierung]. (1) Der Landtag und seine Ausschüsse können die Anwesenheit eines jeden Mitglieds der Regierung verlangen.

(2) [1]Die Mitglieder der Regierung und ihre Beauftragten haben zu den Sitzungen des Landtags und seiner Ausschüsse Zutritt und müssen jederzeit gehört werden. [2]Sie unterstehen der Ordnungsgewalt des Präsidenten und der Vorsitzenden der Ausschüsse. [3]Der Zutritt der Mitglieder der Regierung und ihrer Beauftragten zu den Sitzungen der Untersuchungsausschüsse und ihr Rederecht in diesen Sitzungen wird durch Gesetz geregelt.

Art. 34 a [Europäische Union]. (1) Die Landesregierung unterrichtet den Landtag zum frühestmöglichen Zeitpunkt über alle Vorhaben der Europäischen Union, die von erheblicher politischer Bedeutung für das Land sind und entweder die Gesetzgebungszuständigkeiten der Länder betreffen oder wesentliche Interessen des Landes unmittelbar berühren. [2]Sie gibt dem Landtag Gelegenheit zur Stellungnahme.

(2) [1]Sollen ausschließliche Gesetzgebungszuständigkeiten der Länder ganz oder teilweise auf die Europäische Union übertragen werden, ist die Landesregierung an Stellungnahmen des Landtags gebunden. [2]Werden durch ein Vorhaben der Europäischen Union im Schwerpunkt ausschließliche Gesetzgebungszuständigkeiten der Länder unmittelbar betroffen, ist die Landesregierung an Stellungnahmen des Landtags gebunden, es sei denn, erhebliche Gründe des Landesinteresses stünden entgegen. [3]Satz 2 gilt auch für Beschlüsse des Land-

tags, mit denen die Landesregierung ersucht wird, im Bundesrat darauf hinzuwirken, dass entweder der Bundesrat im Falle der Subsidiaritätsklage oder die Bundesregierung zum Schutz der Gesetzgebungszuständigkeiten der Länder eine Klage vor dem Gerichtshof der Europäischen Union erhebt. [4]Im Übrigen berücksichtigt die Landesregierung Stellungnahmen des Landtags zu Vorhaben der Europäischen Union, die Gesetzgebungszuständigkeiten der Länder wesentlich berühren.

(3) Die Einzelheiten der Unterrichtung und Beteiligung des Landtags werden durch Gesetz geregelt.*

Art. 35 [Untersuchungsausschüsse]. (1) [1]Der Landtag hat das Recht und auf Antrag von einem Viertel seiner Mitglieder die Pflicht, Untersuchungsausschüsse einzusetzen. [2]Der Gegenstand der Untersuchung ist im Beschluß genau festzulegen.

(2) [1]Die Ausschüsse erheben in öffentlicher Verhandlung die Beweise, welche sie oder die Antragsteller für erforderlich erachten. [2]Beweise sind zu erheben, wenn sie von einem Viertel der Mitglieder des Ausschusses beantragt werden. [3]Die Öffentlichkeit kann ausgeschlossen werden.

(3) Gerichte und Verwaltungsbehörden sind zur Rechts- und Amtshilfe verpflichtet.

(4) [1]Das Nähere über die Einsetzung, die Befugnisse und das Verfahren der Untersuchungsausschüsse wird durch Gesetz geregelt. [2]Das Briefgeheimnis sowie das Post- und Fernmeldegeheimnis bleiben unberührt.

(5) Die Gerichte sind frei in der Würdigung und Beurteilung des Sachverhalts, welcher der Untersuchung zugrundeliegt.

Art. 35 a [Petitionsausschuß]. (1) [1]Der Landtag bestellt einen Petitionsausschuß, dem die Behandlung der nach Artikel 2 Abs. 1 dieser Verfassung und Artikel 17 des Grundgesetzes an den Landtag gerichteten Bitten und Beschwerden obliegt. [2]Nach Maßgabe der Geschäftsordnung des Landtags können Bitten und Beschwerden auch einem anderen Ausschuß überwiesen werden.

(2) Die Befugnisse des Petitionsausschusses zur Überprüfung von Bitten und Beschwerden werden durch Gesetz geregelt.

Art. 36 [Ständiger Ausschuß]. (1) [1]Der Landtag bestellt einen Ständigen Ausschuß, der die Rechte des Landtags gegenüber der Regierung vom Ablauf der Wahlperiode oder von der Auflösung des Landtags an bis zum Zusammentritt eines neugewählten Landtags wahrt. [2]Der Ausschuß hat in dieser Zeit auch die Rechte eines Untersuchungsausschusses.

(2) Weiter gehende Befugnisse, insbesondere das Recht der Gesetzgebung, der Wahl des Ministerpräsidenten sowie der Anklage von Abgeordneten und von Mitgliedern der Regierung, stehen dem Ausschuß nicht zu.

---

* *Siehe das Gesetz über die Beteiligung des Landtags in Angelegenheiten der Europäischen Union unter der lfd. Nummer 3 dieser Sammlung.*

Art. 37 [Indemnität]. Ein Abgeordneter darf zu keiner Zeit wegen seiner Abstimmung oder wegen einer Äußerung, die er im Landtag, in einem Ausschuß, in einer Fraktion oder sonst in Ausübung seines Mandats getan hat, gerichtlich oder dienstlich verfolgt oder anderweitig außerhalb des Landtags zur Verantwortung gezogen werden.

Art. 38 [Immunität]. (1) Ein Abgeordneter kann nur mit Einwilligung des Landtags wegen einer mit Strafe bedrohten Handlung oder aus sonstigen Gründen zur Untersuchung gezogen, festgenommen, festgehalten oder verhaftet werden, es sei denn, daß er bei Verübung einer strafbaren Handlung oder spätestens im Laufe des folgenden Tages festgenommen wird.

(2) Jedes Strafverfahren gegen einen Abgeordneten und jede Haft oder sonstige Beschränkung seiner persönlichen Freiheit ist auf Verlangen des Landtags für die Dauer der Wahlperiode aufzuheben.

Art. 39 [Zeugnisverweigerungsrecht; Beschlagnahmeverbot]. [1]Die Abgeordneten können über Personen, die ihnen in ihrer Eigenschaft als Abgeordnete oder denen sie als Abgeordnete Tatsachen anvertraut haben, sowie über diese Tatsachen selbst das Zeugnis verweigern. [2]Personen, deren Mitarbeit ein Abgeordneter in Ausübung seines Mandats in Anspruch nimmt, können das Zeugnis über die Wahrnehmungen verweigern, die sie anläßlich dieser Mitarbeit gemacht haben. [3]Soweit Abgeordnete und ihre Mitarbeiter dieses Recht haben, ist die Beschlagnahme von Schriftstücken unzulässig.

Art. 40 [Entschädigung]. [1]Die Abgeordneten haben Anspruch auf eine angemessene Entschädigung, die ihre Unabhängigkeit sichert. [2]Sie haben innerhalb des Landes das Recht der freien Benutzung aller staatlichen Verkehrsmittel. [3]Näheres bestimmt ein Gesetz.

Art. 41 [Erwerb und Erlöschen des Mandats]. (1) [1]Wer zum Abgeordneten gewählt ist, erwirbt die rechtliche Stellung eines Abgeordneten mit der Annahme der Wahl. [2]Der Gewählte kann die Wahl ablehnen.

(2) [1]Ein Abgeordneter kann jederzeit auf sein Mandat verzichten. [2]Der Verzicht ist von ihm selbst dem Präsidenten des Landtags schriftlich zu erklären. [3]Die Erklärung ist unwiderruflich.

(3) Verliert ein Abgeordneter die Wählbarkeit, so erlischt sein Mandat.

Art. 42 [Abgeordnetenanklage]. (1) Erhebt sich der dringende Verdacht, daß ein Abgeordneter seine Stellung als solcher in gewinnsüchtiger Absicht mißbraucht habe, so kann der Landtag beim Verfassungsgerichtshof ein Verfahren mit dem Ziel beantragen, ihm sein Mandat abzuerkennen.

(2) [1]Der Antrag auf Erhebung der Anklage muß von mindestens einem Drittel der Mitglieder des Landtags gestellt werden. [2]Der Beschluß auf Erhebung der Anklage erfordert bei Anwesenheit von mindestens zwei Dritteln der Mitglieder des Landtags eine Zweidrittelmehrheit, die jedoch mehr als die Hälfte der Mitglieder des Landtags betragen muß.

Art. 43 [Selbstauflösung; Auflösung durch Volksabstimmung]. (1) [1]Der Landtag kann sich auf Antrag eines Viertels seiner Mitglieder vor Ablauf seiner Wahlperiode durch eigenen Beschluß, der der Zustimmung von zwei Dritteln seiner Mitglieder bedarf, selbst auflösen. [2]Zwischen Antrag und Abstimmung müssen mindestens drei Tage liegen.

(2) Der Landtag ist ferner aufgelöst, wenn die Auflösung von zehn vom Hundert der Wahlberechtigten verlangt wird und bei einer binnen sechs Wochen vorzunehmenden Volksabstimmung die Mehrheit der Stimmberechtigten diesem Verlangen beitritt.

Art. 44 [Präsidium und Ständiger Ausschuß zwischen zwei Landtagen]. Die Vorschriften der Artikel 29 Abs. 2, 37, 38, 39 und 40 gelten für die Mitglieder des Präsidiums und des Ständigen Ausschusses sowie deren erste Stellvertreter auch für die Zeit nach Ablauf der Wahlperiode oder nach Auflösung des Landtags bis zum Zusammentritt eines neugewählten Landtags.

III. Die Regierung

Art. 45 [Funktion der Regierung; Zusammensetzung]. (1) Die Regierung übt die vollziehende Gewalt aus.

(2) [1]Die Regierung besteht aus dem Ministerpräsidenten und den Ministern. [2]Als weitere Mitglieder der Regierung können Staatssekretäre und ehrenamtliche Staatsräte ernannt werden. [3]Die Zahl der Staatssekretäre darf ein Drittel der Zahl der Minister nicht übersteigen. [4]Staatssekretären und Staatsräten kann durch Beschluß des Landtags Stimmrecht verliehen werden.

(3) [1]Die Regierung beschließt unbeschadet des Gesetzgebungsrechts des Landtags über die Geschäftsbereiche ihrer Mitglieder. [2]Der Beschluß bedarf der Zustimmung des Landtags.

(4) Der Ministerpräsident kann einen Geschäftsbereich selbst übernehmen.

Art. 46 [Wahl des Ministerpräsidenten; Regierungsbildung]. (1) [1]Der Ministerpräsident wird vom Landtag mit der Mehrheit seiner Mitglieder ohne Aussprache in geheimer Abstimmung gewählt. [2]Wählbar ist, wer zum Abgeordneten gewählt werden kann und das 35. Lebensjahr vollendet hat.

(2) [1]Der Ministerpräsident beruft und entläßt die Minister, Staatssekretäre und Staatsräte. [2]Er bestellt seinen Stellvertreter.

(3) [1]Die Regierung bedarf zur Amtsübernahme der Bestätigung durch den Landtag. [2]Der Beschluß muß mit mehr als der Hälfte der abgegebenen Stimmen gefaßt werden.

(4) Die Berufung eines Mitglieds der Regierung durch den Ministerpräsidenten nach der Bestätigung bedarf der Zustimmung des Landtags.

Art. 47 [Landtagsauflösung bei fehlgeschlagener Regierungsbildung]. Wird die Regierung nicht innerhalb von drei Monaten nach dem Zusammentritt des neugewählten Landtags oder nach der sonstigen Erledigung des Amtes des Ministerpräsidenten gebildet und bestätigt, so ist der Landtag aufgelöst.

Art. 48 [Amtseid]. [1]Die Mitglieder der Regierung leisten beim Amtsantritt den Amtseid vor dem Landtag. Er lautet:

„Ich schwöre, daß ich meine Kraft dem Wohle des Volkes widmen, seinen Nutzen mehren, Schaden von ihm wenden, Verfassung und Recht wahren und verteidigen, meine Pflichten gewissenhaft erfüllen und Gerechtigkeit gegen jedermann üben werde. So wahr mir Gott helfe."

[2]Der Eid kann auch ohne religiöse Beteuerung geleistet werden.

Art. 49 [Richtlinien-, Ressort-, Kollegialprinzip]. (1) [1]Der Ministerpräsident bestimmt die Richtlinien der Politik und trägt dafür die Verantwortung. [2]Er führt den Vorsitz in der Regierung und leitet ihre Geschäfte nach einer von der Regierung zu beschließenden Geschäftsordnung. [3]Die Geschäftsordnung ist zu veröffentlichen. [4]Innerhalb der Richtlinien der Politik leitet jeder Minister seinen Geschäftsbereich selbständig unter eigener Verantwortung.

(2) Die Regierung beschließt insbesondere über Gesetzesvorlagen, über die Stimmabgabe des Landes im Bundesrat, über Angelegenheiten, in denen ein Gesetz dies vorschreibt, über Meinungsverschiedenheiten, die den Geschäftskreis mehrerer Ministerien berühren, und über Fragen von grundsätzlicher oder weittragender Bedeutung.

(3) [1]Die Regierung beschließt mit Mehrheit der anwesenden stimmberechtigten Mitglieder. [2]Jedes Mitglied hat nur eine Stimme, auch wenn es mehrere Geschäftsbereiche leitet.

Art. 50 [Vertretung des Landes nach außen]. [1]Der Ministerpräsident vertritt das Land nach außen. [2]Der Abschluß von Staatsverträgen bedarf der Zustimmung der Regierung und des Landtags.

Art. 51 [Richter- und Beamtenernennung]. [1]Der Ministerpräsident ernennt die Richter und Beamten des Landes. [2]Dieses Recht kann durch Gesetz auf andere Behörden übertragen werden.

Art. 52 [Gnadenrecht; Straferlaß]. (1) [1]Der Ministerpräsident übt das Gnadenrecht aus. [2]Er kann dieses Recht, soweit es sich nicht um schwere Fälle handelt, mit Zustimmung der Regierung auf andere Behörden übertragen.

(2) Ein allgemeiner Straferlaß und eine allgemeine Niederschlagung anhängiger Strafverfahren können nur durch Gesetz ausgesprochen werden.

Art. 53 [Amtsverhältnis; Inkompatibilität]. (1) Das Amtsverhältnis der Mitglieder der Regierung, insbesondere die Besoldung und Versorgung der Minister und Staatssekretäre, regelt ein Gesetz.

(2) [1]Die hauptamtlichen Mitglieder der Regierung dürfen kein anderes besoldetes Amt, kein Gewerbe und keinen Beruf ausüben. [2]Kein Mitglied der Regierung darf der Leitung oder dem Aufsichtsorgan eines auf wirtschaftliche Betätigung gerichteten Unternehmens angehören. [3]Ausnahmen kann der Landtag zulassen.

Art. 54 [Konstruktives Mißtrauensvotum]. (1) Der Landtag kann dem Ministerpräsidenten das Vertrauen nur dadurch entziehen, daß er mit der Mehrheit seiner Mitglieder einen Nachfolger wählt und die von diesem gebildete Regierung gemäß Artikel 46 Abs. 3 bestätigt.

(2) Zwischen dem Antrag auf Abberufung und der Wahl müssen mindestens drei Tage liegen.

Art. 55 [Amtsbeendigung]. (1) Die Regierung und jedes ihrer Mitglieder können jederzeit ihren Rücktritt erklären.

(2) Das Amt des Ministerpräsidenten und der übrigen Mitglieder der Regierung endet mit dem Zusammentritt eines neuen Landtags, das Amt eines Ministers, eines Staatssekretärs und eines Staatsrats auch mit jeder anderen Erledigung des Amtes des Ministerpräsidenten.

(3) Im Falle des Rücktritts oder einer sonstigen Beendigung des Amtes haben die Mitglieder der Regierung bis zur Amtsübernahme der Nachfolger ihr Amt weiterzuführen.

Art. 56 [Entlassungspflicht]. Auf Beschluß von zwei Dritteln der Mitglieder des Landtags muß der Ministerpräsident ein Mitglied der Regierung entlassen.

Art. 57 [Ministeranklage; Vorwurfskontrolle]. (1) Die Mitglieder der Regierung können wegen vorsätzlicher oder grobfahrlässiger Verletzung der Verfassung oder eines anderen Gesetzes auf Beschluß des Landtags vor dem Verfassungsgerichtshof angeklagt werden.

(2) [1]Der Antrag auf Erhebung der Anklage muß von mindestens einem Drittel der Mitglieder des Landtags unterzeichnet werden. [2]Der Beschluß erfordert bei Anwesenheit von mindestens zwei Dritteln der Mitglieder des Landtags eine Zweidrittelmehrheit, die jedoch mehr als die Hälfte der Mitglieder des Landtags betragen muß. [3]Der Verfassungsgerichtshof kann einstweilen anordnen, daß das angeklagte Mitglied der Regierung sein Amt nicht ausüben darf. [4]Die Anklage wird durch den vor oder nach ihrer Erhebung erfolgten Rücktritt des Mitglieds der Regierung oder durch dessen Abberufung oder Entlassung nicht berührt.

(3) Befindet der Verfassungsgerichtshof im Sinne der Anklage, so kann er dem Mitglied der Regierung sein Amt aberkennen; Versorgungsansprüche können ganz oder teilweise entzogen werden.

(4) Wird gegen ein Mitglied der Regierung in der Öffentlichkeit ein Vorwurf im Sinne des Abs. 1 erhoben, so kann es mit Zustimmung der Regierung die Entscheidung des Verfassungsgerichtshofs beantragen.

IV. Die Gesetzgebung

Art. 58 [Vorbehalt des Gesetzes]. Niemand kann zu einer Handlung, Unterlassung oder Duldung gezwungen werden, wenn nicht ein Gesetz oder eine auf Gesetz beruhende Bestimmung es verlangt oder zuläßt.

Art. 59 [Gesetzesinitiative; Gesetzesbeschluß; Volksbegehren; Volksantrag]. (1) Gesetzesvorlagen werden von der Regierung, von Abgeordneten oder vom Volk durch Volksantrag oder Volksbegehren eingebracht.

(2) [1]Das Volk kann die Befassung des Landtags mit Gegenständen der politischen Willensbildung im Zuständigkeitsbereich des Landtags, auch mit einem ausgearbeiteten und mit Gründen versehenen Gesetzentwurf, beantragen. [2]Der Landtag hat sich mit dem Volksantrag zu befassen, wenn dieser von mindestens 0,5 vom Hundert der Wahlberechtigten gestellt wird. [3]Die Auflösung des Landtags bestimmt sich nach Artikel 43.

(3) [1]Dem Volksbegehren muss ein ausgearbeiteter und mit Gründen versehener Gesetzentwurf zugrunde liegen. [2]Gegenstand des Volksbegehrens kann auch ein als Volksantrag nach Absatz 2 Satz 2 eingebrachter Gesetzentwurf sein, dem der Landtag nicht unverändert zugestimmt hat. [3]Über Abgabengesetze, Besoldungsgesetze und das Staatshaushaltsgesetz findet kein Volksbegehren statt. [4]Das Volksbegehren ist zustande gekommen, wenn es von mindestens zehn vom Hundert der Wahlberechtigten gestellt wird. [5]Das Volksbegehren ist von der Regierung mit ihrer Stellungnahme unverzüglich dem Landtag zu unterbreiten.

(4) Die Gesetze werden vom Landtag oder durch Volksabstimmung beschlossen.

(5) Das Nähere bestimmt ein Gesetz.

Art. 60 [Volksabstimmung über Gesetze]. (1) [1]Eine durch Volksbegehren eingebrachte Gesetzesvorlage ist zur Volksabstimmung zu bringen, wenn der Landtag der Gesetzesvorlage nicht unverändert zustimmt. [2]In diesem Fall kann der Landtag dem Volk einen eigenen Gesetzentwurf zur Entscheidung mitvorlegen.

(2) [1]Die Regierung kann ein vom Landtag beschlossenes Gesetz vor seiner Verkündung zur Volksabstimmung bringen, wenn ein Drittel der Mitglieder des Landtags es beantragt. [2]Die angeordnete Volksabstimmung unterbleibt, wenn der Landtag mit Zweidrittelmehrheit das Gesetz erneut beschließt.

(3) Wenn ein Drittel der Mitglieder des Landtags es beantragt, kann die Regierung eine von ihr eingebrachte, aber vom Landtag abgelehnte Gesetzesvorlage zur Volksabstimmung bringen.

(4) [1]Der Antrag nach Absatz 2 und Absatz 3 ist innerhalb von zwei Wochen nach der Schlußabstimmung zu stellen. [2]Die Regierung hat sich innerhalb von zehn Tagen nach Eingang des Antrags zu entscheiden, ob sie die Volksabstimmung anordnen will.

(5) [1]Bei der Volksabstimmung entscheidet die Mehrheit der abgegebenen gültigen Stimmen. [2]Das Gesetz ist beschlossen, wenn mindestens zwanzig vom Hundert der Stimmberechtigten zustimmen.

(6) Über Abgabengesetze, Besoldungsgesetze und das Staatshaushaltsgesetz findet keine Volksabstimmung statt.

Art. 61 [Rechtsverordnungen; Verwaltungsvorschriften]. (1) [1]Die Ermächtigung zum Erlaß von Rechtsverordnungen kann nur durch Gesetz erteilt werden. [2]Dabei müssen Inhalt, Zweck und Ausmaß der erteilten Ermächtigung bestimmt werden. [3]Die Rechtsgrundlage ist in der Verordnung anzugeben.

(2) Die zur Ausführung der Gesetze erforderlichen Rechtsverordnungen und Verwaltungsvorschriften erläßt, soweit die Gesetze nichts anderes bestimmen, die Regierung.

Art. 62 [Staatsnotstand; Notparlament]. (1) [1]Ist bei drohender Gefahr für den Bestand oder die freiheitliche demokratische Grundordnung des Landes oder für die lebensnotwendige Versorgung der Bevölkerung sowie bei einem Notstand infolge einer Naturkatastrophe oder eines besonders schweren Unglücksfalls der Landtag verhindert, sich alsbald zu versammeln, so nimmt ein Ausschuß des Landtags als Notparlament die Rechte des Landtags wahr. [2]Die Verfassung darf durch ein von diesem Ausschuß beschlossenes Gesetz nicht geändert werden. [3]Die Befugnis, dem Ministerpräsidenten das Vertrauen zu entziehen, steht dem Ausschuß nicht zu.

(2) [1]Solange eine Gefahr für den Bestand oder die freiheitliche demokratische Grundordnung des Landes droht, finden durch das Volk vorzunehmende Wahlen und Abstimmungen nicht statt. [2]Die Feststellung, daß Wahlen und Abstimmungen nicht stattfinden, trifft der Landtag mit einer Mehrheit von zwei Dritteln seiner Mitglieder. [3]Ist der Landtag verhindert, sich alsbald zu versammeln, so trifft der in Absatz 1 Satz 1 genannte Ausschuß die Feststellung mit einer Mehrheit von zwei Dritteln seiner Mitglieder. [4]Die verschobenen Wahlen und Abstimmungen sind innerhalb von sechs Monaten, nachdem der Landtag festgestellt hat, daß die Gefahr beendet ist, durchzuführen. [5]Die Amtsdauer der in Betracht kommenden Personen und Körperschaften verlängert sich bis zum Ablauf des Tages der Neuwahl.

(3) Die Feststellung, daß der Landtag verhindert ist, sich alsbald zu versammeln, trifft der Präsident des Landtags.

Art. 63 [Ausfertigung; Verkündung]. (1) [1]Die verfassungsmäßig zustandegekommenen Gesetze werden durch den Ministerpräsidenten ausgefertigt und binnen Monatsfrist im Gesetzblatt des Landes verkündet. [2]Sie werden vom Ministerpräsidenten und mindestens der Hälfte der Minister unterzeichnet. [3]Wenn der Landtag die Dringlichkeit beschließt, müssen sie sofort ausgefertigt und verkündet werden.

(2) Rechtsverordnungen werden von der Stelle, die sie erläßt, ausgefertigt und, soweit das Gesetz nichts anderes bestimmt, im Gesetzblatt verkündet.

(3) [1]Gesetze nach Artikel 62 werden, falls eine rechtzeitige Verkündung im Gesetzblatt nicht möglich ist, auf andere Weise öffentlich bekanntgemacht. [2]Die Verkündung im Gesetzblatt ist nachzuholen, sobald die Umstände es zulassen.

(4) [1]Gesetze und Rechtsverordnungen sollen den Tag bestimmen, an dem sie in Kraft treten. [2]Fehlt eine solche Bestimmung, so treten sie mit dem vierzehnten Tage nach Ablauf des Tages in Kraft, an dem das Gesetzblatt ausgegeben worden ist.

Art. 64 [Verfassungsänderung]. (1) [1]Die Verfassung kann durch Gesetz geändert werden. [2]Ein Änderungsantrag darf den Grundsätzen des republikanischen, demokratischen und sozialen Rechtsstaats nicht widersprechen. [3]Die Entscheidung, ob ein Änderungsantrag zulässig ist, trifft auf Antrag der Regierung oder eines Viertels der Mitglieder des Landtags der Verfassungsgerichtshof.

(2) Die Verfassung kann vom Landtag geändert werden, wenn bei Anwesenheit von mindestens zwei Dritteln seiner Mitglieder eine Zweidrittelmehrheit, die jedoch mehr als die Hälfte seiner Mitglieder betragen muß, es beschließt.

(3) [1]Die Verfassung kann durch Volksabstimmung geändert werden, wenn mehr als die Hälfte der Mitglieder des Landtags dies beantragt hat. [2]Sie kann ferner durch eine Volksabstimmung nach Artikel 60 Abs. 1 geändert werden. [3]Das verfassungsändernde Gesetz ist beschlossen, wenn die Mehrheit der Stimmberechtigten zustimmt.

(4) Ohne vorherige Änderung der Verfassung können Gesetze, welche Bestimmungen der Verfassung durchbrechen, nicht beschlossen werden.

V. Die Rechtspflege

Art. 65 [Rechtsprechende Gewalt; Unabhängigkeit der Richter]. (1) Die rechtsprechende Gewalt wird im Namen des Volkes durch die Gerichte ausgeübt, die gemäß den Gesetzen des Bundes und des Landes errichtet sind.

(2) Die Richter sind unabhängig und nur dem Gesetz unterworfen.

Art. 66 [Persönliche Unabhängigkeit; Richteranklage]. (1) [1]Die hauptamtlich und planmäßig endgültig angestellten Richter können wider ihren Willen nur kraft richterlicher Entscheidung und nur aus Gründen und unter den Formen, welche die Gesetze bestimmen, vor Ablauf ihrer Amtszeit entlassen oder dauernd oder zeitweise ihres Amtes enthoben oder an eine andere Stelle oder in den Ruhestand versetzt werden. [2]Die Gesetzgebung kann

Altersgrenzen festsetzen, bei deren Erreichung auf Lebenszeit angestellte Richter in den Ruhestand treten. [3]Bei Veränderung der Einrichtung der Gerichte oder ihrer Bezirke können Richter an ein anderes Gericht versetzt oder aus dem Amte entfernt werden, jedoch nur unter Belassung des vollen Gehaltes.

(2) [1]Verstößt ein Richter im Amt oder außerhalb des Amtes gegen die verfassungsmäßige Ordnung, so kann auf Antrag der Mehrheit der Mitglieder des Landtags das Bundesverfassungsgericht mit Zweidrittelmehrheit anordnen, daß der Richter in ein anderes Amt oder in den Ruhestand zu versetzen ist. [2]Im Falle eines vorsätzlichen Verstoßes kann auf Entlassung erkannt werden.

(3) [1]Im übrigen wird die Rechtsstellung der Richter durch ein besonderes Gesetz geregelt. [2]Das Gesetz bestimmt auch den Amtseid der Richter.

Art. 67 [Rechtsweg; Verwaltungsgerichte]. (1) Wird jemand durch die öffentliche Gewalt in seinen Rechten verletzt, so steht ihm der Rechtsweg offen.

(2) Über Streitigkeiten im Sinne des Abs. 1 sowie über sonstige öffent- lichrechtliche Streitigkeiten entscheiden Verwaltungsgerichte, soweit nicht die Zuständigkeit eines anderen Gerichtes gesetzlich begründet ist.

(3) (*aufgehoben*)

(4) Das Nähere bestimmt ein Gesetz.

Art. 68 [Verfassungsgerichtshof]. (1) [1]Es wird ein Verfassungsgerichtshof gebildet. [2]Er entscheidet

1. über die Auslegung dieser Verfassung aus Anlaß von Streitigkeiten über den Umfang der Rechte und Pflichten eines obersten Landesorgans oder anderer Beteiligter, die durch die Verfassung oder in der Geschäftsordnung des Landtags oder der Regierung mit eigener Zuständigkeit ausgestattet sind,
2. bei Zweifeln oder Meinungsverschiedenheiten über die Vereinbarkeit von Landesrecht mit dieser Verfassung,
3. über die Vereinbarkeit eines Landesgesetzes mit dieser Verfassung, nachdem ein Gericht das Verfahren gemäß Artikel 100 Abs. 1 des Grundgesetzes für die Bundesrepublik Deutschland ausgesetzt hat,
4. in den übrigen durch diese Verfassung oder durch Gesetz ihm zugewiesenen Angelegenheiten.

(2) Antragsberechtigt sind in den Fällen

1. des Abs. 1 Nr. 1 die obersten Landesorgane oder die Beteiligten im Sinne des Abs. 1 Nr. 1,
2. des Abs. 1 Nr. 2 ein Viertel der Mitglieder des Landtags oder die Regierung.

(3) [1]Der Verfassungsgerichtshof besteht aus neun Mitgliedern, und zwar
drei Berufsrichtern,
drei Mitgliedern mit der Befähigung zum Richteramt und
drei Mitgliedern, bei denen diese Voraussetzung nicht vorliegt.

[2]Die Mitglieder des Verfassungsgerichtshofs werden vom Landtag auf die Dauer von neun Jahren gewählt. [3]Aus jeder Gruppe ist ein Mitglied alle drei Jahre neu zu bestellen. [4]Scheidet ein Richter vorzeitig aus, so wird für den Rest seiner Amtszeit ein Nachfolger gewählt. [5]Zum Vorsitzenden ist einer der Berufsrichter zu bestellen. [6]Die Mitglieder dürfen weder dem Bundestag, dem Bundesrat, der Bundesregierung noch entsprechenden Organen eines Landes angehören.

(4) [1]Ein Gesetz regelt das Nähere, insbesondere Verfassung und Verfahren des Verfassungsgerichtshofs. [2]Es bestimmt, in welchen Fällen seine Entscheidungen Gesetzeskraft haben.

VI. Die Verwaltung

Art. 69 [Träger öffentlicher Verwaltung]. Die Verwaltung wird durch die Regierung, die ihr unterstellten Behörden und durch die Träger der Selbstverwaltung ausgeübt.

Art. 70 [Organisation der Verwaltung]. (1) [1]Aufbau, räumliche Gliederung und Zuständigkeiten der Landesverwaltung werden durch Gesetz geregelt. [2]Aufgaben, die von nachgeordneten Verwaltungsbehörden zuverlässig und zweckmäßig erfüllt werden können, sind diesen zuzuweisen.

(2) Die Einrichtung der staatlichen Behörden im einzelnen obliegt der Regierung, auf Grund der von ihr erteilten Ermächtigung den Ministern.

Art. 71 [Selbstverwaltung; übertragene Aufgaben]. (1) [1]Das Land gewährleistet den Gemeinden und Gemeindeverbänden sowie den Zweckverbänden das Recht der Selbstverwaltung. [2]Sie verwalten ihre Angelegenheiten im Rahmen der Gesetze unter eigener Verantwortung. [3]Das Gleiche gilt für sonstige öffentlich-rechtliche Körperschaften und Anstalten in den durch Gesetz gezogenen Grenzen.

(2) [1]Die Gemeinden sind in ihrem Gebiet die Träger der öffentlichen Aufgaben, soweit nicht bestimmte Aufgaben im öffentlichen Interesse durch Gesetz anderen Stellen übertragen sind. [2]Die Gemeindeverbände haben innerhalb ihrer Zuständigkeit die gleiche Stellung.

(3) [1]Den Gemeinden oder Gemeindeverbänden kann durch Gesetz die Erledigung bestimmter bestehender oder neuer öffentlicher Aufgaben übertragen werden. [2]Gleichzeitig sind Bestimmungen über die Deckung der Kosten zu treffen. [3]Führen diese Aufgaben, spätere vom Land veranlasste Änderungen ihres Zuschnitts oder der Kosten aus ihrer Erledigung oder spätere nicht vom Land veranlasste Änderungen der Kosten aus der Erledigung übertragener Pflichtaufgaben nach Weisung zu einer wesentlichen Mehrbelastung der Gemeinden oder Gemeindeverbände, so ist ein entsprechender finanzieller Ausgleich zu schaffen. [4]Die Sätze 2 und 3 gelten entsprechend, wenn das Land frei-

willige Aufgaben der Gemeinden oder Gemeindeverbände in Pflichtaufgaben umwandelt oder besondere Anforderungen an die Erfüllung bestehender, nicht übertragener Aufgaben begründet. [5]Das Nähere zur Konsultation der in Absatz 4 genannten Zusammenschlüsse zu einer Kostenfolgenabschätzung kann durch Gesetz oder eine Vereinbarung der Landesregierung mit diesen Zusammenschlüssen geregelt werden.

(4) Bevor durch Gesetz oder Verordnung allgemeine Fragen geregelt werden, welche die Gemeinden und Gemeindeverbände berühren, sind diese oder ihre Zusammenschlüsse rechtzeitig zu hören.

Art. 72 [Gemeinde- und Kreisvertretung]. (1) [1]In den Gemeinden und Kreisen muß das Volk eine Vertretung haben, die aus allgemeinen, unmittelbaren, freien, gleichen und geheimenWahlen hervorgegangen ist. [2]Bei Wahlen in Kreisen und Gemeinden sind auch Personen, die die Staatsangehörigkeit eines Mitgliedstaates der Europäischen Gemeinschaft besitzen, nach Maßgabe von Recht der Europäischen Gemeinschaft wahlberechtigt und wählbar sowie bei Abstimmungen stimmberechtigt.

(2) [1]Wird in einer Gemeinde mehr als eine gültige Wahlvorschlagsliste eingereicht, so muß die Wahl unter Berücksichtigung der Grundsätze der Verhältniswahl erfolgen. [2]Durch Gemeindesatzung kann Teilorten eine Vertretung im Gemeinderat gesichert werden. [3]In kleinen Gemeinden kann an die Stelle einer gewählten Vertretung die Gemeindeversammlung treten.

(3) Das Nähere regelt ein Gesetz.

Art. 73 [Kommunale Finanzausstattung]. (1) Das Land sorgt dafür, daß die Gemeinden und Gemeindeverbände ihre Aufgaben erfüllen können.

(2) Die Gemeinden und Kreise haben das Recht, eigene Steuern und andere Abgaben nach Maßgabe der Gesetze zu erheben.

(3) [1]Die Gemeinden und Gemeindeverbände werden unter Berücksichtigung der Aufgaben des Landes an dessen Steuereinnahmen beteiligt. [2]Näheres regelt ein Gesetz.

Art. 74 [Kommunale Gebietsänderungen]. (1) Das Gebiet von Gemeinden und Gemeindeverbänden kann aus Gründen des öffentlichen Wohls geändert werden.

(2) [1]Das Gemeindegebiet kann durch Vereinbarung der beteiligten Gemeinden mit staatlicher Genehmigung, durch Gesetz oder auf Grund eines Gesetzes geändert werden. [2]Die Auflösung von Gemeinden gegen deren Willen bedarf eines Gesetzes. [3]Vor einer Änderung des Gemeindegebiets muß die Bevölkerung der unmittelbar betroffenen Gebiete gehört werden.

(3) [1]Das Gebiet von Gemeindeverbänden kann durch Gesetz oder auf Grund eines Gesetzes geändert werden. [2]Die Auflösung von Landkreisen bedarf eines Gesetzes.

(4) Das Nähere wird durch Gesetz geregelt.

Art. 75 [Kommunalaufsicht]. (1) [1]Das Land überwacht die Gesetzmäßigkeit der Verwaltung der Gemeinden und Gemeindeverbände. [2]Durch Gesetz kann bestimmt werden, daß die Übernahme von Schuldverpflichtungen und Gewährschaften sowie die Veräußerung von Vermögen von der Zustimmung der mit der Überwachung betrauten Staatsbehörde abhängig gemacht werden, und daß diese Zustimmung unter dem Gesichtspunkt einer geordneten Wirtschaftsführung erteilt oder versagt werden kann.

(2) Bei der Übertragung staatlicher Aufgaben kann sich das Land ein Weisungsrecht nach näherer gesetzlicher Vorschrift vorbehalten.

Art. 76 [Kommunalrechtliche Normenkontrolle]. Gemeinden und Gemeindeverbände können den Verfassungsgerichtshof mit der Behauptung anrufen, daß ein Gesetz die Vorschriften der Artikel 71 bis 75 verletze.

Art. 77 [Öffentlicher Dienst]. (1) Die Ausübung hoheitsrechtlicher Befugnisse ist als ständige Aufgabe in der Regel Angehörigen des öffentlichen Dienstes zu übertragen, die in einem öffentlich-rechtlichen Dienst- und Treueverhältnis stehen.

(2) Alle Angehörigen des öffentlichen Dienstes sind Sachwalter und Diener des ganzen Volkes.

Art. 78 [Amtseid]. [1]Jeder Beamte leistet folgenden Amtseid:

> „Ich schwöre, daß ich mein Amt nach bestem Wissen und Können führen, Verfassung und Recht achten und verteidigen und Gerechtigkeit gegen jedermann üben werde. So wahr mir Gott helfe."

[2]Der Eid kann auch ohne religiöse Beteuerung geleistet werden.

VII. Das Finanzwesen

Art. 79 [Haushaltsplan]. (1) [1]Alle Einnahmen und Ausgaben des Landes sind in den Haushaltsplan einzustellen; bei Landesbetrieben und bei Sondervermögen brauchen nur die Zuführungen oder die Ablieferungen eingestellt zu werden. [2]Der Haushaltsplan soll in Einnahme und Ausgabe ausgeglichen sein.

(2) [1]Der Haushaltsplan wird für ein Rechnungsjahr oder mehrere Rechnungsjahre, nach Jahren getrennt, durch das Haushaltsgesetz festgestellt. [2]Die Feststellung soll vor Beginn des Rechnungsjahres, bei mehreren Rechnungsjahren vor Beginn des ersten Rechnungsjahres, erfolgen.

(3) [1]In das Haushaltsgesetz dürfen nur Vorschriften aufgenommen werden, die sich auf die Einnahmen und die Ausgaben des Landes und auf den Zeitraum beziehen, für den das Haushaltsgesetz beschlossen wird. [2]Das Haushaltsgesetz kann vorschreiben, daß die Vorschriften erst mit der Verkündung des nächsten Haushaltsgesetzes oder bei Ermächtigungen nach Artikel 84 zu einem späteren Zeitpunkt außer Kraft treten.

(4) Das Vermögen und die Schulden sind in einer Anlage des Haushaltsplans nachzuweisen.

Art. 80 [Ausgaben und Kreditaufnahme vor Etatbewilligung]. (1) Ist bis zum Schluß eines Rechnungsjahres weder der Haushaltsplan für das folgende Rechnungsjahr festgestellt worden, noch ein Nothaushaltsgesetz ergangen, so kann bis zur gesetzlichen Regelung die Regierung diejenigen Ausgaben leisten, die nötig sind, um

1. gesetzlich bestehende Einrichtungen zu erhalten und gesetzlich beschlossene Maßnahmen durchzuführen,
2. die rechtlich begründeten Verpflichtungen des Landes zu erfüllen,
3. Bauten, Beschaffungen und sonstige Leistungen fortzusetzen oder Beihilfen für diese Zwecke weiter zu gewähren, sofern durch den Haushaltsplan eines Vorjahres bereits Beträge bewilligt worden sind.

(2) [1]Soweit die auf besonderem Gesetz beruhenden Einnahmen aus Steuern, Abgaben und sonstigen Quellen oder die Betriebsmittelrücklage die in Abs. 1 genannten Ausgaben nicht decken, kann die Regierung den für eine geordnete Haushaltsführung erforderlichen Kredit beschaffen. [2]Dieser darf ein Viertel der Endsumme des letzten Haushaltsplans nicht übersteigen.

Art. 81 [Über- und außerplanmäßige Ausgaben]. [1]Über- und außerplanmäßige Ausgaben bedürfen der Zustimmung des Finanzministers. [2]Sie darf nur im Falle eines unvorhergesehenen und unabweisbaren Bedürfnisses erteilt werden. [3]Die Genehmigung des Landtags ist nachträglich einzuholen.

Art. 82 [Ausgabeerhöhung; Einnahmeminderung]. (1) [1]Beschlüsse des Landtags, welche die im Haushaltsplan festgesetzten Ausgaben erhöhen oder neue Ausgaben mit sich bringen, bedürfen der Zustimmung der Regierung. [2]Das gleiche gilt für Beschlüsse des Landtags, die Einnahmeminde-rungen mit sich bringen. [3]Die Deckung muß gesichert sein.

(2) [1]Die Regierung kann verlangen, daß der Landtag die Beschlußfassung nach Absatz 1 aussetzt. [2]In diesem Fall hat die Regierung innerhalb von sechs Wochen dem Landtag eine Stellungnahme zuzuleiten.

Art. 83 [Rechnungslegung; Entlastung; Rechnungshof]. (1) Der Finanzminister hat dem Landtag über alle Einnahmen und Ausgaben sowie über das Vermögen und die Schulden des Landes zur Entlastung der Regierung jährlich Rechnung zu legen.

(2) [1]Die Rechnung sowie die gesamte Haushalts- und Wirtschaftsführung des Landes werden durch den Rechnungshof geprüft. [2]Seine Mitglieder besitzen die gleiche Unabhängigkeit wie die Richter. [3]Die Ernennung des Präsidenten und des Vizepräsidenten des Rechnungshofs bedarf der Zustimmung des Landtags. [4]Der Rechnungshof berichtet jährlich unmittelbar dem Landtag und unterrichtet gleichzeitig die Regierung. [5]Im übrigen werden Stellung und Aufgaben des Rechnungshofs durch Gesetz geregelt.

Art. 84 [Kreditaufnahme; Gewährleistungen]. [1]Die Aufnahme von Krediten sowie jede Übernahme von Bürgschaften, Garantien oder sonstigen Gewährleistungen bedürfen einer Ermächtigung durch Gesetz. [2]Die Einnahmen aus Krediten dürfen die Summe der im Haushaltsplan veranschlagten Ausgaben für Investitionen nicht überschreiten; Ausnahmen sind nur zulässig zur Abwehr einer Störung des gesamtwirtschaftlichen Gleichgewichts. [3]Das Nähere wird durch Gesetz geregelt.

Schlußbestimmungen

Art. 85 [Bestandsgarantie für Hochschulen]. Die Universitäten und Hochschulen mit Promotionsrecht bleiben in ihrem Bestand erhalten.

Art. 86 *(aufgehoben)*

Art. 87 [Freie Wohlfahrtsverbände]. Die Wohlfahrtspflege der freien Wohlfahrtsverbände wird gewährleistet.

Art. 88 [Normenkontrolle über vorkonstitutionelles Recht]. Landesrecht im Sinne der Artikel 68 Abs. 1 Nr. 2 und 3 und 76 ist auch das vor Inkrafttreten dieser Verfassung geltende Recht.

Art. 89 [Erste Mitgliederwahl zum Verfassungsgerichtshof]. Bei der ersten Wahl der gemäß Artikel 68 Abs. 3 zu bestellenden Mitglieder des Verfassungsgerichtshofs wird je ein Mitglied der genannten drei Gruppen auf die Dauer von sechs Jahren, je ein weiteres Mitglied auf die Dauer von drei Jahren gewählt.

Art. 90 [Polizeiorganisation]. Die Organisation der Polizei bleibt im Grundsatz bis zu einer gesetzlichen Neuregelung bestehen.

Art. 91 [Heimatprinzip für oberste Landesbehörden]. Bei den Ministerien und sonstigen obersten Landesbehörden sollen Beamte aus den bisherigen Ländern in angemessenem Verhältnis verwendet werden.

Art. 92 [Mehrheit oder Minderheit der „Mitglieder des Landtags“]. Mehrheiten oder Minderheiten der „Mitglieder des Landtags“ im Sinne dieser Verfassung werden nach der gesetzlichen Zahl der Mitglieder des Landtags berechnet.

Art. 93 [Erster Landtag]. (1) Die Abgeordneten der nach § 13 des Zweiten Gesetzes über die Neugliederung in den Ländern Baden, Württemberg-Baden und Württemberg-Hohenzollern vom 4. Mai 1951 (BGBl. I S. 283 ff.) gewählten Verfassunggebenden Landesversammlung bilden nach Inkrafttreten dieser Verfassung den ersten Landtag.

(2) Die Wahlperiode dieses Landtags endet am 31. März 1956.

Art. 93 a [Wahlperiode 2006-2011]. [1]Abweichend von Artikel 30 Abs. 1 Satz 1 endet die am 1. Juni 2006 begonnene Wahlperiode des 14. Landtags am 30. April 2011, es sei denn, der Landtag wird vorher aufgelöst. [2]Im Übrigen bleibt Artikel 30 Abs. 1 unberührt.

Art. 94 [Inkrafttreten; Recht der bisherigen Länder]. (1) Die von der Verfassunggebenden Landesversammlung beschlossene Verfassung ist von ihrem Präsidenten auszufertigen und von der vorläufigen Regierung im Gesetzblatt des Landes zu verkünden.

(2) [1]Die Verfassung tritt am Tage ihrer Verkündung* in Kraft. [2]Zum gleichen Zeitpunkt treten die Verfassungen der bisherigen Länder Baden, Württemberg-Baden und Württemberg-Hohenzollern außer Kraft.

(3) [1]Sonstiges Recht der bisherigen Länder bleibt, soweit es dieser Verfassung nicht widerspricht, in seinem Geltungsbereich bestehen. [2]Soweit in Gesetzen oder Verordnungen Organe der bisherigen Länder genannt sind, treten an ihre Stelle die entsprechenden Organe des Landes Baden-Württemberg.

---

* *Verkündet am 19. November 1953*

Gesetz über die Landtagswahlen (Landtagswahlgesetz – LWG)

in der Fassung vom 15. April 2005 (GBl. S. 384),
zuletzt geändert durch Verordnung vom 23. Februar 2017 (GBl. S. 99)

INHALTSÜBERSICHT

1. Abschnitt

Wahlsystem

§ 1 Zahl der Abgeordneten und Art der Wahl. (1) Der Landtag setzt sich aus mindestens 120 Abgeordneten zusammen, die in 70 Wahlkreisen nach Wahlvorschlägen von Parteien oder von Wahlberechtigten für Einzelbewerber gewählt werden.

(2) [1]Parteien können in jedem Wahlkreis einen Bewerber und einen Ersatzbewerber vorschlagen. [2]Ein Einzelbewerber kann nur in einem Wahlkreis vorgeschlagen werden

(3) [1]Jeder Wähler hat eine Stimme. [2]Die Summe der Stimmenzahlen der Bewerber einer Partei in den Wahlkreisen ergibt die Gesamtstimmenzahl der Partei im Land.

§ 2 Verteilung der Abgeordnetensitze. (1) [1]Die 120 Abgeordnetensitze werden auf die Parteien im Verhältnis ihrer Gesamtstimmenzahl im Land nach der parteiübergreifend absteigenden Reihenfolge der Höchstzahlen verteilt, die sich durch Teilung der auf die jeweiligen Parteien entfallenen gültigen Stimmen durch ungerade Zahlen in aufsteigender Reihenfolge, beginnend mit der Zahl eins, ergibt. [2]Parteien, die weniger als 5 Prozent der im Land abgegebenen gültigen Stimmen erreicht haben, werden hierbei nicht berücksichtigt. [3]Haben Parteien mit einem geringeren Stimmenanteil als 5 Prozent oder Einzelbewerber Sitze nach Absatz 3 Satz 1 erlant, so werden entsprechend weniger Sitze verteilt.

(2) Die jeder Partei im Land zustehenden Sitze werden auf die Regierungsbezirke im Verhältnis der von ihr dort erreichten Stimmenzahlen nach dem in Absatz 1 Satz 1 festgelegten Höchstzahlverfahren verteilt.

(3) [1]In jedem Wahlkreis ist der Bewerber gewählt, der die meisten Stimmen erreicht hat. [2]Stehen einer Partei nach Absatz 2 in einem Regierungsbezirk mehr Sitze zu, als ihre Bewerber dort erlangt haben, so werden die weiteren Sitze ihren nicht nach Satz 1 gewählten Bewerbern in diesem Regierungsbezirk in der Reihenfolge der Höhe ihrer prozentuale Stimmanteile an den Stimmzahlen aller Bewerber in den Wahlkreisen zugeteilt.

(4) [1]Erlangt eine Partei in einem Regierungsbezirk nach Absatz 3 Satz 1 mehr Sitze, als ihr dort nach Absatz 2 zustehen, so erhöht sich die Zahl der auf den Regierungsbezirk insgesamt entfallenden Sitze um so viele, als erforderlich sind, um unter Einbeziehung der Mehrsitze die Sitzverteilung im Regierungsbezirk im Verhältnis der von den Parteien dort erreichten Stimmenzahlen nach dem in Absatz 1 Satz 1 festgelegten Höchstzahlverfahren zu gewährleisten; die Zahl der Abgeordneten erhöht sich über 120 hinaus entsprechend. [2]Bei gleicher Höchstzahl fällt der letzte Sitz an die Partei, die Mehrsitze erlangt hat. [3]Für die Zuteilung der weiteren Sitze gilt Absatz 3 Satz 2 entsprechend.

(5) Stehen einer Partei in einem Regierungsbezirk nach Absatz 2 oder nach Absatz 4 mehr Sitze zu, als sie dort Bewerber hat, so werden die weiteren Sitze den Ersatzbewerben im Regierungsbezirk in der Reihenfolge der Höhe der prozentualen Stimmanteile der Bewerber an den Stimmzahlen aller Bewerber in den Wahlkreisen zugeteilt.

(6) Bei gleichen Stimmenzahlen im Fall von Absatz 3 Satz 1 entscheidet das vom Kreiswahlleiter, bei gleichen prozentualen Stimmenanteilen in den Fällen von Absatz 3 Satz 2, Absatz 4 Satz 3 und Absatz 5 und bei gleichen Höchstzahlen in den Fällen von Absatz 1 Satz 1 und Absatz 2 das vom Landeswahlleiter zu ziehende Los.

(7) Sitze, die nach den vorstehenden Bestimmungen nicht verteilt werden können, bleiben auch dann unbesetzt, wenn dadurch die Zahl der Abgeordneten 120 nicht erreicht.

§ 3 Verbot der Verbindung von Wahlvorschlägen. Die Verbindung von Wahlvorschlägen mehrerer Parteien und die Aufstellung gemeinsamer Wahlvorschläge ist nicht zulässig.

2. Abschnitt
Gliederung des Wahlgebiets

§ 4 Wahlgebiet. [1]Wahlgebiet ist das Land. [2]Es gliedert sich in Wahlkreise und Wahlbezirke.

§ 5 Wahlkreise. (1) [1]Das Wahlgebiet wird in die Wahlkreise 1 bis 70 eingeteilt. [2]Die Wahlkreise ergeben sich aus der Anlage zu diesem Gesetz.

(2) [1]Werden Grenzen von Gemeinden oder Landkreisen geändert, so ändern sich entsprechend die Grenzen der betroffenen Wahlkreise. [2]Bei der Neubildung einer Gemeinde aus Gemeinden oder Teilen von Gemeinden eines Landkreises, die zu verschiedenen Wahlkreisen gehören, fällt die neue Gemeinde dem nach der Einwohnerzahl kleineren Wahlkreis zu. [3]Sätze 1 und 2 gelten nicht für Grenzänderungen, die später als sechs Monate vor dem Wahltag rechtswirksam werden.

(3) Das Innenministerium wird ermächtigt, die Anlage zu diesem Gesetz erneut ganz oder teilweise bekannt zu machen, wenn sich Wahlkreise nach Absatz 2 ändern oder wenn die Beschreibung des Gebiets eines Wahlkreises oder der Name eines Wahlkreises sonst unrichtig geworden ist.

§ 6 Wahlbezirke. [1]Jede Gemeinde bildet mindestens einen Wahlbezirk; in größeren Gemeinden sind mehrere Wahlbezirke zu bilden. [2]Das Nähere über die Bildung der Wahlbezirke und ihre öffentliche Bekanntmachung bestimmt die Wahlordnung. [3]Sie kann auch Bestimmungen über die Einrichtung von Sonderwahlbezirken treffen, in denen nur mit Wahlschein gewählt werden kann. [4]in Briefwahlbezirk wird bestimmt durch die dem Briefwahlvorstand zugewiesene Zuständigkeit nach Wahlbezirken, die auf der Grundlage von Satz 1 gebildet worden sind.

3. Abschnitt
Wahlrecht und Wählbarkeit

§ 7 Wahlrecht. (1) [1]Wahlberechtigt sind alle Deutschen im Sinne von Artikel 116 Abs. 1 des Grundgesetzes, die am Wahltag

1. das 18. Lebensjahr vollendet haben,
2. seit mindestens drei Monaten in Baden-Württemberg ihre Wohnung, bei mehreren Wohnungen ihre Hauptwohnung haben oder sich sonst gewöhnlich aufhalten und
3. nicht vom Wahlrecht ausgeschlossen sind (Absatz 2).

[2]Bei der Berechnung der Dreimonatsfrist nach Satz 1 Nr. 2 ist der Tag der Wohnungs- oder Aufenthaltsnahme in die Frist einzubeziehen.

(2) Ausgeschlossen vom Wahlrecht ist,

1. wer infolge Richterspruch das Wahlrecht nicht besitzt,

2. wem zur Besorgung aller seiner Angelegenheiten ein Betreuer nicht nur durch einstweilige Anordnung bestellt ist; dies gilt auch, wenn der Aufgabenkreis des Betreuers die in § 1896 Abs. 4 und § 1905 des Bürgerlichen Gesetzbuchs bezeichneten Angelegenheiten nicht erfasst.

§ 8 Ausübung des Wahlrechts. (1) Ein Wahlberechtigter kann sein Wahlrecht nur ausüben, wenn er in ein Wählerverzeichnis (§ 21) eingetragen ist oder einen Wahlschein (§ 22) hat.

(2) [1]Wer in ein Wählerverzeichnis eingetragen ist, kann durch persönliche Stimmabgabe in dem Wahlbezirk wählen, in dessen Wählerverzeichnis er geführt wird.[2]Wer einen Wahlschein hat, kann innerhalb des Wahlkreises, in dem der Wahlschein ausgestellt ist,
1. durch persönliche Stimmabgabe in einem beliebigen Wahlbezirk dieses Wahlkreises oder
2. durch Briefwahl.

wählen.

§ 9 Wählbarkeit. (1) Wählbar ist jeder Wahlberechtigte.

(2) Von der Wählbarkeit ist ausgeschlossen, wer infolge Richterspruchs die Wählbarkeit oder die Fähigkeit zur Bekleidung öffentlicher Ämter nicht besitzt.

4. Abschnitt
Wahlorgane

§ 10 Gliederung der Wahlorgane. (1) Wahlorgane sind
1. der Landeswahlleiter und der Landeswahlausschuss für das gesamte Wahlgebiet,
2. ein Kreiswahlleiter und ein Kreiswahlausschuss für jeden Wahlkreis,
3. ein Wahlvorsteher und ein Wahlvorstand für jeden Wahlbezirk,
4. mindestens ein Wahlvorsteher und ein Wahlvorstand für die Briefwahl (Briefwahlvorstand) für jeden Wahlkreis.

(2) Der Kreiswahlleiter kann anordnen, dass Briefwahlvorstände statt für den Wahlkreis für einzelne oder mehrere Gemeinden einzusetzen sind.

(3) Wieviel Briefwahlvorstände einzusetzen sind, bestimmt der Kreiswahlleiter.

(4) Das Nähere über die Einsetzung der Briefwahlvorstände bestimmt die Wahlordnung.

§ 11 Landeswahlleiter und Landeswahlausschuss. (1) Der Landeswahlleiter und der Landeswahlausschuss haben ihren Sitz in Stuttgart.

(2) Der Landeswahlleiter und sein Stellvertreter werden vom Innenministerium berufen.

(3) [1]Der Landeswahlausschuss besteht aus dem Landeswahlleiter als Vorsitzendem und vier bis zehn vom Innenministerium zu berufenden Beisitzern. [2]Die Zahl der Beisitzer bestimmt das Innenministerium. [3]Für jeden Beisitzer ist ein Stellvertreter zu berufen. [4]Bei der Berufung der Beisitzer sollen die im Land bestehenden Parteien angemessen berücksichtigt werden.

(4) [1]Das Innenministerium macht die Berufung des Landeswahlleiters und seines Stellvertreters im Staatsanzeiger für Baden-Württemberg bekannt. [2]Es stellt die erforderlichen Hilfskräfte und Hilfsmittel zur Verfügung.

§ 12 Kreiswahlleiter und Kreiswahlausschüsse. (1) Der Sitz der Kreiswahlleiter und der Kreiswahlausschüsse wird vom Innenministerium bestimmt.

(2) Der Kreiswahlleiter und ihre Stellvertreter werden vom Innenministerium berufen.

(3) [1]Die Kreiswahlausschüsse bestehen aus dem Kreiswahlleiter als Vorsitzenden und vier bis sieben vom Kreiswahlleiter zu berufenden Beisitzern. [2]Die Zahl der Beisitzer bestimmt der Kreiswahlleiter. [3]Für jeden Beisitzer ist ein Stellvertreter zu berufen. [4]Bei der Berufung der Beisitzer sollen die im Wahlkreis bestehenden Parteien angemessen berücksichtigt werden. [5]Besteht der Wahlkreis aus mehreren Landkreisen, Stadtkreisen oder Teilen von solchen, so sollen die einzelnen Gebiete, aus denen sich der Wahlkreis zusammensetzt, nach Möglichkeit berücksichtigt werden.

(4) [1]Das Innenministerium macht die Berufung der Kreiswahlleiter und ihrer Stellvertreter im Staatsanzeiger für Baden-Württemberg bekannt. [2]Die Landkreise und Stadtkreise sind verpflichtet, die erforderlichen Hilfskräfte und Hilfsmittel zur Verfügung zu stellen.

§ 13 Wahlvorsteher und Wahlvorstände. (1) Die Wahlvorsteher und ihre Stellvertreter werden vom Bürgermeister berufen.

(2) [1]Die Wahlvorstände bestehen aus dem Wahlvorsteher als Vorsitzendem, seinem Stellvertreter und mindestens drei weiteren Beisitzern, die vom Bürgermeister aus den Wahlberechtigten und Gemeindebediensteten zu berufen sind. [2]Die in der Gemeinde bestehenden Parteien sollen angemessen berücksichtigt werden.

(3) Die Gemeinden sind verpflichtet, die erforderlichen Hilfskräfte und Hilfsmittel zur Verfügung zu stellen.

(4) [1]Die Gemeinden sind befugt, personenbezogene Daten von Wahlberechtigten zum Zwecke ihrer Berufung zu Mitgliedern von Wahlvorständen zu erheben und weiter zu verarbeiten. [2]Zu diesem Zweck dürfen personenbezogene Daten von Wahlberechtigten, die zur Tätigkeit in Wahlvorständen geeignet sind, auch für künftige Wahlen verarbeitet werden, sofern der Betroffene der Verarbeitung nicht widersprochen hat. [3]Der Betroffene ist über das Widerspruchsrecht zu unterrichten. [4]Im Einzelnen dürfen Name, Vorname, Geburtsdatum, Anschrift, Telefonnummern, Zahl der Berufungen zu einem Mitglied

der Wahlvorstände und die dabei ausgeübte Funktion erhoben und weiter verarbeitet werden.

(5) [1]Auf Ersuchen der Gemeinden sind zur Sicherstellung der Wahldurchführung die Behörden des Landes, der Gemeinden, der Landkreise sowie der sonstigen der Aufsicht des Landes unterstehenden juristischen Personen des öffentlichen Rechts verpflichtet, aus dem Kreis ihrer Bediensteten unter Angabe von Name, Vorname, Geburtsdatum und Anschrift zum Zweck der Berufung als Mitglieder der Wahlvorstände Personen zu benennen, die im Gebiet der ersuchenden Gemeinde wohnen. [2]Die ersuchte Stelle hat den Betroffenen über die übermittelten Daten und den Empfänger zu benachrichtigen.

§ 14 Wahlvorsteher und Briefwahlvorstände. (1) Die Briefwahlvorstände haben ihren Sitz am Sitz des Kreiswahlleiters, wenn dieser nichts anderes bestimmt.

(2) Die Wahlvorsteher für die Briefwahl, ihre Stellvertreter und die weiteren Beisitzer des Briefwahlvorstands werden, wenn nach § 10 Abs. 2 für eine einzelne Gemeinde ein oder mehrere Briefwahlvorstände einzusetzen sind, vom Bürgermeister dieser Gemeinde, im Übrigen vom Kreiswahlleiter berufen.

(3) Für die Zusammensetzung der Briefwahlvorstände gilt § 13 Abs. 2 entsprechend.

(4) Sind nach § 10 Abs. 2 für einzelne oder für mehrere Gemeinden Briefwahlvorstände eingesetzt, sind die Gemeinden, im Übrigen die Landkreise verpflichtet, die erforderlichen Hilfskräfte und Hilfsmittel zur Verfügung zu stellen.

§ 15 Mitgliedschaft in Wahlorganen. (1) [1]Zu Mitgliedern der Wahlausschüsse dürfen nur Wahlberechtigte, zu Mitgliedern der Wahlvorstände nur Wahlberechtigte und Gemeindebedienstete berufen werden. [2]Wahlberechtigte sollen nach Möglichkeit in dem Gebiet wahlberechtigt sein, für das der Wahlausschuss oder Wahlvorstand bestellt wird.

(2) [1]Niemand darf in mehr als einem Wahlorgan Mitglied sein. [2]Wahlbewerber und Vertrauensleute für Wahlvorschläge dürfen nicht zu Mitgliedern eines Wahlorgans berufen werden.

§ 16 Tätigkeit der Wahlausschüsse und Wahlvorstände. (1) [1]Die Wahlausschüsse und Wahlvorstände verhandeln und entscheiden in öffentlicher Sitzung. [2]Bei den Abstimmungen entscheidet Stimmenmehrheit; bei Stimmengleichheit gibt die Stimme des Vorsitzenden den Ausschlag.

(2) Die Mitglieder der Wahlorgane, ihre Stellvertreter und die Schriftführung sind zur unparteiischen Wahrnehmung ihres Amtes und zur Verschwiegenheit über die ihnen bei ihrer amtlichen Tätigkeit bekannt gewordenen Angelegenheiten verpflichtet.

(3) Das Nähere über die öffentliche Bekanntmachung der Sitzungen der Wahlausschüsse und Wahlvorstände sowie über deren Verfahren bestimmt die Wahlordnung.

§ 17 Ehrenämter. (1) [1]Die Beisitzer der Wahlausschüsse und die Mitglieder der Wahlvorstände üben ihre Tätigkeit ehrenamtlich aus. [2]Zur Übernahme dieses Ehrenamtes ist jeder Wahlberechtigte verpflichtet. [3]Das Ehrenamt darf nur aus wichtigem Grund abgelehnt werden. [4]Das Nähere hierüber sowie über die reisekostenrechtliche Entschädigung und die Gewährung eines Zehrgelds bestimmt die Wahlordnung.

(2) Den Beisitzern der Wahlausschüsse und den Mitgliedern der Wahlvorstände kann Ersatz für Sachschäden, die sie bei Ausübung ihres Ehrenamts erlitten haben, nach den für Ehrenbeamte geltenden Bestimmungen gewährt werden; ein zugleich erlittener Körperschaden schließt eine Ersatzleistung nicht aus.

§ 18 Amtsdauer und Beschlussfähigkeit der Wahlausschüsse und Wahlvorstände. (1) Die Wahlausschüsse bestehen auch nach der Hauptwahl fort, längstens bis zum Ablauf der Wahlperiode.

(2) Mitglieder der Wahlausschüsse und der Wahlvorstände können aus wichtigem Grund entpflichtet oder ersetzt werden.

(3) Die Wahlausschüsse sind ohne Rücksicht auf die Zahl der erschienenen Beisitzer beschlussfähig.

(4) [1]Die Wahlvorstände sind beschlussfähig

1. während der Wahlhandlung und bei der Zulassung oder Zurückweisung der Wahlbriefe, wenn mindestens drei Mitglieder,
2. bei der Feststellung des Wahlergebnisses, wenn mindestens fünf Mitglieder,

darunter jeweils der Wahlvorsteher und der von ihm aus den Beisitzern bestellte Schriftführer oder ihre Stellvertreter, anwesend sind. [2]Fehlende Beisitzer sind vom Wahlvorsteher durch Wahlberechtigte oder Gemeindebedienstete zu ersetzen, wenn dies zur Herstellung der Beschlussfähigkeit des Wahlvorstandes erforderlich ist.

5. Abschnitt

Vorbereitung der Wahl

§ 19 Wahltag. [1]Die Regierung bestimmt den Wahltag und gibt ihn im Staatsanzeiger für Baden-Württemberg bekannt. [2]Der Wahltag ist auf einen Sonntag festzusetzen.

§ 20 Mitwirkung der Landkreise, Gemeinden und des Statistischen Landesamts. (1) [1]Die Landkreise und Gemeinden sind zur Mitwirkung bei der Vorbereitung und Durchführung der Wahl nach Maßgabe der gesetzlichen Vorschriften verpflichtet. [2]Das Innenministerium kann den Landkreisen und Gemeinden Weisungen erteilen.

(2) Dem Statistischen Landesamt obliegt insbesondere die technische Vorbereitung der Wahldatenübermittlung, die technische Ermittlung des vorläufigen und endgültigen Wahlergebnisses, die Wahlstatistik nach § 60, die Berechnung

des Wahlkostenersatzes, die rechnerische Unterstützung bei Wahlprüfungsverfahren sowie bei Änderungen der Wahlkreiseinteilung und des Wahlsystems.

§ 21 Wählerverzeichnisse. (1) [1]Die Aufstellung der Wählerverzeichnisse obliegt den Gemeinden. [2]Sie führen für jeden Wahlbezirk ein Wählerverzeichnis.

(2) In die Wählerverzeichnisse einer Gemeinde sind alle Personen einzutragen, die voraussichtlich am Wahltag das Wahlrecht und in der Gemeinde ihre Wohnung, bei mehreren Wohnungen ihre Hauptwohnung haben oder sich dort sonst gewöhnlich aufhalten.

(3) [1]Jeder Wahlberechtigte hat das Recht, an den Werktagen vom 20. bis zum 16. Tag vor der Wahl während der allgemeinen Öffnungszeiten die Richtigkeit und Vollständigkeit der zu seiner Person im Wählerverzeichnis eingetragenen Daten zu überprüfen. [2]Um innerhalb dieses Zeitraums die Daten von anderen im Wählerverzeichnis eingetragenen Personen zu überprüfen, müssen Wahlberechtigte Tatsachen glaubhaft machen, aus denen sich eine Unrichtigkeit oder Unvollständigkeit des Wählerverzeichnisses ergeben kann; die Daten von Wahlberechtigten, für die im Melderegister eine Auskunftssperre nach § 51 Abs. 1 bis 4 Bundesmeldegesetzes besteht, dürfen nicht eingesehen und überprüft werden.

(4) [1]Jeder Wahlberechtigte, der ein Wählerverzeichnis für unrichtig oder unvollständig hält, kann innerhalb der Einsichtsfrist beim Bürgermeister Einspruch einlegen. [2]Über den Einspruch entscheidet der Bürgermeister. [3]Gegen seine Entscheidung kann binnen zwei Tagen nach ihrer Zustellung Beschwerde an den Kreiswahlleiter erhoben werden. [4]Der Kreiswahlleiter entscheidet spätestens am vierten Tag vor der Wahl über die Beschwerde.

(5) Das Nähere über die Aufstellung, die Berichtigung und den Abschluss der Wählerverzeichnisse, über die Einsichtnahme sowie über das Einspruchs- und Beschwerdeverfahren bestimmt die Wahlordnung.

§ 22 Wahlscheine. (1) Ein Wahlberechtigter, der im Wählerverzeichnis eingetragen ist, oder der aus einem von ihm nicht zu vertretendem Grund in das Wählerverzeichnis nicht eingetragen ist, erhält auf Antrag einen Wahlschein.

(2) Bei Versagung eines Wahlscheins gilt § 21 Abs. 4 Sätze 2 bis 4 entsprechend.

(3) [1]Das Nähere über die Voraussetzungen für die Erteilung und Ausgabe der Wahlscheine und Briefwahlunterlagen sowie über das Einspruchs- und Beschwerdeverfahren bestimmt die Wahlordnung. [2]Sie kann für besondere Fälle zulassen, dass Wahlscheine von Amts wegen erteilt werden.

§ 23 Wahlräume und deren Ausstattung. (1) Die Gemeinden haben für die Bereitstellung und Ausstattung der Wahlräume zu sorgen und das erforderliche Bedienungspersonal zu stellen.

(2) Das Nähere über die Lage, die Ausstattung der Wahlräume und die Beschaffung der Stimmzettel und Umschläge bestimmt die Wahlordnung.

6. Abschnitt
Wahlvorschläge

§ 24 Aufstellung von Wahlbewerbern und Unterzeichnung der Wahlvorschläge. (1) [1]Parteien müssen ihre Bewerber in einer Versammlung ihrer wahlberechtigten Mitglieder im Wahlkreis (Mitgliederversammlung) oder in einer Versammlung der von diesen nicht früher als 18 Monate vor Ablauf der Wahlperiode aus ihrer Mitte gewählten Vertreter (Vertreterversammlung) in den letzten 15 Monaten vor Ablauf der Wahlperiode in geheimer Wahl aufstellen. [2]Jeder stimmberechtigte Teilnehmer der Versammlung ist hierbei vorschlagsberechtigt. [3]Den Bewerbern ist Gelegenheit zu geben, sich und ihr Programm der Versammlung in angemessener Zeit vorzustellen. [4]In Stadtkreisen, die mehrere ganze Wahlkreise umfassen, können die Bewerber für diese Wahlkreise in einer gemeinsamen Mitglieder- oder Vertreterversammlung aufgestellt werden.

(2) [1]Wahlvorschläge von Parteien müssen von dem Vorstand des Landesverbands oder, wenn Landesverbände nicht bestehen, von den Vorständen der nächstniedrigen Gebietsverbände, in deren Bereich der Wahlkreis liegt, unterzeichnet sein. [2]Parteien, die während der letzten Wahlperiode im Landtag nicht vertreten waren, bedürfen für ihre Wahlvorschläge außerdem der Unterschriften von mindestens 150 Wahlberechtigten des Wahlkreises. [3]Wahlvorschläge für Einzelbewerber müssen von mindestens 150 Wahlberechtigten des Wahlkreises unterzeichnet sein. [4]Die Unterschriften müssen jeweils persönlich und handschriftlich geleistet werden. [5]Die Wahlberechtigung der Unterzeichner ist in den Fällen der Sätze 2 und 3 bei Einreichung des Wahlvorschlags, spätestens bis zum Ablauf der Einreichungsfrist, nachzuweisen.

(3) Die einen Wahlvorschlag unterzeichnenden Wahlberechtigten können nicht zugleich andere Wahlvorschläge unterzeichnen.

(4) [1]Parteien müssen nachweisen, dass sie ihre Bewerber nach den Vorschriften des Absatzes 1 und satzungsgemäß aufgestellt haben. [2]In einen Wahlvorschlag dürfen nur Bewerber aufgenommen werden, die hierzu schriftlich ihre Zustimmung erteilt haben. [3]Die Zustimmung ist unwiderruflich.

(5) Das Nähere über die Unterzeichnung der Wahlvorschläge und über den Nachweis der ordnungsmäßigen Aufstellung der Bewerber bestimmt die Wahlordnung.

§ 25 Inhalt der Wahlvorschläge. (1) [1]Bewerber und Ersatzbewerber einer Partei können höchstens in zwei Wahlkreisen vorgeschlagen werden. [2]Niemand darf in einem Wahlkreis in verschiedenen Wahlvorschlägen vorgeschlagen werden.

(2) [1]Das Nähere über Form und Inhalt der Wahlvorschläge bestimmt die Wahlordnung. [2]Sie kann für Wahlvorschläge für Einzelbewerber vorschreiben, dass sie ein Kennwort enthalten müssen.

§ 26 Einreichung der Wahlvorschläge. (1) Wahlvorschläge müssen spätestens am 59. Tag vor der Wahl bis 18 Uhr beim zuständigen Kreiswahlleiter schriftlich eingereicht werden.

(2) Das Nähere über die einzureichenden Nachweise und deren Form und Inhalt sowie über die Zuständigkeit für die Ausstellung von Wahlrechtsbescheinigungen und Wählbarkeitsbescheinigungen bestimmt die Wahlordnung.

§ 27 Vertrauensleute. (1) [1]In jedem Wahlvorschlag sollen zwei Vertrauensleute bezeichnet werden. [2]Sind keine Vertrauensleute benannt, gelten die beiden ersten Unterzeichner des Wahlvorschlags als Vertrauensleute.

(2) Soweit in diesem Gesetz nichts anderes bestimmt ist, sind nur die Vertrauensleute, jeder für sich, berechtigt, verbindliche Erklärungen zum Wahlvorschlag abzugeben und Erklärungen von Wahlorganen entgegenzunehmen.

(3) Die Vertrauensleute können durch schriftliche Erklärung der Mehrheit der Unterzeichner des Wahlvorschlags an den Kreiswahlleiter abberufen und durch andere ersetzt werden.

§ 28 Zurücknahme und Änderung von Wahlvorschlägen. (1) [1]Ein Wahlvorschlag kann bis zum Ablauf der Einreichungsfrist durch gemeinsame schriftliche Erklärung der Vertrauensleute zurückgenommen oder geändert werden. [2]Die Vorschriften über die Aufstellung der Bewerber, die Unterzeichnung des Wahlvorschlags und die Beibringung von weiteren Unterschriften bleiben unberührt.

(2) [1]Nach Ablauf der Einreichungsfrist gilt Absatz 1 Satz 1 entsprechend mit der Maßgabe, dass eine Zurücknahme oder Änderung nur bis zur Entscheidung über die Zulassung des Wahlvorschlags zulässig ist, eine Änderung ferner nur dann, wenn der Bewerber oder Ersatzbewerber gestorben ist oder die Wählbarkeit verloren hat. [2]Das Verfahren nach §24 braucht bei einer solchen Änderung nicht eingehalten zu werden; der Unterschriften nach § 24 Abs. 2 bedarf es nicht.

§ 29 Beseitigung von Mängeln der Wahlvorschläge. (1) [1]Der Kreiswahlleiter hat die Wahlvorschläge unverzüglich nach Eingang zu prüfen. [2]Stellt er bei einem Wahlvorschlag Mängel fest, so benachrichtigt er sofort die Vertrauensleute und fordert sie auf, behebbare Mängel rechtzeitig zu beseitigen.

(2) [1]Nach Ablauf der Einreichungsfrist können nur noch Mängel an sich gültiger Wahlvorschläge behoben werden. [2]Ein Wahlvorschlag ist nicht gültig, wenn:

1. die Form oder Frist des § 26 Abs. 1 nicht gewahrt ist,
2. die nach § 24 Abs. 2 erforderlichen gültigen Unterschriften mit dem Nachweis der Wahlberechtigung der Unterzeichner fehlen, es sei denn, der Nachweis kann infolge von Umständen, die der Wahlvorschlagsberechtigte nicht zu vertreten hat, nicht rechtzeitig erbracht werden,

3. bei dem Wahlvorschlag einer Partei die Parteibezeichnung fehlt oder die Nachweise des § 24 Abs. 4 nicht erbracht sind.

[3]Ist der Bewerber oder Ersatzbewerber so mangelhaft bezeichnet, dass seine Person nicht feststeht, ist der Wahlvorschlag für diesen Bewerber oder Ersatzbewerber ungültig.

(3) Nach der Entscheidung über die Zulassung des Wahlvorschlags (§ 30 Abs. 1) können Mängel nicht mehr behoben werden.

§ 30 Zulassung der Wahlvorschläge. (1) Der Kreiswahlausschuss entscheidet am 54. Tag vor der Wahl über die Zulassung der Wahlvorschläge.

(2) [1]Der Kreiswahlausschuss hat Wahlvorschläge zurückzuweisen, die verspätet eingegangen sind oder den Vorschriften dieses Gesetzes oder der auf Grund dieses Gesetzes erlassenen Wahlordnung nicht entsprechen. [2]Beziehen sich die Beanstandungen nur auf einzelne Bewerber, so sind diese zu streichen. [3]Wird auf einem Wahlvorschlag der Bewerber gestrichen und ist ein Ersatzbewerber benannt, so tritt der Ersatzbewerber an die Stelle des Bewerbers.

(3) [1]Die Prüfungspflicht des Kreiswahlausschusses erstreckt sich nur auf die Wahlvorschläge und die zu ihnen zu erbringenden Nachweise. [2]Tatsachen, die dem Kreiswahlausschuss zuverlässig bekannt oder die offenkundig sind, können jedoch von ihm berücksichtigt werden. [3]Das Nähere über die Prüfung und Zulassung der Wahlvorschläge bestimmt die Wahlordnung.

§ 31 Rechtsmittel. (1) Die Vertrauensleute können gegen Verfügungen der Kreiswahlleiter im Mängelbeseitigungsverfahren (§ 29) den Kreiswahlausschuss anrufen.

(2) [1]Weist der Kreiswahlausschuss einen Wahlvorschlag ganz oder teilweise zurück, so kann bis 18 Uhr des dritten Tags nach der Verkündung der Entscheidung Beschwerde an den Landeswahlausschuss erhoben werden. [2]Beschwerdeberechtigt sind die Vertrauensleute des zurückgewiesenen Wahlvorschlags, der Landeswahlleiter und der Kreiswahlleiter. [3]Der Landeswahlleiter und der Kreiswahlleiter können auch gegen die Zulassung eines Wahlvorschlags Beschwerde erheben.

(3) Die Beschwerdeentscheidungen des Landeswahlausschusses müssen spätestens am 44. Tag vor der Wahl ergehen.

(4) Das Nähere über das Verfahren nach Absatz 1 und über das Beschwerdeverfahren nach Absatz 3 bestimmt die Wahlordnung.

§ 32 Bekanntmachung der Wahlvorschläge. (1) Der Kreiswahlleiter macht die zugelassenen Wahlvorschläge wie die amtlichen Veröffentlichungen der Stadt- oder Landkreise im Wahlkreis spätestens am 34. Tag vor der Wahl bekannt.

(2) [1]Die Reihenfolge der Wahlvorschläge in den Bekanntmachungen der Kreiswahlleiter richtet sich bei Wahlvorschlägen von Parteien nach den Stim-

menzahlen, die sie bei der letzten Landtagswahl erreicht haben. [2]Im Anschluss hieran sind sonstige Parteien in der alphabetischen Reihenfolge ihrer ausgeschriebenen Parteinamen aufzuführen. [3]Sodann folgen die übrigen Wahlvorschläge in der Reihenfolge ihres Eingangs beim Kreiswahlleiter [4]Die Wahlvorschläge sind in der angegebenen Reihenfolge fortlaufend zu numerieren. [5]Hat in einem Wahlkreis eine in anderen Wahlkreisen vertretene Partei keinen Wahlvorschlag eingereicht oder ist ihr Wahlvorschlag zurückgewiesen worden, so fällt die Nummer dieser Partei aus.

7. Abschnitt
Wahlhandlung

§ 33 Wahlzeit. [1]Die Wahl im Wahlbezirk kann am Wahltag von 8 Uhr bis 18 Uhr ausgeübt werden. [2]Die Wahlordnung kann für besondere Verhältnisse eine andere Festsetzung der Wahlzeit zulassen.

§ 34 Öffentlichkeit der Wahlhandlung. (1) Die Wahlhandlung ist öffentlich.

(2) [1]Der Wahlvorstand hat für den geordneten Ablauf der Wahlhandlung zu sorgen. [2]Er kann insbesondere Personen, welche die Ruhe oder Ordnung stören, nach vergeblicher Ermahnung aus dem Wahlraum und den Zugängen zum Wahlraum verweisen. [3]Ist der Betroffene in das Wählerverzeichnis des Wahlbezirks eingetragen oder hat er einen Wahlschein, so ist ihm zuvor Gelegenheit zur Ausübung des Wahlrechts zu geben.

§ 35 Unzulässige Wahlpropaganda und Unterschriftensammlung, unzulässige Veröffentlichung von Wählerbefragungen. (1) Während der Wahlzeit sind in und an dem Gebäude, in dem sich der Wahlraum befindet, sowie unmittelbar vor dem Zugang zu dem Gebäude jede Beeinflussung der Wähler durch Wort, Ton, Schrift oder Bild sowie jede Unterschriftensammlung verboten.

(2) Die Veröffentlichung der Ergebnisse von Wählerbefragungen nach der Stimmabgabe über den Inhalt der Wahlentscheidung ist vor Ablauf der Wahlzeit unzulässig.

§ 36 Wahrung des Wahlgeheimnisses. [1]Die zur Wahrung des Wahlgeheimnisses erforderlichen Vorkehrungen regelt die Wahlordnung. [2]Der Wahlvorsteher hat die Einhaltung dieser Bestimmungen zu überwachen.

§ 37 Stimmzettel, Umschläge. (1) [1]Für die Wahl dürfen nur amtliche Stimmzettel und bei der Briefwahl amtliche Stimmzettelumschläge verwendet werden. [2]In Wahlbezirken und Briefwahlbezirken, in denen die Wahlstatistik nach § 60 Abs. 2 bis 8 durchgeführt wird, werden bei der Stimmabgabe Stimmzettel mit Unterscheidungsbezeichnungen nach Geschlecht und Geburtsjahresgruppen verwendet.

(2) [1]Auf dem Stimmzettel erhält jeder im Wahlkreis zugelassene Wahlvorschlag eines von mehreren untereinander stehenden waagrechten Feldern. [2]Jedes Feld enthält

1. die laufende Nummer des Wahlvorschlags,
2. den Namen, Beruf oder Stand und Wohnort und, soweit es zur Vermeidung von Zweifeln über die Person erforderlich ist, auch den Geburtstag und Geburtsort des aufgestellten Bewerbers und gegebenenfalls des Ersatzbewerbers,
3. bei Wahlvorschlägen von Parteien den Namen der Partei, gegebenenfalls unter Beifügung der geführten Kurzbezeichnung, bei anderen Wahlvorschlägen die Bezeichnung »Einzelbewerber«,
4. einen ausreichend großen Kreis für die Stimmabgabe (§ 38).

[3]Die Wahlvorschläge sind in der in § 32 Abs. 2 bestimmten Reihenfolge unter der ihnen hiernach zukommenden laufenden Nummer aufzuführen. [4]Für ausgefallene Nummern sind keine Felder freizulassen.

(3) Die Wahlordnung kann weitere Bestimmungen über Form und Inhalt des Stimmzettels sowie über die Beschaffenheit der Stimmzettelumschläge und Wahlbriefumschläge treffen.

(4) Das Innenministerium kann zulassen, dass anstelle von Stimmzetteln amtlich zugelassene Stimmenzählgeräte verwendet werden.

§ 38 Stimmabgabe. (1) [1]Wer seine Stimme im Wahlraum abgibt, erhält dort einen Stimmzettel. [2]Er kann erforderlichenfalls weitere Stimmzettel nachfordern. [3]In Wahlbezirken und Briefwahlbezirken, in denen die Wahlstatistik nach § 60 Abs. 2 bis 8 durchgeführt wird, ist der Wahlberechtigte verpflichtet, bei der Stimmabgabe Stimmzettel mit Unterscheidungsbezeichnungen nach Geschlecht und Geburtsjahresgruppen zu verwenden.

(2) [1]Der Wahlberechtigte kann seine Stimme nur persönlich abgeben. [2]Ein Wahlberechtigter, der nicht lesen kann oder wegen einer körperlichen Behinderung gehindert ist, seine Stimme allein abzugeben, kann sich der Hilfe einer Person seines Vertrauens bedienen.

(3) [1]Der Wahlberechtigte übt sein Wahlrecht in der Weise aus, dass er auf dem Stimmzettel in einen der hinter den Wahlvorschlägen befindlichen Kreise ein Kreuz einsetzt oder durch eine andere Art der Kennzeichnung des Stimmzettels eindeutig zu erkennen gibt, für welchen Wahlvorschlag er sich entscheiden will. [2]Der so gekennzeichnete Stimmzettel ist in der Weise zu falten, dass die Stimmabgabe nicht erkennbar ist, und in die Wahlurne zu werfen.

(4) Über Zweifelsfragen, die sich bei der Stimmabgabe im Wahlraum ergeben, entscheidet der Wahlvorstand.

(5) [1]Bei der Briefwahl hat der Wähler dem auf dem Stimmzettelumschlag als Empfänger vorgesehenen Kreiswahlleiter oder Bürgermeister im Wahlbrief den verschlossenen Wahlumschlag, der den Stimmzettel enthält, sowie den Wahlschein so rechtzeitig zu übersenden, dass er dort spätestens am Wahltag bis

18 Uhr eingeht. [2]Auf dem Wahlschein ist durch Unterschrift an Eides statt zu versichern, dass der Wähler den Stimmzettel persönlich oder nach Absatz 2 Satz 2 gekennzeichnet hat.

(6) Im Einzelnen wird der Vorgang der Stimmabgabe und die Ausübung der Briefwahl durch die Wahlordnung geregelt.

8. Abschnitt

Feststellung und Bekanntgabe des Wahlergebnisses

§ 39 Öffentlichkeit der Ergebnisfeststellung. Das Wahlergebnis ist in öffentlicher Sitzung zu ermitteln und festzustellen.

§ 40 Feststellung des Wahlergebnisses im Wahlbezirk. (1) Nach Beendigung der Wahlhandlung stellt der Wahlvorstand das Wahlergebnis im Wahlbezirk fest.

(2) Der Wahlvorstand entscheidet über die Gültigkeit der abgegebenen Stimmen und über sonstige bei der Feststellung des Wahlergebnisses sich ergebende Fragen.

(3) Das Nähere über die Feststellung der Wahlergebnisse, ihre Weitermeldung und Bekanntgabe bestimmt die Wahlordnung.

§ 41 Feststellung des Briefwahlergebnisses. (1) Der Briefwahlvorstand stellt nach Beendigung der Wahlhandlung das Wahlergebnis aus den ihm zugewiesenen Wahlbriefen fest.

(2) § 40 Abs. 2 und 3 gilt entsprechend.

§ 42 Ungültige Stimmen, Zurückweisung von Wahlbriefen. (1) [1]Ungültig sind Stimmen, wenn der Stimmzettel

1. nicht amtlich hergestellt oder für einen anderen Wahlkreis gültig ist,
2. keine Kennzeichnung enthält,
3. den Willen des Wählers nicht zweifelsfrei erkennen lässt,
4. ganz durchgestrichen, durchgerissen oder durchgeschnitten ist,
5. eine Änderung, einen Vorbehalt oder einen beleidigenden oder auf die Person des Wählers hinweisenden Zusatz enthält oder wenn sich in dem Stimmzettelumschlag sonst eine derartige Äußerung befindet.

[2]Ungültig sind auch Stimmen, wenn der Stimmzettel bei der Stimmabgabe im Wahlraum in einem Umschlag abgegeben worden ist sowie bei der Briefwahl nicht in einem amtlichen Stimmzettelumschlag oder in einem Stimmzettelumschlag abgegeben worden ist, der offensichtlich in einer das Wahlgeheimnis gefährdenden Weise von den übrigen Stimmzettelumschlägen abweicht oder einen deutlich fühlbaren Gegenstand enthält, jedoch eine Zurückweisung nach Absatz 3 Nr. 7 oder 8 nicht erfolgt ist.

(2) [1]Leer abgegebene Stimmzettelumschläge werden als ungültige Stimmen gewertet. [2]Mehrere in einem Stimmzettelumschlag abgegebene Stimmzettel gelten als eine gültige Stimme, wenn sie gleich gekennzeichnet sind oder nur einer von ihnen gekennzeichnet ist; bei inhaltlich verschiedener Kennzeichnung gelten sie als eine ungültige Stimme.

(3) [1]Bei der Briefwahl sind Wahlbriefe zurückzuweisen, wenn

1. der Wahlbrief nicht rechtzeitig eingegangen ist,
2. dem Wahlbriefumschlag kein oder kein gültiger Wahlschein beiliegt,
3. dem Wahlbriefumschlag kein Stimmzettelumschlag beiliegt,
4. weder der Wahlbriefumschlag noch der Stimmzettelumschlag verschlossen ist,
5. der Wahlbriefumschlag mehrere Stimmzettelumschläge, aber nicht die gleiche Anzahl gültiger und mit der vorgeschriebenen Versicherung an Eides statt versehener Wahlscheine enthält,
6. der Wähler oder die Person seines Vertrauens die vorgeschriebene Versicherung an Eides statt auf dem Wahlschein nicht unterschrieben hat,
7. kein amtlicher Stimmzettelumschlag benutzt worden ist oder
8. ein Stimmzettelumschlag benutzt worden ist, der offensichtlich in einer das Wahlgeheimnis gefährdenden Weise von den übrigen abweicht oder einen deutlich fühlbaren Gegenstand enthält.

[2]Die Einsender zurückgewiesener Wahlbriefe werden nicht als Wähler gezählt; ihre Stimmen gelten als nicht abgegeben.

(4) Die Stimme eines Wählers, der an der Briefwahl teilgenommen hat, wird nicht dadurch ungültig, dass er vor dem oder am Wahltag stirbt, aus Baden-Württemberg verzieht oder sein Wahlrecht nach § 7 Abs. 2 verliert.

§ 43 Feststellung des Wahlergebnisses im Wahlkreis. (1) [1]Der Kreiswahlausschuss stellt das Wahlergebnis im Wahlkreis fest. [2]Er hat dabei die Feststellungen der Wahlvorstände und Briefwahlvorstände nachzuprüfen. [3]Er kann fehlerhafte Entscheidungen abändern; zurückgewiesene Wahlbriefe kann er nicht zulassen.

(2) § 40 Abs. 3 gilt entsprechend.

§ 44 Feststellung des Wahlergebnisses im Land und Sitzverteilung. (1) [1]Der Landeswahlausschuss ermittelt auf Grund der von den Kreiswahlausschüssen getroffenen Feststellungen das Ergebnis der Wahl im Land und stellt es fest. [2]Zählfehler kann er berichtigen. [3]Im Übrigen kann er die Feststellungen nur ändern, wenn sie offenkundig unrichtig sind.

(2) [1]Auf Grund des von ihm festgestellten Ergebnisses beschließt der Landeswahlausschuss über die Sitzverteilung und stellt die hiernach gewählten Bewerber fest (§ 2). [2]Bewerber, die in zwei Wahlkreisen aufgestellt sind (§ 25 Abs. 1 Satz 1) und in jedem der beiden Wahlkreise einen Sitz erlangt haben, gelten in dem Wahlkreis als gewählt, in dem sie den Sitz mit der höchsten Stimmenzahl des Wahlkreises (§ 2 Abs. 3 Satz 1) erlangt haben. [3]Trifft dies in bei-

den Wahlkreisen zu, so gelten sie in dem Wahlkreis als gewählt, in dem sie die höhere Stimmenzahl erreicht haben; trifft dies in keinem von beiden Wahlkreisen zu, so gelten sie in dem Wahlkreis als gewählt, in dem sie den höheren prozentualen Stimmenanteil an den Stimmenzahlen aller Bewerber erreicht haben. [4]Für den anderen Wahlkreis gilt in beiden Fällen § 47 Abs. 1 entsprechend.

§ 45 Bekanntmachung des Wahlergebnisses. [1]Der Landeswahlleiter macht das vom Landeswahlausschuss festgestellte Ergebnis der Wahl im Land einschließlich der Sitzverteilung und der gewählten Bewerber im Staatsanzeiger für Baden-Württemberg bekannt. [2]Er benachrichtigt die gewählten Bewerber von ihrer Wahl und fordert sie auf, binnen einer Woche schriftlich zu erklären, ob sie die Wahl annehmen.

§ 46 Erwerb der Mitgliedschaft im Landtag. (1) [1]Die gewählten Bewerber erwerben die Mitgliedschaft im Landtag mit dem frist- und formgerechten Eingang der Annahmeerklärung auf die Benachrichtigung nach § 45 Satz 2 beim Landeswahlleiter. [2]Geht bis zum Ablauf der in § 45 Satz 2 bestimmten Frist beim Landeswahlleiter keine oder keine formgerechte Erklärung ein, so gilt die Wahl zu diesem Zeitpunkt als angenommen. [3]Eine Erklärung unter Vorbehalt gilt als Ablehnung. [4]Annahme- und Ablehnungserklärungen können nicht widerrufen werden.

(2) Der Landeswahlleiter stellt den Bewerbern, die die Wahl angenommen haben oder bei denen die Wahl als angenommen gilt, eine Wahlurkunde aus.

9. Abschnitt

Ausscheiden und Ersatz von Abgeordneten

§ 47 Mandatsnachfolge. (1) [1]Lehnt ein gewählter Bewerber die Annahme der Wahl ab, stirbt er vor der Annahme der Wahl, verliert er vor der Annahme der Wahl die Wählbarkeit oder scheidet ein Abgeordneter aus dem Landtag aus, so tritt der Ersatzbewerber (§ 1 Abs. 2 Satz 1) an seine Stelle. [2]Ist kein Ersatzbewerber vorhanden, so finden die Vorschriften des § 2 Abs. 3 Satz 2 und Abs. 5 mit der Maßgabe entsprechende Anwendung, dass gewählte Bewerber, die zugleich in einem zweiten Wahlkreis als Bewerber oder Ersatzbewerber aufgestellt waren, für die Mandatsnachfolge ausscheiden. [3]Hinsichtlich der Parteizugehörigkeit des Bewerbers oder Abgeordneten ist entscheidend, für welche Partei er bei der Wahl aufgetreten ist.

(2) Ein Abgeordneter scheidet aus dem Landtag aus

1. durch Tod,
2. durch Mandatsverzicht (Artikel 41 Abs. 2 der Landesverfassung),
3. durch Verlust der Wählbarkeit (Artikel 41 Abs. 3 der Landesverfassung),

4. durch Ungültigerklärung der Wahl oder der Sitzzuteilung im Wahlprüfungsverfahren (§ 54),
5. durch Aberkennung des Mandats (Artikel 42 der Landesverfassung).

§ 48 Feststellung der Mandatsnachfolge. [1]Die Feststellung, welcher Bewerber nach der Ablehnung eines gewählten Bewerbers oder dem Ausscheiden eines Abgeordneten nachrückt, trifft der Landeswahlleiter. [2]In den Fällen des § 47 Abs. 2 kann er diese Feststellung erst treffen, nachdem ihm das Ausscheiden des Abgeordneten vom Präsidenten des Landtags schriftlich mitgeteilt worden ist.

§ 49 Folgen eines Parteiverbots. [1]Wird eine Partei oder eine Teilorganisation einer Partei durch das Bundesverfassungsgericht gemäß Artikel 21 Abs. 2 des Grundgesetzes für verfassungswidrig erklärt, so verlieren die Abgeordneten, die dieser Partei oder Teilorganisation zur Zeit der Stellung des Verbotsantrags oder der Verkündung des Urteils angehört haben, ihren Sitz. [2]§ 47 Abs. 1 und § 48 finden mit der Maßgabe entsprechende Anwendung, dass Bewerber, die der verbotenen Partei oder Teilorganisation zur Zeit der Antragstellung oder der Verkündung des Urteils angehört haben, für die Mandatsnachfolge unberücksichtigt bleiben. [3]Sind keine geeigneten Mandatsnachfolger vorhanden, so bleiben freigewordene Sitze unbesetzt.

10. Abschnitt

Nachwahl und Wiederholungswahl

§ 50 Nachwahl. (1) Steht fest, dass die Wahl infolge höherer Gewalt oder aus einem sonstigen Grund in einem Wahlkreis oder einem Wahlbezirk nicht durchgeführt werden kann, oder wird ein offenkundiger, vor der Wahl nicht mehr behebbarer Mangel festgestellt, wegen dem die Wahl im Fall ihrer Durchführung im Wahlprüfungsverfahren ganz oder teilweise für ungültig erklärt werden müsste, sagt der Kreiswahlleiter die Wahl ganz oder teilweise ab und macht dies öffentlich mit dem Hinweis bekannt, dass eine Nachwahl stattfinden wird.

(2) [1]Ist in einem Wahlkreis oder einem Wahlbezirk die Wahl nicht durchgeführt worden, findet eine Nachwahl statt. [2]Die Nachwahl soll spätestens drei Wochen nach dem Tag der Hauptwahl stattfinden. [3]Den Tag der Nachwahl bestimmt der Landeswahlleiter.

(3) Die Nachwahl findet nach denselben Vorschriften und auf denselben Grundlagen wie die Hauptwahl statt.

(4) Das Nähere über die Vorbereitung und Durchführung der Nachwahl bestimmt die Wahlordnung.

§ 51 Wiederholungswahl. (1) Wird im Wahlprüfungsverfahren die Wahl ganz oder teilweise für ungültig erklärt, so ist sie in dem in der Entscheidung bestimmten Umfang zu wiederholen.

(2) Bei der Wiederholungswahl wird vorbehaltlich einer anderen Entscheidung im Wahlprüfungsverfahren nach denselben Wahlvorschlägen und, wenn seit der Hauptwahl noch nicht sechs Monate verstrichen sind, auf Grund derselben Wählerverzeichnisse gewählt wie bei der für ungültig erklärten Wahl.

(3) [1]Dic Wiederholungswahl muss spätestens 60 Tage nach dem Eintritt der Rechtskraft der Entscheidung stattfinden, durch welche die Wahl für ungültig erklärt worden ist. [2]Ist die Wahl nur teilweise für ungültig erklärt worden, so unterbleibt die Wiederholungswahl, wenn feststeht, dass innerhalb von sechs Monaten nach dem genannten Zeitpunkt der Landtag neu gewählt wird. [3]Den Tag der Wiederholungwahl bestimmt der Landeswahlleiter.

(4) Das Nähere über die Vorbereitung und Durchführung der Wiederholungswahl bestimmt die Wahlordnung.

(5) Auf Grund der Wiederholungswahl wird das Wahlergebnis neu festgestellt.

11. Abschnitt

Staatliche Mittel für Parteien und Einzelbewerber

§ 52 Auszahlung staatlicher Mittel an Parteien. (1) Die staatlichen Mittel nach dem Parteiengesetz für die bei Landtagswahlen erzielten Stimmen werden vom Präsidenten des Landtags an die Landesverbände der Parteien ausgezahlt.

(2) Die erforderlichen Mittel sind im Staatshaushaltsplan des Landes – Einzelplan 01 – Landtag – auszubringen.

(3) Der Rechnungshof prüft, ob der Präsident des Landtags als mittelverwaltende Stelle die staatlichen Mittel nach den Vorschriften des Parteiengesetzes ausgezahlt hat.

§ 53 Staatliche Mittel für Einzelbewerber. (1) Einzelbewerber, die mindestens 10 Prozent der in einem Wahlkreis abgegebenen gültigen Stimmen erreicht haben, erhalten je gültige Stimme 3,50 Euro.

(2) [1]Die Festsetzung und die Auszahlung der staatlichen Mittel sind von dem Einzelbewerber innerhalb von zwei Monaten nach dem Zusammentritt des Landtags schriftlich zu beantragen; danach eingehende Anträge bleiben unberücksichtigt. [2]Der Betrag wird vom Präsidenten des Landtags festgesetzt und ausgezahlt.

(3) § 52 Abs. 2 gilt entsprechend.

(4) Der Rechnungshof prüft, ob der Präsident des Landtags als mittelverwaltende Stelle die staatlichen Mittel nach den Absätzen 1 und 2 festgesetzt und ausgezahlt hat.

12. Abschnitt
Schlussbestimmungen

§ 54 Anfechtung. Entscheidungen und Maßnahmen, die sich unmittelbar auf die Vorbereitung und Durchführung der Wahl beziehen, können nur mit den in diesem Gesetz und in der Landeswahlordnung vorgesehenen Rechtsbehelfen sowie im Wahlprüfungsverfahren nach dem Wahlprüfungsgesetz angefochten werden.

§ 55 Ordnungswidrigkeiten. (1) Ordnungswidrig handelt, wer

1. entgegen § 17 Abs. 1 ohne wichtigen Grund ein Ehrenamt ablehnt oder sich ohne genügende Entschuldigung den Pflichten eines solchen Ehrenamts entzieht oder
2. entgegen § 35 Abs. 2 Ergebnisse von Wählerbefragungen nach der Stimmabgabe über den Inhalt der Wahlentscheidung vor Ablauf der Wahlzeit veröffentlicht.

(2) Die Ordnungswidrigkeit nach Absatz 1 Nr. 1 kann mit einer Geldbuße bis zu 500 Euro, die Ordnungswidrigkeit nach Absatz 1 Nr. 2 mit einer Geldbuße bis zu 50 000 Euro geahndet werden.

(2) Verwaltungsbehörde im Sinne des § 36 Abs. 1 Nr. 1 des Gesetzes über Ordnungswidrigkeiten ist

1. bei Ordnungswidrigkeiten nach Absatz 1 Nr. 1
   a) der Landeswahlleiter, wenn ein Wahlberechtigter das Amt des Beisitzers im Landeswahlausschuss,
   b) der Kreiswahlleiter, wenn ein Wahlberechtigter das Amt eines Wahlvorstehers, eines stellvertretenden Wahlvorstehers oder eines Beisitzers im Wahlvorstand oder im Kreiswahlausschuss

   unberechtigt ablehnt oder sich ohne genügende Entschuldigung den Pflichten eines solchen Amtes entzieht,
2. bei Ordnungswidrigkeiten nach Absatz 1 Nr. 2 der Landeswahlleiter.

§ 56 Wahlkosten. (1) [1]Die Kosten der Landtagswahlen trägt das Land. [2]Es erstattet den Landkreisen und Gemeinden die durch die Vorbereitung und Durchführung der Wahlen einschließlich der Übermittlung des Wahlergebnisses entstandenen notwendigen Kosten unter Ausschluss der laufenden Ausgaben persönlicher und sachlicher Art. [3]Für die Inanspruchnahme von Räumen in Anstalten und Gebäuden der Landkreise und Gemeinden wird keine Vergütung gewährt.

(2) Art und Höhe des Kostenersatzes bestimmt das Innenministerium im Einvernehmen mit dem Finanzministerium.

(3) Das Land erstattet den Blindenvereinen, die ihre Bereitschaft zur Herstellung von Stimmzettelschablonen erklärt haben, die durch die Herstellung und die Verteilung der Stimmzettelschablonen veranlassten notwendigen Ausgaben.

§ 57 Wahlordnung. [1]Das Innenministerium erläßt durch Rechtsverordnung (Wahlordnung) die in diesem Gesetz vorgesehenen und die zu seiner Durchführung sonst erforderlichen Vorschriften.[2]In der Wahlordnung können auch Sonderbestimmungen über das Wahlverfahren in Krankenhäusern, Heimen, Klöstern, sozialtherapeutischen Anstalten und Justizvollzugsanstalten sowie für solche Wahlberechtigte getroffen werden, deren Wohnstätten aus gesundheits- oder viehseuchenpolizeilichen Gründen gesperrt sind.

§ 58 Ermächtigung zur Verkürzung von Fristen und Terminen bei Auflösung des Landtags. Bei einer Auflösung des Landtags vor Ablauf der Wahlperiode kann das Innenministerium, um eine ordnungsgemäße Vorbereitung der Wahl zu gewährleisten, die in diesem Gesetz und in der Wahlordnung bestimmten Fristen und Termine durch Rechtsverordnung abkürzen oder ändern und damit zusammenhängende ergänzende Verfahrensvorschriften erlassen.

§ 59 Fristen, Termine und Form. (1) [1]Die in diesem Gesetz und in der Wahlordnung bestimmten Fristen und Termine verlängern oder ändern sich nicht dadurch, dass der letzte Tag der Frist oder ein Termin auf einen Samstag, einen Sonntag oder einen gesetzlichen Feiertag fällt. [2]Eine Wiedereinsetzung in den vorherigen Stand ist ausgeschlossen.

(2) Soweit in diesem Gesetz und in der Wahlordnung nicht anderes bestimmt ist, müssen vorgeschriebene Erklärungen persönlich und handschriftlich unterzeichnet sein und bei der zuständigen Stelle im Original vorliegen.

§ 60 Wahlstatistik. (1) Das Ergebnis der Wahl ist vom Statistischen Landesamt statistisch auszuwerten und zu veröffentlichen.

(2) [1]Über das Ergebnis der Wahl wird unter Wahrung des Wahlgeheimnisses in ausgewählten Wahlbezirken eine Landesstatistik auf repräsentativer Grundlage über

1. die Wahlberechtigten, Wahlscheinvermerke und die Beteiligung an der Wahl nach Geschlecht und Geburtsjahresgruppen und
2. die Wähler und ihre Stimmabgabe für die einzelnen Wahlvorschläge nach Geschlecht und Geburtsjahresgruppen sowie die Gründe für die Ungültigkeit von Stimmen

erstellt. [2]Die Erhebung wird mit einem Auswahlsatz von bis zu 3 Prozent der Wahlbezirke des Landes in ausgewählten Wahlbezirken durchgeführt. [3]In die Statistik nach Satz 1 Nr. 2 sind ausgewählte Briefwahlbezirke einzubeziehen. [4]Die Wahlbezirke und Briefwahlbezirke werden vom Landeswahlleiter im Einvernehmen mit dem Statistischen Landesamt ausgewählt. [5]Ein Wahlbezirk muss mindestens 500 Wahlberechtigte, ein Briefwahlbezirk mindestens 500 Wähler umfassen. [6]Für die Auswahl der Stichprobenbriefwahlbezirke ist auf die Zahl der Wähler abzustellen, die bei der vorangegangenen Landtagswahl ihre Stimme durch Briefwahl abgegeben haben. [7]Die betroffenen Wahlberechtigten sind von den Gemeinden rechtzeitig vor dem Wahltag individuell oder durch öffentliche Bekanntmachung auf die Durchführung der Erhebung hinzuweisen; dabei sind insbesondere die Rechtsgrundlage sowie die Tatsache anzugeben, dass bei der Stimmabgabe im Wahlraum oder im Briefwahlbezirk nur Stimmzettel mit Unterscheidungsbezeichnungen verwendet werden dürfen. [8]Entsprechende Hinweise sind an geeigneter Stelle vor oder in den Wahlräumen anzubringen. [9]Die betroffenen Briefwähler der ausgewählten Briefwahlbezirke sind in geeigneter Form zu unterrichten.

(3) [1]Erhebungsmerkmale für die Statistik nach Absatz 2 Satz 1 Nr. 1 sind Wahlscheinvermerk, Beteiligung an der Wahl, Geschlecht und Geburtsjahresgruppe. [2]Erhebungsmerkmale für die Statistik nach Absatz 2 Satz 1 Nr. 2 sind abgegebene Stimme, ungültige Stimme, Ungültigkeitsgrund, Geschlecht und Geburtsjahresgruppe. [3]Hilfsmerkmale sind Wahlkreis, Gemeinde und Wahlbezirk oder Briefwahlbezirk.

(4) [1]Für die Erhebung nach Absatz 2 Satz 1 Nr. 1 dürfen höchstens zehn Geburtsjahresgruppen je Geschlecht gebildet werden, in denen jeweils mindestens drei Geburtsjahrgänge zusammengefasst sind. [2]Für die Erhebung nach Absatz 2 Satz 1 Nr. 2 dürfen höchstens sechs Geburtsjahresgruppen je Geschlecht gebildet werden, in denen jeweils mindestens sieben Geburtsjahrgänge zusammengefasst sind.

(5) [1]Die Erhebung nach Absatz 2 Satz 1 Nr. 1 wird nach der Wahl von den Gemeinden, in denen ausgewählte Wahlbezirke liegen, durch Auszählung der Wählerverzeichnisse durchgeführt. [2]Das Ergebnis wird dem Statistischen Landesamt übermittelt.

(6) Die Gemeinden und andere Stellen, die Briefwahlvorstände berufen haben, leiten die ihnen von den Wahlvorstehern übergebenen versiegelten Pakete mit den gültigen Stimmzetteln der ausgewählten Wahlbezirke und Briefwahlbezirke ungeöffnet zur Auswertung der Stimmzettel an das Statistische Landesamt weiter; Entsprechendes gilt für die weiteren Stimmzettel der ausgewählten Wahlbezirke und Briefwahlbezirke.

(7) [1]Gemeinden mit ausgewählten Wahlbezirken dürfen mit Zustimmung des Kreiswahlleiters in weiteren Wahlbezirken und Briefwahlbezirken, die jeweils mindestens 500 Wahlberechtigte oder 500 Wähler umfassen müssen, für eigene statistische Zwecke wahlstatistische Auszählungen unter Verwendung gekennzeichneter Stimmzettel mit den in Absatz 3 genannten Erhebungs- und Hilfsmerkmalen durchführen. [2]Absatz 2 Sätze 5 und 6 sowie Absatz 4 gelten entsprechend. [3]Die wahlstatistischen Auszählungen dürfen innerhalb einer Gemeinde nur von einer Statistikstelle im Sinne von § 9 Abs. 1 des Landesstatistikgesetzes vorgenommen werden. [4]Der Landeswahlleiter kann in begründeten Einzelfällen auf Antrag zulassen, dass auch Gemeinden, in denen kein ausgewählter Wahlbezirk liegt, wahlstatistische Auszählungen nach Maßgabe der Sätze 1 bis 3 durchführen.

(8) [1]Durch die Statistiken nach Absatz 2 und die wahlstatistischen Auszählungen nach Absatz 7 darf die Feststellung des Wahlergebnisses nicht verzögert

werden. [2]Die Veröffentlichung von Ergebnissen der Statistiken nach Absatz 2 ist dem Statistischen Landesamt vorbehalten; sie sind auf Anforderung den Statistikstellen der Gemeinden, die wahlstatistische Auszählungen nach Absatz 7 Satz 1 durchführen, zu deren Ergänzung und zusammengefasster Veröffentlichung zu überlassen. [3]Die Ergebnisse für einzelne Wahlbezirke oder Briefwahlbezirke dürfen nicht bekannt gegeben werden. [4]Für die weitere Behandlung und die Vernichtung der Stimmzettel gelten die Vorschriften der Wahlordnung.

§ 61 Inkrafttreten.* *(nicht abgedruckt)*

Anlage. *(nicht abgedruckt)*

* *Amtliche Anmerkung: Diese Vorschrift bezieht sich auf das Gesetz in der ursprünglichen Fassung vom 9. Mai 1999 (GBl. S. 71).*

Gesetz über die Beteiligung des Landtags in Angelegenheiten der Europäischen Union (EULG)

in der Fassung vom 17. Februar 2011 (GBl. 2011, 77)

INHALTSÜBERSICHT*

* *Die Inhaltsübersicht und die Artikelüberschriften sind nicht amtlich.*

§ 1 Information des Landtags. (1) Die Landesregierung übersendet dem Landtag auf elektronischem Weg unverzüglich die ihr vom Bundesrat übermittelten Vorhaben der Europäischen Union und gibt ihm rechtzeitig vor den Beratungen des Bundesrats Gelegenheit zur Stellungnahme.

(2) [1]Offene Dokumente der Europäischen Union werden von der Landesregierung offen weitergegeben. [2]Die Sicherheitseinstufung über eine besondere Vertraulichkeit wird vom Landtag beachtet.

§ 2 Unterrichtung des Landtags über Vorhaben der Europäischen Union. (1) Die Landesregierung unterrichtet den Landtag zum frühestmöglichen Zeitpunkt in einem Berichtsbogen über alle Vorhaben der Europäischen Union, die von erheblicher politischer Bedeutung für das Land sind und entweder die Gesetzgebungszuständigkeiten des Landes betreffen oder wesentliche Interessen des Landes unmittelbar berühren.

(2) [1]Der Berichtsbogen enthält Angaben über den Inhalt des Vorhabens und die Zuständigkeit der Europäischen Union und gibt eine erste Einschätzung über die Vereinbarkeit des Vorhabens mit dem Subsidiaritäts- und dem Verhältnismäßigkeitsgrundsatz sowie die zu erwartenden Folgen des Vorhabens für das Land, insbesondere zu Kosten, Verwaltungsaufwand, Umsetzungsbedarf und Kommunalverträglichkeit. [2]Die Landesregierung teilt den voraussichtlichen Termin der Behandlung des Vorhabens im Bundesrat mit.

(3) Die Landesregierung leitet dem Landtag zum frühestmöglichen Zeitpunkt ferner den Berichtsbogen zu, den die Bundesregierung dem Bundesrat gemäß Ziffer II. Nr. 3 der Anlage (zu § 9) des Gesetzes über die Zusammenarbeit von Bund und Ländern in Angelegenheiten der Europäischen Union übermittelt.

§ 3 Unterrichtung über Frühwarndokumente. (1) Zu Entwürfen von Gesetzgebungsakten der Europäischen Union (Frühwarndokumente) gemäß § 2 Abs. 1 übermittelt die Landesregierung dem Landtag zum frühestmöglichen Zeitpunkt, spätestens jedoch drei Wochen nach Eingang des Frühwarndokuments bei der Landesregierung, einen Berichtsbogen gemäß § 2 Abs. 2.

(2) Die Landesregierung unterrichtet den Landtag im Hinblick auf Frühwarndokumente zum frühestmöglichen Zeitpunkt über den Abschluss des Gesetzgebungsverfahrens der Europäischen Union; diese Unterrichtung enthält alle relevanten Informationen, insbesondere auch zu Subsidiaritäts- und Verhältnismäßigkeitsgesichtspunkten.

(3) Die Landesregierung weist den Landtag im Rahmen ihrer Mitteilungen über die Ergebnisse der Sitzungen des Bundesrates auf die vom Bundesrat erhobenen Subsidiaritätsrügen und -klagen hin.

§ 4 Unterrichtung über das Arbeitsprogramm der Europäischen Kommission. Die Landesregierung legt dem Landtag eine Bewertung des jeweiligen Arbeitsprogramms der Europäischen Kommission zeitnah nach dessen Erscheinen vor.

§ 5 Unterrichtung im Falle der Übertragung der Verhandlungsführung. [1]Wird die Verhandlungsführung im Rat der Europäischen Union auf einen Vertreter der Länder übertragen, leitet die Landesregierung dem Landtag zum frühestmöglichen Zeitpunkt die Tagesordnung der Sitzung zu. [2]Auf Verlangen des Landtags unterrichtet die Landesregierung den Landtag rechtzeitig vor der entsprechenden Sitzung mündlich oder schriftlich über die zu beratenden Themen.

§ 6 Unterrichtung über Vertragsänderungsverfahren, Flexibilitätsklausel und Notbremsemechanismus. (1) Die Landesregierung unterrichtet den Landtag zum frühestmöglichen Zeitpunkt über beabsichtigte Vertragsänderungen sowohl im Rahmen von Regierungskonferenzen der Mitgliedstaaten der Europäischen Union als auch im Rahmen von im Vertrag von Lissabon geregelten Vertragsänderungsverfahren (Vereinfachtes Vertragsänderungsverfahren, besondere Vertragsänderungsverfahren, Brückenklauseln, Kompetenzerweiterungsklauseln), die die Zustimmung des Bundesrats erfordern.

(2) Die Landesregierung unterrichtet ferner über Vorschläge zum Erlass von Vorschriften gemäß Artikel 352 des Vertrags über die Arbeitsweise der Europäischen Union (Flexibilitätsklausel), die dem Bundesrat zur Zustimmung vorliegen oder bei denen der Bundesrat im Rahmen des Notbremsemechanismus über ein Weisungsrecht verfügt.

§ 7 Unterrichtung über Prioritäten des Ratsvorsitzes der Europäischen Union. Die Landesregierung übermittelt dem Landtag die vom jeweiligen Vorsitz des Rates der Europäischen Union vorgelegten Schwerpunkte seiner Tätigkeit.

§ 8 Berücksichtigung von Stellungnahmen des Landtags. Die Landesregierung berücksichtigt Stellungnahmen des Landtags zu Vorhaben der Europäischen Union, die Gesetzgebungszuständigkeiten der Länder wesentlich berühren.

§ 9 Bindung der Landesregierung an Stellungnahmen des Landtags. (1) Sollen ausschließliche Gesetzgebungszuständigkeiten der Länder ganz oder teilweise auf die Europäische Union übertragen werden, ist die Landesregierung an Stellungnahmen des Landtags gebunden.

(2) [1]Werden durch ein Vorhaben der Europäischen Union im Schwerpunkt ausschließliche Gesetzgebungszuständigkeiten der Länder unmittelbar betroffen, ist die Landesregierung an Stellungnahmen des Landtags gebunden, es sei denn, erhebliche Gründe des Landesinteresses stünden entgegen. [2]Dies gilt auch für Beschlüsse des Landtags, mit denen die Landesregierung ersucht wird, im Bundesrat darauf hinzuwirken, dass entweder der Bundesrat im Falle der Subsidiaritätsklage oder die Bundesregierung zum Schutz der Gesetzgebungszuständigkeiten der Länder eine Klage vor dem Gerichtshof der Europäischen Union erhebt.

(3) [1]Weicht die Landesregierung aus erheblichen Gründen des Landesinteresses von Stellungnahmen des Landtags nach Absatz 2 ab, so teilt sie nach der Sitzung des Bundesrats dem Landtag die maßgeblichen Gründe mit. [2]Über ein bereits vor der Sitzung des Bundesrates beabsichtigtes abweichendes Stimmverhalten informiert die Landesregierung schon vor der Sitzung.

§ 10 Inkrafttreten. Dieses Gesetz tritt am Tag nach seiner Verkündung in Kraft.

Gesetz über den Verfassungsgerichtshof (Verfassungsgerichtshofgesetz – VerfGHG)

vom 13. Dezember 1954 (GBl. S. 171), zuletzt geändert durch Gesetz vom 1. Dezember 2015 (GBl. S. 1030)

INHALTSÜBERSICHT*

* *Die Inhaltsübersicht und die Artikelüberschriften sind nicht amtlich.*

1. Teil
Sitz und Organisation

§ 1 [Sitz]. Der Verfassungsgerichtshof für das Land Baden-Württemberg hat seinen Sitz am Sitz der Regierung.

§ 2 [Wahlverfahren]. (1) [1]Bei der ersten Wahl (Art. 89 der Verfassung) werden die Mitglieder des Verfassungsgerichtshofs aus jeder der drei in Art. 68 Abs. 3 der Verfassung bezeichneten Gruppen im Wege der Verhältniswahl nach dem Höchstzahlverfahren (d'Hondt) gesondert gewählt. [2]Ob ein Bewerber auf die Dauer von neun, sechs oder drei Jahren gewählt ist, entscheidet das Los.

(2) [1]Bei den Ergänzungswahlen nach Art. 68 Abs. 3 Satz 3 der Verfassung wird für jede Gruppe gesondert gewählt. [2]Gewählt ist, wer die meisten Stimmen erhält. [3]Bei Stimmengleichheit findet eine Stichwahl statt, wenn mehr als zwei Bewerber zur Wahl standen, andernfalls entscheidet das Los. [4]Das gleiche gilt bei einer Nachwahl nach Art. 68 Abs. 3 Satz 4 der Verfassung.

(3) [1]Der Vorsitzende und sein ständiger Stellvertreter werden vom Landtag aus der Gruppe der Berufsrichter für die Dauer ihrer Mitgliedschaft gewählt. [2]Gewählt ist, wer die meisten Stimmen erhält. [3]Abs. 2 Satz 3 gilt entsprechend. [4]Der Vorsitzende führt die Amtsbezeichnung „Präsident des Verfassungsgerichtshofs", sein ständiger Stellvertreter führt die Amtsbezeichnung „Vizepräsident des Verfassungsgerichtshofs".

(4) [1]Für jedes Mitglied des Verfassungsgerichtshofs wählt der Landtag einen Stellvertreter. [2]Für die Wahl gelten die Abs. 1 und 2 entsprechend. [3]Die Stellvertreter vertreten sich in jeder Gruppe gegenseitig.

(5) Der Landtag kann die obersten Gerichte des Landes ersuchen, ihm über das Justizministerium Listen mit Namen geeigneter Berufsrichter ihrer Gerichtsbarkeit vorzulegen.

§ 2a [Unvereinbarkeiten]. (1) Ein politischer Staatssekretär und ein politischer Beamter können nicht Mitglied des Verfassungsgerichtshofs oder Stellvertreter sein.

(2) Ein Mitglied des Verfassungsgerichtshofs oder ein Stellvertreter scheidet mit der Ernennung zum politischen Staatssekretär oder zum politischen Beamten aus seinem Amt aus.

§ 3 [Zeitpunkt der Wahl]. (1) [1]Die Mitglieder des Verfassungsgerichtshofs und ihre Stellvertreter sollen frühestens drei Monate und spätestens einen Monat vor Ablauf der Amtszeit ihrer Vorgänger gewählt werden. [2]Ist der Landtag in dieser Zeit aufgelöst, so findet die Wahl innerhalb eines Monats nach dem ersten Zusammentritt des neu gewählten Landtags statt. [3]Wiederwahl ist zulässig.

(2) Scheidet ein Mitglied des Verfassungsgerichtshofs oder ein Stellvertreter vorzeitig aus (Art. 68 Abs.3 Satz 4 der Verfassung), so muß der Nachfolger innerhalb von drei Monaten gewählt werden.

§ 4 [Amtseid]. [1]Die Mitglieder des Verfassungsgerichtshofs und ihre Stellvertreter leisten vor Antritt ihres Amtes vor dem Landtag folgenden Eid:

„Ich schwöre, daß ich als gerechter Richter alle Zeit die Verfassung des Landes Baden-Württemberg getreulich wahren und meine richterlichen Pflichten gegenüber jedermann gewissenhaft erfüllen werde. So wahr mir Gott helfe."

[2]Der Eid kann auch ohne religiöse Beteuerung geleistet werden.

§ 5 [Freiwilliges Ausscheiden]. [1]Die Mitglieder des Verfassungsgerichtshofs und ihre Stellvertreter können zu Protokoll des Präsidenten des Landtags erklären, daß sie aus ihrem Amt ausscheiden. [2]Die Erklärung wird mit Ablauf des darauffolgenden Monats wirksam.

§ 6 [Amtsenthebung]. Die Mitglieder des Verfassungsgerichtshofs und ihre Stellvertreter können nur nach den für Richter geltenden Vorschriften ihres Amtes enthoben werden.

§ 7 [Ehrenamtliche Tätigkeit]. (1) Die Mitglieder des Verfassungsgerichtshofs sind ehrenamtlich tätig.

(2) Für jeden Tag, an dem eine Sitzung des Verfassungsgerichtshofs oder eine Entscheidungsberatung stattfindet, erhalten die dabei anwesenden Richter eine Entschädigung in Höhe von einem Fünfzehntel des monatlichen Grundgehalts der Besoldungsgruppe B 9.

(3) Außerdem erhalten der Präsident des Verfassungsgerichtshofs und sein ständiger Stellvertreter eine monatliche Aufwandsentschädigung, die für den Präsidenten ein Zwanzigstel und für den Vizepräsidenten ein Vierzigstel des monatlichen Grundgehalts der Besoldungsgruppe B 9 beträgt.

(4) Der Berichterstatter erhält eine zusätzliche Entschädigung, die im Einzelfall vom Vorsitzenden unter Berücksichtigung des Arbeitsaufwandes festgesetzt wird; sie darf das Zehnfache der Entschädigung nach Absatz 2 nicht übersteigen.

(5) Die Mitglieder des Verfassungsgerichtshofs erhalten Reisekostenvergütung entsprechend den für einen Landesbeamten der Besoldungsgruppe B 9 geltenden Sätzen.

2. Teil
Zuständigkeit

§ 8 [Zuständigkeitskatalog]. (1) Der Verfassungsgerichtshof entscheidet in den Angelegenheiten, die ihm durch die Verfassung zugewiesen sind, und zwar

1. über die Auslegung der Verfassung aus Anlaß einer Streitigkeit über den Umfang der Rechte und Pflichten eines obersten Landesorgans oder anderer Beteiligter, die durch die Verfassung oder in der Geschäftsordnung des Landtags oder der Regierung mit eigener Zuständigkeit ausgestattet sind (Art. 68 Abs. 1 Nr. 1 der Verfassung),
2. bei Zweifeln oder Meinungsverschiedenheiten über die Vereinbarkeit von Landesrecht mit der Verfassung (Art. 68 Abs. 1 Nr. 2 der Verfassung),
3. über die Vereinbarkeit eines Landesgesetzes mit der Verfassung, nachdem ein Gericht das Verfahren gemäß Art. 100 Abs. 1 des Grundgesetzes für die Bundesrepublik Deutschland ausgesetzt hat (Art. 68 Abs. 1 Nr. 3 der Verfassung),
4. über die Anfechtung einer Entscheidung des Landtags nach Art. 31 Abs. 1 der Verfassung (Art. 31 Abs. 2 der Verfassung),
5. über den Antrag, einem Abgeordneten das Mandat abzuerkennen (Art. 42 der Verfassung),
6. über die Anklage gegen ein Mitglied der Regierung und über den Antrag eines Mitglieds der Regierung auf Entscheidung über den öffentlichen Vorwurf der Gesetzesverletzung (Art. 57 Abs. 1 und 4 der Verfassung),
7. über die Zulässigkeit eines Antrags auf Verfassungsänderung (Art. 64 Abs. 1 Satz 3 der Verfassung),
8. über den Antrag einer Gemeinde oder eines Gemeindeverbands auf Festellung, daß ein Gesetz die Vorschriften der Art. 71 bis 75 der Verfassung verletzt (Art. 76 der Verfassung).

(2) Der Verfassungsgerichtshof entscheidet ferner in den Angelegenheiten, die ihm durch Gesetz zugewiesen werden.

§ 9 [Prozeßbeteiligte; Antragsberechtigung]. (1) Prozeßbeteiligter ist, wer auf Grund der Verfassung oder dieses Gesetzes Antragsteller oder Antragsgegner oder wer einem Verfahren beigetreten ist.

(2) Die Antragsberechtigung erlischt einen Monat nach Wegfall der gesetzlichen Voraussetzungen.

(3) [1]Die Eigenschaft als Prozeßbeteiligter und die Berechtigung, einem Verfahren beizutreten, bleiben bis zum Abschluß des Verfahrens bestehen. [2]Eine Personengesamtheit kann durch Mehrheitsbeschluß aus dem Verfahren ausscheiden. [3]Die unterliegende Minderheit behält die Eigenschaft als Prozeßbeteiligter, wenn sie die im Gesetz für die Antragstellung vorgeschriebenen Personenzahl noch umfaßt. [4]Die Paragraphen 24, 32 Abs. 1 und 43 Abs. 2 bleiben unberührt.

3. Teil
Allgemeine Verfahrensvorschriften

§ 10 [Anwendung des Gerichtsverfassungsgesetzes]. Im Verfahren des Verfassungsgerichtshofs finden die Vorschriften des Gerichtsverfassungsgesetzes über die Öffentlichkeit, die Sitzungspolizei, die Gerichtssprache, die Beratung und die Abstimmung entsprechende Anwendung.

§ 11 [Ausschluß vom Richteramt]. (1) Ein Richter des Verfassungsgerichtshofs ist von der Ausübung des Richteramts ausgeschlossen, wenn er

1. an der Sache beteiligt oder mit einem Beteiligten verheiratet ist oder war, eine Lebenspartnerschaft führt oder führte, in gerader Linie verwandt oder verschwägert oder in der Seitenlinie bis zum dritten Grade verwandt oder bis zum zweiten Grade verschwägert ist, oder
2. in derselben Sache bereits von Amts oder Berufs wegen tätig gewesen ist.

(2) Beteiligt ist nicht, wer nur wegen eines Familienstandes oder Berufs, seiner Religionszugehörigkeit, Abstammung oder Zugehörigkeit zu einer politischen Partei oder aus einem ähnlich allgemeinen Grunde am Ausgang des Verfahrens interessiert ist.

(3) Als Tätigkeit im Sinne des Abs. 1 Nr. 2 gilt nicht die Mitwirkung im Gesetzgebungsverfahren.

§ 12 [Ablehnung eines Richters; Selbstablehnung]. (1) [1]Ein Prozeßbeteiligter kann einen Richter wegen Besorgnis der Befangenheit, oder weil er von der Ausübung des Richteramtes kraft Gesetzes ausgeschlossen ist, ablehnen. [2]Die Ablehnung ist zu begründen. [3]Der Abgelehnte hat sich dazu zu äußern. [4]Ein Prozeßbeteiligter kann einen Richter nicht mehr ablehnen, wenn er sich in eine Verhandlung eingelassen hat, ohne den ihm bekannten Ablehnungsgrund geltend zu machen.

(2) [1]Wird ein Richter des Verfassungsgerichtshofs abgelehnt, so entscheidet das Gericht unter Ausschluß dieses Richters. [2]Bei Stimmengleichheit gibt die Stimme des Vorsitzenden den Ausschlag.

(3) Erklärt sich ein Richter, der nicht abgelehnt ist, für befangen, so gilt Abs. 2 entsprechend.

§ 13 [Akteneinsicht]. Die Prozeßbeteiligten haben das Recht der Akteneinsicht.

§ 14 [Prozeßvertretung]. (1) [1]Die Prozessbeteiligten können sich in jeder Lage des Verfahrens durch einen Rechtsanwalt oder einen Rechtslehrer an einer staatlichen oder staatlich anerkannten Hochschule eines Mitgliedstaates der Europäischen Union, eines anderen Vertragstaates des Abkommens über den Europäischen Wirtschaftsraum oder der Schweiz, der die Befähigung zum Richteramt besitzt, als Bevollmächtigten vertreten lassen. [2]In der mündlichen

Verhandlung vor dem Verfassungsgerichtshof müssen sie sich in dieser Weise vertreten lassen. [3]Es können sich, auch in der mündlichen Verhandlung, vertreten lassen

1. der Landtag, sowie solche Organe des Landtags und Gruppen von Abgeordneten, die in der Verfassung oder in der Geschäftsordnung des Landtags mit eigenen Rechten ausgestattet sind, durch einen Abgeordneten,
2. das Land, die Landesregierung und die Organe des Landes durch ein Mitglied der Landesregierung oder durch einen Richter oder einen zum Richteramt befähigten Beamten,
3. die Gemeinden und Gemeindeverbände durch einen Richter oder einen zum Richteramt befähigten Beamten oder durch eine zu ihrer gesetzlichen Vertretung berufene Person. Mitglieder und ehemalige Mitglieder der Regierung bedürfen in eigener Sache keines Vertreters.

(2) Die Vollmacht ist schriftlich zu erteilen und muß sich ausdrücklich auf das Verfahren beziehen.

(3) Ist ein Bevollmächtigter bestellt, so sind alle Mitteilungen des Gerichts mit Ausnahme der Ladung eines Prozeßbeteiligten zum persönlichen Erscheinen nur an den Bevollmächtigten zu richten.

§ 15 [Einleitung des Verfahrens]. (1) [1]Der Antrag, der das Verfahren einleitet, ist beim Verfassungsgerichtshof schriftlich einzureichen. [2]Er ist zu begründen. [3]Die Beweismittel sind anzugeben.

(2) [1]Der Vorsitzende stellt den Antrag den Prozeßbeteiligten unverzüglich zu mit der Aufforderung, sich binnen bestimmter Frist zu äußern. [2]Er kann jedem Prozeßbeteiligten aufgeben, die erforderliche Zahl von Abschriften seiner Schriftsätze binnen bestimmter Frist nachzureichen.

(3) Der Vorsitzende bestellt ein Mitglied zum Berichterstatter.

§ 16 [Mündliche Verhandlung]. (1) [1]Soweit nichts anderes bestimmt ist, entscheidet der Verfassungsgerichtshof auf Grund mündlicher Verhandlung. [2]Mit Zustimmung aller Prozeßbeteiligten kann er einstimmig beschließen, daß ohne mündliche Verhandlung entschieden wird.

(2) Die mündliche Verhandlung findet auch dann statt, wenn Prozeßbeteiligte, insbesondere Antragsteller und Antragsgegner, trotz ordnungsgemäßer Ladung nicht erschienen oder nicht vertreten sind.

§ 17 [Entscheidungen im schriftlichen Verfahren]. (1) Entscheidungen, die außerhalb der mündlichen Verhandlung nötig werden, trifft der Vorsitzende mit Zustimmung von mindestens zwei Richtern.

(2) [1]Unzulässige oder offensichtlich unbegründete Anträge können durch einstimmigen Beschluss einer von dem Verfassungsgerichtshof für die Dauer eines Geschäftsjahres bestellten Kammer, die aus drei Richtern besteht, zurückgewiesen werden. [2]§ 58 Absatz 4 Satz 2 bis 5 gilt entsprechend.

§ 18 [Beauftragte und ersuchte Richter; Beweisaufnahme]. (1) Der Verfassungsgerichtshof kann eines seiner Mitglieder mit der Beweisaufnahme beauftragen oder ein anderes Gericht darum ersuchen.

(2) Mit einer Mehrheit von sechs Stimmen kann der Verfassungsgerichtshof beschließen, daß eine beschlossene Beweisaufnahme unterbleibt.

§ 19 [Rechts- und Amtshilfe; Aktenvorlage]. [1]Alle Gerichte und Verwaltungsbehörden leisten dem Verfassungsgerichtshof Rechts- und Amtshilfe. [2]Sie legen ihm Akten und Urkunden über das zuständige Ministerium und das Staatsministerium vor. [3]Fordert der Verfassungsgerichtshof in einem Verfahren der Verfassungsbeschwerde die Akten des gerichtlichen Ausgangsverfahrens an, werden ihm diese unmittelbar vorgelegt. [4]Hält die Regierung die Verwendung einer Urkunde für unvereinbar mit der Staatssicherheit, so teilt sie dies dem Verfassungsgerichtshof mit. [5]Will der Verfassungsgerichtshof auf der Vorlegung der Urkunde beharren, so hat er vor der Beschlußfassung den Ministerpräsidenten und den beteiligten Minister anzuhören. [6]Der Verfassungsgerichtshof beschließt, ob in diese Urkunde Einsicht gewährt werden kann.

§ 20 [Zeugen und Sachverständige]. (1) Für die Vernehmung von Zeugen und Sachverständigen gelten in den Fällen der Art. 31 Abs. 2, 42 und 57 der Verfassung die Vorschriften der Strafprozeßordnung, in den übrigen Fällen die Vorschriften der Zivilprozeßordnung entsprechend.

(2) [1]Soweit ein Zeuge oder Sachverständiger nur mit Genehmigung einer vorgesetzten Stelle vernommen werden darf, kann diese Genehmigung nur verweigert werden, wenn es das Wohl des Bundes oder des Landes erfordert. [2]Der Zeuge oder Sachverständige kann sich nicht auf seine Schweigepflicht berufen, wenn der Verfassungsgerichtshof mit einer Mehrheit von sechs Stimmen die Verweigerung der Aussagegenehmigung für unbegründet erklärt.

§ 21 [Beteiligtenrechte bei der Beweisaufnahme]. (1) [1]Die Prozeßbeteiligten werden von allen Beweisterminen benachrichtigt. [2]Sie können der Beweisaufnahme beiwohnen und an Zeugen und Sachverständige Fragen richten. [3]Wird eine Frage beanstandet, so entscheidet das Gericht. [4]Bei Beweisaufnahmen durch einen beauftragten oder ersuchten Richter entscheidet dieser.

(2) Findet in der mündlichen Verhandlung eine unmittelbare Beweisaufnahme nicht statt, haben aber zur Vorbereitung der Verhandlungen Ermittlungen oder eine Beweisaufnahme stattgefunden, so trägt der Berichterstatter das Ergebnis in der mündlichen Verhandlung vor.

§ 22 [Entscheidung]. (1) [1]Der Verfassungsgerichtshof entscheidet in geheimer Beratung nach seiner freien, aus dem Inhalt der Verhandlung und dem Ergebnis der Beweisaufnahme geschöpften Überzeugung. [2]Seiner Entscheidung dürfen nur Tatbestände und Beweismittel zugrunde gelegt werden, zu denen sich zu äußern alle Prozeßbeteiligten Gelegenheit hatten. [3]Dies gilt auch, wenn der Verfassungsgerichtshof nach § 19 letzter Satz beschlossen hat, daß in eine Urkunde keine Einsicht zu gewähren ist.

(2) [1]Die Richter stimmen nach dem Lebensalter; der jüngere stimmt vor dem älteren. [2]Der Berichterstatter stimmt zuerst. [3]Zuletzt stimmt der Vorsitzende.

(3) Die Endentscheidung ergeht durch Urteil.

(4) [1]Die Entscheidung ergeht im Namen des Volkes. [2]Sie ist schriftlich abzufassen, zu begründen und von den Richtern, die mitgewirkt haben, zu unterzeichnen. [3]Ergeht die Entscheidung auf Grund mündlicher Verhandlung, so ist sie im Anschluß an die Beratung durch den Vorsitzenden bei versammeltem Gericht durch Verlesung des entscheidenden Teiles öffentlich zu verkünden. [4]Sie kann auch in einem besonderen Termin, der nicht später als drei Monate nach der Beratung liegen soll, vom Vorsitzenden in Anwesenheit von mindestens zwei Richtern in gleicher Weise verkündet werden. [5]Die Entscheidungsgründe können bei der Verkündung verlesen oder ihrem wesentlichen Inhalt nach mitgeteilt werden. [6]Eine Ausfertigung der mit Gründen versehenen Entscheidung ist den Prozeßbeteiligten zuzustellen.

(5) Nicht verkündete Entscheidungen werden den Prozeßbeteiligten zugestellt.

§ 23 [Gesetzeskraft; Rechtskraft]. (1) [1]Gesetzeskraft haben die Urteile des Verfassungsgerichtshofs, die

a) eine Rechtsvorschrift für gültig oder als mit der Verfassung unvereinbar für nichtig erklären (Art. 68 Abs. 1 Nr. 2 und 3 und Art. 76 der Verfassung), oder
b) feststellen, wie eine Verfassungsbestimmung auszulegen ist (Art. 68 Abs. 1 Nr. 1 der Verfassung in Verbindung mit § 47 Abs. 2).

[2]In diesen Fällen wird die Entscheidungsformel durch den Präsidenten des Verfassungsgerichtshofs im Gesetzblatt veröffentlicht.

(2) Die Rechtskraft erstreckt sich auf alle Prozeßbeteiligten.

§ 24 [Erledigung]. [1]Verfahren nach Art. 31 Abs. 2 und Art. 64 Abs. 1 der Verfassung, die im Zeitpunkt des Zusammentritts eines neugewählten Landtags anhängig sind, werden vom Verfassungsgerichtshof durch Beschluß für erledigt erklärt. [2]Verfahren nach Art. 68 Abs. 1 Nr. 1 der Verfassung können beim Zusammentritt eines neugewählten Landtags vom Verfassungsgerichtshof für erledigt erklärt werden, wenn ein schutzwürdiges Interesse an ihrer Weiterverfolgung nicht besteht.

§ 25 [Einstweilige Anordnung]. (1) Der Verfassungsgerichtshof kann, wenn es zur Abwehr schwerer Nachteile, zur Verhinderung drohender Gewalt oder aus einem anderen wichtigen Grunde zum gemeinen Wohl dringend geboten ist, in einem anhängigen Verfahren einen Zustand durch einstweilige Anordnung vorläufig regeln.

(2) [1]Die einstweilige Anordnung kann ohne mündliche Verhandlung ergehen. [2]Der Antragsgegner oder die nach § 57 Äußerungsberechtigten sind vor

Erlaß der einstweiligen Anordnung, soweit deren Zweck dadurch nicht gefährdet wird, zu hören. [3]Wird Widerspruch erhoben, so ergeht die Entscheidung nach mündlicher Verhandlung durch Urteil. [4]In Verfahren der Verfassungsbeschwerde ist ein Widerspruch des Beschwerdeführers und des Äußerungsberechtigten nach § 57 Absatz 3 nicht statthaft.

§ 26 [Aussetzung des Verfahrens]. Bis zur Erledigung eines bei einem anderen Gericht anhängigen Verfahrens kann der Verfassungsgerichtshof sein Verfahren aussetzen, wenn die Feststellungen oder die Entscheidung in diesem Verfahren für seine Entscheidung von Bedeutung sein oder sie gegenstandslos machen können.

§ 27 [Verbindung und Trennung]. Der Verfassungsgerichtshof kann anhängige Verfahren verbinden und verbundene Verfahren trennen.

§ 28 [Vollstreckung]. [1]Der Verfassungsgerichtshof kann bestimmen, wer seine Entscheidung vollstreckt. [2]Im Einzelfall kann er die Art und Weise der Vollstreckung regeln.

§ 29 [Geschäftsordnung]. [1]Soweit dieses Gesetz nichts anderes bestimmt, regelt der Verfassungsgerichtshof das Verfahren und den Geschäftsgang durch eine Geschäftsordnung. [2]Sie wird im Gesetzblatt veröffentlicht.

4. Teil
Besondere Verfahrensvorschriften
1. Ministeranklage

a) Entscheidung nach Art. 57 Abs. 1 bis 3 der Verfassung

§ 30 [Anklageschrift]. (1) [1]Auf Grund eines Beschlusses des Landtags, Ministeranklage zu erheben (Art. 57 Abs. 2 der Verfassung), übersendet der Landtagspräsident dem Verfassungsgerichtshof binnen eines Monats eine Anklageschrift. [2]Mit dem Eingang der Anklageschrift beim Verfassungsgerichtshof ist die Anklage erhoben.

(2) [1]Die Anklageschrift muß die Handlung oder Unterlassung, wegen der Anklage erhoben wird, bezeichnen, ebenso die Beweismittel und die Bestimmung der Verfassung oder des Gesetzes, die verletzt sein soll. [2]Der Anklageschrift ist eine Niederschrift über die Sitzung des Landtags beizulegen, in welcher der Beschluß, Anklage zu erheben, gefaßt worden ist.

§ 31 [Fristen]. [1]Das Recht zur Ministeranklage erlischt fünf Jahre nach Begehung der verletzenden Handlung. [2]Die Anklage muß jedoch von einem Landtag innerhalb eines Jahres, nachdem ihm die verletzende Handlung mitgeteilt wurde, erhoben werden.

§ 32 [Rücknahme der Anklage; Widerspruch]. (1) [1]Die Anklage kann bis zum Beginn der mündlichen Verhandlung zurückgenommen werden, wenn der Landtag es beschließt. [2]Ein solcher Antrag muß von mindestens einem Drittel der Mitglieder des Landtags unterzeichnet sein. [3]Der Beschluß erfordert bei Anwesenheit von mindestens zwei Dritteln der Mitglieder des Landtags eine Zweidrittelmehrheit, die jedoch mehr als die Hälfte der Mitglieder des Landtags betragen muß.

(2) [1]Die Anklage wird vom Landtagspräsidenten durch Übersendung einer Ausfertigung des Beschlusses an den Verfassungsgerichtshof zurückgenommen. [2]Die Bestimmung des § 30 Abs. 2 Satz 2 gilt sinngemäß. [3]Der Präsident des Verfassungsgerichtshofs teilt dem Angeklagten den Zeitpunkt des Eingangs der Zurücknahmeerklärung mit.

(3) [1]Erhebt der Angeklagte innerhalb eines Monats, nachdem ihm die Mitteilung nach Abs. 2 Satz 3 zugegangen ist, Widerspruch, so ist die Zurücknahme der Anklage unwirksam. [2]Der Widerspruch ist beim Präsidenten des Verfassungsgerichtshofs schriftlich zu erheben.

§ 33 [Anklagevertreter]. Der Landtag bestimmt, wer die Anklage vor dem Verfassungsgerichtshof vertritt.

§ 34 [Vorermittlungen]. (1) [1]Der Vorsitzende des Verfassungsgerichtshofs kann nach Anhörung von zwei seiner Mitglieder zur Vorbereitung der mündlichen Verhandlung Vorermittlungen anordnen. [2]Sie sind einem seiner Mitglieder zu übertragen. [3]Dem Angeklagten ist Gelegenheit zur Äußerung zu geben.

(2) Nach Abschluß der Vorermittlungen gibt der Vorsitzende dem Landtag Gelegenheit, darüber zu entscheiden, ob die Anklage aufrechterhalten wird.

§ 35 [Verhandlung; Ladung des Angeklagten]. (1) Der Verfassungsgerichtshof entscheidet auf Grund mündlicher Verhandlung.

(2) [1]Zur Verhandlung ist der Angeklagte zu laden. [2]In der Ladung ist daraufhinzuweisen, daß ohne ihn verhandelt werden kann, wenn er unentschuldigt ausbleibt oder sich ohne ausreichenden Grund vorzeitig entfernt.

(3) [1]In der Verhandlung trägt der Vertreter der Anklage zuerst die Anklage vor. [2]Dann erhält der Angeklagte Gelegenheit, sich zur Anklage zu erklären. [3]Hierauf findet die Beweiserhebung statt. [4]Zum Schluß wird der Vertreter der Anklage mit seinem Antrag und der Angeklagte mit seiner Verteidigung gehört. [5]Der Angeklagte hat das letzte Wort.

§ 36 [Urteil]. (1) Gegenstand der Urteilsfindung ist die in der Anklage bezeichnete Tat, wie sie sich nach dem Ergebnis der Verhandlung darstellt.

(2) [1]Das Urteil lautet auf
Einstellung des Verfahrens, oder
Freisprechung, oder

Feststellung, daß der Angeklagte sich einer vorsätzlichen oder grobfahrlässigen Verletzung der Verfassung oder eines anderen Gesetzes schuldig gemacht hat. [2]Mit dieser Feststellung kann die Aberkennung des Amtes oder die ganze oder teilweise Entziehung der Versorgungsansprüche verbunden werden.

(3) Zu jeder dem Angeklagten nachteiligen Entscheidung, welche die Schuldfrage, die Aberkennung des Amts oder die Entziehung von Versorgungsansprüchen betrifft, sind mindestens sechs Stimmen erforderlich.

(4) Die Einstellung des Verfahrens ist auszusprechen, wenn ein Verfahrenshindernis besteht, insbesondere wenn der Fall des § 31 vorliegt.

(5) Wird der Angeklagte freigesprochen, so müssen die Urteilsgründe ergeben, ob er nicht überführt oder ob seine Unschuld erwiesen ist.

(6) Wird der Angeklagte verurteilt, so müssen die Urteilsgründe die erwiesenen Tatsachen angeben, in denen die gesetzlichen Merkmale seiner schuldhaften Handlung oder Unterlassung gefunden werden.

§ 37 [Ausfertigung für die Regierung]. Eine Ausfertigung des Urteils mit Gründen ist der Regierung zu übersenden.

§ 38 [Wiederaufnahme des Verfahrens]. (1) [1]Die Wiederaufnahme des Verfahrens findet nur zugunsten des Verurteilten und nur auf Antrag unter den Voraussetzungen der §§ 359 und 364 der Strafprozeßordnung statt. [2]Antragsberechtigt ist der Verurteilte, nach seinem Tode sein Ehegatte oder Lebenspartner, einer seiner Abkömmlinge oder eine Fraktion des Landtags. [3]In dem Antrag müssen der gesetzliche Grund der Wiederaufnahme sowie die Beweismittel angegeben werden. [4]Durch den Antrag auf Wiederaufnahme wird die Wirksamkeit des Urteils nicht berührt.

(2) [1]Über die Zulassung des Antrages entscheidet der Verfassungsgerichtshof ohne mündliche Verhandlung. [2]Die Vorschriften der §§ 368, 369 Abs. 1, 2 und 4, 370 und 371 Abs. 1 bis 3 der Strafprozeßordnung gelten entsprechend.

(3) Das auf Grund der neuen Verhandlung ergehende Urteil hält entweder das frühere Urteil aufrecht oder ändert es zugunsten des Angeklagten ab.

b) Entscheidung nach Art. 57 Abs. 4 der Verfassung

§ 39 [Antrag auf Vorwurfskontrolle]. Beantragt ein Mitglied der Regierung mit deren Zustimmung nach Art. 57 Abs. 4 der Verfassung die Entscheidung des Verfassungsgerichtshofs, so hat es anzugeben, welche Handlung oder Unterlassung ihm vorgeworfen worden ist, gegen welche Bestimmung der Verfassung oder eines anderen Gesetzes es dadurch vorsätzlich oder grobfahrlässig verstoßen haben soll, sowie von wem und wo der Vorwurf in der Öffentlichkeit erhoben worden ist.

§ 40 [Bekanntgabe; Beitritt; Vorermittlungen]. (1) Der Präsident des Verfassungsgerichtshofs gibt den Antrag des Mitglieds der Regierung im Staatsanzeiger bekannt.

(2) Eine Gruppe des Landtags, die mindestens ein Viertel seiner Mitglieder umfaßt, kann dem Verfahren beitreten.

(3) Vorermittlungen können in entsprechender Anwendung des § 34 Abs. 1 angeordnet werden.

§ 41 [Einstellung bei Ministeranklage]. Wird gegen ein Mitglied der Regierung Ministeranklage wegen einer Tat erhoben, die Gegenstand eines Verfahrens nach Art. 57 Abs. 4 der Verfassung ist, so wird dieses Verfahren eingestellt.

§ 42 [Verbrauch der Ministeranklage]. Ergibt ein Verfahren nach Art. 57 Abs. 4 der Verfassung, daß der Vorwurf unbegründet ist, so kann gegen das Mitglied der Regierung wegen derselben Tat Ministeranklage nur erhoben werden, wenn nach der Strafprozeßordnung die Wiederaufnahme des Verfahrens zuungunsten des Angeklagten zulässig wäre.

2. Mandatsaberkennung

(Entscheidung nach Art. 42 der Verfassung)

§ 43 (1) Hat der Abgeordnete seine Stellung in gewinnsüchtiger Absicht mißbraucht, so stellt der Verfassungsgerichtshof dies fest und erkennt ihm das Mandat ab.

(2) Für das Verfahren gelten die Bestimmungen der §§ 30 bis 38 entsprechend.

3. Auslegung der Verfassung bei Verfassungsstreitigkeiten

(Entscheidung nach Art. 68 Abs. 1 Nr. 1 der Verfassung)

§ 44 [Beteiligte des Organstreitverfahrens]. Antragsteller und Antragsgegner können nur der Landtag und im Falle des Art. 36 der Verfassung der Ständige Ausschuß des Landtags, die Regierung und die in der Verfassung oder in der Geschäftsordnung des Landtags oder der Regierung mit eigener Zuständigkeit ausgestatteten Teile dieser Organe sein.

§ 45 [Zulässigkeit des Antrags]. (1) Der Antrag ist nur zulässig, wenn der Antragsteller geltend macht, daß er oder das Organ, dem er angehört, durch eine Handlung oder Unterlassung des Antragsgegners in der Wahrnehmung seiner ihm durch die Verfassung übertragenen Rechte und Pflichten verletzt oder unmittelbar gefährdet sei.

(2) Der Antrag muß die Bestimmung der Verfassung bezeichnen, gegen welche die beanstandete Handlung oder Unterlassung des Antragsgegners verstößt.

(3) Der Antrag muß binnen sechs Monaten gestellt werden, nachdem die beanstandete Handlung oder Unterlassung dem Antragsteller bekanntgeworden ist, spätestens jedoch fünf Jahre nach ihrer Durchführung oder Unterlassung.

§ 46 [Beitritt zum Verfahren]. (1) Dem Antragsteller und dem Antragsgegner können in jeder Lage des Verfahrens andere Antragsberechtigte beitreten, wenn die Entscheidung für die Abgrenzung ihrer Zuständigkeiten von Bedeutung ist.

(2) Das Gericht gibt dem Landtag und der Regierung von der Einleitung des Verfahrens Kenntnis.

§ 47 [Entscheidungsinhalt]. (1) Das Gericht stellt in seiner Entscheidung fest, ob sich der Antragsgegner wie behauptet verhalten hat oder ob ein solches Verhalten von ihm zu gewärtigen ist, inwiefern er dadurch den Antragsteller in der Wahrnehmung seiner Rechte und Pflichten verletzt oder unmittelbar gefährdet hat und gegen welche Bestimmung der Verfassung sein Verhalten verstößt.

(2) Soweit die Entscheidung von der Auslegung einer Verfassungsbestimmung abhängt, kann das Gericht in der Entscheidungsformel feststellen, wie die Verfassungsbestimmung auszulegen ist.

4. Normenkontrolle auf Antrag des Landtags oder der Regierung

(Entscheidung nach Art. 68 Abs. 1 Nr. 2 der Verfassung)

§ 48 [Äußerung von Landtag und Regierung; Beteiligte]. (1) Ist bei Zweifeln oder Meinungsverschiedenheiten über die Vereinbarkeit von Landesrecht mit der Verfassung eine Entscheidung des Verfassungsgerichtshofs beantragt worden, so hat dieser dem Landtag und der Regierung Gelegenheit zur Äußerung innerhalb bestimmter Frist zu geben.

(2) Am Verfahren können sich Verfassungsorgane im Sine des § 44 und Selbstverwaltungskörperschaften, wenn sie ein berechtigtes Interesse dartun, beteiligen.

§ 49 [Normenkontrolle durch den VGH] (1) [1]Ist wegen einer Verordnung oder einer sonstigen im Range unter dem Gesetz stehenden Rechtsvorschrift ein Normenkontrollverfahren nach Art. 68 Abs. 1 Nr. 2 der Verfassung und ein Verfahren vor dem Verwaltungsgerichtshof anhängig, so muß der Verwaltungsgerichtshof auf Verlangen des Verfassungsgerichtshofs sein Verfahren bis zur

Erledigung des Verfahrens vor dem Verfassungsgerichtshof aussetzen. [2]Stellt der Verfassungsgerichtshof ein solches Verlangen nicht, so kann der Verwaltungsgerichtshof sein Verfahren mit Zustimmung des Verfassungsgerichtshofs aussetzen. [3]Der Verwaltungsgerichtshof unterrichtet den Verfassungsgerichtshof, wenn bei ihm ein solches Normenkontrollverfahren anhängig wird.

(2) Die Aussetzungsbefugnis des Verfassungsgerichtshofs richtet sich nach § 26.

§ 50 [Entscheidungsinhalt]. [1]Hält der Verfassungsgerichtshof die beanstandete Bestimmung für unvereinbar mit der Verfassung, so stellt er in seiner Entscheidung ihre Nichtigkeit fest. [2]Sind weitere Bestimmungen desselben Gesetzes aus denselben Gründen mit der Verfassung unvereinbar, so kann der Verfassungsgerichtshof sie gleichfalls für nichtig erklären.

5. Normenkontrolle auf Antrag eines Gerichts

(Entscheidung nach Art. 68 Abs. 1 Nr. 3 der Verfassung)

§ 51 (1) Sind die Voraussetzungen des Art. 68 Abs. 1 Nr. 3 der Verfassung gegeben, so holen die obersten Gerichte des Landes unmittelbar, die übrigen Gerichte über das zuständige oberste Gericht des Landes, die Entscheidung des Verfassungsgerichtshofs ein.

(2) [1]Die Begründung des Aussetzungsbeschlusses muß angeben inwiefern von der Gültigkeit des Gesetzes die Entscheidung des Gerichts abhängig und mit welcher Bestimmung der Verfassung das Gesetz unvereinbar sein soll. [2]Die Akten sind beizufügen.

(3) Die Vorschriften des § 48 Abs. 1 und des § 50 gelten entsprechend.

6. Wahlprüfung

(Entscheidung nach Art. 31 Abs. 2 der Verfassung)

§ 52 (1) [1]Ein Beschluß des Landtags in Wahlprüfungssachen nach Art. 31 der Verfassung kann innerhalb eines Monats seit der Beschlußfassung des Landtags beim Verfassungsgerichtshof angefochten werden. [2]Anfechtungsberechtigt sind:

a) der Abgeordnete, dessen Mitgliedschaft bestritten ist,
b) ein Wahlberechtigter oder eine Gruppe von Wahlberechtigten, deren Einspruch vom Landtag verworfen worden ist, wenn ihnen mindestens hundert Wahlberechtigte beitraten,
c) eine Fraktion,
d) eine Minderheit des Landtags, die wenigstens ein Zehntel der gesetzlichen Mitgliederzahl umfaßt.

(2) Eine Gruppe von Wahlberechtigten, für die bei der Wahl ein Wahlvorschlag zugelassen wurde, hat nicht nachzuweisen, daß ihr hundert Wahlberechtigte beitreten.

7. Kontrolle eines Antrags auf Verfassungsänderung

(Entscheidung nach Art. 64 Abs. 1 Satz 3 der Verfassung)

§ 53 Der Präsident des Verfassungsgerichtshofs gibt dem beim Gericht nach Art. 64 Abs. 1 Satz 3 der Verfassung gestellten Antrag im Staatsanzeiger bekannt.

8. Normenkontrolle auf Antrag von Gemeinden oder Gemeindeverbänden

(Entscheidung nach Art. 76 der Verfassung)

§ 54 [1]Auf das Verfahren nach Art. 76 der Verfassung finden die Vorschriften der §§ 48 und 50 entsprechend Anwendung. [2]Ein Zusammenschluss von Gemeinden oder Gemeindeverbänden kann einem Verfahren vor dem Verfassungsgerichtshof nach Satz 1 beitreten, wenn in dem Verfahren von dem Antragsteller eine Verletzung von Art. 71 Abs. 3 der Verfassung behauptet wird und dieses Verfahren aus Sicht des Zusammenschlusses von grundsätzlicher Bedeutung ist; die grundsätzliche Bedeutung ist mit der Beitrittserklärung darzulegen.

9. Verfassungsbeschwerde

§ 55 [Verfassungsbeschwerde, Beschwerdebefugnis, Rechtswegerschöpfung]. (1) Jeder kann mit der Behauptung, durch die öffentliche Gewalt des Landes in einem seiner in der Verfassung des Landes Baden-Württemberg enthaltenen Rechte verletzt zu sein, die Verfassungsbeschwerde zum Verfassungsgerichtshof erheben, soweit nicht Verfassungsbeschwerde zum Bundesverfassungsgericht erhoben ist oder wird.

(2) [1]Ist gegen die behauptete Verletzung der Rechtsweg zulässig, kann die Verfassungsbeschwerde erst nach Erschöpfung des Rechtswegs erhoben werden. [2]Der Verfassungsgerichtshof kann jedoch über eine vor Erschöpfung des Rechtswegs eingelegte Verfassungsbeschwerde sofort entscheiden, wenn sie von allgemeiner Bedeutung ist oder wenn dem Beschwerdeführer ein schwerer und unabwendbarer Nachteil entstünde, falls er zunächst auf den Rechtsweg verwiesen würde. [3]Satz 2 ist auf Verfassungsbeschwerden gegen fachgerichtliche Entscheidungen nicht anwendbar.

(3) [1]Dem Beschwerdeführer kann nach Maßgabe der Vorschriften der Zivilprozessordnung Prozesskostenhilfe bewilligt werden. [2]Die Fristen des § 56 Absatz 2 und 4 werden durch das Gesuch um Bewilligung von Prozesskostenhilfe nicht gehemmt.

§ 56 [Beschwerdefrist, Wiedereinsetzung]. (1) In der Begründung der Beschwerde sind das Recht, das verletzt sein soll, und die Handlung oder Unterlassung des Organs oder der Behörde, durch die der Beschwerdeführer sich verletzt fühlt, zu bezeichnen.

(2) [1]Die Verfassungsbeschwerde ist binnen eines Monats zu erheben und zu begründenden. [2]Die Frist beginnt mit der Zustellung oder formlosen Mitteilung der in vollständiger Form abgefassten Entscheidung, wenn diese nach den maßgebenden verfahrensrechtlichen Vorschriften von Amts wegen vorzunehmen ist. [3]In anderen Fällen beginnt die Frist mit der Verkündung der Entscheidung oder, wenn diese nicht zu verkünden ist, mit ihrer sonstigen Bekanntgabe an den Beschwerdeführer; wird dabei dem Beschwerdeführer eine Abschrift der Entscheidung in vollständiger Form nicht erteilt, wird die Frist des Satzes 1 dadurch unterbrochen, dass der Beschwerdeführer schriftlich oder zu Protokoll der Geschäftsstelle die Erteilung einer in vollständiger Form abgefassten Entscheidung beantragt. [4]Die Unterbrechung dauert fort, bis die Entscheidung in vollständiger Form dem Beschwerdeführer von dem Gericht erteilt oder von Amts wegen oder von einem an dem Verfahren Beteiligten zugestellt wird.

(3) [1]War ein Beschwerdeführer ohne Verschulden verhindert, diese Frist einzuhalten, ist ihm auf Antrag Wiedereinsetzung in den vorigen Stand zu gewähren. [2]Der Antrag ist binnen zwei Wochen nach Wegfall des Hindernisses zu stellen. [3]Die Tatsachen zur Begründung des Antrags sind bei der Antragstellung oder im Verfahren über den Antrag glaubhaft zu machen. [4]Innerhalb der Antragsfrist ist die versäumte Rechtshandlung nachzuholen; ist dies geschehen, kann die Wiedereinsetzung auch ohne Antrag gewährt werden. [5]Nach einem Jahr seit dem Ende der versäumten Frist ist der Antrag unzulässig. [6]Das Verschulden des Bevollmächtigten steht dem Verschulden eines Beschwerdeführers gleich.

(4) Richtet sich die Verfassungsbeschwerde gegen ein Gesetz oder gegen einen sonstigen Hoheitsakt, gegen den ein Rechtsweg nicht offen steht, kann die Verfassungsbeschwerde nur binnen eines Jahres seit dem Inkrafttreten des Gesetzes oder dem Erlass des Hoheitsaktes erhoben und begründet werden.

§ 57 [Anhörung]. (1) Der Verfassungsgerichtshof gibt dem Verfassungsorgan, dessen Handlung oder Unterlassung in der Verfassungsbeschwerde beanstandet wird, Gelegenheit, sich binnen einer zu bestimmenden Frist zu äußern.

(2) Richtet sich die Verfassungsbeschwerde gegen die Handlung oder Unterlassung einer Behörde des Landes, ist dem zuständigen Ministerium, bei Be-

hörden sonstiger Rechtsträger auch den Rechtsträgern, Gelegenheit zur Äußerung zu geben.

(3) Richtet sich die Verfassungsbeschwerde gegen eine gerichtliche Entscheidung, gibt der Verfassungsgerichtshof auch dem durch die Entscheidung Begünstigten Gelegenheit zur Äußerung.

(4) Richtet sich die Verfassungsbeschwerde unmittelbar oder mittelbar gegen ein Gesetz, ist § 48 Absatz 1 entsprechend anzuwenden.

(5) Die in Absatz 1, 2 und 4 in Verbindung mit § 48 Absatz 1 genannten Verfassungsorgane können dem Verfahren beitreten.

§ 58 [Schriftliches Verfahren, Missbrauchsgebühr]. (1) Der Verfassungsgerichtshof entscheidet über die Verfassungsbeschwerden in der Regel ohne mündliche Verhandlung.

(2) [1]Über die Zurückweisung einer Verfassungsbeschwerde als unzulässig oder offensichtlich unbegründet und die Anforderung eines Vorschusses nach Absatz 3 Satz 2 kann abweichend von § 22 Absatz 1 Satz 1 und Absatz 2 in einem schriftlichen Verfahren entschieden werden. [2]Eine Anhörung nach § 57 ist nicht erforderlich. [3]Die Entscheidung bedarf keiner Begründung, wenn der Beschwerdeführer zuvor auf Bedenken gegen die Zulässigkeit oder Begründetheit der Verfassungsbeschwerde hingewiesen worden ist. [4]Im Übrigen genügt zur Begründung des Beschlusses ein Hinweis auf den maßgeblichen rechtlichen Gesichtspunkt.

(3) [1]Ist eine Verfassungsbeschwerde unzulässig oder offensichtlich unbegründet, kann der Verfassungsgerichtshof dem Beschwerdeführer mit der Entscheidung über die Hauptsache eine Gebühr bis zu 2000 Euro auferlegen. [2]Der Verfassungsgerichtshof kann dem Beschwerdeführer aufgeben, einen entsprechenden Vorschuss zu leisten. [3]Die Verfassungsbeschwerde gilt als zurückgenommen, wenn der Beschwerdeführer den Vorschuss nicht innerhalb von zwei Monaten ab Zustellung der Vorschussanforderung zahlt. [4]Auf diese Rechtsfolge ist der Beschwerdeführer bei der Vorschussanforderung hinzuweisen. [5]Für die Fristberechnung gilt § 222 Absatz 1 und 2 der Zivilprozessordnung entsprechend.

(4) [1]Die Entscheidungen nach Absatz 2 und 3 können durch einstimmigen Beschluss einer von dem Verfassungsgerichtshof für die Dauer eines Geschäftsjahres bestellten Kammer ergehen, die aus drei Richtern besteht, von denen mindestens zwei die Befähigung zum Richteramt haben müssen. [2]Die Bestellung mehrerer Kammern ist zulässig. [3]Der Verfassungsgerichtshof bestimmt vor Beginn des Geschäftsjahres deren Zahl und Zusammensetzung sowie die Verteilung der Verfassungsbeschwerden auf die Kammern. [4]Der Beschluss ergeht ohne mündliche Verhandlung und ist unanfechtbar [5]Im Falle einer Zurückweisung bleibt die Kammer für alle das Verfassungsbeschwerdeverfahren betreffenden Entscheidungen zuständig.

(5) [1]Absatz 1 und 4 gilt entsprechend für die Entscheidung über Anträge, die im Zusammenhang mit einer Verfassungsbeschwerde gestellt werden, solange

und soweit das Plenum noch nicht mit der Verfassungsbeschwerde befasst ist. [2]Bei einer Zurückweisung dieser Anträge als unzulässig oder offensichtlich unbegründet gilt Absatz 2 und 3 entsprechend. [3]Absatz 1, 2 und 4 gilt ferner entsprechend für Entscheidungen nach Erledigung der Hauptsache, über Anträge auf Bewilligung von Prozesskostenhilfe nach § 55 Absatz 3 Satz 1 und über Kosten nach § 60 Absatz 1 Satz 2.

§ 59 [Entscheidungsinhalt]. (1) [1]Wird der Verfassungsbeschwerde stattgegeben, ist in der Entscheidung festzustellen, welche Vorschrift der Verfassung durch welche Handlung oder Unterlassung verletzt wurde. [2]Der Verfassungsgerichtshof kann zugleich aussprechen, dass auch jede Wiederholung der beanstandeten Maßnahme die Verfassung verletzt. [3]Wird der Verfassungsbeschwerde gegen eine Entscheidung stattgegeben, hebt der Verfassungsgerichtshof die Entscheidung auf, in den Fällen des § 55 Absatz 2 Satz 1 verweist er die Sache an ein zuständiges Gericht zurück.

(2) Wird der unmittelbar oder mittelbar gegen ein Gesetz gerichteten Verfassungsbeschwerde stattgegeben, gelten die §§ 23 und 50 entsprechend.

5. Teil
Kosten

§ 60 (1) [1]Das Verfahren vor dem Verfassungsgerichtshof ist kostenfrei. [2]Im Falle mutwilliger Rechtsverfolgung können dem Antragsteller die Kosten auferlegt werden.

(2) [1]Erweist sich eine Ministeranklage oder ein Antrag auf Aberkennung eines Landtagsmandats als unbegründet, so sind dem Angeklagten die notwendigen Auslagen einschließlich der Kosten der Verteidigung aus der Staatskasse zu ersetzen. [2]Dasselbe gilt für den Antragsteller im Verfahren nach Art. 57 Abs. 4 der Verfassung, wenn sich der Vorwurf als unbegründet erweist.

(3) Erweist sich eine Verfassungsbeschwerde als begründet, sind dem Beschwerdeführer die notwendigen Auslagen ganz oder teilweise zu erstatten.

(4) In den übrigen Fällen kann der Verfassungsgerichtshof die volle oder teilweise Erstattung der Auslagen anordnen.

6. Teil
Verzögerungsbeschwerde

§ 61 [Verzögerungsbeschwerde]. (1) [1]Wer infolge unangemessener Dauer eines Verfahrens vor dem Verfassungsgerichtshof als Verfahrensbeteiligter oder als Beteiligter in einem zur Herbeiführung einer Entscheidung des Verfassungsgerichtshofs ausgesetzten Verfahren einen Nachteil erleidet, wird angemessen entschädigt. [2]Die Angemessenheit der Verfahrensdauer richtet sich nach den Umständen des Einzelfalles unter Berücksichtigung der Aufgaben und der Stellung des Verfassungsgerichtshofs.

(2) [1]Ein Nachteil, der nicht Vermögensnachteil ist, wird vermutet, wenn ein Verfahren vor dem Verfassungsgerichtshof unangemessen lange gedauert hat. [2]Hierfür kann eine Entschädigung nur beansprucht werden, soweit nicht nach den Umständen des Einzelfalles Wiedergutmachung auf andere Weise, insbesondere durch die Feststellung der Unangemessenheit der Verfahrensdauer, ausreichend ist. [3]Die Entschädigung gemäß Satz 2 beträgt 1200 Euro für jedes Jahr der Verzögerung [4]Ist der Betrag nach Satz 3 nach den Umständen des Einzelfalles unbillig, kann der Verfassungsgerichtshof einen höheren oder einen niedrigeren Betrag festsetzen.

(3) Für das Verfahren gelten die §§ 97 b bis 97 d des Bundesverfassungsgerichtsgesetzes entsprechend mit der Maßgabe, dass über die Verzögerungsbeschwerde eine Beschwerdekammer entscheidet, die aus drei für die Dauer eines Geschäftsjahres bestellten Richtern besteht.

7. Teil
Schlussvorschriften

§ 62 [Inkrafttreten]. Dieses Gesetz tritt am Tage nach seiner Verkündung* in Kraft.

* *Verkündet am 24. 12. 1954.*

Landesverwaltungsgesetz (LVG)

in der Neufassung vom 14. Oktober 2008 (GBl. S. 313),
zuletzt geändert durch Gesetz vom 27. Februar 2019 (GBl. 37)

INHALTSÜBERSICHT*

---
* *Die Inhaltsübersicht und die Artikelüberschriften sind nicht amtlich.*

ERSTER TEIL

Geltungsbereich des Gesetzes und Gliederung der Verwaltungsbehörden

§ 1 Geltungsbereich und Gliederung der Verwaltungsbehörden. (1) [1]Das Landesverwaltungsgesetz gilt für alle staatlichen Behörden, die staatliche Verwaltungsaufgaben zu erfüllen haben, und für alle kommunalen Behörden, soweit ihnen staatliche Verwaltungsaufgaben übertragen wurden (Verwaltungsbehörden). [2]Für die Gemeinden und die Verwaltungsgemeinschaften gelten die Bestimmungen über die unteren Verwaltungsbehörden nur, soweit sie deren Aufgaben nach diesem Gesetz zu erfüllen haben. [3]Das Landesverwaltungsgesetz gilt nicht für die Organe der Rechtspflege.

(2) Die Verwaltungsbehörden gliedern sich in die obersten Landesbehörden (§§ 7 bis 9), die allgemeinen Verwaltungsbehörden (§§ 10 bis 22) und die besonderen Verwaltungsbehörden (§§ 23 bis 26).

ZWEITER TEIL

Allgemeine Bestimmungen zur Aufsicht, Aufgabenübertragung und zur Zusammenarbeit der Verwaltungsbehörden

§ 2 Dienst- und Fachaufsicht. Die staatlichen Verwaltungsbehörden unterliegen der Dienstaufsicht und der Fachaufsicht.

§ 3 Inhalt der Dienst- und der Fachaufsicht. (1) Die Dienstaufsicht erstreckt sich auf den Aufbau, die innere Ordnung, den Einsatz und die Verteilung von Personal- und Sachmitteln, die allgemeine Geschäftsführung und die Personalangelegenheiten einer Behörde.

(2) Die Fachaufsicht erstreckt sich auf die rechtmäßige und zweckmäßige Wahrnehmung der fachlichen Verwaltungsangelegenheiten der Behörde.

(3) [1]Die Aufsichtsbehörden können mit den ihrer Aufsicht unterstehenden Behörden Zielvereinbarungen abschließen und von ihnen Berichterstattung, Vorlage der Akten sowie Erhebung und Übermittlung von Leistungsdaten über den Vollzug der staatlichen Aufgaben verlangen, Prüfungen vornehmen und Weisungen erteilen. [2]Auf den Abschluss von Zielvereinbarungen mit den nachgeordneten Behörden findet das Landespersonalvertretungsgesetz keine Anwendung.

(4) Die Landesregierung kann nähere Bestimmungen über die Handhabung der Dienstaufsicht und der Fachaufsicht, mit Ausnahme des Geschäftsbereichs des Rechnungshofs, erlassen.

(5) Die Gemeindeordnung, die Landkreisordnung, spezialgesetzliche Regelungen in diesem Gesetz und andere Rechtsvorschriften, durch die die Rechte der Dienstaufsichts- und Fachaufsichtsbehörden erweitert oder beschränkt werden, bleiben unberührt.

§ 4 Aufgabenübertragung. (1) Soweit nicht besondere gesetzliche Bestimmungen entgegenstehen, können die Ministerien bestimmte Aufgaben, für die sie selbst zuständig sind, auf eine oder mehrere nachgeordnete Behörden durch Rechtsverordnung übertragen oder zur Vereinfachung des Verwaltungsverfahrens oder zur Verbesserung der Verwaltungsleistung bestimmte Aufgaben, für die nachgeordnete Verwaltungsbehörden zuständig sind, durch Rechtsverordnung auf andere nachgeordnete Behörden übertragen.

(2) Die Landesregierung kann zur Vereinfachung des Verwaltungsverfahrens oder zur Verbesserung der Verwaltungsleistung bestimmte Aufgaben, für die die Regierungspräsidien, die unteren Verwaltungsbehörden oder besondere Verwaltungsbehörden zuständig sind, jeweils auf eine oder mehrere dieser Behörden auch für den Bezirk der anderen Behörden durch Rechtsverordnung übertragen.

(3) Die Landesregierung kann durch Rechtsverordnung bestimmen, dass zur Vereinfachung des Verwaltungsverfahrens oder zur Verbesserung der Verwaltungsleistung bestimmte Aufgaben aus den in § 19 Abs. 1 genannten Angelegenheiten den Großen Kreisstädten und den Verwaltungsgemeinschaften nach § 17 als unteren Verwaltungsbehörden oder den Gemeinden als Pflichtaufgaben nach Weisung übertragen werden.

(4) Aufgabenübertragungen auf besondere Verwaltungsbehörden können abweichend von Absatz 1 und 2 auch durch eine Anordnung erfolgen.

(5) Die Absätze 1, 2 und 4 gelten für den Rechnungshof entsprechend.

§ 5 Zusammenarbeit der Verwaltungsbehörden. (1) [1]Hat eine Verwaltungsbehörde vor einer Entscheidung einer anderen Verwaltungsbehörde Gelegenheit zur Stellungnahme zu geben, so soll sie ihr hierfür eine angemessene Frist setzen, die in der Regel über die Dauer eines Monats nicht hinausgehen soll. [2]Macht die beteiligte Verwaltungsbehörde innerhalb der ihr gesetzten Frist geltend, dass eine rechtzeitige Stellungnahme nicht erfolgen kann, hat sie dies gegenüber der für die Entscheidung zuständigen Verwaltungsbehörde im Einzelnen zu begründen und einen Termin zu benennen, zu dem ihr eine Stellungnahme möglich ist. [3]Geht innerhalb der Frist nach Satz 1 oder innerhalb der von der beteiligten Verwaltungsbehörde genannten Frist keine Stellungnahme ein, so kann die für die Entscheidung zuständige Verwaltungsbehörde davon ausgehen, dass keine Einwendungen erhoben werden, sofern Bundesrecht nicht entgegensteht. [4]Anderweitige Regelungen bleiben unberührt.

(2) Absatz 1 gilt auch für die der Aufsicht des Landes unterstehenden juristischen Personen des öffentlichen Rechts.

(3) Absatz 1 Satz 1 und 3 und Absatz 2 sind entsprechend anzuwenden, wenn Behörden der anderen Länder oder des Bundes Gelegenheit zur Stellungnahme zu geben ist.

§ 6 Verwaltungsdaten. Die an die Verwaltungsnetze angeschlossenen Verwaltungsbehörden und Stellen können folgende personenbezogenen Daten ihrer Bediensteten verarbeiten und untereinander zur allgemeinen verwaltungsinternen Einsicht in elektronischen Verzeichnissen bereitstellen:

1. Name, Vorname, Namensbestandteile, persönlicher Titel, Amtsbezeichnung,
2. Bezeichnung der Verwaltungsbehörde und der Organisationseinheit,
3. Daten zur dienstlichen Erreichbarkeit (dienstliche Adresse, Raum, Telefon- und Fax-Nummer, E-Mail-Adresse),
4. Informationen zur zeitlichen Verfügbarkeit während der regelmäßigen Arbeitszeiten sowie
5. Angaben zum Aufgaben- und Tätigkeitsbereich und zu Mitgliedschaften in Gremien.

DRITTER TEIL

Verwaltungsbehörden

Erster Abschnitt

Oberste Landesbehörden

§ 7 Einteilung. Oberste Landesbehörden sind die Landesregierung, der Ministerpräsident, die Ministerien, der Rechnungshof und der Landesbeauftragte für den Datenschutz.

§ 8 Aufgaben. (1) [1]Die obersten Landesbehörden nehmen die Aufgaben wahr, die ihnen oder den Landeszentralbehörden durch Verfassung oder Gesetz zugewiesen sind. [2]Die Befugnisse, die durch bundesrechtliche Bestimmungen auf die obersten Landesbehörden, die Landesministerien oder die Landeszentralbehörden übertragen sind, dürfen von den obersten Landesbehörden nicht ausgeübt werden, wenn in gesetzlichen Bestimmungen eine Übertragung dieser Befugnisse auf nachgeordnete Behörden für zulässig erklärt ist; die obersten Landesbehörden können sich jedoch einzelne Befugnisse vorbehalten.

(2) Die Aufgaben des Landesbeauftragten für den Datenschutz ergeben sich aus der Verordnung (EU) 2016/679 des Europäischen Parlaments und des Rates vom 27. April 2016 zum Schutz natürlicher Personen bei der Verarbeitung personenbezogener Daten, zum freien Datenverkehr und zur Aufhebung der Richtlinie 95/46/EG (Datenschutz-Grundverordnung) (ABl. L 119 vom 4. Mai 2016, S. 1, ber. ABl. L 314 vom 22. November 2016, S. 72) in der jeweils geltenden Fassung und sonstigen Gesetzen.

(3) [1]Zu den Aufgaben der Landesregierung, des Ministerpräsidenten, der Ministerien und des Rechnungshofs gehören im Rahmen ihrer Zuständigkeit:

1. der Verkehr mit dem Landtag,
2. die Ausarbeitung und Vorlage von Gesetzentwürfen und der Erlass von Rechts- und Verwaltungsvorschriften,
3. der Verkehr mit dem Bundesrat sowie mit den obersten Behörden des Bundes und der Länder,
4. der Verkehr mit der Vertretung des Landes beim Bund,
5. der Verkehr mit den ausländischen Behörden und den zwischenstaatlichen Einrichtungen.

[2]Für bestimmte Angelegenheiten der Nummern 3 bis 5 kann eine besondere Regelung getroffen werden.

(4) [1]Den Ministerien und dem Rechnungshof obliegen im Rahmen ihres Geschäftsbereichs:

1. die Leitung und Beaufsichtigung der ihnen nachgeordneten Behörden,
2. die Aufgaben der obersten Dienstbehörden auf dem Gebiet des Beamten-, Besoldungs-, Versorgungs- und Tarifrechts, soweit nicht für bestimmte Angelegenheiten eine besondere Regelung getroffen worden ist,
3. die Aufgaben des Landes, die nicht einer anderen Behörde zugewiesen sind.

[2]Den Ministerien obliegt außerdem im Rahmen ihres Geschäftsbereichs die Aufsicht über die öffentlich-rechtlichen Körperschaften und Anstalten, die sich über mehrere Regierungsbezirke erstrecken.

(5) Dem Landesbeauftragten für den Datenschutz obliegt im Rahmen seines Geschäftsbereichs die Aufgabe der obersten Dienstbehörde auf dem Gebiet des Beamten-, Besoldungs-, Versorgungs- und Tarifrechts, soweit nicht für bestimmte Angelegenheiten eine besondere Regelung getroffen worden ist.

§ 9 Änderung der Geschäftsbereiche der Ministerien. (1) [1]Werden Geschäftsbereiche von Ministerien neu abgegrenzt, so gehen die in Gesetzen, Rechtsverordnungen und Verwaltungsvorschriften bestimmten Zuständigkeiten auf das nach der Neuabgrenzung zuständige Ministerium über. [2]Die Landesregierung weist hierauf sowie auf den Zeitpunkt des Übergangs im Gesetzblatt hin.

(2) Die einem Ministerium in Gesetzen, Rechtsverordnungen und Verwaltungsvorschriften zugewiesene Zuständigkeit wird durch eine Änderung der Bezeichnung des Ministeriums nicht berührt.

(3) Das Innenministerium wird ermächtigt, bei Änderungen der Zuständigkeit oder der Bezeichnung von Ministerien durch Rechtsverordnung im Einvernehmen mit den beteiligten Ministerien in Gesetzen und Rechtsverordnungen die Bezeichnung des bisher zuständigen Ministeriums durch die Bezeichnung des neu zuständigen Ministeriums oder die bisherige Bezeichnung des Ministeriums durch die neue Bezeichnung zu ersetzen.

Zweiter Abschnitt

Allgemeine Verwaltungsbehörden

Erster Unterabschnitt

Einteilung

§ 10 Allgemeine Verwaltungsbehörden. Allgemeine Verwaltungsbehörden sind die Regierungspräsidien und die unteren Verwaltungsbehörden.

Zweiter Unterabschnitt

Regierungspräsidien

§ 11 Regierungsbezirke und Regierungspräsidien. (1) Das Landesgebiet ist in die Regierungsbezirke

Stuttgart mit Sitz des Regierungspräsidiums in Stuttgart,
Karlsruhe mit Sitz des Regierungspräsidiums in Karlsruhe,
Freiburg mit Sitz des Regierungspräsidiums in Freiburg
und
Tübingen mit Sitz des Regierungspräsidiums in Tübingen

eingeteilt.

(2) [1]Für jeden Regierungsbezirk besteht ein Regierungspräsidium. [2]Die Regierungspräsidien können mit Zustimmung des Innenministeriums für die Wahrnehmung bestimmter Aufgaben auswärtige Standorte errichten, wenn hierfür ein dienstliches Bedürfnis besteht.

§ 12 Gebiet der Regierungsbezirke. (1) Der Regierungsbezirk Stuttgart umfasst die Stadtkreise Stuttgart und Heilbronn sowie die Landkreise Böblingen, Esslingen, Göppingen, Heidenheim, Heilbronn, Hohenlohekreis, Ludwigsburg, Main-Tauber-Kreis, Ostalbkreis, Rems-Murr-Kreis und Schwäbisch Hall.

(2) Der Regierungsbezirk Karlsruhe umfasst die Stadtkreise Baden-Baden, Heidelberg, Karlsruhe, Mannheim und Pforzheim sowie die Landkreise Calw, Enzkreis, Freudenstadt, Karlsruhe, Neckar-Odenwald-Kreis, Rastatt und Rhein-Neckar-Kreis.

(3) Der Regierungsbezirk Freiburg umfasst den Stadtkreis Freiburg sowie die Landkreise Breisgau-Hochschwarzwald, Emmendingen, Konstanz, Lörrach, Ortenaukreis, Rottweil, Schwarzwald-Baar-Kreis, Tuttlingen und Waldshut.

(4) Der Regierungsbezirk Tübingen umfasst den Stadtkreis Ulm sowie die Landkreise Alb-Donau-Kreis, Biberach, Bodenseekreis, Ravensburg, Reutlingen, Sigmaringen, Tübingen und Zollernalbkreis.

(5) Bei der Zuteilung von Kreisen zu einem Regierungsbezirk ist ihr jeweiliger Gebietsbestand maßgebend.

§ 13 Aufgaben. [1]Die Regierungspräsidien sind zuständig für die ihnen, den höheren Verwaltungsbehörden oder entsprechenden Behörden durch Gesetz oder Rechtsverordnung zugewiesenen Aufgaben. [2]Dies gilt nicht für Aufgaben, die zur Zuständigkeit einer höheren Sonderbehörde gehören oder auf Grund gesetzlicher Ermächtigung den unteren Verwaltungsbehörden oder besonderen Verwaltungsbehörden übertragen sind.

§ 14 Aufsicht. (1) [1]Das Innenministerium führt die Dienstaufsicht über die Regierungspräsidien. [2]Ihm obliegen für die Bediensteten der Regierungspräsidien mit Ausnahme der Bediensteten des schulpädagogischen Dienstes sowie der Bediensteten der Abteilung Forstdirektion der Regierungspräsidien die den Ministerien zugewiesenen Aufgaben auf dem Gebiet der Personalangelegenheiten. [3]Die Einstellung von Fachbediensteten durch das Innenministerium erfolgt im Einvernehmen mit dem jeweiligen Fachministerium.

(2) Die Ministerien führen die Fachaufsicht über die Regierungspräsidien im Rahmen ihres Geschäftsbereichs.

Dritter Unterabschnitt

Untere Verwaltungsbehörden

§ 15 Aufgabenzuweisung, Gebühren und Auslagen. (1) Untere Verwaltungsbehörden sind

1. in den Landkreisen die Landratsämter sowie nach Maßgabe des § 19 die Großen Kreisstädte und die Verwaltungsgemeinschaften nach § 17,
2. in den Stadtkreisen die Gemeinden.

(2) Die Aufgaben der unteren Verwaltungsbehörden werden in den Stadtkreisen und Großen Kreisstädten vom Bürgermeister, in den Verwaltungsgemeinschaften vom Verbandsvorsitzenden oder vom Bürgermeister der Gemeinde, die die Aufgaben des Gemeindeverwaltungsverbands erfüllt, als Pflichtaufgaben nach Weisung erledigt.

(3) [1]Für die Erhebung von Gebühren und Auslagen gilt das Kommunalabgabengesetz, wenn die Aufgaben der unteren Verwaltungsbehörde von einer Gemeinde oder Verwaltungsgemeinschaft wahrgenommen werden. [2]Abweichend hiervon gelten für die Erhebung von Gebühren und Auslagen für bautechnische Prüfungen nach baurechtlichen Vorschriften die für die staatlichen Behörden maßgebenden Vorschriften und für die Erhebung von straßenrechtlichen Sondernutzungsgebühren, die dem Bund oder dem Land zustehen, die straßenrechtlichen Vorschriften.

§ 16 Gemeinsame Durchführung von Aufgaben. (1) [1]Landkreise, Stadtkreise, Große Kreisstädte und Verwaltungsgemeinschaften nach § 17 sowie untere Sonderbehörden des Landes können durch Verwaltungsvereinbarung die gemeinsame Durchführung bestimmter Aufgaben der unteren Verwaltungsbehörden und der unteren Sonderbehörden vereinbaren, soweit Bundesrecht nicht entgegensteht. [2]Dafür können sie gemeinsame Dienststellen bilden. [3]Eine gemeinsame Dienststelle kann auch als Teil einer der beteiligten Behörden eingerichtet werden. [4]Die Zuständigkeit der Behörden bleibt durch die Bildung gemeinsamer Dienststellen unberührt.

(2) [1]Die Bediensteten üben ihre Tätigkeiten in der gemeinsamen Dienststelle nach der fachlichen Weisung der im Einzelfall zuständigen Behörde aus. [2]Ihre dienstrechtliche Stellung im Übrigen bleibt unberührt.

(3) Verletzt ein Bediensteter in Ausübung seiner Tätigkeit in der gemeinsamen Dienststelle die ihm einem Dritten gegenüber obliegende Amtspflicht, haftet die Körperschaft, deren Behörde für die Amtshandlung sachlich und örtlich zuständig ist.

(4) Jede Behörde hat auch bei Einrichtung gemeinsamer Dienststellen zu gewährleisten, dass an ihrem Sitz eine Stelle mit ausreichend qualifiziertem Personal besteht, die im Tätigkeitsbereich der gemeinsamen Dienststelle die erforderlichen Auskünfte erteilt und Anträge oder sonstige Erklärungen von Bürgern entgegennimmt.

(5) Absatz 1 Satz 4 und die Absätze 2 bis 4 gelten, falls keine gemeinsame Dienststelle eingerichtet wurde, entsprechend für die gemeinsame Durchführung von Maßnahmen, die sich über das Gebiet einer Behörde hinaus erstrecken.

§ 17 Verwaltungsgemeinschaften. (1) [1]Verwaltungsgemeinschaften mit mehr als 20 000 Einwohnern können auf ihren Antrag von der Landesregierung zu unteren Verwaltungsbehörden erklärt werden; die Antragstellung eines Gemeindeverwaltungsverbands bedarf des Beschlusses einer Mehrheit von zwei Dritteln der satzungsmäßigen Stimmenzahl der Verbandsversammlung; die Antragstellung der erfüllenden Gemeinde einer vereinbarten Verwaltungsgemeinschaft bedarf des Beschlusses einer Mehrheit von zwei Dritteln aller Stimmen des gemeinsamen Ausschusses. [2]Die Erklärung von Verwaltungsgemeinschaften zu unteren Verwaltungsbehörden ist im Gesetzblatt bekannt zu machen. [3]Bei späterem Beitritt und beim Ausscheiden von Gemeinden gilt Satz 2 entsprechend.

(2) [1]Die Landesregierung kann die Erklärung widerrufen, wenn die in Absatz 1 Satz 1 Halbsatz 1 genannten Voraussetzungen nicht mehr erfüllt sind. [2]Der Widerruf ist im Gesetzblatt bekannt zu machen.

§ 18 Aufgaben. (1) [1]Die unteren Verwaltungsbehörden sind zuständig für alle ihnen durch Gesetz oder Rechtsverordnung zugewiesenen staatlichen Verwaltungsaufgaben. [2]Die Verwaltungsgemeinschaften sind auch für alle Aufgaben der ihnen angehörenden Gemeinden zuständig, die den Großen Kreisstädten als unteren Verwaltungsbehörden zugewiesen sind.

(2) Dies gilt nicht für Aufgaben, die auf Grund gesetzlicher Ermächtigung unteren Sonderbehörden übertragen sind.

§ 19 Zuständigkeit der Großen Kreisstädte und der Verwaltungsgemeinschaften. (1) Von der Zuständigkeit der Großen Kreisstädte und der Verwaltungsgemeinschaften als unteren Verwaltungsbehörden sind folgende Angelegenheiten ausgeschlossen:

1. a) das Staatsangehörigkeitswesen,
   b) die Aufsicht im Personenstandswesen,
   c) der Katastrophenschutz und die zivile Verteidigung,
   d) die Aufgaben nach dem Eingliederungsgesetz und dem Flüchtlingsaufnahmegesetz,
   e) die Zulassung zum Straßenverkehr,
   f) die Beförderung von Personen zu Lande und der Güterkraftverkehr einschließlich der Beförderung gefährlicher Güter auf der Straße,
   g) die Aufgaben nach § 50 Abs. 3 Nr. 1 Buchst. a und § 53 b Abs. 2 Satz 1 Nr. 2 Buchst. a des Straßengesetzes,
2. a) die Aufgaben nach § 139 b Abs. 7 und 8 GewO,
   b) das Schornsteinfegerwesen,
   c) das Preisangabenrecht,
3. a) die Landwirtschaft,
   b) die Bekämpfung von Tierseuchen, das Recht der Tierkörperbeseitigung und der Tierschutz,
   c) das Naturschutzrecht mit Ausnahme der Aufgaben nach §§ 21, 23 Absatz 5, 30 Absatz 2, 47 Absatz 2 und 3 des Naturschutzgesetzes (NatSchG) und in Bezug auf die Zuständigkeit für Naturdenkmale nach § 34 NatSchG,
   d) das Lebensmittel- und Bedarfsgegenständerecht, die Weinüberwachung, das Fleischhygienerecht und das Geflügelfleischhygienerecht,
   e) das Forstwesen, außer in den Fällen des § 47 Abs. 3 des Landeswaldgesetzes,
   f) die Flurbereinigung,
   g) die Aufgaben nach dem Vermessungsgesetz,
4. a) die Aufgaben nach dem Gesundheitsdienstgesetz, nach dem Sozialen Entschädigungsrecht und dem Feststellungsverfahren nach dem Neunten Buch Sozialgesetzbuch,
   b) die Aufgaben nach dem Arbeitszeitgesetz,
   c) die Aufgaben nach dem Gesetz über Betriebsärzte, Sicherheitsingenieure und andere Fachkräfte für Arbeitssicherheit,
   d) die Aufgaben nach dem Jugendarbeitsschutzgesetz,
   e) die Aufgaben nach dem Mutterschutzgesetz,
   f) die Aufgaben nach § 18 des Bundeserziehungsgeldgesetzes,
   g) die Aufgaben nach dem Fahrpersonalrecht,
   h) die Aufgaben nach § 17 Abs. 1 bis 8 sowie nach § 20 Abs. 3 und 4 des Gesetzes über den Ladenschluss,

i) die Aufgaben nach dem Wohn-, Teilhabe- und Pflegegesetz,
j) die Aufgaben des Versicherungsamts,

5. a) das Recht der Abfallentsorgung,
b) das Wasserrecht und die Wasser- und Bodenverbände,
c) das Bodenschutz- und Altlastenrecht,
d) das Immissionsschutzrecht,
e) die Aufgaben nach dem Geräte- und Produktsicherheitsgesetz sowie die Aufgaben nach den auf Grund von § 14 des Geräte- und Produktsicherheitsgesetzes erlassenen Rechtsverordnungen,
f) die Aufgaben nach dem Arbeitsschutzgesetz und den danach ergangenen Rechtsverordnungen,
g) die Aufgaben nach der Arbeitsstättenverordnung und nach der Verordnung über besondere Arbeitsschutzanforderungen bei Arbeiten im Freien in der Zeit vom 1. November bis 31. März,
h) das Chemikalienrecht,
i) die Aufgaben nach der Biostoffverordnung,
j) die Aufgaben nach der Druckluftverordnung,
k) die Aufgaben nach der Benzinbleigesetz-Durchführungsverordnung,
l) das Sprengstoffrecht.

(2) [1]Abweichend von Absatz 1 Nr. 5 Buchst. d sind nach Maßgabe der Immissionsschutz-Zuständigkeitsverordnung Aufgaben nach der Verordnung über kleine und mittlere Feuerungsanlagen (1. BImSchV), nach der Verordnung zur Auswurfbegrenzung von Holzstaub (7. BImSchV), nach der Sportanlagenlärmschutzverordnung (18. BImSchV), nach der Verordnung über Anlagen zur Feuerbestattung (27. BImSchV) und nach der Geräte- und Maschinenlärmschutzverordnung (32. BImSchV) von der Zuständigkeit der Großen Kreisstädte und der Verwaltungsgemeinschaften nach § 17 als unteren Verwaltungsbehörden nicht ausgeschlossen. [2]Das Gleiche gilt für Aufgaben des Sprengstoffrechts nach Absatz 1 Nr. 5 Buchst. l nach Maßgabe der Sprengstoff-Zuständigkeitsverordnung.

§ 20 Aufsicht über die Landratsämter. (1) [1]Die Regierungspräsidien führen die Dienstaufsicht über die Landratsämter. [2]Den jeweiligen Fachministerien obliegen die Aufgaben der obersten Dienstbehörde nach § 8 Abs. 4 Satz 1 Nr. 2 für Fachbeamte des höheren Dienstes und vergleichbare Beschäftigte des Landes bei den Landratsämtern; die Einstellung der Fachbediensteten erfolgt im Einvernehmen mit dem Innenministerium. [3]Im Übrigen ist das Innenministerium oberste Dienstaufsichtsbehörde.

(2) [1]Die Regierungspräsidien führen die Fachaufsicht über die Landratsämter. [2]Oberste Fachaufsichtsbehörden sind die Ministerien im Rahmen ihres Geschäftsbereichs.

§ 21 Aufsicht über die Stadtkreise, Großen Kreisstädte und Verwaltungsgemeinschaften. (1) Als untere Verwaltungsbehörden unterliegen die Stadtkreise, Großen Kreisstädte und Verwaltungsgemeinschaften der Fachaufsicht.

(2) Die Fachaufsicht obliegt im Rahmen ihrer Zuständigkeit den Ministerien und den Regierungspräsidien.

(3) Die Fachaufsichtsbehörden haben ein unbeschränktes Weisungsrecht.

§ 22 Vorgaben zum Einsatz der elektronischen Datenverarbeitung. (1) Die Ministerien können im Einvernehmen mit dem Innenministerium und dem Finanzministerium durch Rechtsverordnung bestimmen, dass die unteren Verwaltungsbehörden Daten, die zur Erfüllung einer Aufgabe erforderlich sind, in elektronischer Form erfassen, verarbeiten, empfangen und in einem vorgegebenen Format auf einem vorgeschriebenen Weg an eine bestimmte Stelle übermitteln, wenn das Land hierzu durch Rechtsvorschrift der Europäischen Gemeinschaft oder des Bundes verpflichtet ist oder Aufgaben im Auftrag des Bundes ausgeführt werden (Artikel 85 des Grundgesetzes).

(2) [1]Die Ministerien können im Einvernehmen mit dem Innenministerium und dem Finanzministerium durch Rechtsverordnung Verfahrensvorschriften nach Absatz 1 erlassen. [2]Sie können darüber hinaus bestimmen, dass

1. zwischen den unteren Verwaltungsbehörden und den anderen Behörden der Landesverwaltung einheitliche Verfahren zum elektronischen Austausch von Dokumenten und Daten sowie für die gemeinsame Nutzung von Datenbeständen eingerichtet und weiterentwickelt werden,
2. einheitliche und, soweit erforderlich, gemeinsame Datenverarbeitungsverfahren angewandt werden,
3. miteinander verbindbare Techniken und Geräte eingesetzt werden.

[3]Die nach Satz 2 möglichen Bestimmungen können getroffen werden, wenn dies erforderlich ist

1. zur Abwehr von oder zur Vorbeugung gegen Gefahren, die dem Gemeinwohl drohen,
2. zur Durchführung der auf Rechtsvorschriften der Europäischen Gemeinschaft beruhenden Förder- und Ausgleichsmaßnahmen, soweit sie der Finanzkontrolle unterliegen, und zur Bearbeitung von sachlich und verfahrenstechnisch damit zusammenhängenden Förder- und Ausgleichsmaßnahmen nach Rechtsvorschriften des Bundes und des Landes,
3. zur Erfüllung von Berichts- und Überwachungspflichten, die durch Rechtsvorschriften der Europäischen Gemeinschaft oder bundesrechtlich vorgegeben sind,
4. zur Vereinfachung von Verwaltungsverfahren mit dem Ziel der Verbesserung der Verwaltungsleistungen oder der Verminderung der Ausgaben des Landes und der kommunalen Körperschaften.

(3) Die auf personenbezogene Daten anzuwendenden Rechtsvorschriften des Bundes oder des Landes bleiben unberührt.

Dritter Abschnitt

Besondere Verwaltungsbehörden

§ 23 Einteilung. (1) Die besonderen Verwaltungsbehörden gliedern sich in Landesoberbehörden, höhere Sonderbehörden und untere Sonderbehörden.

(2) Landesoberbehörden sind die Behörden, deren Zuständigkeit sich auf das ganze Landesgebiet erstreckt.

(3) Höhere Sonderbehörden sind die Körperschaftsforstdirektionen, die Staatlichen Rechnungsprüfungsämter und die Nationalparkverwaltung im Nationalpark Schwarzwald.

(4) Untere Sonderbehörden sind alle übrigen Behörden, denen ein fachlich begrenzter Aufgabenbereich für einen Teil des Landes zugewiesen ist.

§ 24 Aufgaben. Die besonderen Verwaltungsbehörden sind zuständig für alle Aufgaben, die ihnen durch Gesetz, Rechtsverordnung oder eine Anordnung nach § 4 Abs. 4 zugewiesen sind.

§ 25 Errichtung, Aufhebung, Sitz und Bezirk. (1) Landesoberbehörden können nur durch Gesetz errichtet und aufgehoben werden.

(2) [1]Höhere und untere Sonderbehörden können, soweit gesetzlich nichts anderes bestimmt ist, von der Landesregierung errichtet und aufgehoben werden. [2]Die Errichtung einer solchen Behörde bedarf jedoch eines Gesetzes, wenn sie Aufgaben dient, die bisher noch nicht von einer besonderen Verwaltungsbehörde wahrgenommen werden. [3]Sitz und Bezirk der höheren und unteren Sonderbehörden bestimmt die Landesregierung, bei Behörden, die dem Rechnungshof nachgeordnet sind, der Rechnungshof im Einvernehmen mit der Landesregierung.

(3) [1]Die Bezirke der unteren Sonderbehörden sind so einzurichten, dass sie einen oder mehrere Kreise desselben Regierungsbezirks umfassen. [2]Die Landesregierung kann in besonderen Fällen eine andere Regelung treffen.

§ 26 Aufsicht über die besonderen Verwaltungsbehörden. (1) Es führen die Dienstaufsicht und die Fachaufsicht:

1. die Ministerien und der Rechnungshof im Rahmen ihres Geschäftsbereichs über die besonderen Verwaltungsbehörden,
2. die Regierungspräsidien, die Landesoberbehörden und die höheren Sonderbehörden über die ihnen nachgeordneten unteren Sonderbehörden.

(2) Die unteren Sonderbehörden, die nicht dem Regierungspräsidium, sondern unmittelbar einem Ministerium, einer Landesoberbehörde oder höheren Sonderbehörde nachgeordnet sind, werden von der Landesregierung bestimmt, soweit nicht für einzelne Arten von Behörden besondere gesetzliche Bestimmungen bestehen.

VIERTER TEIL

Übergangs- und Schlussbestimmungen

§ 27 Verhältnis zum Polizeigesetz. Die Bestimmungen des Polizeigesetzes werden durch dieses Gesetz nicht berührt.

§ 28 Verwaltungsvorschriften. Die zur Durchführung dieses Gesetzes notwendigen Verwaltungsvorschriften werden erlassen

1. von der Landesregierung für die obersten Landesbehörden mit Ausnahme des Landesbeauftragten für den Datenschutz und für die Regierungspräsidien,
2. vom Rechnungshof für die Staatlichen Rechnungsprüfungsämter,
3. im Übrigen von jedem Ministerium für die zu seinem Geschäftsbereich gehörenden Verwaltungsbehörden.

Verwaltungsverfahrensgesetz für Baden-Württemberg (Landesverwaltungsverfahrensgesetz – LVwVfG)

in der Fassung vom 12. April 2005 (GBl. S. 350), zuletzt geändert durch Gesetz vom 12. Mai 2015 (GBl. S. 324)

INHALTSÜBERSICHT

TEIL I

Anwendungsbereich, örtliche Zuständigkeit, elektronische Kommunikation, Amtshilfe, europäische Verwaltungszusammenarbeit

Abschnitt 1

Anwendungsbereich, örtliche Zuständigkeit, elektronische Kommunikation

Abschnitt 2

Amtshilfe

Abschnitt 3

Europäische Verwaltungszusammenarbeit

TEIL II

Allgemeine Vorschriften über das Verwaltungsverfahren

Abschnitt 1

Verfahrensgrundsätze

TEIL I

Anwendungsbereich, örtliche Zuständigkeit, elektronische Kommunikation, Amtshilfe, europäische Verwaltungszusammenarbeit

Abschnitt 1

Anwendungsbereich, örtliche Zuständigkeit, elektronische Kommunikation

§ 1 Anwendungsbereich. (1) Dieses Gesetz gilt für die öffentlich-rechtliche Verwaltungstätigkeit der Behörden des Landes, der Gemeinden und Gemeindeverbände sowie der sonstigen der Aufsicht des Landes unterstehenden juristischen Personen des öffentlichen Rechts, soweit nicht landesrechtliche Vorschriften inhaltsgleiche oder entgegenstehende Bestimmungen enthalten.

(2) Behörde im Sinne dieses Gesetzes ist jede Stelle, die Aufgaben der öffentlichen Verwaltung wahrnimmt.

§ 2 Ausnahmen vom Anwendungsbereich. (1) Dieses Gesetz gilt nicht für die Tätigkeit der Kirchen, der Religionsgesellschaften und Weltanschauungsgemeinschaften sowie ihrer Verbände und Einrichtungen und nicht für die Tätigkeit des Südwestrundfunks.

(2) Dieses Gesetz gilt ferner nicht für

1. Verfahren, die ganz oder überwiegend nach den Vorschriften der Abgabenordnung durchzuführen sind; § 61 Abs. 3 und § 80 Abs. 4 bleiben unberührt,
2. die Strafverfolgung, die Verfolgung und Ahndung von Ordnungswidrigkeiten, die Rechtshilfe für das Ausland in Straf- und Zivilsachen und, unbeschadet des § 80 Abs. 4, für Maßnahmen des Richterdienstrechts,
3. Verfahren nach dem Sozialgesetzbuch,
4. das Recht des Lastenausgleichs,
5. das Recht der Wiedergutmachung.

(3) Für die Tätigkeit

1. der Gerichtsverwaltungen und der Behörden der Justizverwaltung einschließlich der ihrer Aufsicht unterliegenden Körperschaften des öffentlichen Rechts gilt dieses Gesetz nur, soweit die Tätigkeit der Nachprüfung im Verfahren vor den Gerichten der Verwaltungsgerichtsbarkeit unterliegt;
2. der Behörden bei Leistungs-, Eignungs- und ähnlichen Prüfungen von Personen sowie der Schulen bei Versetzungs- und anderen Entscheidungen, die auf einer Leistungsbeurteilung beruhen, gelten nur die §§ 3a bis 13, 20 bis 27, 29 bis 38, 40 bis 52, 79, 80 und 98.

(4) [1]Die oberste Schulbehörde kann durch Rechtsverordnung Ausnahmen von § 20 zulassen, wenn dies für die Aufrechterhaltung eines ordnungsgemäßen Schulbetriebs oder bei Abwägung der Interessen der Betroffenen geboten ist. [2]Für Berufungsverfahren im Hochschulbereich sind die §§ 28, 29 und 39 nicht anzuwenden.

§ 3 Örtliche Zuständigkeit. (1) Örtlich zuständig ist

1. in Angelegenheiten, die sich auf unbewegliches Vermögen oder ein ortsgebundenes Recht oder Rechtsverhältnis beziehen, die Behörde, in deren Bezirk das Vermögen oder der Ort liegt;
2. in Angelegenheiten, die sich auf den Betrieb eines Unternehmens oder einer seiner Betriebsstätten, auf die Ausübung eines Berufs oder auf eine andere dauernde Tätigkeit beziehen, die Behörde, in deren Bezirk das Unternehmen oder die Betriebsstätte betrieben oder der Beruf oder die Tätigkeit ausgeübt wird oder werden soll;
3. in anderen Angelegenheiten, die
   a) eine natürliche Person betreffen, die Behörde, in deren Bezirk die natürliche Person ihren gewöhnlichen Aufenthalt hat oder zuletzt hatte,
   b) eine juristische Person oder eine Vereinigung betreffen, die Behörde, in deren Bezirk die juristische Person oder die Vereinigung ihren Sitz hat oder zuletzt hatte;
4. in Angelegenheiten, bei denen sich die Zuständigkeit nicht aus den Nummern 1 bis 3 ergibt, die Behörde, in deren Bezirk der Anlass für die Amtshandlung hervortritt.

(2) [1]Sind nach Absatz 1 mehrere Behörden zuständig, so entscheidet die Behörde, die zuerst mit der Sache befasst worden ist, es sei denn, die gemeinsame fachlich zuständige Aufsichtsbehörde bestimmt, dass eine andere örtlich zuständige Behörde zu entscheiden hat. [2]Sie kann in den Fällen, in denen eine gleiche Angelegenheit sich auf mehrere Betriebsstätten eines Betriebes oder Unternehmens bezieht, eine der nach Absatz 1 Nr. 2 zuständigen Behörden als gemeinsame zuständige Behörde bestimmen, wenn dies unter Wahrung der Interessen der Beteiligten zur einheitlichen Entscheidung geboten ist. [3]Diese Aufsichtsbehörde entscheidet ferner über die örtliche Zuständigkeit, wenn sich mehrere Behörden für zuständig oder für unzuständig halten oder wenn die Zuständigkeit aus anderen Gründen zweifelhaft ist. [4]Fehlt eine gemeinsame Aufsichtsbehörde, so treffen die fachlich zuständigen Aufsichtsbehörden die Entscheidung gemeinsam.

(3) Ändern sich im Lauf des Verwaltungsverfahrens die die Zuständigkeit begründenden Umstände, so kann die bisher zuständige Behörde das Verwaltungsverfahren fortführen, wenn dies unter Wahrung der Interessen der Beteiligten der einfachen und zweckmäßigen Durchführung des Verfahrens dient und die nunmehr zuständige Behörde zustimmt.

(4) [1]Bei Gefahr im Verzug ist für unaufschiebbare Maßnahmen jede Behörde örtlich zuständig, in deren Bezirk der Anlass für die Amtshandlung hervortritt.

[2]Die nach Absatz 1 Nr. 1 bis 3 örtlich zuständige Behörde ist unverzüglich zu unterrichten.

§ 3a Elektronische Kommunikation. (1) [1]Die Übermittlung elektronischer Dokumente ist zulässig, soweit der Empfänger hierfür einen Zugang eröffnet. [2]Für elektronische Dokumente an Behörden, die verschlüsselt oder signiert sind oder sonstige besondere technische Merkmale aufweisen, ist ein Zugang nur eröffnet, soweit dies ausdrücklich von der Behörde festgelegt oder im Einzelfall zwischen Behörde und Absender vereinbart wurde.

(2) [1]Eine durch Rechtsvorschrift angeordnete Schriftform kann, soweit nicht durch Rechtsvorschrift etwas anderes bestimmt ist, durch die elektronische Form ersetzt werden. [2]Der elektronischen Form genügt ein elektronisches Dokument, das mit einer qualifizierten elektronischen Signatur nach dem Signaturgesetz versehen ist. [3]Die Signierung mit einem Pseudonym, das die Identifizierung der Person des Signaturschlüsselinhabers nicht unmittelbar durch die Behörde ermöglicht, ist nicht zulässig. [4]Die Schriftform kann auch ersetzt werden

1. durch unmittelbare Abgabe der Erklärung in einem elektronischen Formular, das von der Behörde in einem Eingabegerät oder über öffentlich zugängliche Netze zur Verfügung gestellt wird;
2. bei Anträgen und Anzeigen durch Versendung eines elektronischen Dokuments an die Behörde mit der Versandart nach § 5 Absatz 5 des De-Mail-Gesetzes;
3. bei elektronischen Verwaltungsakten oder sonstigen elektronischen Dokumenten der Behörden durch Versendung einer De-Mail-Nachricht nach § 5 Absatz 5 des De-Mail-Gesetzes, bei der die Bestätigung des akkreditierten Diensteanbieters die erlassende Behörde als Nutzerin des De-Mail-Kontos erkennen lässt;
4. durch in einer auf Grund von § 3a Absatz 2 Satz 4 Nummer 4 des Verwaltungsverfahrensgesetzes von der Bundesregierung erlassenen Rechtsverordnung festgelegte Verfahren.

[5]In den Fällen des Satzes 4 Nummer 1 muss bei einer Eingabe über öffentlich zugängliche Netze ein sicherer Identitätsnachweis nach § 18 des Personalausweisgesetzes oder nach § 78 Absatz 5 des Aufenthaltsgesetzes erfolgen.

(3) [1]Ist ein der Behörde übermitteltes elektronisches Dokument für sie zur Bearbeitung nicht geeignet, teilt sie dies dem Absender unter Angabe der für sie geltenden technischen Rahmenbedingungen unverzüglich mit. [2]Macht ein Empfänger geltend, er könne das von der Behörde übermittelte elektronische Dokument nicht bearbeiten, hat sie es ihm erneut in einem geeigneten elektronischen Format oder als Schriftstück zu übermitteln.

(4) Erfolgt eine Antragstellung in elektronischer Form, kann die zuständige Behörde Mehrfertigungen sowie die Übermittlung der dem Antrag beizufügenden Unterlagen auch in schriftlicher Form verlangen.

§ 3 b Personenbezogene Daten, Betriebs- und Geschäftsgeheimnisse. [1]Die Behörde darf personenbezogene Daten nicht unbefugt verarbeiten. [2]Sie darf Betriebs- und Geschäftsgeheimnisse nicht unbefugt offenbaren.

Abschnitt 2

Amtshilfe

§ 4 Amtshilfepflicht. (1) Jede Behörde leistet anderen Behörden auf Ersuchen ergänzende Hilfe (Amtshilfe).

(2) Amtshilfe liegt nicht vor, wenn

1. Behörden einander innerhalb eines bestehenden Weisungsverhältnisses Hilfe leisten;
2. die Hilfeleistung in Handlungen besteht, die der ersuchten Behörde als eigene Aufgabe obliegen.

§ 5 Voraussetzungen und Grenzen der Amtshilfe. (1) Eine Behörde kann um Amtshilfe insbesondere dann ersuchen, wenn sie

1. aus rechtlichen Gründen die Amtshandlung nicht selbst vornehmen kann;
2. aus tatsächlichen Gründen, besonders weil die zur Vornahme der Amtshandlung erforderlichen Dienstkräfte oder Einrichtungen fehlen, die Amtshandlung nicht selbst vornehmen kann;
3. zur Durchführung ihrer Aufgaben auf die Kenntnis von Tatsachen angewiesen ist, die ihr unbekannt sind und die sie selbst nicht ermitteln kann;
4. zur Durchführung ihrer Aufgaben Urkunden oder sonstige Beweismittel benötigt, die sich im Besitz der ersuchten Behörde befinden;
5. die Amtshandlung nur mit wesentlich größerem Aufwand vornehmen könnte als die ersuchte Behörde.

(2) [1]Die ersuchte Behörde darf Hilfe nicht leisten, wenn

1. sie hierzu aus rechtlichen Gründen nicht in der Lage ist;
2. durch die Hilfeleistung dem Wohl des Bundes oder eines Landes erhebliche Nachteile bereitet würden.

[2]Die ersuchte Behörde ist insbesondere zur Vorlage von Urkunden oder Akten sowie zur Erteilung von Auskünften nicht verpflichtet, wenn die Vorgänge nach einem Gesetz oder ihrem Wesen nach geheimgehalten werden müssen.

(3) Die ersuchte Behörde braucht Hilfe nicht zu leisten, wenn

1. eine andere Behörde die Hilfe wesentlich einfacher oder mit wesentlich geringerem Aufwand leisten kann;
2. sie die Hilfe nur mit unverhältnismäßig großem Aufwand leisten könnte;
3. sie unter Berücksichtigung der Aufgaben der ersuchenden Behörde durch die Hilfeleistung die Erfüllung ihrer eigenen Aufgaben ernstlich gefährden würde.

(4) Die ersuchte Behörde darf die Hilfe nicht deshalb verweigern, weil sie das Ersuchen aus anderen als den in Absatz 3 genannten Gründen oder weil sie die mit der Amtshilfe zu verwirklichende Maßnahme für unzweckmäßig hält.

(5) [1]Hält die ersuchte Behörde sich zur Hilfe nicht für verpflichtet, so teilt sie der ersuchenden Behörde ihre Auffassung mit. [2]Besteht diese auf der Amtshilfe, so entscheidet über die Verpflichtung zur Amtshilfe die gemeinsame fachlich zuständige Aufsichtsbehörde oder, sofern eine solche nicht besteht, die für die ersuchte Behörde fachlich zuständige Aufsichtsbehörde.

§ 6 Auswahl der Behörde. Kommen für die Amtshilfe mehrere Behörden in Betracht, so soll nach Möglichkeit eine Behörde der untersten Verwaltungsstufe des Verwaltungszweiges ersucht werden, dem die ersuchende Behörde angehört.

§ 7 Durchführung der Amtshilfe. (1) Die Zulässigkeit der Maßnahme, die durch die Amtshilfe verwirklicht werden soll, richtet sich nach dem für die ersuchende Behörde, die Durchführung der Amtshilfe nach dem für die ersuchte Behörde geltenden Recht.

(2) [1]Die ersuchende Behörde trägt gegenüber der ersuchten Behörde die Verantwortung für die Rechtmäßigkeit der zu treffenden Maßnahme. [2]Die ersuchte Behörde ist für die Durchführung der Amtshilfe verantwortlich.

§ 8 Kosten der Amtshilfe. (1) [1]Die ersuchende Behörde hat der ersuchten Behörde für die Amtshilfe keine Verwaltungsgebühr zu entrichten. [2]Auslagen hat sie der ersuchten Behörde auf Anforderung zu erstatten, wenn sie im Einzelfall 35 Euro übersteigen. [3]Leisten Behörden desselben Rechtsträgers einander Amtshilfe, so werden die Auslagen nicht erstattet.

(2) Nimmt die ersuchte Behörde zur Durchführung der Amtshilfe eine kostenpflichtige Amtshandlung vor, so stehen ihr die von einem Dritten hierfür geschuldeten Kosten (Verwaltungsgebühren, Benutzungsgebühren und Auslagen) zu.

Abschnitt 3
Europäische Verwaltungszusammenarbeit

§ 8a Grundsätze der Hilfeleistung. Jede Behörde leistet Behörden anderer Mitgliedstaaten der Europäischen Union auf Ersuchen Hilfe, soweit dies nach Maßgabe von Rechtsakten der Europäischen Gemeinschaft geboten ist.

(2) [1]Behörden anderer Mitgliedstaaten der Europäischen Union können um Hilfe ersucht werden, soweit dies nach Maßgabe von Rechtsakten der Europäischen Gemeinschaft zugelassen ist. [2]Um Hilfe ist zu ersuchen, soweit dies nach Maßgabe von Rechtsakten der Europäischen Gemeinschaft geboten ist.

(3) Die §§ 5, 7 und 8 Abs. 2 sind entsprechend anzuwenden, soweit Rechtsakte der Europäischen Gemeinschaft nicht entgegenstehen.

§ 8b Form und Behandlung der Ersuchen. (1) [1]Ersuchen sind in deutscher Sprache an Behörden anderer Mitgliedstaaten der Europäischen Union zu richten; soweit erforderlich, ist eine Übersetzung beizufügen. [2]Die Ersuchen sind gemäß den gemeinschaftsrechtlichen Vorgaben und unter Angabe des maßgeblichen Rechtsakts zu begründen.

(2) [1]Ersuchen von Behörden anderer Mitgliedstaaten der Europäischen Union dürfen nur erledigt werden, wenn sich ihr Inhalt in deutscher Sprache aus den Akten ergibt. [2]Soweit erforderlich, soll bei Ersuchen in einer anderen Sprache von der ersuchenden Behörde eine Übersetzung verlangt werden.

(3) Ersuchen von Behörden anderer Mitgliedstaaten der Europäischen Union können abgelehnt werden, wenn sie nicht ordnungsgemäß und unter Angabe des maßgeblichen Rechtsakts begründet sind und die erforderliche Begründung nach Aufforderung nicht nachgereicht wird.

(4) [1]Einrichtungen und Hilfsmittel der Kommission zur Behandlung von Ersuchen sollen genutzt werden. [2]Informationen sollen elektronisch übermittelt werden.

§ 8c Kosten der Hilfeleistung. Ersuchende Behörden anderer Mitgliedstaaten der Europäischen Union haben Verwaltungsgebühren oder Auslagen nur zu erstatten, soweit dies nach Maßgabe von Rechtsakten der Europäischen Gemeinschaft verlangt werden kann.

§ 8d Mitteilungen von Amts wegen. (1) [1]Die zuständige Behörde teilt den Behörden anderer Mitgliedstaaten der Europäischen Union und der Kommission Angaben über Sachverhalte und Personen mit, soweit dies nach Maßgabe von Rechtsakten der Europäischen Gemeinschaft geboten ist. [2]Dabei sollen die hierzu eingerichteten Informationsnetze genutzt werden.

(2) Übermittelt eine Behörde Angaben nach Absatz 1 an die Behörde eines anderen Mitgliedstaats der Europäischen Union, unterrichtet sie den Betroffenen über die Tatsache der Übermittlung, soweit Rechtsakte der Europäischen Gemeinschaft dies vorsehen; dabei ist auf die Art der Angaben sowie auf die Zweckbestimmung und die Rechtsgrundlage der Übermittlung hinzuweisen.

§ 8e Anwendbarkeit. [1]Die Regelungen dieses Abschnitts sind mit Inkrafttreten des jeweiligen Rechtsaktes der Europäischen Gemeinschaft, wenn dieser unmittelbare Wirkung entfaltet, im Übrigen mit Ablauf der jeweiligen Umsetzungsfristen anzuwenden. [2]Sie gelten auch im Verhältnis zu den anderen Vertragsstaaten des Abkommens über den Europäischen Wirtschaftsraum, soweit Rechtsakte der Europäischen Gemeinschaft auch auf diese Staaten anzuwenden sind.

TEIL II

Allgemeine Vorschriften über das Verwaltungsverfahren

Abschnitt 1

Verfahrensgrundsätze

§ 9 Begriff des Verwaltungsverfahrens. Das Verwaltungsverfahren im Sinne dieses Gesetzes ist die nach außen wirkende Tätigkeit der Behörden, die auf die Prüfung der Voraussetzungen, die Vorbereitung und den Erlass eines Verwaltungsaktes oder auf den Abschluss eines öffentlich-rechtlichen Vertrags gerichtet ist; es schließt den Erlass des Verwaltungsaktes oder den Abschluss des öffentlich-rechtlichen Vertrags ein.

§ 10 Nichtförmlichkeit des Verwaltungsverfahrens. [1]Das Verwaltungsverfahren ist an bestimmte Formen nicht gebunden, soweit keine besonderen Rechtsvorschriften für die Form des Verfahrens bestehen. [2]Es ist einfach, zweckmäßig und zügig durchzuführen.

§ 11 Beteiligungsfähigkeit. Fähig, am Verfahren beteiligt zu sein, sind

1. natürliche und juristische Personen,
2. Vereinigungen, soweit ihnen ein Recht zustehen kann,
3. Behörden.

§ 12 Handlungsfähigkeit. (1) Fähig zur Vornahme von Verfahrenshandlungen sind

1. natürliche Personen, die nach bürgerlichem Recht geschäftsfähig sind,
2. natürliche Personen, die nach bürgerlichem Recht in der Geschäftsfähigkeit beschränkt sind, soweit sie für den Gegenstand des Verfahrens durch Vorschriften des bürgerlichen Rechts als geschäftsfähig oder durch Vorschriften des öffentlichen Rechts als handlungsfähig anerkannt sind,
3. juristische Personen und Vereinigungen (§ 11 Nr. 2) durch ihre gesetzlichen Vertreter oder durch besonders Beauftragte,
4. Behörden durch ihre Leiter, deren Vertreter oder Beauftragte.

(2) Betrifft ein Einwilligungsvorbehalt nach § 1903 des Bürgerlichen Gesetzbuchs den Gegenstand des Verfahrens, so ist ein geschäftsfähiger Betreuter nur insoweit zur Vornahme von Verfahrenshandlungen fähig, als er nach den Vorschriften des bürgerlichen Rechts ohne Einwilligung des Betreuers handeln kann oder durch Vorschriften des öffentlichen Rechts als handlungsfähig anerkannt ist.

(3) Die §§ 53 und 55 der Zivilprozessordnung gelten entsprechend.

§ 13 Beteiligte. (1) Beteiligte sind

1. Antragsteller und Antragsgegner,
2. diejenigen, an die die Behörde den Verwaltungsakt richten will oder gerichtet hat,
3. diejenigen, mit denen die Behörde einen öffentlich-rechtlichen Vertrag schließen will oder geschlossen hat,
4. diejenigen, die nach Absatz 2 von der Behörde zu dem Verfahren hinzugezogen worden sind.

(2) [1]Die Behörde kann von Amts wegen oder auf Antrag diejenigen, deren rechtliche Interessen durch den Ausgang des Verfahrens berührt werden können, als Beteiligte hinzuziehen. [2]Hat der Ausgang des Verfahrens rechtsgestaltende Wirkung für einen Dritten, so ist dieser auf Antrag als Beteiligter zu dem Verfahren hinzuzuziehen; soweit er der Behörde bekannt ist, hat diese ihn von der Einleitung des Verfahrens zu benachrichtigen.

(3) Wer anzuhören ist, ohne dass die Voraussetzungen des Absatzes 1 vorliegen, wird dadurch nicht Beteiligter.

§ 14 Bevollmächtigte und Beistände. (1) [1]Ein Beteiligter kann sich durch einen Bevollmächtigten vertreten lassen. [2]Die Vollmacht ermächtigt zu allen das Verwaltungsverfahren betreffenden Verfahrenshandlungen, sofern sich aus ihrem Inhalt nicht etwas anderes ergibt. [3]Der Bevollmächtigte hat auf Verlangen seine Vollmacht schriftlich nachzuweisen. [4]Ein Widerruf der Vollmacht wird der Behörde gegenüber erst wirksam, wenn er ihr zugeht.

(2) Die Vollmacht wird weder durch den Tod des Vollmachtgebers noch durch eine Veränderung in seiner Handlungsfähigkeit oder seiner gesetzlichen Vertretung aufgehoben; der Bevollmächtigte hat jedoch, wenn er für den Rechtsnachfolger im Verwaltungsverfahren auftritt, dessen Vollmacht auf Verlangen schriftlich beizubringen.

(3) [1]Ist für das Verfahren ein Bevollmächtigter bestellt, so soll sich die Behörde an ihn wenden. [2]Sie kann sich an den Beteiligten selbst wenden, soweit er zur Mitwirkung verpflichtet ist. [3]Wendet sich die Behörde an den Beteiligten, so soll der Bevollmächtigte verständigt werden. [4]Vorschriften über die Zustellung an Bevollmächtigte bleiben unberührt.

(4) [1]Ein Beteiligter kann zu Verhandlungen und Besprechungen mit einem Beistand erscheinen. [2]Das von dem Beistand Vorgetragene gilt als von dem Beteiligten vorgebracht, soweit dieser nicht unverzüglich widerspricht.

(5) Bevollmächtigte und Beistände sind zurückzuweisen, wenn sie entgegen § 3 des Rechtsdienstleistungsgesetzes vom 12. Dezember 2007 (BGBl. I S. 2840) in der jeweils geltenden Fassung Rechtsdienstleistungen erbringen.

(6) [1]Bevollmächtigte und Beistände können vom Vortrag zurückgewiesen werden, wenn sie hierzu ungeeignet sind; vom mündlichen Vortrag können sie nur zurückgewiesen werden, wenn sie zum sachgemäßen Vortrag nicht fähig sind. [2]Nicht zurückgewiesen werden können Personen, die nach § 67 Abs. 2

Satz 1 und 2 Nr. 3 bis 7 der Verwaltungsgerichtsordnung zur Vertretung im verwaltungsgerichtlichen Verfahren befugt sind.

(7) [1]Die Zurückweisung nach den Absätzen 5 und 6 ist auch dem Beteiligten, dessen Bevollmächtigter oder Beistand zurückgewiesen wird, mitzuteilen. [2]Verfahrenshandlungen des zurückgewiesenen Bevollmächtigten oder Beistandes, die dieser nach der Zurückweisung vornimmt, sind unwirksam.

§ 15 Bestellung eines Empfangsbevollmächtigten. [1]Ein Beteiligter ohne Wohnsitz oder gewöhnlichen Aufenthalt, Sitz oder Geschäftsleitung im Inland hat der Behörde auf Verlangen innerhalb einer angemessenen Frist einen Empfangsbevollmächtigten im Inland zu benennen. [2]Unterlässt er dies, gilt ein an ihn gerichtetes Schriftstück am siebenten Tage nach der Aufgabe zur Post und ein elektronisch übermitteltes Dokument am dritten Tage nach Absendung als zugegangen. [3]Dies gilt nicht, wenn feststeht, dass das Dokument den Empfänger nicht oder zu einem späteren Zeitpunkt erreicht hat. [4]Auf die Rechtsfolgen der Unterlassung ist der Beteiligte hinzuweisen.

§ 16 Bestellung eines Vertreters von Amts wegen. (1) Ist ein Vertreter nicht vorhanden, so hat das Betreuungsgericht, für einen minderjährigen Beteiligten das Familiengericht auf Ersuchen der Behörde einen geeigneten Vertreter zu bestellen

1. für einen Beteiligten, dessen Person unbekannt ist;
2. für einen abwesenden Beteiligten, dessen Aufenthalt unbekannt ist oder der an der Besorgung seiner Angelegenheiten verhindert ist;
3. für einen Beteiligten ohne Aufenthalt im Inland, wenn er der Aufforderung der Behörde, einen Vertreter zu bestellen, innerhalb der ihm gesetzten Frist nicht nachgekommen ist;
4. für einen Beteiligten, der infolge einer psychischen Krankheit oder körperlichen, geistigen oder seelischen Behinderung nicht in der Lage ist, in dem Verwaltungsverfahren selbst tätig zu werden;
5. bei herrenlosen Sachen, auf die sich das Verfahren bezieht, zur Wahrung der sich in Bezug auf die Sachen ergebenden Rechte und Pflichten.

(2) Für die Bestellung des Vertreters ist in den Fällen des Absatzes 1 Nr. 4 das Gericht zuständig, in dessen Bezirk der Beteiligte seinen gewöhnlichen Aufenthalt hat; im Übrigen ist das Vormundschaftsgericht zuständig, in dessen Bezirk die ersuchende Behörde ihren Sitz hat.

(3) [1]Der Vertreter hat gegen den Rechtsträger der Behörde, die um seine Bestellung ersucht hat, Anspruch auf eine angemessene Vergütung und auf die Erstattung seiner baren Auslagen. [2]Die Behörde kann von dem Vertretenen* Ersatz ihrer Aufwendungen verlangen. [3]Sie bestimmt die Vergütung und stellt die Auslagen und Aufwendungen fest.

** Im Original heißt es „Vertretenen"; hier handelt es sich um einen Schreibfehler.*

(4) Im Übrigen gelten für die Bestellung und für das Amt des Vertreters in den Fällen des Absatzes 1 Nr. 4 die Vorschriften über die Betreuung, in den übrigen Fällen die Vorschriften über die Pflegschaft entsprechend.

§ 17 Vertreter bei gleichförmigen Eingaben. (1) [1]Bei Anträgen und Eingaben, die in einem Verwaltungsverfahren von mehr als 50 Personen auf Unterschriftslisten unterzeichnet oder in Form vervielfältigter gleich lautender Texte eingereicht worden sind (gleichförmige Eingaben), gilt für das Verfahren derjenige Unterzeichner als Vertreter der übrigen Unterzeichner, der darin mit seinem Namen, seinem Beruf und seiner Anschrift als Vertreter bezeichnet ist, soweit er nicht von ihnen als Bevollmächtigter bestellt worden ist. [2]Vertreter kann nur eine natürliche Person sein.

(2) [1]Die Behörde kann gleichförmige Eingaben, die die Angaben nach Absatz 1 Satz 1 nicht deutlich sichtbar auf jeder mit einer Unterschrift versehenen Seite enthalten oder dem Erfordernis des Absatzes 1 Satz 2 nicht entsprechen, unberücksichtigt lassen. [2]Will die Behörde so verfahren, so hat sie dies durch ortsübliche Bekanntmachung mitzuteilen. [3]Die Behörde kann ferner gleichförmige Eingaben insoweit unberücksichtigt lassen, als Unterzeichner ihren Namen oder ihre Anschrift nicht oder unleserlich angegeben haben.

(3) [1]Die Vertretungsmacht erlischt, sobald der Vertreter oder der Vertretene dies der Behörde schriftlich erklärt; der Vertreter kann eine solche Erklärung nur hinsichtlich aller Vertretenen abgeben. [2]Gibt der Vertretene eine solche Erklärung ab, so soll er der Behörde zugleich mitteilen, ob er seine Eingabe aufrechterhält und ob er einen Bevollmächtigten bestellt hat.

(4) [1]Endet die Vertretungsmacht des Vertreters, so kann die Behörde die nicht mehr Vertretenen auffordern, innerhalb einer angemessenen Frist einen gemeinsamen Vertreter zu bestellen. [2]Sind mehr als 50 Personen aufzufordern, so kann die Behörde die Aufforderung ortsüblich bekannt machen. [3]Wird der Aufforderung nicht fristgemäß entsprochen, so kann die Behörde von Amts wegen einen gemeinsamen Vertreter bestellen.

§ 18 Vertreter für Beteiligte bei gleichem Interesse. (1) [1]Sind an einem Verwaltungsverfahren mehr als 50 Personen im gleichen Interesse beteiligt, ohne vertreten zu sein, so kann die Behörde sie auffordern, innerhalb einer angemessenen Frist einen gemeinsamen Vertreter zu bestellen, wenn sonst die ordnungsmäßige Durchführung des Verwaltungsverfahrens beeinträchtigt wäre. [2]Kommen sie der Aufforderung nicht fristgemäß nach, so kann die Behörde von Amts wegen einen gemeinsamen Vertreter bestellen. [3]Vertreter kann nur eine natürliche Person sein.

(2) [1]Die Vertretungsmacht erlischt, sobald der Vertreter oder der Vertretene dies der Behörde schriftlich erklärt; der Vertreter kann eine solche Erklärung nur hinsichtlich aller Vertretenen abgeben. [2]Gibt der Vertretene eine solche Erklärung ab, so soll er der Behörde zugleich mitteilen, ob er seine Eingabe aufrechterhält und ob er einen Bevollmächtigten bestellt hat.

§ 19 Gemeinsame Vorschriften für Vertreter bei gleichförmigen Eingaben und bei gleichem Interesse. (1) [1]Der Vertreter hat die Interessen der Vertretenen sorgfältig wahrzunehmen. [2]Er kann alle das Verwaltungsverfahren betreffenden Verfahrenshandlungen vornehmen. [3]An Weisungen ist er nicht gebunden.

(2) § 14 Abs. 5 bis 7 gilt entsprechend.

(3) [1]Der von der Behörde bestellte Vertreter hat gegen deren Rechtsträger Anspruch auf angemessene Vergütung und auf Erstattung seiner baren Auslagen. [2]Die Behörde kann von den Vertretenen zu gleichen Anteilen Ersatz ihrer Aufwendungen verlangen. [3]Sie bestimmt die Vergütung und stellt die Auslagen und Aufwendungen fest.

§ 20 Ausgeschlossene Personen. (1) [1]In einem Verwaltungsverfahren darf für eine Behörde nicht tätig werden,

1. wer selbst Beteiligter ist;
2. wer Angehöriger eines Beteiligten ist;
3. wer einen Beteiligten kraft Gesetzes oder Vollmacht allgemein oder in diesem Verwaltungsverfahren vertritt;
4. wer Angehöriger einer Person ist, die einen Beteiligten in diesem Verfahren vertritt;
5. wer bei einem Beteiligten gegen Entgelt beschäftigt ist oder bei ihm als Mitglied des Vorstandes, des Aufsichtsrates oder eines gleichartigen Organs tätig ist; dies gilt nicht für den, dessen Anstellungskörperschaft Beteiligte ist;
6. wer außerhalb seiner amtlichen Eigenschaften in der Angelegenheit ein Gutachten abgegeben hat oder sonst tätig geworden ist.

[2]Dem Beteiligten steht gleich, wer durch die Tätigkeit oder durch die Entscheidung einen unmittelbaren Vorteil oder Nachteil erlangen kann. [3]Dies gilt nicht, wenn der Vor- oder Nachteil nur darauf beruht, dass jemand einer Berufs- oder Bevölkerungsgruppe angehört, deren gemeinsame Interessen durch die Angelegenheit berührt werden.

(2) Absatz 1 gilt nicht für Wahlen zu einer ehrenamtlichen Tätigkeit und für die Abberufung von ehrenamtlich Tätigen.

(3) Wer nach Absatz 1 ausgeschlossen ist, darf bei Gefahr im Verzug unaufschiebbare Maßnahmen treffen.

(4) [1]Hält sich ein Mitglied eines Ausschusses (§ 88) für ausgeschlossen oder bestehen Zweifel, ob die Voraussetzungen des Absatzes 1 gegeben sind, ist dies dem Vorsitzenden des Ausschusses mitzuteilen. [2]Der Ausschuss entscheidet über den Ausschluss. [3]Der Betroffene darf an dieser Entscheidung nicht mitwirken. [4]Das ausgeschlossene Mitglied darf bei der weiteren Beratung und Beschlussfassung nicht zugegen sein.

(5) [1]Angehörige im Sinne des Absatzes 1 Nr. 2 und 4 sind

1. der Verlobte,
2. der Ehegatte,
2a. der Lebenspartner,

3. Verwandte und Verschwägerte gerader Linie,
4. Geschwister,
5. Kinder der Geschwister,
6. Ehegatten der Geschwister und Geschwister der Ehegatten,
6a. Lebenspartner der Geschwister und Geschwister der Lebenspartner,
7. Geschwister der Eltern,
8. Personen, die durch ein auf längere Dauer angelegtes Pflegeverhältnis mit häuslicher Gemeinschaft wie Eltern und Kind miteinander verbunden sind (Pflegeeltern und Pflegekinder).

[2]Angehörige sind die in Satz 1 aufgeführten Personen auch dann, wenn

1. in den Fällen der Nummern 2, 3 und 6 die die Beziehung begründende Ehe nicht mehr besteht;
1a. in den Fällen der Nummern 2a, 3 und 6a die die Beziehung begründende Lebenspartnerschaft nicht mehr besteht;
2. in den Fällen der Nummern 3 bis 7 die Verwandtschaft oder Schwägerschaft durch Annahme als Kind erloschen ist;
3. im Falle der Nummer 8 die häusliche Gemeinschaft nicht mehr besteht, sofern die Personen weiterhin wie Eltern und Kind miteinander verbunden sind.

§ 21 Besorgnis der Befangenheit. (1) [1]Liegt ein Grund vor, der geeignet ist, Misstrauen gegen eine unparteiische Amtsausübung zu rechtfertigen, oder wird von einem Beteiligten das Vorliegen eines solchen Grundes behauptet, so hat, wer in einem Verwaltungsverfahren für eine Behörde tätig werden soll, den Leiter der Behörde oder den von diesem Beauftragten zu unterrichten und sich auf dessen Anordnung der Mitwirkung zu enthalten. [2]Betrifft die Besorgnis der Befangenheit den Leiter der Behörde, so trifft diese Anordnung die Aufsichtsbehörde, sofern sich der Behördenleiter nicht selbst einer Mitwirkung enthält.

(2) Für Mitglieder eines Ausschusses (§ 88) gilt § 20 Abs. 4 entsprechend.

§ 22 Beginn des Verfahrens. [1]Die Behörde entscheidet nach pflichtgemäßem Ermessen, ob und wann sie ein Verwaltungsverfahren durchführt. [2]Dies gilt nicht, wenn die Behörde auf Grund von Rechtsvorschriften

1. von Amts wegen oder auf Antrag tätig werden muss;
2. nur auf Antrag tätig werden darf und ein Antrag nicht vorliegt.

§ 23 Amtssprache. (1) Die Amtssprache ist deutsch.

(2) [1]Werden bei einer Behörde in einer fremden Sprache Anträge gestellt oder Eingaben, Belege, Urkunden oder sonstige Dokumente vorgelegt, soll die Behörde unverzüglich die Vorlage einer Übersetzung verlangen. [2]In begründeten Fällen kann die Vorlage einer von einem öffentlich bestellten und beeidigten Urkundenübersetzer angefertigten oder beglaubigten Übersetzung verlangt werden. [3]Wird die verlangte Übersetzung nicht unverzüglich vorgelegt, so kann die Behörde auf Kosten des Beteiligten selbst eine Übersetzung beschaffen.

[4]Hat die Behörde Dolmetscher oder Übersetzer herangezogen, erhalten diese in entsprechender Anwendung des Justizvergütungs- und -entschädigungsgesetzes eine Vergütung.

(3) Soll durch eine Anzeige, einen Antrag oder die Abgabe einer Willenserklärung eine Frist in Lauf gesetzt werden, innerhalb deren die Behörde in einer bestimmten Weise tätig werden muss, und gehen diese in einer fremden Sprache ein, so beginnt der Lauf der Frist erst mit dem Zeitpunkt, in dem der Behörde eine Übersetzung vorliegt.

(4) [1]Soll durch eine Anzeige, einen Antrag oder eine Willenserklärung, die in fremder Sprache eingehen, zugunsten eines Beteiligten eine Frist gegenüber der Behörde gewahrt, ein öffentlich-rechtlicher Anspruch geltend gemacht oder eine Leistung begehrt werden, so gelten die Anzeige, der Antrag oder die Willenserklärung als zum Zeitpunkt des Eingangs bei der Behörde abgegeben, wenn auf Verlangen der Behörde innerhalb einer von dieser zu setzenden angemessenen Frist eine Übersetzung vorgelegt wird. [2]Andernfalls ist der Zeitpunkt des Eingangs der Übersetzung maßgebend, soweit sich nicht aus zwischenstaatlichen Vereinbarungen etwas anderes ergibt. [3]Auf diese Rechtsfolge ist bei der Fristsetzung hinzuweisen.

§ 24 Untersuchungsgrundsatz. (1) [1]Die Behörde ermittelt den Sachverhalt von Amts wegen. [2]Sie bestimmt Art und Umfang der Ermittlungen; an das Vorbringen und an die Beweisanträge der Beteiligten ist sie nicht gebunden.

(2) Die Behörde hat alle für den Einzelfall bedeutsamen, auch die für die Beteiligten günstigen Umstände zu berücksichtigen.

(3) Die Behörde darf die Entgegennahme von Erklärungen oder Anträgen, die in ihren Zuständigkeitsbereich fallen, nicht deshalb verweigern, weil sie die Erklärung oder den Antrag in der Sache für unzulässig oder unbegründet hält.

§ 25 Beratung, Auskunft, frühe Öffentlichkeitsbeteiligung. (1) [1]Die Behörde soll die Abgabe von Erklärungen, die Stellung von Anträgen oder die Berichtigung von Erklärungen oder Anträgen anregen, wenn diese offensichtlich nur versehentlich oder aus Unkenntnis unterblieben oder unrichtig abgegeben oder gestellt worden sind. [2]Sie erteilt, soweit erforderlich, Auskunft über die den Beteiligten im Verwaltungsverfahren zustehenden Rechte und die ihnen obliegenden Pflichten.

(2) [1]Die Behörde erörtert, soweit erforderlich, bereits vor Stellung eines Antrags mit dem zukünftigen Antragsteller, welche Nachweise und Unterlagen von ihm zu erbringen sind und in welcher Weise das Verfahren beschleunigt werden kann. [2]Soweit es der Verfahrensbeschleunigung dient, soll sie dem Antragsteller nach Eingang des Antrags unverzüglich Auskunft über die voraussichtliche Verfahrensdauer und die Vollständigkeit der Antragsunterlagen geben.

(3) [1]Die Behörde wirkt darauf hin, dass der Träger bei der Planung von Vorhaben, die nicht nur unwesentliche Auswirkungen auf die Belange einer größe-

ren Zahl von Dritten haben können, die betroffene Öffentlichkeit frühzeitig über die Ziele des Vorhabens, die Mittel, es zu verwirklichen, und die voraussichtlichen Auswirkungen des Vorhabens unterrichtet (frühe Öffentlichkeitsbeteiligung). [2]Die frühe Öffentlichkeitsbeteiligung soll möglichst bereits vor Stellung eines Antrags stattfinden. [3]Der betroffenen Öffentlichkeit soll Gelegenheit zur Äußerung und zur Erörterung gegeben werden. [4]Das Ergebnis der vor Antragstellung durchgeführten frühen Öffentlichkeitsbeteiligung soll der betroffenen Öffentlichkeit und der Behörde spätestens mit der Antragstellung, im Übrigen unverzüglich mitgeteilt werden. [5]Satz 1 gilt nicht, soweit die betroffene Öffentlichkeit bereits nach anderen Rechtsvorschriften vor der Antragstellung zu beteiligen ist. [6]Beteiligungsrechte nach anderen Rechtsvorschriften bleiben unberührt.

§ 26 Beweismittel. (1) [1]Die Behörde bedient sich unter Beachtung des § 3b der Beweismittel, die sie nach pflichtgemäßem Ermessen zur Ermittlung des Sachverhalts für erforderlich hält. [2]Sie kann insbesondere

1. Auskünfte jeder Art einholen,
2. Beteiligte anhören, Zeugen und Sachverständige vernehmen oder die schriftliche oder elektronische Äußerung von Beteiligten, Sachverständigen und Zeugen einholen,
3. Urkunden und Akten beiziehen,
4. den Augenschein einnehmen.

(2) [1]Die Beteiligten sollen bei der Ermittlung des Sachverhalts mitwirken. [2]Sie sollen insbesondere ihnen bekannte Tatsachen und Beweismittel angeben. [3]Eine weitergehende Pflicht, bei der Ermittlung des Sachverhalts mitzuwirken, insbesondere eine Pflicht zum persönlichen Erscheinen, zur Angabe von personenbezogenen Daten oder von Betriebs- und Geschäftsgeheimnissen oder zur Aussage, besteht nur, soweit sie durch Rechtsvorschrift besonders vorgesehen ist. [4]Der Auskunftspflichtige kann die Auskunft auf Fragen, zu deren Beantwortung er durch Rechtsvorschrift verpflichtet ist, verweigern, wenn er durch die Beantwortung sich oder einen in § 20 Abs. 5 bezeichneten Angehörigen der Gefahr strafgerichtlicher Verfolgung oder eines Verfahrens nach dem Gesetz über Ordnungswidrigkeiten aussetzen würde.

(3) [1]Für Zeugen und Sachverständige besteht eine Pflicht zur Aussage oder zur Erstattung von Gutachten, wenn sie durch Rechtsvorschrift vorgesehen ist. [2]Falls die Behörde Zeugen und Sachverständige herangezogen hat, erhalten sie auf Antrag in entsprechender Anwendung des Justizvergütungs- und -entschädigungsgesetzes eine Entschädigung oder Vergütung.

§ 27 Versicherung an Eides statt. (1) [1]Die Behörde darf bei der Ermittlung des Sachverhalts eine Versicherung an Eides statt nur verlangen und abnehmen, wenn die Abnahme der Versicherung über den betreffenden Gegenstand und in dem betreffenden Verfahren durch Gesetz oder Rechtsverordnung vorgesehen und die Behörde durch Rechtsvorschrift für zuständig erklärt worden ist. [2]Eine Versicherung an Eides statt soll nur gefordert werden, wenn andere Mittel zur

Erforschung der Wahrheit nicht vorhanden sind, zu keinem Ergebnis geführt haben oder einen unverhältnismäßigen Aufwand erfordern. [3]Von eidesunfähigen Personen im Sinne des § 393 der Zivilprozessordnung darf eine eidesstattliche Versicherung nicht verlangt werden.

(2) [1]Wird die Versicherung an Eides statt von einer Behörde zur Niederschrift aufgenommen, so sind zur Aufnahme nur der Behördenleiter, sein allgemeiner Vertreter sowie Angehörige des öffentlichen Dienstes befugt, welche die Befähigung zum Richteramt haben oder die Voraussetzungen des § 110 Satz 1 des Deutschen Richtergesetzes erfüllen. [2]Andere Angehörige des öffentlichen Dienstes kann der Behördenleiter oder sein allgemeiner Vertreter hierzu allgemein oder im Einzelfall schriftlich ermächtigen.

(3) [1]Die Versicherung besteht darin, dass der Versichernde die Richtigkeit seiner Erklärung über den betreffenden Gegenstand bestätigt und erklärt: Ich versichere an Eides statt, dass ich nach bestem Wissen die reine Wahrheit gesagt und nichts verschwiegen habe. [2]Bevollmächtigte und Beistände sind berechtigt, an der Aufnahme der Versicherung an Eides statt teilzunehmen.

(4) [1]Vor der Aufnahme der Versicherung an Eides statt ist der Versichernde über die Bedeutung der eidesstattlichen Versicherung und die strafrechtlichen Folgen einer unrichtigen oder unvollständigen eidesstattlichen Versicherung zu belehren. [2]Die Belehrung ist in der Niederschrift zu vermerken.

(5) [1]Die Niederschrift hat ferner die Namen der anwesenden Personen sowie den Ort und den Tag der Niederschrift zu enthalten. [2]Die Niederschrift ist demjenigen, der die eidesstattliche Versicherung abgibt, zur Genehmigung vorzulesen oder auf Verlangen zur Durchsicht vorzulegen. [3]Die erteilte Genehmigung ist zu vermerken und von dem Versichernden zu unterschreiben. [4]Die Niederschrift ist sodann von demjenigen, der die Versicherung an Eides statt aufgenommen hat, sowie von dem Schriftführer zu unterschreiben.

§ 27a Öffentliche Bekanntmachung im Internet. (1) [1]Ist durch Rechtsvorschrift eine öffentliche oder ortsübliche Bekanntmachung angeordnet, soll die Behörde deren Inhalt zusätzlich im Internet veröffentlichen. [2]Dies wird dadurch bewirkt, dass der Inhalt der Bekanntmachung auf einer Internetseite der Behörde oder ihres Verwaltungsträgers zugänglich gemacht wird. [3]Bezieht sich die Bekanntmachung auf zur Einsicht auszulegende Unterlagen, sollen auch diese über das Internet zugänglich gemacht werden. [4]Soweit durch Rechtsvorschrift nichts anderes geregelt ist, ist der Inhalt der zur Einsicht ausgelegten Unterlagen maßgeblich.

(2) In der öffentlichen oder ortsüblichen Bekanntmachung ist die Internetseite anzugeben.

§ 28 Anhörung Beteiligter. (1) Bevor ein Verwaltungsakt erlassen wird, der in Rechte eines Beteiligten eingreift, ist diesem Gelegenheit zu geben, sich zu den für die Entscheidung erheblichen Tatsachen zu äußern.

(2) Von der Anhörung kann abgesehen werden, wenn sie nach den Umständen des Einzelfalles nicht geboten ist, insbesondere wenn

1. eine sofortige Entscheidung wegen Gefahr im Verzug oder im öffentlichen Interesse notwendig erscheint;
2. durch die Anhörung die Einhaltung einer für die Entscheidung maßgeblichen Frist in Frage gestellt würde;
3. von den tatsächlichen Angaben eines Beteiligten, die dieser in einem Antrag oder einer Erklärung gemacht hat, nicht zu seinen Ungunsten abgewichen werden soll;
4. die Behörde eine Allgemeinverfügung oder gleichartige Verwaltungsakte in größerer Zahl oder Verwaltungsakte mit Hilfe automatischer Einrichtungen erlassen will;
5. Maßnahmen in der Verwaltungsvollstreckung getroffen werden sollen.

(3) Eine Anhörung unterbleibt, wenn ihr ein zwingendes öffentliches Interesse entgegensteht.

§ 29 Akteneinsicht durch Beteiligte. (1) [1]Die Behörde hat den Beteiligten Einsicht in die das Verfahren betreffenden Akten zu gestatten, soweit deren Kenntnis zur Geltendmachung oder Verteidigung ihrer rechtlichen Interessen erforderlich ist. [2]Satz 1 gilt bis zum Abschluss des Verwaltungsverfahrens nicht für Entwürfe zu Entscheidungen sowie die Arbeiten zu ihrer unmittelbaren Vorbereitung. [3]Soweit nach den §§ 17 und 18 eine Vertretung stattfindet, haben nur die Vertreter Anspruch auf Akteneinsicht.

(2) Die Behörde ist zur Gestattung der Akteneinsicht nicht verpflichtet, soweit durch sie die ordnungsgemäße Erfüllung der Aufgaben der Behörde beeinträchtigt, das Bekanntwerden des Inhalts der Akten dem Wohle des Bundes oder eines Landes Nachteile bereiten würde oder soweit die Vorgänge nach einem Gesetz oder ihrem Wesen nach, namentlich wegen der berechtigten Interessen der Beteiligten oder dritter Personen, geheim gehalten werden müssen.

(3) [1]Die Akteneinsicht erfolgt bei der Behörde, die die Akten führt. [2]Im Einzelfall kann die Einsicht auch bei einer anderen Behörde oder bei einer diplomatischen oder berufskonsularischen Vertretung der Bundesrepublik Deutschland im Ausland erfolgen; weitere Ausnahmen kann die Behörde, die die Akten führt, gestatten.

§ 30 *(aufgehoben)*

Abschnitt 2

Fristen, Termine, Wiedereinsetzung

§ 31 Fristen und Termine. (1) Für die Berechnung von Fristen und für die Bestimmung von Terminen gelten die §§ 187 bis 193 des Bürgerlichen Gesetzbuchs entsprechend, soweit nicht durch die Absätze 2 bis 5 etwas anderes bestimmt ist.

(2) Der Lauf einer Frist, die von einer Behörde gesetzt wird, beginnt mit dem Tag, der auf die Bekanntgabe der Frist folgt, außer wenn dem Betroffenen etwas anderes mitgeteilt wird.

(3) [1]Fällt das Ende einer Frist auf einen Sonntag, einen gesetzlichen Feiertag oder einen Samstag, so endet die Frist mit dem Ablauf des nächstfolgenden Werktags. [2]Dies gilt nicht, wenn dem Betroffenen unter Hinweis auf diese Vorschrift ein bestimmter Tag als Ende der Frist mitgeteilt worden ist.

(4) Hat eine Behörde Leistungen nur für einen bestimmten Zeitraum zu erbringen, so endet dieser Zeitraum auch dann mit dem Ablauf seines letzten Tages, wenn dieser auf einen Sonntag, einen gesetzlichen Feiertag oder einen Samstag fällt.

(5) Der von einer Behörde gesetzte Termin ist auch dann einzuhalten, wenn er auf einen Sonntag, gesetzlichen Feiertag oder Samstag fällt.

(6) Ist eine Frist nach Stunden bestimmt, so werden Sonntage, gesetzliche Feiertage oder Samstage mitgerechnet.

(7) [1]Fristen, die von einer Behörde gesetzt sind, können verlängert werden. [2]Sind solche Fristen bereits abgelaufen, so können sie rückwirkend verlängert werden, insbesondere wenn es unbillig wäre, die durch den Fristablauf eingetretenen Rechtsfolgen bestehen zu lassen. [3]Die Behörde kann die Verlängerung der Frist nach § 36 mit einer Nebenbestimmung verbinden.

§ 32 Wiedereinsetzung in den vorigen Stand. (1) [1]War jemand ohne Verschulden verhindert, eine gesetzliche Frist einzuhalten, so ist ihm auf Antrag Wiedereinsetzung in den vorigen Stand zu gewähren. [2]Das Verschulden eines Vertreters ist dem Vertretenen zuzurechnen.

(2) [1]Der Antrag ist innerhalb von zwei Wochen nach Wegfall des Hindernisses zu stellen. [2]Die Tatsachen zur Begründung des Antrages sind bei der Antragstellung oder im Verfahren über den Antrag glaubhaft zu machen. [3]Innerhalb der Antragsfrist ist die versäumte Handlung nachzuholen. [4]Ist dies geschehen, so kann Wiedereinsetzung auch ohne Antrag gewährt werden.

(3) Nach einem Jahr seit dem Ende der versäumten Frist kann die Wiedereinsetzung nicht mehr beantragt oder die versäumte Handlung nicht mehr nachgeholt werden, außer wenn dies vor Ablauf der Jahresfrist infolge höherer Gewalt unmöglich war.

(4) Über den Antrag auf Wiedereinsetzung entscheidet die Behörde, die über die versäumte Handlung zu befinden hat.

(5) Die Wiedereinsetzung ist unzulässig, wenn sich aus einer Rechtsvorschrift ergibt, dass sie ausgeschlossen ist.

Abschnitt 3

Amtliche Beglaubigung

§ 33 Beglaubigung von Dokumenten. (1) [1]Jede Behörde ist befugt, Abschriften von Urkunden, die sie selbst ausgestellt hat, zu beglaubigen. [2]Darüber hinaus sind die von den Ministerien in ihrem Geschäftsbereich durch Rechtsverordnung bestimmten Behörden befugt, Abschriften zu beglaubigen, wenn die Urschrift von einer Behörde ausgestellt ist oder die Abschrift zur Vorlage bei einer Behörde benötigt wird, sofern nicht durch Rechtsvorschrift die Erteilung beglaubigter Abschriften aus amtlichen Registern und Archiven anderen Behörden ausschließlich vorbehalten ist.

(2) Abschriften dürfen nicht beglaubigt werden, wenn Umstände zu der Annahme berechtigen, dass der ursprüngliche Inhalt des Schriftstückes, dessen Abschrift beglaubigt werden soll, geändert worden ist, insbesondere wenn dieses Schriftstück Lücken, Durchstreichungen, Einschaltungen, Änderungen, unleserliche Wörter, Zahlen oder Zeichen, Spuren der Beseitigung von Wörtern, Zahlen und Zeichen enthält oder wenn der Zusammenhang eines aus mehreren Blättern bestehenden Schriftstücks aufgehoben ist.

(3) [1]Eine Abschrift wird beglaubigt durch einen Beglaubigungsvermerk, der unter die Abschrift zu setzen ist. [2]Der Vermerk muss enthalten

1. die genaue Bezeichnung des Schriftstücks, dessen Abschrift beglaubigt wird,
2. die Feststellung, dass die beglaubigte Abschrift mit dem vorgelegten Schriftstück übereinstimmt,
3. den Hinweis, dass die beglaubigte Abschrift nur zur Vorlage bei der angegebenen Behörde erteilt wird, wenn die Urschrift nicht von einer Behörde ausgestellt worden ist,
4. den Ort und den Tag der Beglaubigung, die Unterschrift des für die Beglaubigung zuständigen Bediensteten und das Dienstsiegel.

(4) Die Absätze 1 bis 3 gelten entsprechend für die Beglaubigung von

1. Ablichtungen, Lichtdrucken und ähnlichen in technischen Verfahren hergestellten Vervielfältigungen,
2. auf fototechnischem Weg von Schriftstücken hergestellten Negativen, die bei einer Behörde aufbewahrt werden,
3. Ausdrucken elektronischer Dokumente,
4. elektronischen Dokumenten,
   a) die zur Abbildung eines Schriftstücks hergestellt wurden,
   b) die ein anderes technisches Format als das mit einer qualifizierten elektronischen Signatur verbundene Ausgangsdokument erhalten haben.

(5) [1]Der Beglaubigungsvermerk muss zusätzlich zu den Angaben nach Absatz 3 Satz 2 bei der Beglaubigung

1. des Ausdrucks eines elektronischen Dokuments, das mit einer qualifizierten elektronischen Signatur verbunden ist, die Feststellungen enthalten,
   a) wen die Signaturprüfung als Inhaber der Signatur ausweist,

b) welchen Zeitpunkt die Signaturprüfung für die Anbringung der Signatur ausweist und

c) welche Zertifikate mit welchen Daten dieser Signatur zugrunde lagen;

2. eines elektronischen Dokuments den Namen des für die Beglaubigung zuständigen Bediensteten und die Bezeichnung der Behörde, die die Beglaubigung vornimmt, enthalten; die Unterschrift des für die Beglaubigung zuständigen Bediensteten und das Dienstsiegel nach Absatz 3 Satz 2 Nr. 4 werden durch eine dauerhaft überprüfbare qualifizierte elektronische Signatur ersetzt.

[2]Wird ein elektronisches Dokument, das ein anderes technisches Format als das mit einer qualifizierten elektronischen Signatur verbundene Ausgangsdokument erhalten hat, nach Satz 1 Nr. 2 beglaubigt, muss der Beglaubigungsvermerk zusätzlich die Feststellungen nach Satz 1 Nr. 1 für das Ausgangsdokument enthalten.

(6) Die nach Absatz 4 hergestellten Dokumente stehen, sofern sie beglaubigt sind, beglaubigten Abschriften gleich.

(7) Jede Behörde soll von Urkunden, die sie selbst ausgestellt hat, auf Verlangen ein elektronisches Dokument nach Absatz 4 Nummer 4 Buchstabe a oder eine elektronische Abschrift fertigen und beglaubigen.

§ 34 Beglaubigung von Unterschriften. (1) [1]Die von den Ministerien in ihrem Geschäftsbereich durch Rechtsverordnung bestimmten Behörden sind befugt, Unterschriften zu beglaubigen, wenn das unterzeichnete Schriftstück zur Vorlage bei einer Behörde oder bei einer sonstigen Stelle, der auf Grund einer Rechtsvorschrift das unterzeichnete Schriftstück vorzulegen ist, benötigt wird. [2]Dies gilt nicht für

1. Unterschriften ohne zugehörigen Text,
2. Unterschriften, die der öffentlichen Beglaubigung (§ 129 des Bürgerlichen Gesetzbuchs) bedürfen.

(2) Eine Unterschrift soll nur beglaubigt werden, wenn sie in Gegenwart des beglaubigenden Bediensteten vollzogen oder anerkannt wird.

(3) [1]Der Beglaubigungsvermerk ist unmittelbar bei der Unterschrift, die beglaubigt werden soll, anzubringen. [2]Er muss enthalten

1. die Bestätigung, dass die Unterschrift echt ist,
2. die genaue Bezeichnung desjenigen, dessen Unterschrift beglaubigt wird, sowie die Angabe, ob sich der für die Beglaubigung zuständige Bedienstete Gewissheit über diese Person verschafft hat und ob die Unterschrift in seiner Gegenwart vollzogen oder anerkannt worden ist,
3. den Hinweis, dass die Beglaubigung nur zur Vorlage bei der angegebenen Behörde oder Stelle bestimmt ist,
4. den Ort und den Tag der Beglaubigung, die Unterschrift des für die Beglaubigung zuständigen Bediensteten und das Dienstsiegel.

(4) Die Absätze 1 bis 3 gelten für die Beglaubigung von Handzeichen entsprechend.

TEIL III

Verwaltungsakt

Abschnitt 1

Zustandekommen des Verwaltungsaktes

§ 35 Begriff des Verwaltungsaktes. [1]Verwaltungsakt ist jede Verfügung, Entscheidung oder andere hoheitliche Maßnahme, die eine Behörde zur Regelung eines Einzelfalles auf dem Gebiet des öffentlichen Rechts trifft und die auf unmittelbare Rechtswirkung nach außen gerichtet ist. [2]Allgemeinverfügung ist ein Verwaltungsakt, der sich an einen nach allgemeinen Merkmalen bestimmten oder bestimmbaren Personenkreis richtet oder die öffentlich-rechtliche Eigenschaft einer Sache oder ihre Benutzung durch die Allgemeinheit betrifft.

§ 36 Nebenbestimmungen zum Verwaltungsakt. (1) Ein Verwaltungsakt, auf den ein Anspruch besteht, darf mit einer Nebenbestimmung nur versehen werden, wenn sie durch Rechtsvorschrift zugelassen ist oder wenn sie sicherstellen soll, dass die gesetzlichen Voraussetzungen des Verwaltungsaktes erfüllt werden.

(2) Unbeschadet des Absatzes 1 darf ein Verwaltungsakt nach pflichtgemäßem Ermessen erlassen werden mit

1. einer Bestimmung, nach der eine Vergünstigung oder Belastung zu einem bestimmten Zeitpunkt beginnt, endet oder für einen bestimmten Zeitraum gilt (Befristung);
2. einer Bestimmung, nach der der Eintritt oder der Wegfall einer Vergünstigung oder einer Belastung von dem ungewissen Eintritt eines zukünftigen Ereignisses abhängt (Bedingung);
3. einem Vorbehalt des Widerrufs

oder verbunden werden mit

4. einer Bestimmung, durch die dem Begünstigten ein Tun, Dulden oder Unterlassen vorgeschrieben wird (Auflage);
5. einem Vorbehalt der nachträglichen Aufnahme, Änderung oder Ergänzung einer Auflage.

(3) Eine Nebenbestimmung darf dem Zweck des Verwaltungsaktes nicht zuwiderlaufen.

§ 37 Bestimmtheit und Form des Verwaltungsaktes; Rechtsbehelfsbelehrung. (1) Ein Verwaltungsakt muss inhaltlich hinreichend bestimmt sein.

(2) [1]Ein Verwaltungsakt kann schriftlich, elektronisch, mündlich oder in anderer Weise erlassen werden. [2]Ein mündlicher Verwaltungsakt ist schriftlich oder elektronisch zu bestätigen, wenn hieran ein berechtigtes Interesse besteht und der Betroffene dies unverzüglich verlangt. [3]Ein elektronischer Verwal-

tungsakt ist unter denselben Voraussetzungen schriftlich zu bestätigen; § 3a Abs. 2 findet insoweit keine Anwendung.

(3) [1]Ein schriftlicher oder elektronischer Verwaltungsakt muss die erlassende Behörde erkennen lassen und die Unterschrift oder die Namenswiedergabe des Behördenleiters, seines Vertreters oder seines Beauftragten enthalten.[2]Wird für einen Verwaltungsakt, für den durch Rechtsvorschrift die Schriftform angeordnet ist, die elektronische Form verwendet, muss auch das der Signatur zugrunde liegende qualifizierte Zertifikat oder ein zugehöriges qualifiziertes Attributzertifikat die erlassende Behörde erkennen lassen. [3]Im Fall des § 3a Absatz 2 Satz 4 Nummer 3 muss die Bestätigung nach § 5 Absatz 5 des De-Mail-Gesetzes die erlassende Behörde als Nutzerin des De-Mail-Kontos erkennen lassen.

(4) Für einen Verwaltungsakt kann für die nach § 3a Abs. 2 erforderliche Signatur durch Rechtsvorschrift die dauerhafte Überprüfbarkeit vorgeschrieben werden.

(5) [1]Bei einem schriftlichen Verwaltungsakt, der mit Hilfe automatischer Einrichtungen erlassen wird, können abweichend von Absatz 3 Unterschrift und Namenswiedergabe fehlen. [2]Zur Inhaltsangabe können Schlüsselzeichen verwendet werden, wenn derjenige, für den der Verwaltungsakt bestimmt ist oder der von ihm betroffen wird, auf Grund der dazu gegebenen Erläuterungen den Inhalt des Verwaltungsaktes eindeutig erkennen kann.

(6) [1]Einem schriftlichen oder elektronischen Verwaltungsakt, der der Anfechtung unterliegt, ist eine Erklärung beizufügen, durch die der Beteiligte über den Rechtsbehelf, der gegen den Verwaltungsakt gegeben ist, über die Behörde oder das Gericht, bei denen der Rechtsbehelf einzulegen ist, den Sitz und über die einzuhaltende Frist belehrt wird (Rechtsbehelfsbelehrung). [2]Satz 1 gilt auch für die schriftliche oder elektronische Bestätigung eines Verwaltungsaktes und die Bescheinigung nach § 42a Absatz 3.

§ 38 Zusicherung. (1) [1]Eine von der zuständigen Behörde erteilte Zusage, einen bestimmten Verwaltungsakt später zu erlassen oder zu unterlassen (Zusicherung), bedarf zu ihrer Wirksamkeit der schriftlichen Form. [2]Ist vor dem Erlass des zugesicherten Verwaltungsaktes die Anhörung Beteiligter oder die Mitwirkung einer anderen Behörde oder eines Ausschusses auf Grund einer Rechtsvorschrift erforderlich, so darf die Zusicherung erst nach Anhörung der Beteiligten oder nach Mitwirkung dieser Behörde oder des Ausschusses gegeben werden.

(2) Auf die Unwirksamkeit der Zusicherung finden, unbeschadet des Absatzes 1 Satz 1, § 44, auf die Heilung von Mängeln bei der Anhörung Beteiligter und der Mitwirkung anderer Behörden oder Ausschüsse § 45 Abs. 1 Nr. 3 bis 5 sowie Abs. 2, auf die Rücknahme § 48, auf den Widerruf, unbeschadet des Absatzes 3, § 49 entsprechende Anwendung.

(3) Ändert sich nach Abgabe der Zusicherung die Sach- oder Rechtslage derart, dass die Behörde bei Kenntnis der nachträglich eingetretenen Änderung die Zusicherung nicht gegeben hätte oder aus rechtlichen Gründen nicht hätte

geben dürfen, ist die Behörde an die Zusicherung nicht mehr gebunden.

§ 39 Begründung des Verwaltungsaktes. (1) [1]Ein schriftlicher oder elektronischer sowie ein schriftlich oder elektronisch bestätigter Verwaltungsakt ist mit einer Begründung zu versehen. [2]In der Begründung sind die wesentlichen tatsächlichen und rechtlichen Gründe mitzuteilen, die die Behörde zu ihrer Entscheidung bewogen haben. [3]Die Begründung von Ermessensentscheidungen soll auch die Gesichtspunkte erkennen lassen, von denen die Behörde bei der Ausübung ihres Ermessens ausgegangen ist.

(2) Einer Begründung bedarf es nicht,

1. soweit die Behörde einem Antrag entspricht oder einer Erklärung folgt und der Verwaltungsakt nicht in Rechte eines anderen eingreift;
2. soweit demjenigen, für den der Verwaltungsakt bestimmt ist oder der von ihm betroffen wird, die Auffassung der Behörde über die Sach- und Rechtslage bereits bekannt oder auch ohne Begründung für ihn ohne weiteres erkennbar ist;
3. wenn die Behörde gleichartige Verwaltungsakte in größerer Zahl oder Verwaltungsakte mit Hilfe automatischer Einrichtungen erlässt und die Begründung nach den Umständen des Einzelfalls nicht geboten ist;
4. wenn sich dies aus einer Rechtsvorschrift ergibt,
5. wenn eine Allgemeinverfügung öffentlich bekannt gegeben wird.

§ 40 Ermessen. Ist die Behörde ermächtigt, nach ihrem Ermessen zu handeln, hat sie ihr Ermessen entsprechend dem Zweck der Ermächtigung auszuüben und die gesetzlichen Grenzen des Ermessens einzuhalten.

§ 41 Bekanntgabe des Verwaltungsaktes. (1) [1]Ein Verwaltungsakt ist demjenigen Beteiligten bekannt zu geben, für den er bestimmt ist oder der von ihm betroffen wird. [2]Ist ein Bevollmächtigter bestellt, so kann die Bekanntgabe ihm gegenüber vorgenommen werden.

(2) [1]Ein schriftlicher Verwaltungsakt, der im Inland durch die Post übermittelt wird, gilt am dritten Tag nach der Aufgabe zur Post als bekannt gegeben. [2]Ein Verwaltungsakt, der im Inland oder in das Ausland elektronisch übermittelt wird, gilt am dritten Tag nach der Absendung als bekannt gegeben. [3]Dies gilt nicht, wenn der Verwaltungsakt nicht oder zu einem späteren Zeitpunkt zugegangen ist; im Zweifel hat die Behörde den Zugang des Verwaltungsaktes und den Zeitpunkt des Zugangs nachzuweisen.

(3) [1]Ein Verwaltungsakt darf öffentlich bekannt gegeben werden, wenn dies durch Rechtsvorschrift zugelassen ist. [2]Eine Allgemeinverfügung darf auch dann öffentlich bekannt gegeben werden, wenn eine Bekanntgabe an die Beteiligten untunlich ist.

(4) [1]Die öffentliche Bekanntgabe eines schriftlichen oder elektronischen Verwaltungsaktes wird dadurch bewirkt, dass sein verfügender Teil ortsüblich bekannt gemacht wird. [2]In der ortsüblichen Bekanntmachung ist anzugeben,

wo der Verwaltungsakt und seine Begründung eingesehen werden können. [3]Der Verwaltungsakt gilt zwei Wochen nach der ortsüblichen Bekanntmachung als bekannt gegeben. [4]In einer Allgemeinverfügung kann ein hiervon abweichender Tag, jedoch frühestens der auf die Bekanntmachung folgende Tag bestimmt werden.

(5) Vorschriften über die Bekanntgabe eines Verwaltungsaktes mittels Zustellung bleiben unberührt.

§ 42 Offenbare Unrichtigkeiten im Verwaltungsakt. [1]Die Behörde kann Schreibfehler, Rechenfehler und ähnliche offenbare Unrichtigkeiten in einem Verwaltungsakt jederzeit berichtigen. [2]Bei berechtigtem Interesse des Beteiligten ist zu berichtigen. [3]Die Behörde ist berechtigt, die Vorlage des Dokuments zu verlangen, das berichtigt werden soll.

§ 42a Genehmigungsfiktion. (1) [1]Eine beantragte Genehmigung gilt nach Ablauf einer für die Entscheidung festgelegten Frist als erteilt (Genehmigungsfiktion), wenn dies durch Rechtsvorschrift angeordnet und der Antrag hinreichend bestimmt ist. [2]Die Vorschriften über die Bestandskraft von Verwaltungsakten und über das Rechtsbehelfsverfahren gelten entsprechend.

(2) [1]Die Frist nach Absatz 1 Satz 1 beträgt drei Monate, soweit durch Rechtsvorschrift nichts Abweichendes bestimmt ist. [2]Die Frist beginnt mit Eingang der vollständigen Unterlagen. [3]Sie kann einmal angemessen verlängert werden, wenn dies durch die Schwierigkeit der Angelegenheit gerechtfertigt ist. [4]Die Fristverlängerung ist zu begründen und rechtzeitig mitzuteilen.

(3) Auf Verlangen ist demjenigen, dem der Verwaltungsakt nach § 41 Abs. 1 bekannt zu geben wäre, der Eintritt der Genehmigungsfiktion schriftlich zu bescheinigen.

Abschnitt 2

Bestandskraft des Verwaltungsaktes

§ 43 Wirksamkeit des Verwaltungsaktes. (1) [1]Ein Verwaltungsakt wird gegenüber demjenigen, für den er bestimmt ist oder der von ihm betroffen wird, in dem Zeitpunkt wirksam, in dem er ihm bekannt gegeben wird. [2]Der Verwaltungsakt wird mit dem Inhalt wirksam, mit dem er bekannt gegeben wird.

(2) Ein Verwaltungsakt bleibt wirksam, solange und soweit er nicht zurückgenommen, widerrufen, anderweitig aufgehoben oder durch Zeitablauf oder auf andere Weise erledigt ist.

(3) Ein nichtiger Verwaltungsakt ist unwirksam.

§ 44 Nichtigkeit des Verwaltungsaktes. (1) Ein Verwaltungsakt ist nichtig, soweit er an einem besonders schwerwiegenden Fehler leidet und dies bei verständiger Würdigung aller in Betracht kommenden Umstände offenkundig ist.

(2) Ohne Rücksicht auf das Vorliegen der Voraussetzungen des Absatzes 1 ist ein Verwaltungsakt nichtig,

1. der schriftlich oder elektronisch erlassen worden ist, die erlassende Behörde aber nicht erkennen lässt;
2. der nach einer Rechtsvorschrift nur durch die Aushändigung einer Urkunde erlassen werden kann, aber dieser Form nicht genügt;
3. den eine Behörde außerhalb ihrer durch § 3 Abs. 1 Nr. 1 begründeten Zuständigkeit erlassen hat, ohne dazu ermächtigt zu sein;
4. den aus tatsächlichen Gründen niemand ausführen kann;
5. der die Begehung einer rechtswidrigen Tat verlangt, die einen Straf- oder Bußgeldtatbestand verwirklicht;
6. der gegen die guten Sitten verstößt.

(3) Ein Verwaltungsakt ist nicht schon deshalb nichtig, weil

1. Vorschriften über die örtliche Zuständigkeit nicht eingehalten worden sind, außer wenn ein Fall des Absatzes 2 Nr. 3 vorliegt;
2. eine nach § 20 Abs. 1 Satz 1 Nr. 2 bis 6 ausgeschlossene Person mitgewirkt hat;
3. ein durch Rechtsvorschrift zur Mitwirkung berufener Ausschuss den für den Erlass des Verwaltungsaktes vorgeschriebenen Beschluss nicht gefasst hat oder nicht beschlussfähig war;
4. die nach einer Rechtsvorschrift erforderliche Mitwirkung einer anderen Behörde unterblieben ist.

(4) Betrifft die Nichtigkeit nur einen Teil des Verwaltungsaktes, so ist er im Ganzen nichtig, wenn der nichtige Teil so wesentlich ist, dass die Behörde den Verwaltungsakt ohne den nichtigen Teil nicht erlassen hätte.

(5) Die Behörde kann die Nichtigkeit jederzeit von Amts wegen feststellen; auf Antrag ist sie festzustellen, wenn der Antragsteller hieran ein berechtigtes Interesse hat.

§ 45 Heilung von Verfahrens- und Formfehlern. (1) Eine Verletzung von Verfahrens- oder Formvorschriften, die nicht den Verwaltungsakt nach § 44 nichtig macht, ist unbeachtlich, wenn

1. der für den Erlass des Verwaltungsaktes erforderliche Antrag nachträglich gestellt wird;
2. die erforderliche Begründung nachträglich gegeben wird;
3. die erforderliche Anhörung eines Beteiligten nachgeholt wird;
4. der Beschluss eines Ausschusses, dessen Mitwirkung für den Erlass des Verwaltungsaktes erforderlich ist, nachträglich gefasst wird,
5. die erforderliche Mitwirkung einer anderen Behörde nachgeholt wird.

(2) Handlungen nach Absatz 1 können bis zum Abschluss der letzten Tatsacheninstanz eines verwaltungsgerichtlichen Verfahrens nachgeholt werden.

(3) [1]Fehlt einem Verwaltungsakt die erforderliche Begründung oder ist die erforderliche Anhörung eines Beteiligten vor Erlass des Verwaltungsaktes un-

terblieben und ist dadurch die rechtzeitige Anfechtung des Verwaltungsaktes versäumt worden, so gilt die Versäumung der Rechtsbehelfsfrist als nicht verschuldet. [2]Das für die Wiedereinsetzungsfrist nach § 32 Abs. 2 maßgebende Ereignis tritt im Zeitpunkt der Nachholung der unterlassenen Verfahrenshandlung ein.

§ 46 Folgen von Verfahrens- und Formfehlern. Die Aufhebung eines Verwaltungsaktes, der nicht nach § 44 nichtig ist, kann nicht allein deshalb beansprucht werden, weil er unter Verletzung von Vorschriften über das Verfahren, die Form oder die örtliche Zuständigkeit zustande gekommen ist, wenn offensichtlich ist, dass die Verletzung die Entscheidung in der Sache nicht beeinflusst hat.

§ 47 Umdeutung eines fehlerhaften Verwaltungsaktes. (1) Ein fehlerhafter Verwaltungsakt kann in einen anderen Verwaltungsakt umgedeutet werden, wenn er auf das gleiche Ziel gerichtet ist, von der erlassenden Behörde in der geschehenen Verfahrensweise und Form rechtmäßig hätte erlassen werden können und wenn die Voraussetzungen für dessen Erlass erfüllt sind.

(2) [1]Absatz 1 gilt nicht, wenn der Verwaltungsakt, in den der fehlerhafte Verwaltungsakt umzudeuten wäre, der erkennbaren Absicht der erlassenden Behörde widerspräche oder seine Rechtsfolgen für den Betroffenen ungünstiger wären als die des fehlerhaften Verwaltungsaktes. [2]Eine Umdeutung ist ferner unzulässig, wenn der fehlerhafte Verwaltungsakt nicht zurückgenommen werden dürfte.

(3) Eine Entscheidung, die nur als gesetzlich gebundene Entscheidung ergehen kann, kann nicht in eine Ermessensentscheidung umgedeutet werden.

(4) § 28 ist entsprechend anzuwenden.

§ 48 Rücknahme eines rechtswidrigen Verwaltungsaktes. (1) [1]Ein rechtswidriger Verwaltungsakt kann, auch nachdem er unanfechtbar geworden ist, ganz oder teilweise mit Wirkung für die Zukunft oder für die Vergangenheit zurückgenommen werden. [2]Ein Verwaltungsakt, der ein Recht oder einen rechtlich erheblichen Vorteil begründet oder bestätigt hat (begünstigender Verwaltungsakt), darf nur unter den Einschränkungen der Absätze 2 bis 4 zurückgenommen werden.

(2) [1]Ein rechtswidriger Verwaltungsakt, der eine einmalige oder laufende Geldleistung oder teilbare Sachleistung gewährt oder hierfür Voraussetzung ist, darf nicht zurückgenommen werden, soweit der Begünstigte auf den Bestand des Verwaltungsaktes vertraut hat und sein Vertrauen unter Abwägung mit dem öffentlichen Interesse an einer Rücknahme schutzwürdig ist. [2]Das Vertrauen ist in der Regel schutzwürdig, wenn der Begünstigte gewährte Leistungen verbraucht oder eine Vermögensdisposition getroffen hat, die er nicht mehr oder nur unter unzumutbaren Nachteilen rückgängig machen kann. [3]Auf Vertrauen kann sich der Begünstigte nicht berufen, wenn er

1. den Verwaltungsakt durch arglistige Täuschung, Drohung oder Bestechung erwirkt hat;
2. den Verwaltungsakt durch Angaben erwirkt hat, die in wesentlicher Beziehung unrichtig oder unvollständig waren;
3. die Rechtswidrigkeit des Verwaltungsaktes kannte oder infolge grober Fahrlässigkeit nicht kannte.

[4]In den Fällen des Satzes 3 wird der Verwaltungsakt in der Regel mit Wirkung für die Vergangenheit zurückgenommen.

(3) [1]Wird ein rechtswidriger Verwaltungsakt, der nicht unter Absatz 2 fällt, zurückgenommen, so hat die Behörde dem Betroffenen auf Antrag den Vermögensnachteil auszugleichen, den dieser dadurch erleidet, dass er auf den Bestand des Verwaltungsaktes vertraut hat, soweit sein Vertrauen unter Abwägung mit dem öffentlichen Interesse schutzwürdig ist. [2]Absatz 2 Satz 3 ist anzuwenden. [3]Der Vermögensnachteil ist jedoch nicht über den Betrag des Interesses hinaus zu ersetzen, das der Betroffene an dem Bestand des Verwaltungsaktes hat. [4]Der auszugleichende Vermögensnachteil wird durch die Behörde festgesetzt. [5]Der Anspruch kann nur innerhalb eines Jahres geltend gemacht werden; die Frist beginnt, sobald die Behörde den Betroffenen auf sie hingewiesen hat.

(4) [1]Erhält die Behörde von Tatsachen Kenntnis, welche die Rücknahme eines rechtswidrigen Verwaltungsaktes rechtfertigen, so ist die Rücknahme nur innerhalb eines Jahres seit dem Zeitpunkt der Kenntnisnahme zulässig. [2]Dies gilt nicht im Falle des Absatzes 2 Satz 3 Nr. 1.

(5) Über die Rücknahme entscheidet nach Unanfechtbarkeit des Verwaltungsaktes die nach § 3 zuständige Behörde; dies gilt auch dann, wenn der zurückzunehmende Verwaltungsakt von einer anderen Behörde erlassen worden ist.

§ 49 Widerruf eines rechtmäßigen Verwaltungsaktes. (1) Ein rechtmäßiger nicht begünstigender Verwaltungsakt kann, auch nachdem er unanfechtbar geworden ist, ganz oder teilweise mit Wirkung für die Zukunft widerrufen werden, außer wenn ein Verwaltungsakt gleichen Inhalts erneut erlassen werden müsste oder aus anderen Gründen ein Widerruf unzulässig ist.

(2) [1]Ein rechtmäßiger begünstigender Verwaltungsakt darf, auch nachdem er unanfechtbar geworden ist, ganz oder teilweise mit Wirkung für die Zukunft nur widerrufen werden,

1. wenn der Widerruf durch Rechtsvorschrift zugelassen oder im Verwaltungsakt vorbehalten ist;
2. wenn mit dem Verwaltungsakt eine Auflage verbunden ist und der Begünstigte diese nicht oder nicht innerhalb einer ihm gesetzten Frist erfüllt hat;
3. wenn die Behörde auf Grund nachträglich eingetretener Tatsachen berechtigt wäre, den Verwaltungsakt nicht zu erlassen, und wenn ohne den Widerruf das öffentliche Interesse gefährdet würde;

4. wenn die Behörde auf Grund einer geänderten Rechtsvorschrift berechtigt wäre, den Verwaltungsakt nicht zu erlassen, soweit der Begünstigte von der Vergünstigung noch keinen Gebrauch gemacht oder auf Grund des Verwaltungsaktes noch keine Leistungen empfangen hat, und wenn ohne den Widerruf das öffentliche Interesse gefährdet würde;
5. um schwere Nachteile für das Gemeinwohl zu verhüten oder zu beseitigen.

[2]§ 48 Abs. 4 gilt entsprechend.

(3) [1]Ein rechtmäßiger Verwaltungsakt, der eine einmalige oder laufende Geldleistung oder teilbare Sachleistung zur Erfüllung eines bestimmten Zweckes gewährt oder hierfür Voraussetzung ist, kann, auch nachdem er unanfechtbar geworden ist, ganz oder teilweise auch mit Wirkung für die Vergangenheit widerrufen werden, wenn

1. die Leistung nicht, nicht alsbald nach der Erbringung oder nicht mehr für den in dem Verwaltungsakt bestimmten Zweck verwendet wird,
2. mit dem Verwaltungsakt eine Auflage verbunden ist und der Begünstigte diese nicht oder nicht innerhalb einer ihm gesetzten Frist erfüllt hat.

[2]§ 48 Abs. 4 gilt entsprechend.

(4) Der widerrufene Verwaltungsakt wird mit dem Wirksamwerden des Widerrufs unwirksam, wenn die Behörde keinen anderen Zeitpunkt bestimmt.

(5) Über den Widerruf entscheidet nach Unanfechtbarkeit des Verwaltungsaktes die nach § 3 zuständige Behörde; dies gilt auch dann, wenn der zu widerrufende Verwaltungsakt von einer anderen Behörde erlassen worden ist.

(6) [1]Wird ein begünstigender Verwaltungsakt in den Fällen des Absatzes 2 Nr. 3 bis 5 widerrufen, so hat die Behörde den Betroffenen auf Antrag für den Vermögensnachteil zu entschädigen, den dieser dadurch erleidet, dass er auf den Bestand des Verwaltungsaktes vertraut hat, soweit sein Vertrauen schutzwürdig ist. [2]§ 48 Abs. 3 Satz 3 bis 5 gilt entsprechend. [3]Für Streitigkeiten über die Entschädigung ist der ordentliche Rechtsweg gegeben.

§ 49a Erstattung, Verzinsung. (1) [1]Soweit ein Verwaltungsakt mit Wirkung für die Vergangenheit zurückgenommen oder widerrufen worden oder infolge Eintritts einer auflösenden Bedingung unwirksam geworden ist, sind bereits erbrachte Leistungen zu erstatten. [2]Die zu erstattende Leistung ist durch schriftlichen Verwaltungsakt festzusetzen.

(2) [1]Für den Umfang der Erstattung mit Ausnahme der Verzinsung gelten die Vorschriften des Bürgerlichen Gesetzbuchs über die Herausgabe einer ungerechtfertigten Bereicherung entsprechend.[2] Auf den Wegfall der Bereicherung kann sich der Begünstigte nicht berufen, soweit er die Umstände kannte oder infolge grober Fahrlässigkeit nicht kannte, die zur Rücknahme, zum Widerruf oder zur Unwirksamkeit des Verwaltungsaktes geführt haben.

(3) [1]Der zu erstattende Betrag ist vom Eintritt der Unwirksamkeit des Verwaltungsaktes an mit fünf Prozentpunkten über dem Basiszinssatz jährlich zu

verzinsen. [2]Von der Geltendmachung des Zinsanspruchs kann insbesondere dann abgesehen werden, wenn der Begünstigte die Umstände, die zur Rücknahme, zum Widerruf oder zur Unwirksamkeit des Verwaltungsaktes geführt haben, nicht zu vertreten hat und den zu erstattenden Betrag innerhalb der von der Behörde festgesetzten Frist leistet.

(4) [1]Wird eine Leistung nicht alsbald nach der Auszahlung für den bestimmten Zweck verwendet, so können für die Zeit bis zur zweckentsprechenden Verwendung Zinsen nach Absatz 3 Satz 1 verlangt werden. [2]Entsprechendes gilt, soweit eine Leistung in Anspruch genommen wird, obwohl andere Mittel anteilig oder vorrangig einzusetzen sind. [3]§ 49 Abs. 3 Satz 1 Nr. 1 bleibt unberührt.

§ 50 Rücknahme und Widerruf im Rechtsbehelfsverfahren. § 48 Abs. 1 Satz 2, Abs. 2 bis 4 sowie § 49 Abs. 2 bis 4 und 6 gelten nicht, wenn ein begünstigender Verwaltungsakt, der von einem Dritten angefochten worden ist, während des Vorverfahrens oder während des verwaltungsgerichtlichen Verfahrens aufgehoben wird, soweit dadurch dem Widerspruch oder der Klage abgeholfen wird.

§ 51 Wiederaufgreifen des Verfahrens. (1) Die Behörde hat auf Antrag des Betroffenen über die Aufhebung oder Änderung eines unanfechtbaren Verwaltungsaktes zu entscheiden, wenn

1. sich die dem Verwaltungsakt zugrunde liegende Sach- oder Rechtslage nachträglich zugunsten des Betroffenen geändert hat;
2. neue Beweismittel vorliegen, die eine dem Betroffenen günstigere Entscheidung herbeigeführt haben würden;
3. Wiederaufnahmegründe entsprechend § 580 der Zivilprozessordnung gegeben sind.

(2) Der Antrag ist nur zulässig, wenn der Betroffene ohne grobes Verschulden außerstande war, den Grund für das Wiederaufgreifen in dem früheren Verfahren, insbesondere durch Rechtsbehelf, geltend zu machen.

(3) [1]Der Antrag muss binnen drei Monaten gestellt werden. [2]Die Frist beginnt mit dem Tag, an dem der Betroffene von dem Grund für das Wiederaufgreifen Kenntnis erhalten hat.

(4) Über den Antrag entscheidet die nach § 3 zuständige Behörde; dies gilt auch dann, wenn der Verwaltungsakt, dessen Aufhebung oder Änderung begehrt wird, von einer anderen Behörde erlassen worden ist.

(5) Die Vorschriften des § 48 Abs. 1 Satz 1 und des § 49 Abs. 1 bleiben unberührt.

§ 52 Rückgabe von Urkunden und Sachen. [1]Ist ein Verwaltungsakt unanfechtbar widerrufen oder zurückgenommen oder ist seine Wirksamkeit aus einem anderen Grund nicht oder nicht mehr gegeben, so kann die Behörde die auf Grund dieses Verwaltungsaktes erteilten Urkunden oder Sachen, die zum Nachweis der Rechte aus dem Verwaltungsakt oder zu deren Ausübung bestimmt sind, zurückfordern. [2]Der Inhaber und, sofern er nicht der Besitzer ist, auch der Besitzer dieser Urkunden oder Sachen sind zu ihrer Herausgabe verpflichtet. [3]Der Inhaber oder der Besitzer kann jedoch verlangen, dass ihm die Urkunden oder Sachen wieder ausgehändigt werden, nachdem sie von der Behörde als ungültig gekennzeichnet sind; dies gilt nicht bei Sachen, bei denen eine solche Kennzeichnung nicht oder nicht mit der erforderlichen Offensichtlichkeit oder Dauerhaftigkeit möglich ist.

Abschnitt 3

Verjährungsrechtliche Wirkungen des Verwaltungsaktes

§ 53 Hemmung der Verjährung durch Verwaltungsakt. (1) [1]Ein Verwaltungsakt, der zur Feststellung oder Durchsetzung des Anspruchs eines öffentlich-rechtlichen Rechtsträgers erlassen wird, hemmt die Verjährung dieses Anspruchs. [2]Die Hemmung endet mit Eintritt der Unanfechtbarkeit des Verwaltungsaktes oder sechs Monate nach seiner anderweitigen Erledigung.

(2) [1]Ist ein Verwaltungsakt im Sinne des Absatzes 1 unanfechtbar geworden, beträgt die Verjährungsfrist 30 Jahre. [2]Soweit der Verwaltungsakt einen Anspruch auf künftig fällig werdende regelmäßig wiederkehrende Leistungen zum Inhalt hat, bleibt es bei der für diesen Anspruch geltenden Verjährungsfrist.

TEIL IV

Öffentlich-rechtlicher Vertrag

§ 54 Zulässigkeit des öffentlich-rechtlichen Vertrags. [1]Ein Rechtsverhältnis auf dem Gebiet des öffentlichen Rechts kann durch Vertrag begründet, geändert oder aufgehoben werden (öffentlich-rechtlicher Vertrag), soweit Rechtsvorschriften nicht entgegenstehen. [2]Insbesondere kann die Behörde, anstatt einen Verwaltungsakt zu erlassen, einen öffentlich-rechtlichen Vertrag mit demjenigen schließen, an den sie sonst den Verwaltungsakt richten würde.

§ 55 Vergleichsvertrag. Ein öffentlich-rechtlicher Vertrag im Sinne des § 54 Satz 2, durch den eine bei verständiger Würdigung des Sachverhalts oder der Rechtslage bestehende Ungewissheit durch gegenseitiges Nachgeben beseitigt wird (Vergleich), kann geschlossen werden, wenn die Behörde den Abschluss des Vergleichs zur Beseitigung der Ungewissheit nach pflichtgemäßem Ermessen für zweckmäßig hält.

§ 56 Austauschvertrag. (1) [1]Ein öffentlich-rechtlicher Vertrag im Sinne des § 54 Satz 2, in dem sich der Vertragspartner der Behörde zu einer Gegenleistung verpflichtet, kann geschlossen werden, wenn die Gegenleistung für einen bestimmten Zweck im Vertrag vereinbart wird und der Behörde zur Erfüllung ihrer öffentlichen Aufgaben dient. [2]Die Gegenleistung muss den gesamten Umständen nach angemessen sein und im sachlichen Zusammenhang mit der vertraglichen Leistung der Behörde stehen.

(2) Besteht auf die Leistung der Behörde ein Anspruch, so kann nur eine solche Gegenleistung vereinbart werden, die bei Erlass eines Verwaltungsaktes Inhalt einer Nebenbestimmung nach § 36 sein könnte.

§ 57 Schriftform. (1) Ein öffentlich-rechtlicher Vertrag ist schriftlich zu schließen, soweit nicht durch Rechtsvorschrift eine andere Form vorgeschrieben ist.

§ 58 Zustimmung von Dritten und Behörden. (1) Ein öffentlich-rechtlicher Vertrag, der in Rechte eines Dritten eingreift, wird erst wirksam, wenn der Dritte schriftlich zustimmt.

(2) Wird anstatt eines Verwaltungsaktes, bei dessen Erlass nach einer Rechtsvorschrift die Genehmigung, die Zustimmung oder das Einvernehmen einer anderen Behörde erforderlich ist, ein Vertrag geschlossen, so wird dieser erst wirksam, nachdem die andere Behörde in der vorgeschriebenen Form mitgewirkt hat.

§ 59 Nichtigkeit des öffentlich-rechtlichen Vertrags. (1) Ein öffentlich-rechtlicher Vertrag ist nichtig, wenn sich die Nichtigkeit aus der entsprechenden Anwendung von Vorschriften des Bürgerlichen Gesetzbuchs ergibt.

(2) Ein Vertrag im Sinne des § 54 Satz 2 ist ferner nichtig, wenn

1. ein Verwaltungsakt mit entsprechendem Inhalt nichtig wäre;
2. ein Verwaltungsakt mit entsprechendem Inhalt nicht nur wegen eines Verfahrens- oder Formfehlers im Sinne des § 46 rechtswidrig wäre und dies den Vertragschließenden bekannt war;
3. die Voraussetzungen zum Abschluss eines Vergleichsvertrags nicht vorlagen und ein Verwaltungsakt mit entsprechendem Inhalt nicht nur wegen eines Verfahrens- oder Formfehlers im Sinne des § 46 rechtswidrig wäre;
4. sich die Behörde eine nach § 56 unzulässige Gegenleistung versprechen lässt.

(3) Betrifft die Nichtigkeit nur einen Teil des Vertrags, so ist er im Ganzen nichtig, wenn nicht anzunehmen ist, dass er auch ohne den nichtigen Teil geschlossen worden wäre.

§ 60 Anpassung und Kündigung in besonderen Fällen. (1) [1]Haben die Verhältnisse, die für die Festsetzung des Vertragsinhalts maßgebend gewesen sind, sich seit Abschluss des Vertrags so wesentlich geändert, dass einer Vertragspartei das Festhalten an der ursprünglichen vertraglichen Regelung nicht zuzumuten ist, so kann diese Vertragspartei eine Anpassung des Vertragsinhalts an die geänderten Verhältnisse verlangen oder, sofern eine Anpassung nicht möglich oder einer Vertragspartei nicht zuzumuten ist, den Vertrag kündigen. [2]Die Behörde kann den Vertrag auch kündigen, um schwere Nachteile für das Gemeinwohl zu verhüten oder zu beseitigen.

(2) [1]Die Kündigung bedarf der Schriftform, soweit nicht durch Rechtsvorschrift eine andere Form vorgeschrieben ist. [2]Sie soll begründet werden.

§ 61 Unterwerfung unter die sofortige Vollstreckung. (1) [1]Jeder Vertragschließende kann sich der sofortigen Vollstreckung aus einem öffentlichrechtlichen Vertrag im Sinne des § 54 Satz 2 unterwerfen. [2]Die Behörde muss hierbei von dem Behördenleiter, seinem allgemeinen Vertreter oder einem Angehörigen des öffentlichen Dienstes, der die Befähigung zum Richteramt hat oder die Voraussetzungen des § 110 Satz 1 des Deutschen Richtergesetzes erfüllt, vertreten werden.

(2) [1]Auf öffentlich-rechtliche Verträge im Sinne des Absatzes 1 Satz 1 ist das Landesverwaltungsvollstreckungsgesetz entsprechend anzuwenden. [2]Will eine natürliche oder juristische Person des Privatrechts oder eine nichtrechtsfähige Vereinigung die Vollstreckung wegen einer Geldforderung betreiben, so ist § 170 Abs. 1 bis 3 der Verwaltungsgerichtsordnung entsprechendanzuwenden. [3]Richtet sich die Vollstreckung wegen der Erzwingung einer Handlung, Duldung oder Unterlassung gegen eine Behörde, so ist § 172 der Verwaltungsgerichtsordnung entsprechend anzuwenden.

(3) Die Absätze 1 und 2 gelten auch für öffentlich-rechtliche Verträge über Kommunalabgaben.

§ 62 Ergänzende Anwendung von Vorschriften. [1]Soweit sich aus den §§ 54 bis 61 nichts Abweichendes ergibt, gelten die übrigen Vorschriften dieses Gesetzes. [2]Ergänzend gelten die Vorschriften des Bürgerlichen Gesetzbuchs entsprechend.

TEIL V

Besondere Verfahrensarten

Abschnitt 1

Förmliches Verwaltungsverfahren

§ 63 Anwendung der Vorschriften über das förmliche Verwaltungsverfahren. (1) Das förmliche Verwaltungsverfahren nach diesem Gesetz findet statt, wenn es durch Rechtsvorschrift angeordnet ist.

(2) Für das förmliche Verwaltungsverfahren gelten die §§ 64 bis 71 und, soweit sich aus ihnen nichts Abweichendes ergibt, die übrigen Vorschriften dieses Gesetzes.

(3) [1]Die Mitteilung nach § 17 Abs. 2 Satz 2 und die Aufforderung nach § 17 Abs. 4 Satz 2 sind im förmlichen Verwaltungsverfahren öffentlich bekannt zu machen. [2]Die öffentliche Bekanntmachung wird dadurch bewirkt, dass die Be-

hörde die Mitteilung oder die Aufforderung in ihrem amtlichen Veröffentlichungsblatt und außerdem in örtlichen Tageszeitungen, die in dem Bereich verbreitet sind, in dem sich die Entscheidung voraussichtlich auswirken wird, bekannt macht.

§ 64 Form des Antrags. Setzt das förmliche Verwaltungsverfahren einen Antrag voraus, so ist er schriftlich oder zur Niederschrift bei der Behörde zu stellen.

§ 65 Mitwirkung von Zeugen und Sachverständigen. (1) [1]Im förmlichen Verwaltungsverfahren sind Zeugen zur Aussage und Sachverständige zur Erstattung von Gutachten verpflichtet. [2]Die Vorschriften der Zivilprozessordnung über die Pflicht, als Zeuge auszusagen oder als Sachverständiger ein Gutachten zu erstatten, über die Ablehnung von Sachverständigen sowie über die Vernehmung von Angehörigen des öffentlichen Dienstes als Zeugen oder Sachverständige gelten entsprechend.

(2) [1]Verweigern Zeugen oder Sachverständige ohne Vorliegen eines der in den §§ 376, 383 bis 385 und 408 der Zivilprozessordnung bezeichneten Gründe die Aussage oder die Erstattung des Gutachtens, so kann die Behörde das für den Wohnsitz oder den Aufenthaltsort des Zeugen oder des Sachverständigen zuständige Verwaltungsgericht um die Vernehmung ersuchen. [2]Befindet sich der Wohnsitz oder der Aufenthaltsort des Zeugen oder des Sachverständigen nicht am Sitz eines Verwaltungsgerichts oder einer besonders errichteten Kammer, so kann auch das zuständige Amtsgericht um die Vernehmung ersucht werden. [3]In dem Ersuchen hat die Behörde den Gegenstand der Vernehmung darzulegen sowie die Namen und Anschriften der Beteiligten anzugeben. [4]Das Gericht hat die Beteiligten von den Beweisterminen zu benachrichtigen.

(3) Hält die Behörde mit Rücksicht auf die Bedeutung der Aussage eines Zeugen oder des Gutachtens eines Sachverständigen oder zur Herbeiführung einer wahrheitsgemäßen Aussage die Beeidigung für geboten, so kann sie das nach Absatz 2 zuständige Gericht um die eidliche Vernehmung ersuchen.

(4) Das Gericht entscheidet über die Rechtmäßigkeit einer Verweigerung des Zeugnisses, des Gutachtens oder der Eidesleistung.

(5) Ein Ersuchen nach Absatz 2 oder 3 an das Gericht darf nur von dem Behördenleiter, seinem allgemeinen Vertreter oder einem Angehörigen des öffentlichen Dienstes gestellt werden, der die Befähigung zum Richteramt hat oder die Voraussetzungen des § 110 Satz 1 des Deutschen Richtergesetzes erfüllt.

(6) § 180 der Verwaltungsgerichtsordnung ist entsprechend anzuwenden.

§ 66 Verpflichtung zur Anhörung von Beteiligten. (1) Im förmlichen Verwaltungsverfahren ist den Beteiligten Gelegenheit zu geben, sich vor der Entscheidung zu äußern.

(2) Den Beteiligten ist Gelegenheit zu geben, der Vernehmung von Zeugen und Sachverständigen und der Einnahme des Augenscheins beizuwohnen und hierbei sachdienliche Fragen zu stellen; ein schriftlich oder elektronisch vorliegendes Gutachten soll ihnen zugänglich gemacht werden.

§ 67 Erfordernis der mündlichen Verhandlung. (1) [1]Die Behörde entscheidet nach mündlicher Verhandlung. [2]Hierzu sind die Beteiligten mit angemessener Frist schriftlich zu laden. [3]Bei der Ladung ist darauf hinzuweisen, dass bei Ausbleiben eines Beteiligten auch ohne ihn verhandelt und entschieden werden kann. [4]Sind mehr als 50 Ladungen vorzunehmen, so können sie durch öffentliche Bekanntmachung ersetzt werden. [5]Die öffentliche Bekanntmachung wird dadurch bewirkt, dass der Verhandlungstermin mindestens zwei Wochen vorher im amtlichen Veröffentlichungsblatt der Behörde und außerdem in örtlichen Tageszeitungen, die in dem Bereich verbreitet sind, in dem sich die Entscheidung voraussichtlich auswirken wird, mit dem Hinweis nach Satz 3 bekannt gemacht wird. [6]Maßgebend für die Frist nach Satz 5 ist die Bekanntgabe im amtlichen Veröffentlichungsblatt.

(2) Die Behörde kann ohne mündliche Verhandlung entscheiden, wenn

1. einem Antrag im Einvernehmen mit allen Beteiligten in vollem Umfang entsprochen wird;
2. kein Beteiligter innerhalb einer hierfür gesetzten Frist Einwendungen gegen die vorgesehene Maßnahme erhoben hat;
3. die Behörde den Beteiligten mitgeteilt hat, dass sie beabsichtige, ohne mündliche Verhandlung zu entscheiden, und kein Beteiligter innerhalb einer hierfür gesetzten Frist Einwendungen dagegen erhoben hat;
4. alle Beteiligten auf sie verzichtet haben;
5. wegen Gefahr im Verzug eine sofortige Entscheidung notwendig ist.

(3) Die Behörde soll das Verfahren so fördern, dass es möglichst in einem Verhandlungstermin erledigt werden kann.

§ 68 Verlauf der mündlichen Verhandlung. (1) [1]Die mündliche Verhandlung ist nicht öffentlich. [2]An ihr können Vertreter der Aufsichtsbehörden und Personen, die bei der Behörde zur Ausbildung beschäftigt sind, teilnehmen. [3]Anderen Personen kann der Verhandlungsleiter die Anwesenheit gestatten, wenn kein Beteiligter widerspricht. [4]Ein Beteiligter kann verlangen, dass mit ihm in Abwesenheit anderer Beteiligter verhandelt wird, soweit er ein berechtigtes Interesse an der Geheimhaltung seiner persönlichen oder sachlichen Verhältnisse oder an der Wahrung von Betriebs- und Geschäftsgeheimnissen glaubhaft macht. [5]Die Beteiligten sind über ihre Rechte nach Satz 3 und 4 zu belehren.

(2) [1]Der Verhandlungsleiter hat die Sache mit den Beteiligten zu erörtern. [2]Er hat darauf hinzuwirken, dass unklare Anträge erläutert, sachdienliche Anträge gestellt, ungenügende Angaben ergänzt sowie alle für die Feststellung des Sachverhalts wesentlichen Erklärungen abgegeben werden.

(3) [1]Der Verhandlungsleiter ist für die Ordnung verantwortlich. [2]Er kann Personen, die seine Anordnungen nicht befolgen, entfernen lassen. [3]Die Verhandlung kann ohne diese Personen fortgesetzt werden.

(4) [1]Über die mündliche Verhandlung ist eine Niederschrift zu fertigen. [2]Die Niederschrift muss Angaben enthalten über
1. den Ort und den Tag der Verhandlung,
2. die Namen des Verhandlungsleiters, der erschienenen Beteiligten, Zeugen und Sachverständigen,
3. den behandelten Verfahrensgegenstand und die gestellten Anträge,
4. den wesentlichen Inhalt der Aussagen der Zeugen und Sachverständigen,
5. das Ergebnis eines Augenscheines.

[3]Die Niederschrift ist von dem Verhandlungsleiter und, soweit ein Schriftführer hinzugezogen worden ist, auch von diesem zu unterzeichnen. [4]Der Aufnahme in die Verhandlungsniederschrift steht die Aufnahme in eine Schrift gleich, die ihr als Anlage beigefügt und als solche bezeichnet ist; auf die Anlage ist in der Verhandlungsniederschrift hinzuweisen.

§ 69 Entscheidung. (1) Die Behörde entscheidet unter Würdigung des Gesamtergebnisses des Verfahrens.

(2) [1]Verwaltungsakte, die das förmliche Verfahren abschließen, sind schriftlich zu erlassen, wobei Namen und Anschriften der Beteiligten im verfügenden Teil stets angegeben werden dürfen, schriftlich zu begründen und den Beteiligten zuzustellen; in den Fällen des § 39 Abs. 2 Nr. 1 und 3 bedarf es einer Begründung nicht. [2]Ein elektronischer Verwaltungsakt nach Satz 1 ist mit einer dauerhaft überprüfbaren qualifizierten elektronischen Signatur zu versehen. [3]Erscheint es für eine ordnungsgemäße Begründung erforderlich, die persönlichen oder sachlichen Verhältnisse eines Beteiligten, insbesondere seine wirtschaftlichen oder gesundheitlichen Verhältnisse oder seine Betriebs- und Geschäftsgeheimnisse, im Einzelnen darzustellen, hat die Behörde in der Begründung auf die Angabe seines Namens und, soweit möglich, auch seiner Anschrift oder des von dem Vorhaben betroffenen Grundstücks zu verzichten; in diesem Fall teilt sie dem Beteiligten zusammen mit dem Verwaltungsakt schriftlich mit, welcher Teil der Begründung sich auf sein Vorbringen bezieht. [4]Zugleich weist sie jeden Beteiligten darauf hin, dass er auf schriftlichen Antrag Auskunft über die Daten nach Satz 3 oder darüber erhält, wo das Vorbringen eines anderen Beteiligten abgehandelt ist, soweit die Kenntnis dieser Daten zur Geltendmachung seiner rechtlichen Interessen erforderlich ist. [5]Mit Einwilligung des Beteiligten, die schriftlich oder zur Niederschrift der Behörde zu erklären ist, dürfen die Daten nach Satz 3 in die Begründung aufgenommen werden.

(3) [1]Sind mehr als 50 Zustellungen vorzunehmen, so können sie durch öffentliche Bekanntmachung ersetzt werden. [2]Die öffentliche Bekanntmachung wird dadurch bewirkt, dass der verfügende Teil des Verwaltungsaktes und die Rechtsbehelfsbelehrung im amtlichen Veröffentlichungsblatt der Behörde

und außerdem in örtlichen Tageszeitungen bekannt gemacht werden, die in dem Bereich verbreitet sind, in dem sich die Entscheidung voraussichtlich auswirken wird. [3]Der Verwaltungsakt gilt mit dem Tag als zugestellt, an dem seit dem Tag der Bekanntmachung in dem amtlichen Veröffentlichungsblatt zwei Wochen verstrichen sind; hierauf ist in der Bekanntmachung hinzuweisen. [4]Nach der öffentlichen Bekanntmachung kann der Verwaltungsakt bis zum Ablauf der Rechtsbehelfsfrist von den Beteiligten schriftlich oder elektronisch angefordert werden; hierauf ist in der Bekanntmachung gleichfalls hinzuweisen.

(4) [1]Wird das förmliche Verwaltungsverfahren auf andere Weise abgeschlossen, so sind die Beteiligten hiervon zu benachrichtigen. [2]Sind mehr als 50 Benachrichtigungen vorzunehmen, so können sie durch öffentliche Bekanntmachung ersetzt werden; Absatz 3 Satz 2 gilt entsprechend.

§ 70 Anfechtung der Entscheidung. Vor Erhebung einer verwaltungsgerichtlichen Klage, die einen im förmlichen Verwaltungsverfahren erlassenen Verwaltungsakt zum Gegenstand hat, bedarf es keiner Nachprüfung in einem Vorverfahren.

§ 71 Besondere Vorschriften für das förmliche Verfahren vor Ausschüssen. (1) [1]Findet das förmliche Verwaltungsverfahren vor einem Ausschuss (§ 88) statt, so hat jedes Mitglied das Recht, sachdienliche Fragen zu stellen. [2]Wird eine Frage von einem Beteiligten beanstandet, so entscheidet der Ausschuss über ihre Zulässigkeit.

(2) [1]Bei der Beratung und Abstimmung dürfen nur Ausschussmitglieder zugegen sein, die an der mündlichen Verhandlung teilgenommen haben. [2]Ferner dürfen Personen zugegen sein, die bei der Behörde, bei der der Ausschuss gebildet ist, zur Ausbildung beschäftigt sind, soweit der Vorsitzende ihre Anwesenheit gestattet. [3]Die Abstimmungsergebnisse sind festzuhalten.

(3) [1]Jeder Beteiligte kann ein Mitglied des Ausschusses ablehnen, das in diesem Verwaltungsverfahren nicht tätig werden darf (§ 20) oder bei dem die Besorgnis der Befangenheit besteht (§ 21). [2]Eine Ablehnung vor der mündlichen Verhandlung ist schriftlich oder zur Niederschrift zu erklären. [3]Die Erklärung ist unzulässig, wenn sich der Beteiligte, ohne den ihm bekannten Ablehnungsgrund geltend zu machen, in die mündliche Verhandlung eingelassen hat. [4]Für die Entscheidung über die Ablehnung gilt § 20 Abs. 4 Satz 2 bis 4.

Abschnitt 1a

Verfahren über eine einheitliche Stelle

§ 71a Anwendbarkeit. (1) Ist durch Rechtsvorschrift angeordnet, dass ein Verwaltungsverfahren über eine einheitliche Stelle abgewickelt werden kann, so gelten die Vorschriften dieses Abschnitts und, soweit sich aus ihnen nichts Abweichendes ergibt, die übrigen Vorschriften dieses Gesetzes.

(2) Der zuständigen Behörde obliegen die Pflichten aus § 71 b Abs. 3, 4 und 6, § 71 c Abs. 2 und § 71 e auch dann, wenn sich der Antragsteller oder Anzeigepflichtige unmittelbar an die zuständige Behörde wendet.

§ 71b Verfahren. (1) Die einheitliche Stelle nimmt Anzeigen, Anträge, Willenserklärungen und Unterlagen entgegen und leitet sie unverzüglich an die zuständigen Behörden weiter.

(2) [1]Anzeigen, Anträge, Willenserklärungen und Unterlagen gelten am dritten Tag nach Eingang bei der einheitlichen Stelle als bei der zuständigen Behörde eingegangen. [2]Vom Antragsteller oder Anzeigepflichtigen einzuhaltende Fristen werden mit Eingang bei der einheitlichen Stelle gewahrt.

(3) [1]Soll durch die Anzeige, den Antrag oder die Abgabe einer Willenserklärung eine Frist in Lauf gesetzt werden, innerhalb derer die zuständige Behörde tätig werden muss, stellt die zuständige Behörde eine Empfangsbestätigung aus. [2]In der Empfangsbestätigung ist das Datum des Eingangs bei der einheitlichen Stelle mitzuteilen und auf die Frist, die Voraussetzungen für den Beginn des Fristlaufs und auf eine an den Fristablauf geknüpfte Rechtsfolge sowie auf die verfügbaren Rechtsbehelfe hinzuweisen.

(4) [1]Ist die Anzeige oder der Antrag unvollständig, teilt die zuständige Behörde unverzüglich mit, welche Unterlagen nachzureichen sind. [2]Die Mitteilung enthält den Hinweis, dass der Lauf der Frist nach Absatz 3 erst mit Eingang der vollständigen Unterlagen beginnt. [3]Das Datum des Eingangs der nachgereichten Unterlagen bei der einheitlichen Stelle ist mitzuteilen.

(5) [1]Soweit die einheitliche Stelle zur Verfahrensabwicklung in Anspruch genommen wird, sollen Mitteilungen der zuständigen Behörde an den Antragsteller oder Anzeigepflichtigen über sie weitergegeben werden. [2]Verwaltungsakte werden auf Verlangen desjenigen, an den sich der Verwaltungsakt richtet, von der zuständigen Behörde unmittelbar bekannt gegeben.

(6) [1]Ein schriftlicher Verwaltungsakt, der durch die Post in das Ausland übermittelt wird, gilt einen Monat nach Aufgabe zur Post als bekannt gegeben. [2]§ 41 Abs. 2 Satz 3 gilt entsprechend. [3]Von dem Antragsteller oder Anzeigepflichtigen kann nicht nach § 15 verlangt werden, einen Empfangsbevollmächtigten zu bestellen. [3]§ 10 Abs. 3 des Landesverwaltungszustellungsgesetzes findet keine Anwendung.

§ 71c Informationspflichten. (1) [1]Die einheitliche Stelle erteilt auf Anfrage unverzüglich Auskunft über die maßgeblichen Vorschriften, die zuständigen Behörden, den Zugang zu den öffentlichen Registern und Datenbanken, die zustehenden Verfahrensrechte und die Einrichtungen, die den Antragsteller oder Anzeigepflichtigen bei der Aufnahme oder Ausübung seiner Tätigkeit unterstützen. [2]Sie teilt unverzüglich mit, wenn eine Anfrage zu unbestimmt ist.

(2) [1]Die zuständigen Behörden erteilen auf Anfrage unverzüglich Auskunft über die maßgeblichen Vorschriften und deren gewöhnliche Auslegung. [2]Nach § 25 erforderliche Anregungen und Auskünfte werden unverzüglich gegeben.

§ 71d Gegenseitige Unterstützung. [1]Die einheitliche Stelle und die zuständigen Behörden wirken gemeinsam auf eine ordnungsgemäße und zügige Verfahrensabwicklung hin; alle einheitlichen Stellen und zuständigen Behörden sind hierbei zu unterstützen. [2]Die Pflicht zur Unterstützung besteht auch gegenüber einheitlichen Stellen und sonstigen Behörden des Bundes und anderer Länder. [3]Die zuständigen Behörden stellen der einheitlichen Stelle insbesondere die erforderlichen Informationen zum Verfahrensstand zur Verfügung.

§ 71e Elektronisches Verfahren. [1]Das Verfahren nach diesem Abschnitt wird auf Verlangen in elektronischer Form abgewickelt. [2]§ 3 a Abs. 2 Satz 2 und 3 und Abs. 3 bleibt unberührt.

Abschnitt 2
Planfeststellungsverfahren

§ 72 Anwendung der Vorschriften über das Planfeststellungsverfahren. (1) Ist ein Planfeststellungsverfahren durch Rechtsvorschrift angeordnet, so gelten hierfür die §§ 73 bis 78 und, soweit sich aus ihnen nichts Abweichendes ergibt, die übrigen Vorschriften dieses Gesetzes; die §§ 51 und 71 a bis 71 e sind nicht anzuwenden, § 29 ist mit der Maßgabe anzuwenden, dass Akteneinsicht nach pflichtgemäßem Ermessen zu gewähren ist.

(2) [1]Die Mitteilung nach § 17 Abs. 2 Satz 2 und die Aufforderung nach § 17 Abs. 4 Satz 2 sind im Planfeststellungsverfahren öffentlich bekannt zu machen. [2]Die öffentliche Bekanntmachung wird dadurch bewirkt, dass die Behörde die Mitteilung oder die Aufforderung in ihrem amtlichen Veröffentlichungsblatt und außerdem in örtlichen Tageszeitungen, die in dem Bereich verbreitet sind, in dem sich das Vorhaben voraussichtlich auswirken wird, bekannt macht.

§ 73 Anhörungsverfahren. (1) [1]Der Träger des Vorhabens hat den Plan der Anhörungsbehörde zur Durchführung des Anhörungsverfahrens einzureichen. [2]Der Plan besteht aus den Zeichnungen und Erläuterungen, die das Vorhaben, seinen Anlass, die von dem Vorhaben betroffenen Grundstücke und Anlagen sowie Namen und gegenwärtige Anschriften der betroffenen Eigentümer erkennen lassen; Grundstückseigentümer dürfen dabei nach dem Grundbuch bezeichnet werden, soweit dem Träger des Vorhabens nicht dessen Unrichtigkeit bekannt ist.

(2) Innerhalb eines Monats nach Zugang des vollständigen Plans fordert die Anhörungsbehörde die Behörden, deren Aufgabenbereich durch das Vorhaben berührt wird, zur Stellungnahme auf und veranlasst, dass der Plan in den Gemeinden, in denen sich das Vorhaben voraussichtlich auswirken wird, ausgelegt wird.

(3) [1]Die Gemeinden nach Absatz 2 haben den Plan innerhalb von drei Wochen nach Zugang für die Dauer eines Monats zur Einsicht auszulegen. [2]Auf

eine Auslegung kann verzichtet werden, wenn der Kreis der Betroffenen und die Vereinigungen nach Absatz 4 Satz 5 bekannt sind und ihnen innerhalb angemessener Frist Gelegenheit gegeben wird, den Plan einzusehen.

(3a) [1]Die Behörden nach Absatz 2 haben ihre Stellungnahme innerhalb einer von der Anhörungsbehörde zu setzenden Frist abzugeben, die drei Monate nicht überschreiten darf. [2]Stellungnahmen, die nach Ablauf der Frist nach Satz 1 eingehen, sind zu berücksichtigen, wenn der Planfeststellungsbehörde die vorgebrachten Belange bekannt sind oder hätten bekannt sein müssen oder für die Rechtmäßigkeit der Entscheidung von Bedeutung sind; im Übrigen können sie berücksichtigt werden.

(4) [1]Jeder, dessen Belange durch das Vorhaben berührt werden, kann bis zwei Wochen nach Ablauf der Auslegungsfrist schriftlich oder zur Niederschrift bei der Anhörungsbehörde oder bei der Gemeinde Einwendungen gegen den Plan erheben. [2]Im Falle des Absatzes 3 Satz 2 bestimmt die Anhörungsbehörde die Einwendungsfrist. [3]Mit Ablauf der Einwendungsfrist sind alle Einwendungen ausgeschlossen, die nicht auf besonderen privatrechtlichen Titeln beruhen. [4]Hierauf ist in der Bekanntmachung der Auslegung oder bei der Bekanntgabe der Einwendungsfrist hinzuweisen. [5]Vereinigungen, die auf Grund einer Anerkennung nach anderen Rechtsvorschriften befugt sind, Rechtsbehelfe nach der Verwaltungsgerichtsordnung gegen die Entscheidung nach § 74 einzulegen, können innerhalb der Frist nach Satz 1 Stellungnahmen zu dem Plan abgeben. [6]Die Sätze 2 bis 4 gelten entsprechend.

(5) [1]Die Gemeinden, in denen der Plan auszulegen ist, haben die Auslegung vorher ortsüblich bekannt zu machen. [2]In der Bekanntmachung ist darauf hinzuweisen,

1. wo und in welchem Zeitraum der Plan zur Einsicht ausgelegt ist;
2. dass etwaige Einwendungen oder Stellungnahmen von Vereinigungen nach Absatz 4 Satz 5 bei den in der Bekanntmachung zu bezeichnenden Stellen innerhalb der Einwendungsfrist vorzubringen sind;
3. dass bei Ausbleiben eines Beteiligten in dem Erörterungstermin auch ohne ihn verhandelt werden kann;
4. dass
   a) die Personen, die Einwendungen erhoben haben, oder die Vereinigungen, die Stellungnahmen abgegeben haben, von dem Erörterungstermin durch öffentliche Bekanntmachung benachrichtigt werden können,
   b) die Zustellung der Entscheidung über die Einwendungen durch öffentliche Bekanntmachung ersetzt werden kann,

   wenn mehr als 50 Benachrichtigungen oder Zustellungen vorzunehmen sind.

[3]Nicht ortsansässige Betroffene, deren Person und Aufenthalt bekannt sind oder sich innerhalb angemessener Frist ermitteln lassen, sollen auf Veranlassung der Anhörungsbehörde von der Auslegung mit dem Hinweis nach Satz 2 benachrichtigt werden.

(6) [1]Nach Ablauf der Einwendungsfrist hat die Anhörungsbehörde die rechtzeitig gegen den Plan erhobenen Einwendungen, die rechtzeitig abgegebenen

Stellungnahmen von Vereinigungen nach Absatz 4 Satz 5 sowie die Stellungnahmen der Behörden zu dem Plan mit dem Träger des Vorhabens, den Behörden, den Betroffenen sowie denjenigen, die Einwendungen erhoben oder Stellungnahmen abgegeben haben, zu erörtern. [2]Der Erörterungstermin ist mindestens eine Woche vorher ortsüblich bekannt zu machen. [3]Die Behörden, der Träger des Vorhabens und diejenigen, die Einwendungen erhoben oder Stellungnahmen abgegeben haben, sind von dem Erörterungstermin zu benachrichtigen. [4]Sind außer der Benachrichtigung der Behörden und des Trägers des Vorhabens mehr als 50 Benachrichtigungen vorzunehmen, so können diese Benachrichtigungen durch öffentliche Bekanntmachung ersetzt werden. [5]Die öffentliche Bekanntmachung wird dadurch bewirkt, dass abweichend von Satz 2 der Erörterungstermin im amtlichen Veröffentlichungsblatt der Anhörungsbehörde und außerdem in örtlichen Tageszeitungen bekannt gemacht wird, die in dem Bereich verbreitet sind, in dem sich das Vorhaben voraussichtlich auswirken wird; maßgebend für die Frist nach Satz 2 ist die Bekanntgabe im amtlichen Veröffentlichungsblatt. [6]Im Übrigen gelten für die Erörterung die Vorschriften über die mündliche Verhandlung im förmlichen Verwaltungsverfahren (§ 67 Abs. 1 Satz 3, Abs. 2 Nr. 1 und 4 und Abs. 3, § 68) entsprechend. [7]Die Anhörungsbehörde schließt die Erörterung innerhalb von drei Monaten nach Ablauf der Einwendungsfrist ab.

(7) Abweichend von den Vorschriften des Absatzes 6 Satz 2 bis 5 kann der Erörterungstermin bereits in der Bekanntmachung nach Absatz 5 Satz 2 bestimmt werden.

(8) [1]Soll ein ausgelegter Plan geändert werden und werden dadurch der Aufgabenbereich einer Behörde oder einer Vereinigung nach Absatz 4 Satz 5 oder Belange Dritter erstmals oder stärker als bisher berührt, so ist diesen die Änderung mitzuteilen und ihnen Gelegenheit zu Stellungnahmen und Einwendungen innerhalb von zwei Wochen zu geben; Absatz 4 Satz 3 bis 6 gilt entsprechend. [2]Wird sich die Änderung voraussichtlich auf das Gebiet einer anderen Gemeinde auswirken, so ist der geänderte Plan in dieser Gemeinde auszulegen; die Absätze 2 bis 6 gelten entsprechend.

(9) Die Anhörungsbehörde gibt zum Ergebnis des Anhörungsverfahrens eine Stellungnahme ab und leitet diese der Planfeststellungsbehörde innerhalb eines Monats nach Abschluss der Erörterung mit dem Plan, den Stellungnahmen der Behörden und der Vereinigungen nach Absatz 4 Satz 5 sowie den nicht erledigten Einwendungen zu.

(10) Der Träger des Vorhabens hat der Gemeinde die Auslagen zu er-statten, die ihr durch Bekanntmachungen und Benachrichtigungen im Anhörungsverfahren entstehen, wenn sie 35 Euro übersteigen.

§ 74 Planfeststellungsbeschluß, Plangenehmigung. (1) [1]Die Planfeststellungsbehörde stellt den Plan fest (Planfeststellungsbeschluss). [2]Die Vorschriften über die Entscheidung und die Anfechtung der Entscheidung im förmlichen Verwaltungsverfahren (§§ 69 und 70) sind anzuwenden.

(2) [1]Im Planfeststellungsbeschluss entscheidet die Planfeststellungsbehörde über die Einwendungen, über die bei der Erörterung vor der Anhörungsbehörde keine Einigung erzielt worden ist. [2]Sie hat dem Träger des Vorhabens Vorkehrungen oder die Errichtung und Unterhaltung von Anlagen aufzuerlegen, die zum Wohl der Allgemeinheit oder zur Vermeidung nachteiliger Wirkungen auf Rechte anderer erforderlich sind. [3]Sind solche Vorkehrungen oder Anlagen untunlich oder mit dem Vorhaben unvereinbar, so hat der Betroffene Anspruch auf angemessene Entschädigung in Geld.

(3) Soweit eine abschließende Entscheidung noch nicht möglich ist, ist diese im Planfeststellungsbeschluss vorzubehalten; dem Träger des Vorhabens ist dabei aufzugeben, noch fehlende oder von der Planfeststellungsbehörde bestimmte Unterlagen rechtzeitig vorzulegen.

(4) [1]Der Planfeststellungsbeschluss ist dem Träger des Vorhabens, denjenigen, über deren Einwendungen entschieden worden ist, und den Vereinigungen, über deren Stellungnahmen entschieden worden ist, zuzustellen. [2]Eine Ausfertigung des Beschlusses ist mit einer Rechtsbehelfsbelehrung, einem Hinweis entsprechend § 69 Abs. 2 Satz 4 und einer Ausfertigung des festgestellten Plans in den Gemeinden zwei Wochen zur Einsicht auszulegen; der Ort und die Zeit der Auslegung sind ortsüblich bekannt zu machen. [3]Mit dem Ende der Auslegungsfrist gilt der Beschluss gegenüber den übrigen Betroffenen als zugestellt; darauf ist in der Bekanntmachung hinzuweisen. [4]§ 73 Abs. 10 gilt entsprechend.

(5) [1]Sind außer an den Träger des Vorhabens mehr als 50 Zustellungen nach Absatz 4 vorzunehmen, so können diese Zustellungen durch öffentliche Bekanntmachung ersetzt werden. [2]Die öffentliche Bekanntmachung wird dadurch bewirkt, dass der verfügende Teil des Planfeststellungsbeschlusses, die Rechtsbehelfsbelehrung und ein Hinweis auf die Auslegung nach Absatz 4 Satz 2 im amtlichen Veröffentlichungsblatt der zuständigen Behörde und außerdem in örtlichen Tageszeitungen bekannt gemacht werden, die in dem Bereich verbreitet sind, in dem sich das Vorhaben voraussichtlich auswirken wird; auf Auflagen ist hinzuweisen. [3]Mit dem Ende der Auslegungsfrist gilt der Beschluss den Betroffenen und denjenigen gegenüber, die Einwendungen erhoben haben, als zugestellt; hierauf ist in der Bekanntmachung hinzuweisen. [4]Nach der öffentlichen Bekanntmachung kann der Planfeststellungsbeschluss bis zum Ablauf der Rechtsbehelfsfrist von den Betroffenen und von denjenigen, die Einwendungen erhoben haben, schriftlich angefordert werden; hierauf ist in der Bekanntmachung gleichfalls hinzuweisen.

(6) [1]An Stelle eines Planfeststellungsbeschlusses kann eine Plangenehmigung erteilt werden, wenn

1. Rechte anderer nicht oder nur unwesentlich beeinträchtigt werden oder die Betroffenen sich mit der Inanspruchnahme ihres Eigentums oder eines anderen Rechts schriftlich einverstanden erklärt haben,
2. mit den Trägern öffentlicher Belange, deren Aufgabenbereich berührt wird, das Benehmen hergestellt worden ist und

3. nicht andere Rechtsvorschriften eine Öffentlichkeitsbeteiligung vorschreiben, die den Anforderungen des § 73 Absatz 3 Satz 1 und Absatz 4 bis 7 entsprechen muss.

[2]Die Plangenehmigung hat die Rechtswirkungen der Planfeststellung; auf ihre Erteilung sind die Vorschriften über das Planfeststellungsverfahren nicht anzuwenden; davon ausgenommen sind Absatz 4 Satz 1 und Absatz 5, die entsprechend anzuwenden sind. [3]Vor Erhebung einer verwaltungsgerichtlichen Klage bedarf es keiner Nachprüfung in einem Vorverfahren. [4]§ 75 Absatz 4 gilt entsprechend.

(7) [1]Planfeststellung und Plangenehmigung entfallen in Fällen von unwesentlicher Bedeutung. [2]Diese liegen vor, wenn

1. andere öffentliche Belange nicht berührt sind oder die erforderlichen behördlichen Entscheidungen vorliegen und sie dem Plan nicht entgegenstehen,
2. Rechte anderer nicht beeinflusst werden oder mit den vom Plan Betroffenen entsprechende Vereinbarungen getroffen worden sind und
3. nicht andere Rechtsvorschriften eine Öffentlichkeitsbeteiligung vorschreiben, die den Anforderungen des § 73 Absatz 3 Satz 1 und Absatz 4 bis 7 entsprechen muss.

§ 75 Rechtswirkungen der Planfeststellung. (1) [1]Durch die Planfeststellung wird die Zulässigkeit des Vorhabens einschließlich der notwendigen Folgemaßnahmen an anderen Anlagen im Hinblick auf alle von ihm berührten öffentlichen Belange festgestellt; neben der Planfeststellung sind andere behördliche Entscheidungen nach Bundes- oder Landesrecht, insbesondere öffentlich-rechtliche Genehmigungen, Verleihungen, Erlaubnisse, Bewilligungen, Zustimmungen und Planfeststellungen nicht erforderlich. [2]Durch die Planfeststellung werden alle öffentlich-rechtlichen Beziehungen zwischen dem Träger des Vorhabens und den durch den Plan Betroffenen rechtsgestaltend geregelt.

(1a) [1]Mängel bei der Abwägung der von dem Vorhaben berührten öffentlichen und privaten Belange sind nur erheblich, wenn sie offensichtlich und auf das Abwägungsergebnis von Einfluss gewesen sind. [2]Erhebliche Mängel bei der Abwägung oder eine Verletzung von Verfahrens- oder Formvorschriften führen nur dann zur Aufhebung des Planfeststellungsbeschlusses oder der Plangenehmigung, wenn sie nicht durch Planergänzung oder durch ein ergänzendes Verfahren behoben werden können; die §§ 45 und 46 bleiben unberührt.

(2) [1]Ist der Planfeststellungsbeschluss unanfechtbar geworden, so sind Ansprüche auf Unterlassung des Vorhabens, auf Beseitigung oder Änderung der Anlagen oder auf Unterlassung ihrer Benutzung ausgeschlossen. [2]Treten nicht voraussehbare Wirkungen des Vorhabens oder der dem festgestellten Plan entsprechenden Anlagen auf das Recht eines anderen erst nach Unanfechtbarkeit des Plans auf, so kann der Betroffene Vorkehrungen oder die Errichtung und Unterhaltung von Anlagen verlangen, welche die nachteiligen Wirkungen aus-

schließen. [3]Sie sind dem Träger des Vorhabens durch Beschluss der Planfeststellungsbehörde aufzuerlegen. [4]Sind solche Vorkehrungen oder Anlagen untunlich oder mit dem Vorhaben unvereinbar, so richtet sich der Anspruch auf angemessene Entschädigung in Geld. [5]Werden Vorkehrungen oder Anlagen im Sinne des Satzes 2 notwendig, weil nach Abschluss des Planfeststellungsverfahrens auf einem benachbarten Grundstück Veränderungen eingetreten sind, so hat die hierdurch entstehenden Kosten der Eigentümer des benachbarten Grundstücks zu tragen, es sei denn, dass die Veränderungen durch natürliche Ereignisse oder höhere Gewalt verursacht worden sind; Satz 4 ist nicht anzuwenden.

(3) [1]Anträge, mit denen Ansprüche auf Herstellung von Einrichtungen oder auf angemessene Entschädigung nach Absatz 2 Satz 2 und 4 geltend gemacht werden, sind schriftlich an die Planfeststellungsbehörde zu richten. [2]Sie sind nur innerhalb von drei Jahren nach dem Zeitpunkt zulässig, zu dem der Betroffene von den nachteiligen Wirkungen des dem unanfechtbar festgestellten Plan entsprechenden Vorhabens oder der Anlage Kenntnis erhalten hat; sie sind ausgeschlossen, wenn nach Herstellung des dem Plan entsprechenden Zustands 30 Jahre verstrichen sind.

(4) [1]Wird mit der Durchführung des Plans nicht innerhalb von fünf Jahren nach Eintritt der Unanfechtbarkeit begonnen, so tritt er außer Kraft. [2]Als Beginn der Durchführung des Plans gilt jede erstmals nach außen erkennbare Tätigkeit von mehr als nur geringfügiger Bedeutung zur plangemäßen Verwirklichung des Vorhabens; eine spätere Unterbrechung der Verwirklichung des Vorhabens berührt den Beginn der Durchführung nicht.

§ 76 Planänderungen vor Fertigstellung des Vorhabens. (1) Soll vor Fertigstellung des Vorhabens der festgestellte Plan geändert werden, bedarf es eines neuen Planfeststellungsverfahrens.

(2) Bei Planänderungen von unwesentlicher Bedeutung kann die Planfeststellungsbehörde von einem neuen Planfeststellungsverfahren absehen, wenn die Belange anderer nicht berührt werden oder wenn die Betroffenen der Änderung zugestimmt haben.

(3) Führt die Planfeststellungsbehörde in den Fällen des Absatzes 2 oder in anderen Fällen einer Planänderung von unwesentlicher Bedeutung ein Planfeststellungsverfahren durch, so bedarf es keines Anhörungsverfahrens und keiner öffentlichen Bekanntgabe des Planfeststellungsbeschlusses.

§ 77 Aufhebung des Planfeststellungsbeschlusses. [1]Wird ein Vorhaben, mit dessen Durchführung begonnen worden ist, endgültig aufgegeben, so hat die Planfeststellungsbehörde den Planfeststellungsbeschluss aufzuheben. [2]In dem Aufhebungsbeschluss sind dem Träger des Vorhabens die Wiederherstellung des früheren Zustands oder geeignete andere Maßnahmen aufzuerlegen, soweit dies zum Wohl der Allgemeinheit oder zur Vermeidung nachteiliger Wirkungen auf Rechte anderer erforderlich ist. [3]Werden solche Maßnahmen notwendig, weil nach Abschluss des Planfeststellungsverfahrens auf einem benachbarten

Grundstück Veränderungen eingetreten sind, so kann der Träger des Vorhabens durch Beschluss der Planfeststellungsbehörde zu geeigneten Vorkehrungen verpflichtet werden; die hierdurch entstehenden Kosten hat jedoch der Eigentümer des benachbarten Grundstücks zu tragen, es sei denn, dass die Veränderungen durch natürliche Ereignisse oder höhere Gewalt verursacht worden sind.

§ 78 Zusammentreffen mehrerer Vorhaben. (1) Treffen mehrere selbständige Vorhaben, für deren Durchführung Planfeststellungsverfahren vorgeschrieben sind, derart zusammen, dass für diese Vorhaben oder für Teile von ihnen nur eine einheitliche Entscheidung möglich ist, so findet für diese Vorhaben oder für deren Teile nur ein Planfeststellungsverfahren statt.

(2) [1]Zuständigkeiten und Verfahren richten sich nach den Rechtsvorschriften über das Planfeststellungsverfahren, das für diejenige Anlage vorgeschrieben ist, die einen größeren Kreis öffentlich-rechtlicher Beziehungen berührt. [2]Bestehen Zweifel, welche Rechtsvorschrift anzuwenden ist, und sind nach den in Betracht kommenden Rechtsvorschriften Behörden verschiedener Länder zuständig, so führen, falls sich die obersten Behörden der Länder nicht einigen, die Landesregierungen das Einvernehmen darüber herbei, welche Rechtsvorschrift anzuwenden ist; sind nach den in Betracht kommenden Rechtsvorschriften eine Bundesbehörde und eine Landesbehörde zuständig, so führen, falls sich die obersten Bundes- und Landesbehörden nicht einigen, die Bundesregierung und die Landesregierung das Einvernehmen darüber herbei, welche Rechtsvorschrift anzuwenden ist.

TEIL VI

Rechtsbehelfsverfahren

§ 79 Rechtsbehelfe gegen Verwaltungsakte. Für förmliche Rechtsbehelfe gegen Verwaltungsakte gelten die Verwaltungsgerichtsordnung und die zu ihrer Ausführung ergangenen Rechtsvorschriften, soweit nicht durch Gesetz etwas anderes bestimmt ist; im Übrigen gelten die Vorschriften dieses Gesetzes.

§ 80 Erstattung von Kosten im Vorverfahren. (1) [1]Soweit der Widerspruch erfolgreich ist, hat der Rechtsträger, dessen Behörde den angefochtenen Verwaltungsakt erlassen hat, demjenigen, der Widerspruch erhoben hat, die zur zweckentsprechenden Rechtsverfolgung oder Rechtsverteidigung notwendigen Aufwendungen zu erstatten. [2]Dies gilt auch, wenn der Widerspruch nur deshalb keinen Erfolg hat, weil die Verletzung einer Verfahrens- oder Formvorschrift nach § 45 unbeachtlich ist. [3]Soweit der Widerspruch erfolglos geblieben ist, hat derjenige, der den Widerspruch eingelegt hat, die zur zweckentsprechenden Rechtsverfolgung oder Rechtsverteidigung notwendigen Aufwendungen der Behörde, die den angefochtenen Verwaltungsakt erlassen hat, zu erstatten; dies gilt nicht, wenn der Widerspruch gegen einen Verwaltungsakt eingelegt wird, der im Rahmen

1. eines bestehenden oder früheren öffentlich-rechtlichen Dienst-, Amts- oder Schulverhältnisses oder
2. einer bestehenden oder früheren gesetzlichen Dienstpflicht oder einer Tätigkeit, die anstelle der gesetzlichen Dienstpflicht geleistet werden kann,

erlassen wurde. [4]Aufwendungen, die durch das Verschulden eines Erstattungsberechtigten entstanden sind, hat dieser selbst zu tragen; das Verschulden eines Vertreters ist dem Vertretenen zuzurechnen. [5]Erledigt sich der Widerspruch auf andere Weise, so wird über die Kosten nach billigem Ermessen entschieden; der bisherige Sachstand ist zu berücksichtigen.

(2) Die Gebühren und Auslagen eines Rechtsanwalts oder eines sonstigen Bevollmächtigten im Vorverfahren sind erstattungsfähig, wenn die Zuziehung eines Bevollmächtigten notwendig war.

(3) [1]Die Behörde, die die Kostenentscheidung getroffen hat, setzt auf Antrag den Betrag der zu erstattenden Aufwendungen fest; hat ein Ausschuss oder Beirat (§ 73 Abs. 2 der Verwaltungsgerichtsordnung) die Kostenentscheidung getroffen, so obliegt die Kostenfestsetzung der Behörde, bei der der Ausschuss oder Beirat gebildet ist. [2]Die Kostenentscheidung bestimmt auch, ob die Zuziehung eines Rechtsanwalts oder eines sonstigen Bevollmächtigten notwendig war.

(4) Die Absätze 1 bis 3 gelten auch

1. für Vorverfahren bei Maßnahmen des Richterdienstrechts und
2. für abgabenrechtliche Vorverfahren, in denen an die Stelle des Einspruchs (§ 348 der Abgabenordnung) der Widerspruch (§ 68 der Verwaltungsgerichtsordnung) tritt.

TEIL VII

Ehrenamtliche Tätigkeit, Ausschüsse

Abschnitt 1

Ehrenamtliche Tätigkeit

§ 81 Anwendung der Vorschriften über die ehrenamtliche Tätigkeit. Für die ehrenamtliche Tätigkeit im Verwaltungsverfahren gelten die §§ 82 bis 87.

§ 82 Pflicht zu ehrenamtlicher Tätigkeit. Eine Pflicht zur Übernahme ehrenamtlicher Tätigkeit besteht nur, wenn sie durch Rechtsvorschrift vorgesehen ist.

§ 83 Ausübung ehrenamtlicher Tätigkeit. (1) Der ehrenamtlich Tätige hat seine Tätigkeit gewissenhaft und unparteiisch auszuüben.

(2) [1]Bei Übernahme seiner Aufgaben ist er zur gewissenhaften und unparteiischen Tätigkeit und zur Verschwiegenheit besonders zu verpflichten. [2]Die Verpflichtung ist aktenkundig zu machen.

§ 84 Verschwiegenheitspflicht. (1) [1]Der ehrenamtlich Tätige hat, auch nach Beendigung seiner ehrenamtlichen Tätigkeit, über die ihm dabei bekannt gewordenen Angelegenheiten Verschwiegenheit zu wahren. [2]Dies gilt nicht für Mitteilungen im dienstlichen Verkehr oder über Tatsachen, die offenkundig sind oder ihrer Bedeutung nach keiner Geheimhaltung bedürfen.

(2) Der ehrenamtlich Tätige darf ohne Genehmigung über Angelegenheiten, über die er Verschwiegenheit zu wahren hat, weder vor Gericht noch außergerichtlich aussagen oder Erklärungen abgeben.

(3) Die Genehmigung, als Zeuge auszusagen, darf nur versagt werden, wenn die Aussage dem Wohl des Bundes oder eines Landes Nachteile bereiten oder die Erfüllung öffentlicher Aufgaben ernstlich gefährden oder erheblich erschweren würde.

(4) [1]Ist der ehrenamtlich Tätige Beteiligter in einem gerichtlichen Verfahren oder soll sein Vorbringen der Wahrnehmung seiner berechtigten Interessen dienen, so darf die Genehmigung auch dann, wenn die Voraussetzungen des Absatzes 3 erfüllt sind, nur versagt werden, wenn ein zwingendes öffentliches Interesse dies erfordert. [2]Wird sie versagt, so ist dem ehrenamtlich Tätigen der Schutz zu gewähren, den die öffentlichen Interessen zulassen.

(5) Die Genehmigung nach den Absätzen 2 bis 4 erteilt die fachlich zuständige Aufsichtsbehörde der Stelle, die den ehrenamtlich Tätigen berufen hat.

§ 85 Entschädigung. [1]Der ehrenamtlich Tätige hat Anspruch auf Ersatz seiner notwendigen Auslagen und seines Verdienstausfalls. [2]Die Entschädigung für ehrenamtlich Tätige bei den unteren Verwaltungsbehörden richtet sich nach den Satzungen der Landkreise, der Gemeinden und der Verwaltungsgemeinschaften nach § 17 des Landesverwaltungsgesetzes über die ehrenamtliche Tätigkeit in der jeweils geltenden Fassung, soweit durch Rechtsvorschrift nichts anderes bestimmt ist.

§ 86 Abberufung. [1]Personen, die zu ehrenamtlicher Tätigkeit herangezogen worden sind, können von der Stelle, die sie berufen hat, abberufen werden, wenn ein wichtiger Grund vorliegt. [2]Ein wichtiger Grund liegt insbesondere vor, wenn der ehrenamtlich Tätige

1. seine Pflicht gröblich verletzt oder sich als unwürdig erwiesen hat,
2. seine Tätigkeit nicht mehr ordnungsgemäß ausüben kann.

§ 87 Ordnungswidrigkeiten. (1) Ordnungswidrig handelt, wer

1. eine ehrenamtliche Tätigkeit nicht übernimmt, obwohl er zur Übernahme verpflichtet ist,
2. eine ehrenamtliche Tätigkeit, zu deren Übernahme er verpflichtet war, ohne anerkennenswerten Grund niederlegt.

(2) Die Ordnungswidrigkeit kann mit einer Geldbuße geahndet werden.

(3) Verwaltungsbehörden im Sinne des § 36 Abs. 1 Nr. 1 des Gesetzes über Ordnungswidrigkeiten sind die obersten Landesbehörden und die Regierungspräsidien für die ehrenamtlich Tätigen, die von ihnen berufen werden, im Übrigen die fachlich zuständigen Aufsichtsbehörden, wenn keine Fachaufsicht besteht, die Rechtsaufsichtsbehörden der Stellen, die die ehrenamtlich Tätigen berufen.

Abschnitt 2

Ausschüsse

§ 88 Anwendung der Vorschriften über Ausschüsse. Für Ausschüsse, Beiräte und andere kollegiale Einrichtungen (Ausschüsse) gelten, wenn sie in einem Verwaltungsverfahren tätig werden, die §§ 89 bis 93.

§ 89 Ordnung in den Sitzungen. Der Vorsitzende eröffnet, leitet und schließt die Sitzungen; er ist für die Ordnung verantwortlich.

§ 90 Beschlussfähigkeit. (1) [1]Ausschüsse sind beschlussfähig, wenn alle Mitglieder geladen und mehr als die Hälfte, mindestens aber drei der stimmberechtigten Mitglieder anwesend sind. [2]Beschlüsse können auch im schriftlichen Verfahren gefasst werden, wenn kein Mitglied widerspricht.

(2) Ist eine Angelegenheit wegen Beschlussunfähigkeit zurückgestellt worden und wird der Ausschuss zur Behandlung desselben Gegenstands erneut geladen, so ist er ohne Rücksicht auf die Zahl der Erschienenen beschlussfähig, wenn darauf in dieser Ladung hingewiesen worden ist.

§ 91 Beschlussfassung. [1]Beschlüsse werden mit Stimmenmehrheit gefasst. [2]Bei Stimmengleichheit entscheidet bei offenen Abstimmungen die Stimme des Vorsitzenden, wenn er stimmberechtigt ist; sonst gilt Stimmengleichheit als Ablehnung.

§ 92 Wahlen durch Ausschüsse. (1) [1]Gewählt wird, wenn kein Mitglied des Ausschusses widerspricht, durch Zuruf oder Zeichen, sonst durch Stimmzettel. [2]Auf Verlangen eines Mitglieds ist geheim zu wählen.

(2) [1]Gewählt ist, wer von den abgegebenen Stimmen die meisten erhalten hat. [2]Bei Stimmengleichheit entscheidet das vom Leiter der Wahl zu ziehende Los.

(3) [1]Sind mehrere gleichartige Wahlstellen zu besetzen und liegen mehrere Wahlvorschläge vor, so ist nach dem Höchstzahlverfahren d'Hondt zu wählen, außer wenn einstimmig etwas anderes beschlossen worden ist. [2]Über die Zuteilung der letzten Wahlstelle entscheidet bei gleicher Höchstzahl das vom Leiter der Wahl zu ziehende Los.

§ 93 Niederschrift. [1]Über die Sitzung ist eine Niederschrift zu fertigen. [2]Die Niederschrift muss Angaben enthalten über

1. den Ort und den Tag der Sitzung,
2. die Namen des Vorsitzenden und der anwesenden Ausschussmitglieder,
3. den behandelten Gegenstand und die gestellten Anträge,
4. die gefassten Beschlüsse,
5. das Ergebnis von Wahlen.

[3]Die Niederschrift ist von dem Vorsitzenden und, soweit ein Schriftführer hinzugezogen worden ist, auch von diesem zu unterzeichnen.

TEIL VIII

Besondere Bestimmungen für Gemeinden und Gemeindeverbände

§ 94 Pflichten der Gemeinden gegenüber den Bürgern. (1) [1]Die Gemeinden sind im Rahmen ihrer Verwaltungskraft ihren Einwohnern bei der Einleitung von Verwaltungsverfahren behilflich, auch wenn für deren Durchführung eine andere Behörde zuständig ist. [2]Zur Rechtsberatung sind die Gemeinden nicht verpflichtet.

(2) Die Gemeinden haben Vordrucke aller Art, die ihnen von anderen Behörden überlassen werden, bereitzuhalten.

(3) [1]Die Gemeinden haben Anzeigen, Anträge und Erklärungen, die beim Landratsamt oder beim Regierungspräsidium einzureichen sind, entgegenzunehmen und unverzüglich an diese Behörden weiterzuleiten. [2]Die Einreichung bei der Gemeinde gilt als bei der zuständigen Behörde vorgenommen, soweit Bundesrecht nicht entgegensteht.

§ 95 Erfüllung von Aufgaben der Gemeinden durch Verwaltungsgemeinschaften. (1) Das fachlich zuständige Ministerium kann durch Rechtsverordnung im Einvernehmen mit dem Innenministerium bestimmen, dass Aufgaben, die durch §§ 73 und 74 dieses Gesetzes oder durch Bundesrecht den Gemeinden übertragen sind, durch Verwaltungsgemeinschaften erfüllt werden.

(2) Die durch Bundesrecht oder auf Grund von Bundesrecht zur Übertragung von Aufgaben auf die Gemeinden ermächtigte Landesbehörde kann durch Rechtsverordnung im Einvernehmen mit dem Innenministerium bestimmen, dass diese Aufgaben durch Verwaltungsgemeinschaften erfüllt werden.

TEIL IX
Schlussvorschriften

§ 96 Länderübergreifende Verfahren. [1]Ist nach § 3 Abs. 2 Satz 4 eine gemeinsame zuständige Behörde bestimmt und erstreckt sich das Verwaltungsverfahren auf das Gebiet eines anderen Bundeslandes, so ist insoweit das Verfahrensrecht dieses Landes anzuwenden. [2]Die fachlich zuständigen Aufsichtsbehörden können durch Vereinbarung eine abweichende Regelung treffen.

§ 97 Sonderregelung für Verteidigungs- und Notstandsangelegenheiten. [1]Nach Feststellung des Verteidigungsfalls oder des Spannungsfalls, bei drohender Gefahr für den Bestand oder die freiheitliche demokratische Grundordnung des Landes oder für die lebensnotwendige Versorgung der Bevölkerung sowie bei einem Notstand infolge einer Naturkatastrophe oder eines besonders schweren Unglücksfalls kann in Verteidigungs- oder Notstandsangelegenheiten von der Anhörung Beteiligter (§ 28 Abs. 1), von der schriftlichen Bestätigung (§ 37 Abs. 2 Satz 2) und von der schriftlichen Begründung eines Verwaltungsaktes (§ 39 Abs. 1) abgesehen werden; in diesen Fällen gilt ein Verwaltungsakt abweichend von § 41 Abs. 4 Satz 3 mit dem auf die Bekanntmachung folgenden Tag als bekannt gegeben. [2]Dasselbe gilt für die sonstigen gemäß Artikel 80a des Grundgesetzes anzuwendenden Rechtsvorschriften.

§ 98 Überleitung von Verfahren. *(nicht abgedruckt)*

§ 99 Verwaltungsvorschriften. Die zur Durchführung dieses Gesetzes notwendigen Verwaltungsvorschriften werden vom Innenministerium im Einvernehmen mit den anderen Ministerien erlassen.

§ 100 Änderung des Gesetzes über die Verkündung von Rechtsverordnungen. *(nicht abgedruckt)*

§ 101 Änderung des Ersten Gesetzes zur Funktionalreform und anderer Gesetze. *(nicht abgedruckt)*

§ 102 Änderung des Straßengesetzes. *(nicht abgedruckt)*

§ 102a Übergangsvorschrift zu § 53. (1) [1]§ 53 in der ab Inkrafttreten des Elektronik-Anpassungsgesetzes geltenden Fassung findet auf die an diesem Tag bestehenden und noch nicht verjährten Ansprüche Anwendung. [2]Eine zuvor eingetretene und zu diesem Zeitpunkt noch nicht beendete Unterbrechung der Verjährung gilt als beendet; die neue Verjährung ist ab Inkrafttreten des Elektronik-Anpassungsgesetzes gehemmt. [3]Ist ein Verwaltungsakt, der zur Unterbrechung der Verjährung geführt hat, vor dem Inkrafttreten des Elektronik-Anpassungsgesetzes aufgehoben worden und ist an diesem Tag die in § 212 Abs. 2 Satz 1 des Bürgerlichen Gesetzbuchs in der bis 31. Dezember 2001 geltenden Fassung bestimmte Frist noch nicht abgelaufen, so ist § 212 Abs. 2 des Bürgerlichen Gesetzbuchs in dieser Fassung entsprechend anzuwenden.

§ 103 Inkrafttreten. *(nicht abgedruckt)*

Verwaltungszustellungsgesetz für Baden-Württemberg (Landesverwaltungszustellungsgesetz – LVwZG)

vom 3. Juli 2007 (GBl. S. 293), zuletzt geändert durch Gesetz vom 17. Dezember 2015 (GBl. S. 1191)

INHALTSÜBERSICHT*

§ 1 Anwendungsbereich. (1) Die Vorschriften dieses Gesetzes gelten für das Zustellungsverfahren in Verwaltungsangelegenheiten der Behörden des Landes und der unter der Aufsicht des Landes stehenden Körperschaften, Anstalten und Stiftungen des öffentlichen Rechts, soweit in § 12 nichts anderes bestimmt ist oder soweit nicht die Vorschriften des Verwaltungszustellungsgesetzes des Bundes vom 12. August 2005 (BGBl. I S. 2354) anzuwenden sind.

(2) Zugestellt wird, soweit dies durch Rechtsvorschrift oder behördliche Anordnung bestimmt ist.

§ 2 Allgemeines. (1) Zustellung ist die Bekanntgabe eines schriftlichen oder elektronischen Dokuments in der in diesem Gesetz bestimmten Form.

(2) [1]Die Zustellung wird durch einen Erbringer von Postdienstleistungen (Post), einen nach § 17 des De-Mail-Gesetzes akkreditierten Diensteanbieter oder durch die Behörde ausgeführt. [2]Daneben gelten die in §§ 10 und 11 geregelten Sonderarten der Zustellung. [3]§ 5 Abs. 5 Satz 1 Halbsatz 2 bleibt unberührt.

(3) Die Behörde hat die Wahl zwischen den einzelnen Zustellungsarten.

§ 3 Zustellung durch die Post mit Zustellungsurkunde. (1) [1]Soll durch die Post mit Zustellungsurkunde zugestellt werden, übergibt die Behörde der Post

* *Die Inhaltsübersicht und die Artikelüberschriften sind nicht amtlich.*

den Zustellungsauftrag, das zuzustellende Dokument in einem verschlossenen Umschlag und einen vorbereiteten Vordruck einer Zustellungsurkunde.

(2) [1]Für die Ausführung der Zustellung gelten §§ 177 bis 182 der Zivilprozessordnung entsprechend. [2]Im Fall des § 181 Abs. 1 der Zivilprozessordnung kann das zuzustellende Dokument bei einer von der Post dafür bestimmten Stelle am Ort der Zustellung oder am Ort des Amtsgerichts, in dessen Bezirk der Ort der Zustellung liegt, niedergelegt werden oder bei der Behörde, die den Zustellungsauftrag erteilt hat, wenn sie ihren Sitz an einem der vorbezeichneten Orte hat. [3]Für die Zustellungsurkunde, den Zustellungsauftrag, den verschlossenen Umschlag nach Absatz 1 und die schriftliche Mitteilung nach § 181 Abs. 1 Satz 3 der Zivilprozessordnung sind die Vordrucke nach der Zustellungsvordruckverordnung vom 12. Februar 2002 (BGBl. I S.671, ber. S. 1019) in der jeweils geltenden Fassung zu verwenden.

§ 4 Zustellung durch die Post mittels Einschreiben. (1) [1]Ein Dokument kann durch die Post mittels Einschreiben durch Übergabe oder mittels Einschreiben mit Rückschein zugestellt werden. [2]Das zuzustellende Dokument ist der Post verschlossen zu übergeben.

(2) [1]Zum Nachweis der Zustellung genügt der Rückschein. [2]Im Übrigen gilt das Dokument am dritten Tag nach der Aufgabe zur Post als zugestellt, es sei denn, dass es nicht oder zu einem späteren Zeitpunkt zugegangen ist. [3]Im Zweifel hat die Behörde den Zugang und dessen Zeitpunkt nachzuweisen. [4]Der Tag der Aufgabe zur Post ist in den Akten zu vermerken.

§ 5 Zustellung durch die Behörde gegen Empfangsbekenntnis. (1) [1]Bei der Zustellung durch die Behörde händigt der zustellende Bedienstete das Dokument dem Empfänger in einem verschlossenen Umschlag aus. [2]Das Dokument kann auch offen ausgehändigt werden, wenn keine schutzwürdigen Interessen des Empfängers entgegenstehen. [3]Der Empfänger hat ein mit dem Datum der Aushändigung versehenes Empfangsbekenntnis zu unterschreiben. [4]Der Bedienstete vermerkt das Datum der Zustellung auf dem Umschlag des auszuhändigenden Dokuments oder bei offener Aushändigung auf dem Dokument selbst.

(2) [1]§§ 177 bis 181 der Zivilprozessordnung sind anzuwenden. [2]Zum Nachweis der Zustellung ist in den Akten zu vermerken:

1. im Fall der Ersatzzustellung in der Wohnung, in Geschäftsräumen und Einrichtungen nach § 178 der Zivilprozessordnung der Grund, der diese Art der Zustellung rechtfertigt,
2. im Fall der Zustellung bei verweigerter Annahme nach § 179 der Zivilprozessordnung, wer die Annahme verweigert hat und dass das Dokument am Ort der Zustellung zurückgelassen oder an den Absender zurückgesandt wurde sowie der Zeitpunkt und der Ort der verweigerten Annahme,
3. in den Fällen der Ersatzzustellung nach §§ 180 und 181 der Zivilprozessordnung der Grund der Ersatzzustellung sowie wann und wo das Dokument in einen Briefkasten eingelegt oder sonst niedergelegt und in welcher Weise die Niederlegung schriftlich mitgeteilt wurde.

[3]Im Fall des § 181 Abs. 1 der Zivilprozessordnung kann das zuzustellende Dokument bei der Behörde, die die Zustellung ausführt, niedergelegt werden, wenn diese Behörde ihren Sitz am Ort der Zustellung oder am Ort des Amtsgerichts hat, in dessen Bezirk der Ort der Zustellung liegt.

(3) [1]Zur Nachtzeit, an Sonntagen und allgemeinen Feiertagen darf nach den Absätzen 1 und 2 im Inland nur mit schriftlicher oder elektronischer Erlaubnis des Behördenleiters zugestellt werden. [2]Die Nachtzeit umfasst die Stunden von 21 bis 6 Uhr. [3]Die Erlaubnis ist bei der Zustellung abschriftlich mitzuteilen. [4]Eine Zustellung, bei der diese Vorschriften nicht beachtet sind, ist wirksam, wenn die Annahme nicht verweigert wird.

(4) Das Dokument kann an Behörden, Körperschaften, Anstalten und Stiftungen des öffentlichen Rechts, an Rechtsanwälte, Patentanwälte, Notare, Steuerberater, Steuerbevollmächtigte, Wirtschaftsprüfer, vereidigte Buchprüfer, Steuerberatungsgesellschaften, Wirtschaftsprüfungsgesellschaften und Buchprüfungsgesellschaften auch auf andere Weise, auch elektronisch, gegen Empfangsbekenntnis zugestellt werden.

(5) [1]Ein elektronisches Dokument kann im Übrigen unbeschadet des Absatzes 4 elektronisch zugestellt werden, soweit der Empfänger hierfür einen Zugang eröffnet; es ist elektronisch zuzustellen, wenn auf Grund einer Rechtsvorschrift ein Verfahren auf Verlangen des Empfängers in elektronischer Form abgewickelt wird. [2]Für die Übermittlung ist das Dokument mit einer qualifizierten elektronischen Signatur nach dem Signaturgesetz vom 16. Mai 2001 (BGBl. I S. 876) in der jeweils geltenden Fassung zu versehen und gegen unbefugte Kenntnisnahme Dritter zu schützen.

(6) [1]Bei der elektronischen Zustellung ist die Übermittlung mit dem Hinweis ›Zustellung gegen Empfangsbekenntnis‹ einzuleiten. [2]Die Übermittlung muss die absendende Behörde, den Namen und die Anschrift des Zustellungsadressaten sowie den Namen des Bediensteten erkennen lassen, der das Dokument zur Übermittlung aufgegeben hat.

(7) [1]Zum Nachweis der Zustellung nach Absatz 4 und 5 genügt das mit Datum und Unterschrift oder qualifizierter elektronischer Signatur nach dem Signaturgesetz versehene Empfangsbekenntnis, das an die Behörde durch die Post oder elektronisch zurückzusenden ist. [2]Ein elektronisches Dokument gilt in den Fällen des Absatzes 5 Satz 1 Halbsatz 2 am dritten Tag nach der Absendung an den vom Empfänger hierfür eröffneten Zugang als zugestellt, wenn der Behörde nicht spätestens an diesem Tag ein Empfangsbekenntnis nach Satz 1 zugeht. [3]Satz 2 gilt nicht, wenn der Empfänger nachweist, dass das Dokument nicht oder zu einem späteren Zeitpunkt zugegangen ist. [4]Der Empfänger ist in den Fällen des Absatzes 5 Satz 1 Halbsatz 2 vor der Übermittlung über die Rechtsfolgen nach Satz 2 und 3 zu belehren. [5]Zum Nachweis der Zustellung ist von der absendenden Behörde in den Akten zu vermerken, zu welchem Zeitpunkt und an welchen Zugang das Dokument gesendet wurde. [6]Der Empfänger ist über den Eintritt der Zustellungsfiktion nach Satz 2 zu benachrichtigen.

§ 5a Elektronische Zustellung gegen Abholbestätigung über De-Mail-Dienste. (1) [1]Die elektronische Zustellung kann unbeschadet des § 5 Absatz 4 und 5 Satz 1 durch Übermittlung der nach § 17 des De-Mail-Gesetzes akkreditierten Diensteanbieter gegen Abholbestätigung nach § 5 Absatz 9 des De-Mail-Gesetzes an das De-Mail-Postfach des Empfängers erfolgen. [2]Für die Zustellung nach Satz 1 ist § 5 Absatz 4 und 6 mit der Maßgabe anzuwenden, dass an die Stelle des Empfangsbekenntnisses die Abholbestätigung tritt.

(2) Der nach § 17 des De-Mail-Gesetzes akkreditierte Diensteanbieter hat eine Versandbestätigung nach § 5 Absatz 7 des De-Mail-Gesetzes und eine Abholbestätigung nach § 5 Absatz 9 des De-Mail-Gesetzes zu erzeugen und unverzüglich der absendenden Behörde zu übermitteln.

(3) [1]Zum Nachweis der elektronischen Zustellung genügt die Abholbestätigung nach § 5 Absatz 9 des De-Mail-Gesetzes. [2]Für diese gelten § 371 Absatz 1 Satz 2 und § 371a Absatz 3 der Zivilprozessordnung.

(4) [1]Ein elektronisches Dokument gilt in den Fällen des § 5 Absatz 5 Satz 1 Halbsatz 2 am dritten Tag nach der Absendung an das De-Mail-Postfach des Empfängers als zugestellt, wenn er dieses Postfach als Zugang eröffnet hat und der Behörde nicht spätestens an diesem Tag eine elektronische Abholbestätigung nach § 5 Absatz 9 des De-Mail-Gesetzes zugeht. [2]Satz 1 gilt nicht, wenn der Empfänger nachweist, dass das Dokument nicht oder zu einem späteren Zeitpunkt zugegangen ist. [3]Der Empfänger ist in den Fällen des § 5 Absatz 5 Satz 1 Halbsatz 2 vor der Übermittlung über die Rechtsfolgen nach den Sätzen 1 und 2 zu belehren. [4]Als Nachweis der Zustellung nach Satz 1 dient die Versandbestätigung nach § 5 Absatz 7 des De-Mail-Gesetzes oder ein Vermerk der absendenden Behörde in den Akten, zu welchem Zeitpunkt und an welches De-Mail-Postfach das Dokument gesendet wurde. [5]Der Empfänger ist über den Eintritt der Zustellungsfiktion nach Satz 1 elektronisch zu benachrichtigen.

§ 6 Zustellung an gesetzliche Vertreter. (1) [1]Bei Geschäftsunfähigen oder beschränkt Geschäftsfähigen ist an ihre gesetzlichen Vertreter zuzustellen. [2]Gleiches gilt bei Personen, für die ein Betreuer bestellt ist, soweit der Aufgabenkreis des Betreuers reicht.

(2) Bei Behörden wird an den Behördenleiter, bei juristischen Personen, nicht rechtsfähigen Personenvereinigungen und Zweckvermögen an ihre gesetzlichen Vertreter zugestellt.

(3) Bei mehreren gesetzlichen Vertretern oder Behördenleitern genügt die Zustellung an einen von ihnen.

(4) Der zustellende Bedienstete braucht nicht zu prüfen, ob die Anschrift den Vorschriften der Absätze 1 bis 3 entspricht.

§ 7 Zustellung an Bevollmächtigte. (1) [1]Zustellungen können an den allgemein oder für bestimmte Angelegenheiten bestellten Bevollmächtigten gerichtet werden. [2]Sie sind an ihn zu richten, wenn er schriftliche Vollmacht vorgelegt hat. [3]Ist ein Bevollmächtigter für mehrere Beteiligte bestellt, so genügt die Zustellung eines Dokuments an ihn für alle Beteiligten.

(2) Einem Zustellungsbevollmächtigten mehrerer Beteiligter sind so viele Ausfertigungen oder Abschriften zuzustellen, wie Beteiligte vorhanden sind.

§ 8 Zustellung an mehrere Beteiligte. [1]Betrifft ein zusammengefasster Bescheid Ehegatten oder Ehegatten mit ihren Kindern oder Alleinstehende mit ihren Kindern, so reicht es für die Zustellung an alle Beteiligten aus, wenn ihnen eine Ausfertigung unter ihrer gemeinsamen Anschrift zugestellt wird. [2]Der Bescheid ist den Beteiligten jeweils einzeln zuzustellen, soweit sie dies im Einzelfall beantragt haben. [3]Lebenspartner nach § 1 des Lebenspartnerschaftsgesetzes vom 16. Februar 2001 (BGBl. I S.266) in der jeweils geltenden Fassung sind Ehegatten gleichgestellt.

§ 9 Heilung von Zustellungsmängeln. Lässt sich die formgerechte Zustellung eines Dokuments nicht nachweisen oder ist es unter Verletzung zwingender Zustellungsvorschriften zugegangen, gilt es in dem Zeitpunkt als zugestellt, in dem es dem Empfangsberechtigten tatsächlich zugegangen ist, im Fall des § 5 Abs. 5 in dem Zeitpunkt, in dem der Empfänger das Empfangsbekenntnis zurückgesendet hat.

§ 10 Zustellung im Ausland. (1) Eine Zustellung im Ausland erfolgt

1. durch Einschreiben mit Rückschein, soweit die Zustellung von Dokumenten unmittelbar durch die Post völkerrechtlich zulässig ist,
2. auf Ersuchen der Behörde durch die Behörden des fremden Staates oder durch die zuständige diplomatische oder konsularische Vertretung der Bundesrepublik Deutschland,
3. auf Ersuchen der Behörde durch das Auswärtige Amt an eine Person, die das Recht der Immunität genießt und zu einer Vertretung der Bundesrepublik Deutschland im Ausland gehört, sowie an Familienangehörige einer solchen Person, wenn diese das Recht der Immunität genießen, oder
4. durch Übermittlung elektronischer Dokumente, soweit dies völkerrechtlich zulässig ist.

(2) [1]Zum Nachweis der Zustellung nach Absatz 1 Nr.1 genügt der Rückschein. [2]Die Zustellung nach Absatz 1 Nr. 2 und 3 wird durch das Zeugnis der ersuchten Behörde nachgewiesen. [3]Der Nachweis der Zustellung nach Absatz 1 Nr. 4 richtet sich nach § 5 Absatz 7 Satz 1 bis 3 und 5 sowie nach § 5a Absatz 3 und 4 Satz 1, 2 und 4.

(3) [1]Die Behörde kann bei der Zustellung nach Absatz 1 Nr. 2 und 3 anordnen, dass die Person, an die zugestellt werden soll, innerhalb einer angemessenen Frist einen Zustellungsbevollmächtigten benennt, der im Inland wohnt oder dort einen Geschäftsraum hat. [2]Wird kein Zustellungsbevollmächtigter benannt, können spätere Zustellungen bis zur nachträglichen Benennung dadurch bewirkt werden, dass das Dokument unter der Anschrift der Person, an die zu-

gestellt werden soll, zur Post gegeben wird. [3]Das Dokument gilt am siebenten Tag nach Aufgabe zur Post als zugestellt, wenn nicht feststeht, dass es den Empfänger nicht oder zu einem späteren Zeitpunkt erreicht hat. [4]Die Behörde kann eine längere Frist bestimmen. [5]In der Anordnung nach Satz 1 ist auf diese Rechtsfolgen hinzuweisen. [6]Zum Nachweis der Zustellung ist in den Akten zu vermerken, zu welcher Zeit und unter welcher Anschrift das Dokument zur Post gegeben wurde.

§ 11 Öffentliche Zustellung. (1) [1]Die Zustellung kann durch öffentliche Bekanntmachung erfolgen, wenn

1. der Aufenthaltsort des Empfängers unbekannt ist und eine Zustellung an einen Vertreter oder Zustellungsbevollmächtigten nicht möglich ist,
2. bei juristischen Personen, die zur Anmeldung einer inländischen Geschäftsanschrift zum Handelsregister verpflichtet sind, eine Zustellung weder unter der eingetragenen Anschrift noch unter einer im Handelsregister eingetragenen Anschrift einer für Zustellungen empfangsberechtigten Person oder einer ohne Ermittlungen bekannten anderen inländischen Anschrift möglich ist oder
3. sie im Fall des § 10 nicht möglich ist oder keinen Erfolg verspricht.

[2]Die Anordnung über die öffentliche Zustellung trifft ein zeichnungsberechtigter Bediensteter.

(2) [1]Die öffentliche Zustellung erfolgt durch Bekanntmachung einer Benachrichtigung an der Stelle, die von der Behörde hierfür allgemein bestimmt ist, oder durch Veröffentlichung einer Benachrichtigung im Staatsanzeiger für Baden-Württemberg. [2]Die Benachrichtigung muss

1. die Behörde, für die zugestellt wird,
2. den Namen und die letzte bekannte Anschrift des Zustellungsadressaten,
3. das Datum und das Aktenzeichen des Dokuments sowie
4. die Stelle, wo das Dokument eingesehen werden kann,

erkennen lassen. [3]Die Benachrichtigung muss den Hinweis enthalten, dass das Dokument öffentlich zugestellt wird und Fristen in Gang gesetzt werden können, nach deren Ablauf Rechtsverluste drohen können. [4]Bei der Zustellung einer Ladung muss die Benachrichtigung den Hinweis enthalten, dass das Dokument eine Ladung zu einem Termin enthält, dessen Versäumung Rechtsnachteile zur Folge haben kann. [5]In den Akten ist zu vermerken, wann und wie die Benachrichtigung bekannt gemacht wurde. [6]Das Dokument gilt als zugestellt, wenn seit dem Tag der Bekanntmachung der Benachrichtigung zwei Wochen vergangen sind.

§ 12 Zustellungsverfahren der Gerichte, der Staatsanwaltschaften und der Notariate sowie der übrigen Behörden der Justizverwaltung. (1) [1]Für das Zustellungsverfahren der ordentlichen Gerichte, der Gerichte für Arbeitssachen, der Gerichte der allgemeinen Verwaltungsgerichtsbarkeit, der Sozialgerichtsbarkeit und der Finanzgerichtsbarkeit sowie der Staatsanwaltschaften und der Notare gelten auch bei der Erfüllung von Verwaltungsaufgaben die Vorschriften der Zivilprozessordnung über die Zustellung von Amts wegen. [2]Dasselbe gilt auch für das Zustellungsverfahren der übrigen Behörden der Justizverwaltung in Verwaltungsangelegenheiten.

(2) In richter- und beamtenrechtlichen Angelegenheiten kann auch nach den Vorschriften dieses Gesetzes zugestellt werden.

§ 13 Verwaltungsvorschriften. (1) Die zur Durchführung dieses Gesetzes erforderlichen Verwaltungsvorschriften erlässt das Innenministerium.

(2) Die zur Durchführung des § 12 erforderlichen Verwaltungsvorschriften erlässt das Justizministerium.

Verwaltungsvollstreckungsgesetz für Baden-Württemberg (Landesverwaltungsvollstreckungsgesetz – LVwVG –)

vom 12. März 1974 (GBl. S. 93), zuletzt geändert durch Verordnung vom 23. Februar 2017 (GBl. S. 99)

INHALTSÜBERSICHT*

---

* *Die Inhaltsübersicht ist nicht amtlich; die Paragraphenüberschriften sind amtlich.*

VIERTER TEIL

Schlußvorschriften

ERSTER TEIL

Gemeinsame Vorschriften

§ 1 Geltungsbereich. (1) [1]Dieses Gesetz gilt für die Vollstreckung von Verwaltungsakten, die zu einer Geldleistung, einer sonstigen Handlung, einer Duldung oder einer Unterlassung verpflichten durch Behörden des Landes und unter der Aufsicht des Landes stehende Körperschaften, Anstalten und Stiftungen des öffentlichen Rechts (öffentliche Stellen). [2]§ 15 Abs. 3 und § 15 a bleiben unberührt.

(2) [1]Dieses Gesetz gilt auch, soweit Bundesrecht oder eine völkerrecht-liche Vereinbarung eine Vollstreckung im Verwaltungswege nach landesrechtlichen Vorschriften vorsieht. [2]Es gilt ferner, soweit Bundesrecht die Länder ermächtigt zu bestimmen, daß die landesrechtlichen Vorschriften über die Verwaltungsvollstreckung anzuwenden sind.

(3) Dieses Gesetz gilt nicht, soweit die Vollstreckung durch Bundesrecht geregelt ist oder für die Vollstreckung Bundesrecht durch Landesrecht für anwendbar erklärt ist.

§ 2 Allgemeine Voraussetzungen der Vollstreckung. Verwaltungsakte können vollstreckt werden,

1. wenn sie unanfechtbar geworden sind oder
2. wenn die aufschiebende Wirkung eines Rechtsbehelfs entfällt.

§ 3 Vollstreckung gegen den Rechtsnachfolger. [1]Gegen den Rechtsnachfolger kann die Vollstreckung eingeleitet oder fortgesetzt werden, soweit der Rechtsnachfolger durch den Verwaltungsakt verpflichtet wird und wenn die Voraussetzungen der Vollstreckung für seine Person vorliegen. [2]Die Vollstreckung, die beim Tode des Pflichtigen eingeleitet war, kann in den Nachlaß fortgesetzt werden, auch wenn die Voraussetzungen der Vollstreckung für den Rechtsnachfolger nicht vorliegen.

§ 4 Vollstreckungsbehörde, Zuständigkeit für Vollstreckungshilfe.

(1) Vollstreckungsbehörde ist die Behörde, die den Verwaltungsakt erlassen hat.

(2) Das Innenministerium kann im Einvernehmen mit dem fachlich zuständigen Ministerium durch Rechtsverordnung eine andere Behörde als Vollstreckungsbehörde bestimmen.

(3) [1]Jede Behörde leistet anderen Behörden auf Ersuchen Vollstreckungshilfe. [2]Die §§ 4 bis 8 des Landesverwaltungsverfahrensgesetzes sind anzuwenden.

§ 5 Vollstreckungsauftrag. [1]Der mit der Vollstreckung beauftragte Bedienstete (Vollstreckungsbeamter) wird dem Pflichtigen und Dritten gegenüber durch schriftlichen Auftrag der Vollstreckungsbehörde zur Vollstreckung ermächtigt. [2]Der Vollstreckungsauftrag ist auf Verlangen vorzuzeigen.

§ 6 Betreten und Durchsuchen. (1) [1]Der Vollstreckungsbeamte ist befugt, das Besitztum des Pflichtigen zu betreten und zu durchsuchen, soweit der Zweck der Vollstreckung dies erfordert. [2]Er kann dabei verschlossene Räume und Behältnisse öffnen oder öffnen lassen.

(2) [1]Wohnungen, Betriebsräume und sonstiges befriedetes Besitztum kann er gegen den Willen des Pflichtigen nur auf Anordnung des Verwaltungsgerichts durchsuchen. [2]Eine Anordnung des Verwaltungsgerichts ist nicht erforderlich, wenn die dadurch eintretende Verzögerung den Zweck der Vollstreckung gefährden würde.

(3) [1]Willigt der Pflichtige in die Durchsuchung ein oder ist eine Anordnung gegen ihn nach Absatz 2 Satz 1 ergangen oder nach Absatz 2 Satz 2 nicht erforderlich, so haben Personen, die Mitgewahrsam an der Wohnung des Pflichtigen haben, die Durchsuchung zu dulden. [2]Unbillige Härten gegenüber Mitgewahrsamsinhabern sind zu vermeiden.

§ 7 Widerstand gegen Vollstreckungshandlungen. [1]Der Vollstreckungsbeamte ist bei Widerstand gegen eine Vollstreckungshandlung befugt, Gewalt anzuwenden. [2]Er kann zu diesem Zweck um die Unterstützung des Polizeivollzugsdienstes nachsuchen.

§ 8 Zuziehung von Zeugen. Wird bei einer Vollstreckungshandlung Widerstand geleistet oder ist bei einer Vollstreckungshandlung in den Räumen des Pflichtigen weder dieser noch eine zu seinem Haushalt oder Geschäftsbetrieb gehörende erwachsene Person anwesend, so hat der Vollstreckungsbeamte, der nicht Polizeibeamter im Sinne des Polizeigesetzes ist, eine erwachsene Person als Zeugen zuzuziehen.

§ 9 Vollstreckung zur Nachtzeit und an Sonntagen und gesetzlichen Feiertagen. (1) [1]Zur Nachtzeit sowie an Sonntagen und gesetzlichen Feiertagen darf der Vollstreckungsbeamte nur mit schriftlicher Erlaubnis der Vollstreckungsbehörde vollstrecken. [2]Die Erlaubnis darf nur erteilt werden, soweit dies der Zweck der Vollstreckung erfordert. [3]Sie ist auf Verlangen vorzuzeigen.

(2) Die Nachtzeit umfaßt in dem Zeitraum vom 1. April bis 30. September die Stunden von 21 Uhr bis 4 Uhr und in dem Zeitraum vom 1. Oktober bis 31. März die Stunden von 21 bis 6 Uhr.

§ 10 Niederschrift. (1) Der Vollstreckungsbeamte hat über jede Vollstrekkungshandlung, die nicht schriftlich vorgenommen wird, eine Niederschrift aufzunehmen.

(2) Die Niederschrift soll enthalten
1. Ort und Zeit der Aufnahme,
2. die Vollstreckungshandlung,
3. die Namen der Personen, mit denen verhandelt wurde,
4. die Namen der als Zeugen zugezogenen Personen,
5. eine kurze Darstellung der wesentlichen Vorgänge,
6. die Unterschrift des Vollstreckungsbeamten.

(3) War der Pflichtige bei der Vollstreckungshandlung nicht anwesend, so soll ihm die Vollstreckungsbehörde eine Abschrift der Niederschrift zusenden.

§ 11 Einstellung der Vollstreckung. Wenn der Zweck der Vollstreckung erreicht ist oder wenn sich zeigt, daß er durch die Anwendung von Vollstreckungsmitteln nicht erreicht werden kann, ist die Vollstreckung einzustellen.

§ 12 Wegfall der aufschiebenden Wirkung von Widerspruch und Anfechtungsklage. [1]Widerspruch und Anfechtungsklage haben keine aufschiebende Wirkung, soweit sie sich gegen Maßnahmen richten, die in der Verwaltungsvollstreckung getroffen werden. [2]§ 80 Abs. 4 bis 7 der Verwaltungsgerichtsordnung gelten entsprechend.

ZWEITER TEIL

Vollstreckung von Verwaltungsakten, die zu einer Geldleistung verpflichten

§ 13 Art und Weise der Vollstreckung. (1) Verwaltungsakte, die zu einer Geldleistung verpflichten, werden durch Beitreibung vollstreckt.

(2) Kosten der Vollstreckung können mit der Hauptforderung beigetrieben werden, Nebenforderungen (Zinsen und Säumniszuschläge) dann, wenn der Pflichtige zuvor schriftlich auf die Verpflichtung zur Leistung der Nebenforderungen hingewiesen worden ist.

§ 14 Mahnung. (1) [1]Vor der Beitreibung ist der Pflichtige zu mahnen. [2]Schriftliche Mahnungen sind verschlossen auszuhändigen oder zuzusenden.

(2) An die Zahlung regelmäßig wiederkehrender Geldleistungen kann durch ortsübliche Bekanntmachung gemahnt werden.

(3) Mit der Mahnung ist für die Zahlung eine Frist von mindestens einer Woche zu bestimmen.

(4) Einer Mahnung bedarf es nicht, wenn dadurch der Zweck der Vollstreckung gefährdet würde oder wenn Zwangsgeld, Kosten der Vollstrekkung sowie Nebenforderungen beigetrieben werden sollen.

§ 15 Beitreibung. (1) Auf die Beitreibung sind § 249 Abs. 2, § 251 Abs. 2 Satz 2, §§ 258, 260, 262 bis 264, 266, 267, 281 bis 283, § 285 Abs. 1, §§ 286, 292 bis 314, § 315 Abs. 1 und Abs. 2 Satz 1, §§ 316 bis 327 der Abgabenordnung in ihrer jeweils geltenden Fassung sinngemäß mit der Maßgabe anzuwenden, daß an die Stelle des Vollziehungsbeamten der Vollstreckungsbeamte tritt.

(2) [1]Die Vollstreckungsbehörde kann die Pfändungsverfügung wegen einer Geldforderung auch dann selbst erlassen und ihre Zustellung im Wege der Postzustellung selbst bewirken, wenn der Pflichtige oder Drittschuldner außerhalb des Landes, jedoch innerhalb des Geltungsbereichs des Grundgesetzes seinen Wohnsitz, Sitz oder gewöhnlichen Aufenthaltsort hat, sofern das dort geltende Landesrecht dies zuläßt. [2]Die Vollstreckungsbehörde kann auch eine Vollstreckungsbehörde des Bezirks, in dem die Maßnahme durchgeführt werden soll, um die Zustellung der Pfändungsverfügung ersuchen.

(3) Vollstreckungsbehörden im Geltungsbereich des Grundgesetzes, die diesem Gesetz nicht unterliegen, können gegen Pflichtige und Drittschuldner im Geltungsbereich dieses Gesetzes selbst Pfändungsverfügungen wegen Geldforderungen erlassen und ihre Zustellung im Wege der Postzustellung selbst bewirken.

(4) Für die Einziehungsverfügung gelten die Absätze 2 und 3 entsprechend.

§ 15 a Beitreibung durch Gerichtsvollzieher. (1) Vollstreckungsbehörden können auch die Gerichtsvollzieher um Beitreibung ersuchen; dies gilt auch für Vollstreckungsbehörden im Geltungsbereich des Grundgesetzes, die diesem Gesetz nicht unterliegen.

(2) [1]Öffentliche Stellen können Vollstreckungsersuchen

1. von Vollstreckungsbehörden im Geltungsbereich des Grundgesetzes,
2. von Behörden außerhalb des Geltungsbereichs des Grundgesetzes, die auf Grund einer völkerrechtlichen Vereinbarung um Beitreibung ersuchen,

zur Erledigung an die Gerichtsvollzieher weiterleiten. [2]Im Falle der Nummer 1 bedarf es hierzu der Einwilligung der Vollstreckungsbehörden. [3]Wird die Einwilligung nicht erteilt, so braucht die ersuchte Behörde Vollstreckungshilfe nicht zu leisten.

(3) [1]Wird die Beitreibung durch Gerichtsvollzieher durchgeführt, finden die Vorschriften des Achten Buches der Zivilprozeßordnung Anwendung. [2]An die Stelle der vollstreckbaren Ausfertigung des Schuldtitels tritt das schriftliche Vollstreckungsersuchen der Vollstreckungsbehörde; einer Zustellung des Vollstreckungsersuchens bedarf es nicht. [3]Wird die Beitreibung auf Grund einer

völkerrechtlichen Vereinbarung durchgeführt, bestimmt sich nach dieser Vereinbarung, durch welche Unterlagen das Vorliegen der Vollstreckungsvoraussetzungen nachgewiesen wird.

(4) [1]Das Vollstreckungsersuchen nach Absatz 3 Satz 2 muß mindestens enthalten:

1. die Bezeichnung und das Dienstsiegel der Vollstreckungsbehörde sowie die Unterschrift des Behördenleiters oder seines Beauftragten,
2. die Bezeichnung des zu vollstreckenden Verwaltungsaktes unter Angabe der erlassenden Behörde, des Datums und des Aktenzeichens,
3. die Angabe des Grundes und der Höhe der Geldforderung,
4. die Angabe, daß der Verwaltungsakt unanfechtbar geworden ist oder die aufschiebende Wirkung eines Rechtsbehelfs entfällt,
5. die Bezeichnung der Person, gegen die sich die Vollstreckung richten soll,
6. die Angabe, wann der Pflichtige gemahnt worden ist oder aus welchem Grund die Mahnung unterblieben ist.

[2]Bei einem Vollstreckungsersuchen, das mit Hilfe automatischer Einrichtungen erstellt wird, können Dienstsiegel und Unterschrift fehlen.

§ 16 Vermögensauskunft. (1) [1]Die Vollstreckungsbehörde kann die Vermögensauskunft von ihren eigenen Schuldnern abnehmen, soweit sich deren Wohnsitz, Sitz oder ihr gewöhnlicher Aufenthaltsort im örtlichen Zuständigkeitsbereich der Vollstreckungsbehörde befindet. [2]§ 284 Abs. 1 bis 4 und Abs. 6 bis 11 der Abgabenordnung ist sinngemäß anzuwenden.

(2) Für die Zuständigkeit zur Abnahme der Vermögensauskunft gilt § 27 Abs. 2 des Landesverwaltungsverfahrensgesetzes entsprechend.

(3) [1]Macht die Vollstreckungsbehörde von ihrer Befugnis nach Absatz 1 keinen Gebrauch, hat der Pflichtige auf Antrag der Vollstreckungsbehörde beim Gerichtsvollzieher beim Amtsgericht Auskunft über sein Vermögen nach Maßgabe des § 802 c der Zivilprozessordnung zu erteilen sowie seinen Geburtsnamen, sein Geburtsdatum und seinen Geburtsort anzugeben. [2]Für das Verfahren vor den Amtsgerichten gelten die §§ 802 c bis 802 i, 802 j Absatz 1 und 3 und §§ 882 b bis 882 d der Zivilprozessordnung entsprechend. [3]An die Stelle des Vollstreckungstitels tritt der schriftliche Antrag der Vollstreckungsbehörde; für den Antrag gilt § 15 a Abs. 4 entsprechend.

(4) Gegen Entscheidungen des Gerichtsvollziehers und des Amtsgerichts kann die Vollstreckungsbehörde die nach den Vorschriften des Achten Buches der Zivilprozessordnung zulässigen Rechtsbehelfe einlegen.

§ 17 Vollstreckung gegen juristische Personen des öffentlichen Rechts. (1) [1]Gegen unter der Aufsicht des Landes stehende Körperschaften, Anstalten und Stiftungen des öffentlichen Rechts kann nur vollstreckt werden, soweit diese durch die Beitreibung nicht in der Erfüllung ihrer Aufgaben wesentlich beeinträchtigt werden. [2]Mit der Beitreibung darf erst begonnen werden, wenn sie die Rechtsaufsichtsbehörde zugelassen hat. [3]In der Zulassungsverfügung sind der

Zeitpunkt der Beitreibung und die Vermögensgegenstände, in die vollstreckt werden darf, zu bestimmen.

(2) Für öffentlich-rechtliche Kreditinstitute gelten die Beschränkungen des Absatzes 1 nicht.

DRITTER TEIL

Vollstreckung von Verwaltungsakten, die zu einer sonstigen Handlung, einer Duldung oder einer Unterlassung verpflichten

1. Abschnitt

Allgemeine Vorschriften

§ 18 Art und Weise der Vollstreckung. Verwaltungsakte, die zu einer Handlung, ausgenommen einer Geldleistung, einer Duldung oder einer Unterlassung verpflichten, werden mit Zwangsmitteln vollstreckt.

§ 19 Zwangsmittel. (1) Zwangsmittel sind

1. Zwangsgeld und Zwangshaft,
2. Ersatzvornahme,
3. unmittelbarer Zwang.

(2) Kommen mehrere Zwangsmittel in Betracht, so hat die Vollstreckungsbehörde dasjenige Zwangsmittel anzuwenden, das den Pflichtigen und die Allgemeinheit voraussichtlich am wenigsten beeinträchtigt.

(3) Durch die Anwendung eines Zwangsmittels darf kein Nachteil herbeigeführt werden, der erkennbar außer Verhältnis zum Zweck der Vollstreckung steht.

(4) Zwangsmittel dürfen wiederholt und solange angewandt werden, bis der Verwaltungsakt vollzogen oder auf andere Weise erledigt ist.

§ 20 Androhung. (1) [1]Zwangsmittel sind vor ihrer Anwendung von der Vollstreckungsbehörde schriftlich anzudrohen. [2]Dem Pflichtigen ist in der Androhung zur Erfüllung der Verpflichtung eine angemessene Frist zu bestimmen; eine Frist braucht nicht bestimmt zu werden, wenn eine Duldung oder Unterlassung erzwungen werden soll.

(2) Die Androhung kann mit dem Verwaltungsakt, der vollstreckt werden soll, verbunden werden.

(3) [1]Die Androhung muß sich auf bestimmte Zwangsmittel beziehen. [2]Werden mehrere Zwangsmittel angedroht, ist anzugeben, in welcher Reihenfolge sie angewandt werden sollen.

(4) Das Zwangsgeld ist in bestimmter Höhe anzudrohen.

(5) Wird Ersatzvornahme angedroht, so sollen in der Androhung die voraussichtlichen Kosten angegeben werden.

§ 21 Vollstreckung bei Gefahr im Verzug. Von § 2 Nr. 1, §§ 3, 5, 8, 9 und § 20 Abs. 1 kann abgewichen werden, soweit die Abwehr einer Gefahr, durch die die öffentliche Sicherheit oder Ordnung bedroht oder gestört wird, dies erfordert.

§ 22 Vollstreckung gegen Behörden und juristische Personen des öffentlichen Rechts. Gegen Behörden und juristische Personen des öffentlichen Rechts kann nur vollstreckt werden, soweit dies durch Rechtsvorschriften ausdrücklich gestattet ist.

2. Abschnitt

Die einzelnen Zwangsmittel

§ 23 Zwangsgeld. Das Zwangsgeld wird auf mindestens zehn und höchstens fünfzigtausend Euro schriftlich festgesetzt.

§ 24 Zwangshaft. (1) [1]Ist das Zwangsgeld uneinbringlich, so kann das Verwaltungsgericht auf Antrag der Vollstreckungsbehörde nach Anhörung des Pflichtigen die Zwangshaft anordnen, wenn bei der Androhung des Zwangsgeldes auf die Zulässigkeit der Zwangshaft hingewiesen worden ist. [2]Ordnet das Verwaltungsgericht die Zwangshaft an, so hat es einen Haftbefehl auszufertigen, in dem die antragstellende Behörde, der Pflichtige und der Grund der Verhaftung zu bezeichnen sind. [3]Einer Zustellung des Haftbefehls vor seiner Vollziehung bedarf es nicht.

(2) Die Zwangshaft beträgt mindestens einen Tag und höchstens zwei Wochen.

(3) [1]Die Zwangshaft ist auf Antrag der Vollstreckungsbehörde von der Justizverwaltung zu vollstrecken. [2]Die § 802 g Absatz 2 und § 802 h der Zivilprozeßordnung sind sinngemäß anzuwenden.

§ 25 Ersatzvornahme. Ersatzvornahme ist die Ausführung einer vertretbaren Handlung, zu welcher der Verwaltungsakt verpflichtet, durch die Vollstreckungsbehörde oder einen von ihr beauftragten Dritten auf Kosten des Pflichtigen.

§ 26 Unmittelbarer Zwang. (1) [1]Unmittelbarer Zwang ist jede Einwirkung auf Personen oder Sachen durch einfache körperliche Gewalt, Hilfsmittel der körperlichen Gewalt oder Waffengebrauch. [2]Waffengebrauch ist nur zulässig, soweit dies durch Gesetz ausdrücklich gestattet ist.

(2) Unmittelbarer Zwang darf nur angewandt werden, wenn Zwangsgeld und Ersatzvornahme nicht zum Erfolg geführt haben oder deren Anwendung untunlich ist.

(3) [1]Gegenüber Personen darf unmittelbarer Zwang nur angewandt werden, wenn der Zweck der Vollstreckung durch unmittelbaren Zwang gegen Sachen nicht erreichbar erscheint. [2]Das angewandte Mittel muß nach Art und Maß dem Alter und dem Zustand des Betroffenen angemessen sein.

3. Abschnitt

Besondere Fälle der Anwendung des unmittelbaren Zwangs

§ 27 Zwangsräumung. (1) [1]Hat der Pflichtige eine unbewegliche Sache, einen Raum oder ein eingetragenes Schiff zu räumen, zu überlassen oder herauszugeben, so können er und die Personen, die zu seinem Haushalt oder Geschäftsbetrieb gehören, aus dem Besitz gesetzt werden. [2]Der Zeitpunkt der Zwangsräumung soll dem Pflichtigen angemessene Zeit vorher mitgeteilt werden.

(2) Bewegliche Sachen, die nicht Gegenstand der Vollstreckung sind, werden dem Pflichtigen oder, wenn dieser nicht anwesend ist, seinem Vertreter oder einer zu seinem Haushalt oder Geschäftsbetrieb gehörenden erwachsenen Person übergeben.

(3) [1]Weigert sich der Empfangsberechtigte nach Absatz 2, die Sachen in Empfang zu nehmen, sind sie zu verwahren. [2]Der Pflichtige ist aufzufordern, die Sachen binnen einer bestimmten Frist abzuholen. [3]Kommt der Pflichtige der Aufforderung nicht nach, so kann die Vollstreckungsbehörde die Sachen nach den Vorschriften dieses Gesetzes über die Verwertung gepfändeter Sachen verkaufen und den Erlös verwahren.

§ 28 Wegnahme. (1) Hat der Pflichtige eine bewegliche Sache herauszugeben oder vorzulegen, so kann der Vollstreckungsbeamte sie ihm wegnehmen.

(2) [1]Wird die Sache beim Pflichtigen nicht vorgefunden, so hat er an Eides statt zu versichern, dass er die Sache nicht besitzt und auch nicht weiß, wo sie sich befindet. [2]Die eidesstattliche Versicherung kann von der Vollstreckungsbehörde und vom Amtsgericht der Sachlage entsprechend geändert werden. [3]§ 16 ist sinngemäß anzuwenden. [4]Dem Antrag der Vollstreckungsbehörde an das Amtsgericht ist eine beglaubigte Abschrift des Verwaltungsakts beizufügen.

VIERTER TEIL
Schlußvorschriften

§ 29 Einschränkung von Grundrechten. Durch Maßnahmen auf Grund dieses Gesetzes können eingeschränkt werden das Recht auf körperliche Unversehrtheit (Art. 2 Abs. 2 Satz 1 des Grundgesetzes), die Freiheit der Person (Art. 2 Abs. 2 Satz 2 des Grundgesetzes), die Unverletzlichkeit der Wohnung (Art. 13 des Grundgesetzes) und das Eigentum (Art. 14 des Grundgesetzes).

§ 30 Weiterführung eingeleiteter Verfahren. Vor Inkrafttreten dieses Gesetzes eingeleitete Vollstreckungsverfahren sind nach den bisherigen Vorschriften weiterzuführen.

§ 31 Kosten. (1) Für Amtshandlungen nach diesem Gesetz werden Kosten (Gebühren und Auslagen) erhoben.

(2) Kostenschuldner ist der Pflichtige.

(3) Wird die Vollstreckungszuständigkeit auf Grund besonderer gesetzlicher Bestimmungen für den Vollstreckungsgläubiger wahrgenommen oder besteht bei der Vollstreckungshilfe keine Gegenseitigkeit, kann die Vollstreckungsbehörde vom Vollstreckungsgläubiger für jeden Fall ihrer Inanspruchnahme eine Gebühr in Höhe von 20 Euro verlangen.

(4) [1]Das Innenministerium wird ermächtigt, im Einvernehmen mit dem Finanzministerium durch Rechtsverordnung die gebührenpflichtigen Tatbestände und den Umfang der zu erstattenden Auslagen näher zu bestimmen. [2]Dabei sind für die Gebühren feste Sätze oder Rahmensätze vorzusehen. [3]Die Gebührensätze sind nach dem Verwaltungsaufwand und der Bedeutung der Amtshandlung für den Pflichtigen zu bemessen. [4]Für die Erstattung von Auslagen können Pauschbeträge bestimmt werden.

(5) Bei der Ersatzvornahme kann die Vollstreckungsbehörde vom Pflichtigen Vorauszahlung der Kosten in der voraussichtlich entstehenden Höhe verlangen.

(6) [1]Auf die Kosten sind im Übrigen § 4 Abs. 1, § 5 Abs. 2, §§ 10, 12, 17, 18 und 21 bis 23 des Landesgebührengesetzes sinngemäß anzuwenden, soweit für die Vollstreckungsbehörde keine anderen Kostenvorschriften gelten. [2]Für Gemeinden und Landkreise gilt ergänzend das Kommunalabgabengesetz.

(7) [1]Soweit nach diesem Gesetz ordentliche Gerichte tätig werden, gelten die Bestimmungen des Gerichtskostengesetzes. [2]Für die Tätigkeit des Gerichtsvollziehers werden Kosten nach dem Gesetz über die Kosten der Gerichtsvollzieher erhoben.

§ 32 Verwaltungsvorschriften. Das Innenministerium erläßt die zur Durchführung dieses Gesetzes erforderlichen Verwaltungsvorschriften.

§ 33 Änderung von Rechtsvorschriften. *(hier nicht abgedruckt).*

§ 34 Aufhebung von Rechtsvorschriften. *(hier nicht abgedruckt).*

§ 35 Inkrafttreten. Dieses Gesetz tritt am 1. Juli 1974 in Kraft.

Gesetz zur Ausführung der Verwaltungsgerichtsordnung (AGVwGO)

in der Neufassung vom 14. Oktober 2008 (GBl. S. 343),
zuletzt geändert durch Gesetz vom 23. Mai 2017 (GBl. S. 265)

INHALTSÜBERSICHT

TEIL I
Gerichtsverfassung

1. Abschnitt
Allgemeine Vorschriften

§ 1 Aufbau der allgemeinen Verwaltungsgerichtsbarkeit. (1) [1]Das Oberverwaltungsgericht führt die Bezeichnung »Verwaltungsgerichtshof Baden-Württemberg«. [2]Es hat seinen Sitz in Mannheim.

(2) Gerichtsbezirke der Verwaltungsgerichte sind
der Regierungsbezirk Stuttgart für das »Verwaltungsgericht Stuttgart« mit dem Sitz in Stuttgart,
der Regierungsbezirk Karlsruhe für das »Verwaltungsgericht Karlsruhe« mit dem Sitz in Karlsruhe,
der Regierungsbezirk Freiburg für das »Verwaltungsgericht Freiburg« mit dem Sitz in Freiburg,
der Regierungsbezirk Tübingen für das »Verwaltungsgericht Sigmaringen« mit dem Sitz in Sigmaringen.

(3) Die Zahl der Senate des Verwaltungsgerichtshofs und der Kammern der Verwaltungsgerichte bestimmt das Justizministerium.

§ 2 Oberste Dienstaufsichtsbehörde. Oberste Dienstaufsichtsbehörde für die Gerichte der Verwaltungsgerichtsbarkeit ist das Justizministerium.

§ 3 Vertrauensleute. Für die Vertrauensleute im Sinne des § 26 Abs. 2 der Verwaltungsgerichtsordnung (VwGO) und deren Stellvertreter gelten 20 Satz 2 sowie §§ 24 und 25 VwGO entsprechend.

§ 4 Normenkontrollverfahren. Der Verwaltungsgerichtshof entscheidet in der Besetzung von fünf Richtern im Rahmen seiner Gerichtsbarkeit über die Gültigkeit von Satzungen und Rechtsverordnungen der in § 47 Abs. 1 Nr. 1 VwGO genannten Art sowie von anderen im Range unter dem Landesgesetz stehenden Rechtsvorschriften.

§ 5 Zuständigkeit des Verwaltungsgerichtshofs im ersten Rechtszug. In den Fällen des § 48 Abs. 1 Satz 1 VwGO entscheidet der Verwaltungsgerichtshof im ersten Rechtszug auch über Streitigkeiten, die Besitzeinweisungen betreffen.

§ 6 Großer Senat beim Verwaltungsgerichtshof. [1]Der Große Senat beim Verwaltungsgerichtshof besteht aus dem Präsidenten und sechs Richtern. [2]In den Fällen des § 11 Abs. 2 VwGO entsendet jeder beteiligte Senat, in den Fällen des § 11 Abs. 4 VwGO der erkennende Senat einen abstimmungsberechtigten Richter zu den Sitzungen des Großen Senats. [3]Satz 2 gilt nicht, wenn der beteiligte oder der erkennende Senat bereits durch ein ständiges Mitglied im Großen Senat vertreten ist.

§ 6a [Amtstracht, Neutralität] [1]Berufsrichter und Urkundsbeamte der Geschäftsstelle tragen in den zur Verhandlung oder zur Verkündung einer Entscheidung bestimmten Sitzungen eine Amtstracht, sofern nicht im Einzelfall nach Auffassung des Gerichts das Interesse an der Rechtsfindung eine andere Regelung gebietet. [2]Bei anderen richterlichen Handlungen sowie bei Verhandlungen außerhalb des Sitzungssaales ist die Amtstracht zu tragen, wenn dies mit Rücksicht auf das Ansehen der Rechtspflege angemessen erscheint; die Entscheidung hierüber trifft das Gericht.

(2) Das Justizministerium kann durch Rechtsverordnung

1. die Verpflichtung nach Absatz 1 auf andere Personen ausdehnen, die befugt sind, als Bevollmächtigte oder Beistände vor Gericht aufzutreten,
2. Ausnahmen von der Verpflichtung nach Absatz 1 zulassen und
3. die Art und Ausgestaltung der Amtstracht bestimmen.

(3) [1]Wer in einer Sitzung oder bei Amtshandlungen außerhalb einer Sitzung, bei denen Beteiligte, Zeugen oder Sachverständige anwesend sind, ihm obliegende oder übertragene richterliche Aufgaben wahrnimmt, darf hierbei keine Symbole oder Kleidungsstücke tragen, die bei objektiver Betrachtung eine bestimmte religiöse, weltanschauliche oder politische Auffassung zum Ausdruck bringen. [2]Das besondere Verbot nach Satz 1 gilt nicht für ehrenamtliche Richter.

2. Abschnitt

Angelegenheiten nach dem Landesdisziplinargesetz

§ 7 Disziplinarkammern. (1) Bei den Verwaltungsgerichten werden Kammern für Angelegenheiten nach dem Landesdisziplinargesetz (Disziplinarkammern) gebildet.

(2) [1]Die Disziplinarkammer entscheidet in der Besetzung von zwei Richtern und einem Beamtenbeisitzer als ehrenamtlichem Richter; der Beamtenbeisitzer soll dem Verwaltungszweig und der Laufbahngruppe des Beamten angehören, gegen den sich das Disziplinarverfahren richtet. [2]Bei der Übertragung auf den Einzelrichter wirkt der Beamtenbeisitzer nicht mit. [3]Bei sonstigen Beschlüssen außerhalb der mündlichen Verhandlung entscheidet der Vorsitzende; ist ein Berichterstatter bestellt, so entscheidet dieser anstelle des Vorsitzenden. [4]Über einen Antrag nach § 80 oder § 123 VwGO oder auf Prozesskostenhilfe entscheidet die Disziplinarkammer in der Besetzung nach Satz 1; in dringenden Fällen kann der Vorsitzende entscheiden.

(3) In dem Verfahren einer Klage gegen eine Disziplinarverfügung, durch die eine Disziplinarmaßnahme nach §§ 29 bis 33 des Landesdisziplinargesetzes (LDG) ausgesprochen wurde, ist eine Übertragung auf den Einzelrichter ausgeschlossen.

§ 8 Disziplinarsenat. (1) Beim Verwaltungsgerichtshof wird ein Senat für Angelegenheiten nach dem Landesdisziplinargesetz (Disziplinarsenat) gebildet.

(2) [1]Der Disziplinarsenat entscheidet in der Besetzung von drei Richtern und zwei Beamtenbeisitzern als ehrenamtlichen Richtern; einer der Beamtenbeisitzer soll dem Verwaltungszweig und der Laufbahngruppe des Beamten angehören, gegen den sich das Disziplinarverfahren richtet. [2]Bei Beschlüssen außerhalb der mündlichen Verhandlung und bei Gerichtsbescheiden wirken die Beamtenbeisitzer nicht mit.

§ 9 Beamtenbeisitzer. (1) Die Beamtenbeisitzer müssen auf Lebenszeit oder auf Zeit ernannte Beamte eines Dienstherrn nach § 1 Abs. 1 Satz 1 LDG sein und bei ihrer Bestellung ihren dienstlichen Wohnsitz im Bezirk des zuständigen Verwaltungsgerichts haben.

(2) §§ 20, 21 Abs. 1 Nr. 3 und §§ 22 bis 29 VwGO finden auf die Beamtenbeisitzer keine Anwendung.

§ 10 Bestellung der Beamtenbeisitzer. (1) [1]Die Beamtenbeisitzer werden vom Justizministerium auf fünf Jahre bestellt. [2]Nach Ablauf der Amtszeit ist die Wiederbestellung zulässig. [3]Wird während der Amtszeit die Bestellung eines neuen Beamtenbeisitzers erforderlich, so wird dieser nur für den Rest der Amtszeit bestellt.

(2) Die obersten Landesbehörden oder die von diesen bestimmten Stellen sowie die Spitzenorganisationen der Gewerkschaften und Berufsverbände der Beamten im Land sowie die kommunalen Landesverbände können Vorschläge für die zu bestellenden Beamtenbeisitzer unterbreiten.

§ 11 Ausschluss von der Ausübung des Richteramts. (1) Ein Richter oder Beamtenbeisitzer ist von der Ausübung des Richteramts kraft Gesetzes ausgeschlossen, wenn er

1. durch das Dienstvergehen verletzt ist,
2. Ehegatte, Lebenspartner oder gesetzlicher Vertreter des Beamten oder des Verletzten ist oder war,
3. mit dem Beamten oder dem Verletzten in gerader Linie verwandt oder verschwägert oder in der Seitenlinie bis zum dritten Grad verwandt oder bis zum zweiten Grad verschwägert ist oder war,
4. in dem Disziplinarverfahren gegen den Beamten nichtrichterlich mitgewirkt hat, als Zeuge vernommen wurde oder als Sachverständiger ein Gutachten erstattet hat,
5. in einem wegen desselben Sachverhalts eingeleiteten Straf- oder Bußgeldverfahren gegen den Beamten beteiligt war,
6. Dienstvorgesetzter des Beamten ist oder war oder bei einem seiner Dienstvorgesetzten mit der Bearbeitung von Personalangelegenheiten des Beamten befasst ist oder
7. als Mitglied einer Personalvertretung in dem Disziplinarverfahren gegen den Beamten mitgewirkt hat.

(2) Ein Beamtenbeisitzer ist auch ausgeschlossen, wenn er der Dienststelle des Beamten angehört.

§ 12 Nichtheranziehung eines Beamtenbeisitzers. Ein Beamtenbeisitzer, gegen den

1. wegen einer vorsätzlich begangenen Straftat die öffentliche Klage erhoben oder der Erlass eines Strafbefehls beantragt,
2. ein Verbot der Führung der Dienstgeschäfte ausgesprochen,
3. die vorläufige Dienstenthebung angeordnet oder
4. eine Disziplinarmaßnahme nach §§ 29 bis 31 LDG ausgesprochen worden ist,

darf für die Dauer des Verfahrens oder der Maßnahme zur Ausübung seines Amtes nicht herangezogen werden.

§ 13 Entbindung vom Amt des Beamtenbeisitzers. (1) Der Beamtenbeisitzer ist von seinem Amt zu entbinden, wenn

1. er rechtskräftig zu einer Freiheitsstrafe verurteilt worden ist,
2. gegen ihn unanfechtbar eine Disziplinarmaßnahme nach §§ 28 bis 31 LDG ausgesprochen worden ist,
3. er in ein Amt außerhalb der Bezirke, für die das Gericht zuständig ist, versetzt wird,
4. das Beamtenverhältnis endet oder
5. die Voraussetzungen für das Amt des Beamtenbeisitzers nach § 9 Abs. 1 bei seiner Bestellung nicht vorlagen.

(2) In besonderen Härtefällen kann der Beamtenbeisitzer auch auf Antrag von der weiteren Ausübung des Amtes entbunden werden.

(3) Für die Entscheidung gilt § 24 Abs. 3 VwGO entsprechend.

§ 14 Zuständigkeit. Die Aufgaben der Verwaltungsgerichte in Angelegenheiten nach dem Landesdisziplinargesetz nehmen die Disziplinarkammern und der Disziplinarsenat wahr.

TEIL 2

Verfahren, Rechtsmittel, Kosten

1. Abschnitt

Vorverfahren

§ 15 Ausschluss des Vorverfahrens. (1) [1]Eines Vorverfahrens bedarf es nicht, wenn das Regierungspräsidium oder der Landesbeauftragte für den Datenschutz den Verwaltungsakt erlassen oder diesen abgelehnt hat. [2]Dies gilt nicht,

1. soweit Bundesrecht die Durchführung eines Vorverfahrens vorschreibt,
2. für die Bewertung einer Leistung im Rahmen einer berufsbezogenen Prüfung und
3. vor den Klagen von Beamten, Ruhestandsbeamten, früheren Beamten oder Hinterbliebenen aus dem Beamtenverhältnis.

(2) [1]Eines Vorverfahrens bedarf es nicht in Angelegenheiten nach dem Landesdisziplinargesetz. [2]Absatz 1 Satz 2 Nr. 3 findet keine Anwendung.

(3) Eines Vorverfahrens bedarf es nicht in Angelegenheiten, in denen die Nationalparkverwaltung nach dem Nationalparkgesetz den Verwaltungsakt erlassen oder diesen abgelehnt hat.

§ 16 Widerspruchsbehörde bei Verwaltungsakten einer Polizeidienststelle. Nächsthöhere Behörde im Sinne des § 73 Abs. 1 Satz 2 Nr. 1 VwGO ist bei Verwaltungsakten einer Polizeidienststelle nach § 60 Abs. 2 des Polizeigesetzes (PolG) die unterste nach § 73 PolG zur Fachaufsicht zuständige allgemeine Polizeibehörde.

§ 17 Widerspruchsbehörde bei Verwaltungsakten einer Gemeinde, eines Zweck- oder Schulverbands und einer selbständigen Kommunalanstalt. (1) [1]Den Bescheid über den Widerspruch gegen den Verwaltungsakt einer Gemeinde, die der Rechtsaufsicht des Landratsamtes untersteht, erlässt in Selbstverwaltungsangelegenheiten (weisungsfreie Angelegenheiten) das Landratsamt als Rechtsaufsichtsbehörde. [2]Die Nachprüfung des Verwaltungsakts unter dem Gesichtspunkt der Zweckmäßigkeit bleibt der Gemeinde vorbehalten.

(2) Für den Widerspruch gegen den Verwaltungsakt eines Zweck- oder Schulverbands, einer selbstständigen Kommunalanstalt oder einer gemeinsamen selbstständigen Kommunalanstalt, der oder die der Rechtsaufsicht des Landratsamtes untersteht, gilt Absatz 1 entsprechend.

§ 18 Widerspruchsbehörde bei Verwaltungsakten in sonstigen Selbstverwaltungsangelegenheiten. Über den Widerspruch gegen Verwaltungsakte von Wasser- und Bodenverbänden entscheidet die Aufsichtsbehörde.

2. Abschnitt

Gerichtliches Verfahren, Rechtsmittel und Kosten in Angelegenheiten nach dem Landesdisziplinargesetz

§ 19 Beweisaufnahme. (1) [1]§§ 48, 50, 51 Abs. 1 Satz 1 und Abs. 2, §§ 52 bis 57, 68, 69, 70 Abs. 1 Satz 1, § 72 in Verbindung mit §§ 48, 51 Abs. 2, §§ 68, 69 sowie §§ 74 bis 76, 77 Abs. 1 Satz 1 und § 406 f der Strafprozessordnung gelten entsprechend. [2]Soweit eine Aussagegenehmigung erforderlich ist, gilt sie Beschäftigten des Dienstherrn des Beamten als erteilt; sie kann unter den Voraussetzungen des § 37 Abs. 4 Satz 1 oder Abs. 5 des Beamtenstatusgesetzes ganz oder teilweise widerrufen werden.

(2) Die im behördlichen Verfahren durch richterliche Vernehmung erhobenen Beweise können der Entscheidung ohne nochmalige Beweisaufnahme zu Grunde gelegt werden.

§ 20 Vergleich. [1]Der Abschluss eines Vergleichs, der den Ausspruch einer Disziplinarmaßnahme oder die Einstellung des Disziplinarverfahrens zum Gegenstand hat, bedarf der Zustimmung des Gerichts. [2]In den Fällen des § 106 Satz 2 VwGO gilt die Zustimmung als erteilt. [3]Außerhalb des gerichtlichen Verfahrens darf ein solcher Vergleich nicht geschlossen werden.

§ 21 Entscheidung über die Klage gegen die Abschlussverfügung. [1]Soweit die Abschlussverfügung rechtswidrig und der Kläger dadurch in seinen Rechten verletzt ist, hebt das Gericht die Verfügung auf. [2]Ist ein Dienstvergehen erwiesen, kann das Gericht die Verfügung auch aufrechterhalten oder zu Gunsten des Beamten ändern, wenn mit der gerichtlichen Entscheidung die Rechtsverletzung beseitigt ist. [3]Die Vorschriften des Landesdisziplinargesetz über die Bemessung von Disziplinarmaßnahmen finden Anwendung. [4]Im Übrigen bleibt § 113 VwGO unberührt. [5]Auf eine Abschlussverfügung, die nach Satz 2 aufrechterhalten oder geändert wurde, findet § 40 LDG Anwendung.

§ 22 Kosten. [1]Es werden Gerichtsgebühren nur nach dem Gebührenverzeichnis der Anlage* zu diesem Gesetz erhoben. [2]Im Übrigen finden die für Kosten in Verfahren vor den Gerichten der Verwaltungsgerichtsbarkeit geltenden Vorschriften der Verwaltungsgerichtsordnung und des Gerichtskostengesetzes (GKG) vom 5. Mai 2004 (BGBl. S. 718) in der jeweils geltenden Fassung Anwendung.

---

* *Vom Abdruck der Anlage wird abgesehen.*

Gesetz zum Schutz personenbezogener Daten (Landesdatenschutzgesetz – LDSG)

in der Fassung vom 12. Juni 2018 (GBl. S. 173),
zuletzt geändert durch Gesetz vom 18. Dezember 2018 (GBl. S. 1551)

INHALTSÜBERSICHT

Abschnitt 1

Allgemeine Bestimmungen

§ 1 Zweck des Gesetzes. Dieses Gesetz trifft ergänzende Regelungen zur Durchführung der Verordnung (EU) 2016/679 des Europäischen Parlaments und des Rates vom 27. April 2016 zum Schutz natürlicher Personen bei der Verarbeitung personenbezogener Daten, zum freien Datenverkehr und zur Aufhebung der Richtlinie 95/46/EG (Datenschutz-Grundverordnung) (ABl. L 119 vom 4. Mai 2016, S. 1, ber. ABl. L 314 vom 22. November 2016, S. 72) in der jeweils geltenden Fassung sowie Regelungen für die Verarbeitung personenbezogener Daten im Rahmen einer Tätigkeit, die nicht in den Anwendungsbereich des Unionsrechts fällt.

§ 2 Anwendungsbereich. (1) [1]Dieses Gesetz gilt nach Maßgabe von Absatz 2 bis 7 für die Verarbeitung personenbezogener Daten durch Behörden und sonstige Stellen des Landes, der Gemeinden und Gemeindeverbände und der sonstigen der Aufsicht des Landes unterstehenden juristischen Personen des öffentlichen Rechts (öffentliche Stellen). [2]Die öffentliche Stelle ist zugleich Verantwortlicher nach Artikel 4 Nummer 7 der Verordnung (EU) 2016/679, soweit dieses Gesetz nichts anderes bestimmt. [3]Dieses Gesetz gilt nicht für die Verarbeitung personenbezogener Daten

1. durch das Landesamt für Verfassungsschutz im Rahmen der Erfüllung seiner Aufgaben nach § 3 des Landesverfassungsschutzgesetzes,
2. beim Vollzug des Landessicherheitsüberprüfungsgesetzes,
3. durch die Polizei sowie die Gerichte, Staatsanwaltschaften, das Justizministerium und die Justizvollzugsbehörden zum Zwecke der Verhütung, Ermittlung, Aufdeckung oder Verfolgung von Straftaten und Ordnungswidrigkeiten oder der Strafvollstreckung, einschließlich des Schutzes vor und der Abwehr von Gefahren für die öffentliche Sicherheit und
4. durch andere für die Verfolgung und Ahndung von Ordnungswidrigkeiten zuständige Stellen,

soweit besondere Rechtsvorschriften keine abweichenden Regelungen treffen. [4]§ 30 gilt auch für die Verarbeitung personenbezogener Daten nach Satz 3.

(2) [1]Als öffentliche Stellen gelten auch juristische Personen und sonstige Vereinigungen des privaten Rechts, die Aufgaben der öffentlichen Verwaltung wahrnehmen und an denen eine oder mehrere der in Absatz 1 genannten juristischen Personen des öffentlichen Rechts mit absoluter Mehrheit der Anteile oder absoluter Mehrheit der Stimmen beteiligt sind. [2]Beteiligt sich eine juristische Person oder sonstige Vereinigung des privaten Rechts nach Satz 1 an einer weiteren Vereinigung des privaten Rechts, findet Satz 1 entsprechende Anwendung. [3]Nehmen nichtöffentliche Stellen hoheitliche Aufgaben der öffentlichen Verwaltung wahr, sind sie insoweit öffentliche Stellen im Sinne dieses Gesetzes.

(3) [1]Soweit besondere Rechtsvorschriften des Bundes oder des Landes auf personenbezogene Daten anzuwenden sind, gehen sie den Vorschriften dieses Gesetzes vor. [2]Die Vorschriften dieses Gesetzes gehen denen des Landesverwaltungsverfahrensgesetzes vor, soweit bei der Ermittlung des Sachverhalts personenbezogene Daten verarbeitet werden.

(4) [1]Soweit die Verarbeitung personenbezogener Daten im Rahmen einer Tätigkeit stattfindet, die nicht in den sachlichen Anwendungsbereich der Verordnung (EU) 2016/679 oder der Richtlinie (EU) 2016/680 des Europäischen Parlaments und des Rates vom 27. April 2016 zum Schutz natürlicher Personen bei der Verarbeitung personenbezogener Daten durch die zuständigen Behörden zum Zwecke der Verhütung, Ermittlung, Aufdeckung oder Verfolgung von Straftaten oder der Strafvollstreckung sowie zum freien Datenverkehr und zur Aufhebung des Rahmenbeschlusses 2008/977/JI des Rates (ABl. L 119 vom 4. Mai 2016, S. 89) fällt, gelten die Regelungen der Verordnung (EU) 2016/679 und dieses Gesetz entsprechend, sofern die Verarbeitung nicht in besonderen Rechtsvorschriften geregelt ist. [2]Die Artikel 30, 35 und 36 der Verordnung (EU) 2016/679 gelten nur, soweit die Verarbeitung personenbezogener Daten automatisiert erfolgt oder die Daten in einem Dateisystem gespeichert sind oder gespeichert werden sollen. [3]Auf die Prüfungstätigkeit des Rechnungshofs und der staatlichen Rechnungsprüfungsämter finden Artikel 30 und Kapitel VI der Verordnung (EU) 2016/679 sowie §§ 25 und 26 dieses Gesetzes keine Anwendung.

(5) Dieses Gesetz gilt für den Landtag sowie unbeschadet des Absatz 1 Nummer 3 für die Gerichte nur, soweit sie in Verwaltungsangelegenheiten tätig werden.

(6) [1]Soweit öffentliche Stellen als Unternehmen mit eigener Rechtspersönlichkeit am Wettbewerb teilnehmen, sind die für nichtöffentliche Stellen geltenden datenschutzrechtlichen Vorschriften entsprechend anzuwenden. [2]Satz 1 gilt nicht für Zweckverbände.

(7) Die Vorschriften dieses Gesetzes gelten nicht für die Verarbeitung personenbezogener Daten zur Ausübung des Begnadigungsrechts.

§ 3 Sicherstellung des Datenschutzes. (1) [1]Bei der Datenverarbeitung sind angemessene und spezifische Maßnahmen zur Wahrung der Interessen der betroffenen Person vorzusehen. [2]Dabei sind der Stand der Technik, die Implementierungskosten, die Art, der Umfang, die Umstände und die Zwecke der Verarbeitung sowie die unterschiedliche Eintrittswahrscheinlichkeit und Schwere der mit der Verarbeitung verbundenen Risiken für die Rechte und Freiheiten natürlicher Personen zu berücksichtigen. [3]Zu den Maßnahmen können insbesondere gehören:

1. technische und organisatorische Maßnahmen, um sicherzustellen, dass die Verarbeitung gemäß der Verordnung (EU) 2016/679 erfolgt,
2. Maßnahmen, die die nachträgliche Überprüfung und Feststellung gewährleisten, ob und von wem personenbezogene Daten erfasst, verändert oder gelöscht worden sind,
3. die Sensibilisierung und Schulung der an Verarbeitungsvorgängen Beteiligten,
4. die Beschränkung des Zugangs zu den personenbezogenen Daten innerhalb der öffentlichen Stelle und von Auftragsverarbeitern,
5. die Pseudonymisierung personenbezogener Daten,
6. die Verschlüsselung personenbezogener Daten,
7. die Fähigkeit, die Vertraulichkeit, Integrität, Verfügbarkeit und Belastbarkeit der Systeme und Dienste im Zusammenhang mit der Verarbeitung personenbezogener Daten auf Dauer sicherzustellen, einschließlich der Fähigkeit, die Verfügbarkeit der personenbezogenen Daten und den Zugang zu ihnen bei einem physischen oder technischen Zwischenfall rasch wiederherzustellen,
8. die Einrichtung eines Verfahrens zur regelmäßigen Überprüfung, Bewertung und Evaluierung der Wirksamkeit der technischen und organisatorischen Maßnahmen zur Gewährleistung der Sicherheit der Verarbeitung und
9. spezifische Verfahrensregelungen, die im Fall einer Übermittlung oder Verarbeitung personenbezogener Daten für andere Zwecke die Einhaltung der Vorgaben dieses Gesetzes sowie der Verordnung (EU) 2016/679 sicherstellen.

(2) [1]Den bei öffentlichen Stellen beschäftigten Personen ist es untersagt, personenbezogene Daten unbefugt zu verarbeiten (Datengeheimnis). [2]Das Datengeheimnis besteht nach Beendigung ihrer Tätigkeit fort.

Abschnitt 2

Rechtsgrundlagen der Verarbeitung personenbezogener Daten

§ 4 Zulässigkeit der Verarbeitung personenbezogener Daten. Die Verarbeitung personenbezogener Daten ist unbeschadet sonstiger Bestimmungen zulässig, wenn sie zur Erfüllung der in der Zuständigkeit der öffentlichen Stelle liegenden Aufgabe oder in Ausübung öffentlicher Gewalt, die der öffentlichen Stelle übertragen wurde, erforderlich ist.

§ 5 Datenverarbeitung zu anderen Zwecken (Ergänzung zu Artikel 6 Absatz 3 und 4 der Verordnung [EU] 2016/679). (1) Die Verarbeitung personenbezogener Daten zu einem anderen Zweck als zu demjenigen, zu dem sie erhoben wurden, ist unbeschadet der Bestimmungen der Verordnung (EU) 2016/679 zulässig, wenn

1. sie zur Abwehr erheblicher Nachteile für das Gemeinwohl oder einer unmittelbar drohenden Gefahr für die öffentliche Sicherheit oder zur Wahrung erheblicher Belange des Gemeinwohls erforderlich ist,
2. sie zum Schutz der betroffenen Person oder zur Abwehr einer schwerwiegenden Beeinträchtigung der Rechte und Freiheiten einer anderen Person erforderlich ist,
3. sich bei der rechtmäßigen Aufgabenerfüllung Anhaltspunkte für Straftaten oder Ordnungswidrigkeiten von erheblicher Bedeutung ergeben und die Unterrichtung der für die Verhütung, Verfolgung oder Vollstreckung zuständigen Behörden erforderlich ist oder
4. Angaben der betroffenen Person überprüft werden müssen, weil tatsächliche Anhaltspunkte für deren Unrichtigkeit bestehen,

soweit die Verarbeitung notwendig und verhältnismäßig ist.

(2) [1]Eine Verarbeitung gilt als mit den ursprünglichen Zwecken vereinbar, wenn sie

1. für die Wahrnehmung von Aufsichts- und Kontrollbefugnissen benötigt wird oder
2. der Rechnungsprüfung oder der Durchführung von Organisationsuntersuchungen oder der Prüfung und Wartung von automatisierten Verfahren dient.

[2]Dies gilt auch für die Verarbeitung zu eigenen Aus- und Fortbildungszwecken, soweit schutzwürdige Belange der betroffenen Person nicht entgegenstehen.

(3) Abweichend von Artikel 13 der Verordnung (EU) 2016/679 erfolgt eine Information der betroffenen Person über die Datenverarbeitung nach Absatz 1 Nummern 1 bis 4 nicht, soweit und solange hierdurch der Zweck der Verarbeitung gefährdet würde und die Interessen der öffentlichen Stelle an der Nichterteilung der Information die Interessen der betroffenen Person überwiegen.

(4) Personenbezogene Daten, die ausschließlich zum Zweck der Datenschutzkontrolle, der Datensicherung oder zur Sicherstellung des ordnungsgemäßen Betriebs einer Datenverarbeitungsanlage verarbeitet werden, dürfen nur für diesen Zweck und hiermit in Zusammenhang stehende Maßnahmen gegenüber Beschäftigten verarbeitet werden oder soweit dies zur Verhütung oder Verfolgung von Straftaten gegen Leib, Leben oder Freiheit einer Person erforderlich ist.

§ 6 Übermittlung personenbezogener Daten. (1) Die Übermittlung personenbezogener Daten zu anderen als ihren Erhebungszwecken ist zulässig, wenn

1. sie zur Erfüllung einer der übermittelnden oder der empfangenden öffentlichen Stelle obliegenden Aufgabe erforderlich ist und die Voraussetzungen vorliegen, die eine Verarbeitung nach § 5 zulassen würden oder
2. der Empfänger eine nichtöffentliche Stelle ist, die ein berechtigtes Interesse an ihrer Kenntnis glaubhaft darlegt und die betroffene Person kein schutzwürdiges Interesse an dem Ausschluss der Übermittlung hat; dies gilt auch, soweit die Daten zu anderen Zwecken als denjenigen, zu denen sie erhoben wurden, übermittelt werden.

(2) [1]Die Verantwortung für die Zulässigkeit der Übermittlung personenbezogener Daten trägt die übermittelnde öffentliche Stelle. [2]Erfolgt die Übermittlung an eine öffentliche Stelle im Geltungsbereich des Grundgesetzes auf deren Ersuchen, trägt diese die Verantwortung und erteilt die Informationen nach Artikel 14 der Verordnung (EU) 2016/679. [3]Die übermittelnde öffentliche Stelle hat im Falle des Satzes 2 lediglich zu prüfen, ob das Übermittlungsersuchen im Rahmen der Aufgaben der ersuchenden öffentlichen Stelle liegt. [4]Die Rechtmäßigkeit des Ersuchens prüft sie nur, wenn im Einzelfall hierzu Anlass besteht.

(3) [1]Erfolgt die Übermittlung aufgrund eines automatisierten Verfahrens, welches die Übermittlung personenbezogener Daten durch Abruf ermöglicht, trägt die Verantwortung für die Rechtmäßigkeit des Abrufs der Dritte, an den übermittelt wird. [2]Die übermittelnde Stelle prüft die Zulässigkeit des Abrufs nur, wenn dazu Anlass besteht. [3]Sie hat zu gewährleisten, dass die Übermittlung personenbezogener Daten zumindest durch geeignete Stichprobenverfahren festgestellt und überprüft werden kann.

§ 7 Datenverarbeitung in der gemeinsamen Dienststelle. (1) [1]Die örtlich zuständige öffentliche Stelle darf personenbezogene Daten nur den in einer gemeinsamen Dienststelle nach § 16 Absatz 1 des Landesverwaltungsgesetzes beschäftigten eigenen Bediensteten zur Verarbeitung für eigene Aufgaben überlassen. [2]Durch technische und organisatorische Maßnahmen ist sicherzustellen, dass ein Zugriff auf die Daten nach Satz 1 durch Bedienstete anderer Behörden nicht möglich ist. [3]Soweit dies zur Sicherstellung einer sachgerechten Erledigung der eigenen Aufgaben erforderlich ist, darf die örtlich zuständige öffentliche Stelle auch Bediensteten anderer Behörden, die in der gemeinsamen Dienststelle beschäftigt sind, personenbezogene Daten zur Verarbeitung überlassen. [4]Im Rahmen einer solchen Datenverarbeitung unterliegen die Bediensteten anderer Behörden den Weisungen der örtlich zuständigen öffentlichen Stelle. [5]Hinsichtlich der Daten, die sie im Rahmen ihrer Tätigkeit für die fremde Behörde zur Kenntnis nehmen, haben sie das Datengeheimnis gegenüber ihrer eigenen Dienststelle zu wahren. [6]Das Nähere ist durch gemeinsame interne Dienstanweisungen zu regeln. [7]Verantwortlicher bleibt die örtlich zuständige öffentliche Stelle.

(2) Für gemeinsame Dienststellen nach § 27 des Gesetzes über kommunale Zusammenarbeit gilt Absatz 1 entsprechend.

Abschnitt 3

Rechte der betroffenen Person

§ 8 Beschränkung der Informationspflicht (Ergänzung zu Artikel 13 und 14 der Verordnung [EU] 2016/679). (1) Eine Pflicht zur Information der betroffenen Person besteht nicht, soweit und solange

1. die Information die öffentliche Sicherheit gefährden oder sonst dem Wohle des Bundes oder eines Landes Nachteile bereiten würde,
2. die Information die Verhütung oder Verfolgung von Straftaten oder Ordnungswidrigkeiten von erheblicher Bedeutung gefährden würde,
3. die Information die Geltendmachung, Ausübung oder Verteidigung zivilrechtlicher Ansprüche beeinträchtigen würde,
4. die Daten oder die Tatsache der Verarbeitung nach einer Rechtsvorschrift oder zum Schutze der betroffenen Person oder der Rechte und Freiheiten anderer Personen geheim gehalten werden müssen oder
5. die Information voraussichtlich die Verwirklichung des wissenschaftlichen oder historischen Forschungszwecks unmöglich macht oder ernsthaft beeinträchtigt

und deswegen das Interesse der betroffenen Person an der Informationserteilung zurücktreten muss.

(2) [1]Bezieht sich die Informationserteilung auf die Übermittlung personenbezogener Daten an Staatsanwaltschaften, Polizeibehörden oder den Polizeivollzugsdienst, Verfassungsschutzbehörden und, soweit sie in Erfüllung ihrer gesetzlichen Aufgaben im Anwendungsbereich der Abgabenordnung zur Überwachung und Prüfung personenbezogene Daten speichern, an Behörden der Finanzverwaltung, ist diesen Behörden vorab Gelegenheit zur Stellungnahme zu geben. [2]Satz 1 findet auch Anwendung auf die Übermittlung personenbezogener Daten an den Bundesnachrichtendienst, den Militärischen Abschirmdienst und, soweit die Sicherheit des Bundes berührt wird, an andere Behörden des Bundesministers der Verteidigung. [3]Satz 1 und 2 gelten entsprechend für die Information über die Herkunft der Daten von den genannten Behörden.

(3) Die Gründe für das Absehen von der Information sind zu dokumentieren.

§ 9 Beschränkung des Auskunftsrechts (Ergänzung zu Artikel 15 der Verordnung [EU] 2016/679). (1) [1]Die Auskunftserteilung kann aus den in § 8 Absatz 1 Nummern 1 bis 4 genannten Gründen abgelehnt werden. [2]Die betroffene Person kann ferner keine Auskunft verlangen, soweit und solange die personenbezogenen Daten ausschließlich zu Zwecken der Datensicherung oder der Datenschutzkontrolle gespeichert sind und eine Verarbeitung zu anderen Zwecken durch geeignete technische und organisatorische Maßnahmen ausgeschlossen ist und deswegen das Interesse der betroffenen Person an der Auskunftserteilung zurücktreten muss.

(2) [1]Sofern die öffentliche Stelle eine große Menge von Informationen über die betroffene Person verarbeitet, kann sie sich auf die Benennung der Verar-

beitungsvorgänge und der Art der verarbeiteten Daten beschränken, wenn sie im Übrigen von der betroffenen Person eine Präzisierung verlangt, auf welche Information oder welche Verarbeitungsvorgänge sich ihr Auskunftsersuchen bezieht. [2]Kommt die betroffene Person dem Verlangen nicht nach, kann die Auskunft verweigert werden, soweit die Auskunftserteilung einen unzumutbaren Aufwand auslösen würde.

(3) § 8 Absatz 2 gilt entsprechend.

(4) [1]Die Ablehnung der Auskunftserteilung ist zu begründen, es sei denn, durch die Mitteilung der Gründe würde der mit der Auskunftsverweigerung verfolgte Zweck gefährdet. [2]In diesem Fall sind die Gründe der Auskunftsverweigerung zu dokumentieren. [3]Die betroffene Person ist auf die Möglichkeit der Beschwerde bei der oder dem Landesbeauftragten für den Datenschutz hinzuweisen.

(5) [1]Wird der betroffenen Person keine Auskunft erteilt, ist sie auf ihr Verlangen der oder dem Landesbeauftragten für den Datenschutz zu erteilen, soweit nicht die jeweils zuständige oberste Landesbehörde im Einzelfall feststellt, dass dadurch die Sicherheit des Bundes oder eines Landes gefährdet würde. [2]Die Mitteilung der oder des Landesbeauftragten für den Datenschutz an die betroffene Person über das Ergebnis der datenschutzrechtlichen Prüfung darf keine Rückschlüsse auf den Erkenntnisstand der öffentlichen Stelle zulassen, sofern diese nicht einer weiter gehenden Auskunft zustimmt.

§ 10 Beschränkung des Rechts auf Löschung (Ergänzung zu Artikel 17 der Verordnung [EU] 2016/679). (1) Die Bestimmungen des Landesarchivgesetzes zur Anbietungspflicht sowie sonstige gesetzliche oder satzungsmäßige Dokumentations- und Aufbewahrungspflichten bleiben unberührt.

(2) [1]Die Pflicht zur Löschung personenbezogener Daten nach Artikel 17 der Verordnung (EU) 2016/679 besteht nicht, wenn Grund zu der Annahme besteht, dass durch eine Löschung schutzwürdige Interessen der betroffenen Person beeinträchtigt würden. [2]In diesem Fall tritt an die Stelle einer Löschung eine Einschränkung der Verarbeitung nach Artikel 18 der Verordnung (EU) 2016/679. [3]Die öffentliche Stelle unterrichtet die betroffene Person über das Absehen von der Löschung und die Einschränkung der Verarbeitung. [4]Widerspricht die betroffene Person dem Absehen von der Löschung, sind die Daten zu löschen.

(3) [1]Ist eine Löschung im Falle nichtautomatisierter Datenverarbeitung wegen der besonderen Art der Speicherung nicht oder nur mit unverhältnismäßig hohem Aufwand möglich und ist das Interesse der betroffenen Person an der Löschung als gering anzusehen, besteht das Recht der betroffenen Person auf und die Pflicht der öffentlichen Stelle zur Löschung personenbezogener Daten nicht. [2]In diesem Fall tritt an die Stelle einer Löschung eine Einschränkung der Verarbeitung nach Artikel 18 der Verordnung (EU) 2016/679. [3]Satz 1 und 2 finden keine Anwendung, wenn die personenbezogenen Daten unrechtmäßig verarbeitet wurden.

§ 11 Beschränkung der Benachrichtigungspflicht (Ergänzung zu Artikel 34 der Verordnung [EU] 2016/679). Die öffentliche Stelle kann von der Benachrichtigung der von einer Verletzung des Schutzes personenbezogener Daten betroffenen Person absehen, soweit und solange

1. die Benachrichtigung die öffentliche Sicherheit gefährden oder sonst dem Wohle des Bundes oder eines Landes Nachteile bereiten würde,
2. die Daten oder die Tatsache der Verarbeitung nach einer Rechtsvorschrift oder zum Schutze der betroffenen Person oder der Rechte anderer Personen geheim gehalten werden müssen oder
3. die Benachrichtigung die Sicherheit von Systemen der Informationstechnologie gefährden würde

und deswegen das Interesse der betroffenen Person an der Benachrichtigung zurücktreten muss.

Abschnitt 4

Besondere Verarbeitungssituationen

§ 12 Verarbeitung personenbezogener Daten, die einem Berufs- oder besonderen Amtsgeheimnis unterliegen. (1) [1]Personenbezogene Daten, die einem Berufs- oder besonderen Amtsgeheimnis unterliegen und die der öffentlichen Stelle in Ausübung einer Berufs- oder Amtspflicht übermittelt worden sind, dürfen von der öffentlichen Stelle nur für den Zweck verarbeitet werden, für den sie die Daten erhalten hat. [2]Artikel 9 der Verordnung (EU) 2016/679 bleibt unberührt.

(2) Für einen anderen Zweck dürfen die Daten nur verarbeitet werden, wenn

1. die Änderung des Zwecks durch besonderes Gesetz zugelassen ist oder
2. die Voraussetzungen des § 5 Absatz 1 Nummern 1 bis 3, § 13 Absatz 1 oder § 14 Absatz 1 vorliegen und die zur Verschwiegenheit verpflichtete Stelle zugestimmt hat.

§ 13 Datenverarbeitung zu wissenschaftlichen oder historischen Forschungszwecken und zu statistischen Zwecken. (1) [1]Öffentliche Stellen dürfen personenbezogene Daten einschließlich besonderer Kategorien personenbezogener Daten für wissenschaftliche oder historische Forschungszwecke oder für statistische Zwecke verarbeiten, wenn die Zwecke auf andere Weise nicht oder nur mit unverhältnismäßigem Aufwand erreicht werden können und die Interessen der öffentlichen Stelle an der Durchführung des Forschungs- oder Statistikvorhabens die Interessen der betroffenen Person an einem Ausschluss der Verarbeitung überwiegen. [2]Besondere Kategorien personenbezogener Daten sind die in Artikel 9 Absatz 1 der Verordnung (EU) 2016/679 genannten Daten.

(2) [1]Die personenbezogenen Daten sind zu anonymisieren, sobald dies nach dem Forschungs- oder Statistikzweck möglich ist, es sei denn, berechtigte Inte-

ressen der betroffenen Person stehen dem entgegen. [2]Bis zur Anonymisierung sind die Merkmale gesondert zu speichern, mit denen Einzelangaben einer bestimmten oder bestimmbaren Person zugeordnet werden können. [3]Sie dürfen mit den Einzelangaben nur zusammengeführt werden, soweit der Forschungs- oder Statistikzweck dies erfordert.

(3) Die wissenschaftliche oder historische Forschung betreibenden öffentlichen Stellen dürfen personenbezogene Daten außer bei Einwilligung nur veröffentlichen, soweit dies für die Darstellung von Forschungsergebnissen über Ereignisse der Zeitgeschichte unerlässlich ist.

(4) [1]Die in Artikel 15, 16, 18 und 21 der Verordnung (EU) 2016/679 vorgesehenen Rechte der betroffenen Person sind insoweit beschränkt, als diese Rechte voraussichtlich die Verwirklichung der jeweiligen Forschungs- oder Statistikzwecke unmöglich machen oder ernsthaft beeinträchtigen und die Beschränkung für die Erfüllung der jeweiligen Forschungs- oder Statistikzwecke notwendig ist. [2]Das Recht auf Auskunft gemäß Artikel 15 der Verordnung (EU) 2016/679 besteht darüber hinaus nicht, wenn die Daten für Zwecke der wissenschaftlichen Forschung erforderlich sind und die Auskunftserteilung einen unverhältnismäßigen Aufwand erfordern würde.

§ 14 Datenverarbeitung zu im öffentlichen Interesse liegenden Archivzwecken. (1) Die Verarbeitung besonderer Kategorien personenbezogener Daten ist zulässig, wenn sie für im öffentlichen Interesse liegende Archivzwecke erforderlich ist.

(2) Das Recht auf Auskunft der betroffenen Person gemäß Artikel 15 der Verordnung (EU) 2016/679 besteht nicht, wenn das Archivgut nicht durch den Namen der Person erschlossen ist oder keine Angaben gemacht werden, die das Auffinden des betreffenden Archivguts mit vertretbarem Verwaltungsaufwand ermöglichen.

(3) [1]Das Recht auf Berichtigung der betroffenen Person gemäß Artikel 16 der Verordnung (EU) 2016/679 besteht nicht, wenn die personenbezogenen Daten zu Archivzwecken im öffentlichen Interesse verarbeitet werden. [2]Bestreitet die betroffene Person die Richtigkeit der personenbezogenen Daten, ist ihr die Möglichkeit einer Gegendarstellung einzuräumen. [3]Das zuständige Archiv ist verpflichtet, die Gegendarstellung den Unterlagen hinzuzufügen.

(4) Die in Artikel 18, 19, 20 und 21 der Verordnung (EU) 2016/679 vorgesehenen Rechte bestehen nicht, soweit diese Rechte voraussichtlich die Verwirklichung der im öffentlichen Interesse liegenden Archivzwecke unmöglich machen oder ernsthaft beeinträchtigen und die Ausnahmen für die Erfüllung dieser Zwecke erforderlich sind.

(5) Soweit öffentliche Stellen verpflichtet sind, Unterlagen einem öffentlichen Archiv zur Übernahme anzubieten, ist eine Löschung erst zulässig, nachdem die Unterlagen dem öffentlichen Archiv angeboten und von diesem nicht als archivwürdig übernommen worden sind oder über die Übernahme nicht innerhalb der gesetzlichen Frist entschieden worden ist.

§ 15 Datenverarbeitung bei Dienst- und Arbeitsverhältnissen. (1) [1]Personenbezogene Daten von Bewerberinnen und Bewerbern sowie Beschäftigten dürfen verarbeitet werden, soweit dies zur Eingehung, Durchführung, Beendigung oder Abwicklung des jeweiligen Dienst- oder Arbeitsverhältnisses oder zur Durchführung innerdienstlich planerischer, organisatorischer, personeller, sozialer oder haushalts- und kostenrechnerischer Maßnahmen, insbesondere zu Zwecken der Personalplanung und des Personaleinsatzes, erforderlich oder in einer Rechtsvorschrift, einem Tarifvertrag oder einer Dienst- oder Betriebsvereinbarung (Kollektivvereinbarung) vorgesehen ist. [2]Die Verarbeitung ist auch zulässig, wenn sie zur Ausübung oder Erfüllung der sich aus einem Gesetz, einem Tarifvertrag oder einer Kollektivvereinbarung ergebenden Rechte und Pflichten der Interessenvertretung der Beschäftigten erforderlich ist.

(2) Besondere Kategorien personenbezogener Daten dürfen für Zwecke des Beschäftigungsverhältnisses verarbeitet werden, soweit die Verarbeitung erforderlich ist, um den Rechten und Pflichten der öffentlichen Stellen oder der betroffenen Person, auch aufgrund von Kollektivvereinbarungen, auf dem Gebiet des Dienst- und Arbeitsrechts sowie des Rechts der sozialen Sicherheit und des Sozialschutzes zu genügen und kein Grund zu der Annahme besteht, dass das schutzwürdige Interesse der betroffenen Person an dem Ausschluss der Verarbeitung überwiegt.

(3) [1]Im Zusammenhang mit der Begründung eines Dienst- oder Arbeitsverhältnisses ist die Erhebung personenbezogener Daten einer Bewerberin oder eines Bewerbers bei dem bisherigen Dienstherrn oder Arbeitgeber nur zulässig, wenn die betroffene Person eingewilligt hat. [2]Satz 1 gilt entsprechend für die Übermittlung personenbezogener Daten an künftige Dienstherren oder Arbeitgeber.

(4) Auf die Verarbeitung von Personalaktendaten von Arbeitnehmerinnen und Arbeitnehmern sowie Auszubildenden in einem privatrechtlichen Ausbildungsverhältnis finden die für Beamtinnen und Beamte geltenden Vorschriften des § 50 des Beamtenstatusgesetzes und der §§ 83 bis 88 des Landesbeamtengesetzes entsprechende Anwendung, es sei denn, besondere Rechtsvorschriften oder tarifliche Vereinbarungen gehen vor.

(5) Zur Aufdeckung von Straftaten und schwerwiegenden Pflichtverletzungen dürfen personenbezogene Daten von Beschäftigten nur dann verarbeitet werden, wenn zu dokumentierende tatsächliche Anhaltspunkte den Verdacht begründen, dass die betroffene Person im Beschäftigungsverhältnis eine Straftat oder schwerwiegende Pflichtverletzung begangen hat, die Verarbeitung zur Aufdeckung erforderlich ist und das schutzwürdige Interesse der oder des Beschäftigten an dem Ausschluss der Verarbeitung nicht überwiegt, insbesondere Art und Ausmaß im Hinblick auf den Anlass nicht unverhältnismäßig sind.

(6) Die Verarbeitung biometrischer Daten von Beschäftigten zu Authentifizierungs- und Autorisierungszwecken ist untersagt, es sei denn, die betroffene Person hat ausdrücklich eingewilligt oder sie ist durch Dienst- oder Betriebs-

vereinbarung geregelt und für die Datenverarbeitung besteht jeweils ein dringendes dienstliches Bedürfnis.

(7) [1]Eine Überwachung von Beschäftigten mit Hilfe optisch-elektronischer Einrichtungen zum Zwecke der Verhaltens- und Leistungskontrolle ist unzulässig. [2]Absatz 5 bleibt unberührt. [3]Für sonstige technische Einrichtungen gilt Absatz 1 entsprechend; die öffentliche Stelle muss geeignete Maßnahmen treffen, um sicherzustellen, dass insbesondere die in Artikel 5 der Verordnung (EU) 2016/679 dargelegten Grundsätze für die Verarbeitung personenbezogener Daten eingehalten werden.

(8) [1]Beschäftigte sind alle bei öffentlichen Stellen beschäftigten Personen unabhängig von der Rechtsform des Beschäftigungsverhältnisses. [2]Die Beteiligungsrechte der Interessenvertretungen der Beschäftigten bleiben unberührt.

§ 16 Öffentliche Auszeichnungen und Ehrungen. (1) Zur Entscheidung über öffentliche Auszeichnungen und Ehrungen dürfen personenbezogene Daten einschließlich besonderer Kategorien personenbezogener Daten verarbeitet werden; die öffentlichen Stellen sind insofern nicht zur Informations- und Auskunftserteilung gemäß Artikel 13 bis 15 der Verordnung (EU) 2016/679 verpflichtet.

(2) Zu anderen Zwecken dürfen die Daten nicht verarbeitet werden, es sei denn, sie werden für protokollarische Zwecke benötigt.

§ 17 Verarbeitung personenbezogener Daten im öffentlichen Interesse. (1) [1]Für die Überprüfung der Zuverlässigkeit von Besuchern, Mitarbeitern von Unternehmen und anderen Organisationen sowie sonstigen Personen, die in sicherheits- oder sicherheitstechnisch relevante Bereiche gelangen sollen, für die öffentliche Stellen Verantwortung tragen, gilt § 15 Absatz 1 Satz 1 entsprechend mit der Maßgabe, dass zusätzlich die Einwilligung der betroffenen Person erforderlich ist. [2]Besondere Kategorien personenbezogener Daten sowie Daten über strafrechtliche Verurteilungen und Straftaten oder damit zusammenhängende Sicherungsmaßregeln dürfen nur aufgrund einer ausdrücklichen Einwilligung verarbeitet werden.

(2) Abweichend von Artikel 9 Absatz 1 der Verordnung (EU) 2016/679 ist die Verarbeitung besonderer Kategorien personenbezogener Daten zulässig, wenn die Verarbeitung aus Gründen eines erheblichen öffentlichen Interesses oder zur Abwehr einer erheblichen Gefahr für die öffentliche Sicherheit erforderlich ist und die Interessen der öffentlichen Stelle an der Datenverarbeitung die Interessen der betroffenen Person überwiegen.

§ 18 Videoüberwachung öffentlich zugänglicher Räume. (1) Die Beobachtung öffentlich zugänglicher Räume mit Hilfe optisch-elektronischer Einrichtungen (Videoüberwachung) sowie die Verarbeitung der dadurch erhobenen personenbezogenen Daten ist zulässig, soweit dies im Rahmen der Erfüllung öffentlicher Aufgaben oder in Ausübung des Hausrechts im Einzelfall erforderlich ist,

1. um Leben, Gesundheit, Freiheit oder Eigentum von Personen, die sich in öffentlichen Einrichtungen, öffentlichen Verkehrsmitteln, Amtsgebäuden oder sonstigen baulichen Anlagen öffentlicher Stellen oder in deren unmittelbarer Nähe aufhalten, oder
2. um Kulturgüter, öffentliche Einrichtungen, öffentliche Verkehrsmittel, Amtsgebäude oder sonstige bauliche Anlagen öffentlicher Stellen sowie die dort oder in deren unmittelbarer Nähe befindlichen Sachen

zu schützen und keine Anhaltspunkte dafür bestehen, dass schutzwürdige Interessen der betroffenen Personen überwiegen.

(2) Die Videoüberwachung ist durch geeignete Maßnahmen zum frühestmöglichen Zeitpunkt erkennbar zu machen; dabei ist der Verantwortliche mitzuteilen.

(3) Für einen anderen Zweck dürfen die Daten nur weiterverarbeitet werden, soweit dies zur Abwehr von Gefahren für die öffentliche Sicherheit oder zur Verfolgung von Ordnungswidrigkeiten von erheblicher Bedeutung oder von Straftaten erforderlich ist.

(4) [1]Werden durch Videoüberwachung erhobene Daten einer bestimmten Person zugeordnet, besteht die Pflicht zur Information der betroffenen Person über diese Verarbeitung nach Artikel 13 und 14 der Verordnung (EU) 2016/679. [2]§ 8 gilt entsprechend.

(5) Die Videoaufzeichnungen und daraus gefertigte oder sich auf die Videoüberwachung beziehende Unterlagen sind unverzüglich, spätestens jedoch vier Wochen nach der Datenerhebung zu löschen, soweit sie nicht zur Verfolgung von Ordnungswidrigkeiten von erheblicher Bedeutung oder von Straftaten oder zur Geltendmachung von Rechtsansprüchen benötigt werden.

(6) Öffentliche Stellen haben ihren jeweiligen Datenschutzbeauftragten unbeschadet des Artikels 35 Absatz 2 der Verordnung (EU) 2016/679 rechtzeitig vor dem erstmaligen Einsatz einer Videoüberwachungseinrichtung den Zweck, die räumliche Ausdehnung und die Dauer der Videoüberwachung, den betroffenen Personenkreis, die Maßnahmen nach Absatz 2 und die vorgesehenen Auswertungen mitzuteilen und ihm Gelegenheit zur Stellungnahme zu geben.

§ 19 Verarbeitung personenbezogener Daten zu künstlerischen und literarischen Zwecken. (1) [1]Werden personenbezogene Daten zu künstlerischen und literarischen Zwecken verarbeitet, gelten neben Absatz 2 und 3 nur Artikel 5 Absatz 1 Buchstabe f in Verbindung mit Absatz 2, Artikel 24 und 32, sowie Kapitel I, VI, VIII, X und XI der Verordnung (EU) 2016/679. [2]Artikel 82 der Verordnung (EU) 2016/679 gilt mit der Maßgabe, dass nur für unzureichende Maßnahmen nach Artikel 5 Absatz 1 Buchstabe f, Artikel 24 und 32 der Verordnung (EU) 2016/679 gehaftet wird. [3]Den betroffenen Personen stehen nur die in Absatz 2 und 3 genannten Rechte zu.

(2) Führt die künstlerische oder literarische Offenlegung oder Verbreitung personenbezogener Daten zu hierauf bezogenen Maßnahmen wie Gegendar-

stellungen, Verpflichtungserklärungen, Gerichtsentscheidungen oder Widerrufen sind diese Maßnahmen zu den gespeicherten Daten zu nehmen und dort für dieselbe Zeitdauer aufzubewahren wie die Daten selbst und bei einer Übermittlung der Daten gemeinsam mit diesen zu übermitteln.

(3) Wird jemand durch die künstlerische oder literarische Offenlegung oder Verbreitung personenbezogener Daten in seinem Persönlichkeitsrecht beeinträchtigt, kann er Auskunft über die zugrunde liegenden, zu seiner Person gespeicherten Daten verlangen.

Abschnitt 5

Unabhängige Aufsichtsbehörden

§ 20 Errichtung. (1) [1]Die oder der Landesbeauftragte für den Datenschutz ist eine unabhängige, nur dem Gesetz unterworfene oberste Landesbehörde. [2]Der Dienstsitz ist Stuttgart.

(2) [1]Die oder der Landesbeauftragte für den Datenschutz ist Dienstvorgesetzte oder Dienstvorgesetzter der Beamtinnen und Beamten der Behörde. [2]Die Beschäftigten der oder des Landesbeauftragten für den Datenschutz sind ausschließlich an ihre oder seine Weisungen gebunden.

(3) [1]Die oder der Landesbeauftragte für den Datenschutz kann Aufgaben der Personalverwaltung und Personalwirtschaft auf andere Stellen des Landes übertragen, soweit hierdurch ihre oder seine Unabhängigkeit nicht beeinträchtigt wird. [2]Diesen Stellen dürfen personenbezogene Daten der Beschäftigten übermittelt werden, soweit deren Kenntnis zur Erfüllung der übertragenen Aufgaben erforderlich ist. [3]Die Aufgabenübertragung nach Satz 1 kann nur im Einvernehmen mit der anderen Stelle erfolgen.

§ 21 Unabhängigkeit. (1) Die oder der Landesbeauftragte für den Datenschutz handelt bei der Erfüllung ihrer oder seiner Aufgaben und bei der Ausübung ihrer oder seiner Befugnisse völlig unabhängig.

(2) Die oder der Landesbeauftragte für den Datenschutz unterliegt der Rechnungsprüfung durch den Rechnungshof, soweit hierdurch ihre oder seine Unabhängigkeit nicht beeinträchtigt wird.

(3) Die Abgeordneten des Landtags sind berechtigt, Anfragen an die Landesbeauftragte für den Datenschutz oder den Landesbeauftragten für den Datenschutz zu richten, zu deren Beantwortung diese oder dieser nur verpflichtet ist, soweit hierdurch nicht ihre oder seine Unabhängigkeit beeinträchtigt wird.

§ 22 Ernennung und Amtszeit. (1) [1]Der Landtag wählt ohne Aussprache auf Vorschlag der Landesregierung mit der Mehrheit seiner Mitglieder die Landesbeauftragte für den Datenschutz oder den Landesbeauftragten für den Datenschutz. [2]Diese oder dieser soll neben der erforderlichen Erfahrung und Sachkunde insbesondere im Bereich des Schutzes personenbezogener Daten die Befähigung zum Richteramt oder zum höheren Verwaltungsdienst haben oder für eine andere Laufbahn des höheren Dienstes befähigt sein.

(2) [1]Die oder der Gewählte wird von der Landtagspräsidentin oder dem Landtagspräsidenten ernannt. [2]Sie oder er wird vor dem Landtag auf das Amt verpflichtet.

(3) [1]Die Amtszeit der oder des Landesbeauftragten für den Datenschutz beträgt sechs Jahre. [2]Die zweimalige Wiederwahl ist zulässig.

§ 23 Amtsverhältnis. (1) Die oder der Landesbeauftragte für den Datenschutz steht nach Maßgabe dieses Gesetzes in einem öffentlich-rechtlichen Amtsverhältnis zum Land.

(2) [1]Die Landtagspräsidentin oder der Landtagspräsident kann die Landesbeauftragte für den Datenschutz oder den Landesbeauftragten für den Datenschutz ihres oder seines Amtes entheben, wenn diese oder dieser eine schwere Verfehlung begangen hat oder die Voraussetzungen für die Wahrnehmung ihrer oder seiner Aufgaben nicht mehr erfüllt. [2]Die Amtsenthebung bedarf der Zustimmung von zwei Dritteln der Mitglieder des Landtags. [3]Die Amtsenthebung wird mit der Zustellung der Urkunde durch die Landtagspräsidentin oder den Landtagspräsidenten wirksam.

(3) [1]Die Leitende Beamtin oder der Leitende Beamte der Dienststelle der oder des Landesbeauftragten für den Datenschutz nimmt die Rechte und Pflichten der oder des Landesbeauftragten für den Datenschutz wahr, wenn die oder der Landesbeauftragte für den Datenschutz an der Ausübung ihres oder seines Amtes verhindert ist oder wenn ihr oder sein Amtsverhältnis geendet hat. [2]§ 21 Absatz 1 gilt in den genannten Fällen entsprechend.

(4) [1]Die oder der Landesbeauftragte für den Datenschutz erhält vom Beginn des Kalendermonats an, in dem das Amtsverhältnis beginnt, bis zum Schluss des Kalendermonats, in dem das Amtsverhältnis endet, Bezüge in Höhe des Grundgehalts der Besoldungsgruppe B 6. [2]Daneben werden der Familienzuschlag sowie sonstige Besoldungsbestandteile, Trennungsgeld, Reisekostenvergütung, Umzugskostenvergütung und Beihilfen in Krankheits-, Geburts- oder Todesfällen in sinngemäßer Anwendung der für Beamtinnen und Beamte geltenden Vorschriften gewährt.

(5) Die oder der Landesbeauftragte für den Datenschutz erhält nach dem Ausscheiden aus dem Amt Versorgungsbezüge in sinngemäßer Anwendung der für Beamtinnen und Beamte geltenden Vorschriften.

§ 24 Rechte und Pflichten. (1) [1]Die oder der Landesbeauftragte für den Datenschutz hat von allen mit den Aufgaben ihres oder seines Amtes nicht zu vereinbarenden Handlungen abzusehen und während ihrer oder seiner Amtszeit keine andere mit ihrem oder seinem Amt nicht zu vereinbarende entgeltliche oder unentgeltliche Tätigkeit auszuüben. [2]Insbesondere darf die oder der Landesbeauftragte für den Datenschutz neben ihrem oder seinem Amt kein anderes besoldetes Amt, kein Gewerbe und keinen Beruf ausüben und weder der Leitung, dem Aufsichtsrat oder Verwaltungsrat eines auf Erwerb gerichteten Unternehmens noch einer Regierung oder einer gesetzgebenden Körperschaft des Bundes oder eines Landes angehören. [3]Sie oder er darf nicht gegen Entgelt außergerichtliche Gutachten abgeben.

(2) [1]Die oder der Landesbeauftragte für den Datenschutz hat der Landtagspräsidentin oder dem Landtagspräsidenten Mitteilung über Geschenke zu machen, die sie oder er in Bezug auf das Amt erhält. [2]Die Landtagspräsidentin oder der Landtagspräsident entscheidet über die Verwendung der Geschenke; sie oder er kann Verfahrensvorschriften erlassen.

(3) [1]Die oder der Landesbeauftragte für den Datenschutz ist, auch nach Beendigung ihres oder seines Amtsverhältnisses, verpflichtet, über die ihr oder ihm amtlich bekannt gewordenen Angelegenheiten Verschwiegenheit zu bewahren. [2]Dies gilt nicht für Mitteilungen im dienstlichen Verkehr oder Tatsachen, die offenkundig sind oder ihrer Bedeutung nach keiner Geheimhaltung bedürfen. [3]Die oder der Landesbeauftragte für den Datenschutz entscheidet nach pflichtgemäßem Ermessen, ob und inwieweit sie oder er oder ihre oder seine Beschäftigten über solche Angelegenheiten vor Gericht oder außergerichtlich aussagen oder Erklärungen abgeben. [4]Wenn sie oder er nicht mehr im Amt ist, ist die Genehmigung der oder des amtierenden Landesbeauftragten für den Datenschutz erforderlich. [5]Satz 1, 2 und 4 gelten entsprechend für die Beschäftigten der oder des Landesbeauftragten für den Datenschutz nach Beendigung ihrer Tätigkeit bei ihrer oder seiner Dienststelle.

(4) Die oder der Landesbeauftragte für den Datenschutz hat für die Dauer von zwei Jahren nach der Beendigung ihrer oder seiner Amtszeit von allen mit den Aufgaben ihres oder seines früheren Amtes nicht zu vereinbarenden Handlungen und entgeltlichen oder unentgeltlichen Tätigkeiten abzusehen.

(5) [1]Die oder der Landesbeauftragte für den Datenschutz darf als Zeugin oder Zeuge aussagen, es sei denn, die Aussage würde dem Wohle des Bundes oder eines Landes Nachteile bereiten, insbesondere Nachteile für die Sicherheit der Bundesrepublik Deutschland oder eines Landes oder ihre Beziehungen zu anderen Staaten, oder Grundrechte verletzen. [2]Betrifft die Aussage laufende oder abgeschlossene Vorgänge, die dem Kernbereich exekutiver Eigenverantwortung der Landesregierung zuzurechnen sind oder sein könnten, darf die oder der Landesbeauftragte für den Datenschutz nur im Benehmen mit der Landesregierung aussagen.

§ 25 Aufgaben und Befugnisse. (1) [1]Die oder der Landesbeauftragte für den Datenschutz ist zuständige Aufsichtsbehörde im Sinne des Artikels 51 Absatz 1 der Verordnung (EU) 2016/679 im Geltungsbereich dieses Gesetzes, es sei denn, besondere Vorschriften regeln eine andere Zuständigkeit. [2]Sie oder er ist zugleich Aufsichtsbehörde für den Datenschutz für nichtöffentliche Stellen nach § 40 des Bundesdatenschutzgesetzes.

(2) [1]Die oder der Landesbeauftragte für den Datenschutz nimmt auch im Anwendungsbereich des § 2 Absatz 4 die Aufgaben gemäß Artikel 57 der Verord-

nung (EU) 2016/679 wahr und übt die Befugnisse gemäß Artikel 58 der Verordnung (EU) 2016/679 aus. [2]Bei den Gemeinden, Gemeindeverbänden und den sonstigen der Aufsicht des Landes unterstehenden juristischen Personen des öffentlichen Rechts sowie bei den in § 2 Absatz 2 genannten Stellen ist das vertretungsberechtigte Organ der Verantwortliche.

(3) [1]Jede oder jeder kann sich an die Landesbeauftragte für den Datenschutz oder den Landesbeauftragten für den Datenschutz wenden, wenn sie oder er der Ansicht ist, bei der Verarbeitung ihrer oder seiner personenbezogenen Daten durch eine öffentliche Stelle in ihren oder seinen Rechten verletzt worden zu sein. [2]Wer von seinem Recht nach Satz 1 Gebrauch gemacht hat, darf aus diesem Grund nicht benachteiligt oder gemaßregelt werden.

(4) [1]Stellt die oder der Landesbeauftragte für den Datenschutz Verstöße gegen die Vorschriften dieses Gesetzes oder gegen andere Vorschriften über den Datenschutz oder sonstige Mängel bei der Verarbeitung oder Nutzung personenbezogener Daten fest, teilt sie oder er dies bei den öffentlichen Stellen des Landes der zuständigen Rechts- oder Fachaufsichtsbehörde mit und gibt dieser vor Ausübung der Befugnisse des Artikels 58 Absatz 2 Buchstaben b bis g und j der Verordnung (EU) 2016/679 Gelegenheit zur Stellungnahme innerhalb einer angemessenen Frist. [2]Bei den Gemeinden, Gemeindeverbänden und den sonstigen der Aufsicht des Landes unterstehenden juristischen Personen des öffentlichen Rechts sowie den in § 2 Absatz 2 genannten Stellen tritt an die Stelle der Rechts- und Fachaufsichtsbehörde das vertretungsberechtigte Organ; zugleich unterrichtet die oder der Landesbeauftragte für den Datenschutz die zuständige Aufsichtsbehörde. [3]Von der Einräumung der Gelegenheit zur Stellungnahme kann abgesehen werden, wenn eine sofortige Entscheidung wegen Gefahr im Verzug oder im öffentlichen Interesse notwendig erscheint oder ihr ein zwingendes öffentliches Interesse entgegensteht. [4]Die Stellungnahme soll auch eine Darstellung der Maßnahmen enthalten, die aufgrund der Mitteilung der oder des Landesbeauftragten für den Datenschutz getroffen worden oder beabsichtigt sind.

(5) [1]§ 29 Absatz 3 des Bundesdatenschutzgesetzes bleibt unberührt und gilt entsprechend für die Notarinnen und Notare des Landes. [2]Im Übrigen erstreckt sich die Kontrolle der oder des Landesbeauftragten für den Datenschutz auch auf personenbezogene Daten, die einem Berufs- oder besonderen Amtsgeheimnis unterliegen. [3]Erlangt die oder der Landesbeauftragte für den Datenschutz im Rahmen einer Untersuchung Kenntnis von Daten, die einer Geheimhaltungspflicht unterliegen, gilt die Geheimhaltungspflicht auch für die Landesbeauftragte für den Datenschutz oder den Landesbeauftragten für den Datenschutz.

§ 26 Pflicht zur Unterstützung. (1) [1]Die öffentlichen Stellen sind verpflichtet, die Landesbeauftragte für den Datenschutz oder den Landesbeauftragten für den Datenschutz und ihre oder seine Beauftragten bei der Erfüllung ihrer oder seiner Aufgaben zu unterstützen. [2]Ihnen ist im Rahmen ihrer gesetzlichen Befugnisse insbesondere

1. Auskunft zu ihren Fragen sowie Einsicht in alle Unterlagen und Akten, insbesondere in die gespeicherten Daten und die Datenverarbeitungsprogramme zu gewähren, die im Zusammenhang mit der Verarbeitung personenbezogener Daten stehen und
2. jederzeit Zutritt zu den Diensträumen einschließlich aller Datenverarbeitungsanlagen und -geräte zu gewähren.

(2) Die Ministerien beteiligen die Landesbeauftragte für den Datenschutz oder den Landesbeauftragten für den Datenschutz rechtzeitig bei der Ausarbeitung von Rechts- und Verwaltungsvorschriften, welche die Verarbeitung personenbezogener Daten betreffen.

§ 27 Rundfunkbeauftragte oder Rundfunkbeauftragter für den Datenschutz. (1) [1]Der Südwestrundfunk ernennt für die Dauer von sechs Jahren eine Rundfunkbeauftragte für den Datenschutz oder einen Rundfunkbeauftragten für den Datenschutz, die oder der für alle Tätigkeiten des Südwestrundfunks und seiner Beteiligungsunternehmen nach § 16c Absatz 3 Satz 1 des Rundfunkstaatsvertrages an Stelle der oder des Landesbeauftragten für den Datenschutz zuständige Aufsichtsbehörde nach Artikel 51 Absatz 1 der Verordnung (EU) 2016/679 ist. [2]Die Ernennung erfolgt durch den Rundfunkrat mit Zustimmung des Verwaltungsrats. [3]Die zweimalige Wiederernennung ist zulässig.

(2) Die oder der Rundfunkbeauftragte für den Datenschutz muss über die für die Erfüllung der Aufgaben und Ausübung der Befugnisse erforderliche Qualifikation, nachgewiesen durch ein abgeschlossenes Hochschulstudium, sowie über Erfahrung und Sachkunde, insbesondere im Bereich des Schutzes personenbezogener Daten, verfügen.

(3) [1]Die Dienststelle der oder des Rundfunkbeauftragten für den Datenschutz wird bei der Geschäftsstelle des Rundfunk- und Verwaltungsrats eingerichtet. [2]Die oder der Rundfunkbeauftragte für den Datenschutz ist angemessen zu vergüten. [3]Nähere Bestimmungen, insbesondere die Grundsätze der Vergütung, trifft der Rundfunkrat mit Zustimmung des Verwaltungsrats in einer Satzung. [4]Ihr oder ihm ist die für die Erfüllung ihrer oder seiner Aufgaben und Befugnisse notwendige Personal-, Finanz- und Sachausstattung zur Verfügung zu stellen. [5]Die hierfür vorgesehenen Mittel sind jährlich, öffentlich und gesondert im Haushaltsplan des Südwestrundfunks auszuweisen und der oder dem Rundfunkbeauftragten für den Datenschutz im Haushaltsvollzug zuzuweisen. [6]Die oder der Rundfunkbeauftragte für den Datenschutz ist in der Wahl ihrer oder seiner Mitarbeiterinnen oder Mitarbeiter frei. [7]Sie unterstehen allein ihrer oder seiner Leitung.

(4) [1]Das Amt der oder des Rundfunkbeauftragten für den Datenschutz kann nicht neben anderen Aufgaben innerhalb des Südwestrundfunks und seiner Beteiligungs- und Hilfsunternehmen wahrgenommen werden. [2]Sonstige Aufgaben müssen mit dem Amt der oder des Rundfunkbeauftragten für den Datenschutz zu vereinbaren sein und dürfen ihre oder seine Unabhängigkeit nicht gefährden. [3]Das Amt endet mit Ablauf der Amtszeit, mit Rücktritt vom Amt oder

mit Erreichen des gesetzlichen oder tarifvertraglich geregelten Renteneintrittsalters. [4]Die oder der Rundfunkbeauftragte für den Datenschutz kann ihres oder seines Amtes nur enthoben werden, wenn sie oder er eine schwere Verfehlung begangen hat oder die Voraussetzungen für die Wahrnehmung ihrer oder seiner Aufgaben nicht mehr erfüllt. [5]Dies geschieht durch Beschluss des Rundfunkrats auf Vorschlag des Verwaltungsrats; die oder der Rundfunkbeauftragte für den Datenschutz ist vor der Entscheidung zu hören.

(5) [1]Die oder der Rundfunkbeauftragte für den Datenschutz ist in Ausübung ihres oder seines Amtes völlig unabhängig und nur dem Gesetz unterworfen. [2]Sie oder er unterliegt keiner Dienst-, Rechts- und Fachaufsicht. [3]Der Finanzkontrolle des Verwaltungsrats unterliegt sie oder er nur insoweit, als ihre oder seine Unabhängigkeit dadurch nicht beeinträchtigt wird. [4]Die Mitglieder des Rundfunkrats und des Verwaltungsrats sind berechtigt, Anfragen an die Rundfunkbeauftragte für den Datenschutz oder den Rundfunkbeauftragten für den Datenschutz zu richten, soweit hierdurch ihre oder seine Unabhängigkeit nicht beeinträchtigt wird.

(6) Jeder kann sich an die Rundfunkbeauftrage für den Datenschutz oder den Rundfunkbeauftragten für den Datenschutz wenden, wenn sie oder er der Ansicht ist, bei der Verarbeitung ihrer oder seiner personenbezogenen Daten durch den Südwestrundfunk oder eines seiner Beteiligungsunternehmen nach Absatz 1 Satz 1 in seinen Rechten verletzt worden zu sein.

(7) [1]Die oder der Rundfunkbeauftragte für den Datenschutz hat die Aufgaben und Befugnisse entsprechend Artikel 57 und Artikel 58 Absatz 1 bis 5 der Verordnung (EU) 2016/679. [2]Gegen den Südwestrundfunk dürfen keine Geldbußen verhängt werden. [3]§ 25 Absatz 4 gilt entsprechend mit der Maßgabe, dass die Mitteilung an die Intendantin oder den Intendanten unter gleichzeitiger Unterrichtung des Verwaltungsrats zu richten ist. [4]Dem Verwaltungsrat ist auch die Stellungnahme der Intendantin oder des Intendanten zuzuleiten. [5]Von einer Beanstandung und Unterrichtung kann abgesehen werden, wenn es sich um unerhebliche Mängel handelt oder wenn ihre unverzügliche Behebung sichergestellt ist.

(8) Die oder der Rundfunkbeauftragte für den Datenschutz hat auch für die Dauer von zwei Jahren nach der Beendigung ihrer oder seiner Amtszeit von allen mit den Aufgaben ihres oder seines früheren Amtes nicht zu vereinbarenden Handlungen und entgeltlichen oder unentgeltlichen Tätigkeiten abzusehen.

(9) [1]Die oder der Rundfunkbeauftragte für den Datenschutz ist während und nach Beendigung ihres oder seines Amtsverhältnisses verpflichtet, über die ihr oder ihm amtlich bekannt gewordenen Angelegenheiten und vertraulichen Informationen Verschwiegenheit zu bewahren. [2]Bei der Zusammenarbeit mit anderen Aufsichtsbehörden ist, soweit die Datenverarbeitung zu journalistischen Zwecken betroffen ist, der Informantenschutz zu wahren.

(10) [1]Die oder der Rundfunkbeauftragte für den Datenschutz erstattet den Organen des Südwestrundfunks jährlich einen Tätigkeitsbericht nach Arti-

kel 59 der Verordnung (EU) 2016/679. ²Der Bericht wird den Landtagen und den Landesregierungen der unterzeichnenden Länder des Staatsvertrags über den Südwestrundfunk übermittelt. ³Der Bericht wird veröffentlicht.

Abschnitt 6

Sanktionen

§ 28 Ordnungswidrigkeiten (Ergänzung zu Artikel 83 Absatz 7 der Verordnung [EU] 2016/679). Gegen öffentliche Stellen im Sinne des § 2 Absatz 1 und 2 dürfen keine Geldbußen verhängt werden, es sei denn, die öffentlichen Stellen nehmen als Unternehmen mit eigener Rechtspersönlichkeit am Wettbewerb teil.

§ 29 Strafvorschrift (Ergänzung zu Artikel 84 der Verordnung [EU] 2016/679). (1) Mit Freiheitsstrafe bis zu zwei Jahren oder mit Geldstrafe wird bestraft, wer

1. unbefugt von diesem Gesetz oder der Verordnung (EU) 2016/679 geschützte personenbezogene Daten, die nicht allgemein zugänglich sind,
   a) speichert, nutzt, verändert, übermittelt oder löscht,
   b) zum Abruf mittels automatisierten Verfahrens bereithält oder
   c) abruft oder sich oder einem anderen aus Dateien verschafft oder
2. durch unrichtige Angaben personenbezogene Daten, die durch dieses Gesetz oder die Verordnung (EU) 2016/679 geschützt werden und nicht allgemein zugänglich sind, erschleicht

und hierbei gegen Entgelt oder in der Absicht handelt, sich oder einen anderen zu bereichern oder einen anderen zu schädigen.

(2) ¹Die Tat wird nur auf Antrag verfolgt. ²Antragsberechtigt sind die betroffene Person, die öffentliche Stelle, der Auftragsverarbeiter, die oder der Landesbeauftragte für den Datenschutz, die oder der Rundfunkbeauftragte für den Datenschutz und die Aufsichtsbehörden.

Abschnitt 7

Übergangsbestimmungen

§ 30 Polizeibehörden und Polizeivollzugsdienst, Justizbehörden, Landesamt für Verfassungsschutz und Vollzug des Landessicherheitsüberprüfungsgesetzes. (1) Für die Verarbeitung personenbezogener Daten durch die Polizeibehörden und den Polizeivollzugsdienst gilt, soweit sie nicht die Verordnung (EU) 2016/679 anzuwenden haben, das Landesdatenschutzgesetz in der am 20. Juni 2018 geltenden Fassung weiter, bis die Regelungen des Landes

Baden-Württemberg zur Umsetzung der Richtlinie (EU) 2016/680 für den Bereich der Polizei in Kraft treten.

(2) Für die Verarbeitung personenbezogener Daten zu den in Artikel 2 Absatz 2 Buchstabe d der Verordnung (EU) 2016/679 genannten Zwecken durch das Justizministerium und die Justizvollzugsbehörden sowie durch die ordentlichen Gerichte und die Staatsanwaltschaften des Landes, soweit sie zu diesen Zwecken in Verwaltungsangelegenheiten tätig werden, sowie für die Behörden des Landes, die personenbezogene Daten zur Verfolgung und Ahndung von Ordnungswidrigkeiten verarbeiten, gilt das Landesdatenschutzgesetz in der am 20. Juni 2018 geltenden Fassung weiter, bis das Gesetz des Landes Baden-Württemberg zur Anpassung des besonderen Datenschutzrechts an die Verordnung und zur Umsetzung der Richtlinie (EU) 2016/680 für den Geschäftsbereich des Justizministeriums sowie für die zur Ahndung von Ordnungswidrigkeiten zuständigen Behörden des Landes in Kraft tritt.

(3) Für die Verarbeitung personenbezogener Daten durch das Landesamt für Verfassungsschutz im Rahmen der Erfüllung seiner Aufgaben nach § 3 des Landesverfassungsschutzgesetzes und beim Vollzug des Landessicherheitsüberprüfungsgesetzes gilt das Landesdatenschutzgesetz in der am 20. Juni 2018 geltenden Fassung weiter, bis das Gesetz des Landes Baden-Württemberg zur Änderung des Landesverfassungsschutzgesetzes und anderer Gesetze in Kraft tritt.

§ 31 Überleitungsvorschriften. (1) [1]Der zum Zeitpunkt des Inkrafttretens dieses Gesetzes im Amt befindliche Landesbeauftragte für den Datenschutz gilt ab dem Tag des Inkrafttretens dieses Gesetzes als in ein Amt nach § 23 Absatz 1 berufen. [2]Mit der Berufung in dieses Amt endet sein Beamtenverhältnis auf Zeit. [3]Seine Amtszeit endet am 31. Dezember 2022.

(2) Mit Inkrafttreten dieses Gesetzes sind die Angehörigen des öffentlichen Dienstes bei dem Landesbeauftragten für den Datenschutz vom Landtag zu dem Landesbeauftragten für den Datenschutz versetzt.

(3) Der Personalrat bei der Dienststelle des Landesbeauftragten für den Datenschutz besteht ab Inkrafttreten dieses Gesetzes bis zu seiner Neuwahl als Personalrat bei dem Landesbeauftragten für den Datenschutz fort.

Gesetz zur Förderung der elektronischen Verwaltung des Landes Baden-Württemberg (E-Government-Gesetz Baden-Württemberg – EGovG BW)

vom 17. Dezember 2015 (GBl. S. 1191),
zuletzt geändert durch Gesetz vom 20. November 2018 (GVBl. S. 431)

INHALTSÜBERSICHT

Abschnitt 1

Grundlagen

§ 1 Geltungsbereich. (1) [1]Dieses Gesetz gilt für die öffentlich-rechtliche Verwaltungstätigkeit der Behörden des Landes, der Gemeinden und Gemeindeverbände sowie der sonstigen der Aufsicht des Landes unterstehenden juristischen Personen des öffentlichen Rechts, soweit nichts anderes geregelt ist. [2]Behörde im Sinne dieses Gesetzes ist jede Stelle, die Aufgaben der öffentlichen Verwaltung wahrnimmt.

(2) [1]Die ausschließlich für die Behörden des Landes geltenden Regelungen finden keine Anwendung

1. auf die Landratsämter als untere Verwaltungsbehörden,
2. auf Beliehene,
3. auf die staatlichen Hochschulen, das Karlsruher Institut für Technologie, die Filmakademie Baden-Württemberg GmbH, die Popakademie Baden-Württemberg GmbH, die Akademie für Darstellende Kunst Baden-Württemberg GmbH und die Landesmuseen.

[2]Gleiches gilt für die Träger der Regionalplanung als Körperschaften des öffentlichen Rechts bei der Erfüllung ihrer Aufgaben nach dem Landesplanungsgesetz.

(3) Dieses Gesetz gilt nicht für die Tätigkeit der Kirchen, der Religionsgesellschaften und Weltanschauungsgemeinschaften sowie ihrer Verbände und Einrichtungen, der öffentlichen Schulen, der Behörden bei Leistungs-, Eignungs- und ähnlichen Prüfungen von Personen, der Krankenhäuser und Universitätsklinika, des Südwestrundfunks und der Steuerverwaltung.

(4) Für die Tätigkeit der Gerichtsverwaltungen und der Behörden der Justizverwaltung einschließlich der ihrer Aufsicht unterliegenden Körperschaften des öffentlichen Rechts gilt, unbeschadet des § 6 Absatz 4, dieses Gesetz nur, soweit die Tätigkeit der Nachprüfung durch die Gerichte der Verwaltungsgerichtsbarkeit oder der Nachprüfung durch die in verwaltungsrechtlichen Anwalts-, Patentanwalts- und Notarsachen zuständigen Gerichte unterliegt.

(5) Dieses Gesetz gilt, soweit nicht Gesetze des Landes inhaltsgleiche oder entgegenstehende Bestimmungen enthalten.

(6) Dieses Gesetz gilt mit Ausnahme von § 6 Absatz 4 nicht für

1. die Strafverfolgung, die Verfolgung und Ahndung von Ordnungswidrigkeiten, die Rechtshilfe für das Ausland in Straf- und Zivilsachen und für Maßnahmen des Richterdienstrechts,
2. die Verwaltungstätigkeit nach dem Zweiten Buch Sozialgesetzbuch.

(7) § 4 a gilt abweichend von Absatz 1 bis 6 für alle Auftraggeber im Sinne von § 98 des Gesetzes gegen Wettbewerbsbeschränkungen (GWB), für die nach § 159 Absatz 2 und 3 GWB die Vergabekammer Baden-Württemberg zuständig ist oder die für den Bund im Rahmen der Organleihe nach § 159 Absatz 1 Nummer 5 GWB in Vergabeverfahren tätig werden.

Abschnitt 2
Elektronisches Verwaltungshandeln

§ 2 Elektronischer Zugang zur Verwaltung. (1) Jede Behörde ist verpflichtet, auch einen Zugang für die elektronische Kommunikation zu eröffnen.

(2) [1]Mindestens ein Zugang nach Absatz 1 muss durch angemessene Sicherungsmaßnahmen gegen den unberechtigten Zugriff Dritter geschützt sein. [2]Die Behörde nutzt diesen gesicherten Zugang grundsätzlich bei der Kommunikation in Verwaltungsverfahren. [3]Die Behörde weist auf ihrer Webseite auf den Zugang nach Satz 2 hin.

(3) Jede Behörde des Landes ist verpflichtet, den elektronischen Zugang zusätzlich durch eine De-Mail-Adresse im Sinne des De-Mail-Gesetzes zu eröffnen, es sei denn, die Behörde des Landes hat keinen Zugang zu dem zentral für die Landesverwaltung angebotenen IT-Verfahren, über das De-Mail-Dienste für Landesbehörden angeboten werden.

(4) Jede Behörde des Landes ist verpflichtet, in Verwaltungsverfahren, in denen sie die Identität einer Person aufgrund einer Rechtsvorschrift festzustellen hat oder aus anderen Gründen eine Identifizierung für notwendig erachtet, einen elektronischen Identitätsnachweis nach § 18 des Personalausweisgesetzes oder nach § 78 Absatz 5 des Aufenthaltsgesetzes anzubieten.*

§ 3 Elektronische Informationen und Verfahren. (1) Die Behörden stellen über öffentlich zugängliche Netze in allgemein verständlicher Sprache Informationen über ihre Aufgaben, ihre Anschrift, ihre Geschäftszeiten sowie postalische, telefonische und elektronische Erreichbarkeiten bereit und stellen sicher, dass diese Informationen dem neuesten Stand entsprechen.

(2) [1]Die Behörden des Landes stellen über Absatz 1 hinaus Informationen in allgemein verständlicher Sprache über ihre nach außen wirkende öffentlich-rechtliche Tätigkeit, damit verbundene Gebühren, beizubringende Unterlagen, die zuständige Stelle und ihre Erreichbarkeit sowie die damit verbundenen Formulare in elektronischer Form über öffentlich zugängliche Netze bereit und halten sie laufend aktuell. [2]Die obersten Landesbehörden stellen sicher, dass die entsprechenden Informationen auch für Verfahren in ihrem jeweiligen fachlichen Wirkungskreis über öffentlich zugängliche Netze bereitstehen, für deren Vollzug die Gemeinden und Gemeindeverbände zuständig sind. [3]Die Behörden des Landes bieten ihre Leistungen und die dazu erforderlichen Verfahren auch in elektronischer Form an, es sei denn, dies ist unwirtschaftlich oder unzweckmäßig.

§ 4 Elektronische Bezahlmöglichkeiten. [1]Fallen im Rahmen eines elektronisch durchgeführten Verwaltungsverfahrens Gebühren oder sonstige Forde-

---

* *§ 2 Abs. 4 tritt sechs Monate nach Aufnahme des Betriebes des zentralen Dienstes nach § 15 Abs. 4 Nr. 1 EGovG in Kraft. Das Innenministerium gibt den jeweiligen Tag des Inkrafttretens im Gesetzblatt bekannt.*

rungen an, muss die Behörde die Einzahlung dieser Gebühren oder die Begleichung dieser sonstigen Forderungen durch Teilnahme an mindestens einem im elektronischen Geschäftsverkehr üblichen und hinreichend sicheren Zahlungsverfahren ermöglichen. [2]Die Behörden des Landes bieten für Verfahren nach Satz 1 geeignete elektronische Zahlungsmöglichkeiten an.

§ 4a Elektronischer Rechnungsempfang; Verordnungsermächtigung.* (1) [1]Elektronische Rechnungen, die nach Erfüllung von öffentlichen Aufträgen und Aufträgen sowie zu Konzessionen von Auftraggebern nach § 98 GWB ausgestellt wurden und

1. für die nach § 159 Absatz 2 und 3 GWB die Vergabekammer Baden-Württemberg zuständige Vergabekammer ist oder
2. die für den Bund im Rahmen der Organleihe nach § 159 Absatz 1 Nummer 5 GWB vergeben wurden,

sind nach Maßgabe einer Rechtsverordnung nach Absatz 5 zu empfangen und zu verarbeiten. [2]Dies gilt auch, wenn der Wert des vergebenen öffentlichen Auftrags, des vergebenen Auftrags oder der Vertragswert der vergebenen Konzession den gemäß § 106 GWB jeweils maßgeblichen Schwellenwert unterschreitet. [3]Vertragliche Regelungen, die die elektronische Rechnungsstellung vorschreiben, bleiben unberührt.

(2) Absatz 1 Satz 2 gilt nicht für die Gemeinden oder die Gemeindeverbände oder für die Auftraggeber, die in entsprechender Anwendung von §§ 99 bis 101 GWB den Gemeinden und Gemeindeverbänden zuzuordnen sind.

(3) Auftraggeber nach Absatz 1 sind subzentrale öffentliche Auftraggeber nach Artikel 2 Nummer 7 der Richtlinie 2014/55/EU des Europäischen Parlaments und des Rates vom 16. April 2014 über die elektronische Rechnungsstellung bei öffentlichen Aufträgen (ABl. L 133 vom 6. Mai 2014, S. 1) in der jeweils geltenden Fassung.

(4) Eine Rechnung ist elektronisch, wenn

1. sie in einem strukturierten elektronischen Format ausgestellt, übermittelt und empfangen wird und
2. das Format die automatische und elektronische Verarbeitung der Rechnung ermöglicht.

(5) [1]Die Landesregierung wird ermächtigt, durch Rechtsverordnung besondere Vorschriften zur Ausgestaltung des elektronischen Rechnungsverkehrs zu erlassen. [2]Diese Vorschriften können sich beziehen auf

1. die Art und Weise der Verarbeitung der elektronischen Rechnung, insbesondere auf die elektronische Verarbeitung,
2. die Anforderungen an die elektronische Rechnungsstellung, und zwar insbesondere an die von den elektronischen Rechnungen zu erfüllenden Voraussetzungen, den Schutz personenbezogener Daten, das zu verwendende

---

* *§ 4a Absatz 1 bis 4 tritt am 18. April 2020 in Kraft.*

Rechnungsdatenmodell sowie auf die Verbindlichkeit der elektronischen Form,
3. die Befugnis von öffentlichen Auftraggebern, Sektorenauftraggebern und Konzessionsgebern, in Ausschreibungsbedingungen die Erteilung elektronischer Rechnungen vorzusehen sowie
4. Ausnahmen für sicherheitsspezifische Aufträge.

§ 5 Nachweise. [1]Wird ein Verwaltungsverfahren elektronisch durchgeführt, können die vorzulegenden Nachweise elektronisch eingereicht werden, es sei denn, dass durch Rechtsvorschrift etwas anderes bestimmt ist oder die Behörde für bestimmte Verfahren oder im Einzelfall die Vorlage eines Originals verlangt. [2]Die Behörde entscheidet nach pflichtgemäßem Ermessen, welche Art der elektronischen Einreichung sie für ihre Ermittlung des Sachverhalts zulässt.

§ 6 Elektronische Aktenführung. (1) [1]Die Behörden des Landes führen ihre Akten elektronisch. [2]Satz 1 gilt nicht für solche Behörden, bei denen das Führen elektronischer Akten bei langfristiger Betrachtung unwirtschaftlich ist. [3]Über Ausnahmen nach Satz 2 entscheidet die zuständige oberste Landesbehörde im Einvernehmen mit der oder dem Beauftragten der Landesregierung für Informationstechnologie.*

(2) Die übrigen Behörden können ihre Akten nach den Vorschriften dieses Gesetzes elektronisch führen.

(3) [1]Wird eine Akte elektronisch geführt, sind durch geeignete technisch-organisatorische Maßnahmen gemäß dem Stand der Technik die dauerhafte Lesbarkeit, die Konvertierbarkeit in ein anderes Dateiformat, die Integrität und Authentizität, die kurzfristige Verfügbarkeit und die Vertraulichkeit der Akte und die Einhaltung der Grundsätze ordnungsgemäßer Aktenführung sicherzustellen. [2]Die Vorschriften des Landesdatenschutzgesetzes bleiben unberührt.

(4) [1]Führt eine Behörde oder ein Gericht die Akten elektronisch, kann die Behörde oder das Gericht die Akten elektronisch an andere Behörden oder Gerichte weitergeben, sofern für die Weitergabe eine rechtliche Grundlage vorhanden ist. [2]Die abgebende Behörde oder das abgebende Gericht hat die weitere Verwendbarkeit der elektronischen Akte bei der aufnehmenden Behörde oder beim aufnehmenden Gericht durch die Nutzung eines geeigneten Dateiformats sicherzustellen. [3]§ 3 Landesarchivgesetz bleibt unberührt.

** § 6 Abs. 1 tritt am 1. 1. 2022 in Kraft. Werden die für die Umsetzung der elektronischen Aktenführung der Behörden des Landes notwendigen Haushaltsmittel durch den Landtag nicht rechtzeitig bereitgestellt, tritt das Inkrafttreten nicht ein. Das Innenministerium gibt dies im Gesetzblatt bekannt. Die Landesregierung wird ermächtigt, einen neuen Zeitpunkt des Inkrafttretens durch Rechtsverordnung festzusetzen. Bis zum Zeitpunkt des Inkrafttretens vom § 6 Abs. 1 können die Behörden des Landes ihre Akten im Einvernehmen mit dem Landesarchiv und mit der oder dem Beauftragten der Landesregierung für Informationstechnologie elektronisch führen.*

§ 7 Übertragen und Vernichten des Papieroriginals und elektronischer Dokumente. (1) [1]Die Behörden sollen, soweit sie Akten elektronisch führen, an Stelle von Dokumenten in Papierform oder anderer körperlicher Form deren elektronische Wiedergabe in der elektronischen Akte speichern. [2]Werden Dokumente in Papierform oder anderer körperlicher Form in elektronische Dokumente übertragen, ist nach dem Stand der Technik sicherzustellen, dass die elektronischen Dokumente mit den Dokumenten in Papierform oder in anderer körperlicher Form bildlich und inhaltlich übereinstimmen, wenn sie lesbar gemacht werden. [3]Von der Übertragung der Dokumente in Papierform oder anderer körperlicher Form in elektronische Dokumente kann abgesehen werden, wenn die Übertragung unverhältnismäßigen Aufwand erfordert.

(2) [1]Dokumente in Papierform oder anderer körperlicher Form sollen nach der Übertragung in elektronische Dokumente nach Absatz 1 vernichtet oder zurückgegeben werden, sobald eine weitere Aufbewahrung nicht mehr aus rechtlichen Gründen oder zur Qualitätssicherung des Übertragungsvorgangs erforderlich ist. [2]Das Nähere ist durch die Leitung der Behörde zu regeln.

(3) Die Absätze 1 und 2 gelten entsprechend für elektronische Dokumente, die zur Sicherung ihrer Nutzung in neue Formate umgewandelt werden.

§ 8 Akteneinsicht. Soweit ein Recht auf Akteneinsicht besteht, können die Behörden, die Akten elektronisch führen, Akteneinsicht dadurch gewähren, dass sie

1. einen Aktenausdruck zur Verfügung stellen,
2. elektronische Dokumente übermitteln oder
3. den elektronischen lesenden Zugriff auf den Inhalt der Akten gestatten.

§ 9 Optimierung von Verwaltungsabläufen und Information zum Verfahrensstand. (1) [1]Behörden des Landes sollen Verwaltungsabläufe, die erstmals zu wesentlichen Teilen elektronisch unterstützt werden, vor Einführung der informationstechnischen Systeme unter Nutzung gängiger Methoden dokumentieren, analysieren und optimieren. [2]Dabei sollen sie im Interesse der Verfahrensbeteiligten die Verwaltungsabläufe so gestalten, dass Informationen zum Verfahrensstand und zum weiteren Verfahren sowie die Kontaktinformationen der zum Zeitpunkt der Anfrage zuständigen Ansprechstelle auf elektronischem Wege abgerufen werden können.

(2) [1]Von den Maßnahmen nach Absatz 1 kann abgesehen werden, soweit diese einen nicht vertretbaren wirtschaftlichen Mehraufwand bedeuten würden oder sonstige zwingende Gründe entgegenstehen. [2]Von den Maßnahmen nach Absatz 1 Satz 2 kann zudem abgesehen werden, wenn diese dem Zweck des Verfahrens entgegenstehen oder eine gesetzliche Schutznorm verletzen. [3]Die Gründe nach den Sätzen 1 und 2 sind zu dokumentieren.

(3) Die Absätze 1 und 2 gelten entsprechend bei allen wesentlichen Änderungen der Verwaltungsabläufe oder der eingesetzten informationstechnischen Systeme.

§ 10 Anforderungen an das Bereitstellen von Daten, Verordnungsermächtigung. (1) [1]Stellen Behörden über öffentlich zugängliche Netze Daten zur Verfügung, an denen ein Nutzungsinteresse zu erwarten ist, sind grundsätzlich maschinenlesbare Formate zu verwenden. [2]Die Daten sollen mit Metadaten versehen werden.

(2) [1]Die Landesregierung wird ermächtigt, durch Rechtsverordnung Regelungen für die Nutzung der Daten gemäß Absatz 1 festzulegen. [2]Sie sollen insbesondere den Umfang der Nutzung, Nutzungsbedingungen für kommerzielle und nicht-kommerzielle Nutzung sowie Gewährleistungs- und Haftungsausschlüsse regeln. [3]Es können keine Regelungen zu Geldleistungen für die Nutzung der Daten getroffen werden.

(3) Regelungen in anderen Rechtsvorschriften über technische Formate, in denen Daten verfügbar zu machen sind, gehen vor, soweit sie Maschinenlesbarkeit gewährleisten.

(4) Absatz 2 gilt nicht, soweit Rechte Dritter, insbesondere Rechte der Gemeinden und Gemeindeverbände, entgegenstehen.

(5) Absatz 1 gilt für Daten, die vor dem 31. Dezember 2017 erstellt wurden, nur, wenn sie in maschinenlesbaren Formaten vorliegen.

§ 11 Elektronische Formulare. [1]Ist durch Rechtsvorschrift die Verwendung eines bestimmten Formulars vorgeschrieben, das ein Unterschriftsfeld vorsieht, wird allein dadurch nicht die Anordnung der Schriftform bewirkt. [2]Bei einer für die elektronische Versendung an die Behörde bestimmten Fassung des Formulars entfällt das Unterschriftsfeld.

§ 12 Georeferenzierung. (1) Wird ein elektronisches Register, das Angaben mit Bezug zu Grundstücken in Baden-Württemberg enthält, neu aufgebaut oder überarbeitet, hat die Behörde in das Register eine landesweit einheitlich festgelegte direkte Georeferenzierung (Koordinaten) zu dem jeweiligen Flurstück, dem Gebäude oder zu dem in einer Rechtsvorschrift definierten Gebiet aufzunehmen, auf das sich die Angaben beziehen.

(2) Register im Sinne dieses Gesetzes sind solche, für die Daten aufgrund von Rechtsvorschriften des Landes erhoben oder gespeichert werden; dies können öffentliche und nichtöffentliche Register sein.

§ 13 Amtliche Mitteilungs- und Verkündungsblätter. (1) [1]Eine durch Rechtsvorschrift des Landes bestimmte Pflicht zur Bekanntmachung oder Veröffentlichung (Publikation) in einem amtlichen Mitteilungs- oder Verkündungsblatt des Landes, einer Gemeinde oder eines Gemeindeverbandes kann zusätzlich oder ausschließlich elektronisch erfüllt werden, wenn die Publikation über öffentlich zugängliche Netze angeboten wird. [2]Satz 1 findet unter der Voraussetzung Anwendung, dass durch ein Gesetz oder eine Rechtsverordnung, bei Publikationen durch Gemeinden oder Gemeindeverbände ergänzend durch Satzung, eine zusätzliche oder ausschließliche elektronische Publikation zugelassen ist. [3]Artikel 63 Absatz 1 und 2 der Verfassung des Landes Baden-Württemberg bleibt unberührt.

(2) [1]Jede Person muss einen angemessenen Zugang zu der Publikation haben, insbesondere durch die Möglichkeit, Ausdrucke zu bestellen oder in öffentlichen Einrichtungen auf die Publikation zuzugreifen. [2]Es muss die Möglichkeit bestehen, die Publikation zu abonnieren oder elektronisch einen Hinweis auf neue Publikationen zu erhalten. [3]Gibt es nur eine elektronische Ausgabe, ist dies in öffentlich zugänglichen Netzen auf geeignete Weise bekannt zu machen. [4]Es ist sicherzustellen, dass die publizierten Inhalte allgemein und dauerhaft zugänglich sind und eine Veränderung des Inhalts ausgeschlossen ist. [5]Bei gleichzeitiger Publikation in elektronischer und papiergebundener Form hat die herausgebende Stelle eine Regelung zu treffen, welche Form als die authentische anzusehen ist. [6]§ 1 der Verordnung des Innenministeriums zur Durchführung der Gemeindeordnung und § 1 der Verordnung des Innenministeriums zur Durchführung der Landkreisordnung bleiben unberührt.*

(3) [1]In einer über öffentlich zugängliche Netze verbreiteten elektronischen Fassung der Publikation sind personenbezogene Daten unkenntlich zu machen, wenn der Zweck ihrer Veröffentlichung erledigt ist und eine fortdauernde Veröffentlichung das Recht der betroffenen Person auf informationelle Selbstbestimmung unangemessen beeinträchtigen würde. [2]Änderungen nach Satz 1 müssen als solche kenntlich gemacht werden und den Zeitpunkt der Änderung erkennen lassen.

§ 14 Barrierefreiheit. (1) Für die elektronische Kommunikation und die Verwendung elektronischer Dokumente gilt § 9 des Landes-Behindertengleichstellungsgesetzes entsprechend.

(2) Für elektronische Verwaltungsabläufe und Verfahren zur elektronischen Aktenführung gilt § 10 des Landes-Behindertengleichstellungsgesetzes entsprechend.

(3) Die übrigen Vorschriften des Landes-Behindertengleichstellungsgesetzes bleiben unberührt.

§ 15 E-Government-Infrastruktur und Rechtsgrundlagen der Datenverarbeitung in Servicekonten. (1) [1]Das Land, die Gemeinden und Gemeindeverbände und sonstige der Aufsicht des Landes unterstehende juristische Personen des öffentlichen Rechts können sich gegenseitig E-Government-Dienste zur Nutzung überlassen. [2]Die Ministerien können im Einvernehmen mit der oder dem Beauftragten der Landesregierung für Informationstechnologie entsprechende Vereinbarungen zur Nutzung abschließen.

** § 13 Abs. 2 Satz 1, 3 und 5 tritt am 31. 12. 2025 außer Kraft.*

(2) Die Behörden des Landes erfüllen ihre Verpflichtungen nach § 2 Absatz 1 und 2 und § 3 Absatz 1 und 2 über das Dienstleistungsportal des Landes und nutzen die damit verbundenen zentralen Dienste.

(3) [1]Die Gemeinden und Gemeindeverbände sowie die sonstigen der Aufsicht des Landes unterstehenden juristischen Personen des öffentlichen Rechts erfüllen ihre Verpflichtungen nach § 3 Absatz 1 über das Dienstleistungsportal des Landes. [2]Das Land stellt den Gemeinden und Gemeindeverbänden und den sonstigen der Aufsicht des Landes unterstehenden juristischen Personen des öffentlichen Rechts das Dienstleistungsportal und die damit verbundenen zentralen Dienste für die Erfüllung ihrer Verpflichtung nach § 2 Absatz 2 sowie für deren elektronische Informationen und Verfahren im Sinne von § 3 Absatz 2 Satz 1 und 3 zur Nutzung bereit.

(4) Das Dienstleistungsportal hat die Aufgabe, zentrale Dienste zu erbringen

1. für den elektronischen Identitätsnachweis nach § 18 des Personalausweisgesetzes oder nach § 78 Absatz 5 des Aufenthaltsgesetzes,
2. für einen Zugang nach § 2 Absatz 2,
3. für die Verarbeitung von Stamm- und Verfahrensdaten, die mit Einwilligung der betroffenen Person in unterschiedlichen E-Government-Verfahren verwendet werden,
4. für die Entgegennahme, Verwaltung und Dokumentation von Einwilligungen nach dem Landesdatenschutzgesetz,
5. für den sicheren Übermittlungsweg zwischen
   a) den elektronischen Postfächern der beim Dienstleistungsportal und seinen zentralen Diensten registrierten natürlichen und juristischen Personen,
   b) den elektronischen Postfächern der an das Dienstleistungsportal und seinen zentralen Diensten angeschlossenen Behörden und
   c) den auf sonstiger gesetzlicher Grundlage eingerichteten elektronischen Postfächern von Behörden, Gerichten und sonstigen Institutionen sowie natürlichen und juristischen Personen,
6. für die Entgegennahme, formale Prüfung und Weiterleitung an den Rechnungsempfänger von elektronischen Rechnungen nach § 4 a.

(5) [1]Zur Nutzung der zentralen Dienste nach Absatz 4 Nummer 1 bis 7 können natürliche und juristische Personen (Nutzende) im Dienstleistungsportal Servicekonten einrichten. [2]Der Nachweis der Identität der oder des Nutzenden eines Servicekontos kann auf unterschiedlichen Vertrauensniveaus erfolgen. [3]Das für den Nachweis eingesetzte elektronische Identifizierungsmittel muss die Verwendung des für das jeweilige Verwaltungsverfahren erforderlichen Vertrauensniveaus ermöglichen. [4]Die besonderen Anforderungen einzelner Verwaltungsverfahren an die Identifizierung Nutzender sind zu berücksichtigen.

(6) [1]Zur Feststellung der Identität der oder des Nutzenden eines Servicekontos dürfen bei Registrierung und Nutzung folgende Daten verarbeitet werden:

1. bei einer natürlichen Person: Name, Vorname, Anschrift, Geburtsname, Geburtsort, Geburtsland, Geburtsdatum, akademischer Grad, bei Nutzung des elektronischen Identitätsnachweises nach § 18 des Personalausweisgesetzes

oder § 78 Absatz 5 des Aufenthaltsgesetzes die Abkürzung »D« für Bundesrepublik Deutschland und die Dokumentenart, der letzte Tag der Gültigkeitsdauer sowie das dienste- und kartenspezifische Kennzeichen. [2]Bei späterer Nutzung des Servicekontos mit dem elektronischen Identitätsnachweis sind grundsätzlich das dienste- und kartenspezifische Kennzeichen und die Anschrift zu übermitteln,

2. bei einer juristischen Person oder einer Personengesellschaft: Firma, Name oder Bezeichnung, Rechtsform, Registernummer, Registerort, Anschrift des Sitzes oder der Hauptniederlassung und Namen der Mitglieder des Vertretungsorgans oder der gesetzlichen Vertreter; ist ein Mitglied des Vertretungsorgans oder der gesetzliche Vertreter eine juristische Person, so sind deren Firma, Name oder Bezeichnung, Rechtsform, Registernummer, Registerort und Anschrift des Sitzes oder der Hauptniederlassung zu erheben. [3]Soweit eine natürliche Person für ein Unternehmen handelt, sind die in dem elektronischen Identitätsnachweis gespeicherten personenbezogenen Daten mit Ausnahme der Anschrift zu verwenden.

(7) Zur Kommunikation mit Nutzenden dürfen zusätzlich folgende Daten verarbeitet werden: De-Mail-Adresse oder vergleichbare Adresse eines Zustelldienstes eines Mitgliedstaates der Europäischen Union oder eines Vertragsstaates des Abkommens über den Europäischen Wirtschaftsraum nach der Verordnung (EU) Nr. 910/2014 des Europäischen Parlaments und des Rates vom 23. Juli 2014 über elektronische Identifizierung und Vertrauensdienste für elektronische Transaktionen im Binnenmarkt und zur Aufhebung der Richtlinie 1999/93/EG (ABl. L 257 vom 28. August 2014, S. 73) in der jeweils geltenden Fassung, E-Mail-Adresse, Telefonnummer, Mobilfunknummer, Telefaxnummer.

(8) [1]Wenn Nutzende durch Anmeldung über ihr Servicekonto ein elektronisches Verwaltungsverfahren einleiten oder mit der Behörde durch Nachrichten, die sie über das Postfach versendet haben, in Kontakt treten, eröffnen sie einen Zugang nach § 3 a Absatz 1 Satz 1 des Landesverwaltungsverfahrensgesetzes zur Übermittlung elektronischer Dokumente oder von Status- und Verfahrensinformationen zu Verwaltungsverfahren. [2]Sie sind darüber bei der Einrichtung des Servicekontos ausdrücklich zu informieren.

(9) [1]Die elektronische Identifizierung kann jeweils mittels einer einmaligen Abfrage der Daten des elektronischen Identitätsnachweises erfolgen. [2]Die Identitätsdaten werden bei einmaliger Abfrage der Identitätsdaten nach der Durchführung der elektronischen Identifizierung und Übermittlung an die für das Verwaltungsverfahren zuständige Behörde nicht in einem Servicekonto gespeichert. [3]Mit Einwilligung der oder des Nutzenden sind eine dauerhafte Speicherung der Identitätsdaten und deren Übermittlung an und Verwendung durch die für die Verwaltungsverfahren zuständige Behörde zulässig. [4]Im Falle der dauerhaften Speicherung müssen Nutzende jederzeit die Möglichkeit haben, das Servicekonto, gespeicherte Daten oder gespeicherte Dokumente selbständig zu löschen.

(10) [1]Die für das Verwaltungsverfahren zuständigen Behörden können im Einzelfall mit Einwilligung der oder des Nutzenden die für deren oder dessen

Identifizierung erforderlichen Daten bei der für das Servicekonto zuständigen Stelle elektronisch abrufen. [2]Dies gilt auch für entsprechende Behörden des Bundes und anderer Länder.

(11) Die Landesregierung kann durch Rechtsverordnung

1. weitere zentrale Dienste des Dienstleistungsportals mit einer Nutzungsverpflichtung nach Absatz 2 und zur Nutzungsüberlassung nach Absatz 3 Satz 2 bestimmen. Sie kann Übergangsfristen für die Nutzungsverpflichtung nach Absatz 2 festlegen.
2. die weitere Ausgestaltung des Dienstleistungsportals regeln. Sie kann insbesondere Regelungen treffen
   a) zu Interoperabilitäts- und Informationssicherheitsstandards,
   b) zum Funktionsumfang und Inhalt des Dienstleistungsportals des Landes und der damit verbundenen zentralen Dienste, insbesondere zu den durch den jeweiligen Dienst zu verarbeitenden personenbezogenen Daten, und
   c) zur Nutzung des Dienstleistungsportals des Landes und der damit verbundenen zentralen Dienste sowie zu deren Weiterentwicklung und der mit der Weiterentwicklung verbundenen Finanzierung.

(12) Die Vorschriften des Telemediengesetzes und des Landesdatenschutzgesetzes bleiben unberührt.

§ 16 Informationssicherheit. (1) Die Behörden treffen die erforderlichen Maßnahmen nach dem Stand der Technik zur Sicherung der elektronischen Kommunikation und der Verwendung elektronischer Dokumente und beachten dabei insbesondere § 9 des Landesdatenschutzgesetzes.

(2) [1]Die Behörden des Landes erstellen ein verbindliches behördenspezifisches Sicherheitskonzept zur Informationssicherheit. [2]Dieses Sicherheitskonzept beruht auf einer behördenspezifischen Abwägung des Schutzbedarfs der Informationen und der technischen Infrastruktur sowie der Bedrohungslage. [3]Dabei werden auch die Anforderungen an das Mindestsicherheitsniveau für eine sichere und ebenenübergreifende Kommunikation berücksichtigt. [4]Die technischen und organisatorischen Maßnahmen und Zuständigkeiten werden unter Nutzung der gängigen Methoden im Sicherheitskonzept beschrieben und durch die Behörde umgesetzt. [5]Das Sicherheitskonzept wird regelmäßig auf seine Wirksamkeit und die Wirtschaftlichkeit der Umsetzung überprüft. [6]Es wird nach der regelmäßigen Überprüfung und anlassbezogen fortgeschrieben.

§ 17 Umsetzung von Standardisierungsbeschlüssen des IT-Planungsrates. [1]Vom IT-Planungsrat verbindlich beschlossene fachunabhängige und fachübergreifende IT-Interoperabilitäts- oder IT-Sicherheitsstandards gemäß § 1 Absatz 1 Satz 1 Nummer 2 und § 3 des Vertrages über die Errichtung des IT-Planungsrats und über die Grundlagen der Zusammenarbeit beim Einsatz der Informationstechnologie in den Verwaltungen von Bund und Ländern – Vertrag zur Ausführung von Artikel 91c GG (GBl. 2010, S. 314, 315) sind nach Ablauf der jeweils im Beschluss des IT-Planungsrats festgelegten Frist durch die Behörden bei den von ihnen eingesetzten informationstechnischen Systemen einzuhalten. [2]Satz 1 gilt nicht für die Landeskreditbank Baden-Württemberg – Förderbank.

Abschnitt 3

Organisation und Strukturen der Zusammenarbeit in der Informationstechnik

§ 18 Beauftragte oder Beauftragter der Landesregierung für Informationstechnologie. (1) Die Landesregierung bestellt eine Beauftragte oder einen Beauftragten der Landesregierung für Informationstechnologie.

(2) Die oder der Beauftragte der Landesregierung für Informationstechnologie vertritt das Land im IT-Planungsrat.

(3) Die oder der Beauftragte der Landesregierung für Informationstechnologie ist dem Innenministerium zugeordnet.

§ 19 Aufgaben und Befugnisse der oder des Beauftragten der Landesregierung für Informationstechnologie. (1) [1]Die oder der Beauftragte der Landesregierung für Informationstechnologie verantwortet die E-Government-Strategie und die IT-Strategie des Landes. [2]Sie oder er wirkt an der Fachaufsicht über die Landesoberbehörde IT Baden-Württemberg mit. [3]Die Vorschriften des Errichtungsgesetzes BITBW bleiben unberührt.

(2) [1]Zur Wahrnehmung der Aufgaben setzt die oder der Beauftragte der Landesregierung für Informationstechnologie geeignete Controllinginstrumente ein. [2]Sie oder er ist bei zentralen und ressortbezogenen Planungen des E-Governments der Ministerien frühzeitig zu beteiligen. [3]Die Planung der informationstechnischen Umsetzung von Vorhaben der Landesverwaltung erfolgt im Einvernehmen mit der oder dem Beauftragten der Landesregierung für Informationstechnologie. [4]Das jeweils federführende Ministerium sorgt für die notwendige Beteiligung. [5]Die oder der Beauftragte der Landesregierung für Informationstechnologie ist fortlaufend über den Stand dieser Vorhaben zu informieren.

(3) Die oder der Beauftragte der Landesregierung für Informationstechnologie wirkt bei den Aufwendungen für Informationstechnik an der Erstellung der Voranschläge der Einzelpläne für den Entwurf des Haushaltsplans mit.

(4) Die oder der Beauftragte der Landesregierung für Informationstechnologie hat das Recht, von den Ministerien zu allen Bereichen des E-Governments und der Informationstechnik der Landesverwaltung und staatlicher Einrichtungen Informationen einzuholen.

(5) Die oder der Beauftragte der Landesregierung für Informationstechnologie ist frühzeitig bei der Ausarbeitung von Rechts- und Verwaltungsvorschrif-

ten sowie in sonstigen Angelegenheiten zu beteiligen, wenn diese Fragen des E-Governments und der Informationstechnik berühren.

(6) [1]Die oder der Beauftragte der Landesregierung für Informationstechnologie steuert und koordiniert die Zusammenarbeit mit den Behörden der Gemeinden und Gemeindeverbände des Landes Baden-Württemberg, mit den übrigen Ländern, dem Bund sowie mit Dritten in Angelegenheiten des E-Governments und der Informationstechnik von wesentlicher Bedeutung oder wenn mehr als ein Ministerium betroffen ist. [2]Über Angelegenheiten, die nur ein Ministerium betreffen, informiert das jeweilige Ministerium die oder den Beauftragten der Landesregierung für Informationstechnologie fortlaufend.

§ 20 IT-Rat Baden-Württemberg. (1) Es wird ein IT-Rat Baden-Württemberg eingerichtet.

(2) Den Vorsitz hat die oder der Beauftragte der Landesregierung für Informationstechnologie.

(3) Weitere Mitglieder sind die Amtschefinnen und Amtschefs der Ministerien.

(4) [1]Beratende Mitglieder sind der Rechnungshof, die oder der Landesbeauftragte für den Datenschutz und die Landesoberbehörde BITBW. [2]Der IT-Rat Baden-Württemberg kann weitere beratende Personen zu einzelnen Themen hinzuziehen.

(5) [1]Die Beschlüsse des IT-Rates Baden-Württemberg werden mehrheitlich gefasst. [2]Bei Stimmengleichheit entscheidet die Stimme der oder des Vorsitzenden. [3]Die oder der Vorsitzende hat das Recht, gegen einen Beschluss des IT-Rates Baden-Württemberg Einwendungen zu erheben. [4]In diesem Fall trifft der Ministerrat die abschließende Entscheidung. [5]Die Umsetzung des Beschlusses ist bis zur endgültigen Entscheidung durch den Ministerrat ausgesetzt. [6]Der IT-Rat Baden-Württemberg kann sich durch einstimmigen Beschluss eine Geschäftsordnung geben. [7]Er kann in der Geschäftsordnung auch eine von Satz 1 abweichende Regelung zur Beschlussfassung treffen.

(6) Der Beschluss für das Einvernehmen nach § 24 Absatz 2 ist einstimmig zu fassen.

(7) Die Geschäftsführung des IT-Rates Baden-Württemberg obliegt dem Innenministerium.

§ 21 Aufgaben des IT-Rates Baden-Württemberg. Der IT-Rat Baden-Württemberg

1. beschließt auf Vorschlag der oder des Beauftragten der Landesregierung für Informationstechnologie die IT-Standards des Landes,
2. beschließt Vorgaben für die Aufstellung und Abwicklung des Informationstechnischen Gesamtbudgets (IGB) im Rahmen der haushaltsrechtlichen Vorgaben,
3. bereitet die E-Government-Strategie und die IT-Strategie des Landes vor,

4. berät die Beauftragte oder den Beauftragten der Landesregierung für Informationstechnologie bei der Abstimmung des ressortübergreifenden Einsatzes des E-Governments und der Informationstechnik insbesondere mit den Ministerien und den Fachbereichen oder Fachverwaltungen.

§ 22 Arbeitskreis Informationstechnik des IT-Rates Baden-Württemberg. (1) [1]Die Beratungen des IT-Rates Baden-Württemberg bereitet der Arbeitskreis Informationstechnik (AK-IT) vor. [2]Er begleitet die Umsetzung der Beschlüsse des IT-Rates Baden-Württemberg.

(2) Der Vorsitz und die Geschäftsführung des AK-IT obliegen dem Innenministerium.

(3) [1]Die Ministerien entsenden je eine stimmberechtigte Vertretung in den AK-IT. [2]Beratende Mitglieder sind der Rechnungshof, die oder der Landesbeauftragte für den Datenschutz, die Landtagsverwaltung, die Landesoberbehörde BITBW, das Landeszentrum für Datenverarbeitung und die ITEOS. [3]Der AK-IT kann weitere beratende Personen zu einzelnen Themen hinzuziehen.

§ 23 IT-Kooperationsrat Baden-Württemberg. (1) [1]Das Land und die Gemeinden und Gemeindeverbände wirken beim E-Government und bei der Informationstechnik zusammen. [2]Ziel dieser Kooperation ist insbesondere die Einführung elektronischer, zusammenpassender und sicherer Verwaltungsprozesse zwischen Land und dem kommunalen Bereich (ebenenübergreifende Kooperation im Land). [3]Dazu stimmen das Land, die Gemeinden und Gemeindeverbände und der ITEOS ihre Einrichtungen und Anwendungen des E-Governments und der Informationstechnik miteinander ab.

(2) [1]Der IT-Kooperationsrat Baden-Württemberg ist das Gremium für die ebenenübergreifende Kooperation in der Informationstechnik. [2]Den Vorsitz hat die oder der Beauftragte der Landesregierung für Informationstechnologie. [3]Dem IT-Kooperationsrat Baden-Württemberg gehören als weitere stimmberechtigte Mitglieder an:

1. eine Vertretung je Ministerium,
2. je zwei Vertretungen der kommunalen Landesverbände,
3. eine Vertretung der Landesoberbehörde BITBW und
4. eine Vertretung der ITEOS.

[4]Je eine Vertretung des Rechnungshofes, der oder des Landesbeauftragten für den Datenschutz und des Landeszentrums für Datenverarbeitung kann beratend an den Sitzungen teilnehmen. [5]Der IT-Kooperationsrat Baden-Württemberg kann weitere beratende Personen zu einzelnen Themen hinzuziehen.

(3) [1]Der IT-Kooperationsrat Baden-Württemberg ist in den Angelegenheiten zu beteiligen, die für die ebenenübergreifende Kooperation in der Informationstechnik in Baden-Württemberg von Bedeutung sind. [2]Dies sind insbesondere

1. die im IT-Planungsrat zu behandelnden Themen, insbesondere Entscheidungen des IT-Planungsrats nach § 17 über fachunabhängige und fachübergreifende IT-Interoperabilitäts- und IT-Sicherheitsstandards,

2. die Weiterentwicklung der E-Government-Strategie des Landes,
3. die vom Land und den von Gemeinden und Gemeindeverbänden gegenseitig überlassenen oder gemeinsam genutzten E-Government-Infrastrukturen,
4. landesspezifische IT-Interoperabilitäts- und IT-Sicherheitsstandards für die ebenenübergreifende Kooperation der in Baden-Württemberg eingesetzten informationstechnischen Systeme, soweit der IT-Planungsrat hierzu keine Empfehlungen ausgesprochen hat, und
5. elektronische Kommunikations- und Zahlungsverfahren.

[3]Der IT-Kooperationsrat Baden-Württemberg kann zu diesen Themen Empfehlungen aussprechen. [4]Neue Einrichtungen und Anwendungen des Landes und der Gemeinden, Gemeindeverbände und der ITEOS sollen erst eingesetzt werden, wenn der IT-Kooperationsrat Baden-Württemberg darüber nach Satz 2 Nummer 4 und 5 beraten hat.

(4) [1]Die Beschlüsse des IT-Kooperationsrates Baden-Württemberg werden mit der absoluten Mehrheit seiner Mitglieder nach Absatz 2 Satz 3 gefasst. [2]Die Beschlüsse müssen auch mit der absoluten Mehrheit der Mitglieder für die kommunalen Landesverbände nach Absatz 2 Satz 3 Nummer 2 gefasst werden. [3]Der IT-Kooperationsrat Baden-Württemberg kann sich durch einstimmigen Beschluss eine Geschäftsordnung geben. [4]Er kann in der Geschäftsordnung auch eine von Satz 1 und 2 abweichende Regelung zur Beschlussfassung treffen.

(5) Die Geschäftsführung des IT-Kooperationsrates Baden-Württemberg obliegt dem Innenministerium.

§ 24 Erlass von Verwaltungsvorschriften. (1) Die zur Durchführung der §§ 3, 6 bis 8 und 15 erforderlichen Verwaltungsvorschriften erlässt das Innenministerium im Einvernehmen mit den Ministerien und der oder dem Beauftragten der Landesregierung für Informationstechnologie.

(2) Die Anforderungen an das behördenspezifische Sicherheitskonzept zur Informationssicherheit nach § 16 Absatz 2 und die IT-Standards des Landes nach § 21 Nummer 1 erlässt das Innenministerium im Einvernehmen mit dem IT-Rat Baden-Württemberg durch Verwaltungsvorschrift.

Gesetz zur Regelung des Zugangs zu Informationen in Baden-Württemberg (Landesinformationsfreiheitsgesetz – LIFG)

vom 17. Dezember 2015 (GBl. S. 1201),
zuletzt geändert durch Gesetz vom 12. Juni 2018 (GBl. 173, 185)

INHALTSÜBERSICHT*

§ 1 Grundsätze. (1) Zweck dieses Gesetzes ist es, unter Wahrung des Schutzes personenbezogener Daten und sonstiger berechtigter Interessen durch ein umfassendes Informationsrecht den freien Zugang zu amtlichen Informationen sowie die Verbreitung dieser Informationen zu gewährleisten, um die Transparenz der Verwaltung zu vergrößern und damit die demokratische Meinungs- und Willensbildung zu fördern.

(2) Antragsberechtigte haben nach Maßgabe dieses Gesetzes gegenüber den informationspflichtigen Stellen einen Anspruch auf Zugang zu amtlichen Informationen.

(3) Sofern der Zugang zu amtlichen Informationen in anderen Rechtsvorschriften abschließend geregelt ist, gehen diese mit Ausnahme des § 29 des Landesverwaltungsverfahrensgesetzes (LVwVfG) und des § 25 des Zehnten Buches Sozialgesetzbuch vor.

§ 2 Anwendungsbereich. (1) Dieses Gesetz gilt nach Maßgabe der Absätze 2 und 3 für die Stellen

1. des Landes,
2. der Gemeinden und Gemeindeverbände sowie
3. der sonstigen der Aufsicht des Landes unterstehenden juristischen Personen des öffentlichen Rechts

und deren Vereinigungen, soweit sie öffentlich-rechtliche Verwaltungsaufgaben wahrnehmen.

* *Die Inhaltsübersicht ist nicht amtlich.*

(2) Dieses Gesetz gilt für

1. den Landtag nur, soweit er öffentlich-rechtliche Verwaltungsaufgaben wahrnimmt,
2. den Rechnungshof, die Staatlichen Rechnungsprüfungsämter und die Gemeindeprüfungsanstalt jeweils nur außerhalb ihrer Prüfungs- und Beratungstätigkeit,
3. die Gerichte, die Strafverfolgungs-, Strafvollstreckungs- und Maßregelvollzugsbehörden sowie Disziplinarbehörden jeweils nur, soweit sie nicht als Organe der Rechtspflege oder aufgrund besonderer Rechtsvorschriften in richterlicher oder sachlicher Unabhängigkeit tätig werden, sowie
4. die öffentlich-rechtlichen Rundfunkanstalten nur, soweit sie Aufgaben der öffentlichen Verwaltung wahrnehmen und dies staatsvertraglich geregelt ist.

(3) Das Gesetz gilt nicht gegenüber

1. dem Landesamt für Verfassungsschutz und den sonstigen öffentlichen Stellen des Landes, soweit sie nach Feststellung der Landesregierung gemäß § 35 des Landessicherheitsüberprüfungsgesetzes Aufgaben von vergleichbarer Sicherheitsempfindlichkeit wahrnehmen,
2. den Einrichtungen mit der Aufgabe unabhängiger wissenschaftlicher Forschung, Hochschulen nach § 1 des Landeshochschulgesetzes, Schulen nach § 2 des Schulgesetzes für Baden-Württemberg sowie Ausbildungs- und Prüfungsbehörden, soweit Forschung, Kunst, Lehre, Leistungsbeurteilungen und Prüfungen betroffen sind,
3. der Landesbank Baden-Württemberg, der Landeskreditbank Baden-Württemberg – Förderbank, den Sparkassen sowie ihren Verbänden und Verbundunternehmen, den Selbstverwaltungsorganisationen der Wirtschaft, der Freien Berufe und der Krankenversicherung sowie
4. den Landesfinanzbehörden im Sinne des § 2 des Finanzverwaltungsgesetzes, soweit sie in Verfahren in Steuersachen tätig werden.

(4) Dieses Gesetz gilt auch für natürliche oder juristische Personen des Privatrechts, soweit sie öffentlich-rechtliche Verwaltungsaufgaben, insbesondere solche der Daseinsvorsorge, wahrnehmen oder öffentliche Dienstleistungen erbringen und dabei der Kontrolle einer Stelle, soweit diese in den Anwendungsbereich nach Absatz 1 fällt, unterliegen. Kontrolle im Sinne des Satz 1 liegt vor, wenn

1. die Person des Privatrechts bei der Wahrnehmung der öffentlichen Aufgabe oder bei der Erbringung der öffentlichen Dienstleistung gegenüber Dritten besonderen Pflichten unterliegt oder über besondere Rechte verfügt, insbesondere ein Kontrahierungszwang oder ein Anschluss- und Benutzungszwang besteht, oder
2. eine oder mehrere der in Absatz 1 genannten juristischen Personen des öffentlichen Rechts allein oder zusammen, unmittelbar oder mittelbar
   a) die Mehrheit des gezeichneten Kapitals der Person des Privatrechts besitzt oder besitzen oder

b) über die Mehrheit der mit den Anteilen der Person des Privatrechts verbundenen Stimmrechte verfügt oder verfügen oder
c) mehr als die Hälfte der Mitglieder des Verwaltungs-, Leitungs- oder Aufsichtsorgans der Person des Privatrechts stellen kann oder können.

§ 3 Begriffsbestimmungen. Im Sinne dieses Gesetzes sind
1. Antragsberechtigte: alle natürlichen und juristischen Personen des Privatrechts sowie deren Zusammenschlüsse, soweit diese organisatorisch hinreichend verfestigt sind;
2. informationspflichtige Stellen: alle Stellen im Anwendungsbereich nach § 2;
3. amtliche Informationen: jede bei einer informationspflichtigen Stelle bereits vorhandene, amtlichen Zwecken dienende Aufzeichnung, unabhängig von der Art ihrer Speicherung, außer Entwürfen und Notizen, die nicht Bestandteil eines Vorgangs werden sollen;
4. geschützte Person: betroffene Person im Sinne des Artikels 4 Nummer 1 der Verordnung (EU) 2016/679 des Europäischen Parlaments und des Rates vom 27. April 2016 zum Schutz natürlicher Personen bei der Verarbeitung personenbezogener Daten, zum freien Datenverkehr und zur Aufhebung der Richtlinie 95/46/EG (Datenschutz-Grundverordnung) (ABl. L 119 vom 4. Mai 2016, S. 1, ber. ABl. L 314 vom 22. November 2016, S. 72) in der jeweils geltenden Fassung oder juristische Person, über die amtliche Informationen vorliegen, mit Ausnahme der antragstellenden Person.

§ 4 Schutz von besonderen öffentlichen Belangen. (1) Der Anspruch auf Informationszugang besteht nicht, soweit und solange das Bekanntwerden der Informationen nachteilige Auswirkungen haben kann auf
1. die inter- und supranationalen Beziehungen, Beziehungen zum Bund oder zu einem Land,
2. die Belange der äußeren oder öffentlichen Sicherheit,
3. die Kontroll-, Vollzugs- oder Aufsichtsaufgaben der Aufsichtsbehörden,
4. die Angelegenheiten der unabhängigen Finanzkontrolle,
5. den Erfolg eines strafrechtlichen Ermittlungs- oder Strafvollstreckungsverfahrens oder den Verfahrensablauf eines Gerichts-, Ordnungswidrigkeiten- oder Disziplinarverfahrens,
6. die Vertraulichkeit von Beratungen und Entscheidungsprozessen, wovon die Ergebnisse der Beweiserhebung, Gutachten und Stellungnahmen Dritter regelmäßig ausgenommen sind,
7. die Funktionsfähigkeit und die Eigenverantwortung der Landesregierung,
8. die Vertraulichkeit des Austauschs zwischen Landtag und Landesregierung,
9. die Interessen der informationspflichtigen Stellen im Wirtschaftsverkehr,
10. das im Zeitpunkt des Antrags auf Informationszugang fortbestehende Interesse der geschützten Person an einer vertraulichen Behandlung bei vertraulich erhobener oder übermittelter Information oder

11. die Vertraulichkeit von leistungsbezogenen Daten einzelner öffentlicher Schulen.

(2) [1]Unberührt bleiben die durch Rechtsvorschriften und die Verwaltungsvorschrift des Innenministeriums zum materiellen und organisatorischen Schutz von Verschlusssachen vom 20. Dezember 2004 – Az.: 5-0214.3/77 (GABl. 2005 S. 218), die durch Verwaltungsvorschrift vom 1. Dezember 2011 – Az.: 4-0214.3/77 (GABl. S. 566) geändert worden ist, in der jeweils geltenden Fassung geregelten Geheimhaltungs- und Vertraulichkeitspflichten sowie die Berufs- und besonderen Amtsgeheimnisse. [2]Gleiches gilt für gesellschaftsrechtlich begründete Geheimhaltungs- und Verschwiegenheitspflichten.

§ 5 Schutz personenbezogener Daten. (1) Der Zugang zu personenbezogenen Daten im Sinne des Artikels 4 Nummer 1 der Verordnung (EU) 2016/679 ist zu gewähren, soweit und solange die betroffene Person im Sinne des Artikels 4 Nummer 1 der Verordnung (EU) 2016/679 entsprechend Artikel 7 der Verordnung (EU) 2016/679 eingewilligt hat oder das öffentliche Informationsinteresse an der Bekanntgabe das schutzwürdige Interesse am Ausschluss des Informationszugangs überwiegt.

(2) Daten, aus denen die rassische und ethnische Herkunft, politische Meinungen, religiöse oder weltanschauliche Überzeugungen oder die Gewerkschaftszugehörigkeit hervorgehen, sowie genetische Daten im Sinne des Artikels 4 Nummer 13 der Verordnung (EU) 2016/679, biometrische Daten im Sinne des Artikels 4 Nummer 14 der Verordnung (EU) 2016/679 zur eindeutigen Identifizierung einer natürlichen Person, Gesundheitsdaten im Sinne des Artikels 4 Nummer 15 der Verordnung (EU) 2016/679 oder Daten zum Sexualleben oder der sexuellen Orientierung einer natürlichen Person dürfen nur übermittelt werden, wenn die betroffene Person im Sinne des Artikels 4 Nummer 1 der Verordnung (EU) 2016/679 ausdrücklich eingewilligt hat.

(3) Das öffentliche Informationsinteresse überwiegt nicht bei personenbezogenen Daten im Sinne des Artikels 4 Nr. 1 der Verordnung (EU) 2016/679 aus Unterlagen, soweit sie mit dem Dienst- oder Amtsverhältnis oder einem Mandat der betroffenen Person im Sinne des Artikels 4 Nr. 1 der Verordnung (EU), 2016/679 in Zusammenhang stehen.

(4) [1]Das öffentliche Informationsinteresse überwiegt das schutzwürdige Interesse am Ausschluss des Informationszugangs in der Regel dann, wenn sich die Angabe auf Name, Titel, akademischen Grad, Berufs- und Funktionsbezeichnung, Büroanschrift und -telekommunikationsnummer beschränkt und die betroffene Person im Sinne des Artikels 4 Nr. 1 der Verordnung (EU) 2016/679 als Gutachterin, Gutachter, Sachverständige, Sachverständiger oder in vergleichbarer Weise eine Stellungnahme in einem Verfahren abgegeben hat. [2]Das Gleiche gilt für die entsprechenden Daten von Amtsträgerinnen und Amtsträgern, soweit sie in amtlicher Funktion an einem solchen Vorgang mitgewirkt haben.

(5) Die auf eine verstorbene Person bezogenen Daten werden entsprechend Absatz 1 bis 4 geschützt, soweit die Menschenwürde den Schutz dieser Daten gebietet.

§ 6 Schutz des geistigen Eigentums und von Betriebs- oder Geschäftsgeheimnissen. [1]Der Anspruch auf Informationszugang besteht nicht, soweit und solange der Schutz geistigen Eigentums entgegensteht. [2]Zugang zu Betriebs- oder Geschäftsgeheimnissen darf nur gewährt werden, soweit und solange die geschützte Person eingewilligt hat.

§ 7 Antrag und Verfahren. (1) [1]Über den Antrag auf Informationszugang entscheidet die Stelle, die zur Verfügung über die begehrten Informationen berechtigt ist; dies können auch Beliehene sein. [2]Im Fall des § 2 Absatz 4 besteht der Anspruch gegenüber der Stelle, für die letztlich die öffentlich-rechtliche Verwaltungsaufgabe wahrgenommen beziehungsweise die öffentliche Dienstleistung erbracht wird. [3]Berührt der Antrag Belange im Sinne von § 5 oder § 6, soll er begründet werden und für die Anhörung nach § 8 Absatz 1 die Erklärung enthalten, inwieweit die Daten der antragstellenden Person an die geschützte Person weitergegeben werden dürfen. [4]Gibt die antragstellende Person keine Erklärung über ihr Interesse an personenbezogenen Daten im Sinne des Artikels 4 Nr. 1 der Verordnung (EU) 2016/679 ab, sollen Namen von natürlichen Personen geschwärzt werden.

(2) [1]Der Antrag muss erkennen lassen, zu welchen Informationen der Zugang gewünscht wird. [2]Ist der Antrag zu unbestimmt, so ist der antragstellenden Person dies innerhalb eines Monats mitzuteilen und Gelegenheit zur Präzisierung des Antrags zu geben. [3]Kommt die antragstellende Person der Aufforderung zur Präzisierung nach, beginnt der Lauf der Frist zur Beantwortung von Anträgen erneut.

(3) Sind Anträge von mehr als 50 Personen gleichförmig gestellt oder auf die gleichen Informationen gerichtet, gelten die §§ 17 bis 19 LVwVfG entsprechend.

(4) [1]Besteht ein Anspruch auf Informationszugang zum Teil, ist dem Antrag in dem Umfang stattzugeben, in dem der Informationszugang ohne Preisgabe der geheimhaltungsbedürftigen Informationen möglich ist. [2]Entsprechendes gilt, wenn sich die antragstellende Person in den Fällen, in denen Belange einer geschützten Person berührt sind, mit einer Unkenntlichmachung der diesbezüglichen Informationen einverstanden erklärt.

(5) [1]Die informationspflichtige Stelle kann Auskunft erteilen, Akteneinsicht gewähren oder Informationen in sonstiger Weise zur Verfügung stellen. [2]Begehrt die antragstellende Person eine bestimmte Art des Informationszugangs, so darf dieser nur aus wichtigem Grund auf andere Art gewährt werden. [3]Als wichtiger Grund gilt insbesondere ein deutlich höherer Verwaltungsaufwand. [4]Auf Antrag ist der Informationszugang für Menschen mit Behinderungen durch angemessene Vorkehrungen barrierefrei nach § 3 Absatz 2 Satz 1 des Landes-Behindertengleichstellungsgesetzes zu ermöglichen.

(6) Im Fall der Einsichtnahme in amtliche Informationen kann sich die antragstellende Person Notizen machen oder Ablichtungen und Ausdrucke fertigen lassen, soweit und solange nicht der Schutz geistigen Eigentums nach § 6 Satz 1 entgegensteht.

(7) [1]Die amtliche Information ist der antragstellenden Person unverzüglich, spätestens jedoch innerhalb eines Monats nach Antragstellung, zugänglich zu machen. [2]Eine Verlängerung dieser Frist auf bis zu drei Monate ist zulässig, soweit eine Antragsbearbeitung innerhalb der Monatsfrist insbesondere wegen Umfang oder Komplexität der begehrten amtlichen Information oder der Beteiligung einer geschützten Person nach § 8 nicht möglich ist. [3]Die antragstellende Person soll über die Fristverlängerung und die Gründe hierfür schriftlich oder elektronisch informiert werden.

§ 8 Verfahren bei Beteiligung einer geschützten Person. (1) [1]Sofern Anhaltspunkte dafür vorliegen, dass eine geschützte Person ein schutzwürdiges Interesse am Ausschluss des Informationszugangs haben kann, gibt die informationspflichtige Stelle ihr schriftlich oder elektronisch Gelegenheit zur Stellungnahme und zur Erteilung ihrer Einwilligung in den Informationszugang innerhalb eines Monats. [2]Soweit der informationspflichtigen Stelle im Zeitpunkt ihrer Entscheidung eine Einwilligung der geschützten Person nicht zugegangen ist, gilt die Einwilligung als verweigert und der Informationszugang bestimmt sich aufgrund der Abwägung nach § 5 Absatz 1 Alternative 2. [3]Eine Anhörung soll unterbleiben, wenn die geschützte Person sich offensichtlich nicht rechtzeitig äußern kann.

(2) [1]Im Fall des Absatz 1 ergeht die Entscheidung nach § 7 Absatz 1 Satz 1 schriftlich oder elektronisch und ist auch der geschützten Person bekannt zu geben. [2]Der Informationszugang darf erst erfolgen, wenn die Entscheidung allen geschützten Personen gegenüber bestandskräftig ist oder die sofortige Vollziehung angeordnet worden ist und seit der Bekanntgabe der Anordnung an alle betroffenen Personen zwei Wochen verstrichen sind.

§ 9 Ablehnung des Antrags. (1) Die Bekanntgabe einer Entscheidung, mit der der Antrag ganz oder teilweise abgelehnt wird, hat innerhalb der Fristen nach § 7 Absatz 7 Satz 1 oder 2 zu erfolgen.

(2) Soweit die informationspflichtige Stelle den Antrag ganz oder teilweise ablehnt, hat sie mitzuteilen, ob und wann der Informationszugang ganz oder teilweise auf Antrag zu einem späteren Zeitpunkt voraussichtlich möglich ist.

(3) Der Antrag kann abgelehnt werden, wenn

1. dieser offensichtlich missbräuchlich gestellt wurde,
2. dieser zu unbestimmt ist und nicht innerhalb von drei Monaten nach Bekanntgabe der Aufforderung der informationspflichtigen Stelle nach § 7 Absatz 2 präzisiert wird,
3. dessen Bearbeitung einen für die informationspflichtige Stelle unverhältnismäßigen Verwaltungsaufwand verursachen würde,

4. die antragstellende Person bereits über die begehrten Informationen verfügt oder
5. die antragstellende Person sich die begehrten Informationen in zumutbarer Weise aus allgemein zugänglichen Quellen beschaffen kann.

§ 10 Gebühren und Auslagen. (1) Für individuell zurechenbare öffentliche Leistungen nach diesem Gesetz können Gebühren und Auslagen nach dem für die informationspflichtige Stelle jeweils maßgebenden Gebührenrecht erhoben werden.

(2) [1]Übersteigen die Gebühren und Auslagen zusammen voraussichtlich die Höhe von 200 Euro, hat die informationspflichtige Stelle die antragstellende Person über die voraussichtliche Höhe der Kosten vorab gebühren- und auslagenfrei zu informieren und zur Erklärung über die Weiterverfolgung des Antrags aufzufordern. [2]Wird die Weiterverfolgung des Antrags nicht innerhalb eines Monats nach Bekanntgabe der Aufforderung nach Satz 1 gegenüber der informationspflichtigen Stelle erklärt, gilt der Antrag als zurückgenommen. [3]Zwischen Absendung der Information nach Satz 1 und dem Zugang der Erklärung der antragstellenden Person über die Weiterverfolgung des Antrags ist der Ablauf der Frist zur Beantwortung von Anträgen gehemmt. [4]Die Festsetzung der Gebühren und Auslagen darf ohne vorherige Information 200 Euro nicht übersteigen; im Übrigen darf die nach Satz 1 übermittelte Höhe nicht überstiegen werden.

(3) [1]Informationspflichtige Stellen im Sinne des § 2 Absatz 1 Nummer 1 dürfen für den Informationszugang in einfachen Fällen keine Gebühren und Auslagen erheben. [2]Sie haben die Gebühren auch unter Berücksichtigung des Verwaltungsaufwandes so zu bemessen, dass der Informationszugang nach § 1 Absatz 2 wirksam in Anspruch genommen werden kann. [3]Im Übrigen haben die jeweiligen Festlegungen der Gebührentatbestände und Gebührensätze auch Höchstsätze zu enthalten.

§ 11 Veröffentlichungspflichten und Informationsregister. (1) [1]Für die informationspflichtigen Stellen im Sinne des § 2 Absatz 1 Nummer1 gilt der Grundsatz, dass möglichst viele zur Veröffentlichung geeignete amtliche Informationen nach Maßgabe dieses Gesetzes über öffentlich zugängliche Netze zur Verfügung zu stellen sind. [2]Insbesondere sind dementsprechend zu veröffentlichen:

1. Verzeichnisse, aus denen sich vorhandene Informationssammlungen und -zwecke erkennen lassen,
2. Organisations- und Aktenpläne ohne Angabe personenbezogener Daten im Sinne des Artikels 4 Nr. 1 der Verordnung (EU) 2016/679,
3. Informationen über Voraussetzungen des Anspruchs aus § 1 Absatz 2 und das Verfahren, insbesondere elektronische Antragstellung und entsprechende Kontaktinformationen,
4. Informationen über die Initiativen und das Abstimmungsverhalten der Landesregierung im Bundesrat,

5. Geodaten nach Maßgabe des Landesgeodatenzugangsgesetzes,
6. nach Inkrafttreten dieses Gesetzes erlassene oder geänderte Verwaltungsvorschriften,
7. nach Inkrafttreten dieses Gesetzes veröffentlichte Berichte, Broschüren, Listen, Pläne, Pressemeldungen und Statistiken,
8. nach Inkrafttreten dieses Gesetzes in öffentlicher Sitzung gefasste Beschlüsse sowie,
9. wesentliche Unternehmensdaten von Beteiligungen des Landes an privatrechtlichen Unternehmen.

(2) Durch Rechtsverordnung kann die Landesregierung weitere zur Veröffentlichung geeignete amtliche Informationen bestimmen, ein Informationsregister einrichten sowie Einzelheiten in Bezug auf Betrieb und Nutzung des Registers festlegen.

§ 12 Landesbeauftragte oder Landesbeauftragter für die Informationsfreiheit. (1) Die Aufgabe der oder des Landesbeauftragten für die Informationsfreiheit wird von der oder dem Landesbeauftragten für den Datenschutz wahrgenommen.

(2) Antragsberechtigte, geschützte Personen und informationspflichtige Stellen können die Landesbeauftragte oder den Landesbeauftragten für die Informationsfreiheit anrufen und sich über sie selbst betreffende Rechte und Pflichten nach diesem Gesetz beraten lassen.

(3) Die oder der Landesbeauftragte für die Informationsfreiheit kontrolliert bei den informationspflichtigen Stellen die Einhaltung der Vorschriften dieses Gesetzes.

(4) Die informationspflichtigen Stellen sind verpflichtet, die Landesbeauftragte oder den Landesbeauftragten für die Informationsfreiheit und ihre oder seine Beauftragten bei der Erfüllung ihrer oder seiner Aufgaben zu unterstützen.

(5) Die oder der Landesbeauftragte für die Informationsfreiheit teilt der informationspflichtigen Stelle das Ergebnis einer Kontrolle mit.

(6) [1]Stellt die oder der Landesbeauftragte für die Informationsfreiheit Verstöße gegen Vorschriften dieses Gesetzes oder aufgrund dieses Gesetzes erlassener Vorschriften fest, so beanstandet sie oder er dies

1. bei den informationspflichtigen Stellen des Landes im Sinne des § 2 Absatz 1 Nummer 1 gegenüber der zuständigen obersten Landesbehörde,
2. bei den sonstigen informationspflichtigen Stellen gegenüber dem vertretungsberechtigten Organ

und fordert zur Stellungnahme innerhalb einer von ihr oder ihm zu bestimmenden angemessenen Frist auf. [2]In den Fällen des Satz 1 Nummer 2 unterrichtet sie oder er gleichzeitig die zuständige Aufsichtsbehörde. [3]Die oder der Landesbeauftragte für die Informationsfreiheit kann von einer Beanstandung absehen oder auf eine Stellungnahme der betroffenen Stelle verzichten, insbesondere wenn es sich um unerhebliche oder inzwischen beseitigte Mängel handelt. [4]Die in Satz 1 Nummer 2 genannten Stellen leiten der zuständigen Aufsichtsbehörde eine Abschrift ihrer Stellungnahme an die Landesbeauftragte oder den Landesbeauftragten für die Informationsfreiheit zu.

(7) [1]Die oder der Landesbeauftragte für die Informationsfreiheit erstattet dem Landtag für jeweils zwei Kalenderjahre zusammen einen Tätigkeitsbericht. [2]Dieser ist jeweils bis zum 15. Februar des Folgejahres vorzulegen. [3]Der nächste Bericht ist bis zum 15. Februar 2020 vorzulegen.

(8) [1]Die oder der Landesbeauftragte für die Informationsfreiheit hat auf Anforderung des Landtags Gutachten zu erstellen und besondere Berichte zu erstatten. [2]Sie oder er hat ferner zu parlamentarischen Anfragen von Abgeordneten Stellung zu nehmen, die die Informationsfreiheit in dem ihrer oder seiner Kontrolle unterliegenden Bereich betreffen. [3]Sie oder er kann sich jederzeit an den Landtag wenden, damit dieser sie oder ihn bei der Wahrnehmung ihrer oder seiner Aufgaben unterstützt. [4]Sie oder er unterrichtet den Ständigen Ausschuss des Landtags jährlich, aus besonderem Anlass auch unverzüglich, über aktuelle Entwicklungen und Angelegenheiten von grundsätzlicher oder wesentlicher Bedeutung im Bereich der Informationsfreiheit. [5]Eine Unterrichtung erfolgt auch, wenn der Ständige Ausschuss des Landtags darum ersucht.

(9) [1]Die oder der Landesbeauftragte für die Informationsfreiheit kann der Landesregierung und einzelnen Ministerien sowie anderen öffentlichen Stellen Empfehlungen zur Verbesserung der Informationsfreiheit geben. [2]Sie oder er ist bei der Ausarbeitung von Rechts- und Verwaltungsvorschriften zu diesem Gesetz zu beteiligen.

Landesbeamtengesetz (LBG)

vom 9. November 2010 (GBl. S. 793),
zuletzt geändert durch Gesetz vom 27. Februar 2019 (GBl. S. 37)

INHALTSÜBERSICHT

ERSTER TEIL

Allgemeine Vorschriften

§ 1 Geltungsbereich. Dieses Gesetz gilt für die Beamtinnen und Beamten des Landes, der Gemeinden und Gemeindeverbände sowie der sonstigen der Aufsicht des Landes unterstehenden Körperschaften, Anstalten und Stiftungen des öffentlichen Rechts.

§ 2 Dienstherrnfähigkeit. [1]Körperschaften, Anstalten und Stiftungen des öffentlichen Rechts kann durch Gesetz, Rechtsverordnung oder Satzung die Dienstherrnfähigkeit nach § 2 Nr. 2 des Beamtenstatusgesetzes (BeamtStG) verliehen werden. [2]Wird die Dienstherrnfähigkeit durch Satzung verliehen, bedarf diese der Genehmigung der Landesregierung.

§ 3 Begriffsbestimmungen. (1) Körperschaften im Sinne dieses Gesetzes sind juristische Personen des öffentlichen Rechts mit Dienstherrnfähigkeit.

(2) Oberste Dienstbehörde der Beamtin oder des Beamten ist die oberste Behörde des Dienstherrn, in deren Geschäftsbereich die Beamtin oder der Beamte ein Amt wahrnimmt oder bei Beendigung des Beamtenverhältnisses zuletzt wahrgenommen hat.

(3) [1]Dienstvorgesetzte sind diejenigen, die für beamtenrechtliche Entscheidungen über die persönlichen Angelegenheiten der ihnen nachgeordneten Beamtinnen und Beamten zuständig sind. [2]Die Dienstvorgesetzten werden durch Gesetz oder Rechtsverordnung bestimmt. [3]Sie können Beamtinnen oder

Beamte ihrer Dienststelle mit der Wahrnehmung von Aufgaben des Dienstvorgesetzten beauftragen.

(4) [1]Vorgesetzte sind diejenigen, die dienstliche Anordnungen erteilen können. [2]Die Vorgesetzten bestimmen sich nach dem Aufbau der öffentlichen Verwaltung.

(5) Angehörige im Sinne dieses Gesetzes und von Rechtsverordnungen, zu denen dieses Gesetz oder das Beamtenstatusgesetz ermächtigen, sind die in § 20 Abs. 5 des Landesverwaltungsverfahrensgesetzes sowie die darüber hinaus in § 7 Abs. 3 des Pflegezeitgesetzes genannten Personen.

(6) Hinterbliebene im Sinne dieses Gesetzes und von Rechtsverordnungen, zu denen dieses Gesetz oder das Beamtenstatusgesetz ermächtigen, sind auch hinterbliebene Lebenspartnerinnen und Lebenspartner nach dem Lebenspartnerschaftsgesetz.

(7) Als Grundgehalt im Sinne dieses Gesetzes und der auf das Grundgehalt Bezug nehmenden Vorschriften des Beamtenstatusgesetzes gilt das Grundgehalt, in Besoldungsgruppen mit aufsteigenden Gehältern das Grundgehalt der höchsten Stufe, mit Amtszulagen und der Strukturzulage nach dem Landesbesoldungsgesetz Baden-Württemberg (LBesGBW); Stellenzulagen gelten nicht als Bestandteil des Grundgehalts.

§ 4 Allgemeine Zuständigkeit, Zuständigkeiten nach dem Beamtenstatusgesetz. (1) [1]Die unmittelbaren Dienstvorgesetzten sind zuständig für Entscheidungen, die aufgrund des Beamtenstatusgesetzes, dieses Gesetzes oder einer Rechtsverordnung ergehen, zu der dieses Gesetz oder das Beamtenstatusgesetz ermächtigen. [2]Die übergeordneten Dienstvorgesetzten können entsprechende Verfahren im Einzelfall jederzeit an sich ziehen. [3]Die oberste Dienstbehörde kann Zuständigkeiten des Dienstvorgesetzten auch teilweise auf andere Dienstvorgesetzte durch Rechtsverordnung übertragen.

(2) [1]Besteht der letzte Dienstvorgesetzte nicht mehr, entscheidet an seiner Stelle die oberste Dienstbehörde. [2]Besteht die oberste Dienstbehörde nicht mehr und ist eine andere Behörde nicht bestimmt, so entscheidet an ihrer Stelle das Finanzministerium.

(3) Zuständig für die Entscheidung über eine Ausnahme nach § 7 Abs. 3 BeamtStG ist die Behörde, die über die Ernennung der Beamtin oder des Beamten entscheidet.

(4) Zuständig für die Versagung der Aussagegenehmigung nach § 37 Abs. 4 BeamtStG ist die oberste Dienstbehörde; für die Beamtinnen und Beamten der Gemeinden, Gemeindeverbände sowie der sonstigen der Aufsicht des Landes unterstehenden Körperschaften, Anstalten und Stiftungen des öffentlichen Rechts tritt an die Stelle der obersten Dienstbehörde die oberste Aufsichtsbehörde oder die von ihr durch Rechtsverordnung bestimmte Behörde.

(5) Für die in § 42 Abs. 1 bezeichneten Beamtinnen und Beamten entscheidet die Landesregierung über die Feststellung der Befähigung als andere Be-

werberin oder anderer Bewerber, über die Abkürzung der Probezeit und über Ausnahmen von laufbahnrechtlichen Vorschriften.

(6) [1]Bei Klagen aus dem Beamtenverhältnis wird der Dienstherr durch die oberste Dienstbehörde vertreten. [2]Diese kann die Zuständigkeit zur Vertretung durch Rechtsverordnung auf andere Behörden übertragen.

(7) Soweit in diesem Gesetz nichts anderes bestimmt ist, erlassen das Innenministerium und das Finanzministerium im Rahmen ihrer Geschäftsbereiche die zur Durchführung dieses Gesetzes erforderlichen Verwaltungsvorschriften.

§ 5 Zustellung. Verfügungen und Entscheidungen, die Beamtinnen und Beamten oder Versorgungsempfängerinnen und Versorgungsempfängern nach den Vorschriften dieses Gesetzes bekannt zu geben sind, sind, soweit gesetzlich nichts anderes bestimmt ist, zuzustellen, wenn durch sie eine Frist in Lauf gesetzt wird oder Rechte der Beamtinnen und Beamten oder der Versorgungsempfängerinnen und Versorgungsempfänger berührt werden.

ZWEITER TEIL
Beamtenverhältnis

§ 6 Beamtenverhältnis auf Probe. Ein Beamtenverhältnis auf Probe ist spätestens nach fünf Jahren in ein solches auf Lebenszeit umzuwandeln, wenn die Beamtin oder der Beamte die beamtenrechtlichen Voraussetzungen hierfür erfüllt.

§ 7 Beamtenverhältnis auf Zeit. [1]Ein Beamtenverhältnis auf Zeit kann nur begründet werden, wenn dies gesetzlich bestimmt ist. [2]Die Vorschriften des Dritten Teils finden keine Anwendung.

§ 8 Führungsfunktionen auf Probe. (1) Ämter mit leitender Funktion im Sinne dieser Vorschrift sind die im Anhang genannten oder danach bestimmten Ämter, soweit sie nicht aufgrund anderer gesetzlicher Vorschriften im Beamtenverhältnis auf Zeit übertragen werden oder die Amtsträger richterliche Unabhängigkeit besitzen.

(2) [1]Ein Amt mit leitender Funktion wird zunächst im Beamtenverhältnis auf Probe übertragen. [2]Die regelmäßige Probezeit beträgt zwei Jahre; Zeiten einer Beurlaubung ohne Dienstbezüge gelten nicht als Probezeit. [3]Die oberste Dienstbehörde kann eine Verkürzung der Probezeit zulassen; die Mindestprobezeit beträgt ein Jahr. [4]Zeiten, in denen Beamtinnen oder Beamten die leitende Funktion nach Satz 1 bereits übertragen worden ist, sowie unmittelbar vorangegangene Zeiten, in denen Beamtinnen oder Beamten ein vergleichbares Amt mit leitender Funktion nach Satz 1 erfolgreich übertragen worden war, sollen auf die Probezeit angerechnet werden. [5]Eine Verlängerung der Probezeit ist nicht zulässig.

(3) [1]In ein Amt mit leitender Funktion darf berufen werden, wer

1. sich in einem Beamtenverhältnis auf Lebenszeit oder einem Richterverhältnis auf Lebenszeit befindet und

2. in dieses Amt auch als Beamtin oder Beamter auf Lebenszeit berufen werden könnte.

[2]Vom Tage der Ernennung ruhen für die Dauer der Probezeit die Rechte und Pflichten aus dem Amt, das der Beamtin oder dem Beamten zuletzt im Beamtenverhältnis auf Lebenszeit oder im Richterverhältnis auf Lebenszeit übertragen worden ist, mit Ausnahme der Verschwiegenheitspflicht (§ 37 BeamtStG) und des Verbotes der Annahme von Belohnungen, Geschenken und sonstigen Vorteilen (§ 42 BeamtStG); das Beamtenverhältnis auf Lebenszeit oder das Richterverhältnis auf Lebenszeit besteht fort. [3]Dienstvergehen, die mit Bezug auf das Beamtenverhältnis auf Lebenszeit, das Richterverhältnis auf Lebenszeit oder das Beamtenverhältnis auf Probe begangen worden sind, werden so verfolgt, als stünde die Beamtin oder der Beamte nur im Beamtenverhältnis auf Lebenszeit oder Richterverhältnis auf Lebenszeit.

(4) [1]Die Beamtin oder der Beamte ist, außer in den Fällen des § 22 Abs. 5 BeamtStG, mit Beendigung des Beamtenverhältnisses auf Lebenszeit oder Richterverhältnisses auf Lebenszeit oder Beamtenverhältnisses auf Probe nach § 4 Abs. 3 Buchst. a BeamtStG oder Richterverhältnisses auf Probe nach §§ 10, 12 und 22 des Deutschen Richtergesetzes aus dem Beamtenverhältnis auf Probe nach Absatz 2 entlassen. [2]§ 22 Abs. 1 und 2, § 23 Abs. 1 bis 3 Satz 1 und § 30 Abs. 2 BeamtStG bleiben unberührt.

(5) [1]Mit dem erfolgreichen Abschluss der Probezeit ist der Beamtin oder dem Beamten das Amt mit leitender Funktion auf Dauer im Beamtenverhältnis auf Lebenszeit zu verleihen; eine erneute Berufung der Beamtin oder des Beamten in ein Beamtenverhältnis auf Probe zur Übertragung dieses Amtes innerhalb eines Jahres ist nicht zulässig. [2]Wird das Amt nicht auf Dauer verliehen, endet der Anspruch auf Besoldung aus diesem Amt. [3]Weitergehende Ansprüche bestehen nicht.

(6) [1]Die Beamtinnen und Beamten führen während ihrer Amtszeit im Dienst nur die Amtsbezeichnung des ihnen nach Absatz 2 übertragenen Amtes; nur diese darf auch außerhalb des Dienstes geführt werden. [2]Wird der Beamtin oder dem Beamten das Amt mit leitender Funktion nicht auf Dauer übertragen, darf die Amtsbezeichnung nach Satz 1 mit dem Ausscheiden aus dem Beamtenverhältnis auf Probe nicht weitergeführt werden.

(7) [1]Sofern zwingende dienstliche Gründe dies erfordern, darf abweichend von Absatz 3 Satz 1 in ein Amt mit leitender Funktion ausnahmsweise auch berufen werden,

1. wer sich in einem Beamtenverhältnis auf Probe nach § 4 Abs. 3 Buchst. a BeamtStG oder in einem Richterverhältnis auf Probe nach §§ 10, 12 und 22 des Deutschen Richtergesetzes befindet,
2. wer nach Art, Dauer und Wertigkeit dem Amt mit leitender Funktion vergleichbare Tätigkeiten bereits wahrgenommen hat und
3. wem nach dem erfolgreichen Abschluss der Probezeit nach Absatz 2 und der Probezeit nach § 19 dieses Gesetzes oder §§ 10, 12 und 22 des Deutschen Richtergesetzes dieses Amt durch Ernennung im Beamtenverhältnis auf Lebenszeit verliehen werden kann.

[2]Absatz 3 Satz 2 gilt für das Beamtenverhältnis oder Richterverhältnis auf Probe nach Satz 1 Nr. 1 entsprechend mit der Maßgabe, dass auch die Probezeit nach § 19 dieses Gesetzes oder §§ 10, 12 und 22 des Deutschen Richtergesetzes vom Ruhen des Beamtenverhältnisses oder Richterverhältnisses auf Probe ausgenommen ist.

§ 9 Ernennungszuständigkeit und Rechtsfolgen einer Ernennung. (1) Die Beamtinnen und Beamten der Gemeinden und Gemeindeverbände sowie der sonstigen der Aufsicht des Landes unterstehenden Körperschaften, Anstalten und Stiftungen des öffentlichen Rechts werden von den nach Gesetz, Rechtsverordnung oder Satzung hierfür zuständigen Stellen ernannt.

(2) Ernennungen werden mit dem Tage der Aushändigung der Ernennungsurkunde wirksam, wenn nicht in der Urkunde ausdrücklich ein späterer Tag bestimmt ist.

(3) Mit der Berufung in das Beamtenverhältnis erlischt ein privatrechtliches Arbeitsverhältnis zum Dienstherrn.

§ 10 Ernennung beim Wechsel der Laufbahngruppe. Einer Ernennung bedarf es neben den in § 8 Abs. 1 BeamtStG aufgeführten Fällen zur Verleihung eines anderen Amtes mit anderer Amtsbezeichnung beim Wechsel der Laufbahngruppe.

§ 11 Auswahlverfahren, Stellenausschreibung. (1) Für Einstellungen sind die Bewerberinnen und Bewerber durch öffentliche Ausschreibung der freien Stellen zu ermitteln.

(2) [1]Freie Beförderungsdienstposten sollen, sofern sie nicht öffentlich ausgeschrieben werden, innerhalb des Behördenbereichs ausgeschrieben werden. [2]Die obersten Dienstbehörden können Art und Umfang der Ausschreibungen und ihrer Bekanntmachung regeln. [3]Von einer Ausschreibung kann allgemein oder im Einzelfall abgesehen werden, wenn vorrangige Gründe der Personalplanung oder des Personaleinsatzes entgegenstehen.

(3) Die Pflicht zur Ausschreibung gilt nicht

1. für die Einstellung in das Beamtenverhältnis auf Probe,
2. für die Laufbahngruppe des mittleren Dienstes, ausgenommen die Besoldungsgruppen A 9 und A 9 mit Amtszulage,
3. für die Dienstposten der leitenden Beamtinnen und Beamten der obersten Landesbehörden und der diesen unmittelbar nachgeordneten Behörden,
4. für die Dienstposten der leitenden Beamtinnen und Beamten der Gemeinden und Gemeindeverbände sowie der sonstigen der Aufsicht des Landes unterstehenden Körperschaften, Anstalten und Stiftungen des öffentlichen Rechts, soweit gesetzlich nichts anderes bestimmt ist.

§ 12 Rücknahme der Ernennung. Die Ernennung ist mit Wirkung für die Vergangenheit zurückzunehmen, wenn eine vorgeschriebene Mitwirkung einer Aufsichtsbehörde unterblieben ist und nicht nachgeholt wurde.

§ 13 Verjähren und Rechtsfolgen der Rücknahme oder bei Nichtigkeit der Ernennung. (1) [1]Die Nichtigkeit einer Ernennung ist von der Behörde festzustellen, die für die Ernennung zuständig wäre. [2]Wäre der Ministerpräsident für die Ernennung zuständig, ist die Nichtigkeit von der obersten Dienstbehörde festzustellen. [3]Die Feststellung der Nichtigkeit ist der oder dem Ernannten bekannt zu geben. [4]Ist eine Ernennung nichtig, ist dem oder der Ernannten unverzüglich jede weitere Führung der Dienstgeschäfte zu verbieten. [5]Das Verbot ist erst auszusprechen, wenn die sachlich zuständigen Stellen es abgelehnt haben, die Ernennung zu bestätigen oder eine Ausnahme von § 7 Abs. 3 BeamtStG nachträglich zuzulassen.

(2) [1]Die Rücknahme einer Ernennung wird von der Behörde, die für die Ernennung zuständig wäre, erklärt. [2]Wäre der Ministerpräsident für die Ernennung zuständig, so ist die Rücknahme von der obersten Dienstbehörde zu erklären. [3]Soweit Ämter der Besoldungsgruppen W 3, C 3 oder C 4 im Geschäftsbereich des Wissenschaftsministeriums betroffen sind, bedarf die Rücknahme der vorherigen Zustimmung des Wissenschaftsministeriums. [4]Die Ernennung kann nur innerhalb einer Frist von sechs Monaten zurückgenommen werden, nachdem die für die Rücknahme zuständige Behörde Kenntnis vom Grund der Rücknahme erlangt hat. [5]Die Rücknahme ist der Beamtin, dem Beamten oder den versorgungsberechtigten Hinterbliebenen bekannt zu geben.

(3) [1]Vor Entlassung einer Beamtin oder eines Beamten auf Probe nach § 23 Abs. 3 Satz 1 Nr. 1 BeamtStG hat die für die Entlassung zuständige Behörde Ermittlungen durchzuführen; § 8 Abs. 1, § 9 Satz 1, § 10 Abs. 1 und 3, §§ 12, 15 bis 18, 22 bis 24 und 39 des Landesdisziplinargesetzes gelten entsprechend. [2]Satz 1 gilt entsprechend für die Entlassung einer Beamtin oder eines Beamten auf Widerruf wegen eines Dienstvergehens im Sinne von § 23 Abs. 3 Satz 1 Nr. 1 BeamtStG.

(4) [1]Ist eine Ernennung nichtig oder ist sie zurückgenommen worden, sind die bis zu dem Verbot der Weiterführung der Dienstgeschäfte oder bis zur Bekanntgabe der Erklärung der Rücknahme vorgenommenen Amtshandlungen in gleicher Weise wirksam, wie wenn sie eine Beamtin oder ein Beamter ausgeführt hätte. [2]Gewährte Leistungen können belassen werden; die Entscheidung trifft die Stelle, welche die Nichtigkeit feststellt oder über die Rücknahme entscheidet.

DRITTER TEIL
Laufbahnen

§ 14 Laufbahn. (1) [1]Die Laufbahnen umfassen alle der Laufbahngruppe zugeordneten Ämter derselben Fachrichtung. [2]Sie unterscheiden sich nach fachlichen Gesichtspunkten und gehören zu den Laufbahngruppen des mittleren, des gehobenen und des höheren Dienstes.

(2) [1]Die Zuordnung einer Laufbahn zu einer Laufbahngruppe erfolgt nach dem Schwierigkeitsgrad der wahrzunehmenden Dienstaufgaben, dem Grad der Selbstständigkeit und der Verantwortung, den Bildungsvoraussetzungen und der Ausbildung. [2]Den Laufbahngruppen sind die Ämter grundsätzlich wie folgt zugeordnet:

1. Mittlerer Dienst: Besoldungsgruppen A 6 bis A 9,
2. Gehobener Dienst: Besoldungsgruppen A 9 bis A 13,
3. Höherer Dienst: Besoldungsgruppen A 13 bis A 16 sowie Ämter der Landesbesoldungsordnung B.

[3]Im Landesbesoldungsgesetz Baden-Württemberg werden für einzelne Laufbahnen Eingangsämter und Endämter abweichend bestimmt, wenn es die besonderen Verhältnisse der Laufbahn erfordern.

§ 15 Bildungsvoraussetzungen. (1) Als Bildungsvoraussetzung für den Erwerb einer Laufbahnbefähigung ist erforderlich:

1. für die Laufbahnen des mittleren Dienstes mindestens der Hauptschul- oder ein mittlerer Bildungsabschluss entsprechend den fachlichen Anforderungen der jeweiligen Laufbahn;
2. für die Laufbahnen des gehobenen Dienstes mindestens
   a) der Abschluss eines Diplom- oder Staatsprüfungs-Studiengangs an der Dualen Hochschule oder einer entsprechenden Bildungseinrichtung, einer Fachhochschule oder einer Pädagogischen Hochschule oder
   b) der Abschluss eines Bachelor-Studiengangs an einer Hochschule;
3. für die Laufbahnen des höheren Dienstes
   a) der Abschluss eines Diplom-, Magister-, Staatsprüfungs- oder Master-Studiengangs an einer Universität oder an einer anderen Hochschule in gleichgestellten Studiengängen oder
   b) der Abschluss eines akkreditierten Master-Studiengangs an der Dualen Hochschule oder einer entsprechenden Bildungseinrichtung, einer Hochschule für angewandte Wissenschaften, einer Fachhochschule oder einer Pädagogischen Hochschule.

(2) In den Fällen des Absatzes 1 Nummer 2 reicht bei Erwerb der Laufbahnbefähigung nach § 16 Absatz 1 Nummer 1 zur Begründung des Beamtenverhältnisses auf Widerruf oder des öffentlich-rechtlichen Ausbildungsverhältnisses eine Hochschulzugangsberechtigung nach § 58 Absatz 2 des Landeshochschulgesetzes als Bildungsvoraussetzung aus, wenn die Laufbahnprüfung zugleich einen Hochschulabschluss nach Absatz 1 Nummer 2 vermittelt.

(3) [1]Andere als die in Absatz 1 oder 2 genannten Abschlüsse gelten als gleichwertige Bildungsvoraussetzungen, wenn sie diesen entsprechen. [2]Über die Anerkennung anderer Bildungsstände als gleichwertig entscheidet in den Fällen des Absatzes 1 Nr. 1 das Kultusministerium und in den Fällen des Absatzes 1 Nr. 2 und 3 das Wissenschaftsministerium jeweils im Einvernehmen mit dem für die vorgesehene Laufbahn zuständigen Ministerium.

(4) Die Ministerien können für die in ihrem Geschäftsbereich eingerichteten Laufbahnen durch Rechtsverordnung die fachlichen Anforderungen an den Studienabschluss bestimmen sowie Bildungsstände für die jeweilige Laufbahn allgemein im Benehmen mit dem Kultusministerium bei Schulabschlüssen und dem Wissenschaftsministerium bei Studienabschlüssen als gleichwertig anerkennen.

§ 16 Erwerb der Laufbahnbefähigung. (1) [1]Laufbahnbewerberinnen und Laufbahnbewerber können die Befähigung für eine Laufbahn erwerben

1. a) durch einen Vorbereitungsdienst im Beamtenverhältnis auf Widerruf,
   b) in einem öffentlich-rechtlichen Ausbildungsverhältnis
   und Bestehen der Laufbahnprüfung,
2. durch Erwerb der Bildungsvoraussetzungen für eine Laufbahn und
   a) eine anschließende laufbahnqualifizierende Zusatzausbildung oder
   b) eine mindestens dreijährige, der Vorbildung entsprechende Berufstätigkeit, die die Eignung zur selbstständigen Wahrnehmung eines Amtes der angestrebten Laufbahn vermittelt,
3. durch einen horizontalen Laufbahnwechsel nach § 21,
4. durch Aufstieg nach § 22,
5. aufgrund der Richtlinie 2005/36/EG des Europäischen Parlaments und des Rates vom 7. September 2005 über die Anerkennung von Berufsqualifikationen (ABl. L 255 vom 30. September 2005, S. 22) in der jeweils geltenden Fassung; das Nähere hierzu regeln die Ministerien im Rahmen ihres Geschäftsbereichs im Benehmen mit dem Innenministerium und dem Finanzministerium durch Rechtsverordnung.

[2]Das Berufsqualifikationsfeststellungsgesetz Baden-Württemberg findet mit Ausnahme von § 12 Absatz 7, § 13 Absatz 8 und § 16 keine Anwendung.

(2) [1]Die Ministerien richten im Rahmen ihres Geschäftsbereichs durch Rechtsverordnung im Benehmen mit dem Innenministerium und dem Finanzministerium die Laufbahnen ein und gestalten den Zugang aus; § 40 der Landeshaushaltsordnung bleibt unberührt. [2]Sie können nach den besonderen Erfordernissen der Laufbahn eine Höchstaltersgrenze oder besondere gesundheitliche oder körperliche Voraussetzungen vorsehen und für den Erwerb der Befähigung nach Absatz 1 Nummer 1 und 2 und Absatz 3 den Nachweis zusätzlicher Fachkenntnisse oder besondere Anforderungen hinsichtlich der Vor- und Ausbildung festschreiben, wenn dies die Besonderheit der Laufbahn und der wahrzunehmenden Tätigkeiten erfordert. [3]Im Übrigen bestimmen die Laufbahnvorschriften, ob und inwieweit ein erfolgreich abgeschlossener Ausbildungsgang für eine Laufbahn auf die Ausbildung für die nächsthöhere Laufbahn derselben Fachrichtung und ein nicht erfolgreich abgeschlossener Ausbildungsgang auf die Ausbildung für die nächstniedere Laufbahn derselben Fachrichtung angerechnet werden können. [4]§ 34 Abs. 4 Satz 1 Halbsatz 1 des Landeshochschulgesetzes bleibt unberührt.

(3) [1]Andere Bewerberinnen und Bewerber können bei Vorliegen besonderer dienstlicher Gründe für die Übernahme in das Beamtenverhältnis die Befähi-

gung für eine Laufbahn in Einzelfällen abweichend von den Vorschriften der entsprechenden Laufbahnverordnung erwerben, wenn

1. sie nach Vorliegen der Bildungsvoraussetzungen nach § 15 mindestens vier Jahre überdurchschnittlich erfolgreich dieser Laufbahn entsprechende Tätigkeiten wahrgenommen haben; liegen nur die Bildungsvoraussetzungen der nächstniederen Laufbahngruppe vor, sind mindestens acht Jahre erforderlich,
2. sie eine besondere Fortbildungsbereitschaft nachweisen können und
3. es für sie eine unzumutbare Härte bedeuten würde, die Befähigung als Laufbahnbewerberin oder Laufbahnbewerber zu erwerben.

[2]Vor- und Ausbildungen sowie bisherige berufliche Tätigkeiten müssen hinsichtlich der Fachrichtung sowie der Breite und Wertigkeit dazu geeignet sein, den Bewerberinnen und Bewerbern die Kenntnisse und Fähigkeiten zu vermitteln, die sie dazu befähigen, alle Aufgaben der Laufbahn, in der sie verwendet werden sollen, zu erfüllen. [3]Die Entscheidung trifft die oberste Dienstbehörde.

(4) Bewerberinnen und Bewerber müssen über die Kenntnisse der deutschen Sprache verfügen, die für die Wahrnehmung der Aufgaben der jeweiligen Laufbahn erforderlich sind.

(5) [1]Soweit gesetzlich nichts anderes bestimmt ist, finden auf Auszubildende in öffentlich-rechtlichen Ausbildungsverhältnissen die für Beamtinnen und Beamte auf Widerruf im Vorbereitungsdienst geltenden Bestimmungen mit Ausnahme von §§ 8 und 38 BeamtStG entsprechende Anwendung. [2]Die Ministerien können für ihren Geschäftsbereich im Benehmen mit dem Innenministerium und dem Finanzministerium durch Rechtsverordnung abweichende oder ergänzende Regelungen treffen. [3]Die Auszubildenden erhalten nach § 88 LBesGBW Unterhaltsbeihilfen.

§ 17 Beschränkung der Zulassung zur Ausbildung. (1) Die Zulassung zum Vorbereitungsdienst kann in den Fällen, in denen der Vorbereitungsdienst Ausbildungsstätte im Sinne des Artikels 12 Abs. 1 des Grundgesetzes (GG) ist, nach Maßgabe der folgenden Vorschriften eingeschränkt werden.

(2) [1]Für einen Vorbereitungsdienst kann die Zahl der höchstens aufzunehmenden Bewerberinnen und Bewerber (Zulassungszahl) festgesetzt werden, soweit dies unter Berücksichtigung

1. der voraussichtlich vorhandenen Ausbildungskräfte und der Zahl der Auszubildenden, die im Durchschnitt von den Ausbildungskräften betreut werden kann,
2. der räumlichen Kapazitäten der Ausbildungsstellen,
3. der fachspezifischen Gegebenheiten der Ausbildungseinrichtungen,
4. der zur Verfügung stehenden sächlichen Mittel,
5. der im Haushaltsplan zur Verfügung stehenden Stellen für Auszubildende

zwingend erforderlich ist. [2]Zulassungszahlen werden nur für einen bestimmten Zeitraum, längstens für die Zulassungstermine des folgenden Jahres, festgesetzt.

(3) [1]Die Auswahlkriterien sind so zu bestimmen, dass für sämtliche Bewerberinnen und Bewerber unter Berücksichtigung der besonderen Verhältnisse in den einzelnen Ausbildungsbereichen eine Aussicht besteht, nach Möglichkeit innerhalb einer zumutbaren Wartezeit in den Vorbereitungsdienst aufgenommen zu werden. [2]Dabei sind insbesondere zu berücksichtigen

1. die Erfüllung einer Dienstpflicht nach Artikel 12a Absatz 1 oder 2 GG, freiwilliger Wehrdienst, eine Tätigkeit als Entwicklungshelferin oder Entwicklungshelfer im Sinne des Entwicklungshelfer-Gesetzes, Bundesfreiwilligendienst nach dem Bundesfreiwilligendienstgesetz oder Jugendfreiwilligendienst nach dem Jugendfreiwilligendienstegesetz,
2. die Eignung und Befähigung der Bewerberinnen und Bewerber,
3. die Wartezeit seit der ersten Antragstellung auf Zulassung zum Vorbereitungsdienst in Baden-Württemberg, wenn sich die Bewerberinnen und Bewerber zu jedem Zulassungstermin beworben haben, und
4. besondere persönliche oder soziale Härtefälle.

(4) Die Ministerien regeln im Rahmen ihres Geschäftsbereichs durch Rechtsverordnung im Benehmen mit dem Innenministerium und dem Finanzministerium

1. die Laufbahnen, Fachrichtungen und Fächer, für die die Zulassung zum Vorbereitungsdienst beschränkt wird,
2. die Zulassungszahlen und den Zeitraum, für den sie festgesetzt werden,
3. die Auswahlkriterien, wobei bei Bewerberinnen oder Bewerbern, die die Erste Staatsprüfung oder Hochschulprüfung nicht in Baden-Württemberg abgelegt haben, unterschiedliche Prüfungsanforderungen und Unterschiede in der Bewertung der Prüfungsleistungen berücksichtigt werden können, sowie
4. die weiteren Einzelheiten der Zulassung, insbesondere das Bewerbungs- und Zulassungsverfahren einschließlich der Festsetzung von Ausschlussfristen.

(5) Für die Beschränkung der Zulassung zum öffentlich-rechtlichen Ausbildungsverhältnis nach § 16 Abs. 1 Nr. 1 Buchst. b, das Ausbildungsstätte im Sinne des Artikels 12 Abs. 1 GG ist, gelten die Absätze 1 bis 4 entsprechend.

§ 18 Einstellung. (1) Die Begründung eines Beamtenverhältnisses auf Probe oder auf Lebenszeit oder die Umwandlung eines Beamtenverhältnisses auf Widerruf in ein solches Beamtenverhältnis (Einstellung) erfolgt grundsätzlich im Eingangsamt einer Laufbahn.

(2) [1]Die Einstellung ist ausnahmsweise im ersten oder zweiten Beförderungsamt zulässig, wenn besondere dienstliche Bedürfnisse dies rechtfertigen und eine Einstellung im Eingangsamt aufgrund der bisherigen Berufserfahrung eine unzumutbare Härte für die Bewerberin oder den Bewerber bedeuten würde. [2]Sie darf im ersten Beförderungsamt nur nach einer mindestens dreijährigen, im zweiten Beförderungsamt nur nach einer mindestens vierjährigen erfolgreichen Wahrnehmung laufbahnentsprechender Tätigkeiten nach dem Er-

werb der Laufbahnbefähigung erfolgen. [3]Bei anderen Bewerberinnen und Bewerbern müssen die Mindestzeiten nach Satz 2 zusätzlich zu den Voraussetzungen für den Erwerb der Befähigung nach § 16 Abs. 3 vorliegen.

(3) [1]Richterinnen oder Richtern, die in die Laufbahn des höheren Verwaltungsdienstes wechseln und sich in einem Amt der Besoldungsgruppe

1. R 1 befinden, kann ein Amt der Besoldungsgruppe A 14 frühestens ein Jahr, ein Amt der Besoldungsgruppe A 15 frühestens zwei Jahre und ein Amt der Besoldungsgruppe A 16 frühestens drei Jahre nach Ernennung auf Lebenszeit verliehen werden;
2. R 2 befinden, kann ein Amt der Besoldungsgruppe A 16 oder ein Amt mit niedrigerem Grundgehalt verliehen werden; ein Amt der Landesbesoldungsordnung B kann frühestens vier Jahre nach Ernennung auf Lebenszeit verliehen werden;
3. R 3 oder in einem höheren Richteramt befinden, kann ein Amt der Landesbesoldungsordnung B verliehen werden.

[2]Satz 1 gilt entsprechend für Staatsanwältinnen und Staatsanwälte sowie für Badische Amtsnotarinnen und Badische Amtsnotare.

§ 19 Probezeit. (1) [1]Probezeit ist die Zeit im Beamtenverhältnis auf Probe nach § 4 Abs. 3 Buchst. a BeamtStG, während der sich Beamtinnen und Beamte in den Aufgaben einer Laufbahn, deren Befähigung sie besitzen, bewähren sollen. [2]Sie rechnet ab der Berufung in das Beamtenverhältnis auf Probe und dauert drei Jahre. [3]Zeiten einer Beurlaubung ohne Bezüge gelten nicht als Probezeit, wenn nicht etwas anderes festgestellt worden ist; Absatz 3 bleibt unberührt.

(2) Die Probezeit kann für Beamtinnen und Beamte, die sich in der bisher zurückgelegten Probezeit bewährt haben,

1. bei weit überdurchschnittlicher Bewährung,
2. bei Erwerb der Laufbahnbefähigung mit hervorragendem Ergebnis

um bis zu jeweils einem Jahr abgekürzt werden.

(3) [1]Auf die Probezeit angerechnet werden Verzögerungen im beruflichen Werdegang

1. aufgrund von Wehr- oder Zivildienst, wenn die Verzögerungen nach § 9 Abs. 8 Satz 4 des Arbeitsplatzschutzgesetzes, auch in Verbindung mit § 9 Abs. 10 Satz 2, § 12 Abs. 3 und 4, § 13 Abs. 2 und 3 oder § 16a Abs. 1 und 5 des Arbeitsplatzschutzgesetzes, mit § 8a Abs. 1, 3 und 4 des Soldatenversorgungsgesetzes oder mit § 78 Abs. 1 Nr. 1 des Zivildienstgesetzes, angemessen auszugleichen sind, oder
2. aufgrund einer Tätigkeit als Entwicklungshelferin oder Entwicklungshelfer in den Fällen des § 17 des Entwicklungshelfer-Gesetzes.

[2]Hat sich die Einstellung der Beamtin oder des Beamten in das Beamtenverhältnis auf Widerruf oder auf Probe wegen Betreuung oder Pflege eines Angehörigen verzögert oder wurde Elternzeit, Pflegezeit oder Urlaub nach § 72 Abs. 1 in Anspruch genommen oder wurde Bundesfreiwilligendienst nach dem

Bundesfreiwilligendienstgesetz oder Jugendfreiwilligendienst nach dem Jugendfreiwilligendienstgesetz geleistet, können Verzögerungen im beruflichen Werdegang auf die Probezeit angerechnet werden. [3]Verzögerungen nach Satz 1 und 2 sind im tatsächlichen Umfang, höchstens bis zu zwei Jahren, anrechenbar.

(4) Dienstzeiten im öffentlichen Dienst oder Zeiten, die in einem der Ausbildung entsprechenden Beruf zurückgelegt wurden, können auf die Probezeit angerechnet werden, wenn sie nach ihrer Art und Bedeutung Tätigkeiten in der betreffenden Laufbahn entsprochen haben.

(5) [1]Auch bei Abkürzungen nach Absatz 2 und Anrechnungen nach Absatz 3 und 4 ist eine Mindestprobezeit von sechs Monaten zu leisten. [2]Die Ministerien können im Rahmen ihres Geschäftsbereichs durch Rechtsverordnung abweichend von Satz 1 eine Mindestprobezeit von bis zu einem Jahr festlegen, wenn dies die Besonderheit der Laufbahn und der wahrzunehmenden Tätigkeit erfordert. [3]Bei Anrechnung von beim selben Dienstherrn zurückgelegten Zeiten nach Absatz 4 kann die Mindestprobezeit unterschritten oder auf sie verzichtet werden, wenn nach dem Erwerb der Laufbahnbefähigung Tätigkeiten ausgeübt wurden, die in der Regel von Beamtinnen und Beamten derselben Laufbahn im Beamtenverhältnis wahrgenommen werden. [4]Zeiten nach § 23 Abs. 5 Satz 1 stehen Zeiten nach Satz 3 gleich. [5]Dienstzeiten im Richterverhältnis auf Probe sind auf die Probezeit anzurechnen; eine Mindestprobezeit ist nicht zu leisten.

(6) Kann die Bewährung bis zum Ablauf der Probezeit noch nicht festgestellt werden, kann die Probezeit bis auf höchstens fünf Jahre verlängert werden.

(7) [1]Wird die Befähigung für eine weitere Laufbahn nach § 16 Abs. 1 Nr. 1, 2 oder 5 erworben, können Zeiten, die im Beamtenverhältnis auf Zeit oder in der bisherigen Laufbahn im Beamtenverhältnis auf Probe oder auf Lebenszeit zurückgelegt wurden, auf die Probezeit in der neuen Laufbahn angerechnet werden, wenn die ausgeübten Tätigkeiten für die Aufgaben der neuen Laufbahn förderlich waren. [2]Befindet sich die Beamtin oder der Beamte bereits in einem Beamtenverhältnis auf Lebenszeit, sollen Zeiten nach Satz 1 angerechnet werden. [3]Bei einem Laufbahnwechsel nach § 21 oder einem Aufstieg nach § 22 ist eine Probezeit in der neuen Laufbahn nicht mehr abzuleisten.

(8) Durch Rechtsverordnung des Innenministeriums kann die Dauer der Probezeit für die Beamtinnen und Beamten des Polizeivollzugsdienstes abweichend von Absatz 1 Satz 2 und Absatz 2 Nr. 2 geregelt werden.

§ 20 Beförderung. (1) Beförderung ist eine Ernennung, durch die einer Beamtin oder einem Beamten ein anderes Amt mit höherem Grundgehalt verliehen wird.

(2) [1]Ämter einer Laufbahn, die in der Landesbesoldungsordnung A aufgeführt sind, sind regelmäßig zu durchlaufen und dürfen nicht übersprungen werden. [2]Das Überspringen von bis zu zwei Ämtern innerhalb der Laufbahngruppe ist ausnahmsweise zulässig, wenn

1. besondere dienstliche Bedürfnisse vorliegen,
2. nach Art, Dauer und Wertigkeit dem höheren Amt vergleichbare Tätigkeiten im entsprechenden zeitlichen Umfang wahrgenommen wurden und
3. die laufbahnentsprechenden Tätigkeiten nicht durch Einstellung in einem Beförderungsamt oder durch Anrechnung auf die Probezeit berücksichtigt wurden.

[3]Wurden die laufbahnentsprechenden Tätigkeiten in einem Beamtenverhältnis auf Zeit wahrgenommen, ist ein gleichzeitiger Wechsel der Laufbahngruppe zulässig. [4]Beim Aufstieg nach § 22 kann das Eingangsamt der nächsthöheren Laufbahn übersprungen werden, wenn dieses mit keinem höheren Grundgehalt verbunden ist als das bisherige Amt.

(3) Eine Beförderung ist nicht zulässig

1. während der Probezeit,
2. vor Ablauf eines Jahres seit der Einstellung,
3. vor Ablauf eines Jahres seit der letzten Beförderung.

(4) In den Laufbahnen der Lehrkräfte an Grund-, Haupt-, Werkreal-, Real- und Sonderschulen (gehobener Dienst) ist das Eingangsamt, in den übrigen Laufbahnen der Lehrkräfte das Eingangsamt und das erste Beförderungsamt innerhalb der Laufbahn regelmäßig zu durchlaufen.

§ 21 Horizontaler Laufbahnwechsel. (1) Ein horizontaler Laufbahnwechsel ist nur zulässig, wenn die Beamtin oder der Beamte die Befähigung für die neue Laufbahn besitzt.

(2) [1]Beamtinnen und Beamte, die eine Laufbahnbefähigung besitzen, können die Befähigung für eine Laufbahn anderer Fachrichtung in derselben Laufbahngruppe erwerben, wenn sie über einen Zeitraum von mindestens drei Jahren erfolgreich in die Aufgaben der neuen Laufbahn eingeführt wurden und zu erwarten ist, dass sie für die neue Laufbahn allgemein befähigt sind. [2]Die Frist nach Satz 1 kann um bis zu zwei Jahre verkürzt werden, wenn die Beamtin oder der Beamte erfolgreich an entsprechenden Qualifizierungsmaßnahmen teilgenommen hat. [3]Ein anderweitiger Erwerb der Befähigung nach § 16 Abs. 1 Nr. 1, 2 oder 5 bleibt unberührt.

(3) Über den Erwerb der Befähigung nach Absatz 2 Satz 1 und 2 entscheidet der für die Einführung in die neue Laufbahn zuständige Dienstvorgesetzte.

(4) [1]Die Beamtinnen und Beamten bleiben bis zur Verleihung eines Amtes der neuen Laufbahn in ihrer Rechtsstellung. [2]Sie haben in der Laufbahn, in die sie wechseln, Ämter, die einer niedrigeren Besoldungsgruppe als ihrem bisherigen Amt zugeordnet sind, nicht mehr zu durchlaufen.

(5) Die Ministerien können im Rahmen ihres Geschäftsbereichs durch Rechtsverordnung im Benehmen mit dem Innenministerium besondere Anforderungen für den Erwerb der Laufbahnbefähigung festlegen, wenn dies die Besonderheiten der Laufbahn und der wahrzunehmenden Tätigkeiten erfordern.

(6) [1]Die Ministerien können für Laufbahnen ihres Geschäftsbereichs, die wegen der im Wesentlichen gleichen Voraussetzungen für den Erwerb der Laufbahnbefähigung einander gleichwertig sind, durch Rechtsverordnung im Benehmen mit dem Innenministerium allgemein festlegen, dass ein horizontaler Laufbahnwechsel abweichend von Absatz 2 und 3 erfolgen kann. [2]Soweit besondere dienstliche Bedürfnisse dies rechtfertigen, kann in der Rechtsverordnung im Einvernehmen mit dem Finanzministerium das Überspringen von Ämtern in der neuen Laufbahn zugelassen werden. [3]Die Sätze 1 und 2 gelten entsprechend für den Laufbahnwechsel aus einer Laufbahn im Geschäftsbereich eines anderen Ministeriums mit der Maßgabe, dass die Rechtsverordnung auch im Benehmen mit diesem Ministerium erlassen wird.

§ 22 Aufstieg. (1) Beamtinnen und Beamte können in die nächsthöhere Laufbahn derselben Fachrichtung aufsteigen, auch wenn die Bildungsvoraussetzungen nach § 15 für diese Laufbahn nicht vorliegen, wenn sie

1. sich im Endamt ihrer bisherigen Laufbahn befinden; ist das Endamt ein Amt mit Amtszulage, so kann der Aufstieg auch aus dem Amt ohne Amtszulage erfolgen,
2. sich in mindestens zwei unterschiedlichen Aufgabengebieten ihrer Laufbahn bewährt haben,
3. seit mindestens einem Jahr erfolgreich überwiegend Aufgaben der nächsthöheren Laufbahn wahrnehmen,
4. nach ihrer Persönlichkeit und ihren bisherigen überdurchschnittlichen Leistungen für diese Laufbahn geeignet erscheinen und
5. sich durch Qualifizierungsmaßnahmen zusätzliche, über ihre Vorbildung und die bisherige Laufbahnbefähigung hinausgehende Kenntnisse und Fähigkeiten erworben haben, die ihnen die Wahrnehmung der Aufgaben der neuen Laufbahn ermöglichen.

(2) Über den Aufstieg entscheidet die für die Ernennung in der neuen Laufbahn zuständige Behörde.

(3) Die Beamtinnen und Beamten bleiben bis zur Verleihung eines Amtes der neuen Laufbahn in ihrer Rechtsstellung.

(4) [1]Die Ministerien können im Rahmen ihres Geschäftsbereichs durch Rechtsverordnung im Benehmen mit dem Innenministerium ein Verfahren zur Feststellung der Eignung für den Aufstieg und laufbahnspezifische Voraussetzungen für den Aufstieg festlegen. [2]Hierzu gehören insbesondere erfolgreich absolvierte Einführungszeiten, die Teilnahme an für die neue Laufbahn qualifizierenden Fortbildungen mit Abschlussprüfung sowie besondere Anforderungen hinsichtlich einer Berufserfahrung in bestimmten Aufgabenbereichen. [3]Die Ministerien können in den Rechtsverordnungen ferner

1. Ausnahmen von den Voraussetzungen nach Absatz 1 Nr. 1 bis 3 zulassen, wenn die Besonderheit einer Laufbahn dies erfordert oder wenn mit einer Fort- oder Weiterbildungsmaßnahme die Bildungsvoraussetzungen für die nächsthöhere Laufbahn erworben worden sind,

2. in Abhängigkeit von der Qualifizierung nach Absatz 1 Nr. 5 festlegen, welches Amt der nächsthöheren Laufbahn höchstens verliehen werden kann,
3. bestimmen, dass der Aufstieg auch in eine Laufbahn gleicher Fachrichtung, die in der nächsthöheren Laufbahngruppe nicht durch Rechtsverordnung eingerichtet ist, erfolgen kann oder ein Aufstieg aufgrund laufbahnspezifischer Voraussetzungen der nächsthöheren Laufbahn ausgeschlossen ist.

(5) Wird die Qualifizierungsmaßnahme nach Absatz 1 Nummer 5 im Rahmen des Aufstiegs vom mittleren in den gehobenen Dienst entsprechend einem durch Ausbildungs- und Prüfungsordnung ausgestalteten Vorbereitungsdienst an einer Hochschule im Sinne von § 69 des Landeshochschulgesetzes absolviert, so kann das Studium auch ohne die Voraussetzungen des § 15 Absatz 2 aufgenommen werden.

§ 23 Übernahme von Beamtinnen und Beamten anderer Dienstherrn und von früheren Beamtinnen und Beamten. (1) [1]Eine beim Bund oder in einem anderen Land erworbene oder dort von der zuständigen Stelle anerkannte Laufbahnbefähigung soll grundsätzlich als Befähigung für eine Laufbahn vergleichbarer Fachrichtung in Baden-Württemberg anerkannt werden. [2]Über die Anerkennung und die Zuordnung zu einer in Baden-Württemberg eingerichteten Laufbahn entscheidet die für die Ernennung in der neuen Laufbahn zuständige Behörde. [3]Die Ministerien können Laufbahnbefähigungen nach Satz 1 für Laufbahnen ihres Geschäftsbereichs allgemein anerkennen.

(2) Die Ministerien können bei wesentlichen Unterschieden in Ausbildungsinhalten, Ausbildungsdauer oder bei Fehlen sonstiger Mindestanforderungen für den Erwerb der Laufbahnbefähigung im Rahmen ihres Geschäftsbereichs durch Rechtsverordnung Ausgleichs- oder Fortbildungsmaßnahmen oder eine zusätzliche Berufserfahrung festlegen.

(3) [1]Eine Übernahme von Beamtinnen und Beamten anderer Dienstherrn kann statusgleich erfolgen, in einem Beförderungsamt jedoch nur, wenn

1. eine Probezeit bei einem anderen Dienstherrn abgeleistet wurde oder auf eine Mindestprobezeit aus Gründen verzichtet wurde, die § 19 Abs. 5 Satz 3 entsprechen und
2. die Vorschriften über Beförderungen nach § 20 Abs. 3 Nr. 2 und 3 erfüllt sind.

[2]Als statusgleich gilt bei Beamtinnen und Beamten eines Dienstherrn außerhalb des Geltungsbereichs dieses Gesetzes die Verleihung eines Amtes, das hinsichtlich Fachrichtung und Höhe des Grundgehalts dem bisherigen Amt entspricht. [3]Gibt es kein Amt mit gleich hohem Grundgehalt, darf das nächsthöhere Amt der gleichen Laufbahngruppe verliehen werden.

(4) [1]Für die Einstellung früherer Beamtinnen und Beamter gilt Absatz 3 entsprechend; maßgebend ist das letzte Amt im früheren Beamtenverhältnis. [2]§ 18 Abs. 2 bleibt unberührt.

(5) [1]Zeiten, in denen nach Erwerb der Laufbahnbefähigung laufbahnentsprechende Tätigkeiten in einem

1. Kirchenbeamtenverhältnis bei einer öffentlich-rechtlichen Religionsgemeinschaft,
2. Dienstordnungsverhältnis bei einem Sozialversicherungsträger oder
3. hauptberuflichen Beschäftigungsverhältnis bei einem kommunalen Bundes- oder Landesverband,

für die das Beamtenrecht des Bundes oder eines Landes entsprechende Anwendung findet, wahrgenommen wurden, werden wie Zeiten in einem Beamtenverhältnis nach dem Beamtenstatusgesetz behandelt. [2]Die Einstellung in ein Beamtenverhältnis kann in diesem Fall in einem vergleichbaren statusrechtlichen Amt erfolgen, in einem Beförderungsamt jedoch nur, wenn eine Probezeit entsprechend beamtenrechtlicher Vorschriften abgeleistet wurde und die Vorschriften über Beförderungen nach § 20 Abs. 3 Nr. 2 und 3 erfüllt sind. [3]Absatz 3 Satz 2 und 3 gilt entsprechend.

VIERTER TEIL

Versetzung, Abordnung und Umbildung von Körperschaften innerhalb des Geltungsbereichs dieses Gesetzes

§ 24 Versetzung. (1) Eine Versetzung ist die auf Dauer angelegte Übertragung eines anderen Amtes bei einer anderen Dienststelle desselben oder eines anderen Dienstherrn.

(2) [1]Eine Versetzung kann auf Antrag oder aus dienstlichen Gründen erfolgen. [2]Sie bedarf nicht der Zustimmung der Beamtin oder des Beamten, wenn die neue Tätigkeit aufgrund der Vorbildung oder Berufsausbildung der Beamtin oder dem Beamten zumutbar und das Amt mit mindestens demselben Grundgehalt verbunden ist wie das bisherige Amt. [3]Bei der Auflösung einer Behörde oder einer wesentlichen Änderung des Aufbaus oder der Aufgaben einer Behörde oder der Verschmelzung einer Behörde mit einer oder mehreren anderen können Beamtinnen und Beamte, deren Aufgabengebiet davon berührt wird, ohne ihre Zustimmung in ein anderes Amt derselben oder einer gleichwertigen Laufbahn mit geringerem Grundgehalt im Bereich desselben Dienstherrn versetzt werden, wenn eine dem bisherigen Amt entsprechende Verwendung nicht möglich ist; das Grundgehalt muss mindestens dem des Amtes entsprechen, das die Beamtin oder der Beamte vor dem bisherigen Amt innehatte.

(3) Beamtinnen und Beamte, die in ein Amt einer anderen Laufbahn versetzt werden ohne die Befähigung für diese Laufbahn zu besitzen, sind verpflichtet, an Qualifizierungsmaßnahmen zum Erwerb der Befähigung teilzunehmen.

(4) [1]Die Versetzung wird von dem abgebenden im Einverständnis mit dem aufnehmenden Dienstherrn verfügt. [2]Das Einverständnis ist schriftlich zu erklären. [3]In der Verfügung ist zum Ausdruck zu bringen, dass das Einverständnis vorliegt. [4]Das Beamtenverhältnis wird mit dem neuen Dienstherrn fortgesetzt; auf die beamtenrechtliche Stellung finden die im Bereich des neuen Dienstherrn geltenden Vorschriften Anwendung.

(5) Absatz 4 Satz 2 und 3 gilt bei einer Versetzung in den Bereich eines Dienstherrn eines anderen Landes oder in den Bereich des Bundes entsprechend.

§ 25 Abordnung. (1) [1]Eine Abordnung ist die vorübergehende Übertragung einer dem Amt der Beamtin oder des Beamten entsprechenden Tätigkeit bei einer anderen Dienststelle desselben oder eines anderen Dienstherrn unter Beibehaltung der Zugehörigkeit zur bisherigen Dienststelle. [2]Die Abordnung kann auf Antrag oder aus dienstlichen Gründen ganz oder teilweise erfolgen.

(2) [1]Aus dienstlichen Gründen kann eine Abordnung auch zu einer nicht dem bisherigen Amt entsprechenden Tätigkeit erfolgen, wenn die Wahrnehmung der neuen Tätigkeit aufgrund der Vorbildung oder Berufsausbildung der Beamtin oder dem Beamten zumutbar ist. [2]Dabei ist auch die Abordnung zu einer Tätigkeit zulässig, die nicht einem Amt mit demselben Grundgehalt entspricht.

(3) [1]Die Abordnung bedarf der Zustimmung der Beamtin oder des Beamten, wenn sie

1. im Fall des Absatzes 2 länger als zwei Jahre dauert oder
2. zu einem anderen Dienstherrn erfolgt.

[2]Die Abordnung zu einem anderen Dienstherrn ist ohne Zustimmung zulässig, wenn die neue Tätigkeit einem Amt mit demselben Grundgehalt auch einer anderen Laufbahn entspricht und nicht länger als fünf Jahre dauert.

(4) [1]Bei Abordnungen zu einem anderen Dienstherrn gilt § 24 Abs. 4 Satz 1 bis 3 entsprechend. [2]Soweit zwischen den Dienstherrn nichts anderes vereinbart ist, finden die für den Bereich des aufnehmenden Dienstherrn geltenden Vorschriften über die Pflichten und Rechte der Beamtinnen und Beamten mit Ausnahme der Regelungen über Diensteid, Amtsbezeichnung, Zahlung von Bezügen, Krankenfürsorgeleistungen, Versorgung und Jubiläumsgaben entsprechende Anwendung. [3]Die Verpflichtung zur Bezahlung hat auch der Dienstherr, zu dem die Abordnung erfolgt ist.

(5) § 24 Abs. 4 Satz 2 und 3 gilt bei einer Abordnung in den Bereich eines Dienstherrn eines anderen Landes oder in den Bereich des Bundes entsprechend.

§ 26 Umbildung einer Körperschaft. (1) Beamtinnen und Beamte einer Körperschaft, die vollständig in eine andere Körperschaft eingegliedert wird, treten mit der Umbildung kraft Gesetzes in den Dienst der aufnehmenden Körperschaft über.

(2) [1]Die Beamtinnen und Beamten einer Körperschaft, die vollständig in mehrere andere Körperschaften eingegliedert wird, sind anteilig in den Dienst der aufnehmenden Körperschaften zu übernehmen. [2]Die beteiligten Körperschaften haben innerhalb einer Frist von sechs Monaten nach der Umbildung im Einvernehmen miteinander zu bestimmen, von welchen Körperschaften die einzelnen Beamtinnen und Beamten zu übernehmen sind. [3]Solange eine Beam-

tin oder ein Beamter nicht übernommen ist, haften alle aufnehmenden Körperschaften für die ihr oder ihm zustehenden Bezüge als Gesamtschuldner.

(3) [1]Die Beamtinnen und Beamten einer Körperschaft, die teilweise in eine andere Körperschaft oder mehrere andere Körperschaften eingegliedert wird, sind zu einem verhältnismäßigen Teil, bei mehreren Körperschaften anteilig, in den Dienst der aufnehmenden Körperschaft oder Körperschaften zu übernehmen. [2]Absatz 2 Satz 2 gilt entsprechend.

(4) Die Absätze 1 bis 3 gelten entsprechend, wenn verschiedene Körperschaften zu einer neuen Körperschaft oder zu mehreren neuen Körperschaften oder ein Teil oder mehrere Teile verschiedener Körperschaften zu einem neuen Teil oder mehreren neuen Teilen einer Körperschaft zusammengeschlossen werden, wenn aus einer Körperschaft oder aus einem Teil oder mehreren Teilen einer Körperschaft eine neue Körperschaft oder mehrere neue Körperschaften gebildet werden, oder wenn Aufgaben einer Körperschaft vollständig oder teilweise auf eine Körperschaft oder mehrere Körperschaften übergehen.

§ 27 Rechtsfolgen der Umbildung. (1) Treten Beamtinnen oder Beamte aufgrund des § 26 Abs. 1 kraft Gesetzes in den Dienst einer anderen Körperschaft über oder werden sie aufgrund des § 26 Abs. 2 oder 3 von einer anderen Körperschaft übernommen, wird das Beamtenverhältnis mit dem neuen Dienstherrn fortgesetzt; auf die beamtenrechtliche Stellung finden die im Bereich des neuen Dienstherrn geltenden Vorschriften Anwendung.

(2) Im Fall des § 26 Abs. 1 ist der Beamtin oder dem Beamten von der aufnehmenden oder neuen Körperschaft die Fortsetzung des Beamtenverhältnisses schriftlich zu bestätigen.

(3) [1]In den Fällen des § 26 Abs. 2 und 3 wird die Übernahme von der Körperschaft verfügt, in deren Dienst die Beamtin oder der Beamte treten soll. [2]Die Verfügung wird mit der Bekanntgabe an die Beamtin oder den Beamten wirksam. [3]Die Beamtin oder der Beamte ist verpflichtet, der Übernahmeverfügung Folge zu leisten; wird der Verpflichtung nicht nachgekommen, ist die Beamtin oder der Beamte zu entlassen.

(4) Die Absätze 1 bis 3 gelten entsprechend in den Fällen des § 26 Abs. 4.

§ 28 Rechtsstellung der Beamtinnen und Beamten. [1]Beamtinnen und Beamten, die nach § 26 in den Dienst einer anderen Körperschaft kraft Gesetzes übertreten oder übernommen werden, soll ein gleich zu bewertendes Amt übertragen werden, das ihrem bisherigen Amt nach Bedeutung und Inhalt ohne Rücksicht auf Dienststellung und Dienstalter entspricht. [2]Ist eine dem bisherigen Amt entsprechende Verwendung nicht möglich, findet § 24 Abs. 2 Satz 3 entsprechende Anwendung. [3]Die Beamtinnen und Beamte dürfen in diesem Fall neben der neuen Amtsbezeichnung die des früheren Amtes mit dem Zusatz „außer Dienst" („a. D.") führen.

§ 29 Genehmigungsvorbehalt für Ernennungen. [1]Ist innerhalb absehbarer Zeit mit einer Umbildung im Sinne des § 26 zu rechnen, so können die obersten

Rechtsaufsichtsbehörden der beteiligten Körperschaften anordnen, dass nur mit ihrer Genehmigung Beamtinnen und Beamte, deren Aufgabengebiet von der Umbildung voraussichtlich berührt wird, ernannt werden dürfen. [2]Die Anordnung darf höchstens für die Dauer eines Jahres ergehen. [3]Sie ist den beteiligten Körperschaften zuzustellen. [4]Die Genehmigung soll nur versagt werden, wenn durch derartige Ernennungen die Durchführung der nach den §§ 26 bis 28 erforderlichen Maßnahmen wesentlich erschwert würde.

§ 30 Rechtsstellung der Versorgungsempfängerinnen und Versorgungsempfänger. (1) § 26 Abs. 1 und 2 und § 27 gelten entsprechend für die im Zeitpunkt der Umbildung bei der abgebenden Körperschaft vorhandenen Versorgungsempfängerinnen und Versorgungsempfänger.

(2) In den Fällen des § 26 Abs. 3 bleiben die Ansprüche der im Zeitpunkt der Umbildung vorhandenen Versorgungsempfängerinnen und Versorgungsempfänger gegenüber der abgebenden Körperschaft bestehen.

(3) Die Absätze 1 und 2 gelten entsprechend in den Fällen des § 26 Abs. 4.

(4) Die Absätze 1 bis 3 gelten für die Anspruchinhaberinnen und Anspruchinhaber auf Alters- und Hinterbliebenengeld nach dem Landesbeamtenversorgungsgesetz Baden-Württemberg entsprechend.

FÜNFTER TEIL

Beendigung des Beamtenverhältnisses

1. Abschnitt

Entlassung

§ 31 Zuständigkeit, Form und Zeitpunkt der Entlassung. (1) [1]Soweit durch Gesetz, Verordnung oder Satzung nichts anderes bestimmt ist, wird die Entlassung von der Stelle verfügt, die für die Ernennung der Beamtin oder des Beamten zuständig wäre. [2]Wäre der Ministerpräsident für die Ernennung zuständig, nimmt die oberste Dienstbehörde die Aufgaben nach diesem Abschnitt wahr.

(2) [1]Die Entlassung ist schriftlich zu verfügen; im Falle einer Entlassung kraft Gesetzes wird der Tag der Beendigung des Beamtenverhältnisses festgestellt. [2]Die Verfügung ist der Beamtin oder dem Beamten bekannt zu geben.

(3) [1]Die Entlassung auf Antrag nach § 23 Abs. 1 Satz 1 Nr. 4 BeamtStG soll für den beantragten Zeitpunkt ausgesprochen werden. [2]Sie kann aus zwingenden dienstlichen Gründen um längstens drei Monate ab der Antragstellung hinausgeschoben werden. [3]Der Antrag kann, solange der Beamtin oder dem Beamten die Entlassungsverfügung nicht bekannt gegeben ist, innerhalb von zwei Wochen nach seiner Einreichung, mit Zustimmung der Entlassungsbehörde auch nach Ablauf dieser Frist, zurückgenommen werden.

(4) [1]Soweit durch Gesetz oder Verfügung nichts anderes bestimmt ist, tritt die Entlassung mit dem Ende des Monats ein, der auf den Monat folgt, in dem die Entlassungsverfügung der Beamtin oder dem Beamten bekannt gegeben wird. [2]In Fällen der Entlassung nach § 23 Abs. 1 Satz 1 Nr. 3 BeamtStG sowie der Entlassung von Beamtinnen und Beamten auf Probe oder Widerruf kann in der Entlassungsverfügung kein früherer Eintritt bestimmt werden. [3]Bei einer Beschäftigungszeit von mindestens einem Jahr tritt die Entlassung frühestens sechs Wochen nach Bekanntgabe der Verfügung zum Ende des Kalendervierteljahres ein. [4]Die Entlassung nach § 23 Abs. 1 Satz 1 Nr. 1 und Abs. 3 Satz 1 Nr. 1 BeamtStG tritt frühestens mit Bekanntgabe der Entlassungsverfügung ein.

(5) [1]Im Fall von § 23 Abs. 3 Satz 1 Nr. 3 BeamtStG kann die Entlassung nur innerhalb einer Frist von sechs Monaten nach Wirksamwerden der Umbildung oder Auflösung der Behörde oder Körperschaft ausgesprochen werden. [2]Durch Rechtsvorschrift kann ein anderer Zeitpunkt für den Beginn der Frist bestimmt werden.

§ 32 Rechtsfolgen der Entlassung. (1) Nach der Entlassung haben frühere Beamtinnen und Beamte keinen Anspruch auf Leistungen des Dienstherrn, soweit gesetzlich nichts anderes bestimmt ist.

(2) [1]Die für die Entlassung zuständige Behörde kann entlassenen Beamtinnen und Beamten die Erlaubnis erteilen, die bisherige Amtsbezeichnung mit dem Zusatz „außer Dienst" („a. D.") sowie die im Zusammenhang mit dem Amt verliehenen Titel zu führen. [2]Die Erlaubnis kann widerrufen werden, wenn die frühere Beamtin oder der frühere Beamte sich ihrer als nicht würdig erweist.

(3) In Fällen der Entlassung von Beamtinnen und Beamten auf Probe oder auf Widerruf wegen eines Verhaltens der in § 23 Abs. 3 Satz 1 Nr. 1 BeamtStG bezeichneten Art gilt § 35 Abs. 2 entsprechend.

2. Abschnitt
Verlust der Beamtenrechte

§ 33 Folgen des Verlusts der Beamtenrechte. [1]Endet das Beamtenverhältnis nach § 24 Abs. 1 BeamtStG, so haben frühere Beamtinnen und Beamte keinen Anspruch auf Leistungen des Dienstherrn, soweit gesetzlich nichts anderes bestimmt ist. [2]Sie dürfen die Amtsbezeichnung und die im Zusammenhang mit dem Amt verliehenen Titel nicht führen.

§ 34 Gnadenerweis. [1]Dem Ministerpräsidenten steht hinsichtlich des Verlusts der Beamtenrechte das Gnadenrecht zu. [2]Wird im Gnadenweg der Verlust der Beamtenrechte in vollem Umfang beseitigt, so gilt von diesem Zeitpunkt ab § 35 entsprechend.

§ 35 Weitere Folgen eines Wiederaufnahmeverfahrens. (1) Gilt nach § 24 Abs. 2 BeamtStG das Beamtenverhältnis als nicht unterbrochen, haben Beamtinnen und Beamte, sofern sie die Altersgrenze noch nicht erreicht haben und dienstfähig sind, Anspruch auf Übertragung eines Amtes derselben oder einer mindestens gleichwertigen Laufbahn wie ihr bisheriges Amt und mit mindestens demselben Grundgehalt; bis zur Übertragung des neuen Amtes erhalten sie die Besoldungsbezüge, die ihnen aus ihrem bisherigen Amt zugestanden hätten.

(2) [1]Beamtinnen und Beamte, die aufgrund des im Wiederaufnahmeverfahren festgestellten Sachverhalts oder aufgrund eines rechtskräftigen Strafurteils, das nach der früheren Entscheidung ergangen ist, nach disziplinarrechtlichen Vorschriften aus dem Dienst entfernt werden, verlieren die ihnen nach Absatz 1 zustehenden Ansprüche. [2]Wird wegen eines schweren Dienstvergehens ein Disziplinarverfahren eingeleitet, können die Ansprüche nach Absatz 1 bis zum bestandskräftigen Abschluss des Disziplinarverfahrens nicht geltend gemacht werden.

(3) Beamtinnen und Beamte müssen sich auf die ihnen nach Absatz 1 zustehenden Besoldungsbezüge ein anderes Arbeitseinkommen oder einen Unterhaltsbeitrag anrechnen lassen; sie sind zur Auskunft hierüber verpflichtet.

3. Abschnitt

Ruhestand, Verabschiedung, Dienstunfähigkeit

§ 36 Ruhestand wegen Erreichens der Altersgrenze. (1) Beamtinnen und Beamte auf Lebenszeit erreichen die Altersgrenze für den Eintritt in den Ruhestand kraft Gesetzes mit dem Ablauf des Monats, in dem sie das 67. Lebensjahr vollenden.

(2) Lehrerinnen und Lehrer an öffentlichen Schulen außer an Hochschulen erreichen abweichend von Absatz 1 die Altersgrenze mit dem Ende des Schuljahres, in dem sie das 66. Lebensjahr vollenden.

(3) Beamtinnen und Beamte auf Lebenszeit des Polizeivollzugsdienstes, auch wenn sie in Planstellen des Landesamts für Verfassungsschutz eingewiesen sind, sowie des allgemeinen Vollzugsdienstes und des Werkdienstes bei den Justizvollzugseinrichtungen erreichen abweichend von Absatz 1 die Altersgrenze mit dem Ablauf des Monats, in dem sie das 62. Lebensjahr vollenden.

(3a) Beamtinnen und Beamte auf Lebenszeit des Einsatzdienstes der Feuerwehr erreichen abweichend von Absatz 1 die Altersgrenze mit dem Ablauf des Monats, in dem sie das 60. Lebensjahr vollenden.

(4) Hauptamtliche Bürgermeisterinnen und Bürgermeister, Beigeordnete, Landrätinnen und Landräte sowie hauptamtliche Amtsverweserinnen und Amtsverweser nach § 48 Abs. 3 der Gemeindeordnung (GemO) und § 39 Abs. 6 der Landkreisordnung (LKrO) erreichen abweichend von Absatz 1 die

Altersgrenze mit dem Ablauf des Monats, in dem sie das 73. Lebensjahr vollenden.

§ 37 Ruhestand von Beamtinnen und Beamten auf Zeit wegen Ablaufs der Amtszeit. (1) [1]Beamtinnen und Beamte auf Zeit treten bereits vor Erreichen der Altersgrenze nach Ablauf ihrer Amtszeit in den Ruhestand, wenn sie

1. eine ruhegehaltfähige Dienstzeit im Sinne des § 21 LBeamtVGBW von 18 Jahren erreicht und das 47. Lebensjahr vollendet haben oder
2. als Beamtin oder Beamter auf Zeit eine Gesamtdienstzeit von zwölf Jahren erreicht haben oder
3. als Beamtin oder Beamter auf Zeit eine Gesamtdienstzeit von sechs Jahren erreicht und das 63. Lebensjahr vollendet haben.

[2]Zeiten, während der Beamtinnen oder Beamte auf Zeit nach Vollendung des 25. Lebensjahres eine hauptberufliche Tätigkeit bei einem kommunalen Bundes- oder Landesverband ausgeübt haben, werden bis zu einer Gesamtzeit von zehn Jahren als Dienstzeit nach Satz 1 Nr. 1 berücksichtigt.

(2) [1]Beamtinnen und Beamte auf Zeit treten nicht nach Absatz 1 in den Ruhestand, wenn sie der Aufforderung ihrer obersten Dienstbehörde, nach Ablauf der Amtszeit das Amt unter nicht ungünstigeren Bedingungen weiter zu versehen, nicht nachkommen. [2]Dies gilt nicht für Beamtinnen und Beamte auf Zeit, die am Tag der Beendigung der Amtszeit das 63. Lebensjahr vollendet haben.

(3) [1]Treten Beamtinnen und Beamte auf Zeit mit Ablauf der Amtszeit nicht in den Ruhestand, so sind sie mit diesem Zeitpunkt entlassen, wenn sie nicht im Anschluss an ihre Amtszeit erneut in dasselbe Amt für eine weitere Amtszeit berufen werden. [2]Werden sie erneut berufen, so gilt das Beamtenverhältnis als nicht unterbrochen.

§ 38 Ruhestand von kommunalen Wahlbeamtinnen und Wahlbeamten wegen Ablaufs der Amtszeit. (1) Bei hauptamtlichen Bürgermeisterinnen und Bürgermeistern, Beigeordneten sowie Landrätinnen und Landräten tritt in den Fällen des § 37 Abs. 1 Satz 1 Nr. 3 das 60. Lebensjahr an die Stelle des 63. Lebensjahrs.

(2) [1]Hauptamtliche Bürgermeisterinnen und Bürgermeister, Landrätinnen und Landräte sowie hauptamtliche Amtsverweserinnen und Amtsverweser nach § 48 Abs. 3 GemO und § 39 Abs. 6 LKrO sind von der Rechtsaufsichtsbehörde, Beigeordnete von der Bürgermeisterin oder vom Bürgermeister unter Bestimmung einer angemessenen Frist zu der Erklärung aufzufordern, ob sie bereit sind, ihr Amt im Falle ihrer Wiederwahl unter nicht ungünstigeren Bedingungen weiter zu versehen. [2]Geben sie diese Erklärung nicht oder nicht fristgerecht ab, treten sie nicht nach § 37 Abs. 1 in den Ruhestand.

(3) Absatz 2 gilt nicht für Bürgermeisterinnen und Bürgermeister, Beigeordnete sowie Landrätinnen und Landräte, die am Tage der Beendigung der Amtszeit

1. das 57. Lebensjahr vollendet oder
2. eine Gesamtdienstzeit als Bürgermeisterin oder Bürgermeister, als Beigeordnete oder Beigeordneter und als Landrätin oder Landrat von 16 Jahren erreicht haben; Zeiten als Amtsverweserin oder Amtsverweser nach § 48 Abs. 3 GemO oder § 39 Abs. 6 LKrO sowie Zeiten nach § 37 Abs. 1 Satz 2 werden berücksichtigt.

(4) [1]Hauptamtliche Amtsverweserinnen und Amtsverweser nach § 48 Abs. 3 GemO und § 39 Abs. 6 LKrO treten nur dann mit Ablauf ihrer Amtszeit in den Ruhestand, wenn

1. die Amtszeit endet, weil eine rechtskräftige Entscheidung vorliegt, nach der die Wahl zur Bürgermeisterin oder zum Bürgermeister oder zur Landrätin oder zum Landrat ungültig ist, oder
2. die Beamtin oder der Beamte nicht erneut zur Amtsverweserin oder zum Amtsverweser bestellt wird, obwohl sie oder er dazu bereit ist, das Amt weiter zu versehen.

[2]Satz 1 Nr. 1 gilt nicht, wenn die Wahl für ungültig erklärt worden ist, weil die Bewerberin oder der Bewerber für die Wahl der Bürgermeisterin oder des Bürgermeisters bei der Wahl eine strafbare Handlung oder eine andere gegen ein Gesetz verstoßende Wahlbeeinflussung im Sinne des § 32 Abs. 1 Nr. 1 des Kommunalwahlgesetzes begangen hat oder ein Fall des § 32 Abs. 2 des Kommunalwahlgesetzes vorliegt; dies gilt für Amtsverweserinnen und Amtsverweser nach § 39 Abs. 6 LKrO entsprechend.

§ 39 Hinausschiebung der Altersgrenze. [1]Der Eintritt in den Ruhestand wegen Erreichens der Altersgrenze kann auf Antrag

1. der Beamtinnen und Beamten auf Lebenszeit,
2. der Beamtinnen und Beamten auf Probe nach § 8

jeweils bis zu einem Jahr, jedoch nicht länger als bis zu dem Ablauf des Monats, in dem die Beamtin oder der Beamte das 70. Lebensjahr vollendet, hinausgeschoben werden, wenn dies im dienstlichen Interesse liegt. [2]Für die in § 36 Absatz 3 genannten Beamtinnen und Beamten tritt das 65. Lebensjahr und für die in § 36 Absatz 3a genannten Beamtinnen und Beamten das 63. Lebensjahr an die Stelle des 70. Lebensjahres. [3]Der Antrag ist spätestens sechs Monate vor dem Erreichen der Altersgrenze zu stellen.

§ 40 Versetzung in den Ruhestand auf Antrag. (1) [1]Beamtinnen und Beamte auf Lebenszeit können auf ihren Antrag in den Ruhestand versetzt werden, wenn sie

1. das 63. Lebensjahr vollendet haben oder
2. schwerbehindert im Sinne des § 2 Abs. 2 des Neunten Buches Sozialgesetzbuch sind und das 62. Lebensjahr vollendet haben.

[2]Für die in § 36 Abs. 3 genannten Beamtinnen und Beamten tritt das 60. Lebensjahr an die Stelle des 63. Lebensjahrs nach Satz 1 Nr. 1.

(2) [1]Beamtinnen und Beamte auf Lebenszeit sind auf ihren Antrag in den Ruhestand zu versetzen, wenn sie eine Dienstzeit von 45 Jahren erreicht und das 65. Lebensjahr vollendet haben. [2]In diesem Fall gilt für Rechtsvorschriften, die auf die Altersgrenze nach § 36 Abs. 1 abheben, abweichend der Ablauf des Monats, in dem die Voraussetzungen nach Satz 1 erfüllt sind, als Altersgrenze. [3]Als Dienstzeit im Sinne des Satzes 1 gelten die ruhegehaltfähigen Dienstzeiten nach § 27 Abs. 3 Satz 2 bis 5 LBeamtVGBW. [4]Für die in § 36 Abs. 3 genannten Beamtinnen und Beamten tritt das 60. Lebensjahr an die Stelle des 65. Lebensjahres nach Satz 1.

§ 41 Altersgrenzen für die Verabschiedung. (1) [1]Ehrenbeamtinnen und Ehrenbeamte können, soweit gesetzlich nichts anderes bestimmt ist, verabschiedet werden, wenn sie

1. das 73. Lebensjahr vollendet haben oder
2. schwerbehindert im Sinne des § 2 Abs. 2 des Neunten Buches Sozialgesetzbuch sind und das 62. Lebensjahr vollendet haben.

[2]Sie sind zu verabschieden, wenn die sonstigen Voraussetzungen dieses Gesetzes oder des Beamtenstatusgesetzes für die Versetzung von Beamtinnen und Beamten in den einstweiligen Ruhestand oder in den Ruhestand gegeben sind.

(2) Ehrenamtliche Bürgermeisterinnen und Bürgermeister sowie ehrenamtliche Amtsverweserinnen und Amtsverweser nach § 48 Abs. 3 GemO sind mit dem Ablauf des Monats zu verabschieden, in dem sie das 68. Lebensjahr vollenden.

§ 42 Einstweiliger Ruhestand. (1) Beamtinnen und Beamte auf Lebenszeit, die ein Amt im Sinne von § 30 Abs. 1 oder 2 BeamtStG bekleiden, sind

1. die Staatssekretärin als Chefin der Staatskanzlei oder der Staatssekretär als Chef der Staatskanzlei,
2. die Staatssekretärin oder der Staatssekretär bei der obersten Landesbehörde, deren Geschäftsbereich die stellvertretende Ministerpräsidentin oder der stellvertretende Ministerpräsident leitet,
3. Ministerialdirektorinnen und Ministerialdirektoren,
4. Regierungspräsidentinnen und Regierungspräsidenten.

(2) Die Versetzung in den einstweiligen Ruhestand nach § 31 BeamtStG ist nur zulässig, wenn aus Anlass der Umbildung oder Auflösung der Behörde Planstellen eingespart werden.

(3) Bei Umbildung von Körperschaften nach § 26 ist § 18 Abs. 2 Satz 1 BeamtStG entsprechend anzuwenden.

(4) [1]Die Versetzung in den einstweiligen Ruhestand nach Absatz 2 oder 3 oder nach § 18 Abs. 2 Satz 1 BeamtStG kann nur innerhalb einer Frist von sechs Monaten nach Wirksamwerden der Umbildung oder Auflösung der Behörde oder Körperschaft ausgesprochen werden. [2]Durch Rechtsvorschrift kann ein anderer Zeitpunkt für den Beginn der Frist bestimmt werden.

(5) [1]In den einstweiligen Ruhestand versetzte Beamtinnen und Beamte sind verpflichtet, der erneuten Berufung in das Beamtenverhältnis Folge zu leisten. [2]Freie Planstellen im Bereich desselben Dienstherrn sollen für die erneute Berufung von in den einstweiligen Ruhestand versetzten Beamtinnen und Beamten, die für diese Stellen geeignet sind, vorbehalten werden.

(6) Für nach Absatz 3 oder nach § 31 BeamtStG in den einstweiligen Ruhestand versetzte Beamtinnen oder Beamte auf Zeit gilt § 18 Abs. 2 Satz 2 BeamtStG entsprechend.

§ 43 Dienstunfähigkeit, begrenzte Dienstfähigkeit, Wiederberufung. (1) Beamtinnen und Beamte können als dienstunfähig nach § 26 Abs. 1 Satz 2 BeamtStG nur angesehen werden, wenn die Aussicht auf Wiederherstellung voller Dienstfähigkeit auch innerhalb weiterer sechs Monate nicht besteht.

(2) [1]Beamtinnen und Beamte des Polizeivollzugsdienstes, auch wenn sie in Planstellen des Landesamts für Verfassungsschutz eingewiesen sind, sowie des Einsatzdienstes der Feuerwehr sind dienstunfähig, wenn sie den besonderen gesundheitlichen Anforderungen für den Polizeivollzugsdienst oder den Einsatzdienst der Feuerwehr nicht mehr genügen und keine Aussicht besteht, dass innerhalb zweier Jahre die Verwendungsfähigkeit wieder voll hergestellt ist. [2]Dies gilt nicht, wenn die von der Beamtin oder dem Beamten auszuübenden Funktionen die besonderen gesundheitlichen Anforderungen auf Dauer nicht mehr uneingeschränkt erfordern. [3]Die Dienstunfähigkeit nach diesem Absatz wird amts- oder polizeiärztlich festgestellt.

(3) Von der Verwendung in begrenzter Dienstfähigkeit nach § 27 BeamtStG soll abgesehen werden, wenn der Beamtin oder dem Beamten ein anderes Amt nach § 26 Abs. 2 BeamtStG oder eine geringerwertige Tätigkeit nach § 26 Abs. 3 BeamtStG übertragen werden kann.

(4) [1]Die erneute Berufung in das Beamtenverhältnis nach § 29 Abs. 1 BeamtStG ist vor Ablauf von fünf Jahren seit Beginn des Ruhestandes zu beantragen. [2]Bei der erneuten Berufung in ein Beamtenverhältnis nach § 29 Abs. 3 BeamtStG ist § 27 Abs. 2 BeamtStG entsprechend anzuwenden.

§ 44 Verfahren bei Dienstunfähigkeit. (1) [1]Liegen Anhaltspunkte dafür vor, dass Beamtinnen oder Beamte dienstunfähig oder begrenzt dienstfähig sind und scheiden Verwendungen nach § 26 Abs. 2 oder 3 oder § 27 BeamtStG aus, ist ihnen bekannt zu geben, dass die Versetzung in den Ruhestand oder die Verwendung in begrenzter Dienstfähigkeit beabsichtigt ist. [2]Dabei sind die Gründe für die beabsichtigte Maßnahme anzugeben. [3]Die Beamtin oder der Beamte kann innerhalb eines Monats Einwendungen erheben.

(2) [1]Vom Ablauf des Monats, in dem die Versetzung in den Ruhestand der Beamtin oder dem Beamten bekannt gegeben worden ist, bis zu deren Unanfechtbarkeit wird der die Versorgungsbezüge übersteigende Teil der Dienstbezüge einbehalten. [2]Wird die Versetzung in den Ruhestand unanfechtbar aufgehoben, sind die einbehaltenen Dienstbezüge nachzuzahlen.

§ 45 Form, Zuständigkeit. (1) [1]Die Versetzung in den Ruhestand und in den einstweiligen Ruhestand, die begrenzte Dienstfähigkeit, die Verabschiedung und die Hinausschiebung des Eintritts in den Ruhestand werden von der Stelle verfügt, die für die Ernennung der Beamtin oder des Beamten zuständig wäre. [2]Die Verfügung ist der Beamtin oder dem Beamten bekannt zu geben; die Verfügung über die Versetzung in den Ruhestand und in den einstweiligen Ruhestand kann bis zum Beginn des Ruhestandes zurückgenommen werden.

(2) Abweichend von Absatz 1 Satz 1 sind zuständig

1. die Ministerien und die Präsidentin oder der Präsident des Rechnungshofs im Rahmen ihrer Geschäftsbereiche:
   a) für die Versetzung in den Ruhestand und den einstweiligen Ruhestand von Beamtinnen und Beamten des Landes in den Laufbahnen des höheren Dienstes der Besoldungsgruppen A 15 mit Ausnahme der Akademischen Direktorinnen und Direktoren, A 15 mit Amtszulage und von Professorinnen und Professoren der Besoldungsgruppe C 3 sowie von Beamtinnen und Beamten der Besoldungsgruppen W 3 und C 4, soweit diese dem Geschäftsbereich des Wissenschaftsministeriums angehören und keine hauptamtlichen Rektoratsmitglieder sind,
   b) für die Versetzung in den Ruhestand wegen Dienstunfähigkeit und die Verwendung in begrenzter Dienstfähigkeit sowie die Hinausschiebung des Eintritts in den Ruhestand von Beamtinnen und Beamten des Landes, soweit der Ministerpräsident zuständig wäre oder soweit die Universitäten, die Pädagogischen Hochschulen, die Hochschulen für angewandte Wissenschaften, die Kunsthochschulen oder die Duale Hochschule im Geschäftsbereich des Wissenschaftsministeriums für Beamtinnen und Beamte der Besoldungsgruppen W 3, C 3 und C 4 zuständig wären,
2. die oberen Schulaufsichtsbehörden:
   für die Versetzung in den Ruhestand nach § 40 von Lehrerinnen und Lehrern in den Laufbahnen des höheren Dienstes der Besoldungsgruppe A 15.

(3) Das Finanzministerium kann im Einvernehmen mit dem Innenministerium durch Verwaltungsvorschrift bestimmen, dass die Versetzung von Beamtinnen und Beamten des Landes in den Ruhestand wegen Dienstunfähigkeit der Zustimmung des Finanzministeriums bedarf.

§ 46 Beginn des Ruhestands und des einstweiligen Ruhestands. (1) [1]Der Ruhestand beginnt, abgesehen von den Fällen der §§ 36 bis 40, mit dem Ablauf des Monats, in dem die Versetzung in den Ruhestand der Beamtin oder dem Beamten bekannt gegeben worden ist. [2]Die Versetzung in den Ruhestand zu einem zurückliegenden Zeitpunkt ist unzulässig und insoweit unwirksam. [3]Für die begrenzte Dienstfähigkeit gelten die Sätze 1 und 2 entsprechend.

(2) Der einstweilige Ruhestand beginnt abweichend von Absatz 1, wenn nicht im Einzelfall ausdrücklich ein späterer Zeitpunkt festgesetzt wird, mit dem Zeitpunkt, in dem die Versetzung in den einstweiligen Ruhestand der Be-

amtin oder dem Beamten bekannt gegeben worden ist, spätestens jedoch mit dem Ablauf der drei Monate, die auf den Monat der Bekanntgabe folgen.

(3) Ruhestandsbeamtinnen und Ruhestandsbeamte erhalten auf Lebenszeit Ruhegehalt nach den Vorschriften des Landesbeamtenversorgungsgesetzes Baden-Württemberg.

SECHSTER TEIL

Rechtliche Stellung im Beamtenverhältnis

1. Abschnitt

Allgemeine Pflichten und Rechte

§ 47 Diensteid. (1) Der zu leistende Diensteid hat folgenden Wortlaut:

„Ich schwöre, dass ich mein Amt nach bestem Wissen und Können führen, das Grundgesetz für die Bundesrepublik Deutschland, die Landesverfassung und das Recht achten und verteidigen und Gerechtigkeit gegen jedermann üben werde. So wahr mir Gott helfe."

(2) Der Eid kann auch ohne die Worte „So wahr mir Gott helfe" geleistet werden.

(3) Lehnt eine Beamtin oder ein Beamter die Ablegung des vorgeschriebenen Eides aus Glaubens- oder Gewissensgründen ab, können anstelle der Worte „Ich schwöre" auch die Worte „Ich gelobe" oder eine andere Beteuerungsformel gesprochen werden.

(4) [1]In den Fällen, in denen nach § 7 Abs. 3 BeamtStG eine Ausnahme von § 7 Abs. 1 Nr. 1 BeamtStG zugelassen worden ist, kann von einer Eidesleistung abgesehen werden. [2]Die Beamtin oder der Beamte hat zu geloben, die Amtspflichten gewissenhaft zu erfüllen.

§ 48 Verantwortung für die Rechtmäßigkeit. (1) [1]Beamtinnen und Beamte des Polizeivollzugsdienstes sind verpflichtet, unmittelbaren Zwang anzuwenden, der im Vollzugsdienst von ihren Vorgesetzten angeordnet wird, sofern die Anordnung nicht die Menschenwürde verletzt. [2]Die Anordnung darf nicht befolgt werden, wenn dadurch ein Verbrechen oder Vergehen begangen würde. [3]Befolgen sie die Anordnung trotzdem, so tragen sie die Verantwortung für ihr Handeln nur, wenn sie erkennen oder wenn es für sie ohne weiteres erkennbar ist, dass dadurch ein Verbrechen oder Vergehen begangen wird. [4]Bedenken gegen die Rechtmäßigkeit der Anordnung haben die Beamtinnen und Beamten des Polizeivollzugsdienstes unverzüglich ihren Vorgesetzten gegenüber vorzubringen, soweit das nach den Umständen möglich ist. [5]§ 36 Abs. 2 und 3 BeamtStG findet keine Anwendung.

(2) Für andere Beamtinnen und Beamte, die unmittelbaren Zwang anzuwenden haben, gilt Absatz 1 entsprechend.

§ 49 Anträge, Beschwerden, Vertretung. (1) [1]Beamtinnen und Beamte können Anträge stellen und Beschwerden vorbringen; hierbei ist der Dienstweg einzuhalten. [2]Richten sich Beschwerden gegen unmittelbare Vorgesetzte, so können sie bei den nächsthöheren Vorgesetzten unmittelbar eingereicht werden. [3]Der Beschwerdeweg bis zur obersten Dienstbehörde steht offen.

(2) Beamtinnen und Beamte können die für sie zuständigen Gewerkschaften oder Berufsverbände mit ihrer Vertretung beauftragen, soweit gesetzlich nichts anderes bestimmt ist.

§ 50 Fortbildung. [1]Beamtinnen und Beamte sind verpflichtet, an der dienstlichen Fortbildung teilzunehmen und sich außerdem selbst fortzubilden, damit sie insbesondere die Fach-, Methoden- und sozialen Kompetenzen für die Aufgaben des übertragenen Dienstpostens erhalten und fortentwickeln sowie ergänzende Qualifikationen für höher bewertete Dienstposten und für die Wahrnehmung von Führungsaufgaben erwerben. [2]Die Dienstherrn fördern die dienstliche Fortbildung. [3]Beamtinnen und Beamte, die durch Fortbildung ihre Kenntnisse und Fähigkeiten nachweislich wesentlich gesteigert haben, sollen nach Möglichkeit gefördert werden und vor allem Gelegenheit erhalten, ihre Eignung auf höher bewerteten Dienstposten zu beweisen.

§ 51 Dienstliche Beurteilung, Dienstzeugnis. (1) [1]Eignung, Befähigung und fachliche Leistung der Beamtinnen und Beamten sind in regelmäßigen Zeitabständen zu beurteilen. [2]Die Landesregierung kann durch Rechtsverordnung bestimmen, dass Beurteilungen außerdem anlässlich bestimmter Personalmaßnahmen erfolgen. [3]In der Rechtsverordnung können für Beamtinnen und Beamte des Landes auch Grundsätze der Beurteilung und des Verfahrens, insbesondere die Zeitabstände der regelmäßigen Beurteilung, festgelegt sowie Ausnahmen für bestimmte Gruppen von Beamtinnen und Beamten zugelassen werden.

(2) [1]Die Beurteilungen sind den Beamtinnen und Beamten zu eröffnen und auf Verlangen mit ihnen zu besprechen. [2]Eine schriftliche Äußerung der Beamtin oder des Beamten zu der Beurteilung ist zu den Personalaktendaten zu nehmen.

(3) [1]Beamtinnen und Beamten wird auf ihren Antrag nach Beendigung des Beamtenverhältnisses, beim Wechsel des Dienstherrn oder zum Zweck der Bewerbung um eine Stelle bei einem anderen Dienstherrn oder außerhalb des öffentlichen Dienstes vom letzten Dienstvorgesetzten ein Dienstzeugnis erteilt. [2]Das Dienstzeugnis muss Angaben über Art und Dauer der bekleideten Ämter sowie auf Verlangen auch über die ausgeübte Tätigkeit und die Leistung enthalten.

§ 52 Befreiung von Amtshandlungen. Beamtinnen und Beamte sind von Amtshandlungen zu befreien, die sich gegen sie selbst oder Personen richten, zu deren Gunsten ihnen wegen familienrechtlicher Beziehungen im Strafverfahren ein Zeugnisverweigerungsrecht zustünde.

§ 53 Ärztliche Untersuchungen, genetische Untersuchungen und Analysen. (1) [1]Beamtinnen und Beamte sind verpflichtet, sich nach dienstlicher Weisung ärztlich untersuchen und, falls dies aus amtsärztlicher Sicht für erforderlich gehalten wird, auch beobachten zu lassen, wenn Zweifel an der Dienstfähigkeit oder über die Dienstunfähigkeit bestehen oder Dienstunfähigkeit ärztlich festzustellen ist. [2]Entzieht sich die Beamtin oder der Beamte trotz schriftlicher Aufforderung dieser Verpflichtung, ohne hierfür einen hinreichenden Grund nachzuweisen, kann Dienstunfähigkeit oder begrenzte Dienstfähigkeit mit der Hälfte der regelmäßigen Arbeitszeit als amtsärztlich festgestellt angenommen werden. [3]Auf die Rechtsfolge ist in der Aufforderung hinzuweisen.

(2) Zu Beginn der ärztlichen Untersuchung oder Beobachtung ist die Beamtin oder der Beamte auf deren Zweck und die Übermittlungsbefugnis bezüglich des Untersuchungsergebnisses an die die Untersuchung oder Beobachtung veranlassende Stelle hinzuweisen.

(3) [1]Die Ärztin oder der Arzt übermittelt der die Untersuchung veranlassenden Personalverwaltung in einem gesonderten und verschlossenen Umschlag nur die tragenden Feststellungen und Gründe des Untersuchungsergebnisses, die in Frage kommenden Maßnahmen zur Wiederherstellung der Dienstfähigkeit und die Möglichkeit der anderweitigen Verwendung, soweit deren Kenntnis für die Personalverwaltung unter Beachtung des Grundsatzes der Verhältnismäßigkeit für die von ihr zu treffende Entscheidung erforderlich ist. [2]Sonstige Untersuchungsdaten dürfen übermittelt werden, soweit deren Verarbeitung nach § 83 Abs. 3 Satz 2 zulässig ist. [3]Die Ärztin oder der Arzt übermittelt der Beamtin oder dem Beamten eine Kopie der Mitteilung an die Personalverwaltung, soweit dem ärztliche Gründe nicht entgegenstehen.

(4) Genetische Untersuchungen und Analysen im Sinne von § 3 Nr. 1 und 2 des Gendiagnostikgesetzes vom 31. Juli 2009 (BGBl. I S. 2529) in der jeweils geltenden Fassung sind bei Beamtinnen und Beamten sowie bei Bewerberinnen und Bewerbern für ein Beamtenverhältnis unzulässig, insbesondere

1. vor und nach einer Ernennung oder
2. im Rahmen arbeitsmedizinischer Vorsorgeuntersuchungen.

(5) [1]Abweichend von Absatz 4 Nr. 2 sind diagnostische genetische Untersuchungen (§ 3 Nr. 7 des Gendiagnostikgesetzes) durch Genproduktanalyse zulässig, soweit sie zur Feststellung genetischer Eigenschaften erforderlich sind, die für schwerwiegende gesundheitliche Störungen, die bei einer Tätigkeit auf einem bestimmten Dienstposten oder mit einer bestimmten Tätigkeit entstehen können, ursächlich oder mitursächlich sind. [2]Als Bestandteil arbeitsmedizinischer Vorsorgeuntersuchungen sind genetische Untersuchungen nachrangig zu anderen Maßnahmen des Arbeitsschutzes nach § 77. [3]Die §§ 7 bis 16 des Gendiagnostikgesetzes gelten entsprechend.

(6) Die Mitteilung von Ergebnissen bereits vorgenommener genetischer Untersuchungen oder Analysen darf weder verlangt werden noch dürfen solche Ergebnisse entgegengenommen oder verwendet werden.

§ 54 Wohnung, Aufenthaltsort. (1) [1]Beamtinnen und Beamte haben ihre Wohnung so zu nehmen, dass sie in der ordnungsgemäßen Wahrnehmung ihrer Dienstgeschäfte nicht beeinträchtigt werden. [2]Die aktuelle Anschrift ist dem Dienstvorgesetzten mitzuteilen.

(2) Wenn die dienstlichen Verhältnisse es erfordern, können Beamtinnen und Beamte angewiesen werden, ihre Wohnung innerhalb einer bestimmten Entfernung von ihrer Dienststelle zu nehmen.

(3) [1]Beamtinnen und Beamte des Polizeivollzugsdienstes, auch wenn sie in Planstellen des Landesamts für Verfassungsschutz eingewiesen sind, sind auf besondere Anordnung verpflichtet, in einer Gemeinschaftsunterkunft zu wohnen und an einer Gemeinschaftsverpflegung teilzunehmen. [2]Fälle, in denen die Verpflichtungen nach Satz 1 aus persönlichen, insbesondere familiären Gründen eine Härte für diese Beamtinnen und Beamten bedeuten würde, sind als Ausnahmen zu berücksichtigen. [3]Die Unterkunft wird unentgeltlich gewährt.

(4) Beamtinnen und Beamte können angewiesen werden, sich während der dienstfreien Zeit in erreichbarer Nähe ihres Dienstorts aufzuhalten, wenn besondere dienstliche Verhältnisse es erfordern.

§ 55 Dienstkleidung. (1) [1]Beamtinnen und Beamte sind verpflichtet, nach näherer Bestimmung ihrer obersten Dienstbehörde Dienstkleidung und Dienstrangabzeichen zu tragen, wenn es ihr Amt erfordert. [2]Für Beamtinnen und Beamte des Landes erlässt die jeweilige oberste Dienstbehörde im Einvernehmen mit dem Finanzministerium diese Bestimmungen.

(2) [1]Freie Dienstkleidung erhalten

1. die Beamtinnen und Beamten des Polizeivollzugsdienstes,
2. die Beamtinnen und Beamten des allgemeinen Vollzugsdienstes und des Werkdienstes bei den Justizvollzugseinrichtungen,
3. die technischen Beamtinnen und Beamten der Landesfeuerwehrschule,
4. die Beamtinnen und Beamten des feuerwehrtechnischen Dienstes und die feuerwehrtechnischen Beamtinnen und Beamten nach § 23 des Feuerwehrgesetzes,

wenn sie zum Tragen von Dienstkleidung verpflichtet sind. [2]Das Innenministerium kann für die Beamtinnen und Beamten nach Satz 1 Nr. 1 und 3, das Justizministerium für die Beamtinnen und Beamten nach Satz 1 Nr. 2 jeweils im Einvernehmen mit dem Finanzministerium durch Rechtsverordnung bestimmen, in welcher Weise der Anspruch auf Dienstkleidung erfüllt wird und in welchen Fällen, in denen längere Zeit keine Dienstgeschäfte geführt werden, der Anspruch auf Dienstkleidung ausgeschlossen ist.

(3) [1]Die zum Tragen von Dienstkleidung verpflichteten Forstbeamtinnen und Forstbeamten erhalten einen Dienstkleidungszuschuss. [2]Das Ministerium für Ländlichen Raum und Verbraucherschutz kann im Einvernehmen mit dem Finanzministerium durch Rechtsverordnung Bestimmungen über

1. die Gewährung des Dienstkleidungszuschusses und
2. Art, Umfang und Ausführung der Dienstkleidung erlassen.

(4) [1]Beamtinnen und Beamten, denen die Führung der Dienstgeschäfte nach § 39 BeamtStG verboten wird, kann das Tragen der Dienstkleidung und Ausrüstung, der Aufenthalt in Diensträumen oder dienstlichen Unterkünften und die Führung dienstlicher Ausweise und Abzeichen untersagt werden. [2]§ 39 Satz 2 BeamtStG gilt entsprechend.

§ 56 Amtsbezeichnung. (1) [1]Die Amtsbezeichnungen der Landesbeamtinnen und Landesbeamten werden durch den Ministerpräsidenten festgesetzt, soweit sie nicht gesetzlich bestimmt sind. [2]Der Ministerpräsident kann die Ausübung dieser Befugnis auf andere Stellen übertragen. [3]Er kann einer Beamtin oder einem Beamten eine andere als die für ihr oder sein Amt vorgesehene Amtsbezeichnung verleihen.

(2) [1]Beamtinnen und Beamte haben das Recht, innerhalb und außerhalb des Dienstes die Amtsbezeichnung des ihnen übertragenen Amtes zu führen. [2]Nach dem Wechsel in ein anderes Amt dürfen sie neben der neuen Amtsbezeichnung die Amtsbezeichnung des früheren Amtes mit dem Zusatz „außer Dienst" („a. D.") nur führen, wenn das neue Amt einer Besoldungsgruppe mit geringerem Grundgehalt angehört als das bisherige Amt.

(3) [1]Ruhestandsbeamtinnen und Ruhestandsbeamte dürfen die ihnen bei der Versetzung in den Ruhestand zustehende Amtsbezeichnung mit dem Zusatz „außer Dienst" („a. D.") und die im Zusammenhang mit dem Amt verliehenen Titel weiterführen. [2]Werden sie erneut in ein Beamtenverhältnis berufen, gilt Absatz 2 Satz 2 entsprechend.

(4) Werden entlassene Beamtinnen und Beamte, denen die Führung der früheren Amtsbezeichnung nach § 32 Abs. 2 erlaubt worden ist, erneut in ein Beamtenverhältnis berufen, gilt Absatz 2 Satz 2 entsprechend.

§ 57 Verschwiegenheitspflicht. (1) Die Verschwiegenheitspflicht nach § 37 Abs. 1 BeamtStG gilt nicht, soweit gegenüber einem bestellten Vertrauensanwalt für Korruptionsverhütung ein durch Tatsachen begründeter Verdacht einer Korruptionsstraftat nach §§ 331 bis 337 des Strafgesetzbuches angezeigt wird.

(2) [1]Soweit ein Vertrauensanwalt für Korruptionsverhütung bestellt oder ein elektronisches System zur Kommunikation mit anonymen Hinweisgebern eingerichtet ist, ist der Dienstherr nicht verpflichtet, die Identität der Informationsgeber, die sich an den Vertrauensanwalt gewandt oder das elektronische System benutzt haben, offen zu legen. [2]Der Dienstherr hat in angemessener Weise dafür Sorge zu tragen, dass die Persönlichkeitsrechte der Beamtinnen und Beamten gewahrt werden. [3]Satz 1 findet keine Anwendung, wenn der Dienstherr auf andere Weise Kenntnis von der Identität der Informationsgeber erhält.

§ 58 Nichterfüllung von Pflichten. Bei Ruhestandsbeamtinnen und Ruhestandsbeamten gilt es auch als Dienstvergehen, wenn sie schuldhaft

1. entgegen § 29 Abs. 2 oder 3 BeamtStG oder § 30 Abs. 3 Satz 2 BeamtStG in Verbindung mit § 29 Abs. 2 BeamtStG einer erneuten Berufung in das Beamtenverhältnis nicht nachkommen oder

2. ihre Verpflichtungen nach § 29 Abs. 4 oder 5 Satz 1 BeamtStG verletzen oder
3. im Zusammenhang mit dem Bezug von Leistungen des Dienstherrn falsche oder pflichtwidrig unvollständige Angaben machen.

§ 59 Pflicht zum Schadenersatz. (1) [1]Für den Schadenersatz nach § 48 BeamtStG gelten die Verjährungsvorschriften des Bürgerlichen Gesetzbuches. [2]Hat der Dienstherr Dritten Schadenersatz geleistet, gilt als Zeitpunkt, zu dem der Dienstherr Kenntnis im Sinne dieser Verjährungsvorschriften erlangt, der Zeitpunkt, zu dem der Ersatzanspruch des Dritten diesem gegenüber vom Dienstherr anerkannt oder dem Dienstherrn gegenüber rechtskräftig festgestellt wird.

(2) Leisten Beamtinnen und Beamte dem Dienstherrn Ersatz und hat dieser Ersatzansprüche gegen Dritte, gehen die Ersatzansprüche auf die Beamtinnen und Beamten über.

§ 59a Rückforderung von Leistungen. Für die Rückforderung von Leistungen des Dienstherrn, die nicht Besoldung oder Versorgung sind, ist § 15 Absatz 2 LBesGBW entsprechend anzuwenden.

2. Abschnitt
Nebentätigkeit, Tätigkeit nach Beendigung des Beamtenverhältnisses

§ 60 Nebentätigkeit. (1) [1]Nebentätigkeit ist jede nicht zum Hauptamt der Beamtin oder des Beamten gehörende Tätigkeit innerhalb oder außerhalb des öffentlichen Dienstes. [2]Ausgenommen sind unentgeltliche Tätigkeiten, die nach allgemeiner Anschauung zur persönlichen Lebensgestaltung gehören.

(2) [1]Nicht als Nebentätigkeiten gelten
1. öffentliche Ehrenämter und
2. unentgeltliche Vormundschaften, Betreuungen oder Pflegschaften.

[2]Die Übernahme von Tätigkeiten nach Satz 1 ist dem Dienstvorgesetzten anzuzeigen.

§ 61 Nebentätigkeiten auf Verlangen. (1) [1]Beamtinnen und Beamte sind verpflichtet, auf Verlangen ihres Dienstvorgesetzten eine Nebentätigkeit im öffentlichen Dienst auszuüben, sofern diese Tätigkeit ihrer Vorbildung oder Berufsausbildung entspricht und sie nicht über Gebühr in Anspruch nimmt. [2]Satz 1 gilt entsprechend für Nebentätigkeiten außerhalb des öffentlichen Dienstes, wenn die Übernahme der Nebentätigkeit zur Wahrung dienstlicher Interessen erforderlich ist.

(2) [1]Werden Beamtinnen und Beamte aus einer auf Verlangen ausgeübten Tätigkeit im Vorstand, Aufsichtsrat, Verwaltungsrat oder in einem sonstigen Organ einer Gesellschaft, Genossenschaft oder eines in einer anderen Rechtsform betriebenen Unternehmens haftbar gemacht, haben sie gegen ihren Dienstherrn Anspruch auf Ersatz des ihnen entstandenen Schadens. [2]Ist der Schaden vorsätzlich oder grob fahrlässig herbeigeführt worden, ist der Dienst-

herr nur ersatzpflichtig, wenn die Beamtin oder der Beamte bei der Verursachung des Schadens auf Weisung einer oder eines Vorgesetzten gehandelt hat.

(3) Beamtinnen und Beamte haben Nebentätigkeiten, die auf Verlangen ausgeübt werden, mit Beendigung des Dienstverhältnisses zu ihrem Dienstherrn zu beenden, soweit nichts anderes bestimmt wird.

§ 62 Genehmigungspflichtige Nebentätigkeiten. (1) Beamtinnen und Beamte bedürfen zur Ausübung jeder Nebentätigkeit, mit Ausnahme der in § 63 Abs. 1 genannten, der vorherigen Genehmigung, soweit sie nicht nach § 61 Abs. 1 zu ihrer Ausübung verpflichtet sind.

(2) [1]Die Genehmigung ist zu versagen, wenn zu besorgen ist, dass durch die Nebentätigkeit dienstliche Interessen beeinträchtigt werden. [2]Ein solcher Versagungsgrund liegt insbesondere vor, wenn die Nebentätigkeit

1. die Beamtin oder den Beamten in einen Widerstreit mit den dienstlichen Pflichten bringen kann oder
2. die Unparteilichkeit oder Unbefangenheit der Beamtin oder des Beamten beeinflussen kann oder
3. zu einer wesentlichen Einschränkung der künftigen dienstlichen Verwendbarkeit der Beamtin oder des Beamten führen kann oder
4. sonst dem Ansehen der öffentlichen Verwaltung abträglich sein kann.

(3) [1]Ein Versagungsgrund nach Absatz 2 Satz 1 liegt auch vor, wenn die Nebentätigkeit nach Art und Umfang die Arbeitskraft der Beamtin oder des Beamten so stark in Anspruch nimmt, dass die ordnungsgemäße Erfüllung der dienstlichen Pflichten behindert werden kann. [2]Diese Voraussetzung gilt in der Regel als erfüllt, wenn die zeitliche Beanspruchung durch eine oder mehrere Nebentätigkeiten in der Woche ein Fünftel der regelmäßigen Arbeitszeit überschreitet. [3]Bei begrenzter Dienstfähigkeit verringert sich die Grenze nach Satz 2 in dem Verhältnis, in dem die Arbeitszeit nach § 27 Abs. 2 Satz 1 BeamtStG herabgesetzt ist. [4]Bei beurlaubten oder teilzeitbeschäftigten Beamtinnen und Beamten erhöht sich die Grenze nach Satz 2 in dem Verhältnis, in dem die regelmäßige Arbeitszeit ermäßigt ist, höchstens jedoch auf zwölf Stunden in der Woche; die Nebentätigkeit darf dem Zweck der Bewilligung des Urlaubs oder der Teilzeitbeschäftigung nicht zuwiderlaufen. [5]Für Hochschullehrerinnen und Hochschullehrer gelten die Sätze 1 bis 4 mit der Maßgabe, dass anstelle der regelmäßigen Arbeitszeit die Zeit tritt, die dem Umfang eines durchschnittlichen individuellen Arbeitstags der Hochschullehrerin oder des Hochschullehrers entspricht.

(4) [1]Beamtinnen und Beamte haben bei der Beantragung einer Genehmigung Angaben über Art und Umfang der Nebentätigkeit, die Person des Auftrag- oder Arbeitgebers sowie die Vergütung zu machen. [2]Auf Verlangen sind die erforderlichen Nachweise zu führen. [3]Der Dienstvorgesetzte kann nähere Bestimmungen über die Form des Antrags treffen.

(5) [1]Die Genehmigung soll auf längstens fünf Jahre befristet werden. [2]Sie kann mit Auflagen oder Bedingungen versehen werden.

(6) [1]Die zur Übernahme einer oder mehrerer Nebentätigkeiten erforderliche Genehmigung gilt allgemein als erteilt, wenn

1. die Vergütungen hierfür insgesamt 1200 Euro im Kalenderjahr nicht übersteigen,
2. die zeitliche Beanspruchung insgesamt ein Fünftel der regelmäßigen wöchentlichen Arbeitszeit nicht überschreitet,
3. die Nebentätigkeiten in der Freizeit ausgeübt werden und
4. kein Versagungsgrund nach Absatz 2 vorliegt.

[2]Beamtinnen und Beamte haben allgemein genehmigte Nebentätigkeiten vor Aufnahme ihrem Dienstvorgesetzten anzuzeigen, es sei denn, dass es sich um eine einmalige Nebentätigkeit im Kalenderjahr handelt und die Vergütung hierfür 200 Euro nicht überschreitet; Absatz 4 gilt entsprechend. [3]Eine allgemein als erteilt geltende Genehmigung erlischt mit dem Wegfall der Voraussetzungen nach Satz 1.

(7) [1]Ergibt sich bei der Ausübung einer Nebentätigkeit eine Beeinträchtigung dienstlicher Interessen, ist die Genehmigung zu widerrufen. [2]Soweit die dienstlichen Interessen es zulassen, soll der Beamtin oder dem Beamten eine angemessene Frist zur Beendigung der Nebentätigkeit eingeräumt werden. [3]Die §§ 48, 49 und 51 des Landesverwaltungsverfahrensgesetzes bleiben unberührt.

§ 63 Nicht genehmigungspflichtige Nebentätigkeiten. (1) Nicht genehmigungspflichtig sind

1. unentgeltliche Nebentätigkeiten mit Ausnahme
   a) der Übernahme einer gewerblichen Tätigkeit, der Ausübung eines freien Berufes oder der Mitarbeit bei einer dieser Tätigkeiten,
   b) des Eintritts in ein Organ eines Unternehmens mit Ausnahme einer Genossenschaft sowie der Übernahme einer Treuhänderschaft,
2. die Verwaltung eigenen oder der Nutznießung der Beamtin oder des Beamten unterliegenden Vermögens,
3. schriftstellerische, wissenschaftliche, künstlerische oder Vortragstätigkeiten,
4. mit Lehr- oder Forschungsaufgaben zusammenhängende selbstständige Gutachtertätigkeiten von Lehrerinnen und Lehrern an öffentlichen Hochschulen sowie von Beamtinnen und Beamten an wissenschaftlichen Instituten und Anstalten und
5. Tätigkeiten zur Wahrung von Berufsinteressen in Gewerkschaften, Berufsverbänden oder Selbsthilfeeinrichtungen der Beamtinnen und Beamten.

(2) [1]Beamtinnen und Beamte haben Nebentätigkeiten nach Absatz 1 Nr. 3 und 4 und in Selbsthilfeeinrichtungen nach Absatz 1 Nr. 5, für die eine Vergütung geleistet wird, vor Aufnahme ihrem Dienstvorgesetzten anzuzeigen. [2]Bei regelmäßig wiederkehrenden gleichartigen Nebentätigkeiten genügt eine einmal jährlich zu erstattende Anzeige für die in diesem Zeitraum zu erwartenden Nebentätigkeiten; die obersten Dienstbehörden können abweichende Regelungen treffen. [3]§ 62 Abs. 4 gilt entsprechend.

(3) Eine Anzeigepflicht für eine oder mehrere Nebentätigkeiten nach Absatz 2 besteht nicht, wenn

1. die Vergütungen hierfür insgesamt 1200 Euro im Kalenderjahr nicht übersteigen und
2. die zeitliche Beanspruchung insgesamt ein Fünftel der regelmäßigen wöchentlichen Arbeitszeit nicht überschreitet.

(4) [1]Eine nicht genehmigungspflichtige Nebentätigkeit ist ganz oder teilweise zu untersagen, wenn die Beamtin oder der Beamte bei ihrer Ausübung dienstliche Pflichten verletzt. [2]§ 62 Abs. 7 Satz 2 gilt entsprechend.

§ 64 Pflichten bei der Ausübung von Nebentätigkeiten. (1) Nebentätigkeiten dürfen grundsätzlich nur in der Freizeit ausgeübt werden.

(2) [1]Bei der Ausübung von Nebentätigkeiten dürfen Einrichtungen, Personal oder Material des Dienstherrn nur bei Vorliegen eines dienstlichen, öffentlichen oder wissenschaftlichen Interesses mit vorheriger Genehmigung in Anspruch genommen werden. [2]Für die Inanspruchnahme hat die Beamtin oder der Beamte ein Entgelt zu entrichten, das den Vorteil, der durch die Inanspruchnahme entsteht, berücksichtigen soll. [3]Das Entgelt ist nach den dem Dienstherrn entstehenden Kosten oder nach einem Prozentsatz der für die Nebentätigkeit bezogenen Vergütung zu bemessen.

(3) [1]Beamtinnen und Beamte haben Vergütungen für

1. im öffentlichen Dienst ausgeübte oder
2. auf Verlangen des Dienstvorgesetzten ausgeübte oder
3. der Beamtin oder dem Beamten mit Rücksicht auf die dienstliche Stellung übertragene

Nebentätigkeiten an ihren Dienstherrn im Hauptamt abzuliefern, soweit nicht durch die Ausführungsverordnung nach § 65 etwas anderes bestimmt ist.

(4) [1]Änderungen von genehmigungspflichtigen, anzeigepflichtigen oder auf Verlangen des Dienstherrn übernommenen Nebentätigkeiten, insbesondere hinsichtlich Art und Umfang der Nebentätigkeit, der Person des Auftrag- oder Arbeitgebers und der Vergütung, sind dem Dienstvorgesetzten unverzüglich anzuzeigen. [2]Der Dienstvorgesetzte kann nähere Bestimmungen über die Form der Anzeige treffen. [3]Er kann aus begründetem Anlass verlangen, dass die Beamtin oder der Beamte Auskunft über eine ausgeübte Nebentätigkeit erteilt und die erforderlichen Nachweise führt.

§ 65 Ausführungsverordnung. [1]Die zur Ausführung der §§ 60 bis 64 notwendigen Vorschriften erlässt die Landesregierung durch Rechtsverordnung. [2]In ihr kann insbesondere bestimmt werden,

1. welche Tätigkeiten als öffentlicher Dienst oder als öffentliches Ehrenamt anzusehen sind,
2. was als Vergütung anzusehen ist,
3. in welchen weiteren Fällen Nebentätigkeiten allgemein als genehmigt gelten und ob und inwieweit solche Nebentätigkeiten anzuzeigen sind,

4. in welchen Fällen Nebentätigkeiten ganz oder teilweise innerhalb der Arbeitszeit ausgeübt werden dürfen,
5. in welcher Höhe ein Entgelt für die Inanspruchnahme von Einrichtungen, Personal oder Material des Dienstherrn zu entrichten ist und in welchen Fällen auf die Entrichtung des Entgelts verzichtet werden kann,
6. ob und inwieweit Nebentätigkeiten im öffentlichen Dienst vergütet oder bestimmte Nebentätigkeiten von der Ablieferungspflicht ausgenommen werden und dass Vergütungen nur bei Übersteigen bestimmter Freigrenzen abzuliefern sind,
7. ob und inwieweit Beamtinnen und Beamte in regelmäßigen Abständen über die von ihnen ausgeübten Nebentätigkeiten und die Höhe der dafür erhaltenen Vergütungen Auskunft zu geben haben.

§ 66 Tätigkeit nach Beendigung des Beamtenverhältnisses. [1]Eine Tätigkeit ist nach § 41 Satz 1 BeamtStG dem letzten Dienstvorgesetzten anzuzeigen, wenn sie innerhalb eines Zeitraums von fünf Jahren nach Beendigung des Beamtenverhältnisses aufgenommen wird und mit der dienstlichen Tätigkeit der Beamtin oder des Beamten in den letzten fünf Jahren vor Beendigung des Beamtenverhältnisses in Zusammenhang steht. [2]Eine Untersagung nach § 41 Satz 2 BeamtStG wird durch den letzten Dienstvorgesetzten ausgesprochen.

3. Abschnitt

Arbeitszeit und Urlaub

§ 67 Arbeitszeit. (1) [1]Die Landesregierung bestimmt durch Rechtsverordnung mit Zustimmung des Landtags die regelmäßige Arbeitszeit der Beamtinnen und Beamten. [2]Das Nähere, insbesondere zur Dauer der täglichen Arbeitszeit und zur flexiblen Gestaltung der Arbeitszeit, regelt

1. für die Beamtinnen und Beamten des Landes die Landesregierung durch Rechtsverordnung mit Zustimmung des Landtags,
2. für die Beamtinnen und Beamten der Gemeinden und Gemeindeverbände sowie der sonstigen der Aufsicht des Landes unterstehenden Körperschaften, Anstalten und Stiftungen des öffentlichen Rechts die oberste Dienstbehörde.

[3]Dabei sind die Bestimmungen der Richtlinie 2003/88/EG des Europäischen Parlaments und des Rates vom 4. November 2003 über bestimmte Aspekte der Arbeitszeitgestaltung (ABl. L 299 vom 18. November 2003, S. 9) in der jeweils geltenden Fassung zu beachten; für die Berechnung des Durchschnitts der wöchentlichen Höchstarbeitszeit nach Artikel 6 einschließlich Mehrarbeit ist ein Zeitraum von vier Monaten, unbeschadet von Abweichungen und Ausnahmen nach Kapitel 5, zugrunde zu legen.

(2) [1]Soweit der Dienst in Bereitschaft besteht, kann die Arbeitszeit entsprechend dem dienstlichen Bedürfnis auf im Durchschnitt bis zu 48 Stunden in der Woche verlängert werden. [2]Für Beamtinnen und Beamte, die im Wechseldienst unter Ein-

schluss von Bereitschaft Dienst leisten, kann unter Beachtung der allgemeinen Grundsätze der Sicherheit und des Gesundheitsschutzes die Arbeitszeit bis zu im Durchschnitt 54 Stunden in der Woche verlängert werden, wenn diese schriftlich eingewilligt haben. [3]Die Beamtin oder der Beamte kann die Einwilligung jederzeit mit einer Frist von zwei Monaten widerrufen; auf die Widerrufsmöglichkeit ist vor Erklärung der Einwilligung schriftlich hinzuweisen. [4]Für die Ablehnung oder den Widerruf der Einwilligung gilt § 75 Abs. 1 entsprechend. [5]Die Beamtinnen und Beamten mit nach Satz 2 verlängerter Arbeitszeit sind in Listen zu erfassen, die stets aktuell zu halten sind. [6]Den für den Arbeitsschutz zuständigen Behörden und Stellen, die eine Überschreitung der wöchentlichen Höchstarbeitszeit unterbinden oder einschränken können, sind die Listen zur Verfügung zu stellen sowie auf deren Ersuchen darüber Auskunft zu geben, welche Beamtinnen und Beamten in eine nach Satz 2 verlängerte Arbeitszeit eingewilligt haben.

(3) [1]Beamtinnen und Beamte sind verpflichtet, ohne Vergütung über die regelmäßige Arbeitszeit hinaus Dienst zu tun, wenn zwingende dienstliche Verhältnisse dies erfordern. [2]Werden sie durch dienstlich angeordnete oder genehmigte Mehrarbeit mehr als fünf Stunden im Monat über die regelmäßige Arbeitszeit hinaus beansprucht, ist ihnen innerhalb eines Jahres für die über die regelmäßige Arbeitszeit hinaus geleistete Mehrarbeit entsprechende Dienstbefreiung zu gewähren; bei Teilzeitbeschäftigung vermindern sich die fünf Stunden entsprechend der Verringerung der Arbeitszeit. [3]Ist Dienstbefreiung aus zwingenden dienstlichen Gründen nicht möglich, kann nach den Voraussetzungen des § 65 LBesGBW Mehrarbeitsvergütung gewährt werden. [4]Die Ministerien können für ihren Geschäftsbereich durch Rechtsverordnung

1. für die Gewährung von Dienstbefreiung nach Satz 2
2. im Einvernehmen mit dem Finanzministerium zur Ermittlung der vergütungsfähigen Mehrarbeitszeiten nach Satz 3

abweichende oder ergänzende Regelungen treffen, wenn dies die besonderen arbeitsorganisatorischen Verhältnisse erfordern.

§ 68 Fernbleiben vom Dienst, Krankheit. (1) Beamtinnen und Beamte dürfen dem Dienst nicht ohne Genehmigung fernbleiben.

(2) [1]Kann aus tatsächlichen oder rechtlichen Gründen kein Dienst geleistet werden, ist das Fernbleiben vom Dienst unverzüglich anzuzeigen. [2]Dienstunfähigkeit infolge Krankheit ist auf Verlangen nachzuweisen. [3]Wird eine ärztliche oder amtsärztliche Untersuchung oder die Untersuchung durch eine beamtete Ärztin oder einen beamteten Arzt angeordnet, hat der Dienstherr die Kosten der Untersuchung zu tragen.

(3) Können infolge lang andauernder Krankheit dienstunfähige Beamtinnen und Beamte nach ärztlicher Feststellung ihren Dienst stundenweise verrichten und durch eine gestufte Wiederaufnahme ihres Dienstes voraussichtlich wieder in den Dienstbetrieb eingegliedert werden, kann mit Einverständnis der Beamtinnen und Beamten widerruflich und befristet festgelegt werden, dass in geringerem Umfang als die regelmäßige Arbeitszeit Dienst zu leisten ist.

§ 69 Teilzeitbeschäftigung. (1) Beamtinnen und Beamten mit Dienstbezügen, die

1. ein Kind unter 18 Jahren oder
2. eine nach ärztlichem Gutachten pflegebedürftige Angehörige oder einen pflegebedürftigen Angehörigen

tatsächlich betreuen oder pflegen, ist auf Antrag Teilzeitbeschäftigung mit mindestens der Hälfte der regelmäßigen Arbeitszeit zu bewilligen, wenn zwingende dienstliche Belange nicht entgegenstehen.

(1a) Beamtinnen und Beamten auf Widerruf im Vorbereitungsdienst,

1. bei denen die in Absatz 1 genannten Gründe vorliegen oder
2. bei denen zum Zeitpunkt der Antragstellung die Schwerbehinderteneigenschaft nach § 2 Absatz 2 oder die Gleichstellung nach § 2 Absatz 3 des Neunten Buches Sozialgesetzbuch festgestellt ist,

kann auf Antrag Teilzeitbeschäftigung im festgelegten Umfang, der jedoch mindestens die Hälfte der regelmäßigen Arbeitszeit betragen muss, bewilligt werden, wenn dies durch Rechtsverordnung nach § 16 Absatz 2 vorgesehen ist.

(2) Beamtinnen und Beamten mit Dienstbezügen kann unter den Voraussetzungen des Absatzes 1 Teilzeitbeschäftigung mit weniger als der Hälfte, mindestens aber einem Viertel der regelmäßigen Arbeitszeit bewilligt werden, wenn dienstliche Belange nicht entgegenstehen.

(3) [1]Während der Elternzeit (§ 76) kann Beamtinnen und Beamten mit Dienstbezügen Teilzeitbeschäftigung mit weniger als der Hälfte, mindestens aber einem Viertel der regelmäßigen Arbeitszeit bewilligt werden, wenn dies im Interesse des Dienstherrn liegt. [2]Beamtinnen und Beamten auf Widerruf im Vorbereitungsdienst kann während der Elternzeit nach Satz 1 eine Teilzeitbeschäftigung im festgelegten Umfang, der jedoch mindestens ein Viertel der regelmäßigen Arbeitszeit betragen muss, bewilligt werden, wenn dies durch Rechtsverordnung nach § 16 Absatz 2 vorgesehen ist.

(4) Beamtinnen und Beamten mit Dienstbezügen kann auf Antrag Teilzeitbeschäftigung mit mindestens der Hälfte der regelmäßigen Arbeitszeit bis zur jeweils beantragten Dauer bewilligt werden, soweit dienstliche Belange nicht entgegenstehen.

(5) [1]Die oberste Dienstbehörde kann für ihren Dienstbereich, auch für einzelne Gruppen von Beamtinnen und Beamten, zulassen, dass Teilzeitbeschäftigung nach Absatz 4 auf Antrag in der Weise bewilligt wird, dass der Teil, um den die regelmäßige Arbeitszeit im Einzelfall ermäßigt ist, zu einem zusammenhängenden Zeitraum von bis zu einem Jahr zusammengefasst wird (Freistellungsjahr). [2]Das Freistellungsjahr soll am Ende des Bewilligungszeitraums in Anspruch genommen werden. [3]Es kann auf Antrag der Beamtin oder des Beamten bis vor den Eintritt in den Ruhestand aufgeschoben werden. [4]Mehrere Freistellungsjahre können zusammengefasst werden.

(6) [1]Treten während des Bewilligungszeitraums einer Teilzeitbeschäftigung nach Absatz 5 Umstände ein, die die vorgesehene Abwicklung der Freistellung

unmöglich machen, ist ein Widerruf abweichend von § 49 des Landesverwaltungsverfahrensgesetzes nach Maßgabe der Absätze 7 und 8 auch mit Wirkung für die Vergangenheit zulässig. [2]Der Widerruf darf nur mit Wirkung für den gesamten Bewilligungszeitraum und nur in dem Umfang erfolgen, der der tatsächlichen Arbeitszeit entspricht.

(7) Die Bewilligung einer Teilzeitbeschäftigung mit Freistellungsjahr nach Absatz 5 ist zu widerrufen

1. bei Beendigung des Beamtenverhältnisses,
2. beim Dienstherrnwechsel, bei Gewährung von Urlaub nach § 72 Abs. 2 Nr. 2 oder nach § 31 Abs. 2 der Arbeitszeit- und Urlaubsverordnung.

(8) [1]Wird langfristig Urlaub nach anderen als den in Absatz 7 Nr. 3 genannten Vorschriften bewilligt, so verlängert sich der Bewilligungszeitraum um die Dauer der Beurlaubung. [2]Auf Antrag oder aus dienstlichen Gründen kann die Bewilligung widerrufen werden.

(9) [1]Die Bewilligung von Teilzeitbeschäftigung kann aus dienstlichen Gründen von

1. einer bestimmten Dauer (Mindestbewilligungszeitraum),
2. einem bestimmten Umfang der Teilzeitbeschäftigung und
3. von einer bestimmten Festlegung der Verteilung der Arbeitszeit

abhängig gemacht werden.

[2]Eine Festlegung der Verteilung der Arbeitszeit darf bei Teilzeitbeschäftigung nach Absatz 1 Nr. 1 und Nr. 2 nicht dem Zweck der Bewilligung zuwiderlaufen. [3]Soweit zwingende dienstliche Belange es erfordern, kann nachträglich die Dauer der Teilzeitbeschäftigung beschränkt oder der Umfang der zu leistenden Arbeitszeit erhöht werden. [4]Die Bewilligung soll widerrufen werden, wenn die Gründe nach Absatz 1 weggefallen sind. [5]Ein Antrag auf Verlängerung einer Teilzeitbeschäftigung ist spätestens sechs Monate vor Ablauf des Bewilligungszeitraums zu stellen. [6]Die Ausübung von Nebentätigkeiten ist nach Maßgabe der §§ 60 bis 65 zulässig.

(10) Ein Übergang zur Vollzeitbeschäftigung oder eine Änderung des Umfangs der Teilzeitbeschäftigung ist auf Antrag zuzulassen, wenn der Beamtin oder dem Beamten die Fortsetzung der bewilligten Teilzeitbeschäftigung nicht zugemutet werden kann und dienstliche Belange nicht entgegenstehen.

§ 70 Altersteilzeit. (1) Beamtinnen und Beamten mit Dienstbezügen, bei denen zum Zeitpunkt der Antragstellung die Schwerbehinderteneigenschaft im Sinne des § 2 Abs. 2 des Neunten Buches Sozialgesetzbuch festgestellt ist, kann auf Antrag, der sich auf die Zeit bis zum Beginn des Ruhestands erstrecken muss, Teilzeitbeschäftigung als Altersteilzeit mit 60 Prozent der bisherigen Arbeitszeit, höchstens jedoch 60 Prozent der in den letzten zwei Jahren vor Beginn der Altersteilzeit durchschnittlich geleisteten Arbeitszeit, bewilligt werden, wenn

1. die Beamtin oder der Beamte das 55. Lebensjahr vollendet hat,
2. sie oder er in den letzten fünf Jahren vor Beginn der Altersteilzeit insgesamt drei Jahre mindestens teilzeitbeschäftigt war und
3. dienstliche Belange nicht entgegenstehen.

(2) [1]Altersteilzeit kann in der Weise bewilligt werden, dass

1. während des gesamten Bewilligungszeitraums Teilzeitarbeit durchgehend im nach Absatz 1 festgesetzten Umfang geleistet wird (Teilzeitmodell) oder
2. während der ersten drei Fünftel des Bewilligungszeitraums die tatsächliche Arbeitszeit auf die bisherige Arbeitszeit, höchstens die in den letzten zwei Jahren vor Beginn der Altersteilzeit durchschnittlich zu leistende Arbeitszeit erhöht wird und diese Arbeitszeiterhöhung in den restlichen zwei Fünfteln des Bewilligungszeitraums durch eine volle Freistellung vom Dienst ausgeglichen wird (Blockmodell).

[2]Altersteilzeit mit weniger als 60 Prozent der regelmäßigen Arbeitszeit kann nur bewilligt werden, wenn vor der vollen Freistellung von der Arbeit mindestens im Umfang der bisherigen Teilzeitbeschäftigung Dienst geleistet wird; dabei bleiben geringfügige Unterschreitungen des notwendigen Umfangs der Arbeitszeit außer Betracht. [3]Bei Beantragung der Altersteilzeit im Blockmodell müssen Beamtinnen und Beamte unwiderruflich erklären, ob sie bei Bewilligung der Altersteilzeit mit Erreichen der gesetzlichen Altersgrenze in den Ruhestand treten oder ob sie einen Antrag nach § 40 stellen werden.

(3) § 69 Abs. 9 Satz 6, Abs. 10 und § 75 gelten entsprechend.

§ 71 Urlaub. Die Landesregierung regelt durch Rechtsverordnung

1. Dauer, Erteilung, Widerruf, finanzielle Vergütung und Verfall des Erholungsurlaubs nach § 44 BeamtStG,
2. Anlass, Dauer und Erteilung von Sonderurlaub und Urlaub aus sonstigen Gründen und bestimmt dabei, ob und inwieweit die Bezüge während eines solchen Urlaubs belassen werden können.

§ 72 Urlaub von längerer Dauer ohne Dienstbezüge. (1) Beamtinnen und Beamten mit Dienstbezügen, die

1. ein Kind unter 18 Jahren oder
2. eine nach ärztlichem Gutachten pflegebedürftige Angehörige oder einen pflegebedürftigen Angehörigen

tatsächlich betreuen oder pflegen, ist auf Antrag Urlaub ohne Dienstbezüge zu gewähren, wenn zwingende dienstliche Belange nicht entgegenstehen.

(2) [1]Beamtinnen und Beamten mit Dienstbezügen kann aus anderen Gründen auf Antrag Urlaub ohne Dienstbezüge

1. bis zur Dauer von sechs Jahren oder
2. nach Vollendung des 55. Lebensjahres bis zum Beginn des Ruhestands

bewilligt werden, wenn dienstliche Belange nicht entgegenstehen. [2]Zur Ausübung einer Erwerbstätigkeit oder vergleichbaren Tätigkeit darf Urlaub nach Satz 1 nicht bewilligt werden.

(3) § 69 Abs. 9 Satz 1 Nr. 1 und Satz 5 und 6 gilt entsprechend.

(4) [1]Die Rückkehr aus dem Urlaub ist auf Antrag zuzulassen, wenn der Beamtin oder dem Beamten die Fortsetzung des Urlaubs nicht zugemutet werden kann und dienstliche Belange nicht entgegenstehen. [2]Die Bewilligung soll widerrufen werden, wenn die Gründe nach Absatz 1 weggefallen sind.

§ 73 Höchstdauer von unterhälftiger Teilzeitbeschäftigung und Urlaub. (1) [1]Teilzeitbeschäftigung mit weniger als der Hälfte der regelmäßigen Arbeitszeit nach § 69 Absatz 2 und Urlaub nach § 72 Absatz 1 und 2 dürfen insgesamt die Dauer von 15 Jahren nicht überschreiten. [2]Dabei bleiben eine unterhälftige Teilzeitbeschäftigung während einer Elternzeit nach § 76 Nummer 2 sowie ein Urlaub nach § 74 Absatz 4 Satz 2 unberücksichtigt. [3]Satz 1 findet bei Urlaub nach § 72 Absatz 2 Satz 1 Nr. 2 keine Anwendung, wenn es der Beamtin oder dem Beamten nicht mehr zuzumuten ist, zur Voll- oder Teilzeitbeschäftigung zurückzukehren.

(2) Der Bewilligungszeitraum kann bei Beamtinnen und Beamten im Schul- und Hochschuldienst bis zum Ende des laufenden Schuljahrs, Semesters oder Trimesters ausgedehnt werden.

§ 74 Pflegezeiten. (1) [1]Beamtinnen und Beamte dürfen ohne Genehmigung bis zu zehn Arbeitstage, davon neun Arbeitstage unter Belassung der Dienst- oder Anwärterbezüge, dem Dienst fernbleiben, wenn dies erforderlich ist, um für pflegebedürftige nahe Angehörige in einer akut aufgetretenen Pflegesituation eine bedarfsgerechte Pflege zu organisieren oder eine pflegerische Versorgung in dieser Zeit sicherzustellen. [2]Das Fernbleiben vom Dienst und dessen voraussichtliche Dauer sind unverzüglich anzuzeigen. [3]Die Voraussetzungen für das Fernbleiben sind auf Verlangen nachzuweisen.

(2) [1]Beamtinnen und Beamten, die

1. pflegebedürftige nahe Angehörige in häuslicher Umgebung pflegen oder
2. minderjährige pflegebedürftige nahe Angehörige in häuslicher oder außerhäuslicher Umgebung betreuen,

ist auf Verlangen Urlaub ohne Dienst- oder Anwärterbezüge oder auf Antrag Teilzeitbeschäftigung mit mindestens einem Viertel der regelmäßigen Arbeitszeit bis zur Dauer von sechs Monaten zu bewilligen; der Wechsel zwischen Pflege nach Nummer 1 und Betreuung nach Nummer 2 ist jederzeit möglich. [2]Der beantragten Verringerung und Verteilung der Arbeitszeit ist zu entsprechen, wenn dringende dienstliche Gründe nicht entgegenstehen.

(3) [1]Beamtinnen und Beamten mit Dienstbezügen ist für Pflege oder Betreuung nach Absatz 2 Satz 1 Nummer 1 und 2, auch im jederzeitigen Wechsel, auf Antrag Teilzeitbeschäftigung mit mindestens der Hälfte der regelmäßigen Arbeitszeit bis zur Dauer von 24 Monaten zu bewilligen. [2]Absatz 2 Satz 2 findet Anwendung.

(4) [1]Beamtinnen und Beamten ist zur Begleitung naher Angehöriger, wenn diese an einer Erkrankung leiden, die progredient verläuft und bereits ein weit

fortgeschrittenes Stadium erreicht hat, bei der eine Heilung ausgeschlossen und eine palliativ-medizinische Behandlung notwendig ist und die eine begrenzte Lebenserwartung von Wochen oder wenigen Monaten erwarten lässt, auf Verlangen Urlaub ohne Dienst- oder Anwärterbezüge oder auf Antrag Teilzeitbeschäftigung mit mindestens einem Viertel der regelmäßigen Arbeitszeit bis zur Dauer von drei Monaten zu bewilligen; Absatz 2 Satz 2 findet Anwendung. [2]Urlaub unter Belassung der Dienst- oder Anwärterbezüge soll Beamtinnen und Beamten auf Antrag zur Beaufsichtigung, Betreuung oder Pflege ihres Kindes bewilligt werden, das an einer Erkrankung nach Satz 1 leidet, wenn das Kind das zwölfte Lebensjahr noch nicht vollendet hat oder behindert und auf Hilfe angewiesen ist; der Urlaub kann nur von einem Elternteil beantragt werden.

(5) [1]Urlaub und Teilzeitbeschäftigung nach Absatz 2 bis 4 Satz 1 dürfen insgesamt die Dauer von 24 Monaten je naher Angehöriger oder nahem Angehörigen nicht überschreiten; auf Antrag ist ein Wechsel zwischen Urlaub oder Teilzeitbeschäftigung nach Absatz 2 und Teilzeitbeschäftigung nach Absatz 3 zuzulassen. [2]Urlaub und Teilzeitbeschäftigung nach Absatz 2 bis 4 Satz 1 unterbrechen einen Urlaub nach § 72 oder eine Teilzeitbeschäftigung nach § 69. [3]§ 69 Absatz 9 Satz 6 findet Anwendung.

(6) Die Absätze 1, 2, 4 und 5 gelten, soweit gesetzlich nichts anderes bestimmt ist, für Auszubildende in öffentlich-rechtlichen Ausbildungsverhältnissen entsprechend.

(7) Nahe Angehörige im Sinne dieser Vorschrift sind die nahen Angehörigen nach § 7 Absatz 3 des Pflegezeitgesetzes.

(8) Die Landesregierung regelt im Übrigen durch Rechtsverordnung die der Eigenart des öffentlichen Dienstes entsprechende Anwendung der Vorschriften über die Freistellungen nach dem Pflegezeitgesetz und dem Familienpflegezeitgesetz auf Beamtinnen und Beamte; dabei kann die Gewährung von beihilfegleichen Leistungen, von heilfürsorgegleichen Leistungen und die Erstattung von Beiträgen zur Krankenversicherung festgelegt werden.

4. Abschnitt

Fürsorge und Schutz

§ 75 Benachteiligungsverbot. (1) [1]Teilzeitbeschäftigung darf das berufliche Fortkommen nicht beeinträchtigen; eine unterschiedliche Behandlung von Beamtinnen und Beamten mit ermäßigter Arbeitszeit gegenüber Beamtinnen und Beamten mit regelmäßiger Arbeitszeit ist nur zulässig, wenn zwingende sachliche Gründe dies rechtfertigen. [2]Satz 1 gilt für Schwangerschaft, Mutterschutz, Elternzeit, Pflegezeit, Telearbeit und Urlaub von längerer Dauer entsprechend.

(2) [1]Beamtinnen und Beamten dürfen wegen ihrer oder der genetischen Eigenschaften (§ 3 Nr. 4 des Gendiagnostikgesetzes) einer genetisch verwandten

Person in ihrem Dienstverhältnis nicht benachteiligt werden. [2]Dies gilt auch, wenn sich Beamtinnen oder Beamte weigern, genetische Untersuchungen oder Analysen bei sich vornehmen zu lassen oder die Ergebnisse bereits vorgenommener genetischer Untersuchungen oder Analysen zu offenbaren. [3]Die §§ 15 und 22 des Allgemeinen Gleichbehandlungsgesetzes gelten entsprechend.

§ 76 Mutterschutz, Elternzeit. Die Landesregierung regelt durch Rechtsverordnung die der Eigenart des öffentlichen Dienstes entsprechende Anwendung

1. der Vorschriften des Mutterschutzgesetzes auf Beamtinnen,
2. der Vorschriften des Bundeselterngeld- und Elternzeitgesetzes über die Elternzeit auf Beamtinnen und Beamte; dabei kann die Gewährung von beihilfegleichen Leistungen, von heilfürsorgegleichen Leistungen und die Erstattung von Beiträgen zur Krankenversicherung festgelegt werden.

§ 77 Arbeitsschutz. (1) Für Beamtinnen und Beamte gelten die aufgrund von § 18 des Arbeitsschutzgesetzes erlassenen Rechtsverordnungen entsprechend.

(2) [1]Die Ministerien können im Rahmen ihrer Geschäftsbereiche im Einvernehmen mit dem Wirtschaftsministerium durch Rechtsverordnung bestimmen, dass für bestimmte Tätigkeiten im öffentlichen Dienst Vorschriften des Arbeitsschutzgesetzes oder der aufgrund von § 18 des Arbeitsschutzgesetzes erlassenen Rechtsverordnungen ganz oder zum Teil nicht anzuwenden sind, soweit öffentliche Belange dies zwingend erfordern, insbesondere zur Aufrechterhaltung oder Wiederherstellung der öffentlichen Sicherheit. [2]In den Rechtsverordnungen ist gleichzeitig festzulegen, wie die Sicherheit und der Gesundheitsschutz bei der Arbeit unter Berücksichtigung der Ziele des Arbeitsschutzgesetzes auf andere Weise gewährleistet werden.

(3) Die Landesregierung regelt durch Rechtsverordnung die der Eigenart des öffentlichen Dienstes entsprechende Anwendung der Vorschriften des Jugendarbeitsschutzgesetzes auf Beamtinnen und Beamte, die das 18. Lebensjahr noch nicht vollendet haben.

§ 78 Beihilfe. (1) Den Beamtinnen und Beamten, Ruhestandsbeamtinnen und Ruhestandsbeamten, früheren Beamtinnen und Beamten, Witwen, Witwern, hinterbliebenen Lebenspartnerinnen und Lebenspartnern nach dem Lebenspartnerschaftsgesetz und Waisen wird zu Aufwendungen in Geburts-, Krankheits-, Pflege- und Todesfällen sowie zur Gesundheitsvorsorge Beihilfe gewährt, solange ihnen laufende Besoldungs- oder Versorgungsbezüge zustehen.

(2) [1]Das Nähere regelt das Finanzministerium im Einvernehmen mit dem Innenministerium durch Rechtsverordnung. [2]Dabei ist insbesondere zu bestimmen,

1. welche Personen beihilfeberechtigt und welche Personen berücksichtigungsfähig sind;
2. welche Aufwendungen beihilfefähig sind; kleinere gesetzliche Kostenanteile sowie Kosten des Besuchs vorschulischer oder schulischer Einrichtungen und von berufsfördernden Maßnahmen dürfen nicht einbezogen werden;

3. unter welchen Voraussetzungen Beihilfe zu gewähren ist oder gewährt werden kann sowie das Verfahren; dabei sind Beihilfen zu Wahlleistungen in Krankenhäusern gegen Einbehalt eines monatlichen Betrags von 22 Euro von den Bezügen vorzusehen;
4. wie die Beihilfe nach Maßgabe der Sätze 3 bis 6 zu bemessen ist,
5. wie übergangsweise die Gemeinden und Gemeindeverbände sowie die sonstigen der Aufsicht des Landes unterstehenden Körperschaften, Anstalten und Stiftungen des öffentlichen Rechts die zu leistende Beihilfe über eine Versicherung gewähren können.

[3]Die Beihilfe soll grundsätzlich zusammen mit Leistungen Dritter und anderen Ansprüchen die tatsächlich entstandenen Aufwendungen nicht übersteigen; sie soll die notwendigen und angemessenen Aufwendungen unter Berücksichtigung der Eigenvorsorge und zumutbarer Selbstbehalte decken. [4]In der Regel umfasst die zumutbare Eigenvorsorge bei beihilfeberechtigten Personen, bei nach der Höhe ihrer Einkünfte wirtschaftlich nicht unabhängigen Ehegatten, Lebenspartnerinnen und Lebenspartnern nach dem Lebenspartnerschaftsgesetz sowie bei Versorgungsempfängerinnen und Versorgungsempfängern 50 Prozent und bei den Kindern 20 Prozent dieser Aufwendungen, im Falle der freiwilligen Versicherung in der gesetzlichen Krankenversicherung die Leistungen im Umfang nach dem Fünften Buch Sozialgesetzbuch, soweit nicht pauschale Beihilfen vorgesehen werden. [5]Satz 4 findet in der bis 31. Dezember 2012 gültigen Fassung weiterhin Anwendung für am 31. Dezember 2012 vorhandene beihilfeberechtigte Personen im Sinne des § 2 Absatz 1, 3 und 4 der Beihilfeverordnung in der am 31. Dezember 2012 gültigen Fassung. [6]Gleiches gilt für nach dem 31. Dezember 2012 in den Geltungsbereich der Beihilfeverordnung wechselnde Personen, die am 31. Dezember 2012 im Geltungsbereich eines anderen Dienstherrn beihilfeberechtigt waren sowie für nach § 9 bis 9 j der Beihilfeverordnung beihilfefähige Aufwendungen, soweit sich die Beihilfe nicht nach § 14 Absatz 5 Satz 1 der Beihilfeverordnung bemisst. [7]Satz 5 gilt auch für hinterbliebene Ehegatten, Lebenspartnerinnen und Lebenspartner nach dem Lebenspartnerschaftsgesetz von beihilfeberechtigten Personen nach Satz 5 oder Satz 6 im Rahmen einer Beihilfeberechtigung nach § 2 Absatz 1 Nummer 3 der Beihilfeverordnung.

(3) [1]Die Beihilfestellen können zur Beurteilung der Notwendigkeit weiterer Ermittlungen und Prüfungen für die gesetzmäßige Festsetzung von Beihilfen bei der Bearbeitung von Anträgen automationsgestützte Systeme einsetzen. [2]Dabei soll auch der Grundsatz der Wirtschaftlichkeit der Verwaltung berücksichtigt werden. [3]Der Einsatz automationsgestützter Systeme soll zielgerichtet auf bestimmte Sachverhalte hin erfolgen. [4]Dabei muss gewährleistet sein, dass Fälle zufällig oder gezielt zur manuellen Prüfung durch Prüfungsinstanzen ausgewählt werden können. [5]Außerdem muss gewährleistet sein, dass einzelne Fälle gezielt für eine Prüfung durch Amtsträger ausgewählt werden können. [6]Die Einzelheiten zum Einsatz automationsgestützter Systeme legt das Finanzministerium fest; diese dürfen nicht veröffentlicht werden, soweit dies die

Gleichmäßigkeit und Gesetzmäßigkeit der Festsetzung von Beihilfen gefährden könnte.

§ 79 Heilfürsorge. (1) Die Beamtinnen und Beamten des Polizeivollzugsdienstes, auch wenn sie in Planstellen des Landesamts für Verfassungsschutz eingewiesen sind, des Einsatzdienstes der Feuerwehr und des technischen Dienstes der Landesfeuerwehrschule erhalten Heilfürsorge, solange sie Anspruch auf laufende Dienst- oder Anwärterbezüge haben und nicht Anspruch auf vergleichbare Leistungen eines anderen Dienstherrn oder eines Dritten oder auf truppenärztliche Versorgung besteht.

(2) [1]Die Leistungen der Heilfürsorge sind grundsätzlich als Sach- und Dienstleistungen in dem aus gesundheitlichen Gründen notwendigen angemessenen Umfang in der Regel unter Beachtung der Wirtschaftlichkeitsgrundsätze zu gewähren, die in der gesetzlichen Krankenversicherung nach dem Fünften Buch Sozialgesetzbuch für die Behandlungs- und Verordnungsweise gelten. [2]Heilmaßnahmen, die aufgrund des Bundesversorgungsgesetzes zustehen oder für die ein Träger der gesetzlichen Unfallversicherung leistungspflichtig ist, und Behandlungen zu ausschließlich kosmetischen Zwecken sind von Leistungen der Heilfürsorge ausgenommen. [3]Besteht ein Anspruch auf Dienstunfallfürsorge, gelten für das Heilverfahren die Heilfürsorgevorschriften. [4]Weitergehende Leistungen nach den Vorschriften über die Dienstunfallfürsorge werden als Heilfürsorgeleistungen mit gewährt.

(3) [1]Die Heilfürsorge kann ganz oder teilweise versagt werden, wenn eine die Behandlung betreffende Anordnung ohne gesetzlichen oder sonstigen wichtigen Grund nicht befolgt und dadurch der Behandlungserfolg beeinträchtigt wird. [2]Die Leistungen der Heilfürsorge dürfen zusammen mit anderen aus demselben Anlass zustehenden Leistungen, insbesondere aus Krankheitskostenversicherungen, die Gesamtaufwendungen nicht übersteigen. [3]Leistungen aus Krankentagegeld- und Krankenhaustagegeldversicherungen bleiben unberücksichtigt.

(4) Beamtinnen und Beamten des Einsatzdienstes der Feuerwehr kann anstelle der Heilfürsorge zu den Aufwendungen in Krankheitsfällen Beihilfe nach den beihilferechtlichen Vorschriften des Landes und ein Zuschuss zu den Beiträgen an eine Krankheitskostenversicherung gewährt werden; daneben können zur Erhaltung der Gesundheit Vorsorgekuren nach den Heilfürsorgevorschriften bewilligt werden.

(5) Die Kosten der Heilfürsorge oder der Leistungen nach Absatz 4 trägt der Dienstherr.

(6) [1]Die näheren Einzelheiten der Heilfürsorge regelt das Innenministerium im Einvernehmen mit dem Finanzministerium durch Rechtsverordnung. [2]Dabei sind insbesondere zu bestimmen: Art und Umfang der ambulanten ärztlichen und zahnärztlichen Behandlung, der Krankenhausbehandlung, der Krankenpflege, der Familien- und Haushaltshilfe, der Versorgung mit Arznei-, Verband- und Heilmitteln sowie Hilfsmitteln und Körperersatzstücken, Leistun-

gen zur medizinischen Rehabilitation, vorbeugenden ärztlichen Maßnahmen, Fahr- und Transportkosten und der Leistungen für Kosten, die außerhalb des Landes angefallen sind. [3]Hierbei können in der gesetzlichen Krankenversicherung nach dem Fünften Buch Sozialgesetzbuch bestehende gesetzliche Leistungsausschlüsse oder -begrenzungen, die Richtlinien des Gemeinsamen Bundesausschusses nach § 92 Abs. 1 des Fünften Buches Sozialgesetzbuch und bei Wahlleistungen im Krankenhaus die Regelungen der beihilferechtlichen Vorschriften des Landes einschließlich des Einbehalts nach § 78 Abs. 2 Satz 2 Nr. 3 für entsprechend anwendbar erklärt sowie insbesondere beim Zahnersatz, bei Arznei- und Verbandmitteln, bei Hilfsmitteln und bei Sehhilfen Fest- und Höchstbeträge festgesetzt werden. [4]Ferner sind die Genehmigungspflichten, das Verfahren und die Zuständigkeiten zu bestimmen. [5]Hierbei können in der gesetzlichen Krankenversicherung nach dem Fünften Buch Sozialgesetzbuch bestehende gesetzliche Regelungen über die Krankenversicherungskarte und die elektronische Gesundheitskarte für entsprechend anwendbar erklärt werden.

(7) [1]Beamtinnen und Beamten des Polizeivollzugsdienstes, auch wenn sie in Planstellen des Landesamts für Verfassungsschutz eingewiesen sind, die am Tag des Inkrafttretens dieses Gesetzes anstelle der Heilfürsorge einen Zuschuss zu den Beiträgen an eine Krankheitskostenversicherung erhalten, wird dieser Zuschuss weitergewährt, solange ihnen Dienstbezüge zustehen. [2]In der Rechtsverordnung nach Absatz 6 kann bestimmt werden, dass diesen Beamtinnen und Beamten neben dem Zuschuss auch Schutzimpfungen und polizeiärztliche Betreuung gewährt sowie Vorsorgekuren bewilligt werden können.

§ 80a Erfüllungsübernahme von Schmerzensgeldansprüchen gegen Dritte. (1) Hat eine Beamtin oder ein Beamter wegen eines tätlichen rechtswidrigen Angriffs, den sie oder er in Ausübung des Dienstes oder außerhalb des Dienstes wegen der Eigenschaft als Beamtin oder Beamter erleidet, einen Vollstreckungstitel über einen Anspruch auf Schmerzensgeld gegen einen Dritten erlangt, kann der Dienstherr auf Antrag die Erfüllung des titulierten Anspruchs bis zur Höhe des festgestellten Schmerzensgeldbetrags übernehmen.

(2) Der Dienstherr kann die Erfüllungsübernahme verweigern, wenn aufgrund desselben Sachverhalts eine einmalige Unfallentschädigung nach § 59 LBeamtVGBW oder ein Unfallausgleich nach § 50 LBeamtVGBW gezahlt wird.

(3) [1]Die Erfüllung durch den Dienstherrn erfolgt Zug um Zug gegen Vorlage einer öffentlich beglaubigten Abtretungserklärung über den titulierten Anspruch in der Höhe, in der die Erfüllung vom Dienstherrn übernommen wird. [2]Der Übergang des Anspruchs kann nicht zum Nachteil der oder des Geschädigten geltend gemacht werden.

(4) [1]Der Antrag kann innerhalb einer Ausschlussfrist von zwei Jahren nach Eintritt der Rechtskraft oder der Unwiderruflichkeit des Vollstreckungstitels nach Absatz 1 Satz 1 schriftlich oder elektronisch gestellt werden. [2]Die Ent-

scheidung über die Erfüllungsübernahme und die Durchsetzung des übergegangenen Anspruchs obliegen der nach § 62 Absatz 3 Satz 2 LBeamtVGBW zuständigen Behörde. [3]Für Versorgungsberechtigte des Landes ist die für die Zahlung der Versorgungsbezüge bestimmte Behörde zuständig.

§ 80 Ersatz von Sachschaden. (1) [1]Sind durch plötzliche äußere Einwirkung in Ausübung oder infolge des Dienstes Kleidungsstücke oder sonstige Gegenstände, die Beamtinnen oder Beamte mit sich geführt haben, beschädigt oder zerstört worden oder abhanden gekommen, ohne dass ein Körperschaden entstanden ist, kann den Beamtinnen und Beamten dafür Ersatz geleistet werden. [2]§ 45 Abs. 1 Satz 2 und Abs. 2 Satz 1 und 2 LBeamtVGBW gilt entsprechend.

(2) [1]Ersatz kann auch geleistet werden, wenn ein während einer Dienstreise oder eines Dienstganges abgestelltes, aus triftigem Grund benutztes Kraftfahrzeug im Sinne des § 6 Abs. 1 oder Abs. 2 Satz 1 des Landesreisekostengesetzes durch plötzliche äußere Einwirkung beschädigt oder zerstört worden oder abhanden gekommen ist und sich der Grund zum Verlassen des Kraftfahrzeuges aus der Ausübung des Dienstes ergeben hat. [2]Satz 1 gilt entsprechend, wenn das Kraftfahrzeug für den Weg nach und von der Dienststelle benutzt wurde und dessen Benutzung wegen der Durchführung einer Dienstreise oder eines Dienstganges mit diesem Kraftfahrzeug am selben Tag erforderlich gewesen ist.

(3) [1]Ersatz wird nur geleistet, soweit Ersatzansprüche gegen Dritte nicht bestehen oder nicht verwirklicht werden können. [2]Ersatz wird nicht geleistet, wenn die Beamtin oder der Beamte

1. den Schaden vorsätzlich herbeigeführt hat oder
2. das Schadensereignis nicht innerhalb einer Ausschlussfrist von drei Monaten, im Fall des Absatzes 2 von einem Monat nach seinem Eintritt beim Dienstvorgesetzten oder bei der für die Festsetzung der Ersatzleistung zuständigen Stelle gemeldet hat.

(4) Die zur Durchführung erforderliche Verwaltungsvorschrift erlässt das Finanzministerium.

§ 81 Übergang des Schadenersatzanspruchs. (1) [1]Werden Beamtinnen und Beamte oder Versorgungsberechtigte oder eine oder einer ihrer Angehörigen körperlich verletzt oder getötet, so geht ein gesetzlicher Schadenersatzanspruch, der diesen Personen infolge der Körperverletzung oder der Tötung gegen einen Dritten zusteht, insoweit auf den Dienstherrn über, als dieser während einer auf der Körperverletzung beruhenden Aufhebung der Dienstfähigkeit oder infolge der Körperverletzung oder der Tötung zur Gewährung von Leistungen verpflichtet ist. [2]Satz 1 gilt sinngemäß auch für gesetzliche Schadenersatzansprüche wegen der Beschädigung, Zerstörung oder Wegnahme von Heilmitteln, Hilfsmitteln oder Körperersatzstücken sowie für Erstattungsansprüche. [3]Ist eine Versorgungskasse zur Gewährung der Versorgung oder einer anderen Leistung verpflichtet, so geht der Anspruch auf sie über. [4]Der Übergang des Anspruchs kann nicht zum Nachteil der Verletzten oder Hinterbliebenen geltend gemacht werden.

(2) Absatz 1 gilt für die Anspruchinhaberinnen und Anspruchinhaber auf Altersgeld nach dem Landesbeamtenversorgungsgesetz Baden-Württemberg und deren Hinterbliebene entsprechend.

§ 82 Dienstjubiläum. (1) [1]Beamtinnen und Beamten ist anlässlich des 25-, 40- und 50-jährigen Dienstjubiläums eine Jubiläumsgabe zu zahlen. [2]Die Jubiläumsgabe beträgt bei einer Dienstzeit
1. von 25 Jahren 300 Euro,
2. von 40 Jahren 400 Euro,
3. von 50 Jahren 500 Euro.

(2) [1]Als Dienstzeit im Sinne des Absatzes 1 gelten die Zeiten
1. einer hauptberuflichen Tätigkeit im Dienst eines öffentlich-rechtlichen Dienstherrn im Sinne von § 33 Abs. 1 LBesGBW,
2. eines nicht berufsmäßigen Wehrdienstes, eines dem nicht berufsmäßigen Wehrdienst gleichstehenden Grenzschutz- oder Zivildienstes sowie einer Tätigkeit als Entwicklungshelfer, soweit diese vom Wehr- oder Zivildienst befreit,
3. einer Kinderbetreuung bis zu drei Jahren für jedes Kind, soweit sie nach Aufnahme einer hauptberuflichen Tätigkeit im Dienst eines öffentlich-rechtlichen Dienstherrn im Sinne von § 33 Abs. 1 LBesGBW verbracht worden sind.

[2]Zeiten nach § 34 LBesGBW gelten nicht als Dienstzeit im Sinne von Satz 1.

(3) Für die am 17. Oktober 1996 vorhandenen Beamtinnen und Beamten bleibt die nach der Jubiläumsgabenverordnung vom 16. Januar 1995 (GBl. S. 57) oder entsprechenden früheren Regelungen zuletzt festgesetzte Jubiläumsdienstzeit weiterhin unverändert maßgebend; nach dem 31. Dezember 2000 werden nur noch Zeiten im Sinne von Absatz 2 oder entsprechenden früheren Regelungen berücksichtigt.

(4) Treten Beamtinnen und Beamte wegen Erreichens der Altersgrenze oder wegen Dienstunfähigkeit in den Ruhestand, gilt die für ein Jubiläum erforderliche Dienstzeit auch dann als erfüllt, wenn sie um höchstens 182 Tage unterschritten wird.

(5) Das Nähere regelt die Landesregierung durch Rechtsverordnung.

5. Abschnitt

Personalaktendaten

§ 83 Verarbeitung. (1) [1]Der Dienstherr darf Personalaktendaten verarbeiten, soweit dies zur Begründung, Durchführung, Beendigung oder Abwicklung des Dienstverhältnisses oder zur Durchführung innerdienstlich planerischer, organisatorischer, personeller, sozialer oder haushalts- und kostenrechnerischer Maßnahmen, insbesondere auch zu Zwecken der Personalplanung oder des Personaleinsatzes erforderlich ist oder eine Rechtsvorschrift oder Dienstvereinbarung dies erlaubt. [2]Die Vorschriften des Landesdatenschutzgesetzes (LDSG) zur Verarbeitung besonderer Kategorien personenbezogener Daten sowie zur Sicherstellung des Datenschutzes (§ 3 LDSG) finden entsprechende Anwendung.

(2) [1]Personalaktendaten über Beihilfe dürfen für andere als für Beihilfezwecke nur verarbeitet werden, wenn die Voraussetzungen nach § 85 Absatz 2 oder 3 vorliegen. [2]Satz 1 gilt entsprechend für die Verarbeitung von Personalaktendaten über Heilfürsorge und Heilverfahren.

(3) [1]Über medizinische oder psychologische Untersuchungen und Tests dürfen im Rahmen der Personalverwaltung nur die Ergebnisse verarbeitet werden, soweit sie die Eignung betreffen und ihre Speicherung, Veränderung oder Verwendung dem Schutz der Beamtin oder des Beamten dient. [2]Sonstige Untersuchungsdaten dürfen nur verarbeitet werden, soweit deren Kenntnis zur Entscheidung für die konkrete Maßnahme, zu deren Zweck die Untersuchung durchgeführt worden ist, erforderlich ist.

(4) Absatz 1 gilt für die nach §§ 77 und 96 Landesbeamtenversorgungsgesetz Baden-Württemberg zuständigen Stellen entsprechend.

§ 84 Vollständig automatisierte Entscheidungen. Eine beamtenrechtliche Entscheidung darf nur dann auf einer ausschließlich automatisierten Verarbeitung von personenbezogenen Daten beruhen, wenn weder ein Ermessen noch ein Beurteilungsspielraum besteht.

§ 85 Übermittlung. (1) Soweit es zur Erfüllung der Aufgaben der personalverwaltenden Stellen oder der Stellen, an die die Daten übermittelt werden, erforderlich ist, ist die Übermittlung von Personalaktendaten zulässig an:

1. die oberste Dienstbehörde für Zwecke der Personalverwaltung oder der Personalwirtschaft,
2. eine im Rahmen der Dienstaufsicht weisungsbefugte Behörde zum Zwecke der Personalverwaltung oder der Personalwirtschaft,
3. Behörden oder Stellen desselben Geschäftsbereichs zur Vorbereitung oder Durchführung einer Personalentscheidung,
4. Behörden oder Stellen eines anderen Geschäftsbereichs desselben Dienstherrn zur Mitwirkung an einer Personalentscheidung,
5. einen anderen Dienstherrn zur Vorbereitung personeller Maßnahmen, die nicht der Zustimmung der Beamtin oder des Beamten bedürfen,
6. die personalverwaltende Stelle eines anderen Dienstherrn, auf die Aufgaben der Personalverwaltung übertragen worden sind,
7. Ärztinnen oder Ärzte zur Erstellung eines ärztlichen Gutachtens sowie Psychologinnen oder Psychologen zur Erstellung eines psychologischen Gutachtens im Auftrag der personalverwaltenden Stelle,
8. die zuständigen Behörden zur Entscheidung über die Verleihung von staatlichen Orden und Ehrenzeichen oder von sonstigen Ehrungen,
9. die zur Erteilung einer Versorgungsauskunft und zur Festsetzung der Versorgungsbezüge nach § 77 LBeamtVGBW und zur Erteilung einer Auskunft über die Höhe des Altersgeldes nach § 96 LBeamtVGBW zuständigen Stel-

len, soweit diese sich schriftlich verpflichten, die übermittelten Daten nicht an Dritte zu übermitteln und die Daten nur für den Zweck, zu dem sie übermittelt worden sind zu speichern, zu verändern oder zu verwenden,

10. sonstige Dritte zur Abwehr einer erheblichen Beeinträchtigung des Gemeinwohls oder zum Schutz rechtlicher, höherrangiger Interessen des Dritten, wobei die übermittelnde Stelle die betroffene Beamtin oder den Beamten über die Übermittlung, insbesondere über die übermittelten Daten, den Dritten und den Zweck der Übermittlung zu informieren hat,

10a. die zuständigen Behörden zur Erfüllung von Mitteilungspflichten im Rahmen der europäischen Verwaltungszusammenarbeit nach den §§ 8a bis 8e des Landesverwaltungsverfahrensgesetzes,

11. die bezügezahlende Stelle zur Erfüllung ihrer Aufgaben.

(2) [1]Personalaktendaten über Beihilfe dürfen für andere als Beihilfezwecke nur übermittelt werden, wenn

1. die beihilfeberechtigte Beamtin oder der beihilfeberechtigte Beamte und die bei der Beihilfegewährung berücksichtigten Angehörigen im Einzelfall einwilligen,
2. die Einleitung oder Durchführung eines im Zusammenhang mit einem Beihilfeantrag stehenden behördlichen oder gerichtlichen Verfahrens dies erfordert,
3. dies zur Abwehr erheblicher Nachteile für das Gemeinwohl, einer sonst unmittelbar drohenden Gefahr für die öffentliche Sicherheit oder einer schwerwiegenden Beeinträchtigung der Rechte einer anderen Person erforderlich ist.

[2]Satz 1 gilt entsprechend für die Übermittlung von Personalaktendaten über Heilfürsorge und Heilverfahren.

(3) [1]Personalaktendaten über Beihilfe dürfen auch ohne Einwilligung der betroffenen Personen an eine andere Behörde oder Stelle übermittelt werden, wenn sie für die Festsetzung und Berechnung der Besoldung oder Versorgung oder für die Prüfung der Kindergeldberechtigung erforderlich sind. [2]Dies gilt auch für Personalaktendaten über Besoldung und Versorgung, soweit sie für die Festsetzung und Berechnung der Beihilfe oder der Heilfürsorge erforderlich sind.

(4) Die Bezügestellen des öffentlichen Dienstes im Sinne von § 41 Abs. 5 LBesGBW dürfen die zur Durchführung der Zahlung von Familienzuschlag erforderlichen Personalaktendaten untereinander austauschen.

(5) Das Nähere regeln die Rechtsverordnungen nach § 78 Abs. 2 und § 79 Abs. 6.

§ 85a Verarbeitung von Personalaktendaten im Auftrag. (1) Die Verarbeitung von Personalaktendaten im Auftrag des Verantwortlichen gemäß Artikel 28 der Verordnung (EU) 2016/679 des Europäischen Parlaments und des Rates vom 27. April 2016 zum Schutz natürlicher Personen bei der Verarbeitung personenbezogener Daten, zum freien Datenverkehr und zur Aufhebung der Richtlinie 95/46/EG (Datenschutz-Grundverordnung) (ABl. L 119 vom 4. Mai 2016, S. 1, ber. ABl. L 314 vom 22. November 2016, S. 72) ist zulässig,

1. soweit sie erforderlich ist
   a) für die überwiegend automatisierte Erledigung von Aufgaben oder
   b) zur Verrichtung technischer Hilfstätigkeiten durch überwiegend automatisierte Einrichtungen, und
2. wenn der Verantwortliche die Einhaltung der beamten- und datenschutzrechtlichen Vorschriften durch den Auftragsverarbeiter regelmäßig kontrolliert.

(2) [1]Die Auftragserteilung einschließlich der Unterauftragserteilung bedarf der vorherigen Zustimmung der obersten Dienstbehörde. [2]Zu diesem Zweck hat der Verantwortliche der obersten Dienstbehörde rechtzeitig vor der Auftragserteilung mitzuteilen:

1. den Auftragsverarbeiter, die von diesem getroffenen technischen und organisatorischen Maßnahmen und die ergänzenden Festlegungen nach Artikel 28 der Verordnung (EU) 2016/679,
2. die Aufgabe, zu deren Erfüllung der Auftragsverarbeiter die Daten verarbeiten soll,
3. die Art der Daten, die für den Verantwortlichen verarbeitet werden sollen, und den Kreis der Beschäftigten, auf den sich diese Daten beziehen, sowie
4. die beabsichtigte Erteilung von Unteraufträgen durch den Auftragsverarbeiter.

(3) Eine nichtöffentliche Stelle darf nur beauftragt werden, wenn

1. beim Verantwortlichen sonst Störungen im Geschäftsablauf auftreten können oder der Auftragsverarbeiter die übertragenen Aufgaben erheblich wirtschaftlicher erledigen kann und
2. die beim Auftragsverarbeiter mit der Datenverarbeitung beauftragten Beschäftigten besonders auf den Schutz der Personalaktendaten verpflichtet sind.

§ 86 Löschung. (1) [1]Personalaktendaten sind zu löschen, wenn sie für die speichernde Stelle zur Erfüllung ihrer Aufgaben nicht mehr erforderlich sind, spätestens jedoch nach Ablauf einer Aufbewahrungsfrist von fünf Jahren. [2]Die Frist beginnt,

1. wenn Beamtinnen oder Beamte ohne Versorgungsansprüche oder ohne Anspruch auf Altersgeld aus dem öffentlichen Dienst ausscheiden, mit Ablauf des Jahres, in dem sie die gesetzliche Altersgrenze erreichen, in den Fällen des § 24 BeamtStG und des § 31 des Landesdisziplinargesetzes jedoch erst, wenn mögliche Versorgungsempfängerinnen und Versorgungsempfänger oder mögliche Anspruchsberechtigte auf Altersgeld nicht mehr vorhanden sind,
2. wenn die Beamtin oder der Beamte ohne versorgungsberechtigte Hinterbliebene oder die ehemalige Beamtin oder der ehemalige Beamte ohne Hinterbliebenengeldberechtigte verstorben ist, mit Ablauf des Todesjahres,

3. wenn nach dem Tod der Beamtin oder des Beamten versorgungsberechtigte Hinterbliebene vorhanden sind, mit dem Ablauf des Jahres, in dem die letzte Versorgungsverpflichtung entfallen ist,
4. wenn nach dem Tod der ehemaligen Beamtin oder des ehemaligen Beamten Hinterbliebenengeldberechtigte vorhanden sind, mit Ablauf des Jahres, in dem die letzte Hinterbliebenengeldverpflichtung entfallen ist.

[3]Die für die Versorgung zuständige Behörde hat in den Fällen der Nummern 2 bis 4 der personalaktenführenden Stelle den Zeitpunkt des Abschlusses der Personalakten mitzuteilen.

(2) [1]Personalaktendaten über Beschwerden, Behauptungen und Bewertungen, auf welche die Tilgungsvorschriften des Disziplinarrechts keine Anwendung finden, sind,

1. falls sie sich als unbegründet oder falsch erwiesen haben, mit Zustimmung der Beamtin oder des Beamten unverzüglich zu löschen,
2. falls sie für die Beamtin oder den Beamten ungünstig sind oder der Beamtin oder dem Beamten nachteilig werden können, nach zwei Jahren zu löschen; dies gilt nicht für dienstliche Beurteilungen.

[2]Die Frist nach Satz 1 Nr. 2 wird durch erneute Sachverhalte im Sinne dieser Vorschrift oder durch die Einleitung eines Straf- oder Disziplinarverfahrens unterbrochen. [3]Stellt sich der erneute Sachverhalt als unbegründet oder falsch heraus, gilt die Frist als nicht unterbrochen. [4]Sachverhalte nach Satz 1 Nr. 2 dürfen nach Fristablauf bei Personalmaßnahmen nicht mehr berücksichtigt werden.

(3) [1]Personalaktendaten der Beamtin oder des Beamten über Vorgänge und Eintragungen über strafgerichtliche Verurteilungen und über andere Entscheidungen in Straf-, Bußgeld-, sonstigen Ermittlungs- und berufsgerichtlichen Verfahren, die keinen Anlass zu disziplinarrechtlichen Ermittlungen gegeben haben, sind mit Zustimmung der Beamtin oder des Beamten nach zwei Jahren zu löschen. [2]Die Frist beginnt mit dem Tage der das Verfahren abschließenden Entscheidung; ist diese anfechtbar, beginnt die Frist mit dem Tage, an dem die Entscheidung unanfechtbar geworden ist. [3]Absatz 2 Satz 2 bis 4 gilt entsprechend.

(4) Nach § 88 Abs. 1 Satz 4 mehrfach gespeicherte Personalaktendaten sind innerhalb eines Jahres nach Wegfall des Grundes für die mehrfache Speicherung zu löschen.

(5) [1]Personalaktendaten über Beihilfen, Heilfürsorge, Heilverfahren, Unterstützungen, Urlaub, Erkrankungen, Umzugs- und Reisekosten sind drei Jahre nach Ablauf des Jahres zu löschen, in dem die Bearbeitung des einzelnen Vorgangs abgeschlossen wurde. [2]Daten, die dem Nachweis eines Anspruchs nach Satz 1 dienen, sind unverzüglich zu löschen, sobald sie zur Aufgabenwahrnehmung nicht mehr benötigt werden.

(6) [1]Personalaktendaten über Versorgung, Alters- und Hinterbliebenengeld sind zehn Jahre nach Ablauf des Jahres zu löschen, in dem die letzte Versor-

gungs-, Alters- oder Hinterbliebenengeldzahlung geleistet worden ist. [2]Besteht die Möglichkeit des Wiederauflebens des Anspruchs, beträgt die Speicherdauer 30 Jahre.

(7) Personalaktendaten dürfen nach ihrer Löschung bei Personalmaßnahmen nicht mehr berücksichtigt werden (Verwertungsverbot).

§ 87 Auskunft, Anhörung. (1) Beamtinnen und Beamte können während und nach Beendigung des Beamtenverhältnisses Auskunft über alle über sie gespeicherten Personalaktendaten auch in Form der Einsichtnahme verlangen.

(2) [1]Bevollmächtigten der Beamtin oder des Beamten ist Auskunft zu erteilen, soweit dienstliche Gründe nicht entgegenstehen. [2]Dies gilt auch für Hinterbliebene und deren Bevollmächtigte, wenn ein berechtigtes Interesse glaubhaft gemacht wird. [3]Absatz 1 gilt entsprechend.

(3) [1]Wird die Auskunft in Form der Einsichtnahme verlangt, bestimmt die personalverwaltende Stelle, wo die Einsicht gewährt wird. [2]Auf Verlangen werden Abschriften, Kopien oder Ausdrucke, auch auszugsweise, gefertigt und überlassen.

(4) [1]Die Einsichtnahme ist unzulässig, wenn die Daten der betroffenen Beamtin oder des betroffenen Beamten mit Daten Dritter oder geheimhaltungsbedürftigen nicht personenbezogenen Daten derart verbunden sind, dass ihre Trennung nicht oder nur mit unverhältnismäßig großem Aufwand möglich ist. [2]In diesem Fall ist der Beamtin oder dem Beamten Auskunft zu erteilen.

(5) [1]Ist beabsichtigt, Beschwerden, Behauptungen und Bewertungen, die für die Beamtinnen und Beamten ungünstig sind oder ihnen nachteilig werden können, als Personalaktendaten zu speichern, sind sie hierüber zu informieren und es ist ihnen Gelegenheit zur Stellungnahme, insbesondere auch hinsichtlich einer notwendigen Berichtigung oder Vervollständigung, zu geben. [2]Soweit eine Speicherung erfolgt, ist hierzu die Äußerung der Beamtin oder des Beamten ebenfalls zu den Personalaktendaten zu speichern.

§ 88 Gliederung von Personalaktendaten, Zugriff auf Personalaktendaten. (1) [1]Personalaktendaten können nach sachlichen Gesichtspunkten in einen Grunddatenbestand und Teildatenbestände gegliedert werden. [2]Teildatenbestände können bei der für den betreffenden Aufgabenbereich zuständigen Behörde geführt werden. [3]Personalaktendaten über Beihilfe, Heilfürsorge und Heilverfahren sowie Disziplinarverfahren sind stets als Teildatenbestände zu führen; Personalaktendaten über Beihilfe, Heilfürsorge und Heilverfahren sollen von einer von der übrigen Personalverwaltung getrennten Organisationseinheit bearbeitet werden. [4]Sind Beschäftigungsstellen nicht zugleich personalverwaltende Stellen oder sind mehrere personalverwaltende Stellen zuständig, dürfen sie Nebendatenbestände über Personalaktendaten des Grunddatenbestands oder der Teildatenbestände führen sowie lesend auf die Hauptdatenbestände zugreifen, soweit deren Kenntnis zur Aufgabenerledigung der betreffenden Stelle erforderlich ist. [5]In den Grunddatenbestand ist ein vollständiges Verzeichnis aller Teil- und Nebendatenbestände aufzunehmen. [6]Werden die Personalaktendaten nicht vollständig in Schriftform oder vollständig automatisiert geführt, legt die personalverwaltende Stelle jeweils schriftlich fest, welche Teile in welcher Form geführt werden und nimmt dies in das Verzeichnis nach Satz 5 auf.

(2) Die oberste Dienstbehörde bestimmt, bei welcher Stelle welche Datenbestände zu führen sind.

(3) Zugriff auf Personalaktendaten dürfen nur Beschäftigte haben, die mit der Bearbeitung von Personalangelegenheiten beauftragt sind und nur soweit dies zu Zwecken der Personalverwaltung oder Personalwirtschaft erforderlich ist.

(4) [1]Der Zugriff auf Personalaktendaten, an deren vertraulichen Behandlung die Beamtin oder der Beamte, auch nach Beendigung des Beamtenverhältnisses, ein besonderes Interesse hat, insbesondere Daten über ärztliche Untersuchungen oder aus strafrechtlichen Verfahren, darf nur insoweit erfolgen, als diese Daten für eine konkrete beamtenrechtliche Entscheidung erforderlich sind. [2]Der Name der Person, die diese Daten speichert, verändert oder nutzt, der Zeitpunkt des Zugriffs und der Grund der Speicherung, Veränderung oder Nutzung sind gesondert zu dokumentieren.

SIEBTER TEIL

Beteiligung der Gewerkschaften und Berufsverbände sowie der kommunalen Landesverbände

§ 89 Beteiligung der Gewerkschaften und Berufsverbände. (1) Die obersten Landesbehörden und die Spitzenorganisationen der zuständigen Gewerkschaften und Berufsverbände im Land wirken bei der Vorbereitung allgemeiner Regelungen der beamtenrechtlichen Verhältnisse nach Maßgabe der folgenden Absätze vertrauensvoll zusammen.

(2) [1]Bei der Vorbereitung von Regelungen der beamtenrechtlichen Verhältnisse durch Gesetz oder Rechtsverordnung ist den Spitzenorganisationen der beteiligten Gewerkschaften und Berufsverbände im Land innerhalb einer angemessenen Frist Gelegenheit zur Stellungnahme zu geben. [2]Sie sind erneut mit einer angemessenen Frist zu beteiligen, wenn Entwürfe nach der Beteiligung wesentlich verändert oder auf weitere Gegenstände erstreckt worden sind. [3]Schriftliche Stellungnahmen sind auf Verlangen der Spitzenorganisationen der beteiligten Gewerkschaften und Berufsverbände im Land zu erörtern. [4]Auf deren Verlangen sind nicht berücksichtigte Vorschläge bei Gesetzentwürfen dem Landtag und bei Verordnungsentwürfen dem Ministerrat bekannt zu geben.

(3) Absatz 2 gilt bei der Vorbereitung von Verwaltungsvorschriften der Landesregierung entsprechend, wenn die Verwaltungsvorschrift Fragen von grundsätzlicher Bedeutung regelt.

(4) [1]Das Innenministerium und das Finanzministerium kommen mit den Spitzenorganisationen der Gewerkschaften und Berufsverbände im Land regelmäßig zu Gesprächen über allgemeine Regelungen beamtenrechtlicher Verhältnisse und grundsätzliche Fragen des Beamtenrechts zusammen (Grundsatzgespräche). [2]Gegenstand der Grundsatzgespräche können auch einschlägige aktuelle Tagesfragen oder vorläufige Hinweise auf Gegenstände späterer konkreter Beteiligungsgespräche sein.

§ 90 Beteiligung der kommunalen Landesverbände. Die kommunalen Landesverbände sind in den Fällen des § 89 Abs. 1 bis 3 entsprechend zu beteiligen, wenn Fragen geregelt werden, welche die Gemeinden und Gemeindeverbände berühren.

ACHTER TEIL
Besondere Beamtengruppen

§ 91 Ehrenbeamtinnen und Ehrenbeamte. (1) Für Ehrenbeamtinnen und Ehrenbeamte gelten die Vorschriften dieses Gesetzes und des Beamtenstatusgesetzes mit den sich aus der Natur des Ehrenbeamtenverhältnisses ergebenden Maßgaben:

1. Keine Anwendung finden insbesondere § 9 Abs. 3, § 11 Abs. 1, §§ 14 bis 24, §§ 36 bis 40, §§ 42 bis 46, § 54, § 62, §§ 64 und 65, § 68 sowie § 78.
2. Keine Anwendung finden insbesondere § 15, § 22 Abs. 1 Nr. 2 und Abs. 3, § 23 Abs. 1 Nr. 3 und 5, §§ 25 bis 32 sowie § 41 BeamtStG.
3. Die Berufung in ein Ehrenbeamtenverhältnis auf Zeit ist zulässig.

(2) Auf Ehrenbeamtinnen und Ehrenbeamte finden die Vorschriften über Besoldung und Versorgung keine Anwendung, soweit in diesen Vorschriften nichts anderes bestimmt ist.

(3) Im Übrigen regeln sich die Rechtsverhältnisse der Ehrenbeamtinnen und Ehrenbeamten nach den besonderen für die einzelnen Gruppen geltenden Vorschriften.

(4) Beamtinnen und Beamte haben die Berufung in ein Ehrenbeamtenverhältnis ihrem Dienstherrn anzuzeigen.

(5) Ehrenamtliche Bürgermeisterinnen und Bürgermeister, ehrenamtliche Amtsverweserinnen und Amtsverweser sowie ehrenamtliche Ortsvorsteherinnen und Ortsvorsteher können ihre Entlassung nach § 23 Abs. 1 Satz 1 Nr. 4 BeamtStG nur verlangen, wenn ein wichtiger Grund im Sinne von § 16 Abs. 1 Satz 2 GemO vorliegt.

§ 92 Kommunale Wahlbeamtinnen und Wahlbeamte. Für Bürgermeisterinnen und Bürgermeister, Landrätinnen und Landräte sowie Amtsverweserinnen und Amtsverweser gelten die Vorschriften des Beamtenstatusgesetzes und dieses Gesetzes mit folgenden Maßgaben:

1. [1]Die Aufgaben der für die Ernennung zuständigen Stelle und der obersten Dienstbehörde nimmt die Rechtsaufsichtsbehörde wahr, soweit gesetzlich nichts anderes bestimmt ist. [2]In den Fällen des § 44 Abs. 1, §§ 60 bis 66 und § 80 dieses Gesetzes, § 37 Abs. 3, §§ 39 und 42 BeamtStG sowie § 62 Abs. 3 LBeamtVGBW nimmt die Rechtsaufsichtsbehörde die Zuständigkeiten des Dienstvorgesetzten oder letzten Dienstvorgesetzten wahr.
2. Das Beamtenverhältnis der Bürgermeisterin oder des Bürgermeisters wird durch die rechtsgültige Wahl begründet und beginnt mit dem Amtsantritt.
3. Die Ernennungsurkunde für die Landrätin oder den Landrat wird von der stellvertretenden Vorsitzenden oder dem stellvertretenden Vorsitzenden des Kreistages ausgestellt und der Landrätin oder dem Landrat ausgehändigt; dies gilt für Amtsverweserinnen und Amtsverweser nach § 39 Abs. 6 LKrO entsprechend.
4. Die Ernennungsurkunde für die Amtsverweserin oder den Amtsverweser nach § 48 Abs. 2 und 3 GemO wird von der Stellvertreterin oder dem Stellvertreter der Bürgermeisterin oder des Bürgermeisters ausgestellt und der Amtsverweserin oder dem Amtsverweser bei Amtsantritt ausgehändigt.

Neunter Teil

Schlussbestimmung

§ 93 Übergangsvorschrift. Für einen Vollstreckungstitel nach § 80a, der vor dem Tag des Inkrafttretens des Gesetzes vom 28. November 2018 (GBl. S. 437) erlangt wurde und bei dem der Eintritt der Rechtskraft oder der Unwiderruflichkeit nicht länger als zwei Jahre vor dem Inkrafttreten des Gesetzes vom 28. November 2018 (GBl. S. 437) liegt, kann der Antrag innerhalb einer Ausschlussfrist von sechs Monaten ab dem Tag des Inkrafttretens des Gesetzes vom 28. November 2018 (GBl. S. 437) gestellt werden.

Anhang (zu § 8 Abs. 1)

Ämter mit leitender Funktion

sind die Ämter

A. im Bereich der staatlichen allgemeinen und besonderen Verwaltungsbehörden für Landesbeamtinnen und Landesbeamte
   1. der Leiterin oder des Leiters und der stellvertretenden Leiterin oder des stellvertretenden Leiters der Abteilungen sowie der Leiterinnen und der Leiter der Zentralstellen und Referate der obersten Landesbehörden,
   2. der Regierungsvizepräsidentinnen und der Regierungsvizepräsidenten und der Leiterinnen und Leiter der Abteilungen der Regierungspräsidien,

3. der Leiterinnen und der Leiter, der stellvertretenden Leiterinnen und stellvertretenden Leiter und der Leiterinnen und Leiter der Abteilungen der Landesoberbehörden und der höheren Sonderbehörden sowie in der Oberfinanzdirektion auch der Referatsleiterinnen und Referatsleiter, wenn diese mindestens in die Besoldungsgruppe A 15 eingestuft sind,
4. der Leiterin oder des Leiters, der stellvertetenden Leiterin oder des stellvertretenden Leiters, der Leiterinnen und Leiter und der stellvertretenden Leiterinnen und der stellvertretenden Leiter der Abteilungen, der Leiterinnen und der Leiter der Referate sowie der Leiterinnen und der Leiter der Regionalstellen des Zentrums für Schulqualität und Lehrerbildung,
5. der Leiterinnen und Leiter der unteren Sonderbehörden,
6. der Ersten Landesbeamtinnen und Ersten Landesbeamten der Landratsämter;

B. im Innenministerium zusätzlich

der Inspekteurin oder des Inspekteurs der Polizei;

C. im Bereich der den Ministerien sonstigen nachgeordneten Behörden und Stellen sowie der der Aufsicht der Ministerien unterstehenden Körperschaften, Anstalten und Stiftungen des öffentlichen Rechts, ausgenommen der Kommunalbereich nach Buchstabe D

1. der Leiterinnen und der Leiter der Abteilungen und Referate der Vertretung des Landes Baden-Württemberg beim Bund,
2. der Direktorin oder des Direktors als Leiterin oder Leiter und der Abteilungsleiterinnen und Abteilungsleiter der Landeszentrale für politische Bildung,
3. der Präsidentin oder des Präsidenten des Landeskriminalamtes,
4. der Polizeipräsidentin oder des Polizeipräsidenten des Polizeipräsidiums Einsatz,
5. der Präsidentin oder des Präsidenten des Präsidiums Technik, Logistik, Service der Polizei,
6. der Polizeipräsidentin oder des Polizeipräsidenten eines regionalen Polizeipräsidiums,
7. der Leiterin oder des Leiters des Hauses der Heimat,
8. der Präsidentin oder des Präsidenten der IT Baden-Württemberg sowie deren oder dessen Stellvertreterin oder Stellvertreter,
9. der Leiterin oder des Leiters, der stellvertetenden Leiterin oder des stellvertretenden Leiters, der Leiterinnen und der Leiter und der stellvertretenden Leiterinnen und der stellvertretenden Leiter der Abteilungen sowie der Leiterinnen und der Leiter der Referate des Instituts für Bildungsanalysen Baden-Württemberg,
10. der Leiterinnen und der Leiter der Seminare für Ausbildung und Fortbildung der Lehrkräfte,
11. der Direktorin oder des Direktors des Landesmedienzentrums Baden-Württemberg,

12. der Schulleiterinnen und Schulleiter an öffentlichen Schulen,
13. der Leiterinnen und der Leiter der Dezernate der Universitäten und Universitätsklinika, wenn diese innerhalb der Landesbesoldungsordnung A mindestens in die Besoldungsgruppe A 15 eingestuft sind,
14. der Leiterinnen und der Leiter der Universitätsrechenzentren, wenn sie nicht Universitätsprofessorinnen oder Universitätsprofessoren sind,
15. der Leiterinnen und der Leiter der Universitäts- und Landesbibliotheken,
16. der Leiterin oder des Leiters des Landesarchivs,
17. der Verwaltungsdirektorinnen und der Verwaltungsdirektoren an Staatstheatern,
18. der Leiterinnen und der Leiter sowie der stellvertretenden Leiterinnen und stellvertretenden Leiter der Generalstaatsanwaltschaften,
19. der Leiterinnen und der Leiter der Staatsanwaltschaften,
20. der Leiterinnen und der Leiter der Justizvollzugseinrichtungen,
21. der Vollzugsleiterin oder des Vollzugsleiters und der ärztlichen Direktorin oder des ärztlichen Direktors des Justizvollzugskrankenhauses Hohenasperg,
22. der Leiterin oder des Leiters der Sozialtherapeutischen Anstalt Baden-Württemberg,
23. der Leiterin oder des Leiters der Justizvollzugsschule Baden-Württemberg,
24. der Leiterin oder des Leiters der Staatlichen Münzen,
25. der Hauptgeschäftsführerinnen und der Hauptgeschäftsführer und Geschäftsführerinnen und Geschäftsführer der Handwerkskammern,
26. der stellvertretenden Verbandsdirektorinnen und der stellvertretenden Verbandsdirektoren der Regionalverbände und des Verbandes Region Rhein-Neckar,
27. der Leiterinnen oder der Leiter der Chemischen und Veterinäruntersuchungsämter,
28. der Leiterin oder des Leiters des Staatlichen Tierärztlichen Untersuchungsamtes Aulendorf – Diagnostikzentrum,
29. der Leiterin oder des Leiters und der Leiterinnen und der Leiter der Abteilungen der Forstlichen Versuchs- und Forschungsanstalt Baden-Württemberg,
30. der Leiterin oder des Leiters des Haupt- und Landgestüts Marbach,
31. der Leiterin oder des Leiters der Landesanstalt für Entwicklung der Landwirtschaft und der ländlichen Räume mit Landesstelle für landwirtschaftliche Marktkunde Schwäbisch Gmünd,
32. der Leiterin oder des Leiters der Landesanstalt für Schweinezucht mit Sitz in Boxberg,
33. der Leiterin oder des Leiters des Landwirtschaftlichen Technologiezentrums Augustenberg (LTZ Augustenberg),
34. der Leiterin oder des Leiters der Staatlichen Lehr- und Versuchsanstalt für Gartenbau Heidelberg,

35. der Leiterin oder des Leiters der Staatlichen Lehr- und Versuchsanstalt für Wein- und Obstbau Weinsberg,
36. der Leiterin oder des Leiters des Landwirtschaftlichen Zentrums für Rinderhaltung, Grünlandwirtschaft Milchwirtschaft, Wild und Fischerei Baden-Württemberg (LAZBW),
37. der Leiterin oder des Leiters des Staatlichen Weinbauinstituts Versuchs- und Forschungsanstalt für Weinbau und Weinbehandlung Freiburg,
38. der Chefärztinnen und der Chefärzte der Versorgungskuranstalt Bad Mergentheim und der Versorgungskuranstalt Bad Wildbad,
39. der Leiterinnen und der Leiter der Abteilungen, Sonderreferate und vergleichbarer Organisationseinheiten der Deutschen Rentenversicherung Baden-Württemberg, wenn diese der Landesbesoldungsordnung B angehören oder innerhalb der Landesbesoldungsordnung A mindestens in die Besoldungsgruppe A 15 eingestuft sind,
40. der Leiterinnen und der Leiter der Abteilungen des Medizinischen Dienstes der Krankenversicherung Baden-Württemberg, wenn diese der Landesbesoldungsordnung B angehören oder innerhalb der Landesbesoldungsordnung A mindestens in die Besoldungsgruppe A 15 eingestuft sind,
41. der Leiterinnen und der Leiter der Abteilungen der Landesanstalt für Umwelt Baden-Württemberg,
42. der Direktorin oder des Direktors, der stellvertretenden Leiterin oder des stellvertretenden Leiters, der Leiterinnen oder Leiter der Abteilungen der Betriebsleitung und der Leiterinnen oder der Leiter der Ämter des Landesbetriebs Vermögen und Bau Baden-Württemberg sowie der Geschäftsführerin oder des Geschäftsführers der Staatlichen Schlösser und Gärten,
43. der Direktorin oder des Direktors der Staatlichen Anlagen und Gärten;

D. im Bereich der Gemeinden, Landkreise, Gemeindeverwaltungsverbände, kommunalen Zweckverbände, des Kommunalverbands für Jugend und Soziales Baden-Württemberg, der ITEOS, der Gemeindeprüfungsanstalt Baden-Württemberg, des Kommunalen Versorgungsverbandes Baden-Württemberg und des Verbandes Region Stuttgart für deren Beamtinnen und Beamte der Leiterinnen und der Leiter von Behörden oder Teilen von Behörden, die vom zuständigen Organ allgemein durch Satzung oder Beschluss für die Übertragung auf Probe bestimmt sind; sie sind im Stellenplan entsprechend auszuweisen.

Gemeindeordnung für Baden-Württemberg (Gemeindeordnung – GemO)

in der Fassung vom 24. Juli 2000 (GBl. S. 582, berichtigt S. 698), zuletzt geändert durch Gesetz vom 19. Juni 2018 (GBl. S. 221)*

INHALTSÜBERSICHT

* *Vgl. auch die Übergangsbestimmungen in Art. 4 des Gesetzes vom 28. Juli 2005 (GBl. S. 578).*

ERSTER TEIL

Wesen und Aufgaben der Gemeinde

1. Abschnitt

Rechtsstellung

§ 1 Begriff der Gemeinde. (1) Die Gemeinde ist Grundlage und Glied des demokratischen Staates.

(2) Die Gemeinde fördert in bürgerschaftlicher Selbstverwaltung das gemeinsame Wohl ihrer Einwohner und erfüllt die ihr von Land und Bund zugewiesenen Aufgaben.

(3) Die verantwortliche Teilnahme an der bürgerschaftlichen Verwaltung der Gemeinde ist Recht und Pflicht des Bürgers.

(4) Die Gemeinde ist Gebietskörperschaft.

§ 2 Wirkungskreis. (1) Die Gemeinden verwalten in ihrem Gebiet alle öffentlichen Aufgaben allein und unter eigener Verantwortung, soweit die Gesetze nichts anderes bestimmen.

(2) [1]Die Gemeinden können durch Gesetz zur Erfüllung bestimmter öffentlicher Aufgaben verpflichtet werden (Pflichtaufgaben). [2]Werden neue Pflichtaufgaben auferlegt, sind dabei Bestimmungen über die Deckung der Kosten zu treffen. [3]Führen diese Aufgaben zu einer Mehrbelastung der Gemeinden, ist ein entsprechender finanzieller Ausgleich zu schaffen.

(3) Pflichtaufgaben können den Gemeinden zur Erfüllung nach Weisung auferlegt werden (Weisungsaufgaben), das Gesetz bestimmt den Umfang des Weisungsrechts.

(4) [1]In die Rechte der Gemeinden kann nur durch Gesetz eingegriffen werden. [2]Verordnungen zur Durchführung solcher Gesetze bedürfen, sofern sie nicht von der Landesregierung oder dem Innenministerium erlassen werden, der Zustimmung des Innenministeriums.

§ 3 Stadtkreise, Große Kreisstädte. (1) Durch Gesetz können Gemeinden auf ihren Antrag zu Stadtkreisen erklärt werden.

(2) [1]Gemeinden mit mehr als 20 000 Einwohnern können auf ihren Antrag von der Landesregierung zu Großen Kreisstädten erklärt werden. [2]Die Erklärung zur Großen Kreisstadt ist im Gesetzblatt bekannt zu machen.

§ 4 Satzungen. (1) [1]Die Gemeinden können die weisungsfreien Angelegenheiten durch Satzung regeln, soweit die Gesetze keine Vorschriften enthalten. [2]Bei Weisungsaufgaben können Satzungen nur erlassen werden, wenn dies im Gesetz vorgesehen ist.

(2) Wenn nach den Vorschriften dieses Gesetzes eine Hauptsatzung zu erlassen ist, muss sie mit der Mehrheit der Stimmen aller Mitglieder des Gemeinderats beschlossen werden.

(3) [1]Die Satzungen sind öffentlich bekannt zu machen. [2]Sie treten am Tage nach der Bekanntmachung in Kraft, wenn kein anderer Zeitpunkt bestimmt ist. [3]Satzungen sind der Rechtsaufsichtsbehörde anzuzeigen.

(4) [1]Satzungen, die unter Verletzung von Verfahrens- oder Formvorschriften dieses Gesetzes oder auf Grund dieses Gesetzes zustande gekommen sind, gelten ein Jahr nach der Bekanntmachung als von Anfang an gültig zu Stande gekommen. [2]Dies gilt nicht, wenn

1. die Vorschriften über die Öffentlichkeit der Sitzung, die Genehmigung oder die Bekanntmachung der Satzung verletzt worden sind,
2. der Bürgermeister dem Beschluß nach § 43 wegen Gesetzwidrigkeit widersprochen hat oder wenn vor Ablauf der in Satz 1 genannten Frist die Rechtsaufsichtsbehörde den Beschluß beanstandet hat oder die Verletzung der Verfahrens- oder Formvorschrift gegenüber der Gemeinde unter Bezeichnung des Sachverhalts, der die Verletzung begründen soll, schriftlich geltend gemacht worden ist.

[3]Ist eine Verletzung nach Satz 2 Nr. 2 geltend gemacht worden, so kann auch nach Ablauf der in Satz 1 genannten Frist jedermann diese Verletzung geltend machen. [4]Bei der Bekanntmachung der Satzung ist auf die Voraussetzungen für die Geltendmachung der Verletzung von Verfahrens- oder Formvorschriften und die Rechtsfolgen hinzuweisen.

(5) Absatz 4 gilt für anderes Ortsrecht und Flächennutzungspläne entsprechend.

§ 5 Name und Bezeichnung. (1) [1]Die Gemeinden führen ihre bisherigen Namen. [2]Die Bestimmung, Feststellung oder Änderung des Namens einer Gemeinde bedarf der Zustimmung des Regierungspräsidiums.

(2) [1]Die Bezeichnung »Stadt« führen die Gemeinden, denen diese Bezeichnung nach bisherigem Recht zusteht. [2]Die Landesregierung kann auf Antrag die Bezeichnung »Stadt« an Gemeinden verleihen, die nach Einwohnerzahl, Siedlungsform und ihren kulturellen und wirtschaftlichen Verhältnissen städti-

sches Gepräge tragen. [3]Wird eine Gemeinde mit der Bezeichnung »Stadt« in eine andere Gemeinde eingegliedert oder mit anderen Gemeinden zu einer neuen Gemeinde vereinigt, kann die aufnehmende oder neugebildete Gemeinde diese Bezeichnung als eigene Bezeichnung weiterführen.

(3) [1]Die Gemeinden können auch sonstige überkommene Bezeichnungen weiterführen. [2]Die Landesregierung kann auf Antrag an Gemeinden für diese selbst oder für einzelne Ortsteile (Absatz 4) sonstige Bezeichnungen verleihen, die auf der geschichtlichen Vergangenheit, der Eigenart oder der heutigen Bedeutung der Gemeinden oder der Ortsteile beruhen. [3]Wird eine Gemeinde mit einer sonstigen Bezeichnung in eine andere Gemeinde eingegliedert oder mit anderen Gemeinden zu einer neuen Gemeinde vereinigt, kann diese Bezeichnung für den entsprechenden Ortsteil der aufnehmenden oder neugebildeten Gemeinde weitergeführt werden.

(4) [1]Die Benennung von bewohnten Gemeindeteilen (Ortsteile) sowie der innerhalb dieser dem öffentlichen Verkehr dienenden Straßen, Wege, Plätze und Brücken ist Angelegenheit der Gemeinden. [2]Gleich lautende Benennungen innerhalb derselben Gemeinde sind unzulässig.

§ 6 Wappen, Flaggen, Dienstsiegel. (1) [1]Die Gemeinden haben ein Recht auf ihre bisherigen Wappen und Flaggen. [2]Die Rechtsaufsichtsbehörde kann einer Gemeinde auf ihren Antrag das Recht verleihen, ein neues Wappen und eine neue Flagge zu führen.

(2) [1]Die Gemeinden führen Dienstsiegel. [2]Gemeinden mit eigenem Wappen führen dieses, die übrigen Gemeinden das kleine Landeswappen mit der Bezeichnung und dem Namen der Gemeinde als Umschrift in ihrem Dienstsiegel.

2. Abschnitt

Gemeindegebiet

§ 7 Gebietsbestand. (1) [1]Das Gebiet der Gemeinde bilden die Grundstücke, die nach geltendem Recht zu ihr gehören. [2]Grenzstreitigkeiten entscheidet die Rechtsaufsichtsbehörde.

(2) Das Gebiet der Gemeinden soll so bemessen sein, daß die örtliche Verbundenheit der Einwohner und die Leistungsfähigkeit der Gemeinde zur Erfüllung ihrer Aufgaben gesichert ist.

(3) [1]Jedes Grundstück soll zu einer Gemeinde gehören. [2]Aus besonderen Gründen können Grundstücke außerhalb einer Gemeinde verbleiben (gemeindefreie Grundstücke).

§ 8 Gebietsänderungen. (1) Gemeindegrenzen können aus Gründen des öffentlichen Wohls geändert werden.

(2) [1]Gemeindegrenzen können freiwillig durch Vereinbarung der beteiligten Gemeinden mit Genehmigung der zuständigen Rechtsaufsichtsbehörde geän-

dert werden. [2]Die Vereinbarung muß von den Gemeinderäten der beteiligten Gemeinden mit der Mehrheit der Stimmen aller Mitglieder beschlossen werden. [3]Vor der Beschlussfassung sind die Bürger zu hören, die in dem unmittelbar betroffenen Gebiet wohnen; dies gilt nicht, wenn über die Eingliederung einer Gemeinde in eine andere Gemeinde oder die Neubildung einer Gemeinde durch Vereinigung von Gemeinden ein Bürgerentscheid (§ 21) durchgeführt wird.

(3) [1]Gegen den Willen der beteiligten Gemeinden können Gemeindegrenzen nur durch Gesetz geändert werden. [2]Das Gleiche gilt für die Neubildung einer Gemeinde aus Teilen einer oder mehrerer Gemeinden. [3]Vor Erlass des Gesetzes müssen die beteiligten Gemeinden und die Bürger gehört werden, die in dem unmittelbar betroffenen Gebiet wohnen. [4]Die Durchführung der Anhörung der Bürger obliegt den Gemeinden als Pflichtaufgabe.

(4) Wird durch die Änderung von Gemeindegrenzen das Gebiet von Landkreisen betroffen, sind diese zu hören.

(5) Das Nähere über die Anhörung der Bürger, die in dem unmittelbar betroffenen Gebiet wohnen, wird durch das Kommunalwahlgesetz geregelt.

(6) [1]Grenzänderungen nach Absatz 3 Satz 1, die nur Gebietsteile betreffen, durch deren Umgliederung der Bestand der beteiligten Gemeinden nicht gefährdet wird, können durch Rechtsverordnung des Innenministeriums erfolgen. [2]Absatz 3 Sätze 3 und 4 sowie Absatz 4 gelten entsprechend.

§ 9 Rechtsfolgen, Auseinandersetzung. (1) [1]In der Vereinbarung nach § 8 Abs. 2 ist der Umfang der Grenzänderung zu regeln und sind Bestimmungen über den Tag der Rechtswirksamkeit und, soweit erforderlich, über das neue Ortsrecht, die neue Verwaltung sowie die Rechtsnachfolge und Auseinandersetzung zu treffen. [2]Wird eine neue Gemeinde gebildet, muss die Vereinbarung auch Bestimmungen über den Namen und die vorläufige Wahrnehmung der Aufgaben der Verwaltungsorgane der neuen Gemeinde enthalten. [3]Wird eine Gemeinde in eine andere Gemeinde eingegliedert, muss die Vereinbarung auch Bestimmungen über die vorläufige Vertretung der Bevölkerung der eingegliederten Gemeinde durch Gemeinderäte der eingegliederten Gemeinde im Gemeinderat der aufnehmenden Gemeinde bis zur nächsten regelmäßigen Wahl oder einer Neuwahl nach § 34 Abs. 2 des Kommunalwahlgesetzes treffen; dem Gemeinderat der aufnehmenden Gemeinde muss mindestens ein Gemeinderat der eingegliederten Gemeinde angehören, im Übrigen sind bei der Bestimmung der Zahl der Gemeinderäte der eingegliederten Gemeinde im Gemeinderat der aufnehmenden Gemeinde die örtlichen Verhältnisse und der Bevölkerungsanteil zu berücksichtigen. [4]Im Falle des Satzes 3 muß die Vereinbarung ferner Bestimmungen über eine befristete Vertretung der eingegliederten Gemeinde bei Streitigkeiten über die Vereinbarung treffen.

(2) [1]Sollen nicht alle Gemeinderäte der einzugliedernden Gemeinde dem Gemeinderat der aufnehmenden Gemeinde angehören, werden die Mitglieder vor

Eintritt der Rechtswirksamkeit der Vereinbarung vom Gemeinderat der einzugliedernden Gemeinde bestimmt. [2]Sind mehrere Gemeinderäte zu bestimmen, gelten hierfür die Vorschriften über die Wahl der Mitglieder der beschließenden Ausschüsse des Gemeinderats mit der Maßgabe entsprechend, daß die nicht gewählten Bewerber in der Reihenfolge der Benennung als Ersatzpersonen festzustellen sind. [3]Scheidet ein Gemeinderat der eingegliederten Gemeinde vorzeitig aus dem Gemeinderat der aufnehmenden Gemeinde aus, gilt § 31 Abs. 2 entsprechend; gehören nicht alle Gemeinderäte der eingegliederten Gemeinde dem Gemeinderat der aufnehmenden Gemeinde an, sind außer den im Wahlergebnis festgestellten Ersatzpersonen auch die anderen Gemeinderäte Ersatzpersonen im Sinne von § 31 Abs. 2. [4]Für die Bestimmung der Vertreter nach Absatz 1 Satz 4 gilt Satz 1 entsprechend.

(3) [1]Enthält die Vereinbarung keine erschöpfende Regelung oder kann wegen einzelner Bestimmungen die Genehmigung nicht erteilt werden, ersucht die zuständige Rechtsaufsichtsbehörde die Gemeinden, die Mängel binnen angemessener Frist zu beseitigen. [2]Kommen die Gemeinden einem solchen Ersuchen nicht nach, trifft die zuständige Rechtsaufsichtsbehörde die im Interesse des öffentlichen Wohls erforderlichen Bestimmungen.

(4) [1]Bei einer Änderung der Gemeindegrenzen durch Gesetz werden die Rechtsfolgen und die Auseinandersetzung im Gesetz oder durch Rechtsverordnung geregelt. [2]Das Gesetz kann dies auch der Regelung durch Vereinbarung überlassen, die der Genehmigung der zuständigen Rechtsaufsichtsbehörde bedarf. [3]Kommt diese Vereinbarung nicht zu Stande, gilt Absatz 3 entsprechend. [4]Wird die Grenzänderung durch Rechtsverordnung ausgesprochen, sind gleichzeitig die Rechtsfolgen und die Auseinandersetzung zu regeln; Sätze 2 und 3 gelten entsprechend.

(5) [1]Die Regelung nach den Absätzen 1, 3 und 4 begründet Rechte und Pflichten der Beteiligten und bewirkt den Übergang, die Beschränkung oder die Aufhebung von dinglichen Rechten. [2]Die Rechtsaufsichtsbehörde ersucht die zuständigen Behörden um die Berichtigung der öffentlichen Bücher. [3]Sie kann Unschädlichkeitszeugnisse ausstellen.

(6) [1]Für Rechtshandlungen, die aus Anlass der Änderung des Gemeindegebiets erforderlich sind, werden öffentliche Abgaben, die auf Landesrecht beruhen, nicht erhoben; ausgenommen sind Vermessungsgebühren und -entgelte. [2]Auslagen werden nicht ersetzt.

3. Abschnitt

Einwohner und Bürger

§ 10 Rechtsstellung des Einwohners. (1) Einwohner der Gemeinde ist, wer in der Gemeinde wohnt.

(2) [1]Die Gemeinde schafft in den Grenzen ihrer Leistungsfähigkeit die für das wirtschaftliche, soziale und kulturelle Wohl ihrer Einwohner erforderlichen

öffentlichen Einrichtungen. [2]Die Einwohner sind im Rahmen des geltenden Rechts berechtigt, die öffentlichen Einrichtungen der Gemeinde nach gleichen Grundsätzen zu benützen. [3]Sie sind verpflichtet, die Gemeindelasten zu tragen.

(3) Personen, die in der Gemeinde ein Grundstück besitzen oder ein Gewerbe betreiben und nicht in der Gemeinde wohnen, sind in derselben Weise berechtigt, die öffentlichen Einrichtungen zu benützen, die in der Gemeinde für Grundbesitzer oder Gewerbetreibende bestehen, und verpflichtet, für ihren Grundbesitz oder Gewerbebetrieb zu den Gemeindelasten beizutragen.

(4) Für juristische Personen und nicht rechtsfähige Personenvereinigungen gelten Absätze 2 und 3 entsprechend.

(5) [1]Durch Satzung können die Gemeinden ihre Einwohner und die ihnen gleichgestellten Personen und Personenvereinigungen (Absätze 3 und 4) für eine bestimmte Zeit zur Mitwirkung bei der Erfüllung vordringlicher Pflichtaufgaben und für Notfälle zu Gemeindediensten (Hand- und Spanndienste) verpflichten. [2]Der Kreis der Verpflichteten, die Art, der Umfang und die Dauer der Dienstleistung sowie die etwa zu gewährende Vergütung oder die Zahlung einer Ablösung sind durch die Satzung zu bestimmen.

§ 11 Anschluss- und Benutzungszwang. (1) [1]Die Gemeinde kann bei öffentlichem Bedürfnis durch Satzung für die Grundstücke ihres Gebiets den Anschluss an Wasserleitung, Abwasserbeseitigung, Straßenreinigung, die Versorgung mit Nah- und Fernwärme und ähnliche der Volksgesundheit oder dem Schutz der natürlichen Grundlagen des Lebens einschließlich des Klima- und Ressourcenschutzes dienende Einrichtungen (Anschlusszwang) und die Benutzung dieser Einrichtungen sowie der Schlachthöfe (Benutzungszwang) vorschreiben. [2]In gleicher Weise kann die Benutzung der Bestattungseinrichtungen vorgeschrieben werden.

(2) [1]Die Satzung kann bestimmte Ausnahmen vom Anschluss- und Benutzungszwang zulassen. [2]Sie kann den Zwang auf bestimmte Teile des Gemeindegebiets oder auf bestimmte Gruppen von Grundstücken, Gewerbebetrieben oder Personen beschränken.

§ 12 Bürgerrecht. (1) [1]Bürger der Gemeinde ist, wer Deutscher im Sinne von Artikel 116 des Grundgesetzes ist oder die Staatsangehörigkeit eines anderen Mitgliedstaates der Europäischen Union besitzt (Unionsbürger), das 16. Lebensjahr vollendet hat und seit mindestens drei Monaten in der Gemeinde wohnt. [2]Wer das Bürgerrecht in einer Gemeinde durch Wegzug oder Verlegung der Hauptwohnung verloren hat und vor Ablauf von drei Jahren seit dieser Veränderung wieder in die Gemeinde zuzieht oder dort seine Hauptwohnung begründet, ist mit der Rückkehr Bürger. [3]Bürgermeister und Beigeordnete erwerben das Bürgerrecht mit dem Amtsantritt in der Gemeinde.

(2) [1]Wer innerhalb der Bundesrepublik Deutschland in mehreren Gemeinden wohnt, ist in Baden-Württemberg Bürger nur in der Gemeinde, in der er seit mindestens drei Monaten seine Hauptwohnung hat. [2]War in der Gemeinde, in der sich die Hauptwohnung befindet, die bisherige einzige Wohnung, wird die bisherige Wohndauer in dieser Gemeinde angerechnet.

(3) Bei einer Grenzänderung werden Bürger, die in dem betroffenen Gebiet wohnen, Bürger der aufnehmenden Gemeinde; im Übrigen gilt für Einwohner, die in dem betroffenen Gebiet wohnen, das Wohnen in der Gemeinde als Wohnen in der aufnehmenden Gemeinde.

(4) Bei der Berechnung der Dreimonatsfrist nach Absatz 1 Satz 1 und Absatz 2 Satz 1 ist der Tag der Wohnungsnahme in die Frist einzubeziehen.

§ 13 Verlust des Bürgerrechts. Das Bürgerrecht verliert, wer aus der Gemeinde wegzieht, seine Hauptwohnung in eine andere Gemeinde innerhalb der Bundesrepublik Deutschland verlegt oder nicht mehr Deutscher im Sinne von Artikel 116 des Grundgesetzes oder Unionsbürger ist.

§ 14 Wahlrecht. (1) Die Bürger sind im Rahmen der Gesetze zu den Gemeindewahlen wahlberechtigt und haben das Stimmrecht in sonstigen Gemeindeangelegenheiten.

(2) Ausgeschlossen vom Wahlrecht und vom Stimmrecht sind Bürger,

1. die infolge Richterspruchs in der Bundesrepublik Deutschland das Wahlrecht oder Stimmrecht nicht besitzen,
2. für die zur Besorgung aller ihrer Angelegenheiten ein Betreuer nicht nur durch einstweilige Anordnung bestellt ist; dies gilt auch, wenn der Aufgabenkreis des Betreuers die in § 1896 Abs. 4 und § 1905 des Bürgerlichen Gesetzbuches bezeichneten Angelegenheiten nicht erfaßt.

§ 15 Bestellung zu ehrenamtlicher Tätigkeit. (1) Die Bürger haben die Pflicht, eine ehrenamtliche Tätigkeit in der Gemeinde (eine Wahl in den Gemeinderat oder Ortschaftsrat, ein gemeindliches Ehrenamt und eine Bestellung zu ehrenamtlicher Mitwirkung) anzunehmen und diese Tätigkeit während der bestimmten Dauer auszuüben.

(2) [1]Der Gemeinderat bestellt die Bürger zu ehrenamtlicher Tätigkeit; die Bestellung kann jederzeit zurückgenommen werden. [2]Mit dem Verlust des Bürgerrechts endet jede ehrenamtliche Tätigkeit.

§ 16 Ablehnung ehrenamtlicher Tätigkeit. (1) [1]Der Bürger kann eine ehrenamtliche Tätigkeit aus wichtigen Gründen ablehnen oder sein Ausscheiden verlangen. [2]Als wichtiger Grund gilt insbesondere, wenn der Bürger

1. ein geistliches Amt verwaltet,
2. ein öffentliches Amt verwaltet und die oberste Dienstbehörde feststellt, dass die ehrenamtliche Tätigkeit mit seinen Dienstpflichten nicht vereinbar ist,
3. zehn Jahre lang dem Gemeinderat oder Ortschaftsrat angehört oder ein öffentliches Ehrenamt verwaltet hat,

4. häufig oder lang dauernd von der Gemeinde beruflich abwesend ist,
5. anhaltend krank ist,
6. mehr als 62 Jahre alt ist oder
7. durch die Ausübung der ehrenamtlichen Tätigkeit in der Fürsorge für die Familie erheblich behindert wird.

[3]Ferner kann ein Bürger sein Ausscheiden aus dem Gemeinderat oder Ortschaftsrat verlangen, wenn er aus der Partei oder Wählervereinigung ausscheidet, auf deren Wahlvorschlag er in den Gemeinderat oder Ortschaftsrat gewählt wurde.

(2) Ob ein wichtiger Grund vorliegt, entscheidet bei Gemeinderäten der Gemeinderat, bei Ortschaftsräten der Ortschaftsrat.

(3) [1]Der Gemeinderat kann einem Bürger, der ohne wichtigen Grund eine ehrenamtliche Tätigkeit ablehnt oder aufgibt, ein Ordnungsgeld bis zu 1000 Euro auferlegen. [2]Das Ordnungsgeld wird nach den Vorschriften des Landesverwaltungsvollstreckungsgesetzes beigetrieben. [3]Diese Bestimmung findet keine Anwendung auf ehrenamtliche Bürgermeister und ehrenamtliche Ortsvorsteher.

§ 17 Pflichten ehrenamtlich tätiger Bürger. (1) Wer zu ehrenamtlicher Tätigkeit bestellt wird, muss die ihm übertragenen Geschäfte uneigennützig und verantwortungsbewusst führen.

(2) [1]Der ehrenamtlich tätige Bürger ist zur Verschwiegenheit verpflichtet über alle Angelegenheiten, deren Geheimhaltung gesetzlich vorgeschrieben, besonders angeordnet oder ihrer Natur nach erforderlich ist. [2]Er darf die Kenntnis von geheim zu haltenden Angelegenheiten nicht unbefugt verwerten. [3]Diese Verpflichtungen bestehen auch nach Beendigung der ehrenamtlichen Tätigkeit fort. [4]Die Geheimhaltung kann nur aus Gründen des öffentlichen Wohls oder zum Schutz berechtigter Interessen Einzelner besonders angeordnet werden. [5]Die Anordnung ist aufzuheben, sobald sie nicht mehr gerechtfertigt ist.

(3) [1]Der ehrenamtlich tätige Bürger darf Ansprüche und Interessen eines andern gegen die Gemeinde nicht geltend machen, soweit er nicht als gesetzlicher Vertreter handelt. [2]Dies gilt für einen ehrenamtlich mitwirkenden Bürger nur, wenn die vertretenen Ansprüche oder Interessen mit der ehrenamtlichen Tätigkeit in Zusammenhang stehen. [3]Ob die Voraussetzungen dieses Verbots vorliegen, entscheidet bei Gemeinderäten und Ortschaftsräten der Gemeinderat, im Übrigen der Bürgermeister.

(4) Übt ein zu ehrenamtlicher Tätigkeit bestellter Bürger diese Tätigkeit nicht aus oder verletzt er seine Pflichten nach Absatz 1 gröblich oder handelt er seiner Verpflichtung nach Absatz 2 zuwider oder übt er entgegen der Entscheidung des Gemeinderats oder Bürgermeisters eine Vertretung nach Absatz 3 aus, gilt § 16 Abs. 3.

§ 18 Ausschluss wegen Befangenheit. (1) Der ehrenamtlich tätige Bürger darf weder beratend noch entscheidend mitwirken, wenn die Entscheidung einer Angelegenheit ihm selbst oder folgenden Personen einen unmittelbaren Vorteil oder Nachteil bringen kann:

1. dem Ehegatten oder dem Lebenspartner nach § 1 des Lebenspartnerschaftsgesetzes,
2. einem in gerader Linie oder in der Seitenlinie bis zum dritten Grade Verwandten,
3. einem in gerader Linie oder in der Seitenlinie bis zum zweiten Grad Verschwägerten oder als verschwägert Geltenden, solange die die Schwägerschaft begründende Ehe oder Lebenspartnerschaft nach § 1 des Lebenspartnerschaftsgesetzes besteht, oder
4. einer von ihm kraft Gesetzes oder Vollmacht vertretenen Person.

(2) Dies gilt auch, wenn der Bürger, im Falle der Nummer 2 auch Ehegatten, Lebenspartner nach § 1 des Lebenspartnerschaftsgesetzes oder Verwandte ersten Grades,

1. gegen Entgelt bei jemand beschäftigt ist, dem die Entscheidung der Angelegenheit einen unmittelbaren Vorteil oder Nachteil bringen kann, es sei denn, dass nach den tatsächlichen Umständen der Beschäftigung anzunehmen ist, dass sich der Bürger deswegen nicht in einem Interessenwiderstreit befindet,
2. Gesellschafter einer Handelsgesellschaft oder Mitglied des Vorstandes, des Aufsichtsrats oder eines gleichartigen Organs eines rechtlich selbstständigen Unternehmens ist, denen die Entscheidung der Angelegenheit einen unmittelbaren Vorteil oder Nachteil bringen kann, sofern er diesem Organ nicht als Vertreter oder auf Vorschlag der Gemeinde angehört,
3. Mitglied eines Organs einer juristischen Person des öffentlichen Rechts ist, der die Entscheidung der Angelegenheit einen unmittelbaren Vorteil oder Nachteil bringen kann und die nicht Gebietskörperschaft ist, sofern er diesem Organ nicht als Vertreter oder auf Vorschlag der Gemeinde angehört, oder
4. in der Angelegenheit in anderer als öffentlicher Eigenschaft ein Gutachten abgegeben hat oder sonst tätig geworden ist.

(3) [1]Diese Vorschriften gelten nicht, wenn die Entscheidung nur die gemeinsamen Interessen einer Berufs- oder Bevölkerungsgruppe berührt. [2]Sie gelten ferner nicht für Wahlen zu einer ehrenamtlichen Tätigkeit.

(4) [1]Der ehrenamtlich tätige Bürger, bei dem ein Tatbestand vorliegt, der Befangenheit zur Folge haben kann, hat dies vor Beginn der Beratung über diesen Gegenstand dem Vorsitzenden, sonst dem Bürgermeister mitzuteilen. [2]Ob ein Ausschließungsgrund vorliegt, entscheidet in Zweifelsfällen in Abwesenheit des Betroffenen bei Gemeinderäten und bei Ehrenbeamten der Gemeinderat, bei Ortschaftsräten der Ortschaftsrat, bei Mitgliedern von Ausschüssen der Ausschuss, sonst der Bürgermeister.

(5) Wer an der Beratung und Entscheidung nicht mitwirken darf, muß die Sitzung verlassen.

(6) [1]Ein Beschluss ist rechtswidrig, wenn bei der Beratung oder Beschlussfassung die Bestimmungen der Absätze 1, 2 oder 5 verletzt worden sind oder ein ehrenamtlich tätiger Bürger ohne einen der Gründe der Absätze 1 und 2 ausgeschlossen war. [2]Der Beschluss gilt jedoch ein Jahr nach der Beschlussfassung oder, wenn eine öffentliche Bekanntmachung erforderlich ist, ein Jahr nach dieser als von Anfang an gültig zu Stande gekommen, es sei denn, dass der Bürgermeister dem Beschluss nach § 43 wegen Gesetzwidrigkeit widersprochen oder die Rechtsaufsichtsbehörde den Beschluss vor Ablauf der Frist beanstandet hat. [3]Die Rechtsfolge nach Satz 2 tritt nicht gegenüber demjenigen ein, der vor Ablauf der Jahresfrist einen förmlichen Rechtsbehelf eingelegt hat, wenn in dem Verfahren die Rechtsverletzung festgestellt wird. [4]Für Beschlüsse über Satzungen, anderes Ortsrecht und Flächennutzungspläne bleibt § 4 Abs. 4 und 5 unberührt.

§ 19 Entschädigung für ehrenamtliche Tätigkeit. (1) [1]Ehrenamtlich Tätige haben Anspruch auf Ersatz ihrer Auslagen und ihres Verdienstausfalls; durch Satzung können Höchstbeträge festgesetzt werden. [2]Bei Personen, die keinen Verdienst haben und den Haushalt führen, gilt als Verdienstausfall das entstandene Zeitversäumnis; durch Satzung ist hierfür ein bestimmter Stundensatz festzusetzen.

(2) Durch Satzung können Durchschnittssätze festgesetzt werden.

(3) Durch Satzung kann bestimmt werden, dass Gemeinderäten, Ortschaftsräten, sonstigen Mitgliedern der Ausschüsse des Gemeinderats und Ortschaftsrats und Ehrenbeamten eine Aufwandsentschädigung gewährt wird.

(4) [1]Aufwendungen für die entgeltliche Betreuung von pflege- oder betreuungsbedürftigen Angehörigen während der Ausübung der ehrenamtlichen Tätigkeit werden erstattet. [2]Das Nähere wird durch Satzung geregelt.

(5) Durch Satzung kann bestimmt werden, dass neben einem Durchschnittssatz für Auslagen oder einer Aufwandsentschädigung Reisekostenvergütung nach den für Beamte geltenden Bestimmungen gewährt wird.

(6) Ehrenamtlich Tätigen kann Ersatz für Sachschäden nach den für Beamte geltenden Bestimmungen gewährt werden.

(7) Die Ansprüche nach den Absätzen 1 bis 6 sind nicht übertragbar.

§ 20 Unterrichtung der Einwohner. (1) Der Gemeinderat unterrichtet die Einwohner durch den Bürgermeister über die allgemein bedeutsamen Angelegenheiten der Gemeinde und sorgt für die Förderung des allgemeinen Interesses an der Verwaltung der Gemeinde.

(2) [1]Bei wichtigen Planungen und Vorhaben der Gemeinde, die unmittelbar raum- oder entwicklungsbedeutsam sind oder das wirtschaftliche, soziale und kulturelle Wohl ihrer Einwohner nachhaltig berühren, sollen die Einwohner möglichst frühzeitig über die Grundlagen sowie die Ziele, Zwecke und Auswir-

kungen unterrichtet werden. [2]Sofern dafür ein besonderes Bedürfnis besteht, soll den Einwohnern allgemein Gelegenheit zur Äußerung gegeben werden. [3]Vorschriften über eine förmliche Beteiligung oder Anhörung bleiben unberührt.

(3) [1]Gibt die Gemeinde ein eigenes Amtsblatt heraus, das sie zur regelmäßigen Unterrichtung der Einwohner über die allgemein bedeutsamen Angelegenheiten der Gemeinde nutzt, ist den Fraktionen des Gemeinderats Gelegenheit zu geben, ihre Auffassungen zu Angelegenheiten der Gemeinde im Amtsblatt darzulegen. [2]Der Gemeinderat regelt in einem Redaktionsstatut für das Amtsblatt das Nähere, insbesondere den angemessenen Umfang der Beiträge der Fraktionen. [3]Er hat die Veröffentlichung von Beiträgen der Fraktionen innerhalb eines bestimmten Zeitraums von höchstens sechs Monaten vor Wahlen auszuschließen.

§ 20a Einwohnerversammlung. (1) [1]Wichtige Gemeindeangelegenheiten sollen mit den Einwohnern erörtert werden. [2]Zu diesem Zweck soll der Gemeinderat in der Regel einmal im Jahr, im Übrigen nach Bedarf eine Einwohnerversammlung anberaumen. [3]Einwohnerversammlungen können in größeren Gemeinden und in Gemeinden mit Bezirksverfassung oder Ortschaftsverfassung auf Ortsteile, Gemeindebezirke und Ortschaften beschränkt werden. [4]Die Teilnahme an der Einwohnerversammlung kann auf die Einwohner beschränkt werden. [5]Die Einwohnerversammlung wird vom Bürgermeister unter rechtzeitiger ortsüblicher Bekanntgabe von Zeit, Ort und Tagesordnung einberufen. [6]Den Vorsitz führt der Bürgermeister oder ein von ihm bestimmter Vertreter. [7]In Ortschaften können Einwohnerversammlungen auch vom Ortschaftsrat anberaumt werden, die entsprechend den Sätzen 5 und 6 vom Ortsvorsteher einberufen und geleitet werden; die Tagesordnung muss sich auf die Ortschaft beziehen; die Teilnahme kann auf die in der Ortschaft wohnenden Einwohner beschränkt werden; der Bürgermeister ist in jedem Fall teilnahmeberechtigt; bei Teilnahme ist dem Bürgermeister vom Vorsitzenden auf Verlangen jederzeit das Wort zu erteilen.

(2) [1]Der Gemeinderat hat eine Einwohnerversammlung anzuberaumen, wenn dies von der Einwohnerschaft beantragt wird. [2]Der Antrag muss schriftlich eingereicht werden und die zu erörternden Angelegenheiten angeben, dabei findet § 3a des Landesverwaltungsverfahrensgesetzes (LVwVfG) keine Anwendung; der Antrag darf nur Angelegenheiten angeben, die innerhalb der letzten sechs Monate nicht bereits Gegenstand einer Einwohnerversammlung waren. [3]Er muss in Gemeinden mit nicht mehr als 10 000 Einwohnern von mindestens 5 vom Hundert der antragsberechtigten Einwohner der Gemeinde, höchstens jedoch von 350 Einwohnern unterzeichnet sein. [4]In Gemeinden mit mehr als 10 000 Einwohnern muss er von mindestens 2,5 vom Hundert der antragsberechtigten Einwohner der Gemeinde, mindestens jedoch von 350 Einwohnern und höchstens von 2 500 Einwohnern unterzeichnet sein. [5]Er soll bis zu drei Vertrauenspersonen mit Namen und Anschrift benennen, die berechtigt sind, die Unterzeichnenden zu vertreten. [6]Sind keine Vertrauenspersonen be-

nannt, gelten die beiden ersten Unterzeichner als Vertrauenspersonen. [7]Nur die Vertrauenspersonen sind, jede für sich, berechtigt, verbindliche Erklärungen zum Antrag abzugeben und entgegenzunehmen. [8]Das Nähere wird durch das Kommunalwahlgesetz geregelt. [9]Über die Zulässigkeit des Antrags entscheidet der Gemeinderat. [10]Ist der Antrag zulässig, muss die Einwohnerversammlung innerhalb von drei Monaten nach Eingang des Antrags abgehalten werden. [11]Sätze 1 bis 10 gelten entsprechend für Ortsteile, Gemeindebezirke und Ortschaften; für die erforderliche Zahl der Unterschriften sind in diesem Fall die Zahlen der dort wohnenden Einwohner maßgebend; die zu erörternden Angelegenheiten müssen sich auf den Ortsteil, Gemeindebezirk oder die Ortschaft beziehen.

(3) [1]In der Einwohnerversammlung können nur Einwohner das Wort erhalten. [2]Der Vorsitzende kann auch anderen Personen das Wort erteilen.

(4) Die Vorschläge und Anregungen der Einwohnerversammlung sollen innerhalb einer Frist von drei Monaten von dem für die Angelegenheit zuständigen Organ der Gemeinde behandelt werden.

§ 20b Einwohnerantrag. (1) [1]Die Einwohnerschaft kann beantragen, dass der Gemeinderat eine bestimmte Angelegenheit behandelt (Einwohnerantrag). [2]Ein Einwohnerantrag darf nur Angelegenheiten des Wirkungskreises der Gemeinde zum Gegenstand haben, für die der Gemeinderat zuständig ist und in denen innerhalb der letzten sechs Monate nicht bereits ein Einwohnerantrag gestellt worden ist. [3]Ein Einwohnerantrag ist in den in § 21 Absatz 2 genannten Angelegenheiten ausgeschlossen; das Gleiche gilt bei Angelegenheiten, über die der Gemeinderat oder ein beschließender Ausschuss nach Durchführung eines gesetzlich bestimmten Beteiligungs- oder Anhörungsverfahrens beschlossen hat.

(2) [1]Der Einwohnerantrag muss schriftlich eingereicht werden; richtet er sich gegen einen Beschluss des Gemeinderats oder eines beschließenden Ausschusses, muss er innerhalb von drei Monaten nach der Bekanntgabe des Beschlusses eingereicht sein. [2]§ 3a LVwVfG findet keine Anwendung. [3]Der Einwohnerantrag muss hinreichend bestimmt sein und eine Begründung enthalten. [4]Er muss in Gemeinden mit nicht mehr als 10 000 Einwohnern von mindestens 3 vom Hundert der antragsberechtigten Einwohner der Gemeinde, höchstens jedoch von 200 Einwohnern unterzeichnet sein. [5]In Gemeinden mit mehr als 10 000 Einwohnern muss er von mindestens 1,5 vom Hundert der antragsberechtigten Einwohner der Gemeinde, mindestens jedoch von 200 Einwohnern und höchstens von 2 500 Einwohnern unterzeichnet sein. [6]Er soll bis zu drei Vertrauenspersonen mit Namen und Anschrift benennen, die berechtigt sind, die Unterzeichnenden zu vertreten. [7]Sind keine Vertrauenspersonen benannt, gelten die beiden ersten Unterzeichner als Vertrauenspersonen. [8]Nur die Vertrauenspersonen sind, jede für sich, berechtigt, verbindliche Erklärungen zum Antrag abzugeben und entgegenzunehmen. [9]Das Nähere wird durch das Kommunalwahlgesetz geregelt.

(3) [1]Über die Zulässigkeit des Einwohnerantrags entscheidet der Gemeinderat. [2]Ist der Einwohnerantrag zulässig, hat der Gemeinderat oder der zuständige beschließende Ausschuss innerhalb von drei Monaten nach seinem Eingang die Angelegenheit zu behandeln; er hat hierbei die Vertrauenspersonen des Einwohnerantrags zu hören.

(4) [1]Die Absätze 1 bis 3 gelten entsprechend in einer Ortschaft für eine Behandlung im Ortschaftsrat. [2]Für die erforderliche Zahl der Unterschriften ist in diesem Fall die Zahl der in der Ortschaft wohnenden Einwohner maßgebend. [3]Über die Zulässigkeit des Einwohnerantrags entscheidet der Ortschaftsrat. [4]Die Sätze 1 bis 3 gelten entsprechend für Gemeindebezirke in Gemeinden mit Bezirksverfassung.

§ 21 Bürgerentscheid, Bürgerbegehren. (1) Der Gemeinderat kann mit einer Mehrheit von zwei Dritteln der Stimmen aller Mitglieder beschließen, dass eine Angelegenheit des Wirkungskreises der Gemeinde, für die der Gemeinderat zuständig ist, der Entscheidung der Bürger unterstellt wird (Bürgerentscheid).

(2) Ein Bürgerentscheid findet nicht statt über

1. Weisungsaufgaben und Angelegenheiten, die kraft Gesetzes dem Bürgermeister obliegen,
2. Fragen der inneren Organisation der Gemeindeverwaltung,
3. die Rechtsverhältnisse der Gemeinderäte, des Bürgermeisters und der Gemeindebediensteten,
4. die Haushaltssatzung einschließlich der Wirtschaftspläne der Eigenbetriebe sowie die Kommunalabgaben, Tarife und Entgelte,
5. die Feststellung des Jahresabschlusses und des Gesamtabschlusses der Gemeinde und der Jahresabschlüsse der Eigenbetriebe,
6. Bauleitpläne und örtliche Bauvorschriften mit Ausnahme des verfahrenseinleitenden Beschlusses sowie über
7. Entscheidungen in Rechtsmittelverfahren.

(3) [1]Über eine Angelegenheit des Wirkungskreises der Gemeinde, für die der Gemeinderat zuständig ist, kann die Bürgerschaft einen Bürgerentscheid beantragen (Bürgerbegehren). [2]Ein Bürgerbegehren darf nur Angelegenheiten zum Gegenstand haben, über die innerhalb der letzten drei Jahre nicht bereits ein Bürgerentscheid auf Grund eines Bürgerbegehrens durchgeführt worden ist. [3]Das Bürgerbegehren muss schriftlich eingereicht werden, dabei findet § 3a LVwVfG keine Anwendung; richtet es sich gegen einen Beschluss des Gemeinderats, muss es innerhalb von drei Monaten nach der Bekanntgabe des Beschlusses eingereicht sein. [4]Das Bürgerbegehren muss die zur Entscheidung zu bringende Frage, eine Begründung und einen nach den gesetzlichen Bestimmungen durchführbaren Vorschlag für die Deckung der Kosten der verlangten Maßnahme enthalten. [5]Die Gemeinde erteilt zur Erstellung des Kostendeckungsvorschlags Auskünfte zur Sach- und Rechtslage. [6]Das Bürgerbegehren muss von mindestens 7 vom Hundert der Bürger unterzeichnet sein, höchstens

jedoch von 20 000 Bürgern. [7]Es soll bis zu drei Vertrauenspersonen mit Namen und Anschrift benennen, die berechtigt sind, die Unterzeichnenden zu vertreten. [8]Sind keine Vertrauenspersonen benannt, gelten die beiden ersten Unterzeichner als Vertrauenspersonen. [9]Nur die Vertrauenspersonen sind, jede für sich, berechtigt, verbindliche Erklärungen zum Antrag abzugeben und entgegenzunehmen.

(4) [1]Über die Zulässigkeit eines Bürgerbegehrens entscheidet der Gemeinderat nach Anhörung der Vertrauenspersonen unverzüglich, spätestens innerhalb von zwei Monaten nach Eingang des Antrags. [2]Nach Feststellung der Zulässigkeit des Bürgerbegehrens dürfen die Gemeindeorgane bis zur Durchführung des Bürgerentscheids keine dem Bürgerbegehren entgegenstehende Entscheidung treffen oder vollziehen, es sei denn, zum Zeitpunkt der Einreichung des Bürgerbegehrens haben rechtliche Verpflichtungen hierzu bestanden. [3]Der Bürgerentscheid entfällt, wenn der Gemeinderat die Durchführung der mit dem Bürgerbegehren verlangten Maßnahme beschließt.

(5) [1]Wird ein Bürgerentscheid durchgeführt, muss den Bürgern die innerhalb der Gemeindeorgane vertretene Auffassung durch Veröffentlichung oder Zusendung einer schriftlichen Information bis zum 20. Tag vor dem Bürgerentscheid dargelegt werden. [2]In dieser Veröffentlichung oder schriftlichen Information der Gemeinde zum Bürgerentscheid dürfen die Vertrauenspersonen eines Bürgerbegehrens ihre Auffassung zum Gegenstand des Bürgerentscheids in gleichem Umfang darstellen wie die Gemeindeorgane.

(6) Der Bürgerentscheid ist innerhalb von vier Monaten nach der Entscheidung über die Zulässigkeit durchzuführen, es sei denn, die Vertrauenspersonen stimmen einer Verschiebung zu.

(7) [1]Bei einem Bürgerentscheid ist die gestellte Frage in dem Sinne entschieden, in dem sie von der Mehrheit der gültigen Stimmen beantwortet wurde, sofern diese Mehrheit mindestens 20 vom Hundert der Stimmberechtigten beträgt. [2]Bei Stimmengleichheit gilt die Frage als mit Nein beantwortet. [3]Ist die nach Satz 1 erforderliche Mehrheit nicht erreicht worden, hat der Gemeinderat die Angelegenheit zu entscheiden.

(8) [1]Der Bürgerentscheid hat die Wirkung eines Gemeinderatsbeschlusses. [2]Er kann innerhalb von drei Jahren nur durch einen neuen Bürgerentscheid abgeändert werden.

(9) Das Nähere wird durch das Kommunalwahlgesetz geregelt.

§ 22 Ehrenbürgerrecht. (1) Die Gemeinde kann Personen, die sich besonders verdient gemacht haben, das Ehrenbürgerrecht verleihen.

(2) Das Ehrenbürgerrecht kann wegen unwürdigen Verhaltens entzogen werden.

ZWEITER TEIL

Verfassung und Verwaltung der Gemeinde

1. Abschnitt

Organe

§ 23 Verwaltungsorgane der Gemeinde sind der Gemeinderat und der Bürgermeister.

2. Abschnitt

Gemeinderat

§ 24 Rechtsstellung und Aufgaben. (1) [1]Der Gemeinderat ist die Vertretung der Bürger und das Hauptorgan der Gemeinde. [2]Er legt die Grundsätze für die Verwaltung der Gemeinde fest und entscheidet über alle Angelegenheiten der Gemeinde, soweit nicht der Bürgermeister kraft Gesetzes zuständig ist oder ihm der Gemeinderat bestimmte Angelegenheiten überträgt. [3]Der Gemeinderat überwacht die Ausführung seiner Beschlüsse und sorgt beim Auftreten von Missständen in der Gemeindeverwaltung für deren Beseitigung durch den Bürgermeister.

(2) [1]Der Gemeinderat entscheidet im Einvernehmen mit dem Bürgermeister über die Ernennung, Einstellung und Entlassung der Gemeindebediensteten; das Gleiche gilt für die nicht nur vorübergehende Übertragung einer anders bewerteten Tätigkeit bei einem Arbeitnehmer sowie für die Festsetzung des Entgelts, sofern kein Anspruch auf Grund eines Tarifvertrags besteht. [2]Kommt es zu keinem Einvernehmen, entscheidet der Gemeinderat mit einer Mehrheit von zwei Dritteln der Stimmen der Anwesenden allein. [3]Der Bürgermeister ist zuständig, soweit der Gemeinderat ihm die Entscheidung überträgt oder diese zur laufenden Verwaltung gehört. [4]Rechte des Staates bei der Ernennung und Entlassung von Gemeindebediensteten, die sich aus anderen Gesetzen ergeben, bleiben unberührt.

(3) [1]Eine Fraktion oder ein Sechstel der Gemeinderäte kann in allen Angelegenheiten der Gemeinde und ihrer Verwaltung verlangen, dass der Bürgermeister den Gemeinderat unterrichtet. [2]Ein Viertel der Gemeinderäte kann in Angelegenheiten im Sinne von Satz 1 verlangen, dass dem Gemeinderat oder einem von ihm bestellten Ausschuss Akteneinsicht gewährt wird. [3]In dem Ausschuss müssen die Antragsteller vertreten sein.

(4) [1]Jeder Gemeinderat kann an den Bürgermeister schriftliche, elektronische oder in einer Sitzung des Gemeinderats mündliche Anfragen über einzelne Angelegenheiten im Sinne von Absatz 3 Satz 1 richten, die binnen angemessener Frist zu beantworten sind. [2]Das Nähere ist in der Geschäftsordnung des Gemeinderats zu regeln.

(5) Absätze 3 und 4 gelten nicht bei den nach § 44 Abs. 3 Satz 3 geheim zu haltenden Angelegenheiten.

§ 25 Zusammensetzung. (1) [1]Der Gemeinderat besteht aus dem Bürgermeister als Vorsitzendem und den ehrenamtlichen Mitgliedern (Gemeinderäte). [2]In Städten führen die Gemeinderäte die Bezeichnung Stadtrat.

(2) [1]Die Zahl der Gemeinderäte beträgt

in Gemeinden mit nicht mehr als	1 000 Einwohnern	8,
in Gemeinden mit mehr als aber nicht mehr als	1 000 Einwohnern, 2 000 Einwohnern	10,
in Gemeinden mit mehr als aber nicht mehr als	2 000 Einwohnern, 3 000 Einwohnern	12,
in Gemeinden mit mehr als aber nicht mehr als	3 000 Einwohnern, 5 000 Einwohnern	14,
in Gemeinden mit mehr als aber nicht mehr als	5 000 Einwohnern, 10 000 Einwohnern	18,
in Gemeinden mit mehr als aber nicht mehr als	10 000 Einwohnern, 20 000 Einwohnern	22,
in Gemeinden mit mehr als aber nicht mehr als	20 000 Einwohnern, 30 000 Einwohnern	26,
in Gemeinden mit mehr als aber nicht mehr als	30 000 Einwohnern, 50 000 Einwohnern	32,
in Gemeinden mit mehr als aber nicht mehr als	50 000 Einwohnern, 150 000 Einwohnern	40,
in Gemeinden mit mehr als aber nicht mehr als	150 000 Einwohnern, 400 000 Einwohnern	48,
in Gemeinden mit mehr als	400 000 Einwohnern	60;

durch die Hauptsatzung kann bestimmt werden, dass für die Zahl der Gemeinderäte die nächstniedrigere Gemeindegrößengruppe maßgebend ist.

[2]In Gemeinden mit unechter Teilortswahl kann durch die Hauptsatzung bestimmt werden, dass für die Zahl der Gemeinderäte die nächstniedrigere oder die nächsthöhere Gemeindegrößengruppe maßgebend ist; durch die Hauptsatzung kann auch eine dazwischenliegende Zahl der Gemeinderäte festgelegt werden. [3]Ergibt sich aus der Verteilung der Sitze im Verhältnis der auf die Wahlvorschläge gefallenen Gesamtstimmenzahlen innerhalb des Wahlgebiets, dass einem Wahlvorschlag außer den in den Wohnbezirken bereits zugewiesenen Sitzen weitere zustehen, erhöht sich die Zahl der Gemeinderäte für die auf die Wahl folgende Amtszeit entsprechend. [4]Wird die unechte Teilortswahl aufgehoben, kann bis zum Ende der laufenden Amtszeit der Gemeinderäte durch die Hauptsatzung bestimmt werden, dass die bisherige oder eine andere nach Satz 2 festzulegende Sitzzahl längstens bis zum Ablauf der zweiten auf die

Aufhebung der unechten Teilortswahl folgenden Amtszeit der Gemeinderäte maßgebend ist.

(3) Änderungen der für die Zusammensetzung des Gemeinderats maßgebenden Einwohnerzahl sind erst bei der nächsten regelmäßigen Wahl zu berücksichtigen.

§ 26 Wahlgrundsätze. (1) Die Gemeinderäte werden in allgemeiner, unmittelbarer, freier, gleicher und geheimer Wahl von den Bürgern gewählt.

(2) [1]Gewählt wird auf Grund von Wahlvorschlägen unter Berücksichtigung der Grundsätze der Verhältniswahl. [2]Die Verbindung von Wahlvorschlägen ist unzulässig. [3]Jeder Wahlberechtigte hat soviel Stimmen, wie Gemeinderäte zu wählen sind. [4]Der Wahlberechtigte kann Bewerber aus anderen Wahlvorschlägen übernehmen und einem Bewerber bis zu drei Stimmen geben.

(3)[1]Wird nur ein gültiger oder kein Wahlvorschlag eingereicht, findet Mehrheitswahl ohne Bindung an die vorgeschlagenen Bewerber und ohne das Recht der Stimmenhäufung auf einen Bewerber statt. [2]Der Wahlberechtigte kann dabei nur so vielen Personen eine Stimme geben, wie Gemeinderäte zu wählen sind.

(4) [1]Die Wahlvorschläge dürfen höchstens so viele Bewerber enthalten, wie Gemeinderäte zu wählen sind. [2]In Gemeinden mit nicht mehr als 3.000 Einwohnern dürfen die Wahlvorschläge höchstens doppelt so viele Bewerber enthalten, wie Gemeinderäte zu wählen sind.

§ 27 Wahlgebiet, Unechte Teilortswahl. (1) Die Gemeinde bildet das Wahlgebiet.

(2) [1]In Gemeinden mit räumlich getrennten Ortsteilen können durch die Hauptsatzung aus jeweils einem oder mehreren benachbarten Ortsteilen bestehende Wohnbezirke mit der Bestimmung gebildet werden, dass die Sitze im Gemeinderat nach einem bestimmten Zahlenverhältnis mit Vertretern der verschiedenen Wohnbezirke zu besetzen sind (unechte Teilortswahl). [2]Die Bewerber müssen im Wohnbezirk wohnen. [3]Das Recht der Bürger zur gleichmäßigen Teilnahme an der Wahl sämtlicher Gemeinderäte wird hierdurch nicht berührt. [4]Bei der Bestimmung der auf die einzelnen Wohnbezirke entfallenden Anzahl der Sitze sind die örtlichen Verhältnisse und der Bevölkerungsanteil zu berücksichtigen.

(3) [1]Bei unechter Teilortswahl sind die Bewerber in den Wahlvorschlägen getrennt nach Wohnbezirken aufzuführen. [2]Die Wahlvorschläge dürfen für jeden Wohnbezirk, für den nicht mehr als drei Vertreter zu wählen sind, einen Bewerber mehr und für jeden Wohnbezirk, für den mehr als drei Vertreter zu wählen sind, höchstens so viele Bewerber enthalten, wie Vertreter zu wählen sind; § 26 Abs. 4 Satz 2 findet keine Anwendung.

(4) [1]Findet bei unechter Teilortswahl Verhältniswahl statt, kann der Wahlberechtigte für den einzelnen Wohnbezirk Bewerber, die auf anderen Wahlvor-

schlägen als Vertreter für den gleichen Wohnbezirk vorgeschlagen sind, übernehmen und einem Bewerber bis zu drei Stimmen geben. [2]Der Wahlberechtigte kann dabei nur so vielen Bewerbern im Wohnbezirk Stimmen geben, wie für den Wohnbezirk Vertreter zu wählen sind.

(5) Findet bei unechter Teilortswahl Mehrheitswahl statt, muss der Stimmzettel erkennen lassen, welche Personen der Wahlberechtigte als Vertreter der einzelnen Wohnbezirke in den Gemeinderat wählen wollte; Absatz 4 Satz 2 gilt entsprechend.

(6) Ist die unechte Teilortswahl auf Grund einer Vereinbarung nach § 8 Abs. 2 und § 9 Abs. 4 auf unbestimmte Zeit eingeführt worden, kann sie durch Änderung der Hauptsatzung aufgehoben werden, frühestens jedoch zur übernächsten regelmäßigen Wahl der Gemeinderäte nach ihrer erstmaligen Anwendung.

§ 28 Wählbarkeit. (1) Wählbar in den Gemeinderat sind Bürger der Gemeinde, die das 18. Lebensjahr vollendet haben.

(2) [1]Nicht wählbar sind Bürger,

1. die vom Wahlrecht ausgeschlossen sind (§ 14 Abs. 2),
2. die infolge Richterspruchs in der Bundesrepublik Deutschland die Wählbarkeit oder die Fähigkeit zur Bekleidung öffentlicher Ämter nicht besitzen.

[2]Unionsbürger sind auch dann nicht wählbar, wenn sie infolge einer zivilrechtlichen Einzelfallentscheidung oder einer strafrechtlichen Entscheidung des Mitgliedstaates, dessen Staatsangehörige sie sind, die Wählbarkeit nicht besitzen.

§ 29 Hinderungsgründe. (1) [1]Gemeinderäte können nicht sein

1. a) Beamte und Arbeitnehmer der Gemeinde,
   b) Beamte und Arbeitnehmer eines Gemeindeverwaltungsverbands, eines Nachbarschaftsverbands und eines Zweckverbands, dessen Mitglied die Gemeinde ist, sowie der erfüllenden Gemeinde einer vereinbarten Verwaltungsgemeinschaft, der die Gemeinde angehört,
   c) leitende Beamte und leitende Arbeitnehmer einer sonstigen Körperschaft des öffentlichen Rechts, wenn die Gemeinde in einem beschließenden Kollegialorgan der Körperschaft mehr als die Hälfte der Stimmen hat, oder eines Unternehmens in der Rechtsform des privaten Rechts, wenn die Gemeinde mit mehr als 50 vom Hundert an dem Unternehmen beteiligt ist, oder einer selbständigen Kommunalanstalt der Gemeinde oder einer gemeinsamen selbständigen Kommunalanstalt, an der die Gemeinde mit mehr als 50 vom Hundert beteiligt ist,
   d) Beamte und Arbeitnehmer einer Stiftung des öffentlichen Rechts, die von der Gemeinde verwaltet wird,
2. Beamte und Arbeitnehmer der Rechtsaufsichtsbehörde, der oberen und der obersten Rechtsaufsichtsbehörde, die unmittelbar mit der Ausübung der Rechtsaufsicht befasst sind, sowie leitende Beamte und leitende Arbeitneh-

mer der Gemeindeprüfungsanstalt. [2]Satz 1 findet keine Anwendung auf Arbeitnehmer, die überwiegend körperliche Arbeit verrichten.

(2) *(aufgehoben)*

(3) *(aufgehoben)*

(4) *(aufgehoben)*

(5) Der Gemeinderat stellt fest, ob ein Hinderungsgrund nach Absatz 1 gegeben ist; nach regelmäßigen Wahlen erfolgt die Feststellung vor der Einberufung der ersten Sitzung des neuen Gemeinderats.

§ 30 Amtszeit. (1) Die Amtszeit der Gemeinderäte beträgt fünf Jahre.

(2) [1]Die Amtszeit endet mit Ablauf des Tages, in dem die regelmäßigen Wahlen der Gemeinderäte stattfinden. [2]Wenn die Wahl von der Wahlprüfungsbehörde nicht beanstandet wurde, ist die erste Sitzung des Gemeinderats unverzüglich nach der Zustellung des Wahlprüfungsbescheids oder nach ungenutztem Ablauf der Wahlprüfungsfrist, sonst nach Eintritt der Rechtskraft der Wahl anzuberaumen; dies gilt auch, wenn eine Entscheidung nach § 29 Abs. 5 Halbsatz 2 noch nicht rechtskräftig ist. [3]Bis zum Zusammentreten des neugebildeten Gemeinderats führt der bisherige Gemeinderat die Geschäfte weiter. [4]Wesentliche Entscheidungen, die bis zum Zusammentreten des neu gebildeten Gemeinderats aufgeschoben werden können, bleiben dem neu gebildeten Gemeinderat vorbehalten.

(3) [1]Ist die Wahl von Gemeinderäten, die ihr Amt bereits angetreten haben, rechtskräftig für ungültig erklärt worden, so führen diese im Falle des § 32 Abs. 1 des Kommunalwahlgesetzes die Geschäfte bis zum Zusammentreten des auf Grund einer Wiederholungs- oder Neuwahl neu gebildeten Gemeinderats, in den Fällen des § 32 Abs. 2 und 3 des Kommunalwahlgesetzes bis zum Ablauf des Tages weiter, an dem das berichtigte Wahlergebnis öffentlich bekannt gemacht wird. [2]Die Rechtswirksamkeit der Tätigkeit dieser Gemeinderäte wird durch die Ungültigkeit ihrer Wahl nicht berührt.

§ 31 Ausscheiden, Nachrücken, Ergänzungswahl. (1) [1]Aus dem Gemeinderat scheiden die Mitglieder aus, die die Wählbarkeit (§ 28) verlieren. [2]Das Gleiche gilt für Mitglieder, bei denen ein Hinderungsgrund (§ 29) im Laufe der Amtszeit entsteht. [3]Die Bestimmungen über das Ausscheiden aus einem wichtigen Grund bleiben unberührt. [4]Der Gemeinderat stellt fest, ob eine dieser Voraussetzungen gegeben ist. [5]Für Beschlüsse, die unter Mitwirkung von Personen nach Satz 1 oder nach § 29 zustande gekommen sind, gilt § 18 Abs. 6 entsprechend. [6]Ergibt sich nachträglich, dass eine in den Gemeinderat gewählte Person im Zeitpunkt der Wahl nicht wählbar war, ist dies vom Gemeinderat festzustellen.

(2) [1]Tritt eine gewählte Person nicht in den Gemeinderat ein, scheidet sie im Laufe der Amtszeit aus oder wird festgestellt, dass sie nicht wählbar war, rückt die als nächste Ersatzperson festgestellte Person nach. [2]Satz 1 gilt entsprechend, wenn eine gewählte Person, der ein Sitz nach § 26 Abs. 2 Satz 4 des

Kommunalwahlgesetzes zugeteilt worden war, als Ersatzperson nach Satz 1 nachrückt.

(3) Ist die Zahl der Gemeinderäte dadurch, dass nicht eintretende oder ausgeschiedene Gemeinderäte nicht durch Nachrücken ersetzt oder bei einer Wahl Sitze nicht besetzt werden konnten, auf weniger als zwei Drittel der gesetzlichen Mitgliederzahl herabgesunken, ist eine Ergänzungswahl für den Rest der Amtszeit nach den für die Hauptwahl geltenden Vorschriften durchzuführen.

§ 31a Folgen des Verbots einer Partei oder Wählervereinigung. (1) [1]Stellt das Bundesverfassungsgericht nach Artikel 21 Absatz 4 des Grundgesetzes fest, dass eine Partei oder die Teilorganisation einer Partei verfassungswidrig ist, scheiden Gemeinderäte,

1. die aufgrund eines Wahlvorschlags dieser Partei oder Teilorganisation gewählt worden sind, oder
2. die dieser Partei oder Teilorganisation zu einem Zeitpunkt zwischen der Antragstellung nach § 43 des Bundesverfassungsgerichtsgesetzes und der Verkündung der Entscheidung nach § 46 des Bundesverfassungsgerichtsgesetzes angehört haben,

mit der Verkündung der Entscheidung des Bundesverfassungsgerichts aus dem Gemeinderat aus. [2]Für unanfechtbar verbotene Ersatzorganisationen (§ 33 des Parteiengesetzes) gilt Satz 1 entsprechend.

(2) Wird eine Wählervereinigung nach dem Vereinsgesetz verboten, scheiden Gemeinderäte, die aufgrund eines Wahlvorschlags dieser Wählervereinigung gewählt worden sind, mit der Unanfechtbarkeit des Verbots aus dem Gemeinderat aus.

(3) In den Fällen des Absatzes 1 Satz 1 Nummer 1 und des Absatzes 2 bleiben die freigewordenen Sitze unbesetzt.

(4) [1]Scheidet ein Gemeinderat ausschließlich nach Absatz 1 Satz 1 Nummer 2 aus dem Gemeinderat aus, rückt die als nächste Ersatzperson festgestellte Person nach. [2]§ 31 Absatz 2 Satz 2 gilt entsprechend. [3]Ersatzpersonen, die die Voraussetzungen des Absatzes 1 Satz 1 Nummer 2 erfüllen, sind vom Nachrücken ausgeschlossen.

(5) [1]Der Gemeinderat stellt das Ausscheiden aus dem Gemeinderat und den Ausschluss vom Nachrücken fest. [2]Für Beschlüsse, die unter Mitwirkung von Personen nach den Absätzen 1 und 2 zu Stande gekommen sind, gilt § 18 Absatz 6 entsprechend.

§ 32 Rechtsstellung der Gemeinderäte. (1) [1]Die Gemeinderäte sind ehrenamtlich tätig. [2]Der Bürgermeister verpflichtet die Gemeinderäte in der ersten Sitzung öffentlich auf die gewissenhafte Erfüllung ihrer Amtspflichten.

(2) [1]Niemand darf gehindert werden, das Amt eines Gemeinderats zu übernehmen und auszuüben. [2]Eine Kündigung oder Entlassung aus einem Dienst-

oder Arbeitsverhältnis, eine Versetzung an einen anderen Beschäftigungsort und jede sonstige berufliche Benachteiligung aus diesem Grund sind unzulässig. [3]Steht der Gemeinderat in einem Dienst- oder Arbeitsverhältnis, ist ihm die für seine Tätigkeit erforderliche freie Zeit zu gewähren.

(3) [1]Die Gemeinderäte entscheiden im Rahmen der Gesetze nach ihrer freien, nur durch das öffentliche Wohl bestimmten Überzeugung. [2]An Verpflichtungen und Aufträge, durch die diese Freiheit beschränkt wird, sind sie nicht gebunden.

(4) Erleidet ein Gemeinderat einen Dienstunfall, hat er dieselben Rechte wie ein Ehrenbeamter.

(5) Auf Gemeinderäte, die als Vertreter der Gemeinden in Organen eines Unternehmens (§ 105) Vergütungen erhalten, finden die für den Bürgermeister der Gemeinde geltenden Vorschriften über die Ablieferungspflicht entsprechende Anwendung.

§ 32a Fraktionen. (1) [1]Gemeinderäte können sich zu Fraktionen zusammenschließen. [2]Das Nähere über die Bildung der Fraktionen, die Mindestzahl ihrer Mitglieder sowie die Rechte und Pflichten der Fraktionen regelt die Geschäftsordnung.

(2) [1]Die Fraktionen wirken bei der Willensbildung und Entscheidungsfindung des Gemeinderats mit. [2]Sie dürfen insoweit ihre Auffassungen öffentlich darstellen. [3]Ihre innere Ordnung muss demokratischen und rechtsstaatlichen Grundsätzen entsprechen.

(3) [1]Die Gemeinde kann den Fraktionen Mittel aus ihrem Haushalt für die sächlichen und personellen Aufwendungen der Fraktionsarbeit gewähren. [2]Über die Verwendung der Mittel ist ein Nachweis in einfacher Form zu führen.

§ 33 Mitwirkung im Gemeinderat. (1) Die Beigeordneten nehmen an den Sitzungen des Gemeinderats mit beratender Stimme teil.

(2) Der Vorsitzende kann den Vortrag in den Sitzungen des Gemeinderats einem Gemeindebediensteten übertragen; auf Verlangen des Gemeinderats muss er einen solchen Bediensteten zu sachverständigen Auskünften zuziehen.

(3) Der Gemeinderat kann sachkundige Einwohner und Sachverständige zu den Beratungen einzelner Angelegenheiten zuziehen.

(4) [1]Der Gemeinderat kann bei öffentlichen Sitzungen Einwohnern und den ihnen gleichgestellten Personen und Personenvereinigungen nach § 10 Abs. 3 und 4 die Möglichkeit einräumen, Fragen zu Gemeindeangelegenheiten zu stellen oder Anregungen und Vorschläge zu unterbreiten (Fragestunde); zu den Fragen nimmt der Vorsitzende Stellung. [2]Der Gemeinderat kann betroffenen Personen und Personengruppen Gelegenheit geben, ihre Auffassung im Gemeinderat vorzutragen (Anhörung); das Gleiche gilt für die Ausschüsse. [3]Das Nähere regelt die Geschäftsordnung.

§ 33a Ältestenrat. (1) [1]Durch die Hauptsatzung kann bestimmt werden, dass der Gemeinderat einen Ältestenrat bildet, der den Bürgermeister in Fragen der Tagesordnung und des Gangs der Verhandlungen des Gemeinderats berät. [2]Vorsitzender des Ältestenrats ist der Bürgermeister.

(2) Das Nähere über die Zusammensetzung, den Geschäftsgang und die Aufgaben des Ältestenrats ist in der Geschäftsordnung des Gemeinderats zu regeln; zu der Regelung der Aufgaben ist das Einvernehmen des Bürgermeisters erforderlich.

§ 34 Einberufung der Sitzungen, Teilnahmepflicht. (1) [1]Der Bürgermeister beruft den Gemeinderat schriftlich oder elektronisch mit angemessener Frist ein und teilt rechtzeitig, in der Regel mindestens sieben Tage vor dem Sitzungstag die Verhandlungsgegenstände mit; dabei sind die für die Verhandlung erforderlichen Unterlagen beizufügen, soweit nicht das öffentliche Wohl oder berechtigte Interessen Einzelner entgegenstehen. [2]Der Gemeinderat ist einzuberufen, wenn es die Geschäftslage erfordert; er soll jedoch mindestens einmal im Monat einberufen werden. [3]Der Gemeinderat ist unverzüglich einzuberufen, wenn es ein Viertel der Gemeinderäte unter Angabe des Verhandlungsgegenstands beantragt. [4]Auf Antrag einer Fraktion oder eines Sechstels der Gemeinderäte ist ein Verhandlungsgegenstand auf die Tagesordnung spätestens der übernächsten Sitzung des Gemeinderats zu setzen. [5]Die Verhandlungsgegenstände müssen zum Aufgabengebiet des Gemeinderats gehören. [6]Sätze 3 und 4 gelten nicht, wenn der Gemeinderat den gleichen Verhandlungsgegenstand innerhalb der letzten sechs Monate bereits behandelt hat. [7]Zeit, Ort und Tagesordnung der öffentlichen Sitzungen sind rechtzeitig ortsüblich bekannt zu geben.

(2) In Notfällen kann der Gemeinderat ohne Frist, formlos und nur unter Angabe der Verhandlungsgegenstände einberufen werden; Absatz 1 Satz 7 findet keine Anwendung.

(3) Die Gemeinderäte sind verpflichtet, an den Sitzungen teilzunehmen.

§ 35 Öffentlichkeit der Sitzungen. (1) [1]Die Sitzungen des Gemeinderats sind öffentlich. [2]Nichtöffentlich darf nur verhandelt werden, wenn es das öffentliche Wohl oder berechtigte Interessen Einzelner erfordern; über Gegenstände, bei denen diese Voraussetzungen vorliegen, muss nichtöffentlich verhandelt werden. [3]Über Anträge aus der Mitte des Gemeinderats, einen Verhandlungsgegenstand entgegen der Tagesordnung in öffentlicher oder nichtöffentlicher Sitzung zu behandeln, wird in nichtöffentlicher Sitzung beraten und entschieden. [4]In nichtöffentlicher Sitzung nach Satz 2 gefasste Beschlüsse sind nach Wiederherstellung der Öffentlichkeit oder, wenn dies ungeeignet ist, in der nächsten öffentlichen Sitzung im Wortlaut bekannt zu geben, soweit nicht das öffentliche Wohl oder berechtigte Interessen Einzelner entgegenstehen.

(2) Die Gemeinderäte sind zur Verschwiegenheit über alle in nichtöffentlicher Sitzung behandelten Angelegenheiten so lange verpflichtet, bis sie der

Bürgermeister von der Schweigepflicht entbindet; dies gilt nicht für Beschlüsse, soweit sie nach Absatz 1 Satz 4 bekannt gegeben worden sind.

§ 36 Verhandlungsleitung, Geschäftsgang. (1) [1]Der Vorsitzende eröffnet, leitet und schließt die Verhandlungen des Gemeinderats. [2]Er handhabt die Ordnung und übt das Hausrecht aus.

(2) Der Gemeinderat regelt seine inneren Angelegenheiten, insbesondere den Gang seiner Verhandlungen, im Rahmen der gesetzlichen Vorschriften durch eine Geschäftsordnung.

(3) [1]Bei grober Ungebühr oder wiederholten Verstößen gegen die Ordnung kann ein Gemeinderat vom Vorsitzenden aus dem Beratungsraum verwiesen werden; mit dieser Anordnung ist der Verlust des Anspruchs auf die auf den Sitzungstag entfallende Entschädigung verbunden. [2]Bei wiederholten Ordnungswidrigkeiten nach Satz 1 kann der Gemeinderat ein Mitglied für mehrere, höchstens jedoch für sechs Sitzungen ausschließen. [3]Entsprechendes gilt für sachkundige Einwohner, die zu den Beratungen zugezogen sind.

§ 37 Beschlussfassung. (1) [1]Der Gemeinderat kann nur in einer ordnungsmäßig einberufenen und geleiteten Sitzung beraten und beschließen. [2]Über Gegenstände einfacher Art kann im Wege der Offenlegung oder im schriftlichen oder elektronischen Verfahren beschlossen werden; ein hierbei gestellter Antrag ist angenommen, wenn kein Mitglied widerspricht.

(2) [1]Der Gemeinderat ist beschlussfähig, wenn mindestens die Hälfte aller Mitglieder anwesend und stimmberechtigt ist. [2]Bei Befangenheit von mehr als der Hälfte aller Mitglieder ist der Gemeinderat beschlussfähig, wenn mindestens ein Viertel aller Mitglieder anwesend und stimmberechtigt ist.

(3) [1]Ist der Gemeinderat wegen Abwesenheit oder Befangenheit von Mitgliedern nicht beschlussfähig, muss eine zweite Sitzung stattfinden, in der er beschlussfähig ist, wenn mindestens drei Mitglieder anwesend und stimmberechtigt sind; bei der Einberufung der zweiten Sitzung ist hierauf hinzuweisen. [2]Die zweite Sitzung entfällt, wenn weniger als drei Mitglieder stimmberechtigt sind.

(4) [1]Ist keine Beschlussfähigkeit des Gemeinderats gegeben, entscheidet der Bürgermeister anstelle des Gemeinderats nach Anhörung der nicht befangenen Gemeinderäte. [2]Ist auch der Bürgermeister befangen, findet § 124 entsprechende Anwendung; dies gilt nicht, wenn der Gemeinderat ein stimmberechtigtes Mitglied für die Entscheidung zum Stellvertreter des Bürgermeisters bestellt.

(5) Der Gemeinderat beschließt durch Abstimmungen und Wahlen.

(6) [1]Der Gemeinderat stimmt in der Regel offen ab. [2]Die Beschlüsse werden mit Stimmenmehrheit gefasst. [3]Der Bürgermeister hat Stimmrecht; bei Stimmengleichheit ist der Antrag abgelehnt.

(7) [1]Wahlen werden geheim mit Stimmzetteln vorgenommen; es kann offen gewählt werden, wenn kein Mitglied widerspricht. [2]Der Bürgermeister hat

Stimmrecht. [3]Gewählt ist, wer mehr als die Hälfte der Stimmen der anwesenden Stimmberechtigten erhalten hat. [4]Wird eine solche Mehrheit bei der Wahl nicht erreicht, findet zwischen den beiden Bewerbern mit den meisten Stimmen Stichwahl statt, bei der die einfache Stimmenmehrheit entscheidet. [5]Bei Stimmengleichheit entscheidet das Los. [6]Steht nur ein Bewerber zur Wahl und erreicht dieser nicht mehr als die Hälfte der Stimmen der anwesenden Stimmberechtigten, findet ein zweiter Wahlgang statt; auch im zweiten Wahlgang ist mehr als Hälfte der Stimmen der anwesenden Stimmberechtigten erforderlich. [7]Der zweite Wahlgang soll frühestens eine Woche nach dem ersten Wahlgang durchgeführt werden. [8]Über die Ernennung und Einstellung von Gemeindebediensteten ist durch Wahl Beschluss zu fassen; das Gleiche gilt für die nicht nur vorübergehende Übertragung einer höher bewerteten Tätigkeit bei einem Arbeitnehmer.

§ 38 Niederschrift. (1) [1]Über den wesentlichen Inhalt der Verhandlungen des Gemeinderats ist eine Niederschrift zu fertigen, dabei findet § 3a des LVwVfG keine Anwendung; sie muss insbesondere den Namen des Vorsitzenden, die Zahl der anwesenden und die Namen der abwesenden Gemeinderäte unter Angabe des Grundes der Abwesenheit, die Gegenstände der Verhandlung, die Anträge, die Abstimmungs- und Wahlergebnisse und den Wortlaut der Beschlüsse enthalten. [2]Der Vorsitzende und jedes Mitglied können verlangen, dass ihre Erklärung oder Abstimmung in der Niederschrift festgehalten wird.

(2) [1]Die Niederschrift ist vom Vorsitzenden, zwei Gemeinderäten, die an der Verhandlung teilgenommen haben, und dem Schriftführer zu unterzeichnen. [2]Sie ist innerhalb eines Monats zur Kenntnis des Gemeinderats zu bringen; Mehrfertigungen von Niederschriften über nichtöffentliche Sitzungen dürfen nicht ausgehändigt werden. [3]Über die gegen die Niederschrift vorgebrachten Einwendungen entscheidet der Gemeinderat. [4]Die Einsichtnahme in die Niederschriften über die öffentlichen Sitzungen ist den Einwohnern gestattet.

§ 39 Beschließende Ausschüsse. (1) [1]Durch die Hauptsatzung kann der Gemeinderat beschließende Ausschüsse bilden und ihnen bestimmte Aufgabengebiete zur dauernden Erledigung übertragen. [2]Durch Beschluss kann der Gemeinderat einzelne Angelegenheiten auf bestehende beschließende Ausschüsse übertragen oder für ihre Erledigung beschließende Ausschüsse bilden.

(2) Auf beschließende Ausschüsse kann nicht übertragen werden die Beschlussfassung über

1. die Bestellung der Mitglieder von Ausschüssen des Gemeinderats, der Stellvertreter des Bürgermeisters, der Beigeordneten sowie Angelegenheiten nach § 24 Abs. 2 Satz 1 bei leitenden Gemeindebediensteten,
2. die Übernahme freiwilliger Aufgaben,
3. den Erlass von Satzungen und Rechtsverordnungen,
4. die Änderung des Gemeindegebiets,

5. die Entscheidung über die Durchführung eines Bürgerentscheids oder die Zulässigkeit eines Bürgerbegehrens,
6. die Verleihung und den Entzug des Ehrenbürgerrechts,
7. die Regelung der allgemeinen Rechtsverhältnisse der Gemeindebediensteten,
8. die Übertragung von Aufgaben auf den Bürgermeister,
9. das Einvernehmen zur Abgrenzung der Geschäftskreise der Beigeordneten,
10. die Verfügung über Gemeindevermögen, die für die Gemeinde von erheblicher wirtschaftlicher Bedeutung ist,
11. die Errichtung, wesentliche Erweiterung und Aufhebung von öffentlichen Einrichtungen und von Unternehmen sowie die Beteiligung an solchen,
12. die Umwandlung der Rechtsform von öffentlichen Einrichtungen und von Unternehmen der Gemeinde und von solchen, an denen die Gemeinde beteiligt ist,
13. die Bestellung von Sicherheiten, die Übernahme von Bürgschaften und von Verpflichtungen aus Gewährverträgen und den Abschluss der ihnen wirtschaftlich gleichkommenden Rechtsgeschäfte, soweit sie für die Gemeinde von erheblicher wirtschaftlicher Bedeutung sind,
14. den Erlass der Haushaltssatzung und der Nachtragshaushaltssatzungen, die Feststellung des Jahresabschlusses und des Gesamtabschlusses, die Wirtschaftspläne und die Feststellung des Jahresabschlusses von Sondervermögen,
15. die allgemeine Festsetzung von Abgaben,
16. den Verzicht auf Ansprüche der Gemeinde und die Niederschlagung solcher Ansprüche, die Führung von Rechtsstreiten und den Abschluss von Vergleichen, soweit sie für die Gemeinde von erheblicher wirtschaftlicher Bedeutung sind,
17. den Beitritt zu Zweckverbänden und den Austritt aus diesen und
18. die Übertragung von Aufgaben auf das Rechnungsprüfungsamt.

(3) [1]Im Rahmen ihrer Zuständigkeit entscheiden die beschließenden Ausschüsse selbständig an Stelle des Gemeinderats. [2]Ergibt sich, dass eine Angelegenheit für die Gemeinde von besonderer Bedeutung ist, können die beschließenden Ausschüsse die Angelegenheit dem Gemeinderat zur Beschlussfassung unterbreiten. [3]In der Hauptsatzung kann bestimmt werden, dass ein Viertel aller Mitglieder eines beschließenden Ausschusses eine Angelegenheit dem Gemeinderat zur Beschlussfassung unterbreiten kann, wenn sie für die Gemeinde von besonderer Bedeutung ist. [4]Lehnt der Gemeinderat eine Behandlung ab, weil er die Voraussetzungen für die Verweisung als nicht gegeben ansieht, entscheidet der zuständige beschließende Ausschuss. [5]In der Hauptsatzung kann weiter bestimmt werden, dass der Gemeinderat allgemein oder im Einzelfall Weisungen erteilen, jede Angelegenheit an sich ziehen und Beschlüsse der beschließenden Ausschüsse, solange sie noch nicht vollzogen sind, ändern oder aufheben kann.

(4) [1]Angelegenheiten, deren Entscheidung dem Gemeinderat vorbehalten ist, sollen den beschließenden Ausschüssen innerhalb ihres Aufgabengebiets zur Vorberatung zugewiesen werden. [2]Durch die Hauptsatzung kann bestimmt werden, dass Anträge, die nicht vorberaten worden sind, auf Antrag des Vorsitzenden oder einer Fraktion oder eines Sechstels aller Mitglieder des Gemeinderats den zuständigen beschließenden Ausschüssen zur Vorberatung überwiesen werden müssen.

(5) [1]Für den Geschäftsgang der beschließenden Ausschüsse gelten die §§ 33 und 34 bis 38 entsprechend. [2]Vorberatungen nach Absatz 4 können in öffentlicher oder nichtöffentlicher Sitzung erfolgen; bei Vorliegen der Voraussetzungen des § 35 Absatz 1 Satz 2 muss nichtöffentlich verhandelt werden. [3]Ist ein beschließender Ausschuss wegen Befangenheit von Mitgliedern nicht beschlussfähig im Sinne von § 37 Abs. 2 Satz 1, entscheidet der Gemeinderat an seiner Stelle ohne Vorberatung.

§ 40 Zusammensetzung der beschließenden Ausschüsse. (1) [1]Die beschließenden Ausschüsse bestehen aus dem Vorsitzenden und mindestens vier Mitgliedern. [2]Der Gemeinderat bestellt die Mitglieder und Stellvertreter widerruflich aus seiner Mitte. [3]Nach jeder Wahl der Gemeinderäte sind die beschließenden Ausschüsse neu zu bilden. [4]In die beschließenden Ausschüsse können durch den Gemeinderat sachkundige Einwohner widerruflich als beratende Mitglieder berufen werden; ihre Zahl darf die der Gemeinderäte in den einzelnen Ausschüssen nicht erreichen; sie sind ehrenamtlich tätig; § 32 Abs. 2 gilt entsprechend.

(2) [1]Kommt eine Einigung über die Zusammensetzung eines beschließenden Ausschusses nicht zu Stande, werden die Mitglieder von den Gemeinderäten auf Grund von Wahlvorschlägen nach den Grundsätzen der Verhältniswahl unter Bindung an die Wahlvorschläge gewählt. [2]Wird nur ein gültiger oder kein Wahlvorschlag eingereicht, findet Mehrheitswahl ohne Bindung an die vorgeschlagenen Bewerber statt.

(3) Vorsitzender der beschließenden Ausschüsse ist der Bürgermeister; er kann einen seiner Stellvertreter, einen Beigeordneten oder, wenn alle Stellvertreter oder Beigeordneten verhindert sind, ein Mitglied des Ausschusses, das Gemeinderat ist, mit seiner Vertretung beauftragen.

§ 41 Beratende Ausschüsse. (1) [1]Zur Vorberatung seiner Verhandlungen oder einzelner Verhandlungsgegenstände kann der Gemeinderat beratende Ausschüsse bestellen. [2]Sie werden aus der Mitte des Gemeinderats gebildet. [3]In die beratenden Ausschüsse können durch den Gemeinderat sachkundige Einwohner widerruflich als Mitglieder berufen werden; ihre Zahl darf die der Gemeinderäte in den einzelnen Ausschüssen nicht erreichen; sie sind ehrenamtlich tätig; § 32 Abs. 2 gilt entsprechend.

(2) [1]Den Vorsitz in den beratenden Ausschüssen führt der Bürgermeister. [2]Er kann einen seiner Stellvertreter, einen Beigeordneten oder ein Mitglied des

Ausschusses, das Gemeinderat ist, mit seiner Vertretung beauftragen; ein Beigeordneter hat als Vorsitzender Stimmrecht.

(3) Für den Geschäftsgang der beratenden Ausschüsse gelten die Vorschriften der §§ 33, 34, 36 bis 38 und § 39 Abs. 5 Satz 2 und 3 entsprechend.

§ 41 a Beteiligung von Kindern und Jugendlichen. (1) [1]Die Gemeinde soll Kinder und muss Jugendliche bei Planungen und Vorhaben, die ihre Interessen berühren, in angemessener Weise beteiligen. [2]Dafür sind von der Gemeinde geeignete Beteiligungsverfahren zu entwickeln. [3]Insbesondere kann die Gemeinde einen Jugendgemeinderat oder eine andere Jugendvertretung einrichten. [4]Die Mitglieder der Jugendvertretung sind ehrenamtlich tätig.

(2) [1]Jugendliche können die Einrichtung einer Jugendvertretung beantragen. [2]Der Antrag muss

in Gemeinden mit bis zu 20 000 Einwohnern	von 20,
in Gemeinden mit bis zu 50 000 Einwohnern	von 50,
in Gemeinden mit bis zu 200 000 Einwohnern	von 150,
in Gemeinden mit über 200 000 Einwohnern	von 250

in der Gemeinde wohnenden Jugendlichen unterzeichnet sein. [3]Der Gemeinderat hat innerhalb von drei Monaten nach Eingang des Antrags über die Einrichtung der Jugendvertretung zu entscheiden; er hat hierbei Vertreter der Jugendlichen zu hören.

(3) In der Geschäftsordnung ist die Beteiligung von Mitgliedern der Jugendvertretung an den Sitzungen des Gemeinderats in Jugendangelegenheiten zu regeln; insbesondere sind ein Rederecht, ein Anhörungsrecht und ein Antragsrecht vorzusehen.

(4) [1]Der Jugendvertretung sind angemessene finanzielle Mittel zur Verfügung zu stellen. [2]Über den Umfang entscheidet der Gemeinderat im Rahmen des Haushaltsplans. [3]Über die Verwendung der Mittel ist ein Nachweis in einfacher Form zu führen.

§ 41 b Veröffentlichung von Informationen. (1) [1]Die Gemeinde veröffentlicht auf ihrer Internetseite Zeit, Ort und Tagesordnung der öffentlichen Sitzungen des Gemeinderats und seiner Ausschüsse. [2]Absatz 2 Satz 2 gilt entsprechend.

(2) [1]Die der Tagesordnung beigefügten Beratungsunterlagen für öffentliche Sitzungen sind auf der Internetseite der Gemeinde zu veröffentlichen, nachdem sie den Mitgliedern des Gemeinderats zugegangen sind. [2]Durch geeignete Maßnahmen ist sicherzustellen, dass hierdurch keine personenbezogenen Daten oder Betriebs- und Geschäftsgeheimnisse unbefugt offenbart werden. [3]Sind Maßnahmen nach Satz 2 nicht ohne erheblichen Aufwand oder erhebliche Veränderungen der Beratungsunterlage möglich, kann im Einzelfall von der Veröffentlichung abgesehen werden.

(3) [1]In öffentlichen Sitzungen sind die Beratungsunterlagen im Sitzungsraum für die Zuhörer auszulegen. [2]Absatz 2 Sätze 2 und 3 gelten entsprechend. [3]Die ausgelegten Beratungsunterlagen dürfen vervielfältigt werden.

(4) Die Mitglieder des Gemeinderats dürfen den Inhalt von Beratungsunterlagen für öffentliche Sitzungen, ausgenommen personenbezogene Daten oder Betriebs- und Geschäftsgeheimnisse, zur Wahrnehmung ihres Amtes gegenüber Dritten und der Öffentlichkeit bekannt geben.

(5) Die in öffentlicher Sitzung des Gemeinderats oder des Ausschusses gefassten oder bekannt gegebenen Beschlüsse sind im Wortlaut oder in Form eines zusammenfassenden Berichts innerhalb einer Woche nach der Sitzung auf der Internetseite der Gemeinde zu veröffentlichen.

(6) Die Beachtung der Absätze 1 bis 5 ist nicht Voraussetzung für die Ordnungsmäßigkeit der Einberufung und Leitung der Sitzung.

3. Abschnitt

Bürgermeister

§ 42 Rechtsstellung des Bürgermeisters. (1) [1]Der Bürgermeister ist Vorsitzender des Gemeinderats und Leiter der Gemeindeverwaltung. [2]Er vertritt die Gemeinde.

(2) [1]In Gemeinden mit weniger als 2000 Einwohnern ist der Bürgermeister Ehrenbeamter auf Zeit; in Gemeinden mit mehr als 500 Einwohnern kann durch die Hauptsatzung bestimmt werden, dass er hauptamtlicher Beamter auf Zeit ist. [2]In den übrigen Gemeinden ist der Bürgermeister hauptamtlicher Beamter auf Zeit.

(3) [1]Die Amtszeit des Bürgermeisters beträgt acht Jahre. [2]Die Amtszeit beginnt mit dem Amtsantritt, im Falle der Wiederwahl schließt sich die neue Amtszeit an das Ende der vorangegangenen an.

(4) In Stadtkreisen und Großen Kreisstädten führt der Bürgermeister die Amtsbezeichnung Oberbügermeister.

(5) [1]Der Bürgermeister führt nach Freiwerden seiner Stelle die Geschäfte bis zum Amtsantritt des neu gewählten Bürgermeisters weiter; sein Dienstverhältnis besteht so lange weiter. [2]Satz 1 gilt nicht, wenn der Bürgermeister

1. vor dem Freiwerden seiner Stelle der Gemeinde schriftlich oder elektronisch mitgeteilt hat, dass er die Weiterführung der Geschäfte ablehne,
2. des Dienstes vorläufig enthoben ist, oder wenn gegen ihn öffentliche Klage wegen eines Verbrechens erhoben ist, oder
3. ohne Rücksicht auf Wahlprüfung und Wahlanfechtung nach Feststellung des Gemeindewahlausschusses nicht wiedergewählt ist; ist im ersten Wahlgang kein Bewerber gewählt worden, so ist das Ergebnis der Neuwahl (§ 45 Abs. 2) entscheidend.

(6) Ein vom Gemeinderat gewähltes Mitglied vereidigt und verpflichtet den Bürgermeister in öffentlicher Sitzung im Namen des Gemeinderats.

§ 43 Stellung im Gemeinderat. (1) Der Bürgermeister bereitet die Sitzungen des Gemeinderats und der Ausschüsse vor und vollzieht die Beschlüsse.

(2) [1]Der Bürgermeister muss Beschlüssen des Gemeinderats widersprechen, wenn er der Auffassung ist, dass sie gesetzwidrig sind; er kann widersprechen, wenn er der Auffassung ist, dass sie für die Gemeinde nachteilig sind. [2]Der Widerspruch muss unverzüglich, spätestens jedoch binnen einer Woche nach Beschlussfassung gegenüber den Gemeinderäten ausgesprochen werden. [3]Der Widerspruch hat aufschiebende Wirkung. [4]Gleichzeitig ist unter Angabe der Widerspruchsgründe eine Sitzung einzuberufen, in der erneut über die Angelegenheit zu beschließen ist; diese Sitzung hat spätestens drei Wochen nach der ersten Sitzung stattzufinden. [5]Ist nach Ansicht des Bürgermeisters auch der neue Beschluss gesetzwidrig, muss er ihm erneut widersprechen und unverzüglich die Entscheidung der Rechtsaufsichtsbehörde herbeiführen.

(3) [1]Absatz 2 gilt entsprechend für Beschlüsse, die durch beschließende Ausschüsse gefasst werden. [2]In diesen Fällen hat der Gemeinderat auf den Widerspruch zu entscheiden.

(4) [1]In dringenden Angelegenheiten des Gemeinderats, deren Erledigung auch nicht bis zu einer ohne Frist und formlos einberufenen Gemeinderatssitzung (§ 34 Abs. 2) aufgeschoben werden kann, entscheidet der Bürgermeister anstelle des Gemeinderats. [2]Die Gründe für die Eilentscheidung und die Art der Erledigung sind den Gemeinderäten unverzüglich mitzuteilen. [3]Das Gleiche gilt für Angelegenheiten, für deren Entscheidung ein beschließender Ausschuss zuständig ist.

(5) [1]Der Bürgermeister hat den Gemeinderat über alle wichtigen die Gemeinde und ihre Verwaltung betreffenden Angelegenheiten zu unterrichten; bei wichtigen Planungen ist der Gemeinderat möglichst frühzeitig über die Absichten und Vorstellungen der Gemeindeverwaltung und laufend über den Stand und den Inhalt der Planungsarbeiten zu unterrichten. [2]Über wichtige Angelegenheiten, die nach § 44 Abs. 3 Satz 3 geheim zu halten sind, ist der nach § 55 gebildete Beirat zu unterrichten. [3]Die Unterrichtung des Gemeinderats über die in Satz 2 genannten Angelegenheiten ist ausgeschlossen.

§ 44 Leitung der Gemeindeverwaltung. (1) [1]Der Bürgermeister leitet die Gemeindeverwaltung. [2]Er ist für die sachgemäße Erledigung der Aufgaben und den ordnungsmäßigen Gang der Verwaltung verantwortlich, regelt die innere Organisation der Gemeindeverwaltung und grenzt im Einvernehmen mit dem Gemeinderat die Geschäftskreise der Beigeordneten ab.

(2) [1]Der Bürgermeister erledigt in eigener Zuständigkeit die Geschäfte der laufenden Verwaltung und die ihm sonst durch Gesetz oder vom Gemeinderat übertragenen Aufgaben. [2]Die dauernde Übertragung der Erledigung bestimmter Aufgaben auf den Bürgermeister ist durch die Hauptsatzung zu regeln. [3]Der

Gemeinderat kann die Erledigung von Angelegenheiten, die er nicht auf beschließende Ausschüsse übertragen kann (§ 39 Abs. 2), auch nicht dem Bürgermeister übertragen.

(3) [1]Weisungsaufgaben erledigt der Bürgermeister in eigener Zuständigkeit, soweit gesetzlich nichts anderes bestimmt ist; abweichend hiervon ist der Gemeinderat für den Erlass von Satzungen und Rechtsverordnungen zuständig, soweit Vorschriften anderer Gesetze nicht entgegenstehen. [2]Dies gilt auch, wenn die Gemeinde in einer Angelegenheit angehört wird, die auf Grund einer Anordnung der zuständigen Behörde geheim zu halten ist. [3]Bei der Erledigung von Weisungsaufgaben, die auf Grund einer Anordnung der zuständigen Behörde geheim zu halten sind, sowie in den Fällen des Satzes 2 hat der Bürgermeister die für die Behörden des Landes geltenden Geheimhaltungsvorschriften zu beachten.

(4) Der Bürgermeister ist Vorgesetzter, Dienstvorgesetzter und oberste Dienstbehörde der Gemeindebediensteten.

§ 45 Wahlgrundsätze. (1) [1]Der Bürgermeister wird von den Bürgern in allgemeiner, unmittelbarer, freier, gleicher und geheimer Wahl gewählt. [2]Die Wahl ist nach den Grundsätzen der Mehrheitswahl durchzuführen. [3]Gewählt ist, wer mehr als die Hälfte der gültigen Stimmen erhalten hat.

(2) [1]Entfällt auf keinen Bewerber mehr als die Hälfte der gültigen Stimmen, findet frühestens am zweiten und spätestens am vierten Sonntag nach der Wahl Neuwahl statt. [2]Für die Neuwahl gelten die Grundsätze der ersten Wahl; es entscheidet die höchste Stimmenzahl und bei Stimmengleichheit das Los. [3]Eine nochmalige Stellenausschreibung ist nicht erforderlich.

§ 46 Wählbarkeit, Hinderungsgründe. (1) Wählbar zum Bürgermeister sind Deutsche im Sinne von Artikel 116 des Grundgesetzes und Unionsbürger, die vor der Zulassung der Bewerbungen in der Bundesrepublik Deutschland wohnen; die Bewerber müssen am Wahltag das 25., dürfen aber noch nicht das 68. Lebensjahr vollendet haben und müssen die Gewähr dafür bieten, dass sie jederzeit für die freiheitliche demokratische Grundordnung im Sinne des Grundgesetzes eintreten.

(2) [1]Nicht wählbar ist, wer von der Wählbarkeit in den Gemeinderat ausgeschlossen ist (§ 28 Abs. 2). [2]Nicht wählbar ist ferner,

1. wer aus dem Beamtenverhältnis entfernt, wem das Ruhegehalt aberkannt oder gegen wen in einem dem Disziplinarverfahren entsprechenden Verfahren durch die Europäische Gemeinschaft, in einem anderen Mitgliedstaat der Europäischen Gemeinschaft oder in einem anderen Vertragsstaat des Abkommens über den Europäischen Wirtschaftsraum eine entsprechende Maßnahme verhängt worden ist oder
2. wer wegen einer vorsätzlichen Tat durch ein deutsches Gericht oder durch die rechtsprechende Gewalt eines anderen Mitgliedstaats der Europäischen Gemeinschaft oder eines anderen Vertragsstaats des Abkommens über den

Europäischen Wirtschaftsraum zu einer Freiheitsstrafe verurteilt worden ist, die bei einem Beamten den Verlust der Beamtenrechte zur Folge hat,

in den auf die Unanfechtbarkeit der Maßnahme oder Entscheidung folgenden fünf Jahren.

(3) [1]Bedienstete der Rechtsaufsichtsbehörde, der oberen und obersten Rechtsaufsichtsbehörde, des Landratsamts und des Landkreises können nicht gleichzeitig Bürgermeister sein. [2]Für ehrenamtliche Bürgermeister findet Satz 1 nur Anwendung, wenn sie unmittelbar mit der Ausübung der Rechtsaufsicht befasst sind.

(4) Der Bürgermeister kann nicht gleichzeitig eine andere Planstelle in der Gemeinde innehaben oder deren sonstiger Bediensteter sein.

§ 47 Zeitpunkt der Wahl, Stellenausschreibung. (1) [1]Wird die Wahl des Bürgermeisters wegen Ablaufs der Amtszeit oder wegen Eintritts in den Ruhestand oder Verabschiedung infolge Erreichens der Altersgrenze notwendig, ist sie frühestens drei Monate und spätestens einen Monat vor Freiwerden der Stelle, in anderen Fällen spätestens drei Monate nach Freiwerden der Stelle durchzuführen. [2]Die Wahl kann bis zu einem Jahr nach Freiwerden der Stelle aufgeschoben werden, wenn die Auflösung der Gemeinde bevorsteht.

(2) [1]Die Stelle des hauptamtlichen Bürgermeisters ist spätestens zwei Monate vor dem Wahltag öffentlich auszuschreiben. [2]Die Gemeinde kann den Bewerbern, deren Bewerbungen zugelassen worden sind, Gelegenheit geben, sich den Bürgern in einer öffentlichen Versammlung vorzustellen.

§ 48 Stellvertreter des Bürgermeisters. (1) [1]In Gemeinden ohne Beigeordnete (§ 49) bestellt der Gemeinderat aus seiner Mitte einen oder mehrere Stellvertreter des Bürgermeisters. [2]§ 46 Abs. 3 findet keine Anwendung. [3]Die Stellvertretung beschränkt sich auf die Fälle der Verhinderung. [4]Die Stellvertreter werden nach jeder Wahl der Gemeinderäte neu bestellt. [5]Sie werden in der Reihenfolge der Stellvertretung je in einem besonderen Wahlgang gewählt. [6]Sind alle bestellten Stellvertreter vorzeitig ausgeschieden oder sind im Fall der Verhinderung des Bürgermeisters auch alle Stellvertreter verhindert, hat der Gemeinderat unverzüglich einen oder mehrere Stellvertreter neu oder für die Dauer der Verhinderung zusätzlich zu bestellen; § 37 Abs. 4 Satz 2 bleibt unberührt. [7]Bis zu dieser Bestellung nimmt das an Lebensjahren älteste, nicht verhinderte Mitglied des Gemeinderats die Aufgaben des Stellvertreters des Bürgermeisters wahr.

(2) [1]Ist in Gemeinden ohne Beigeordnete die Stelle des Bürgermeisters voraussichtlich längere Zeit unbesetzt oder der Bürgermeister voraussichtlich längere Zeit an der Ausübung seines Amtes verhindert, kann der Gemeinderat mit der Mehrheit der Stimmen aller Mitglieder einen Amtsverweser bestellen. [2]Der Amtsverweser muß zum Bürgermeister wählbar sein; § 46 Abs. 3 findet keine Anwendung. [3]Der Amtsverweser muss zum Beamten der Gemeinde bestellt werden.

(3) [1]Ein zum Bürgermeister der Gemeinde gewählter Bewerber kann vom Gemeinderat mit der Mehrheit der Stimmen aller Mitglieder nach Feststellung der Gültigkeit der Wahl durch die Wahlprüfungsbehörde oder nach ungenutztem Ablauf der Wahlprüfungsfrist im Falle der Anfechtung der Wahl vor der rechtskräftigen Entscheidung über die Gültigkeit der Wahl zum Amtsverweser bestellt werden. [2]Der Amtsverweser ist in Gemeinden mit hauptamtlichem Bürgermeister als hauptamtlicher Beamter auf Zeit, in Gemeinden mit ehrenamtlichem Bürgermeister als Ehrenbeamter auf Zeit zu bestellen. [3]Seine Amtszeit beträgt zwei Jahre; Wiederbestellung ist zulässig. [4]Die Amtszeit endet vorzeitig mit der Rechtskraft der Entscheidung über die Gültigkeit der Wahl zum Bürgermeister. [5]Der Amtsverweser führt die Bezeichnung Bürgermeister (Oberbürgermeister). [6]Er erhält in einer Gemeinde mit ehrenamtlichem Bürgermeister dessen Aufwandsentschädigung. [7]Die Amtszeit als Bürgermeister verkürzt sich um die Amtszeit als Amtsverweser.

§ 49 Beigeordnete. (1) [1]In Gemeinden mit mehr als 10 000 Einwohnern können, in Stadtkreisen müssen als Stellvertreter des Bürgermeisters ein oder mehrere hauptamtliche Beigeordnete bestellt werden. [2]Ihre Zahl wird entsprechend den Erfordernissen der Gemeindeverwaltung durch die Hauptsatzung bestimmt. [3]Außerdem können Stellvertreter des Bürgermeisters nach § 48 Abs. 1 bestellt werden, die den Bürgermeister im Falle seiner Verhinderung vertreten, wenn auch alle Beigeordneten verhindert sind.

(2) [1]Die Beigeordneten vertreten den Bürgermeister ständig in ihrem Geschäftskreis. [2]Der Bürgermeister kann ihnen allgemein oder im Einzelfall Weisungen erteilen.

(3) [1]Der Erste Beigeordnete ist der ständige allgemeine Stellvertreter des Bürgermeisters. [2]Er führt in Stadtkreisen und Großen Kreisstädten die Amtsbezeichnung Bürgermeister. [3]Die weiteren Beigeordneten sind nur allgemeine Stellvertreter des Bürgermeisters, wenn der Bürgermeister und der Erste Beigeordnete verhindert sind; die Reihenfolge der allgemeinen Stellvertretung bestimmt der Gemeinderat. [4]In Stadtkreisen und Großen Kreisstädten kann der Gemeinderat den weiteren Beigeordneten die Amtsbezeichnung Bürgermeister verleihen.

§ 50 Rechtsstellung und Bestellung der Beigeordneten. (1) [1]Die Beigeordneten sind als hauptamtliche Beamte auf Zeit zu bestellen. [2]Ihre Amtszeit beträgt acht Jahre.

(1a) Zum Beigeordneten kann bestellt werden, wer am Tag der Wahl das 68. Lebensjahr noch nicht vollendet hat.

(2) [1]Die Beigeordneten werden vom Gemeinderat je in einem besonderen Wahlgang gewählt. [2]Der Gemeinderat kann beschließen, dass der Erste Beigeordnete gewählt wird, nachdem für jede zu besetzende Beigeordnetenstelle ein Bewerber gewählt ist. [3]Sieht die Hauptsatzung mehrere Beigeordnete vor, sollen die Parteien und Wählervereinigungen gemäß ihren Vor-

schlägen nach dem Verhältnis ihrer Sitze im Gemeinderat berücksichtigt werden.

(3) [1]Für den Zeitpunkt der Bestellung gilt § 47 Abs. 1 entsprechend. [2]Die Stellen der Beigeordneten sind spätestens zwei Monate vor der Besetzung öffentlich auszuschreiben.

(4) Wird bei der Eingliederung einer Gemeinde in eine andere Gemeinde oder bei der Neubildung einer Gemeinde durch Vereinigung von Gemeinden in der Vereinbarung nach § 9 bestimmt, dass der Bürgermeister oder ein Beigeordneter der eingegliederten oder einer vereinigten Gemeinde zum Beigeordneten der aufnehmenden oder neugebildeten Gemeinde bestellt wird, finden Absätze 2 und 3 keine Anwendung.

§ 51 Hinderungsgründe. (1) [1]Beigeordnete können nicht gleichzeitig andere Planstellen der Gemeinde innehaben oder deren Bedienstete sein. [2]Sie können auch nicht Bedienstete der Rechtsaufsichtsbehörde, der oberen und obersten Rechtsaufsichtsbehörde sowie des Landratsamts und des Landkreises sein.

(2) [1]Beigeordnete dürfen weder miteinander noch mit dem Bürgermeister in einem die Befangenheit begründenden Verhältnis nach § 18 Abs. 1 Nr. 1 bis 3 stehen oder als persönlich haftende Gesellschafter an derselben Handelsgesellschaft beteiligt sein. [2]Entsteht ein solches Verhältnis zwischen dem Bürgermeister und einem Beigeordneten, ist der Beigeordnete, im Übrigen der an Dienstjahren Jüngere in den einstweiligen Ruhestand zu versetzen.

§ 52 Besondere Dienstpflichten. Für den Bürgermeister und die Beigeordneten gelten die Bestimmungen des § 17 Abs. 1 bis 3 und des § 18 entsprechend.

§ 53 Beauftragung, rechtsgeschäftliche Vollmacht. (1) [1]Der Bürgermeister kann Gemeindebedienstete mit seiner Vertretung auf bestimmten Aufgabengebieten oder in einzelnen Angelegenheiten der Gemeindeverwaltung beauftragen. [2]Er kann diese Befugnis auf Beigeordnete für deren Geschäftskreis übertragen.

(2) [1]Der Bürgermeister kann in einzelnen Angelegenheiten rechtsgeschäftliche Vollmacht erteilen. [2]Absatz 1 Satz 2 gilt entsprechend.

§ 54 Verpflichtungserklärungen. (1) [1]Erklärungen, durch welche die Gemeinde verpflichtet werden soll, bedürfen der Schriftform oder müssen in elektronischer Form mit einer dauerhaft überprüfbaren Signatur versehen sein. [2]Sie sind vom Bürgermeister zu unterzeichnen.

(2) Im Falle der Vertretung des Bürgermeisters müssen Erklärungen durch dessen Stellvertreter, den vertretungsberechtigten Beigeordneten oder durch zwei vertretungsberechtigte Gemeindebedienstete unterzeichnet werden.

(3) Den Unterschriften soll die Amtsbezeichnung und im Falle des Absatzes 2 ein das Vertretungsverhältnis kennzeichnender Zusatz beigefügt werden.

(4) Die Formvorschriften der Absätze 1 bis 3 gelten nicht für Erklärungen in Geschäften der laufenden Verwaltung oder auf Grund einer in der Form der Absätze 1 bis 3 ausgestellten Vollmacht.

§ 55 Beirat für geheim zu haltende Angelegenheiten. (1) Der Gemeinderat kann einen Beirat bilden, der den Bürgermeister in allen Angelegenheiten des § 44 Abs. 3 Satz 2 berät.

(2) [1]Der Beirat besteht in Gemeinden mit nicht mehr als 1 000 Einwohnern aus den Stellvertretern des Bürgermeisters nach § 48 Abs. 1 Satz 1. [2]Er besteht

in Gemeinden mit mehr als 1 000,
aber nicht mehr als 10 000 Einwohnern
aus zwei,

in Gemeinden mit mehr als 10 000,
aber nicht mehr als 30 000 Einwohnern
aus zwei oder drei,

in Gemeinden mit mehr als 30 000 Einwohnern
aus mindestens drei und höchstens fünf Mitgliedern,

die vom Gemeinderat aus seiner Mitte bestellt werden. [3]Dem Beirat können nur Mitglieder des Gemeinderats angehören, die auf die für die Behörden des Landes geltenden Geheimhaltungsvorschriften verpflichtet sind.

(3) [1]Vorsitzender des Beirats ist der Bürgermeister. [2]Er beruft den Beirat ein, wenn es die Geschäftslage erfordert. [3]Fällt die Angelegenheit in den Geschäftskreis eines Beigeordneten, nimmt dieser an der Sitzung teil. [4]Die Sitzungen des Beirats sind nicht öffentlich. [5]Für die Beratungen des Beirats gelten § 34 Abs. 3, § 36 Abs. 1 und 3, § 37 Abs. 1 Satz 1 und Abs. 2 und § 38 entsprechend.

4. Abschnitt

Gemeindebedienstete

§ 56 Einstellung, Ausbildung. (1) Die Gemeinde ist verpflichtet, die zur Erfüllung ihrer Aufgaben erforderlichen geeigneten Beamten und Arbeitnehmer einzustellen.

(2) [1]Bei der Ausbildung der im Vorbereitungsdienst befindlichen Beamten für den Dienst in der Verwaltung des Landes und der Träger der Selbstverwaltung wirken die Gemeinden mit den zuständigen Stellen zusammen. [2]Für den persönlichen Aufwand, der den Gemeinden entsteht, ist unter ihnen ein entsprechender finanzieller Ausgleich zu schaffen.

(3) Die Gemeinde fördert die Fortbildung ihrer Bediensteten.

§ 57 Stellenplan. [1]Die Gemeinde bestimmt im Stellenplan die Stellen ihrer Beamten sowie ihrer nicht nur vorübergehend beschäftigten Arbeitnehmer, die für die Erfüllung der Aufgaben im Haushaltsjahr erforderlich sind. [2]Für Sondervermögen, für die Sonderrechnungen geführt werden, sind besondere Stellenpläne aufzustellen. [3]Beamte in Einrichtungen solcher Sondervermögen sind auch im Stellenplan nach Satz 1 aufzuführen und dort besonders zu kennzeichnen.

§ 58 Gemeindefachbediensteter. [1]Zur fachgemäßen Erledigung der Verwaltungsgeschäfte müssen die Gemeinden mindestens einen Bediensteten mit der Befähigung zum gehobenen oder höheren Verwaltungsdienst (Gemeindefachbediensteter) haben. [2]Satz 1 findet keine Anwendung auf Gemeinden, die einer Verwaltungsgemeinschaft angehören, wenn diese der Gemeinde einen Gemeindefachbediensteten zur Erledigung der Verwaltungsgeschäfte zur Verfügung stellt.

5. Abschnitt

Besondere Verwaltungsformen

1. Verwaltungsgemeinschaft

§ 59 Rechtsformen der Verwaltungsgemeinschaft. [1]Benachbarte Gemeinden desselben Landkreises können eine Verwaltungsgemeinschaft als Gemeindeverwaltungsverband bilden oder vereinbaren, dass eine Gemeinde (erfüllende Gemeinde) die Aufgaben eines Gemeindeverwaltungsverbands erfüllt (vereinbarte Verwaltungsgemeinschaft). [2]Eine Gemeinde kann nur einer Verwaltungsgemeinschaft angehören. [3]Die Verwaltungsgemeinschaft soll nach der Zahl der Gemeinden und ihrer Einwohner sowie nach der räumlichen Ausdehnung unter Berücksichtigung der örtlichen Verhältnisse und landesplanerischer Gesichtspunkte so abgegrenzt werden, dass sie ihre Aufgaben zweckmäßig und wirtschaftlich erfüllen kann.

§ 60 Anwendung von Rechtsvorschriften und besondere Bestimmungen für die Verwaltungsgemeinschaft. (1) Für die Verwaltungsgemeinschaft gelten die Vorschriften des Gesetzes über kommunale Zusammenarbeit, soweit nichts anderes bestimmt ist.

(2) [1]Der Genehmigung bedürfen auch Änderungen der Verbandssatzung und der Vereinbarung wegen der Aufnahme einer Gemeinde. [2]Die Rechtsaufsichtsbehörde entscheidet über alle erforderlichen Genehmigungen nach pflichtgemäßem Ermessen.

(3) [1]Die Verbandsversammlung des Gemeindeverwaltungsverbands besteht nach näherer Bestimmung der Verbandssatzung aus dem Bürgermeister und

mindestens einem weiteren Vertreter einer jeden Mitgliedsgemeinde. [2]Die weiteren Vertreter werden nach jeder regelmäßigen Wahl der Gemeinderäte vom Gemeinderat aus seiner Mitte gewählt; scheidet ein weiterer Vertreter vorzeitig aus dem Gemeinderat oder der Verbandsversammlung aus, wird für den Rest der Amtszeit ein neuer weiterer Vertreter gewählt. [3]Für jeden weiteren Vertreter ist mindestens ein Stellvertreter zu bestellen, der diesen im Verhinderungsfall vertritt.

(4) [1]Bei der vereinbarten Verwaltungsgemeinschaft ist ein gemeinsamer Ausschuss aus Vertretern der beteiligten Gemeinden zu bilden. [2]Der gemeinsame Ausschuss entscheidet an Stelle des Gemeinderats der erfüllenden Gemeinde über die Erfüllungsaufgaben (§ 61), soweit nicht der Bürgermeister der erfüllenden Gemeinde kraft Gesetzes zuständig ist oder ihm der gemeinsame Ausschuss bestimmte Angelegenheiten überträgt; eine dauernde Übertragung ist abweichend von § 44 Abs. 2 Satz 2 durch Satzung zu regeln. [3]Für den gemeinsamen Ausschuss gelten die Vorschriften über die Verbandsversammlung des Gemeindeverwaltungsverbands entsprechend; keine Gemeinde darf mehr als 60 vom Hundert aller Stimmen haben; Vorsitzender ist der Bürgermeister der erfüllenden Gemeinde.

(5) [1]Gegen Beschlüsse des gemeinsamen Ausschusses kann eine beteiligte Gemeinde binnen zwei Wochen nach der Beschlussfassung Einspruch einlegen, wenn der Beschluss für sie von besonderer Wichtigkeit oder erheblicher wirtschaftlicher Bedeutung ist. [2]Der Einspruch hat aufschiebende Wirkung. [3]Auf einen Einspruch hat der gemeinsame Ausschuss erneut zu beschließen. [4]Der Einspruch ist zurückgewiesen, wenn der neue Beschluss mit einer Mehrheit von zwei Dritteln der Stimmen der vertretenen Gemeinden, mindestens jedoch mit der Mehrheit aller Stimmen, gefasst wird.

§ 61 Aufgaben der Verwaltungsgemeinschaft. (1) [1]Der Gemeindeverwaltungsverband berät seine Mitgliedsgemeinden bei der Wahrnehmung ihrer Aufgaben. [2]Bei Angelegenheiten, die andere Mitgliedsgemeinden berühren und eine gemeinsame Abstimmung erfordern, haben sich die Mitgliedsgemeinden der Beratung durch den Gemeindeverwaltungsverband zu bedienen.

(2) [1]Der Gemeindeverwaltungsverband kann seinen Mitgliedsgemeinden Gemeindefachbedienstete und sonstige Bedienstete zur Wahrnehmung ihrer Aufgaben zur Verfügung stellen. [2]Die Gemeindefachbediensteten gelten als solche der Mitgliedsgemeinden im Sinne von § 58 Abs. 1 und 2. [3]Der Bürgermeister einer jeden Gemeinde kann die zur Verfügung gestellten Bediensteten nach § 53 Abs. 1 Satz 1 mit seiner Vertretung beauftragen.

(3) [1]Der Gemeindeverwaltungsverband erledigt für seine Mitgliedsgemeinden in deren Namen die folgenden Angelegenheiten und Geschäfte der Gemeindeverwaltung nach den Beschlüssen und Anordnungen der Gemeindeorgane (Erledigungsaufgaben):

1. die technischen Angelegenheiten bei der verbindlichen Bauleitplanung und der Durchführung von Bodenordnungsmaßnahmen sowie von Maßnahmen nach dem Städtebauförderungsgesetz,
2. die Planung, Bauleitung und örtliche Bauaufsicht bei den Vorhaben des Hoch- und Tiefbaus,
3. die Unterhaltung und den Ausbau der Gewässer zweiter Ordnung,
4. die Abgaben-, Kassen- und Rechnungsgeschäfte.

[2]Die Rechtsaufsichtsbehörde kann von Satz 1 Ausnahmen zulassen, soweit dies, insbesondere bei den Abgaben-, Kassen- und Rechnungsgeschäften, zweckmäßig ist.

(4) [1]Der Gemeindeverwaltungsverband erfüllt an Stelle seiner Mitgliedsgemeinden in eigener Zuständigkeit die folgenden Aufgaben (Erfüllungsaufgaben):

1. die vorbereitende Bauleitplanung und
2. die Aufgaben des Trägers der Straßenbaulast für die Gemeindeverbindungsstraßen.

[2]Die Rechtsaufsichtsbehörde kann in besonderen Fällen von Satz 1 Nr. 2 Ausnahmen zulassen.

(5) [1]Die Mitgliedsgemeinden können einzeln oder gemeinsam weitere Aufgaben als Erledigungs- und Erfüllungsaufgaben auf den Gemeindeverwaltungsverband übertragen; dazu bedarf es der Änderung der Verbandssatzung. [2]Erledigungs- und Erfüllungsaufgaben können auch alle Weisungsaufgaben sein, soweit Bundesrecht nicht entgegensteht.

(6) [1]Soweit für die Wahrnehmung von Erfüllungsaufgaben bereits Zweckverbände bestehen oder öffentlich-rechtliche Vereinbarungen gelten, tritt der Gemeindeverwaltungsverband in die Rechtsstellung seiner daran beteiligten Mitgliedsgemeinden ein. [2]§ 23 Abs. 2 des Gesetzes über kommunale Zusammenarbeit gilt entsprechend.

(7) Absätze 1 bis 6 gelten entsprechend für die vereinbarte Verwaltungsgemeinschaft.

§ 62 Auflösung der Verwaltungsgemeinschaft und Ausscheiden beteiligter Gemeinden. (1) [1]Verwaltungsgemeinschaften können aus Gründen des öffentlichen Wohls aufgelöst werden.[2]Die Auflösung bedarf einer Rechtsverordnung des Innenministeriums, wenn alle beteiligten Gemeinden, bei einem Gemeindeverwaltungsverband auch dieser, zustimmen. [3]Gegen den Willen eines der Beteiligten kann die Auflösung nur durch Gesetz nach Anhörung der Beteiligten erfolgen. [4]Das Gleiche gilt für das Ausscheiden von Gemeinden aus einer Verwaltungsgemeinschaft. [5]§ 8 bleibt unberührt.

(2) [1]Im Fall der Auflösung einer Verwaltungsgemeinschaft oder des Ausscheidens einer beteiligten Gemeinde regeln die Beteiligten die dadurch erforderliche Auseinandersetzung durch Vereinbarung. [2]Diese bedarf der Genehmigung der Rechtsaufsichtsbehörde. [3]Kommt eine Vereinbarung nicht zu Stande,

trifft die Rechtsaufsichtsbehörde auf Antrag eines Beteiligten nach Anhörung der Beteiligten die im Interesse des öffentlichen Wohls erforderlichen Bestimmungen. [4]§ 9 Abs. 5 gilt entsprechend.

2. Bürgermeister in mehreren Gemeinden

§ 63 [1]Benachbarte kreisangehörige Gemeinden können dieselbe Person zum Bürgermeister wählen. [2]Die Wahl des Bürgermeisters ist in jeder Gemeinde getrennt durchzuführen. [3]Die Amtszeit bestimmt sich für jede Gemeinde nach den hierfür geltenden Vorschriften.

3. Bezirksverfassung

§ 64 Gemeindebezirk. (1) [1]Durch die Hauptsatzung können in Stadtkreisen und Großen Kreisstädten und in Gemeinden mit räumlich getrennten Ortsteilen Gemeindebezirke (Stadtbezirke) eingerichtet werden. [2]Mehrere benachbarte Ortsteile können zu einem Gemeindebezirk zusammengefaßt werden.

(2) In den Gemeindebezirken können Bezirksbeiräte gebildet werden.

(3) In den Gemeindebezirken kann eine örtliche Verwaltung eingerichtet werden.

§ 65 Bezirksbeirat. (1) [1]Die Mitglieder des Bezirksbeirats (Bezirksbeiräte) werden vom Gemeinderat aus dem Kreis der im Gemeindebezirk wohnenden wählbaren Bürger nach jeder regelmäßigen Wahl der Gemeinderäte bestellt. [2]Die Zahl der Bezirksbeiräte wird durch die Hauptsatzung bestimmt. [3]Bei der Bestellung der Bezirksbeiräte soll das von den im Gemeinderat vertretenen Parteien und Wählervereinigungen bei der letzten regelmäßigen Wahl der Gemeinderäte im Gemeindebezirk erzielte Wahlergebnis berücksichtigt werden; bei unechter Teilortswahl ist das Wahlergebnis für die Besetzung der Sitze aller Wohnbezirke zu Grunde zu legen. [4]Stellt das Bundesverfassungsgericht nach Artikel 21 Absatz 4 des Grundgesetzes fest, dass eine Partei oder die Teilorganisation einer Partei verfassungswidrig ist, oder wird eine Wählervereinigung nach dem Vereinsgesetz unanfechtbar verboten, gilt § 31a entsprechend; die Feststellung nach § 31a Absatz 5 Satz 1 trifft der Gemeinderat. [5]In die Bezirksbeiräte können durch den Gemeinderat sachkundige Einwohner widerruflich als beratende Mitglieder berufen werden; ihre Zahl darf die der Mitglieder in den einzelnen Bezirksbeiräten nicht erreichen; sie sind ehrenamtlich tätig.

(2) [1]Der Bezirksbeirat ist zu wichtigen Angelegenheiten, die den Gemeindebezirk betreffen, zu hören. [2]Der Bezirksbeirat hat ferner die Aufgabe, die örtliche Verwaltung des Gemeindebezirks in allen wichtigen Angelegenheiten zu

beraten. [3]Sofern in den Ausschüssen des Gemeinderats wichtige Angelegenheiten, die den Gemeindebezirk betreffen, auf der Tagesordnung stehen, kann der Bezirksbeirat eines seiner Mitglieder zu den Ausschusssitzungen entsenden. [4]Das entsandte Mitglied nimmt an den Ausschusssitzungen mit beratender Stimme teil. [5]Der Termin, an dem sich der Ausschuss des Gemeinderats mit der Angelegenheit befasst, ist dem Bezirksbeirat über dessen Vorsitzenden rechtzeitig bekannt zu geben.

(3) [1]Vorsitzender des Bezirksbeirats ist der Bürgermeister oder ein von ihm Beauftragter. [2]Innerhalb eines Jahres sind mindestens drei Sitzungen des Bezirksbeirats durchzuführen. [3]Im Übrigen finden auf den Geschäftsgang die für beratende Ausschüsse geltenden Vorschriften entsprechende Anwendung.

(4) [1]In Gemeinden mit mehr als 100 000 Einwohnern kann der Gemeinderat durch die Hauptsatzung bestimmen, dass die Bezirksbeiräte nach den für die Wahl der Gemeinderäte geltenden Vorschriften gewählt werden. [2]In diesem Fall werden für die Gemeindebezirke Bezirksvorsteher gewählt; die Vorschriften über die Ortschaftsverfassung, den Ortschaftsrat, die Ortschaftsräte und den Ortsvorsteher gelten entsprechend. [3]Die Entscheidung über den Haushaltsplan bleibt dem Gemeinderat vorbehalten.

§ 66 Aufhebung der Bezirksverfassung. Für die Aufhebung der Bezirksverfassung gilt § 73 entsprechend.

4. Ortschaftsverfassung

§ 67 Einführung der Ortschaftsverfassung. [1]In Gemeinden mit räumlich getrennten Ortsteilen kann die Ortschaftsverfassung eingeführt werden. [2]Für die Ortschaftsverfassung gelten die §§ 68 bis 73.

§ 68 Ortschaften. (1) [1]Durch die Hauptsatzung werden Ortschaften eingerichtet. [2]Mehrere benachbarte Ortsteile können zu einer Ortschaft zusammengefaßt werden.

(2) In den Ortschaften werden Ortschaftsräte gebildet.

(3) Für die Ortschaften werden Ortsvorsteher bestellt.

(4) In den Ortschaften kann eine örtliche Verwaltung eingerichtet werden.

§ 69 Ortschaftsrat. (1) [1]Die Mitglieder des Ortschaftsrats (Ortschaftsräte) werden nach den für die Wahl der Gemeinderäte geltenden Vorschriften gewählt. [2]Wird eine Ortschaft während der laufenden Amtszeit der Gemeinderäte neu eingerichtet, werden die Ortschaftsräte erstmals nach der Einrichtung der Ortschaft für die Dauer der restlichen Amtszeit der Gemeinderäte, im Übrigen gleichzeitig mit den Gemeinderäten gewählt. [3]Wahlgebiet ist die Ortschaft. [4]Wahlberechtigt sind die in der Ortschaft wohnenden Bürger. [5]Wählbar sind in der Ortschaft wohnende Bürger, die das 18. Lebensjahr vollendet haben. [6]Im Falle einer Eingemeindung kann in der Hauptsatzung bestimmt werden, dass erstmals nach Einrichtung der Ortschaft die bisherigen Gemeinderäte der eingegliederten Gemeinde die Ortschaftsräte sind; scheidet ein Ortschaftsrat vorzeitig aus, gilt § 31 Abs. 2 entsprechend.

(2) [1]Die Zahl der Ortschaftsräte wird durch die Hauptsatzung bestimmt. [2]Ihre Amtszeit richtet sich nach der der Gemeinderäte. [3]§ 25 Abs. 2 Satz 3 gilt entsprechend.

(3) Vorsitzender des Ortschaftsrats ist der Ortsvorsteher.

(4) [1]Nimmt der Bürgermeister an der Sitzung des Ortschaftsrats teil, ist ihm vom Vorsitzenden auf Verlangen jederzeit das Wort zu erteilen. [2]Gemeinderäte, die in der Ortschaft wohnen und nicht Ortschaftsräte sind, können an den Verhandlungen des Ortschaftsrats mit beratender Stimme teilnehmen. [3]In Gemeinden mit unechter Teilortswahl können die als Vertreter eines Wohnbezirks gewählten Gemeinderäte an den Verhandlungen des Ortschaftsrats der Ortschaften im Wohnbezirk mit beratender Stimme teilnehmen.

§ 70 Aufgaben des Ortschaftsrats. (1) [1]Der Ortschaftsrat hat die örtliche Verwaltung zu beraten. [2]Er ist zu wichtigen Angelegenheiten, die die Ortschaft betreffen, zu hören. [3]Er hat ein Vorschlagsrecht in allen Angelegenheiten, die die Ortschaft betreffen.

(2) [1]Der Gemeinderat kann durch die Hauptsatzung dem Ortschaftsrat bestimmte Angelegenheiten, die die Ortschaft betreffen, zur Entscheidung übertragen. [2]Dies gilt nicht für vorlage- und genehmigungspflichtige Beschlüsse und für die in § 39 Abs. 2 genannten Angelegenheiten.

§ 71 Ortsvorsteher. (1) [1]Der Ortsvorsteher und ein oder mehrere Stellvertreter werden nach der Wahl der Ortschaftsräte (§ 69 Abs. 1) vom Gemeinderat auf Vorschlag des Ortschaftsrats aus dem Kreis der zum Ortschaftsrat wählbaren Bürger, die Stellvertreter aus der Mitte des Ortschaftsrats gewählt. [2]Der Gemeinderat kann mit einer Mehrheit von zwei Dritteln der Stimmen aller Mitglieder beschließen, dass weitere Bewerber aus der Mitte des Ortschaftsrats in die Wahl einbezogen werden; in diesem Fall ist der Ortschaftsrat vor der Wahl anzuhören. [3]Der Ortsvorsteher ist zum Ehrenbeamten auf Zeit zu ernennen. [4]Seine Amtszeit endet mit der der Ortschaftsräte. [5]Er ist zu verabschieden, wenn er die Wählbarkeit verliert. [6]Bis zur Ernennung des gewählten Ortsvorstehers nimmt das an Lebensjahren älteste Mitglied des Ortschaftsrats die Aufgaben des Ortsvorstehers wahr, wenn nicht der Ortsvorsteher nach Freiwerden seiner Stelle die Geschäfte in entsprechender Anwendung des § 42 Abs.5 weiterführt.

(2) Für Ortschaften mit einer örtlichen Verwaltung kann die Hauptsatzung bestimmen, dass ein Gemeindebeamter vom Gemeinderat im Einvernehmen

mit dem Ortschaftsrat für die Dauer der Amtszeit der Ortschaftsräte zum Ortsvorsteher bestellt wird.

(3) [1]Der Ortsvorsteher vertritt den Bürgermeister, in Gemeinden mit Beigeordneten auch den Beigeordneten ständig bei dem Vollzug der Beschlüsse des Ortschaftsrats und bei der Leitung der örtlichen Verwaltung. [2]Der Bürgermeister und die Beigeordneten können dem Ortsvorsteher allgemein oder im Einzelfall Weisungen erteilen, soweit er sie vertritt. [3]Der Bürgermeister kann dem Ortsvorsteher ferner in den Fällen des § 43 Abs. 2 und 4 Weisungen erteilen.

(4) Ortsvorsteher können an den Verhandlungen des Gemeinderats und seiner Ausschüsse mit beratender Stimme teilnehmen.

§ 72 Anwendung von Rechtsvorschriften. [1]Soweit in den §§ 67 bis 71 nichts Abweichendes bestimmt ist, finden die Vorschriften des 2. und 3. Abschnittes des Zweiten Teils und § 126 auf den Ortschaftsrat und den Ortsvorsteher entsprechende Anwendung mit folgenden Maßgaben:

1. § 33 a findet keine Anwendung;
2. bei Beschlussfassungen nach § 37 hat der Ortsvorsteher, der nicht Mitglied des Ortschaftsrats ist, im Ortschaftsrat kein Stimmrecht;
3. die Altersgrenzen nach § 46 Abs. 1 bestehen nicht für Ortsvorsteher;
4. die Hinderungsgründe nach § 46 Abs. 3 gelten nur für leitende Bedienstete und
5. das Verbot eines weiteren Beschäftigungsverhältnisses nach § 46 Abs. 4 gilt nicht für Ortsvorsteher nach § 71 Abs. 1.

[2]§ 20 Absatz 3 findet für Fraktionen des Ortschaftsrats Anwendung, soweit dies der Gemeinderat bestimmt hat.

§ 73 Aufhebung der Ortschaftsverfassung. (1) Die Ortschaftsverfassung kann durch Änderung der Hauptsatzung zur nächsten regelmäßigen Wahl der Gemeinderäte aufgehoben werden.

(2) Ist die Ortschaftsverfassung auf Grund einer Vereinbarung nach § 8 Abs. 2 und § 9 Abs. 4 für eine bestimmte Zeit eingeführt worden, ohne dass die vereinbarte Befristung in die Hauptsatzung übernommen wurde, bedarf die Aufhebung der Ortschaftsverfassung einer Änderung der Hauptsatzung.

(3) [1]Ist die Ortschaftsverfassung auf Grund einer Vereinbarung nach § 8 Abs. 2 und § 9 Abs. 4 auf unbestimmte Zeit eingeführt worden, kann sie durch Änderung der Hauptsatzung mit Zustimmung des Ortschaftsrats aufgehoben werden, frühestens jedoch zur übernächsten regelmäßigen Wahl der Gemeinderäte nach Einführung der Ortschaftsverfassung. [2]Der Beschluss des Ortschaftsrats bedarf der Mehrheit der Stimmen aller Mitglieder.

§§ 74–76 *(entfallen)*

DRITTER TEIL

Gemeindewirtschaft

1. Abschnitt

Haushaltswirtschaft

§ 77 Allgemeine Haushaltsgrundsätze. (1) [1]Die Gemeinde hat ihre Haushaltswirtschaft so zu planen und zu führen, dass die stetige Erfüllung ihrer Aufgaben gesichert ist. [2]Dabei ist den Erfordernissen des gesamtwirtschaftlichen Gleichgewichts grundsätzlich Rechnung zu tragen.

(2) Die Haushaltswirtschaft ist sparsam und wirtschaftlich zu führen.

(3) Die Gemeinde hat Bücher zu führen, in denen nach Maßgabe dieses Gesetzes und nach den Grundsätzen ordnungsmäßiger Buchführung unter Berücksichtigung der besonderen gemeindehaushaltsrechtlichen Bestimmungen die Verwaltungsvorfälle und die Vermögens-, Ertrags- und Finanzlage in der Form der doppelten Buchführung (Kommunale Doppik) ersichtlich zu machen sind.

§ 78 Grundsätze der Erzielung von Erträgen und Einzahlungen. (1) Die Gemeinde erhebt Abgaben nach den gesetzlichen Vorschriften.

(2) [1]Die Gemeinde hat die zur Erfüllung ihrer Aufgaben erforderlichen Erträge und Einzahlungen

1. soweit vertretbar und geboten aus Entgelten für ihre Leistungen,
2. im Übrigen aus Steuern

zu beschaffen, soweit die sonstigen Erträge und Einzahlungen nicht ausreichen. [2]Sie hat dabei auf die wirtschaftlichen Kräfte ihre Abgabepflichtigen Rücksicht zu nehmen.

(3) Die Gemeinde darf Kredite nur aufnehmen, wenn eine andere Finanzierung nicht möglich ist oder wirtschaftlich unzweckmäßig wäre.

(4) [1]Die Gemeinde darf zur Erfüllung ihrer Aufgaben nach § 1 Abs. 2 Spenden, Schenkungen und ähnliche Zuwendungen einwerben und annehmen oder an Dritte vermitteln, die sich an der Erfüllung von Aufgaben nach § 1 Abs. 2 beteiligen. [2]Die Einwerbung und die Entgegennahme des Angebots einer Zuwendung obliegen ausschließlich dem Bürgermeister sowie den Beigeordneten. [3]Über die Annahme oder Vermittlung entscheidet der Gemeinderat. [4]Die Gemeinde erstellt jährlich einen Bericht, in welchem die Geber, die Zuwendungen und die Zuwendungszwecke anzugeben sind, und übersendet ihn der Rechtsaufsichtsbehörde.

§ 79 Haushaltssatzung. (1) [1]Die Gemeinde hat für jedes Haushaltsjahr eine Haushaltssatzung zu erlassen. [2]Die Haushaltssatzung kann für zwei Haushaltsjahre, nach Jahren getrennt, erlassen werden.

(2) [1]Die Haushaltssatzung enthält die Festsetzung

1. des Ergebnishaushalts unter Angabe des Gesamtbetrags
   a) der ordentlichen Erträge und Aufwendungen und deren Saldo als veranschlagtes ordentliches Ergebnis,
   b) der außerordentlichen Erträge und Aufwendungen und deren Saldo als veranschlagtes Sonderergebnis,
   c) des veranschlagten ordentlichen Ergebnisses und des veranschlagten Sonderergebnisses als veranschlagtes Gesamtergebnis,
2. des Finanzhaushalts unter Angabe des Gesamtbetrags
   a) der Einzahlungen und Auszahlungen aus laufender Verwaltungstätigkeit sowie deren Saldo als Zahlungsmittelüberschuss oder -bedarf des Ergebnishaushalts,
   b) der Einzahlungen und Auszahlungen aus Investitionstätigkeit und deren Saldo,
   c) aus den Salden nach Buchstaben a und b als Finanzierungsmittelüberschuss oder -bedarf,
   d) der Einzahlungen und Auszahlungen aus Finanzierungstätigkeit und deren Saldo,
   e) aus den Salden nach Buchstaben c und d als Saldo des Finanzhaushalts,
3. des Gesamtbetrags
   a) der vorgesehenen Kreditaufnahmen für Investitionen und Investitionsförderungsmaßnahmen (Kreditermächtigung) und
   b) der vorgesehenen Ermächtigungen zum Eingehen von Verpflichtungen, die künftige Haushaltsjahre mit Auszahlungen für Investitionen und Investitionsförderungsmaßnahmen belasten (Verpflichtungsermächtigungen),
4. des Höchstbetrags der Kassenkredite und
5. der Steuersätze für die Grundsteuer und die Gewerbesteuer, soweit diese nicht in einer gesonderten Satzung festgesetzt werden.

[2]Sie kann weitere Vorschriften enthalten, die sich auf die Erträge, Aufwendungen, Einzahlungen und Auszahlungen und den Stellenplan für das Haushaltsjahr beziehen.

(3) Die Haushaltssatzung tritt mit Beginn des Haushaltsjahres in Kraft und gilt für das Haushaltsjahr.

(4) Haushaltsjahr ist das Kalenderjahr.

§ 80 Haushaltsplan. (1) [1]Der Haushaltsplan ist Teil der Haushaltssatzung. [2]Er enthält alle im Haushaltsjahr für die Erfüllung der Aufgaben der Gemeinde voraussichtlich

1. anfallenden Erträge und entstehenden Aufwendungen,
2. eingehenden ergebnis- und vermögenswirksamen Einzahlungen und zu leistenden ergebnis- und vermögenswirksamen Auszahlungen und
3. notwendigen Verpflichtungsermächtigungen.

[3]Zusätzlich sollen Schlüsselpositionen und die bei diesen zu erbringenden Leistungsziele dargestellt werden. [4]Der Haushaltsplan enthält ferner den Stellenplan nach § 57 Satz 1. [5]Die Vorschriften über die Haushaltswirtschaft der Sondervermögen der Gemeinde bleiben unberührt.

(2) [1]Der Haushaltsplan ist in einen Ergebnishaushalt und einen Finanzhaushalt zu gliedern. [2]Das Ergebnis aus ordentlichen Erträgen und ordentlichen Aufwendungen (ordentliches Ergebnis) soll unter Berücksichtigung von Fehlbeträgen aus Vorjahren ausgeglichen werden; Absatz 3 bleibt unberührt.

(3) [1]Ist ein Ausgleich des ordentlichen Ergebnisses unter Berücksichtigung von Fehlbeträgen aus Vorjahren trotz Ausnutzung aller Sparmöglichkeiten und Ausschöpfung aller Ertragsmöglichkeiten sowie Verwendung des Sonderergebnisses und von Überschussrücklagen nicht möglich, kann ein Fehlbetrag in die drei folgenden Haushaltsjahre vorgetragen werden. [2]Ein danach verbleibender Fehlbetrag ist mit dem Basiskapital zu verrechnen. [3]Das Basiskapital darf nicht negativ sein.

(4) [1]Der Haushaltsplan ist nach Maßgabe dieses Gesetzes und der auf Grund dieses Gesetzes erlassenen Vorschriften für die Führung der Haushaltswirtschaft verbindlich. [2]Ansprüche und Verbindlichkeiten werden durch ihn weder begründet noch aufgehoben.

§ 81 Erlass der Haushaltssatzung. (1) Die Haushaltssatzung ist vom Gemeinderat in öffentlicher Sitzung zu beraten und zu beschließen.

(2) Die vom Gemeinderat beschlossene Haushaltssatzung ist der Rechtsaufsichtsbehörde vorzulegen; sie soll ihr spätestens einen Monat vor Beginn des Haushaltsjahres vorliegen.

(3) [1]Mit der öffentlichen Bekanntmachung der Haushaltssatzung ist der Haushaltsplan an sieben Tagen öffentlich auszulegen; in der Bekanntmachung ist auf die Auslegung hinzuweisen. [2]Enthält die Haushaltssatzung genehmigungspflichtige Teile, kann sie erst nach der Genehmigung öffentlich bekannt gemacht werden.

§ 82 Nachtragshaushaltssatzung (1) [1]Die Haushaltssatzung kann nur bis zum Ablauf des Haushaltsjahres durch Nachtragshaushaltssatzung geändert werden. [2]Für die Nachtragshaushaltssatzung gelten die Vorschriften für die Haushaltssatzung entsprechend.

(2) Die Gemeinde hat unverzüglich eine Nachtragshaushaltssatzung zu erlassen, wenn

1. sich zeigt, dass im Ergebnishaushalt beim ordentlichen Ergebnis oder beim Sonderergebnis ein erheblicher Fehlbetrag entsteht oder ein veranschlagter Fehlbetrag sich erheblich vergrößert und dies sich nicht durch andere Maßnahmen vermeiden lässt,
2. bisher nicht veranschlagte oder zusätzliche einzelne Aufwendungen oder Auszahlungen in einem im Verhältnis zu den Gesamtaufwendungen oder

Gesamtauszahlungen des Haushaltsplans erheblichen Umfang geleistet werden müssen,
3. Auszahlungen des Finanzhaushalts für bisher nicht veranschlagte Investitionen und Investitionsförderungsmaßnahmen geleistet werden sollen oder
4. Gemeindebedienstete eingestellt, angestellt, befördert oder höher eingestuft werden sollen und der Stellenplan die entsprechenden Stellen nicht enthält.

(3) Absatz 2 Nr. 2 bis 4 findet keine Anwendung auf
1. unbedeutende Investitionen und Investitionsförderungsmaßnahmen sowie unabweisbare Aufwendungen und Auszahlungen,
2. die Umschuldung von Krediten,
3. Abweichungen vom Stellenplan und die Leistung höherer Personalaufwendungen, die sich unmittelbar aus einer Änderung des Besoldungs- oder Tarifrechts ergeben und
4. eine Vermehrung oder Hebung von Stellen für Beamte und für Arbeitnehmer, wenn sie im Verhältnis zur Gesamtzahl der Stellen für diese Bediensteten unerheblich ist.

§ 83 Vorläufige Haushaltsführung. (1) Ist die Haushaltssatzung bei Beginn des Haushaltsjahres noch nicht erlassen, darf die Gemeinde
1. finanzielle Leistungen nur erbringen, zu denen sie rechtlich verpflichtet ist oder die für die Weiterführung notwendiger Aufgaben unaufschiebbar sind; sie darf insbesondere Bauten, Beschaffungen und sonstige Leistungen des Finanzhaushalts, für die im Haushaltsplan eines Vorjahres Beträge vorgesehen waren, fortsetzen,
2. Steuern, deren Sätze nach § 79 Abs. 2 Nr. 5 festgesetzt werden, vorläufig nach den Sätzen des Vorjahres erheben und
3. Kredite umschulden.

(2) [1]Reichen die Finanzierungsmittel für die Fortsetzung von Bauten, Beschaffungen und sonstigen Leistungen des Finanzhaushalts nach Absatz 1 Nr. 1 nicht aus, darf die Gemeinde mit Genehmigung der Rechtsaufsichtsbehörde Kredite für Investitionen und Investitionsförderungsmaßnahmen bis zu einem Viertel des durchschnittlichen Betrags der Kreditermächtigungen für die beiden Vorjahre aufnehmen. [2]§ 87 Abs. 2 Satz 2 gilt entsprechend.

(3) Der Stellenplan des Vorjahres gilt weiter, bis die Haushaltssatzung für das neue Jahr erlassen ist.

§ 84 Planabweichungen. (1) [1]Überplanmäßige und außerplanmäßige Aufwendungen sind nur zulässig, wenn ein dringendes Bedürfnis besteht und die Deckung gewährleistet ist oder wenn sie unabweisbar sind und kein erheblicher Fehlbetrag entsteht oder ein geplanter Fehlbetrag sich nur unerheblich erhöht. [2]Überplanmäßige und außerplanmäßige Auszahlungen sind nur zulässig, wenn ein dringendes Bedürfnis besteht und die Finanzierung gewährleistet ist oder wenn sie unabweisbar sind. [3]Sind die Aufwendungen oder Auszahlungen nach Umfang und Bedeutung erheblich, bedürfen sie der Zustimmung des Gemeinderats; dies gilt nicht für überplanmäßige oder außerplanmäßige Aufwendungen aufgrund einer erforderlichen Anpassung des Werts von Vermögensgegenständen, Sonderposten, Schulden und Rückstellungen. [4]§ 82 Abs. 2 bleibt unberührt.

(2) Für Investitionen, die im folgenden Jahr fortgesetzt werden, sind überplanmäßige Auszahlungen auch dann zulässig, wenn ihre Finanzierung im folgenden Jahr gewährleistet ist; sie bedürfen der Zustimmung des Gemeinderats.

(3) Absätze 1 und 2 gelten entsprechend für Maßnahmen, durch die überplanmäßige oder außerplanmäßige Aufwendungen oder Auszahlungen entstehen können.

§ 85 Finanzplanung. (1) [1]Die Gemeinde hat ihrer Haushaltswirtschaft eine fünfjährige Finanzplanung zu Grunde zu legen. [2]Das erste Planungsjahr der Finanzplanung ist das laufende Haushaltsjahr.

(2) In der Finanzplanung sind Umfang und Zusammensetzung der voraussichtlichen Aufwendungen und Auszahlungen und die Finanzierungsmöglichkeiten darzustellen.

(3) Als Grundlage für die Finanzplanung ist ein Investitionsprogramm aufzustellen.

(4) Der Finanzplan ist mit dem Investitionsprogramm dem Gemeinderat spätestens mit dem Entwurf der Haushaltssatzung vorzulegen und vom Gemeinderat spätestens mit der Haushaltssatzung zu beschließen.

(5) Der Finanzplan und das Investitionsprogramm sind jährlich der Entwicklung anzupassen und fortzuführen.

§ 86 Verpflichtungsermächtigungen. (1) Verpflichtungen zur Leistung von Auszahlungen für Investitionen und Investitionsförderungsmaßnahmen in künftigen Jahren dürfen unbeschadet des Absatzes 5 nur eingegangen werden, wenn der Haushaltsplan hierzu ermächtigt.

(2) Die Verpflichtungsermächtigungen dürfen zu Lasten der dem Haushaltsjahr folgenden drei Jahre veranschlagt werden, erforderlichenfalls bis zum Abschluss einer Maßnahme; sie sind nur zulässig, wenn ihre Finanzierung in künftigen Haushalten möglich ist.

(3) [1]Die Verpflichtungsermächtigungen gelten weiter, bis die Haushaltssatzung für das folgende Jahr erlassen ist. [2]In einer Haushaltssatzung für zwei Haushaltsjahre kann bestimmt werden, dass nicht in Anspruch genommene Verpflichtungsermächtigungen des ersten Haushaltsjahres weiter bis zum Erlass der nächsten Haushaltssatzung gelten.

(4) Der Gesamtbetrag der Verpflichtungsermächtigungen bedarf im Rahmen der Haushaltssatzung insoweit der Genehmigung der Rechtsaufsichtsbehörde, als in den Jahren, zu deren Lasten sie veranschlagt sind, Kreditaufnahmen vorgesehen sind.

(5) Verpflichtungen im Sinne des Absatzes 1 dürfen überplanmäßig oder außerplanmäßig eingegangen werden, wenn ein dringendes Bedürfnis besteht und der in der Haushaltssatzung festgesetzte Gesamtbetrag der Verpflichtungsermächtigungen nicht überschritten wird.

§ 87 Kreditaufnahmen. (1) [1]Kredite dürfen unter den Voraussetzungen des § 78 Abs. 3 nur im Finanzhaushalt und nur für Investitionen, Investitionsförderungsmaßnahmen und zur Umschuldung aufgenommen werden. [2]Kredite dürfen unter den Voraussetzungen des Satzes 1 auch aufgenommen werden zur Ablösung von inneren Darlehen aus Mitteln, die für Rückstellungen für die Stilllegung und Nachsorge von Abfalldeponien erwirtschaftet wurden, wenn die Mittel des inneren Darlehens für investive Zwecke verwendet worden sind.

(2) [1]Der Gesamtbetrag der vorgesehenen Kreditaufnahmen für Investitionen und Investitionsförderungsmaßnahmen sowie für die Ablösung von inneren Darlehen nach Absatz 1 Satz 2 bedarf im Rahmen der Haushaltssatzung der Genehmigung der Rechtsaufsichtsbehörde (Gesamtgenehmigung). [2]Die Genehmigung soll unter dem Gesichtspunkt einer geordneten Haushaltswirtschaft erteilt oder versagt werden; sie kann unter Bedingungen erteilt und mit Auflagen verbunden werden. [3]Sie ist in der Regel zu versagen, wenn die Kreditverpflichtungen mit der dauernden Leistungsfähigkeit der Gemeinde nicht im Einklang stehen.

(3) Die Kreditermächtigung gilt weiter, bis die Haushaltssatzung für das übernächste Jahr erlassen ist.

(4) [1]Die Aufnahme der einzelnen Kredite, deren Gesamtbetrag nach Absatz 2 genehmigt worden ist, bedarf der Genehmigung der Rechtsaufsichtsbehörde (Einzelgenehmigung), sobald nach § 19 des Gesetzes zur Förderung der Stabilität und des Wachstums der Wirtschaft die Kreditaufnahmen beschränkt worden sind. [2]Die Einzelgenehmigung kann nach Maßgabe der Kreditbeschränkungen versagt werden.

(5) [1]Die Begründung einer Zahlungsverpflichtung, die wirtschaftlich einer Kreditaufnahme gleichkommt, bedarf der Genehmigung der Rechtsaufsichtsbehörde. [2]Absatz 2 Satz 2 und 3 gilt entsprechend. [3]Eine Genehmigung ist nicht erforderlich für die Begründung von Zahlungsverpflichtungen im Rahmen der laufenden Verwaltung. [4]Das Innenministerium kann die Genehmigung für Rechtsgeschäfte, die zur Erfüllung bestimmter Aufgaben dienen oder den Haushalt der Gemeinde nicht besonders belasten, allgemein erteilen.

(6) [1]Die Gemeinde darf zur Sicherung des Kredits keine Sicherheiten bestellen. [2]Die Rechtsaufsichtsbehörde kann Ausnahmen zulassen, wenn die Bestellung von Sicherheiten der Verkehrsübung entspricht.

§ 88 Sicherheiten und Gewährleistung für Dritte. (1) [1]Die Gemeinde darf keine Sicherheiten zu Gunsten Dritter bestellen. [2]Die Rechtsaufsichtsbehörde kann Ausnahmen zulassen.

(2) [1]Die Gemeinde darf Bürgschaften und Verpflichtungen aus Gewährverträgen nur zur Erfüllung ihrer Aufgaben übernehmen. [2]Die Rechtsgeschäfte bedürfen der Genehmigung der Rechtsaufsichtsbehörde, wenn sie nicht im Rahmen der laufenden Verwaltung abgeschlossen werden. [3]§ 87 Abs. 2 Satz 2 und 3 gilt entsprechend.

(3) Absatz 2 gilt entsprechend für Rechtsgeschäfte, die den in Absatz 2 genannten Rechtsgeschäften wirtschaftlich gleichkommen, insbesondere für die Zustimmung zu Rechtsgeschäften Dritter, aus denen der Gemeinde in künftigen Haushaltsjahren Verpflichtungen zu finanziellen Leistungen erwachsen können.

(4) Das Innenministerium kann die Genehmigung allgemein erteilen für Rechtsgeschäfte, die

1. von der Gemeinde zur Förderung des Städte- und Wohnungsbaus eingegangen werden,
2. den Haushalt der Gemeinde nicht besonders belasten.

§ 89 Liquiditätssicherung. (1) Die Gemeinde hat durch eine Liquiditätsplanung die Verfügbarkeit liquider Mittel für eine rechtzeitige Leistung der Auszahlungen sicherzustellen.

(2) [1]Zur rechtzeitigen Leistung der Auszahlungen kann die Gemeinde Kassenkredite bis zu dem in der Haushaltssatzung festgesetzten Höchstbetrag aufnehmen, soweit für die Kasse keine anderen Mittel zur Verfügung stehen. [2]Die Ermächtigung gilt weiter, bis die Haushaltssatzung für das folgende Jahr erlassen ist.

(3) Der Höchstbetrag der Kassenkredite bedarf im Rahmen der Haushaltssatzung der Genehmigung der Rechtsaufsichtsbehörde, wenn er ein Fünftel der im Ergebnishaushalt veranschlagten ordentlichen Aufwendungen übersteigt.

§ 90 Rücklagen, Rückstellungen. (1) Überschüsse der Ergebnisrechnung sind den Rücklagen zuzuführen.

(2) [1]Für ungewisse Verbindlichkeiten und für hinsichtlich ihrer Höhe oder des Zeitpunkts ihres Eintritts unbestimmte Aufwendungen sind Rückstellungen zu bilden. [2]Rückstellungen dürfen nur aufgelöst werden, soweit der Grund hierfür entfallen ist.

§ 91 Erwerb und Verwaltung von Vermögen, Wertansätze. (1) Die Gemeinde soll Vermögensgegenstände nur erwerben, wenn dies zur Erfüllung ihrer Aufgaben erforderlich ist.

(2) [1]Die Vermögensgegenstände sind pfleglich und wirtschaftlich zu verwalten und ordnungsgemäß nachzuweisen. [2]Bei Geldanlagen ist auf eine ausreichende Sicherheit zu achten; sie sollen einen angemessenen Ertrag bringen.

(3) Besondere Rechtsvorschriften für die Bewirtschaftung des Gemeindewalds bleiben unberührt.

(4) [1]Vermögensgegenstände sind mit den Anschaffungs- oder Herstellungskosten, vermindert um Abschreibungen, anzusetzen. [2]Verbindlichkeiten sind zu ihrem Rückzahlungsbetrag und Rückstellungen in Höhe des Betrags anzusetzen nach vernünftiger Beurteilung notwendig ist.

§ 92 Veräußerung von Vermögen. (1) [1]Die Gemeinde darf Vermögensgegenstände, die sie zur Erfüllung ihrer Aufgaben nicht braucht, veräußern. [2]Vermögensgegenstände dürfen in der Regel nur zu ihrem vollen Wert veräußert werden.

(2) Für die Überlassung der Nutzung eines Vermögensgegenstands gilt Absatz 1 entsprechend.

(3) [1]Will die Gemeinde einen Vermögensgegenstand unter seinem vollen Wert veräußern, hat sie den Beschluss der Rechtsaufsichtsbehörde vorzulegen. [2]Das Innenministerium kann von der Vorlagepflicht allgemein freistellen, wenn die Rechtsgeschäfte zur Erfüllung bestimmter Aufgaben dienen oder ihrer Natur nach regelmäßig wiederkehren oder wenn bestimmte Wertgrenzen oder Grundstücksgrößen nicht überschritten werden.

§ 93 Gemeindekasse. (1) [1]Die Gemeindekasse erledigt alle Kassengeschäfte der Gemeinde; § 98 bleibt unberührt. [2]Die Buchführung kann von den Kassengeschäften abgetrennt werden.

(2) [1]Die Gemeinde hat, wenn sie ihre Kassengeschäfte nicht durch eine Stelle außerhalb der Gemeindeverwaltung besorgen läßt, einen Kassenverwalter und einen Stellvertreter zu bestellen. [2]Der Leiter und die Prüfer des Rechnungsprüfungsamts sowie ein Rechnungsprüfer können nicht gleichzeitig Kassenverwalter oder dessen Stellvertreter sein.

(3) [1]Der Kassenverwalter, sein Stellvertreter und andere Bedienstete der Gemeindekasse dürfen untereinander, zum Bürgermeister, zu einem Beigeordneten, einem Stellvertreter des Bürgermeisters, zum Fachbediensteten für das Finanzwesen, zum Leiter und zu den Prüfern des Rechnungsprüfungsamts sowie zu einem Rechnungsprüfer nicht in einem die Befangenheit begründenden Verhältnis nach § 18 Abs. 1 Nr. 1 bis 3 stehen. [2]In Gemeinden mit nicht mehr als 2 000 Einwohnern kann der Gemeinderat bei Vorliegen besonderer Umstände mit den Stimmen aller Mitglieder, die nicht befangen sind, Ausnahmen vom Verbot des Satzes 1 zulassen.

§ 94 Übertragung von Kassengeschäften. [1]Die Gemeinde kann die Kassengeschäfte ganz oder zum Teil von einer Stelle außerhalb der Gemeindeverwaltung besorgen lassen, wenn die ordnungsmäßige Erledigung und die Prüfung nach den für die Gemeinde geltenden Vorschriften gewährleistet sind. [2]Der Beschluss hierüber ist der Rechtsaufsichtsbehörde anzuzeigen. [3]Die Vorschriften des Gesetzes über kommunale Zusammenarbeit bleiben unberührt.

§ 95 Jahresabschluss. (1) [1]Die Gemeinde hat zum Schluss eines jeden Haushaltsjahres einen Jahresabschluss aufzustellen. [2]Der Jahresabschluss ist nach den Grundsätzen ordnungsmäßiger Buchführung unter Berücksichtigung der besonderen gemeindehaushaltsrechtlichen Bestimmungen aufzustellen und muss klar und übersichtlich sein. [3]Der Jahresabschluss hat sämtliche Vermögensgegenstände, Schulden, Rückstellungen, Rechnungsabgrenzungsposten, Erträge, Aufwendungen, Einzahlungen und Auszahlungen zu enthalten, soweit nichts anderes bestimmt ist. [4]Er hat die tatsächliche Vermögens-, Ertrags- und Finanzlage der Gemeinde darzustellen.

(2) [1]Der Jahresabschluss besteht aus

1. der Ergebnisrechnung,
2. der Finanzrechnung und
3. der Bilanz.

[2]Der Jahresabschluss ist um einen Anhang zu erweitern, der mit den Rechnungen nach Satz 1 eine Einheit bildet, und durch einen Rechenschaftsbericht zu erläutern.

(3) Dem Anhang sind als Anlagen beizufügen

1. die Vermögensübersicht,
2. die Schuldenübersicht und
3. eine Übersicht über die in das folgende Jahr zu übertragenden Haushaltsermächtigungen.

§ 95a Gesamtabschluss. [1](1) Mit dem Jahresabschluss der Gemeinde sind die Jahresabschlüsse

1. der verselbständigten Organisationseinheiten und Vermögensmassen, die mit der Gemeinde eine Rechtseinheit bilden, ausgenommen das Sondervermögen nach § 96 Abs. 1 Nr. 5,
2. der rechtlich selbständigen Organisationseinheiten und Vermögensmassen mit Nennkapital, ausgenommen die Sparkassen, an denen die Gemeinde eine Beteiligung hält; für mittelbare Beteiligungen gilt § 290 des Handelsgesetzbuchs (HGB), und
3. der Zweckverbände und Verwaltungsgemeinschaften

zu konsolidieren. [2]Der Gesamtabschluss hat unter Beachtung der Grundsätze ordnungsmäßiger Buchführung unter Berücksichtigung der besonderen gemeindehaushaltsrechtlichen Bestimmungen ein den tatsächlichen Verhältnissen entsprechendes Bild der Vermögens-, Ertrags- und Finanzlage der Gemeinde einschließlich ihrer ausgegliederten Aufgabenträger zu vermitteln. [3]Ein Aufgabenträger nach Satz 1 braucht in den Gesamtabschluss nicht einbezogen zu werden, wenn er für die Verpflichtung, ein den tatsächlichen Verhältnissen entsprechendes Bild der Vermögens-, Ertrags- und Finanzlage der Gemeinde zu vermitteln, von untergeordneter Bedeutung ist.

(2) Die Gemeinde ist von der Pflicht zur Aufstellung eines Gesamtabschlusses befreit, wenn die nach Absatz 1 Satz 1 zu konsolidierenden Aufgabenträger für die Verpflichtung, ein den tatsächlichen Verhältnissen entsprechendes Bild der Vermögens-, Ertrags- und Finanzlage der Gemeinde zu vermitteln, in ihrer Gesamtheit von untergeordneter Bedeutung sind.

(3) Aufgabenträger nach Absatz 1 Satz 1 unter beherrschendem Einfluss der Gemeinde sind entsprechend §§ 300 bis 309 HGB mit der Maßgabe, dass die Vermögenskonsolidierung zu den jeweiligen Buchwerten in den Abschlüssen dieser Aufgabenträger erfolgt, zu konsolidieren (Vollkonsolidierung), solche unter maßgeblichem Einfluss der Gemeinde werden entsprechend §§ 311 und 312 HGB konsolidiert (Eigenkapitalmethode).

(4) [1]Der Gesamtabschluss ist durch eine Kapitalflussrechnung zu ergänzen und durch einen Konsolidierungsbericht zu erläutern. [2]Dem Konsolidierungsbericht sind Angaben nach § 105 Abs. 2 Satz 3 zum nicht konsolidierten Beteiligungsbesitz anzufügen. [3]Der nach den Sätzen 1 und 2 aufgestellte Gesamtabschluss ersetzt den Beteiligungsbericht nach § 105.

(5) [1]Die Gemeinde hat bei den nach Absatz 1 zu konsolidierenden Aufgabenträgern darauf hinzuwirken, dass ihr das Recht eingeräumt wird, von diesen alle Unterlagen und Auskünfte zu verlangen, die für die Aufstellung des Gesamtabschlusses erforderlich sind. [2]§ 103 Abs. 1 Satz 1 Nr. 5 Buchst. f bleibt unberührt.

§ 95 b Aufstellung und ortsübliche Bekanntgabe der Abschlüsse. (1) [1]Der Jahresabschluss ist innerhalb von sechs Monaten und der Gesamtabschluss innerhalb von neun Monaten nach Ende des Haushaltsjahres aufzustellen und vom Bürgermeister unter Angabe des Datums zu unterzeichnen. [2]Der Jahresabschluss ist vom Gemeinderat innerhalb eines Jahres, der Gesamtabschluss innerhalb von 15 Monaten nach Ende des Haushaltsjahres festzustellen.

(2) [1]Der Beschluss über die Feststellung nach Absatz 1 ist der Rechtsaufsichtsbehörde sowie der Prüfungsbehörde (§ 113) unverzüglich mitzuteilen und ortsüblich bekannt zu geben. [2]Gleichzeitig ist der Jahresabschluss mit dem Rechenschaftsbericht und der Gesamtabschluss mit dem Konsolidierungsbericht an sieben Tagen öffentlich auszulegen; in der Bekanntgabe ist auf die Auslegung hinzuweisen.

2. Abschnitt

Sondervermögen, Treuhandvermögen

§ 96 Sondervermögen. (1) Sondervermögen der Gemeinden sind

1. das Gemeindegliedervermögen,
2. das Vermögen der rechtlich unselbstständigen örtlichen Stiftungen,
3. das Vermögen der Eigenbetriebe,
4. rechtlich unselbstständige Versorgungs- und Versicherungseinrichtungen für Bedienstete der Gemeinde,
5. das Sondervermögen für die Kameradschaftspflege nach § 18 des Feuerwehrgesetzes.

(2) [1]Sondervermögen nach Absatz 1 Nr. 1 und 2 unterliegen den Vorschriften über die Haushaltswirtschaft. [2]Sie sind im Haushalt der Gemeinde gesondert nachzuweisen.

(3) [1]Für Sondervermögen nach Absatz 1 Nr. 4 sind besondere Haushaltspläne aufzustellen und Sonderrechnungen zu führen. [2]Die Vorschriften über die Haushaltswirtschaft gelten entsprechend mit der Maßgabe, dass an die Stelle der Haushaltssatzung der Beschluss über den Haushaltsplan tritt und von der ortsüblichen Bekanntgabe und Auslegung nach § 95 b Abs. 2 abgesehen werden kann. [3]An Stelle eines Haushaltsplans können ein Wirtschaftsplan aufgestellt und die für die Wirtschaftsführung und das Rechnungswesen der Eigenbetriebe geltenden Vorschriften entsprechend angewendet werden; in diesem Fall gelten § 77 Abs. 1 und 2, §§ 78, 81 Abs. 2 sowie §§ 85 bis 89, 91 und 92 entsprechend.

§ 97 Treuhandvermögen. (1) [1]Für rechtlich selbstständige örtliche Stiftungen sowie für Vermögen, die die Gemeinde nach besonderem Recht treuhänderisch zu verwalten hat, sind besondere Haushaltspläne aufzustellen und Sonderrechnungen zu führen. [2]§ 96 Abs. 3 Satz 2 und 3 gilt entsprechend.

(2) Unbedeutendes Treuhandvermögen kann im Haushalt der Gemeinde gesondert nachgewiesen werden; es unterliegt den Vorschriften über die Haushaltswirtschaft.

(3) Mündelvermögen sind abweichend von den Absätzen 1 und 2 nur im Jahresabschluss gesondert nachzuweisen.

(4) Für rechtlich selbstständige örtliche Stiftungen bleiben Bestimmungen des Stifters, für andere Treuhandvermögen besondere gesetzliche Vorschriften unberührt.

§ 98 Sonderkassen. [1]Für Sondervermögen und Treuhandvermögen, für die Sonderrechnungen geführt werden, sind Sonderkassen einzurichten. [2]Sie sollen mit der Gemeindekasse verbunden werden. [3]§ 94 gilt entsprechend.

§ 99 Freistellung von der Finanzplanung. Das Innenministerium kann durch Rechtsverordnung Sondervermögen und Treuhandvermögen von den Verpflichtungen des § 85 freistellen, soweit die Finanzplanung weder für die Haushalts- oder Wirtschaftsführung noch für die Finanzstatistik benötigt wird.

§ 100 Gemeindegliedervermögen. (1) [1]Gemeindegliedervermögen darf nicht in Privatvermögen der Nutzungsberechtigten, Gemeindevermögen nicht in Gemeindegliedervermögen umgewandelt werden. [2]Bei aufgeteilten Nutzungsrechten, die mit dem Eigentum an bestimmten Grundstücken verbunden sind, kann der Nutzungsberechtigte gegen angemessenes Entgelt die Übereignung der mit dem Nutzungsrecht belasteten landwirtschaftlichen Grundstücke verlangen, es sei denn, dass die Grundstücke unmittelbar oder mittelbar für öffentliche Aufgaben benötigt werden oder nach der Bauleitplanung der Gemeinde nicht zur landwirtschaftlichen Nutzung bestimmt sind.

(2) [1]Eine Aufnahme in das Nutzbürgerrecht und eine Zulassung zur Teilnahme an den Gemeindenutzungen finden nicht mehr statt. [2]Die Rechte der Nutzungsberechtigten bleiben erhalten; auf diese Rechte ist das bisherige Recht weiter anzuwenden. [3]Der Wert des einzelnen Nutzungsanteils darf nicht erhöht werden; ein Vorrücken in höhere Nutzungsklassen unterbleibt. [4]Freiwerdende Lose fallen der Gemeinde zu.

(3) [1]Die Nutzungsberechtigten sind zur ordnungsgemäßen Nutzung verpflichtet. [2]Verletzt ein Nutzungsberechtigter trotz schriftlicher Mahnung gröblich seine Pflicht zur ordnungsgemäßen Nutzung, so kann ihm sein Nutzungsrecht entschädigungslos entzogen werden.

(4) [1]Gemeindegliedervermögen kann gegen angemessene Entschädigung in Geld in freies Gemeindevermögen umgewandelt werden, wenn es zum Wohl der Allgemeinheit, insbesondere zur Erfüllung von Aufgaben der Gemeinde oder zur Verbesserung der Agrarstruktur erforderlich ist. [2]In ein Verfahren nach dem Flurbereinigungsgesetz einbezogenes Gemeindegliedervermögen ist unter den Voraussetzungen des Satzes 1 in freies Gemeindevermögen umzuwandeln.

(5) [1]Bisher landwirtschaftlich genutztes Gemeindegliedervermögen, das freies Gemeindevermögen wird, ist gegen angemessenes Entgelt der privaten landwirtschaftlichen Nutzung zu überlassen; Gemeinschaftsweiden sind als öffentliche Einrichtungen fortzuführen, solange hierfür ein Bedürfnis besteht. [2]Dies gilt nicht, soweit die Grundstücke unmittelbar oder mittelbar für öffentliche Aufgaben benötigt werden oder ihre landwirtschaftliche Nutzung die Durchführung der Bauleitplanung der Gemeinde behindert.

§ 101 Örtliche Stiftungen. (1) [1]Die Gemeinde verwaltet die örtlichen Stiftungen nach den Vorschriften dieses Gesetzes, soweit durch Gesetz oder Stifter nichts anderes bestimmt ist. [2]§ 96 Abs. 1 Nr. 2 und Abs. 2 und § 97 Abs. 1, 2 und 4 bleiben unberührt.

(2) Bei nichtrechtsfähigen Stiftungen kann die Gemeinde unter den Voraussetzungen des § 87 Abs. 1 des Bürgerlichen Gesetzbuchs den Stiftungszweck ändern, die Stiftung mit einer anderen nichtrechtsfähigen örtlichen Stiftung zusammenlegen oder sie aufheben, wenn der Stifter nichts anderes bestimmt hat.

(3) [1]Enthält das Stiftungsgeschäft keine Bestimmung über den Vermögensanfall, fällt das Vermögen nichtrechtsfähiger Stiftungen an die Gemeinde. [2]Die Gemeinde hat bei der Verwendung des Vermögens den Stiftungszweck tunlichst zu berücksichtigen.

(4) Gemeindevermögen darf nur im Rahmen der Aufgabenerfüllung der Gemeinde und nur dann in Stiftungsvermögen eingebracht werden, wenn der mit der Stiftung verfolgte Zweck auf andere Weise nicht erreicht werden kann.

3. Abschnitt

Unternehmen und Beteiligungen*

§ 102 Zulässigkeit wirtschaftlicher Unternehmen. (1) Die Gemeinde darf ungeachtet der Rechtsform wirtschaftliche Unternehmen nur errichten, übernehmen, wesentlich erweitern oder sich daran beteiligen, wenn
1. der öffentliche Zweck das Unternehmen rechtfertigt,
2. das Unternehmen nach Art und Umfang in einem angemessenen Verhältnis zur Leistungsfähigkeit der Gemeinde und zum voraussichtlichen Bedarf steht und
3. bei einem Tätigwerden außerhalb der kommunalen Daseinsvorsorge der Zweck nicht ebenso gut und wirtschaftlich durch einen privaten Anbieter erfüllt wird oder erfüllt werden kann.

(2) Über ein Tätigwerden der Gemeinde nach Absatz 1 Nr. 3 entscheidet der Gemeinderat nach Anhörung der örtlichen Selbstverwaltungsorganisationen von Handwerk, Industrie und Handel.

(3) Wirtschaftliche Unternehmen der Gemeinde sind so zu führen, dass der öffentliche Zweck erfüllt wird; sie sollen einen Ertrag für den Haushalt der Gemeinde abwerfen.

(4) [1]Wirtschaftliche Unternehmen im Sinne der Absätze 1 und 2 sind nicht
1. Unternehmen, zu deren Betrieb die Gemeinde gesetzlich verpflichtet ist,
2. Einrichtungen des Unterrichts-, Erziehungs- und Bildungswesens, der Kunstpflege, der körperlichen Ertüchtigung, der Gesundheits- und Wohlfahrtspflege sowie öffentliche Einrichtungen ähnlicher Art und
3. Hilfsbetriebe, die ausschließlich zur Deckung des Eigenbedarfs der Gemeinde dienen.

[2]Auch diese Unternehmen, Einrichtungen und Hilfsbetriebe sind nach wirtschaftlichen Gesichtspunkten zu führen.

(5) [1]Bankunternehmen darf die Gemeinde nicht betreiben, soweit gesetzlich nichts anderes bestimmt ist. [2]Für das öffentliche Sparkassenwesen verbleibt es bei den besonderen Vorschriften.

(6) Bei Unternehmen, für die kein Wettbewerb gleichartiger Privatunternehmen besteht, dürfen der Anschluss und die Belieferung nicht davon abhängig gemacht werden, dass auch andere Leistungen oder Lieferungen abgenommen werden.

(7) [1]Die Betätigung außerhalb des Gemeindegebiets ist zulässig, wenn bei wirtschaftlicher Betätigung die Voraussetzungen des Absatzes 1 vorliegen und die berechtigten Interessen der betroffenen Gemeinden gewahrt sind. [2]Bei der Versorgung mit Strom und Gas gelten nur die Interessen als berech-

---
* *Vgl. die Übergangsbestimmungen zu den §§ 103, 103a, 105 Abs. 1 Satz 1 Nr. 1, 105a und 106a in Art. 8 des Gesetzes vom 19. Juli 1999 (Gbl. S. 292).*

tigt, die nach den maßgeblichen Vorschriften eine Einschränkung des Wettbewerbs zulassen.

§ 102a Selbstständige Kommunalanstalt. (1) [1]Die Gemeinde kann durch Satzung (Anstaltssatzung) eine selbstständige Kommunalanstalt in der Rechtsform einer rechtsfähigen Anstalt des öffentlichen Rechts errichten oder bestehende Eigenbetriebe durch Ausgliederung und Kapitalgesellschaften durch Formwechsel im Wege der Gesamtrechtsnachfolge in selbstständige Kommunalanstalten umwandeln. [2]Sofern mit der selbstständigen Kommunalanstalt eine wirtschaftliche Betätigung verbunden ist, ist dies nur unter Beachtung der Vorgaben des § 102 zulässig. [3]Die selbstständige Kommunalanstalt kann sich nach Maßgabe der Anstaltssatzung und in entsprechender Anwendung der für die Gemeinde geltenden Vorschriften an anderen Unternehmen beteiligen, wenn das dem Anstaltszweck dient.

(2) [1]Die Gemeinde kann der selbstständigen Kommunalanstalt einzelne oder alle mit einem bestimmten Zweck zusammenhängenden Aufgaben ganz oder teilweise übertragen. [2]Sie kann nach Maßgabe des § 11 durch gesonderte Satzung einen Anschluss- und Benutzungszwang zugunsten der selbstständigen Kommunalanstalt festlegen.

(3) [1]Die Gemeinde regelt die Rechtsverhältnisse der selbstständigen Kommunalanstalt durch die Anstaltssatzung. [2]Diese muss Bestimmungen über den Namen, den Sitz und die Aufgaben der selbstständigen Kommunalanstalt, die Zahl der Mitglieder des Vorstands und des Verwaltungsrats, die Höhe des Stammkapitals und die Abwicklung im Falle der Auflösung der selbstständigen Kommunalanstalt enthalten.

(4) [1]Die Anstaltssatzung, Änderungen der Aufgaben der selbstständigen Kommunalanstalt und die Auflösung der selbstständigen Kommunalanstalt bedürfen der Genehmigung der Rechtsaufsichtsbehörde. [2]Die Genehmigung ist zu erteilen, wenn die Errichtung der selbstständigen Kommunalanstalt zulässig ist und die Anstaltssatzung den gesetzlichen Vorgaben entspricht. [3]Die Genehmigung der Anstaltssatzung ist mit der Anstaltssatzung von der Gemeinde öffentlich bekannt zu machen. [4]Die selbstständige Kommunalanstalt entsteht am Tag nach der Bekanntmachung, wenn nicht in der Anstaltssatzung ein späterer Zeitpunkt bestimmt ist. [5]§ 4 Absatz 4 findet Anwendung.

(5) [1]Die Gemeinde kann der selbstständigen Kommunalanstalt in der Anstaltssatzung auch das Recht einräumen, an ihrer Stelle Satzungen zu erlassen. [2]§ 4 Absätze 3 und 4 gelten entsprechend. [3]Die öffentlichen Bekanntmachungen der selbstständigen Kommunalanstalten erfolgen in der für die öffentliche Bekanntmachung der Gemeinde vorgeschriebenen Form. [4]Die Gemeinde kann der selbstständigen Kommunalanstalt zur Finanzierung der von ihr wahrzunehmenden Aufgaben durch die Anstaltssatzung das Recht übertragen, Gebühren, Beiträge, Kostenersätze und sonstige Abgaben nach den kommunalabgabenrechtlichen Vorschriften festzusetzen, zu erheben und zu vollstrecken.

(6) [1]Für die Wirtschaftsführung und das Rechnungswesen der selbstständigen Kommunalanstalt gelten die Vorschriften des Handelsgesetzbuchs sinngemäß, sofern nicht die Vorschriften des Handelsgesetzbuchs bereits unmittelbar oder weitergehende gesetzliche Vorschriften gelten oder andere gesetzliche Vorschriften entgegenstehen. [2]In sinngemäßer Anwendung der für Eigenbetriebe geltenden Vorschriften ist für jedes Wirtschaftsjahr ein Wirtschaftsplan aufzustellen und der Wirtschaftsführung eine fünfjährige Finanzplanung zugrunde zu legen. [3]Der Wirtschaftsplan und die Finanzplanung sind an die Gemeinde zu übersenden. [4]§ 77 Absätze 1 und 2, §§ 78, 87, 103 Absatz 1 Satz 1 Nummer 3 und Absatz 3 gelten entsprechend. [5]Mit dem Antrag auf Genehmigung des Gesamtbetrags der vorgesehenen Kreditaufnahmen gemäß § 87 Absatz 2 sind der Rechtsaufsichtsbehörde der Wirtschaftsplan, der Finanzplan und der letzte Jahresabschluss vorzulegen.

(7) [1]Die selbstständige Kommunalanstalt besitzt das Recht, Beamte zu haben. [2]Hauptamtliche Beamte dürfen nur ernannt werden, wenn dies in der Anstaltssatzung vorgesehen ist. [3]Unberührt bleibt die Möglichkeit, Beamte der Gemeinde an die selbstständige Kommunalanstalt abzuordnen.

(8) [1]Die Gemeinde unterstützt die selbstständige Kommunalanstalt bei der Erfüllung ihrer Aufgaben. [2]Sie ist verpflichtet, die selbstständige Kommunalanstalt mit den zur Aufgabenerfüllung notwendigen finanziellen Mitteln auszustatten und für die Dauer ihres Bestehens funktionsfähig zu erhalten. [3]Beihilferechtliche Regelungen sind dabei zu beachten. [4]Eine Haftung der Gemeinde für Verbindlichkeiten der selbstständigen Kommunalanstalt Dritten gegenüber besteht nicht.

§ 102b Organe der selbstständigen Kommunalanstalt. (1) Organe der selbstständigen Kommunalanstalt sind der Vorstand und der Verwaltungsrat.

(2) [1]Die selbstständige Kommunalanstalt wird von einem Vorstand in eigener Verantwortung geleitet, soweit nicht gesetzlich oder durch die Anstaltssatzung etwas anderes bestimmt ist. [2]Der Vorstand wird vom Verwaltungsrat auf höchstens fünf Jahre bestellt; wiederholte Bestellungen sind zulässig. [3]Die Mitglieder des Vorstands können privatrechtlich angestellt oder in ein Beamtenverhältnis auf Zeit mit einer Amtszeit von fünf Jahren berufen werden. [4]Die Mitglieder des Vorstands vertreten einzeln oder gemeinsam entsprechend der Anstaltssatzung die selbstständige Kommunalanstalt nach außen. [5]Der Vorstand kann allgemein oder in einzelnen Angelegenheiten Vollmacht erteilen. [6]Der Vorsitzende des Vorstands ist Vorgesetzter, Dienstvorgesetzter und oberste Dienstbehörde der Bediensteten der selbstständigen Kommunalanstalt mit Ausnahme der beamteten Mitglieder des Vorstands. [7]Die Gemeinde hat darauf hinzuwirken, dass jedes Vorstandsmitglied vertraglich verpflichtet wird, die ihm im Geschäftsjahr jeweils gewährten Bezüge im Sinne von § 285 Nummer 9 Buchstabe a des Handelsgesetzbuchs der Gemeinde jährlich zur Aufnahme in den Beteiligungsbericht mitzuteilen.

(3) [1]Der Verwaltungsrat überwacht die Geschäftsführung des Vorstands. [2]Er entscheidet über

1. den Erlass von Satzungen gemäß § 102 a Absatz 5,
2. die Feststellung des Wirtschaftsplans und des Jahresabschlusses, Kreditaufnahmen, Übernahme von Bürgschaften und Gewährleistungen,
3. die Festsetzung allgemein geltender Tarife und Entgelte für die Leistungsnehmer,
4. die Beteiligung der selbstständigen Kommunalanstalt an anderen Unternehmen und
5. die Ergebnisverwendung.

[3]Die Anstaltssatzung kann weitere Entscheidungszuständigkeiten des Verwaltungsrats vorsehen, insbesondere bei Maßnahmen von grundsätzlicher oder besonderer Bedeutung oder bei denen sich der Verwaltungsrat die Zustimmung vorbehalten hat. [4]Sie kann auch ein Recht des Verwaltungsrats vorsehen, Maßnahmen auf eigene Initiative zu bestimmen. [5]Im Fall des Satzes 2 Nummer 1 ist öffentlich zu verhandeln; die Mitglieder des Verwaltungsrats unterliegen den Weisungen des Gemeinderats. [6]Die Anstaltssatzung kann vorsehen, dass auch in bestimmten anderen Fällen öffentlich zu verhandeln ist und dass der Gemeinderat den Mitgliedern des Verwaltungsrats auch in bestimmten anderen Fällen Weisungen erteilen kann. [7]Im Fall des Satzes 2 Nummer 4 bedarf es der vorherigen Zustimmung der Gemeinde entsprechend § 105 a.

(4) [1]Der Verwaltungsrat besteht aus dem Vorsitzenden und den weiteren Mitgliedern. [2]Vorsitzender ist der Bürgermeister; mit seiner Zustimmung kann der Gemeinderat einen Beigeordneten zum Vorsitzenden bestellen. [3]Der Vorsitzende des Verwaltungsrats ist Vorgesetzter, Dienstvorgesetzter und oberste Dienstbehörde der beamteten Mitglieder des Vorstands. [4]Das vorsitzende Mitglied nach Satz 2 Halbsatz 2 und die weiteren Mitglieder des Verwaltungsrats werden vom Gemeinderat für fünf Jahre bestellt. [5]Für jedes Mitglied des Verwaltungsrats wird ein Stellvertreter bestellt.

(5) [1]Die weiteren Mitglieder des Verwaltungsrats sind ehrenamtlich tätig. [2]Für ihre Rechtsverhältnisse finden die für die Gemeinderäte geltenden Vorschriften mit Ausnahme der §§ 15 und 29 entsprechende Anwendung. [3]Mitglieder des Verwaltungsrats können nicht sein:

1. Beamte und Arbeitnehmer der selbstständigen Kommunalanstalt,
2. leitende Beamte und leitende Arbeitnehmer von juristischen Personen oder sonstigen Organisationen des öffentlichen oder privaten Rechts, an denen die selbstständige Kommunalanstalt mit mehr als 50 vom Hundert beteiligt ist; eine Beteiligung am Stimmrecht genügt,
3. Beamte und Arbeitnehmer der Rechtsaufsichtsbehörde, die unmittelbar mit Aufgaben der Aufsicht über die selbstständige Kommunalanstalt befasst sind.

[4]Auf den Verwaltungsrat und seinen Vorsitzenden finden § 34 Absatz 1 mit Ausnahme des Satzes 2 Halbsatz 2, § 34 Absatz 3, §§ 36 bis 38 und § 43 Absätze 2, 4 und 5 entsprechende Anwendung.

§ 102c Umwandlung. (1) [1]Ein Unternehmen in der Rechtsform einer Kapitalgesellschaft, an dem ausschließlich die Gemeinde beteiligt ist, kann durch

Formwechsel in eine selbstständige Kommunalanstalt umgewandelt werden. [2]Die Umwandlung ist nur zulässig, wenn keine Sonderrechte im Sinne des § 23 des Umwandlungsgesetzes (UmwG) und keine Rechte Dritter an den Anteilen der Gemeinde bestehen.

(2) [1]Der Formwechsel setzt den Erlass der Anstaltssatzung durch die Gemeinde und einen sich darauf beziehenden Umwandlungsbeschluss der formwechselnden Gesellschaft voraus. [2]Die §§ 193 bis 195, 197 bis 200 Absatz 1 und § 201 UmwG sind entsprechend anzuwenden. [3]Die Anmeldung zum Handelsregister entsprechend § 198 UmwG erfolgt durch das vertretungsberechtigte Organ der Kapitalgesellschaft. [4]Die Umwandlung einer Kapitalgesellschaft in eine selbstständige Kommunalanstalt wird mit der Eintragung oder, wenn sie nicht eingetragen wird, mit der Eintragung der Umwandlung in das Handelsregister wirksam; § 202 Absätze 1 und 3 UmwG sind entsprechend anzuwenden.

(3) [1]Ist bei der Kapitalgesellschaft ein Betriebsrat eingerichtet, bleibt dieser nach dem Wirksamwerden der Umwandlung als Personalrat der selbstständigen Kommunalanstalt bis zur Neuwahl des Personalrats, längstens bis zu einem Jahr nach Inkrafttreten der Umwandlung, bestehen. [2]Er nimmt die dem Personalrat nach dem Landespersonalvertretungsgesetz (LPVG) zustehenden Befugnisse und Pflichten wahr. [3]Die in der Kapitalgesellschaft im Zeitpunkt der Umwandlung bestehenden Betriebsvereinbarungen gelten in der selbstständigen Kommunalanstalt für längstens bis zu dem in Satz 1 genannten Zeitpunkt als Dienstvereinbarungen fort, soweit § 85 LPVG nicht entgegensteht und sie nicht durch andere Regelungen ersetzt werden.

§ 102d Sonstige Vorschriften für selbstständige Kommunalanstalten. (1) [1]Der Jahresabschluss und der Lagebericht der selbstständigen Kommunalanstalt werden in entsprechender Anwendung der Vorschriften des Dritten Buchs des Handelsgesetzbuchs für große Kapitalgesellschaften aufgestellt. [2]Die obere Rechtsaufsichtsbehörde kann für kleine selbstständige Kommunalanstalten, die kleinen Kapitalgesellschaften nach § 267 Absatz 1 des Handelsgesetzbuchs oder Kleinstkapitalgesellschaften nach § 267 a Absatz 1 des Handelsgesetzbuchs entsprechen, Ausnahmen für die Erfordernisse der Rechnungslegung zulassen.

(2) [1]Bei Gemeinden mit einem obligatorischen Rechnungsprüfungsamt gemäß § 109 Absatz 1 hat dieses den Jahresabschluss der selbstständigen Kommunalanstalt zu prüfen. [2]Die örtliche Prüfung erfolgt in entsprechender Anwendung der § 111 Absatz 1 und § 112 Absatz 1; der Verwaltungsrat tritt an die Stelle des Gemeinderats. [3]Das Rechnungsprüfungsamt hat das Recht, sich zur Klärung von Fragen, die bei der Prüfung auftreten, unmittelbar zu unterrichten und zu diesem Zweck den Betrieb, die Bücher und Schriften der selbstständigen Kommunalanstalt einzusehen. [4]Weitergehende gesetzliche Vorschriften für die Prüfung des Jahresabschlusses bleiben unberührt.

(3) [1]Die überörtliche Prüfung der selbstständigen Kommunalanstalt erfolgt in entsprechender Anwendung des § 114 durch die nach § 113 für die Gemeinde zuständige Prüfungsbehörde. [2]Absatz 2 Satz 3 gilt entsprechend.

(4) [1]Der Jahresabschluss und der Lagebericht sowie der Prüfungsbericht sind an die Gemeinde zu übersenden. [2]Für die Offenlegung des Jahresabschlusses und den Beteiligungsbericht gilt § 105 Absatz 1 Nummer 2 und Absatz 2 entsprechend.

(5) [1]Die §§ 118 bis 129 sind entsprechend anwendbar. [2]Rechtsaufsichtsbehörde ist die für die Gemeinde zuständige Rechtsaufsichtsbehörde.

(6) [1]Die Gemeinde kann die selbstständige Kommunalanstalt auflösen. [2]Das Vermögen einer aufgelösten selbstständigen Kommunalanstalt geht im Wege der Gesamtrechtsnachfolge auf die Gemeinde über. [3]Für die Beamten und Versorgungsempfänger der selbstständigen Kommunalanstalt gelten die §§ 26 bis 30 des Landesbeamtengesetzes.

§ 103 Unternehmen in Privatrechtsform. (1) [1]Die Gemeinde darf ein Unternehmen in einer Rechtsform des privaten Rechts nur errichten, übernehmen, wesentlich erweitern oder sich daran beteiligen, wenn

1. das Unternehmen seine Aufwendungen nachhaltig zu mindestens 25 vom Hundert mit Umsatzerlösen zu decken vermag,
2. im Gesellschaftsvertrag oder in der Satzung sichergestellt ist, dass der öffentliche Zweck des Unternehmens erfüllt wird,
3. die Gemeinde einen angemessenen Einfluss, insbesondere im Aufsichtsrat oder in einem entsprechenden Überwachungsorgan des Unternehmens erhält,
4. die Haftung der Gemeinde auf einen ihrer Leistungsfähigkeit angemessenen Betrag begrenzt wird,
5. bei einer Beteiligung mit Anteilen in dem in § 53 des Haushaltsgrundsätzegesetzes bezeichneten Umfang im Gesellschaftsvertrag oder in der Satzung sichergestellt ist, dass
   a) in sinngemäßer Anwendung der für Eigenbetriebe geltenden Vorschriften für jedes Wirtschaftsjahr ein Wirtschaftsplan aufgestellt und der Wirtschaftsführung eine fünfjährige Finanzplanung zu Grunde gelegt wird,
   b) der Jahresabschluss und der Lagebericht in entsprechender Anwendung der Vorschriften des Dritten Buchs des Handelsgesetzbuchs für große Kapitalgesellschaften aufgestellt und in entsprechender Anwendung dieser Vorschriften geprüft werden, sofern nicht die Vorschriften des Handelsgesetzbuchs bereits unmittelbar gelten oder weitergehende gesetzliche Vorschriften gelten oder andere gesetzliche Vorschriften entgegenstehen,
   c) der Gemeinde der Wirtschaftsplan und die Finanzplanung des Unternehmens, der Jahresabschluss und der Lagebericht sowie der Prüfungsbericht des Abschlussprüfers übersandt werden, soweit dies nicht bereits gesetzlich vorgesehen ist,
   d) für die Prüfung der Betätigung der Gemeinde bei dem Unternehmen dem Rechnungsprüfungsamt und der für die überörtliche Prüfung zu-

ständigen Prüfungsbehörde die in § 54 des Haushaltsgrundsätzegesetzes vorgesehenen Befugnisse eingeräumt sind,

e) das Recht zur überörtlichen Prüfung der Haushalts- und Wirtschaftsführung des Unternehmens nach Maßgabe des § 114 Abs. 1 eingeräumt ist.

f) der Gemeinde die für die Aufstellung des Gesamtabschlusses (§ 95 a) erforderlichen Unterlagen und Auskünfte zu dem von ihr bestimmten Zeitpunkt eingereicht werden.

[2]Die obere Rechtsaufsichtsbehörde kann in besonderen Fällen von dem Mindestgrad der Aufwandsdeckung nach Satz 1 Nr. 1 und dem Prüfungserfordernis nach Satz 1 Nr. 5 Buchst. b, wenn andere geeignete Prüfungsmaßnahmen gewährleistet sind, Ausnahmen zulassen. [3]Für kleine Kapitalgesellschaften nach § 267 Absatz 1 des Handelsgesetzbuchs und für Kleinstkapitalgesellschaften nach § 267 a Absatz 1 des Handelsgesetzbuchs kann sie auch Ausnahmen für die Erfordernisse der Rechnungslegung nach Satz 1 Nummr 5 Buchstabe b zulassen.

(2) Die Gemeinde darf unbeschadet des Absatzes 1 ein Unternehmen in der Rechtsform einer Aktiengesellschaft nur errichten, übernehmen oder sich daran beteiligen, wenn der öffentliche Zweck des Unternehmens nicht ebenso gut in einer anderen Rechtsform erfüllt wird oder erfüllt werden kann.

(3) [1]Die Gemeinde hat ein Unternehmen in einer Rechtsform des privaten Rechts, an dem sie mit mehr als 50 vom Hundert beteiligt ist, so zu steuern und zu überwachen, dass der öffentliche Zweck nachhaltig erfüllt und das Unternehmen wirtschaftlich geführt wird; bei einer geringeren Beteiligung hat die Gemeinde darauf hinzuwirken. [2]Zuschüsse der Gemeinde zum Ausgleich von Verlusten sind so gering wie möglich zu halten.

§ 103 a Unternehmen in der Rechtsform einer Gesellschaft mit beschränkter Haftung. Die Gemeinde darf unbeschadet des § 103 Abs. 1 ein Unternehmen in der Rechtsform einer Gesellschaft mit beschränkter Haftung nur errichten, übernehmen, wesentlich erweitern oder sich daran beteiligen, wenn im Gesellschaftsvertrag sichergestellt ist, dass die Gesellschafterversammlung auch beschließt über

1. den Abschluss und die Änderung von Unternehmensverträgen im Sinne der §§ 291 und 292 Abs. 1 des Aktiengesetzes,
2. die Übernahme neuer Aufgaben von besonderer Bedeutung im Rahmen des Unternehmensgegenstands,
3. die Errichtung, den Erwerb und die Veräußerung von Unternehmen und Beteiligungen, sofern dies im Verhältnis zum Geschäftsumfang der Gesellschaft wesentlich ist,
4. die Feststellung des Jahresabschlusses und die Verwendung des Ergebnisses.

§ 104 Vertretung der Gemeinde in Unternehmen in Privatrechtsform. (1) [1]Der Bürgermeister vertritt die Gemeinde in der Gesellschafterversammlung oder in dem entsprechenden Organ der Unternehmen in einer Rechtsform des privaten Rechts, an denen die Gemeinde beteiligt ist; er kann einen Gemeindebediensteten der Gemeinde mit seiner Vertretung beauftragen. [2]Die Gemeinde kann weitere Vertreter entsenden und deren Entsendung zurücknehmen; ist mehr als ein weiterer Vertreter zu entsenden und kommt eine Einigung über deren Entsendung nicht zu Stande, finden die Vorschriften über die Wahl der Mitglieder beschließender Ausschüsse des Gemeinderats Anwendung. [3]Die Gemeinde kann ihren Vertretern Weisungen erteilen.

(2) Ist der Gemeinde das Recht eingeräumt, mehr als ein Mitglied des Aufsichtsrats oder eines entsprechenden Organs eines Unternehmens zu entsenden, finden die Vorschriften über die Wahl der Mitglieder beschließender Ausschüsse des Gemeinderats Anwendung, soweit eine Einigung über die Entsendung nicht zu Stande kommt.

(3) Die von der Gemeinde entsandten oder auf ihren Vorschlag gewählten Mitglieder des Aufsichtsrats oder eines entsprechenden Überwachungsorgans eines Unternehmens haben bei ihrer Tätigkeit auch die besonderen Interessen der Gemeinde zu berücksichtigen.

(4) [1]Werden Vertreter der Gemeinde aus ihrer Tätigkeit in einem Organ eines Unternehmens haftbar gemacht, hat ihnen die Gemeinde den Schaden zu ersetzen, es sei denn, dass sie ihn vorsätzlich oder grob fahrlässig herbeigeführt haben. [2]Auch in diesem Fall ist die Gemeinde schadenersatzpflichtig, wenn ihre Vertreter nach Weisung gehandelt haben.

§ 105 Prüfung, Offenlegung und Beteiligungsbericht. (1) Ist die Gemeinde an einem Unternehmen in einer Rechtsform des privaten Rechts in dem in § 53 des Haushaltsgrundsätzegesetzes bezeichneten Umfang beteiligt, hat sie

1. die Rechte nach § 53 Abs. 1 Nr. 1 und 2 des Haushaltsgrundsätzegesetzes auszuüben,
2. dafür zu sorgen, dass
   a) der Beschluss über die Feststellung des Jahresabschlusses zusammen mit dessen Ergebnis, das Ergebnis der Prüfung des Jahresabschlusses und des Lageberichts sowie die beschlossene Verwendung des Jahresüberschusses oder die Behandlung des Jahresfehlbetrags ortsüblich bekannt gegeben werden,
   b) gleichzeitig mit der Bekanntgabe der Jahresabschluss und der Lagebericht an sieben Tagen öffentlich ausgelegt werden und in der Bekanntgabe auf die Auslegung hingewiesen wird.

(2) [1]Die Gemeinde hat zur Information des Gemeinderats und ihrer Einwohner jährlich einen Bericht über die Unternehmen in einer Rechtsform des privaten Rechts, an denen sie unmittelbar oder mit mehr als 50 vom Hundert mittelbar beteiligt ist, zu erstellen. [2]In dem Beteiligungsbericht sind für jedes Unternehmen mindestens darzustellen:

a) der Gegenstand des Unternehmens, die Beteiligungsverhältnisse, die Besetzung der Organe und die Beteiligungen des Unternehmens,

b) der Stand der Erfüllung des öffentlichen Zwecks des Unternehmens,
c) für das jeweilige letzte Geschäftsjahr die Grundzüge des Geschäftsverlaufs, die Lage des Unternehmens, die Kapitalzuführungen und -entnahmen durch die Gemeinde und im Vergleich mit den Werten des vorangegangenen Geschäftsjahres die durchschnittliche Zahl der beschäftigten Arbeitnehmer getrennt nach Gruppen, die wichtigsten Kennzahlen der Vermögens-, Finanz- und Ertragslage des Unternehmens sowie die gewährten Gesamtbezüge der Mitglieder der Geschäftsführung und des Aufsichtsrats oder der entsprechenden Organe des Unternehmens für jede Personengruppe; § 286 Abs. 4 des Handelsgesetzbuchs gilt entsprechend.

[3]Ist die Gemeinde unmittelbar mit weniger als 25 vom Hundert beteiligt, kann sich die Darstellung auf den Gegenstand des Unternehmens, die Beteiligungsverhältnisse und den Stand der Erfüllung des öffentlichen Zwecks des Unternehmens beschränken.

(3) Die Erstellung des Beteiligungsberichts ist ortsüblich bekannt zu geben; Absatz 1 Nr. 2 Buchst. b gilt entsprechend.

(4) Die Rechtsaufsichtsbehörde kann verlangen, dass die Gemeinde ihr den Beteiligungsbericht und den Prüfungsbericht mitteilt.

§ 105 a Mittelbare Beteiligungen an Unternehmen in Privatrechtsform.
(1) [1]Die Gemeinde darf der Beteiligung eines Unternehmens, an dem sie mit mehr als 50 vom Hundert beteiligt ist, an einem anderen Unternehmen nur zustimmen, wenn

1. die Voraussetzungen des § 102 Abs. 1 Nr. 1 und 3 vorliegen,
2. bei einer Beteiligung des Unternehmens von mehr als 50 vom Hundert an dem anderen Unternehmen
   a) die Voraussetzungen des § 103 Abs. 1 Satz 1 Nr. 2 bis 4 vorliegen,
   b) die Voraussetzungen des § 103a vorliegen, sofern das Unternehmen, an dem die Gemeinde unmittelbar beteiligt ist, und das andere Unternehmen Gesellschaften mit beschränkter Haftung sind,
   c) die Voraussetzung des § 103 Abs. 2 vorliegt, sofern das andere Unternehmen eine Aktiengesellschaft ist.

[2]Beteiligungen sind auch mittelbare Beteiligungen. [3]Anteile mehrerer Gemeinden sind zusammenzurechnen.

(2) § 103 Abs. 3 und, soweit der Gemeinde für das andere Unternehmen Entsendungsrechte eingeräumt sind, § 104 Abs. 2 bis 4 gelten entsprechend.

(3) Andere Bestimmungen zur mittelbaren Beteiligung der Gemeinde an Unternehmen in einer Rechtsform des privaten Rechts bleiben unberührt.

§ 106 Veräußerung von Unternehmen und Beteiligungen. Die Veräußerung eines Unternehmens, von Teilen eines solchen oder einer Beteiligung an einem Unternehmen sowie andere Rechtsgeschäfte, durch welche die Gemeinde ihren Einfluss auf das Unternehmen verliert oder vermindert, sind nur zulässig, wenn die Erfüllung der Aufgaben der Gemeinde nicht beeinträchtigt wird.

§ 106 a Einrichtungen in Privatrechtsform. Die §§ 103 bis 106 gelten für Einrichtungen im Sinne des § 102 Abs. 4 Satz 1 Nr. 2 in einer Rechtsform des privaten Rechts entsprechend.

§ 106 b Vergabe von Aufträgen. (1) Die Gemeinde ist verpflichtet, ihre Gesellschafterrechte in Unternehmen des privaten Rechts, auf die sie durch mehrheitliche Beteiligung oder in sonstiger Weise direkt oder indirekt bestimmenden Einfluss nehmen kann, so auszuüben, dass

1. diese die Verdingungsordnung für Bauleistungen (VOB) sowie § 22 Abs. 1 bis 4 des Mittelstandsförderungsgesetzes anwenden und
2. ihnen die Anwendung der Verdingungsordnung für Leistungen (VOL) empfohlen wird,

wenn diese Unternehmen öffentliche Auftraggeber im Sinne von § 98 Nr. 2 des Gesetzes gegen Wettbewerbsbeschränkungen sind. [2]Satz 1 gilt für Einrichtungen im Sinne des § 102 Abs. 4 Satz 1 Nr. 2 in einer Rechtsform des privaten Rechts entsprechend.

(2) [1]Die Verpflichtung nach Absatz 1 entfällt in der Regel

1. bei wirtschaftlichen Unternehmen, soweit sie
   a) mit ihrer gesamten Tätigkeit an einem entwickelten Wettbewerb teilnehmen und ihre Aufwendungen ohne Zuschüsse aus öffentlichen Haushalten zu decken vermögen oder
   b) mit der gesamten Tätigkeit einzelner Geschäftsbereiche an einem entwickelten Wettbewerb teilnehmen und dabei ihre Aufwendungen ohne Zuschüsse aus öffentlichen Haushalten zu decken vermögen,
2. bei Aufträgen der in § 100 Abs. 2 des Gesetzes gegen Wettbewerbsbeschränkungen genannten Art,
3. bei Aufträgen, deren Wert voraussichtlich weniger als 30 000 Euro (ohne Umsatzsteuer) beträgt.

[2]Auch bei Vorliegen der Ausnahmevoraussetzungen nach Satz 1 besteht die Verpflichtung nach Absatz 1, soweit die Unternehmen Aufträge für ein Vorhaben vergeben, für das sie öffentliche Mittel in Höhe von mindestens 30 000 Euro in Anspruch nehmen.

§ 107 Energie- und Wasserverträge. (1) [1]Die Gemeinde darf Verträge über die Lieferung von Energie oder Wasser in das Gemeindegebiet sowie Konzessionsverträge, durch die sie einem Energieversorgungsunternehmen oder einem Wasserversorgungsunternehmen die Benutzung von Gemeindeeigentum einschließlich der öffentlichen Straßen, Wege und Plätze für Leitungen zur Versorgung der Einwohner überlässt, nur abschließen, wenn die Erfüllung der Aufgaben der Gemeinde nicht gefährdet wird und die berechtigten wirtschaftlichen Interessen der Gemeinde und ihrer Einwohner gewahrt sind. [2]Hierüber soll dem Gemeinderat vor der Beschlussfassung das Gutachten eines unabhängigen Sachverständigen vorgelegt werden.

(2) Dasselbe gilt für eine Verlängerung oder ihre Ablehnung sowie eine wichtige Änderung derartiger Verträge.

§ 108 Vorlagepflicht. Beschlüsse der Gemeinde über Maßnahmen und Rechtsgeschäfte nach § 103 Abs. 1 und 2, §§ 103 a, 105 a Abs. 1, §§ 106, 106 a und 107 sind der Rechtsaufsichtsbehörde unter Nachweis der gesetzlichen Voraussetzungen vorzulegen.

4. Abschnitt

Prüfungswesen

1. Örtliche Prüfung

§ 109 Prüfungseinrichtungen. (1) [1]Stadtkreise und Große Kreisstädte müssen ein Rechnungsprüfungsamt als besonderes Amt einrichten, sofern sie sich nicht eines anderen kommunalen Rechnungsprüfungsamts bedienen. [2]Andere Gemeinden können ein Rechnungsprüfungsamt einrichten oder sich eines anderen kommunalen Rechnungsprüfungsamts bedienen. [3]Gemeinden ohne Rechnungsprüfungsamt können einen geeigneten Bediensteten als Rechnungsprüfer bestellen oder sich eines anderen kommunalen Rechnungsprüfers bedienen; §§ 110 bis 112 gelten entsprechend.

(2) [1]Das Rechnungsprüfungsamt ist bei der Erfüllung der ihm zugewiesenen Prüfungsaufgaben unabhängig und an Weisungen nicht gebunden. [2]Es untersteht im Übrigen dem Bürgermeister unmittelbar.

(3) [1]Der Leiter des Rechnungsprüfungsamts muss hauptamtlicher Bediensteter sein. [2]Er muss die Befähigung zum Gemeindefachbediensteten haben oder eine abgeschlossene wirtschaftswissenschaftliche Vorbildung nachweisen und die für sein Amt erforderliche Erfahrung und Eignung besitzen.

(4) [1]Die Leitung des Rechnungsprüfungsamts kann einem Bediensteten nur durch Beschluss des Gemeinderats und nur dann entzogen werden, wenn die ordnungsgemäße Erfüllung seiner Aufgaben nicht mehr gewährleistet ist. [2]Der Beschluss muss mit einer Mehrheit von zwei Dritteln der Stimmen aller Mitglieder des Gemeinderats gefasst werden und ist der Rechtsaufsichtsbehörde vorzulegen.

(5) [1]Der Leiter und die Prüfer des Rechnungsprüfungsamts dürfen zum Bürgermeister, zu einem Beigeordneten, einem Stellvertreter des Bürgermeisters, zum Fachbediensteten für das Finanzwesen sowie zum Kassenverwalter, zu dessen Stellvertreter und zu anderen Bediensteten der Gemeindekasse nicht in einem die Befangenheit begründenden Verhältnis nach § 18 Abs. 1 Nr. 1 bis 3 stehen. [2]Sie dürfen eine andere Stellung in der Gemeinde nur innehaben, wenn dies mit der Unabhängigkeit und den Aufgaben des Rechnungsprüfungsamts vereinbar ist. [3]Sie dürfen Zahlungen für die Gemeinde weder anordnen noch ausführen.

(6) Für den Rechnungsprüfer gelten die Absätze 2, 4 und 5 entsprechend.

§ 110 Örtliche Prüfung des Jahresabschlusses und des Gesamtabschlusses. (1) [1]Das Rechnungsprüfungsamt hat den Jahresabschluss und den Gesamtabschluss vor der Feststellung durch den Gemeinderat daraufhin zu prüfen, ob

1. bei den Erträgen, Aufwendungen, Einzahlungen und Auszahlungen sowie bei der Vermögens- und Schuldenverwaltung nach dem Gesetz und den bestehenden Vorschriften verfahren worden ist,
2. die einzelnen Rechnungsbeträge sachlich und rechnerisch in vorschriftsmäßiger Weise begründet und belegt sind,
3. der Haushaltsplan eingehalten worden ist und
4. das Vermögen sowie die Schulden und Rückstellungen richtig nachgewiesen worden sind.

[2]Der Gesamtabschluss ist unter Berücksichtigung der Ergebnisse der Prüfung nach § 111 und vorhandener Jahresabschlussprüfungen zu prüfen.

(2) [1]Das Rechnungsprüfungsamt hat die Prüfung innerhalb von vier Monaten nach Aufstellung des Jahresabschlusses und des Gesamtabschlusses durchzuführen. [2]Es legt dem Bürgermeister einen Bericht über das Prüfungsergebnis vor. [3]Dieser veranlasst die Aufklärung von Beanstandungen. [4]Das Rechnungsprüfungsamt fasst seine Bemerkungen in einem Schlussbericht zusammen, der dem Gemeinderat vorzulegen ist.

§ 111 Örtliche Prüfung der Jahresabschlüsse, der Eigenbetriebe, Sonder- und Treuhandvermögen. (1) [1]Das Rechnungsprüfungsamt hat die Jahresabschlüsse der Eigenbetriebe vor der Feststellung durch den Gemeinderat auf Grund der Unterlagen der Gemeinde und der Eigenbetriebe in entsprechender Anwendung des § 110 Abs. 1 zu prüfen. [2]Die Prüfung ist innerhalb von vier Monaten nach Aufstellung der Jahresabschlüsse durchzuführen. [3]Bei der Prüfung ist ein vorhandenes Ergebnis einer Jahresabschlussprüfung zu berücksichtigen.

(2) Absatz 1 gilt entsprechend für Sondervermögen nach § 96 Abs. 1 Nr. 4 sowie Treuhandvermögen nach § 97 Abs. 1 Satz 1, sofern für diese Vermögen die für die Wirtschaftsführung und das Rechnungswesen der Eigenbetriebe geltenden Vorschriften entsprechend angewendet werden.

§ 112 Weitere Aufgaben des Rechnungsprüfungsamts. (1) Außer der Prüfung des Jahresabschlusses und des Gesamtabschlusses (§ 110) und der Jahresabschlüsse der Eigenbetriebe, Sonder- und Treuhandvermögen (§ 111) obliegt dem Rechnungsprüfungsamt

1. die laufende Prüfung der Kassenvorgänge bei der Gemeinde und bei den Eigenbetrieben zur Vorbereitung der Prüfung der Jahresabschlüsse,
2. die Kassenüberwachung, insbesondere die Vornahme der Kassenprüfungen bei den Kassen der Gemeinde und Eigenbetriebe.

(2) Der Gemeinderat kann dem Rechnungsprüfungsamt weitere Aufgaben übertragen, insbesondere

1. die Prüfung der Organisation und Wirtschaftlichkeit der Verwaltung,
2. die Prüfung der Ausschreibungsunterlagen und des Vergabeverfahrens auch vor dem Abschluss von Lieferungs- und Leistungsverträgen,
3. die Prüfung der Betätigung der Gemeinde bei Unternehmen und Einrichtungen in einer Rechtsform des privaten Rechts, an denen die Gemeinde beteiligt ist, und
4. die Buch-, Betriebs- und Kassenprüfungen, die sich die Gemeinde bei einer Beteiligung, bei der Hergabe eines Darlehens oder sonst vorbehalten hat.

2. Überörtliche Prüfung

§ 113 Prüfungsbehörden. (1) [1]Prüfungsbehörde ist die Rechtsaufsichtsbehörde, bei Gemeinden mit mehr als 4000 Einwohnern die Gemeindeprüfungsanstalt. [2]Die Gemeindeprüfungsanstalt handelt im Auftrag der Rechtsaufsichtsbehörde unter eigener Verantwortung.

(2) [1]Die Zuständigkeiten der Prüfungsbehörden nach Absatz 1 Satz 1 wechseln nur, wenn die Einwohnergrenze in drei aufeinanderfolgenden Jahren jeweils überschritten oder jeweils unterschritten wird. [2]Die Änderung tritt mit dem Beginn des dritten Jahres ein. [3]Ist mit der Prüfung bereits begonnen worden, bleibt die Zuständigkeit bis zu deren Abschluss nach § 114 Abs. 5 unverändert.

§ 114 Aufgaben und Gang der überörtlichen Prüfung. (1) [1]Die überörtliche Prüfung erstreckt sich darauf, ob bei der Haushalts-, Kassen- und Rechnungsführung, der Wirtschaftsführung und dem Rechnungswesen sowie der Vermögensverwaltung der Gemeinde sowie ihrer Sonder- und Treuhandvermögen die gesetzlichen Vorschriften eingehalten worden sind. [2]Bei der Prüfung sind vorhandene Ergebnisse der örtlichen Prüfung des Jahresabschlusses und des Gesamtabschlusses (§ 110), der Jahresabschlüsse der Eigenbetriebe, Sonder- und Treuhandvermögen (§ 111) und einer Jahresabschlussprüfung zu berücksichtigen. [2]Hierfür kann eine maschinelle Bereitstellung bestimmter Planungs-, Buchführungs- und Rechnungsergebnisdaten verlangt werden, wenn für das Haushalts- und Rechnungswesen der Gemeinde Verfahren der automatisierten Datenverarbeitung eingesetzt werden.

(2) Auf Antrag der Gemeinde soll die Prüfungsbehörde diese in Fragen der Organisation und Wirtschaftlichkeit der Verwaltung beraten.

(3) [1]Die überörtliche Prüfung soll innerhalb von vier Jahren nach Ende des Haushaltsjahres unter Einbeziehung sämtlicher vorliegender Jahresabschlüsse, Gesamtabschlüsse und Jahresabschlüsse der Eigenbetriebe, Sonder- und Treuhandvermögen vorgenommen werden. [2]Hierfür kann eine maschinelle Bereitstellung bestimmter Planungs-, Buchführungs- und Rechnungsergebnisdaten verlangt werden, wenn für das Haushalts- und Rechnungswesen der Gemeinde Verfahren der automatisierten Datenverarbeitung eingesetzt werden.

(4) [1]Die Prüfungsbehörde teilt das Ergebnis der überörtlichen Prüfung in Form eines Prüfungsberichts der Gemeinde und, wenn die Gemeindeprüfungsanstalt Prüfungsbehörde ist, der Rechtsaufsichtsbehörde mit. [2]Über den wesentlichen Inhalt des Prüfungsberichts ist der Gemeinderat zu unterrichten (§ 43 Abs. 5); jedem Gemeinderat ist auf Verlangen Einsicht in den Prüfungsbericht zu gewähren.

(5) [1]Die Gemeinde hat zu den Feststellungen des Prüfungsberichts über wesentliche Anstände gegenüber der Rechtsaufsichtsbehörde und, wenn die Gemeindeprüfungsanstalt Prüfungsbehörde ist, gegenüber dieser innerhalb einer dafür bestimmten Frist Stellung zu nehmen; dabei ist mitzuteilen, ob den Feststellungen Rechnung getragen ist. [2]Hat die überörtliche Prüfung keine wesentlichen Anstände ergeben oder sind diese erledigt, bestätigt die Rechtsaufsichtsbehörde dies der Gemeinde zum Abschluß der Prüfung. [3]Soweit wesentliche Anstände nicht erledigt sind, schränkt die Rechtsaufsichtsbehörde die Bestätigung entsprechend ein; ist eine Erledigung noch möglich, veranlasst sie gleichzeitig die Gemeinde, die erforderlichen Maßnahmen durchzuführen.

3. Programmprüfung

§ 114 a. (1) [1]Die im Rechnungswesen sowie die zur Feststellung und Abwicklung von Zahlungspflichten und Ansprüchen eingesetzten Programme von erheblicher finanzwirtschaftlicher Bedeutung sind darauf zu prüfen, ob sie bei Beachtung der Einsatzbedingungen eine ordnungsgemäße und ausreichend sichere Abwicklung der zentralen Finanzvorgänge gewährleisten. [2] Die Prüfung ist von der ITEOS und ihren Unternehmen für die von ihnen angebotenen Programme, sonst von der Gemeinde, die das Programm einsetzt, zu veranlassen. [3]Das Gleiche gilt für wesentliche Programmänderungen. [4]Es ist Gelegenheit zu geben, Prüfungshandlungen bereits bei der Vorbereitung des Programmeinsatzes vorzunehmen (begleitende Prüfung) und die Ordnungsmäßigkeit der Anwendung an Ort und Stelle zu prüfen.

(2) [1]Die Programmprüfung erfolgt durch die Gemeindeprüfungsanstalt. [2]Sie kann auch sonstige Programme von erheblicher kommunalwirtschaftlicher, betriebswirtschaftlicher oder statistischer Bedeutung und Verbreitung prüfen.

4. *(aufgehoben)*

§ 115 *(aufgehoben)*

5. Abschnitt

Besorgung des Finanzwesens

§ 116 (1) Die Aufstellung des Haushaltsplans, des Finanzplans, des Jahresabschlusses und des Gesamtabschlusses, die Haushaltsüberwachung sowie die Verwaltung des Geldvermögens und der Schulden sollen bei einem Bediensteten zusammengefasst werden (Fachbediensteter für das Finanzwesen).

(2) Der Fachbedienstete für das Finanzwesen muss die Befähigung zum Gemeindefachbediensteten haben oder eine abgeschlossene wirtschaftswissenschaftliche Vorbildung nachweisen.

(3) Der Kassenverwalter untersteht dem für die Besorgung des Finanzwesens bestellten Bediensteten.

6. Abschnitt

Unwirksame und nichtige Rechtsgeschäfte

§ 117 (1) Geschäfte des bürgerlichen Rechtsverkehrs sind bis zur Erteilung der nach den Vorschriften des Dritten Teils erforderlichen Genehmigung der Rechtsaufsichtsbehörde unwirksam; wird die Genehmigung versagt, sind sie nichtig.

(2) Rechtsgeschäfte, die gegen das Verbot des § 87 Abs. 6, § 88 Abs. 1 und § 102 Abs. 5 verstoßen, sind nichtig.

VIERTER TEIL

Aufsicht

§ 118 Wesen und Inhalt der Aufsicht. (1) Die Aufsicht in weisungsfreien Angelegenheiten beschränkt sich darauf, die Gesetzmäßigkeit der Verwaltung sicherzustellen, soweit gesetzlich nichts anderes bestimmt ist (Rechtsaufsicht).

(2) Die Aufsicht über die Erfüllung von Weisungsaufgaben bestimmt sich nach den hierüber erlassenen Gesetzen (Fachaufsicht).

(3) Die Aufsicht ist so auszuüben, dass die Entschlusskraft und die Verantwortungsfreudigkeit der Gemeinde nicht beeinträchtigt werden.

§ 119 Rechtsaufsichtsbehörden. [1]Rechtsaufsichtsbehörde ist das Landratsamt als untere Verwaltungsbehörde, für Stadtkreise und Große Kreisstädte das Regierungspräsidium. [2]Obere Rechtsaufsichtsbehörde ist für alle Gemeinden das Regierungspräsidium. [3]Oberste Rechtsaufsichtsbehörde ist das Innenministerium.

§ 120 Informationsrecht. Soweit es zur Erfüllung ihrer Aufgaben erforderlich ist, kann sich die Rechtsaufsichtsbehörde über einzelne Angelegenheiten der Gemeinde in geeigneter Weise unterrichten.

§ 121 Beanstandungsrecht. (1) [1]Die Rechtsaufsichtsbehörde kann Beschlüsse und Anordnungen der Gemeinde, die das Gesetz verletzen, beanstanden und verlangen, dass sie von der Gemeinde binnen einer angemessenen Frist aufgehoben werden. [2]Sie kann ferner verlangen, dass Maßnahmen, die auf Grund derartiger Beschlüsse oder Anordnungen getroffen wurden, rückgängig gemacht werden. [3]Die Beanstandung hat aufschiebende Wirkung.

(2) Ein Beschluss der Gemeinde, der nach gesetzlicher Vorschrift der Rechtsaufsichtsbehörde vorzulegen ist, darf erst vollzogen werden, wenn die Rechtsaufsichtsbehörde die Gesetzmäßigkeit bestätigt oder den Beschluss nicht innerhalb eines Monats beanstandet hat.

§ 122 Anordnungsrecht. Erfüllt die Gemeinde die ihr gesetzlich obliegenden Pflichten nicht, kann die Rechtsaufsichtsbehörde anordnen, dass die Gemeinde innerhalb einer angemessenen Frist die notwendigen Maßnahmen durchführt.

§ 123 Ersatzvornahme. Kommt die Gemeinde einer Anordnung der Rechtsaufsichtsbehörde nach §§ 120 bis 122 nicht innerhalb der bestimmten Frist nach, kann die Rechtsaufsichtsbehörde die Anordnung an Stelle und auf Kosten der Gemeinde selbst durchführen oder die Durchführung einem Dritten übertragen.

§ 124 Bestellung eines Beauftragten. Wenn die Verwaltung der Gemeinde in erheblichem Umfange nicht den Erfordernissen einer gesetzmäßigen Verwaltung entspricht und die Befugnisse der Rechtsaufsichtsbehörde nach §§ 120 bis 123 nicht ausreichen, die Gesetzmäßigkeit der Verwaltung der Gemeinde zu sichern, kann die Rechtsaufsichtsbehörde einen Beauftragten bestellen, der alle oder einzelne Aufgaben der Gemeinde auf deren Kosten wahrnimmt.

§ 125 Rechtsschutz in Angelegenheiten der Rechtsaufsicht. Gegen Verfügungen auf dem Gebiet der Rechtsaufsicht kann die Gemeinde nach Maßgabe des 8. Abschnitts der Verwaltungsgerichtsordnung Anfechtungs- oder Verpflichtungsklage erheben.

§ 126 Geltendmachung von Ansprüchen, Verträge mit der Gemeinde. (1) [1]Ansprüche der Gemeinde gegen Gemeinderäte und gegen den Bürgermeister werden von der Rechtsaufsichtsbehörde geltend gemacht. [2]Die Kosten der Rechtsverfolgung trägt die Gemeinde.

(2) [1]Beschlüsse über Verträge der Gemeinde mit einem Gemeinderat oder dem Bürgermeister sind der Rechtsaufsichtsbehörde vorzulegen. [2]Dies gilt nicht für Beschlüsse über Verträge, die nach feststehendem Tarif abgeschlossen werden oder die für die Gemeinde nicht von erheblicher wirtschaftlicher Bedeutung sind.

§ 127 Zwangsvollstreckung. [1]Zur Einleitung der Zwangsvollstreckung gegen die Gemeinde wegen einer Geldforderung bedarf der Gläubiger einer Zulassungsverfügung der Rechtsaufsichtsbehörde, es sei denn, dass es sich um die Verfolgung dinglicher Rechte handelt. [2]In der Verfügung hat die Rechtsaufsichtsbehörde die Vermögensgegenstände zu bestimmen, in welche die Zwangsvollstreckung zugelassen wird, und über den Zeitpunkt zu befinden, in dem sie stattfinden soll. [3]Die Zwangsvollstreckung regelt sich nach den Vorschriften der Zivilprozeßordnung.

§ 128 Vorzeitige Beendigung der Amtszeit des Bürgermeisters. (1) Wird der Bürgermeister den Anforderungen seines Amts nicht gerecht und treten dadurch so erhebliche Missstände in der Verwaltung ein, dass eine Weiterführung des Amts im öffentlichen Interesse nicht vertretbar ist, kann, wenn andere Maßnahmen nicht ausreichen, die Amtszeit des Bürgermeisters für beendet erklärt werden.

(2) [1]Über die Erklärung der vorzeitigen Beendigung der Amtszeit entscheidet das Verwaltungsgericht auf Antrag der oberen Rechtsaufsichtsbehörde. [2]Die obere Rechtsaufsichtsbehörde verfährt entsprechend den Verfahrensvorschriften im Zweiten Abschnitt des Dritten Teils des Landesdisziplinargesetzes. [3]Die dem Bürgermeister erwachsenen notwendigen Auslagen trägt die Gemeinde.

(3) [1]Bei vorzeitiger Beendigung seiner Amtszeit wird der Bürgermeister besoldungs- und versorgungsrechtlich so gestellt, wie wenn er im Amt verblieben wäre, jedoch erhält er keine Aufwandsentschädigung. [2]Auf die Dienstbezüge werden zwei Drittel dessen angerechnet, was er durch anderweitige Verwertung seiner Arbeitskraft erwirbt oder zu erwerben schuldhaft unterlässt.

§ 129 Fachaufsichtsbehörden, Befugnisse der Fachaufsicht. (1) Die Zuständigkeit zur Ausübung der Fachaufsicht bestimmt sich nach den hierfür geltenden besonderen Gesetzen.

(2) [1]Den Fachaufsichtsbehörden steht im Rahmen ihrer Zuständigkeit ein Informationsrecht nach den Vorschriften des § 120 zu. [2]Für Aufsichtsmaßnahmen nach den Vorschriften der §§ 121 bis 124, die erforderlich sind, um die ordnungsgemäße Durchführung der Weisungsaufgaben sicherzustellen, ist nur die Rechtsaufsichtsbehörde zuständig, soweit gesetzlich nichts anderes bestimmt ist.

(3) [1]Wird ein Bundesgesetz vom Land im Auftrag des Bundes ausgeführt (Artikel 85 des Grundgesetzes), können die Fachaufsichtsbehörden auch im Einzelfall Weisungen erteilen. [2]In den Fällen des Artikels 84 Abs. 5 des Grundgesetzes können die Fachaufsichtsbehörden insoweit Weisungen erteilen, als dies zum Vollzug von Einzelweisungen der Bundesregierung erforderlich ist; ein durch Landesgesetz begründetes weitergehendes Weisungsrecht bleibt unberührt.

(4) Werden den Gemeinden auf Grund eines Bundesgesetzes durch Rechtsverordnung staatliche Aufgaben als Pflichtaufgaben auferlegt, können durch

diese Rechtsverordnung ein Weisungsrecht vorbehalten, die Zuständigkeit zur Ausübung der Fachaufsicht und der Umfang des Weisungsrechts geregelt sowie bestimmt werden, dass für die Erhebung von Gebühren und Auslagen das Kommunalabgabengesetz gilt.

(5) Kosten, die den Gemeinden bei der Wahrnehmung von Weisungsaufgaben infolge fehlerhafter Weisungen des Landes entstehen, werden vom Land erstattet.

FÜNFTER TEIL

Übergangs- und Schlussbestimmungen

1. Abschnitt

Allgemeine Übergangsbestimmungen

§ 130 Weisungsaufgaben. Bis zum Erlass neuer Vorschriften sind die den Gemeinden nach bisherigem Recht als Auftragsangelegenheiten übertragenen Aufgaben Weisungsaufgaben im Sinne von § 2 Abs. 3, bei denen ein Weisungsrecht der Fachaufsichtsbehörden in bisherigem Umfang besteht.

§ 131 Rechtsstellung der bisherigen Stadtkreise und unmittelbaren Kreisstädte. (1) Gemeinden, die nach bisherigem Recht nicht kreisangehörig waren (Baden-Baden, Freiburg im Breisgau, Heidelberg, Heilbronn, Karlsruhe, Mannheim, Pforzheim, Stuttgart und Ulm), sind Stadtkreise.

(2) Gemeinden, die nach bisherigem Recht unmittelbare Kreisstädte waren (Aalen, Esslingen am Neckar, Friedrichshafen, Geislingen an der Steige, Göppingen, Heidenheim, Ludwigsburg, Ravensburg, Reutlingen, Schwäbisch Gmünd, Schwenningen am Neckar, Tübingen und Tuttlingen) sowie die Städte Backnang, Bruchsal, Fellbach, Kirchheim unter Teck, Konstanz, Kornwestheim, Lahr, Lörrach, Offenburg, Rastatt, Singen (Hohentwiel), Villingen und Weinheim sind Große Kreisstädte.

§ 132 *(aufgehoben)*

§ 133 Frühere badische Stadtgemeinden. [1]Gemeinden im Bereich des früheren Landes Baden und des Landesbezirks Baden des früheren Landes Württemberg-Baden, die nach der Badischen Gemeindeordnung vom 5. Oktober 1921 (GVBl. 1922 S. 247) die Bezeichnung Stadtgemeinde geführt haben, dürfen wieder die Bezeichnung Stadt führen. [2]Soweit diese Gemeinden die Bezeichnung Stadt nicht wieder verliehen bekommen haben, muss der Beschluss über die Wiederaufnahme der Bezeichnung innerhalb eines Jahres vom Inkrafttreten dieses Gesetzes an gefasst und der obersten Rechtsaufsichtsbehörde vorgelegt werden.

§§ 134 – 137 *(aufgehoben)*

§ 138 Gemeinsame Fachbeamte in den württembergischen und hohenzollerischen Landesteilen. *(nicht abgedruckt)*

§ 139 *(aufgehoben)*

§ 140 Fortgeltung von Bestimmungen über die Aufsicht. Die Bestimmungen über die Aufsicht auf dem Gebiet des Schulwesens und des Forstwesens werden durch § 119 nicht berührt.

2. Abschnitt

Vorläufige Angleichung des Rechts der Gemeindebeamten

§ 141 Versorgung. Die am 1. April 1956 begründeten Ansprüche und vertraglichen Rechte der Gemeindebeamten bleiben gewahrt.

3. Abschnitt

Schlussbestimmungen

§ 142 Ordnungswidrigkeiten. (1) Ordnungswidrig handelt, wer vorsätzlich oder fahrlässig

1. einer auf Grund von § 4 Abs. 1 erlassenen Satzung über die Benutzung einer öffentlichen Einrichtung,
2. einer auf Grund von § 10 Abs. 5 erlassenen Satzung über die Leistung von Hand- und Spanndiensten,
3. einer auf Grund von § 11 Abs. 1 erlassenen Satzung über den Anschluss- und Benutzungszwang

zuwiderhandelt, soweit die Satzung für einen bestimmten Tatbestand auf diese Bußgeldvorschrift verweist.

(2) Die Ordnungswidrigkeit kann mit einer Geldbuße geahndet werden.

(3) Die Gemeinden und die Verwaltungsgemeinschaften sind Verwaltungsbehörden im Sinne von § 36 Abs. 1 Nr. 1 des Gesetzes über Ordnungswidrigkeiten bei Zuwiderhandlungen gegen ihre Satzungen.

§ 143 Maßgebende Einwohnerzahl. [1]Kommt nach einer gesetzlichen Vorschrift der Einwohnerzahl einer Gemeinde rechtliche Bedeutung zu, ist das auf den 30. Juni des vorangegangenen Jahres fortgeschriebene Ergebnis der jeweils letzten allgemeinen Zählung der Bevölkerung maßgebend, wenn nichts anderes bestimmt ist. [2]Die Eingliederung einer Gemeinde in eine andere Gemeinde und die Neubildung einer Gemeinde sind jederzeit zu berücksichtigen, sonstige Änderungen des Gemeindegebiets nur, wenn sie spätestens zu Beginn des Jahres rechtswirksam geworden sind.

§ 144 Durchführungsbestimmungen. [1]Das Innenministerium erlässt die Verwaltungsvorschriften zur Durchführung dieses Gesetzes, ferner die Rechtsverordnungen zur Regelung

1. der öffentlichen Bekanntmachung,
2. der Voraussetzungen und des Verfahrens für die Verleihung von Bezeichnungen an Gemeinden für diese selbst oder für Ortsteile sowie für die Benennung von Ortsteilen und die Verleihung von Wappen und Flaggen und die Ausgestaltung und Führung des Dienstsiegels,
3. der zuständigen Aufsichtsbehörden bei Grenzstreitigkeiten und Gebietsänderungen,
4. der Verwaltung der gemeindefreien Grundstücke,
5. des Inhalts der Satzung über Hand- und Spanndienste und über Anschluss- und Benutzungszwang,
6. (*gestrichen*)
7. des Verfahrens bei der Auferlegung eines Ordnungsgeldes und der Höhe des Ordnungsgeldes bei Ablehnung ehrenamtlicher Tätigkeit und der Verletzung der Pflichten ehrenamtlich tätiger Bürger,
8. der Höchstgrenzen der Entschädigung für ehrenamtliche Tätigkeit,
9. des Verfahrens bei der Bildung von Ausschüssen,
10. der Anzeige des Amtsantritts des Bürgermeisters,
11. (*gestrichen*)
12. des finanziellen Ausgleichs für den persönlichen Aufwand der Gemeinden bei der Ausbildung von Beamten,
13. der Verteilung des persönlichen Aufwands für Bürgermeister in mehreren Gemeinden bei einheitlichen Ansprüchen,
14. des Inhalts und der Gestaltung des Haushaltsplans, des Finanzplans und des Investitionsprogramms sowie der Haushaltsführung, des Haushaltsausgleichs und der Haushaltsüberwachung; dabei kann bestimmt werden, dass Einzahlungen und Auszahlungen, für die ein Dritter Kostenträger ist oder die von einer zentralen Stelle angenommen oder ausgezahlt werden, nicht in den Haushalt der Gemeinde aufzunehmen und dass für Sanierungs-, Entwicklungs- und Umlegungsmaßnahmen Sonderrechnungen zu führen sind,
15. (*aufgehoben*)
16. der Bildung von Rücklagen und Rückstellungen sowie der vorübergehenden Inanspruchnahme von Rückstellungen,
17. des Verfahrens der Umwandlung von Gemeindegliedervermögen in freies Gemeindevermögen,
18. der Erfassung, des Nachweises, der Bewertung und der Abschreibung der Vermögensgegenstände,
19. der Geldanlagen und ihrer Sicherung,
20. der Ausschreibung von Lieferungen und Leistungen sowie der Vergabe von Aufträgen einschließlich des Abschlusses von Verträgen,
21. des Prüfungswesens,
22. der Stundung, Niederschlagung und des Erlasses von Ansprüchen sowie der Behandlung von Kleinbeträgen,

23. der Aufgaben, Organisation und Beaufsichtigung der Gemeindekasse und der Sonderkassen, der Abwicklung des Zahlungsverkehrs sowie der Buchführung; dabei kann auch die Einrichtung von Gebühren- und Portokassen bei einzelnen Dienststellen sowie die Gewährung von Handvorschüssen geregelt werden,
24. des Inhalts und der Gestaltung des Jahresabschlusses und des Gesamtabschlusses sowie der Abdeckung von Fehlbeträgen,
25. der Anwendung der Vorschriften zur Durchführung des Gemeindewirtschaftsrechts auf das Sondervermögen und das Treuhandvermögen und
26. des Verfahrens der Einwerbung und Annahme oder Vermittlung von Spenden, Schenkungen und ähnlicher Zuwendungen.

[2]Die Vorschriften nach Nummer 14 ergehen im Benehmen mit dem Finanzministerium.

§ 145 Verbindliche Muster. [1]Soweit es für die Vergleichbarkeit der Haushalte oder zur Vereinfachung der überörtlichen Prüfung erforderlich ist, gibt das Innenministerium durch Verwaltungsvorschrift verbindliche Muster bekannt insbesondere für

1. die Haushaltssatzung und ihre Bekanntmachung,
2. die Beschreibung und Gliederung der Produktbereiche, Produktgruppen und Produkte sowie die Gestaltung des Haushaltsplans und des Finanzplans,
3. die Form des Haushaltsplans und seiner Anlagen, des Finanzplans und des Investitionsprogramms,
4. die Form der Vermögensübersicht und der Schuldenübersicht,
5. die Zahlungsanordnungen, die Buchführung, den Kontenrahmen, den Jahresabschluss samt Anhang, den Gesamtabschluss und seine Anlagen und
6. die Kosten- und Leistungsrechnung,
7. die Ermittlung und Darstellung von Kennzahlen zur Beurteilung der finanziellen Leistungsfähigkeit einschließlich Vorgaben für die bei Einsatz von Verfahren der automatisierten Datenverarbeitung maschinell bereitzustellenden Planungs-, Buchführungs- und Rechnungsergebnisdaten,
8. die Ermittlung der Höhe der inneren Darlehen.

[2]Die Bekanntgabe zu Satz 1 Nr. 2 und 3 ergeht im Benehmen mit dem Finanzministerium.

§ 146 *(aufgehoben)*

§ 147 Inkrafttreten.* *(nicht abgedruckt)*

---

* *Diese Vorschrift betrifft das Inkrafttreten des Gesetzes in der ursprünglichen Fassung vom 25. Juli 1955 (GBl. S. 129).*

Verordnung des Innenministeriums zur Durchführung der Gemeindeordnung (DVO GemO)

vom 11. Dezember 2009 (GBl. 870, 875)

Auf Grund von § 144 Nr. 1 bis 3, 5, 7, 9, 10, 13 und 17 der Gemeindeordnung in der Fassung der Neubekanntmachung vom 24. September 2000 (GBl. 582, ber. 698) wird verordnet:

INHALTSÜBERSICHT*

* *Die Inhaltsübersicht ist nicht amtlich; die Paragraphenüberschriften sind amtlich.*

Zu § 4:

§ 1 Öffentliche Bekanntmachungen. (1) [1]Öffentliche Bekanntmachungen der Gemeinde können, soweit keine sondergesetzlichen Bestimmungen bestehen, in folgenden Formen durchgeführt werden:

1. durch Einrücken in das eigene Amtsblatt der Gemeinde,
2. durch Einrücken in eine bestimmte, regelmäßig erscheinende Zeitung,
3. durch Bereitstellung im Internet oder
4. sofern die Gemeinde weniger als 5000 Einwohner hat, durch Anschlag an der Verkündungstafel des Rathauses und an den sonstigen hierfür bestimmten Stellen während der Dauer von mindestens einer Woche, wobei gleichzeitig durch das Amtsblatt, die Zeitung oder auf andere geeignete Weise auf den Anschlag aufmerksam zu machen ist.

[2]Die Form der öffentlichen Bekanntmachung ist im Einzelnen durch Satzung zu bestimmen.

(2) [1]Bei der öffentlichen Bekanntmachung im Internet ist in der Satzung über die öffentliche Bekanntmachung (Absatz 1 Satz 2) die Internetadresse der Gemeinde anzugeben. [2]In dieser Satzung ist darauf hinzuweisen, dass die öffentlichen Bekanntmachungen an einer bestimmten Verwaltungsstelle der Gemeinde während der Sprechzeiten kostenlos eingesehen werden können und gegen Kostenerstattung als Ausdruck zu erhalten sind. [3]Ferner ist darauf hinzuweisen, dass Ausdrucke der öffentlichen Bekanntmachungen unter Angabe der Bezugsadresse gegen Kostenerstattung auch zugesandt werden. [4]Bei der Bekanntmachung im Internet ist der Bereitstellungstag anzugeben. [5]Öffentliche Bekanntmachungen im Internet müssen auf der Internetseite der Gemeinde so erreichbar sein, dass der Internetnutzer auf der Startseite den Bereich des Ortsrechts erkennt. [6]Die Bereitstellung im Internet darf nur im Rahmen einer ausschließlich von der Gemeinde verantworteten Internetseite erfolgen; sie darf sich zur Einrichtung, Pflege und zum Betrieb eines Dritten bedienen. [7]Öffentliche Bekanntmachungen im Internet müssen für Internetnutzer ohne Nutzungsgebühren und ohne kostenpflichtige Lizenzen etwa für Textsysteme lesbar sein. [8]Sie sind während der Geltungsdauer mit einer angemessenen Verfügbarkeit im Internet bereitzuhalten und gegen Löschung und Verfälschung durch technische und organisatorische Maßnahmen, insbesondere eine qualifizierte elektronische Signatur, zu sichern.

(3) [1]Satzungen sind mit ihrem vollen Wortlaut bekannt zu machen. [2]Über den Vollzug der Bekanntmachung von Satzungen ist ein Nachweis zu den Akten der Gemeinde zu bringen.

(4) Sind Pläne oder zeichnerische Darstellungen, insbesondere Karten Bestandteile einer Satzung, können sie dadurch öffentlich bekannt gemacht werden (Ersatzbekanntmachung), dass

1. sie an einer bestimmten Verwaltungsstelle der Gemeinde zur kostenlosen Einsicht durch jedermann während der Sprechzeiten niedergelegt werden,
2. hierauf in der Satzung hingewiesen wird und
3. in der Satzung der wesentliche Inhalt der niedergelegten Teile umschrieben wird.

(5) [1]Erscheint eine rechtzeitige Bekanntmachung in der nach den Absätzen 1 bis 4 vorgeschriebenen Form nicht möglich, so kann die öffentliche Bekanntmachung in anderer geeigneter Weise durchgeführt werden (Notbekanntmachung). [2]Die Bekanntmachung ist in der nach den Absätzen 1 bis 4 vorgeschriebenen Form zu wiederholen, sobald die Umstände es zulassen.

Zu § 5:

§ 2 Name und Bezeichnung. (1) [1]Die Bestimmung des Namens einer neu gebildeten Gemeinde, die Feststellung und die Änderung eines Gemeindenamens sowie die Verleihung der Bezeichnung »Stadt« und sonstiger Bezeichnungen werden in dem für die Veröffentlichungen des Innenministeriums bestimmten Amtsblatt bekannt gegeben. [2]Das Gleiche gilt für die Weiterführung der Bezeichnung »Stadt« durch die aufnehmende oder neu gebildete Gemeinde sowie für die Weiterführung einer sonstigen Bezeichnung für einen Ortsteil der aufnehmenden oder neu gebildeten Gemeinde.

(2) Ortsteile können einen Namen erhalten, wenn sie aus einer oder mehreren früheren Gemeinden bestehen oder wenn sie erkennbar vom übrigen bewohnten Gemeindegebiet getrennt sind und wenn wegen der Einwohnerzahl, der Art der Bebauung oder des Gebietsumfangs ein öffentliches Bedürfnis hierfür besteht.

(3) Die Gemeinde hat vor der Benennung oder Umbenennung eines Ortsteils die Archivbehörde, die zuständige Stelle für Volkskunde, das Statistische Landesamt, die Deutsche Post AG, das Landesamt für Geoinformation und Landentwicklung und, sofern die Gemeinde oder der Ortsteil an einem Schienenweg der Eisenbahn liegt, das Eisenbahninfrastrukturunternehmen, das den Schienenweg betreibt, und die Eisenbahnverkehrsunternehmen, die den Schienenweg im regelmäßigen Personenverkehr benutzen, zu hören.

(4) Die Benennung oder Umbenennung eines Ortsteils ist öffentlich bekannt zu machen, der Rechtsaufsichtsbehörde anzuzeigen und den im Vorverfahren gehörten Stellen sowie dem Amtsgericht und dem Finanzamt mitzuteilen.

Zu § 6:

§ 3 Wappen und Flaggen. (1) Die Gemeinde hat ihrem Antrag auf Verleihung des Rechts zur Führung eines Wappens drei farbige Zeichnungen des Wappenentwurfs und eine Stellungnahme der zuständigen staatlichen Archivbehörde beizufügen.

(2) [1]Das Recht zur Führung einer Flagge kann nur den Gemeinden verliehen werden, die ein Wappen führen. [2]Die Flagge kann nicht mehr als zwei Farben haben. [3]Die Farben der Flagge sollen den Wappenfarben entsprechen.

§ 4 Dienstsiegel. (1) Das Dienstsiegel der Gemeinde ist für den urkundlichen Verkehr in allen Angelegenheiten der Gemeinde einschließlich der Weisungsaufgaben bestimmt.

(2) [1]Das Dienstsiegel wird in kreisrunder Form als Prägesiegel mit einem Durchmesser von mindestens 20 mm oder als Farbdruckstempel aus Metall oder Gummi mit einem Durchmesser von mindestens 12 mm hergestellt. [2]Beim Prägesiegel werden Wappen und Umschrift in erhabener Prägung und beim Farbdruckstempel in dunklem Flachdruck dargestellt. [3]Kreisangehörige Gemeinden können der aus ihrer Bezeichnung und ihrem Namen bestehenden Umschrift den Namen des Landkreises hinzufügen. [4]In der Beschriftung des Dienstsiegels kann die Bezeichnung der einzelnen Siegel führenden Dienststelle beigefügt werden.

(3) [1]Die Zahl der zu beschaffenden Dienstsiegel ist auf das notwendige Maß zu beschränken. [2]Dienstsiegel sind zur Sicherung gegen missbräuchliche Verwendung von den zur Verwendung des Siegels ermächtigten Bediensteten unter Verschluss zu halten; sie sind außerhalb der Dienststunden so aufzubewahren, dass Missbrauch und Verlust durch Diebstahl so weit wie möglich ausgeschlossen sind.

Zu §§ 7 bis 9:

§ 5 Zuständige Rechtsaufsichtsbehörde bei Grenzstreitigkeiten. [1]Sind für Gemeinden, die durch eine Grenzstreitigkeit berührt werden, verschiedene Rechtsaufsichtsbehörden zuständig, trifft die gemeinsame obere Rechtsaufsichtsbehörde die Entscheidung. [2]Gehören die beteiligten Gemeinden zum Bezirk verschiedener oberer Rechtsaufsichtsbehörden, bestimmt das Innenministerium die zuständige obere Rechtsaufsichtsbehörde.

§ 6 Zuständige Rechtsaufsichtsbehörde bei Gebietsänderungen. (1) Zuständige Rechtsaufsichtsbehörde im Sinne von § 8 Abs. 2 sowie § 9 Abs. 3 und 4 der Gemeindeordnung ist

1. bei einer Eingliederung oder Neubildung einer Gemeinde die obere Rechtsaufsichtsbehörde,
2. bei einer Umgliederung von Gebietsteilen einer Gemeinde, durch die das Gebiet einer Großen Kreisstadt oder von Landkreisen betroffen wird, die obere Rechtsaufsichtsbehörde,
3. bei sonstigen Umgliederungen von Gebietsteilen von Gemeinden die Rechtsaufsichtsbehörde.

(2) Zuständige Kommunalaufsichtsbehörden im Sinne von § 58 Abs. 2 des Flurbereinigungsgesetzes sind die in Absatz 1 genannten Rechtsaufsichtsbehörden.

(3) Gehören die an der Gebietsänderung beteiligten Gemeinden zum Bezirk verschiedener oberer Rechtsaufsichtsbehörden, bestimmt das Innenministerium die zuständige obere Rechtsaufsichtsbehörde.

Zu § 10:

§ 7 Hand- und Spanndienste. (1) In der Satzung über Hand- und Spanndienste ist zu bestimmen, dass zur Erfüllung vordringlicher Pflichtaufgaben

1. keine Arbeiten verlangt werden können, die besondere Fachkenntnisse voraussetzen,
2. Fuhrleistungen nur von solchen Einwohnern gefordert werden können, die für ihren landwirtschaftlichen oder gewerblichen Betrieb Zugtiere oder für die Beförderung von Lasten geeignete Kraftfahrzeuge halten und
3. Fuhrleistungen in angemessener Weise auf Handdienste angerechnet werden und umgekehrt.

(2) [1]Werden in der Satzung Bestimmungen über die Gewährung einer Vergütung getroffen, ist sie nach einem für alle Betroffenen gleichmäßig festzusetzenden Satz zu bemessen, der den ortsüblichen Stundenlohn für ungelernte Arbeiter nicht übersteigen soll. [2]Die Maßstäbe für die Geldablösung sind in der Satzung so festzulegen, dass für die Ersatzleistung in Geld die zu leistenden Dienste durch bezahlte Arbeitskräfte besorgt werden können; wird eine Vergütung gewährt, ist sie auf die Geldablösung anzurechnen.

Zu § 11:

§ 8 Anschluss- und Benutzungszwang. (1) In der Satzung über den Anschluss- und Benutzungszwang sind insbesondere zu regeln und zu bestimmen:
1. die Bereitstellung der Einrichtung zur öffentlichen Benutzung,
2. die Art des Anschlusses und der Benutzung,
3. der Kreis der zum Anschluss oder zur Benutzung Verpflichteten und
4. im Falle des § 11 Absatz 2 Satz 1 der Gemeindeordnung die Tatbestände, für die Ausnahmen von dem Anschluss- oder Benutzungszwang zugelassen werden können, sowie im Falle des § 11 Absatz 2 Satz 2 der Gemeindeordnung die Art und der Umfang der Beschränkung des Zwangs.

(2) [1]Der Anschluss- und Benutzungszwang muss unter gleichen Voraussetzungen den von ihm betroffenen Personenkreis gleichmäßig belasten. [2]Ausnahmen nach § 11 Absatz 2 Satz 1 der Gemeindeordnung sind auf besonders gelagerte Tatbestände zu beschränken.

Zu §§ 16 und 17:

§ 9 Ordnungsgeld. (1) Das Ordnungsgeld nach § 16 Abs. 3 Satz 1 und § 17 Abs. 4 der Gemeindeordnung beträgt mindestens 50 Euro.

(2) [1]Das Ordnungsgeld ist schriftlich in bestimmter Höhe aufzuerlegen. [2]Dabei ist eine Rechtsmittelbelehrung zu erteilen und auf die Möglichkeit der Beitreibung nach dem Landesverwaltungsvollstreckungsgesetz hinzuweisen.

Zu § 40:

§ 10 Wahl der Mitglieder der beschließenden Ausschüsse. (1) [1]Für die Wahl der Mitglieder der beschließenden Ausschüsse nach § 40 Abs. 2 der Gemeindeordnung kann jeder Gemeinderat einen Wahlvorschlag einreichen. [2]Jeder Bewerber kann nur auf einem Wahlvorschlag aufgeführt werden; ist sein

Name in mehreren Wahlvorschlägen enthalten, hat er vor der Wahl dem Vorsitzenden des Gemeinderats gegenüber zu erklären, für welchen Wahlvorschlag er als Bewerber auftreten will.

(2) Jeder Gemeinderat hat bei Verhältniswahl eine Stimme, bei Mehrheitswahl so viel Stimmen, wie Mitglieder zu wählen sind.

(3) [1]Bei Verhältniswahl gelten für die Verteilung der Sitze auf die Wahlvorschläge die Bestimmungen für die Wahl des Gemeinderats entsprechend; für die Verteilung der Sitze auf die einzelnen Bewerber eines jeden Wahlvorschlags ist die Reihenfolge der Benennung im Wahlvorschlag maßgebend. [2]Bei Mehrheitswahl sind die Bewerber mit den höchsten Stimmenzahlen in der Reihenfolge dieser Zahlen gewählt; bei gleicher Stimmenzahl entscheidet das Los. [3]Die nicht gewählten Bewerber sind Stellvertreter. [4]Der Gemeinderat regelt die Stellvertretung im Einzelnen.

(4) Der Gemeinderat entscheidet über die Zulassung der Wahlvorschläge und stellt das Wahlergebnis fest.

(5) Tritt ein gewähltes Mitglied nicht ein oder scheidet ein Mitglied im Laufe der Amtszeit aus, rückt bei Verhältniswahl der nach der Reihenfolge der Benennung im Wahlvorschlag nächste Bewerber, bei Mehrheitswahl der nach der Stimmenzahl nächste Bewerber nach.

Zu § 42:

§ 11 Amtsantritt des Bürgermeisters. Der Bürgermeister hat nach seiner ersten Wahl in der Gemeinde der Rechtsaufsichtsbehörde den Tag seines Amtsantritts unverzüglich anzuzeigen.

Zu § 63:

§ 12 Verteilung des Aufwands für Bürgermeister in mehreren Gemeinden. [1]Die Verteilung des persönlichen Aufwands für Bürgermeister in mehreren Gemeinden ist von den beteiligten Gemeinden durch Vereinbarung zu regeln. [2]Kommt eine Einigung nicht zu Stande, ist der Aufwand anteilmäßig im Verhältnis der Einwohnerzahlen von den einzelnen Gemeinden zu tragen.

Zu § 100:

§ 13 Verfahren bei der Umwandlung von Gemeindegliedervermögen. (1) [1]Die Gemeinde hat die beabsichtigte Umwandlung von Gemeindegliedervermögen in freies Gemeindevermögen und die Höhe der vorgesehenen Entschädigung den einzelnen Betroffenen schriftlich mitzuteilen und öffentlich bekannt zu machen. [2]Sie können gegen die vorgesehene Umwandlung und die Höhe der Entschädigung innerhalb eines Monats nach der Zustellung oder der öffentlichen Bekanntmachung Einwendungen erheben.

(2) Die Mitteilung und die öffentliche Bekanntmachung haben zu enthalten:

1. die Bezeichnung der umzuwandelnden Rechte sowie Umfang und Art der Umwandlung,

2. die Höhe der vorgesehenen Entschädigungen und
3. einen Hinweis auf die nach Absatz 1 Satz 2 gegebene Möglichkeit, Einwendungen zu erheben.

(3) [1]Der Gemeinderat hat gleichzeitig mit dem endgültigen Beschluss über die Umwandlung über die Einwendungen zu entscheiden. [2]Der Beschluss über die Umwandlung ist den Betroffenen mit der Festsetzung der Entschädigung zuzustellen.

§ 14 Schlussbestimmungen. (1) [1]Diese Verordnung tritt am Tage nach ihrer Verkündung in Kraft. [2]Gleichzeitig tritt die Verordnung des Innenministeriums zur Durchführung der Gemeindeordnung für Baden-Württemberg vom 13. Februar 1976 (GBl. S. 177), zuletzt geändert durch Artikel 15 des Dritten Rechtsbereinigungsgesetzes vom 18. Dezember 1995 (GBl. 1996 S. 29) außer Kraft.

(2) Abweichend von § 9 Abs. 1 beträgt die Mindestsumme des Ordnungsgeldes bis zum 31. Dezember 2001 100 DM.

(3) § 10 Abs. 3 und 5 findet nur für nach dem Inkrafttreten dieser Verordnung durchzuführende Wahlen von Mitgliedern beschließender Ausschüsse Anwendung.

Verordnung des Innenministeriums über die Haushaltswirtschaft der Gemeinden (Gemeindehaushaltsverordnung – GemHVO –)

vom 11. Dezember 2009 (GBl. 770),
zuletzt geändert durch Verordnung vom 8. Februar 2019 (GBl. 54)

Auf Grund von § 144 Satz 1 Nr. 14, 16, 18, 23 bis 25 der Gemeindeordnung (GemO) in der Fassung vom 24. Juli 2000 (GBl. S. 582), zuletzt geändert durch Artikel 1 des Gesetzes vom 17. Dezember 2015 (GBl. S. 2016, 1), wird, zu § 144 Satz 1 Nr. 14 im Benehmen mit dem Finanz- und Wirtschaftsministerium, verordnet:

INHALTSÜBERSICHT

1. Abschnitt

Haushaltsplan, Finanzplanung

§ 1 Bestandteile des Haushaltsplans, Gesamthaushalt, Anlagen. (1) Der Haushaltsplan besteht aus

1. dem Gesamthaushalt,
2. den Teilhaushalten und
3. dem Stellenplan.

(2) Der Gesamthaushalt besteht aus

1. dem Ergebnishaushalt (§ 2),
2. dem Finanzhaushalt (§ 3) und
3. je einer Übersicht (Haushaltsquerschnitt) über die Erträge und Aufwendungen der Teilhaushalte des Ergebnishaushalts (§ 4 Abs. 3) mindestens nach

den nach § 145 Satz 1 Nummer 2 GemO verbindlich vorgegebenen Produktbereichen, Produktgruppen und Produkten (Produktrahmen) sowie der Einzahlungen und Auszahlungen aus Investitionstätigkeit und Verpflichtungsermächtigungen der Teilhaushalte des Finanzhaushalts (§ 4 Abs. 4 und § 11).

(3) Dem Haushaltsplan sind beizufügen

1. der Vorbericht,
2. der Finanzplan mit dem ihm zugrunde liegenden Investitionsprogramm; ergeben sich bei der Aufstellung des Haushaltsplans wesentliche Änderungen für die folgenden Jahre, so ist ein entsprechender Nachtrag beizufügen,
3. eine Übersicht über die voraussichtliche Entwicklung der Liquidität,
4. eine Übersicht über die aus Verpflichtungsermächtigungen in den einzelnen Jahren voraussichtlich fällig werdenden Auszahlungen; werden Auszahlungen in den Jahren fällig, auf die sich der Finanzplan noch nicht erstreckt, ist die voraussichtliche Deckung des Finanzierungsmittelbedarfs dieser Jahre besonders darzustellen,
5. eine Übersicht über den voraussichtlichen Stand der Rücklagen, Rückstellungen und Schulden zu Beginn des Haushaltsjahres,
6. der letzte Gesamtabschluss (§ 95a GemO),
7. die Wirtschaftspläne und neuesten Jahresabschlüsse der Sondervermögen, für die Sonderrechnungen geführt werden, sowie die entsprechenden Unterlagen der Sonderrechnungen nach § 59,
8. die Wirtschaftspläne und neuesten Jahresabschlüsse der Unternehmen und Einrichtungen, an denen die Gemeinde mit mehr als 50 Prozent beteiligt ist, oder eine kurz gefasste Übersicht über die Wirtschaftslage und die voraussichtliche Entwicklung der Unternehmen und Einrichtungen und
9. eine Übersicht über die Budgets nach § 4 Abs. 5.

§ 2 Ergebnishaushalt. (1) Der Ergebnishaushalt enthält

die ordentlichen Erträge

1. Steuern und ähnliche Abgaben,
2. Zuweisungen, Zuwendungen und Umlagen,
3. aufgelöste Investitionszuwendungen und -beiträge,
4. sonstige Transfererträge,
5. Entgelte für öffentliche Leistungen oder Einrichtungen,
6. sonstige privatrechtliche Leistungsentgelte,
7. Kostenerstattungen und Kostenumlagen,
8. Zinsen und ähnliche Erträge,
9. aktivierte Eigenleistungen und Bestandsveränderungen und
10. sonstige ordentliche Erträge;
11. die Summe der ordentlichen Erträge (Summe aus Nummern 1 bis 10);

die ordentlichen Aufwendungen

12. Personalaufwendungen,
13. Versorgungsaufwendungen,
14. Aufwendungen für Sach- und Dienstleistungen,
15. Abschreibungen,

16. Zinsen und ähnliche Aufwendungen,
17. Transferaufwendungen und
18. sonstige ordentliche Aufwendungen;
19. die Summe der ordentlichen Aufwendungen (Summe aus Nummern 12 bis 18);
20. das veranschlagte ordentliche Ergebnis (Saldo aus Nummern 11 und 19; § 79 Absatz 2 Satz 1 Nummer 1 Buchstabe a GemO);

die außerordentlichen Erträge und Aufwendungen

21. außerordentliche Erträge;
22. außerordentliche Aufwendungen;
23. das veranschlagte Sonderergebnis (Saldo aus Nummern 21 und 22; § 79 Absatz 2 Satz 1 Nummer 1 Buchstabe b GemO);

das Gesamtergebnis

24. das veranschlagte Gesamtergebnis als Überschuss oder Fehlbetrag (Summe aus Nummern 20 und 23; § 79 Absatz 2 Satz 1 Nummer 1 Buchstabe c GemO);

außerdem nachrichtlich die Behandlung von Überschüssen und Fehlbeträgen

25. die Abdeckung von Fehlbeträgen aus Vorjahren,
26. die Zuführung zur Rücklage aus Überschüssen des ordentlichen Ergebnisses nach § 49 Absatz 3 Satz 2,
27. die Minderung des Basiskapitals nach Artikel 13 Absatz 6 des Gesetzes zur Reform des Gemeindehaushaltsrechts vom 4. Mai 2009 (GBl. S. 185, 194), das zuletzt durch Artikel 2 des Gesetzes vom 17. Dezember 2015 (GBl. 2016 S. 1, 2) geändert worden ist, in der jeweils geltenden Fassung,
28. die Entnahme aus der Rücklage aus Überschüssen des ordentlichen Ergebnisses nach § 24 Absatz 1 Satz 1,
29. die Verwendung des Überschusses des Sonderergebnisses (Nummer 23) nach § 24 Absatz 2,
30. die Zuführung zur Rücklage aus Überschüssen des Sonderergebnisses nach § 49 Absatz 3 Satz 2,
31. die Entnahme aus der Rücklage aus Überschüssen des Sonderergebnisses nach § 25 Absatz 4 Satz 1,
32. die Entnahme aus der Rücklage aus Überschüssen des Sonderergebnisses nach § 24 Absatz 2,
33. den Fehlbetragsvortrag auf das ordentliche Ergebnis folgender Haushaltsjahre nach § 24 Absatz 3 Satz 1,
34. die Minderung des Basiskapitals nach § 25 Absatz 3,
35. die Minderung des Basiskapitals nach § 25 Absatz 4 Satz 2.

(2) [1]Unter den Posten „außerordentliche Erträge“ und „außerordentliche Aufwendungen“ sind die außerhalb der gewöhnlichen Verwaltungstätigkeit anfallenden Erträge und Aufwendungen, insbesondere Gewinne und Verluste aus Vermögensveräußerung, auszuweisen, soweit sie nicht von untergeordneter Bedeutung sind. [2]Von untergeordneter Bedeutung sind Gewinne und Verluste aus der Veräußerung von geringwertigen beweglichen Vermögensgegenständen des Sachvermögens, die nach § 38 Abs. 4 nicht erfasst werden.

§ 3 Finanzhaushalt. Der Finanzhaushalt enthält
aus laufender Verwaltungstätigkeit

1. Steuern und ähnliche Abgaben,
2. Zuweisungen und Zuwendungen und allgemeine Umlagen,
3. sonstige Transfereinzahlungen,
4. Entgelte für öffentliche Leistungen oder Einrichtungen,
5. sonstige privatrechtliche Leistungsentgelte,
6. Kostenerstattungen und Kostenumlagen,
7. Zinsen und ähnliche Einzahlungen und
8. sonstige haushaltswirksame Einzahlungen;
9. die Summe der Einzahlungen aus laufender Verwaltungstätigkeit (Summe aus Nummern 1 bis 8 ohne außerordentliche zahlungswirksame Erträge aus Vermögensveräußerung);
10. Personalauszahlungen,
11. Versorgungsauszahlungen,
12. Auszahlungen für Sach- und Dienstleistungen,
13. Zinsen und ähnliche Auszahlungen,
14. Transferauszahlungen (ohne Investitionszuschüsse) und
15. sonstige haushaltswirksame Auszahlungen;
16. die Summe der Auszahlungen aus laufender Verwaltungstätigkeit (Summe aus Nummern 10 bis 15);
17. den Zahlungsmittelüberschuss oder Zahlungsmittelbedarf des Ergebnishaushalts (Saldo aus Nummern 9 und 16; § 79 Absatz 2 Satz 1 Nummer 2 Buchstabe a GemO);

aus Investitionstätigkeit

18. Einzahlungen aus Investitionszuwendungen,
19. Einzahlungen aus Investitionsbeiträgen und ähnlichen Entgelten für Investitionstätigkeit,
20. Einzahlungen aus der Veräußerung von Sachvermögen,
21. Einzahlungen aus der Veräußerung von Finanzvermögen und
22. Einzahlungen für sonstige Investitionstätigkeit;
23. die Summe der Einzahlungen aus Investitionstätigkeit (Summe aus Nummern 18 bis 22);
24. Auszahlungen für den Erwerb von Grundstücken und Gebäuden,
25. Auszahlungen für Baumaßnahmen,
26. Auszahlungen für den Erwerb von beweglichem Sachvermögen,
27. Auszahlungen für den Erwerb von Finanzvermögen,
28. Auszahlungen für Investitionsförderungsmaßnahmen und
29. Auszahlungen für den Erwerb von immateriellen Vermögensgegenständen;
30. die Summe der Auszahlungen aus Investitionstätigkeit (Summe aus Nummern 24 bis 29);
31. den veranschlagten Finanzierungsmittelüberschuss oder Finanzierungsmittelbedarf aus Investitionstätigkeit (Saldo aus Nummern 23 und 30; Saldo aus Investitionstätigkeit nach § 79 Absatz 2 Satz 1 Nummer 2 Buchstabe b GemO);

32. den veranschlagten Finanzierungsmittelüberschuss oder Finanzierungsmittelbedarf (Saldo aus Nummern 17 und 31; Saldo nach § 79 Absatz 2 Satz 1 Nummer 2 Buchstabe c GemO);

aus Finanzierungstätigkeit

33. Einzahlungen aus der Aufnahme von Krediten und wirtschaftlich vergleichbaren Vorgängen für Investitionen,
34. Auszahlungen für die Tilgung von Krediten und wirtschaftlich vergleichbaren Vorgängen für Investitionen;
35. den veranschlagten Finanzierungsmittelüberschuss oder Finanzierungsmittelbedarf aus Finanzierungstätigkeit (Saldo aus Nummern 33 und 34; Saldo aus Finanzierungstätigkeit nach § 79 Absatz 2 Satz 1 Nummer 2 Buchstabe d GemO);
36. die veranschlagte Änderung des Finanzierungsmittelbestands zum Ende des Haushaltsjahres (Saldo aus Nummern 32 und 35; Saldo des Finanzhaushalts nach § 79 Absatz 2 Satz 1 Nummer 2 Buchstabe e GemO);

außerdem nachrichtlich

37. den voraussichtlichen Bestand an liquiden Eigenmitteln zum Jahresbeginn,
38. den voraussichtlichen Bestand an inneren Darlehen zum Jahresbeginn.

§ 4 Teilhaushalte, Budgets. (1) [1]Der Gesamthaushalt ist in Teilhaushalte zu gliedern. [2]Die Teilhaushalte sind produktorientiert zu bilden. [3]Sie können nach den vorgegebenen Produktbereichen oder nach der örtlichen Organisation gebildet werden. [4]Mehrere Produktbereiche können zu einem Teilhaushalt zusammengefasst werden. [5]Werden Teilhaushalte nach der örtlichen Organisation gebildet, können Produktbereiche nach vorgegebenen Produktgruppen oder Produkten oder nach Leistungen auf mehrere Teilhaushalte aufgeteilt werden. [6]Dabei können die zentralen Produktbereiche „Innere Verwaltung“ und „Allgemeine Finanzwirtschaft“ jeweils ganz oder teilweise in einem Teilhaushalt oder in mehreren Teilhaushalten ausgewiesen werden. [7]Die Teilhaushalte sind in einen Ergebnishaushalt und in einen Finanzhaushalt zu gliedern.

(2) [1]Jeder Teilhaushalt bildet mindestens eine Bewirtschaftungseinheit (Budget). [2]Die Budgets sind jeweils einem Verantwortungsbereich zuzuordnen. [3]In den Teilhaushalten sind mindestens die nach § 145 Satz 1 Nummer 2 GemO verbindlich vorgegebenen Produktbereiche, Produktgruppen und Produkte (Produktrahmen) darzustellen, zusätzlich sollen Schlüsselpositionen, die Leistungsziele und die Kennzahlen zur Messung der Zielerreichung dargestellt werden.

(3) [1]Der Teilergebnishaushalt enthält

1. die anteiligen ordentlichen Erträge nach § 2 Absatz 1 Nummern 1 bis 10, soweit diese nicht zentral veranschlagt werden,
2. die anteiligen ordentlichen Aufwendungen nach § 2 Absatz 1 Nummern 12 bis 18, soweit diese nicht zentral veranschlagt werden,
3. Erträge aus internen Leistungen und
4. Aufwendungen für interne Leistungen.

[2]Der Teilergebnishaushalt kann auch kalkulatorische Kosten enthalten. [3]Bei den kalkulatorischen Kosten können im Teilergebnishaushalt an Stelle der anteiligen Fremdzinsen nach § 2 Absatz 1 Nummer 16 auch kalkulatorische Zinsen veranschlagt werden. [4]Für jedes Haushaltsjahr sind anteilig

1. die Summe der ordentlichen Erträge und Aufwendungen,
2. der Saldo aus der Summe der ordentlichen Erträge und der Summe der ordentlichen Aufwendungen als veranschlagtes ordentliches Ergebnis,
3. der Saldo aus Nummern 3 und 4 des Satzes 1 und der kalkulatorischen Kosten als veranschlagtes kalkulatorisches Ergebnis und
4. die Summe aus Nummern 2 und 3 als veranschlagter Nettoressourcenbedarf oder Nettoressourcenüberschuss

auszuweisen.

(4) [1]Der Teilfinanzhaushalt enthält aus laufender Verwaltungstätigkeit anteilig

1. den Zahlungsmittelüberschuss oder Zahlungsmittelbedarf nach § 3 Nummer 17

und für die Investitionstätigkeit anteilig

2. die Einzahlungen nach § 3 Nummern 18 bis 22 und
3. die Auszahlungen nach § 3 Nummern 24 bis 29.

[2]Für jedes Haushaltsjahr ist der Saldo aus dem anteiligen Zahlungsmittelüberschuss oder Zahlungsmittelbedarf nach Satz 1 Nr. 1 und aus den anteiligen Ein- und Auszahlungen aus Investitionstätigkeit als anteiliger veranschlagter Finanzierungsmittelüberschuss oder Finanzierungsmittelbedarf auszuweisen. [3]Abweichend von den Sätzen 1 und 2 kann der Teilfinanzhaushalt auf die Darstellung der Investitionstätigkeit beschränkt werden (Satz 1 Nr. 2 und 3). [4]Die Investitionen oberhalb örtlich festzulegender Wertgrenzen sind einzeln unter Angabe der Investitionssumme des Planjahres, der bereit gestellten Finanzierungsmittel, der Gesamtkosten der Maßnahme und der Verpflichtungsermächtigungen für die Folgejahre darzustellen.

(5) [1]Werden Teilhaushalte nach Absatz 1 Satz 5 nach der örtlichen Organisation produktorientiert gegliedert, ist dem Haushaltsplan eine Übersicht über die Zuordnung der Produktbereiche und Produktgruppen zu den Teilhaushalten als Anlage beizufügen. [2]Bei einer von der Produktgruppe abweichenden Zuordnung einzelner Produkte oder Leistungen zu anderen Teilhaushalten sind auch diese Produkte oder Leistungen in die Übersicht aufzunehmen.

§ 5 Stellenplan. (1) [1]Der Stellenplan hat die im Haushaltsjahr erforderlichen Stellen der Beamten und der nicht nur vorübergehend beschäftigten Arbeitnehmer auszuweisen. [2]Soweit erforderlich, sind in ihm die Amtsbezeichnungen für Beamte festzusetzen. [3]Stellen von Beamten in Einrichtungen von Sondervermögen, für die Sonderrechnungen geführt werden, sind gesondert auszuweisen. [4]In einer Übersicht ist die Aufteilung der Stellen auf die Teilhaushalte darzustellen.

(2) [1]Im Stellenplan ist ferner für die einzelnen Besoldungs- und Entgeltgruppen die Gesamtzahl der Stellen für das Vorjahr sowie der am 30. Juni des Vorjahres besetzten Stellen anzugeben. [2]Wesentliche Abweichungen vom Stellenplan des Vorjahres sind zu erläutern.

(3) Soweit ein dienstliches Bedürfnis besteht, dürfen im Stellenplan ausgewiesene

1. Planstellen mit Beamten einer niedrigeren Besoldungsgruppe derselben Laufbahn besetzt werden,
2. freigewordene Planstellen des Eingangsamts oder des ersten Beförderungsamts einer Laufbahn des höheren oder gehobenen Dienstes mit Beamten der nächstniedrigeren Laufbahn besetzt werden, deren Aufstieg in die nächsthöhere Laufbahn vom Dienstherrn beabsichtigt ist, und
3. freigewordene Planstellen mit Arbeitnehmern einer vergleichbaren oder niedrigeren Entgeltgruppe besetzt werden, längstens jedoch für die Dauer von fünf Jahren.

§ 6 Vorbericht. [1]Der Vorbericht gibt einen Überblick über die Entwicklung und den Stand der Haushaltswirtschaft unter dem Gesichtspunkt der stetigen Erfüllung der Aufgaben der Gemeinde. [2]Er soll eine durch Kennzahlen gestützte, wertende Analyse der Haushaltslage und ihrer voraussichtlichen Entwicklung enthalten. [3]Insbesondere soll dargestellt werden,

1. welche wesentlichen Ziele und Strategien die Gemeinde verfolgt und welche Änderungen gegenüber dem Vorjahr eintreten,
2. wie sich die wichtigsten Erträge, Aufwendungen, Einzahlungen und Auszahlungen, das Vermögen und die Verbindlichkeiten, mit Ausnahme der Kassenkredite sowie die verbindlich vorgegebenen Kennzahlen, in den beiden dem Haushaltsjahr vorangehenden Jahren entwickelt haben und im Haushaltsjahr entwickeln werden,
3. wie sich das Eigenkapital absolut und relativ zur Bilanzsumme in den dem Haushaltsjahr vorausgegangenen fünf Jahren entwickelt hat, wie sich das Gesamtergebnis und die Rücklagen im Haushaltsjahr und in den folgenden drei Jahren entwickeln werden und in welchem Verhältnis sie zum Deckungsbedarf des Finanzplans nach § 9 Abs. 4 stehen,
4. welche erheblichen Investitionen und Investitionsförderungsmaßnahmen im Haushaltsjahr geplant sind und welche Auswirkungen sich hieraus für die Haushalte der folgenden Jahre ergeben,
5. welcher Finanzierungsbedarf für die Inanspruchnahme von Rückstellungen entsteht, wie sich die inneren Darlehen voraussichtlich entwickeln und welche Auswirkungen sich daraus im Finanzplanungszeitraum ergeben,
6. in welchen wesentlichen Punkten der Haushaltsplan vom Finanzplan des Vorjahres abweicht und
7. wie sich der Zahlungsmittelüberschuss oder -bedarf aus laufender Verwaltungstätigkeit, der veranschlagte Finanzierungsmittelüberschuss oder -bedarf und der Bestand an liquiden Mitteln im Vorjahr entwickelt haben sowie in welchem Umfang Kassenkredite in Anspruch genommen worden sind.

§ 7 Haushaltsplan für zwei Jahre. (1) [1]Werden in der Haushaltssatzung Festsetzungen für zwei Haushaltsjahre getroffen, sind im Haushaltsplan die Erträge und Aufwendungen, die Einzahlungen und Auszahlungen und die Verpflichtungsermächtigungen für jedes der beiden Haushaltsjahre getrennt zu veranschlagen. [2]Soweit es unumgänglich ist, kann hierbei von Vorschriften über die äußere Form des Haushaltsplans abgewichen werden.

(2) Die Fortschreibung des Finanzplans für das zweite Haushaltsjahr (§ 85 Abs. 5 GemO) ist vom Gemeinderat vor Beginn des zweiten Haushaltsjahres zu beschließen.

(3) Anlagen nach § 1 Abs. 3 Nummern 6 bis 8, die nach der Verabschiedung eines Haushaltsplans nach Absatz 1 erstellt worden sind, sind der Fortschreibung nach Absatz 2 beizufügen.

§ 8 Nachtragshaushaltsplan. (1) Der Nachtragshaushaltsplan muss alle erheblichen Änderungen der Erträge und Einzahlungen sowie Aufwendungen und Auszahlungen, die im Zeitpunkt seiner Aufstellung bereits geleistet, angeordnet oder absehbar sind, sowie die damit zusammenhängenden Änderungen der Ziele und Kennzahlen enthalten.

(2) Enthält der Nachtragshaushaltsplan neue Verpflichtungsermächtigungen, sind deren Auswirkungen auf den Finanzplan anzugeben; die Übersicht nach § 1 Abs. 3 Nummer 4 ist zu ergänzen.

§ 9 Finanzplan. (1) [1]Der fünfjährige Finanzplan (§ 85 GemO) umfasst das laufende Haushaltsjahr, das Haushaltsjahr, für das der Haushaltsplan aufgestellt wird (Planjahr), und die folgenden drei Haushaltsjahre. [2]Er besteht aus einer Übersicht über die Entwicklung der Erträge und Aufwendungen unter Berücksichtigung von Fehlbeträgen aus Vorjahren und des zu veranschlagenden Gesamtergebnisses des Ergebnishaushalts und einer Übersicht über die Entwicklung der Einzahlungen und Auszahlungen des Finanzhaushalts. [3]Für Investitionen und Investitionsförderungsmaßnahmen ist eine Gliederung nach Produktbereichen oder Teilhaushalten vorzunehmen. [4]Die Gliederung richtet sich nach den Mustern.

(2) [1]In das dem Finanzplan zugrundezulegende Investitionsprogramm sind die im Planungszeitraum vorgesehenen Investitionen und Investitionsförderungsmaßnahmen nach Jahresabschnitten aufzunehmen. [2]Jeder Jahresabschnitt soll die fortzuführenden und neuen Investitionen und Investitionsförderungsmaßnahmen mit den auf das betreffende Jahr entfallenden Teilbeträgen wiedergeben. [3]Unbedeutende Investitionen und Investitionsförderungsmaßnahmen können zusammengefasst werden.

(3) Bei der Aufstellung und Fortschreibung des Finanzplans sollen die vom Innenministerium auf der Grundlage der Empfehlungen des Stabilitätsrats bekannt gegebenen Orientierungsdaten berücksichtigt werden.

(4) [1]Der Finanzplan soll für die einzelnen Jahre bei Erträgen und Aufwendungen ausgeglichen sein. [2]Die Finanzierung der Investitionsauszahlungen ist darzustellen.

2. Abschnitt

Planungsgrundsätze

§ 10 Allgemeine Planungsgrundsätze. (1) [1]Die Erträge und Aufwendungen sind in ihrer voraussichtlichen Höhe in dem Haushaltsjahr zu veranschlagen, dem sie wirtschaftlich zuzurechnen sind. [2]Die Einzahlungen und Auszahlungen sind in Höhe der im Haushaltsjahr voraussichtlich eingehenden oder zu leistenden Beträge zu veranschlagen. [3]Sie sind sorgfältig zu schätzen, soweit sie nicht errechenbar sind.

(2) Die Erträge, Aufwendungen, Einzahlungen und Auszahlungen sind in voller Höhe und getrennt voneinander zu veranschlagen, soweit in dieser Verordnung nichts anderes bestimmt ist.

(3) [1]Im Gesamthaushalt und in den Teilhaushalten sind Erträge und Einzahlungen, Aufwendungen und Auszahlungen nach Arten (§§ 2 und 3) zu veranschlagen. [2]In den Teilergebnishaushalten ist der anteilige Nettoressourcenbedarf (§ 4 Abs. 3 Satz 4 Nr. 4), untergegliedert in anteiliges ordentliches Ergebnis und kalkulatorisches Ergebnis (§ 4 Abs. 3 Satz 4 Nr. 2 und 3), zu veranschlagen.

(4) [1]Für denselben Zweck sollen Aufwendungen und Auszahlungen nicht an verschiedenen Stellen im Haushaltsplan veranschlagt werden. [2]Wird ausnahmsweise anders verfahren, ist auf die Ansätze gegenseitig zu verweisen.

§ 11 Verpflichtungsermächtigungen. [1]Die Verpflichtungsermächtigungen sind in den Teilfinanzhaushalten maßnahmenbezogen zu veranschlagen. [2]Dabei ist anzugeben, wie sich die Belastungen voraussichtlich auf die künftigen Jahre verteilen werden. [3]Für Investitionen unterhalb der nach § 4 Abs. 4 Satz 4 örtlich festgelegten Wertgrenzen können Verpflichtungsermächtigungen zusammengefasst werden.

§ 12 Investitionen. (1) Bevor Investitionen von erheblicher finanzieller Bedeutung beschlossen werden, soll unter mehreren in Betracht kommenden Möglichkeiten durch einen Wirtschaftlichkeitsvergleich unter Einbeziehung der Folgekosten die für die Gemeinde wirtschaftlichste Lösung ermittelt werden.

(2) [1]Auszahlungen und Verpflichtungsermächtigungen für Baumaßnahmen dürfen erst veranschlagt werden, wenn Pläne, Kostenberechnungen und Erläuterungen vorliegen, aus denen die Art der Ausführung, die Kosten der Maßnahme sowie die voraussichtlichen Jahresraten unter Angabe der Kostenbeteiligung Dritter und ein Bauzeitplan im Einzelnen ersichtlich sind. [2]Den Unterlagen ist eine Schätzung der nach Fertigstellung der Maßnahme entstehenden jährlichen Haushaltsbelastungen beizufügen.

(3) Ausnahmen von Absatz 2 sind bei unbedeutenden Maßnahmen zulässig; eine Kostenberechnung muss jedoch stets vorliegen.

§ 13 Verfügungsmittel, Deckungsreserve. [1]Im Ergebnishaushalt können in angemessener Höhe

1. Verfügungsmittel des Bürgermeisters oder des Ortsvorstehers und
2. Mittel zur Deckung über- und außerplanmäßiger Aufwendungen des Ergebnishaushalts (Deckungsreserve)

veranschlagt werden. [2]Die Ansätze für die Verfügungsmittel und für die Deckungsreserve dürfen nicht überschritten werden, die verfügbaren Mittel sind nicht übertragbar; die Verfügungsmittel des Bürgermeisters oder des Ortsvorstehers sind nicht deckungsfähig.

§ 14 Kosten- und Leistungsrechnungen. [1]Als Grundlage für die Verwaltungssteuerung sowie für die Beurteilung der Wirtschaftlichkeit und Leistungsfähigkeit der Verwaltung sollen für alle Aufgabenbereiche nach den örtlichen Bedürfnissen Kosten- und Leistungsrechnungen geführt werden. [2]Die Kosten sind aus der Buchführung nachprüfbar herzuleiten.

§ 15 Fremde Finanzmittel. (1) Finanzmittel, die die Kasse des endgültigen Kostenträgers oder eine andere Kasse, die unmittelbar mit dem endgültigen Kostenträger abrechnet, anstelle der Gemeindekasse einnimmt oder ausgibt, sind nicht zu veranschlagen.

(2) [1]Durchlaufende Finanzmittel, insbesondere Mittel, die die Gemeinde auf Grund eines Gesetzes unmittelbar für den Haushalt eines anderen öffentlichen Aufgabenträgers einnimmt oder ausgibt, einschließlich der ihr zu Selbstbewirtschaftung zugewiesenen Mittel, sind nicht zu veranschlagen. [2]Sie können bei der Weiterleitung bei den entsprechenden Einzahlungen abgesetzt werden.

§ 16 Weitere Vorschriften für Erträge und Aufwendungen, Einzahlungen und Auszahlungen. (1) [1]Die Rückzahlung zuviel eingegangener Beträge ist bei den Erträgen und Einzahlungen abzusetzen, wenn die Rückzahlung im selben Jahr vorgenommen wird, in dem der Betrag eingegangen ist. [2]In den anderen Fällen sind die Rückzahlungen als Aufwendungen und Auszahlungen zu behandeln.

(2) [1]Die Rückzahlung zuviel ausgezahlter Beträge ist bei den Aufwendungen und Auszahlungen abzusetzen, wenn die Rückzahlung im selben Jahr vorgenommen wird, in dem der Betrag ausgezahlt worden ist. [2]Dasselbe gilt bei periodisch wiederkehrenden Aufwendungen und Auszahlungen, auch wenn die Rückzahlung erst im folgenden Jahr vorgenommen wird. [3]In den anderen Fällen, sind die Rückzahlungen als Erträge und Einzahlungen zu behandeln.

(3) [1]Abgaben, abgabenähnliche Entgelte und allgemeine Zuweisungen, die die Gemeinde zurückzuzahlen hat, sind abweichend von Absatz 1 bei den Erträgen und Einzahlungen abzusetzen, auch wenn sie sich auf Erträge und Einzahlungen der Vorjahre beziehen. [2]Dies gilt abweichend von Absatz 2 entsprechend für geleistete Umlagen, die an die Gemeinde zurückfließen; sie sind bei den Aufwendungen und Auszahlungen abzusetzen.

(4) [1]Die Veranschlagung von Personalaufwendungen richtet sich nach den im Haushaltsjahr voraussichtlich besetzten Stellen. [2]Die Versorgungsaufwendungen (§ 2 Abs. 1 Nummer 13) und Beihilfeaufwendungen sind auf die Teilhaushalte aufzuteilen.

(5) [1]Interne Leistungen sind in den Teilhaushalten zu verrechnen (innere Verrechnungen). [2]Dasselbe gilt für aktivierungsfähige interne Leistungen, die einzelnen Maßnahmen des Finanzhaushalts zuzurechnen sind.

§ 17 Erläuterungen. [1]Die Ansätze sind soweit erforderlich zu erläutern. [2]Insbesondere sind zu erläutern

1. Ansätze von Erträgen und Aufwendungen, soweit sie erheblich sind und von den bisherigen Ansätzen erheblich abweichen,
2. neue Investitionsmaßnahmen des Finanzhaushalts; erstrecken sie sich über mehrere Jahre, ist bei jeder folgenden Veranschlagung die bisherige Abwicklung darzulegen,
3. Notwendigkeit und Höhe der Verpflichtungsermächtigungen,
4. Ansätze für Aufwendungen und Auszahlungen zur Erfüllung von Verträgen, die die Gemeinde über ein Jahr hinaus zu erheblichen Zahlungen verpflichten,
5. Sperrvermerke, Zweckbindungen und andere besondere Bestimmungen im Haushaltsplan,
6. Abschreibungen, soweit sie erheblich von den planmäßigen Abschreibungen oder soweit sie von den im Vorjahr angewendeten Abschreibungssätzen abweichen,
7. Ausnahmen nach § 12 Abs. 3 und
8. Bildung, Verwendung und Auflösung von Rückstellungen.

3. Abschnitt

Deckungsgrundsätze

§ 18 Grundsatz der Gesamtdeckung. (1) Soweit in dieser Verordnung nichts anderes bestimmt ist, dienen

1. die Erträge des Ergebnishaushalts insgesamt zur Deckung der Aufwendungen des Ergebnishaushalts und
2. die Einzahlungen des Finanzhaushalts insgesamt zur Deckung der Auszahlungen des Finanzhaushalts.

(2) Die Inanspruchnahme gegenseitiger Deckungsfähigkeit (§ 20) und die Übertragung (§ 21) sind nur zulässig, wenn dadurch das geplante Gesamtergebnis nicht gefährdet ist und die Kreditaufnahmevorschriften beachtet werden.

§ 19 Zweckbindung. (1) [1]Erträge sind auf die Verwendung für bestimmte Aufwendungen zu beschränken, soweit sich dies aus rechtlicher Verpflichtung ergibt. [2]Sie können auf die Verwendung für bestimmte Aufwendungen beschränkt werden,

1. wenn die Beschränkung sich aus der Herkunft oder Natur der Erträge ergibt oder
2. wenn ein sachlicher Zusammenhang dies erfordert und durch die Zweckbindung die Bewirtschaftung der Mittel erleichtert wird.

[3]Zweckgebundene Mehrerträge dürfen für entsprechende Mehraufwendungen verwendet werden.

(2) [1]Im Haushaltsplan kann bestimmt werden, dass Mehrerträge bestimmte Aufwendungsansätze des Ergebnishaushalts erhöhen oder Mindererträge bestimmte Aufwendungsansätze vermindern. [2]Ausgenommen hiervon sind Erträge aus Steuern, allgemeinen Zuweisungen und Umlagen.

(3) Mehraufwendungen nach den Absätzen 1 und 2 gelten nicht als überplanmäßige Aufwendungen.

(4) Die Absätze 1 bis 3 gelten für den Finanzhaushalt entsprechend.

§ 20 Deckungsfähigkeit. (1) Aufwendungen und übertragene Ermächtigungen im Ergebnishaushalt, die zu einem Budget gehören, sind gegenseitig deckungsfähig, wenn im Haushaltsplan nichts anderes bestimmt wird.

(2) Aufwendungen im Ergebnishaushalt, die nicht nach Absatz 1 deckungsfähig sind, können für gegenseitig oder einseitig deckungsfähig erklärt werden, wenn sie sachlich zusammenhängen.

(3) Die Absätze 1 und 2 gelten für Auszahlungen und Verpflichtungsermächtigungen für Investitionstätigkeit entsprechend.

(4) Zahlungswirksame Aufwendungen eines Budgets können zu Gunsten von Auszahlungen des Budgets nach § 3 Nummern 24 bis 29 im Finanzhaushalt für einseitig deckungsfähig erklärt werden.

(5) Bei Deckungsfähigkeit können die deckungsberechtigten Ansätze für Aufwendungen und Auszahlungen zu Lasten der deckungspflichtigen Ansätze erhöht werden.

§ 21 Übertragbarkeit. (1) Die Ansätze für Auszahlungen für Investitionen und Investitionsförderungsmaßnahmen sowie die Ansätze für zweckgebundene investive Einzahlungen nach § 3 Nummern 18 und 19, deren Eingang sicher ist, bleiben bis zur Fälligkeit der letzten Zahlung für ihren Zweck verfügbar, bei Baumaßnahmen und Beschaffungen längstens jedoch zwei Jahre nach Schluss des Haushaltsjahres, in dem der Bau oder der Gegenstand in seinen wesentlichen Teilen in Benutzung genommen werden kann.

(2) [1]Ansätze für Aufwendungen und Auszahlungen eines Budgets können ganz oder teilweise für übertragbar erklärt werden. [2]Sie bleiben bis längstens zwei Jahre nach Schluss des Haushaltsjahres verfügbar.

(3) Die Absätze 1 und 2 gelten entsprechend für überplanmäßige und außerplanmäßige Aufwendungen und Auszahlungen, wenn sie bis zum Ende des

Haushaltsjahres in Anspruch genommen, jedoch noch nicht geleistet worden sind.

4. Abschnitt

Liquidität und Rücklagen

§ 22 Liquidität. (1) Die liquiden Mittel müssen für ihren Zweck rechtzeitig verfügbar sein.

(2) Der planmäßige Bestand an liquiden Mitteln ohne Kassenkreditmittel soll sich in der Regel auf mindestens zwei vom Hundert der Summe der Auszahlungen aus laufender Verwaltungstätigkeit nach dem Durchschnitt der drei dem Haushaltsjahr vorangehenden Jahre belaufen.

(3) [1]Liquide Mittel, die innerhalb des fünfjährigen Finanzplanungszeitraums (§ 9) zur Deckung von Auszahlungen des Finanzhaushalts nicht benötigt werden, können in Anteilen an Investmentfonds im Sinne des Investmentmodernisierungsgesetzes sowie in ausländischen Investmentanteilen, die nach dem Investmentmodernisierungsgesetz öffentlich vertrieben werden dürfen, angelegt werden. [2]Die Investmentfonds dürfen

1. nur von Investmentgesellschaften mit Sitz in einem Mitgliedstaat der Europäischen Union verwaltet werden,
2. nur auf Euro lautende und von Emittenten mit Sitz in einem Mitgliedstaat der Europäischen Union ausgegebene Investmentanteile,
3. nur Standardwerte in angemessener Streuung und Mischung,
4. keine Wandel- und Optionsanleihen und
5. höchstens 30 Prozent Anlagen in Aktien, Aktienfonds und offenen Immobilienfonds, bezogen auf den einzelnen Investmentfonds, enthalten.

[3]Die Gemeinde erlässt für die Geldanlage in Investmentfonds Anlagerichtlinien, die die Sicherheitsanforderungen, die Verwaltung der Geldanlagen durch die Gemeinde und regelmäßige Berichtspflichten regeln.

§ 23 Rücklagen. [1]Für Überschüsse des ordentlichen Ergebnisses und Überschüsse des Sonderergebnisses sind gesonderte Rücklagen (Ergebnisrücklagen) zu führen. [2]Innerhalb der Ergebnisrücklagen können Beträge, die von der Gemeinde für bestimmte Zwecke vorgesehen sind, als Davon-Positionen ausgewiesen werden. [3]Außerdem können zweckgebundene Rücklagen für rechtlich unselbstständige örtliche Stiftungen sowie für unbedeutendes Treuhandvermögen im Sinne von § 97 Absatz 2 GemO gebildet werden. [4]Im Rahmen der Feststellung des Jahresabschlusses können aus den Ergebnisrücklagen Beträge in das Basiskapital umgebucht werden.

5. Abschnitt

Haushaltsausgleich und Deckung von Fehlbeträgen

§ 24 Haushaltsausgleich. (1) [1]Kann der Ausgleich des ordentlichen Ergebnisses unter Berücksichtigung von Fehlbeträgen aus Vorjahren (§ 80 Abs. 2 Satz 2 GemO) trotz Ausnutzung aller Sparmöglichkeiten und Ausschöpfung aller Ertragsmöglichkeiten nicht erreicht werden, sollen Mittel der Rücklage aus Überschüssen des ordentlichen Ergebnisses zum Haushaltsausgleich verwendet werden. [2]Anstelle oder zusätzlich zur Rücklagenverwendung kann im Ergebnishaushalt auch eine pauschale Kürzung von Aufwendungen bis zu einem Betrag von 1 Prozent der Summe der ordentlichen Aufwendungen unter Angabe der zu kürzenden Teilhaushalte veranschlagt werden (globaler Minderaufwand).

(2) Ist ein Ausgleich des ordentlichen Ergebnisses nach Absatz 1 nicht erreichbar, sollen Überschüsse des Sonderergebnisses und Mittel der Rücklage aus Überschüssen des Sonderergebnisses zum Haushaltsausgleich verwendet werden.

(3) [1]Soweit ein Ausgleich des ordentlichen Ergebnisses nach Absatz 1 und 2 nicht erreichbar ist, kann ein verbleibender Haushaltsfehlbetrag im mehrjährigen Finanzplan (§ 9) längstens in die drei folgenden Haushaltsjahre vorgetragen werden. [2]Für die Deckung des Haushaltsfehlbetrags im Jahresabschluss als Fehlbetrag des Planjahres gilt § 25.

(4) Werden außerordentliche Erträge und Aufwendungen veranschlagt und kann ein Ausgleich des Sonderergebnisses noch nicht geplant werden, ist ein zum Ende des Haushaltsjahres verbleibender Fehlbetrag beim Sonderergebnis im Jahresabschluss nach § 25 Abs. 4 zu verrechnen.

§ 25 Deckung von Fehlbeträgen des Jahresabschlusses und aus Vorjahren. (1) [1]Ein Fehlbetrag beim ordentlichen Ergebnis soll unverzüglich gedeckt werden. [2]Er soll im Jahresabschluss durch Entnahme aus der Rücklage aus Überschüssen des ordentlichen Ergebnisses verrechnet werden.

(2) Ein nach Absatz 1 verbleibender Fehlbetrag soll im Jahresabschluss mit einem Überschuss beim Sonderergebnis oder durch Entnahme aus der Rücklage aus Überschüssen des Sonderergebnisses verrechnet werden.

(3) [1]Ein danach verbleibender Fehlbetrag ist nach drei Jahren auf das Basiskapital zu verrechnen, soweit er nicht mit Ergebnisüberschüssen in einem vorangehenden Haushaltsjahr gedeckt werden kann. [2]Das Basiskapital darf nicht negativ werden.

(4) [1]Ein Fehlbetrag beim Sonderergebnis ist im Jahresabschluss durch Entnahme aus der Rücklage aus Überschüssen des Sonderergebnisses zu verrechnen. [2]Soweit dies nicht möglich ist, ist der Fehlbetrag zu Lasten des Basiskapitals zu verrechnen; Absatz 3 Satz 2 gilt entsprechend.

6. Abschnitt

Weitere Vorschriften für die Haushaltswirtschaft

§ 26 Überwachung der Erträge, Einzahlungen und Forderungen. Durch geeignete Maßnahmen ist sicherzustellen, dass die der Gemeinde zustehenden Erträge und Einzahlungen vollständig erfasst und Forderungen rechtzeitig eingezogen werden.

§ 27 Bewirtschaftung und Überwachung der Aufwendungen und Auszahlungen. (1) Die Haushaltsansätze sind so zu bewirtschaften, dass sie für die im Haushaltsjahr anfallenden Aufwendungen und Auszahlungen ausreichen; sie dürfen erst dann in Anspruch genommen werden, wenn die Erfüllung der Aufgaben es erfordert.

(2) [1]Über Ansätze für Auszahlungen des Finanzhaushalts darf nur verfügt werden, soweit Deckungsmittel rechtzeitig bereitgestellt werden können. [2]Dabei darf die Finanzierung anderer, bereits begonnener Maßnahmen nicht beeinträchtigt werden.

(3) [1]Die Inanspruchnahme der Haushaltsansätze und der Ermächtigungen für Planabweichungen sind zu überwachen. [2]Die bei den einzelnen Teilhaushalten noch zur Verfügung stehenden Mittel für Aufwendungen und Auszahlungen müssen stets erkennbar sein.

(4) Absätze 1 und 3 gelten für die Inanspruchnahme von Verpflichtungsermächtigungen entsprechend.

§ 28 Berichtspflicht. (1) Der Gemeinderat ist unterjährig über den Stand des Haushaltsvollzugs (Erreichung der Finanz- und Leistungsziele) in den Teilhaushalten und im Gesamthaushalt zu unterrichten.

(2) Der Gemeinderat ist unverzüglich zu unterrichten, wenn sich abzeichnet, dass

1. sich das Planergebnis von Ergebnishaushalt oder Finanzhaushalt wesentlich verschlechtert oder
2. sich die Gesamtauszahlungen einer Maßnahme des Finanzhaushalts wesentlich erhöhen werden.

§ 29 Haushaltswirtschaftliche Sperre. Soweit und solange die Entwicklung der Erträge und Einzahlungen oder Aufwendungen und Auszahlungen es erfordert, ist die Inanspruchnahme von Ansätzen für Aufwendungen, Auszahlungen und Verpflichtungsermächtigungen aufzuschieben.

§ 30 Vorläufige Rechnungsvorgänge. (1) Eine Auszahlung, die sich auf den Haushalt auswirkt, darf vorläufig als durchlaufende Auszahlung nur behandelt werden, wenn die Verpflichtung zur Leistung feststeht, die Deckung gewährleistet ist und die Zuordnung zu haushaltswirksamen Konten nicht oder noch nicht möglich ist.

(2) Eine Einzahlung, die sich auf den Haushalt auswirkt, darf vorläufig als durchlaufende Einzahlung nur behandelt werden, wenn eine Zuordnung zu haushaltswirksamen Konten nicht oder noch nicht möglich ist.

§ 31 Vergabe von Aufträgen. (1) [1]Dem Abschluss von Verträgen über Lieferungen und Leistungen muss eine Öffentliche Ausschreibung oder eine Beschränkte Ausschreibung mit Teilnahmewettbewerb vorausgehen, sofern nicht die Natur des Geschäfts oder besondere Umstände eine Ausnahme rechtfertigen. [2]Teilnahmewettbewerb ist ein Verfahren, bei dem der öffentliche Auftraggeber nach vorheriger öffentlicher Aufforderung zur Teilnahme eine beschränkte Anzahl von geeigneten Unternehmen nach objektiven, transparenten udn nichtdiskriminierenden Kriterien auswählt und zur Abgabe von Angeboten auffordert.

(2) Bei der Vergabe von Aufträgen und dem Abschluss von Verträgen sind die als verbindlich bekannt gegebenen Vergabegrundsätze anzuwenden.

§ 32 Stundung, Niederschlagung und Erlass. (1) [1]Ansprüche dürfen ganz oder teilweise gestundet werden, wenn ihre Einziehung bei Fälligkeit eine erhebliche Härte für den Schuldner bedeuten würde und der Anspruch durch die Stundung nicht gefährdet erscheint. [2]Gestundete Beträge sind in der Regel angemessen zu verzinsen.

(2) Ansprüche dürfen niedergeschlagen werden, wenn

1. feststeht, dass die Einziehung keinen Erfolg haben wird, oder
2. die Kosten der Einziehung außer Verhältnis zur Höhe des Anspruchs stehen.

(3) [1]Ansprüche dürfen ganz oder zum Teil erlassen werden, wenn ihre Einziehung nach Lage des einzelnen Falles für den Schuldner eine besondere Härte bedeuten würde. [2]Das Gleiche gilt für die Rückzahlung oder Anrechnung von geleisteten Beträgen.

(4) Besondere gesetzliche Vorschriften über Stundung, Niederschlagung und Erlass von Ansprüchen der Gemeinde bleiben unberührt.

§ 33 Kleinbeträge. [1]Die Gemeinde kann davon absehen, Ansprüche von weniger als zehn Euro geltend zu machen, es sei denn, dass die Einziehung aus grundsätzlichen Erwägungen geboten ist; Letzteres gilt insbesondere für Gebühren. [2]Wenn nicht die Einziehung des vollen Betrags aus grundsätzlichen Erwägungen geboten ist, können Ansprüche bis auf volle Euro abgerundet werden. [3]Mit juristischen Personen des öffentlichen Rechts kann im Falle der Gegenseitigkeit etwas anderes vereinbart werden.

7. Abschnitt

Buchführung und Inventar

§ 34 Buchführung. (1) [1]Die Buchführung dient

1. der Bereitstellung von Informationen für den Haushaltsvollzug und für die Haushaltsplanung,

2. der Aufstellung des Jahresabschlusses und der Durchführung des Planvergleichs und
3. der Überprüfung des Umgangs mit öffentlichen Mitteln im Hinblick auf Rechtmäßigkeit, Wirtschaftlichkeit und Sparsamkeit.

(2) Zur Erfüllung der in Absatz 1 genannten Zwecke sind Bücher in der Form der doppelten Buchführung zu führen, in denen

1. alle Vorgänge, die zu einer Änderung der Höhe oder der Zusammensetzung des Vermögens, der aktiven Abgrenzungsposten, der Rückstellungen und Schulden sowie der passiven Rechnungsabgrenzungsposten führen, insbesondere Aufwendungen und Erträge sowie Auszahlungen und Einzahlungen,
2. die Lage des Vermögens und
3. die sonstigen, nicht das Vermögen der Gemeinde berührenden wirtschaftlichen Vorgänge, insbesondere durchlaufende Finanzmittel (§ 15 Abs. 2),

nach den Grundsätzen ordnungsmäßiger Buchführung aufgezeichnet werden. [2]Die Buchführung muss so beschaffen sein, dass sie einem sachverständigen Dritten innerhalb angemessener Zeit einen Überblick über die Verwaltungsvorfälle und über die wirtschaftliche Lage der Gemeinde vermitteln kann. [3]Die Verwaltungsvorfälle müssen sich in ihrer Entstehung und Abwicklung nachvollziehen lassen.

§ 35 Führung der Bücher. (1) [1]Die Bücher und die sonst erforderlichen Aufzeichnungen können auf Datenträgern (DV-Buchführung) oder in visuell lesbarer Form geführt werden. [2]Der Bürgermeister bestimmt, in welcher Form die Bücher geführt werden.

(2) [1]Die Eintragungen in Büchern und die sonst erforderlichen Aufzeichnungen müssen vollständig, richtig, zeitgerecht, geordnet und nachprüfbar vorgenommen werden. [2]Die Bedeutung von verwendeten Abkürzungen, Ziffern, Buchstaben oder Symbolen muss im Einzelfall eindeutig festgelegt sein. [3]Bei visuell lesbarer Buchführung sind die Eintragungen urkundenecht vorzunehmen.

(3) [1]Eine Eintragung oder eine Aufzeichnung darf nicht in einer Weise verändert werden, dass der ursprüngliche Inhalt nicht mehr feststellbar ist. [2]Auch solche Veränderungen dürfen nicht vorgenommen werden, deren Beschaffenheit es ungewiss lässt, ob sie ursprünglich oder erst später vorgenommen worden sind.

(4) [1]Der Buchführung ist der nach § 145 Satz 1 Nr. 5 GemO bekannt gegebene Kontenrahmen zu Grunde zu legen. [2]Der Kontenrahmen kann bei Bedarf weiter untergliedert werden. [3]Die eingerichteten Konten sind in einem Verzeichnis (Kontenplan) aufzuführen.

(5) [1]Bei der DV-Buchführung sind die Grundsätze ordnungsmäßiger DV-gestützter Buchführungssysteme in der Fassung des Schreibens des Bundesministeriums der Finanzen vom 7. November 1995 (BStBl. I S. 738) zu beachten. [2]Insbesondere ist sicherzustellen, dass

1. nur Programme nach Maßgabe von § 114 a GemO verwendet werden, die mit dem geltenden Recht übereinstimmen; sie müssen dokumentiert und von der vom Bürgermeister bestimmten Stelle zur Anwendung freigegeben sein,
2. in das automatisierte Verfahren nicht unbefugt eingegriffen werden kann,
3. die gespeicherten Daten nicht verloren gehen und nicht unbefugt verändert werden können,
4. die Buchungen bis zum Ablauf der Aufbewahrungsfristen der Bücher jederzeit in angemessener Frist ausgedruckt werden können; § 39 Abs. 3 bleibt unberührt,
5. die Unterlagen, die für den Nachweis der ordnungsgemäßen maschinellen Abwicklung der Buchungsvorgänge erforderlich sind, einschließlich der Dokumentation der verwendeten Programme und eines Verzeichnisses über den Aufbau der Datensätze, bis zum Ablauf der Aufbewahrungsfrist der Bücher verfügbar sind und jederzeit in angemessener Frist lesbar gemacht werden können und
6. Berichtigungen der Bücher protokolliert und die Protokolle wie Belege aufbewahrt werden.

(6) [1]Der Bürgermeister regelt das Nähere über die Sicherung des Buchungsverfahrens. [2]Auf eine ausreichende Trennung der Tätigkeitsbereiche der Verwaltung von automatisierten Verfahren, der fachlichen Sachbearbeitung und der Erledigung der Kassenaufgaben ist zu achten. [3]Die Bücher sind durch geeignete Maßnahmen gegen Verlust, Wegnahme und Veränderungen zu schützen.

§ 36 Bücher, Belege. (1) [1]Die Buchungen sind in zeitlicher Ordnung (Journal) und in sachlicher Ordnung (Hauptbuch) vorzunehmen. [2]Bei DV-Buchführung müssen Auswertungen in zeitlicher und sachlicher Ordnung möglich sein. [3]Es können Vor- und Nebenbücher geführt werden, deren Ergebnisse zeitnah in das Journal und das Hauptbuch übernommen werden. [4]Die Ergebnisse sind spätestens zum Ende des Haushaltsjahres zu übernehmen.

(2) [1]Die Buchung im Journal umfasst mindestens

1. ein eindeutiges fortlaufendes Ordnungsmerkmal,
2. den Tag der Buchung,
3. ein Identifikationsmerkmal, das die Verbindung mit der sachlichen Buchung herstellt und
4. den Betrag.

[2]Der Tag der Buchung kann von dem Tag abweichen, an dem die Zahlung nach den öffentlich-rechtlichen oder zivilrechtlichen Vorschriften als bewirkt gilt.

(3) Das Hauptbuch enthält die für die Aufstellung der Ergebnisrechnung, der Finanzrechnung und der Bilanz erforderlichen Sachkonten.

(4) [1]Buchungen müssen durch Kassenanordnungen und Auszahlungsnachweise sowie Unterlagen, aus denen sich der Grund der Buchung ergibt (begründende Unterlagen), belegt sein. [2]Die Buchungsbelege müssen Hinweise enthalten, die eine Verbindung zu den Eintragungen in den Büchern ermöglichen.

§ 37 Inventar, Inventur. (1) [1]Die Gemeinde hat zu Beginn des ersten Haushaltsjahres mit einer Rechungsführung nach den Regeln der doppelten Buchführung und danach für den Schluss eines jeden Haushaltsjahres ihre Grundstücke, ihre Forderungen, Schulden, Sonderposten und Rückstellungen, den Betrag ihres baren Geldes sowie ihre sonstigen Vermögensgegenstände genau zu verzeichnen und dabei den Wert der einzelnen Vermögensgegenstände und Schulden anzugeben (Inventar). [2]Körperliche Vermögensgegenstände sind durch eine körperliche Bestandsaufnahme zu erfassen, soweit in dieser Verordnung nichts anderes bestimmt ist. [3]Das Inventar ist innerhalb der einem ordnungsmäßigen Geschäftsgang entsprechenden Zeit aufzustellen.

(2) [1]Vermögensgegenstände des Sachvermögens können, wenn sie regelmäßig ersetzt werden und ihr Gesamtwert für die Gemeinde von nachrangiger Bedeutung ist, mit einer gleichbleibenden Menge und einem gleichbleibenden Wert angesetzt werden, sofern ihr Bestand in seiner Größe, seinem Wert und seiner Zusammensetzung nur geringen Veränderungen unterliegt. [2]Jedoch ist in der Regel alle fünf Jahre eine körperliche Bestandsaufnahme durchzuführen.

(3) Gleichartige Vermögensgegenstände des Vorratsvermögens sowie andere gleichartige oder annähernd gleichwertige bewegliche Vermögensgegenstände und Rückstellungen können jeweils zu einer Gruppe zusammengefasst und mit dem gewogenen Durchschnittswert angesetzt werden.

§ 38 Inventurvereinfachungsverfahren. (1) [1]Bei der Aufstellung des Inventars darf der Bestand der Vermögensgegenstände nach Art, Menge und Wert auch mit Hilfe anerkannter mathematisch-statistischer Methoden auf Grund von Stichproben ermittelt werden. [2]Das Verfahren muss den Grundsätzen ordnungsmäßiger Buchführung entsprechen. [3]Der Aussagewert des auf diese Weise aufgestellten Inventars muss dem Aussagewert eines auf Grund einer körperlichen Bestandsaufnahme aufgestellten Inventars gleichkommen.

(2) Bei der Aufstellung des Inventars für den Schluss eines Haushaltsjahres bedarf es einer körperlichen Bestandsaufnahme der Vermögensgegenstände für diesen Zeitpunkt nicht, soweit durch Anwendung eines den Grundsätzen ordnungsmäßiger Buchführung entsprechenden anderen Verfahrens gesichert ist, dass der Bestand der Vermögensgegenstände nach Art, Menge und Wert auch ohne die körperliche Bestandsaufnahme für diesen Zeitpunkt festgestellt werden kann.

(3) In dem Inventar für den Schluss eines Haushaltsjahres brauchen Vermögensgegenstände nicht verzeichnet zu werden, wenn

1. die Gemeinde ihren Bestand auf Grund einer körperlichen Bestandsaufnahme oder auf Grund eines nach Absatz 2 zulässigen anderen Verfahrens nach Art, Menge und Wert in einem besonderen Inventar verzeichnet hat, das für einen Tag innerhalb der letzten drei Monate vor oder der ersten beiden Monate nach dem Schluss des Haushaltsjahres aufgestellt ist, und
2. auf Grund des besonderen Inventars durch Anwendung eines den Grundsätzen ordnungsmäßiger Buchführung entsprechenden Fortschreibungs- oder

Rückrechnungsverfahrens gesichert ist, dass der am Schluss des Haushaltsjahres vorhandene Bestand der Vermögensgegenstände für diesen Zeitpunkt ordnungsgemäß bewertet werden kann.

(4) Der Bürgermeister kann für immaterielle bewegliche Vermögensgegenstände des Sachvermögens bis zu einem Wert von 1000 Euro ohne Umsatzsteuer Befreiungen von § 37 Abs. 1 Sätze 1 und 3 vorsehen.

§ 39 Aufbewahrung von Unterlagen, Aufbewahrungsfristen. (1) [1]Die Bücher und Belege sind sicher und geordnet aufzubewahren. [2]Soweit begründende Unterlagen, aus denen sich der Zahlungsgrund ergibt, nicht den Kassenanordnungen beigefügt sind, obliegt ihre Aufbewahrung den anordnenden Stellen.

(2) [1]Der Jahresabschluss ist dauernd in ausgedruckter Form aufzubewahren. [2]Die Bücher und Inventare sind zehn Jahre, die Belege sechs Jahre aufzubewahren. [3]Ergeben sich Zahlungsgrund und Zahlungspflichtige oder Empfangsberechtigte nicht aus den Büchern, sind die Belege so lange wie die Bücher aufzubewahren. [4]Gutschriften, Lastschriften und die Kontoauszüge der Kreditinstitute sind wie Belege aufzubewahren. [5]Die Fristen beginnen am 1. Januar des der Feststellung des Jahresabschlusses folgenden Haushaltsjahres.

(3) [1]Nach Abschluss der überörtlichen Prüfung, frühestens nach Ablauf von drei Jahren seit Beginn der Aufbewahrungsfrist, können die Bücher, Inventare und Belege auf Bild- oder Datenträgern aufbewahrt werden, wenn sichergestellt ist, dass der Inhalt der Bild- oder Datenträger mit den Originalen übereinstimmt und jederzeit lesbar gemacht werden kann. [2]Die Bild- oder Datenträger sind nach den Absätzen 1 und 2 anstelle der Originale aufzubewahren. [3]Der Bürgermeister kann zulassen, dass der Inhalt von Büchern und Belegen vor Ablauf der in Satz 1 genannten Frist auf Bild- oder Datenträger übernommen wird, wenn sichergestellt ist, dass die Daten innerhalb der Frist jederzeit in ausgedruckter Form lesbar gemacht werden können. [4]Die Verfilmung oder Speicherung von Fremdbelegen muss farbecht erfolgen. [5]Bevor eine solche Regelung zugelassen wird, ist die für die überörtliche Prüfung zuständige Stelle zu hören.

(4) Werden automatisierte Verfahren, in denen Bücher gespeichert sind, geändert oder abgelöst, muss die maschinelle Auswertung der gespeicherten Daten innerhalb der Aufbewahrungsfristen auch mit den geänderten oder neuen Verfahren oder durch ein anderes Verfahren gewährleistet sein.

8. Abschnitt

Ansatz und Bewertung des Vermögens, der Rückstellungen und Schulden, Verrechnungs- und Bilanzierungsverbote

§ 40 Vollständigkeit der Ansätze, Verrechnungs- und Bilanzierungsverbote, Vermögen. (1) In der Bilanz sind die immateriellen Vermögensgegenstände, das Sachvermögen und das Finanzvermögen unbeschadet § 92 Abs. 1 Satz 1 GemO, die aktiven Abgrenzungsposten sowie das Eigenkapital, die Sonderposten, die Rückstellungen, die Verbindlichkeiten und die passiven Rechnungsabgrenzungsposten vollständig auszuweisen und hinreichend aufzugliedern.

(2) Posten der Aktivseite dürfen nicht mit Posten der Passivseite, Aufwendungen nicht mit Erträgen, Einzahlungen nicht mit Auszahlungen, Grundstücksrechte nicht mit Grundstückslasten verrechnet werden, soweit in dieser Verordnung nichts anderes bestimmt ist.

(3) Für immaterielle Vermögensgegenstände, die nicht entgeltlich erworben wurden, darf ein Aktivposten nicht angesetzt werden.

(4) [1]Von der Gemeinde geleistete Investitionszuschüsse sollen als Sonderposten in der Bilanz ausgewiesen und entsprechend dem Zuwendungsverhältnis aufgelöst werden. [2]Empfangene Investitionszuweisungen und Investitionsbeiträge sollen als Sonderposten in der Bilanz ausgewiesen und entsprechend der voraussichtlichen Nutzungsdauer aufgelöst oder von den Anschaffungs- oder Herstellungskosten des bezuschussten Vermögensgegenstandes abgesetzt werden.

§ 41 Rückstellungen. (1) Rückstellungen sind zu bilden für folgende ungewisse Verbindlichkeiten und unbestimmte Aufwendungen:

1. die Lohn- und Gehaltszahlung für Zeiten der Freistellung von der Arbeit im Rahmen von Altersteilzeitarbeit und ähnlichen Maßnahmen,
2. die Verpflichtungen aus der Erstattung von Unterhaltsvorschüssen,
3. die Stilllegung und Nachsorge von Abfalldeponien,
4. den Ausgleich von ausgleichspflichtigen Gebührenüberschüssen,
5. die Sanierung von Altlasten und
6. drohende Verpflichtungen aus Bürgschaften und Gewährleistungen.

(2) [1]Weitere Rückstellungen können gebildet werden. [2]Für die Ansammlung der Rückstellungen für Pensions- und Beihilfeverpflichtungen bleibt § 27 Abs. 5 des Gesetzes über den Kommunalen Versorgungsverband Baden-Württemberg (GKV) unberührt.

(3) Rückstellungen dürfen nur aufgelöst werden, soweit der Grund hierfür entfallen ist.

§ 42 Vorbelastungen künftiger Haushaltsjahre. [1]Unter der Bilanz sind, sofern sie nicht auf der Passivseite auszuweisen sind, die Vorbelastungen künftiger Haushaltsjahre zu vermerken, insbesondere Bürgschaften, Gewährleistungen, eingegangene Verpflichtungen und in Anspruch genommene Verpflichtungsermächtigungen. [2]Jede Art der Vorbelastung darf in einem Betrag angegeben werden. [3]Haftungsverhältnisse sind auch anzugeben, wenn ihnen gleichwertige Rückgriffsforderungen gegenüberstehen.

§ 43 Allgemeine Bewertungsgrundsätze. (1) [1]Bei der Bewertung der Vermögensgegenstände und Schulden gilt Folgendes:

1. [2]Die Wertansätze in der Eröffnungsbilanz des Haushaltsjahres müssen mit denen der Schlussbilanz des Vorjahres übereinstimmen.

2. [3]Die Vermögensgegenstände, Rückstellungen und Schulden sind, soweit nichts anderes bestimmt ist, zum Abschlussstichtag einzeln zu bewerten.
3. [4]Es ist wirklichkeitsgetreu zu bewerten. [5]Vorhersehbare Risiken und Verluste, die bis zum Abschlussstichtag entstanden sind, sind zu berücksichtigen, selbst wenn diese erst zwischen dem Abschlussstichtag und dem Tag der Aufstellung des Jahresabschlusses bekannt geworden sind; Risiken und Verluste, für deren Verwirklichung im Hinblick auf die besonderen Verhältnisse der öffentlichen Haushaltswirtschaft nur eine geringe Wahrscheinlichkeit spricht, bleiben außer Betracht. [6]Gewinne sind nur zu berücksichtigen, wenn sie am Abschlussstichtag realisiert sind.
4. [7]Aufwendungen und Erträge des Haushaltsjahres sind unabhängig von den Zeitpunkten der entsprechenden Zahlungen im Jahresabschluss zu berücksichtigen.
5. [8]Die auf den vorhergehenden Jahresabschluss angewandten Bewertungsmethoden sollen beibehalten werden. [9]Die auf den vorhergehenden Jahresabschluss angewandten Ansatzmethoden sind beizubehalten.

(2) Von den Grundsätzen des Absatzes 1 darf nur in begründeten Ausnahmefällen abgewichen werden.

§ 44 Wertansätze der Vermögensgegenstände und Schulden. (1) [1]Anschaffungskosten sind die Aufwendungen, die geleistet werden, um einen Vermögensgegenstand zu erwerben und ihn in einen betriebsbereiten Zustand zu versetzen, soweit sie dem Vermögensgegenstand einzeln zugeordnet werden können. [2]Zu den Anschaffungskosten gehören auch die Nebenkosten sowie die nachträglichen Anschaffungskosten. [3]Minderungen des Anschaffungspreises sind abzusetzen.

(2) [1]Herstellungskosten sind die Aufwendungen, die durch den Verbrauch von Gütern und die Inanspruchnahme von Diensten für die Herstellung eines Vermögensgegenstands, seine Erweiterung oder für eine über seinen ursprünglichen Zustand hinausgehende wesentliche Verbesserung entstehen. [2]Dazu gehören die Materialkosten, die Fertigungskosten und die Sonderkosten der Fertigung. [3]Bei der Berechnung der Herstellungskosten dürfen auch die Verwaltungskosten einschließlich Gemeinkosten, angemessene Teile der notwendigen Materialgemeinkosten, der notwendigen Fertigungsgemeinkosten und des Wertverzehrs des Vermögens, soweit sie durch die Fertigung veranlasst sind, eingerechnet werden.

(3) [1]Zinsen für Fremdkapital gehören nicht zu den Herstellungskosten. [2]Zinsen für Fremdkapital, das zur Finanzierung der Herstellung eines Vermögensgegenstands verwendet wird, dürfen als Herstellungskosten angesetzt werden, soweit sie auf den Zeitraum der Herstellung entfallen.

(4) [1]Schulden sind zu ihrem Rückzahlungsbetrag und Rückstellungen zu ihrem Erfüllungsbetrag anzusetzen. [2]Rückstellungen mit einer voraussichtlichen Laufzeit von mehr als fünf Jahren sind abzuzinsen.

§ 45 Bewertungsvereinfachungsverfahren. (1) Soweit es den Grundsätzen ordnungsmäßiger Buchführung entspricht, kann für den Wertansatz gleichartiger Vermögensgegenstände des Vorratsvermögens unterstellt werden, dass die zuerst oder dass die zuletzt angeschafften oder hergestellten Vermögensgegenstände zuerst verbraucht oder veräußert worden sind.

(2) § 37 Abs. 2 und 3 ist auch auf den Jahresabschluss anwendbar.

§ 46 Abschreibungen. (1) [1]Bei Vermögensgegenständen des immateriellen Vermögens und des Sachvermögens ohne Vorräte, deren Nutzung zeitlich begrenzt ist, sind die Anschaffungs- oder Herstellungskosten um planmäßige Abschreibungen zu vermindern. [2]Die planmäßige Abschreibung erfolgt grundsätzlich in gleichen Jahresraten über die Dauer, in der der Vermögensgegenstand voraussichtlich genutzt werden kann (lineare Abschreibung). [3]Ausnahmsweise ist eine Abschreibung mit fallenden Beträgen (degressive Abschreibung) oder nach Maßgabe der Leistungsabgabe (Leistungsabschreibung) zulässig, wenn dies dem Nutzungsverlauf wesentlich besser entspricht. [4]Maßgeblich ist die betriebsgewöhnliche Nutzungsdauer, die auf der Grundlage von Erfahrungswerten und unter Berücksichtigung von Beschaffenheit und Nutzung des Vermögensgegenstands zu bestimmen ist.

(2) [1]Für Vermögensgegenstände nach Absatz 1 ist im Jahr der Anschaffung oder Herstellung der für dieses Jahr anfallende Abschreibungsbetrag um jeweils ein Zwölftel für jeden vollen Monat zu vermindern, der dem Monat der Anschaffung oder Herstellung vorangeht. [2]Anschaffungs- oder Herstellungskosten für immaterielle Vermögensgegenstände und bewegliche Vermögensgegenstände des Sachvermögens unterhalb der Inventarisierungsgrenze des § 38 Absatz 4 können im Zusammenhang mit einer investiven Baumaßnahme gesondert als notwendige Erstausstattung aktiviert werden; ansonsten sind sie im Jahr der Anschaffung als ordentlicher Aufwand auszuweisen.

(3) [1]Ohne Rücksicht darauf, ob ihre Nutzung zeitlich begrenzt ist, sind bei Vermögensgegenständen im Falle einer voraussichtlich dauernden Wertminderung außerplanmäßige Abschreibungen vorzunehmen, um die Vermögensgegenstände mit dem niedrigeren Wert anzusetzen, der ihnen am Abschlussstichtag beizulegen ist. [2]Stellt sich in einem späteren Jahr heraus, dass die Gründe für die Abschreibung nicht mehr bestehen, ist der Betrag dieser Abschreibung im Umfang der Werterhöhung unter Berücksichtigung der Abschreibungen, die inzwischen vorzunehmen gewesen wären, zuzuschreiben.

9. Abschnitt

Jahresabschluss

§ 47 Allgemeine Grundsätze für die Gliederung. (1) [1]Die Form der Darstellung, insbesondere die Gliederung der aufeinanderfolgenden Ergebnisrechnungen, Bilanzen und Finanzrechnungen, ist beizubehalten, soweit nicht in Ausnahmefällen wegen besonderer Umstände Abweichungen erforderlich sind. [2]Die Abweichungen sind im Anhang anzugeben und zu begründen.

(2) [1]In der Ergebnisrechnung, der Bilanz und der Finanzrechnung ist zu jedem Posten der entsprechende Betrag des vorhergehenden Haushaltsjahres anzugeben. [2]Sind die Beträge nicht vergleichbar, so ist dies im Anhang anzugeben und zu erläutern. [3]Wird der Vorjahresbetrag angepasst, so ist auch dies im Anhang anzugeben und zu erläutern.

(3) Fällt ein Vermögensgegenstand oder eine Schuld unter mehrere Posten der Bilanz, so ist die Mitzugehörigkeit zu anderen Posten bei dem Posten, unter dem der Ausweis erfolgt ist, zu vermerken oder im Anhang anzugeben, wenn dies zur Aufstellung eines klaren und übersichtlichen Jahresabschlusses erforderlich ist.

(4) [1]Eine weitere Untergliederung der Posten ist zulässig; dabei ist jedoch die vorgeschriebene Gliederung zu beachten. [2]Neue Posten dürfen hinzugefügt werden, wenn ihr Inhalt nicht von einem vorgeschriebenen Posten gedeckt wird. [3]Die Ergänzung ist im Anhang anzugeben und zu begründen.

(5) Ein Posten der Ergebnisrechnung, Bilanz oder Finanzrechnung, der keinen Betrag ausweist, braucht nicht aufgeführt zu werden, es sei denn, dass im vorhergehenden Rechnungsjahr unter diesem Posten ein Betrag ausgewiesen wurde.

§ 48 Rechnungsabgrenzungsposten. (1) [1]Als Rechnungsabgrenzungsposten sind auf der Aktivseite vor dem Abschlussstichtag geleistete Ausgaben auszuweisen, soweit sie Aufwand für eine bestimmte Zeit nach diesem Tag darstellen. [2]Ferner darf ausgewiesen werden die als Aufwand berücksichtigte Umsatzsteuer auf am Abschlussstichtag auszuweisende oder von den Vorräten offen abgesetzte Anzahlungen.

(2) Auf der Passivseite sind als Rechnungsabgrenzungsposten vor dem Abschlussstichtag erhaltene Einnahmen auszuweisen, soweit sie Ertrag für eine bestimmte Zeit nach diesem Tag darstellen.

(3) [1]Ist der Rückzahlungsbetrag einer Schuld höher als der Auszahlungsbetrag, so darf der Unterschiedsbetrag auf der Aktivseite als Rechnungsabgrenzungsposten aufgenommen werden. [2]Der Unterschiedsbetrag ist durch planmäßige jährliche Abschreibungen zu tilgen, die auf die gesamte Laufzeit der Schuld verteilt werden können.

§ 49 Ergebnisrechnung. (1) [1]In der Ergebnisrechnung sind die Erträge und Aufwendungen gegenüberzustellen. [2]§ 2 Abs. 2 gilt entsprechend.

(2) Die Ergebnisrechnung ist in Staffelform mindestens in der Gliederung nach § 2 Abs. 1 Nummern 1 bis 24 aufzustellen.

(3) [1]Zur Ermittlung des Jahresergebnisses der Ergebnisrechnung sind die Gesamterträge und Gesamtaufwendungen gegenüberzustellen. [2]Im Jahresabschluss ist ein Überschuss beim ordentlichen Ergebnis der Rücklage aus Überschüssen des ordentlichen Ergebnisses, ein Überschuss beim Sonderergebnis

der Rücklage aus Überschüssen des Sonderergebnisses zuzuführen. [3]Für die Deckung von Fehlbeträgen beim ordentlichen Ergebnis und beim Sonderergebnis gilt § 25. [4]Die Behandlung von Überschüssen und Fehlbeträgen ist entsprechend § 2 Abs. 1 Nummern 25 bis 35 darzustellen; ergänzend ist als Nummer 36 die Umbuchung aus den Ergebnisrücklagen in das Basiskapital nach § 23 Satz 4 auszuweisen.

(4) Außerordentliche Erträge und Aufwendungen sind hinsichtlich ihres Betrags und ihrer Art im Anhang zu erläutern, soweit sie für die Beurteilung der Ertragslage nicht von untergeordneter Bedeutung sind.

§ 50 Finanzrechnung. In der Finanzrechnung sind die im Haushaltsjahr eingegangenen Einzahlungen und geleisteten Auszahlungen in Staffelform mindestens nach Nummern 1 bis 36 anhand der Gliederung des § 3 Nummern 1 bis 36 und darüber hinaus wie folgt auszuweisen:

haushaltsunwirksame Zahlungsvorgänge

37. haushaltsunwirksame Einzahlungen, unter anderem durchlaufende Finanzmittel, Rückzahlung von angelegten Kassenmitteln, Aufnahme von Kassenkrediten, und
38. haushaltsunwirksame Auszahlungen, unter anderem durchlaufende Finanzmittel, Anlegung von Kassenmitteln, Rückzahlung von Kassenkrediten;
39. der Überschuss oder Bedarf aus haushaltsunwirksamen Einzahlungen und Auszahlungen (Saldo aus Nummern 37 und 38);

Zahlungsmittelbestand

40. die Summe Anfangsbestand an Zahlungsmitteln und
41. die Veränderung des Bestands an Zahlungsmitteln (Summe aus Nummern 36 und 39);
42. der Endbestand an Zahlungsmitteln am Ende des Haushaltsjahres (Saldo aus den Summen Nummern 40 und 41);

nachrichtlich

43. der Bestand an inneren Darlehen zum Jahresende.

§ 51 Planvergleich. (1) In der Ergebnis- und Finanzrechnung des Gesamthaushalts und der Teilhaushalte sind die Erträge und Einzahlungen, die Aufwendungen und Auszahlungen nach Arten (§§ 2, 3 und 4) gegliedert auszuweisen.

(2) Für den Gesamthaushalt und für jeden Teilhaushalt sind die Planansätze den Werten der Ergebnis- und Finanzrechnung gegenüberzustellen.

§ 52 Bilanz. (1) Die Bilanz ist in Kontoform aufzustellen.

(2) In der Bilanz sind mindestens die in den Absätzen 3 und 4 bezeichneten Posten in der angegebenen Reihenfolge gesondert auszuweisen.

(3) Aktivseite:

1 Vermögen
1.1 Immaterielle Vermögensgegenstände;
1.2 Sachvermögen
1.2.1 Unbebaute Grundstücke und grundstücksgleiche Rechte,

1.2.2 Bebaute Grundstücke und grundstücksgleiche Rechte,
1.2.3 Infrastrukturvermögen,
1.2.4 Bauten auf fremden Grundstücken,
1.2.5 Kunstgegenstände, Kulturdenkmäler,
1.2.6 Maschinen und technische Anlagen, Fahrzeuge,
1.2.7 Betriebs- und Geschäftsausstattung,
1.2.8 Vorräte,
1.2.9 Geleistete Anzahlungen, Anlagen im Bau;
1.3 Finanzvermögen
1.3.1 Anteile an verbundenen Unternehmen,
1.3.2 Sonstige Beteiligungen und Kapitaleinlagen in Zweckverbänden oder anderen kommunalen Zusammenschlüssen,
1.3.3 Sondervermögen,
1.3.4 Ausleihungen,
1.3.5 Wertpapiere,
1.3.6 Öffentlich-rechtliche Forderungen, Forderungen aus Transferleistungen,
1.3.7 Privatrechtliche Forderungen,
1.3.8 Liquide Mittel;
2 Abgrenzungsposten
2.1 Aktive Rechnungsabgrenzungsposten,
2.2 Sonderposten für geleistete Investitionszuschüsse;
3 Nettoposition (nicht gedeckter Fehlbetrag).

(4) Passivseite:

1 Eigenkapital
1.1 Basiskapital;
1.2 Rücklagen
1.2.1 Rücklagen aus Überschüssen des ordentlichen Ergebnisses,
1.2.2 Rücklagen aus Überschüssen des Sonderergebnisses,
1.2.3 Zweckgebundene Rücklagen;
1.3 Fehlbeträge des ordentlichen Ergebnisses
1.3.1 Fehlbeträge aus Vorjahren,
1.3.2 Jahresfehlbetrag, soweit eine Deckung im Jahresabschluss durch Entnahme aus den Ergebnisrücklagen nicht möglich ist;
2 Sonderposten
2.1 für Investitionszuweisungen,
2.2 für Investitionsbeiträge,
2.3 für Sonstiges;
3 Rückstellungen
3.1 Lohn- und Gehaltsrückstellungen,
3.2 Unterhaltsvorschussrückstellungen,
3.3 Stilllegungs- und Nachsorgerückstellungen für Abfalldeponien,
3.4 Gebührenüberschussrückstellungen,
3.5 Altlastensanierungsrückstellungen,
3.6 Rückstellungen für drohende Verpflichtungen aus Bürgschaften und Gewährleistungen,

3.7 Sonstige Rückstellungen;
4 Verbindlichkeiten
4.1 Anleihen,
4.2 Verbindlichkeiten aus Kreditaufnahmen,
4.3 Verbindlichkeiten, die Kreditaufnahmen wirtschaftlich gleichkommen,
4.4 Verbindlichkeiten aus Lieferungen und Leistungen,
4.5 Verbindlichkeiten aus Transferleistungen,
4.6 Sonstige Verbindlichkeiten;
5 Passive Rechnungsabgrenzungsposten.

§ 53 Anhang. (1) In den Anhang sind diejenigen Angaben aufzunehmen, die zu den einzelnen Posten der Ergebnisrechnung, der Finanzrechnung und der Bilanz vorgeschrieben sind.

(2) Im Anhang sind ferner anzugeben

1. die auf die Posten der Ergebnisrechnung und der Bilanz angewandten Bilanzierungs- und Bewertungsmethoden,
2. Abweichungen von Bilanzierungs- und Bewertungsmethoden samt Begründung; deren Einfluss auf die Vermögens-, Finanz- und Ertragslage ist gesondert darzustellen,
3. Angaben über die Einbeziehung von Zinsen für Fremdkapital in die Herstellungskosten,
4. der auf die Gemeinde entfallende Anteil an den beim Kommunalen Versorgungsverband Baden-Württemberg auf Grund von § 27 Abs. 5 GKV gebildeten Pensionsrückstellungen,
5. die Entwicklung der Liquidität im Haushaltsjahr,
6. die in das folgende Haushaltsjahr übertragenen Ermächtigungen (Haushaltsübertragungen) sowie die nicht in Anspruch genommenen Kreditermächtigungen,
7. die unter der Bilanz aufzuführenden Vorbelastungen künftiger Haushaltsjahre (§ 42) und
8. der Bürgermeister, die Mitglieder des Gemeinderats und die Beigeordneten, auch wenn sie im Haushaltsjahr ausgeschieden sind, mit dem Familiennamen und mindestens einem ausgeschriebenen Vornamen.

§ 54 Rechenschaftsbericht. (1) [1]Im Rechenschaftsbericht sind der Verlauf der Haushaltswirtschaft und die wirtschaftliche Lage der Gemeinde unter dem Gesichtspunkt der Sicherung der stetigen Erfüllung der Aufgaben so darzustellen, dass ein den tatsächlichen Verhältnissen entsprechendes Bild vermittelt wird. [2]Dabei sind die wichtigsten Ergebnisse des Jahresabschlusses und erhebliche Abweichungen der Jahresergebnisse von den Haushaltsansätzen zu erläutern und eine Bewertung der Abschlussrechnungen vorzunehmen.

(2) Der Rechenschaftsbericht soll auch darstellen

1. die Ziele und Strategien,
2. Angaben über den Stand der kommunalen Aufgabenerfüllung,

3. Vorgänge von besonderer Bedeutung, die nach dem Schluss des Haushaltsjahres eingetreten sind,
4. zu erwartende positive Entwicklungen und mögliche Risiken von besonderer Bedeutung,
5. die Entwicklung und Deckung der Fehlbeträge und
6. die Entwicklung der verbindlich vorgegebenen Kennzahlen.

§ 55 Vermögensübersicht, Schuldenübersicht. (1) [1]In der Vermögensübersicht sind der Stand des Vermögens zu Beginn und zum Ende des Haushaltsjahres, die Zu- und Abgänge sowie die Zuschreibungen und Abschreibungen darzustellen. [2]Die Gliederung dieser Übersicht richtet sich nach dem Aktivposten 1 der Bilanz (§ 52 Abs. 3).

(2) [1]In der Schuldenübersicht sind die Schulden der Gemeinde nachzuweisen. [2]Anzugeben sind der Gesamtbetrag zu Beginn und Ende des Haushaltsjahres, die Tilgungsraten unterteilt in Zahlungsziele bis zu einem Jahr, von einem bis fünf Jahren und von mehr als fünf Jahren. [3]Die Schuldenübersicht ist wie der Passivposten 4 der Bilanz (§ 52 Abs. 4 Nr. 4.1 bis 4.3) zu gliedern.

10. Abschnitt

Kommunaler Gesamtabschluss

§ 56 Gesamtabschluss. (1) Der Gesamtabschluss besteht aus der konsolidierten Ergebnisrechnung und der konsolidierten Bilanz; die Vorschriften über den Jahresabschluss der Gemeinde sind entsprechend anzuwenden.

(2) Eine untergeordnete Bedeutung für die Befreiung von der Pflicht zur Aufstellung eines Gesamtabschlusses nach § 95 a Abs. 2 GemO liegt in der Regel vor, wenn bis zum Ende des Haushaltsjahres und zum Ende des Vorjahres die zusammengefassten Bilanzsummen der nach § 95 a Abs. 1 GemO in den Gesamtabschluss einzubeziehenden Organisations- und Rechtseinheiten 35 Prozent der in der jeweiligen Bilanz der Gemeinde ausgewiesenen Bilanzsumme nicht übersteigen.

§ 57 Kapitalflussrechnung. Auf die Kapitalflussrechnung findet der Deutsche Rechnungslegungsstandard Nr. 2 (DRS 2) zur Kapitalflussrechnung in der vom Bundesministerium der Justiz nach § 342 Abs. 2 des Handelsgesetzbuchs bekannt gemachten Form entsprechende Anwendung.

§ 58 Konsolidierungsbericht und Angaben zum nicht konsolidierten Beteiligungsbesitz. (1) Im Konsolidierungsbericht sind darzustellen

1. ein Gesamtüberblick, bestehend aus
   a) einer Darstellung der wirtschaftlichen und finanziellen Lage der Gemeinde, so dass ein den tatsächlichen Verhältnissen entsprechendes Gesamtbild unter dem Gesichtspunkt der stetigen Erfüllung der Aufgaben vermittelt wird,

b) Angaben über den Stand der Erfüllung des öffentlichen Zwecks der konsolidierten Organisationseinheiten und Vermögensmassen,
c) einer Bewertung des Gesamtabschlusses unter dem Gesichtspunkt der dauernden Leistungsfähigkeit und
d) den in § 105 Abs. 2 Satz 2 Nr. 1 und 3 GemO für den Beteiligungsbericht beschriebenen Mindestangaben,

2. Erläuterungen des Gesamtabschlusses, bestehend aus
a) Informationen zur Abgrenzung des Konsolidierungskreises und zu den angewandten Konsolidierungsmethoden,
b) Erläuterungen zu den einzelnen Positionen des Gesamtabschlusses sowie den Nebenrechnungen und
c) Einzelangaben zur Zusammensetzung globaler Abschlusspositionen und

3. ein Ausblick auf die künftige Entwicklung, insbesondere bestehend aus
a) Angaben über Vorgänge von besonderer Bedeutung, die nach dem Schluss der Konsolidierungsperiode eingetreten sind,
b) Angaben über die erwartete Entwicklung wesentlicher Rahmenbedingungen, insbesondere über die finanziellen und wirtschaftlichen Perspektiven und Risiken, und
c) Angaben über die wesentlichen Ziele und Strategien.

(2) Für die Angaben zum nicht konsolidierten Beteiligungsbesitz gilt § 105 GemO entsprechend.

11. Abschnitt

Übergangs- und Schlussvorschriften

§ 59 Bestimmungen für Sanierungs-, Entwicklungs- und Umlegungsmaßnahmen. (1) Sanierungs- und Entwicklungsmaßnahmen nach dem Baugesetzbuch (BauGB) sowie freiwillige Umlegungen zur Erschließung oder Neugestaltung bestimmter Gebiete im Geltungsbereich eines Bebauungsplans, für die vor der Umstellung der Haushaltswirtschaft nach § 64 Abs. 2 und 3 Sonderrechnungen nach § 50 der Gemeindehaushaltsverordnung vom 7. Februar 1973 (GBl. S. 33) in der zuletzt geltenden Fassung geführt werden, können in der bisherigen Form noch abgewickelt werden.

(2) [1]Für Sanierungs- und Entwicklungsmaßnahmen nach dem Baugesetzbuch, die nach der Umstellung der Haushaltswirtschaft nach § 64 Absatz 2 und 3 begonnen werden, können Sonderrechnungen nach den für den Gemeindehaushalt geltenden Vorschriften geführt werden. [2]Auf die Aufstellung eines Haushaltsplans und eines Finanzplans kann verzichtet werden, wenn eine vollständige Kosten- und Finanzierungsübersicht nach § 149 BauGB aufgestellt und jährlich fortgeschrieben wird. [3]Ein absehbarer Fehlbetrag zum Ende der Maßnahme soll jährlich anteilig aus dem Kernhaushalt abgedeckt werden.

§ 60 Sondervermögen, Treuhandvermögen. (1) [1]Für Sondervermögen und Treuhandvermögen, auf die die Vorschriften über die Wirtschaftsführung und das Rechnungswesen des Eigenbetriebs angewendet werden, gelten die §§ 11, 12, 14, 27 und 31 bis 33 entsprechend. [2]Für die anderen Sondervermögen und Treuhandvermögen gilt diese Verordnung entsprechend, soweit nicht durch Gesetz oder auf Grund eines Gesetzes etwas anderes bestimmt ist.

(2) [1]Sondervermögen und Treuhandvermögen werden von der Pflicht zur Finanzplanung (§ 85 GemO) freigestellt. [2]Die Vorschriften über die Wirtschaftsführung und das Rechnungswesen des Eigenbetriebs bleiben unberührt.

§ 61 Begriffsbestimmungen. Bei der Anwendung dieser Verordnung sind die nachfolgenden Begriffe zu Grunde zu legen:

1. Abschreibungen:
   Betrag, der bei abnutzbaren Vermögensgegenständen die eingetretenen Wertminderungen erfasst und als Aufwand angesetzt wird;
2. Aufwendungen:
   zahlungs- und nichtzahlungswirksamer Verbrauch von Gütern und Dienstleistungen (Ressourcenverbrauch) eines Haushaltsjahres;
3. Auszahlungen:
   Barzahlungen und bargeldlose Zahlungen, die die liquiden Mittel vermindern;
4. außerordentliche Erträge und Aufwendungen:
   außerhalb der gewöhnlichen Verwaltungstätigkeit anfallende Erträge und Aufwendungen, insbesondere Gewinne und Verluste aus Vermögensveräußerung, soweit sie nicht von untergeordneter Bedeutung sind, zum Beispiel ungewöhnlich hohe Spenden, Schenkungen, Erträge und Aufwendungen im Zusammenhang mit Naturkatastrophen oder außergewöhnlichen Schadensereignissen;
5. außerplanmäßige Aufwendungen oder Auszahlungen:
   Aufwendungen oder Auszahlungen, für die im Haushaltsplan keine Ermächtigungen veranschlagt und keine aus den Vorjahren übertragenen Ermächtigungen (Haushaltsübertragungen) verfügbar sind;
6. Basiskapital:
   die sich in der Bilanz ergebende Differenz zwischen Vermögen und Abgrenzungsposten der Aktivseite sowie Rücklagen, Sonderposten, Rückstellungen, Verbindlichkeiten und Rechnungsabgrenzungsposten der Passivseite der Bilanz;
7. Baumaßnahmen:
   Neu-, Erweiterungs- und Umbauten sowie die Instandsetzung von Bauten, soweit sie nicht der Unterhaltung baulicher Anlagen dient;
8. Bilanz:
   Abschluss des Rechnungswesens für ein Haushaltsjahr in Form einer Gegenüberstellung von Vermögen (Aktiva) und Kapital (Passiva) zu einem bestimmten Stichtag;
9. Buchführung:
   lückenlose, betragsmäßige Aufzeichnung der Geschäftsvorfälle;

10. Budget:
im Haushaltsplan für einen abgegrenzten Aufgabenbereich veranschlagte Personal- und Sachmittel (Ermächtigungen) und Haushaltsübertragungen, die dem zuständigen Verantwortungsbereich zur Bewirtschaftung im Rahmen vorgegebener Leistungsziele zugewiesen sind;
11. durchlaufende Finanzmittel:
Zahlungen, die für einen Dritten lediglich eingenommen und ausgegeben werden (§ 15 Abs. 2);
12. Einzahlungen:
Barzahlungen und bargeldlose Zahlungen, die die liquiden Mittel erhöhen;
13. Erlass:
Verzicht auf einen Anspruch;
14. Erträge:
zahlungs- und nichtzahlungswirksamer Wertzuwachs (Ressourcenaufkommen) eines Haushaltsjahres;
15. Fehlbetrag:
Unterschiedsbetrag, um den die ordentlichen und außerordentlichen Aufwendungen im Ergebnishaushalt oder im Jahresabschluss der Ergebnisrechnung höher sind als die ordentlichen und außerordentlichen Erträge;
16. fremde Finanzmittel:
die in § 15 genannten Beträge;
17. Hauptbuch:
Darstellung der Buchungen des externen Rechnungswesens nach sachlichen Ordnungskriterien innerhalb eines Haushaltsjahres;
18. Haushaltsübertragungen:
Ansätze für Aufwendungen und Auszahlungen, die in das folgende Jahr übertragen werden;
19. Haushaltsvermerke:
einschränkende oder erweiternde Bestimmungen zu Ansätzen des Haushaltsplans (zum Beispiel Vermerke über Deckungsfähigkeit, Übertragbarkeit, Zweckbindung, Sperrvermerke);
20. innere Darlehen:
vorübergehende Inanspruchnahme von liquiden Mitteln aus Rückstellungen nach § 41 Absatz 1 Nummer 3 als Finanzierungsmittel für Investitionen und Investitionsförderungsmaßnahmen;
21. Investitionen:
Auszahlungen für die Veränderung des Vermögens (immaterielles Vermögen, Sachvermögen einschließlich aktivierter Eigenleistungen, ohne geringwertige bewegliche und immaterielle Vermögensgegenstände nach § 38 Absatz 4 außer in Fällen des § 46 Absatz 2 Satz 2 Halbsatz 1 und Finanzvermögen ohne Anlagen von Kassenmitteln), das der langfristigen Aufgabenerfüllung dient;
22. Investitionsförderungsmaßnahmen:
Zuweisungen, Zuschüsse, Darlehen und Ausleihungen für Investitionen Dritter und für Investitionen der Sondervermögen mit Sonderrechnung;

23. Journal:
Darstellung der Buchungen des externen Rechnungswesens in zeitlicher Reihenfolge innerhalb eines Haushaltsjahres;
24. Kassenkredite:
kurzfristige Kredite zur Überbrückung des verzögerten oder späteren Eingangs von Deckungsmitteln, soweit keine anderen liquiden Mittel eingesetzt werden können;
25. Konsolidierung:
Zusammenfassung der Jahresabschlüsse der Gemeinde und der in § 95 a GemO genannten Aufgabenträger zu einem Gesamtabschluss;
26. Kontenplan:
die auf der Grundlage des Kontenrahmens aufgestellte örtliche Gliederung der Buchungskonten (§ 35 Abs. 4 Satz 3);
27. Kontenrahmen:
die für die sachliche Gliederung der Buchungen im Hauptbuch (§ 36) empfohlene oder vorgegebene (§ 145 Satz 1 Nr. 5 GemO) Mindestgliederung der Buchungskonten;
28. Kredite:
die unter der Verpflichtung zur Rückzahlung von Dritten oder von Sondervermögen mit Sonderrechnung aufgenommenen Finanzierungsmittel mit Ausnahme der Kassenkredite;
29. Leistung:
bewertbares Arbeitsergebnis einer Verwaltungseinheit, das zur Aufgabenerfüllung im Haushaltsjahr erzeugt wird;
30. Leistungsziele:
angestrebter Stand an Leistungen am Ende eines bestimmten Zeitraums, der durch quantitative und qualitative Größen beschrieben wird;
31. Niederschlagung:
die befristete oder unbefristete Zurückstellung der Weiterverfolgung eines fälligen Anspruchs der Gemeinde ohne Verzicht auf den Anspruch selbst;
32. ordentliche Erträge und Aufwendungen:
Erträge und Aufwendungen, die innerhalb der gewöhnlichen Verwaltungstätigkeit anfallen, soweit sie nicht den außerordentlichen Erträgen und Aufwendungen zuzuordnen sind;
33. Produkt:
Leistung oder Gruppe von Leistungen, die für Stellen außerhalb einer Verwaltungseinheit erbracht werden;
34. Produktgruppe:
Zusammenfassung von inhaltlich zusammengehörenden Produkten innerhalb der Produkthierarchie;
35. Produktbereich:
Zusammenfassung von inhaltlich zusammengehörenden Produktgruppen innerhalb der Produkthierarchie;
36. Rechnungsabgrenzungsposten:
Bilanzpositionen, die der zeitlichen Rechnungsabgrenzung dienen:

a) Ausgaben vor dem Abschlussstichtag sind auf der Aktivseite auszuweisen, soweit sie Aufwand für eine bestimmte Zeit nach diesem Tag darstellen (aktiver Rechnungsabgrenzungsposten),
b) Einnahmen vor dem Abschlussstichtag sind auf der Passivseite auszuweisen, wenn sie Ertrag für eine bestimmte Zeit nach diesem Tag darstellen (passiver Rechnungsabgrenzungsposten);

37. Schlüsselposition:
wesentliche, für die Steuerung relevante Position in einem Teilhaushalt, zum Beispiel ein Produkt, eine Produktgruppe oder ein Produktbereich, eine Leistung oder eine Organisationseinheit;
38. Schulden:
Rückzahlungsverpflichtungen (Verbindlichkeiten) aus Anleihen, Kreditaufnahmen und ihnen wirtschaftlich gleichkommenden Vorgängen sowie aus der Aufnahme von Kassenkrediten (§ 52 Abs. 4 Nr. 4.1 bis 4.3);
39. Tilgung von Krediten:
a) ordentliche Tilgung:
die Leistung des im Haushaltsjahr zurückzuzahlenden Betrags bis zu der in den Rückzahlungsbedingungen festgelegten Mindesthöhe,
b) außerordentliche Tilgung:
die über die ordentliche Tilgung hinausgehende Rückzahlung einschließlich Umschuldung;
40. Transfererträge und -aufwendungen:
Erträge und Aufwendungen ohne unmittelbar damit zusammenhängende Gegenleistung;
41. überplanmäßige Aufwendungen oder Auszahlungen:
Aufwendungen oder Auszahlungen, die die im Haushaltsplan veranschlagten Beträge und die aus den Vorjahren übertragenen Ermächtigungen (Haushaltsübertragungen) übersteigen;
42. Überschuss:
Unterschiedsbetrag, um den die ordentlichen und außerordentlichen Erträge im Ergebnishaushalt oder im Jahresabschluss der Ergebnisrechnung die ordentlichen und außerordentlichen Aufwendungen übersteigen;
43. Umschuldung:
die Ablösung von Krediten durch andere Kredite;
44. Verfügungsmittel:
Beträge, die dem Bürgermeister oder dem Ortsvorsteher für dienstliche Zwecke, für die keine Aufwendungen veranschlagt sind, zur Verfügung stehen;
45. Vorjahr:
das dem Haushaltsjahr vorangehende Jahr.

§ 62 Erstmalige Bewertung, Eröffnungsbilanz. (1) [1]In der Eröffnungsbilanz nach Artikel 13 Abs. 5 des Gesetzes zur Reform des Gemeindehaushaltsrechts vom 4. Mai 2009 sind die zum Stichtag der Aufstellung vorhandenen Vermögensgegenstände mit den Anschaffungs- oder Herstellungskosten, vermindert um Abschreibungen nach § 46, anzusetzen. [2]Die Vermögensgegenstände dürfen auch mit Werten angesetzt werden, die vor dem Stichtag für die Aufstellung der Eröffnungsbilanz in Anlagenachweisen nach § 38 der Gemeindehaushaltsverordnung vom 7. Februar 1973 (GBl. S. 33) in der zuletzt geltenden Fassung oder in einer Vermögensrechnung nach der Verwaltungsvorschrift des Innenministeriums zur Vermögensrechnung nach § 43 GemHVO vom 31. Oktober 2001 (GABl. S.1108) nachgewiesen sind. [3]Der Grundsatz der Einzelbewertung (§ 43 Absatz 1 Nummer 2) ist hierbei zu beachten. [4]Bei beweglichen und immateriellen Vermögensgegenständen, deren Anschaffung oder Herstellung länger als sechs Jahre vor dem Stichtag für die Eröffnungsbilanz zurückliegt, kann von einer Inventarisierung und Aufnahme in die Bilanz abgesehen werden.

(2) [1]Abweichend von Absatz 1 können für Vermögensgegenstände, die mehr als sechs Jahre vor dem Stichtag der Eröffnungsbilanz angeschafft oder hergestellt wurden, den Preisverhältnissen zum Anschaffungs- oder Herstellungszeitpunkt entsprechende Erfahrungswerte angesetzt werden, vermindert um Abschreibungen nach § 46. [2]Dabei können fiktive Anschaffungs- oder Herstellungszeitpunkte auf der Basis des aktuellen Zustands des Vermögensgegenstands und der danach geschätzten Restnutzungsdauer angesetzt werden.

(3) Für Vermögensgegenstände, die vor dem 31. Dezember 1974 angeschafft oder hergestellt worden sind, können abweichend von Absatz 1 und 2 den Preisverhältnissen zum 1. Januar 1974 entsprechende Erfahrungswerte angesetzt werden, vermindert um Abschreibungen nach § 46.

(4) [1]Bei Grundstücken, insbesondere bei landwirtschaftlich genutzten Grundstücken, Grünflächen und Straßengrundstücken können örtliche Durchschnittswerte angesetzt werden. [2]Außer bei Grünflächen und Straßengrundstücken können für den Wert von Grund und Boden von Grundstücken, die dauerhaft einer öffentlichen Zweckbestimmung dienen, vom Wert von Grund und Boden umliegender Grundstücke Abschläge bis zur Hälfte des Werts vorgenommen werden. [3]Bei der Bewertung von Straßen können die Erfahrungswerte für die einzelnen Straßenarten auf der Grundlage örtlicher Durchschnittswerte ermittelt werden oder Pauschalwerte nach bekanntgemachten Bewertungsvorgaben je Straßenart angesetzt werden. [4]Bei Waldflächen können

1. für den Aufwuchs zwischen 7200 und 8200 Euro je Hektar und
2. für die Grundstücksfläche 2600 Euro je Hektar

angesetzt werden.

(5) Als Wert von Beteiligungen und Sondervermögen ist, wenn die Ermittlung der tatsächlichen Anschaffungskosten einen unverhältnismäßigen Aufwand verursachen würde, das anteilige Eigenkapital anzusetzen.

(6) [1]Für Sonderposten für erhaltene Investitionszuweisungen und -beiträge nach § 52 Abs. 4 Nr. 2 gelten die Absätze 1 bis 3 entsprechend. [2]Bei Bewertung von Vermögensgegenständen nach Erfahrungs- oder Pauschalwerten sollen die korrespondierenden Sonderposten ebenfalls nach Erfahrungs- oder Pauschal-

werten ermittelt werden. [3]Auf den Ansatz geleisteter Investitionszuschüsse nach § 52 Abs. 3 Nr. 2.2 in der Eröffnungsbilanz kann verzichtet werden; soweit ein Ansatz erfolgt, gelten die Absätze 1 bis 3 entsprechend.

(7) Die in der Eröffnungsbilanz nach den Absätzen 2 bis 6 angesetzten Werte für die Vermögensgegenstände gelten für die künftigen Haushaltsjahre als Anschaffungs- oder Herstellungskosten.

§ 63 Berichtigung der erstmaligen Erfassung und Bewertung. (1) Soweit bei der erstmaligen Erfassung und Bewertung in der Eröffnungsbilanz

1. Vermögensgegenstände oder Sonderposten nicht oder mit einem zu niedrigen Wert oder Sonderposten oder Schulden zu Unrecht oder mit einem zu hohen Wert angesetzt worden sind oder
2. Vermögensgegenstände oder Sonderposten zu Unrecht oder mit einem zu hohen Wert oder Sonderposten oder Schulden nicht oder mit einem zu geringen Wert angesetzt worden sind,

so ist in der späteren Bilanz der unterlassene Ansatz nachzuholen oder der Wertansatz zu berichtigen (Berichtigungen), wenn es sich um einen wesentlichen Betrag handelt; dies gilt auch, wenn die Vermögensgegenstände oder Schulden am Bilanzstichtag nicht mehr vorhanden sind, jedoch nur für den auf die Vermögensänderung folgenden Jahresabschluss.

(2) [1]Der Gewinn und Verlust aus Berichtigungen ist mit dem Basiskapital zu verrechnen. [2]Die Berichtigungen sind im Anhang der betroffenen Bilanz zu erläutern. [3]Auf Grund einer nachträglichen Ausübung von Wahlrechten oder Ermessensspielräumen sind Berichtigungen nicht zulässig.

(3) [1]Berichtigungen können letztmals im dritten der überörtlichen Prüfung der Eröffnungsbilanz folgenden Jahresabschluss vorgenommen werden. [2]Vorherige Jahresabschlüsse sind nicht zu berichtigen.

§ 64 Inkrafttreten, Übergangszeit. (1) [1]Diese Verordnung tritt am 1. Januar 2010 in Kraft. [2]Gleichzeitig tritt die Gemeindehaushaltsverordnung vom 7. Februar 1973 (GBl. S. 33), zuletzt geändert durch Verordnung vom 10. Juli 2001 (GBl. S. 466), außer Kraft.

(2) [1]Diese Verordnung ist spätestens für die Haushaltswirtschaft ab dem Haushaltsjahr 2020 anzuwenden. [2]Bis dahin gilt die Gemeindehaushaltsverordnung vom 7. Februar 1973 (GBl. S. 33), zuletzt geändert durch Verordnung vom 10. Juli 2001 (GBl. S. 466), weiter. [3]Die Bestimmungen des Abschnitts 10 über den Kommunalen Gesamtabschluss (§§ 56 bis 58) sind spätestens ab dem Haushaltsjahr 2022 anzuwenden. [4]Für die befristete Weitergeltung von Ausnahmegenehmigungen nach dem bisherigen § 49 GemHVO und ihre Verlängerung gilt Artikel 13 Abs. 3 des Gesetzes zur Reform des Gemeindehaushaltsrechts vom 4. Mai 2009 entsprechend.

(3) [1]Die Gemeinde kann nach Artikel 13 Abs. 4 des Gesetzes zur Reform des Gemeindehaushaltsrechts vom 4. Mai 2009 beschließen, ihr Haushalts- und Rechnungswesen bereits vor dem Haushaltsjahr 2020 auf die Kommunale

Doppik umzustellen. [2]In diesem Fall ist diese Verordnung ab dem von der Gemeinde bestimmten Haushaltsjahr anzuwenden.

(4) [1]§§ 1 bis 5 in der am 21. Mai 2016 geltenden Fassung sind ab der nächsten zu beschließenden Haushaltssatzung anzuwenden. [2]Zweckgebundene Rücklagen, die nach § 23 Satz 2 bleibt unberührt.

Verordnung des Innenministeriums über die Kassenführung der Gemeinden (Gemeindekassenverordnung – GemKVO)

vom 11. Dezember 2009 (GBl. 791),
zuletzt geändert durch Gesetz vom 17. Dezember 2015 (GBl. 1191)

Auf Grund von § 144 Satz 1 Nr. 23 der Gemeindeordnung (GemO) wird verordnet:

INHALTSÜBERSICHT

1. Abschnitt

Aufgaben und Organisation der Gemeindekasse

§ 1 Aufgaben der Gemeindekasse. (1) [1]Zu den Kassengeschäften, die die Gemeindekasse nach § 93 Abs. 1 Satz 1 GemO zu erledigen hat, gehören

1. die Annahme der Einzahlungen und die Leistung der Auszahlungen,
2. die Verwaltung der Kassenmittel,
3. die Verwahrung von Wertgegenständen,
4. die Buchführung einschließlich der Sammlung der Belege, soweit nicht nach Absatz 2 oder § 93 Abs. 1 Satz 2 GemO eine andere Stelle damit beauftragt ist.

[2]Der Gemeindekasse obliegen außerdem die Mahnung, Beitreibung und Einleitung der Zwangsvollstreckung (zwangsweise Einziehung), die Festsetzung, Stundung, Niederschlagung und der Erlass von Mahngebühren, Vollstreckungskosten und Nebenforderungen (Zinsen und Säumniszuschläge), soweit in anderen Vorschriften nichts anderes bestimmt oder nicht eine andere Stelle damit beauftragt ist.

(2) Der Bürgermeister kann die Erledigung von Buchführungsgeschäften mit Ausnahme der Buchung der Zahlungen und der Führung des Tagesabschlussbuchs durch andere Stellen der Gemeinde außerhalb der Gemeindekasse zulassen, wenn dies der Verwaltungsvereinfachung dient und eine ordnungsgemäße Aufgabenerledigung gewährleistet ist.

(3) Die Festsetzung, Stundung, Niederschlagung und der Erlass von Mahngebühren, Vollstreckungskosten und Nebenforderungen (Zinsen und Säumniszuschläge) sollen nur von solchen Bediensteten der Gemeindekasse vorgenommen werden, die nicht selbst Einzahlungen annehmen oder Auszahlungen leisten.

(4) Der Gemeindekasse können weitere Aufgaben übertragen werden, soweit Vorschriften der Gemeindeordnung und dieser Verordnung nicht entgegenstehen und die Erledigung der Aufgaben nach Absatz 1 nicht beeinträchtigt wird.

§ 2 Fremde Kassengeschäfte. (1) [1]Die Gemeindekasse darf Aufgaben nach § 1 Abs. 1 für andere (fremde Kassengeschäfte) nur erledigen, wenn dies durch Gesetz oder auf Grund eines Gesetzes bestimmt oder durch den Bürgermeister angeordnet ist. [2]Eine Anordnung ist unbeschadet von § 1 Abs. 4 nur zulässig, wenn dies im Interesse der Gemeinde liegt und gewährleistet ist, dass die fremden Kassengeschäfte bei der Prüfung der Gemeindekasse mitgeprüft werden können.

(2) Die Vorschriften dieser Verordnung gelten für die Erledigung fremder Kassengeschäfte entsprechend, soweit nicht durch Gesetz oder auf Grund eines Gesetzes etwas anderes bestimmt ist.

§ 3 Zahlstellen. [1]Zur Erledigung von Kassengeschäften können Zahlstellen als Teile der Gemeindekasse eingerichtet werden; in ihrem Zuständigkeitsbereich können ihnen alle oder einzelne Aufgaben nach § 1 übertragen werden. [2]Der Bürgermeister regelt die Aufgaben der einzelnen Zahlstellen. [3]Er hat auch die erforderlichen Maßnahmen für eine ordnungsgemäße und sichere Verwaltung der Wechselgeldvorschüsse zu treffen.

§ 4 Handvorschüsse. [1]Zur Leistung geringfügiger Zahlungen, die regelmäßig anfallen, oder als Wechselgeld können einzelnen Dienststellen oder einzelnen Bediensteten Handvorschüsse in bar oder mittels elektronischer Geldbörse gewährt werden. [2]Der Bestand von Geldwechselautomaten ist wie ein Handvorschuss zu behandeln. [3]Wenn kein anderer Zeitpunkt bestimmt wird, ist über die Handvorschüsse monatlich, spätestens zum Jahresabschluss abzurechnen. [4]Der Bürgermeister hat die erforderlichen Maßnahmen für eine ordnungsgemäße und sichere Verwaltung der Handvorschüsse zu treffen.

§ 5 Einrichtung und Geschäftsgang der Gemeindekasse. (1) Die Gemeindekasse ist so einzurichten, dass

1. sie ihre Aufgaben ordnungsgemäß und wirtschaftlich erledigen kann,
2. für die Sicherheit der Bediensteten gegen Überfälle angemessen gesorgt ist,
3. die Datenverarbeitungssysteme, Automaten für den Zahlungsverkehr und andere technische Hilfsmittel nicht unbefugt benutzt werden können und
4. die Zahlungsmittel, die zu verwahrenden Gegenstände, die Bücher und Belege sicher aufbewahrt werden können.

(2) Buchführung und Zahlungsverkehr sollen nicht von denselben Bediensteten wahrgenommen werden.

(3) Ist die Gemeindekasse ständig mit mehr als einem Bediensteten besetzt, sind Überweisungsaufträge, Abbuchungsaufträge und -vollmachten und Schecks von zwei Bediensteten zu unterzeichnen.

(4) [1]Sendungen, die an die Gemeindekasse gerichtet sind, sind ihr ungeöffnet zuzuleiten. [2]Zahlungsmittel und Wertsendungen, die bei einer anderen Dienststelle der Gemeinde eingehen, sind unverzüglich an die Gemeindekasse weiterzuleiten.

§ 6 Automatisierte Verfahren. Werden für die Bewirtschaftung von Aufwendungen und Auszahlungen sowie Erträgen und Einzahlungen, die Ermittlung von Ansprüchen und Zahlungsverpflichtungen, die Abwicklung des Zahlungsverkehrs und die Aufbewahrung der Bücher und Belege automatisierte Verfahren eingesetzt, gilt § 35 Abs. 5 und 6 der Gemeindehaushaltsverordnung (GemHVO) vom 11. Dezember 2009 in der jeweiligen Fassung entsprechend.

2. Abschnitt

Kassenanordnungen

§ 7 Allgemeines. (1) [1]Die Gemeindekasse darf, wenn in dieser Verordnung nichts anderes bestimmt ist, nur auf Grund einer schriftlichen oder bei automatisierten Verfahren auf elektronischem Weg übermittelten Anordnung (Kassenanordnung)

1. Einzahlungen annehmen oder Auszahlungen leisten und die damit verbundenen Buchungen vornehmen (Zahlungsanordnung; Annahmeanordnung oder Auszahlungsanordnung),
2. Buchungen vornehmen, die das Ergebnis in den Büchern ändern und die sich nicht in Verbindung mit einer Zahlung ergeben (Buchungsanordnung), und
3. Gegenstände zur Verwahrung annehmen oder verwahrte Gegenstände ausliefern und die damit verbundenen Buchungen vornehmen (Einlieferungs- oder Auslieferungsanordnung).

[2]Eine Kassenanordnung, die in der Form nicht den Vorschriften entspricht, darf erst ausgeführt werden, wenn die anordnende Stelle sie berichtigt hat. [3]Gibt der Inhalt einer Kassenanordnung zu Bedenken Anlass, darf sie nur ausgeführt werden, wenn die anordnende Stelle sie aufrechterhält.

(2) [1]Der Bürgermeister regelt die Befugnis, Kassenanordnungen zu erteilen. [2]Die Namen der Bediensteten, die Anordnungen erteilen dürfen, sowie Form und Umfang der Anordnungsbefugnis sind der Gemeindekasse mitzuteilen. [3]Wer die sachliche und rechnerische Feststellung nach § 11 trifft, soll nicht auch die Zahlungsanordnung erteilen. [4]Bedienstete der Gemeindekasse sollen Kassenanordnungen nicht vorbereiten, sie dürfen keine Kassenanordnungen erteilen.

(3) Der Bürgermeister kann folgende Sonderregelungen treffen, wenn dies der Verwaltungsvereinfachung dient und eine ordnungsgemäße Aufgabenerledigung gewährleistet ist:

1. Beschränkung des Erfordernisses einer Kassenanordnung auf die zahlungswirksamen Buchungen (Zahlungsanordnung; Annahmeanordnung oder Auszahlungsanordnung) und die Prozesse der Ein- und Auslieferung von Gegenständen (Einlieferungs- oder Auslieferungsanordnung); § 36 Abs. 4 GemHVO bleibt unberührt.
2. Verzicht auf die personelle Trennung der Anordnungsbefugnis und der Befugnis zur Erledigung der Buchführungsgeschäfte in den Fällen von § 1 Abs. 2 und 3.

§ 8 Zahlungsanordnung. (1) [1]Die Zahlungsanordnung muss enthalten

1. den anzunehmenden oder auszuzahlenden Betrag,
2. den Grund der Zahlung,
3. den Zahlungspflichtigen oder Empfangsberechtigten,
4. den Fälligkeitstag,

5. die Buchungsstelle oder ein Merkmal, welches eine eindeutige Verbindung zur sachlichen Buchung herstellt, und das Haushaltsjahr,
6. bei über- und außerplanmäßigen Aufwendungen oder Auszahlungen die Bestätigung des Bewirtschaftungsbefugten über das Vorliegen der haushaltsrechtlichen Voraussetzungen,
7. die Bestätigung, dass die sachliche und rechnerische Feststellung nach § 11 vorliegt,
8. das Datum der Anordnung und
9. die Unterschrift des Anordnungsberechtigten.

[2]Die Bestätigung nach Satz 1 Nr. 7 entfällt, wenn die sachliche und rechnerische Feststellung (§ 11) mit der Zahlungsanordnung verbunden ist.

(2) Zahlungsanordnungen sind unverzüglich zu erteilen, sobald die Verpflichtung zur Leistung, der Zahlungspflichtige oder Empfangsberechtigte, der Betrag und die Fälligkeit feststehen.

§ 9 Allgemeine Zahlungsanordnung. (1) [1]Eine allgemeine Zahlungsanordnung kann sich auf die Angaben nach § 8 Abs. 1 Satz 1 Nr. 2, 5, 8 und 9 beschränken. [2]Sie ist zulässig für

1. Einzahlungen, die dem Grunde nach häufig anfallen, ohne dass die Zahlungspflichtigen oder die Höhe vorher feststehen,
2. regelmäßig wiederkehrende Auszahlungen, für die der Zahlungsgrund und die Empfangsberechtigten, nicht aber die Höhe für die einzelnen Fälligkeitstermine feststehen,
3. geringfügige Auszahlungen, für die sofortige Barzahlung üblich ist, und
4. Auszahlungen von Gebühren, Zinsen und ähnliche Kosten, die bei der Erledigung der Aufgaben der Gemeindekasse anfallen.

(2) Der Bürgermeister kann für Einzahlungen, die nach Rechtsvorschriften oder allgemeinen Tarifen erhoben werden, eine allgemeine Zahlungsanordnung zulassen, wenn gewährleistet ist, dass die Gemeindekasse rechtzeitig vor den Fälligkeitstagen die Unterlagen über die anzunehmenden Beträge erhält.

§ 10 Ausnahmen vom Erfordernis der Zahlungsanordnung. (1) [1]Ist für die Gemeindekasse zu erkennen, dass sie empfangsberechtigt ist, hat sie Einzahlungen auch ohne Annahmeanordnung anzunehmen und zu buchen. [2]Die Annahmeanordnung ist unverzüglich einzuholen.

(2) Ohne Annahmeanordnung dürfen angenommen und gebucht werden

1. Kassenmittel, die die Gemeindekasse von einer anderen Stelle für Auszahlungen für Rechnung dieser Stelle erhält,
2. Einzahlungen, die irrtümlich bei der Gemeindekasse eingehen und nach Absatz 3 Nr. 2 zurückgezahlt oder weitergeleitet werden und
3. Einnahmen, die die Gemeindekasse nach § 1 Abs. 1 Satz 2 selbst festsetzt.

(3) Ohne Auszahlungsanordnung dürfen ausgezahlt und gebucht werden

1. die an eine andere Stelle abzuführenden Mittel, die für deren Rechnung angenommen wurden und

2. irrtümlich eingezahlte Beträge, die an den Einzahler zurückgezahlt oder an den Empfangsberechtigten weitergeleitet werden.

§ 11 Sachliche und rechnerische Feststellung. (1) [1]Jeder Anspruch und jede Zahlungsverpflichtung sind auf ihren Grund und ihre Höhe zu prüfen. [2]Die Richtigkeit ist schriftlich zu bescheinigen (sachliche und rechnerische Feststellung). [3]In den Fällen von § 10 Abs. 2 Nr. 1 und 2 und Abs. 3 entfällt eine sachliche und rechnerische Feststellung.

(2) [1]Bedarf es einer Zahlungsanordnung nach § 8, ist die sachliche und rechnerische Feststellung vor Erteilung der Anordnung zu treffen. [2]Sonst ist die Feststellung nach Eingang oder Leistung der Zahlung unverzüglich nachzuholen. [3]Die anordnungsberechtigte Stelle hat der Gemeindekasse schriftlich oder bei automatisierten Verfahren auf elektronischem Weg eine Bestätigung über die Feststellung zu übermitteln.

(3) [1]Der Bürgermeister regelt Näheres über die Befugnis für die sachliche und rechnerische Feststellung. [2]Bediensteten der Gemeindekasse darf die Feststellungsbefugnis nur erteilt werden, wenn und soweit der Sachverhalt nur von ihnen beurteilt werden kann.

(4) Je nach Art des automatisierten Anordnungs- und Feststellungsverfahrens ist anstelle der Feststellung nach Absatz 2 zu bescheinigen, dass die dem Verfahren zu Grunde gelegten Daten sachlich und rechnerisch richtig und vollständig ermittelt, erfasst und mit den gültigen Programmen ordnungsgemäß verarbeitet wurden und die Datenausgabe vollständig und richtig ist.

3. Abschnitt

Zahlungsverkehr

§ 12 Allgemeines. (1) Der Zahlungsverkehr ist nach Möglichkeit unbar abzuwickeln.

(2) [1]Zahlungsmittel dürfen nur in den Räumen der Gemeindekasse und nur von den damit beauftragten Bediensteten angenommen oder ausgehändigt werden. [2]Außerhalb dieser Räume dürfen Zahlungsmittel nur von hierfür vom Bürgermeister ermächtigten Personen oder durch ausreichend gesicherte Automaten angenommen oder ausgehändigt werden.

(3) Die Gemeindekasse darf einem Bediensteten der Gemeinde keine Zahlungsmittel zur Weitergabe an andere aushändigen, es sei denn, dass die Weitergabe der Zahlungsmittel zum Dienstauftrag des Bediensteten gehört oder er die Zahlungsmittel als gesetzlicher Vertreter oder als Bevollmächtigter in Empfang nehmen kann.

§ 13 Schecks, Wechsel, Debitkarten und Kreditkarten. (1) [1]Neben den gesetzlichen Zahlungsmitteln dürfen Einzahlungen mittels elektronischen Geldbörsen, Debitkarten, Kreditkarten oder Schecks entgegengenommen werden. [2]Bei Debitkarten soll eine Einlösungsgarantie bestehen.

(2) [1]Wechsel dürfen nur als Sicherheit entgegengenommen werden. [2]Der Bürgermeister kann in bestimmten Fällen, in denen es im Interesse der Gemeinde liegt oder verkehrsüblich ist, die Entgegennahme zahlungshalber unter der Voraussetzung zulassen, dass der Anspruch der Gemeinde dadurch nicht gefährdet wird.

(3) [1]Auszahlungen dürfen nicht durch Wechsel sowie nicht mittels Debitkarten oder Kreditkarten geleistet werden. [2]Der Bürgermeister kann in bestimmten Fällen, in denen es im Interesse der Gemeinde liegt und verkehrsüblich ist, unter Wahrung der Grundsätze der Einheitskasse sowie der Trennung von Anordnung und Vollzug die Verwendung von Debitkarten und Kreditkarten zur Vornahme von Auszahlungen zulassen.

(4) [1]Auf entgegengenommene Einzahlungen per Schecks, Debit- oder Kreditkarten dürfen Geldbeträge nicht bar ausbezahlt werden. [2]Der Bürgermeister kann Ausnahmen zulassen.

§ 14 Einzahlungsquittung. (1) [1]Die Gemeindekasse hat über jede Einzahlung, die durch Übergabe von Zahlungsmitteln entrichtet wird und die nicht den Gegenwert für verkaufte Wertzeichen, geldwerte Drucksachen und andere gegen Barzahlung zu festen Preisen abgegebene Gegenstände und Leistungen darstellt, dem Einzahler eine Quittung zu erteilen. [2]Im Übrigen hat die Gemeindekasse nur auf Verlangen Quittungen zu erteilen; dabei ist der Zahlungsweg anzugeben.

(2) [1]Wird die Einzahlung durch Übergabe eines Schecks oder Wechsels bewirkt, ist das in der Quittung anzugeben. [2]In diesem Fall hat die Quittung den Vermerk „Eingang vorbehalten" zu enthalten.

(3) [1]Der Bürgermeister regelt die Form der Quittung und die Befugnis zu ihrer Erteilung. [2]Die Regelung muss den Erfordernissen eines sicheren Zahlungsverkehrs entsprechen.

§ 15 Verfahren bei Stundung und zwangsweiser Einziehung. (1) [1]Die zuständige Dienststelle soll, wenn die zwangsweise Einziehung eingeleitet ist, eine Stundung nur im Benehmen mit der Gemeindekasse erteilen. [2]Im Übrigen hat sie Stundungen der Gemeindekasse unverzüglich schriftlich mitzuteilen. [3]Die Gemeindekasse darf unbeschadet von § 1 Abs. 1 Satz 2 Stundungen nicht gewähren; der Bürgermeister kann sie ausnahmsweise damit beauftragen, wenn dies zur Verwaltungsvereinfachung dient und eine ordnungsgemäße Erledigung gewährleistet ist.

(2) [1]Die Gemeindekasse hat Einzahlungen, die nicht rechtzeitig eingegangen sind, unverzüglich zwangsweise einzuziehen oder die zwangsweise Einziehung zu veranlassen. [2]Sie kann von der zwangsweisen Einziehung zunächst absehen, wenn zu erkennen ist, dass

1. die Vollziehung des der Annahmeanordnung zu Grunde liegenden Bescheids ausgesetzt wird oder
2. eine Stundung, Niederschlagung oder ein Erlass in Betracht kommt.

[3]Sie hat in diesen Fällen unverzüglich die Entscheidung der zuständigen Dienststelle herbeizuführen.

§ 16 Auszahlungen, Lastschrifteinzugsverfahren. (1) [1]Die Gemeindekasse hat die Auszahlungen zu den Fälligkeitstagen zu leisten. [2]Sie soll Forderungen des Empfangsberechtigten gegen Forderungen der Gemeinde aufrechnen.

(2) [1]Die Gemeindekasse kann ein Kreditinstitut beauftragen oder einen Empfangsberechtigten ermächtigen, Forderungen bestimmter Art vom Konto der Gemeindekasse abzubuchen oder abbuchen zu lassen. [2]Eine solche Anweisung darf nur erteilt werden, wenn

1. zu erwarten ist, dass der Empfangsberechtigte ordnungsgemäß mit der Gemeindekasse abrechnet,
2. die Forderungen des Empfangsberechtigten zeitlich und der Höhe nach abzuschätzen sind und
3. gewährleistet ist, dass das Kreditinstitut den abgebuchten Betrag auf dem Konto der Gemeindekasse wieder gutschreibt, wenn die Gemeindekasse in angemessener Frist der Abbuchung widerspricht.

[3]Von der Voraussetzung nach Satz 2 Nr. 3 kann abgesehen werden, wenn der Empfangsberechtigte eine juristische Person des öffentlichen Rechts ist.

(3) Auszahlungen für Rechnung einer anderen Stelle sollen nur insoweit geleistet werden, als Kassenmittel aus Einzahlungen für diese Stelle oder aus deren Beständen zur Verfügung stehen.

§ 17 Auszahlungsnachweise. (1) [1]Die Gemeindekasse darf nur gegen Quittung bar auszahlen. [2]Der Bürgermeister kann einen anderen Nachweis zulassen, wenn dem Zahlungsempfänger die Ausstellung einer Quittung nicht möglich ist oder nicht zugemutet werden kann.

(2) Bei unbaren Auszahlungen ist durch die Gemeindekasse auf der Auszahlungsanordnung, falls eine solche nicht vorgeschrieben oder nach § 9 allgemein erteilt ist, auf der sachlichen und rechnerischen Feststellung (§ 11) oder auf einem besonderen Beleg anzugeben oder innerhalb des automatisierten Verfahrens zu dokumentieren, an welchem Tag und auf welchem Weg die Zahlung geleistet worden ist.

4. Abschnitt

Verwaltung der Kassenmittel und Wertgegenstände

§ 18 Verwaltung der Kassenmittel. (1) [1]Die Gemeindekasse hat darauf zu achten, dass die für die Auszahlungen erforderlichen Kassenmittel rechtzeitig verfügbar sind. [2]Der Bestand an Bargeld und die Guthaben auf den für den

Zahlungsverkehr bei Kreditinstituten errichteten Konten sind auf den für Zahlungen notwendigen Umfang zu beschränken. [3]Vorübergehend nicht benötigte Kassenmittel sind so anzulegen, dass sie bei Bedarf verfügbar sind.

(2) [1]Der Bürgermeister regelt die Errichtung von Konten bei Kreditinstituten und die Bewirtschaftung des Kassenbestands. [2]Die bewirtschaftenden Stellen haben die Gemeindekasse unverzüglich zu unterrichten, wenn mit größeren Ein- oder Auszahlungen zu rechnen ist.

(3) Muss der Kassenbestand vorübergehend durch Kassenkredite verstärkt werden, hat die Gemeindekasse unverzüglich die Weisung des Bürgermeisters einzuholen.

§ 19 Aufbewahrung und Beförderung von Zahlungsmitteln, Vordrucken und technischen Hilfsmitteln. (1) [1]Zahlungsmittel sowie Vordrucke für Überweisungsaufträge und Schecks sind sicher aufzubewahren. [2]Gleiches gilt für technische Hilfsmittel zur Identifikation im Zahlungsverkehr. [3]Der Bürgermeister bestimmt, welche Sicherheitsvorkehrungen für die Aufbewahrung sowie für die Beförderung von Zahlungsmitteln zu treffen sind.

(2) Die Gemeindekasse darf Zahlungsmittel, die nicht zum Kassenbestand gehören und Gegenstände, die ihr nicht zur Verwahrung zugewiesen sind, nicht im Kassenbehälter aufbewahren.

§ 20 Verwahrung von Wertgegenständen. (1) [1]Wertpapiere sollen einem Kreditinstitut zur Verwahrung übergeben werden. [2]Im Übrigen sollen Wertpapiere und andere Urkunden, die Vermögensrechte verbriefen oder nachweisen, von der Gemeindekasse verwahrt werden. [3]Das Gleiche gilt für Gebührenmarken, andere Wertzeichen mit Ausnahme von Postwertzeichen und für geldwerte Drucksachen, die nach § 14 Abs. 1 Satz 1 ohne Quittung abgegeben werden. [4]Der Bürgermeister kann eine andere Dienststelle mit der Verwahrung beauftragen.

(2) [1]Über die Annahme und Auslieferung der zu verwahrenden Wertgegenstände ist Buch zu führen. [2]Annahme und Auslieferung sind zu quittieren. [3]§ 12 Abs. 2 und 3 und § 19 Abs. 1 gelten entsprechend.

(3) Verwahrt die Gemeindekasse Wertpapiere, hat sie die Auslosung und Kündigung sowie die Zinstermine zu überwachen und die sonstigen Aufgaben des Verwahrers nach dem Depotgesetz in der jeweils geltenden Fassung wahrzunehmen.

§ 21 Verwahrung von anderen Gegenständen. [1]Andere Gegenstände, die der Gemeinde gehören oder von ihr zu verwahren sind, können in geeigneten Fällen der Gemeindekasse zur Verwahrung zugewiesen werden. [2]§ 12 Abs. 2 und 3, § 19 Abs. 1 und § 20 Abs. 2 gelten entsprechend.

5. Abschnitt

Tagesabschluss, Abschluss der Bücher

§ 22 Tagesabschluss. (1) [1]Die Gemeindekasse hat für jeden Tag an dem Zahlungen bewirkt worden sind, den Bestand an Zahlungsmitteln sowie den Bestand auf den für den Zahlungsverkehr bei den Kreditinstituten eingerichteten Konten (Kassenistbestand) zu ermitteln und dem Barkassenbestand und dem Bestand auf den für den Nachweis der Zahlungsmittel eingerichteten Bestandskonten (Kassensollbestand) sowie dem Saldo der Finanzrechnungskonten gegenüberzustellen. [2]Die Ergebnisse sind in das Tagesabschlussbuch zu übernehmen und auszudrucken. [3]Die Eintragungen sind von den an den Ermittlungen beteiligten Bediensteten und vom Kassenverwalter handschriftlich zu unterzeichnen; § 28 Abs. 2 und 3 findet keine Anwendung.

(2) [1]Unstimmigkeiten sind unverzüglich aufzuklären. [2]Wird ein Kassenfehlbetrag nicht sofort ersetzt, ist er zunächst als Vorschuss zu buchen. [3]Ein Kassenfehlbetrag ist bei Aufstellung des Jahresabschlusses, wenn er länger als sechs Monate ungeklärt geblieben ist und Bedienstete nicht haften, als Aufwand zu buchen. [4]Ein Kassenüberschuss ist zunächst als Verwahrgeld zu buchen. [5]Bei der Aufstellung des Jahresabschlusses ist er, wenn er länger als sechs Monate unaufgeklärt geblieben ist, als Ertrag zu vereinnahmen.

(3) [1]Der Kassensollbestand ist spätestens vor Beginn der Kassenstunden am folgenden Tag zu ermitteln. [2]Bei Kassen mit geringem Zahlungsverkehr kann der Bürgermeister zulassen, dass wöchentlich nur ein Abschluss vorgenommen wird.

§ 23 Abschluss der Bücher. [1]Das Journal und das Hauptbuch sind zum Ende des Haushaltsjahres abzuschließen; sie sind in den Fällen von § 93 Abs. 1 Satz 2 oder § 94 GemO zuvor zusammenzuführen. [2]Nach dem Abschlusstag dürfen nur noch Abschlussbuchungen (§ 29 Nr. 1) vorgenommen werden.

6. Abschnitt

Besorgung von Kassengeschäften durch Stellen außerhalb der Gemeindeverwaltung

§ 24 Zahlungsverkehr. (1) [1]Lässt die Gemeinde nach § 94 Satz 1 GemO den Zahlungsverkehr ganz oder zum Teil durch eine Stelle außerhalb der Gemeindeverwaltung besorgen, findet § 28 Abs. 2 und 3 keine Anwendung. [2]Es muss insbesondere gewährleistet sein, dass

1. Zahlungsanordnungen vor Übersendung an die erledigende Stelle registriert werden, wenn nicht die Beträge vorher als Forderung oder Verbindlichkeit gebucht wurden,
2. die Zahlungsanordnungen an die erledigende Stelle nicht unbefugt geändert werden können und

3. die erledigende Stelle
   a) mindestens monatlich mit der Gemeindekasse abrechnet, wenn nicht eine unmittelbare Abrechnung mit einer anderen Stelle angeordnet ist,
   b) die Auszahlungsnachweise für die einzelnen Auszahlungen der Gemeinde als Beleg überlässt oder ihr schriftlich bestätigt, dass die Zahlungen auftragsgemäß geleistet worden sind; im letzteren Fall müssen die Auszahlungsnachweise von der erledigenden Stelle nach den für die Gemeinde geltenden Vorschriften aufbewahrt und für Prüfungen bereitgestellt werden,
   c) Angelegenheiten, die ihr durch die Erledigung der Kassengeschäfte zur Kenntnis gelangen, nicht unbefugt verwertet oder weitergibt,
   d) im Falle eines Verschuldens für Schäden der Gemeinde oder Dritter eintritt und
   e) den für die Prüfungen bei der Gemeinde zuständigen Prüfungsstellen Gelegenheit gibt, die ordnungsmäßige Abwicklung des Zahlungsverkehrs an Ort und Stelle zu prüfen.

(2) [1]Die erledigende Stelle muss ihre Nachweise über die Ein- und Auszahlungen wie Vorbücher zum Journal der Gemeinde führen. [2]Die Gemeindekasse hat die von der erledigenden Stelle angenommenen Einzahlungen oder geleisteten Auszahlungen zusammengefasst in ihre Bücher zu übernehmen.

§ 25 Buchführung. [1]Lässt die Gemeinde nach § 94 Satz 1 GemO die Buchung der Einzahlungen und Auszahlungen ganz oder zum Teil von Stellen außerhalb der Gemeindeverwaltung besorgen, muss insbesondere gewährleistet sein, dass

1. die Belege vor der Übersendung an die erledigende Stelle registriert werden,
2. die Gemeinde sich durch Stichproben von der ordnungsmäßigen Erledigung der Buchungen vergewissert und
3. der Gemeinde rechtzeitig die Tagesabschlüsse (§ 22) und die abgeschlossenen Bücher (§ 23) übermittelt werden.

[2]Im Übrigen gilt § 24 Abs. 1 Satz 1 Nr. 2 und 3 Buchst. c bis e entsprechend; § 28 Abs. 2 und 3 findet keine Anwendung.

7. Abschnitt

Sonderkassen

§ 26 Allgemeines. Die Vorschriften dieser Verordnung gelten für Sonderkassen entsprechend, soweit im Folgenden oder in anderen gesetzlichen Vorschriften nichts anderes bestimmt ist.

§ 27 Sonderregelungen. (1) [1]Bei Sonderkassen können der unbare Zahlungsverkehr und die Buchführung einer anderen Stelle des für das Rechnungswesen zuständigen Geschäftsbereichs übertragen werden. [2]Einzahlungen können ohne

Zahlungsanordnung angenommen werden; soweit Zahlungsanordnungen erforderlich sind, müssen Buchungsstelle und Haushaltsjahr (Wirtschaftsjahr) nicht angegeben werden. [3]Auf das Erstellen des Tagesabschlusses nach § 22 kann verzichtet werden.

(2) [1]Der Bürgermeister kann wirtschaftlichen Unternehmen mit Sonderrechnung gestatten, in Fällen, in denen es verkehrsüblich ist, Wechsel zahlungshalber entgegenzunehmen und diskontieren zu lassen oder zur Erfüllung von Forderungen Dritter Wechsel auszustellen oder zu akzeptieren; die Entgegennahme von Wechseln zahlungshalber darf nur unter der Voraussetzung zugelassen werden, dass der Anspruch der Gemeinde dadurch nicht gefährdet wird. [2]Wechselverbindlichkeiten sind auf den Höchstbetrag der Kassenkredite für das Unternehmen anzurechnen.

8. Abschnitt

Übergangs- und Schlussvorschriften

§ 28 Schriftform, elektronische Signatur. (1) Allgemeine Regelungen nach dieser Verordnung bedürfen der Schriftform.

(2) [1]Soweit Unterlagen nach dieser Verordnung handschriftlich zu unterzeichnen sind, können, falls nichts anderes bestimmt ist, die Unterschriften bei Einsatz automatisierter Verfahren durch elektronische Signaturen nach § 2 Nr. 2 oder 3 des Signaturgesetzes ersetzt werden. [2]Es muss sichergestellt sein, dass das automatisierte Verfahren den Anforderungen nach § 6 entspricht und die Signaturen während der Dauer der Aufbewahrungsfristen nachprüfbar sind.

(3) [1]Der Bürgermeister kann die Verwendung von sonstigen elektronischen Signaturen zulassen, wenn diese in einem prüfungssicheren automatisierten Verfahren zum Einsatz kommen. [2]Die Signaturen müssen insbesondere mit den Daten, auf die sie sich beziehen, so verknüpft sein, dass eine nachträgliche Veränderung der Daten festgestellt werden kann. [3]Absatz 2 Satz 2 gilt entsprechend.

§ 29 Begriffsbestimmungen. Bei der Anwendung dieser Verordnung sind die nachfolgenden Begriffe zu Grunde zu legen:

1. Abschlussbuchungen:
   die beim Jahresabschluss, zum Abschluss der Ergebnisrechnung und Finanzrechnung sowie zur Aufstellung der Vermögensrechnung (Bilanz) für das abgelaufene Haushaltsjahr noch erforderlichen Buchungen, ausgenommen die Buchungen von Einzahlungen und Auszahlungen von Dritten oder an Dritte einschließlich der Sondervermögen mit Sonderrechnung;
2. Auszahlungen:
   die aus der Gemeindekasse oder Sonderkasse hinausgehenden Beträge;

3. Bargeld:
Euro-Münzen und Euro-Banknoten und fremde Geldsorten;
4. Einzahlungen:
die bei der Gemeindekasse oder Sonderkasse eingehenden Beträge;
5. Kassenmittel:
die Zahlungsmittel im Sinne der Nummer 6 und die Bestände auf Konten der Gemeindekasse oder Sonderkasse mit Ausnahme der Geldanlagen;
6. Zahlungsmittel:
Bargeld, Schecks, Wechsel sowie Zahlungen mittels elektronischer Geldbörse, Debitkarte, Kreditkarte;
7. Elektronische Geldbörsen:
Kartensysteme, bei denen der Karteninhaber dem Kartenherausgeber im Voraus den Gegenwert der auf der Karte gespeicherten Werteinheiten bezahlt;
8. Debitkarten:
Kartensysteme der Kreditinstitute, die Zahlungen in Form von Zahlungsanweisungen ermöglichen, bei denen der verfügte Wert sofort vom Konto des Karteninhabers eingezogen wird;
9. Kreditkarten:
Kartensysteme der Kreditkartenunternehmen, die Zahlungen in Form von Zahlungsanweisungen ermöglichen, bei denen der verfügte Wert erst verzögert mit einem individuell vereinbarten Zahlungsziel (in der Regel vier Wochen) vom Konto des Karteninhabers eingezogen wird;
10. Zahlungsverkehr:
   a) unbare Zahlungen:
   die – auch mittels Debitkarten oder Kreditkarten elektronisch bewirkten – Überweisungen und Einzahlungen auf ein Konto der Gemeindekasse oder Sonderkasse bei einem Kreditinstitut und entsprechende Überweisungen und Auszahlungen von einem solchen Konto sowie die Übersendung von Schecks und Wechseln;
   b) Barzahlungen:
   die Übergabe oder Übersendung von Bargeld; als Barzahlung gilt auch die Übergabe von Schecks sowie von Wechseln und das Bezahlen mittels elektronischer Geldbörse.

§ 30 Inkrafttreten, Übergangszeit. (1) [1]Diese Verordnung tritt am 1. Januar 2010 in Kraft. [2]Gleichzeitig tritt die Gemeindekassenverordnung (GemKVO) vom 26. August 1991 (GBl. S. 598, ber. 1992 S. 111), zuletzt geändert durch Verordnung vom 23. August 2001 (GBl. S. 532), außer Kraft.

(2) [1]Diese Verordnung ist spätestens für die Haushaltswirtschaft ab dem Haushaltsjahr 2020 anzuwenden. [2]Bis dahin gilt die Gemeindekassenverordnung vom 26. August 1991 in der zuletzt geltenden Fassung weiter. [3]Für die befristete Weitergeltung von Ausnahmegenehmigungen nach dem bisherigen § 41 Abs. 2 GemKVO und ihre Verlängerung gilt Artikel 13 Abs. 3 des Geset-

zes zur Reform des Gemeindehaushaltsrechts vom 4. Mai 2009 (GBl. S. 185) entsprechend.

(3) [1]Die Gemeinde kann nach Artikel 13 Abs. 4 des Gesetzes zur Reform des Gemeindehaushaltsrechts vom 4. Mai 2009 beschließen, ihr Haushalts- und Rechnungswesen bereits vor dem Haushaltsjahr 2020 auf die Kommunale Doppik umzustellen. [2]In diesem Fall ist diese Verordnung ab dem von der Gemeinde bestimmten Haushaltsjahr anzuwenden.

(4) Abweichend von Absatz 2 und 3 ist § 13 bereits ab dem Inkrafttreten dieser Verordnung anzuwenden.

Gesetz über die Eigenbetriebe der Gemeinden (Eigenbetriebsgesetz – EigBG)

in der Fassung der Bekanntmachung vom 8. Januar 1992 (GBl. S. 22), zuletzt geändert durch Gesetz vom 4. Mai 2009 (GBl. S. 185)

INHALTSÜBERSICHT*

1. Abschnitt

Grundsätzliche Bestimmungen

§ 1 Anwendungsbereich. Die Gemeinden können Unternehmen, Einrichtungen und Hilfsbetriebe im Sinne des § 102 Abs. 1 und Abs. 4 Satz 1 Nr. 1 bis 3 der Gemeindeordnung als Eigenbetriebe führen, wenn deren Art und Umfang eine selbständige Wirtschaftsführung rechtfertigen.

§ 2 Zusammenfassung von Unternehmen, Einrichtungen und Hilfsbetrieben. Mehrere Unternehmen, Einrichtungen und Hilfsbetriebe im Sinne des § 1 können zu einem Eigenbetrieb zusammengefaßt werden.

---

* *Die Inhaltsübersicht ist nicht amtlich; die Paragraphenüberschriften sind amtlich.*

§ 3 Rechtsgrundlagen. (1) Für den Eigenbetrieb gelten die Vorschriften der Gemeindeordnung sowie die sonstigen für Gemeinden maßgebenden Vorschriften, soweit in diesem Gesetz oder auf Grund dieses Gesetzes durch Rechtsverordnung nichts anderes bestimmt ist.

(2) [1]Die Rechtsverhältnisse des Eigenbetriebs sind im Rahmen der in Absatz 1 genannten Vorschriften durch Betriebssatzung zu regeln. [2]In ihr sind unbeschadet des § 11 Abs. 1 auch solche Angelegenheiten des Eigenbetriebs zu regeln, die nach der Gemeindeordnung der Hauptsatzung vorbehalten sind. [3]§ 4 Abs. 2 der Gemeindeordnung gilt sinngemäß.

2. Abschnitt

Verfassung und Verwaltung

§ 4 Betriebsleitung. (1) [1]Für den Eigenbetrieb kann eine Betriebsleitung bestellt werden. [2]Die Betriebssatzung kann bestimmen, daß die Betriebsleitung eine andere Bezeichnung führt.

(2) [1]Die Betriebsleitung besteht aus einem oder mehreren Betriebsleitern. [2]Die Betriebsleiter können auch in ein Beamtenverhältnis auf Zeit berufen werden; die Amtszeit beträgt acht Jahre. [3]Der Gemeinderat kann einen Betriebsleiter zum Ersten Betriebsleiter bestellen.

(3) [1]Bei Meinungsverschiedenheiten innerhalb der Betriebsleitung entscheidet der Erste Betriebsleiter, soweit die Betriebssatzung nichts anderes bestimmt. [2]Ist kein Erster Betriebsleiter bestellt, bestimmt die Betriebssatzung, wie bei Meinungsverschiedenheiten zu verfahren ist.

(4) Die Geschäftsverteilung innerhalb der Betriebsleitung regelt der Bürgermeister mit Zustimmung des Betriebsausschusses durch eine Geschäftsordnung.

§ 5 Aufgaben der Betriebsleitung. (1) [1]Die Betriebsleitung leitet den Eigenbetrieb, soweit in diesem Gesetz oder auf Grund dieses Gesetzes nichts anderes bestimmt ist. [2]Ihr obliegt insbesondere die laufende Betriebsführung. [3]Im Rahmen ihrer Zuständigkeit ist sie für die wirtschaftliche Führung des Eigenbetriebs verantwortlich.

(2) In Angelegenheiten des Eigenbetriebs wirkt die Betriebsleitung bei der Vorbereitung der Sitzungen des Gemeinderats und seiner Ausschüsse mit, nimmt an den Sitzungen mit beratender Stimme teil und vollzieht die Beschlüsse des Gemeinderats, seiner Ausschüsse und des Bürgermeisters.

(3) [1]Die Betriebsleitung hat den Bürgermeister über alle wichtigen Angelegenheiten des Eigenbetriebs rechtzeitig zu unterrichten. [2]Sie hat ferner dem Fachbediensteten für das Finanzwesen oder dem sonst für das Finanzwesen der Gemeinde zuständigen Bediensteten (§ 116 der Gemeindeordnung) alle Maß-

nahmen mitzuteilen, welche die Finanzwirtschaft der Gemeinde berühren. [3]Näheres ist durch Betriebssatzung zu regeln.

§ 6 Vertretungsberechtigung der Betriebsleitung. (1) [1]Die Betriebsleitung vertritt die Gemeinde im Rahmen ihrer Aufgaben. [2]Besteht die Betriebsleitung aus mehreren Betriebsleitern, sind zwei von ihnen gemeinschaftlich vertretungsberechtigt, soweit die Betriebssatzung nichts anderes bestimmt.

(2) [1]Die Betriebsleitung kann Beamte und Arbeitnehmer in bestimmtem Umfang mit ihrer Vertretung beauftragen; in einzelnen Angelegenheiten kann sie rechtsgeschäftliche Vollmacht erteilen. [2]Durch die Betriebssatzung kann bestimmt werden, daß die Beauftragung und die Erteilung rechtsgeschäftlicher Vollmachten der Zustimmung des Bürgermeisters bedürfen.

(3) Die Vertretungsberechtigten zeichnen unter dem Namen des Eigenbetriebs.

(4) [1]Verpflichtungserklärungen (§ 54 der Gemeindeordnung) müssen durch zwei Vertretungsberechtigte handschriftlich unterzeichnet werden; besteht die Betriebsleitung aus einem Betriebsleiter, kann dieser allein unterzeichnen. [2]§ 54 Abs. 4 der Gemeindeordnung gilt mit der Maßgabe, daß die Geschäfte der laufenden Betriebsführung den Geschäften der laufenden Verwaltung gleichstehen.

(5) Sind in Angelegenheiten des Eigenbetriebs Erklärungen Dritter gegenüber der Gemeinde abzugeben, genügt die Abgabe gegenüber einem Betriebsleiter.

§ 7 Betriebsausschuß. (1) [1]Für die Angelegenheiten des Eigenbetriebs kann ein beratender oder beschließender Ausschuß des Gemeinderats (Betriebsausschuß) gebildet werden. [2]Die Betriebssatzung kann bestimmen, daß der Betriebsausschuß eine andere Bezeichnung führt.

(2) Für mehrere Eigenbetriebe einer Gemeinde kann ein gemeinsamer Betriebsausschuß gebildet werden.

(3) Die Betriebsleitung ist auf Verlangen verpflichtet, zu den Beratungsgegenständen des Betriebsausschusses Stellung zu nehmen und Auskünfte zu erteilen.

§ 8 Aufgaben des Betriebsausschusses. (1) Der Betriebsausschuß berät alle Angelegenheiten des Eigenbetriebs vor, die der Entscheidung des Gemeinderats vorbehalten sind.

(2) Soweit nicht nach § 9 der Gemeinderat oder nach § 5 Abs. 1 Satz 2 die Betriebsleitung zuständig ist, entscheidet der beschließende Betriebsausschuß über

1. die Einstellung und Entlassung der beim Eigenbetrieb beschäftigten Arbeitnehmer, die nicht nur vorübergehende Übertragung einer anders bewerteten Tätigkeit bei einem Arbeitnehmer sowie die Festsetzung des Entgelts, sofern kein Anspruch auf Grund eines Tarifvertrags besteht,

2. die Verfügung über Vermögen des Eigenbetriebs,
3. den Abschluß von Verträgen,
4. die allgemeine Festsetzung von Tarifen,
5. die Festsetzung der allgemeinen Lieferbedingungen,
6. sonstige wichtige Angelegenheiten des Eigenbetriebs.

(3) Die Betriebssatzung kann

1. die Zuständigkeiten des Betriebsausschusses näher bestimmen,
2. Aufgaben nach Absatz 2 Nr. 1 bis 3 ganz oder teilweise dem Bürgermeister oder der Betriebsleitung übertragen,
3. Aufgaben nach Absatz 2 Nr. 4 bis 6 der Entscheidung des Gemeinderats vorbehalten,
4. bestimmen, daß der Betriebsausschuß in bestimmten Angelegenheiten andere Ausschüsse zu beteiligen hat.

§ 9 Aufgaben des Gemeinderats. (1) [1]Der Gemeinderat entscheidet unbeschadet seiner Zuständigkeit in den Fällen des § 39 Abs. 2 der Gemeindeordnung über

1. die Gewährung von Darlehen des Eigenbetriebs an die Gemeinde,
2. die Entlastung der Betriebsleitung sowie die Verwendung des Jahresgewinns oder die Behandlung des Jahresverlusts,
3. die Bestimmung eines Abschlussprüfers im Fall einer Jahresabschlussprüfung.

[2]Eine Übertragung dieser Aufgaben auf beschließende Ausschüsse ist ausgeschlossen.

(2) [1]Ist für den Eigenbetrieb kein beschließender Betriebsausschuß gebildet, entscheidet der Gemeinderat auch in den nach diesem Gesetz dem beschließenden Betriebsausschuß obliegenden Angelegenheiten, soweit diese nicht durch Betriebssatzung auf andere beschließende Ausschüsse übertragen werden. [2]Aufgaben nach § 8 Abs. 2 Nr. 1 bis 3 können durch Betriebssatzung auch auf den Bürgermeister oder die Betriebsleitung ganz oder teilweise übertragen werden.

§ 10 Stellung des Bürgermeisters. (1) Der Bürgermeister kann der Betriebsleitung Weisungen erteilen, um die Einheitlichkeit der Gemeindeverwaltung zu wahren, die Erfüllung der Aufgaben des Eigenbetriebs zu sichern und Mißstände zu beseitigen.

(2) Der Bürgermeister muß anordnen, daß Maßnahmen der Betriebsleitung, die er für gesetzwidrig hält, unterbleiben oder rückgängig gemacht werden; er kann dies anordnen, wenn er der Auffassung ist, daß Maßnahmen für die Gemeinde nachteilig sind.

(3) Ist für den Eigenbetrieb keine Betriebsleitung bestellt, nimmt der Bürgermeister auch die nach diesem Gesetz der Betriebsleitung obliegenden Aufgaben wahr.

§ 11 Bedienstete beim Eigenbetrieb. (1) Die Zuständigkeit für die Ernennung und Entlassung der beim Eigenbetrieb beschäftigten Beamten richtet sich nach den Vorschriften der Gemeindeordnung.

(2) [1]Soweit über die Einstellung und Entlassung der beim Eigenbetrieb beschäftigten Arbeitnehmer der Betriebsausschuß entscheidet, gilt § 24 Abs. 2 Satz 1 und 2 der Gemeindeordnung entsprechend mit der Maßgabe, daß an die Stelle des Einvernehmens des Bürgermeisters das der Betriebsleitung tritt. [2]Soweit darüber der Gemeinderat entscheidet, bleibt § 24 Abs. 2 Satz 1 und 2 der Gemeindeordnung unberührt.

(3) [1]Die Betriebsleitung hat ein Vorschlagsrecht für die Ernennung und, soweit sie nicht selbst entscheidet, für die Einstellung und Entlassung der beim Eigenbetrieb beschäftigten Bediensteten. [2]Soweit nicht das Einvernehmen der Betriebsleitung erforderlich ist, ist sie vorher zu hören, wenn von ihrem Vorschlag abgewichen werden soll.

(4) Absätze 2 und 3 gelten auch für die nicht nur vorübergehende Übertragung einer anders bewerteten Tätigkeit bei einem Arbeitnehmer sowie für die Festsetzung des Entgelts, sofern kein Anspruch auf Grund eines Tarifvertrags besteht.

(5) Die Betriebsleitung ist Vorgesetzter, der Bürgermeister Dienstvorgesetzter und oberste Dienstbehörde der beim Eigenbetrieb beschäftigten Bediensteten.

3. Abschnitt

Wirtschaftsführung und Rechnungswesen

§ 12 Vermögen des Eigenbetriebs. (1) [1]Der Eigenbetrieb ist finanzwirtschaftlich als Sondervermögen der Gemeinde gesondert zu verwalten und nachzuweisen. [2]Dabei sind die Belange der gesamten Gemeindewirtschaft zu berücksichtigen. [3]Für das Sondervermögen gelten § 77 Abs. 1 und 2, Abs. 3 mit der Maßgabe, dass die Wirtschaftsführung und das Rechnungswesen in entsprechender Anwendung der für die Haushaltswirtschaft der Gemeinde geltenden Vorschriften (Kommunale Doppik) erfolgen können, §§ 78, 81 Abs. 2, §§ 85 und 86, § 87 Abs. 1 mit der Maßgabe, dass Kredite auch für die Rückführung von Eigenkapital an die Gemeinde aufgenommen werden dürfen, Abs. 2 bis 6, §§ 88, 89, 91 und 92 der Gemeindeordnung entsprechend.

(2) [1]Der Eigenbetrieb ist mit einem angemessenen Stammkapital auszustatten, dessen Höhe in der Betriebssatzung festzusetzen ist; Sacheinlagen sind angemessen zu bewerten. [2]Bei Unternehmen, Einrichtungen und Hilfsbetrieben im Sinne des § 102 Abs. 4 Satz 1 Nr. 1 bis 3 der Gemeindeordnung kann von der Festsetzung eines Stammkapitals abgesehen werden.

(3) [1]Auf die Erhaltung des Sondervermögens ist Bedacht zu nehmen. [2]Außerdem soll eine marktübliche Verzinsung des Eigenkapitals erwirtschaftet werden.

§ 13 Wirtschaftsjahr. [1]Wirtschaftsjahr des Eigenbetriebs ist das Haushaltsjahr der Gemeinde. [2]Wenn die Art des Betriebs es erfordert, kann die Betriebssatzung ein hiervon abweichendes Wirtschaftsjahr bestimmen.

§ 14 Wirtschaftsplan. (1) [1]Für jedes Wirtschaftsjahr ist vor dessen Beginn ein Wirtschaftsplan aufzustellen. [2]Der Wirtschaftsplan kann für zwei Wirtschaftsjahre, nach Jahren getrennt, aufgestellt werden. [3]Er besteht aus dem Erfolgsplan, dem Vermögensplan und der Stellenübersicht.

(2) Der an den Haushalt der Gemeinde abzuführende Jahresgewinn oder der aus dem Haushalt der Gemeinde abzudeckende Jahresverlust ist in den Haushaltsplan der Gemeinde aufzunehmen.

(3) Bei der Beschlußfassung über den Wirtschaftsplan kann der Gemeinderat unter Berücksichtigung der Finanzplanung entscheiden, ob und inwieweit dem Haushalt der Gemeinde Finanzierungsmittel zur Verfügung gestellt werden sollen, die aus Entgelten für die Abschreibungen aus den Anschaf-fungs- und Herstellungskosten des Anlagevermögens erwirtschaftet werden, soweit sie nicht für Kreditbeschaffungskosten, die ordentliche Tilgung von Krediten oder für bevorstehende notwendige Investitionen des Eigenbetriebs benötigt werden.

§ 15 Änderung und Ausführung des Wirtschaftsplans. (1) Der Wirtschaftsplan ist zu ändern, wenn sich im Laufe des Wirtschaftsjahres zeigt, daß trotz Ausnutzung von Sparmöglichkeiten

1. das Jahresergebnis sich gegenüber dem Erfolgsplan erheblich verschlechtern wird,
2. zum Ausgleich des Vermögensplans höhere Zuschüsse der Gemeinde oder höhere Kredite erforderlich werden,
3. im Vermögensplan weitere Verpflichtungsermächtigungen vorgesehen werden sollen,
4. eine erhebliche Vermehrung oder Hebung der in der Stellenübersicht vorgesehenen Stellen erforderlich wird; dies gilt nicht für eine vorübergehende Einstellung von Aushilfskräften.

(2) [1]Erfolggefährdende Mehraufwendungen des Erfolgsplans bedürfen der Zustimmung des Betriebsausschusses, sofern sie nicht unabweisbar sind. [2]Das gleiche gilt für Mehrausgaben des Vermögensplans, die für das einzelne Vorhaben erheblich sind.

§ 16 Jahresabschluß und Lagebericht. (1) Die Betriebsleitung hat für den Schluß eines jeden Wirtschaftsjahres einen aus der Bilanz, der Gewinn- und Verlustrechnung und dem Anhang bestehenden Jahresabschluß sowie einen Lagebericht aufzustellen.

(2) [1]Der Jahresabschluß und der Lagebericht sind innerhalb von sechs Monaten nach Ende des Wirtschaftsjahres aufzustellen und dem Bürgermeister vorzulegen. [2]Bei Gemeinden mit einer örtlichen Prüfung (§ 109 der

Gemeindeordnung) leitet der Bürgermeister diese Unterlagen unverzüglich der Prüfungseinrichtung zur örtlichen Prüfung (§ 111 der Gemeindeordnung) zu.

(3) [1]Der Bürgermeister hat den Jahresabschluß und den Lagebericht zusammen mit dem Bericht über die örtliche Prüfung und im Fall einer Jahresabschlussprüfung auch mit dem Bericht über diese zunächst dem Betriebsausschuß zur Vorberatung und sodann mit dem Ergebnis dieser Vorberatung dem Gemeinderat zur Feststellung zuzuleiten. [2]Der Gemeinderat stellt den Jahresabschluß innerhalb eines Jahres nach Ende des Wirtschaftsjahres fest und beschließt dabei über

1. die Verwendung des Jahresgewinns oder die Behandlung des Jahresverlusts; der Jahresgewinn soll zumindest in Höhe der Verzinsung des vom Haushalt der Gemeinde aufgebrachten Eigenkapitals an diesen abgeführt werden,
2. die Verwendung der für das Wirtschaftsjahr nach § 14 Abs. 3 für den Haushalt der Gemeinde eingeplanten Finanzierungsmittel,
3. die Entlastung der Betriebsleitung; versagt er die Entlastung, hat er dafür die Gründe anzugeben.

(4) [1]Der Beschluß über die Feststellung des Jahresabschlusses ist ortsüblich bekanntzugeben. [2]In der ortsüblichen Bekanntgabe ist im Falle einer Jahresabschlußprüfung der Prüfungsvermerk des Abschlußprüfers anzugeben; ferner ist dabei die nach Absatz 3 Satz 2 beschlossene Verwendung des Jahresgewinns oder Behandlung des Jahresverlusts anzugeben. [3]Gleichzeitig sind der Jahresabschluß und der Lagebericht an sieben Tagen öffentlich auszulegen; in der Bekanntgabe ist auf die Auslegung hinzuweisen.

§ 17 Aufbau des Rechnungswesens. Alle Zweige des Rechnungswesens des Eigenbetriebs (Wirtschaftsplan, Buchführung, Kostenrechnung, Jahresabschluß, Lagebericht) sollen zusammengefaßt verwaltet und, wenn die Betriebsleitung aus mehreren Betriebsleitern besteht, dem Geschäftskreis eines Betriebsleiters zugeteilt werden.

4. Abschnitt

Übergangs- und Schlußbestimmungen

§ 18 Durchführungsbestimmungen. (1) Das Innenministerium erläßt die Verwaltungsvorschriften zur Durchführung dieses Gesetzes, ferner Rechtsverordnungen über

1. den Nachweis und die Erhaltung des Sondervermögens, die Ausstattung mit Stammkapital sowie die Bildung von Rücklagen, insbesondere für Erneuerungen und Erweiterungen,
2. die Kassenwirtschaft, insbesondere die Errichtung einer Sonderkasse und die gemeinsame Bewirtschaftung von Kassenmitteln durch die Gemeindekasse,

3. die Grundsätze für die Aufstellung, die Gliederung und den Inhalt des Wirtschaftsplans sowie für dessen Ausführung,
4. die Grundsätze für die Buchführung und die Kostenrechnung,
5. den Jahresabschluß und den Lagebericht in Anlehnung an die Vorschriften des Dritten Buchs des Handelsgesetzbuchs für große Kapitalgesellschaften,
6. die Anforderungen an den Inhalt der Beschlüsse zur Feststellung des Jahresabschlusses und über die Verwendung des Jahresgewinns oder die Behandlung des Jahresverlusts.

(2) Das Innenministerium kann durch Rechtsverordnung die Wirtschaftsführung und das Rechnungswesen der nach § 38 Abs. 2 Nr. 1 des Landeskrankenhausgesetzes geführten Krankenhäuser und der Pflegeeinrichtungen bestimmen.

§ 19* Inkrafttreten. (1) Dieses Gesetz tritt am 1. Januar 1963 in Kraft mit Ausnahme des § 2 Abs. 2 und des § 22, die mit der Verkündung dieses Gesetzes in Kraft treten.

(2) [1]Gleichzeitig treten vorbehaltlich des § 21 alle Vorschriften, die diesem Gesetz entsprechen oder widersprechen, außer Kraft. [2]Insbesondere tritt die Eigenbetriebsverordnung vom 21. November 1938 (RGBl. I S. 1650) außer Kraft.

* *Amtliche Anmerkung:* Diese Vorschrift betrifft das Inkrafttreten des Gesetzes in der ursprünglichen Fassung vom 19. Juli 1962 (GBl. S. 67). Der in Absatz 1 genannte § 22 und der in Absatz 2 genannte § 21 beziehen sich auf die ursprüngliche Fassung.

Kommunalwahlgesetz (KomWG)

in der Fassung vom 1. September 1983 (GBl. S. 429),
zuletzt geändert durch Gesetz vom 19. Juni 2018 (GBl. S. 221, 223)

INHALTSÜBERSICHT

1. Abschnitt

Geltung des Kommunalwahlgesetzes

§ 1 [Geltung des Kommunalwahlgesetzes]. Dieses Gesetz gilt für die Wahl der Gemeinderäte, der Ortschaftsräte, der Bezirksbeiräte und des Bürgermeisters (Gemeindewahlen), für die Wahl der Kreisräte, für die Wahl der Mitglieder der Regionalversammlung des Verbandes Region Stuttgart sowie für die Anhörung der Bürger bei Grenzänderungen, den Antrag auf eine Einwohnerversammlung, den Einwohnerantrag, das Bürgerbegehren und die Durchführung des Bürgerentscheids.

2. Abschnitt

Vorbereitung der Wahl und Wahlorgane

1. Unterabschnitt

Wahltag und Bekanntmachung der Wahl

§ 2 Wahltag. (1) [1]Die regelmäßigen Wahlen der Gemeinderäte und der Kreisräte finden in der Zeit zwischen dem 10. Mai und dem 20. November statt; sie können am Tag der Wahl der Abgeordneten des Europäischen Parlaments aus der Bundesrepublik Deutschland durchgeführt werden. [2]Das Innenministerium bestimmt den Wahltag.

(2) Im übrigen bestimmt bei Gemeindewahlen der Gemeinderat, bei der Wahl der Kreisräte der Kreistag den Wahltag.

(3) [1]Der Wahltag muss ein Sonntag sein. [2]Am Ostersonntag, am Pfingstsonntag, am Totengedenktag sowie an gesetzlichen Feiertagen dürfen keine Wahlen durchgeführt werden.

§ 3 Bekanntmachung der Wahl. (1) Die Wahl der Gemeinderäte hat der Bürgermeister, die Wahl der Kreisräte hat der Landrat spätestens am 69. Tag vor dem Wahltag öffentlich bekanntzumachen.

(2) [1]Die Bürgermeisterwahl hat der Bürgermeister spätestens am 34. Tag vor dem Wahltag öffentlich bekanntzumachen. [2]Gleichzeitig ist der Tag einer etwa notwendig werdenden Neuwahl nach § 45 Abs. 2 der Gemeindeordnung bekanntzumachen.

2. Unterabschnitt

Wahlbezirke

§ 4 [Wahlbezirke]. [1]Für die Stimmabgabe bildet jede Gemeinde einen oder mehrere Wahlbezirke. [2]Der Bürgermeister bestimmt, welche Wahlbezirke zu bilden sind.

3. Unterabschnitt

Förmliche Voraussetzung und Ausübung des Wahlrechts, Wählerverzeichnis und Wahlscheine

§ 5 Förmliche Voraussetzung und Ausübung des Wahlrechts. (1) Wählen kann nur der Wahlberechtigte, der in ein Wählerverzeichnis eingetragen ist oder einen Wahlschein hat.

(2) [1]Wer in ein Wählerverzeichnis eingetragen ist, kann durch persönliche Stimmabgabe in dem Wahlbezirk wählen, in dessen Wählerverzeichnis er geführt wird. [2]Wer einen Wahlschein hat, kann

1. durch persönliche Stimmabgabe bei den Gemeindewahlen in jedem Wahlbezirk des Wahlgebiets, bei der Wahl der Kreisräte in jedem Wahlbezirk des Wahlkreises, in dem der Wahlschein ausgestellt ist, oder
2. durch Briefwahl

wählen.

§ 6 Wählerverzeichnis. (1) Alle am Wahltag Wahlberechtigten sind vom Bürgermeister in Wählerverzeichnisse für die einzelnen Wahlbezirke einzutragen.

(2) [1]Jeder Wahlberechtigte hat das Recht, an den Werktagen vom 20. bis zum 16. Tag vor der Wahl während der allgemeinen Öffnungszeiten die Richtigkeit und Vollständigkeit der zu seiner Person im Wählerverzeichnis eingetragenen Daten zu überprüfen. [2]Um innerhalb dieses Zeitraums die Daten von anderen im Wählerverzeichnis eingetragenen Personen zu überprüfen, müssen Wahlberechtigte Tatsachen glaubhaft machen, aus denen sich eine Unrichtigkeit oder Unvollständigkeit des Wählerverzeichnisses ergeben kann; die Daten von Wahlberechtigten, für die im Melderegister eine Auskunftssperre nach § 51 Abs. 1 bis 4 Bundesmeldegesetz besteht, dürfen nicht eingesehen und überprüft werden. [3]Hält der Wahlberechtigte das Wählerverzeichnis für unrichtig oder unvollständig, kann er innerhalb des in Satz 1 genannten Zeitraums die Berichtigung beantragen.

(3) [1]Über den Berichtigungsantrag entscheidet der Bürgermeister. [2]Gegen diese Entscheidung können der Antragsteller und der Betroffene, gegen eine Berichtigung oder Ergänzung des Wählerverzeichnisses von Amts wegen der Betroffene Anfechtungs- oder Verpflichtungsklage erheben. [3]Über den Widerspruch im Vorverfahren entscheidet die Rechtsaufsichtsbehörde.

(4) [1]Für die Neuwahl des Bürgermeisters nach § 45 Abs. 2 der Gemeindeordnung ist das Wählerverzeichnis der ersten Wahl maßgebend. [2]Wahlberechtigte, die erst für die Neuwahl wahlberechtigt sind, werden, wenn sie bei der Aufstellung des Wählerverzeichnisses bekannt sind, in das Wählerverzeichnis mit einem Sperrvermerk für die erste Wahl eingetragen; im Übrigen erhalten sie auf Antrag einen Wahlschein.*

§ 7 Wahlscheine. (1) Ein Wahlberechtigter, der im Wählerverzeichnis eingetragen ist, oder der aus einem von ihm nicht zu vertretenden Grund in das Wählerverzeichnis nicht eingetragen worden ist, erhält auf Antrag einen Wahlschein.

(2) Bei Versagung des Wahlscheins und der Briefwahlunterlagen gilt § 6 Abs. 3 entsprechend.

** Für Bürgermeisterwahlen, die vor dem 1. Januar 2019 stattfinden, findet § 6 Abs. 4 S. 2 in der vor Inkrafttreten des Gesetzes vom 19. Juni 2018 geltenden Fassung Anwendung.*

4. Unterabschnitt

Wahlvorschläge und Aufstellung von Bewerbern

§ 8 Wahlvorschläge. (1) [1]Jeder Wahlvorschlag für die Wahl der Gemeinderäte muss

in Gemeinden bis zu	3 000 Einwohnern von	10,
in Gemeinden bis zu	10 000 Einwohnern von	20,
in Gemeinden bis zu	50 000 Einwohnern von	50,
in Gemeinden bis zu	100 000 Einwohnern von	100,
in Gemeinden bis zu	200 000 Einwohnern von	150,
in Gemeinden über	200 000 Einwohnern von	250

im Zeitpunkt der Unterzeichnung des Wahlvorschlags wahlberechtigten Personen unterzeichnet sein. [2]Ein Wahlvorschlag für die Wahl der Kreisräte muss von 50 im Zeitpunkt der Unterzeichnung des Wahlvorschlags zur Wahl der Kreisräte in einer Gemeinde des Wahlkreises wahlberechtigten Personen unterzeichnet sein. [3]Die Sätze 1 und 2 gelten nicht für die Wahlvorschläge von Parteien, die im Landtag vertreten sind, und für Parteien, die bisher schon in dem zu wählenden Organ vertreten waren; dies gilt entsprechend für Wählervereinigungen, die bisher schon in dem zu wählenden Organ vertreten waren, wenn der Wahlvorschlag von der Mehrheit der für diese Wählervereinigung Gewählten unterschrieben ist, die dem Organ zum Zeitpunkt der Einreichung des Wahlvorschlags noch angehören. [4]Mit dem Wahlvorschlag ist eine unterschriftliche Erklärung jedes Bewerbers einzureichen, daß er der Aufnahme in den Wahlvorschlag zugestimmt hat; die Zustimmung ist unwiderruflich. [5]Ein Bewerber darf sich für dieselbe Wahl nicht in mehrere Wahlvorschläge aufnehmen lassen; ein Wahlberechtigter kann für dieselbe Wahl nicht mehrere Wahlvorschläge unterzeichnen.

(2) [1]Unionsbürger haben zusätzlich gegenüber dem Vorsitzenden des zuständigen Wahlausschusses an Eides Statt zu versichern, daß sie die Staatsangehörigkeit ihres Herkunftsmitgliedstaates besitzen und in diesem Mitgliedstaat ihre Wählbarkeit nicht verloren haben. [2]Sofern sie nach § 26 des Bundesmeldegesetzes von der Meldepflicht befreit und nicht in das Melderegister eingetragen sind, haben sie ferner an Eides Statt zu versichern, seit wann sie in der Gemeinde eine Wohnung, bei mehreren Wohnungen in der Bundesrepublik Deutschland ihre Hauptwohnung haben; bei mehreren Wohnungen in der Bundesrepublik Deutschland sind deren Anschriften anzugeben. [3]Die Erklärung nach Satz 1 und 2 ist mit dem Wahlvorschlag einzureichen. [4]§ 9 Abs. 1 Satz 7 gilt entsprechend. [5]Bei Zweifeln an der Richtigkeit der Versicherung an Eides Statt nach Satz 1 hat der Unionsbürger auf Verlangen eine Bescheinigung der zuständigen Verwaltungsbehörde seines Herkunftsmitgliedstaates vorzulegen, mit der bestätigt wird, daß er in diesem Mitgliedstaat seine Wählbarkeit nicht verloren hat oder daß dieser Behörde ein solcher Verlust nicht bekannt ist.

(3) Die Gesetzmäßigkeit der Wahlvorschläge prüft und über ihre Zulassung beschließt

1. bei der Wahl der Gemeinderäte der Gemeindewahlausschuß,
2. bei der Wahl der Kreisräte der Kreiswahlausschuß

(4) [1]Gegen die Zurückweisung eines Wahlvorschlags oder die Streichung eines Bewerbers kann jeder Bewerber und jeder Unterzeichner des Wahlvorschlags Anfechtungs- oder Verpflichtungsklage erheben. [2]Über den Widerspruch im Vorverfahren entscheidet die Rechtsaufsichtsbehörde.

(5) [1]Mehrere für dieselbe Wahl zugelassene Wahlvorschläge sind bei der Wahl der Gemeinderäte vom Bürgermeister, bei der Wahl der Kreisräte vom Landrat spätestens am 20. Tag vor dem Wahltag öffentlich bekanntzumachen. [2]Ist nur ein oder kein Wahlvorschlag zugelassen worden, ist in gleicher Weise dieser Wahlvorschlag oder die Tatsache, daß kein Wahlvorschlag zugelassen worden ist, öffentlich bekanntzumachen und darauf hinzuweisen, daß Mehrheitswahl stattfindet.

§ 9 Aufstellung von Bewerbern. (1) [1]Als Bewerber in einer Partei kann in einem Wahlvorschlag nur benannt werden, wer in einer Versammlung der im Zeitpunkt ihres Zusammentritts wahlberechtigten Mitglieder der Partei im Wahlgebiet, bei der Wahl der Kreisräte im Wahlgebiet oder im Wahlkreis (Mitgliederversammlung), oder in einer Versammlung der von diesen aus ihrer Mitte gewählten Vertreter (Vertreterversammlung) gewählt worden ist; die Bewerber und die Vertreter für die Vertreterversammlung werden in geheimer Abstimmung nach dem in der Satzung der Partei vorgesehenen Verfahren gewählt. [2]In gleicher Weise ist die Reihenfolge der Bewerber festzulegen. [3]Die Wahlen der Bewerber dürfen frühestens 15 Monate, die Wahlen der Vertreter für die Vertreterversammlung 18 Monate vor Ablauf des Zeitraums, innerhalb dessen die nächste regelmäßige Wahl des zu wählenden Organs erfolgen muß, stattfinden. [4]Über die Wahl der Bewerber und die Festlegung ihrer Reihenfolge ist eine Niederschrift anzufertigen, in der Ort und Zeit der Versammlung, Form der Einladung, Zahl der erschienenen Mitglieder oder Vertreter und das Abstimmungsergebnis anzugeben sind; aus der Niederschrift muß sich ergeben, ob Einwendungen gegen das Wahlergebnis erhoben und wie diese von der Versammlung behandelt worden sind; Einzelheiten sind in der Niederschrift oder in einer Anlage festzuhalten. [5]Die Niederschrift ist mit dem Wahlvorschlag einzureichen. [6]Der Leiter der Versammlung und zwei Teilnehmer haben die Niederschrift zu unterzeichnen; sie haben dabei gegenüber dem Vorsitzenden des zuständigen Wahlausschusses (§ 8 Abs. 3) an Eides Statt zu versichern, daß die Wahl der Bewerber und die Festlegung ihrer Reihenfolge in geheimer Abstimmung und unter Einhaltung der Bestimmungen der Parteisatzung durchgeführt worden sind. [7]Der Vorsitzende des zuständigen Wahlausschusses ist zur Abnahme einer solchen Versicherung an Eides Statt zuständig; er gilt als Behörde im Sinne von § 156 des Strafgesetzbuches.

(2) Bewerber für die Wahl der Ortschaftsräte können in einer Versammlung der zum Zeitpunkt ihres Zusammentritts wahlberechtigten Mitglieder oder Ver-

treter der Partei in der Gemeinde gewählt werden, wenn die Zahl der wahlberechtigten Mitglieder in der Ortschaft nicht zur Bildung einer Mitgliederversammlung ausreicht.

(3) Absätze 1 und 2 gelten für die Wahlvorschläge mitgliedschaftlich organisierter Wählervereinigungen entsprechend.

(4) [1]Als Bewerber einer nicht mitgliedschaftlich organisierten Wählervereinigung kann nur benannt werden, wer in einer Versammlung der im Zeitpunkt ihres Zusammentritts wahlberechtigten Anhänger dieser Wählervereinigung im Wahlgebiet, bei der Wahl der Kreisräte im Wahlgebiet oder im Wahlkreis, in den letzten 15 Monaten vor Ablauf des Zeitraums, innerhalb dessen die nächste regelmäßige Wahl des zu wählenden Organs stattfinden muß, in geheimer Abstimmung von der Mehrheit der anwesenden Anhänger gewählt worden ist. [2] In gleicher Weise ist die Reihenfolge der Bewerber festzulegen. [3] Über die Wahl der Bewerber sowie über die Festlegung der Reihenfolge ist eine Niederschrift anzufertigen, in der Ort und Zeit der Versammlung, Form der Einladung, Zahl der erschienenen Anhänger und das Abstimmungsergebnis anzugeben sind; aus der Niederschrift muß sich ergeben, ob Einwendungen gegen das Wahlergebnis erhoben und wie diese von der Versammlung behandelt worden sind; Einzelheiten sind in der Niederschrift oder in einer Anlage festzuhalten. [4] Die Niederschrift ist mit dem Wahlvorschlag einzureichen. [5] Der Leiter der Versammlung und zwei Teilnehmer haben die Niederschrift zu unterzeichnen; sie haben dabei gegenüber dem Vorsitzenden des zuständigen Wahlausschusses (§ 8 Abs. 3) an Eides Statt zu versichern, daß die Wahl der Bewerber und die Festlegung ihrer Reihenfolge in geheimer Abstimmung durchgeführt worden sind. [6] Der Vorsitzende des zuständigen Wahlausschusses ist zur Abnahme einer solchen Versicherung an Eides Statt zuständig; er gilt als Behörde im Sinne von § 156 des Strafgesetzbuches. [7]Absatz 2 gilt entsprechend.

(5) [1]Bewerber in gemeinsamen Wahlvorschlägen können in getrennten Versammlungen der beteiligten Parteien und Wählervereinigungen oder in einer gemeinsamen Versammlung gewählt werden. [2]Absätze 1 bis 4 gelten entsprechend.

(6) [1]Männer und Frauen sollen gleichermaßen bei der Aufstellung eines Wahlvorschlags berücksichtigt werden. [2]Dies kann insbesondere in der Weise erfolgen, dass bei der Reihenfolge der Bewerberinnen und Bewerber in den Wahlvorschlägen Männer und Frauen abwechselnd berücksichtigt werden. [3]Die Beachtung der Sätze 1 und 2 ist nicht Voraussetzung für die Zulassung eines Wahlvorschlags.

5. Unterabschnitt

Bewerbungen zur Bürgermeisterwahl

§ 10 [Bewerbungen zur Bürgermeisterwahl]. (1) [1]Bewerbungen zur Bürgermeisterwahl können innerhalb der Einreichungsfrist schriftlich eingereicht und zurückgenommen werden. [2]Die Einreichungsfrist beginnt am Tag nach der Stellenausschreibung oder, wenn eine solche nicht stattgefunden hat, der öffentlichen Bekanntmachung der Wahl. [3]Das Ende der Einreichungsfrist darf vom Gemeinderat frühestens auf den 27. Tag vor dem Wahltag festgesetzt werden.

(2) [1]Die Einreichungsfrist für neue Bewerbungen zur Neuwahl nach § 45 Abs. 2 der Gemeindeordnung beginnt am ersten Werktag nach der ersten Wahl; ihr Ende darf vom Gemeinderat frühestens auf den dritten Tag nach dem Tag der ersten Wahl festgesetzt werden. [2]Innerhalb der Einreichungsfrist können auch die zu der ersten Wahl zugelassenen Bewerbungen zurückgenommen werden.

(3) [1]Bewerbungen zur Bürgermeisterwahl müssen

in Gemeinden über 20 000 bis zu 50 000 Einwohnern	von 50,
in Gemeinden bis zu 100 000 Einwohnern	von 100,
in Gemeinden bis zu 200 000 Einwohnern	von 150,
in Gemeinden über 200 000 Einwohnern	von 250

im Zeitpunkt der Unterzeichnung der Bewerbung wahlberechtigten Personen unterzeichnet sein; dies gilt nicht für den Bürgermeister, der sich um seine Wiederwahl bewirbt. [2]Ein Wahlberechtigter kann für dieselbe Wahl nicht mehrere Bewerbungen unterzeichnen. [3]Für die Neuwahl nach § 45 Abs. 2 der Gemeindeordnung ist die für die erste Wahl nach § 143 Satz 1 der Gemeindeordnung maßgebende Einwohnerzahl heranzuziehen.

(4) [1]Den Bewerbungen ist eine Bescheinigung über die Wählbarkeit des Bewerbers anzuschließen (Wählbarkeitsbescheinigung). [2]Für die Erstellung der Wählbarkeitsbescheinigung kann die Gemeinde eine Gebühr erheben. [3]Die Bewerber haben zusätzlich gegenüber dem Vorsitzenden des Gemeindewahlausschusses an Eides Statt zu versichern, daß sie nicht nach § 46 Abs. 2 der Gemeindeordnung von der Wählbarkeit ausgeschlossen sind. [4]§ 8 Abs. 2 Sätze 1 und 3 bis 5 sind entsprechend anzuwenden.

(5) [1]Der Gemeindewahlausschuß beschließt über die Zulassung der Bewerbungen spätestens am 16. Tag, für die Neuwahl nach § 45 Abs. 2 der Gemeindeordnung spätestens am 9. Tag vor dem Wahltag. [2]Der Gemeindewahlausschuß hat eine Bewerbung zurückzuweisen, wenn die Form oder Frist des Absatzes 1 Satz 1 nicht gewahrt, der Bewerber nicht wählbar ist, seine Person nicht feststeht, wenn er die erforderliche Zahl von Unterstützungsunterschriften nach Absatz 3 Satz 1 oder die Wählbarkeitsbescheinigung nach Absatz 4 Satz 1 nicht vorlegt oder wenn er die eidesstattliche Versicherung nach Absatz 4 Satz 3 nicht abgibt; die Bewerbung eines Unionsbürgers ist ferner zurückzuweisen, wenn er die eidesstattliche Versicherung nicht abgibt, daß er in seinem Herkunftsmitgliedstaat seine Wählbarkeit nicht verloren hat, oder wenn er die verlangte Bescheinigung nach § 8 Abs. 2 Satz 5 nicht vorlegt. [3]Über den Widerspruch eines Bewerbers gegen die Zurückweisung seiner Bewerbung entscheidet die Rechtsaufsichtsbehörde.

(6) Die zugelassenen Bewerbungen sind vom Bürgermeister spätestens am 15. Tag, für die Neuwahl nach § 45 Abs. 2 der Gemeindeordnung spätestens am 8. Tag vor dem Wahltag öffentlich bekanntzumachen.

6. Unterabschnitt

Wahlorgane

§ 11 Gemeindewahlausschuß. (1) [1]Dem Gemeindewahlausschuß obliegt die Leitung der Gemeindewahlen und die Feststellung des Wahlergebnisses. [2]Bei der Wahl der Kreisräte leitet er die Durchführung der Wahl in der Gemeinde und wirkt bei der Feststellung des Wahlergebnisses mit. [3]In Gemeinden, die für sich einen Wahlkreis für die Wahl der Kreisräte bilden, stellt der Gemeindewahlausschuss das Wahlergebnis im Wahlkreis fest.

(2) [1]Der Gemeindewahlausschuß besteht aus dem Bürgermeister als Vorsitzendem und mindestens zwei Beisitzern. [2]Die Beisitzer und Stellvertreter in gleicher Zahl wählt der Gemeinderat aus den Wahlberechtigten. [3]Ist der Bürgermeister Wahlbewerber oder Vertrauensperson für einen Wahlvorschlag, wählt der Gemeinderat den Vorsitzenden des Gemeindewahlausschusses und einen Stellvertreter aus den Wahlberechtigten und Gemeindebediensteten. [4]Für den Fall, daß bei einer sonstigen Verhinderung des Bürgermeisters auch alle seine Stellvertreter verhindert sind, kann der Gemeinderat einen oder mehrere stellvertretende Vorsitzende des Gemeindewahlausschusses aus den Wahlberechtigten und Gemeindebediensteten wählen.

(3) [1]Der Gemeindewahlausschuß ist beschlußfähig, wenn der Vorsitzende oder sein Stellvertreter und die Hälfte der Beisitzer oder Stellvertreter, mindestens jedoch zwei Beisitzer oder Stellvertreter anwesend sind. [2]Im übrigen gelten für den Geschäftsgang und die Beschlußfassung die Vorschriften für den Gemeinderat entsprechend.

(4) Der Bürgermeister bestellt den Schriftführer und die erforderlichen Hilfskräfte.

§ 12 Kreiswahlausschuß. (1) Dem Kreiswahlausschuß obliegt die Leitung der Wahl der Kreisräte im Wahlgebiet und in den Wahlkreisen, die sich aus mehreren Gemeinden zusammensetzen, sowie die Feststellung des Wahlergebnisses.

(2) [1]Der Kreiswahlausschuß besteht aus dem Landrat als Vorsitzendem und mindestens vier Beisitzern. [2]Die Beisitzer und Stellvertreter in gleicher Zahl wählt der Kreistag aus den Wahlberechtigten.

(3) [1]§ 11 Abs. 2 Sätze 3 und 4, Abs. 3 und 4 gilt entsprechend.[2]Der Landrat hat Stimmrecht.

§ 13 *(aufgehoben)*

§ 14 Wahlvorstände. (1) [1]Für jeden Wahlbezirk wird ein Wahlvorstand gebildet, der die Wahlhandlung leitet und das Wahlergebnis im Wahlbezirk feststellt. [2]Der Wahlvorstand besteht aus dem Wahlvorsteher als Vorsitzendem, seinem Stellvertreter und mindestens drei weiteren Beisitzern. [3]Die Mitglieder des Wahlvorstandes und die erforderlichen Hilfskräfte werden vom Bürgermeister aus den Wahlberechtigten und Gemeindebediensteten berufen. [4]Der Wahlvorsteher bestellt aus den Beisitzern den Schriftführer und dessen Stellvertreter.

(2) [1]In Gemeinden mit mehreren Wahlbezirken bildet der Bürgermeister einen oder mehrere Wahlvorstände für die Briefwahl (Briefwahlvorstand), wenn die zu erwartende Zahl von Wahlbriefen dies rechtfertigt, oder bestimmt, daß ein oder mehrere Wahlvorstände das Briefwahlergebnis zusammen mit dem Wahlergebnis im Wahlbezirk feststellen. [2]Die Aufgaben eines Wahlvorstandes oder Briefwahlvorstandes können auch vom Gemeindewahlausschuß mit wahrgenommen werden.

(3) In Gemeinden, die nur einen Wahlbezirk bilden, kann der Bürgermeister bestimmen, daß der Gemeindewahlausschuß zugleich die Aufgaben des Wahlvorstands wahrnimmt und auch das Briefwahlergebnis feststellt.

(4) [1]Der Wahlvorstand ist beschlußfähig, wenn mindestens drei Mitglieder, darunter jeweils der Wahlvorsteher und der Schriftführer oder deren Stellvertreter anwesend sind. [2]Fehlende Beisitzer sind vom Wahlvorsteher durch Wahlberechtigte oder Gemeindebedienstete zu ersetzen, wenn dies zur Herstellung der Beschlußfähigkeit des Wahlvorstandes erforderlich ist. [3]Im übrigen gelten für den Geschäftsgang und die Beschlußfassung des Wahlvorstandes die Vorschriften für den Gemeinderat entsprechend.

(5) [1]Die Gemeinden sind befugt, personenbezogene Daten von Wahlberechtigten zum Zweck ihrer Berufung zu Mitgliedern von Wahlvorständen zu erheben und weiter zu verarbeiten. [2]Zu diesem Zweck dürfen personenbezogene Daten von Wahlberechtigten, die zur Tätigkeit in Wahlvorständen geeignet sind, auch für künftige Wahlen verarbeitet werden, sofern der Betroffene der Verarbeitung nicht widersprochen hat. [3]Der Betroffene ist über das Widerspruchsrecht zu unterrichten. [4]Im Einzelnen dürfen Name, Vorname, Geburtsdatum, Anschrift, Telefonnummern, Zahl der Berufungen zu einem Mitglied der Wahlvorstände und die dabei ausgeübte Funktion erhoben und weiterverarbeitet werden.

(6) [1]Auf Ersuchen der Gemeinden sind zur Sicherstellung der Wahldurchführung die Behörden des Landes, der Gemeinden, der Landkreise sowie der sonstigen der Aufsicht des Landes unterstehenden juristischen Personen des öffentlichen Rechts verpflichtet, aus dem Kreis ihrer Bediensteten unter Angabe von Name, Vorname, Geburtsdatum und Anschrift zum Zweck der Berufung als Mitglieder der Wahlvorstände Personen zu benennen, die im Gebiet der ersuchenden Gemeinde wohnen. [2]Die ersuchte Stelle hat den Betroffenen über die übermittelten Daten und den Empfänger zu benachrichtigen.

§ 15 Gemeinsame Vorschriften über die Ausschüsse und Wahlvorstände. (1) [1]Die Mitglieder der Ausschüsse und Wahlvorstände nach §§ 11 bis 14 außer dem Bürgermeister und dem Landrat, die Stellvertreter der Mitglieder sowie die Schriftführer und die Hilfskräfte sind ehrenamtlich tätig. [2]Niemand darf in mehr als einem Wahlorgan Mitglied sein. [3]Wahlbewerber und Vertrauensleute für Wahlvorschläge dürfen nicht zu Mitgliedern eines Wahlorgans berufen werden.

(2) [1]Die Mitglieder der Wahlorgane, ihre Stellvertreter und die Schriftführer sind zur unparteiischen Wahrnehmung ihres Amtes und zur Verschwiegenheit über die ihnen bei ihrer amtlichen Tätigkeit bekannt gewordenen Angelegenheiten verpflichtet. [2]Sie dürfen in Ausübung ihres Amts ihr Gesicht nicht verhüllen.

§ 16 Besorgung der laufenden Wahlgeschäfte. (1) Die laufenden Geschäfte der Gemeindewahlen und die örtlichen Geschäfte der Wahl der Kreisräte besorgt der Bürgermeister.

(2) Die laufenden Geschäfte der Wahl der Kreisräte besorgt der Landrat.

7. Unterabschnitt

Wahlräume

§ 17 [Wahlräume]. Die Wahlräume, ihre Ausstattung und das erforderliche Hilfspersonal stellen die Gemeinden.

8. Unterabschnitt

Stimmzettel und Stimmzettelumschläge

§ 18 [Stimmzettel und Wahlumschläge]. (1) [1]Bei den Gemeindewahlen und bei der Wahl der Kreisräte wird mit amtlichen Stimmzetteln gewählt. [2]Die Stimmzettel müssen innerhalb des Wahlgebiets von gleicher Farbe sein.

(2) [1]Die Stimmzettel für die Wahl der Gemeinderäte und der Kreisräte werden den Wahlberechtigten zur persönlichen Stimmabgabe (§ 5 Abs. 2 Satz 1 und Satz 2 Nr. 1) spätestens einen Tag vor dem Wahltag zugesandt. [2]Der Stimmzettel für die Wahl des Bürgermeisters darf zur persönlichen Stimmabgabe nur im Wahlraum ausgehändigt werden. [3]Für die Stimmabgabe durch Briefwahl (§ 5 Abs. 2 Satz 2 Nr. 2) werden die Stimmzettel mit den weiteren Unterlagen auf Antrag ausgehändigt oder übersandt.

(3) Die Stimmzettelumschläge und die Wahlbriefumschläge werden von der Gemeinde gestellt.

(4) Die Verwendung eines Stimmzettelumschlags entfällt bei der Wahl des Bürgermeisters, soweit durch persönliche Stimmabgabe im Wahlraum gewählt wird und bei gleichzeitiger Durchführung mehrerer Wahlen nicht nach § 37

Abs. 4 Satz 4 bestimmt ist, dass der Stimmzettel in einem gemeinsamen Stimmzettelumschlag abzugeben ist.

3. Abschnitt

Wahlhandlung

§ 19 Stimmabgabe. (1) [1]Der Wahlberechtigte kann seine Stimme nur persönlich abgeben. [2]Ein Wahlberechtigter, der nicht schreiben oder lesen kann oder der wegen einer körperlichen Behinderung gehindert ist, seine Stimme allein abzugeben, kann sich der Hilfe einer Person seines Vertrauens bedienen.

(2) [1]Bei Verhältniswahl gibt der Wähler seine Stimme in der Weise ab, daß er auf einem oder mehreren Stimmzetteln

1. Bewerber, denen er eine Stimme geben will, durch ein Kreuz hinter dem vorgedruckten Namen, durch Eintragung des Namens oder auf sonst eindeutige Weise ausdrücklich als gewählt kennzeichnet,
2. Bewerber, denen er zwei oder drei Stimmen geben will, durch die Ziffer »2« oder »3« hinter dem Namen, durch Wiederholen des Namens oder auf sonst eindeutige Weise als mit zwei oder drei Stimmen gewählt kennzeichnet.

[2]Der Wähler kann seine Stimmen auch in der Weise abgeben, daß er einen Stimmzettel ohne Kennzeichnung oder im ganzen gekennzeichnet abgibt; dann gilt jeder Bewerber, dessen Name im Stimmzettel vorgedruckt ist, als mit einer Stimme gewählt, jedoch nur so viele Bewerber in der Reihenfolge von oben, wie in Gemeinden mit bis zu 3.000 Einwohnern Gemeinderäte oder bei unechter Teilortswahl Vertreter für den Wohnbezirk oder bei der Wahl der Kreisräte Mitglieder für den Wahlkreis zu wählen sind.

(3) [1]Bei Mehrheitswahl gibt der Wähler seine Stimmen in der Weise ab, daß er Bewerber, denen er eine Stimme geben will,

1. auf einem Stimmzettel mit vorgedruckten Namen durch ein Kreuz hinter dem vorgedruckten Namen, durch Eintragung des Namens oder auf sonst eindeutige Weise,
2. auf einem Stimmzettel ohne vorgedruckte Namen durch Eintragung des Namens

als gewählt kennzeichnet. [2]Absatz 2 Satz 2 gilt entsprechend, wenn der Stimmzettel vorgedruckte Namen enthält, bei der Wahl des Bürgermeisters jedoch nur dann, wenn der Stimmzettel nur einen vorgedruckten Namen enthält.

(4) [1]Bei der Briefwahl hat der Wähler dem Vorsitzenden des Gemeindewahlausschusses der Gemeinde, die den Wahlschein ausgestellt hat, im Wahlbrief den verschlossenen Stimmzettelumschlag, der den Stimmzettel enthält, sowie den Wahlschein so rechtzeitig zu übersenden, daß er dort spätestens am Wahltag bis zum Ende der Wahlzeit eingeht. [2]Auf dem Wahlschein ist durch Unterschrift an Eides Statt zu versichern, daß der Wähler den Stimmzettel persönlich oder nach Absatz 1 Satz 2 gekennzeichnet hat.

§ 20 Wahlzeit. [1]Die Wahlzeit dauert von 8 Uhr bis 18 Uhr. [2]Wird die Wahl am Tag der Wahl der Abgeordneten des Europäischen Parlaments aus der Bundesrepublik Deutschland, des Deutschen Bundestags oder des Landtags durchgeführt, richtet sich die Wahlzeit nach der Wahlzeit für die Parlamentswahl. [3]Wird die Wahl am Tag einer Volksabstimmung durchgeführt, richtet sich die Wahlzeit nach der Abstimmungszeit für die Volksabstimmung.

4. Abschnitt

Feststellung des Wahlergebnisses

§ 21 Öffentlichkeit. Die Wahlhandlung und die Feststellung des Wahlergebnisses sind öffentlich.

§ 22 Zurückweisung von Wahlbriefen. (1) [1]Bei der Briefwahl sind Wahlbriefe zurückzuweisen, wenn

1. der Wahlbrief nicht rechtzeitig eingegangen ist,
2. dem Wahlbriefumschlag kein oder kein gültiger Wahlschein beiliegt,
3. dem Wahlbriefumschlag kein Stimmzettelumschlag beiliegt,
4. weder der Wahlbriefumschlag noch der Stimmzettelumschlag verschlossen ist,
5. der Wahlbriefumschlag für dieselbe Wahl mehrere Stimmzettelumschläge, aber nicht die gleiche Anzahl gültiger und mit der vorgesehenen Versicherung an Eides Statt versehener Wahlscheine enthält,
6. der Wähler oder die Person seines Vertrauens die vorgeschriebene Versicherung an Eides Statt auf dem Wahlschein nicht unterschrieben hat,
7. kein amtlicher Stimmzettelumschlag oder ein für eine andere Wahl bestimmter Wahlumschlag benutzt worden ist,
8. ein Stimmzettelumschlag benutzt worden ist, der offensichtlich in einer das Wahlgeheimnis gefährdenden Weise von den übrigen abweicht oder einen deutlich fühlbaren Gegenstand enthält.

[2]Die Einsender zurückgewiesener Wahlbriefe werden nicht als Wähler gezählt; ihre Stimmen gelten als nicht abgegeben.

(2) Die Stimmen eines Wählers, der an der Briefwahl teilgenommen hat, werden nicht dadurch ungültig, daß er vor dem oder am Wahltag stirbt oder sein Wahlrecht verliert.

§ 23 Ungültige Stimmzettel. (1) Ungültig sind Stimmzettel, die

1. nicht amtlich hergestellt, für eine andere Wahl oder einen anderen Wahlkreis gültig sind,
2. keine gültigen Stimmen enthalten,
3. ganz durchgestrichen, durchgerissen oder durchgeschnitten sind,
4. einen beleidigenden oder auf die Person des Wählers hinweisenden Zusatz oder einen nicht nur gegen einzelne Bewerber gerichteten Vorbehalt enthalten,

5. mehr gültige Stimmen enthalten, als der Wähler hat,
6. in einem für eine andere Wahl bestimmten Stimmzettelumschlag abgegeben worden sind,
7. nicht in einem amtlichen Stimmzettelumschlag abgegeben worden sind, ausgenommen im Falle des § 18 Abs. 4,
8. in einem Stimmzettelumschlag abgegeben worden sind, in dem sich eine Äußerung im Sinne von Nummer 4 befindet oder
9. die in einem Stimmzettelumschlag abgegeben worden sind, der offensichtlich in einer das Wahlgeheimnis gefährdenden Weise von den übrigen abweicht oder einen deutlich fühlbaren Gegenstand enthält.

(2) [1]Enthält ein Stimmzettelumschlag mehrere gleich lautende Stimmzettel, ist nur einer zu werten. [2]Stimmen nicht alle im Stimmzettelumschlag enthaltenen Stimmzettel, die für dieselbe Wahl gelten, miteinander überein, gilt folgendes:

1. Unveränderte Stimmzettel sind von der Wertung ausgeschlossen,
2. von danach verbleibenden gleich lautend veränderten Stimmzetteln ist nur einer zu werten,
3. nicht gleich lautend veränderte Stimmzettel gelten als ein gültiger Stimmzettel, wenn sie nicht mehr gültige Stimmen enthalten, als der Wähler hat.

[3]Verändert ist ein Stimmzettel, wenn auf ihm vorgedruckte Namen von Bewerbern besonders gekennzeichnet oder gestrichen oder Namen von Bewerbern vom Wähler eingetragen sind oder wenn er im ganzen gekennzeichnet ist. [4]Ist von mehreren in einem Stimmzettelumschlag enthaltenen Stimmzetteln keiner zu werten, gelten sie als ein ungültiger Stimmzettel.

(3) Ein Stimmzettelumschlag, der keinen Stimmzettel enthält, gilt als ein ungültiger Stimmzettel.

§ 24 Ungültige Stimmen. (1) Ungültig sind Stimmen,

1. wenn der Name des Gewählten auf dem Stimmzettel nicht lesbar, die Person des Gewählten aus dem Stimmzettel nicht unzweifelhaft erkennbar, gegenüber dem Gewählten ein Vorbehalt beigefügt oder im Falle der unechten Teilortswahl nicht ersichtlich ist, für welchen Wohnbezirk der Bewerber gewählt sein soll,
2. soweit bei Stimmenhäufung die Häufungszahl nicht lesbar oder ihre Zuwendung an einen bestimmten Bewerber nicht erkennbar ist,
3. soweit sie unter Überschreitung der zulässigen Häufungszahl auf einen Bewerber abgegeben worden sind oder
4. wenn bei Verhältniswahl der Stimmzettel Namen von Bewerbern enthält, die auf keinem zugelassenen Wahlvorschlag des Wahlgebiets, im Falle der Einteilung des Wahlgebiets in Wahlkreise des Wahlkreises, stehen oder die im Falle der unechten Teilortswahl auf einem zugelassenen Wahlvorschlag nicht als Bewerber für den gleichen Wohnbezirk aufgeführt sind.

(2) Hat bei unechter Teilortswahl der Wähler in einem Wohnbezirk mehr Bewerbern Stimmen gegeben, als für den Wohnbezirk Vertreter zu wählen sind, so sind die Stimmen für alle Bewerber dieses Wohnbezirks ungültig.

§ 25 Verteilung der Sitze auf die Wahlvorschläge bei der Verhältniswahl. (1) [1]Die Sitze werden bei der Wahl der Gemeinderäte vom Gemeindewahlausschuss auf die Wahlvorschläge nach dem Verhältnis der ihnen zufallenden Gesamtstimmenzahlen in der Weise verteilt, dass diese Zahlen der Reihe nach durch ungerade Zahlen in aufsteigender Reihenfolge, beginnend mit der Zahl eins, geteilt und von den dabei ermittelten, wahlvorschlagsübergreifend der Größe nach in absteigender Reihenfolge zu ordnenden Zahlen so viele Höchstzahlen ausgesondert werden, als Gemeinderäte zu wählen sind. [2]Jeder Wahlvorschlag erhält so viele Sitze, als nach Satz 1 ausgesonderte Höchstzahlen auf ihn entfallen. [3]Sind Höchstzahlen gleich, entscheidet über die Reihenfolge ihrer Zuteilung das Los.

(2) [1]Im Falle der unechten Teilortswahl werden zunächst die innerhalb der einzelnen Wahlvorschläge den Vertretern des einzelnen Wohnbezirks zugefallenen Stimmen zusammengezählt und die Summen als Gesamtstimmenzahlen nach Absatz 1 geteilt. [2]Von den dabei gefundenen, der Größe nach zu ordnenden Zahlen werden so viel Höchstzahlen ausgesondert, als jeder Wohnbezirk Sitze zu beanspruchen hat. [3]Jeder Wahlvorschlag erhält für den einzelnen Wohnbezirk so viel Sitze, als Höchstzahlen auf ihn entfallen. [4]Sind Höchstzahlen gleich, entscheidet über die Reihenfolge der Zuteilung das Los. [5]Sodann werden die auf jeden Wahlvorschlag im Wahlgebiet entfallenden Gesamtstimmenzahlen ermittelt und die im Wahlgebiet insgesamt zu besetzenden Sitze auf die Wahlvorschläge nach dem Verhältnis der ihnen im Wahlgebiet zugefallenen Gesamtstimmenzahlen nach Absatz 1 verteilt. [6]Auf die danach den Wahlvorschlägen zukommenden Sitze werden die in den Wohnbezirken zugeteilten Sitze angerechnet. [7]Wurden einem Wahlvorschlag in den Wohnbezirken insgesamt mehr Sitze zugeteilt, als ihm nach dem Verhältnis der Gesamtstimmenzahlen im Wahlgebiet zukommen würden, bleibt es bei dieser Zuteilung; in diesem Fall ist mit der Verteilung von Sitzen nach Satz 5 so lange fortzufahren, bis den Wahlvorschlägen, die Mehrsitze erhalten haben, diese auch nach dem Verhältnis der Gesamtstimmenzahlen zufallen würden. [8]Bei gleicher Höchstzahl fällt der letzte Sitz an den Wahlvorschlag, der Mehrsitze erlangt hat. [9]Durch die Zuteilung von Sitzen nach Satz 7 darf die Zahl der Gemeinderäte, die sich aus § 25 Abs. 2 Satz 1 der Gemeindeordnung oder aus der Hauptsatzung der Gemeinde ergibt, höchstens verdoppelt werden.

(3) Bei der Wahl der Kreisräte werden die Sitze vom Kreiswahlausschuß auf die Wahlvorschläge in den Wahlkreisen und unter die gleichen Parteien und Wählervereinigungen im Wahlgebiet auf Grund von § 22 Abs. 6 der Landkreisordnung nach Absatz 1 verteilt.

§ 26 Verteilung der Sitze auf die einzelnen Bewerber bei der Verhältniswahl. (1) [1]Die bei der Wahl der Gemeinderäte auf die einzelnen Wahlvorschläge nach § 25 Abs. 1 entfallenen Sitze werden den in den Wahlvorschlägen aufgeführten Bewerbern in der Reihenfolge der von ihnen erreichten Stimmenzahlen zugeteilt. [2]Haben mehrere Bewerber die gleiche Stimmenzahl erhalten, entscheidet die Reihenfolge der Benennung im Wahlvorschlag. [3]Die Bewerber, auf die nach den Sätzen 1 und 2 kein Sitz entfällt, sind in der Reihenfolge der von ihnen erreichten Stimmenzahlen als Ersatzpersonen ihres Wahlvorschlags festzustellen.

(2) [1]Im Falle der unechten Teilortswahl sind die auf die Wahlvorschläge nach § 25 Abs. 2 Sätze 1 bis 4 entfallenen Sitze für die einzelnen Wohnbezirke den Bewerbern dieser Wahlvorschläge für die Wohnbezirke in der Reihenfolge der auf sie entfallenen Stimmenzahlen zuzuweisen. [2]Haben mehrere dieser Bewerber die gleiche Stimmenzahl erhalten, entscheidet die Reihenfolge ihrer Benennung im Wahlvorschlag. [3]Die Bewerber, auf die nach den Sätzen 1 und 2 kein Sitz entfällt, sind in der Reihenfolge der von ihnen erreichten Stimmenzahlen als Ersatzpersonen ihres Wahlvorschlags für den Wohnbezirk festzustellen. [4]Die auf die Wahlvorschläge nach § 25 Abs. 2 Sätze 5 bis 9 entfallenen weiteren Sitze werden den nach den Sätzen 1 und 2 nicht zum Zuge gekommenen Bewerbern in der Reihenfolge der von ihnen erreichten Stimmenzahlen zugeteilt; bei gleicher Stimmenzahl entscheidet das Los. [5]Die Bewerber, auf die nach Satz 4 kein Sitz entfällt, sind in der Reihenfolge der von ihnen erreichten Stimmenzahlen als Ersatzpersonen ihres Wahlvorschlags festzustellen; Ersatzpersonen im Sinne des Satzes 3 bleiben auch die Bewerber, denen ein Sitz nach Satz 4 zugeteilt wird.

(3) [1]Bei der Wahl der Kreisräte werden die nach § 22 Abs. 6 Satz 1 der Landkreisordnung auf die einzelnen Wahlvorschläge in den Wahlkreisen entfallenen Sitze den Bewerbern nach Absatz 1 Sätze 1 und 2 zugeteilt. [2]Die Bewerber, auf die nach Satz 1 kein Sitz entfällt, sind in der Reihenfolge der von ihnen erreichten Stimmenzahlen als Ersatzpersonen ihres Wahlvorschlags für den Wahlkreis festzustellen. [3]Die den Parteien und Wählervereinigungen nach § 22 Abs. 6 Sätze 2 bis 6 der Landkreisordnung zugefallenen weiteren Sitze werden den nach Satz 1 nicht zum Zuge gekommenen Bewerbern in der Reihenfolge der von ihnen erreichten, durch die Zahl der in ihrem Wahlkreis zu wählenden Bewerber geteilten Stimmenzahlen (gleichwertige Stimmenzahlen) zugeteilt; bei gleicher Stimmenzahl entscheidet das Los. [4]Ein Bewerber wird bei der Zuteilung übergangen, wenn sein Wahlkreis nur aus einer Gemeinde besteht und durch diese Zuteilung auf diesen Wahlkreis mehr als zwei Fünftel der im Wahlgebiet insgesamt zu besetzenden Sitze entfielen. [5]Die Bewerber, auf die nach Satz 3 kein Sitz entfällt, sind in der Reihenfolge der von ihnen erreichten gleichwertigen Stimmenzahlen als Ersatzpersonen ihrer Partei oder Wählervereinigung festzustellen; Ersatzpersonen im Sinne des Satzes 2 bleiben auch die Bewerber, denen ein Sitz nach Satz 3 zugeteilt wird.

(4) Entfallen bei der Wahl der Gemeinderäte auf einen Wahlvorschlag, bei der Wahl der Kreisräte auch auf eine Partei oder Wählervereinigung mehr Sitze, als Bewerber vorhanden sind, bleiben die überschüssigen Sitze unbesetzt.

(5) In den Fällen der Absätze 1 bis 3 werden auch Gewählte, die wegen eines Hinderungsgrundes nicht in die Vertretungskörperschaft eintreten können oder ausscheiden müssen, in der Reihenfolge der von ihnen erreichten Stimmenzahlen Ersatzpersonen ihres Wahlvorschlags.

§ 27 Verteilung der Sitze auf die einzelnen Bewerber bei der Mehrheitswahl. (1) [1]Findet bei der Wahl der Gemeinderäte Mehrheitswahl statt, sind die Bewerber mit den höchsten Stimmenzahlen in der Reihenfolge dieser Zahlen gewählt. [2]Bei Stimmengleichheit entscheidet das Los. [3]Die nicht gewählten Bewerber sind in der Reihenfolge der auf sie entfallenen Stimmenzahlen als Ersatzpersonen festzustellen.

(2) [1]Findet im Falle der unechten Teilortswahl Mehrheitswahl statt, sind die Bewerber des einzelnen Wohnbezirks in der Reihenfolge der von ihnen erreichten Stimmenzahlen gewählt. [2]Bei Stimmengleichheit entscheidet das Los. [3]Die nicht gewählten Bewerber sind in der Reihenfolge der auf sie entfallenen Stimmenzahlen als Ersatzpersonen für den Wohnbezirk festzustellen.

(3) [1]Findet bei der Wahl der Kreisräte in einem Wahlkreis Mehrheitswahl statt, sind die Bewerber in der Reihenfolge der von ihnen erreichten Stimmenzahlen gewählt. [2]Bei Stimmengleichheit entscheidet das Los. [3]Die nicht gewählten Bewerber sind in der Reihenfolge der auf sie entfallenen Stimmenzahlen als Ersatzpersonen für den Wahlkreis festzustellen.

(4) In den Fällen der Absätze 1 bis 3 gilt § 26 Abs. 5 entsprechend.

§ 28 Wahlergebnis. [1]Bei den Gemeindewahlen ist das Wahlergebnis für das Wahlgebiet vom Gemeindewahlausschuß unverzüglich festzustellen und vom Bürgermeister in der Gemeinde öffentlich bekanntzumachen. [2]Entsprechendes gilt für die Wahl der Kreisräte.

5. Abschnitt

Prüfung und Anfechtung von Wahlen

§ 29 Absage der Wahl. [1]Wird während der Vorbereitung der Wahl ein offenkundiger, vor der Wahl nicht mehr behebbarer Mangel festgestellt, wegen dem die Wahl im Fall ihrer Durchführung im Wahlprüfungsverfahren für ungültig erklärt werden müßte, so sagt die Rechtsaufsichtsbehörde die Wahl ab. [2]Bei Gemeindewahlen macht der Bürgermeister, bei der Wahl der Kreisräte der Landrat dies öffentlich bekannt mit dem Hinweis, daß die Wahl zu einem späteren Zeitpunkt stattfinden wird.

§ 30 Wahlprüfung. (1) [1]Die Gültigkeit der Gemeindewahlen und der Wahl der Kreisräte ist durch die Rechtsaufsichtsbehörde binnen einer Frist von einem Monat nach der öffentlichen Bekanntmachung des Wahlergebnisses zu prüfen. [2]Wird die Wahl von der Rechtsaufsichtsbehörde innerhalb dieser Frist nicht beanstandet, ist sie als gültig anzusehen. [3]Im Falle der Anfechtung der Wahl beginnt die Frist für die Prüfung ihrer Rechtsgültigkeit durch die Rechtsaufsichtsbehörde mit der Entscheidung über den letzten Einspruch. [4]Bei Verstößen gegen die Vorschrift über die Wählbarkeit kann die Zuteilung eines Sitzes oder die Wahl zum Bürgermeister auch nach Ablauf der Wahlprüfungsfrist (Sätze 1 und 3) für ungültig erklärt werden.

(2) Gegen die Entscheidung der Wahlprüfungsbehörde kann der von ihr betroffene Bewerber unmittelbar Anfechtungsklage erheben.

§ 31 Wahlanfechtung. (1) [1]Gegen die Wahl kann binnen einer Woche nach der öffentlichen Bekanntmachung des Wahlergebnisses von jedem Wahlberechtigten und von jedem Bewerber Einspruch bei der Rechtsaufsichtsbehörde erhoben werden. [2]Nach Ablauf der Einspruchsfrist können weitere Einspruchsgründe nicht mehr geltend gemacht werden. [3]Der Einspruch eines Wahlberechtigten und eines Bewerbers, der nicht die Verletzung seiner Rechte geltend macht, ist nur zulässig, wenn ihm 1 vom Hundert der Wahlberechtigten, mindestens jedoch fünf Wahlberechtigte, bei mehr als 10 000 Wahlberechtigten mindestens 100 Wahlberechtigte beitreten.

(2) [1]Soweit auf einen Einspruch die Wahl oder die Zuteilung eines Sitzes für ungültig erklärt oder die Feststellung des Wahlergebnisses aufgehoben wird, hat bei einer Gemeindewahl die Gemeinde, bei der Wahl der Kreisräte der Landkreis dem Einsprechenden die notwendigen Aufwendungen zu erstatten. [2]Dies gilt auch, wenn der Einspruch nur deshalb nicht erfolgreich ist, weil der geltend gemachte Mangel keinen Einfluß auf das Wahlergebnis hatte. [3]Über den Umfang der Erstattung entscheidet die Rechtsaufsichtsbehörde.

(3) Gegen die Entscheidung über den Einspruch können der Wahlberechtigte, der Einspruch erhoben hat, und der durch die Entscheidung betroffene Bewerber unmittelbar Anfechtungs- oder Verpflichtungsklage erheben.

§ 32 Grundsätze für die Wahlprüfung und Wahlanfechtungsgründe. (1) Die Wahl ist für ungültig zu erklären, wenn ihr Ergebnis dadurch beeinflußt werden konnte, daß

1. der Bewerber oder Dritte bei der Wahl eine strafbare Handlung im Sinne der §§ 107, 107a, 107b, 107c, 108, 108a, 108b, § 108d Satz 2, § 240 des Strafgesetzbuches oder eine andere gegen ein Gesetz verstoßende Wahlbeeinflussung begangen haben oder
2. wesentliche Vorschriften über die Wahlvorbereitung, die Wahlhandlung oder über die Ermittlung und Feststellung des Wahlergebnisses unbeachtet geblieben sind.

(2) [1]Die Zuteilung eines Sitzes im Gemeinderat oder Kreistag sowie die Wahl des Bürgermeisters ist für ungültig zu erklären, wenn der Bewerber zur Zeit der Wahl nicht wählbar war. [2]Das gleiche gilt, wenn sich ein Bewerber zugunsten seiner eigenen Wahl eines Vergehens im Sinne der §§ 107, 107a, 107b, 107c, 108, 108a, 108b, § 108d Satz 2 oder § 240 des Strafgesetzbuches schuldig gemacht hat, auch wenn dadurch das Wahlergebnis nicht beeinflußt werden konnte.

(3) Wird die Feststellung des Wahlergebnisses für unrichtig erachtet, ist sie aufzuheben und eine neue Feststellung des Wahlergebnisses anzuordnen.

(4) [1]Die Gewählten können ihr Amt erst nach der rechtskräftigen Entscheidung über die Gültigkeit der Wahl und ihrer Wählbarkeit antreten. [2]Gemeinde-

räte und Kreisräte treten ihr Amt jedoch schon nach Feststellung der Gültigkeit der Wahl durch die Wahlprüfungsbehörde oder nach ungenutztem Ablauf der Wahlprüfungsfrist an.

§ 33 Teilweise Ungültigkeit. [1]Wenn erhebliche Verstöße nur in einzelnen Wahlkreisen oder Wahlbezirken vorgekommen sind, kann die Wahl auch nur im Wahlkreis oder im Wahlbezirk für ungültig erklärt werden. [2]War das Wählerverzeichnis in einem Wahlbezirk unrichtig, kann nur die ganze Wahl, bei der Wahl der Kreisräte auch beschränkt auf die Wahl in dem Wahlkreis, dem der Wahlbezirk angehört, für ungültig erklärt werden.

6. Abschnitt

Wiederholungswahlen, Neuwahlen und Neufeststellung des Wahlergebnisses

§ 34 Wiederholungs- und Neuwahlen. (1) [1]Soweit die Wahl für ungültig erklärt wird, hat bei Gemeindewahlen der Gemeinderat, bei der Wahl der Kreisräte der Kreistag unverzüglich eine Wiederholungswahl anzuordnen, wenn die Wahl nicht auf Grund der Unrichtigkeit der Wählerverzeichnisse oder von Mängeln der Wahlvorschläge für ungültig erklärt worden ist. [2]Hierbei sind die Wahlvorbereitungen nur insoweit zu erneuern, als dies nach der rechtskräftigen Entscheidung erforderlich ist. [3]Die Wählerverzeichnisse sind insoweit zu berichtigen, als sich bei den am Tag der Hauptwahl wahlberechtigten Personen Wahlausschließungsgründe ergeben haben. [4]Auf den Wahlvorschlägen sind die Bewerber zu streichen, die seit dem Tag der Hauptwahl die Wählbarkeit verloren haben. [5]Eine Wiederholungswahl ist jedoch nur innerhalb der Frist von sechs Monaten vom Tag der Hauptwahl an zulässig.

(2) Wird die Wahl wegen Unrichtigkeit der Wählerverzeichnisse oder Mängel der Wahlvorschläge für ungültig erklärt oder ist die Frist des Absatzes 1 Satz 5 verstrichen, ist Neuwahl nach den Vorschriften für die Hauptwahl anzuordnen.

(3) Wird die nach § 45 Abs. 2 der Gemeindeordnung durchgeführte Wahl eines Bürgermeisters nicht nur teilweise für ungültig erklärt, ist stets Neuwahl nach den Vorschriften für die Hauptwahl anzuordnen; Hauptwahl ist die Wahl nach § 45 Abs. 1 der Gemeindeordnung.

§ 35 Wiederholungs- und Neuwahlen bei Teilungültigkeit. (1) [1]Ist die Wahl im Wahlkreis für ungültig erklärt worden, ist die Wiederholungswahl oder Neuwahl im Wahlkreis durchzuführen. [2]Ist die Wahl nur in einem Wahlbezirk für ungültig erklärt worden, findet in diesem nur Wiederholungswahl statt; ist eine Wiederholungswahl wegen Ablaufs der Frist des § 34 Abs. 1 Satz 5 nicht mehr durchführbar, gilt die gesamte Wahl, bei der Wahl der Kreisräte die Wahl in dem Wahlkreis, dem der Wahlbezirk angehört, als ungültig mit der Maßgabe, daß in diesem Gebiet Neuwahl durchzuführen ist.

(2) Ist nach Absatz 1 eine Wahl in einem Wahlkreis oder Wahlbezirk durchzuführen, so ist das gesamte Ergebnis der Wahl neu festzustellen; im übrigen gilt § 34 entsprechend.

§ 36 Neufeststellung des Wahlergebnisses. [1]Ist die Feststellung des Wahlergebnisses rechtskräftig aufgehoben, hat bei Gemeindewahlen der Gemeindewahlausschuß, bei der Wahl der Kreisräte der Kreiswahlausschuß das Wahlergebnis der Entscheidung entsprechend neu festzustellen. [2]Auf die Bekanntmachung des berichtigten Wahlergebnisses findet § 28 Anwendung.

7. Abschnitt

Gleichzeitige Durchführung mehrerer Wahlen

§ 37 Wahl der Gemeinderäte und der Ortschaftsräte. (1) Die Bekanntmachung der Wahl der Ortschaftsräte wird mit der Bekanntmachung der Wahl der Gemeinderäte (§ 3 Abs. 1) verbunden.

(2) [1]Der Gemeindewahlausschuß für die Wahl der Gemeinderäte ist auch für die Wahl der Ortschaftsräte zuständig. [2]Die Einteilung in Wahlbezirke, die Wahlräume, die Wählerverzeichnisse und die Wahlvorstände sind für die Wahl der Gemeinderäte und für die Wahl der Ortschaftsräte dieselben. [3]Werden für die Wahl der Gemeinderäte und Ortschaftsräte jeweils besondere Stimmzettelumschläge verwendet (Absatz 4 Satz 3), so können mit der Feststellung des Briefwahlergebnisses jeder Wahl unter den Voraussetzungen des § 14 Abs. 2 verschiedene Wahlvorstände oder Briefwahlvorstände betraut werden.

(3) Für die Wahl der Gemeinderäte und für die Wahl der Ortschaftsräte sind getrennte Wahlvorschläge einzureichen.

(4) [1]Für die Wahl der Ortschaftsräte sind in jeder Ortschaft besondere Stimmzettel zu verwenden. [2]Sie müssen sich in der Farbe von den Stimmzetteln für die Wahl der Gemeinderäte unterscheiden. [3]Die Stimmzettel für die Wahl der Gemeinderäte und für die Wahl der Ortschaftsräte sind jeweils in besonderen Stimmzettelumschlägen abzugeben; diese müssen von gleicher Farbe wie die zugehörigen Stimmzettel sein. [4]Abweichend von Satz 3 kann der Bürgermeister bestimmen, daß die Stimmzettel für die Wahl der Gemeinderäte und die Wahl der Ortschaftsräte in einem Stimmzettelumschlag abzugeben sind.

§ 38 Wahl der Kreisräte. (1) Die Wahl der Kreisräte kann gleichzeitig mit der Wahl der Gemeinderäte und der Ortschaftsräte durchgeführt werden.

(2) [1]Für die gleichzeitige Durchführung der Wahl der Kreisräte gilt § 37 Abs. 2 bis 4 entsprechend. [2]Die nur für die Wahl der Kreisräte Wahlberechtigten sind in den Wählerverzeichnissen gesondert aufzuführen.

§ 38a Wahl des Bürgermeisters. [1]Der Gemeinderat kann bestimmen, dass die Wahl des Bürgermeisters am Tag der Wahl der Abgeordneten des Europäischen Parlaments aus der Bundesrepublik Deutschland, des Deutschen Bundestags, des Landtags, der Mitglieder der Regionalversammlung des Verbands Region Stuttgart, der Kreisräte, der Gemeinderäte, der Ortschaftsräte und der Bezirksbeiräte sowie am Tag einer Volksabstimmung durchgeführt wird. [2]§ 37 Abs. 2 bis 4 gilt entsprechend.

8. Abschnitt

Wahlkosten, Wahlstatistik

§ 39 Wahlkosten. (1) Die Kosten für die Gemeindewahlen trägt die Gemeinde.

(2) Die Kosten für die Wahl der Kreisräte trägt der Landkreis; soweit die Kosten bei den Gemeinden entstehen, trägt sie die Gemeinde.

§ 39a Statistische Auswertung der Wahlergebnisse im Land. (1) [1]Die Gemeinden und Landkreise berichten das Wahlergebnis jeder regelmäßigen Wahl der Gemeinderäte, der Ortschaftsräte, der Bezirksbeiräte und der Kreisräte der obersten Rechtsaufsichtsbehörde nach deren näherer Bestimmung. [2]Dabei können auch Angaben über den Anteil der Frauen und der Unionsbürger bei den Bewerbern und den gewählten Personen angefordert werden. [3]Das Statistische Landesamt fertigt auf Grund dieser Berichte eine zusammenfassende Darstellung der Ergebnisse.

(2) Die oberste Rechtsaufsichtsbehörde kann weitere statistische Auswertungen auf Grund der Wahlunterlagen vornehmen oder vornehmen lassen und hierzu von den Gemeinden und Landkreisen Berichte anfordern.

(3) Bei der statistischen Bearbeitung von Wahlergebnissen darf die Wahlbeteiligung nicht für kleinere räumliche Einheiten als Wahlbezirke ausgewertet werden.

(4) Dem Statistischen Landesamt obliegen die statistische Auswertung der Wahlergebnisse auf überregionaler Ebene sowie die rechnerische Unterstützung bei Änderungen des Wahlsystems.

§ 39b Repräsentative Wahlstatistik in der Gemeinde. (1) [1]Die Gemeinde kann für eigene statistische Zwecke über das Ergebnis von Gemeindewahlen unter Wahrung des Wahlgeheimnisses in ausgewählten Wahlbezirken eine Statistik auf repräsentativer Grundlage über die Wahlberechtigten, Wahlscheinvermerke und die Beteiligung an der Wahl nach Geschlecht, Staatsangehörigkeit und Geburtsjahresgruppen erstellen. [2]§ 39 a Absatz 3 gilt entsprechend. [3]Die wahlstatistischen Auszählungen und Auswertungen dürfen nur von einer Statistikstelle im Sinne von § 9 Absatz 1 des Landesstatistikgesetzes vorgenommen werden.

(2) Die ausgewählten Wahlbezirke müssen jeweils mindestens 500 Wahlberechtigte umfassen.

(3) [1]Erhebungsmerkmale für die Statistik sind Wahlscheinvermerk, Beteiligung an der Wahl, Geschlecht, Staatsangehörigkeit und Geburtsjahresgruppe. [2]Hilfsmerkmal ist der Wahlbezirk. [3]Bei der Staatsangehörigkeit darf nur zwischen Deutschen und Unionsbürgern unterschieden werden. [4]Für die Erhebung dürfen höchstens zehn Geburtsjahresgruppen gebildet werden, in denen jeweils mindestens drei Geburtsjahrgänge zusammengefasst sind. [5]Aus den Geburtsjahrgängen der Wahlberechtigten, die das 18. Lebensjahr noch nicht vollendet haben, darf eine weitere Geburtsjahresgruppe gebildet werden, wenn bei dieser Geburtsjahresgruppe entweder keine Erhebung nach Geschlecht oder keine Erhebung nach Staatsangehörigkeit erfolgt.

(4) [1]Die Erhebung wird nach der Wahl durch Auszählung der Wählerverzeichnisse durchgeführt. [2]Durch die Statistik darf die Feststellung des Wahlergebnisses nicht verzögert werden. [3]Die Ergebnisse der Statistik für einzelne Wahlbezirke oder Briefwahlbezirke dürfen nicht bekannt gegeben werden.

9. Abschnitt

Anhörung der Bürger, Bürgerentscheid, Bürgerbegehren

§ 40 Anhörung der Bürger bei Grenzänderungen. [1]Auf die Durchführung der Anhörung der Bürger bei Grenzänderungen nach § 8 der Gemeindeordnung, die der Gemeinde obliegt, finden die Bestimmungen für die Wahl des Bürgermeisters mit Ausnahme des 5. Abschnitts entsprechende Anwendung. [2]An die Stelle des Wählerverzeichnisses tritt ein besonderes Verzeichnis der Anhörungsberechtigten, in welches die Bürger eingetragen werden, die in dem von der Grenzänderung unmittelbar betroffenen Gebiet wohnen und nicht vom Wahlrecht ausgeschlossen sind. [3]Sind nur die Bürger eines Gebietsteils anzuhören, kann der Bürgermeister einen Beamten der Gemeinde mit seiner Vertretung im Vorsitz des Gemeindewahlausschusses beauftragen. [4]Für mehrere an demselben Tag durchzuführende Anhörungen sind der Gemeindewahlausschuß und der Wahlvorstand dieselben. [5]Sind weniger als 100 Bürger anhörungsberechtigt, kann der Gemeinderat die Abstimmungszeit abweichend von § 20 festsetzen; sie muß mindestens drei Stunden betragen. [6]Im Fall des § 8 Abs. 3 und 6 der Gemeindeordnung kann die Rechtsaufsichtsbehörde den Zeitpunkt für die Anhörung der Bürger bestimmen.

§ 41 Antrag auf Einwohnerversammlung, Einwohnerantrag, Bürgerbegehren, Bürgerentscheid. (1) [1]Der Antrag auf eine Einwohnerversammlung und der Einwohnerantrag können nur von Einwohnern unterzeichnet werden, die im Zeitpunkt der Unterzeichnung das 16. Lebensjahr vollendet haben und seit mindestens drei Monaten in der Gemeinde wohnen. [2]§ 12 Absatz 1 Satz 2 der Gemeindeordnung gilt entsprechend. [3]Das Bürgerbegehren kann nur von

Bürgern unterzeichnet werden, die im Zeitpunkt der Unterzeichnung wahlberechtigt sind.

(2) [1]Gegen die Zurückweisung eines Antrags auf eine Einwohnerversammlung, eines Einwohnerantrags und eines Bürgerbegehrens kann jeder Unterzeichner Anfechtungs- oder Verpflichtungsklage erheben. [2]Über den Widerspruch im Vorverfahren entscheidet die Rechtsaufsichtsbehörde.

(3) [1]Für die Durchführung des Bürgerentscheids gelten die Bestimmungen über die Wahl des Bürgermeisters mit Ausnahme des 5. Abschnitts entsprechend. [2]Der Bürgerentscheid kann am Tag der Wahl der Abgeordneten des Europäischen Parlaments aus der Bundesrepublik Deutschland, des Deutschen Bundestags, des Landtags, der Mitglieder der Regionalversammlung des Verbands Region Stuttgart, der Kreisräte, der Gemeinderäte, der Ortschaftsräte, der Bezirksbeiräte und des Bürgermeisters sowie am Tag einer Volksabstimmung durchgeführt werden. [3]§ 20 Satz 2 und 3 und § 37 Abs. 2 bis 4 gelten entsprechend; der Bürgermeister kann bestimmen, dass der Stimmzettel auch bei der persönlichen Stimmabgabe im Wahlraum in einem gemeinsamen Stimmzettelumschlag für kommunale Wahlen nach § 37 Abs. 4 Satz 4 abzugeben ist.

10. Abschnitt

Regionalversammlung des Verbandes Region Stuttgart

§§ 42 – 48 *(aufgehoben)*

§ 49 Wahltag, Anwendung von Rechtsvorschriften. (1) [1]Die regelmäßigen Wahlen der Mitglieder der Regionalversammlung werden gemeinsam mit den regelmäßigen Wahlen der Gemeinderäte durchgeführt. [2]Im übrigen bestimmt die Regionalversammlung den Wahltag.

(2) [1]Soweit in den §§ 50 bis 54 nichts anderes bestimmt ist, finden die Vorschriften dieses Gesetzes für die Wahlen der Kreisräte auf die Wahl der Mitglieder der Regionalversammlung entsprechende Anwendung. [2]Die Wahl der Mitglieder der Regionalversammlung hat der Hauptverwaltungsbeamte des Verbandes spätestens am 69. Tag vor dem Wahltag öffentlich bekanntzumachen.

§ 50 Wahlvorschläge. (1) Abweichend von § 8 Abs. 1 Satz 2 muß ein Wahlvorschlag für die Wahl der Mitglieder der Regionalversammlung von 250 im Zeitpunkt der Unterzeichnung des Wahlvorschlags in einer Gemeinde des Wahlkreises wahlberechtigten Personen unterzeichnet sein.

(2) Der Verbandswahlausschuß prüft die Gesetzmäßigkeit der Wahlvorschläge und beschließt über ihre Zulassung.

§ 51 Wahlorgane, Besorgung der laufenden Wahlgeschäfte. (1) [1]Dem Verbandswahlausschuß obliegt die Leitung der Wahl der Mitglieder der Regionalversammlung im Wahlgebiet sowie die Feststellung des Wahlergebnisses. [2]Er besteht aus dem Hauptverwaltungsbeamten des Verbandes als Vorsitzendem und mindestens sechs Beisitzern. [3]Die Beisitzer und Stellvertreter in gleicher Zahl wählt die Regionalversammlung aus den Wahlberechtigten. [4]Der Vorsitzende wird durch den stellvertretenden Hauptverwaltungsbeamten vertreten. [5]§ 11 Abs. 3 und 4 gilt entsprechend.

(2) [1]Für jeden Wahlkreis, der sich aus den Gemeinden des jeweiligen Landkreises zusammensetzt, obliegt dem Kreiswahlausschuß nach § 12 die Leitung der Wahl und die Feststellung des Wahlergebnisses im Wahlkreis. [2]Für den Wahlkreis der Stadt Stuttgart nimmt der Gemeindewahlausschuß diese Aufgaben wahr.

(3) [1]Für die gleichzeitige Durchführung der Wahl der Mitglieder zur Regionalversammlung mit den Kommunalwahlen gilt § 37 Abs. 2 bis 4 entsprechend. [2]Die nur für die Wahl der Mitglieder der Regionalversammlung Wahlberechtigten sind in den Wählerverzeichnissen gesondert aufzuführen.

(4) Es besorgen

1. die örtlichen Wahlgeschäfte der Bürgermeister,
2. die laufenden Wahlgeschäfte in den Wahlkreisen der Landrat,
3. die laufenden Geschäfte der Wahl der Mitglieder der Regionalversammlung der Hauptverwaltungsbeamte des Verbandes.

(5) Das Innenministerium kann dem Verband Region Stuttgart, der Verband Region Stuttgart kann den Landkreisen und Gemeinden Weisungen erteilen.

§ 52 Stimmabgabe. (1) Bei Verhältniswahl gibt der Wähler seine Stimme in der Weise ab, daß er durch ein auf den Stimmzettel gesetztes Kreuz oder auf sonst eindeutige Weise kennzeichnet, welchem Wahlvorschlag er seine Stimme geben will.

(2) [1]Bei Mehrheitswahl gibt der Wähler seine Stimmen in der Weise ab, daß er Bewerber, denen er eine Stimme geben will,

1. auf einem Stimmzettel mit vorgedruckten Namen durch ein Kreuz hinter dem vorgedruckten Namen, durch Eintragung des Namens oder auf sonst eindeutige Weise,
2. auf einem Stimmzettel ohne vorgedruckte Namen durch Eintragung des Namens

als gewählt kennzeichnet. [2]Enthält der Stimmzettel vorgedruckte Namen, kann der Wähler seine Stimmen auch in der Weise abgeben, daß er diesen ohne Kennzeichnung oder nach Absatz 1 im ganzen gekennzeichnet abgibt; dann gilt jeder Bewerber, dessen Name im Stimmzettel vorgedruckt ist, als mit einer Stimme gewählt.

§ 53 Sitzverteilung. (1) [1]Im Falle der Verhältniswahl werden die Sitze zunächst innerhalb der einzelnen Wahlkreise nach dem Verhältnis der auf die Wahlvorschläge entfallenen Stimmenzahlen entsprechend § 25 Abs. 1 verteilt. [2]Sodann werden die von den Parteien und Wählervereinigungen in den einzelnen Wahlkreisen erreichten Stimmenzahlen zusammengezählt und die von ihnen im Wahlgebiet zu besetzenden Sitze nach dem Verhältnis der ihnen im Wahlgebiet zugefallenen Gesamtstimmenzahlen entsprechend § 25 Abs. 1 verteilt.

(2) [1]Im Falle der Mehrheitswahl werden die Sitze zunächst innerhalb der einzelnen Wahlkreise in der Reihenfolge der höchsten Stimmenzahlen verteilt. [2]Soweit in den einzelnen Wahlkreisen Wahlvorschläge verschiedener Parteien und Wählervereinigungen zugelassen worden sind, werden sodann die von den Parteien und Wählervereinigungen in den einzelnen Wahlkreisen erreichten Stimmenzahlen durch die Zahl der in diesen Wahlkreisen zu wählenden Bewerber geteilt, diese gleichwertigen Stimmenzahlen der gleichen Parteien und Wählervereinigungen im Wahlgebiet zusammengezählt und die von ihnen im Wahlgebiet zu besetzenden Sitze nach dem Verhältnis der ihnen im Wahlgebiet zugefallenen gleichwertigen Gesamtstimmenzahlen entsprechend § 25 Abs. 1 verteilt.

(3) [1]Findet in einzelnen Wahlkreisen Mehrheitswahl und in den übrigen Wahlkreisen Verhältniswahl statt, werden die Sitze zunächst innerhalb der einzelnen Wahlkreise entsprechend Absatz 1 Satz 1 und Absatz 2 Satz 1 verteilt. [2]Sodann werden die von den Parteien und Wählervereinigungen in den einzelnen Wahlkreisen mit Mehrheitswahl erreichten Stimmenzahlen durch die jeweilige Zahl der in diesen Wahlkreisen zu wählenden Bewerber geteilt und diese gleichwertigen Stimmenzahlen der gleichen Parteien und Wählervereinigungen mit den von ihnen in den Wahlkreisen mit Verhältniswahl erreichten Stimmenzahlen zusammengezählt; anschließend werden die von den Parteien und Wählervereinigungen im Wahlgebiet zu besetzenden Sitze nach dem Verhältnis der ihnen im Wahlgebiet zugefallenen Gesamtstimmenzahlen entsprechend § 25 Abs. 1 verteilt.

(4) [1] Auf die den Parteien und Wählervereinigungen nach Absatz 1 bis 3 im Wahlgebiet zukommenden Sitze werden die in den Wahlkreisen zugeteilten Sitze angerechnet. [2]Wurden einer Partei oder Wählervereinigung in den Wahlkreisen mehr Sitze zugeteilt, als ihr nach dem Verhältnis der Gesamtstimmenzahlen im Wahlgebiet zukommen würden, bleibt es bei dieser Zuteilung; in diesem Falle ist mit der Verteilung von Sitzen im Wahlgebiet nach Absatz 1 bis 3 so lange fortzufahren, bis den Parteien und Wählervereinigungen, die Mehrsitze erhalten haben, diese auch nach dem Verhältnis der Gesamtstimmenzahlen zufallen würden (Ausgleichsitze). [3]Bei gleicher Höchstzahl fällt der letzte Sitz an die Partei oder Wählervereinigung, die Mehrsitze erlangt hat. [4]Durch die Zuteilung von Sitzen nach Satz 1 bis 3 darf die Zahl der Mitglieder der Regionalversammlung nicht um mehr als 20 vom Hundert erhöht werden.

(5) Die den Parteien und Wählervereinigungen nach Absatz 4 zugefallenen Ausgleichsitze werden auf die Wahlkreise nach dem Verhältnis der von der Partei oder Wählervereinigung in den einzelnen Wahlkreisen erreichten Stimmenzahlen, bei Mehrheitswahl der gleichwertigen Stimmenzahlen (Absatz 2 Satz 2), entsprechend § 25 Abs. 1 verteilt.

(6) [1]Die nach Absatz 1 bis 5 auf die einzelnen Wahlvorschläge in den Wahlkreisen entfallenen Sitze werden den Bewerbern bei Verhältniswahl in der Reihenfolge ihrer Benennung auf dem Wahlvorschlag, bei Mehrheitswahl in der

Reihenfolge der höchsten Stimmenzahlen, zugeteilt. [2]Die nicht gewählten Bewerber sind Ersatzpersonen ihres Wahlvorschlags, bei Verhältniswahl in der Reihenfolge ihrer Benennung auf dem Wahlvorschlag, bei Mehrheitswahl in der Reihenfolge der höchsten Stimmenzahlen; dabei werden auch Gewählte, die wegen eines Hinderungsgrundes nicht in die Regionalversammlung eintreten können oder ausscheiden müssen, in der Reihenfolge ihrer Benennung auf dem Wahlvorschlag oder der höchsten Stimmenzahlen Ersatzpersonen ihres Wahlvorschlags.

§ 54 Wahlkosten. [1]Die Kosten für die Wahl der Mitglieder der Regionalversammlung trägt der Verband Region Stuttgart. [2]Soweit die Kosten bei den Gemeinden und den Landkreisen entstehen, tragen diese die Kosten.

11. Abschnitt

Schlußbestimmungen

§ 55 Kommunalwahlordnung. (1) [1]Das Innenministerium erläßt durch Rechtsverordnung (Kommunalwahlordnung) die zur Durchführung dieses Gesetzes erforderlichen Vorschriften. [2]Es trifft darin insbesondere nähere Bestimmungen über

1. die öffentliche Bekanntmachung der Wahl,
2. die Bildung von Wahlbezirken und ihre öffentliche Bekanntmachung,
3. den Nachweis des Wahlrechts, die einzelnen Voraussetzungen für die Aufnahme in das Wählerverzeichnis, dessen Aufstellung, Einsichtnahme, Berichtigung und Abschluß sowie die Benachrichtigung der Wahlberechtigten,
4. die Erteilung von Wahlscheinen und Briefwahlunterlagen sowie die Voraussetzungen dazu,
5. die Einreichung, den Inhalt und die Form der Wahlvorschläge sowie der mit ihnen einzureichenden Nachweise, die Änderung und Rücknahme von Wahlvorschlägen, ihre Prüfung, die Beseitigung von Mängeln, die Zulassung und die öffentliche Bekanntmachung der Wahlvorschläge,
6. die Einreichung, die Zurücknahme, den Inhalt und die Form der Bewerbungen zur Bürgermeisterwahl sowie der mit ihnen einzureichenden weiteren Nachweise, ihre Prüfung, die Beseitigung von Mängeln, die Feststellung der Reihenfolge der zugelassenen Bewerbungen und die öffentliche Bekanntmachung,
7. die Bildung, die Tätigkeit und das Verfahren der Wahlorgane,
8. die Bereitstellung und Ausstattung der Wahlräume,
9. die Form und den Inhalt der Stimmzettel sowie die Stimmzettelumschläge und Briefwahlumschläge,
10. den Vorgang der Stimmabgabe und die Ausübung der Briefwahl,
11. die Wahlhandlung in Krankenhäusern, Heimen, Klöstern, sozialtherapeutischen Anstalten, Justizvollzugsanstalten und gesperrten Wohnstätten,

12. die Ermittlung, Feststellung und öffentliche Bekanntmachung der Wahlergebnisse sowie die Benachrichtigung der Gewählten,
13. die Wahlprüfung und Wahlanfechtung,
14. die Vorbereitung und Durchführung von Wiederholungswahlen und Neuwahlen,
15. das Verfahren bei gleichzeitiger Durchführung von mehreren Wahlen und von Wahlen mit einer Volksabstimmung,
16. das Verfahren für die Anhörung der Bürger bei Grenzänderungen, den Antrag auf eine Einwohnerversammlung, den Einwohnerantrag, das Bürgerbegehren und die Durchführung eines Bürgerentscheids.

(2) Das Innenministerium kann in der Kommunalwahlordnung bestimmen,

1. daß für Krankenhäuser, Heime und ähnliche Einrichtungen mit Wahlberechtigten, die keinen Wahlraum außerhalb der Einrichtung aufsuchen können, Sonderwahlbezirke gebildet werden können, in denen nur mit Wahlschein gewählt werden darf;
2. daß in besonderen Fällen Wahlscheine auch von Amts wegen ausgegeben werden können;
3. daß bei der Wahl der Gemeinderäte eine Nachfrist zur Einreichung weiterer Wahlvorschläge zu gewähren ist, wenn mehrere Wahlvorschläge eingereicht worden sind und diese zusammen, im Falle der unechten Teilortswahl für einen der Wohnbezirke, weniger Bewerber als das Eineinhalbfache der Zahl der zu besetzenden Sitze enthalten;
4. daß beim Vorliegen besonderer Verhältnisse die Wahlzeit anders festgesetzt werden kann.

§ 56 Fristen und Termine. (1) Die in diesem Gesetz und in der Kommunalwahlordnung bestimmten Fristen und Termine im Verfahren zur Vorbereitung der Wahl oder Abstimmung verlängern oder ändern sich nicht dadurch, daß der letzte Tag der Frist oder ein Termin auf einen Samstag, einen Sonntag oder einen gesetzlichen Feiertag fällt.

(2) Eine Wiedereinsetzung in den vorigen Stand ist ausgeschlossen.

§ 57 Maßgebende Einwohnerzahl. (1) [1]Für die Wahlen der Gemeinderäte und Kreisräte ist das auf den 30. September des zweiten der Wahl vorhergehenden Jahres fortgeschriebene Ergebnis der jeweils letzten allgemeinen Zählung der Bevölkerung maßgebend. [2]§ 143 Satz 2 der Gemeindeordnung ist entsprechend anzuwenden.

(2) Für die Einwohnerzahl eines Teils des Gemeindegebiets ist der Anteil an der Einwohnerzahl nach Absatz 1 maßgebend, der dem Anteil der Einwohner des Teils des Gemeindegebiets an der Gesamteinwohnerzahl der Gemeinde nach dem Melderegister zu dem nach Absatz 1 maßgeblichen Zeitpunkt entspricht.

§ 58 * Inkrafttreten. [1]Dieses Gesetzes tritt mit seiner Verkündung in Kraft. [2]Gleichzeitig treten Vorschriften, die diesem Gesetz entsprechen oder widersprechen, außer Kraft.

* *Amtliche Anmerkung:* Diese Vorschrift betrifft das Inkrafttreten des Gesetzes in der ursprünglichen Fassung vom 13. Juli 1953 (GBl. S. 103).

Landkreisordnung für Baden-Württemberg (Landkreisordnung – LKrO)

in der Fassung vom 19. Juni 1987 (GBl. S. 289),
zuletzt geändert durch Gesetz vom 19. Juni 2018 (GBl. S. 221, 222)

INHALTSÜBERSICHT

ERSTER TEIL

Wesen und Aufgaben des Landkreises

1. Abschnitt

Rechtsstellung

2. Abschnitt

Gebiet des Landkreises

3. Abschnitt

Einwohner des Landkreises

ZWEITER TEIL

Verfassung und Verwaltung des Landkreises

1. Abschnitt

2. Abschnitt

Kreistag

3. Abschnitt

Landrat

ERSTER TEIL

Wesen und Aufgaben des Landkreises

1. Abschnitt

Rechtsstellung

§ 1 Wesen des Landkreises. (1) [1]Der Landkreis fördert das Wohl seiner Einwohner, unterstützt die kreisangehörigen Gemeinden in der Erfüllung ihrer Aufgaben und trägt zu einem gerechten Ausgleich ihrer Lasten bei. [2]Er verwaltet sein Gebiet nach den Grundsätzen der gemeindlichen Selbstverwaltung.

(2) Der Landkreis ist Körperschaft des öffentlichen Rechts.

(3) [1]Die Behörde des Landkreises ist das Landratsamt; es ist zugleich untere Verwaltungsbehörde. [2]Als untere Verwaltungsbehörde ist das Landratsamt staatliche Behörde.

(4) Das Gebiet des Landkreises ist zugleich der Bezirk der unteren Verwaltungsbehörde.

§ 2 Wirkungskreis. (1) [1]Der Landkreis verwaltet in seinem Gebiet unter eigener Verantwortung alle die Leistungsfähigkeit der kreisangehörigen Gemeinden übersteigenden öffentlichen Aufgaben, soweit die Gesetze nichts anderes bestimmen. [2]Er hat sich auf die Aufgaben zu beschränken, die der einheitlichen Versorgung und Betreuung der Einwohner des ganzen Landkreises oder eines größeren Teils desselben dienen.

(2) Hat der Landkreis im Rahmen seines Wirkungskreises für die Erfüllung einer Aufgabe ausreichende Einrichtungen geschaffen oder übernommen, kann der Kreistag mit einer Mehrheit von zwei Dritteln der Stimmen aller Mitglieder mit Wirkung gegenüber den Gemeinden beschließen, daß diese Aufgabe für die durch die Einrichtung versorgten Teile des Landkreises zu seiner ausschließlichen Zuständigkeit gehört.

(3) [1]Der Landkreis kann durch Gesetz zur Erfüllung bestimmter öffentlicher Aufgaben verpflichtet werden (Pflichtaufgaben). [2]Werden neue Pflichtaufgaben auferlegt, sind dabei Bestimmungen über die Deckung der Kosten zu treffen. [3]Führen diese Aufgaben zu einer Mehrbelastung des Landkreises, ist ein entsprechender finanzieller Ausgleich zu schaffen.

(4) Pflichtaufgaben können dem Landkreis zur Erfüllung nach Weisung auferlegt werden (Weisungsaufgaben); das Gesetz bestimmt den Umfang des Weisungsrechts.

(5) [1]In die Rechte des Landkreises kann nur durch Gesetz eingegriffen werden. [2]Verordnungen zur Durchführung solcher Gesetze bedürfen, sofern sie nicht von der Landesregierung oder dem Innenministerium erlassen werden, der Zustimmung des Innenministeriums.

§ 3 Satzungen. (1) [1]Der Landkreis kann die weisungsfreien Angelegenheiten durch Satzung regeln, soweit die Gesetze keine Vorschriften enthalten. [2]Bei Weisungsaufgaben können Satzungen nur dann erlassen werden, wenn dies im Gesetz vorgesehen ist.

(2) Wenn nach den Vorschriften dieses Gesetzes eine Hauptsatzung zu erlassen ist, muß sie mit der Mehrheit der Stimmen aller Mitglieder des Kreistags beschlossen werden.

(3) [1]Satzungen sind öffentlich bekanntzumachen. [2]Sie treten am Tage nach der Bekanntmachung in Kraft, wenn kein anderer Zeitpunkt bestimmt ist. [3]Satzungen sind der Rechtsaufsichtsbehörde anzuzeigen.

(4) [1]Satzungen und andere Rechtsvorschriften des Landkreises, die unter Verletzung von Verfahrens- oder Formvorschriften dieses Gesetzes oder auf Grund dieses Gesetzes zustande gekommen sind, gelten ein Jahr nach der Bekanntmachung als von Anfang an gültig zustande gekommen. [2]Dies gilt nicht, wenn

1. die Vorschriften über die Öffentlichkeit der Sitzung, die Genehmigung oder die Bekanntmachung der Satzung oder der anderen Rechtsvorschriften des Landkreises verletzt worden sind,

2. der Landrat dem Beschluß nach § 41 wegen Gesetzwidrigkeit widersprochen hat oder wenn vor Ablauf der in Satz 1 genannten Frist die Rechtsaufsichtsbehörde den Beschluß beanstandet hat oder die Verletzung der Verfahrens- oder Formvorschrift gegenüber dem Landkreis unter Bezeichnung des Sachverhalts, der die Verletzung begründen soll, schriftlich geltend gemacht worden ist.

[3]Ist die Verletzung nach Satz 2 Nr. 2 geltend gemacht worden, so kann auch nach Ablauf der in Satz 1 genannten Frist jedermann diese Verletzung geltend machen. [4]Bei der Bekanntmachung der Satzung oder der anderen Rechtsvorschriften des Landkreises ist auf die Voraussetzungen für die Geltendmachung der Verletzung von Verfahrens- und Formvorschriften und die Rechtsfolgen hinzuweisen.

§ 4 Name, Sitz. (1) [1]Die Landkreise führen die in § 1 des Kreisreformgesetzes aufgeführten Namen. [2]Ein Landkreis kann mit Zustimmung der Landesregierung seinen Namen ändern.

(2) Der Sitz des Landratsamts wird durch Gesetz bestimmt.

§ 5 Wappen, Dienstsiegel. (1) Die Rechtsaufsichtsbehörde kann einem Landkreis auf seinen Antrag das Recht verleihen, ein Wappen und eine Flagge zu führen.

(2) [1]Die Landkreise führen Dienstsiegel. [2]Landkreise mit eigenem Wappen führen dieses, die übrigen Landkreise das kleine Landeswappen im Dienstsiegel mit der Bezeichnung und dem Namen des Landkreises als Umschrift.

2. Abschnitt

Gebiet des Landkreises

§ 6 Gebietsbestand. (1) Das Gebiet des Landkreises besteht aus der Gesamtheit der nach geltendem Recht zum Landkreis gehörenden Gemeinden und gemeindefreien Grundstücke.

(2) Das Gebiet des Landkreises soll so bemessen sein, daß die Verbundenheit der Gemeinden und der Einwohner des Landkreises gewahrt und die Leistungsfähigkeit des Landkreises zur Erfüllung seiner Aufgaben gesichert ist.

§ 7 Gebietsänderungen. (1) Die Grenzen des Landkreises können aus Gründen des öffentlichen Wohls geändert werden.

(2) [1]Die Auflösung und Neubildung eines Landkreises sowie die Änderung der Grenzen eines Landkreises infolge Eingliederung oder Ausgliederung von Gemeinden und gemeindefreien Grundstücken bedürfen eines Gesetzes. [2]Bei der Neubildung einer Gemeinde durch Vereinbarung mit Genehmigung der zuständigen Rechtsaufsichtsbehörde, durch die das Gebiet von Landkreisen be-

troffen wird, bestimmt die oberste Rechtsaufsichtsbehörde, zu welchem Landkreis die neugebildete Gemeinde gehört.

(3) Vor der Grenzänderung müssen die beteiligten Landkreise und Gemeinden gehört werden.

§ 8 Rechtsfolgen, Auseinandersetzung. (1) [1]In den Fällen des § 7 Abs. 2 Satz 1 werden die Rechtsfolgen und die Auseinandersetzung im Gesetz oder durch Rechtsverordnung geregelt. [2]Das Gesetz kann dies auch der Regelung durch Vereinbarung der beteiligten Landkreise überlassen, die der Genehmigung der Rechtsaufsichtsbehörde bedarf. [3]Enthält diese Vereinbarung keine erschöpfende Regelung oder kann wegen einzelner Bestimmungen die Genehmigung nicht erteilt werden, ersucht die Rechtsaufsichtsbehörde die Landkreise, die Mängel binnen angemessener Frist zu beseitigen. [4]Kommen die Landkreise einem solchen Ersuchen nicht nach, trifft die Rechtsaufsichtsbehörde die im Interesse des öffentlichen Wohls erforderlichen Bestimmungen; dasselbe gilt, wenn die Vereinbarung nicht bis zu einem von der Rechtsaufsichtsbehörde bestimmten Zeitpunkt zustande kommt.

(2) [1]Im Fall des § 7 Abs. 2 Satz 2 und bei sonstigen Änderungen von Gemeindegrenzen durch Vereinbarung, durch die das Gebiet von Landkreisen betroffen wird, regeln die beteiligten Landkreise, soweit erforderlich, die Rechtsfolgen der Änderung ihrer Grenzen und die Auseinandersetzung durch Vereinbarung, die der Genehmigung der Rechtsaufsichtsbehörde bedarf. [2]Absatz 1 Satz 3 und 4 gilt entsprechend.

(3) Gehören die Landkreise, zwischen denen eine Vereinbarung abzuschließen ist, verschiedenen Regierungsbezirken an, wird die zuständige Rechtsaufsichtsbehörde von der obersten Rechtsaufsichtsbehörde bestimmt.

(4) [1]Die Regelung nach Absatz 1 und 2 begründet Rechte und Pflichten der Beteiligten und bewirkt den Übergang, die Beschränkung oder die Aufhebung von dinglichen Rechten. [2]Die Rechtsaufsichtsbehörde ersucht die zuständigen Behörden um die Berichtigung der öffentlichen Bücher.

(5) [1]Für Rechtshandlungen, die aus Anlass der Änderung des Gebiets eines Landkreises erforderlich sind, werden öffentliche Abgaben, die auf Landesrecht beruhen, nicht erhoben; ausgenommen sind Vermessungsgebühren und -entgelte. [2]Auslagen werden nicht ersetzt.

3. Abschnitt

Einwohner des Landkreises

§ 9 Einwohner. Einwohner des Landkreises ist, wer in einer Gemeinde oder in einem gemeindefreien Grundstück des Landkreises wohnt.

§ 10 Wahlrecht. (1) [1]Die Einwohner des Landkreises, die Deutsche im Sinne von Artikel 116 des Grundgesetzes sind oder die Staatsangehörigkeit eines anderen Mitgliedstaates der Europäischen Union besitzen (Unionsbürger), das 16. Lebensjahr vollendet haben und seit mindestens drei Monaten im Gebiet des Landkreises wohnen, sind im Rahmen der Gesetze zu den Kreiswahlen wahlberechtigt (wahlberechtigte Kreiseinwohner). [2]Wer das Wahlrecht durch Wegzug oder Verlegung der Hauptwohnung verloren hat und vor Ablauf von drei Jahren seit dieser Veränderung wieder in den Landkreis zuzieht oder dort seine Hauptwohnung begründet, besitzt mit der Rückkehr das Wahlrecht.

(2) [1]Wer innerhalb der Bundesrepublik Deutschland in mehreren Gemeinden oder gemeindefreien Grundstücken wohnt, ist in Baden-Württemberg nur in dem Landkreis, in dessen Gebiet er seit mindestens drei Monaten seine Hauptwohnung hat, und dort nur am Ort seiner Hauptwohnung zu den Kreiswahlen wahlberechtigt. [2]War im Gebiet des Landkreises, in dem sich die Hauptwohnung befindet, die bisherige einzige Wohnung, wird die bisherige Wohndauer in diesem Landkreis angerechnet.

(3) Bei einer Grenzänderung werden wahlberechtigte Kreiseinwohner, die in dem betroffenen Gebiet wohnen, wahlberechtigte Kreiseinwohner des aufnehmenden Landkreises; im übrigen gilt für Einwohner des Landkreises, die in dem betroffenen Gebiet wohnen, das Wohnen in dem Landkreis als Wohnen in dem aufnehmenden Landkreis.

(4) Ausgeschlossen vom Wahlrecht sind Kreiseinwohner,

1. die infolge Richterspruchs in der Bundesrepublik Deutschland das Wahlrecht nicht besitzen,
2. für die zur Besorgung aller ihrer Angelegenheiten ein Betreuer nicht nur durch einstweilige Anordnung bestellt ist; dies gilt auch, wenn der Aufgabenkreis des Betreuers die in § 1896 Abs. 4 und § 1905 des Bürgerlichen Gesetzbuches bezeichneten Angelegenheiten nicht erfaßt.

(5) Das Wahlrecht verliert, wer aus dem Landkreis wegzieht, seine Hauptwohnung aus dem Landkreis in eine andere Gemeinde innerhalb der Bundesrepublik Deutschland verlegt oder nicht mehr Deutscher im Sinne von Artikel 116 des Grundgesetzes oder Unionsbürger ist.

(6) Bei der Berechnung der Dreimonatsfrist nach Abs. 1 Satz 1 und Abs. 2 Satz 1 ist der Tag der Wohnungsnahme in die Frist einzubeziehen.

§ 11 Bestellung zu ehrenamtlicher Tätigkeit. (1) Die wahlberechtigten Kreiseinwohner haben die Pflicht, eine ehrenamtliche Tätigkeit im Landkreis (eine Wahl in den Kreistag, ein Ehrenamt und eine Bestellung zu ehrenamtlicher Mitwirkung) anzunehmen und diese Tätigkeit während der bestimmten Dauer auszuüben.

(2) [1]Der Kreistag bestellt die wahlberechtigten Kreiseinwohner zu ehrenamtlicher Tätigkeit. [2]Die Bestellung kann jederzeit zurückgenommen werden. [3]Mit dem Verlust des Wahlrechts endet jede ehrenamtliche Tätigkeit.

§ 12 Ablehnung ehrenamtlicher Tätigkeit. (1) [1]Der wahlberechtigte Kreiseinwohner kann eine ehrenamtliche Tätigkeit aus wichtigen Gründen ablehnen oder sein Ausscheiden verlangen. [2]Als wichtiger Grund gilt insbesondere, wenn er

1. ein geistliches Amt verwaltet,
2. einem Gemeinderat oder Ortschaftsrat angehört oder zehn Jahre lang angehört hat,
3. ein öffentliches Amt verwaltet und die oberste Dienstbehörde feststellt, daß die ehrenamtliche Tätigkeit mit seinen Dienstpflichten nicht vereinbar ist,
4. zehn Jahre lang dem Kreistag angehört oder ein öffentliches Ehrenamt verwaltet hat,
5. häufig oder langdauernd von dem Landkreis beruflich abwesend ist,
6. anhaltend krank ist,
7. mehr als 62 Jahre alt ist oder
8. durch die Ausübung der ehrenamtlichen Tätigkeit in der Fürsorge für die Familie erheblich behindert wird.

[3]Ferner kann ein Kreisrat sein Ausscheiden aus dem Kreistag verlangen, wenn er aus der Partei oder Wählervereinigung ausscheidet, auf deren Wahlvorschlag er in den Kreistag gewählt wurde.

(2) Ob ein wichtiger Grund vorliegt, entscheidet der Kreistag.

(3) [1]Der Kreistag kann einem wahlberechtigten Kreiseinwohner, der ohne wichtigen Grund eine ehrenamtliche Tätigkeit ablehnt oder aufgibt, ein Ordnungsgeld bis zu 1000 Euro auferlegen. [2]Das Ordnungsgeld wird nach den Vorschriften des Landesverwaltungsvollstreckungsgesetzes beigetrieben.

§ 13 Pflichten ehrenamtlich tätiger Kreiseinwohner. (1) Wer zu ehrenamtlicher Tätigkeit bestellt wird, muß die ihm übertragenen Geschäfte uneigennützig und verantwortungsbewußt führen.

(2) [1]Der ehrenamtlich tätige Kreiseinwohner ist zur Verschwiegenheit verpflichtet über alle Angelegenheiten, deren Geheimhaltung gesetzlich vorgeschrieben, besonders angeordnet oder ihrer Natur nach erforderlich ist. [2]Er darf die Kenntnis von geheimzuhaltenden Angelegenheiten nicht unbefugt verwerten. [3]Diese Verpflichtungen bestehen auch nach Beendigung der ehrenamtlichen Tätigkeit fort. [4]Die Geheimhaltung kann nur aus Gründen des öffentlichen Wohls oder zum Schutz berechtigter Interessen einzelner besonders angeordnet werden. [5]Die Anordnung ist aufzuheben, sobald sie nicht mehr gerechtfertigt ist.

(3) [1]Der ehrenamtlich tätige Kreiseinwohner darf Ansprüche und Interessen eines andern gegen den Landkreis nicht geltend machen, soweit er nicht als gesetzlicher Vertreter handelt. [2]Dies gilt für einen ehrenamtlich mitwirkenden Kreiseinwohner nur, wenn die vertretenen Ansprüche oder Interessen mit der ehrenamtlichen Tätigkeit in Zusammenhang stehen. [3]Ob die Voraussetzungen dieses Verbots vorliegen, entscheidet bei Kreisräten der Kreistag, im übrigen der Landrat.

(4) Übt ein zu ehrenamtlicher Tätigkeit bestellter Kreiseinwohner diese Tätigkeit nicht aus oder verletzt er seine Pflichten nach Absatz 1 gröblich oder handelt er seiner Verpflichtung nach Absatz 2 zuwider oder übt er entgegen der Entscheidung des Kreistags oder Landrats eine Vertretung nach Absatz 3 aus, gilt § 12 Abs. 3.

§ 14 Ausschluß wegen Befangenheit. (1) Der ehrenamtlich tätige Kreiseinwohner darf weder beratend noch entscheidend mitwirken, wenn die Entscheidung einer Angelegenheit ihm selbst oder folgenden Personen einen unmittelbaren Vorteil oder Nachteil bringen kann:
1. dem Ehegatten oder dem Lebenspartner nach § 1 des Lebenspartnerschaftsgesetzes,
2. einem in gerader Linie oder in der Seitenlinie bis zum dritten Grade Verwandten,
3. einem in gerader Linie oder in der Seitenlinie bis zum zweiten Grade Verschwägerten oder als verschwägert Geltenden, solange die die Schwägerschaft begründende Ehe oder Lebenspartnerschaft nach § 1 des Lebenspartnerschaftsgesetzes besteht, oder
4. einer von ihm kraft Gesetzes oder Vollmacht vertretenen Person.

(2) Dies gilt auch, wenn der ehrenamtlich tätige Kreiseinwohner, im Falle der Nummer 2 auch Ehegatten, Lebenspartner nach § 1 des Lebenspartnerschaftsgesetzes oder Verwandte ersten Grades,
1. gegen Entgelt bei jemand beschäftigt ist, dem die Entscheidung der Angelegenheiten einen unmittelbaren Vorteil oder Nachteil bringen kann, es sei denn, daß nach den tatsächlichen Umständen der Beschäftigung anzunehmen ist, daß sich der Kreiseinwohner deswegen nicht in einem Interessenwiderstreit befindet,
2. Gesellschafter einer Handelsgesellschaft oder Mitglied des Vorstandes, des Aufsichtsrats oder eines gleichartigen Organs eines rechtlich selbständigen Unternehmens ist, denen die Entscheidung der Angelegenheit einen unmittelbaren Vorteil oder Nachteil bringen kann, sofern er diesem Organ nicht als Vertreter oder auf Vorschlag des Landkreises angehört,
3. Mitglied eines Organs einer juristischen Person des öffentlichen Rechts ist, der die Entscheidung der Angelegenheit einen unmittelbaren Vorteil oder Nachteil bringen kann und die nicht Gebietskörperschaft ist, sofern er diesem Organ nicht als Vertreter oder auf Vorschlag des Landkreises angehört, oder
4. in der Angelegenheit in anderer als öffentlicher Eigenschaft ein Gutachten abgegeben hat oder sonst tätig geworden ist.

(3) [1]Diese Vorschriften gelten nicht, wenn die Entscheidung nur die gemeinsamen Interessen einer Berufs- oder Bevölkerungsgruppe berührt. [2]Sie gelten ferner nicht für Wahlen zu einer ehrenamtlichen Tätigkeit. [3]Absatz 1 Nr. 4 und Absatz 2 Nr. 1 finden auch dann keine Anwendung, wenn die Entscheidung wegen der Wahrnehmung einer Aufgabe des Landkreises eine kreisangehörige Gemeinde betrifft, oder wenn sie Verpflichtungen des kreisangehörigen Ge-

meinden betrifft, die sich aus der Zugehörigkeit zum Landkreis ergeben und nach gleichen Grundsätzen für die kreisangehörigen Gemeinden festgesetzt werden.

(4) [1]Der ehrenamtlich tätige Kreiseinwohner, bei dem ein Tatbestand vorliegt, der Befangenheit zur Folge haben kann, hat dies vor Beginn der Beratung über diesen Gegenstand dem Vorsitzenden, sonst dem Landrat mitzuteilen. [2]Ob ein Ausschließungsgrund vorliegt, entscheidet in Zweifelsfällen in Abwesenheit des Betroffenen bei Kreisräten und bei Ehrenbeamten der Kreistag, bei Mitgliedern von Ausschüssen der Ausschuß, sonst der Landrat.

(5) Wer an der Beratung und Entscheidung nicht mitwirken darf, muß die Sitzung verlassen.

(6) [1]Ein Beschluß ist rechtswidrig, wenn bei der Beratung oder Beschlußfassung die Bestimmungen der Absätze 1, 2 oder 5 verletzt worden sind oder ein ehrenamtlich tätiger Kreiseinwohner ohne einen der Gründe der Absätze 1 und 2 ausgeschlossen war. [2]Der Beschluß gilt jedoch ein Jahr nach der Beschlußfassung oder, wenn eine öffentliche Bekanntmachung erforderlich ist, ein Jahr nach dieser als von Anfang an gültig zustande gekommen, es sei denn, daß der Landrat dem Beschluß nach § 41 wegen Gesetzwidrigkeit widersprochen oder die Rechtsaufsichtsbehörde den Beschluß vor Ablauf der Frist beanstandet hat. [3]Die Rechtsfolge nach Satz 2 tritt nicht gegenüber demjenigen ein, der vor Ablauf der Jahresfrist einen förmlichen Rechtsbehelf eingelegt hat, wenn in dem Verfahren die Rechtsverletzung festgestellt wird. [4]Für Beschlüsse über Satzungen und andere Rechtsvorschriften des Landkreises bleibt § 3 Abs. 4 unberührt.

§ 15 Entschädigung für ehrenamtliche Tätigkeit. (1) [1]Ehrenamtlich Tätige haben Anspruch auf Ersatz ihrer Auslagen und ihres Verdienstausfalls; durch Satzungen können Höchstbeträge festgesetzt werden. [2]Bei Personen, die keinen Verdienst haben und den Haushalt führen, gilt als Verdienstausfall das entstandene Zeitversäumnis; durch Satzung ist hierfür ein bestimmter Stundensatz festzusetzen.

(2) Durch Satzung können Durchschnittssätze festgesetzt werden.

(3) Durch Satzung kann bestimmt werden, daß Kreisräten, sonstigen Mitgliedern der Ausschüsse des Kreistags und Ehrenbeamten eine Aufwandsentschädigung gewährt wird.

(4) [1]Aufwendungen für die entgeltliche Betreuung von pflege- oder betreuungsbedürftigen Angehörigen während der Ausübung der ehrenamtlichen Tätigkeit werden erstattet. [2]Das Nähere wird durch Satzung geregelt.

(5) Durch Satzung kann bestimmt werden, daß neben einem Durchschnittssatz für Auslagen oder einer Aufwandsentschädigung Reisekostenvergütung nach den für Beamte geltenden Bestimmungen gewährt wird.

(6) Ehrenamtlich Tätigen kann Ersatz für Sachschäden nach den für Beamte geltenden Bestimmungen gewährt werden.

(7) Die Ansprüche nach den Absätzen 1 bis 6 sind nicht übertragbar.

§ 16 Einrichtungen. (1) [1]Der Landkreis schafft innerhalb seines Wirkungskreises (§ 2) und in den Grenzen seiner Leistungsfähigkeit die für das wirtschaftliche, soziale und kulturelle Wohl seiner Einwohner erforderlichen öffentlichen Einrichtungen. [2]Die Kreiseinwohner sind im Rahmen des geltenden Rechts berechtigt, die öffentlichen Einrichtungen des Landkreises nach gleichen Grundsätzen zu benützen. [3]Sie sind verpflichtet, die sich aus ihrer Zugehörigkeit zum Landkreis ergebenden Lasten zu tragen.

(2) Personen, die in einer Gemeinde oder einem gemeindefreien Grundstück des Landkreises ein Grundstück besitzen oder ein Gewerbe betreiben und nicht im Landkreis wohnen, sind in derselben Weise berechtigt, die öffentlichen Einrichtungen zu benützen, die im Landkreis für Grundbesitzer oder Gewerbetreibende bestehen, und verpflichtet, für ihren Grundbesitz oder Gewerbebetrieb im Gebiet des Landkreises zu den Lasten des Landkreises beizutragen.

(3) Für juristische Personen und nicht rechtsfähige Personenvereinigungen gelten diese Vorschriften entsprechend.

§ 17 Unterrichtung der Einwohner. (1) Der Kreistag unterrichtet die Einwohner des Landkreises durch den Landrat über die allgemein bedeutsamen Angelegenheiten des Landkreises und sorgt für die Förderung des allgemeinen Interesses an der Verwaltung des Landkreises.

(2) [1]Bei wichtigen Planungen und Vorhaben des Landkreises, die unmittelbar raum- oder entwicklungsbedeutsam sind oder das wirtschaftliche, soziale und kulturelle Wohl seiner Einwohner nachhaltig berühren, sollen die Einwohner möglichst frühzeitig über die Grundlagen sowie die Ziele, Zwecke und Auswirkungen unterrichtet werden. [2]Sofern dafür ein besonderes Bedürfnis besteht, soll den Kreiseinwohnern allgemein Gelegenheit zur Äußerung gegeben werden. [3]Vorschriften über eine förmliche Beteiligung oder Anhörung bleiben unberührt.

(3) [1]Gibt der Landkreis ein eigenes Amtsblatt heraus, das er zur regelmäßigen Unterrichtung der Einwohner über die allgemein bedeutsamen Angelegenheiten des Landkreises nutzt, ist den Fraktionen des Kreistags Gelegenheit zu geben, ihre Auffassungen zu Angelegenheiten des Landkreises im Amtsblatt darzulegen. [2]Der Kreistag regelt in einem Redaktionsstatut für das Amtsblatt das Nähere, insbesondere den angemessenen Umfang der Beiträge der Fraktionen. [3]Er hat die Veröffentlichung von Beiträgen der Fraktionen innerhalb eines bestimmten Zeitraums von höchstens sechs Monaten vor Wahlen auszuschließen.

ZWEITER TEIL

Verfassung und Verwaltung des Landkreises

1. Abschnitt

Organe

§ 18 Verwaltungsorgane des Landkreises sind der Kreistag und der Landrat.

2. Abschnitt

Kreistag

§ 19 Rechtsstellung und Aufgaben. (1) [1]Der Kreistag ist die Vertretung der Einwohner und das Hauptorgan des Landkreises. [2]Er legt die Grundsätze für die Verwaltung des Landkreises fest und entscheidet über alle Angelegenheiten des Landkreises, soweit nicht der Landrat kraft Gesetzes zuständig ist oder ihm der Kreistag bestimmte Angelegenheiten überträgt. [3]Der Kreistag überwacht die Ausführung seiner Beschlüsse und sorgt beim Auftreten von Mißständen in der Verwaltung des Landkreises für deren Beseitigung.

(2) [1]Der Kreistag entscheidet im Einvernehmen mit dem Landrat über die Ernennung, Einstellung und Entlassung der Bediensteten des Landkreises; das gleiche gilt für die nicht nur vorübergehende Übertragung einer anders bewerteten Tätigkeit bei einem Arbeitnehmer sowie für die Festsetzung des Entgelts, sofern kein Anspruch auf Grund eines Tarifvertrags besteht. [2]Kommt es zu keinem Einvernehmen, entscheidet der Kreistag mit einer Mehrheit von zwei Dritteln der Stimmen der Anwesenden allein. [3]Der Landrat ist zuständig, soweit der Kreistag ihm die Entscheidung überträgt oder diese zur laufenden Verwaltung gehört. [4]Rechte des Staates bei der Ernennung und Entlassung von Bediensteten, die sich aus anderen Gesetzen ergeben, bleiben unberührt.

(3)[1]Eine Fraktion oder ein Sechstel der Kreisräte kann in allen Angelegenheiten des Landkreises und seiner Verwaltung verlangen, dass der Landrat den Kreistag unterrichtet. [2]Ein Viertel der Kreisräte kann in Angelegenheiten im Sinne von Satz 1 verlangen, dass dem Kreistag oder einem von ihm bestellten Ausschuss Akteneinsicht gewährt wird. [3]In dem Ausschuss müssen die Antragsteller vertreten sein.

(4) [1]Jeder Kreisrat kann an den Landrat schriftliche, elektronische oder in einer Sitzung des Kreistags mündliche Aufgaben über einzelne Angelegenheiten im Sinne von Absatz 3 Satz 1 richten, die binnen angemessener Frist zu beantworten sind. [2]Das Nähere ist in der Geschäftsordnung des Kreistags zu regeln.

(5) Absatz 3 und 4 gilt nciht bei den nach § 42 Abs. 3 Satz 3 geheimzuhaltenden Angelegenheiten.

§ 20 Zusammensetzung. (1) [1]Der Kreistag besteht aus dem Landrat als Vorsitzendem und den ehrenamtlichen Mitgliedern (Kreisräte). [2]Die Kreisräte wählen aus ihrer Mitte einen oder mehrere stellvertretende Vorsitzende, die den Landrat als Vorsitzenden des Kreistags im Verhinderungsfalle vertreten. [3]Die Reihenfolge der Vertretung bestimmt der Kreistag.

(2) [1]Die Zahl der Kreisräte beträgt mindestens 24; in Landkreisen mit mehr als 50 000 Einwohnern erhöht sich diese Zahl bis zu 200 000 Einwohnern für je weitere 10 000 Einwohner und über 200 000 Einwohnern für je weitere 20 000 Einwohner um zwei. [2]Ergibt sich bei der Verteilung der Sitze im Verhältnis der auf die Wahlvorschläge der gleichen Partei oder Wählervereinigung gefallenen Gesamtstimmenzahlen innerhalb des Wahlgebiets, daß einer Partei oder Wählervereinigung außer den in den Wahlkreisen bereits zugewiesenen Sitzen weitere zustehen, erhöht sich die Zahl der Kreisräte für die auf die Wahl folgende Amtszeit entsprechend.

(3) Änderungen der für die Zusammensetzung des Kreistags maßgebenden Einwohnerzahl sind erst bei der nächsten regelmäßigen Wahl zu berücksichtigen.

§ 21 Amtszeit. (1) Der Kreistag wird auf die Dauer von fünf Jahren gewählt.

(2) [1]Die Amtszeit endet mit Ablauf des Tages, an dem die regelmäßigen Wahlen zum Kreistag stattfinden. [2]Wenn die Wahl von der Wahlprüfungsbehörde nicht beanstandet wurde, ist die erste Sitzung des Kreistags unverzüglich nach der Zustellung des Wahlprüfungsbescheids oder nach ungenutztem Ablauf der Wahlprüfungsfrist, sonst nach Eintritt der Rechtskraft der Wahl anzuberaumen; dies gilt auch, wenn eine Entscheidung nach § 24 Abs. 2 Halbsatz 2 noch nicht rechtskräftig ist. [3]Bis zum Zusammentreten des neugewählten Kreistags führt der bisherige Kreistag die Geschäfte weiter. [4]Wesentliche Entscheidungen, die bis zum Zusammentreten des neugewählten Kreistags aufgeschoben werden können, bleiben dem neugewählten Kreistag vorbehalten.

(3) [1]Ist die Wahl von Kreisräten, die ihr Amt bereits angetreten haben, rechtskräftig für ungültig erklärt worden, so führen diese im Falle des § 32 Abs. 1 des Kommunalwahlgesetzes die Geschäfte bis zum Zusammentreten des auf Grund einer Wiederholungs- oder Neuwahl neugewählten Kreistags, in den Fällen des § 32 Abs. 2 und 3 des Kommunalwahlgesetzes bis zum Ablauf des Tages weiter, an dem das berichtigte Wahlergebnis öffentlich bekanntgemacht wird. [2]Die Rechtswirksamkeit der Tätigkeit dieser Kreisräte wird durch die Ungültigkeit ihrer Wahl nicht berührt.

§ 22 Wahlgrundsätze und Wahlverfahren. (1) Die Kreisräte werden in allgemeiner, unmittelbarer, freier, gleicher und geheimer Wahl gewählt.

(2) [1]Gewählt wird auf Grund von Wahlvorschlägen unter Berücksichtigung der Grundsätze der Verhältniswahl. [2]Die Wahlvorschläge dürfen höchstens ein-

einhalbmal soviel Bewerber enthalten, wie Kreisräte im Wahlkreis (Absatz 4) zu wählen sind. [3]Die Verbindung von Wahlvorschlägen ist unzulässig. [4]Jeder Wahlberechtigte hat soviel Stimmen, wie Kreisräte im Wahlkreis zu wählen sind. [5]Der Wahlberechtigte kann Bewerber aus anderen Wahlvorschlägen des Wahlkreises übernehmen und einem Bewerber bis zu drei Stimmen geben.

(3) [1]Wird nur ein gültiger oder kein Wahlvorschlag eingereicht, findet Mehrheitswahl ohne Bindung an die vorgeschlagenen Bewerber und ohne das Recht der Stimmenhäufug auf einen Bewerber statt. [2]Der Wahlberechtigte kann dabei nur so vielen Personen eine Stimme geben, wie Kreisräte im Wahlkreis zu wählen sind.

(4) [1]Der Landkreis wird für die Wahl zum Kreistag als Wahlgebiet in Wahlkreise eingeteilt. [2]Für jeden Wahlkreis sind besondere Wahlvorschläge einzureichen. [3]Jede Gemeinde, auf die nach ihrer Einwohnerzahl mindestens vier Sitze entfallen, bildet einen Wahlkreis. [4]Kleinere benachbarte Gemeinden können mit ihr zu einem Wahlkreis zusammengeschlossen werden. [5]Kein Wahlkreis nach den Sätzen 3 und 4 erhält mehr als zwei Fünftel der Sitze. [6]Gemeinden, die keinen Wahlkreis bilden und auch zu keinem Wahlkreis nach Satz 4 gehören, werden zu Wahlkreisen zusammengeschlossen, auf die mindestens vier und höchstens acht Sitze entfallen. [7]Bei der Bildung der Wahlkreise nach Satz 6 sollen neben der geographischen Lage und der Struktur der Gemeinden auch die örtlichen Verwaltungsräume berücksichtigt werden.

(5) [1]Zur Feststellung der auf die einzelnen Wahlkreise entfallenden Sitze werden die Einwohnerzahlen der Wahlkreise der Reihe nach durch ungerade Zahlen in aufsteigender Reihenfolge, beginnend mit der Zahl eins, geteilt und von den dabei ermittelten, wahlkreisübergreifend der Größe nach in absteigender Reihenfolge zu ordnenden Zahlen so viele Höchstzahlen ausgesondert, als Kreisräte zu wählen sind; jeder Wahlkreis erhält so viele Sitze, als Höchstzahlen auf ihn entfallen. [2]Dabei scheiden Wahlkreise von der weiteren Zuteilung aus, sobald auf sie zwei Fünftel aller zu besetzenden Sitze entfallen sind.

(6) [1]Die Sitze werden zunächst innerhalb der einzelnen Wahlkreise im Falle der Verhältniswahl nach dem Verhältnis der auf die Wahlvorschläge entfallenen Gesamtstimmenzahlen, im Falle der Mehrheitswahl in der Reihenfolge der höchsten Stimmenzahlen verteilt. [2]Sodann werden die von den Parteien und Wählervereinigungen in den einzelnen Wahlkreisen auf die Bewerber ihrer Wahlvorschläge vereinigten Gesamtstimmenzahlen durch die Zahl der in diesen zu wählenden Bewerber geteilt, diese gleichwertigen Stimmenzahlen der gleichen Parteien und Wählervereinigungen im Wahlgebiet zusammengezählt und die in den Wahlkreisen, in denen Wahlvorschläge eingereicht wurden, zu besetzenden Sitze auf die Wahlvorschläge der gleichen Parteien und Wählervereinigungen nach dem Verhältnis der ihnen im Wahlgebiet zugefallenen gleichwertigen Gesamtstimmenzahlen verteilt. [3]Auf die danach den Parteien und Wählervereinigungen zukommenden Sitze werden die in den Wahlkreisen

zugeteilten Sitze angerechnet. [4]Wurden einer Partei oder Wählervereinigung in den Wahlkreisen mehr Sitze zugeteilt, als ihr nach dem Verhältnis der gleichwertigen Gesamtstimmenzahlen im Wahlgebiet zukommen würden, bleibt es bei dieser Zuteilung; in diesem Falle ist mit der Verteilung von Sitzen nach Satz 2 solange fortzufahren, bis den Parteien und Wählervereinigungen, die Mehrsitze erhalten haben, diese auch nach dem Verhältnis der gleichwertigen Gesamtstimmenzahlen zufallen würden. [5]Bei gleicher Höchstzahl fällt der letzte Sitz an die Partei oder Wählervereinigung, die Mehrsitze erlangt hat. [6]Durch die Zuteilung von Sitzen nach Satz 1 bis 4 darf die Zahl der Kreisräte, die sich nach § 20 Abs. 2 Satz 1 ergibt, nicht um mehr als 20 vom Hundert erhöht werden.

§ 23 Wählbarkeit. (1) Wählbar in den Kreistag sind wahlberechtigte Kreiseinwohner, die das 18. Lebensjahr vollendet haben.

(2) [1]Nicht wählbar sind Kreiseinwohner,

1. die vom Wahlrecht ausgeschlossen sind (§ 10 Abs. 4),
2. die infolge Richterspruchs in der Bundesrepublik Deutschland die Wählbarkeit oder die Fähigkeit zur Bekleidung öffentlicher Ämter nicht besitzen.

[2]Unionsbürger sind auch dann nicht wählbar, wenn sie infolge einer zivilrechtlichen Einzelfallentscheidung oder einer strafrechtlichen Entscheidung des Mitgliedstaates, dessen Staatsangehörige sie sind, die Wählbarkeit nicht besitzen.

§ 24 Hinderungsgründe. (1) [1]Kreisräte können nicht sein

1. a) Beamte und Arbeitnehmer des Landkreises sowie Beamte und Arbeitnehmer des Landratsamts,
   b) Beamte und Arbeitnehmer eines Nachbarschaftsverbands und eines Zweckverbands, dessen Mitglied der Landkreis ist,
   c) leitende Beamte und leitende Arbeitnehmer einer sonstigen Körperschaft des öffentlichen Rechts, wenn der Landkreis in einem beschließenden Kollegialorgan der Körperschaft mehr als die Hälfte der Stimmen hat, oder eines Unternehmens in der Rechtsform des privaten Rechts, wenn der Landkreis mit mehr als 50 vom Hundert an dem Unternehmen beteiligt ist oder einer selbständigen Kommunalanstalt des Landkreises oder einer gemeinsamen selbständigen Kommunalanstalt, an der der Landkreis mit mehr als 50 vom Hundert beteiligt ist,
   d) Beamte und Arbeitnehmer einer Stiftung des öffentlichen Rechts, die vom Landkreis verwaltet wird, und
2. Beamte und Arbeitnehmer der Rechtsaufsichtsbehörde und der obersten Rechtsaufsichtsbehörde, die unmittelbar mit der Ausübung der Rechtsaufsicht befasst sind, sowie leitende Beamte und leitende Arbeitnehmer der Gemeindeprüfungsanstalt.

[2]Satz 1 findet keine Anwendung auf Arbeitnehmer, die überwiegend körperliche Arbeit verrichten.

(2) Der Kreistag stellt fest, ob ein Hinderungsgrund nach Absatz 1 gegeben ist; nach regelmäßigen Wahlen wird dies vor der Einberufung der ersten Sitzung des neuen Kreistags festgestellt.

§ 25 Ausscheiden, Nachrücken, Ergänzungswahl. (1) [1]Aus dem Kreistag scheiden die Kreisräte aus, die die Wählbarkeit (§ 23) verlieren oder bei denen im Laufe der Amtszeit ein Hinderungsgrund (§ 24) entsteht. [2]Die Bestimmungen über das Ausscheiden aus einem wichtigen Grunde bleiben unberührt. [3]Der Kreistag stellt fest, ob eine dieser Voraussetzungen gegeben ist. [4]Für Beschlüsse, die unter Mitwirkung von Personen nach Satz 1 oder nach § 24 zustande gekommen sind, gilt § 14 Abs. 6 entsprechend. [5]Ergibt sich nachträglich, daß eine in den Kreistag gewählte Person im Zeitpunkt der Wahl nicht wählbar war, ist dies vom Kreistag festzustellen.

(2) [1]Tritt eine gewählte Person nicht in den Kreistag ein, scheidet sie im Laufe der Amtszeit aus oder wird festgestellt, daß sie nicht wählbar war, rückt die als nächste Ersatzperson festgestellte Person nach. [2]Satz 1 gilt entsprechend, wenn eine gewählte Person, der ein Sitz nach § 26 Abs. 3 Satz 3 des Kommunalwahlgesetzes zugeteilt worden war, als Ersatzperson nach Satz 1 nachrückt; eine Ersatzperson wird beim Nachrücken übergangen, wenn ihr Wahlkreis nur aus einer Gemeinde besteht und durch ihr Nachrücken auf diesen Wahlkreis mehr als zwei Fünftel der im Wahlgebiet insgesamt zu besetzenden Sitze entfallen würden.

(3) Ist die Zahl der Kreisräte dadurch auf weniger als zwei Drittel der gesetzlichen Mitgliederzahl herabgesunken, daß nicht eintretende oder ausgeschiedene Kreisräte nicht durch Nachrücken ersetzt oder bei einer Wahl Sitze nicht besetzt werden konnten, ist eine Ergänzungswahl für den Rest der Amtszeit nach den für die Hauptwahl geltenden Vorschriften durchzuführen.

§ 25a Folgen des Verbots einer Partei oder Wählervereinigung. (1) [1]Stellt das Bundesverfassungsgericht nach Artikel 21 Absatz 4 des Grundgesetzes fest, dass eine Partei oder die Teilorganisation einer Partei verfassungswidrig ist, scheiden Kreisräte,

1. die aufgrund eines Wahlvorschlags dieser Partei oder Teilorganisation gewählt worden sind, oder
2. die dieser Partei oder Teilorganisation zu einem Zeitpunkt zwischen der Antragstellung nach § 43 des Bundesverfassungsgerichtsgesetzes und der Verkündung der Entscheidung nach § 46 des Bundesverfassungsgerichtsgesetzes angehört haben,

mit der Verkündung der Entscheidung des Bundesverfassungsgerichts aus dem Kreistag aus. [2]Für unanfechtbar verbotene Ersatzorganisationen (§ 33 des Parteiengesetzes) gilt Satz 1 entsprechend.

(2) Wird eine Wählervereinigung nach dem Vereinsgesetz verboten, scheiden Kreisräte, die aufgrund eines Wahlvorschlags dieser Wählervereinigung gewählt worden sind, mit der Unanfechtbarkeit des Verbots aus dem Kreistag aus.

(3) In den Fällen des Absatzes 1 Satz 1 Nummer 1 und des Absatzes 2 bleiben die freigewordenen Sitze unbesetzt.

(4) [1]Scheidet ein Kreisrat ausschließlich nach Absatz 1 Satz 1 Nummer 2 aus dem Kreistag aus, rückt die als nächste Ersatzperson festgestellte Person nach. § 25 Absatz 2 Satz 2 gilt entsprechend. [2]Ersatzpersonen, die die Voraussetzungen des Absatzes 1 Satz 1 Nummer 2 erfüllen, sind vom Nachrücken ausgeschlossen.

(5) [1]Der Kreistag stellt das Ausscheiden aus dem Kreistag und den Ausschluss vom Nachrücken fest. [2]Für Beschlüsse, die unter Mitwirkung von Personen nach den Absätzen 1 und 2 zu Stande gekommen sind, gilt § 14 Absatz 6 entsprechend.

§ 26 Rechtsstellung der Kreisräte. (1) [1]Die Kreisräte sind ehrenamtlich tätig. [2]Der Landrat verpflichtet die Kreisräte in der ersten Sitzung öffentlich auf die gewissenhafte Erfüllung ihrer Amtspflichten.

(2) [1]Niemand darf gehindert werden, das Amt eines Kreisrats zu übernehmen und auszuüben. [2]Eine Kündigung oder Entlassung aus einem Dienst- oder Arbeitsverhältnis, eine Versetzung an einen anderen Beschäftigungsort und jede sonst berufliche Benachteiligung aus diesem Grunde sind unzulässig. [3]Steht der Kreisrat in einem Dienst- oder Arbeitsverhältnis, ist ihm die für seine Tätigkeit erforderliche freie Zeit zu gewähren.

(3) [1]Die Kreisräte entscheiden im Rahmen der Gesetze nach ihrer freien, nur durch das öffentliche Wohl bestimmten Überzeugung. [2]An Verpflichtungen und Aufträge, durch die diese Freiheit beschränkt wird, sind sie nicht gebunden.

(4) Erleidet ein Kreisrat einen Dienstunfall, hat er dieselben Rechte wie ein Ehrenbeamter.

(5) Auf Kreisräte, die als Vertreter des Landkreises in Organen eines Unternehmens (§ 48 dieses Gesetzes und § 104 der Gemeindeordnung) Vergütungen erhalten, finden die für den Landrat geltenden Vorschriften über die Ablieferungspflicht entsprechende Anwendung.

§ 26 a Fraktionen. (1) [1]Kreisräte können sich zu Fraktionen zusammenschließen. [2]Das Nähere über die Bildung der Fraktionen, die Mindestzahl ihrer Mitglieder sowie die Rechte und Pflichten der Fraktionen regelt die Geschäftsordnung.

(2) [1]Die Fraktionen wirken bei der Willensbildung und Entscheidungsfindung des Kreistags mit. [2]Sie dürfen insoweit ihre Auffassungen öffentlich darstellen. [3]Ihre innere Ordnung muss demokratischen und rechtsstaatlichen Grundsätzen entsprechen.

(3) [1]Der Landkreis kann den Fraktionen Mittel aus seinem Haushalt für die sächlichen und personellen Aufwendungen der Fraktionsarbeit gewähren. [2]Über die Verwendung der Mittel ist ein Nachweis in einfacher Form zu führen.

§ 27 Mitwirkung im Kreistag. (1) Der ständige allgemeine Stellvertreter des Landrats ist berechtigt, an den Sitzungen des Kreistags teilzunehmen.

(2) Der Vorsitzende kann den Vortrag in den Sitzungen des Kreistags einem Bediensteten des Landkreises oder des Landratsamts als unterer Verwaltungsbehörde übertragen; auf Verlangen des Kreistags muß er einen solchen Bediensteten zu sachverständigen Auskünften zuziehen.

(3) Der Kreistag kann sachkundige Kreiseinwohner und Sachverständige zu den Beratungen einzelner Angelegenheiten zuziehen.

(4) [1]Der Kreistag kann bei öffentlichen Sitzungen Kreiseinwohnern und den ihnen gleichgestellten Personen und Personenvereinigungen nach § 16 Abs. 2 und 3 die Möglichkeit einräumen, Fragen zu Angelegenheiten des Landkreises zu stellen oder Anregungen und Vorschläge zu unterbreiten (Fragestunde); zu den Fragen nimmt der Vorsitzende Stellung. [2]Der Kreistag kann betroffenen Personen und Personengruppen Gelegenheit geben, ihre Auffassung im Kreistag vorzutragen (Anhörung); das gleiche gilt für die Ausschüsse. [3]Das Nähere regelt die Geschäftsordnung.

§ 28 Ältestenrat. (1) [1]Durch die Hauptsatzung kann bestimmt werden, daß der Kreistag einen Ältestenrat bildet, der den Landrat in Fragen der Tagesordnung und des Gangs der Verhandlungen des Kreistags berät. [2]Vorsitzender des Ältestenrats ist der Landrat. [3]Im Verhinderungsfall wird der Landrat von seinem Stellvertreter nach § 20 Abs. 1 Satz 2 vertreten.

(2) Das Nähere über die Zusammensetzung, den Geschäftsgang und die Aufgaben des Ältestenrats ist in der Geschäftsordnung des Kreistags zu regeln; zu der Regelung der Aufgaben ist das Einvernehmen des Landrats erforderlich.

§ 29 Einberufung der Sitzungen, Teilnahmepflicht. (1) [1]Der Landrat beruft den Kreistag schriftlich oder elektronisch mit angemessener Frist ein und teilt rechtzeitig, in der Regel mindestens sieben Tage vor dem Sitzungstag, die Verhandlungsgegenstände mit; dabei sind die für die Verhandlung erforderlichen Unterlagen beizufügen, soweit nicht das öffentliche Wohl oder berechtigte Interessen einzelner entgegenstehen. [2]Der Kreistag ist einzuberufen, wenn es die Geschäftslage erfordert. [3]Der Kreistag ist unverzüglich einzuberufen, wenn es ein Viertel der Kreisräte unter Angabe des Verhandlungsgegenstands beantragt. [4]Auf Antrag einer Fraktion oder eines Sechstels der Kreisräte ist ein Verhandlungsgegenstand auf die Tagesordnung der nächsten Sitzung des Kreistags zu setzen. [5]Die Verhandlungsgegenstände müssen zum Aufgabengebiet des Kreistags gehören. [6]Satz 3 und 4 gilt nicht, wenn der Kreistag den gleichen Verhandlungsgegenstand innerhalb der letzten sechs Monate bereits behandelt hat.

(2) Zeit, Ort und Tagesordnung der öffentlichen Sitzungen sind rechtzeitig bekanntzugeben.

(3) Die Kreisräte sind verpflichtet, an den Sitzungen teilzunehmen.

§ 30 Öffentlichkeit der Sitzungen. (1) [1]Die Sitzungen des Kreistags sind öffentlich. [2]Nichtöffentlich darf nur verhandelt werden, wenn es das öffentliche Wohl oder berechtigte Interessen einzelner erfordern; über Gegenstände, bei denen diese Voraussetzungen vorliegen, muß nichtöffentlich verhandelt werden. [3]Über Anträge aus der Mitte des Kreistags, einen Verhandlungsgegenstand entgegen der Tagesordnung in öffentlicher oder nichtöffentlicher Sitzung zu behandeln, wird in nichtöffentlicher Sitzung beraten und entschieden. [4]In nichtöffentlicher Sitzung nach Satz 2 gefaßte Beschlüsse sind nach Wiederherstellung der Öffentlichkeit oder, wenn dies ungeeignet ist, in der nächsten öffentlichen Sitzung im Wortlaut bekanntzugeben, soweit nicht das öffentliche Wohl oder berechtigte Interessen einzelner entgegenstehen.

(2) Die Kreisräte sind zur Verschwiegenheit über alle in nichtöffentlicher Sitzung behandelten Angelegenheiten so lange verpflichtet, bis sie der Landrat von der Schweigepflicht entbindet; dies gilt nicht für Beschlüsse, soweit sie nach Absatz 1 Satz 4 bekanntgegeben worden sind.

§ 31 Verhandlungsleitung, Geschäftsgang. (1) [1]Der Vorsitzende eröffnet, leitet und schließt die Verhandlungen des Kreistags. [2]Er handhabt die Ordnung und übt das Hausrecht aus.

(2) Der Kreistag regelt seine inneren Angelegenheiten, insbesondere den Gang seiner Verhandlungen, im Rahmen der gesetzlichen Vorschriften durch eine Geschäftsordnung.

(3) [1]Bei grober Ungebühr oder wiederholten Verstößen gegen die Ordnung kann ein Kreisrat vom Vorsitzenden aus dem Beratungsraum verwiesen werden; mit dieser Anordnung ist der Verlust des Anspruchs auf die auf den Sitzungstag entfallenden Entschädigung verbunden. [2]Bei wiederholten Ordnungswidrigkeiten nach Satz 1 kann der Kreistag ein Mitglied für mehrere, höchstens jedoch für sechs Sitzungen ausschließen. [3]Entsprechendes gilt für sachkundige Kreiseinwohner, die zu den Beratungen zugezogen sind.

§ 32 Beschlußfassung. (1) Der Kreistag kann nur in einer ordnungsmäßig einberufenen und geleiteten Sitzung beraten und beschließen.

(2) [1]Der Kreistag ist beschlußfähig, wenn mindestens die Hälfte aller Mitglieder anwesend und stimmberechtigt ist. [2]Bei Befangenheit von mehr als der Hälfte aller Mitglieder ist der Kreistag beschlußfähig, wenn mindestens ein Viertel aller Mitglieder anwesend und stimmberechtigt ist.

(3) [1]Ist der Kreistag wegen Abwesenheit oder Befangenheit von Mitgliedern nicht beschlußfähig, muß eine zweite Sitzung stattfinden, in der er beschlußfähig ist, wenn mindestens drei Mitglieder anwesend und stimmberechtigt sind; bei der Einberufung der zweiten Sitzung ist hierauf hinzuweisen. [2]Die zweite Sitzung entfällt, wenn weniger als drei Mitglieder stimmberechtigt sind.

(4) [1]Ist keine Beschlußfähigkeit des Kreistags gegeben, entscheidet der Landrat anstelle des Kreistags nach Anhörung der nichtbefangenen Kreisräte.

[2]Ist auch der Landrat befangen, findet § 124 der Gemeindeordnung entsprechende Anwendung; dies gilt nicht, wenn der Kreistag ein stimmberechtigtes Mitglied für die Entscheidung zum Stellvertreter des Landrats bestellt.

(5) Der Kreistag beschließt durch Abstimmungen und Wahlen.

(6) [1]Der Kreistag stimmt in der Regel offen ab. [2]Die Beschlüsse werden mit Stimmenmehrheit gefaßt. [3]Der Landrat hat kein Stimmrecht; bei Stimmengleichheit ist der Antrag abgelehnt.

(7) [1]Wahlen werden geheim mit Stimmzetteln vorgenommen; es kann offen gewählt werden, wenn kein Mitglied widerspricht. [2]Der Landrat hat kein Stimmrecht. [3]Gewählt ist, wer mehr als die Hälfte der Stimmen der anwesenden Stimmberechtigten erhalten hat. [4]Wird eine solche Mehrheit bei der Wahl nicht erreicht, findet zwischen den beiden Bewerbern mit den meisten Stimmen Stichwahl statt, bei der die einfache Stimmenmehrheit entscheidet. [5]Bei Stimmengleichheit entscheidet das Los. [6]Steht nur ein Bewerber zur Wahl und erreicht dieser nicht mehr als die Hälfte der Stimmen der anwesenden Stimmberechtigten, findet ein zweiter Wahlgang statt; auch im zweiten Wahlgang ist mehr als die Hälfte der Stimmen der anwesenden Stimmberechtigten erforderlich. [7]Der zweite Wahlgang soll frühestens eine Woche nach dem ersten Wahlgang durchgeführt werden. [8]Über die Ernennung und Einstellung der Bediensteten des Landkreises ist durch Wahl Beschluß zu fassen; das gleiche gilt für die nicht nur vorübergehende Übertragung einer höher bewerteten Tätigkeit bei einem Arbeitnehmer.

§ 33 Niederschrift. (1) [1]Über den wesentlichen Inhalt der Verhandlungen des Kreistags ist eine Niederschrift zu fertigen, dabei findet § 3a des Landesverwaltungsverfahrensgesetzes keine Anwendung; sie muß insbesondere den Namen des Vorsitzenden, die Zahl der anwesenden und die Namen der abwesenden Kreisräte unter Angabe des Grundes der Abwesenheit, die Gegenstände der Verhandlung, die Anträge, die Abstimmungs- und Wahlergebnisse und den Wortlaut der Beschlüsse enthalten. [2]Der Vorsitzende und jedes Mitglied können verlangen, daß ihre Erklärung oder Abstimmung in der Niederschrift festgehalten wird.

(2) [1]Die Niederschrift ist vom Vorsitzenden, zwei Kreisräten, die an der Verhandlung teilgenommen haben, und dem Schriftführer zu unterzeichnen. [2]Sie ist dem Kreistag in seiner nächsten Sitzung zur Kenntnis zu bringen. [3]Über die hierbei gegen die Niederschrift vorgebrachten Einwendungen entscheidet der Kreistag. [4]Mehrfertigungen von Niederschriften über nichtöffentliche Sitzungen dürfen nicht ausgehändigt werden. [5]Die Einsichtnahme in die Niederschriften über die öffentlichen Sitzungen ist den Kreiseinwohnern gestattet.

§ 34 Beschließende Ausschüsse. (1) [1]Durch die Hauptsatzung kann der Kreistag beschließende Ausschüsse bilden und ihnen bestimmte Aufgabengebiete zur dauernden Erledigung übertragen. [2]Durch Beschluß kann der Kreistag einzelne Angelegenheiten auf bestehende beschließende Ausschüsse übertragen oder für ihre Erledigung beschließende Ausschüsse bilden.

(2) Auf beschließende Ausschüsse kann nicht übertragen werden die Beschlußfassung über

1. die Bestellung der Mitglieder von Ausschüssen des Kreistags sowie Angelegenheiten nach § 19 Abs. 2 Satz 1 bei leitenden Bediensteten,
2. die Übernahme freiwilliger Aufgaben,
3. den Erlaß von Satzungen und Rechtsverordnungen,
4. längerfristige Planungen für Vorhaben im Sinne des § 17 Abs. 2 Satz 1,
5. die Stellungnahmen zur Änderung der Grenzen des Landkreises,
6. die Regelung der allgemeinen Rechtsverhältnisse der Bediensteten des Landkreises,
7. die Übertragung von Aufgaben auf den Landrat,
8. die Verfügung über Vermögen des Landkreises, die für den Landkreis von erheblicher wirtschaftlicher Bedeutung ist,
9. die Errichtung, wesentliche Erweiterung und Aufhebung von öffentlichen Einrichtungen und von Unternehmen sowie die Beteiligung an solchen,
10. die Umwandlung der Rechtsform von öffentlichen Einrichtungen und von Unternehmen des Landkreises und von solchen, an denen der Landkreis beteiligt ist,
11. die Bestellung von Sicherheiten, die Übernahme von Bürgschaften und von Verpflichtungen aus Gewährverträgen und den Abschluß der ihnen wirtschaftlich gleichkommenden Rechtsgeschäfte, soweit sie für den Landkreis von erheblicher wirtschaftlicher Bedeutung sind,
12. den Erlass der Haushaltssatzung und der Nachtragshaushaltssatzungen, die Feststellung des Jahresabschlusses und des Gesamtabschlusses, die Wirtschaftspläne und die Feststellung des Jahresabschlusses von Sondervermögen.
13. die allgemeine Festsetzung von Abgaben,
14. den Verzicht auf Ansprüche des Landkreises und die Niederschlagung solcher Ansprüche, die Führung von Rechtsstreiten und den Abschluß von Vergleichen, soweit sie für den Landkreis von erheblicher wirtschaftlicher Bedeutung sind,
15. den Beitritt zu Zweckverbänden und den Austritt aus diesen und
16. die Übertragung von Aufgaben auf das Rechnungsprüfungsamt.

(3) [1]Im Rahmen ihrer Zuständigkeit entscheiden die beschließenden Ausschüsse selbständig an Stelle des Kreistags. [2]Ergibt sich, daß eine Angelegenheit für den Landkreis von besonderer Bedeutung ist, können die beschließenden Ausschüsse die Angelegenheit dem Kreistag zur Beschlußfassung unterbreiten. [3]In der Hauptsatzung kann bestimmt werden, daß ein Viertel aller Mitglieder eines beschließenden Ausschusses eine Angelegenheit dem Kreistag zur Beschlußfassung unterbreiten kann, wenn sie für den Landkreis von besonderer Bedeutung ist. [4]Lehnt der Kreistag eine Behandlung ab, weil er die Voraussetzungen für die Verweisung als nicht gegeben ansieht, entschei-

det der zuständige beschließende Ausschuß. [5]In der Hauptsatzung kann weiter bestimmt werden, daß der Kreistag allgemein oder im Einzelfall Weisungen erteilen, jede Angelegenheit an sich ziehen und Beschlüsse der beschließenden Ausschüsse, solange sie noch nicht vollzogen sind, ändern oder aufheben kann.

(4) [1]Angelegenheiten, deren Entscheidung dem Kreistag vorbehalten ist, sollen den beschließenden Ausschüssen innerhalb ihres Aufgabengebietes zur Vorberatung zugewiesen werden. [2]In dringenden Angelegenheiten, deren Erledigung nicht bis zu einer Sitzung des Kreistags aufgeschoben werden kann, entscheidet der zuständige beschließende Ausschuß an Stelle des Kreistags. [3]Die Gründe für die Eilentscheidung und die Art der Erledigung sind den Kreisräten unverzüglich mitzuteilen.

(5) [1]Für den Geschäftsgang der beschließenden Ausschüsse gelten die Vorschriften der §§ 27 und 29 bis 33 entsprechend. [2]Die beschließenden Ausschüsse sind mit angemessener Frist einzuberufen, wenn es die Geschäftslage erfordert; sie sollen jedoch mindestens einmal im Monat einberufen werden. [3]In Notfällen können sie ohne Frist, formlos und nur unter Angabe der Verhandlungsgegenstände einberufen werden. [4]Vorberatungen nach Absatz 4 können in öffentlicher oder nichtöffentlicher Sitzung erfolgen; bei Vorliegen der Voraussetzungen des § 30 Absatz 1 Satz 2 muss nichtöffentlich verhandelt werden. [5]Im Falle der Vorberatung nach Absatz 4 hat der Landrat Stimmrecht. [6]Ist ein beschließender Ausschuß wegen Befangenheit von Mitgliedern nicht beschlußfähig im Sinne von § 32 Abs. 2 Satz 1, entscheidet der Kreistag an seiner Stelle ohne Vorberatung.

§ 35 Zusammensetzung der beschließenden Ausschüsse. (1) [1]Die beschließenden Ausschüsse bestehen aus dem Vorsitzenden und mindestens sechs Mitgliedern. [2]Der Kreistag bestellt die Mitglieder und Stellvertreter widerruflich aus seiner Mitte. [3]Nach jeder Wahl der Kreisräte sind die beschließenden Ausschüsse neu zu bilden. [4]In die beschließenden Ausschüsse können durch den Kreistag sachkundige Kreiseinwohner widerruflich als beratende Mitglieder berufen werden; ihre Zahl darf die der Kreisräte in den einzelnen Ausschüssen nicht erreichen; sie sind ehrenamtlich tätig; § 26 Abs. 2 gilt entsprechend.

(2) [1]Kommt eine Einigung über die Zusammensetzung eines beschließenden Ausschusses nicht zustande, werden die Mitglieder von den Kreisräten auf Grund von Wahlvorschlägen nach den Grundsätzen der Verhältniswahl unter Bindung an die Wahlvorschläge gewählt. [2]Wird nur ein gültiger oder kein Wahlvorschlag eingereicht, findet Mehrheitswahl ohne Bindung an die vorgeschlagenen Bewerber statt.

(3) [1]Vorsitzender der beschließenden Ausschüsse ist der Landrat; er kann seinen ständigen allgemeinen Stellvertreter mit seiner Vertretung im Vorsitz beauftragen. [2]Die Mitglieder der Ausschüsse wählen aus ihrer Mitte einen oder mehrere stellvertretende Vorsitzende, die den Vorsitzenden im Verhinderungsfalle vertreten. [3]Die Reihenfolge der Vertretung bestimmt der Ausschuß.

§ 36 Beratende Ausschüsse. (1) [1]Zur Vorbereitung seiner Verhandlungen oder einzelner Verhandlungsgegenstände kann der Kreistag beratende Ausschüsse bestellen. [2]Sie werden aus der Mitte des Kreistags gebildet. [3]In die beratenden Ausschüsse können durch den Kreistag sachkundige Kreiseinwohner widerruflich als Mitglieder berufen werden; ihre Zahl darf die der Kreisräte in den einzelnen Ausschüssen nicht erreichen; sie sind ehrenamtlich tätig; § 26 Abs. 2 gilt entsprechend.

(2) [1]Vorsitzender der beratenden Ausschüsse ist der Landrat. [2]Er kann seinen ständigen allgemeinen Stellvertreter oder ein Mitglied des Ausschusses, das Kreisrat ist, mit seiner Vertretung beauftragen.

(3) Für den Geschäftsgang der beratenden Ausschüsse gelten die Vorschriften der §§ 27, 29, 31 bis 33 und § 34 Abs. 5 Satz 2 bis 6 entsprechend.

§ 36 a Veröffentlichung von Informationen.* (1) [1]Der Landkreis veröffentlicht auf seiner Internetseite Zeit, Ort und Tagesordnung der öffentlichen Sitzungen des Kreistags und seiner Ausschüsse. [2]Absatz 2 Satz 2 gilt entsprechend.

(2) [1]Die der Tagesordnung beigefügten Beratungsunterlagen für öffentliche Sitzungen sind auf der Internetseite des Landkreises zu veröffentlichen, nachdem sie den Mitgliedern des Kreistags zugegangen sind. [2]Durch geeignete Maßnahmen ist sicherzustellen, dass hierdurch keine personenbezogene Daten oder Betriebs- und Geschäftsgeheimnisse unbefugt offenbart werden. [3]Sind Maßnahmen nach Satz 2 nicht ohne erheblichen Aufwand oder erhebliche Veränderungen der Beratungsunterlage möglich, kann im Einzelfall von der Veröffentlichung abgesehen werden.

(3) [1]In öffentlichen Sitzungen sind die Beratungsunterlagen im Sitzungsraum für die Zuhörer auszulegen. [2]Absatz 2 Sätze 2 und 3 gelten entsprechend. [3]Die ausgelegten Beratungsunterlagen dürfen vervielfältigt werden.

(4) Die Mitglieder des Kreistags dürfen den Inhalt von Beratungsunterlagen für öffentliche Sitzungen, ausgenommen personenbezogene Daten oder Betriebs- und Geschäftsgeheimnisse, zur Wahrnehmung ihres Amtes gegenüber Dritten und der Öffentlichkeit bekannt geben.

(5) Die in öffentlicher Sitzung des Kreistags oder des Ausschusses gefassten oder bekannt gegebenen Beschlüsse sind im Wortlaut oder in Form eines zusammenfassenden Berichts innerhalb einer Woche nach der Sizung auf der Internetseite des Landkreises zu veröffentlichen.

(6) Die Beachtung der Absätze 1 bis 5 ist nicht Voraussetzung für die Ordnungsmäßigkeit der Einberufung und Leitung der Sitzung.

---

* *§ 36 a tritt am 31. Oktober 2016 in Kraft*

3. Abschnitt

Landrat

§ 37 Rechtsstellung des Landrats. (1) [1]Der Landrat ist Vorsitzender des Kreistags und leitet das Landratsamt. [2]Er vertritt den Landkreis.

(2) [1]Der Landrat ist Beamter auf Zeit des Landkreises. [2]Die Amtszeit beträgt acht Jahre. [3]Die Amtszeit beginnt mit dem Amtsantritt; im Falle der Wiederwahl schließt sich die neue Amtszeit an das Ende der vorangegangenen an. [4]Die Dienstbezüge des Landrats werden durch Gesetz geregelt.

(3) [1]Der Landrat führt nach Freiwerden seiner Stelle die Geschäfte bis zum Amtsantritt des neu gewählten Landrats weiter; sein Dienstverhältnis besteht so lange weiter. [2]Satz 1 gilt nicht, wenn der Landrat

1. vor dem Freiwerden seiner Stelle dem Landkreis schriftlich oder elektronisch mitgeteilt hat, daß er die Weiterführung der Geschäfte ablehne,
2. des Dienstes vorläufig enthoben ist, oder wenn gegen ihn öffentliche Klage wegen eines Verbrechens erhoben ist oder
3. ohne Rücksicht auf gegen die Wahl eingelegte Rechtsbehelfe nach Feststellung des Wahlergebnisses durch den Vorsitzenden des Kreistags nicht wiedergewählt worden ist.

(4) Die Rechtsaufsichtsbehörde vereidigt und verpflichtet den Landrat in öffentlicher Sitzung des Kreistags.

(5) Für den Landrat gelten die Bestimmungen des § 13 Abs. 1 bis 3 und des § 14 entsprechend.

§ 38 Wählbarkeit. (1) [1]Wählbar zum Landrat sind Deutsche im Sinne von Artikel 116 des Grundgesetzes, die am Wahltag das 30., aber noch nicht das 68. Lebensjahr vollendet haben und die Gewähr dafür bieten, daß sie jederzeit für die freiheitliche demokratische Grundordnung im Sinne des Grundgesetzes eintreten. [2]§ 23 Abs. 2 gilt entsprechend.

§ 39 Zeitpunkt der Wahl, Wahlverfahren, Amtsverweser. (1) [1]Wird die Wahl des Landrats wegen Ablaufs der Amtszeit oder wegen Eintritts in den Ruhestand infolge Erreichens der Altersgrenze notwendig, ist sie frühestens drei Monate und spätestens einen Monat vor Freiwerden der Stelle, in anderen Fällen spätestens sechs Monate nach Freiwerden der Stelle durchzuführen. [2]Der Kreistag bestimmt den Wahltag. [3]Die Stelle des Landrats ist spätestens zwei Monate vor der Wahl öffentlich auszuschreiben. [4]Die Frist für die Einreichung der Bewerbung beträgt einen Monat. [5]Der Bewerbung ist eine Bescheinigung über die Wählbarkeit des Bewerbers beizufügen; § 10 Absatz 4 Satz 2 des Kommunalwahlgesetzes gilt entsprechend.

(2) [1]Zur Vorbereitung der Wahl des Landrats bildet der Kreistag einen besonderen beschließenden Ausschuß (Ausschuß); dieser wählt aus seiner Mitte den Vorsitzenden und einen oder mehrere Stellvertreter. [2]§ 35 Abs. 3 Satz 1

findet keine Anwendung. [3]Der Ausschuß entscheidet über die öffentliche Ausschreibung der Stelle des Landrats. [4]Er ist ferner zuständig für die Verhandlungen nach Absatz 3 über die Benennung von Bewerbern für die Wahl des Landrats.

(3) [1]Der Ausschuß nach Absatz 2 Satz 1 legt dem Innenministerium die eingegangenen Bewerbungen mit den dazugehörigen Unterlagen unverzüglich vor. [2]Das Innenministerium und der Ausschuß benennen gemeinsam mindestens drei für die Leitung des Landratsamts geeignete Bewerber, aus denen der Kreistag den Landrat wählt. [3]Können Innenministerium und Ausschuß keine drei Bewerber nennen, so ist die Stelle erneut auszuschreiben. [4]Dies gilt nicht, wenn der Ausschuß auf die Benennung weiterer Bewerber verzichtet. [5]Können sich Innenministerium und Ausschuß nach der zweiten Ausschreibung nicht einigen und deshalb dem Kreistag nicht die erforderliche Zahl von Bewerbern benennen, entscheidet die Landesregierung nach Anhörung des Ausschusses, aus welchen Bewerbern der Kreistag den Landrat wählt; dabei sind die Bewerber zu berücksichtigen, über deren Benennung sich Innenministerium und der Ausschuß nach der zweiten Ausschreibung geeinigt haben.

(4) Den dem Kreistag zur Wahl vorgeschlagenen Bewerbern ist Gelegenheit zu geben, sich dem Kreistag vor der Wahl vorzustellen.

(5) [1]Die Kreisräte wählen den Landrat in geheimer Wahl nach den Grundsätzen der Mehrheitswahl. [2]Gewählt ist, wer mehr als die Hälfte der Stimmen aller Kreisräte auf sich vereinigt. [3]Wird eine solche Mehrheit bei der Wahl nicht erreicht, findet in derselben Sitzung ein zweiter Wahlgang statt. [4]Erhält auch hierbei kein Bewerber mehr als die Hälfte der Stimmen aller Kreisräte, ist in derselben Sitzung ein dritter Wahlgang durchzuführen, bei welchem der Bewerber gewählt ist, der die höchste Stimmenzahl erreicht; bei Stimmengleichheit entscheidet das Los.

(6) [1]Ein zum Landrat gewählter Bewerber kann vom Kreistag mit der Mehrheit der Stimmen aller Mitglieder zum Amtsverweser bestellt werden, wenn der Vorsitzende des Kreistags festgestellt hat, daß der Bewerber gewählt ist, und wenn der Bewerber deshalb nicht zum Landrat bestellt werden kann, weil eingelegte Rechtsbehelfe dem entgegenstehen. [2]Der Amtsverweser ist als hauptamtlicher Beamter auf Zeit des Landkreises zu bestellen. [3]Seine Amtszeit beträgt zwei Jahre; Wiederbestellung ist zulässig. [4]Die Amtszeit endet vorzeitig mit der Rechtskraft der Entscheidung über die Gültigkeit der Wahl zum Landrat. [5]Der Amtsverweser führt die Bezeichnung Landrat. [6]Die Amtszeit als Landrat verkürzt sich um die Amtszeit als Amtsverweser.

§ 40 Wahrung der Rechte von Landesbeamten. (1) Ein Landesbeamter, der zum Landrat bestellt wird, ist aus dem Landesdienst entlassen.

(2) [1]Nach Ablauf der Amtszeit als Landrat oder bei Vorliegen eines wichtigen Grundes ist ein früherer Landesbeamter auf Antrag mindestens mit der

Rechtsstellung in den Landesdienst zu übernehmen, die er im Zeitpunkt des Ausscheidens aus diesem hatte. [2]Der Antrag ist spätestens drei Monate nach Beendigung der Amtszeit als Landrat zu stellen. [3]Die Übernahme kann abgelehnt werden, wenn er ein Dienstvergehen begangen hat, das die Entfernung aus dem Beamtenverhältnis rechtfertigen würde.

(3) [1]Ist keine entsprechende Planstelle verfügbar, wird der bisherige Landrat als Wartestandsbeamter übernommen. [2]Die Bestimmungen über die Versetzung in den Ruhestand bleiben unberührt.

§ 41 Stellung im Kreistag und in den beschließenden Ausschüssen. (1) Der Landrat bereitet die Sitzungen des Kreistags und der Ausschüsse vor und vollzieht die Beschlüsse.

(2) [1]Der Landrat muß Beschlüssen des Kreistags widersprechen, wenn er der Auffassung ist, daß sie gesetzwidrig sind; er kann widersprechen, wenn er der Auffassung ist, daß sie für den Landkreis nachteilig sind. [2]Der Widerspruch muß unverzüglich, spätestens jedoch binnen einer Woche nach Beschlußfassung gegenüber den Kreisräten ausgesprochen werden. [3]Der Widerspruch hat aufschiebende Wirkung. [4]Gleichzeitig ist unter Angabe der Widerspruchsgründe eine Sitzung einzuberufen, in der erneut über die Angelegenheit zu beschließen ist; diese Sitzung hat spätestens vier Wochen nach der ersten Sitzung stattzufinden. [5]Ist nach Ansicht des Landrats der neue Beschluß gesetzwidrig, muß er ihm erneut widersprechen und unverzüglich die Entscheidung der Rechtsaufsichtsbehörde herbeiführen.

(3) [1]Absatz 2 gilt entsprechend für Beschlüsse, die durch beschließende Ausschüsse gefaßt werden. [2]Auf den Widerspruch hat der Kreistag zu entscheiden.

(4) [1]In dringenden Angelegenheiten des Kreistags, deren Erledigung an Stelle des Kreistags (§ 34 Abs. 4 Satz 2) auch nicht bis zu einer ohne Frist und formlos einberufenen Sitzung des zuständigen beschließenden Ausschusses (§ 34 Abs. 5 Satz 3) aufgeschoben werden kann, entscheidet der Landrat an Stelle dieses zuständigen Ausschusses; § 34 Abs. 4 Satz 3 findet Anwendung. [2]Entsprechendes gilt für Angelegenheiten, für deren Entscheidung ein beschließender Ausschuß zuständig ist.

(5) [1]Der Landrat hat den Kreistag über alle wichtigen, den Landkreis und seine Verwaltung betreffenden Angelegenheiten zu unterrichten; bei wichtigen Planungen ist der Kreistag möglichst frühzeitig über die Absichten und Vorstellung des Landratsamts und laufend über den Stand und den Inhalt der Planungsarbeiten zu unterrichten. [2]Über wichtige Angelegenheiten, die nach § 42 Abs. 3 Satz 3 geheimzuhalten sind, ist der nach § 45 gebildete Beirat zu unterrichten. [3]Die Unterrichtung des Kreistags über die in Satz 2 genannten Angelegenheiten ist ausgeschlossen.

§ 42 Leitung des Landratsamts. (1) Der Landrat ist für die sachgemäße Erledigung der Aufgaben und den ordnungsmäßigen Gang der Verwaltung verantwortlich und regelt die innere Organisation des Landratamts.

(2) [1]Der Landrat erledigt in eigener Zuständigkeit die Geschäfte der laufenden Verwaltung und die ihm sonst durch Gesetz oder vom Kreistag übertragenen Aufgaben. [2]Die dauernde Übertragung der Erledigung bestimmter Aufgaben ist durch die Hauptsatzung zu regeln. [3]Der Kreistag kann die Erledigung von Angelegenheiten, die er nicht auf beschließende Ausschüsse übertragen kann (§ 34 Abs. 2), auch nicht dem Landrat übertragen.

(3) [1]Weisungsaufgaben erledigt der Landrat in eigener Zuständigkeit, soweit gesetzlich nichts anderes bestimmt ist; abweichend hiervon ist der Kreistag für den Erlaß von Rechtsverordnungen zuständig, soweit Vorschriften anderer Gesetze nicht entgegenstehen. [2]Dies gilt auch, wenn der Landkreis in einer Angelegenheit angehört wird, die auf Grund einer Anordnung der zuständigen Behörde geheimzuhalten ist. [3]Bei der Erledigung von Weisungsaufgaben, die auf Grund einer Anordnung der zuständigen Behörde geheimzuhalten sind, sowie in den Fällen des Satzes 2 hat der Landrat die für die Behörden des Landes geltenden Geheimhaltungsvorschriften zu beachten.

(4) Der Landrat ist Vorgesetzter, Dienstvorgesetzter und oberste Dienstbehörde der Bediensteten des Landkreises.

(5) [1]Ständiger allgemeiner Stellvertreter des Landrats ist der Erste Landesbeamte beim Landratsamt, der im Benehmen mit dem Landrat bestellt wird. [2]§ 20 Abs. 1 Satz 2, § 28 Abs. 1 Satz 3 und § 35 Abs. 3 bleiben unberührt. [3]Für den ständigen allgemeinen Stellvertreter des Landrats gelten die Bestimmungen des § 13 Abs. 1 bis 3 und des § 14 entsprechend.

§ 43 Beauftragung, rechtsgeschäftliche Vollmacht. (1) Der Landrat kann Bedienstete mit seiner Vertretung auf bestimmten Aufgabengebieten oder in einzelnen Angelegenheiten des Landratsamts beauftragen.

(2) Der Landrat kann in einzelnen Angelegenheiten rechtsgeschäftliche Vollmacht erteilen.

§ 44 Verpflichtungserklärungen. (1) [1]Erklärungen, durch welche der Landkreis verpflichtet werden soll, bedürfen der Schriftform oder müssen in elektronischer Form mit einer dauerhaft überprüfbaren elektronischen Signatur versehen sein. [2]Sie sind vom Landrat zu unterzeichnen.

(2) Im Falle der Vertretung des Landrats muß die Erklärung durch den ständigen allgemeinen Stellvertreter oder durch zwei vertretungsberechtigte Bedienstete unterzeichnet werden.

(3) Den Unterschriften soll die Amtsbezeichnung und im Falle des Absatz 2 ein das Vertretungsverhältnis kennzeichnender Zusatz beigefügt werden.

(4) Diese Formvorschriften gelten nicht für Erklärungen in Geschäften der laufenden Verwaltung oder auf Grund einer in der vorstehenden Form ausgestellten Vollmacht.

§ 45 Beirat für geheimzuhaltende Angelegenheiten. (1) [1]Der Kreistag kann einen aus den stellvertretenden Vorsitzenden des Kreistags (§ 20 Abs. 1

Satz 2) bestehenden Beirat bilden, der den Landrat in allen Angelegenheiten des § 42 Abs. 3 Satz 2 berät. [2]Dem Beirat kann nur angehören, wer auf die für die Behörden des Landes geltenden Geheimhaltungsvorschriften verpflichtet ist.

(2) [1]Vorsitzender des Beirats ist der Landrat. [2]Er hat den Beirat einzuberufen, wenn es die Geschäftslage erfordert. [3]Der ständige allgemeine Stellvertreter des Landrats ist berechtigt, an den Sitzungen teilzunehmen. [4]Die Sitzungen des Beirats sind nichtöffentlich. [5]Für die Beratungen des Beirats gelten die Bestimmungen des § 29 Abs. 3, des § 31 Abs. 1 und 3, des § 32 Abs. 1 und Abs. 2 Satz 1 und des § 33 entsprechend.

4. Abschnitt

Bedienstete des Landkreises

§ 46 Einstellung, Ausbildung. (1) Der Landkreis ist verpflichtet, die zur Erfüllung seiner Aufgaben erforderlichen geeigneten Beamten und Arbeitnehmer einzustellen.

(2) [1]Bei der Ausbildung der im Vorbereitungsdienst befindlichen Beamten für den Dienst in der Verwaltung des Landes und der Träger der Selbstverwaltung wirken die Landkreise mit den zuständigen Landesbehörden zusammen. [2]Für den persönlichen Aufwand, der den Landkreisen entsteht, ist unter ihnen ein entsprechender finanzieller Ausgleich zu schaffen.

(3) Der Landkreis fördert die Fortbildung seiner Bediensteten.

§ 47 Stellenplan. [1]Der Landkreis bestimmt im Stellenplan die Stellen seiner Beamten sowie seiner nicht nur vorübergehend beschäftigten Arbeitnehmer, die für die Erfüllung der Aufgaben im Haushaltsjahr erforderlich sind. [2]Für Sondervermögen, für die Sonderrechnungen geführt werden, sind besondere Stellenpläne aufzustellen. [3]Beamte in Einrichtungen solcher Sondervermögen sind auch im Stellenplan nach Satz 1 auszuführen und dort besonders zu kennzeichnen.

DRITTER TEIL

Wirtschaft des Landkreises

§ 48 Anzuwendende Vorschriften. Auf die Wirtschaftsführung des Landkreises finden die für die Stadtkreise und Großen Kreisstädte geltenden Vorschriften über die Gemeindewirtschaft entsprechende Anwendung, soweit nachstehend keine andere Regelung getroffen ist.

§ 49 Erhebung von Abgaben, Kreisumlage. (1) Der Landkreis hat das Recht, eigene Steuern und sonstige Abgaben nach Maßgabe der Gesetze zu erheben.

(2) [1]Der Landkreis kann, soweit seine sonstigen Erträge und Einzahlungen nicht ausreichen, um seinen Finanzbedarf zu decken, von den kreisangehörigen Gemeinden und gemeindefreien Grundstücken nach den hierfür geltenden Vorschriften eine Umlage erheben (Kreisumlage). [2]Die Höhe der Kreisumlage ist in der Haushaltssatzung für jedes Haushaltsjahr festzusetzen.

§ 50 Fachbediensteter für das Finanzwesen. (1) Im Landkreis sollen die Aufstellung des Haushaltsplans, des Finanzplans, des Jahresabschlusses und des Gesamtabschlusses, die Haushaltsüberwachung sowie die Verwaltung des Geldvermögens und der Schulden bei einem Bediensteten zusammengefasst werden (Fachbediensteter für das Finanzwesen).

(2) Der Fachbedienstete für das Finanzwesen muß die Befähigung zum Gemeindefachbediensteten (§ 58 der Gemeindeordnung) oder eine abgeschlossene wirtschaftswissenschaftliche Vorbildung nachweisen.

VIERTER TEIL
Aufsicht

§ 51 (1) Rechtsaufsichtsbehörde und obere Rechtsaufsichtsbehörde für den Landkreis ist das Regierungspräsidium, oberste Rechtsaufsichtsbehörde ist das Innenministerium.

(2) [1]Der Vierte Teil der Gemeindeordnung über die Aufsicht findet auf den Landkreis entsprechende Anwendung. [2]Die Bestimmungen über die Aufsicht auf dem Gebiet des Schulwesens bleiben unberührt.

FÜNFTER TEIL
Staatliche Verwaltung im Landkreis

§ 52 Personelle Ausstattung, Sachaufwand. (1) [1]Die für die Aufgaben der unteren Verwaltungsbehörde erforderlichen Beamten des höheren Dienstes oder vergleichbare Arbeitnehmer werden, soweit gesetzlich nichts anderes geregelt ist, vom Land, die übrigen Bediensteten vom Landkreis gestellt. [2]Jedem Landratsamt wird mindestens ein Landesbeamter mit der Befähigung zum höheren Verwaltungsdienst oder zum Richteramt zugeteilt.

(2) [1]Der Landkreis trägt die unmittelbaren und mittelbaren sächlichen Kosten des Landratsamts als untere Verwaltungsbehörde. [2]Von den mittelbaren sächlichen Kosten sind ausgenommen

1. die Kosten für die Durchführung der Vollstreckung von Verwaltungsakten durch Ersatzvornahme,
2. Kosten der unmittelbaren Ausführung von Maßnahmen zur Abwehr oder Beseitigung gesetzwidriger Zustände,

3. Entschädigung wegen Enteignung oder Aufopferung für das gemeine Wohl, auch wenn sie durch rechtswidrige Eingriffe bewirkt wird,
4. Kosten für die Bekämpfung von Tierseuchen nach dem Tierseuchengesetz und für Maßnahmen zur Bekämpfung sonstiger übertragbarer Tierkrankheiten,
5. im übrigen Kosten, die im jeweiligen Erstattungsfall 50 000 Euro übersteigen;

sie werden vom Land dem Landkreis auf Antrag erstattet, soweit nicht von Dritten Ersatz zu erlangen ist und soweit in den Fällen der Nummern 1 bis 3 die Kosten im jeweiligen Erstattungsfall 10 000 Euro übersteigen.

§ 53 Rechtsstellung des Landrats als Leiter der unteren Verwaltungsbehörde. (1) Als Leiter der unteren Verwaltungsbehörde ist der Landrat dem Land für die ordnungsmäßige Erledigung ihrer Geschäfte verantwortlich und unterliegt insoweit den Weisungen der Fachaufsichtsbehörden und der Dienstaufsicht des Regierungspräsidiums.

(2) [1]Verletzt der Landrat in Ausübung seiner Tätigkeit nach Absatz 1 die ihm einem Dritten gegenüber obliegende Amtspflicht, haftet das Land. [2]Die Kosten, die im jeweiligen Haftungsfall 10 000 Euro übersteigen, werden vom Land dem Landkreis auf Antrag erstattet, soweit nicht auf andere Weise Ersatz zu erlangen ist.

§ 54 Mitwirkung des Kreistags. (1) Ist eine Entscheidung oder sonstige Mitwirkung gewählter Vertreter bei der Erfüllung der Aufgaben des Landratsamts als unterer Verwaltungsbehörde gesetzlich vorgeschrieben, ist hierfür der Kreistag zuständig.

(2) Der Landrat kann den Kreistag auch zu Angelegenheiten der unteren Verwaltungsbehörde hören, in denen eine Mitwirkung gewählter Vertreter nicht vorgeschrieben ist.

§ 55 *(aufgehoben)*

§ 56 Austausch von Beamten. (1) [1]Der Landrat kann Landesbeamte zur Besorgung von Angelegenheiten des Landkreises und Beamte des Landkreises zur Besorgung von Aufgaben der unteren Verwaltungsbehörde heranziehen. [2]Der Landrat kann Landesbeamte innerhalb des gesamten Aufgabenbereichs der unteren Verwaltungsbehörde einsetzen.

(2) [1]Verletzt ein Beamter in Ausübung einer Tätigkeit nach Absatz 1 die ihm einem Dritten gegenüber obliegende Amtspflicht, haftet bei Erfüllung der Aufgaben der unteren Verwaltungsbehörde das Land, im übrigen der Landkreis. [2]Die Kosten, die im jeweiligen Haftungsfall 10 000 Euro übersteigen, werden vom Land dem Landkreis auf Antrag erstattet, soweit nicht auf andere Weise Ersatz zu erlangen ist.

§ 56a Prüfer bei der Rechtsaufsichtsbehörde. Für Bedienstete, die überörtliche Prüfungen vornehmen (§§ 113 und 114 der Gemeindeordnung), gilt § 8 Abs. 2 Sätze 2 und 3 sowie Abs. 3 des Gesetzes über die Gemeindeprüfungsanstalt entsprechend.

SECHSTER TEIL
Übergangs- und Schlußbestimmungen

1. Abschnitt
Allgemeine Übergangsbestimmungen

§ 57 Weisungsaufgaben. Bis zum Erlaß neuer Vorschriften sind die den Landkreisen nach bisherigem Recht als Auftragsangelegenheiten übertragenen Aufgaben mit Ausnahme der Aufgaben der unteren Verwaltungsbehörde Weisungsaufgaben im Sinne von § 2 Abs. 4, bei denen ein Weisungsrecht der Fachaufsichtsbehörde in bisherigem Umfang besteht.

§ 58 Einrichtungen und Dienstgebäude. *(nicht abgedruckt)*

2. Abschnitt
Schlußbestimmungen

§ 59 Sitz des Landratsamts. *(nicht abgedruckt)*

§ 60 Durchführungsbestimmungen. [1]Das Innenministerium erläßt die Verwaltungsvorschriften zur Durchführung dieses Gesetzes, ferner die Rechtsverordnungen zur Regelung

1. der öffentlichen Bekanntmachung,
2. der Voraussetzungen und des Verfahrens für die Verleihung von Wappen und Flaggen und die Ausgestaltung und Führung des Dienstsiegels,
3. des Verfahrens bei der Auferlegung eines Ordnungsgeldes und der Höhe des Ordnungsgeldes bei Ablehnung ehrenamtlicher Tätigkeit und der Verletzung der Pflichten ehrenamtlich tätiger Kreiseinwohner,
4. der Höchstgrenzen der Entschädigung für ehrenamtliche Tätigkeit,
5. des Verfahrens bei der Bildung von Ausschüssen,
6. der Anzeige des Amtsantritts und des Urlaubs des Landrats,
7. der Ausschreibung der Landratsstellen,
8. der Übernahme früherer Landesbeamter,
9. der Anwendung der Bestimmungen zur Durchführung des Gemeindewirtschaftsrechts auf den Landkreis,
10. der Kassen- und Rechnungsführung für die untere Verwaltungsbehörde und die Sonderbehörden durch den Landkreis und
11. des Verfahrens der Einwerbung und Annahme oder Vermittlung von Spenden, Schenkungen und ähnlicher Zuwendungen.

[2]Die Verordnungen nach Nummer 8 und Nummer 10 ergehen im Einvernehmen mit dem Finanzministerium.

§ 61 Ordnungswidrigkeiten. (1) Ordnungswidrig handelt, wer vorsätzlich oder fahrlässig einer auf Grund von § 3 Abs. 1 erlassenen Satzung über die Benutzung einer öffentlichen Einrichtung zuwiderhandelt, soweit die Satzung für einen bestimmten Tatbestand auf diese Bußgeldvorschrift verweist.

(2) Die Ordnungswidrigkeit kann mit einer Geldbuße geahndet werden.

(3) Verwaltungsbehörden im Sinne von § 36 Abs. 1 Nr. 1 des Gesetzes über Ordnungswidrigkeiten sind die Landkreise.

§ 62* Inkrafttreten. (1) Dieses Gesetz tritt am 1. April 1956 in Kraft mit Ausnahme des § 54 Abs. 2 Satz 2 und des § 62, die mit der Verkündung dieses Gesetzes in Kraft treten.

(2) [1]Gleichzeitig treten alle Vorschriften, die diesem Gesetz entsprechen oder widersprechen, außer Kraft, sofern sie nicht durch dieses Gesetz ausdrücklich aufrechterhalten werden. [2]Insbesondere treten folgende Vorschriften außer Kraft:

(hier nicht weiter abgedruckt)

Gesetz über kommunale Zusammenarbeit (GKZ)

in der Fassung vom 16. September 1974 (GBl. S. 408, berichtigt GBl. 1975, S. 460; GBl. 1976, S. 408), zuletzt geändert durch Gesetz vom 15. Dezember 2015 (GBl. S. 1147)

INHALTSÜBERSICHT

ERSTER TEIL

Allgemeine Vorschriften

ZWEITER TEIL

Zweckverband

1. Abschnitt

Grundlagen des Zweckverbands

2. Abschnitt

Bildung des Zweckverbands

3. Abschnitt

Verfassung und Verwaltung des Zweckverbands

4. Abschnitt

Vereinigung und Eingliederung von Zweckverbänden

5. Abschnitt

Änderung der Verbandssatzung und Auflösung des Zweckverbands

DRITTER TEIL

Gemeinsame selbständige Kommunalanstalten

VIERTER TEIL

Öffentlich-rechtliche Vereinbarung

FÜNFTER TEIL

Aufsicht

ERSTER TEIL

Allgemeine Vorschriften

§ 1 Rechtsformen und Grundsätze kommunaler Zusammenarbeit. [1]Gemeinden und Landkreise können zur kommunalen Zusammenarbeit Zweckverbände und gemeinsame selbstständige Kommunalanstalten bilden sowie öffentlich-rechtliche Vereinbarungen schließen, um bestimmte Aufgaben, zu deren Erledigung sie berechtigt oder verpflichtet sind, für alle oder einzelne gemeinsam zu erfüllen. [2]Zur gemeinsamen Durchführung bestimmter Aufgaben können sie gemeinsame Dienststellen bilden. [3]Die Sätze 1 und 2 gelten nicht, wenn durch Gesetz die gemeinsame Erfüllung oder Durchführung der Aufgaben ausgeschlossen oder hierfür eine besondere Rechtsform vorgeschrieben ist.

ZWEITER TEIL

Zweckverband

1. Abschnitt

Grundlagen des Zweckverbands

§ 2 Verbandsmitglieder. (1) Gemeinden und Landkreise können sich zu einem Zweckverband zusammenschließen (Freiverband) oder zur Erfüllung von Pflichtaufgaben zusammengeschlossen werden (Pflichtverband).

(2) [1]Neben einer der in Absatz 1 genannten Körperschaften können auch andere Körperschaften, Anstalten und Stiftungen des öffentlichen Rechts Mitglied eines Freiverbands sein, soweit nicht die für sie geltenden besonderen Vorschriften die Beteiligung ausschließen oder beschränken. [2]Ebenso können natürliche Personen und juristische Personen des Privatrechts Mitglied eines Freiverbands sein, wenn die Erfüllung der Verbandsaufgaben dadurch gefördert wird und Gründe des öffentlichen Wohls nicht entgegenstehen.

§ 3 Rechtsnatur. [1]Der Zweckverband ist eine Körperschaft des öffentlichen Rechts. [2]Er verwaltet seine Angelegenheiten im Rahmen der Gesetze unter eigener Verantwortung.

§ 4 Aufgabenübergang und Rechte (1) [1]Das Recht und die Pflicht der an einem Zweckverband beteiligten Gemeinden und Landkreise zur Erfüllung der Aufgaben, die dem Zweckverband gestellt sind, gehen auf den Zweckverband über. [2]Ergänzend dazu kann der Zweckverband für alle oder einzelne seiner Mitglieder weitere Aufgaben durchführen; deren Umfang muss im Verhältnis zu seinen eigenen Aufgaben nachrangig sein; § 25 Absatz 2 Satz 2 gilt entsprechend.

(2) [1]Bestehende Beteiligungen der Gemeinden und Landkreise an Unternehmen und Verbänden, die der gleichen oder einer ähnlichen Aufgabe dienen wie der Zweckverband,bleiben unberührt. [2]Hat nach der Verbandssatzung der Zweckverband anzustreben, solche Beteiligungen an Stelle seiner Verbandsmitglieder zu übernehmen, so sind die einzelnen Verbandsmitglieder zu den hierfür erforderlichen Rechtshandlungen verpflichtet.

§ 5 Rechtsverhältnisse, Satzungen. (1) Die Rechtsverhältnisse des Zweckverbands werden im Rahmen dieses Gesetzes durch eine Verbandssatzung geregelt.

(2) [1]Soweit nicht ein Gesetz oder die Verbandssatzung besondere Vorschriften trifft, finden auf den Zweckverband die für Gemeinden geltenden Vorschriften entsprechende Anwendung. [2]Treffen diese Vorschriften für einzelne Gruppen von Gemeinden nach ihrer Einwohnerzahl oder ihrer Eigenschaft als Stadtkreise, Große Kreisstädte und sonstige Gemeinden unterschiedliche Regelungen, so sind die Vorschriften anzuwenden, die für die Beteiligten der höheren Ordnung maßgebend sind. [3]Landkreise stehen Stadtkreisen gleich.

(3) [1]Das Recht, Satzungen zu erlassen, steht dem Zweckverband nach Maßgabe der Gemeindeordnung für sein Aufgabengebiet zu. [2]Der örtliche Geltungsbereich der Satzungen kann beschränkt werden.

(4) Auf Satzungen über die Benutzung öffentlicher Einrichtungen, über den Anschluß- und Benutzungszwang sowie über die Erhebung von Gebühren und Beiträgen finden die für die Gemeinden geltenden Vorschriften über das Recht der Einwohner, Grundbesitzer und Gewerbetreibenden zur Benutzung öffentlicher Einrichtungen der Gemeinde, über die Erhebung von Gebühren und Beiträgen sowie über das Verwaltungszwangsverfahren und die Verfolgung und Ahndung von Ordnungswidrigkeiten bei Zuwiderhandlungen gegen Satzungen entsprechende Anwendung.

(5) Die Zweckverbände sind Verwaltungsbehörden im Sinne von § 36 Abs. 1 Nr. 1 des Gesetzes über Ordnungswidrigkeiten bei Zuwiderhandlungen gegen ihre Satzungen.

2. Abschnitt

Bildung des Zweckverbands

§ 6 Verbandssatzung. (1) Zur Bildung des Zweckverbands als Freiverband muß von den Beteiligten eine Verbandssatzung vereinbart werden.

(2) Die Verbandssatzung muß bestimmen

1. die Verbandsmitglieder,
2. die Aufgaben,
3. den Namen und Sitz,
4. die Verfassung und Verwaltung, insbesondere die Zuständigkeit der Verbandsorgane und deren Geschäftsgang,
5. den Maßstab, nach dem die Verbandsmitglieder zur Deckung des Finanzbedarfs beizutragen haben (§ 19 Abs. 1 Satz 1),
6. die Form der öffentlichen Bekanntmachungen,
7. die Abwicklung im Falle der Auflösung des Zweckverbands.

§ 7 Genehmigungsverfahren. (1) [1]Die Verbandssatzung bedarf der Genehmigung der Rechtsaufsichtsbehörde (§ 28 Abs. 2). [2]Die Genehmigung ist zu erteilen, wenn die Bildung des Zweckverbands zulässig und die Verbandssatzung den gesetzlichen Vorschriften entsprechend vereinbart ist. [3]Soll der Zweckverband Weisungsaufgaben erfüllen, entscheidet die Rechtsaufsichtsbehörde im Einvernehmen mit der Fachaufsichtsbehörde über die Genehmigung nach pflichtmäßigem Ermessen.

(2) Ist für die Erfüllung einer Aufgabe, für die der Zweckverband gebildet werden soll, oder für die Durchführung einer weiteren Aufgabe eine besondere Genehmigung erforderlich, kann die Verbandssatzung nicht genehmigt werden, wenn zu erwarten ist, dass die besondere Genehmigung versagt wird.

§ 8 Entstehung des Zweckverbands. (1) [1]Die Genehmigung der Verbandssatzung ist mit der Verbandssatzung von der Rechtsaufsichtsbehörde in ihrem amtlichen Veröffentlichungsblatt bekanntzumachen. [2]Die Rechtsaufsichtsbehörde kann in der Bekanntmachung der Genehmigung für die Bekanntmachung der Verbandssatzung eine andere Form bestimmen.

(2) [1]Der Zweckverband entsteht am Tage nach der öffentlichen Bekanntmachung der Genehmigung und der Verbandssatzung, sofern in der Verbandssatzung kein späterer Zeitpunkt bestimmt ist. [2]Werden Genehmigung und Verbandssatzung getrennt bekanntgemacht (Absatz 1 Satz 2), ist die spätere Bekanntmachung maßgebend.

§ 9 Ausgleich. Neben der Verbandssatzung können die Beteiligten schriftliche Vereinbarungen über den Ausgleich von Vorteilen und Nachteilen abschließen, die sich für sie aus der Bildung des Zweckverbands ergeben.

§ 10 Bedingte Pflichtaufgaben. (1) [1]Kann eine freiwillige Aufgabe durch mehrere kommunale Aufgabenträger nur gemeinsam in wirksamer Weise oder gemeinsam wesentlich wirtschaftlicher oder zweckmäßiger erfüllt werden, so kann die Aufgabe für die Beteiligten nach deren Anhörung durch Rechtsverordnung des Innenministeriums im Einvernehmen mit dem zuständigen Ministerium zur Pflichtaufgabe erklärt werden, wenn für die Erfüllung der Aufgabe ein dringendes öffentliches Bedürfnis besteht. [2]Dasselbe gilt, wenn die Erfüllung einer freiwilligen Aufgabe zugleich den Einwohnern eines anderen oder mehrerer anderer kommunaler Aufgabenträger in einem Umfang zugute kommt, daß eine gemeinsame Finanzierung geboten ist und wenn für die gemeinsame Erfüllung der Aufgabe ein dringendes öffentliches Bedürfnis besteht. [3]Die Aufgabe ist von den Beteiligten in einer der öffentlich-rechtlichen Formen kommunaler Zusammenarbeit, auf die dieses Gesetz Anwendung findet, gemeinsam zu erfüllen.

(2) Zu Pflichtaufgaben nach Absatz 1 können erklärt werden die Errichtung, Unterhaltung sowie der Betrieb von Einrichtungen

1. des öffentlichen Personennahverkehrs,
2. der Naherholung,
3. der Fernwärmeversorgung,
4. der Wasserversorgung,
5. der Abwasserbeseitigung.

§ 11 Pflichtverband. (1) Besteht für die Bildung eines Zweckverbands zur Erfüllung bestimmter Pflichtaufgaben ein dringendes öffentliches Bedürfnis, kann die Rechtsaufsichtsbehörde (§ 28 Abs. 2) den beteiligten Gemeinden und Landkreisen eine angemessene Frist zur Bildung eines Zweckverbands setzen.

(2) [1]Wird der Zweckverband innerhalb der Frist nicht gebildet, verfügt die Rechtsaufsichtsbehörde die Bildung des Zweckverbands und erläßt gleichzeitig die Verbandssatzung (§ 6 Abs. 2). [2]Vor dieser Entscheidung muß den Beteiligten Gelegenheit gegeben werden, ihre Auffassung in mündlicher Verhandlung darzulegen.

(3) Absatz 1 und 2 gelten entsprechend für die Übertragung bestimmter Pflichtaufgaben auf einen bestehenden Zweckverband und für den Anschluß von Gemeinden und Landkreisen zur Erfüllung bestimmter Pflichtaufgaben an einen bestehenden Zweckverband.

(4) [1]Im übrigen gelten § 7 Abs. 1 Satz 3 und §§ 8 und 9 entsprechend. [2]Hält die Rechtsaufsichtsbehörde einen Ausgleich nach § 9 für erforderlich, so kann sie diesen selbst regeln, wenn die Beteiligten dies beantragen oder sich nicht innerhalb einer von der Rechtsaufsichtsbehörde gesetzten angemessenen Frist einigen.

3. Abschnitt

Verfassung und Verwaltung des Zweckverbands

§ 12 Organe. (1) Organe des Zweckverbands sind die Verbandsversammlung und der Verbandsvorsitzende.

(2) [1]Die Verbandssatzung kann als weiteres Organ einen Verwaltungsrat vorsehen. [2]Für die Mitglieder des Verwaltungsrats gilt § 13 Abs. 6 entsprechend.

§ 13 Verbandsversammlung. (1) [1]Die Verbandsversammlung ist das Hauptorgan des Zweckverbands. [2]Sie ist für den Erlaß von Satzungen zuständig.

(2) [1]Die Verbandsversammlung besteht aus mindestens einem Vertreter eines jeden Verbandsmitglieds. [2]Die Verbandssatzung kann bestimmen, daß einzelne oder alle Verbandsmitglieder mehrere Vertreter in die Verbandsversammlung entsenden und daß einzelne Verbandsmitglieder ein mehrfaches Stimmrecht haben. [3]Die mehreren Stimmen eines Verbandsmitglieds können nur einheitlich abgegeben werden. [4]Die in § 2 Abs. 2 Satz 2 genannten Verbandsmitglieder dürfen zusammen nicht mehr als zwei Fünftel der satzungsmäßigen Stimmenzahl haben; dabei bleiben diejenigen Verbandsmitglieder außer Betracht, an denen Gemeinden oder Landkreise unmittelbar oder mittelbar mit mehr als 50 vom Hundert beteiligt sind.

(3) [1]Erfüllt der Zweckverband eine Aufgabe nur für einzelne Verbandsmitglieder, kann die Verbandssatzung bestimmen, daß diese Verbandsmitglieder insoweit gegen Beschlüsse der Verbandsversammlung, die für sie von besonderer Wichtigkeit oder erheblicher wirtschaftlicher Bedeutung sind, binnen zwei Wochen nach der Beschlußfassung Einspruch einlegen können. [2]Der Einspruch hat aufschiebende Wirkung. [3]Auf den Einspruch hat die Verbandsversammlung erneut zu beschließen. [4]Der Einspruch ist zurückgewiesen, wenn der neue Beschluß mit einer Mehrheit von mindestens zwei Dritteln der Stimmen der vertretenen Verbandsmitglieder, mindestens jedoch mit der Mehrheit der satzungsmäßigen Stimmenzahl gefaßt wird.

(4) [1]Eine Gemeinde wird in der Verbandsversammlung durch den Bürgermeister, ein Landkreis durch den Landrat vertreten; im Falle der Verhinderung tritt an ihre Stelle ihr allgemeiner Stellvertreter oder ein beauftragter Bediensteter nach § 53 Abs. 1 der Gemeindeordnung oder nach § 38 Abs. 1 der Landkreisordnung. [2]Sind mehrere Vertreter zu entsenden, werden die weiteren Vertreter einer Gemeinde vom Gemeinderat, die weiteren Vertreter eines Landkreises vom Kreistag widerruflich gewählt. [3]Für die weiteren Vertreter können Stellvertreter gewählt werden, die die Vertreter im Falle der Verhinderung vertreten; Satz 2 gilt entsprechend. [4]Ist mehr als ein weiterer Vertreter zu wählen, finden die Vorschriften über die Wahl der Mitglieder beschließender Ausschüsse des Gemeinderats Anwendung.

(5) Die Verbandsmitglieder können ihren Vertretern Weisungen erteilen.

(6) [1]Die Vertreter der Verbandsmitglieder in der Verbandsversammlung sind ehrenamtlich tätig. [2]Für ihre Rechtsverhältnisse gelten die für die Gemeinderäte maßgebenden Vorschriften entsprechend. [3]§ 18 Abs. 1 Nr. 4 und Abs. 2 Nr. 1 der Gemeindeordnung finden keine Anwendung, wenn die Entscheidung wegen der Wahrnehmung einer Aufgabe des Zweckverbands ein Verbandsmitglied betrifft oder wenn sie Verpflichtungen der Verbandsmitglieder betrifft, die sich aus ihrer Zugehörigkeit zum Zweckverband ergeben und für alle zum Verband gehörenden Mitglieder nach gleichen Grundsätzen festgesetzt werden.

§ 14 Ausschüsse. (1) [1]Durch die Verbandssatzung können beschließende Ausschüsse der Verbandsversammlung gebildet und ihnen bestimmte Aufgabengebiete zur dauernden Erledigung übertragen werden. [2]Durch Beschluß kann die Verbandsversammlung einzelne Angelegenheiten auf bestehende beschließende Ausschüsse übertragen oder für ihre Erledigung beschließende Ausschüsse bilden. [3]Die für beschließende Ausschüsse des Gemeinderats geltenden Vorschriften finden entsprechende Anwendung.

(2) [1]Die Verbandsversammlung kann zur Vorberatung ihrer Verhandlungen oder einzelner Verhandlungsgegenstände beratende Ausschüsse bilden. [2]Die für beratende Ausschüsse des Gemeinderats geltenden Vorschriften finden entsprechende Anwendung.

§ 15 Geschäftsgang. (1) [1]Die Sitzungen der Verbandsversammlung sind öffentlich. [2]Nichtöffentlich ist zu verhandeln, wenn es das öffentliche Wohl oder berechtigte Interessen einzelner erfordern. [3]Der Verbandsvorsitzende kann in der Tagesordnung bestimmte Gegenstände in die nichtöffentliche Sitzung verweisen. [4]Über Anträge aus der Mitte der Verbandsversammlung, einen Verhandlungsgegenstand entgegen der Tagesordnung in öffentlicher oder nichtöffentlicher Sitzung zu behandeln, wird in nichtöffentlicher Sitzung beraten und entschieden. [5]Zeit, Ort und Tagesordnung der öffentlichen Sitzungen der Verbandsversammlung sind rechtzeitig durch die Verbandsmitglieder ortsüblich bekanntzugeben oder durch den Verband in der von diesem vorgesehenen Form öffentlich bekanntzumachen.

(2) Die Vertreter der Verbandsmitglieder in der Verbandsversammlung sind zur Verschwiegenheit über alle in nichtöffentlicher Sitzung behandelten Angelegenheiten solange verpflichtet, bis sie der Verbandsvorsitzende von der Schweigepflicht entbindet.

(3) Die Beschlüsse der Verbandsversammlung werden mit Stimmenmehrheit gefaßt; die Verbandssatzung kann eine größere Mehrheit bestimmen.

(4) Für den Geschäftsgang eines Verwaltungsrats und von beschließenden Ausschüssen der Verbandsversammlung finden die für die Verbandsversammlung geltenden Vorschriften entsprechende Anwendung.

§ 16 Verbandsvorsitzender. (1) [1]Der Verbandsvorsitzende ist Vorsitzender der Verbandsversammlung und des Verwaltungsrats. [2]Er ist Leiter der Verbandsverwaltung und vertritt den Zweckverband.

(2) Weisungsaufgaben des Zweckverbands erfüllt der Verbandsvorsitzende in eigener Zuständigkeit, soweit gesetzlich nichts anderes bestimmt ist; abweichend hiervon ist die Verbandsversammlung für den Erlaß von Rechtsverordnungen zuständig, soweit Vorschriften anderer Gesetze nicht entgegenstehen.

(3) [1]Der Verbandsvorsitzende und mindestens ein Stellvertreter werden von der Verbandsversammlung aus ihrer Mitte gewählt. [2]Ist in der Verbandssatzung ein Verwaltungsrat vorgesehen, kann diese bestimmen, daß die Stellvertreter aus dessen Mitte gewählt werden. [3]Verbandsvorsitzender soll in der Regel ein Bürgermeister einer Gemeinde oder ein Landrat eines Landkreises sein, die dem Zweckverband angehören; er muß es sein, wenn der Zweckverband Weisungsaufgaben zu erfüllen hat.

(4) [1]Der Verbandsvorsitzende und seine Stellvertreter sind ehrenamtlich tätig. [2]Durch Satzung können angemessene Aufwandsentschädigungen festgesetzt werden. [3]Im übrigen gelten für ihre Rechtsverhältnisse die für Gemeinderäte maßgebenden Vorschriften sowie § 13 Abs. 6 Satz 3 entsprechend.

§ 17 Beamte. (1) Der Zweckverband besitzt das Recht, Beamte zu haben.

(2) Hauptamtliche Beamte dürfen nur ernannt werden, wenn dies in der Verbandssatzung vorgesehen ist.

§ 18 Wirtschaftsführung. [1]Für die Wirtschaftsführung des Zweckverbands gelten die Vorschriften über die Gemeindewirtschaft entsprechend mit Ausnahme der Vorschriften über die Auslegung des Jahresabschlusses, das Rechnungsprüfungsamt und den Fachbediensteten für das Finanzwesen; § 87 Abs. 1 der Gemeindeordnung gilt mit der Maßgabe, dass Kredite auch zur Rückführung von Kapitaleinlagen an die Verbandsmitglieder aufgenommen werden dürfen. [2]Von der ortsüblichen Bekanntgabe des Beschlusses über die Feststellung des Jahresabschlusses kann abgesehen werden; dies gilt nicht, wenn dem Zweckverband Aufgaben übertragen sind, die er überwiegend unmittelbar gegenüber Dritten wahrnimmt.

§ 19 Deckung des Finanzbedarfs. (1) [1]Der Zweckverband kann, soweit seine sonstigen Erträge und Einzahlungen zur Deckung seines Finanzbedarfs nicht ausreichen, von den Verbandsmitgliedern eine Umlage erheben. [2]Die Maßstäbe für die Umlage sind so zu bemessen, dass der Finanzbedarf für die einzelnen Aufgaben angemessen auf die Mitglieder verteilt wird. [3]Die Höhe der Umlage ist in der Haushaltssatzung für jedes Haushaltsjahr festzusetzen. [4]Der Zweckverband kann für rückständige Beträge Säumniszuschläge nach den Bestimmungen des Kommunalabgabengesetzes fordern.

(2) Für die Kostentragung bei einzelnen Aufgaben kann eine andere Regelung vereinbart werden.

(3) Das Recht zur Erhebung von Steuern steht dem Zweckverband nicht zu.

§ 20 Unmittelbare Anwendung des Eigenbetriebsrechts auf Zweckverbände. (1) [1]Die Verbandssatzung eines Zweckverbands, dessen Hauptzweck der Betrieb eines Unternehmens oder einer Einrichtung im Sinne des § 1 des Eigenbetriebsgesetzes ist, kann bestimmen, daß auf die Verfassung und Verwaltung oder die Wirtschaftsführung und das Rechnungswesen des Zweckverbands die für Eigenbetriebe geltenden Vorschriften unmittelbar Anwendung finden mit der Maßgabe, daß

1. an die Stelle der Betriebssatzung die Verbandssatzung, an die Stelle des Gemeinderats die Verbandsversammlung und an die Stelle des Bürgermeisters der Verbandsvorsitzende tritt,
2. an die Stelle des Betriebsausschusses der Verwaltungsrat treten kann,
3. neben dem Betriebsausschuß beratende oder beschließende Ausschüsse gebildet werden können,
4. von der Festsetzung eines Stammkapitals abgesehen werden kann.

[2]§ 18 Satz 2 gilt entsprechend.

(2) Für die Deckung des Finanzbedarfs gilt § 19 entsprechend.

4. Abschnitt

Vereinigung und Eingliederung von Zweckverbänden

§ 20a Voraussetzungen einer Vereinigung. (1) [1]Zwei oder mehrere Zweckverbände können die Vereinigung zu einem neuen Zweckverband vereinbaren. [2]In der Vereinbarung ist festzulegen, wer die Rechte des Verbandsvorsitzenden des neuen Zweckverbands bis zur erstmaligen, unverzüglich durchzuführenden Wahl eines Verbandsvorsitzenden durch die Verbandsversammlung wahrnimmt.

(2) [1]Die Vereinigung bedarf übereinstimmender Beschlüsse durch die Verbandsversammlungen der betroffenen Zweckverbände. [2]Die Beschlüsse bedürfen jeweils der Mehrheit von mindestens zwei Dritteln der satzungsmäßigen Stimmenzahl der Verbandsmitglieder. [3]Die Verbandssatzung der jeweils betroffenen Zweckverbände kann bestimmen, dass eine größere Mehrheit der satzungsmäßigen Stimmenzahl erforderlich ist. [4]Die Beschlüsse bedürfen der Genehmigung der jeweiligen Rechtsaufsichtsbehörde.

(3) § 11 gilt entsprechend.

§ 20b Verbandssatzung. (1) [1]Zur Bildung des neuen Zweckverbands muss von den beteiligten Zweckverbänden eine Verbandssatzung vereinbart werden. [2]§ 6 Absatz 2 gilt entsprechend.

(2) [1]Die Verbandssatzung des neuen Zweckverbands bedarf der Genehmigung der Rechtsaufsichtsbehörde. [2]§§ 7 und 8 gelten entsprechend.

§ 20c Rechtsnachfolge. Der neue Zweckverband ist Rechtsnachfolger der bisherigen Zweckverbände.

§ 20d Eingliederung von Zweckverbänden. Die §§ 20a bis 20c gelten für die Eingliederung eines Zweckverbands in einen anderen entsprechend.

5. Abschnitt

Änderung der Verbandssatzung und Auflösung des Zweckverbands

§ 21 Änderung der Verbandssatzung und Auflösung des Zweckverbands. (1) Soll der Zweckverband weitere Aufgaben für alle Verbandsmitglieder erfüllen oder durchführen, gelten für die Änderung der Verbandssatzung §§ 6 und 7 entsprechend.

(2) [1]Alle sonstigen Änderungen der Verbandssatzung sowie die Auflösung des Zweckverbands werden von der Verbandsversammlung mit einer Mehrheit von mindestens zwei Dritteln der satzungsmäßigen Stimmzahlen der Verbandsmitglieder beschlossen. [2]Die Verbandssatzung kann bestimmen, daß eine größere Mehrheit der satzungsmäßigen Stimmenzahl erforderlich ist. [3]Sie kann ferner bestimmen, daß der Beschluß der Verbandsversammlung der Zustimmung einzelner oder aller Verbandsmitglieder bedarf.

(3) Soll der Zweckverband eine weitere Aufgabe nur für einzelne Verbandsmitglieder erfüllen, bedarf es des Antrags dieser Mitglieder; für das Verfahren zur Änderung der Verbandssatzung gilt Absatz 2.

(4) Der Beschluß über das Ausscheiden eines Verbandsmitglieds bedarf dessen schriftlicher Zustimmung; dies gilt nicht, wenn die Verbandssatzung einen Ausschluß vorsieht und die in der Verbandssatzung bestimmten Voraussetzungen für den Ausschluß gegeben sind.

(5) Die Änderung der Verbandssatzung nach Absatz 3 und der Beschluß über die Auflösung des Zweckverbandes bedürfen der Genehmigung der Rechtsaufsichtsbehörde.

(6) Änderungen der Verbandssatzung und der Beschluß über die Auflösung sind mit der Genehmigung, sofern eine solche erforderlich ist, von dem Zweckverband öffentlich bekanntzumachen.

§ 22 Abwicklung. Der Zweckverband gilt nach seiner Auflösung als fortbestehend, soweit der Zweck der Abwicklung es erfordert.

§ 23 Wegfall von Verbandsmitgliedern. (1) Fallen Gemeinden oder Landkreise, die Verbandsmitglieder sind, durch Eingliederung in eine andere Körperschaft, durch Zusammenschluß mit einer anderen Körperschaft, durch Auflösung oder aus einem sonstigen Grunde weg, tritt die Körperschaft des öffentlichen Rechts, in die das Verbandsmitglied eingegliedert oder zu der es zusammengeschlossen wird, in die Rechtsstellung des weggefallenen Verbandsmitglieds ein.

(2) [1]Wenn Gründe des öffentlichen Wohls nicht entgegenstehen, kann der Zweckverband binnen drei Monaten nach Wirksamwerden der Änderung die neue Körperschaft ausschließen; in gleicher Weise kann diese ihr Ausscheiden aus dem Zweckverband verlangen. [2]Falls die neue Körperschaft dem Ausschluß widerspricht oder der Zweckverband ihrem Verlangen auf Ausscheiden nicht entspricht, entscheidet auf Antrag eines der Beteiligten die Rechtsaufsichtsbehörde. [3]In diesem Fall regelt die Rechtsaufsichtsbehörde auch die aus der Veränderung sich ergebenden Verhältnisse zwischen dem Zweckverband und dem ausscheidenden Mitglied.

(3) Absatz 1 und 2 gelten entsprechend beim Wegfall sonstiger Mitglieder.

§ 24 Besondere Bestimmungen für Pflichtverbände. (1) Hat nach der Verbandssatzung eines Pflichtverbands die Verbandsversammlung über Änderungen der Verbandssatzung zu beschließen, bedürfen diese der Genehmigung der Rechtsaufsichtsbehörde.

(2) Ist eine der Voraussetzungen für die Bildung eines Pflichtverbands weggefallen, hat die Rechtsaufsichtsbehörde den Zweckverband aufzulösen.

(3) Für das Verfahren nach Absatz 1 und 2 gelten § 7 Abs. 1 Satz 3 und § 8, im Fall des Absatzes 2 auch § 22, entsprechend.

DRITTER TEIL

Gemeinsame selbständige Kommunalanstalten

§ 24a Gemeinsame selbstständige Kommunalanstalten. (1) [1]Gemeinden und Landkreise können eine gemeinsame selbstständige Kommunalanstalt in der Rechtsform einer rechtsfähigen Anstalt des öffentlichen Rechts durch Vereinbarung einer Satzung (Anstaltssatzung) errichten. [2]Sie können auch einer bestehenden selbstständigen Kommunalanstalt oder einer bestehenden gemeinsamen selbstständigen Kommunalanstalt beitreten; der Beitritt erfolgt durch die zwischen den Beteiligten zu vereinbarende Änderung der Anstaltssatzung. [3]§§ 102a, 102b und 102d der Gemeindeordnung gelten entsprechend.

(2) [1]Eine selbstständige Kommunalanstalt kann mit einer anderen durch Vereinbarung einer entsprechenden Änderung der Anstaltssatzung der aufnehmenden selbstständigen Kommunalanstalt oder der aufnehmenden gemeinsamen selbstständigen Kommunalanstalt im Wege der Gesamtrechtsnachfolge zu einer gemeinsamen selbstständigen Kommunalanstalt verschmolzen werden.

(3) [1]Ein Unternehmen in der Rechtsform einer Kapitalgesellschaft, an dem ausschließlich Gemeinden und Kreise beteiligt sind, kann durch Formwechsel in eine gemeinsame selbstständige Kommunalanstalt umgewandelt werden. [2]Die Umwandlung ist nur zulässig, wenn keine Sonderrechte im Sinne des § 23 des Umwandlungsgesetzes und keine Rechte Dritter an den Anteilen der form-

wechselnden Rechtsträger bestehen. [3]Voraussetzungen eines Formwechsels sind

1. die Vereinbarung der Anstaltssatzung der gemeinsamen selbstständigen Kommunalanstalt durch die beteiligten Körperschaften,
2. einen sich darauf beziehenden einstimmigen Umwandlungsbeschluss der Anteilsinhaber der formwechselnden Gesellschaft.

[4]§ 102c der Gemeindeordnung ist entsprechend anzuwenden.

(4) [1]Das vorsitzende Mitglied des Verwaltungsrats einer gemeinsamen selbstständigen Kommunalanstalt wird aus dessen Mitte gewählt. [2]Vorsitzendes Mitglied soll der gesetzliche Vertreter einer der beteiligten Gemeinden oder Landkreise sein.

§ 24b Vorschriften für gemeinsame selbstständige Kommunalanstalten. (1) [1]Die Anstaltssatzung einer gemeinsamen selbstständigen Kommunalanstalt muss mindestens die nach § 6 Absatz 2 erforderlichen Bestimmungen treffen. [2]Weiter muss sie Angaben enthalten über

1. den Betrag der von jedem Beteiligten auf das Eigenkapital zu leistenden Einlage (Stammeinlage),
2. den räumlichen Wirkungsbereich, wenn der gemeinsamen selbstständigen Kommunalanstalt hoheitliche Befugnisse oder das Recht, Satzungen zu erlassen, übertragen werden,
3. die Sitz- und Stimmenverteilung im Verwaltungsrat.

(2) [1]Die Anstaltssatzung, Änderungen der Aufgaben und die Auflösung der gemeinsamen selbstständigen Kommunalanstalt bedürfen der Genehmigung der Rechtsaufsichtsbehörde. [2]§§ 7 und 8 gelten entsprechend.

(3) [1]Über Änderungen der Anstaltssatzung und die Auflösung der gemeinsamen selbstständigen Kommunalanstalt entscheidet der Verwaltungsrat. [2]Die Änderung der Anstaltsaufgabe, die Aufnahme und das Ausscheiden eines Beteiligten, die Erhöhung des Eigenkapitals, die Verschmelzung und die Auflösung bedürfen der Zustimmung aller Beteiligten. [3]Im Falle der Auflösung ist das Vermögen der gemeinsamen selbstständigen Kommunalanstalt im Verhältnis der geleisteten Stammeinlagen auf die Beteiligten zu verteilen. [4]§ 22 gilt entsprechend.

VIERTER TEIL
Öffentlich-rechtliche Vereinbarung

§ 25 Voraussetzung, Verfahren. (1) [1]Gemeinden und Landkreise können vereinbaren, dass eine der beteiligten Körperschaften bestimmte Aufgaben für alle Beteiligten erfüllt oder sich verpflichtet, bestimmte Aufgaben für die übrigen Beteiligten durchzuführen. [2]Es kann auch vereinbart werden, dass eine Körperschaft den übrigen Beteiligten Bedienstete zur Erfüllung und Durchführung ihrer Aufgaben zur Verfügung stellt.

(2) [1]Erfüllt eine Körperschaft eine Aufgabe für die übrigen Beteiligten, gestattet sie diesen insbesondere die Mitbenutzung einer von ihr betriebenen Einrichtung, so gehen das Recht und die Pflicht der übrigen Körperschaften zur Erfüllung der Aufgaben auf die übernehmende Körperschaft über. [2]Verpflichtet sich eine Körperschaft, bestimmte Aufgaben für die übrigen Beteiligten durchzuführen, so bleiben deren Rechte und Pflichten als Träger der Aufgabe unberührt. [3]Körperschaften, denen Bedienstete zur Erfüllung ihrer Aufgaben zur Verfügung gestellt werden, können ihnen wie eigenen Bediensteten Befugnisse übertragen.

(3) [1]In der Vereinbarung können den übrigen Beteiligten Mitwirkungsrechte und -pflichten bei der Erfüllung oder Durchführung der Aufgaben eingeräumt werden. [2]Im Fall der Aufgabenerfüllung kann insbesondere vereinbart werden, daß

1. die übernehmende Körperschaft und die übrigen Beteiligten einen gemeinsamen Ausschuß zur Vorberatung der Verhandlungen des Gemeinderats oder des Kreistags der übernehmenden Körperschaft sowie von dessen beschließenden Ausschüssen bilden,
2. die übrigen Beteiligten gegen Beschlüsse des Gemeinderats oder des Kreistags der übernehmenden Körperschaft sowie von dessen beschließenden Ausschüssen, die für sie von besonderer Wichtigkeit oder erheblicher wirtschaftlicher Bedeutung sind, binnen zwei Wochen nach Mitteilung des Beschlusses Einspruch einlegen können. [3]Der Einspruch hat aufschiebende Wirkung. [4]Auf den Einspruch ist erneut zu beschließen. [5]Der Einspruch ist zurückgewiesen, wenn der neue Beschluß mit der Mehrheit der Stimmen aller Mitglieder des Gemeinderats oder des Kreistags der übernehmenden Körperschaft sowie von dessen beschließenden Ausschüssen gefaßt wird oder wenn ein gemeinsamer Ausschuß nach Nummer 1 dem neuen Beschluß mit der Mehrheit seiner Mitglieder zustimmt.

(4) Ist die Geltungsdauer der Vereinbarung nicht befristet, so muß sie die Voraussetzungen bestimmen, unter denen sie von einem Beteiligten gekündigt werden kann.

(5) [1]Die Vereinbarung bedarf der Genehmigung der in § 28 Abs. 2 bestimmten Rechtsaufsichtsbehörde. [2]Dies gilt auch für die Einbeziehung weiterer Aufgaben und die Aufhebung der Vereinbarung. [3]§ 7 gilt entsprechend.

(6) [1]Die Vereinbarung, ihre Änderung und Aufhebung sind mit der Genehmigung, sofern eine solche erforderlich ist, von den Beteiligten öffentlich bekanntzumachen. [2]Sie werden am Tage nach der letzten öffentlichen Bekanntmachung rechtswirksam, sofern von den Beteiligten kein späterer Zeitpunkt bestimmt ist.

§ 26 Ausdehnung der Satzungsbefugnis. (1) Die zur Erfüllung der Aufgabe verpflichtete Körperschaft kann im Rahmen der ihr übertragenen Aufgabengebiete Satzungen erlassen, die für das gesamte Gebiet der Beteiligten gelten; dies gilt nicht für die Erhebung von Steuern.

(2) Die Körperschaft kann im Geltungsbereich der Satzung alle zur Durchführung erforderlichen Maßnahmen wie im eigenen Gebiet treffen.

§ 27 Gemeinsame Dienststellen. (1) [1]Gemeinden und Landkreise können die Bildung gemeinsamer Dienststellen zur gemeinsamen Durchführung bestimmter Aufgaben vereinbaren. [2]Eine gemeinsame Dienststelle kann auch als Teil einer der beteiligten Körperschaften eingerichtet werden. [3]Die Zuständigkeit der Körperschaften bleibt durch die Bildung gemeinsamer Dienststellen unberührt.

(2) [1]Die Bediensteten üben ihre Tätigkeiten in der gemeinsamen Dienststelle nach der fachlichen Weisung der im Einzelfall zuständigen Körperschaft aus. [2]Ihre dienstrechtliche Stellung im Übrigen bleibt unberührt.

(3) Verletzt ein Bediensteter in Ausübung seiner Tätigkeit in der gemeinsamen Dienststelle die ihm einem Dritten gegenüber obliegende Amtspflicht, haftet die Körperschaft, die für die Amtshandlung sachlich und örtlich zuständig ist.

§ 27a Pflichtvereinbarung. (1) Besteht für den Abschluß einer Vereinbarung zur Erfüllung oder Durchführung bestimmter Pflichtaufgaben ein dringendes öffentliches Bedürfnis, kann die in § 28 Abs. 2 bestimmte Rechtsaufsichtsbehörde den beteiligten Gemeinden und Landkreisen eine angemessene Frist zum Abschluß der Vereinbarung setzen.

(2) [1]Wird die Vereinbarung innerhalb der Frist nicht abgeschlossen, legt die Rechtsaufsichtsbehörde die Vereinbarung fest (Pflichtvereinbarung). [2]Vor dieser Entscheidung muß den Beteiligten Gelegenheit gegeben werden, ihre Auffassung in mündlicher Verhandlung darzulegen.

(3) § 7 Abs. 1 Satz 3, § 11 Abs. 3, § 24 Abs. 1 und 2, § 25 Abs. 1, 2, 3, 5 Satz 1 und 2 und Abs. 6 sowie § 26 gelten entsprechend.

FÜNFTER TEIL

Aufsicht

§ 28 (1) [1]Der Zweckverband und die gemeinsame selbständige Kommunalanstalt stehen unter staatlicher Aufsicht. [2]Die §§ 118, 120 bis 127 und 129 der Gemeindeordnung gelten entsprechend.

(2) Rechtsaufsichtsbehörde ist:

1. das Landratsamt, wenn nur Gemeinden beteiligt sind, die seiner Aufsicht unterstehen;
2. das Regierungspräsidium oder die von ihm bestimmte Behörde, wenn an dem Zweckverband oder an der gemeinsamen selbständigen Kommunalanstalt andere als die in Nummer 1 genannten Gemeinden seines Regierungs-

bezirks oder Landkreise beteiligt sind, die keinem anderen Regierungsbezirk angehören;
3. das Innenministerium oder die von ihm bestimmte Behörde, wenn sich der Kreis der beteiligten Gemeinden und Landkreise über einen Regierungsbezirk oder das Land hinaus erstreckt oder wenn das Land oder der Bund beteiligt sind.

(3) Obere Rechtsaufsichtsbehörde ist in den Fällen des Absatzes 2 Nr. 1 und 2 das Regierungspräsidium.

(4) Oberste Rechtsaufsichtsbehörde und im Falle des Absatzes 2 Nr. 3 auch obere Rechtsaufsichtsbehörde ist das Innenministerium.

SECHSTER TEIL

Anwendung in Sonderfällen

§ 29 Beteiligung von Zweckverbänden und Rechtsträgern gemeindefreier Grundstücke. Zweckverbände und Rechtsträger gemeindefreier Grundstücke stehen bei Anwendung dieses Gesetzes den Gemeinden gleich.

§ 30 Anwendung auf sonstige Verbände. (1) Ist durch Gesetz die gemeinsame Erfüllung bestimmter Aufgaben der Gemeinden oder Landkreise vorgeschrieben oder zugelassen, findet das Gesetz über kommunale Zusammenarbeit insoweit Anwendung, als gesetzlich keine abweichende Regelung getroffen ist.

(2) Regelungen in anderen Gesetzen für Zweckverbände gelten auch für Nachbarschaftsverbände, Verwaltungsgemeinschaften, Feuerlöschverbände und Planungsverbände.

(3) Auf Planungsverbände nach § 4 Abs. 1 bis 7 des Bundesbaugesetzes sind die Vorschriften dieses Gesetzes entsprechend anzuwenden, soweit sich aus dem Bundesbaugesetz nichts anderes ergibt.

(4) Stehen nach den für einen sonstigen Verband geltenden sondergesetzlichen Vorschriften einer anderen Behörde Befugnisse zu, so trifft die Rechtsaufsichtsbehörde Entscheidungen nach diesem Gesetz im Einvernehmen mit der anderen Behörde.

§ 31 Badischer Gemeindeversicherungsverband. (1) Der Badische Gemeindeversicherungsverband ist Körperschaft des öffentlichen Rechts.

(2) [1]Die Rechtsverhältnisse des Verbands werden in der Satzung geregelt. [2]Der Verband betreibt die in der Satzung zugelassenen Versicherungszweige. [3]Änderungen der Satzung bedürfen der Zustimmung der Rechtsaufsichtsbehörde.

(3) [1]Die Auflösung des Verbands bedarf der Genehmigung des Innenministeriums. [2]Der Verband kann nach § 385 a des Aktiengesetzes mit Geneh-

migung des Innenministeriums in eine Aktiengesellschaft umgewandelt werden.

(4) [1]Für die Aufsicht gilt § 28 Abs. 1 entsprechend. [2]Rechtsaufsichtsbehörde ist das Innenministerium oder die von ihm bestimmte Behörde.

SIEBTER TEIL

Übergangs- und Schlußbestimmungen

§ 32 Verbandssatzungen bestehender Zweckverbände und sonstiger Verbände sowie bestehende öffentlich-rechtliche Vereinbarungen *(nicht abgedruckt)*

§ 33 Durchführungsbestimmungen. [1]Das Innenministerium erläßt die Rechtsverordnung zur Regelung der Anwendung der Bestimmungen zur Durchführung des Gemeindewirtschaftsrechts auf den Zweckverband. [2]Dabei kann für Zweckverbände mit erheblicher wirtschaftlicher Bedeutung eine Eigenprüfung vorgeschrieben werden.

§ 34* Inkrafttreten. (1) Dieses Gesetz tritt am Tage nach seiner Verkündung** in Kraft.

(2) [1]Gleichzeitig treten unbeschadet des § 27 Abs. 1 alle Vorschriften, die diesem Gesetz entsprechen oder widersprechen, außer Kraft. [2]Insbesondere treten folgende Vorschriften außer Kraft:
(hier nicht weiter abgedruckt)

---

* *Amtliche Anmerkung:*
Diese Vorschrift betrifft das Inkrafttreten des Gesetzes in der ursprünglichen Fassung vom 24. Juli 1963 (Ges.Bl. S. 114). Der in Absatz 2 Satz 1 genannte § 27 bezieht sich auf die ursprüngliche Fassung.

** *Ursprüngliche Fassung verkündet am 31. Juli 1963*

Kommunalabgabengesetz (KAG)

in der Fassung vom 17. März 2005 (GBl. S. 206),
zuletzt geändert durch Gesetz vom 7. November 2017 (GBl. S. 592)

INHALTSÜBERSICHT

ERSTER TEIL

Allgemeine Vorschriften

§ 1 Geltungsbereich. Dieses Gesetz gilt für Steuern, Gebühren und Beiträge, die von den Gemeinden und Landkreisen erhoben werden (Kommunalabgaben), soweit nicht eine besondere gesetzliche Regelung besteht.

§ 2 Abgabensatzungen. (1) [1]Die Kommunalabgaben werden auf Grund einer Satzung erhoben. [2]Die Satzung soll insbesondere den Kreis der Abgabenschuldner, den Gegenstand, den Maßstab und den Satz der Abgabe sowie die Entstehung und die Fälligkeit der Abgabenschuld bestimmen.

(2) [1]Mängel bei der Beschlussfassung über Abgabensätze sind unbeachtlich, wenn sie nur zu einer geringfügigen Kostenüberdeckung führen. [2]§ 4 Abs. 4 der Gemeindeordnung bleibt unberührt.

(3) [1]Die Satzung kann bestimmen, dass bei Gebühren und Beiträgen, ausgenommen Fremdenverkehrsbeiträge, und bei der Kurtaxe Dritte beauftragt werden können, diese Abgaben zu berechnen, Abgabenbescheide auszufertigen und zu versenden, Abgaben entgegenzunehmen und abzuführen, Nachweise darüber für den Abgabenberechtigten zu führen sowie die erforderlichen Daten zu verarbeiten und die verarbeiteten Daten dem Abgabenberechtigten mitzuteilen. [2]Abgabenberechtigter ist die Körperschaft, der die Abgaben zustehen.

(4) [1]Die Satzung kann auch bestimmen, dass bei Abfall- und Abwassergebühren Dritte, die in engen rechtlichen oder wirtschaftlichen Beziehungen zu einem Sachverhalt stehen, an den die Gebührenpflicht anknüpft, an Stelle der Beteilig-

ten oder neben den Beteiligten verpflichtet sind, die zur Gebührenerhebung erforderlichen Daten dem Abgabenberechtigten oder unmittelbar dem von ihm nach Absatz 3 beauftragten Dritten mitzuteilen. [2]Die Gebührenpflichtigen sind über diese Datenerhebung bei Dritten zu unterrichten; das Verfahren ist in der Satzung zu bestimmen. [3]Für die Datenübermittlung, unabhängig davon, auf welcher Grundlage sie erfolgt, dürfen nur angemessene Zusatzkosten erstattet werden.

(5) Als Schuldner von Gebühren für die Benutzung kommunaler Bestattungseinrichtungen können durch Satzung auch die Personen bestimmt werden, denen nach § 31 Abs. 1 Satz 1 des Bestattungsgesetzes die Bestattungspflicht obliegt.

§ 3 Anwendung von Bundesrecht. (1) Auf die Kommunalabgaben sind die folgenden Bestimmungen der Abgabenordnung sinngemäß anzuwenden, soweit sie sich nicht auf bestimmte Steuern beziehen und soweit nicht dieses Gesetz besondere Vorschriften enthält:

1. aus dem Ersten Teil – Einleitende Vorschriften –
   a) über den Anwendungsbereich § 2,
   b) über die steuerlichen Begriffsbestimmungen § 3 Abs. 1, Abs. 4 mit der Maßgabe, dass Zwangsgelder und Kosten nicht als Nebenleistungen anzusehen sind, und Abs. 5 sowie §§ 4, 5 und 7 bis 15,
   c) über das Steuergeheimnis §§ 30 bis 31b mit folgenden Maßgaben:
      aa) bei der Hundesteuer darf in Schadensfällen und bei Störung der öffentlichen Sicherheit oder Ordnung, wenn ein überwiegendes öffentliches Interesse vorliegt, Auskunft über Namen und Anschrift des Hundehalters an Behörden und Schadensbeteiligte gegeben werden,
      bb) die Entscheidung nach § 30 Abs. 4 Nr. 5 Buchst. c trifft das Hauptorgan der Körperschaft, der die Abgabe zusteht,
   d) über die Haftungsbeschränkung für Amtsträger § 32,
2. aus dem Zweiten Teil – Steuerschuldrecht –
   a) über die Steuerpflichtigen §§ 33 bis 36,
   b) über das Steuerschuldverhältnis §§ 37 bis 50,
   c) über steuerbegünstigte Zwecke §§ 51 bis 68,
   d) über die Haftung §§ 69 und 70 sowie § 71 mit der Maßgabe, dass die Vorschriften über die Steuerhehlerei keine Anwendung finden, §§ 73 bis 75 und 77,
3. aus dem Dritten Teil – Allgemeine Verfahrensvorschriften –
   a) über die Verfahrensgrundsätze §§ 78 bis 81, § 82 Abs. 1 und 2, § 83 Abs. 1 mit der Maßgabe, dass in den Fällen des Satzes 2 die Anordnung von der obersten Dienstbehörde getroffen wird, §§ 85 und 86, § 87 mit der Maßgabe, dass in den Fällen des Absatzes 2 Satz 2 die Vorlage einer von einem öffentlich bestellten und beeidigten Urkundenübersetzer angefertigten oder beglaubigten Übersetzung verlangt werden kann, § 87a Abs. 1 bis 5, §§ 88 bis 93, 95, § 96 Abs. 1 bis 7 Satz 1 und 2, §§ 97 bis

99, § 101 Abs. 1, §§ 102 bis 110, § 111 Abs. 1 bis 3 und 5, §§ 112 bis 115 und § 117 Abs. 1, 2 und 4,

b) über die Verwaltungsakte §§ 118 bis 133,

4. aus dem Vierten Teil – Durchführung der Besteuerung –

a) über die Erfassung der Steuerpflichtigen § 134 Abs. 1 Satz 1 mit der Maßgabe, dass die Erhebung bei Bedarf durchgeführt werden kann, der Umfang der Erhebung auf die für die Erhebung und Bemessung der Abgaben erforderlichen Angaben beschränkt ist und auf die Erhebung vor ihrer Durchführung hingewiesen wird, §§ 135, 136 und § 138 Abs. 1 und 3,

b) über die Mitwirkungspflichten §§ 140, 143, 145 und 146, § 147 Abs. 1 bis 5, §§ 148 und 149, § 150 Abs. 1 Satz 1, Satz 2 mit der Maßgabe, dass § 87a Abs. 1 bis 5 der Abgabenordnung nur anwendbar ist, soweit auf Grund eines Gesetzes oder einer Satzung die Erklärung elektronisch übermittelt werden darf, Abs. 2 bis 5, §§ 151 und 152 sowie § 153 Abs. 1 und 2,

c) über die Festsetzungs- und Feststellungsverfahren § 155, § 156 Abs. 2, § 157 mit der Maßgabe, dass ein Bescheid über eine Abgabe für einen bestimmten Zeitabschnitt bestimmen kann, dass er auch für künftige Zeitabschnitte gilt, solange sich die Berechnungsgrundlagen und die Höhe der festgesetzten Abgabe nicht ändern, und von Amts wegen aufzuheben oder zu ändern ist, wenn die Abgabepflicht entfällt oder sich die Höhe der Abgabe ändert, §§ 158 bis 162, § 163 Abs. 1 Satz 1 und 3, §§ 164 bis 168, § 169 mit der Maßgabe, dass die Festsetzungsfrist nach Absatz 2 Satz 1 einheitlich vier Jahre beträgt, § 170 Abs. 1 bis 3, § 171 Abs. 1 bis 3, Abs. 3a mit der Maßgabe, dass im Falle der Ungültigkeit einer Satzung die Festsetzungsfrist nicht vor Ablauf eines Jahres nach Bekanntmachung einer neuen Satzung endet und an Stelle des § 100 Abs. 1 Satz 1, Abs. 2 Satz 2, Abs. 3 Satz 1 sowie des § 101 der Finanzgerichtsordnung § 113 Abs. 1 Satz 1, Abs. 2 Satz 2, Abs. 3 Satz 1 und Abs. 5 der Verwaltungsgerichtsordnung Anwendung findet, § 171 Abs. 4 und 6 bis 14, § 172 mit der Maßgabe, dass Absatz 1 Satz 3 Halbsatz 2 keine Anwendung findet, § 173, § 174 mit der Maßgabe, dass die Vorschrift nur für kommunale Steuern gilt, §§ 175 bis 177, 191 bis 194, § 195 Satz 1 und §§ 196 bis 203,

5. aus dem Fünften Teil – Erhebungsverfahren –

a) über die Verwirklichung, die Fälligkeit und das Erlöschen von Ansprüchen aus dem Steuerschuldverhältnis §§ 218 und 219, § 220 Abs. 2, §§ 221 bis 223, § 224 Abs. 2 und §§ 225 bis 232,

b) über die Verzinsung und die Säumniszuschläge § 233, § 234 Abs. 1 und 2, § 235, § 236 mit der Maßgabe, dass in Absatz 3 an Stelle des § 137 Satz 1 der Finanzgerichtsordnung § 155 Abs. 5 der Verwaltungsgerichtsordnung Anwendung findet, § 237 Abs. 1 und 2, Abs. 4 mit der Maßgabe, dass § 234 Abs. 3 keine Anwendung findet, und §§ 238 bis 240,

c) über die Sicherheitsleistung §§ 241 bis 248,

6. aus dem Sechsten Teil – Vollstreckung –
   a) über die Allgemeinen Vorschriften § 251 Abs. 3,
   b) über die Niederschlagung § 261 und
7. aus dem Siebenten Teil – Außergerichtliches Rechtsbehelfsverfahren – über die besonderen Verfahrensvorschriften § 367 Abs. 2 Satz 2.

(2) [1]Die Vorschriften des Absatzes 1 gelten entsprechend für Verspätungszuschläge, Zinsen und Säumniszuschläge (abgabenrechtliche Nebenleistungen). [2]Die in Absatz 1 Nr. 4 Buchst. c enthaltenen Vorschriften gelten nur, soweit dies besonders bestimmt wird.

(3) Die in Absatz 1 genannten Vorschriften sind jeweils mit der Maßgabe anzuwenden, dass

1. an Stelle der Finanzbehörde oder des Finanzamts die Körperschaft tritt, der die Abgabe zusteht,
2. dem Begriff „Steuer“, allein oder im Wortzusammenhang, der Begriff „Abgabe“ entspricht,
3. dem Wort „Besteuerung“ die Worte „Heranziehung zu Abgaben“ entsprechen,
4. als außergerichtlicher Rechtsbehelf an Stelle des abgabenrechtlichen Einspruchs der Widerspruch (§ 68 der Verwaltungsgerichtsordnung) und an Stelle des finanzgerichtlichen Verfahrens nach der Finanzgerichtsordnung das verwaltungsgerichtliche Verfahren nach der Verwaltungsgerichtsordnung tritt,
5. an Stelle des Verwaltungszustellungsgesetzes das Landesverwaltungszustellungsgesetz Anwendung findet.

(4) Alle in dieser Vorschrift und im Folgenden genannten Bestimmungen des Bundes- und Landesrechts sind in der jeweils geltenden Fassung anzuwenden.

§ 4 Kleinbeträge. [1]Es kann davon abgesehen werden, Kommunalabgaben zu erstatten, wenn der Betrag niedriger als 5 Euro ist. [1]Dies gilt nicht, wenn die Erstattung beantragt wird.

§ 5 Gemeindefreie Grundstücke. In gemeindefreien Grundstücken, deren Rechtsträger eine Körperschaft des öffentlichen Rechts ist, kann diese die Kommunalabgaben nach den für die Gemeinden geltenden Vorschriften erheben.

§ 6 Einschränkung von Grundrechten. Durch Maßnahmen auf Grund dieses Gesetzes können eingeschränkt werden das Recht auf körperliche Unversehrtheit (Artikel 2 Abs. 2 Satz 1 des Grundgesetzes), die Freiheit der Person (Artikel 2 Abs. 2 Satz 2 des Grundgesetzes) und die Unverletzlichkeit der Wohnung (Artikel 13 des Grundgesetzes).

§ 7 Abgabenhinterziehung. (1) [1]Mit Freiheitsstrafe bis zu zwei Jahren oder mit Geldstrafe wird bestraft, wer

1. der Körperschaft, der die Abgabe zusteht, oder einer anderen Behörde über abgabenrechtlich erhebliche Tatsachen unrichtige oder unvollständige Angaben macht oder
2. die Körperschaft, der die Abgabe zusteht, unter Verstoß gegen gesetzliche Pflichten über abgabenrechtlich erhebliche Tatsachen in Unkenntnis lässt und dadurch Abgaben verkürzt oder für sich oder einen anderen nicht gerechtfertigte Abgabenvorteile erlangt. [2]§ 370 Abs. 4 sowie §§ 371 und 376 der Abgabenordnung sind sinngemäß anzuwenden.

(2) Der Versuch ist strafbar.

(3) Für das Strafverfahren sind §§ 385, 391, 393 bis 398 und 407 der Abgabenordnung sinngemäß anzuwenden.

§ 8 Leichtfertige Abgabenverkürzung und Abgabengefährdung. (1) [1]Ordnungswidrig handelt, wer als Abgabenpflichtiger oder bei der Wahrnehmung der Angelegenheiten eines Abgabenpflichtigen eine der in § 7 Abs. 1 bezeichneten Taten leichtfertig begeht (leichtfertige Abgabenverkürzung). [2]§ 370 Abs. 4 und § 378 Abs. 3 der Abgabenordnung sind sinngemäß anzuwenden.

(2) [1]Ordnungswidrig handelt ferner, wer vorsätzlich oder leichtfertig

1. Belege ausstellt, die in tatsächlicher Hinsicht unrichtig sind, oder
2. den Vorschriften einer Abgabensatzung zur Sicherung oder Erleichterung der Abgabenerhebung, insbesondere zur Anmeldung und Anzeige von Tatsachen, zur Führung von Aufzeichnungen oder Nachweisen, zur Kennzeichnung oder Vorlegung von Gegenständen oder zur Erhebung und Abführung von Abgaben zuwiderhandelt

und es dadurch ermöglicht, eine Abgabe zu verkürzen oder nicht gerechtfertigte Abgabenvorteile zu erlangen (Abgabengefährdung). [1]Die Ordnungswidrigkeit nach Satz 1 Nr. 2 kann nur verfolgt werden, wenn die Satzung für einen bestimmten Tatbestand auf diese Bußgeldvorschrift verweist.

(3) Die Ordnungswidrigkeit kann mit einer Geldbuße bis zu 10 000 Euro geahndet werden.

(4) Für das Bußgeldverfahren sind §§ 391, 393, 396, 397, 407 und 411 der Abgabenordnung sinngemäß anzuwenden.

(5) Verwaltungsbehörde im Sinne des § 36 Abs. 1 Nr. 1 des Gesetzes über Ordnungswidrigkeiten ist die Körperschaft, der die Abgabe zusteht.

ZWEITER TEIL

Steuern

§ 9 Gemeindesteuern. (1) Die Gemeinden erheben Steuern nach Maßgabe der Gesetze.

(2) [1]Die Festsetzung und die Erhebung der Grundsteuer und der Gewerbesteuer obliegen den Gemeinden. [2]Die Bekanntgabe oder Zustellung der Messbescheide wird den hebeberechtigten Gemeinden übertragen; die Befugnis der Finanzämter, die Messbescheide selbst bekannt zu geben oder zuzustellen, bleibt unberührt. [3]Durch Rechtsverordnung des Finanzministeriums im Einvernehmen mit dem Innenministerium kann das Verfahren zur Übermittlung der Daten der Messbescheide an die Gemeinden durch Datenfernübertragung bestimmt werden.

(3) [1]Die Gemeinden erheben eine Hundesteuer. [2]Steuerermäßigungen und Steuerbefreiungen können in der Satzung geregelt werden.

(4) Soweit Gesetze im Sinne von Absatz 1 nicht bestehen, können die Gemeinden örtliche Verbrauch- und Aufwandsteuern erheben, solange und soweit sie nicht bundesgesetzlich geregelten Steuern gleichartig sind, jedoch nicht Steuern, die vom Land erhoben werden oder den Stadtkreisen und Landkreisen vorbehalten sind.

(5) Durch Satzung kann bestimmt werden, dass auf die Steuerschuld angemessene Vorauszahlungen zu leisten sind.

§ 10 Kreissteuern. (1) Die Stadtkreise und die Landkreise erheben Steuern nach Maßgabe der Gesetze.

(2) [1]Die Stadtkreise und die Landkreise können eine Steuer auf die Ausübung des Jagdrechts (Jagdsteuer) erheben. [2]Der Steuersatz beträgt für Inländer höchstens 15 Prozent, für Personen, die ihren ständigen Wohnsitz oder gewöhnlichen Aufenthalt im Ausland haben, höchstens 60 Prozent des Jahreswerts der Jagd, soweit nicht Staatsverträge entgegenstehen. [3]Von der Besteuerung ausgenommen bleibt die Ausübung der Jagd in nicht verpachteten Jagden des Bundes und der Länder sowie die Ausübung der Jagd auf Grundflächen, die nach § 5 Abs. 1 des Bundesjagdgesetzes einem nicht verpachteten Eigenjagdbezirk des Bundes oder eines Landes angegliedert worden sind.

DRITTER TEIL

Gebühren für öffentliche Leistungen einschließlich Benutzungsgebühren

Erster Abschnitt

Gebühren für öffentliche Leistungen und für die Tätigkeit des Gutachterausschusses

§ 11 Gebühren für öffentliche Leistungen ausgenommen Benutzungsgebühren. (1) [1]Die Gemeinden und die Landkreise können für öffentliche Leistungen, die sie auf Veranlassung oder im Interesse Einzelner vornehmen, Gebühren erheben. [2]§ 2 Abs. 2 und 4 des Landesgebührengesetzes gilt entsprechend.

(2) [1]Die Gebühr soll die mit der öffentlichen Leistung verbundenen Verwaltungskosten aller an der Leistung Beteiligten decken; Verwaltungskosten sind die nach betriebswirtschaftlichen Grundsätzen ansatzfähigen Kosten mit Ausnahme der kalkulatorischen Zinsen. [2]Bei der Gebührenbemessung ist die wirtschaftliche oder sonstige Bedeutung der öffentlichen Leistung für den Gebührenschuldner zum Zeitpunkt ihrer Beendigung zu berücksichtigen. [3]Sollen Gebühren nach festen Sätzen erhoben werden, kann das wirtschaftliche oder sonstige Interesse der Gebührenschuldner unberücksichtigt bleiben. [4]Die Gebühr darf nicht in einem Missverhältnis zur öffentlichen Leistung stehen.

(3) [1]§§ 5, 9, 12, 18 und 19 des Landesgebührengesetzes gelten entsprechend. [2]§ 10 Abs. 1 Sätze 1 und 2 sowie Abs. 2, 5 und 6 des Landesgebührengesetzes gilt entsprechend, soweit Gegenseitigkeit besteht. [3]Ferner gilt § 10 Abs. 3 bis 6 des Landesgebührengesetzes entsprechend, sofern die Gemeinde oder Verwaltungsgemeinschaft als Behörde Aufgaben einer unteren Verwaltungsbehörde im Sinne des Landesverwaltungsgesetzes oder Aufgaben einer unteren Baurechtsbehörde im Sinne der Landesbauordnung für Baden-Württemberg wahrnimmt. [4]Säumniszuschläge werden erst für den Zeitraum erhoben, der einen Monat nach Ablauf des Fälligkeitstags beginnt; § 240 Abs. 3 der Abgabenordnung findet keine Anwendung.

(4) [1]In der Gebühr sind die der Behörde erwachsenen Auslagen inbegriffen. [2]Der Ersatz der Auslagen kann besonders verlangt werden, soweit diese das übliche Maß erheblich übersteigen; dasselbe gilt, wenn für eine öffentliche Leistung keine Gebühr erhoben wird. [3]Für die Auslagen gelten die für Gebühren maßgebenden Vorschriften entsprechend.

§ 12 Gebühren für die Tätigkeit des Gutachterausschusses. (1) Die Gemeinden können für die Erstattung von Gutachten durch den Gutachterausschuss nach § 192 Abs. 1 des Baugesetzbuches Gebühren erheben.

(2) [1]§ 11 Abs. 1, 2 und 3 Satz 4 und Abs. 4 dieses Gesetzes und § 5, § 12 Abs. 1 bis 3 Satz 1 und Abs. 4, §§ 18 und 19 des Landesgebührengesetzes gel-

ten entsprechend. [2]Der Ersatz der Auslagen für besondere Sachverständige kann in jedem Fall besonders verlangt werden.

(3) Werden besondere Sachverständige bei der Wertermittlung zugezogen, so sind sie nach den Bestimmungen des Justizvergütungs- und -entschädigungsgesetzes zu entschädigen.

Zweiter Abschnitt

Benutzungsgebühren

§ 13 Gebührenerhebung. (1) [1]Die Gemeinden und die Landkreise können für die Benutzung ihrer öffentlichen Einrichtungen Benutzungsgebühren erheben. [2]Technisch getrennte Anlagen, die der Erfüllung derselben Aufgabe dienen, bilden eine Einrichtung, bei der Gebühren nach einheitlichen Sätzen erhoben werden, sofern durch die Satzung nichts anderes bestimmt ist; § 17 Abs. 1 Nr. 2 bleibt unberührt.

(2) An Stelle von Benutzungsgebühren können unabhängig von der weiteren rechtlichen Ausgestaltung des Benutzungsverhältnisses privatrechtliche Entgelte erhoben werden.

(3) Für grundstücksbezogene Benutzungsgebühren gilt § 27 entsprechend.

§ 14 Gebührenbemessung. (1) [1]Die Gebühren dürfen höchstens so bemessen werden, dass die nach betriebswirtschaftlichen Grundsätzen insgesamt ansatzfähigen Kosten (Gesamtkosten) der Einrichtung gedeckt werden, wobei die Gebühren in Abhängigkeit von Art und Umfang der Benutzung progressiv gestaltet werden können. [2]Versorgungseinrichtungen und wirtschaftliche Unternehmen können einen angemessenen Ertrag für den Haushalt der Gemeinde abwerfen.

(2) [1]Bei der Gebührenbemessung können die Gesamtkosten in einem mehrjährigen Zeitraum berücksichtigt werden, der jedoch höchstens fünf Jahre umfassen soll. [2]Übersteigt am Ende des Bemessungszeitraums das tatsächliche Gebührenaufkommen die ansatzfähigen Gesamtkosten, sind die Kostenüberdeckungen bei ein- oder mehrjähriger Gebührenbemessung innerhalb der folgenden fünf Jahre auszugleichen; Kostenunterdeckungen können in diesem Zeitraum ausgeglichen werden.

(3) [1]Zu den Kosten nach Absatz 1 Satz 1 gehören auch

1. die angemessene Verzinsung des Anlagekapitals und angemessene Abschreibungen; dabei sind auch die aus dem Vermögen der Gemeinde oder des Landkreises bereitgestellten Sachen und Rechte mit dem Wert zum Zeitpunkt der erstmaligen Bereitstellung zu berücksichtigen,
2. Verwaltungskosten einschließlich Gemeinkosten und
3. bundes- und landesrechtliche Umweltabgaben und das Wasserentnahmeentgelt nach dem Wassergesetz für Baden-Württemberg.

[2]Der Verzinsung ist das um Beiträge, Zuweisungen und Zuschüsse Dritter gekürzte Anlagekapital (Anschaffungs- oder Herstellungskosten abzüglich der Abschreibungen) zugrunde zu legen. [3]Die Verzinsung kann nach der Restwert- oder nach der Durchschnittswertmethode vorgenommen werden. [4]Den Abschreibungen sind in der Regel die ungekürzten Anschaffungs- oder Herstellungskosten zugrunde zu legen; Beiträge, Zuweisungen und Zuschüsse Dritter sind zu passivieren und jährlich mit einem durchschnittlichen Abschreibungssatz aufzulösen (Ertragszuschüsse). [5]Soweit Anschaffungs- oder Herstellungskosten um Beiträge, Zuweisungen und Zuschüsse Dritter gekürzt wurden, können abweichend von Satz 4 den Abschreibungen weiterhin die gekürzten Anschaffungs- und Herstellungskosten zugrunde gelegt werden. [6]In Ausnahmefällen kann bei der Gewährung von Zuweisungen und Zuschüssen auf Antrag des Trägers der Einrichtung bestimmt werden, dass abweichend von Satz 4 und 5 die Passivierung und Auflösung oder die Kürzung der Anschaffungs- oder Herstellungskosten ganz oder teilweise entfällt (Kapitalzuschüsse). [7]Bei der Anpassung von Abschreibungssätzen kann der Restbuchwert auf die geänderte Restnutzungsdauer verteilt werden; bei Wegfall der Restnutzungsdauer kann der Restbuchwert bei der Ermittlung von Kostenüber- und Kostenunterdeckungen nach Absatz 2 Satz 2 als außerordentliche Abschreibung berücksichtigt werden.

(4) [1]Bei Gebührenzahlungen im Einzugsermächtigungsverfahren kann der Kostenvorteil bei der Gebührenbemessung angemessen berücksichtigt werden. [2]Die Gebührenermäßigung ist pauschal als Festbetrag je Zahlungsvorgang in der Satzung zu bestimmen.

§ 15 Vorauszahlungen. Durch Satzung kann bestimmt werden, dass auf die Gebührenschuld im Rahmen eines Dauerbenutzungsverhältnisses angemessene Vorauszahlungen zu leisten sind.

§ 16 Eigennutzung. [1]Soweit Gemeinden und Landkreise ihre öffentlichen Einrichtungen selbst benutzen, sind Gebühren, wie sie bei einem Dritten entstehen würden, intern zu verrechnen. [2]Die Gebührenschuld gilt in dem Zeitpunkt als entstanden, in dem sie bei einem Dritten entstehen würde.

§ 17 Gebühren für die Benutzung der öffentlichen Abwasserbeseitigung. (1) Durch Satzung können zum Bestandteil der öffentlichen Einrichtung Abwasserbeseitigung bestimmt werden

1. für die Abwasserbeseitigung hergestellte künstliche Gewässer, auch wenn das eingeleitete Abwasser nur dem natürlichen Wasserkreislauf überlassen wird, und
2. Anlagen zur Ableitung von Grund- und Drainagewasser, wenn dadurch die öffentlichen Abwasseranlagen entlastet werden.

(2) [1]Zu den Kosten nach § 14 Abs. 1 Satz 1 gehören auch Investitionszuschüsse an Dritte für Maßnahmen der Regenwasserbewirtschaftung, wenn dadurch die Investitionskosten für die öffentliche Abwasserbeseitigung vermin-

dert werden. [2]Die Investitionszuschüsse sind entsprechend dem Anlagekapital angemessen zu verzinsen und abzuschreiben.

(3) Die anteiligen Kosten, die auf die Entwässerung von öffentlichen Straßen, Wegen und Plätzen entfallen, bleiben bei den Kosten nach § 14 Abs. 1 Satz 1 außer Betracht.

§ 18 Gebühren für die Benutzung der öffentlichen Abfallentsorgung.
(1) Für die Erhebung von Gebühren für die Benutzung der öffentlichen Abfallentsorgung gilt ergänzend, dass

1. die Gebühren so gestaltet werden können, dass sich daraus nachhaltige Anreize zur Vermeidung und Verwertung sowie zur Abfalltrennung ergeben,
2. alle Abfallverwertungs- und Abfallbeseitigungsanlagen einschließlich der stillgelegten Anlagen, solange sie der Nachsorge bedürfen, eine Einrichtung des Trägers bilden, bei der Gebühren nach einheitlichen Sätzen erhoben werden, sofern durch Satzung nichts anderes bestimmt ist,
3. bei der Gebührenbemessung auch
   a) die Kosten der Beratung und Aufklärung über Abfallvermeidung und Abfallverwertung,
   b) die Zuführung zu Rücklagen oder Rückstellungen für die vorhersehbaren späteren Kosten der Stilllegung und der Nachsorge,
   c) die Kosten der Stilllegung und der Nachsorge für stillgelegte Abfallverwertungs- und Abfallbeseitigungsanlagen, soweit dafür nach Buchstabe b keine Rücklagen oder Rückstellungen gebildet wurden, und
   d) die Kosten der Verwertung und Beseitigung in unzulässiger Weise auf öffentlichen Flächen oder außerhalb im Zusammenhang bebauter Ortsteile abgelagerter Abfälle, soweit die öffentlich-rechtlichen Entsorgungsträger zu deren Entsorgung verpflichtet sind,

   berücksichtigt werden sollen,
4. beim Gebührenmaßstab auch das Aufkommen der Abfälle zur Beseitigung und der Abfälle zur Verwertung berücksichtigt werden kann,
5. auch die Grundstückseigentümer, im Falle des Erbbaurechts die Erbbauberechtigten als Gebührenschuldner bestimmt werden können,
6. im Falle der Ablagerung von Abfällen die Gebühren alle Kosten für die Errichtung und den Betrieb der Deponie, einschließlich der Kosten einer vom Betreiber zu leistenden Sicherheit oder eines zu erbringenden gleichwertigen Sicherungsmittels, sowie die geschätzten Kosten für die Stilllegung und die Nachsorge für einen Zeitraum von mindestens 30 Jahren abdecken müssen; dies gilt entsprechend für die Abdeckung der Kosten von Anlagen zur Lagerung von Abfällen, die einer immissionsschutzrechtlichen Genehmigung nach § 4 des Bundes-Immissionsschutzgesetzes in Verbindung mit Nummer 8.14 des Anhangs zur Verordnung über genehmigungsbedürftige Anlagen (4. BImSchV) bedürfen,
7. bei Wegfall der Restnutzungsdauer abweichend von § 14 Abs. 3 Satz 6 Halbsatz 2 der Restbuchwert einer Abfallbeseitigungsanlage während der

Dauer der Stilllegung und der Nachsorge weiter abgeschrieben werden kann und

8. bei der Gebührenbemessung ferner die in ordnungsgemäßer Wahrnehmung der Aufgabe nach § 15 Abs. 1 des Kreislaufwirtschafts- und Abfallgesetzes entstandenen Kosten für Planung und Entwicklung nicht verwirklichter Vorhaben berücksichtigt werden können; diese Kosten sind über einen angemessenen Zeitraum zu verteilen.

(2) [1]Die Landkreise können die Gemeinden durch Satzung verpflichten, die von dem Landkreis beschlossenen Benutzungsgebühren gegen Kostenersatz in seinem Namen für ihn zu erheben. [2]Die Pflicht zur Erhebung der Gebühren geht zu dem in der Satzung bestimmten Zeitpunkt auf die Gemeinden über. [3]Der Verband Region Stuttgart kann die Stadt- und Landkreise durch Satzung verpflichten, in seinem Namen Benutzungsgebühren zu erheben; Satz 2 gilt entsprechend.

(3) [1]Gemeinden, denen vom Landkreis nach § 6 Abs. 2 Nr. 1 des Landesabfallgesetzes das Einsammeln und Befördern übertragen worden ist, können Gebühren für das Einsammeln und Befördern sowie für die weitere Entsorgung der Abfälle erheben, soweit der Landkreis ihnen die Kosten der weiteren Entsorgung durch Satzung auferlegt. [2]Für die Erhebung der Gebühren durch die Gemeinden und für die vom Landkreis gegenüber den Gemeinden festzulegende Abgabe für die weitere Entsorgung gilt Absatz 1 entsprechend. [3]Die Befugnis der Landkreise nach Absatz 2 bleibt unberührt.

§ 19 Gebühren für die Benutzung von Kindergärten und Tageseinrichtungen. Gebühren für die Benutzung von Kindergärten und Tageseinrichtungen nach dem Kindergartengesetz (Elternbeiträge) können so bemessen werden, dass der wirtschaftlichen Belastung durch den Besuch der Einrichtung sowie der Zahl der Kinder in der Familie angemessen Rechnung getragen wird.

VIERTER TEIL

Anschluss- und Erschließungsbeiträge

Erster Abschnitt

Gemeinsame Vorschriften

§ 20 Beitragserhebung. (1) [1]Die Gemeinden und Landkreise (Beitragsberechtigte) können zur teilweisen Deckung der Kosten für die Anschaffung, die Herstellung und den Ausbau öffentlicher Einrichtungen Anschlussbeiträge von den Grundstückseigentümern erheben, denen durch die Möglichkeit des Anschlusses ihres Grundstücks an die Einrichtung nicht nur vorübergehende Vorteile geboten werden. [2]§ 13 Abs. 1 Satz 2 und Abs. 2 sowie § 17 Abs. 1 gelten entsprechend. [3]Nachträglich eintretende geringfügige Kostenüberdeckungen sind unbeachtlich.

(2) Die Gemeinden erheben zur Deckung ihrer anderweitig nicht gedeckten Kosten für die erstmalige endgültige Herstellung der in § 33 Satz 1 Nr. 1 und 2 genannten Erschließungsanlagen einen Erschließungsbeitrag.

(3) Zur Deckung ihrer anderweitig nicht gedeckten Kosten für die erstmalige endgültige Herstellung der in § 33 Satz 1 Nr. 3 bis 7 genannten Erschließungsanlagen können die Gemeinden einen Erschließungsbeitrag erheben.

§ 21 Beitragsschuldner. (1) [1]Beitragsschuldner ist, wer im Zeitpunkt der Bekanntgabe des Beitragsbescheids Eigentümer des Grundstücks ist. [2]Die Satzung kann bestimmen, dass Beitragsschuldner ist, wer im Zeitpunkt des Entstehens der Beitragsschuld Eigentümer des Grundstücks ist.

(2) [1]Der Erbbauberechtigte ist an Stelle des Eigentümers der Beitragsschuldner. [2]Mehrere Beitragsschuldner sind Gesamtschuldner; bei Wohnungs- und Teileigentum sind die einzelnen Wohnungs- und Teileigentümer nur entsprechend ihrem Miteigentumsanteil Beitragsschuldner.

(3) Steht das Grundstück, Erbbaurecht, Wohnungs- oder Teileigentum im Eigentum mehrerer Personen zur gesamten Hand, ist Beitragsschuldner die Gesamthandsgemeinschaft.

§ 22 Eingebrachte Sachen, Rechte, Werk- und Dienstleistungen. [1]Zu den beitragsfähigen Kosten nach §§ 30 und 35 gehören auch der Wert der aus dem Vermögen des Beitragsberechtigten bereitgestellten Sachen und Rechte und der vom Personal des Beitragsberechtigten erbrachten Werk- und Dienstleistungen. [2]Für den Wert der bereitgestellten Sachen und Rechte ist der Zeitpunkt der erstmaligen Bereitstellung maßgebend.

§ 23 Anteil des Beitragsberechtigten. (1) Der Beitragsberechtigte hat mindestens 5 Prozent der beitragsfähigen Kosten nach § 30 selbst zu tragen.

(2) [1]Der Beitragsberechtigte hat 5 Prozent der beitragsfähigen Kosten nach § 35 für die erstmalige Herstellung der in § 33 Satz 1 genannten Erschließungsanlagen selbst zu tragen. [2]Für die in § 33 Satz 1 Nr. 3 bis 7 genannten Erschließungsanlagen kann durch Satzung (§ 34 Nr. 4) ein höherer Anteil bestimmt werden.

(3) Im Falle einer Erschließung nach §§ 12 oder 124 des Baugesetzbuches ist Absatz 1 und 2 nicht anzuwenden.

§ 24 Grundstücke im Eigentum des Beitragsberechtigten. Bei Grundstücken, die im Eigentum des Beitragsberechtigten stehen oder an denen dem Beitragsberechtigten ein Erbbaurecht, Wohnungs- oder Teileigentumsrecht zusteht, gilt § 16 entsprechend.

§ 25 Vorauszahlungen. (1) Der Beitragsberechtigte kann angemessene Vorauszahlungen auf die Beitragsschuld für öffentliche Einrichtungen nach § 20 Abs. 1 verlangen, sobald er mit der Herstellung oder dem Ausbau der Einrichtung, im Falle des § 29 Abs. 1 mit der Herstellung oder dem Ausbau des Teils der Einrichtung beginnt.

(2) Ist ein Erschließungsbeitrag noch nicht entstanden, können Vorauszahlungen bis zur Höhe des voraussichtlichen endgültigen Erschließungsbeitrags verlangt werden, wenn mit der Herstellung der Erschließungsanlage begonnen worden und die endgültige Herstellung der Erschließungsanlage innerhalb von vier Jahren zu erwarten ist.

(3) [1]Die Vorauszahlungsschuld entsteht mit der Bekanntgabe des Vorauszahlungsbescheids. [2]Vorauszahlungen sind mit der endgültigen Beitragsschuld zu verrechnen, auch wenn der Vorauszahlende nicht Schuldner des endgültigen Beitrags ist. [3]Übersteigt die Vorauszahlung die endgültige Beitragsschuld, steht der Anspruch auf Rückgewähr des übersteigenden Betrags dem Beitragsschuldner zu.

§ 26 Ablösung. (1) [1]Der Beitragsberechtigte kann die Ablösung der Beitragsschuld zulassen. [2]Der Ablösungsbetrag richtet sich nach der voraussichtlich entstehenden Beitragsschuld. [3]Das Nähere ist in der Satzung (§ 2) zu bestimmen.

(2) Auf Verträge zur Ablösung von Beiträgen sind § 57, § 59 Abs. 1 und 3, §§ 60, 61 und § 62 Satz 2 des Landesverwaltungsverfahrensgesetzes entsprechend anwendbar; im Übrigen gilt § 3 entsprechend.

(3) Die beitragsbefreiende Wirkung der Ablösung tritt mit dem Abschluss des Ablösungsvertrags ein, sofern nichts anderes vereinbart wurde.

§ 27 Öffentliche Last. Der Beitrag und die Vorauszahlung ruhen als öffentliche Last auf dem Grundstück, im Falle des § 21 Abs. 2 Satz 1 auf dem Erbbaurecht, im Falle des § 21 Abs. 2 Satz 2 Halbsatz 2 auf dem Wohnungs- oder dem Teileigentum.

§ 28 Stundung bei land- und forstwirtschaftlicher sowie kleingärtnerischer Nutzung. (1) [1]Werden Grundstücke vom Eigentümer landwirtschaftlich im Sinne von § 201 des Baugesetzbuches oder als Wald genutzt, ist der Beitrag auf Antrag so lange und insoweit zinslos zu stunden, wie das Grundstück zur Erhaltung der Wirtschaftlichkeit des Betriebs landwirtschaftlich oder als Wald genutzt werden muss. [2]Dies gilt nicht für Teilflächen eines Grundstücks, die nicht landwirtschaftlich oder als Wald genutzt werden. [3]Bei bebauten Grundstücken und Teilflächen eines Grundstücks sind die überbauten Flächen nur insoweit in die Stundung einzubeziehen, als die baulichen Anlagen, Gebäude oder Gebäudeteile überwiegend der landwirtschaftlichen oder forstwirtschaftlichen Nutzung dienen.

(2) [1]Für die Stundung des Anschlussbeitrags bei bebauten und bei tatsächlich angeschlossenen Grundstücken und Teilflächen eines Grundstücks gilt Absatz 1 unbeschadet des Satzes 2 nur, wenn die öffentliche Einrichtung nicht in Anspruch genommen wird; eine Entsorgung von Niederschlagswasser in durchschnittlich unbedeutender Menge bleibt unberücksichtigt. [2]Wird die öffentliche Einrichtung ausschließlich zur Entsorgung von Niederschlagswasser über das in Satz 1 Halbsatz 2 genannte Maß hinaus in Anspruch genommen, gilt Satz 1 für den Teil des Anschlussbeitrags, der dem Verhältnis der anteiligen

Kosten für die Brauchwasserbeseitigung zu den bei der Berechnung des maßgebenden Beitragssatzes zugrunde gelegten Gesamtkosten für die Grundstücksentwässerung entspricht.

(3) Absätze 1 und 2 gelten auch für die Fälle der Nutzungsüberlassung und Betriebsübergabe an Familienangehörige im Sinne des § 15 der Abgabenordnung.

(4) Wird ein Grundstück als Kleingarten im Sinne des Bundeskleingartengesetzes genutzt, ist der Erschließungsbeitrag insoweit zinslos zu stunden.

Zweiter Abschnitt
Anschlussbeiträge

§ 29 Beitragserhebung für Einrichtungsteile und für den Ausbau von Einrichtungen, Nacherhebung. (1) Anschlussbeiträge können für Teile einer Einrichtung erhoben werden, wenn diese Teile nutzbar sind.

(2) [1]Zur teilweisen Deckung der Kosten für den Ausbau öffentlicher Einrichtungen können Anschlussbeiträge auch von Grundstückseigentümern erhoben werden, für deren Grundstücke eine Beitragsschuld bereits entstanden ist oder deren Grundstücke beitragsfrei angeschlossen worden sind, sofern ihnen durch den Ausbau neue, nicht nur vorübergehende Vorteile geboten werden. [2]Der Ausbau umfasst die Erweiterung, Verbesserung und Erneuerung von Einrichtungen oder beitragsrechtlich verselbstständigten Teileinrichtungen.

(3) [1]Von Grundstückseigentümern, für deren Grundstücke eine Beitragsschuld bereits entstanden ist oder deren Grundstücke beitragsfrei angeschlossen worden sind, können weitere Anschlussbeiträge erhoben werden, soweit sich die bauliche Nutzbarkeit des Grundstücks erhöht. [2]Dabei ist es unerheblich, wenn das zum weiteren Beitrag heranzuziehende Grundstück nicht vollständig mit dem früher beitragspflichtigen oder beitragsfrei angeschlossenen Grundstück übereinstimmt. [3]Weitere Anschlussbeiträge können auch erhoben werden, wenn das Grundstück mit Grundstücksflächen vereinigt wird, für die eine Beitragsschuld bisher nicht entstanden ist, soweit die Voraussetzungen für eine Teilflächenabgrenzung oder satzungsrechtliche Tiefenbegrenzung nach § 31 entfallen oder soweit das Grundstück unter Einbeziehung von Teilflächen, für die eine Beitragsschuld bereits entstanden ist, neu gebildet wird.

§ 30 Beitragsfähige Kosten. (1) Zu den beitragsfähigen Kosten gehören

1. die Anschaffungs- oder Herstellungskosten,
2. die Ausbaukosten und
3. die angemessene Verzinsung des um Zuweisungen und Zuschüsse Dritter sowie Vorausleistungen gekürzten Anlagekapitals bis zur Inbetriebnahme der Anlage.

(2) [1]Bei den beitragsfähigen Kosten bleiben die Zuweisungen und Zuschüsse Dritter, die auf den Anschluss von öffentlichen Straßen, Wegen und Plätzen

entfallenden Kosten sowie die Kosten für die Herstellung oder Anschaffung von Anlagen, die beim Ausbau erneuert werden, außer Betracht. [2]Für Kapitalzuschüsse gilt § 14 Abs. 3 Satz 6 sinngemäß.

(3) Im Falle einer Erschließung nach §§ 12 oder 124 des Baugesetzbuches gelten die Kosten für öffentliche Einrichtungen nach § 20 Abs. 1 bei der Ermittlung des Beitragssatzes als Kosten im Sinne von Absatz 1.

§ 31 Beitragsbemessung. (1) [1]Die Beiträge sind nach den Vorteilen zu bemessen. [2]Ist nach der Satzung bei der Beitragsbemessung die Fläche des Grundstücks zu berücksichtigen, bleiben außerhalb des Geltungsbereichs eines Bebauungsplans oder einer Satzung nach § 34 Abs. 4 des Baugesetzbuches oder außerhalb der im Zusammenhang bebauten Ortsteile insbesondere diejenigen Teilflächen unberücksichtigt, deren grundbuchmäßige Abschreibung nach baurechtlichen Vorschriften ohne Übernahme einer Baulast zulässig wäre, sofern sie nicht tatsächlich angeschlossen, bebaut oder gewerblich genutzt sind.

(2) Durch Satzung kann bestimmt werden, dass bei Grundstücken im unbeplanten Innenbereich die Grundstücksfläche nur bis zu einer bestimmten Tiefe der Beitragsbemessung zugrunde gelegt wird (Tiefenbegrenzung), sofern die darüber hinausgehenden Flächen nicht tatsächlich angeschlossen, bebaut oder gewerblich genutzt sind.

§ 32 Entstehung der Beitragsschuld. (1) [1]Die Beitragsschuld entsteht, sobald das Grundstück an die Einrichtung (§ 20 Abs. 1) oder den Teil der Einrichtung (§ 29 Abs. 1) angeschlossen werden kann, in den Fällen des § 29 Abs. 2 in dem Zeitpunkt, der in der ortsüblichen Bekanntgabe als Zeitpunkt der technischen Fertigstellung des Ausbaus genannt ist, in den Fällen des § 29 Abs. 3 mit dem Eintritt der Änderung in den Grundstücksverhältnissen, frühestens jedoch mit Inkrafttreten der Satzung. [2]Die Satzung kann einen späteren Zeitpunkt bestimmen.

(2) Für Grundstücke, die schon vor dem 1. April 1964 an die Einrichtung hätten angeschlossen werden können, jedoch noch nicht angeschlossen worden sind, entsteht die Beitragsschuld mit dem Anschluss; die Satzung kann jedoch bestimmen, dass die Beitragsschuld mit dem Inkrafttreten der Satzung entsteht, wenn im Zeitpunkt der Anschlussmöglichkeit eine ortsrechtliche Regelung bestanden hat, die für die Einrichtung eine Verpflichtung zur Leistung eines Beitrags oder einer einmaligen Gebühr (Anschlussgebühr) vorsah.

Dritter Abschnitt

Erschließungsbeiträge

§ 33 Erschließungsanlagen. [1]Erschließungsanlagen im Sinne dieses Abschnitts sind öffentliche

1. zum Anbau bestimmte Straßen und Plätze (Anbaustraßen),
2. zum Anbau bestimmte, aus rechtlichen oder tatsächlichen Gründen mit Kraftfahrzeugen nicht befahrbare Wege (Wohnwege),
3. Straßen, die nicht zum Anbau, sondern dazu bestimmt sind, Anbaustraßen mit dem übrigen Straßennetz in der Gemeinde zu verbinden (Sammelstraßen),
4. aus rechtlichen oder tatsächlichen Gründen mit Kraftfahrzeugen nicht befahrbare Wege, die nicht zum Anbau, sondern als Verbindungs-, Abkürzungs- oder ähnliche Wege bestimmt sind (Sammelwege),
5. Parkflächen,
6. Grünanlagen und Kinderspielplätze und
7. Anlagen zum Schutz von Baugebieten gegen Geräuschimmissionen (Lärmschutzanlagen).

[2]Erschließungsbeiträge können nur insoweit erhoben werden, als die Erschließungsanlagen erforderlich sind, um die Bauflächen und die gewerblich zu nutzenden Flächen entsprechend den baurechtlichen Vorschriften zu nutzen.

§ 34 Regelung durch Satzung. Die Gemeinden regeln durch Satzung

1. die Art und den Umfang der Erschließungsanlagen, für die die Gemeinde Erschließungsbeiträge erheben will oder zu erheben hat,
2. die Art der Ermittlung der Kosten sowie die Höhe der Einheitssätze,
3. die Merkmale der endgültigen Herstellung der Erschließungsanlagen, für die die Gemeinde Erschließungsbeiträge erheben will oder zu erheben hat,
4. die Höhe des von der Gemeinde zu tragenden Anteils an den beitragsfähigen Erschließungskosten und
5. die Maßstäbe für die Verteilung der beitragsfähigen Erschließungskosten.

§ 35 Beitragsfähige Erschließungskosten. (1) Die beitragsfähigen Erschließungskosten umfassen die anderweitig nicht gedeckten Kosten für

1. den Erwerb von Flächen für die Erschließungsanlagen, die Ablösung von Rechten an solchen Flächen sowie für die Freilegung der Flächen,
2. die erstmalige endgültige Herstellung der Erschließungsanlagen einschließlich der Einrichtungen für ihre Entwässerung und Beleuchtung und des Anschlusses der Straßen, Wege und Plätze an bestehende öffentliche Straßen, Wege oder Plätze durch Einmündungen oder Kreuzungen,
3. die Übernahme von Anlagen als gemeindliche Erschließungsanlagen und
4. die durch die Erschließungsmaßnahme veranlassten Fremdfinanzierungskosten.

[2]Zu den Kosten für den Erwerb der Flächen für Erschließungsanlagen nach Satz 1 Nr. 1 gehört im Falle einer erschließungsbeitragspflichtigen Zuteilung

im Sinne des § 57 Satz 4 und des § 58 Abs. 1 Satz 1 des Baugesetzbuches auch der Wert nach § 68 Abs. 1 Nr. 4 des Baugesetzbuches.

(2) Die beitragsfähigen Erschließungskosten umfassen nicht die Kosten für

1. Brücken-, Tunnel- und Unterführungsbauwerke mit den dazugehörigen Rampen sowie
2. die Fahrbahnen der Ortsdurchfahrten von Bundes-, Landes- oder Kreisstraßen, soweit die Fahrbahnen dieser Straßen keine größere Breite als außerhalb der festgesetzten Ortsdurchfahrt aufweisen.

§ 36 Art der Kostenermittlung. [1]Die beitragsfähigen Erschließungskosten für Erschließungsanlagen oder deren Teileinrichtungen können entweder nach den tatsächlich entstandenen Kosten oder nach Einheitssätzen ermittelt werden. [2]Die Einheitssätze sind anhand der in der Gemeinde üblicherweise durchschnittlich aufzuwendenden Kosten vergleichbarer Erschließungsanlagen festzusetzen.

§ 37 Ermittlungsraum. (1) Sofern die Gemeinde nichts anderes bestimmt, werden die Erschließungskosten für die einzelne Erschließungsanlage ermittelt.

(2) [1]Bei Anbaustraßen und Wohnwegen können die beitragsfähigen Erschließungskosten für bestimmte Abschnitte einer Anbaustraße oder eines Wohnweges ermittelt werden. [2]Die Abschnitte können nach örtlich erkennbaren Merkmalen oder nach rechtlichen Gesichtspunkten (zum Beispiel Grenzen von Bebauungsplangebieten, Umlegungsgebieten, förmlich festgelegten Sanierungsgebieten) bestimmt werden.

(3) [1]Die beitragsfähigen Erschließungskosten können für mehrere erstmals herzustellende Anbaustraßen, die eine städtebaulich zweckmäßige Erschließung des Baugebiets ermöglichen und miteinander verbunden sind, zusammengefasst ermittelt werden (Abrechnungseinheit). [2]Dies gilt insbesondere für eine Anbaustraße oder den Abschnitt einer Anbaustraße und davon abzweigende selbstständige Stich- oder Ringstraßen, auch wenn die Stich- oder Ringstraßen nicht voneinander abhängig sind. [3]Sätze 1 und 2 gelten entsprechend für die zusammengefasste Ermittlung der Kosten mehrerer Wohnwege. [4]Wohnwege können Gegenstand einer Abrechnungseinheit mit Anbaustraßen sein, wenn sie als Stichweg in eine Anbaustraße der Abrechnungseinheit einmünden oder zwischen mehreren Anbaustraßen der Abrechnungseinheit verlaufen.

(4) [1]Die Entscheidung der Gemeinde, die beitragsfähigen Erschließungskosten für den Abschnitt einer Erschließungsanlage oder für mehrere zu einer Abrechnungseinheit zusammengefasste Erschließungsanlagen zu ermitteln und auf die erschlossenen Grundstücke zu verteilen, ist nur möglich, solange eine Beitragsschuld noch nicht entstanden ist. [2]Die Entscheidung ist bekannt zu geben; die Bekanntgabe hat keine rechtsbegründende Wirkung.

§ 38 Verteilung der beitragsfähigen Erschließungskosten. (1) [1]Die nach Abzug des Anteils der Gemeinde verbleibenden anderweitig nicht gedeckten beitragsfähigen Kosten für eine Erschließungsanlage werden auf die durch die

Anlage erschlossenen Grundstücke verteilt. [2]§ 31 Abs. 2 gilt entsprechend. [3]Der Abschnitt einer Erschließungsanlage nach § 37 Abs. 2 und die Abrechnungseinheit nach § 37 Abs. 3 gelten als Erschließungsanlagen im Sinne des Satzes 1.

(2) Verteilungsmaßstäbe können sein
1. das Maß und die Art der baulichen oder sonstigen Nutzung,
2. die Grundstücksflächen,
3. die Grundstücksbreite an der Erschließungsanlage,
4. die Entfernung zur Erschließungsanlage und
5. die durch eine Lärmschutzanlage bewirkte Schallpegelminderung.

(3) [1]Die Verteilungsmaßstäbe können miteinander verbunden werden. [2]In Abrechnungsgebieten, in denen eine unterschiedliche bauliche oder sonstige Nutzung zulässig ist, sind die Maßstäbe nach Absatz 2 in der Weise anzuwenden, dass der Verschiedenheit dieser Nutzung nach Maß und Art entsprochen wird. [3]Die Art der baulichen Nutzung ergibt sich aus den Festsetzungen des Bebauungsplans und, soweit diesbezügliche Festsetzungen nicht bestehen, aus der die Eigenart der näheren Umgebung prägenden Nutzung.

(4) Die Gemeinde kann in der Satzung vorsehen, dass Grundstücke, die durch eine weitere gleichartige Erschließungsanlage erschlossen werden, bei der Verteilung der beitragsfähigen Erschließungskosten nur anteilig oder überhaupt nicht berücksichtigt werden.

§ 39 Erschlossene Grundstücke. (1) [1]Durch eine Anbaustraße oder durch einen Wohnweg werden Grundstücke erschlossen, denen diese Anlage die wegemäßige Erschließung vermittelt, die das Bauplanungsrecht als gesicherte Erschließung für ihre bestimmungsgemäße Nutzung verlangt. [2]Hinterliegergrundstücke, die mit mehreren Anbaustraßen über einen befahrbaren oder unbefahrbaren Privatweg oder über einen Wohnweg verbunden sind, gelten als durch die nächstgelegene Anbaustraße erschlossen.

(2) [1]Durch eine Erschließungsanlage im Sinne von § 33 Nr. 3 bis 7 werden Grundstücke erschlossen, denen durch die Möglichkeit der Inanspruchnahme dieser Anlage ein nicht nur vorübergehender Vorteil vermittelt wird. [2]Die Festlegung der erschlossenen Grundstücke erfolgt durch die Gemeinde durch Zuordnung in einer besonderen Satzung. [3]Dabei sind insbesondere die örtlichen Verhältnisse wie die Entfernung der Grundstücke von der jeweiligen Anlage oder die durch die Anlage bewirkte merkbare Lärmpegelminderung zu berücksichtigen. [4]Eine im Verteilungszeitpunkt zwischen Lärmschutzanlage und Grundstücken vorhandene lärmabschirmende Bebauung ist dabei nicht zu berücksichtigen.

§ 40 Beitragspflichtige Grundstücke. Der Beitragspflicht unterliegen erschlossene Grundstücke im Geltungsbereich eines Bebauungsplans oder innerhalb der im Zusammenhang bebauten Ortsteile, wenn und soweit sie baulich, gewerblich oder in einer vergleichbaren Weise genutzt werden dürfen.

§ 41 Entstehung der Beitragsschuld und Freistellung. (1) [1]Die Beitragsschuld entsteht, wenn die Erschließungsanlage sämtliche zu ihrer erstmaligen endgültigen Herstellung vorgesehenen Teileinrichtungen im erforderlichen Umfang aufweist und diese den Merkmalen der endgültigen Herstellung (§ 34 Nr. 3) entsprechen, ihre Herstellung die Anforderungen des § 125 des Baugesetzbuches erfüllt und die Anlage öffentlich genutzt werden kann. [2]Die Gemeinde gibt den Zeitpunkt der endgültigen Herstellung der Erschließungsanlage und des Entstehens der Beitragsschuld bekannt.

(3) [1]Im Einzelfall kann die Gemeinde von der Erhebung des Erschließungsbeitrags ganz oder teilweise absehen, wenn dies im öffentlichen Interesse geboten ist. [2]Die Freistellung kann auch für den Fall vorgesehen werden, dass die Beitragsschuld noch nicht entstanden ist.

FÜNFTER TEIL
Kostenersatz und sonstige Abgaben

§ 42 Kostenersatz für Haus- und Grundstücksanschlüsse. (1) [1]Die Gemeinden können durch Satzung bestimmen, dass ihnen die Kosten für die Herstellung, Erneuerung, Veränderung und Beseitigung sowie für die Unterhaltung der Haus- oder Grundstücksanschlüsse an Versorgungsleitungen und Abwasserbeseitigungsanlagen zu ersetzen sind. [2]Dies gilt auch, wenn der Grundstücksanschluss durch Satzung zum Bestandteil der öffentlichen Einrichtung bestimmt wurde. [3]Der Kostenerstattungsanspruch gilt als Kommunalabgabe im Sinne dieses Gesetzes. [4]Die Kosten, einschließlich der Verwaltungskosten, können in der tatsächlich entstandenen Höhe oder nach Einheitssätzen ermittelt werden. [5]Den Einheitssätzen sind die der Gemeinde für Anschlüsse der gleichen Art üblicherweise erwachsenen Kosten zugrunde zu legen. [6]§§ 22 und 24 gelten entsprechend. [7]Die Satzung kann bestimmen, dass Versorgungs- und Abwasserleitungen, die nicht in der Straßenmitte verlaufen, als in der Straßenmitte verlaufend gelten.

(2) [1]Der Ersatzanspruch entsteht mit der endgültigen Herstellung der Anschlussleitung, im Übrigen mit der Beendigung der Maßnahme. [2]Durch Satzung kann die Durchführung der Maßnahme von der Entrichtung einer angemessenen Vorauszahlung abhängig gemacht werden.

(3) Die Gemeinden können durch Satzung bestimmen, dass die Grundstücksanschlüsse an Versorgungsleitungen und Abwasserbeseitigungsanlagen zu der öffentlichen Einrichtung oder Anlage im Sinne des § 13 Abs. 1 und § 20 Abs. 1 gehören.

§ 43 Kurtaxe. (1) [1]Kurorte, Erholungsorte und sonstige Fremdenverkehrsgemeinden können eine Kurtaxe erheben, um ihre Kosten für die Herstellung und Unterhaltung der, gegebenenfalls im Rahmen eines interkommunalen Zusammenschlusses auch außerhalb ihres Gebiets, zu Kur- und Erholungszwecken bereitgestellten Einrichtungen und für die zu diesem Zweck durchgeführten Veranstaltungen zu decken. [2]Gleiches gilt für die, gegebenenfalls auch im Rahmen eines überregionalen Verbunds, den Kur- und Erholungsgästen eingeräumte Möglichkeit der kostenlosen Benutzung des öffentlichen Personennahverkehrs. [3]Pauschale Zuweisungen nach dem Finanzausgleichsgesetz sind von den Kosten nicht abzusetzen; § 14 Absatz 2 Satz 1 und Absatz 3 Satz 1 Nummern 1 und 2 und Sätze 2 bis 7 gelten entsprechend. [4]Zu den Kosten im Sinne des Satzes 1 rechnen auch die Kosten, die dem überregionalen Verbund oder dem interkommunalen Zusammenschluss von der Gemeinde geschuldet werden sowie die Kosten, die einem Dritten entstehen, dessen sich die Gemeinde bedient, soweit sie dem Dritten von der Gemeinde geschuldet werden.

(2) [1]Die Kurtaxe wird von allen Personen erhoben, die sich in der Gemeinde aufhalten, aber nicht Einwohner der Gemeinde sind (ortsfremde Personen), und denen die Möglichkeit zur Benutzung der Einrichtungen und zur Teilnahme an den Veranstaltungen geboten ist. [2]Die Kurtaxe wird auch von Einwohnern erhoben, die den Schwerpunkt der Lebensbeziehungen in einer anderen Gemeinde haben. [3]Die Kurtaxe wird nicht von ortsfremden Personen und von Einwohnern im Sinne von Satz 2 erhoben, die in der Gemeinde arbeiten oder dort in Ausbildung stehen oder sich dort aus beruflichen Gründen zur Teilnahme an Tagungen oder sonstigen Veranstaltungen, die in der Gemeinde stattfinden, aufhalten.

(3) Durch Satzung kann bestimmt werden, dass

1. abweichend von Absatz 2 Satz 3 die Kurtaxe auch von ortsfremden Personen und von Einwohnern im Sinne von Absatz 2 Satz 2 erhoben wird, die sich aus beruflichen Gründen zur Teilnahme an Tagungen oder sonstigen Veranstaltungen in der Gemeinde aufhalten,
2. Beherberger und Betreiber eines Campingplatzes oder einer Hafenanlage mit Schiffsliegeplatz verpflichtet sind, die bei ihnen verweilenden ortsfremden Personen der Gemeinde zu melden sowie die Kurtaxe einzuziehen und an die Gemeinde abzuführen; sie haften insoweit für die Einziehung und Abführung der Kurtaxe,
3. die zur Erhebung der Kurtaxe erforderlichen Daten elektronisch an die Gemeinde zu übermitteln sind; dabei sind Bestimmungen über die Daten und das Übermittlungsverfahren zu treffen. Bei der elektronischen Übermittlung ist ein sicheres Verfahren zu verwenden, das den Datenübermittler authentifiziert und die Vertraulichkeit und Integrität des Datensatzes gewährleistet,
4. die in Nummer 2 und 3 genannten Pflichten Reiseunternehmern obliegen, wenn die Kurtaxe in dem Entgelt enthalten ist, das die Reiseteilnehmer an den Reiseunternehmer zu entrichten haben, und
5. die Beherberger und Betreiber eines Campingplatzes oder einer Hafenanlage mit Schiffsliegeplatz die von den ortsfremden Personen zu erhebende Kurtaxe durch eine Jahrespauschalkurtaxe ablösen können.

§ 44 Fremdenverkehrsbeiträge. (1) Kurorte, Erholungsorte und sonstige Fremdenverkehrsgemeinden können zur Förderung des Fremdenverkehrs und des Erholungs- und Kurbetriebs für jedes Haushaltsjahr von allen natürlichen Personen, die eine selbstständige Tätigkeit ausüben, und von allen juristischen Personen Fremdenverkehrsbeiträge erheben, soweit ihnen in der Gemeinde aus dem Fremdenverkehr oder dem Kurbetrieb unmittelbar oder mittelbar besondere wirtschaftliche Vorteile erwachsen.

(2) [1]Der Fremdenverkehrsbeitrag bemisst sich nach den besonderen wirtschaftlichen Vorteilen, die dem Beitragspflichtigen aus dem Fremdenverkehr oder dem Kurbetrieb erwachsen. [2]§ 43 Abs. 1 Satz 2 gilt entsprechend.

(3) Durch Satzung kann bestimmt werden, dass auf die Beitragsschuld angemessene Vorauszahlungen zu leisten sind.

§ 45 Sonstige öffentlich-rechtliche Abgaben und Umlagen. §§ 3, 7 und 8 gelten sinngemäß für sonstige öffentlich-rechtliche Abgaben und Umlagen, die von Gemeinden, Gemeindeverbänden und sonstigen öffentlich-rechtlichen Körperschaften, Anstalten und Stiftungen mit Ausnahme des Kommunalverbands für Jugend und Soziales Baden-Württemberg erhoben werden, soweit nicht eine besondere gesetzliche Regelung besteht.

SECHSTER TEIL
Änderung von Landesrecht

§ 46 *(nicht abgedruckt)*

§ 47 *(nicht abgedruckt)*

SIEBTER TEIL
Schlussbestimmungen

§ 48 Durchführungsvorschriften. Das Innenministerium und das Finanzministerium erlassen im Rahmen ihres Geschäftsbereichs die zur Durchführung dieses Gesetzes erforderlichen Verwaltungsvorschriften.

§ 49 Übergangsvorschriften. (1) [1]§ 2 Abs. 2 gilt auch für Abgabensätze, die vor Inkrafttreten dieses Gesetzes beschlossen worden sind. [2]§ 26 Abs. 3 gilt auch für Ablösungsvereinbarungen, die vor Inkrafttreten dieses Gesetzes abgeschlossen worden sind.

(2) § 14 Abs. 2 Satz 2 gilt auch für Kostenüber- und Kostenunterdeckungen, die vor dem 1. März 1996 entstanden sind.

(3) § 18 Abs. 1 Nr. 3 Buchst. b und c gilt mit der Maßgabe, dass vorhersehbare Kosten der Nachsorge und der Stilllegung, soweit sie durch die Benutzung von Abfallverwertungs- und Abfallbeseitigungsanlagen bis zum 6. Oktober 1996 verursacht und noch nicht in die Benutzungsgebühren eingerechnet wor-

den sind, während der Restnutzungsdauer und nach der Stilllegung der Anlage bei der Gebührenbemessung noch berücksichtigt werden können.

(4) [1]§§ 20 bis 32 sind auch auf die am 1. März 1996 bereits vorhandenen öffentlichen Einrichtungen und Teileinrichtungen sowie auf Grundstücke, für die eine Anschlussbeitragspflicht bereits entstanden ist oder die beitragsfrei angeschlossen worden sind, mit der Maßgabe anzuwenden, dass

1. Anschlussbeiträge nach § 29 Abs. 2 nur für Ausbaumaßnahmen erhoben werden können, die ab dem 1. März 1996 technisch fertiggestellt werden, und
2. Anschlussbeiträge nach § 29 Abs. 3 nur erhoben werden können, wenn die Änderung in den Grundstücksverhältnissen ab dem 1. März 1996 eintritt.

[2]Dies gilt auch, wenn Beitragssatzungen, die vor dem 1. März 1996 erlassen worden sind, eine Anschlussbeitragspflicht für die Fälle des § 29 Abs. 2 und 3 nicht vorgesehen haben.

(5) Ist die Anschlussbeitragsschuld für eine öffentliche Einrichtung oder Teileinrichtung vor dem 1. März 1996 entstanden und der Beitragsbescheid noch nicht unanfechtbar geworden, so sind die bis 29. Februar 1996 geltenden Vorschriften weiterhin anzuwenden.

(6) Für eine vorhandene Erschließungsanlage, für die eine Erschließungsbeitragsschuld auf Grund der bis zum 29. Juni 1961 geltenden Vorschriften nicht entstehen konnte, kann auch nach den Bestimmungen dieses Gesetzes kein Erschließungsbeitrag erhoben werden.

(7) [1]Auf Grund von Artikel 3 Abs. 1 Satz 2 Nr. 2 des Gesetzes zur Neuregelung des kommunalen Abgabenrechts und zur Änderung des Naturschutzgesetzes finden für Erschließungsbeiträge §§ 127 bis 135 des Baugesetzbuches bis 30. September 2005 Anwendung. [2]Diese Vorschriften finden danach noch Anwendung, wenn für Grundstücke eine Beitragsschuld vor dem 1. Oktober 2005 entstanden ist und der Erschließungsbeitrag noch erhoben werden kann. [3]Sind vor dem 1. Oktober 2005 Vorausleistungen auf den Erschließungsbeitrag entrichtet worden, die die endgültige Beitragsschuld übersteigen, steht abweichend von § 25 Abs. 3 Satz 2 auch nach dem 30. September 2005 der Anspruch auf Rückgewähr dem Vorausleistenden zu.

(8) Unberührt bleiben Regelungen in anderen Gesetzen, die auf §§ 127 bis 135 des Baugesetzbuches verweisen.

Polizeigesetz

in der Fassung vom 13. Januar 1992
(GBl. S. 1, ber. S. 596 und GBl. 1993 S. 155), zuletzt geändert durch Gesetz vom 28. November 2017 (GBl. S. 631)

INHALTSÜBERSICHT*

* *Die amtliche Inhaltsübersicht beschränkt sich auf die Abschnittsüberschriften. Die Paragraphenüberschriften sind dem amtlichen Gesetzestext entnommen.*

2. Abschnitt

Die Polizeibehörden

1. Unterabschnitt

Aufbau

2. Unterabschnitt

Zuständigkeit

3. Abschnitt

Der Polizeivollzugsdienst

1. Unterabschnitt

Aufbau

2. Unterabschnitt

Zuständigkeit

4. Abschnitt

Besondere Vollzugsbedienstete

DRITTER TEIL

Die Kosten der Polizei

VIERTER TEIL

Schlußbestimmungen

ERSTER TEIL

Das Recht der Polizei

1. Abschnitt

Aufgaben der Polizei

§ 1 Allgemeines. (1) [1]Die Polizei hat die Aufgabe, von dem einzelnen und dem Gemeinwesen Gefahren abzuwehren, durch die die öffentliche Sicherheit oder Ordnung bedroht wird, und Störungen der öffentlichen Sicherheit oder Ordnung zu beseitigen, soweit es im öffentlichen Interesse geboten ist. [2]Sie hat insbesondere die verfassungsmäßige Ordnung und die ungehinderte Ausübung der staatsbürgerlichen Rechte zu gewährleisten.

(2) Außerdem hat die Polizei die ihr durch andere Rechtsvorschriften übertragenen Aufgaben wahrzunehmen.

§ 2 Tätigwerden für andere Stellen. (1) [1]Ist zur Wahrnehmung einer polizeilichen Aufgabe im Sinne des § 1 Abs. 1 nach gesetzlicher Vorschrift eine andere Stelle zuständig und erscheint deren rechtzeitiges Tätigwerden bei Gefahr im Verzug nicht erreichbar, so hat die Polizei die notwendigen vorläufigen Maßnahmen zu treffen. [2]Die zuständige Stelle ist unverzüglich zu unterrichten.

(2) Der Schutz privater Rechte obliegt der Polizei nach diesem Gesetz nur auf Antrag des Berechtigten und nur dann, wenn gerichtlicher Schutz nicht rechtzeitig zu erlangen ist und wenn ohne polizeiliche Hilfe die Gefahr besteht, daß die Verwirklichung des Rechts vereitelt oder wesentlich erschwert wird.

2. Abschnitt

Maßnahmen der Polizei

1. Unterabschnitt

Allgemeines

§ 3 Polizeiliche Maßnahmen. Die Polizei hat innerhalb der durch das Recht gesetzten Schranken zur Wahrnehmung ihrer Aufgaben diejenigen Maßnahmen zu treffen, die ihr nach pflichtmäßigem Ermessen erforderlich erscheinen.

§ 4 Einschränkung von Grundrechten. Durch polizeiliche Maßnahmen auf Grund dieses Gesetzes können im Rahmen des Grundgesetzes für die Bundesrepublik Deutschland eingeschränkt werden

1. das Recht auf Leben und körperliche Unversehrtheit (Art. 2 Abs. 2 Satz 1 des Grundgesetzes),
2. die Freiheit der Person (Art. 2 Abs. 2 Satz 2 des Grundgesetzes),
3. das Brief-, Post- und Fernmeldegeheimnis (Artikel 10 des Grundgesetzes).

4. die Freizügigkeit (Art. 11 des Grundgesetzes),
5. die Unverletzlichkeit der Wohnung (Art. 13 des Grundgesetzes),
6. das Eigentum (Art. 14 des Grundgesetzes).

§ 5 Art der Maßnahmen. (1) Kommen für die Wahrnehmung einer polizeilichen Aufgabe mehrere Maßnahmen in Betracht, so hat die Polizei die Maßnahme zu treffen, die den einzelnen und die Allgemeinheit voraussichtlich am wenigsten beeinträchtigt.

(2) Durch eine polizeiliche Maßnahme darf kein Nachteil herbeigeführt werden, der erkennbar außer Verhältnis zu dem beabsichtigten Erfolg steht.

§ 6 Maßnahmen gegenüber dem Verursacher. (1) Wird die öffentliche Sicherheit oder Ordnung durch das Verhalten von Personen bedroht oder gestört, so hat die Polizei ihre Maßnahmen gegenüber demjenigen zu treffen, der die Bedrohung oder die Störung verursacht hat.

(2) [1]Ist die Bedrohung oder Störung durch eine Person verursacht worden, die das 16. Lebensjahr noch nicht vollendet hat, so kann die Polizei ihre Maßnahmen auch gegenüber demjenigen treffen, dem die Sorge für diese Person obliegt. [2]Ist für eine Person ein Betreuer bestellt, kann die Polizei ihre Maßnahmen auch gegenüber dem Betreuer im Rahmen seines Aufgabenbereichs treffen.

(3) Ist die Bedrohung oder die Störung durch eine Person verursacht worden, die von einem anderen zu einer Verrichtung bestellt worden ist, so kann die Polizei ihre Maßnahmen auch gegenüber dem anderen treffen.

§ 7 Maßnahmen gegenüber dem Eigentümer oder dem Inhaber der tatsächlichen Gewalt. Wird die öffentliche Sicherheit oder Ordnung durch den Zustand einer Sache bedroht oder gestört, so hat die Polizei ihre Maßnahmen gegenüber dem Eigentümer oder gegenüber demjenigen zu treffen, der die tatsächliche Gewalt über die Sache ausübt.

§ 8 Unmittelbare Ausführung einer Maßnahme. (1) [1]Die unmittelbare Ausführung einer Maßnahme durch die Polizei ist nur zulässig, wenn der polizeiliche Zweck durch Maßnahmen gegen die in den §§ 6 und 7 bezeichneten Personen nicht oder nicht rechtzeitig erreicht werden kann. [2]Der von der Maßnahme Betroffene ist unverzüglich zu unterrichten.

(2) [1]Entstehen der Polizei durch die unmittelbare Ausführung einer Maßnahme Kosten, so sind die in den §§ 6 und 7 bezeichneten Personen zu deren Ersatz verpflichtet. [2]Die Kosten können im Verwaltungszwangsverfahren beigetrieben werden.

§ 9 Maßnahmen gegenüber unbeteiligten Personen. (1) Gegenüber anderen als den in den §§ 6 und 7 bezeichneten Personen kann die Polizei ihre Maßnahmen nur dann treffen, wenn auf andere Weise eine unmittelbar bevorstehende Störung der öffentlichen Sicherheit oder Ordnung nicht verhindert oder eine bereits eingetretene Störung nicht beseitigt werden kann, insbesondere wenn die eigenen Mittel der Polizei nicht ausreichen oder wenn durch Maßnahmen nach den §§ 6 bis 8 ein Schaden herbeigeführt würde, der erkennbar außer Verhältnis zu dem beabsichtigten Erfolg steht.

(2) Maßnahmen dieser Art dürfen nur aufrechterhalten werden, solange die Voraussetzungen des Absatzes 1 vorliegen.

§ 9 a Schutz zeugnisverweigerungsberechtigter Berufsgeheimnisträger. (1) [1]Maßnahmen nach §§ 20 bis 27, 29 bis 33, 35 und 36, die sich gegen einen in § 53 Absatz 1 der Strafprozessordnung genannten Berufsgeheimnisträger richten und voraussichtlich Erkenntnisse erbringen würden, über die diese Person das Zeugnis verweigern dürfte, sind unzulässig. [2]Dennoch erlangte Erkenntnisse dürfen nicht verwertet werden. [3]Aufzeichnungen hierüber sind unverzüglich zu löschen. [4]Die Tatsache ihrer Erlangung und Löschung ist zu dokumentieren. [5]Die Sätze 2 bis 4 gelten entsprechend, wenn durch eine Maßnahme, die sich nicht gegen einen in § 53 Absatz 1 der Strafprozessordnung genannten Berufsgeheimnisträger richtet, von einer dort genannten Person Erkenntnisse erlangt werden, über die sie das Zeugnis verweigern dürfte.

(2) [1]Maßnahmen, durch die ein Berufsgeheimnisträger betroffen wäre und dadurch voraussichtlich Erkenntnisse erlangt würden, über die diese Person das Zeugnis verweigern dürfte, sind abweichend von Absatz 1 zulässig, soweit dies zur Abwehr einer unmittelbar bevorstehenden Gefahr für Leben, Gesundheit oder Freiheit erforderlich ist. [2]Dies gilt nicht für Berufsgeheimnisträger nach § 53 Absatz 1 Satz 1 Nummern 1, 2 und 4 der Strafprozessordnung sowie für einen Rechtsanwalt, eine nach § 206 der Bundesrechtsanwaltsordnung in eine Rechtsanwaltskammer aufgenommene Person oder einen Kammerrechtsbeistand.

(3) Die Absätze 1 und 2 gelten entsprechend, soweit die in § 53 a der Strafprozessordnung Genannten das Zeugnis verweigern dürften.

(4) Die Absätze 1 bis 3 gelten nicht, sofern Tatsachen die Annahme rechtfertigen, dass die zeugnisverweigerungsberechtigte Person die Gefahr verursacht hat.

2. Unterabschnitt

Polizeiverordnungen

§ 10 Ermächtigung zum Erlaß von Polizeiverordnungen. (1) Die allgemeinen Polizeibehörden können zur Wahrnehmung ihrer Aufgaben nach diesem Gesetz polizeiliche Gebote oder Verbote erlassen, die für eine unbestimmte Anzahl von Fällen an eine unbestimmte Anzahl von Personen gerichtet sind (Polizeiverordnungen).

(2) Die Vorschriften dieses Gesetzes über Polizeiverordnungen sind auch anzuwenden, wenn ein anderes Gesetz ausdrücklich zum Erlaß von Polizeiverordnungen ermächtigt.

§ 10 a Ermächtigung zum Erlass örtlicher Alkoholkonsumverbote. (1) Die Ortspolizeibehörden können durch Polizeiverordnung untersagen, an öffentlich zugänglichen Orten außerhalb von Gebäuden und Außenbewirtschaftungsflächen von Gewerbebetrieben, für die eine Erlaubnis oder Gestattung nach gaststättenrechtlichen Vorschriften vorliegt, alkoholische Getränke zu konsumieren oder zum Konsum im Geltungsbereich des Verbots mitzuführen, wenn

1. sich die Belastung dort durch die Häufigkeit alkoholbedingter Straftaten oder Ordnungswidrigkeiten oder deren Bedeutung von der des übrigen Gemeindegebiets deutlich abhebt,
2. dort regelmäßig eine Menschenmenge anzutreffen ist,
3. dort mit anderen polizeilichen Maßnahmen keine nachhaltige Entlastung erreicht werden kann und
4. Tatsachen die Annahme rechtfertigen, dass dort auch künftig mit der Begehung alkoholbedingter Straftaten oder Ordnungswidrigkeiten zu rechnen ist.

(2) Das Verbot soll auf bestimmte Tage und an diesen zeitlich beschränkt werden.

(3) Polizeiverordnungen nach Absatz 1 sind zu befristen.

§ 11 Inhalt. Polizeiverordnungen dürfen nicht mit Gesetzen oder mit Rechtsverordnungen übergeordneter Behörden in Widerspruch stehen.

§ 12 Formerfordernisse. (1) Polizeiverordnungen müssen

1. die Rechtsgrundlage angeben, die zu ihrem Erlaß ermächtigt,
2. die erlassende Behörde bezeichnen,
3. darauf hinweisen, daß die nach § 15 erforderliche Zustimmung erteilt worden ist.

(2) Polizeiverordnungen sollen

1. eine ihren Inhalt kennzeichnende Überschrift tragen,
2. in der Überschrift als Polizeiverordnung bezeichnet sein,
3. den Tag bestimmen, an dem sie in Kraft treten.

(3) Fehlt eine Bestimmung über das Inkrafttreten, so tritt die Polizeiverordnung mit dem vierzehnten Tag nach Ablauf des Tages in Kraft, an dem sie verkündet worden ist.

§ 13 Zuständigkeit. [1]Polizeiverordnungen nach § 10 werden von den Ministerien innerhalb ihres Geschäftsbereichs oder den übrigen allgemeinen Polizeibehörden für ihren Dienstbezirk oder Teile ihres Dienstbezirks erlassen. [2]Bei der Ortspolizeibehörde ist der Bürgermeister zuständig.

§ 14 Eintritt der zur Fachaufsicht zuständigen Behörde. [1]Weigert sich eine Polizeibehörde, eine nach Ansicht einer zur Fachaufsicht zuständigen Behörde erforderliche Polizeiverordnung zu erlassen, oder wird die in § 15 vorgeschriebene Zustimmung nicht erteilt, so ist die Polizeiverordnung von der nächsthöheren zur Fachaufsicht zuständigen Behörde (§ 64) zu erlassen. [2]Dies gilt nicht für Polizeiverordnungen nach § 10 a.

§ 15 Zustimmungsvorbehalte. (1) Polizeiverordnungen der Kreispolizeibehörden, die länger als einen Monat gelten sollen, bedürfen der Zustimmung des Kreistags, in den Stadtkreisen und den Großen Kreisstädten des Gemeinderats, in Verwaltungsgemeinschaften nach § 17 des Landesverwaltungsgesetzes der Verbandsversammlung oder des gemeinsamen Ausschusses.

(2) Polizeiverordnungen der Ortspolizeibehörden, die länger als einen Monat gelten sollen, bedürfen der Zustimmung des Gemeinderats.

§ 16 Prüfung durch die zur Fachaufsicht zuständige Behörde. (1) Polizeiverordnungen der Kreispolizeibehörden und der Ortspolizeibehörden sind der nächsthöheren zur Fachaufsicht zuständigen Behörde unverzüglich vorzulegen.

(2) Verstößt eine Polizeiverordnung gegen Anordnungen übergeordneter Behörden, beeinträchtigt sie das Wohl des Gemeinwesens oder verletzt sie die Rechte einzelner, so ist sie aufzuheben; verstößt sie gegen § 11, so ist ihre Nichtigkeit festzustellen.

§ 17 Außerkrafttreten. (1) Polizeiverordnungen treten spätestens 20 Jahre nach ihrem Inkrafttreten außer Kraft.

(2) Diese Bestimmung gilt nicht für Polizeiverordnungen der obersten Landespolizeibehörden.

§ 18 Ordnungswidrigkeiten. (1) Ordnungswidrig handelt, wer vorsätzlich oder fahrlässig einer auf Grund dieses Gesetzes erlassenen Polizeiverordnung zuwiderhandelt, soweit die Polizeiverordnung für einen bestimmten Tatbestand auf diese Bußgeldvorschrift verweist.

(2) [1]Die Ordnungswidrigkeit kann mit einer Geldbuße geahndet werden. [2]Sie beträgt mindestens 5 Euro und höchstens 5000 Euro, bei Polizeiverordnungen der obersten Landespolizeibehörden höchstens 25 000 Euro.

(3) Verwaltungsbehörden im Sinne von § 36 Abs. 1 Nr. 1 des Gesetzes über Ordnungswidrigkeiten sind die Ortspolizeibehörden.

(4) Das fachlich zuständige Ministerium kann die Zuständigkeiten nach Absatz 3 durch Rechtsverordnung auf andere Behörden übertragen.

3. Unterabschnitt

Datenerhebung

§ 19 Allgemeine Regeln der Datenerhebung. (1) [1]Personenbezogene Daten sind, soweit sie nicht aus allgemein zugänglichen Quellen entnommen werden, bei dem Betroffenen mit seiner Kenntnis zu erheben. [2]Ohne Kenntnis des Betroffenen oder bei Dritten dürfen personenbezogene Daten nur erhoben werden, wenn die Erhebung beim Betroffenen nicht oder nur mit unverhältnismäßig hohem Aufwand möglich ist oder die Wahrnehmung polizeilicher Aufgaben gefährden würde.

(2) [1]Personenbezogene Daten sind grundsätzlich offen zu erheben. [2]Eine Datenerhebung, die nicht als polizeiliche Maßnahme erkennbar sein soll (verdeckte Datenerhebung), ist nur zulässig, wenn sonst die Wahrnehmung der polizeilichen Aufgabe gefährdet oder nur mit unverhältnismäßig hohem Aufwand möglich oder wenn anzunehmen ist, daß dies den überwiegenden Interessen des Betroffenen entspricht.

(3) [1]Werden personenbezogene Daten offen erhoben, ist der Betroffene bei schriftlicher Erhebung stets, sonst auf Verlangen auf die Rechtsgrundlage, auf eine im Einzelfall bestehende Auskunftspflicht oder auf die Freiwilligkeit der Auskunft hinzuweisen. [2]Gegenüber Dritten unterbleibt der Hinweis, wenn hierdurch erkennbar schutzwürdige Interessen des Betroffenen beeinträchtigt werden können.

§ 20 Befragung und Datenerhebung. (1) [1]Die Polizei kann jede Person befragen, wenn anzunehmen ist, daß sie sachdienliche Angaben machen kann, die zur Wahrnehmung einer bestimmten polizeilichen Aufgabe erforderlich sind. [2]Die Person ist dabei verpflichtet, Name, Vorname, Datum und Ort der Geburt, Wohnanschrift und Staatsangehörigkeit anzugeben. [3]Dient die Befragung der Abwehr einer Gefahr für Leben, Gesundheit oder Freiheit einer Person oder für bedeutende fremde Sach- oder Vermögenswerte, ist die Person verpflichtet, über Satz 2 hinausgehende Angaben zu machen. [4]§ 9 a bleibt unberührt. [5]Zur Verweigerung der Auskunft ist eine Person in entsprechender Anwendung von § 52 Abs.1 und 2 und § 55 der Strafprozessordnung berechtigt, soweit sie durch die Auskunft sich selbst oder einen Angehörigen der Gefahr aussetzen würde, wegen einer Straftat oder einer Ordnungswidrigkeit verfolgt zu werden. [6]Ein Auskunftsverweigerungsrecht nach Satz 5 besteht nicht, wenn die Auskunft für die Abwehr einer unmittelbar bevorstehenden Gefahr für Leben, Gesundheit oder Freiheit einer Person erforderlich ist. [7]Die betroffene Person ist über ihr Recht zur Verweigerung der Auskunft zu belehren, wenn nach den Umständen davon auszugehen ist, dass ihr ein solches Recht zusteht. [8]Besteht ein Auskunftsverweigerungsrecht nicht, dürfen die aus der Befragung gewonnenen Auskünfte nur zur Abwehr der in Satz 6 genannten Gefahren weiter verarbeitet werden. [9]Wird die Auskunft unberechtigt verweigert, kann ein Zwangsgeld festgesetzt werden. [10]Dieses ist zuvor in bestimmter Höhe anzudrohen. [11]Für die Dauer der Befragung kann die Person angehalten werden.

(2) Die Polizei kann Daten der in den §§ 6 oder 7 genannten Personen sowie anderer Personen erheben, soweit dies zur Abwehr einer Gefahr oder zur Beseitigung einer Störung der öffentlichen Sicherheit oder Ordnung erforderlich ist und die Befugnisse der Polizei nicht anderweitig geregelt sind.

(3) Der Polizeivollzugsdienst kann Daten über

1. Personen, bei denen tatsächliche Anhaltspunkte vorliegen, daß sie künftig Straftaten begehen,
2. Kontakt- und Begleitpersonen einer der in Nummer 1 genannten Personen,

3. Personen, bei denen tatsächliche Anhaltspunkte vorliegen, daß sie Opfer von Straftaten werden,
4. Personen im räumlichen Umfeld einer in besonderem Maß als gefährdet erscheinenden Person oder
5. Zeugen, Hinweisgeber oder sonstige Auskunftspersonen

erheben, soweit dies zur vorbeugenden Bekämpfung von Straftaten erforderlich ist.

(4) [1]Die Polizei kann Daten von Personen,

1. deren besondere Kenntnisse oder Fähigkeiten zur Gefahrenabwehr benötigt werden,
2. die für öffentliche Veranstaltungen, die nicht dem Versammlungsgesetz unterliegen, verantwortlich sind.
3. die für Anlagen oder Einrichtungen, von denen eine erhebliche Gefahr ausgehen kann, verantwortlich sind oder
4. die für besonders gefährdete Anlagen oder Einrichtungen verantwortlich sind,

erheben, soweit dies für die Vorbereitung auf die Gefahrenabwehr erforderlich ist. [2]Die Angaben sollen sich auf Namen, Vornamen, Anschriften und alle Informationen über die Erreichbarkeit sowie auf die Zugehörigkeit zu einer der genannten Personengruppen beschränken. [3]Eine verdeckte Datenerhebung ist nicht zulässig.

(5) Die Polizei kann ferner personenbezogene Daten erheben, wenn dies zum Schutz privater Rechte (§ 2 Absatz 2) oder zur Vollzugshilfe (§ 60 Absatz 5) erforderlich ist.

(6) Die Polizei kann Daten von Personen erheben, soweit dies zur Erfüllung von ihr durch andere Rechtsvorschriften übertragenen Aufgaben erforderlich ist.

§ 21 Offener Einsatz technischer Mittel zur Bild- und Tonaufzeichnung. (1) [1]Der Polizeivollzugsdienst kann bei oder im Zusammenhang mit öffentlichen Veranstaltungen und Ansammlungen, die ein besonderes Gefährdungsrisiko aufweisen, Bild- und Tonaufzeichnungen von Personen zur Erkennung und Abwehr von Gefahren anfertigen. [2]Veranstaltungen und Ansammlungen weisen ein besonderes Gefährdungsrisiko auf, wenn

1. auf Grund einer aktuellen Gefährdungsanalyse anzunehmen ist, dass Veranstaltungen und Ansammlungen vergleichbarer Art und Größe von terroristischen Anschlägen bedroht sind oder
2. auf Grund der Art und Größe der Veranstaltungen und Ansammlungen erfahrungsgemäß erhebliche Gefahren für die öffentliche Sicherheit entstehen können.

(2) Der Polizeivollzugsdienst kann in den in § 26 Abs. 1 Nr. 3 genannten Objekten oder in deren unmittelbarer Nähe Bild- und Tonaufzeichnungen von Personen anfertigen, soweit Tatsachen die Annahme rechtfertigen, dass an oder

in Objekten dieser Art Straftaten begangen werden sollen, durch die Personen, diese Objekte oder darin befindliche Sachen gefährdet sind.

(3) Der Polizeivollzugsdienst oder die Ortspolizeibehörden können an öffentlich zugänglichen Orten Bild- und Tonaufzeichnungen von Personen anfertigen, wenn sich die Kriminalitätsbelastung dort von der des Gemeindegebiets deutlich abhebt und Tatsachen die Annahme rechtfertigen, dass dort auch künftig mit der Begehung von Straftaten zu rechnen ist.

(4) [1]Der Polizeivollzugsdienst kann die nach Absatz 1 Satz 2 Nummer 1 sowie Absatz 2 und 3 angefertigten Bildaufzeichnungen auch automatisch auswerten. [2]Die automatische Auswertung darf nur auf das Erkennen solcher Verhaltensmuster ausgerichtet sein, die auf die Begehung einer Straftag hindeuten.

(5) [1]Der Polizeivollzugsdienst kann bei der Durchführung von Maßnahmen zur Gefahrenabwehr oder zur Verfolgung von Straftaten oder Ordnungswidrigkeiten an öffentlich zugänglichen Orten zur Abwehr einer Gefahr Daten durch Anfertigen von Bild- und Tonaufzeichnungen mittels körpernah getragener Aufnahmegeräte erheben. [2]Die Erhebung personenbezogener Daten kann auch dann erfolgen, wenn Dritte unvermeidbar betroffen sind.

(6) [1]Die Speicherung der nach Absatz 5 erlangten Daten für eine Dauer von mehr als 60 Sekunden ist nur zulässig, wenn Tatsachen die Annahme rechtfertigen, dass dies zum Schutz von Polizeibeamten oder Dritten gegen eine Gefahr für Leib oder Leben erforderlich ist. [2]Die Datenerhebung nach Absatz 1 bis 4 und 7 bleibt unberührt.

(7) Der Polizeivollzugsdienst kann in Gewahrsam genommene Personen offen mittels Bildübertragung beobachten, soweit dies zu ihrem oder zum Schutz des zur Durchführung des Gewahrsams eingesetzten Personals oder zur Verhütung von Straftaten in polizeilich genutzten Räumen erforderlich ist.

(8) [1]Auf die Beobachtung mittels Bildübertragung und die Bild- und Tonaufzeichnung sowie die automatisierte Auswertung ist, sofern diese nicht offenkundig ist, in geeigneter Weise hinzuweisen. [2]Bild- und Tonaufzeichnungen sind unverzüglich, spätestens jedoch nach vier Wochen zu löschen, soweit sie im Einzelfall nicht zur Verfolgung von Straftaten oder von Ordnungswidrigkeiten von erheblicher Bedeutung, zur Geltendmachung von öffentlich-rechtlichen Ansprüchen oder nach Maßgabe des § 2 Abs. 2 zum Schutz privater Rechte, insbesondere zur Behebung einer bestehenden Beweisnot, erforderlich sind. [3]Die weitere Verarbeitung darf auch erfolgen, wenn Dritte unvermeidbar betroffen werden. [4]Die Bedeutung einer Ordnungswidrigkeit ist erheblich, wenn nach den Umständen des Einzelfalls ein Schaden für ein wichtiges Rechtsgut oder für andere Rechtsgüter in erheblichem Umfang droht oder wenn die betreffende Vorschrift ein sonstiges wichtiges Interesse der Allgemeinheit schützt.

(9) Für die erhobenen Daten nach Absatz 5 gilt Absatz 8 mit der Maßgabe, dass diese spätestens nach 60 Sekunden automatisch zu löschen sind und jede über das Erheben hinausgehende Verarbeitung ausgeschlossen ist, sofern nicht zuvor die Voraussetzungen des Absatzes 6 vorliegen.

§ 22 Besondere Mittel der Datenerhebung. (1) Besondere Mittel der Datenerhebung sind:

1. die voraussichtlich innerhalb einer Woche länger als 24 Stunden dauernde oder über den Zeitraum einer Woche hinaus stattfindende Observation (längerfristige Observation),
2. der verdeckte Einsatz technischer Mittel zur Anfertigung von Lichtbildern und Bildaufzeichnungen sowie zum Abhören und Aufzeichnen des nicht öffentlich gesprochenen Wortes auf Tonträger,
3. der verdeckte Einsatz technischer Mittel zur Feststellung des Aufenthaltsortes oder der Bewegungen einer Person oder einer beweglichen Sache.
4. der Einsatz von Polizeibeamten unter Geheimhaltung ihrer wahren Identität (Verdeckter Ermittler) und
5. der Einsatz von Personen, deren Zusammenarbeit mit der Polizei Dritten nicht bekannt ist (Vertrauenspersonen).

(2) Der Polizeivollzugsdienst kann personenbezogene Daten durch den verdeckten Einsatz technischer Mittel zur Anfertigung von Lichtbildern und Bildaufzeichnungen von den in § 20 Abs. 2 genannten Personen zur Abwehr einer erheblichen Gefahr oder von den in § 20 Abs. 3 Nr. 1, 2 und 4 genannten Personen zur vorbeugenden Bekämpfung von Straftaten erheben, wenn andernfalls die Wahrnehmung seiner Aufgaben gefährdet oder erheblich erschwert würde.

(3) Der Polizeivollzugsdienst kann personenbezogene Daten durch besondere Mittel der Datenerhebung

1. zur Abwehr einer Gefahr für den Bestand oder die Sicherheit des Bundes oder eines Landes oder für Leben, Gesundheit und Freiheit einer Person oder für bedeutende fremde Sach- und Vermögenswerte über die in § 20 Abs. 2 genannten Personen oder
2. zur vorbeugenden Bekämpfung von Straftaten mit erheblicher Bedeutung über die in § 20 Abs. 3 Nr. 1 und 2 genannten Personen

erheben, wenn andernfalls die Wahrnehmung seiner Aufgaben gefährdet oder erheblich erschwert würde.

(4) Daten dürfen auch dann nach Absatz 2 oder 3 erhoben werden, wenn Dritte unvermeidbar betroffen werden.

(5) Straftaten mit erheblicher Bedeutung sind

1. Verbrechen,
2. Vergehen, die im Einzelfall nach Art und Schwere geeignet sind, den Rechtsfrieden besonders zu stören, soweit
   a) sie sich gegen das Leben, die Gesundheit oder die Freiheit einer oder mehrerer Personen oder bedeutende fremde Sach- oder Vermögenswerte richten,
   b) es sich um Taten auf den Gebieten des unerlaubten Waffen- oder Betäubungsmittelverkehrs, der Geld- oder Wertzeichenfälschung, des Staats-

schutzes (§§ 74 a und 120 des Gerichtsverfassungsgesetzes) oder nach den §§ 86 a, 109 h, 126, 130 und 130 a des Strafgesetzbuches handelt,

c) sie gewerbs-, gewohnheits-, serien-, bandenmäßig oder sonst organisiert begangen werden.

(6) [1]Der Einsatz von Mitteln nach Absatz 1, ausgenommen der verdeckte Einsatz technischer Mittel nach Nummer 2, bedarf der Anordnung durch die Leitung eines regionalen Polizeipräsidiums, des Polizeipräsidiums Einsatz oder des Landeskriminalamts. [2]Diese können die Anordnungsbefugnis auf besonders beauftragte Beamte des höheren Dienstes übertragen.

(7) Bild- und Tonaufzeichnungen, die ausschließlich die nicht in Absatz 2 und 3 genannten Personen betreffen, sind unverzüglich, spätestens jedoch nach zwei Monaten zu löschen, soweit sie im Einzelfall nicht zur Verfolgung von Straftaten erforderlich sind.

(8) [1]Der Betroffene ist von einer Maßnahme nach Absatz 2 oder 3 zu unterrichten, sobald dies ohne Gefährdung des Zwecks der Maßnahme geschehen kann. [2]Die Unterrichtung unterbleibt, wenn hierdurch die weitere Verwendung des Verdeckten Ermittlers oder der Vertrauensperson für Maßnahmen nach Absatz 1 Nummer 4 oder 5 oder Leben oder Gesundheit einer Person gefährdet würde, sich an den die Maßnahme auslösenden Sachverhalt ein Ermittlungsverfahren gegen die betroffene Person anschließt oder seit Beendigung der Maßnahme fünf Jahre verstrichen sind.

§ 22 a Einsatz automatischer Kennzeichenlesesysteme. (1) [1]Der Polizeivollzugsdienst kann zur Abwehr einer Gefahr oder zur vorbeugenden Bekämpfung von Straftaten bei Kontrollen nach § 26 Abs.1 durch den verdeckten Einsatz technischer Mittel automatisch Bilder von Fahrzeugen aufzeichnen und deren Kennzeichen erfassen. [2]Die Bildaufzeichnung nach Satz 1 darf auch erfolgen, wenn die Insassen der Fahrzeuge unvermeidbar betroffen werden. [3]Datenerhebungen nach Satz 1 und 2 dürfen

1. nicht flächendeckend,
2. in den Fällen des § 26 Abs.1 Nr. 2 und 3 nicht dauerhaft,
3. in den Fällen des § 26 Abs.1 Nr. 4 und 5, wenn polizeiliche Erkenntnisse vorliegen, dass an der Kontrollstelle Straftaten oder im Kontrollbereich Straftaten nach § 100 a der Strafprozessordnung stattfinden oder verhütet werden können, und
4. in den Fällen des § 26 Abs.1 Nr. 6 nicht längerfristig

durchgeführt werden. [4]Der Einsatz technischer Mittel nach Satz 1 ist in geeigneter Weise für Kontrollzwecke zu dokumentieren.

(2) [1]Die ermittelten Kennzeichen dürfen automatisch mit dem Fahndungsbestand der Sachfahndungsdateien des beim Bundeskriminalamt nach den Vorschriften des Bundeskriminalamtgesetzes in der jeweils geltenden Fassung geführten polizeilichen Informationssystems abgeglichen werden. [2]Die Sachfahndungsdateien des polizeilichen Informationssystems umfassen auch die nach

den Vorschriften des Schengener Durchführungsübereinkommens zulässigen Ausschreibungen von Fahrzeugkennzeichen im Schengener Informationssystem. [3]Der Abgleich nach Satz 1 beschränkt sich auf Kennzeichen von Fahrzeugen, die

1. zur polizeilichen Beobachtung, verdeckten Registrierung oder gezielten Kontrolle nach § 25 dieses Gesetzes, §§ 163 e und 463 a der Strafprozessordnung, Artikel 99 des Schengener Durchführungsübereinkommens oder § 17 Abs. 3 des Bundesverfassungsschutzgesetzes,
2. auf Grund einer erheblichen Gefahr zur Abwehr einer Gefahr,
3. auf Grund des Verdachts einer Straftat für Zwecke der Strafverfolgung oder
4. aus Gründen der Strafvollstreckung

ausgeschrieben sind. [4]Der Abgleich darf nur mit vollständigen Kennzeichen des Fahndungsbestands erfolgen.

(3) [1]Die nach Absatz 1 Satz 1 erhobenen Daten sind, sofern die erfassten Kennzeichen nicht im Fahndungsbestand enthalten sind, unverzüglich nach Durchführung des Datenabgleichs automatisch zu löschen. [2]Die Datenerhebung und der Datenabgleich im Falle des Satzes 1 dürfen nicht protokolliert werden.

(4) [1]Ist das ermittelte Kennzeichen im Fahndungsbestand enthalten (Trefferfall), dürfen das Kennzeichen, die Bildaufzeichnung des Fahrzeugs sowie Angaben zu Ort, Fahrtrichtung, Datum und Uhrzeit gespeichert werden. [2]Das Fahrzeug und die Insassen dürfen im Trefferfall angehalten werden. [3]Weitere Maßnahmen dürfen erst nach Überprüfung des Trefferfalls anhand des aktuellen Fahndungsbestands erfolgen. [4]Die nach Satz 1 gespeicherten sowie durch weitere Maßnahmen erlangten personenbezogenen Daten sind zu löschen, soweit sie nicht erforderlich sind

1. zu dem Zweck, für den das Kennzeichen in den Fahndungsbestand aufgenommen wurde,
2. zur Verfolgung von Straftaten oder
3. zur Abwehr einer Gefahr.

§ 23 Besondere Bestimmungen über den Einsatz technischer Mittel zur Datenerhebung in oder aus Wohnungen. (1) [1]Der Polizeivollzugsdienst kann personenbezogene Daten in oder aus Wohnungen durch den verdeckten Einsatz technischer Mittel nach § 22 Abs.1 Nr. 2 über die in den §§ 6 und 7 sowie unter den Voraussetzungen des § 9 über die dort genannten Personen erheben, wenn andernfalls die Abwehr einer unmittelbar bevorstehenden Gefahr für den Bestand oder die Sicherheit des Bundes oder eines Landes oder für Leben, Gesundheit oder Freiheit einer Person gefährdet oder erheblich erschwert würde. [2]Die Datenerhebung darf auch durchgeführt werden, wenn Dritte unvermeidbar betroffen werden.

(2) [1]Die Datenerhebung nach Absatz 1 darf nur angeordnet werden, soweit nicht auf Grund tatsächlicher Anhaltspunkte anzunehmen ist, dass durch die Überwachung Daten erfasst werden, die dem Kernbereich privater Lebensge-

staltung zuzurechnen sind. [2]Abzustellen ist dabei insbesondere auf die Art der zu überwachenden Räumlichkeiten und das Verhältnis der dort anwesenden Personen zueinander.

(3) [1]Die Datenerhebung nach Absatz 1 bedarf der Anordnung durch die in § 74 a Abs. 4 des Gerichtsverfassungsgesetzes genannte Kammer des Landgerichts, in dessen Bezirk die zuständige Polizeidienststelle ihren Sitz hat. [2]Sie muss, soweit bekannt, Name und Anschrift der Person enthalten, gegen die sich die Maßnahme richtet. [3]In der Anordnung sind Art, Umfang und Dauer der Maßnahme schriftlich zu bestimmen. [4]Sie ist auf höchstens drei Monate zu befristen. [5]Eine Verlängerung um jeweils nicht mehr als einen Monat ist zulässig, solange die Voraussetzungen für die Maßnahme fortbestehen. [6]Die Anordnung ist mit Gründen zu versehen. [7]§ 31 Abs. 5 Satz 2 bis 4 ist entsprechend anzuwenden. [8]Bei Gefahr im Verzug kann die Maßnahme von einer der in § 22 Abs. 6 genannten Personen angeordnet werden; diese Anordnung bedarf der Bestätigung des in Satz 1 genannten Gerichts. [9]Sie ist unverzüglich herbeizuführen.

(4) Einer Anordnung durch das Gericht bedarf es nicht, wenn technische Mittel ausschließlich zur Sicherung der bei einem polizeilichen Einsatz tätigen Personen verwendet werden; § 22 Abs. 6 gilt entsprechend.

(5) [1]Die Datenerhebung nach Absatz 1 ist unverzüglich zu unterbrechen, sofern sich während der Überwachung Anhaltspunkte dafür ergeben, dass Daten, die dem Kernbereich privater Lebensgestaltung zuzurechnen sind, erfasst werden. [2]Sie darf fortgesetzt werden, wenn zu erwarten ist, dass die Gründe, die zur Unterbrechung geführt haben, nicht mehr vorliegen. [3]Bis zum Zeitpunkt der Unterbrechung erhobene Daten, die dem Kernbereich der privaten Lebensgestaltung zuzurechnen sind, dürfen nicht verwertet werden und sind unverzüglich zu löschen. [4]Die Löschung ist zu protokollieren. [5]Die Maßnahme ist abzubrechen, wenn die Voraussetzungen des Absatzes 1 nicht mehr vorliegen. [6]Der Abbruch ist dem Gericht mitzuteilen.

(6) [1]Die Betroffenen sind von Maßnahmen nach Absatz 1 Satz 1 und Absatz 4 zu unterrichten, sobald dies ohne Gefährdung des Zwecks der Maßnahme oder der bei dem polizeilichen Einsatz eingesetzten Personen geschehen kann. [2]Ist wegen desselben Sachverhalts ein strafrechtliches Ermittlungsverfahren gegen die betroffene Person eingeleitet worden, ist die Unterrichtung in Abstimmung mit der Staatsanwaltschaft nachzuholen, sobald der Stand des Ermittlungsverfahrens dies zulässt. [3]Erfolgt die Benachrichtigung nicht innerhalb von sechs Monaten nach Beendigung der Maßnahme, bedarf die weitere Zurückstellung der richterlichen Zustimmung. [4]Die richterliche Entscheidung ist vorbehaltlich einer anderen richterlichen Anordnung jeweils nach einem Jahr erneut einzuholen. [5]Eine Unterrichtung kann mit richterlicher Zustimmung auf Dauer unterbleiben, wenn

1. überwiegende Interessen einer betroffenen Person entgegenstehen oder
2. die Identität oder der Aufenthalt einer betroffenen Person nur mit unverhältnismäßigem Aufwand ermittelt werden können oder
3. seit Beendigung der Maßnahme fünf Jahre verstrichen sind.

[6]Über die Zustimmung entscheidet das in Absatz 3 genannte Gericht. [7]Bedurfte die Maßnahme nicht der richterlichen Anordnung, ist für die Zustimmung das Gericht zuständig, in dessen Bezirk die Polizeidienststelle ihren Sitz hat, die die Maßnahme angeordnet hat.

(7) [1]Nach Absatz 1 und 4 erlangte personenbezogene Daten sind besonders zu kennzeichnen. [2]Nach einer Übermittlung ist die Kennzeichnung durch die Empfänger aufrechtzuerhalten. [3]Nach Absatz 1 und 4 erlangte personenbezogene Daten dürfen für den Zweck gespeichert, verändert und genutzt werden, für den sie erhoben wurden. [4]Die Speicherung, Veränderung, Nutzung und Übermittlung ist auch zulässig, soweit dies

1. zur Abwehr einer anderen unmittelbar bevorstehenden Gefahr im Sinne des Absatzes 1 Satz 1 oder
2. zur Aufklärung von Straftaten, die nach der Strafprozessordnung in der jeweils geltenden Fassung die Wohnraumüberwachung rechtfertigen,

erforderlich ist. [5]Die anderweitige Speicherung, Veränderung, Nutzung und Übermittlung personenbezogener Daten, die aus einer Maßnahme nach Absatz 4 erlangt worden sind, ist nur zulässig, soweit dies zu den in Satz 4 genannten Zwecken erforderlich ist und wenn zuvor die Rechtmäßigkeit der Maßnahme richterlich festgestellt ist; bei Gefahr im Verzug ist die richterliche Entscheidung unverzüglich nachzuholen. [6]Im Übrigen sind personenbezogene Daten aus einer Maßnahme nach Absatz 4 oder solche, die ausschließlich in Absatz 1 Satz 2 genannte Personen betreffen, unverzüglich, spätestens jedoch zwei Monate nach Beendigung der Maßnahme zu löschen.

(8) [1]Die Landesregierung unterrichtet den Landtag jährlich über den nach Absatz 1 und, soweit richterlich überprüfungsbedürftig, nach Absatz 4 erfolgten Einsatz technischer Mittel. [2]Ein vom Landtag bestimmtes Gremium übt auf der Grundlage dieses Berichts die parlamentarische Kontrolle aus.

§ 23 a Besondere Bestimmungen über polizeiliche Maßnahmen mit Bezug zur Telekommunikation. (1) [1]Der Polizeivollzugsdienst kann ohne Wissen des Betroffenen Verkehrsdaten im Sinne des § 96 Absatz 1 des Telekommunikationsgesetzes und Nutzungsdaten im Sinne des § 15 Absatz 1 Satz 2 Nummer 2 und 3 Telemediengesetz über die in den §§ 6 und 7 sowie unter den Voraussetzungen des § 9 über die dort genannten Personen erheben, soweit bestimmte Tatsachen die Annahme rechtfertigen, dass eine konkrete Gefahr für Leib, Leben oder Freiheit einer Person, für den Bestand oder die Sicherheit des Bundes oder eines Landes oder eine gemeine Gefahr vorliegt. [2]Die Datenerhebung ist auch zulässig, soweit bestimmte Tatsachen auf eine im Einzelfall durch bestimmte Personen drohende Gefahr für eines der in Satz 1 genannten Rechtsgüter hinweisen. [3]Datenerhebungen dürfen nur durchgeführt werden, wenn sonst die Erfüllung der polizeilichen Aufgabe gefährdet oder wesentlich erschwert würde. [4]Die Datenerhebung darf auch durchgeführt werden, wenn Dritte unvermeidbar betroffen werden.

(2) [1]Eine Maßnahme nach Absatz 1 bedarf der Anordnung durch das Amtsgericht, in dessen Bezirk die zuständige Polizeidienststelle ihren Sitz hat. [2]Die Anordnung wird vom Gericht nur auf Antrag erlassen. [3]Der Antrag ist durch die Leitung eines regionalen Polizeipräsidiums oder des Landeskriminalamtes schriftlich zu stellen und zu begründen. [4]Diese können die Antragsbefugnis auf besonders beauftragte Beamte des höheren Dienstes übertragen. [5]Die Anordnung des Gerichts muss eine Kennung des Telekommunikationsanschlusses oder des Endgerätes enthalten, bei dem die Datenerhebung über eine in Absatz 1 genannte Person durchgeführt wird oder eine Bezeichnung des Nutzers der Telemedien, dessen Daten erhoben werden. [6]Im Falle einer unmittelbar bevorstehenden Gefahr für Leben, Gesundheit oder Freiheit einer Person genügt eine räumliche und zeitlich hinreichende Bezeichnung der Telekommunikation oder Telemediennutzung. [7]Im Übrigen gilt § 23 Absatz 3.

(3) [1]Abweichend von Absatz 2 darf eine Maßnahme nach Absatz 1, die allein auf die Ermittlung des Aufenthaltsortes einer vermissten, suizidgefährdeten oder hilflosen Person gerichtet ist, durch die Leitung eines regionalen Polizeipräsidiums oder des Landeskriminalamtes angeordnet werden. [2]Diese können die Anordnungsbefugnis auf besonders beauftragte Beamte des höheren Dienstes übertragen.

(4) [1]Die Maßnahme ist abzubrechen, wenn die Voraussetzungen des Absatzes 1 nicht mehr vorliegen. [2]Der Abbruch ist dem Amtsgericht und den nach Absatz 5 Verpflichteten mitzuteilen.

(5) [1]Auf Grund einer Anordnung nach Absatz 2 oder 3 hat jeder, der geschäftsmäßig Telekommunikationsdienste oder Telemediendienste erbringt oder daran mitwirkt, dem Polizeivollzugsdienst die Maßnahme nach Absatz 1 zu ermöglichen und die erforderlichen Auskünfte unverzüglich zu erteilen. [2]Von der Auskunftspflicht sind auch zukünftige Verkehrsdaten und Nutzungsdaten umfasst. [3]Ob und in welchem Umfang hierfür Vorkehrungen zu treffen sind, bestimmt sich nach dem Telekommunikationsgesetz und der Telekommunikations-Überwachungsverordnung sowie dem Telemediengesetz in der jeweils geltenden Fassung. [4]Für die Entschädigung der Diensteanbieter ist § 23 des Justizvergütungs- und -entschädigungsgesetzes entsprechend anzuwenden.

(6) [1]Der Polizeivollzugsdienst kann zu den in Absatz 1 genannten Zwecken technische Mittel einsetzen, um

1. den Standort eines Mobilfunkendgerätes oder
2. die Kennung eines Telekommunikationsanschlusses oder eines Endgerätes

zu ermitteln. [2]Personenbezogene Daten Dritter dürfen anlässlich solcher Maßnahmen nur erhoben werden, wenn dies aus technischen Gründen zur Erreichung des Zwecks unvermeidbar ist. [3]§ 22 Abs. 6 gilt entsprechend.

(7) [1]Der Polizeivollzugsdienst kann zu den in Absatz 1 genannten Zwecken bei Vorliegen einer unmittelbar bevorstehenden Gefahr technische Mittel einsetzen, um Telekommunikationsverbindungen der dort genannten Personen zu unterbrechen oder zu verhindern. [2]Telekommunikationsverbindungen Dritter dürfen nur

unterbrochen oder verhindert werden, wenn dies aus technischen Gründen zur Erreichung des Zwecks unvermeidbar ist. [3]§ 22 Abs. 6 gilt entsprechend.

(8) [1]§ 23 Abs. 6 und 7 Satz 1 bis 3 gelten für durch Maßnahmen nach Absatz 1, 6 und 7 erlangte personenbezogene Daten entsprechend. [2]Für gerichtliche Entscheidungen nach Satz 1 ist das Amtsgericht zuständig, in dessen Bezirk die zuständige Polizeidienststelle ihren Sitz hat. [3]Die Speicherung, Veränderung, Nutzung und Übermittlung ist auch zulässig, soweit dies erforderlich ist

1. zur Abwehr einer anderen Gefahr im Sinne des Absatzes 1 oder
2. zur Aufklärung von Straftaten, die nach der Strafprozessordnung in der jeweils geltenden Fassung die Erhebung von Verkehrsdaten rechtfertigen.

(9) [1]Der Polizeivollzugsdienst kann ohne Wissen des Betroffenen Daten im Sinne der §§ 95 und 111 des Telekommunikationsgesetzes und der §§ 14 und 15 Absatz 1 Satz 2 Nummer 1 des Telemediengesetzes über die in §§ 6 und 7 sowie unter den Voraussetzungen des § 9 über die dort genannten Personen erheben, soweit dies zur Abwehr einer Gefahr für die öffentliche Sicherheit erforderlich ist. [2]Die Auskunft nach Satz 1 darf zur Abwehr einer Gefahr für Leib, Leben oder Freiheit einer Person, für den Bestand oder die Sicherheit des Bundes oder eines Landes oder einer gemeinen Gefahr auch anhand einer zu einem bestimmten Zeitpunkt zugewiesenen Internetprotokoll-Adresse sowie weiterer zur Individualisierung erforderlicher technischer Daten verlangt werden. [3]Bezieht sich das Auskunftsverlangen nach Satz 1 auf Daten, mittels derer der Zugriff auf Endgeräte oder auf Speichereinrichtungen, die in diesen Endgeräten oder hiervon räumlich getrennt eingesetzt werden, geschützt wird, darf die Auskunft zur Abwehr der in Satz 2 genannten Gefahren nur verlangt werden, wenn die gesetzlichen Voraussetzungen für die Nutzung der Daten vorliegen. [4]Absatz 1 Satz 4 sowie Absatz 5 Satz 1, 3 und 4 gelten entsprechend. [5]Die betroffenen Personen sind von Maßnahmen nach Satz 2 und 3 zu unterrichten, soweit und sobald hierdurch der Zweck der Maßnahme nicht vereitelt wird. [6]Die Unterrichtung unterbleibt, wenn ihr überwiegende schutzwürdige Belange Dritter oder der betroffenen Person selbst entgegenstehen oder wenn seit Beendigung der Maßnahme fünf Jahre verstrichen sind. [7]Wird die Unterrichtung zurückgestellt oder von ihr abgesehen, sind die Gründe aktenkundig zu machen.

(10) Die Landesregierung unterrichtet den Landtag jährlich über die nach Absatz 1 erfolgten Maßnahmen.

§ 23 b Überwachung der Telekommunikation. (1) [1]Der Polizeivollzugsdienst kann ohne Wissen der betroffenen Person die Telekommunikation einer Person überwachen und aufzeichnen,

1. die nach den §§ 6 oder 7 verantwortlich ist, und dies zur Abwehr einer dringenden und erheblichen Gefahr für Leib, Leben oder Freiheit einer Person, für den Bestand oder die Sicherheit des Bundes oder eines Landes oder für wesentliche Infrastruktureinrichtungen oder sonstige Anlagen mit unmittelbarer Bedeutung für das Gemeinwesen geboten ist,

2. bei der bestimmte Tatsachen die Annahme rechtfertigen, dass sie innerhalb eines übersehbaren Zeitraums auf eine zumindest ihrer Art nach konkretisierte Weise eine Straftat begehen wird, die sich gegen die in Nummer 1 genannten Rechtsgüter richtet und dazu bestimmt ist,
   a) die Bevölkerung auf erhebliche Weise einzuschüchtern,
   b) eine Behörde oder eine internationale Organisation rechtswidrig mit Gewalt oder durch Drohung mit Gewalt zu nötigen oder
   c) die politischen, verfassungsrechtlichen, wirtschaftlichen oder sozialen Grundstrukturen eines Staates oder einer internationalen Organisation zu beseitigen oder erheblich zu beeinträchtigen, und durch die Art ihrer Begehung oder ihre Auswirkungen einen Staat oder eine internationale Organisation erheblich schädigen können,
3. deren individuelles Verhalten die konkrete Wahrscheinlichkeit begründet, dass sie innerhalb eines übersehbaren Zeitraums eine Straftat begehen wird, die sich gegen die in Nummer 1 genannten Rechtsgüter richtet und dazu bestimmt ist,
   a) die Bevölkerung auf erhebliche Weise einzuschüchtern,
   b) eine Behörde oder eine internationale Organisation rechtswidrig mit Gewalt oder durch Drohung mit Gewalt zu nötigen oder
   c) die politischen, verfassungsrechtlichen, wirtschaftlichen oder sozialen Grundstrukturen eines Staates oder einer internationalen Organisation zu beseitigen oder erheblich zu beeinträchtigen,

   und durch die Art ihrer Begehung oder ihre Auswirkungen einen Staat oder eine internationale Organisation erheblich schädigen können,
4. bei der bestimmte Tatsachen die Annahme rechtfertigen, dass sie für eine Person nach Nummer 1 bestimmte oder von dieser herrührende Mitteilungen entgegennimmt oder weitergibt, oder
5. bei der bestimmte Tatsachen die Annahme rechtfertigen, dass eine Person nach Nummer 1 deren Telekommunikationsanschluss oder Endgerät benutzen wird.

[2]Datenerhebungen dürfen nur durchgeführt werden, wenn sonst die Erfüllung der polizeilichen Aufgabe aussichtslos oder wesentlich erschwert würde. [3]Die Datenerhebung darf auch durchgeführt werden, wenn Dritte unvermeidbar betroffen werden.

(2) Die Überwachung und Aufzeichnung der Telekommunikation darf ohne Wissen der betroffenen Person in der Weise erfolgen, dass mit technischen Mitteln in von ihr genutzte informationstechnische Systeme eingegriffen wird, wenn

1. durch technische Maßnahmen sichergestellt ist, dass ausschließlich laufende Telekommunikation überwacht und aufgezeichnet wird, und
2. der Eingriff notwendig ist, um die Überwachung und Aufzeichnung der Telekommunikation insbesondere auch in unverschlüsselter Form zu ermöglichen.

(3) [1]Bei Maßnahmen nach Absatz 2 ist sicherzustellen, dass

1. an dem informationstechnischen System nur Veränderungen vorgenommen werden, die für die Datenerhebung unerlässlich sind, und
2. die vorgenommenen Veränderungen bei Beendigung der Maßnahme, soweit technisch möglich, automatisiert rückgängig gemacht werden.

[2]Das eingesetzte Mittel ist gegen unbefugte Nutzung zu schützen. [3]Kopierte Daten sind gegen Veränderung, unbefugte Löschung und unbefugte Kenntnisnahme zu schützen.

(4) [1]Maßnahmen nach den Absätzen 1 oder 2 bedürfen der Anordnung durch das Amtsgericht, in dessen Bezirk die zuständige Polizeidienststelle ihren Sitz hat. [2]Die Anordnung wird vom Gericht nur auf Antrag erlassen. [3]Der Antrag ist durch die Leitung eines regionalen Polizeipräsidiums oder des Landeskriminalamts schriftlich zu stellen und zu begründen.

(5) Im Antrag sind anzugeben

1. die Person, gegen die sich die Maßnahme richtet, soweit möglich, mit Name und Anschrift,
2. die Rufnummer oder eine andere Kennung des zu überwachenden Anschlusses oder des Endgerätes,
3. Art, Umfang und Dauer der Maßnahme,
4. im Fall des Absatzes 2 auch eine möglichst genaue Bezeichnung des informationstechnischen Systems, in das zur Datenerhebung eingegriffen werden soll,
5. der Sachverhalt und
6. eine Begründung.

(6) [1]Die Anordnung des Gerichts ergeht schriftlich. [2]In ihr sind anzugeben

1. eine Kennung des Kommunikationsanschlusses oder des Endgerätes, bei dem die Datenerhebung durchgeführt wird,
2. im Falle des Absatzes 2 auch eine möglichst genaue Bezeichnung des informationstechnischen Systems, in das zur Datenerhebung eingegriffen werden soll.

[3]Im Übrigen gilt § 23 Absatz 3 Sätze 2 bis 7 mit der Maßgabe, dass in der Anordnung die Dauer der Maßnahme unter Benennung des Endzeitpunktes zu bestimmen ist. [4]Liegen die Voraussetzungen der Anordnung nicht mehr vor, sind die aufgrund der Anordnung ergriffenen Maßnahmen unverzüglich zu beenden.

(7) [1]Bei Gefahr im Verzug kann eine Maßnahme nach den Absätzen 1 und 2 von der Leitung eines regionalen Polizeipräsidiums oder des Landeskriminalamts angeordnet werden. [2]In diesem Fall ist die Bestätigung des in Absatz 4 genannten Gerichts unverzüglich herbeizuführen. [3]Soweit die Anordnung nicht binnen drei Tagen durch das Gericht bestätigt wird, tritt sie außer Kraft.

(8) [1]Aufgrund der Anordnung einer Maßnahme nach Absatz 1 hat jeder, der geschäftsmäßig Telekommunikationsdienste erbringt oder daran mitwirkt, dem Polizeivollzugsdienst die Maßnahme zu ermöglichen und die erforderlichen Auskünfte unverzüglich zu erteilen. [2]Ob und in welchem Umfang hierfür Vor-

kehrungen zu treffen sind, bestimmt sich nach dem Telekommunikationsgesetz und der Telekommunikations-Überwachungsverordnung in der jeweils geltenden Fassung. [3]Für die Entschädigung der Diensteanbieter ist § 23 des Justizvergütungs- und -entschädigungsgesetzes entsprechend anzuwenden.

(9) [1]Liegen tatsächliche Anhaltspunkte für die Annahme vor, dass durch eine Maßnahme nach den Absätzen 1 und 2 allein Erkenntnisse aus dem Kernbereich privater Lebensgestaltung erlangt würden, ist die Maßnahme unzulässig. [2]Soweit im Rahmen von Maßnahmen nach den Absätzen 1 und 2 neben einer automatischen Aufzeichnung eine unmittelbare Kenntnisnahme erfolgt, ist die Maßnahme unverzüglich zu unterbrechen, soweit sich während der Überwachung tatsächliche Anhaltspunkte dafür ergeben, dass Inhalte, die dem Kernbereich privater Lebensgestaltung zuzurechnen sind, erfasst werden. [3]Bestehen insoweit Zweifel, darf nur eine automatische Aufzeichnung fortgesetzt werden. [4]Automatische Aufzeichnungen, bei denen nicht ausgeschlossen werden kann, dass Inhalte, die dem Kernbereich privater Lebensgestaltung zuzurechnen sind, erfasst wurden, sind unverzüglich dem anordnenden Gericht vorzulegen. [5]Das Gericht entscheidet unverzüglich über die Verwertbarkeit oder Löschung der Daten. [6]Bis zur Entscheidung durch das Gericht dürfen die automatischen Aufzeichnungen nicht verwendet werden. [7]Ist die Maßnahme nach Satz 2 unterbrochen worden, so darf sie für den Fall, dass sie nicht nach Satz 1 unzulässig ist, fortgeführt werden. [8]Erkenntnisse aus dem Kernbereich privater Lebensgestaltung, die durch eine Maßnahme nach den Absätzen 1 und 2 erlangt worden sind, dürfen nicht verwertet werden. [9]Aufzeichnungen hierüber sind unverzüglich zu löschen. [10]Die Tatsachen der Erfassung der Daten und der Löschung sind zu dokumentieren. [11]Die Dokumentation darf ausschließlich für Zwecke der Datenschutzkontrolle nach Absatz 13 verwendet werden. [12]Sie ist sechs Monate nach der Unterrichtung nach Absatz 10 oder sechs Monate nach Erteilung der gerichtlichen Zustimmung über das endgültige Absehen von der Unterrichtung zu löschen. [13]Ist die Datenschutzkontrolle nach Ablauf der in Satz 11 genannten Fristen noch nicht beendet, ist die Dokumentation bis zu ihrem Abschluss aufzubewahren.

(10) [1]Die betroffenen Personen sind von Maßnahmen nach den Absätzen 1 oder 2 zu unterrichten, sobald dies ohne Gefährdung des Zwecks der Maßnahme oder der in Absatz 1 Satz 1 Nummer 1 genannten Rechtsgüter möglich ist. [2]Ist wegen des zugrundliegenden Sachverhaltes ein strafrechtliches Ermittlungsverfahren gegen die betroffene Person eingeleitet worden, ist die Unterrichtung in Abstimmung mit der Staatsanwaltschaft nachzuholen, sobald der Stand des Ermittlungsverfahrens dies zulässt. [3]Die Zurückstellung ist mit Begründung zu dokumentieren. [4]Erfolgt die zurückgestellte Unterrichtung nicht binnen sechs Monaten nach Beendigung der Maßnahme, bedarf die weitere Zurückstellung der Zustimmung des in Absatz 4 genannten Gerichtes. [5]Die richterliche Entscheidung ist vorbehaltlich einer anderen richterlichen Anordnung jeweils nach sechs Monaten erneut einzuholen. [6]Fünf Jahre nach Beendigung einer Maßnahme nach den Absätzen 1 und 2 kann mit richterlicher Zustim-

mung endgültig von der Unterrichtung abgesehen werden, wenn die Voraussetzungen für die Unterrichtung mit an Sicherheit grenzender Wahrscheinlichkeit auch in Zukunft nicht eintreten werden. [7]Eine Unterrichtung kann unterbleiben, wenn

1. überwiegende Interessen einer betroffenen Person entgegenstehen,
2. die Identität oder der Aufenthalt einer betroffenen Person nur mit unverhältnismäßigem Aufwand ermittelt werden kann oder
3. die betroffene Person von der Maßnahme nur unerheblich betroffen ist und mit an Sicherheit grenzender Wahrscheinlichkeit anzunehmen ist, dass sie kein Interesse an einer Unterrichtung hat.

[8]In den in Satz 7 genannten Fällen ist das Absehen von einer Unterrichtung mit Begründung zu dokumentieren.

(11) [1]Bei der Erhebung von Daten nach den Absätzen 1 und 2 sind zu protokollieren

1. das zur Datenerhebung eingesetzte Mittel,
2. der Zeitpunkt des Einsatzes,
3. Angaben, die die Feststellung der erhobenen Daten ermöglichen,
4. die Organisationseinheit, die die Maßnahmen durchführt,
5. die Beteiligten der überwachten Telekommunikation und,
6. sofern die Überwachung mit einem Eingriff in von der betroffenen Person genutzte informationstechnische Systeme verbunden ist, die Angaben zur Identifizierung des informationstechnischen Systems und die daran vorgenommenen nicht nur flüchtigen Veränderungen.

[2]Die Protokolldaten dürfen nur verwendet werden für Zwecke der Unterrichtung nach Absatz 10 oder um der betroffenen Person oder einer dazu befugten Stelle die Prüfung zu ermöglichen, ob die Maßnahmen rechtmäßig durchgeführt worden sind. [3]Sie sind bis zu dem Abschluss der Kontrolle nach Absatz 13 aufzubewahren und sodann automatisiert zu löschen, es sei denn, dass sie für die in Satz 2 genannten Zwecke noch erforderlich sind.

(12) [1]Die nach den Absätzen 1 und 2 erhobenen personenbezogenen Daten sind wie folgt zu kennzeichnen:

1. Angabe des Mittels der Erhebung der Daten einschließlich der Angabe, ob die Daten offen oder verdeckt erhoben wurden,
2. Angabe der
   a) Rechtsgüter, deren Schutz die Erhebung dient, oder
   b) Straftaten, deren Verhütung die Erhebung dient, sowie
3. Angabe der Stelle, die sie erhoben hat.

[2]Die Kennzeichnung nach Satz 1 Nummer 1 kann durch Angabe der Rechtsgrundlage ergänzt werden. [3]Personenbezogene Daten, die nicht entsprechend den Anforderungen des Satzes 1 gekennzeichnet sind, dürfen solange nicht weiterverarbeitet oder übermittelt werden, bis eine Kennzeichnung entsprechend den Anforderungen des Satzes 1 erfolgt ist. [4]Bei Übermittlung an eine

andere Stelle ist die empfangende Stelle darauf hinzuweisen, dass die Kennzeichnung nach Satz 1 aufrechtzuerhalten ist.

(13) Der Landesbeauftragte für den Datenschutz führt bezüglich der Datenerhebungen nach den Absätzen 1 und 2 mindestens alle zwei Jahre Kontrollen durch.

(14) Die Landesregierung unterrichtet den Landtag jährlich über die nach den Absätzen 1 und 2 erfolgten Maßnahmen.

§ 24 Besondere Bestimmungen über den Einsatz Verdeckter Ermittler.

(1) [1]Soweit es zur Geheimhaltung der wahren Identität eines Verdeckten Ermittlers erforderlich ist, dürfen entsprechende Urkunden hergestellt, verändert oder gebraucht werden. [2]Ein Verdeckter Ermittler darf zur Erfüllung seines Auftrages unter Geheimhaltung seiner wahren Identität am Rechtsverkehr teilnehmen.

(2) Ein Verdeckter Ermittler darf unter Geheimhaltung seiner wahren Identität, nicht jedoch unter Vortäuschen eines Zutrittsrechts, mit Einverständnis des Berechtigten dessen Wohnung betreten.

§ 25 Ausschreibung von Personen und Kraftfahrzeugen. (1) [1]Der Polizeivollzugsdienst kann eine Person und Kennzeichen der auf den Namen der Person zugelassenen, von ihr benutzten oder von ihr eingesetzten Kraftfahrzeuge zum Zwecke der Mitteilung über das Antreffen oder der gezielten Kontrolle ausschreiben, wenn

1. die Gesamtwürdigung der Person und ihre bisher begangenen Straftaten erwarten lassen oder
2. Tatsachen die Annahme rechtfertigen,

dass die Person künftig Straftaten von erheblicher Bedeutung (§ 22 Abs. 5) begehen wird und die Mitteilung über das Antreffen oder die gezielte Kontrolle zur vorbeugenden Bekämpfung dieser Straftaten erforderlich ist.

[2]Wird eine nach Satz 1 ausgeschriebene Person oder ein nach Satz 1 ausgeschriebenes Kennzeichen bei einer polizeilichen Kontrolle festgestellt, dürfen

1. im Fall der Ausschreibung zur Mitteilung über das Antreffen die hierüber gewonnenen Erkenntnisse, insbesondere über das Antreffen der Person, über Kontakt- und Begleitpersonen und über mitgeführte Sachen sowie
2. im Falle der gezielten Kontrolle zusätzlich zu den Erkenntnissen nach Nummer 1 die aus Maßnahmen nach den §§ 26, 29 und 30 gewonnenen Erkenntnisse

an die ausschreibende Polizeidienststelle übermittelt werden. [3]Satz 2 gilt entsprechend, wenn die Person oder das Fahrzeug nach Artikel 99 Abs. 1 des Schengener Durchführungsübereinkommens vom 19. Juni 1990 (Gesetz vom 15. Juli 1993, BGBl. II S. 1010) zur gezielten Kontrolle ausgeschrieben ist.

(2) [1]Die Ausschreibung muß vom Leiter oder einem von ihm besonders beauftragten Polizeibeamten des höheren Dienstes des Landeskriminalamtes an-

geordnet werden. [2]Die Anordnung ergeht schriftlich und ist zu begründen; sie ist auf höchstens 12 Monate zu befristen. [3]Verlängerungen bis zu jeweils 12 Monaten sind zulässig; hierzu bedarf es jeweils einer neuen Anordnung.

(3) Liegen die Voraussetzungen für die Anordnung nicht mehr vor, ist der Zweck der Ausschreibung erreicht oder kann er nicht erreicht werden, ist die Ausschreibung unverzüglich zu löschen.

(4) [1]Nach Beendigung der Maßnahme ist der Betroffene zu unterrichten. [2]§ 22 Abs. 8 gilt entsprechend.

4. Unterabschnitt

Einzelmaßnahmen

§ 26 Personenfeststellung. (1) Die Polizei kann die Identität einer Person feststellen,

1. um im einzelnen Falle eine Gefahr für die öffentliche Sicherheit oder Ordnung abzuwehren oder eine Störung der öffentlichen Sicherheit oder Ordnung zu beseitigen,
2. wenn sie an einem Ort angetroffen wird, an dem erfahrungsgemäß Straftäter sich verbergen, Personen Straftaten verabreden, vorbereiten oder verüben, sich ohne erforderlichen Aufenthaltstitel oder ausländerrechtliche Duldung treffen oder der Prostitution nachgehen,
3. wenn sie in einer Verkehrs- oder Versorgungsanlage oder -einrichtung, einem öffentlichen Verkehrsmittel, Amtsgebäude oder einem anderen besonders gefährdeten Objekt oder in unmittelbarer Nähe hiervon angetroffen wird und Tatsachen die Annahme rechtfertigen, daß in oder an Objekten dieser Art Straftaten begangen werden sollen,
4. wenn sie an einer Kontrollstelle angetroffen wird, die von der Polizei zum Zwecke der Fahndung nach Straftätern eingerichtet worden ist,
5. wenn sie innerhalb eines Kontrollbereichs angetroffen wird, der von der Polizei eingerichtet worden ist zum Zwecke der Fahndung nach Personen, die als Täter oder Teilnehmer eine der in § 100a der Strafprozeßordnung genannten Straftaten begangen oder in Fällen, in denen der Versuch strafbar ist, zu begehen versucht oder durch eine Straftat vorbereitet haben. Der Kontrollbereich kann, außer bei Gefahr im Verzug, nur vom Innenministerium oder von einem regionalen Polizeipräsidium eingerichtet werden,
6. zum Zwecke der Bekämpfung der grenzüberschreitenden Kriminalität in öffentlichen Einrichtungen des internationalen Verkehrs sowie auf Durchgangsstraßen (Bundesautobahnen, Europastraßen und andere Straßen von erheblicher Bedeutung für die grenzüberschreitende Kriminalität).

(2) [1]Die Polizei kann zur Feststellung der Identität die erforderlichen Maßnahmen treffen. [2]Sie kann den Betroffenen insbesondere anhalten und verlan-

gen, daß er mitgeführte Ausweispapiere vorzeigt und zur Prüfung aushändigt. [3]Der Betroffene kann festgehalten und seine Person sowie die von ihm mitgeführten Sachen können durchsucht oder er kann zur Dienststelle gebracht werden, wenn die Identität auf andere Weise nicht oder nur unter erheblichen Schwierigkeiten festgestellt werden kann. [4]Die Personendurchsuchung darf nur von Personen gleichen Geschlechts durchgeführt werden.

(3) Die Polizei kann verlangen, daß ein Berechtigungsschein vorgezeigt und zur Prüfung ausgehändigt wird, wenn der Betroffene auf Grund einer Rechtsvorschrift verpflichtet ist, diesen Berechtigungsschein mitzuführen.

§ 27 Vorladung. (1) Die Polizei kann eine Person vorladen, wenn

1. Tatsachen die Annahme rechtfertigen, daß die Person sachdienliche Angaben machen kann, die zur Wahrnehmung polizeilicher Aufgaben erforderlich sind, oder
2. dies zur Durchführung erkennungsdienstlicher Maßnahmen erforderlich ist.

(2) [1]Bei der Vorladung soll deren Grund angegeben werden. [2]Bei der Festsetzung des Zeitpunkts soll auf die beruflichen Verpflichtungen und die sonstigen Lebensverhältnisse des Betroffenen Rücksicht genommen werden.

(3) Leistet ein Betroffener der Vorladung ohne hinreichenden Grund keine Folge, so kann sie zwangsweise durchgesetzt werden, wenn dies

1. zur Abwehr einer Gefahr für Leben, Gesundheit oder Freiheit einer Person oder für bedeutende fremde Sach- oder Vermögenswerte oder
2. zur Durchführung erkennungsdienstlicher Maßnahmen

erforderlich ist.

(4) Für die Entschädigung eines auf Vorladung erscheinenden Zeugen oder Sachverständigen gilt das Justizvergütungs- und -entschädigungsgesetz.

§ 27a Platzverweis, Aufenthaltsverbot, Wohnungsverweis, Rückkehrverbot, Annäherungsverbot. (1) Die Polizei kann zur Abwehr einer Gefahr oder zur Beseitigung einer Störung eine Person vorübergehend von einem Ort verweisen oder ihr vorübergehend das Betreten eines Ortes verbieten (Platzverweis).

(2) [1]Die Polizei kann einer Person verbieten, einen bestimmten Ort, ein bestimmtes Gebiet innerhalb einer Gemeinde oder ein Gemeindegebiet zu betreten oder sich dort aufzuhalten, wenn Tatsachen die Annahme rechtfertigen, dass diese Person dort eine Straftat begehen oder zu ihrer Begehung beitragen wird (Aufenthaltsverbot). [2]Das Aufenthaltsverbot ist zeitlich und örtlich auf den zur Verhütung der Straftat erforderlichen Umfang zu beschränken und darf räumlich nicht den Zugang zur Wohnung der betroffenen Person umfassen. [3]Es darf die Dauer von drei Monaten nicht überschreiten.

(3) [1]Die Polizei kann eine Person aus ihrer Wohnung und dem unmittelbar angrenzenden Bereich verweisen, wenn dies zum Schutz einer anderen Bewohnerin oder eines anderen Bewohners dieser Wohnung (verletzte oder bedrohte

Person) vor einer unmittelbar bevorstehenden erheblichen Gefahr erforderlich ist (Wohnungsverweis). [2]Rechtfertigen Tatsachen die Annahme, dass die erhebliche Gefahr nach Verlassen der Wohnung fortbesteht, kann die Polizei der der Wohnung verwiesenen Person verbieten, in die Wohnung oder den unmittelbar angrenzenden Bereich zurückzukehren (Rückkehrverbot) und sich der verletzten oder bedrohten Person anzunähern (Annäherungsverbot).

(4) [1]Maßnahmen nach Absatz 3 sind bei Anordnung durch den Polizeivollzugsdienst auf höchstens vier Werktage und bei Anordnung durch die Polizeibehörde auf höchstens zwei Wochen zu befristen. [2]Beantragt die verletzte oder bedrohte Person vor Ablauf der Frist Schutzmaßnahmen nach dem Gewaltschutzgesetz, kann die Polizeibehörde die Frist um höchstens zwei Wochen verlängern, wenn die Voraussetzungen des Absatzes 3 Satz 2 weiter vorliegen und dies unter Berücksichtigung der schutzwürdigen Interessen der der Wohnung verwiesenen Person erforderlich erscheint. [3]Die Maßnahmen enden mit dem Tag der wirksamen gerichtlichen Entscheidung, eines gerichtlichen Vergleiches oder einer einstweiligen Anordnung.

(5) Anträge nach dem Gewaltschutzgesetz sowie hierauf erfolgte Entscheidungen, gerichtliche Vergleiche oder einstweilige Anordnungen, insbesondere die angeordneten Maßnahmen, die Dauer der Maßnahmen sowie Verstöße gegen die Auflagen, teilt das Gericht der zuständigen Polizeibehörde und der zuständigen Polizeidienststelle unverzüglich mit.

§ 27 b Aufenthaltsvorgabe und Kontaktverbot zur Verhütung terroristischer Straftaten. (1) Der Polizeivollzugsdienst kann zur Verhütung von Straftaten, die in § 129a Absätze 1 und 2 des Strafgesetzbuchs bezeichnet und dazu bestimmt sind,

1. die Bevölkerung auf erhebliche Weise einzuschüchtern,
2. eine Behörde oder eine internationale Organisation rechtswidrig mit Gewalt oder durch Drohung mit Gewalt zu nötigen oder
3. die politischen, verfassungsrechtlichen, wirtschaftlichen oder sozialen Grundstrukturen eines Staates oder einer internationalen Organisation zu beseitigen oder erheblich zu beeinträchtigen,

und durch die Art ihrer Begehung oder ihre Auswirkungen einen Staat oder eine internationale Organisation erheblich schädigen können, einer Person untersagen, sich ohne Erlaubnis der zuständigen Polizeidienststelle von ihrem Wohn- oder Aufenthaltsort oder aus einem bestimmten Bereich zu entfernen oder sich an bestimmten Orten aufzuhalten (Aufenthaltsvorgabe), wenn bestimmte Tatsachen die Annahme rechtfertigen, dass die betroffene Person innerhalb eines übersehbaren Zeitraums auf eine zumindest ihrer Art nach konkretisierte Weise eine solche Straftat begehen wird, oder das individuelle Verhalten der betroffenen Person die konkrete Wahrscheinlichkeit begründet, dass sie innerhalb eines übersehbaren Zeitraums eine solche Straftat begehen wird.

(2) Unter den Voraussetzungen des Absatzes 1 kann der Polizeivollzugsdienst zur Verhütung von Straftaten nach Absatz 1 einer Person den Kontakt

mit bestimmten Personen oder Personen einer bestimmten Gruppe untersagen (Kontaktverbot).

(3) [1]Maßnahmen nach den Absätzen 1 und 2 bedürfen der Anordnung durch das Amtsgericht, in dessen Bezirk die zuständige Polizeidienststelle ihren Sitz hat. [2]Die Anordnung wird vom Gericht nur auf Antrag erlassen. [3]Der Antrag ist durch die Leitung eines regionalen Polizeipräsidiums, des Polizeipräsidiums Einsatz oder des Landeskriminalamts schriftlich zu stellen und zu begründen. [4]§ 31 Absatz 5 Sätze 2 bis 4 ist entsprechend anzuwenden. [5]Bei Gefahr im Verzug kann die Anordnung von einer der in Satz 3 genannten Personen getroffen werden. [6]Diese Anordnung bedarf der Bestätigung des in Satz 1 genannten Gerichts. [7]Sie ist unverzüglich herbeizuführen.

(4) Im Antrag sind anzugeben

1. die Person, gegen die sich die Maßnahme richtet, mit Name und Anschrift,
2. Art, Umfang und Dauer der Maßnahme, einschließlich
   a) im Fall der Aufenthaltsvorgabe nach Absatz 1 einer Bezeichnung der Orte, von denen sich die Person ohne Erlaubnis der zuständigen Polizeidienststelle nicht entfernen oder an denen sich die Person ohne Erlaubnis der zuständigen Polizeidienststelle nicht aufhalten darf,
   b) im Fall des Kontaktverbots nach Absatz 2 einer Benennung der Personen oder Gruppe, mit denen oder mit der der betroffenen Person der Kontakt untersagt ist, soweit möglich, mit Name und Anschrift,
3. der Sachverhalt sowie
4. eine Begründung.

(5) [1]Die Anordnung ergeht schriftlich. [2]In ihr sind anzugeben

1. die Person, gegen die sich die Maßnahme richtet, mit Name und Anschrift,
2. Art, Umfang und Dauer der Maßnahme, einschließlich
   a) im Fall der Aufenthaltsvorgabe nach Absatz 1 einer Bezeichnung der Orte, von denen sich die Person ohne Erlaubnis der zuständigen Polizeidienststelle nicht entfernen oder an denen sich die Person ohne Erlaubnis der zuständigen Polizeidienststelle nicht aufhalten darf,
   b) im Fall des Kontaktverbots nach Absatz 2 einer Benennung der Personen oder Gruppe, mit denen oder mit der der betroffenen Person der Kontakt untersagt ist, soweit möglich, mit Name und Anschrift und
3. die wesentlichen Gründe.

(6) [1]Aufenthaltsvorgaben nach Absatz 1 und Kontaktverbote nach Absatz 2 sind auf den zur Verhütung von Straftaten im Sinne des Absatzes 1 erforderlichen Umfang zu beschränken. [2]Sie sind auf höchstens drei Monate zu befristen. [3]Eine Verlängerung um jeweils nicht mehr als drei Monate ist möglich, soweit ihre Voraussetzungen fortbestehen. [4]Liegen die Voraussetzungen für die Aufenthaltsvorgabe nach Absatz 1 oder das Kontaktverbot nach Absatz 2 nicht mehr vor, ist die Maßnahme unverzüglich zu beenden.

§ 27 c Elektronische Aufenthaltsüberwachung zur Verhütung terroristischer Straftaten. (1) Der Polizeivollzugsdienst kann eine Person dazu verpflichten, ein technisches Mittel, mit dem der Aufenthaltsort dieser Person elektronisch überwacht werden kann, ständig in betriebsbereitem Zustand am Körper bei sich zu führen und dessen Funktionsfähigkeit nicht zu beeinträchtigen, wenn

1. bestimmte Tatsachen die Annahme rechtfertigen, dass diese Person innerhalb eines übersehbaren Zeitraums auf eine zumindest ihrer Art nach konkretisierte Weise eine Straftat im Sinne des § 27b Absatz 1 begehen wird, oder
2. deren individuelles Verhalten eine konkrete Wahrscheinlichkeit dafür begründet, dass sie innerhalb eines übersehbaren Zeitraums eine Straftat im Sinne des § 27b Absatz 1 begehen wird,

um diese Person durch die Überwachung und die Datenverwendung von der Begehung dieser Straftaten abzuhalten.

(2) [1]Der Polizeivollzugsdienst verarbeitet mit Hilfe der von der betroffenen Person mitgeführten technischen Mittel automatisiert Daten über deren Aufenthaltsort sowie über etwaige Beeinträchtigungen der Datenerhebung. [2]Soweit es technisch möglich ist, ist sicherzustellen, dass innerhalb der Wohnung der betroffenen Person keine über den Umstand ihrer Anwesenheit hinausgehenden Aufenthaltsdaten erhoben werden. [3]Die Daten dürfen ohne Einwilligung der betroffenen Person nur verwendet werden, soweit dies erforderlich ist für die folgenden Zwecke:

1. zur Verhütung oder zur Verfolgung von Straftaten im Sinne des § 27b Absatz 1,
2. zur Feststellung von Verstößen gegen Aufenthaltsvorgaben nach § 27b Absatz 1 und Kontaktverbote nach § 27b Absatz 2,
3. zur Verfolgung einer Straftat nach § 84b,
4. zur Abwehr einer erheblichen gegenwärtigen Gefahr für Leib, Leben oder Freiheit einer dritten Person oder
5. zur Aufrechterhaltung der Funktionsfähigkeit der technischen Mittel.

[4]Zur Einhaltung der Zweckbindung nach Satz 3 hat die Verarbeitung der Daten automatisiert zu erfolgen, und es sind die Daten gegen unbefugte Kenntnisnahme besonders zu sichern. [5]Für die Kennzeichnung der Daten gilt § 23b Absatz 12 entsprechend. [6]Die in Satz 1 genannten Daten sind spätestens zwei Monate nach ihrer Erhebung zu löschen, soweit sie nicht für die in Satz 3 genannten Zwecke verwendet werden. [7]Jeder Abruf der Daten ist zu protokollieren. [8]Die Protokolle müssen es ermöglichen, das Datum, die Uhrzeit und, so weit wie möglich, die Identität der Person festzustellen, die die personenbezogenen Daten abgerufen hat. [9]Die Protokolldaten dürfen nur verwendet werden, um einer dazu befugten Stelle die Prüfung zu ermöglichen, ob die Maßnahmen rechtmäßig durchgeführt worden sind. [10]Sie sind nach zwölf Monaten zu löschen. [11]Werden innerhalb der Wohnung der betroffenen Person über den Um-

stand ihrer Anwesenheit hinausgehende Aufenthaltsdaten erhoben, dürfen diese nicht verwendet werden und sind unverzüglich nach Kenntnisnahme zu löschen. [12]Die Tatsache ihrer Kenntnisnahme und Löschung ist zu dokumentieren. [13]Die Dokumentation darf ausschließlich für Zwecke der Datenschutzkontrolle verwendet werden. [14]Sie ist nach zwölf Monaten zu löschen.

(3) Der Polizeivollzugsdienst kann bei den zuständigen Polizeien des Bundes und der Länder, sonstigen öffentlichen Stellen sowie anderen Stellen im Rahmen der geltenden Gesetze personenbezogene Daten über die betroffene Person erheben, soweit dies zur Durchführung der Maßnahme nach den Absätzen 1 und 2 erforderlich ist.

(4) Zur Durchführung der Maßnahme nach Absatz 1 hat die zuständige Polizeidienststelle

1. Daten des Aufenthaltsortes der betroffenen Person an Strafverfolgungsbehörden und andere Polizeidienststellen weiterzugeben, wenn dies zur Verhütung oder zur Verfolgung einer Straftat im Sinne des § 27b Absatz 1 erforderlich ist,
2. Daten des Aufenthaltsortes der betroffenen Person an andere Polizeidienststellen weiterzugeben, sofern dies zur Durchsetzung von Maßnahmen nach Absatz 2 Satz 3 Nummer 2 erforderlich ist,
3. Daten des Aufenthaltsortes der betroffenen Person an die zuständige Strafverfolgungsbehörde zur Verfolgung einer Straftat nach § 84b weiterzugeben,
4. Daten des Aufenthaltsortes der betroffenen Person an andere Polizeidienststellen weiterzugeben, sofern dies zur Abwehr einer erheblichen gegenwärtigen Gefahr im Sinne von Absatz 2 Satz 3 Nummer 4 erforderlich ist,
5. eingehende Systemmeldungen über Verstöße nach Absatz 2 Satz 3 Nummer 2 entgegenzunehmen und zu bewerten,
6. die Ursache einer Meldung zu ermitteln; hierzu kann die zuständige Polizeidienststelle Kontakt mit der betroffenen Person aufnehmen, sie befragen, sie auf den Verstoß hinweisen und ihr mitteilen, wie sie dessen Beendigung bewirken kann,
7. eine Überprüfung der bei der betroffenen Person vorhandenen technischen Geräte auf ihre Funktionsfähigkeit oder Manipulation und die zu der Behebung einer Funktionsbeeinträchtigung erforderlichen Maßnahmen, insbesondere den Austausch der technischen Mittel oder von Teilen davon, einzuleiten,
8. Anfragen der betroffenen Person zum Umgang mit den technischen Mitteln zu beantworten.

(5) [1]Maßnahmen nach Absatz 1 bedürfen der Anordnung durch das Amtsgericht, in dessen Bezirk die zuständige Polizeidienststelle ihren Sitz hat. [2]Die Anordnung wird vom Gericht nur auf Antrag erlassen. [3]Der Antrag ist durch die Leitung eines regionalen Polizeipräsidiums, des Polizeipräsidiums Einsatz oder des Landeskriminalamts schriftlich zu stellen und zu begründen. [4]§ 31 Absatz 5 Sätze 2 bis 4 ist entsprechend anzuwenden. [5]Bei Gefahr im Verzug

kann die Anordnung von einer der in Satz 3 genannten Personen getroffen werden. [6]Diese Anordnung bedarf der Bestätigung des in Satz 1 genannten Gerichts. [7]Sie ist unverzüglich herbeizuführen.

(6) Im Antrag sind anzugeben

1. die Person, gegen die sich die Maßnahme richtet, mit Name und Anschrift,
2. Art, Umfang und Dauer der Maßnahme,
3. die Angabe, ob gegenüber der Person, gegen die sich die Maßnahme richtet, eine Aufenthaltsvorgabe nach § 27b Absatz 1 oder ein Kontaktverbot nach § 27b Absatz 2 besteht,
4. der Sachverhalt sowie
5. eine Begründung.

(7) [1]Die Anordnung ergeht schriftlich. [2]In ihr sind anzugeben

1. die Person, gegen die sich die Maßnahme richtet, mit Name und Anschrift,
2. Art, Umfang und Dauer der Maßnahme sowie
3. die wesentlichen Gründe.

(8) [1]Die Anordnung ist auf höchstens drei Monate zu befristen. [2]Eine Verlängerung um jeweils nicht mehr als drei Monate ist möglich, soweit die Anordnungsvoraussetzungen fortbestehen. [3]Liegen die Voraussetzungen der Anordnung nicht mehr vor, ist die Maßnahme unverzüglich zu beenden.

§ 28 Gewahrsam. (1) Die Polizei kann eine Person in Gewahrsam nehmen, wenn

1. auf andere Weise eine unmittelbar bevorstehende erhebliche Störung der öffentlichen Sicherheit oder Ordnung nicht verhindert oder eine bereits eingetretene erhebliche Störung nicht beseitigt werden kann, oder
2. der Gewahrsam zum eigenen Schutz einer Person gegen drohende Gefahr für Leib oder Leben erforderlich ist und die Person
   a) um Gewahrsam nachsucht oder
   b) sich erkennbar in einem die freie Willensbestimmung ausschließenden Zustand oder sonst in einer hilflosen Lage befindet oder
   c) Selbsttötung begehen will, oder
3. die Identität einer Person auf andere Weise nicht festgestellt werden kann.

(2) Der in Gewahrsam genommenen Person sind der Grund dieser Maßnahme und die gegen sie zulässigen Rechtsbehelfe unverzüglich bekanntzugeben.

(3) [1]Der Gewahrsam ist aufzuheben, sobald sein Zweck erreicht ist. [2]Er darf ohne richterliche Entscheidung nicht länger als bis zum Ende des Tags nach dem Ergreifen aufrechterhalten werden. [3]Eine richterliche Entscheidung über den Gewahrsam ist unverzüglich herbeizuführen. [4]Der Herbeiführung einer richterlichen Entscheidung bedarf es nicht, wenn anzunehmen ist, dass die Entscheidung erst nach Wegfall des Grundes des Gewahrsams ergehen würde. [5]In der Entscheidung nach Satz 3 ist die höchstzulässige Dauer des Gewahrsams zu bestimmen; diese darf nicht mehr als zwei Wochen betragen.

(4) [1]Für die Entscheidung nach Absatz 3 Satz 3 ist das Amtsgericht zuständig, in dessen Bezirk die in Gewahrsam genommene Person festgehalten wird. [2]Für das Verfahren gelten die Vorschriften des Buches 1 Abschnitte 1 bis 3 sowie 6, 7 und 9 des Gesetzes über das Verfahren in Familiensachen und in den Angelegenheiten der freiwilligen Gerichtsbarkeit entsprechend, soweit

1. in diesem Gesetz nichts anderes bestimmt ist oder
2. sich aus den Besonderheiten der richterlichen Entscheidung als einer Eilentscheidung nichts anderes ergibt.

[3]Die richterliche Entscheidung kann ohne persönliche Anhörung der in Gewahrsam genommenen Person ergehen, wenn diese rauschbedingt außerstande ist, den Gegenstand der persönlichen Anhörung durch das Gericht ausreichend zu erfassen und in der Anhörung zur Feststellung der entscheidungserheblichen Tatsachen beizutragen. [4]Sofern eine persönliche Anhörung durch das Gericht erforderlich ist, kann sie im Bereitschaftsdienst (§ 4 Absatz 2 des Gesetzes zur Ausführung des Gerichtsverfassungsgesetzes und von Verfahrensgesetzen der ordentlichen Gerichtsbarkeit) auch telefonisch durchgeführt werden. [5]Die richterliche Entscheidung wird mit Erlass wirksam; sie bedarf zu ihrer Wirksamkeit nicht der Bekanntgabe an die in Gewahrsam genommene Person. [6]Die Entscheidung kann im Bereitschaftsdienst auch mündlich ergehen; in diesem Fall ist sie unverzüglich schriftlich niederzulegen und zu begründen. [7]Gegen die Entscheidung des Amtsgerichts findet die Beschwerde zum Landgericht statt; für die Beschwerde gelten die Vorschriften des Buches 1 Abschnitt 5 Unterabschnitt 1 des Gesetzes über das Verfahren in Familiensachen und in den Angelegenheiten der freiwilligen Gerichtsbarkeit entsprechend. [8]Ist eine richterliche Entscheidung nach Absatz 3 Satz 3 ergangen, so ist die Anfechtungsklage ausgeschlossen.

§ 29 Durchsuchung von Personen. (1) Die Polizei kann eine Person durchsuchen, wenn

1. sie nach diesem Gesetz oder anderen Rechtsvorschriften festgehalten oder in Gewahrsam genommen werden darf,
2. Tatsachen die Annahme rechtfertigen, daß sie Sachen mit sich führt, die sichergestellt oder beschlagnahmt werden dürfen,
3. sie sich an einem der in § 26 Abs. 1 Nr. 2 genannten Orte aufhält,
4. sie sich in einem Objekt im Sinne des § 26 Abs. 1 Nr. 3 oder in dessen unmittelbarer Nähe aufhält und Tatsachen die Annahme rechtfertigen, daß in oder an Objekten dieser Art Straftaten begangen werden sollen oder
5. sie nach § 25 oder nach Artikel 99 Abs. 1 des Schengener Durchführungsübereinkommens zur gezielten Kontrolle ausgeschrieben ist.

(2) Die Polizei kann eine Person, deren Identität gemäß § 26 oder nach anderen Rechtsvorschriften festgestellt werden soll, nach Waffen, anderen gefährlichen Werkzeugen und Sprengstoffen durchsuchen, wenn dies nach den Umständen zum Schutz des Polizeibeamten oder eines Dritten gegen eine Gefahr für Leib oder Leben erforderlich erscheint.

(3) Personen dürfen nur von Personen gleichen Geschlechts oder Ärzten durchsucht werden; dies gilt nicht, wenn die sofortige Durchsuchung nach den Umständen zum Schutz gegen eine Gefahr für Leib oder Leben erforderlich erscheint.

§ 30 Durchsuchung von Sachen. Die Polizei kann eine Sache durchsuchen, wenn

1. sie von einer Person mitgeführt wird, die nach § 29 Abs. 1 oder 2 durchsucht werden darf,
2. Tatsachen die Annahme rechtfertigen, daß sich in ihr eine Person befindet, die
   a) in Gewahrsam genommen werden darf,
   b) widerrechtlich festgehalten wird oder
   c) infolge Hilflosigkeit an Leib oder Leben gefährdet ist,
3. Tatsachen die Annahme rechtfertigen, daß sich in ihr eine andere Sache befindet, die sichergestellt oder beschlagnahmt werden darf,
4. sie sich an einem der in § 26 Abs. 1 Nr. 2 genannten Orte befindet oder
5. sie sich in einem Objekt im Sinne des § 26 Abs. 1 Nr. 3 oder in dessen unmittelbarer Nähe befindet und Tatsachen die Annahme rechtfertigen, daß Straftaten in oder an Objekten dieser Art begangen werden sollen, oder
6. es sich um ein Land-, Wasser- oder Luftfahrzeug handelt, in dem sich eine Person befindet, deren Identität nach § 26 Abs. 1 Nr. 4 oder 5 festgestellt werden darf; die Durchsuchung kann sich auch auf die in dem Fahrzeug enthaltenen oder mit dem Fahrzeug verbundenen Sachen erstrecken,
7. sie von einer Person mitgeführt wird, deren Identität nach § 26 Abs. 1 Nr. 4 und 5 festgestellt werden darf oder
8. es sich um ein Kraftfahrzeug handelt, dessen Kennzeichen nach § 25 oder nach Artikel 99 Abs. 1 des Schengener Durchführungsübereinkommens zur gezielten Kontrolle ausgeschrieben ist.

§ 31 Betreten und Durchsuchung von Wohnungen. (1) [1]Die Polizei kann eine Wohnung gegen den Willen des Inhabers nur betreten, wenn dies zum Schutz eines einzelnen oder des Gemeinwesens gegen dringende Gefahren für die öffentliche Sicherheit oder Ordnung erforderlich ist. [2]Während der Nachtzeit ist das Betreten nur zur Abwehr einer gemeinen Gefahr oder einer Lebensgefahr oder schweren Gesundheitsgefahr für einzelne Personen zulässig.

(2) Die Polizei kann eine Wohnung nur durchsuchen, wenn

1. Tatsachen die Annahme rechtfertigen, daß sich eine Person in der Wohnung befindet, die
   a) in Gewahrsam genommen werden darf,
   b) widerrechtlich festgehalten wird oder
   c) infolge Hilflosigkeit an Leib oder Leben gefährdet ist, oder
2. Tatsachen die Annahme rechtfertigen, daß sich eine Sache in der Wohnung befindet, die sichergestellt oder beschlagnahmt werden darf.

(3) [1]Ist eine Person entführt worden und rechtfertigen Tatsachen die Annahme, daß sie in einem Gebäude oder einer Gebäudegruppe festgehalten wird, so kann

die Polizei Wohnungen in diesem Gebäude oder dieser Gebäudegruppe durchsuchen, wenn die Durchsuchungen das einzige Mittel sind, um eine Lebensgefahr oder Gesundheitsgefahr von der entführten Person oder von einem Dritten abzuwehren. [2]Durchsuchungen während der Nachtzeit sind nur zulässig, wenn sie zur Abwehr der in Satz 1 genannten Gefahren unumgänglich notwendig sind.

(4) Die Nachtzeit umfaßt in dem Zeitraum vom 1. April bis 30. September die Stunden von 21 Uhr bis 4 Uhr und in dem Zeitraum vom 1. Oktober bis 31. März die Stunden von 21 Uhr bis 6 Uhr.

(5) [1]Außer bei Gefahr im Verzug darf eine Durchsuchung nur durch das Amtsgericht angeordnet werden, in dessen Bezirk die Durchsuchung vorgenommen werden soll. [2]Für das Verfahren gelten die Vorschriften des Gesetzes über das Verfahren in Familiensachen und in den Angelegenheiten der freiwilligen Gerichtsbarkeit. [3]Gegen die Entscheidung des Gerichts findet die Beschwerde statt; die Beschwerde hat keine aufschiebende Wirkung. [4]Eine die Durchsuchung anordnende Entscheidung des Gerichts bedarf zu ihrer Wirksamkeit nicht der Bekanntmachung an den Betroffenen.

(6) Arbeits-, Betriebs- und Geschäftsräume dürfen zur Erfüllung einer polizeilichen Aufgabe während der Arbeits-, Betriebs- oder Geschäftszeit betreten werden.

(7) [1]Der Wohnungsinhaber hat das Recht, bei der Durchsuchung anwesend zu sein. [2]Ist er abwesend, so ist, wenn möglich, ein Vertreter oder Zeuge beizuziehen.

(8) Dem Wohnungsinhaber oder seinem Vertreter sind der Grund der Durchsuchung und die gegen sie zulässigen Rechtsbehelfe unverzüglich bekanntzugeben.

§ 32 Sicherstellung. (1) Die Polizei kann eine Sache sicherstellen, wenn dies erforderlich ist, um den Eigentümer oder den rechtmäßigen Inhaber der tatsächlichen Gewalt vor Verlust oder Beschädigung der Sache zu schützen.

(2) Der Eigentümer oder der rechtmäßige Inhaber der tatsächlichen Gewalt ist unverzüglich zu unterrichten.

(3) Bei der Verwahrung sichergestellter Sachen ist den Belangen des Eigentümers oder des rechtmäßigen Inhabers der tatsächlichen Gewalt Rechnung zu tragen.

(4) Die Sicherstellung ist aufzuheben, wenn der Eigentümer oder der rechtmäßige Inhaber der tatsächlichen Gewalt dies verlangt oder wenn ein Schutz nicht mehr erforderlich ist, spätestens jedoch nach zwei Wochen.

(5) Diese Bestimmungen finden auf verlorene Sachen Anwendung, soweit in den gesetzlichen Vorschriften über den Fund nichts anderes bestimmt ist.

§ 33 Beschlagnahme. (1) Die Polizei kann eine Sache beschlagnahmen, wenn dies erforderlich ist

1. zum Schutz eines einzelnen oder des Gemeinwesens gegen eine unmittelbar bevorstehende Störung der öffentlichen Sicherheit oder Ordnung oder zur Beseitigung einer bereits eingetretenen Störung,
2. zur Verhinderung einer mißbräuchlichen Verwendung durch eine Person, die nach diesem Gesetz oder nach anderen Rechtsvorschriften festgehalten oder in Gewahrsam genommen worden ist oder
3. zum Schutz eines Einzelnen oder des Gemeinwesens vor der Gefahr einer Straftat von erheblicher Bedeutung nach § 22 Abs. 5 Nr. 1 und 2 Buchst. a und b.

(2) [1]Unter den Voraussetzungen des Absatzes 1 Nr. 3 kann der Polizeivollzugsdienst eine Forderung oder andere Vermögensrechte beschlagnahmen. [2]Die Beschlagnahme wird durch Pfändung bewirkt. [3]Die Vorschriften der Zivilprozessordnung über die Zwangsvollstreckung in Forderungen und andere Vermögensrechte sind sinngemäß anzuwenden.

(3) [1]Dem Betroffenen sind der Grund der Beschlagnahme und die gegen sie zulässigen Rechtsbehelfe unverzüglich bekanntzugeben. [2]Auf Verlangen ist ihm eine Bescheinigung zu erteilen. [3]§ 32 Abs. 3 gilt entsprechend.

(4) [1]Die Beschlagnahme ist aufzuheben, sobald ihr Zweck erreicht ist. [2]Vorbehaltlich besonderer gesetzlicher Regelung darf die Beschlagnahme nicht länger als sechs Monate aufrechterhalten werden.

(5) [1]Bei beschlagnahmten Forderungen oder anderen Vermögensrechten, die nicht freigegeben werden können, ohne dass die Voraussetzungen der Beschlagnahme erneut eintreten, kann die Beschlagnahme um jeweils weitere sechs Monate, längstens bis zu einer Gesamtdauer von zwei Jahren verlängert werden. [2]Über die Verlängerung entscheidet das Amtsgericht, in dessen Bezirk der Inhaber seinen Wohnsitz oder ständigen Aufenthalt hat.

§ 34 Einziehung. (1) [1]Die zuständige allgemeine Polizeibehörde kann eine beschlagnahmte Sache einziehen, wenn diese nicht mehr herausgegeben werden kann, ohne daß die Voraussetzungen der Beschlagnahme erneut eintreten. [2]Die Einziehung ist schriftlich anzuordnen.

(2) [1]Die eingezogenen Sachen werden im Wege der öffentlichen Versteigerung (§ 383 Abs. 3 BGB) verwertet. [2]Die Polizeibehörde kann die Versteigerung durch einen ihrer Beamten vornehmen lassen. [3]Ein Zuschlag, durch den die Voraussetzungen der Einziehung erneut eintreten würden, ist zu versagen. [4]Der Erlös ist dem Betroffenen herauszugeben.

(3) Kann eine eingezogene Sache nicht verwertet werden, so ist sie unbrauchbar zu machen oder zu vernichten.

(4) Die Kosten der Verwertung, Unbrauchbarmachung oder Vernichtung fallen dem Betroffenen zur Last; sie können im Verwaltungszwangsverfahren beigetrieben werden.

§ 35 Vernehmung. (1) Die Polizei darf bei Vernehmungen zur Herbeiführung einer Aussage keinen Zwang anwenden.

(2) Für Vernehmungen durch die Polizei, die nicht der Verfolgung einer mit Strafe oder Geldbuße bedrohten Handlung dienen, gelten die §§ 68 a, 136 a und § 69 Abs. 3 der Strafprozeßordnung entsprechend.

§ 36 Erkennungsdienstliche Maßnahmen. (1) Der Polizeivollzugsdienst kann erkennungsdienstliche Maßnahmen ohne Einwilligung des Betroffenen nur vornehmen, wenn

1. eine nach § 26 zulässige Identitätsfeststellung auf andere Weise nicht zuverlässig durchgeführt werden kann oder
2. dies zur vorbeugenden Bekämpfung von Straftaten erforderlich ist, weil der Betroffene verdächtig ist, eine Straftat begangen zu haben, und die Umstände des Einzelfalles die Annahme rechtfertigen, daß er zukünftig eine Straftat begehen wird.

(2) Erkennungsdienstliche Maßnahmen sind insbesondere

1. die Abnahme von Finger- und Handflächenabdrücken,
2. die Aufnahme von Lichtbildern einschließlich Bildaufzeichnungen,
3. die Feststellung äußerer körperlicher Merkmale,
4. Messungen und ähnliche Maßnahmen.

(3) [1]Die durch die erkennungsdienstliche Behandlung erhobenen personenbezogenen Daten sind zu löschen und die entstandenen Unterlagen zu vernichten, wenn die Voraussetzungen nach Absatz 1 entfallen sind, es sei denn, ihre weitere Aufbewahrung ist nach anderen Rechtsvorschriften zulässig. [2]§ 38 Abs. 2 und 3 sind entsprechend anzuwenden.

5. Unterabschnitt

Weitere Verarbeitung der erhobenen personenbezogenen Daten in Dateien und Akten

§ 37 Allgemeine Regeln der Speicherung, Veränderung und Nutzung von Daten. (1) [1]Die Polizei kann personenbezogene Daten speichern, verändern und nutzen, soweit und solange dies zur Wahrnehmung ihrer Aufgaben erforderlich ist. [2]Bei der Speicherung in Dateien muß erkennbar sein, welcher der in § 20 Abs. 2 bis 5 genannten Personengruppen der Betroffene angehört. [3]Ebenso muß feststellbar sein, bei welcher Stelle die der Speicherung zugrundeliegenden Unterlagen geführt werden.

(2) [1]Die Speicherung, Veränderung und Nutzung personenbezogener Daten ist nur zu dem Zweck zulässig, zu dem die Daten erlangt worden sind. [2]Die Speicherung, Veränderung und Nutzung zu einem anderen polizeilichen Zweck ist zulässig, soweit die Polizei die Daten zu diesem Zweck erheben dürfte. [3]Die anderweitige Speicherung, Veränderung und Nutzung von Daten, die aus einer Maßnahme nach § 23 Abs. 3 erlangt worden sind, ist nur zulässig, wenn zuvor die Rechtmäßigkeit der Maßnahme richterlich festgestellt ist;

bei Gefahr im Verzug ist die richterliche Entscheidung unverzüglich nachzuholen.

(3) [1]Die Polizei kann gespeicherte personenbezogene Daten auch zur polizeilichen Aus- und Fortbildung nutzen. [2]Die Daten sind zu anonymisieren. [3]Von einer Anonymisierung kann nur abgesehen werden, wenn sie dem Aus- und Fortbildungszweck entgegensteht und die berechtigten Interessen des Betroffenen an der Geheimhaltung der Daten nicht offensichtlich überwiegen.

(4) Die Polizei kann personenbezogene Daten auch zur Erstellung polizeilicher Statistiken, zur zeitlich befristeten Dokumentation und zur Vorgangsverwaltung speichern und nutzen.

(5) Personenbezogene Daten, die ausschließlich zu Zwecken der Datenschutzkontrolle, der Datensicherheit oder zur Sicherstellung eines ordnungsgemäßen Betriebs einer Datenverarbeitungsanlage gespeichert worden sind, dürfen zu einem anderen Zweck nur verarbeitet werden, soweit dies zur Abwehr einer gegenwärtigen Gefahr für Leib, Leben oder Freiheit einer Person erforderlich ist oder Anhaltspunkte dafür vorliegen, dass ohne ihre Verarbeitung die vorbeugende Bekämpfung oder Verfolgung von Straftaten mit erheblicher Bedeutung aussichtslos oder wesentlich erschwert wäre.

§ 38 Besondere Regelung für die Speicherung, Veränderung und Nutzung von Daten durch den Polizeivollzugsdienst. (1) [1]Der Polizeivollzugsdienst kann personenbezogene Daten, die ihm im Rahmen von Ermittlungsverfahren bekanntgeworden sind, speichern, verändern und nutzen, soweit und solange dies zur Abwehr einer Gefahr oder zur vorbeugenden Bekämpfung von Straftaten erforderlich ist. [2]Für Daten, die durch eine Maßnahme nach § 100 c der Strafprozessordnung erhoben wurden, gilt dies nur zur Abwehr einer Gefahr für den Bestand oder die Sicherheit des Bundes oder eines Landes oder für Leben, Gesundheit oder Freiheit einer Person. [3]Für Daten, die durch eine Maßnahme nach § 100 a der Strafprozessordnung erhoben wurden, gilt dies nur zur Abwehr einer Gefahr für den Bestand oder die Sicherheit des Bundes oder eines Landes oder für Leben, Gesundheit oder Freiheit einer Person oder zur vorbeugenden Bekämpfung von Straftaten mit erheblicher Bedeutung (§ 22 Abs. 5). [4]Die Daten sind zu löschen, wenn die Voraussetzungen für die Speicherung entfallen sind.

(2) [1]Zur vorbeugenden Bekämpfung von Straftaten ist die Speicherung, Veränderung und Nutzung personenbezogener Daten bis zu einer Dauer von zwei Jahren erforderlich, wenn auf Grund tatsächlicher Anhaltspunkte der Verdacht besteht, dass die betroffene Person eine Straftat begangen hat. [2]Ein solcher Verdacht besteht nicht, wenn die betroffene Person im Strafverfahren rechtskräftig freigesprochen, die Eröffnung des Hauptverfahrens gegen sie unanfechtbar abgelehnt oder das Verfahren nicht nur vorläufig eingestellt ist und sich aus den Gründen der Entscheidung ergibt, dass die betroffene Person die Straftaten nicht oder nicht rechtswidrig begangen hat.

(3) [1]Eine weitere Speicherung, Veränderung und Nutzung zur vorbeugenden Bekämpfung von Straftaten ist zulässig, wenn tatsächliche Anhaltspunkte dafür vorliegen, dass die betroffene Person zukünftig eine Straftat begehen wird. [2]Tatsächliche Anhaltspunkte können sich insbesondere aus Art, Ausführung und Schwere der Tat ergeben. [3]Lagen solche Anhaltspunkte im Zeitpunkt der Speicherung der personenbezogenen Daten noch nicht vor, dürfen die Daten zur vorbeugenden Bekämpfung von Straftaten über die Dauer von zwei Jahren hinaus nur dann gespeichert, verändert und genutzt werden, wenn auf Grund tatsächlicher Anhaltspunkte der Verdacht besteht, dass die betroffene Person während des Laufs dieser zwei Jahre eine weitere Straftat begangen hat.

(4) [1]Der Polizeivollzugsdienst hat in regelmäßigen Zeitabständen zu überprüfen, ob die Speicherung personenbezogener Daten erforderlich ist. [2]Folgende Fristen dürfen nicht überschritten werden:

1. bei Erwachsenen zehn Jahre, nach Vollendung des 70. Lebensjahres fünf Jahre,
2. bei Jugendlichen fünf Jahre und
3. bei Kindern zwei Jahre.

[3]Abweichend von Satz 2 Nr. 1 und 2 dürfen die Fristen bei

1. einer Straftat nach § 232 oder § 233 a in Verbindung mit § 232 des Strafgesetzbuchs sowie nach dem Dreizehnten Abschnitt des Strafgesetzbuchs, ausgenommen §§ 183 a, 184, 184 d und 184 e des Strafgesetzbuchs, oder
2. einer Straftat nach den §§ 211 bis 212, 223 bis 227 und 231 des Strafgesetzbuchs, die sexuell bestimmt ist,

zwanzig Jahre nicht überschreiten, wenn tatsächliche Anhaltspunkte die Annahme rechtfertigen, dass die Person künftig Straftaten der in Nummer 1 und 2 genannten Art begehen wird. [4]In Fällen von geringer Bedeutung sind kürzere Fristen festzulegen.

(5) [1]Die Fristen beginnen spätestens mit Ablauf des Jahres, in dem das letzte Ereignis erfaßt worden ist, das zur Speicherung der personenbezogenen Daten geführt hat, jedoch nicht vor der Entlassung des Betroffenen aus einer Justizvollzugsanstalt oder vor der Beendigung einer mit Freiheitsentziehung verbundenen Maßregel der Besserung und Sicherung. [2]Werden innerhalb der Fristen weitere personenbezogene Daten über dieselbe Person gespeichert, so gilt für alle Speicherungen gemeinsam die Frist, die als letzte endet. [3]Nach Fristablauf sind die personenbezogenen Daten im Regelfall zu löschen. [4]Ist die Speicherung weiterhin erforderlich, so ist dies schriftlich zu begründen. [5]Die Erforderlichkeit der Speicherung ist spätestens nach Ablauf von drei Jahren erneut zu prüfen.

(6) [1]Der Polizeivollzugsdienst kann Daten von Personen nach § 20 Abs. 3 Nr. 2 bis 5, auch wenn sie ihm im Rahmen von Ermittlungsverfahren bekanntgeworden sind, in automatisierten Dateien speichern, verändern und nutzen, soweit dies zur vorbeugenden Bekämpfung von Straftaten mit erheblicher Be-

deutung (§ 22 Abs. 5) erforderlich ist. [2]Die Speicherungsdauer beträgt höchstens zwei Jahre. [3]Absatz 5 gilt entsprechend. [4]Die Speicherung kann im Einzelfall höchstens zweimal durch eine schriftliche und begründete Anordnung der in § 22 Abs. 6 genannten Personen um jeweils höchstens zwei Jahre verlängert werden.

§ 39 Datenabgleich. (1) [1]Der Polizeivollzugsdienst kann personenbezogene Daten der in §§ 6 und 7 genannten Personen mit dem Inhalt polizeilicher Dateien oder Dateien, für die er eine Berechtigung zum Abruf hat, abgleichen. [2]Daten anderer Personen kann der Polizeivollzugsdienst nur abgleichen, wenn Tatsachen die Annahme rechtfertigen, daß dies zur Wahrnehmung einer bestimmten polizeilichen Aufgabe erforderlich ist. [3]Der Polizeivollzugsdienst kann ferner im Rahmen seiner Aufgabenwahrnehmung erlangte personenbezogene Daten mit dem Fahndungsbestand abgleichen. [4]Für die Dauer des Datenabgleichs kann der Betroffene angehalten werden.

(2) Rechtsvorschriften über den Datenabgleich in anderen Fällen bleiben unberührt.

§ 40 Besondere Formen des Datenabgleichs. (1) [1]Der Polizeivollzugsdienst kann von öffentlichen und nicht öffentlichen Stellen die Übermittlung der Daten von Personen, die bestimmte Prüfungsmerkmale erfüllen, zum Zwecke des maschinellen Abgleichs mit anderen in automatisierten Dateien gespeicherten Datenbeständen verlangen, soweit dies zur Abwehr einer Gefahr für den Bestand oder die Sicherheit des Bundes oder eines Landes oder für Leben, Gesundheit oder Freiheit einer Person erforderlich ist. [2]Rechtsvorschriften über ein Berufs- oder besonderes Amtsgeheimnis bleiben unberührt.

(2) [1]Die Übermittlung ist auf Namen, Anschriften, Datum und Ort der Geburt der betroffenen Personen sowie auf im Einzelfall festzulegende Merkmale zu beschränken. [2]Ist ein Aussondern der zu übermittelnden Daten nur mit unverhältnismäßigem Aufwand möglich, so dürfen die weiteren Daten ebenfalls übermitelt werden. [3]Eine Verwendung dieser weiteren Daten ist unzulässig.

(3) [1]Der Abgleich darf nur durch die in § 22 Abs. 6 genannten Personen mit Zustimmung des Innenministeriums angeordnet werden. [2]Von der Maßnahme ist der Landesbeauftragte für den Datenschutz unverzüglich zu unterrichten.

(4) Ist der Zweck der Maßnahme erreicht oder zeigt sich, daß er nicht erreicht werden kann, sind die übermittelten und die im Zusammenhang mit dem Abgleich zusätzlich angefallenen Daten zu löschen und die Unterlagen zu vernichten, soweit sie nicht zur Verfolgung von Straftaten erforderlich sind.

(5) Personen, gegen die nach Abschluss des Datenabgleichs nach Absatz 1 weitere Maßnahmen durchgeführt werden, sind hierüber zu unterrichten, sobald dies

1. ohne Gefährdung des Zwecks der weiteren Datennutzung erfolgen kann oder
2. der Verfahrensstand im Falle eines sich anschließenden strafrechtlichen Ermittlungsverfahrens zulässt.

§ 41 Allgemeine Regeln der Datenübermittlung. (1) [1]Bei der Übermittlung personenbezogener Daten trägt die übermittelnde Stelle die Verantwortung für deren Zulässigkeit. [2]Erfolgt die Datenübermittlung auf Grund eines Ersuchens des Empfängers, hat dieser die zur Prüfung erforderlichen Angaben zu machen. [3]Ersucht eine öffentliche Stelle des Bundes oder eines Landes um die Übermittlung personenbezogener Daten, prüft die übermittelnde Stelle nur, ob das Ersuchen im Rahmen der Aufgaben der empfangenden Stelle liegt, es sei denn, daß ein besonderer Anlaß zur Prüfung der Zulässigkeit der Übermittlung besteht.

(2) [1]Der Empfänger darf die übermittelten personenbezogenen Daten, soweit gesetzlich nichts anderes bestimmt ist, nur zu dem Zweck verarbeiten und nutzen, zu dem sie ihm übermittelt worden sind. [2]Unterliegen die zu übermittelnden Daten einem Berufs- oder besonderen Amtsgeheimnis und sind sie von der zur Verschwiegenheit verpflichteten Person oder Stelle in Ausübung ihrer Berufs- oder Amtspflicht zur Verfügung gestellt worden, dürfen sie durch die Polizei nur übermittelt werden, wenn der Empfänger die Daten zur Erfüllung des gleichen Zwecks benötigt, zu dem sie die Polizei erlangt hat. [3]Die Übermittlung der Daten zu einem anderen Zweck ist unter den Voraussetzungen des § 34 Abs. 2 des Landesdatenschutzgesetzes zulässig.

§ 42 Datenübermittlung innerhalb der Polizei sowie an andere öffentliche Stellen. (1) Die Polizeibehörden und die Dienststellen des Polizeivollzugsdienstes übermitteln einander Personen bezogene Daten, soweit dies zur Wahrnehmung polizeilicher Aufgaben erforderlich ist.

(2) [1]Die Polizei kann personenbezogene Daten an andere für die Gefahrenabwehr zuständige öffentliche Stellen übermitteln, soweit dies zur Wahrnehmung der in der Zuständigkeit der übermittelnden Stelle oder des Empfängers liegenden Aufgaben erforderlich ist. [2]Dies gilt auch für Datenübermittlungen an die für die Gefahrenabwehr zuständigen Stellen anderer Länder oder des Bundes.

(3) [1]Zur Übermittlung personenbezogener Daten zwischen Polizeidienststellen sowie zwischen Polizeidienststellen und dem Innenministerium kann für vollzugspolizeiliche Aufgaben ein automatisiertes Abrufverfahren eingerichtet werden. [2]Zum Abruf können mit Zustimmung des Innenministeriums auch Polizeidienststellen des Bundes und anderer Länder sowie Behörden des Zollfahndungsdienstes zugelassen werden, soweit dies zur Erfüllung der Aufgaben dieser Stellen erforderlich ist. [3]Das Innenministerium kann zur Erfüllung vollzugspolizeilicher Aufgaben mit anderen Ländern und dem Bund einen Datenverbund vereinbaren, der eine automatisierte Übermittlung von Daten ermöglicht.

(4) [1]Vom Polizeivollzugsdienst gespeicherte personenbezogene Daten dürfen zur Aus- und Fortbildung an Polizeidienststellen sowie die Hochschule für Polizei Baden-Württemberg, auch in einem automatisierten Abrufverfahren nach Absatz 3 Satz 1, übermittelt werden. [2]§ 37 Abs. 3 Satz 2 und 3 gilt entsprechend.

(5) [1]Die Verantwortung für die Zulässigkeit der Übermittlung personenbezogener Daten in einem automatisierten Abrufverfahren nach Absatz 3 Satz 1 und 2 und Absatz 4 trägt die abrufende Stelle. [2]Es ist zu gewährleisten, daß die Übermittlung personenbezogener Daten zumindest durch geeignete Stichprobenverfahren festgestellt und überprüft werden kann.

(6) Im übrigen gilt für ein automatisiertes Abrufverfahren nach Absatz 3 Satz 1 und 2 und Absatz 4 § 8 Abs. 2 des Landesdatenschutzgesetzes.

(7) [1]Die Polizei kann personenbezogene Daten an andere öffentliche Stellen übermitteln, soweit dies

1. zur Wahrnehmung polizeilicher Aufgaben oder
2. zur Abwehr einer Gefahr durch den Empfänger erforderlich oder
3. in einer anderen Rechtsvorschrift außerhalb des Landesdatenschutzgesetzes vorgesehen ist.

[2]In Fällen der Nummern 1 und 2 dürfen auch Daten übermittelt werden, die zur vorbeugenden Bekämpfung von Straftaten gespeichert werden. [3]Ausgenommen sind Daten der in § 20 Absatz 3 Nummern 2 bis 5 genannten Personen.

(8) Die Übermittlung personenbezogener Daten an das Landesamt für Verfassungsschutz richtet sich nach dem Landesverfassungsschutzgesetz.

§ 43 Datenübermittlung an ausländische öffentliche Stellen sowie an über- und zwischenstaatliche Stellen. (1) Die Polizei kann personenbezogene Daten an öffentliche Stellen außerhalb des Geltungsbereichs des Grundgesetzes sowie an über- oder zwischenstaatliche Stellen übermitteln, soweit

1. sie hierzu durch völkerrechtliche Vereinbarungen über eine polizeiliche Zusammenarbeit berechtigt oder verpflichtet ist,
2. dies zur Wahrnehmung einer polizeilichen Aufgabe der übermittelnden Stelle erforderlich ist oder
3. dies zur Abwehr einer erheblichen Gefahr durch den Empfänger erforderlich ist.

(2) [1]Die Übermittlung unterbleibt, soweit Grund zu der Annahme besteht, dass dadurch gegen den Zweck eines Bundes- oder Landesgesetzes verstoßen würde oder überwiegende schutzwürdige Interessen der betroffenen Person beeinträchtigt würden. [2]Die empfangende Stelle ist darauf hinzuweisen, dass die Daten nur zu dem Zweck genutzt werden dürfen, zu dessen Erfüllung sie ihr übermittelt wurden. [3]Die Hinweispflicht entfällt bei Übermittlungen im Sinne von § 43 b Absatz 1 und 2. [4]Die empfangende Stelle ist darüber hinaus auf Bedingungen und besondere Verarbeitungsbeschränkungen, insbesondere Fristen, nach deren Ablauf die Daten zu löschen, zu sperren oder auf die Erforderlichkeit ihrer fortgesetzten Speicherung zu prüfen sind, hinzuweisen.

(3) [1]Die Polizei hat die Übermittlung personenbezogener Daten zu dokumentieren. [2]Wird festgestellt, dass unrichtige Daten oder Daten unrechtmäßig übermittelt worden sind, ist dies der empfangenden Stelle unverzüglich mitzuteilen.

§ 43a Übermittlung personenbezogener Daten an Mitgliedstaaten der Europäischen Union aufgrund des Rahmenbeschlusses 2006/960/JI. (1) [1]Auf ein Ersuchen einer Polizeibehörde oder einer sonstigen für die Verhütung und Verfolgung von Straftaten zuständigen öffentlichen Stelle eines Mitgliedstaates der Europäischen Union kann der Polizeivollzugsdienst personenbezogene Daten zum Zwecke der Verhütung von Straftaten übermitteln. [2]Für die Übermittlung dieser Daten gelten die Vorschriften über die Datenübermittlung im innerstaatlichen Bereich entsprechend.

(2) Die Übermittlung personenbezogener Daten nach Absatz 1 ist nur zulässig, wenn das Ersuchen mindestens folgende Angaben enthält:

1. die Bezeichnung und die Anschrift der ersuchenden Behörde,
2. die Bezeichnung der Straftat, zu deren Verhütung die Daten benötigt werden,
3. die Beschreibung des Sachverhalts, der dem Ersuchen zugrunde liegt,
4. die Benennung des Zwecks, zu dem die Daten erbeten werden,
5. den Zusammenhang zwischen dem Zweck, zu dem die Informationen oder Erkenntnisse erbeten werden, und der Person, auf die sich diese Informationen beziehen,
6. Einzelheiten zur Identität der betroffenen Person, soweit sich das Ersuchen auf eine bekannte Person bezieht, und
7. Gründe für die Annahme, dass sachdienliche Informationen und Erkenntnisse im Inland vorliegen.

(3) [1]Der Polizeivollzugsdienst kann auch ohne Ersuchen personenbezogene Daten an eine Polizeibehörde oder eine sonstige für die Verhütung oder Verfolgung von Straftaten zuständige öffentliche Stelle eines Mitgliedstaates der Europäischen Union übermitteln, wenn Tatsachen die Annahme rechtfertigen, dass eine Straftat im Sinne des Artikels 2 Absatz 2 des Rahmenbeschlusses 2002/584/JI des Rates vom 13. Juni 2002 über den Europäischen Haftbefehl und die Übergabeverfahren zwischen den Mitgliedstaaten (ABl. L 190 vom 18.7.2002, S. 1) begangen werden soll und konkrete Anhaltspunkte dafür vorliegen, dass die Übermittlung dieser personenbezogenen Daten dazu beitragen könnte, eine solche Straftat zu verhindern.* [2]Für die Übermittlung dieser Daten gelten die Vorschriften über die Datenübermittlung im innerstaatlichen Bereich entsprechend.

---

* *Art. 2 Abs. 2 des Rahmenbeschlusses 2002/584/JI des Rates vom 13. Juni 2002 über den Europäischen Haftbefehl und die Übergabeverfahren zwischen den Mitgliedstaaten (ABl. L 190 vom 18.7.2002, S. 1) lautet:*

„(2) Bei den nachstehenden Straftaten erfolgt, wenn sie im Ausstellungsmitgliedstaat nach der Ausgestaltung in dessen Recht mit einer Freiheitsstrafe oder einer freiheitsentziehenden Maßregel der Sicherung im Höchstmaß von mindestens drei Jahren bedroht sind, eine Übergabe aufgrund eines Europäischen Haftbefehls nach Maßgabe dieses Rahmenbeschlusses und ohne Überprüfung des Vorliegens der beiderseitigen Strafbarkeit:

(4) Die Zulässigkeit der Übermittlung personenbezogener Daten an eine Polizeibehörde oder eine sonstige für die Verhütung und Verfolgung von Straftaten zuständige öffentliche Stelle eines Mitgliedstaates der Europäischen Union auf Grundlage von § 43 Absatz 1 bleibt unberührt.

(5) Die Datenübermittlung nach Absatz 1 und 3 unterbleibt über die in § 43 Absatz 2 Satz 1 genannten Gründe hinaus auch dann, wenn

1. hierdurch wesentliche Sicherheitsinteressen des Bundes oder eines Landes beeinträchtigt würden,
2. die Übermittlung der Daten zu den in Artikel 6 des Vertrages über die Europäische Union enthaltenen Grundsätzen in Widerspruch stünde,
3. die zu übermittelnden Daten bei der ersuchten Behörde nicht vorhanden sind und nur durch das Ergreifen von Zwangsmaßnahmen erlangt werden können oder

---

– Beteiligung an einer kriminellen Vereinigung,
– Terrorismus,
– Menschenhandel,
– sexuelle Ausbeutung von Kindern und Kinderpornografie,
– illegaler Handel mit Drogen und psychotropen Stoffen,
– illegaler Handel mit Waffen, Munition und Sprengstoffen,
– Korruption,
– Betrugsdelikte, einschließlich Betrug zum Nachteil der finanziellen Interessen der Europäischen Gemeinschaften im Sinne des Übereinkommens vom 26. Juli 1995 über den Schutz der finanziellen Interessen der Europäischen Gemeinschaften,
– Wäsche von Erträgen aus Straftaten,
– Geldfälschung, einschließlich der Euro-Fälschung,
– Cyberkriminalität,
– Umweltkriminalität, einschließlich des illegalen Handels mit bedrohten Tierarten oder mit bedrohten Pflanzen- und Baumarten,
– Beihilfe zur illegalen Einreise und zum illegalen Aufenthalt,
– vorsätzliche Tötung, schwere Körperverletzung,
– illegaler Handel mit Organen und menschlichem Gewebe,
– Entführung, Freiheitsberaubung und Geiselnahme,
– Rassismus und Fremdenfeindlichkeit,
– Diebstahl in organisierter Form oder mit Waffen,
– illegaler Handel mit Kulturgütern, einschließlich Antiquitäten und Kunstgegenständen,
– Betrug,
– Erpressung und Schutzgelderpressung,
– Nachahmung und Produktpiraterie,
– Fälschung von amtlichen Dokumenten und Handel damit,
– Fälschung von Zahlungsmitteln,
– illegaler Handel mit Hormonen und anderen Wachstumsförderern,
– illegaler Handel mit nuklearen und radioaktiven Substanzen,
– Handel mit gestohlenen Kraftfahrzeugen,
– Vergewaltigung,
– Brandstiftung,
– Verbrechen, die in die Zuständigkeit des Internationalen Strafgerichtshofs fallen,
– Flugzeug- und Schiffsentführung,
– Sabotage.“

4. die Übermittlung der Daten unverhältnismäßig wäre oder die Daten für die Zwecke, für die sie übermittelt werden sollen, nicht erforderlich sind.

(6) Die Datenübermittlung nach Absatz 1 und 3 kann darüber hinaus auch unterbleiben, wenn

1. die zu übermittelnden Daten bei der ersuchten Stelle nicht vorhanden sind, jedoch ohne das Ergreifen von Zwangsmaßnahmen erlangt werden können,
2. hierdurch der Erfolg laufender Ermittlungen oder Leib, Leben oder Freiheit einer Person gefährdet würde oder
3. die Tat, zu deren Verhütung die Daten übermittelt werden sollen, nach deutschem Recht mit einer Freiheitsstrafe von im Höchstmaß einem Jahr oder weniger bedroht ist.

(7) Als Polizeibehörde oder sonstige für die Verhütung und Verfolgung von Straftaten zuständige öffentliche Stelle eines Mitgliedstaates der Europäischen Union im Sinne der Absätze 1 und 3 gilt jede Stelle, die von diesem Staat gemäß Artikel 2 Buchstabe a des Rahmenbeschlusses 2006/960/JI des Rates vom 18. Dezember 2006 über die Vereinfachung des Austauschs von Informationen und Erkenntnissen zwischen Strafverfolgungsbehörden der Mitgliedstaaten der Europäischen Union (ABl. L 386 vom 29.12.2006, S. 89, ber. ABl. L. 75 vom 15.3.2007, S. 26) benannt wurde.

(8) Die Absätze 1 bis 7 finden auch Anwendung auf die Übermittlung von personenbezogenen Daten an Polizeibehörden oder sonstige für die Verhütung und Verfolgung von Straftaten zuständige öffentliche Stellen eines Staates, der die Bestimmungen des Schengen-Besitzstandes aufgrund eines Assoziierungsübereinkommens mit der Europäischen Union über die Umsetzung, Anwendung und Entwicklung des Schengen-Besitzstandes anwendet (Schengen-assoziierter Staat)

§ 43b Verarbeitung von Daten, die im Rahmen der polizeilichen und justiziellen Zusammenarbeit in Strafsachen zwischen den Mitgliedstaaten der Europäischen Union übermittelt worden sind. (1) Daten, die im Rahmen der polizeilichen und justiziellen Zusammenarbeit in Strafsachen zwischen den Mitgliedstaaten der Europäischen Union an die Polizei übermittelt worden sind, dürfen ohne Zustimmung der übermittelnden Stelle oder Einwilligung der betroffenen Person nur für die Zwecke verarbeitet werden, für die sie übermittelt wurden oder

1. zur Verhütung von Straftaten, zur Strafverfolgung oder zur Strafvollstreckung,
2. für andere justizielle und verwaltungsbehördliche Verfahren, die mit der Verhütung von Straftaten, der Strafverfolgung oder der Strafvollstreckung unmittelbar zusammenhängen,
3. zur Abwehr einer gegenwärtigen und erheblichen Gefahr für die öffentliche Sicherheit.

(2) [1]Daten, die im Rahmen der polizeilichen und justiziellen Zusammenarbeit in Strafsachen zwischen den Mitgliedstaaten der Europäischen Union nach

dem Rahmenbeschluss 2006/960/JI an die Polizei übermittelt worden sind, dürfen nur für die Zwecke, für die sie übermittelt wurden oder zur Abwehr einer gegenwärtigen und erheblichen Gefahr für die öffentliche Sicherheit verarbeitet werden. [2]Für einen anderen Zweck dürfen sie nur verarbeitet werden, wenn die übermittelnde Stelle zugestimmt hat.

(3) [1]Die übermittelten Daten sind zu kennzeichnen. [2]Die empfangende Stelle hat von der übermittelnden Stelle mitgeteilte Bedingungen und besondere Verarbeitungsbeschränkungen, insbesondere Fristen, nach deren Ablauf die Daten zu löschen, zu sperren oder auf die Erforderlichkeit ihrer fortgesetzten Speicherung zu prüfen sind, zu beachten. [3]Hat die übermittelnde Stelle eine nach ihrem innerstaatlichen Recht geltende Sperr- oder Löschfrist mitgeteilt, dürfen die Daten nach Ablauf dieser Frist nur noch für laufende Strafverfolgungs- oder Strafvollstreckungsverfahren verarbeitet werden. [4]Hat die übermittelnde Stelle mitgeteilt, dass unrichtige Daten oder Daten unrechtmäßig übermittelt wurden, sind diese unverzüglich zu berichtigen, zu löschen oder zu sperren. [5]Der übermittelnden Stelle ist auf deren Ersuchen zu Zwecken der Datenschutzkontrolle Auskunft darüber zu erteilen, wie die übermittelten Daten verarbeitet wurden.

(4) [1]Die übermittelten Daten dürfen mit Zustimmung der übermittelnden Stelle an andere öffentliche Stellen außerhalb des Anwendungsbereichs des Rahmenbeschlusses 2008/977/JI des Rates vom 27. November 2008 über den Schutz personenbezogener Daten, die im Rahmen der polizeilichen und justiziellen Zusammenarbeit in Strafsachen verarbeitet werden (ABl. L 350 vom 30.12.2008, S. 60) oder an internationale Einrichtungen weiterübermittelt werden, soweit dies zur Verhütung von Straftaten, zur Strafverfolgung oder zur Strafvollstreckung erforderlich ist und

1. der Empfänger ein angemessenes Datenschutzniveau gewährleistet,
2. die Weiterübermittlung aufgrund überwiegender Interessen der betroffenen Person oder überwiegender öffentlicher Interessen erforderlich ist oder
3. die empfangende Stelle im Einzelfall angemessene Garantien bietet.

[2]Ohne Zustimmung ist eine Weiterübermittlung nur zulässig, soweit dies zur Wahrung wesentlicher Interessen eines Mitgliedstaates oder zur Abwehr einer gegenwärtigen und erheblichen Gefahr für die öffentliche Sicherheit erforderlich ist und die Zustimmung nicht rechtzeitig eingeholt werden kann. [3]Die für die Erteilung der Zustimmung zuständige Stelle des übermittelnden Mitgliedstaates ist hiervon unverzüglich zu unterrichten.

(5) Die übermittelten Daten dürfen innerhalb der Europäischen Union an Stellen außerhalb des öffentlichen Bereichs nur mit Zustimmung der übermittelnden Stelle weiterübermittelt werden, soweit dies zur

1. Verhütung von Straftaten,
2. zur Strafverfolgung,
3. zur Strafvollstreckung,
4. zur Abwehr einer gegenwärtigen und erheblichen Gefahr für die öffentliche Sicherheit oder
5. zur Abwehr einer schwerwiegenden Beeinträchtigung der Rechte Einzelner

erforderlich ist und überwiegende schutzwürdige Interessen des Betroffenen nicht entgegenstehen.

(6) Die Absätze 1 bis 5 gelten entsprechend für Schengen-assoziierte Staaten sowie Behörden und Informationssysteme, die aufgrund des Vertrages über die Europäische Union oder des Vertrages zur Gründung der Europäischen Gemeinschaft errichtet worden sind.

(7) Der Landesbeauftragte für den Datenschutz ist bei Vorabkontrollen (§ 12 des Landesdatenschutzgesetzes) für neu zu errichtende Dateien, in denen Daten nach Absatz 1 oder 2 verarbeitet werden, anzuhören.

(8) § 25 Absatz 1 Satz 2 des Landesdatenschutzgesetzes gilt mit der Maßgabe, dass sich die Polizei nicht auf die Unrichtigkeit der übermittelten Daten berufen kann.

§ 43c Übermittlung und Verarbeitung personenbezogener Daten an Mitgliedstaaten der Europäischen Union aufgrund des Ratsbeschlusses 2008/615/JI. Die Bestimmungen des Beschlusses des Rates 2008/615/JI vom 23. Juni 2008 zur Vertiefung der grenzüberschreitenden Zusammenarbeit, insbesondere zur Bekämpfung des Terrorismus und der grenzüberschreitenden Kriminalität (ABl. L 210 vom 6.8.2008, S. 1) sind bei der polizeilichen Zusammenarbeit mit den Mitgliedstaaten der Europäischen Union anwendbar.

§ 44 Datenübermittlung an Personen oder Stellen außerhalb des öffentlichen Bereichs. (1) [1]Die Polizei kann von sich aus personenbezogene Daten an Personen oder Stellen außerhalb des öffentlichen Bereichs übermitteln, soweit dies erforderlich ist

1. zur Erfüllung polizeilicher Aufgaben,
2. zur Verhütung oder Beseitigung erheblicher Nachteile für das Gemeinwohl oder
3. zur Wahrung schutzwürdiger Interessen einzelner.

[2]Im Falle der Nummer 3 darf kein Grund zu der Annahme bestehen, daß der Betroffene ein schutzwürdiges Interesse an dem Ausschluß der Übermittlung hat.

(2) Die Polizei kann auf Antrag von Personen oder Stellen außerhalb des öffentlichen Bereichs personenbezogene Daten übermitteln, soweit der Auskunftsbegehrende

1. ein rechtliches Interesse an der Kenntnis der zu übermittelnden Daten glaubhaft macht und kein Grund zu der Annahme besteht, daß der Betroffene ein schutzwürdiges Interesse an dem Ausschluß der Übermittlung hat oder
2. ein berechtigtes Interesse geltend macht, offensichtlich ist, daß die Datenübermittlung im Interesse des Betroffenen liegt, und kein Grund zu der Annahme besteht, daß er in Kenntnis der Sachlage seine Einwilligung verweigern würde.

§ 45 Auskunft. Der Polizeivollzugsdienst erteilt nach § 21 des Landesdatenschutzgesetzes Auskunft über die von ihm gespeicherten personenbezogenen Daten; er ist jedoch nicht verpflichtet, über die Herkunft der Daten Auskunft zu erteilen.

§ 46 Löschung, Sperrung und Berichtigung von Daten. (1) [1]Der Polizeivollzugsdienst hat in den von ihm geführten Dateien gespeicherte personenbezogene Daten zu löschen und die dazugehörigen Unterlagen zu vernichten, wenn

1. die Speicherung unzulässig ist oder
2. bei der zu bestimmten Fristen oder Terminen vorzunehmenden Überprüfung oder im Einzelfall festgestellt wird, daß ihre Kenntnis für die speichernde Stelle zur Wahrnehmung polizeilicher Aufgaben nicht mehr erforderlich ist.

[2]Im übrigen gilt § 23 des Landesdatenschutzgesetzes.

(2) Auf die vom Polizeivollzugsdienst zur vorbeugenden Bekämpfung von Straftaten gespeicherten personenbezogenen Daten finden §§ 22 und 24 des Landesdatenschutzgesetzes insoweit keine Anwendung, als der Betroffene die Richtigkeit der gespeicherten Daten bestreitet und sich weder die Richtigkeit noch die Unrichtigkeit feststellen läßt.

§ 47 (*aufgehoben*)

§ 48 Sonstige Regelungen für die Verarbeitung personenbezogener Daten. Soweit dieses Gesetz keine besonderen Regelungen enthält, findet das Landesdatenschutzgesetz Anwendung.

§ 48 a Projektbezogene gemeinsame Dateien mit dem Landesamt für Verfassungsschutz. (1) [1]Das Landeskriminalamt kann für die Dauer einer befristeten projektbezogenen Zusammenarbeit mit den Polizeidienststellen des Landes und dem Landesamt für Verfassungsschutz eine gemeinsame Datei errichten. [2]Die projektbezogene Zusammenarbeit bezweckt nach Maßgabe der Aufgaben und Befugnisse der in Satz 1 genannten Behörden den Austausch und die gemeinsame Auswertung von polizeilichen oder nachrichtendienstlichen Erkenntnissen zu

1. Straftaten nach § 99 des Strafgesetzbuchs,
2. Straftaten nach § 129 a, auch in Verbindung mit § 129 b Abs. 1, des Strafgesetzbuchs,
3. Straftaten nach § 34 Abs. 1 bis 6 des Außenwirtschaftsgesetzes, soweit es sich um einen Fall von besonderer Bedeutung handelt, oder
4. Straftaten, die mit Straftaten nach den Nummern 1 bis 3 in einem unmittelbaren Zusammenhang stehen.

(2) [1]Für die Speicherung personenbezogener Daten in der gemeinsamen Datei gelten die jeweiligen Übermittlungsvorschriften zugunsten der an der Zusammenarbeit beteiligten Behörden entsprechend mit der Maßgabe, dass die Speicherung nur zulässig ist, wenn die Daten allen an der projektbezogenen

Zusammenarbeit teilnehmenden Behörden übermittelt werden dürfen. [2]Eine Speicherung ist ferner nur zulässig, wenn die speichernde Behörde die Daten auch in eigenen Dateien speichern darf.

(3) [1]Im Rahmen der gemeinsamen Datei obliegt die datenschutzrechtliche Verantwortung für die in der gemeinsamen Datei gespeicherten Daten den Stellen, die die Daten speichern. [2]Die verantwortliche Stelle muss feststellbar sein. [3]Die Verantwortung für die Zulässigkeit des Abrufs trägt die abrufende Behörde. [4]Nur die Behörde, die Daten zu einer Person eingegeben hat, ist befugt, diese zu ändern, zu berichtigen, zu sperren oder zu löschen. [5]Für die Änderung, Berichtigung, Sperrung und Löschung personenbezogener Daten durch die speichernde Behörde gelten die jeweiligen, für diese Behörde anwendbaren Vorschriften entsprechend. [6]Hat eine beteiligte Behörde Anhaltspunkte dafür, dass die Daten unrichtig sind, teilt sie dies umgehend der speichernden Behörde mit, die verpflichtet ist, diese Mitteilung unverzüglich zu prüfen und erforderlichenfalls die Daten unverzüglich zu ändern, zu berichtigen, zu sperren oder zu löschen. [7]Sind Daten zu einer Person gespeichert, kann jede beteiligte Behörde weitere Daten ergänzend speichern. [8]Das Landeskriminalamt hat die Einhaltung der Regelungen zur Zusammenarbeit und zur Führung der gemeinsamen Datei zu überwachen. [9]Es hat bei jedem Zugriff für Zwecke der Datenschutzkontrolle den Zeitpunkt, die Angaben, die die Feststellung der abgerufenen Datensätze ermöglichen, sowie die verantwortliche Stelle zu protokollieren. [10]Die Protokolldaten sind nach zwölf Monaten zu löschen. [11]Das Landeskriminalamt trifft die technischen und organisatorischen Maßnahmen nach § 9 des Landesdatenschutzgesetzes.

(4) [1]Dem Betroffenen ist nach Maßgabe des § 21 des Landesdatenschutzgesetzes Auskunft zu erteilen. [2]Zuständig ist das Landeskriminalamt, das im Einvernehmen mit der Stelle entscheidet, die die datenschutzrechtliche Verantwortung nach Absatz 3 Satz 1 trägt und die Zulässigkeit der Auskunftserteilung nach den für sie geltenden Bestimmungen prüft.

(5) [1]Eine gemeinsame Datei nach Absatz 1 ist auf höchstens zwei Jahre zu befristen. [2]Die Frist kann zweimalig um bis zu jeweils einem Jahr verlängert werden, wenn das Ziel der projektbezogenen Zusammenarbeit bei Projektende noch nicht erreicht worden und die Datei weiterhin für die Erreichung des Ziels erforderlich ist.

(6) [1]Das Landeskriminalamt hat für eine gemeinsame Datei ein Verfahrensverzeichnis nach § 11 des Landesdatenschutzgesetzes zu führen sowie im Einvernehmen mit dem Landesamt für Verfassungsschutz die jeweiligen Organisationseinheiten zu bestimmen, die zur Speicherung und zum Abruf befugt sind. [2]Das Verfahrensverzeichnis bedarf der Zustimmung des Innenministeriums.

6. Unterabschnitt

Polizeizwang

§ 49 Allgemeines. (1) Die Polizei wendet die Zwangsmittel Zwangsgeld, Zwangshaft und Ersatzvornahme nach den Vorschriften des Landesverwaltungsvollstreckungsgesetzes an.

(2) Die Polizei wendet das Zwangsmittel unmittelbarer Zwang nach den Vorschriften dieses Gesetzes an.

§ 50 Begriff und Mittel des unmittelbaren Zwangs. (1) Unmittelbarer Zwang ist jede Einwirkung auf Personen oder Sachen durch einfache körperliche Gewalt, Hilfsmittel der körperlichen Gewalt oder Waffengebrauch.

(2) Das Innenministerium bestimmt, welche Hilfsmittel der körperlichen Gewalt und welche Waffen im Polizeidienst zu verwenden sind.

§ 51 Zuständigkeit für die Anwendung unmittelbaren Zwangs. Die Anwendung unmittelbaren Zwangs obliegt den Beamten des Polizeivollzugsdienstes.

§ 52 Voraussetzungen und Durchführung des unmittelbaren Zwangs. (1) [1]Unmittelbarer Zwang darf nur angewandt werden, wenn der polizeiliche Zweck auf andere Weise nicht erreichbar erscheint. [2]Gegen Personen darf unmittelbarer Zwang nur angewandt werden, wenn der polizeiliche Zweck durch unmittelbaren Zwang gegen Sachen nicht erreichbar erscheint. [3]Das angewandte Mittel muß nach Art und Maß dem Verhalten, dem Alter und dem Zustand des Betroffenen angemessen sein. [4]Gegenüber einer Menschenansammlung darf unmittelbarer Zwang nur angewandt werden, wenn seine Anwendung gegen einzelne Teilnehmer der Menschenansammlung offensichtlich keinen Erfolg verspricht.

(2) Unmittelbarer Zwang ist, soweit es die Umstände zulassen, vor seiner Anwendung anzudrohen.

(3) Unmittelbarer Zwang darf nicht mehr angewandt werden, wenn der polizeiliche Zweck erreicht ist oder wenn es sich zeigt, daß er durch die Anwendung von unmittelbarem Zwang nicht erreicht werden kann.

(4) Für die Anwendung des unmittelbaren Zwangs zur Vollstreckung von Verwaltungsakten der Polizei gelten im übrigen die §§ 2 bis 6, 9, 10, 12, 21, 27, 28 und § 31 Abs. 1, 2, 4 und 6 des Landesverwaltungsvollstreckungsgesetzes.

§ 53 Voraussetzungen des Schußwaffengebrauchs. (1) [1]Der Schußwaffengebrauch ist nur zulässig, wenn die allgemeinen Voraussetzungen für die Anwendung unmittelbaren Zwangs vorliegen und wenn einfache körperliche Gewalt sowie verfügbare Hilfsmittel der körperlichen Gewalt oder mitgeführte Hiebwaffen erfolglos angewandt worden sind oder ihre Anwendung offensichtlich keinen Erfolg verspricht. [2]Auf Personen darf erst geschossen werden,

wenn der polizeiliche Zweck durch Waffenwirkung gegen Sachen nicht erreicht werden kann.

(2) [1]Der Schußwaffengebrauch ist unzulässig, wenn erkennbar Unbeteiligte mit hoher Wahrscheinlichkeit gefährdet werden. [2]Das gilt nicht, wenn der Schußwaffengebrauch das einzige Mittel zur Abwehr einer gegenwärtigen Lebensgefahr ist.

§ 54 Schußwaffengebrauch gegenüber Personen. (1) Schußwaffen dürfen gegen einzelne Personen nur gebraucht werden,

1. um die unmittelbar bevorstehende Ausführung oder die Fortsetzung einer rechtswidrigen Tat zu verhindern, die sich den Umständen nach
   a) als ein Verbrechen oder
   b) als ein Vergehen, das unter Anwendung oder Mitführung von Schußwaffen oder Sprengstoffen begangen werden soll oder ausgeführt wird,

   darstellt;
2. um eine Person, die sich der Festnahme oder der Feststellung ihrer Person durch die Flucht zu entziehen versucht, anzuhalten, wenn sie
   a) bei einer rechtswidrigen Tat auf frischer Tat betroffen wird, die sich den Umständen nach als ein Verbrechen darstellt oder als ein Vergehen, das unter Anwendung oder Mitführung von Schußwaffen oder Sprengstoffen begangen wird,
   b) eines Verbrechens dringend verdächtig ist oder
   c) eines Vergehens dringend verdächtig ist und Anhaltspunkte befürchten lassen, daß sie von einer Schußwaffe oder einem Sprengstoff Gebrauch machen werde;
3. zur Vereitelung der Flucht oder zur Wiederergreifung einer Person, die sich in amtlichem Gewahrsam befindet oder befand,
   a) zur Verbüßung einer Freiheitsstrafe wegen einer Straftat mit Ausnahme des Strafarrestes,
   b) zum Vollzug der Sicherungsverwahrung,
   c) wegen des dringenden Verdachts eines Verbrechens,
   d) aufgrund richterlichen Haftbefehls oder
   e) sonst wegen des dringenden Verdachts eines Vergehens, wenn zu befürchten ist, daß sie von einer Schußwaffe oder einem Sprengstoff Gebrauch machen werde;
4. gegen eine Person, die mit Gewalt einen Gefangenen oder jemanden, dessen
   a) Sicherungsverwahrung (§§ 66 und 66b des Strafgesetzbuchs),
   b) Unterbringung in einem psychiatrischen Krankenhaus (§ 63 des Strafgesetzbuchs, § 126a der Strafprozeßordnung) oder
   c) Unterbringung in einer Entziehungsanstalt (§ 64 des Strafgesetzbuchs, § 126a der Strafprozeßordnung)

angeordnet ist, aus dem amtlichen Gewahrsam zu befreien versucht.

(2) Ein Schuß, der mit an Sicherheit grenzender Wahrscheinlichkeit tödlich wirken wird, ist nur zulässig, wenn er das einzige Mittel zur Abwehr einer ge-

genwärtigen Lebensgefahr oder der gegenwärtigen Gefahr einer schwerwiegenden Verletzung der körperlichen Unversehrtheit ist.

(3) Schußwaffen dürfen gegen eine Menschenmenge nur dann gebraucht werden, wenn von ihr oder aus ihr heraus Gewalttaten begangen werden oder unmittelbar bevorstehen und Zwangsmaßnahmen gegen einzelne nicht zum Ziele führen oder offensichtlich keinen Erfolg versprechen.

(4) Das Recht zum Gebrauch von Schußwaffen auf Grund anderer gesetzlicher Vorschriften bleibt unberührt.

§ 54 a Gebrauch von Explosivmitteln. (1) Explosivmittel dürfen gegen Personen nur in den Fällen des § 54 Absatz 1 Nummern 1 und 4 angewendet werden, wenn der vorherige Gebrauch anderer Waffen erfolglos geblieben ist oder offensichtlich keinen Erfolg verspricht.

(2) Explosivmittel dürfen nicht gegen eine Menschenmenge gebraucht werden.

(3) [1]Der Gebrauch von Explosivmitteln gegen Personen bedarf der Anordnung durch die Leitung eines regionalen Polizeipräsidiums, des Polizeipräsidiums Einsatz oder des Landeskriminalamts. [2]Diese können die Anordnungsbefugnis auf besonders beauftragte Beamte des höheren Dienstes übertragen.

(4) Im Übrigen gelten für den Gebrauch von Explosivmitteln § 53 Absätze 1 und 2 Satz 1 sowie § 54 Absätze 2 und 4 entsprechend.

3. Abschnitt

Entschädigung

§ 55 Voraussetzungen. (1) [1]In den Fällen des § 9 Abs. 1 kann derjenige, gegenüber dem die Polizei eine Maßnahme getroffen hat, eine angemessene Entschädigung für den ihm durch die Maßnahme entstandenen Schaden verlangen. [2]Bei der Bemessung sind alle Umstände zu berücksichtigen, insbesondere Art und Vorhersehbarkeit des Schadens und ob der Geschädigte oder sein Vermögen durch die Maßnahme der Polizei geschützt worden sind. [3]Haben Umstände, die der Geschädigte zu vertreten hat, auf die Entstehung oder Erhöhung des Schadens eingewirkt, so hängt der Umfang des Ausgleichs insbesondere davon ab, inwieweit der Schaden vorwiegend von dem Geschädigten oder durch die Polizei verursacht worden ist.

(2) Soweit die Entschädigungspflicht wegen Maßnahmen nach § 9 Abs. 1 in besonderen gesetzlichen Vorschriften geregelt ist, finden diese Vorschriften Anwendung.

§ 56 Entschädigungspflichtiger. [1]Zur Entschädigung ist der Staat oder die Körperschaft verpflichtet, in deren Dienst der Beamte steht, der die Maßnahme getroffen hat. [2]Ist die Maßnahme von einem Polizeibeamten auf Weisung einer

Polizeibehörde getroffen worden, so ist der Staat oder die Körperschaft, der die Polizeibehörde angehört, zur Entschädigung verpflichtet.

§ 57 Ersatz. Der nach § 56 zur Entschädigung Verpflichtete kann in entsprechender Anwendung der Vorschriften des Bürgerlichen Gesetzbuchs über die Geschäftsführung ohne Auftrag von den in den §§ 6 und 7 bezeichneten Personen Ersatz verlangen.

§ 58 Rechtsweg. Über die Ansprüche nach den §§ 55 und 57 entscheiden die ordentlichen Gerichte.

ZWEITER TEIL

Die Organisation der Polizei

1. Abschnitt

Gliederung und Aufgabenverteilung

§ 59 Allgemeines. Die Organisation der Polizei umfaßt

1. die Polizeibehörden,
2. den Polizeivollzugsdienst mit seinen Beamten (Polizeibeamte).

§ 60 Zuständigkeitsabgrenzung. (1) Für die Wahrnehmung der polizeilichen Aufgaben sind die Polizeibehörden zuständig, soweit dieses Gesetz nichts anderes bestimmt.

(2) Der Polizeivollzugsdienst nimmt – vorbehaltlich anderer Anordnungen der Polizeibehörde – die polizeilichen Aufgaben wahr, wenn ein sofortiges Tätigwerden erforderlich erscheint.

(3) Der Polizeivollzugsdienst ist neben den Polizeibehörden zuständig für Maßnahmen nach § 20 Absatz 1, 2, 4 und 5, §§ 26, 27, § 27a Absatz 1, §§ 28 bis 33, 37, 42 Absatz 2 und 7, § 43 Absatz 1, § 43a Absatz 1 und 3 und § 44 dieses Gesetzes sowie § 18 des Landesdatenschutzgesetzes.

(4) Der Polizeivollzugsdienst ist neben den Gesundheitsämtern zuständig für die Anordnung von Maßnahmen nach § 25 Absatz 1 bis 3 des Infektionsschutzgesetzes, wenn Tatsachen die Annahme rechtfertigen, dass eine Übertragung besonders gefährlicher Krankheitserreger, wie insbesondere Hepatitis B-Virus, Hepatitis C-Virus oder Humanes Immundefizienzvirus (HIV), auf eine andere Person stattgefunden hat, für diese daher eine Gefahr für Leib oder Leben bestehen könnte und die Kenntnis des Untersuchungsergebnisses für die Abwehr der Gefahr erforderlich ist.

(5) Der Polizeivollzugsdienst leistet Vollzugshilfe, indem er inbesondere auf Ersuchen von Behörden und Gerichten Vollzugshandlungen ausführt, soweit hierfür die besonderen Fähigkeiten, Kenntnisse oder Mittel des Polizeivollzugsdienstes benötigt werden.

2. Abschnitt

Die Polizeibehörden

1. Unterabschnitt

Aufbau

§ 61 Arten der Polizeibehörden. (1) Allgemeine Polizeibehörden sind
1. die obersten Landespolizeibehörden,
2. die Landespolizeibehörden,
3. die Kreispolizeibehörden,
4. die Ortspolizeibehörden.

(2) [1]Besondere Polizeibehörden sind alle anderen Polizeibehörden. [2]Ihr Aufbau wird durch dieses Gesetz nicht berührt.

§ 62 Allgemeine Polizeibehörden. (1) Oberste Landespolizeibehörden sind die zuständigen Ministerien.

(2) Landespolizeibehörden sind die Regierungspräsidien.

(3) Kreispolizeibehörden sind die unteren Verwaltungsbehörden.

(4) [1]Ortspolizeibehörden sind die Gemeinden. [2]Die den Gemeinden hiernach übertragenen Aufgaben sind Pflichtaufgaben nach Weisung.

(5) [1]Die Kreistage, die Gemeinderäte und die Verbandsversammlungen oder die gemeinsamen Ausschüsse von Verwaltungsgemeinschaften nach § 17 des Landesverwaltungsgesetzes wirken nach Maßgabe dieses Gesetzes mit. [2]Ihre besonderen polizeilichen Befugnisse nach anderen Gesetzen bleiben unberührt.

§ 63 Dienstaufsicht. (1) Es führen die Dienstaufsicht über
1. die Landespolizeibehörden: das Innenministerium,
2. die Kreispolizeibehörden: die Regierungspräsidien und das Innenministerium,
3. die Ortspolizeibehörden
   a) in den Stadtkreisen und in den Großen Kreisstädten: die Regierungspräsidien und das Innenministerium,
   b) im übrigen: die Landratsämter, die Regierungspräsidien und das Innenministerium.

(2) Das Innenministerium führt die Aufsicht jeweils im Benehmen mit dem fachlich zuständigen Ministerium.

§ 64 Fachaufsicht. Es führen die Fachaufsicht über
1. die Landespolizeibehörden: die zuständigen Ministerien,
2. die Kreispolizeibehörden: die Regierungspräsidien und die zuständigen Ministerien,

3. die Ortspolizeibehörden
   a) in den Stadtkreisen und in den Großen Kreisstädten: die Regierungspräsidien und die zuständigen Ministerien,
   b) im übrigen: die Landratsämter, die Regierungspräsidien und die zuständigen Ministerien.

§ 65 Weisungsrecht und Unterrichtungspflicht. (1) [1]Die zur Dienstaufsicht oder zur Fachaufsicht zuständigen Behörden können den allgemeinen Polizeibehörden im Rahmen ihrer Zuständigkeit unbeschränkt Weisungen erteilen. [2]Die allgemeinen Polizeibehörden haben diesen Weisungen Folge zu leisten.

(2) Leistet eine Polizeibehörde einer ihr erteilten Weisung keine Folge, so kann an Stelle der Polizeibehörde jede zur Fachaufsicht zuständige Behörde die erforderlichen Maßnahmen treffen.

(3) Die allgemeinen Polizeibehörden sind verpflichtet, die weisungsbefugten Behörden von allen sachdienlichen Wahrnehmungen zu unterrichten.

2. Unterabschnitt

Zuständigkeit

§ 66 Allgemeine sachliche Zuständigkeit. (1) Die sachliche Zuständigkeit der Polizeibehörden wird von dem fachlich zuständigen Ministerium im Einvernehmen mit dem Innenministerium bestimmt.

(2) Soweit nichts anderes bestimmt ist, sind die Ortspolizeibehörden sachlich zuständig.

(3) Das fachlich zuständige Ministerium kann im Einvernehmen mit dem Innenministerium bestimmen, daß Aufgaben der Ortspolizeibehörden durch Verwaltungsgemeinschaften erfüllt werden.

(4) § 13 bleibt unberührt.

§ 67 Besondere sachliche Zuständigkeit. (1) Erscheint bei Gefahr im Verzug ein rechtzeitiges Tätigwerden der zuständigen Polizeibehörden nicht erreichbar, so können deren Aufgaben von den in § 64 bezeichneten, zur Fachaufsicht zuständigen Behörden wahrgenommen werden.

(2) Unter den Voraussetzungen des Absatzes 1 kann jede Polizeibehörde innerhalb ihres Dienstbezirks die Aufgaben einer übergeordneten Polizeibehörde wahrnehmen.

(3) Die zuständige Polizeibehörde ist von den getroffenen Maßnahmen unverzüglich zu unterrichten.

(4) Diese Bestimmungen gelten nicht für Polizeiverordnungen.

§ 68 Örtliche Zuständigkeit. (1) [1]Die Zuständigkeit der Polizeibehörden beschränkt sich auf ihren Dienstbezirk. [2]Örtlich zuständig ist die Polizeibehörde, in deren Dienstbezirk eine polizeiliche Aufgabe wahrzunehmen ist; durch Rechtsverordnung kann zum Zwecke der Verwaltungsvereinfachung etwas anderes bestimmt werden.

(2) [1]Erscheint bei Gefahr im Verzug ein rechtzeitiges Tätigwerden der örtlich zuständigen Polizeibehörde nicht erreichbar, so kann auch die für einen benachbarten Dienstbezirk zuständige Polizeibehörde die erforderlichen Maßnahmen treffen. [2]Die zuständige Polizeibehörde ist von den getroffenen Maßnahmen unverzüglich zu unterrichten.

§ 69 Regelung der örtlichen Zuständigkeit für überörtliche polizeiliche Aufgaben. Kann eine polizeiliche Aufgabe in mehreren Dienstbezirken zweckmäßig nur einheitlich wahrgenommen werden, so wird die Zuständigkeit von der Behörde geregelt, welche die Fachaufsicht über die beteiligten Polizeibehörden führt.

3. Abschnitt

Der Polizeivollzugsdienst

1. Unterabschnitt

Aufbau

§ 70 Polizeidienststellen und Einrichtungen für den Polizeivollzugsdienst. (1) Das Land unterhält für den Polizeivollzugsdienst folgende Polizeidienststellen:

1. die regionalen Polizeipräsidien,
2. das Polizeipräsidium Einsatz,
3. das Landeskriminalamt.

(2) Das Land unterhält für den Polizeivollzugsdienst folgende Einrichtungen:

1. die Hochschule für Polizei Baden-Württemberg,
2. das Präsidium Technik, Logistik, Service der Polizei.

§ 71 Aufgaben und Gliederung. Aufgaben und Gliederung der Polizeidienststellen und des Präsidiums Technik, Logistik, Service der Polizei werden vom Innenministerium durch Rechtsverordnung bestimmt.

§ 72 Dienstaufsicht. Die Dienstaufsicht über die Polizeidienststellen sowie das Präsidium Technik, Logistik, Service der Polizei führt das Innenministerium.

§ 73 Fachaufsicht. (1) [1]Die Fachaufsicht über die Polizeidienststellen sowie das Präsidium Technik, Logistik, Service der Polizei führt das Innenministerium. [2]Nimmt der Polizeivollzugsdienst Aufgaben nach § 60 Abs. 2 oder 4 oder auf Weisung der Polizeibehörden wahr, führen die Kreispolizeibehörden, die Regierungspräsidien und die fachlich jeweils zuständigen Ministerien die Fachaufsicht.

(2) Das Landeskriminalamt führt die Fachaufsicht über die kriminalpolizeiliche Tätigkeit unbeschadet der Befugnisse der übrigen zur Fachaufsicht zuständigen Stellen.

§ 74 Weisungsrecht und Unterrichtungspflicht. (1) [1]Die zur Dienstaufsicht oder zur Fachaufsicht zuständigen Stellen sowie die Ortspolizeibehörden können im Rahmen ihrer Zuständigkeit den Polizeidienststellen Weisungen erteilen. [2]Die Polizeidienststellen haben den Weisungen Folge zu leisten.

(2) [1]Die Polizeidienststellen sind verpflichtet, die weisungsbefugten Stellen und die Ortspolizeibehörden von allen sachdienlichen Wahrnehmungen zu unterrichten. [2]Personenbezogene Daten dürfen dabei nur unter den Voraussetzungen des § 42 Abs. 1 übermittelt werden.

2. Unterabschnitt

Zuständigkeit

§ 75 Örtliche Zuständigkeit. [1]Die Polizeidienststellen sind im ganzen Landesgebiet zuständig. [2]Sie sollen in der Regel jedoch nur in ihrem Dienstbezirk tätig werden.

§ 76 Dienstbezirke. (1) Dienstbezirke der regionalen Polizeipräsidien sind für das Polizeipräsidium

1. Aalen
   die Landkreise Ostalbkreis, Rems-Murr-Kreis und Schwäbisch Hall;
2. Freiburg
   die Landkreise Breisgau-Hochschwarzwald, Emmendingen, Lörrach und Waldshut sowie der Stadtkreis Freiburg;
3. Heilbronn
   die Landkreise Heilbronn, Hohenlohekreis, Main-Tauber-Kreis, Neckar-Odenwald-Kreis sowie der Stadtkreis Heilbronn;
4. Karlsruhe
   die Landkreise Calw, Enzkreis und Karlsruhe sowie die Stadtkreise Karlsruhe und Pforzheim;
5. Konstanz
   die Landkreise Bodenseekreis, Konstanz, Ravensburg und Sigmaringen;
6. Ludwigsburg
   die Landkreise Böblingen und Ludwigsburg;
7. Mannheim
   der Landkreis Rhein-Neckar-Kreis sowie die Stadtkreise Heidelberg und Mannheim;

8. Offenburg
die Landkreise Ortenaukreis und Rastatt sowie der Stadtkreis Baden-Baden;
9. Reutlingen
die Landkreise Esslingen, Reutlingen und Tübingen;
10. Stuttgart
der Stadtkreis Stuttgart;
11. Tuttlingen
die Landkreise Freudenstadt, Rottweil, Schwarzwald-Baar-Kreis, Tuttlingen und Zollernalbkreis;
12. Ulm
die Landkreise Alb-Donau-Kreis, Biberach, Göppingen und Heidenheim sowie der Stadtkreis Ulm.

(2) Dienstbezirk des Landeskriminalamts und des Polizeipräsidiums Einsatz ist das Landesgebiet.

(3) Soweit Vollzugsaufgaben die Dienstbezirke mehrerer Polizeidienststellen berühren und zweckmäßig nur einheitlich wahrgenommen werden sollen, insbesondere auf den Bundesautobahnen, kann das Innenministerium die Dienstbezirke abweichend von den Abs. 1 und 2 bestimmen.

§ 77 Aufgabenwahrnehmung durch das Innenministerium. (1) Das Innenministerium erfüllt vollzugspolizeiliche Aufgaben, soweit dies zur landeseinheitlichen Wahrnehmung erforderlich ist.

(2) Ist eine Polizeidienststelle nicht in der Lage, die vollzugspolizeilichen Aufgaben wahrzunehmen, so kann sich das Innenministerium vorüberge-hend die Polizeikräfte des Landes unmittelbar unterstellen und sie nach den polizeilichen Bedürfnissen einsetzen.

(3) [1]Erscheint bei Gefahr im Verzug ein rechtzeitiges Tätigwerden des Innenministeriums nicht erreichbar, so kann auch ein Polizeipräsidium Maßnahmen nach Absatz 2 treffen. [2]Das Innenministerium ist unverzüglich zu unterrichten.

§ 78 Amtshandlungen von Polizeibeamten anderer Länder und des Bundes sowie von Vollzugsbeamten anderer Staaten im Zuständigkeitsbereich des Landes. (1) [1]Polizeibeamte eines anderen Landes können im Zuständigkeitsbereich des Landes Amtshandlungen vornehmen

1. auf Anforderung oder mit Zustimmung einer zuständigen Stelle,
2. in den Fällen des Artikels 35 Abs. 2 und 3 und des Artikels 91 Abs. 1 des Grundgesetzes,
3. zur Abwehr einer gegenwärtigen erheblichen Gefahr, zur Verfolgung von Straftaten auf frischer Tat sowie zur Verfolgung und Wiedergreifung Entwichener, wenn die zuständige Stelle die erforderlichen Maßnahmen nicht rechtzeitig treffen kann,
4. zur Erfüllung polizeilicher Aufgaben im Zusammenhang mit Transporten von Personen oder von Sachen,

5. zur Verfolgung von Straftaten oder Ordnungswidrigkeiten und zur Gefahrenabwehr in den durch Verwaltungsabkommen mit anderen Ländern geregelten Fällen.

[2]In den Fällen der Nummern 3 bis 5 ist die zuständige Polizeidienststelle unverzüglich zu unterrichten. [3]Satz 2 gilt nicht, soweit ein Verwaltungsabkommen nach Satz 1 Nr. 5 die Übertragung von Zuständigkeiten auf Polizeidienststellen eines anderen Landes vorsieht. [4]In diesem Fall werden die zuständigen Polizeidienststellen durch Rechtsverordnung bestimmt.

(2) [1]Werden Polizeibeamte eines anderen Landes nach Absatz 1 tätig, haben sie die gleichen Befugnisse wie die des Landes. [2]Ihre Maßnahmen gelten als Maßnahmen derjenigen Polizeidienststelle, in deren örtlichem und sachlichem Zuständigkeitsbereich sie tätig geworden sind. [3]Sie unterliegen insoweit deren Weisungen.

(3) [1]Abs. 1 und 2 gelten für Polizeibeamte des Bundes und für Vollzugsbeamte der Zollverwaltung, denen der Gebrauch von Schusswaffen bei Anwendung des unmittelbaren Zwangs nach dem Gesetz über den unmittelbaren Zwang bei Ausübung öffentlicher Gewalt gestattet ist, entsprechend. [2]Das Gleiche gilt für ausländische Bedienstete von Polizeibehörden und Polizeidienststellen, soweit völkerrechtliche Vereinbarungen oder der Beschluss des Rates 2008/615/JI dies vorsehen oder das Innenministerium Amtshandlungen dieser Polizeibehörden oder Polizeidienststellen allgemein oder im Einzelfall zustimmt.

§ 79 Amtshandlungen von Polizeibeamten des Landes außerhalb des Zuständigkeitsbereichs des Landes. (1) [1]Die Polizeibeamten des Landes dürfen im Zuständigkeitsbereich eines anderen Landes oder des Bundes nur in den Fällen des § 78 Abs. 1 und des Artikels 91 Abs. 2 des Grundgesetzes und nur dann Amtshandlungen vornehmen, wenn dies das jeweilige Landesrecht oder das Bundesrecht vorsieht. [2]Außerhalb der Bundesrepublik Deutschland dürfen die Polizeibeamten tätig werden, soweit dies durch völkerrechtliche Vereinbarungen oder den Beschluss des Rates 2008/615/JI geregelt ist oder wenn es das Recht des jeweiligen Staates vorsieht; sie haben dann die danach vorgesehenen Rechte und Pflichten.

(2) Einer Anforderung von Polizeibeamten durch ein anderes Land ist zu entsprechen, soweit nicht die Verwendung der Polizeibeamten im eigenen Lande dringender ist als die Unterstützung der Polizei des anderen Landes.

4. Abschnitt

Besondere Vollzugsbedienstete

§ 80 Gemeindliche Vollzugsbedienstete. (1) Die Ortspolizeibehörden können sich zur Wahrnehmung bestimmter auf den Gemeindebereich beschränkter polizeilicher Aufgaben gemeindlicher Vollzugsbediensteter bedienen.

(2) Die gemeindlichen Vollzugsbediensteten haben bei der Erledigung ihrer polizeilichen Dienstverrichtungen die Stellung von Polizeibeamten im Sinn dieses Gesetzes.

§ 81 Ermittlungspersonen der Staatsanwaltschaft. Das Innenministerium kann durch Rechtsverordnung bestimmen, daß Ermittlungspersonen der Staatsanwaltschaft, die mit der Wahrnehmung bestimmter polizeilicher Aufgaben betraut sind, ohne einer Polizeidienststelle anzugehören, die Stellung von Polizeibeamten im Sinne dieses Gesetzes haben.

DRITTER TEIL

Die Kosten der Polizei

§ 82 Kosten für die allgemeinen Polizeibehörden und den Polizeivollzugsdienst. (1) [1]Die Kosten für die Ortspolizeibehörden sowie in den Stadtkreisen und in den Großen Kreisstädten für die Kreispolizeibehörden werden von den Gemeinden getragen. [2]Die Kosten für die Kreispolizeibehörden werden in den Verwaltungsgemeinschaften nach § 17 des Landesverwaltungsgesetzes von diesen getragen.

(2) Die Kosten für die übrigen allgemeinen Polizeibehörden und den Polizeivollzugsdienst werden vom Land getragen, soweit nichts anderes bestimmt ist.

(3) Kosten sind die unmittelbaren oder mittelbaren persönlichen und sächlichen Ausgaben für die allgemeinen Polizeibehörden und den Polizeivollzugsdienst.

§ 83 Einnahmen. Sind mit der Tätigkeit der Polizei Einnahmen verbunden, so fließen diese dem Kostenträger zu.

§ 83 a Zurückbehaltungsbefugnis. [1]Die Polizei kann die Herausgabe von Sachen, deren Besitz sie auf Grund einer polizeilichen Maßnahme nach § 8 Abs. 1, § 32 Abs. 1, § 33 Abs. 1 oder § 49 Abs. 1 in Verbindung mit § 25 des Landesverwaltungsvollstreckungsgesetzes erlangt hat, von der Zahlung der entstandenen Kosten abhängig machen. [2]Eine dritte Person, der die Verwahrung übertragen worden ist, kann durch Verwaltungsakt ermächtigt werden, Zahlungen in Empfang zu nehmen.

VIERTER TEIL

Schlußbestimmungen

§ 84 Durchführungsvorschriften. (1) [1]Das Innenministerium wird ermächtigt, durch Rechtsverordnung Vorschriften zu erlassen über

1. die Übertragung der Anordnungsbefugnis (§ 22 Abs. 6, § 23a Abs. 3, § 25 Abs. 2) sowie der Antragbefugnis (§ 23a Abs. 2),

2. die Durchführung des Gewahrsams (§ 28),
3. die Durchführung von Durchsuchungen (§ 31),
4. die Verwahrung und Notveräußerung sichergestellter und beschlagnahmter Sachen (§ 32 Absatz 3 und § 33 Absatz 3 Satz 3),
5. die Überprüfungsfristen und deren Voraussetzungen (§ 38 Abs. 4),
6. die Durchführung des Datenabgleichs (§ 40),
7. die Protokollierung von Übermittlungen in einem automatisierten Abrufverfahren (§ 42 Abs. 5),
8. die Übertragung von Zuständigkeiten auf Polizeidienststellen anderer Länder (§ 78 Abs. 1 Satz 4),
9. die Voraussetzungen der Bestellung, die Ausbildung, die Dienstkleidung, die Gestaltung der Dienstausweise, die Ausrüstung und die Aufgaben der gemeindlichen Vollzugsbediensteten (§ 80).

[2]Das Innenministerium kann durch Rechtsverordnung bestimmen, daß die Dienst- und Fachaufsicht abweichend von §§ 72 und 73 auf nachgeordnete Polizeidienststellen oder Einrichtungen für den Polizeivollzugsdienst übertragen wird. [3]Rechtsverordnungen nach Satz 1 und 2 ergehen, soweit erforderlich, im Einvernehmen mit dem fachlich zuständigen Ministerium.

(2) Das Innenministerium erläßt, soweit erforderlich im Einvernehmen mit dem fachlich zuständigen Ministerium, die zur Durchführung dieses Gesetzes erforderlichen Verwaltungsvorschriften.

§ 84 a Ordnungswidrigkeiten. (1) Ordnungswidrig handelt, wer vorsätzlich oder fahrlässig einem vollziehbaren Platzverweis, Aufenthaltsverbot, Wohnungsverweis, Rückkehrverbot oder Annäherungsverbot nach § 27 a zuwiderhandelt.

(2) Die Ordnungswidrigkeit kann mit einer Geldbuße bis zu 5000 Euro geahndet werden.

(3) [1]Verwaltungsbehörde nach § 36 Abs. 1 Nr. 1 des Gesetzes über Ordnungswidrigkeiten ist die Polizeibehörde, die die Anordnung nach § 27 a getroffen hat. [2]Ist die Anordnung vom Polizeivollzugsdienst getroffen worden, ist Verwaltungsbehörde die örtlich zuständige Ortspolizeibehörde.

§ 84 b Strafvorschrift. (1) Mit Freiheitsstrafe bis zu zwei Jahren oder mit Geldstrafe wird bestraft, wer

1. einer vollstreckbaren gerichtlichen Anordnung nach § 27b Absatz 3 Satz 1 oder einer vollziehbaren Anordnung nach § 27b Absatz 3 Satz 5 zuwiderhandelt und dadurch den Zweck der Anordnung gefährdet oder
2. einer vollstreckbaren gerichtlichen Anordnung nach § 27c Absatz 5 Satz 1 oder einer vollziehbaren Anordnung nach § 27c Absatz 5 Satz 5 zuwiderhandelt und dadurch die kontinuierliche Feststellung seines Aufenthaltsortes durch die zuständige Polizeidienststelle verhindert.

(2) Die Tat wird nur auf Antrag eines regionalen Polizeipräsidiums, des Polizeipräsidiums Einsatz oder des Landeskriminalamts verfolgt.

§ 85 Übergangsbestimmungen. (1) Auf die weitere Verarbeitung der nach § 23b Absätze 1 und 2 erhobenen personenbezogenen Daten sind die Regelungen der Absätze 2 bis 5 und im Übrigen die Regelungen im Fünften Unterabschnitt des Zweiten Abschnitts des Ersten Teils anzuwenden.

(2) Die Dienststellen des Polizeivollzugsdienstes können die nach § 23b Absätze 1 und 2 selbst erhobenen Daten zur Erfüllung derselben Aufgabe und zum Schutz derselben Rechtsgüter oder zur Verhütung derselben Straftaten weiterverarbeiten.

(3) Die Dienststellen des Polizeivollzugsdienstes können zur Erfüllung ihrer Aufgaben die nach § 23b Absätze 1 und 2 erhobenen Daten zu anderen Zwecken, als denjenigen, zu denen sie erhoben worden sind, weiterverarbeiten, wenn

1. mindestens vergleichbar bedeutsame Rechtsgüter geschützt oder mindestens vergleichbar schwerwiegende Straftaten verhütet, aufgedeckt oder verfolgt werden sollen,
2. eine Neuerhebung zu diesem anderen Zweck mit vergleichbar schwerwiegenden Mitteln zulässig wäre und
3. sich im Einzelfall konkrete Ermittlungsansätze zur Abwehr von in einem übersehbaren Zeitraum drohenden Gefahren für mindestens vergleichbar bedeutsame Rechtsgüter erkennen lassen oder zur Verhütung, Aufdeckung oder Verfolgung solcher Straftaten ergeben.

(4) [1]Eine Datenübermittlung der nach § 23b Absätze 1 und 2 erhobenen Daten durch die Polizei auf der Grundlage von § 42 Absätze 1, 2 und 7, § 43 Absatz 1, § 43a Absätze 1 und 3, § 43c und § 44 Absätze 1 und 2 ist nur unter den Voraussetzungen des Absatzes 3 zulässig. [2]Eine Datenübermittlung der nach § 23b Absätze 1 und 2 erhobenen Daten nach § 43 Absatz 1 unterbleibt, wenn im Einzelfall ein datenschutzrechtlich angemessener und die elementaren Menschenrechte wahrender Umgang mit den Daten beim Empfänger nicht hinreichend gesichert ist oder sonst überwiegende schutzwürdige Interessen einer betroffenen Person entgegenstehen. [3]Der Polizeivollzugsdienst hat die Übermittlung der nach § 23b Absätze 1 und 2 erhobenen Daten zu protokollieren. [4]Die Protokolldaten dürfen nur verwendet werden, um einer dazu befugten Stelle die Prüfung zu ermöglichen, ob die Übermittlungen rechtmäßig erfolgt sind. [5]Der Landesbeauftragte für den Datenschutz führt bezüglich der Datenübermittlungen mindestens alle zwei Jahre Kontrollen durch. [6]Nach Abschluss der Kontrolle sind die Protokolldaten unverzüglich zu löschen. [7]Die Landesregierung unterrichtet den Landtag alle zwei Jahre über die gemäß § 43 Absatz 1 erfolgten Übermittlungen der nach § 23b Absätze 1 und 2 erhobenen Daten.

(5) [1]Sind die nach § 23b Absätze 1 und 2 erhobenen personenbezogenen Daten, die nicht dem Kernbereich privater Lebensgestaltung zuzuordnen sind, zur Erfüllung des der Maßnahme zugrunde liegenden Zwecks und für eine etwaige gerichtliche Überprüfung der Maßnahme nicht mehr erforderlich, sind sie unverzüglich zu löschen, soweit keine Weiterverarbeitung der Daten nach

den Absätzen 2 bis 4 erfolgt. [2]Die Tatsache der Löschung ist zu dokumentieren. [3]Die Dokumentation darf ausschließlich für Zwecke der Datenschutzkontrolle verwendet werden. [4]Sie ist sechs Monate nach der Unterrichtung nach § 23b Absatz 10 oder sechs Monate nach Erteilung der gerichtlichen Zustimmung über das endgültige Absehen von der Unterrichtung zu löschen. [5]Ist die Datenschutzkontrolle nach § 23b Absatz 13 nach Ablauf der in Satz 4 genannten Fristen noch nicht beendet, ist die Dokumentation bis zu ihrem Abschluss aufzubewahren.

Verordnung des Innenministeriums zur Durchführung des Polizeigesetzes (DVO PolG)

vom 16. September 1994 (GBl. S. 567), zuletzt geändert durch Verordnung vom 23. Juli 2013 (GBl. S. 233)

INHALTSÜBERSICHT*

---

* *Die amtliche Inhaltsübersicht beschränkt sich auf die Abschnittsüberschriften. Die Paragraphenüberschriften sind dem amtlichen Gesetzestext entnommen.*

Es wird verordnet auf Grund von

1. § 71 Abs. 1, § 78 Abs. 1 Satz 4 und Abs. 3, § 81 und § 84 Abs. 1 Satz 1 des Polizeigesetzes (PolG) in der Fassung vom 13. Januar 1992 (GBl. S. 1, ber. S. 596) im Einvernehmen mit dem Justizministerium, dem Wirtschaftsministerium, dem Ministerium Ländlicher Raum, dem Sozialministerium, dem Umweltministerium und dem Verkehrsministerium,
2. § 17 Abs. 7 des Landesdatenschutzgesetzes (LDSG) vom 27. Mai 1991 (GBl. S. 277):

ERSTER TEIL

Maßnahmen der Polizei

1. Abschnitt

Durchführung von Einzelmaßnahmen

§ 1 Durchführung des Gewahrsams. (1) [1]Die in Gewahrsam genommene Person soll von anderen festgehaltenen Personen, insbesondere Untersuchungs- und Strafgefangenen, getrennt untergebracht werden. [2]Männer und Frauen sind getrennt aufzunehmen; im Einzelfall ist eine gemeinsame Unterbringung von Ehegatten sowie Familien mit minderjährigen Kindern zulässig. [3]Jugendliche und Erwachsene sollen im übrigen gesondert untergebracht werden. [4]Personen, die an einer ansteckenden Krankheit leiden oder Krankheitskeime ausscheiden, sowie psychisch Kranke sind von anderen festgehaltenen Personen getrennt unterzubringen.

(2) [1]Der in Gewahrsam genommenen Person ist unverzüglich Gelegenheit zu geben, einen Angehörigen oder eine Person ihres Vertrauens zu benachrichtigen, wenn der Zweck des Gewahrsams dadurch nicht gefährdet wird.

[2]Außerdem ist ihr Gelegenheit zur Beiziehung eines Bevollmächtigten zu geben.

(3) Der in Gewahrsam genommenen Person dürfen nur Beschränkungen auferlegt werden, die zur Sicherung des Zwecks des Gewahrsams oder zur Aufrechterhaltung der Ordnung im Gewahrsam erforderlich sind.

§ 2 Durchsuchung von Wohnungen. (1) [1]Über die Durchsuchung ist eine Niederschrift zu fertigen. [2]Sie muß enthalten:

1. Angaben über Grund, Zeit und Ort der Durchsuchung,
2. die Bezeichnung der Polizeibehörde oder der Polizeidienststelle, welche die Durchsuchung veranlaßt hat,
3. die Angabe der bei der Durchsuchung anwesenden Polizeibeamten und der sonst anwesenden Personen,
4. die Bezeichnung der anläßlich der Durchsuchung sichergestellten oder beschlagnahmten Sachen und Tiere,
5. die Bestätigung, daß dem Wohnungsinhaber oder seinem Vertreter der Grund der Durchsuchung und die gegen sie zulässigen Rechtsbehelfe bekanntgegeben worden sind, und die Angabe eines etwa gegen die Durchsuchung eingelegten Rechtsbehelfs.

[3]Die Niederschrift ist von dem die Durchsuchung leitenden Polizeibeamten und vom Wohnungsinhaber oder seinem Vertreter zu unterzeichnen. [4]Verweigert der Wohnungsinhaber oder sein Vertreter die Unterschrift, so ist dies in der Niederschrift zu vermerken.

(2) Dem Wohnungsinhaber oder seinem Vertreter ist auf Verlangen eine Abschrift der Niederschrift auszuhändigen.

§ 3 Verwahrung und Notveräußerung sichergestellter und beschlagnahmter Sachen und Tiere. (1) [1]Sichergestellte Sachen sind so zu verwahren, daß sie der Einwirkung Unbefugter entzogen sind; Wertminderungen ist nach Möglichkeit vorzubeugen. [2]Ist eine amtliche Verwahrung nicht möglich oder nicht zweckmäßig, so ist die sichergestellte Sache einem Dritten zur Verwahrung zu übergeben. [3]Macht die Polizei zum Zweck der Verwahrung Aufwendungen, so ist der Eigentümer oder der rechtmäßige Inhaber der tatsächlichen Gewalt zum Ersatz verpflichtet. [4]Die Herausgabe der Sache kann von der Zahlung der Kosten abhängig gemacht werden.

(2) [1]Sichergestellte Sachen können verwertet werden, wenn

1. ihr Verderb oder eine wesentliche Wertminderung droht,
2. ihre Verwahrung, Pflege oder Erhaltung mit unverhältnismäßig hohen Kosten oder Schwierigkeiten verbunden ist,
3. sie infolge ihrer Beschaffenheit nicht so verwahrt werden können, daß weitere Gefahren für die öffentliche Sicherheit oder Ordnung ausgeschlossen sind.

[2]Für die Verwertung gilt § 34 Abs. 2 und 4 PolG entsprechend. [3]Bleibt die Versteigerung erfolglos, erscheint sie von vornherein aussichtslos oder ist kein die

Kosten der Versteigerung übersteigender Erlös zu erwarten, kann freihändig verkauft werden; der Erlös tritt an die Stelle der verwerteten Sache. [4]Ist der Eigentümer oder der rechtmäßige Inhaber der tatsächlichen Gewalt bekannt und erreichbar, so soll er vor der Verwertung gehört werden.

(3) Die Absätze 1 und 2 gelten entsprechend für beschlagnahmte Sachen.

(4) Ist die Sache durch den Polizeivollzugsdienst im Rahmen seiner Zuständigkeit nach § 60 Abs. 3 PolG sichergestellt oder beschlagnahmt worden, ist er für Verwahrung und Verwertung zuständig.

(5) Auf Tiere sind die Absätze 1 bis 4 sinngemäß anzuwenden.

2. Abschnitt

Datenerhebung und weitere Verarbeitung der erhobenen personenbezogenen Daten in Dateien und Akten

§ 4 Übertragung der Anordnungs- und Antragsbefugnis. (1) Die Anordnungsbefugnis nach § 22 Abs. 6 Satz 1 und § 23 a Abs. 3 Satz 1 PolG kann die Leitung

1. eines regionalen Polizeipräsidiums auf den Leiter des Führungs- und Einsatzstabes und den Leiter der Kriminalpolizeidirektion;
2. des Landeskriminalamtes auf Abteilungsleiter;
3. des Polizeipräsidiums Einsatz auf den Leiter des Führungs- und Einsatzstabes und den Leiter der Wasserschutzpolizeidirektion

übertragen.

(2) Die Antragsbefugnis nach § 23 a Abs. 2 Satz 3 PolG kann die Leitung

1. eines regionalen Polizeipräsidiums auf den Leiter des Führungs- und Einsatzstabes, den Leiter der Direktion Polizeireviere und den Leiter der Kriminalpolizeidirektion;
2. des Landeskriminalamtes auf Abteilungsleiter

übertragen.

§ 5 Überprüfungsfristen für vom Polizeivollzugsdienst gespeicherte personenbezogene Daten. (1) Die Überprüfungsfristen nach § 38 Abs. 2 Satz 2 PolG für zum Zwecke der vorbeugenden Bekämpfung von Straftaten gespeicherte personenbezogene Daten betragen

1. bei Erwachsenen und Jugendlichen fünf Jahre,
2. bei Kindern zwei Jahre; Straftaten von Kindern zwischen dem 7. und 14. Lebensjahr werden nur dann gespeichert, wenn kein kindtypisches, entwicklungsbedingtes Fehlverhalten vorliegt und Anhaltspunkte für die Begehung weiterer Straftaten gegeben sind.

(2) Abweichend hiervon beträgt die Überprüfungsfrist bei Erwachsenen zehn Jahre für

1. Verbrechen,
2. Vergehen, die in § 100 a StPO genannt sind,
3. andere, überregional bedeutsame Straftaten, insbesondere in den Fällen gewohnheits-, gewerbs- oder bandenmäßiger Begehung, bei Triebtäterschaft, internationaler Betätigung und Tatbegehung zur Verwirklichung extremistischer Ziele.

(3) [1]In Fällen von geringer Bedeutung verkürzen sich die Überprüfungsfristen bei Erwachsenen und Jugendlichen auf drei Jahre, bei Kindern auf 13 Monate. [2]Fälle von geringer Bedeutung sind in der Regel

- Hausfriedensbruch (§ 123 StGB),
- Beleidigung, üble Nachrede, Verleumdung (§§ 185, 186, 187 StGB),
- vorsätzliche Körperverletzung (§ 223 StGB) in leichten und mittelschweren Fällen; ein leichter oder mittelschwerer Fall liegt in der Regel nicht vor, wenn ein öffentliches Interesse an der Verfolgung von Amts wegen besteht (Ziffer 86 Richtlinie für das Strafverfahren und das Bußgeldverfahren),
- fahrlässige Körperverletzung (§ 230 StGB),
- Nötigung (§ 240 StGB),
- Bedrohung (§ 241 StGB) in leichten und mittelschweren Fällen; ein leichter oder mittelschwerer Fall liegt in der Regel nicht vor, wenn die Bedrohung mittels einer Waffe oder eines gefährlichen Werkzeuges erfolgt,
- Diebstahl (§ 242 StGB) und Unterschlagung (§ 246 StGB) bis zu einer Schadenshöhe von 500 EUR,
- Entziehung elektrischer Energie (§ 248 c StGB) bis zu einer Schadenshöhe von 500 EUR,
- Betrug (§ 263 StGB) bis zu einer Schadenshöhe von 500 EUR,
- Erschleichung von Leistungen (§ 265 a StGB),
- Fischwilderei (§ 293 StGB) bis zu einer Schadenshöhe von 500 EUR,
- Sachbeschädigung (§ 303 StGB) bis zu einer Schadenshöhe von 500 EUR.

[3]Eine Verkürzung der Überprüfungsfristen ist auch in anderen Fällen vorzusehen, die den Fällen von geringer Bedeutung im Hinblick auf deren geringen Unrechtsgehalt und die geringen Folgen der Tat gleichstehen.

(4) Keine Fälle von geringer Bedeutung sind Taten, die gewerbs-, gewohnheits-, serien-, bandenmäßig oder sonst organisiert begangen worden sind.

§ 6 Datenlöschung und Unterlagenvernichtung nach Abgleich mit anderen Dateien. [1]Die nach § 40 Abs. 4 PolG vorzunehmende Löschung von Daten und Vernichtung von Unterlagen sowie die weitere Aufbewahrung von Daten und Unterlagen für Zwecke der Strafverfolgung ist durch eine in § 22 Abs. 6 PolG genannte Person anzuordnen. [2]Die Anordnungen sind aktenkundig zu machen.

§ 7 Protokollierung von Übermittlungen in einem automatisierten Abrufverfahren innerhalb der Polizei. (1) [1]Bei Abrufen aus polizeilichen Daten nach § 42 Abs. 3 Satz 1 und Abs. 4 PolG werden beim Präsidium Technik, Logistik, Service der Polizei bei jeder fünfzigsten on-line-Abfrage folgende Daten automatisiert aufgezeichnet:

1. Bezeichnung der Datei;
2. Datum und Uhrzeit des Abrufs;
3. Bezeichnung der Dienststelle und Nummer des Datensichtgerätes, über das der Abruf erfolgt;
4. Daten, die zur Durchführung des Abrufs verwendet werden (Anfragedaten);
5. Benutzerkennung der Person, die den Abruf durchführt;
6. Familienname oder Dienststelle der für den Abruf verantwortlichen Person; anstelle des Familiennamens kann auch ein zur Feststellung der verantwortlichen Person geeigneter Hinweis aufgezeichnet werden. [2]Geeignete Hinweise sind insbesondere bei Funkanfragen die Nummer des Dienstausweises und das Funkrufzeichen, die die Feststellung der für den Abruf verantwortlichen Person ermöglichen;
7. Fundstelle für den Anlaß des Abrufs; als Fundstelle ist ein anlaßbezogenes Aktenzeichen oder eine Tagebuchnummer anzugeben. [2]Ist dies nicht möglich, ist die Art des Anlasses (Straftat, Ereignis oder Maßnahme) in Kurzform zu bezeichnen.

[2]Die Daten zu Nummer 6 und 7 sind von der abrufenden Stelle zu übermitteln. [3]Die Übermittlung erfolgt über eine Protokollierungsmaske.

(2) Die aufgezeichneten Protokolldaten sind auf gesonderten Datenträgern bis zum Ende des sechsten Monats nach dem Abruf aufzubewahren.

(3) [1]Die aufgezeichneten Protokolldaten dürfen außer in den Fällen des § 37 Abs. 5 PolG nur zu Zwecken der Datenschutzkontrolle genutzt werden. [2]Die Daten dürfen den abrufberechtigten Dienststellen und den für die Aufsicht zuständigen Behörden nur auf Anordnung des Präsidenten des Präsidiums Technik, Logistik, Service der Polizei oder eines von ihm besonders beauftragten Beamten übermittelt werden. [3]§ 25 LDSG bleibt unberührt.

ZWEITER TEIL

Aufgaben und Gliederung der Polizeidienststellen und von Einrichtungen für den Polizeivollzugsdienst

1. Abschnitt

Allgemeines

§ 8 Zusammenarbeit der Polizeidienststellen. (1) [1]Die Polizeidienststellen sind zur Zusammenarbeit und zur gegenseitigen Unterstützung verpflichtet. [2]Sie haben sich gegenseitig von allen sachdienlichen Wahrnehmungen zu unterrichten. [3]Personenbezogene Daten dürfen dabei nur übermittelt werden, soweit dies zur Wahrnehmung polizeilicher Aufgaben erforderlich ist.

(2) [1]Erscheint bei Gefahr im Verzug ein rechtzeitiges Tätigwerden der sachlich zuständigen Polizeidienststelle nicht erreichbar, so kann jede andere Polizeidienststelle die erforderlichen Maßnahmen treffen. [2]Die zuständige Polizeidienststelle ist unverzüglich zu unterrichten.

§ 9 Befugnisse der Staatsanwaltschaft. Die der Staatsanwaltschaft im Rahmen der Strafverfolgung zustehenden Befugnisse, insbesondere ihr Recht, die Ermittlungen zu leiten und den Ermittlungspersonen der Staatsanwaltschaft Weisungen zu erteilen, werden durch die nachfolgenden Abschnitte zwei bis fünf nicht berührt.

2. Abschnitt
Landeskriminalamt

§ 10 Allgemeines. (1) [1]Dem Landeskriminalamt obliegt die fachliche Leitung und Beaufsichtigung der polizeilichen Kriminalitätsbekämpfung sowie der Kriminal- und Verkehrsunfallprävention. [2]Es hat auf die Zusammenarbeit aller Polizeidienststellen in diesen Aufgabenbereichen hinzuwirken.

(2) [1]Das Landeskriminalamt kann die zur Durchführung seiner Aufgaben erforderlichen fachlichen Weisungen erteilen. [2]Allgemeine Weisungen grundsätzlicher Art bedürfen der Zustimmung des Innenministeriums.

§ 11 Einzelne Aufgaben. Das Landeskriminalamt hat insbesondere

1. Nachrichten und Unterlagen für die polizeiliche Kriminalitätsbekämpfung sowie die Kriminal- und Verkehrsunfallprävention zu sammeln und auszuwerten und die Polizeidienststellen über die Ergebnisse der Auswertung und über Zusammenhänge von Straftaten zu unterrichten,
2. die fachlichen Standards für die Planung, die Einrichtung und den Betrieb von Informationssystemen zur Kriminalitätsbekämpfung und zur Kriminal- und Verkehrsunfallprävention zu erarbeiten und umzusetzen,
3. über Anträge auf Auskunft über personenbezogene Daten in den von ihm geführten Dateien zu entscheiden, soweit diese nicht nur zugriffsgeschützt für die speichernde Stelle gespeichert sind,
4. über Anträge auf Löschung, Sperrung oder Berichtigung von personenbezogenen Daten in den von ihm geführten Dateien zu entscheiden, soweit
   a) der Antrag auch auf Auskunft über personenbezogene Daten in den von ihm geführten Dateien gerichtet ist, wenn diese nicht nur zugriffsgeschützt für die speichernde Stelle gespeichert sind, oder
   b) über den Betroffenen bei mehreren Polizeidienststellen Daten vorhanden sind,
5. praxisbezogene Forschung in besonderen Bereichen der polizeilichen Kriminalitätsbekämpfung und der Kriminal- und Verkehrsunfallprävention zu betreiben und kriminalistische Methoden zu entwickeln sowie im Rahmen

der Sicherheitsforschung den Forschungsbedarf zu koordinieren und praxisbezogene Forschung zu initiieren,

6. kriminaltechnische, kriminalwissenschaftliche und erkennungsdienstliche Einrichtungen zu unterhalten, Untersuchungen durchzuführen, Gutachten zu erstatten sowie im Rahmen der Fachaufsicht die landesweite Qualitätssicherung im Bereich der Kriminaltechnik zu gewährleisten,
7. eine Kriminalstatistik zu führen,
8. Personenfeststellungsverfahren durchzuführen, soweit seine Einrichtung hierzu erforderlich sind oder die Mitwirkung des Bundeskriminalamtes, eines anderen Landeskriminalamtes oder einer ausländischen Polizeidienststelle erforderlich ist,
9. einheitliche Standards für die polizeiliche Kriminalitätsbekämpfung sowie die Kriminal- und Verkehrsunfallprävention zu entwickeln und ihre Verwendung bei den Polizeidienststellen zu regeln,
10. die in der polizeilichen Kriminalitätsbekämpfung sowie der Kriminal- und Verkehrsunfallprävention tätigen Beamten im Rahmen seiner Fachaufsicht fachlich fortzubilden,
11. Nachrichten über Vermißte und unbekannte Tote zu sammeln und auszuwerten,
12. über Mittel und Maßnahmen zum Schutz vor Straftätern zu beraten,
13. die nach dem Atomgesetz zuständigen Genehmigungs- und Aufsichtsbehörden sowie die Betreiber kerntechnischer Anlagen und die Beförderer von Kernbrennstoffen hinsichtlich der erforderlichen technischen Schutzmaßnahmen gegen Störungen und sonstige Einwirkungen Dritter zu beraten,
14. die polizeiliche Zusammenarbeit in der Kriminalitätsbekämpfung und der Kriminal- und Verkehrsunfallprävention mit dem Ausland zu koordinieren und den Rechtshilfeverkehr mit dem Ausland für die Polizeidienststellen des Landes abzuwickeln, soweit nicht der unmittelbare Geschäftsweg zwischen den Polizeidienststellen zugelassen ist,
15. dem Bundeskriminalamt die zur Erfüllung seiner Aufgaben erforderlichen Nachrichten und Unterlagen zu übermitteln,
16. überregionale Fahndungsmaßnahmen zu steuern,
17. bei Geiselnahmen und Entführungsfällen eine Koordinierungsstelle einzurichten und in Abstimmung mit dem Innenministerium für die zuständige Dienststelle einsatzunterstützende und -begleitende sowie ermittlungsunterstützende und -begleitende Maßnahmen wahrzunehmen,
18. die Verdeckten Ermittler auszubilden, über ihren Einsatz zu entscheiden und sie zu führen, wobei § 110 b StPO unberührt bleibt,
19. Zeugenschutzmaßnahmen durchzuführen und zu koordinieren,
20. Verdachtsmeldungen gemäß § 11 des Gesetzes über das Aufspüren von Gewinnen aus schweren Straftaten zu sammeln, auszuwerten und zu steuern und Finanzermittlungen bis zur Feststellung der örtlich oder sachlich zuständigen Dienststelle durchzuführen.

§ 12 Verfolgungszuständigkeit. (1) Das Landeskriminalamt ist zuständig für die polizeilichen Aufgaben auf dem Gebiet der Strafverfolgung in den Fällen

1. des Friedensverrats, des Hochverrats, der Gefährdung des demokratischen Rechtsstaates, des Landesverrats und der Gefährdung der äußeren Sicherheit (§§ 80 bis 101 a StGB, Artikel 7 des Vierten Strafrechtsänderungsgesetzes),
2. der Bildung terroristischer Vereinigungen (§ 129 a StGB) und der damit zusammenhängenden (§§ 89 a, 89 b, 91, 109 h, 111, 129 b, 130, 130 a StGB) und in § 129 a Abs. 1 Nr. 1 bis 3 StGB genannten Straftaten,
3. der Fälschung von Geld- und Wertzeichen, EC-Karten und EC-Vordrucken, des überörtlichen Inverkehrbringens von Falschgeld und des Gebrauchs gefälschter EC-Karten, EC-Vordrucke und Kreditkarten (§§ 146 bis 152 a, 263, 263 a StGB), wenn weitreichende Ermittlungen erforderlich sind,
4. der Kernenergie- und Strahlungsverbrechen (§§ 307, 309 bis 312 StGB), der Straftaten gegen die Umwelt im Zusammenhang mit radioaktiven Stoffen (§§ 326 bis 328, 330 StGB), der Straftaten nach § 40 des Sprengstoffgesetzes und §§ 19, 20 und 22 a des Gesetzes über die Kontrolle von Kriegswaffen.

(2) [1]Ferner ist das Landeskriminalamt zuständig für die polizeilichen Aufgaben auf dem Gebiet der Strafverfolgung in Fällen besonderer Bedeutung

1. nach dem Gesetz über den Verkehr mit Betäubungsmitteln,
2. des unerlaubten Handels mit Schußwaffen und Munition,
3. der Bekämpfung der Organisierten Kriminalität einschließlich der Geldwäsche,
4. der Bekämpfung der Wirtschaftskriminalität, der schweren Umweltkriminalität, der Korruptions- und Amtsdelikte von herausragender Bedeutung sowie
5. der Bekämpfung der Cyberkriminalität,

soweit weitreichende Ermittlungen erforderlich sind oder eine wirksame Strafverfolgung durch die übrigen Polizeidienststellen nicht sichergestellt ist. [2]Sind die Ermittlungsverfahren beim Landeskriminalamt eingeleitet worden, bleibt es vorbehaltlich einer Zuständigkeitsübertragung nach Absatz 3 bei dessen Zuständigkeit.

(3) [1]Das Landeskriminalamt kann seine Zuständigkeit nach Absatz 1 und 2 im Einzelfall einer anderen Polizeidienststelle übertragen, soweit eine wirksame Strafverfolgung sichergestellt ist. [2]Das Landeskriminalamt unterrichtet die zuständige Polizeidienststelle von der Übertragung.

(4) Andere Straftaten und Ordnungswidrigkeiten verfolgt das Landeskriminalamt, wenn

1. dies im Einzelfall vom Innenministerium angeordnet wird oder
2. das Bundeskriminalamt gemäß § 7 des Gesetzes über die Einrichtung eines Bundeskriminalpolizeiamtes (Bundeskriminalamtes) dem Land die polizeilichen Aufgaben auf dem Gebiet der Strafverfolgung zuweist und das Innenministerium keine andere Polizeidienststelle für zuständig erklärt.

(5) [1]Das Landeskriminalamt kann die Verfolgung von Straftaten und Ordnungswidrigkeiten übernehmen, wenn

1. zur Aufnahme und Sicherung des Tatbestandes die Verwendung besonderer technischer Hilfsmittel erforderlich ist,
2. die Durchführung weitreichender Ermittlungen in Betracht kommt, insbesondere weil Zusammenhänge mit Straftaten oder Ordnungswidrigkeiten, die in Bezirken verschiedener Polizeidienststellen begangen wurden, erkennbar sind und die einheitliche Verfolgung zweckmäßig erscheint,
3. es sich um Straftaten oder Ordnungswidrigkeiten auf besonderen Sachgebieten handelt, zu deren Bearbeitung die Kenntnis und Verwertung von Informationen, die in den Sammlungen des Landeskriminalamtes enthalten sind, oder besondere Erfahrungen oder Kenntnisse erforderlich sind,
4. sie im Zusammenhang mit einer der in Absatz 1 oder 2 genannten Straftaten stehen oder
5. eine der übrigen Polizeidienststellen darum nachsucht.

[2]Das Landeskriminalamt unterrichtet unverzüglich die zuständige Polizeidienststelle von der Übernahme.

(6) Das Landeskriminalamt wirkt bei der Ermittlung, Verhinderung und Unterbindung von Handlungen in den Fällen der Artikel 9 Abs. 2, Artikel 21 Abs. 2 und Artikel 26 Abs. 1 des Grundgesetzes mit.

(7) [1]Das Landeskriminalamt ist zur Abwehr von Gefahren zuständig, soweit es nach Absätzen 1, 2, 4 oder 5 auch für Strafverfolgungsmaßnahmen zuständig wäre; es ist ferner in Fällen von besonderer Bedeutung zuständig für Maßnahmen nach § 22 Abs. 1 Nr. 1 und 3 sowie § 23 Abs. 1 PolG. [2]Absätze 3 und 5 Satz 2 gelten entsprechend.

§ 13 Zusammenarbeit des Landeskriminalamtes mit anderen Polizeidienststellen. (1) [1]Die Polizeidienststellen übermitteln dem Landeskriminalamt alle zur Erfüllung seiner Aufgaben erforderlichen Nachrichten und Unterlagen. [2]Sie unterrichten das Landeskriminalamt insbesondere unverzüglich von allen Fällen, in denen es nach § 12 zur Verfolgung zuständig ist oder die Verfolgung übernehmen kann oder in denen eine Zuweisung nach Absatz 2 in Betracht kommt.

(2) [1]Das Landeskriminalamt kann die polizeiliche Verfolgung einer Straftat oder mehrerer zusammenhängender Straftaten einer Polizeidienststelle zuweisen, in deren Dienstbezirk ein Gerichtsstand begründet ist, wenn Polizeidienststellen mehrerer Dienstbezirke zuständig sind und eine einheitliche Strafverfolgung zweckmäßig erscheint. [2]Das Landeskriminalamt unterrichtet unverzüglich die zuständigen Polizeidienststellen von der Zuweisung.

(3) Die örtlich zuständigen Polizeidienststellen haben den Ermittlungsersuchen des Landeskriminalamtes zu entsprechen und dessen Beamten die erforderliche Unterstützung zu gewähren.

(4) Die Beamten des Landeskriminalamtes sollen zu ihren Ermittlungen Beamte der örtlich zuständigen Polizeidienststellen hinzuziehen.

§ 14 Weisungsbefugnis der Staatsanwaltschaft. (1) Die Staatsanwaltschaft kann das Landeskriminalamt ersuchen, die Verfolgung einzelner Straftaten zu übernehmen oder an andere Polizeidienststellen abzugeben.

(2) Hat die Staatsanwaltschaft dem Landeskriminalamt die Verfolgung einer Straftat übertragen, so kann das Landeskriminalamt die Verfolgung dieser Tat nur mit Zustimmung der Staatsanwaltschaft einer anderen Polizeidienststelle übertragen.

3. Abschnitt
Polizeipräsidium Einsatz

§ 15 Allgemeines. Das Polizeipräsidium Einsatz unterstützt die übrigen Polizeidienststellen mit der Bereitschaftspolizei, den Spezialeinheiten und der Polizeihubschrauberstaffel bei der Aufgabenwahrnehmung, soweit dies für die operative Einsatzbewältigung erforderlich ist.

§ 16 Aufgaben. Das Polizeipräsidium Einsatz

1. betreibt das Technikzentrum für Spezialeinheiten und unterstützt die regionalen Polizeipräsidien und das Landeskriminalamt bei ihrer Aufgabenwahrnehmung durch den Einsatz besonderer technischer Mittel im Aufgabengebiet der Spezialeinheiten,
2. führt die Fortbildung der geschlossenen Einsatzeinheiten durch,
3. nimmt die Aufgaben im Personenschutz wahr,
4. nimmt die Aufgaben eines Trainings- und Kompetenzzentrums Polizeihundeführer wahr,
5. koordiniert landesweit den Einsatz von Spezialkräften und Einsatzeinheiten der regionalen Polizeipräsidien auf Weisung des Innenministeriums,
6. sammelt und bewertet einsatzbezogene Informationen, um praxisbezogene Forschung zur polizeilichen Einsatzbewältigung durchzuführen, taktische Konzepte zu entwickeln und deren Umsetzung zu begleiten,
7. leistet mit Kräften der Bereitschaftspolizei bei Naturkatastrophen und schweren Unglücksfällen Hilfe und wirkt bei der Abwehr drohender Gefahren für den Bestand oder die freiheitliche demokratische Grundordnung des Bundes oder eines Landes nach Maßgabe von Artikel 35 Abs. 2 Satz 2, Abs. 3 und Artikel 91 des Grundgesetzes sowie nach § 79 PolG mit.

§ 17 Einsatz. (1) Einheiten der Bereitschaftspolizei, der Direktion Spezialeinheiten sowie die Hubschrauberstaffel dürfen nur eingesetzt werden

1. vom Innenministerium; das Innenministerium kann diese Zuständigkeit auf das Polizeipräsidium Einsatz übertragen;
2. von ihren Vorgesetzten, wenn bei Katastrophen, Unglücksfällen oder sonstigen Ereignissen ein sofortiger Einsatz notwendig ist.

(2) Im Einsatz werden die Einsatzkräfte des Polizeipräsidiums Einsatz dem für die Einsatzbewältigung zuständigen Polizeiführer unterstellt.

(3) Der Einsatz außerhalb des Landes regelt sich nach Artikel 35 Abs. 2 Satz 2, Abs. 3 und Artikel 91 des Grundgesetzes sowie nach § 79 PolG.

§ 18 Wasserschutzpolizei. (1) [1]Das Polizeipräsidium Einsatz nimmt die Aufgaben der Wasserschutzpolizei wahr. [2]Dies sind insbesondere:

1. auf den schiffbaren Wasserstraßen und den sonstigen schiffbaren Gewässern einschließlich der Nebenanlagen, der Häfen und der Werftanlagen die Aufgaben der Kriminalpolizei nach § 23 Abs. 2 Nummer 1 in Fällen der schweren Umweltkriminalität sowie im Wesentlichen die Aufgaben der Schutzpolizei nach § 23 Abs. 3;
2. die Bearbeitung nicht natürlicher Todesfälle im Zusammenhang mit Unfällen beim Betrieb, Laden, Löschen und Stillliegen von Wasserfahrzeugen, bei der Verwendung von Tauchgeräten und beim Apnoe-Tieftauchen sowie beim Baden und beim Betreten des Eises im wasserschutzpolizeilichen Zuständigkeitsbereich nach Nummer 1;
3. die sonstigen übertragenen Aufgaben, die sich aus länderübergreifenden Kooperationen sowie völkerrechtlichen Vereinbarungen ergeben.

(2) § 23 Absatz 4 gilt entsprechend.

4. Abschnitt

Präsidium Technik, Logistik, Service der Polizei

§ 19 Allgemeines. [1]Das Präsidium Technik, Logistik, Service der Polizei ist zuständig für die polizeiliche Informations-, Kommunikations- und Einsatztechnik sowie die damit verbundenen Logistik- und Serviceaufgaben. [2]Ihm obliegen die Angelegenheiten des polizeiärztlichen Dienstes, des Sanitätsdienstes und der Arbeitssicherheit. [3]Dem Präsidium Technik, Logistik, Service der Polizei ist das Landespolizeiorchester zugeordnet.

(2) [1]Das Präsidium Technik, Logistik, Service der Polizei kann die zur Durchführung seiner Aufgaben erforderlichen fachlichen Weisungen erteilen. [2]Allgemeine Weisungen grundsätzlicher Art bedürfen der Zustimmung des Innenministeriums.

§ 20 Aufgaben. Das Präsidium Technik, Logistik, Service der Polizei hat insbesondere

1. den landesweiten technischen Bedarf zu planen, zu standardisieren und zu steuern,
2. zentrale Beschaffungsmaßnahmen durchzuführen, sofern nicht eine andere Dienststelle oder das Logistikzentrum Baden-Württemberg zuständig ist,
3. Informations- und Kommunikationsnetze sowie -verfahren zu entwickeln, zu beschaffen und den Betrieb sicherzustellen,

4. für alle Polizeidienststellen und Einrichtungen für den Polizeivollzugsdienst sowie in besonderen Einsatzlagen die technische Unterstützung zu gewährleisten,
5. Maßnahmen zur Gewährleistung der Informationssicherheit zu koordinieren, umzusetzen und zu überwachen,
6. Gremienarbeit auf Bundes- und Landesebene sowie die Arbeits- und Projektgruppenarbeit einschließlich der Sicherheitsforschung im Rahmen der Zuständigkeit zu gewährleisten,
7. die Aufgaben des polizeiärztlichen Dienstes, des Sanitätsdienstes und der Arbeitssicherheit zu koordinieren und zu steuern,
8. das Landespolizeiorchester zu führen und die Auftritte zu koordinieren.

5. Abschnitt

Regionale Polizeipräsidien

§ 23 Aufgaben. (1) Der Schutz- und Kriminalpolizei bei den regionalen Polizeipräsidien obliegen die Aufgaben des Polizeivollzugsdienstes, soweit nicht das Landeskriminalamt oder das Polizeipräsidium Einsatz zuständig ist.

(2) Die Kriminalpolizei nimmt die in Absatz 1 bezeichneten Aufgaben wahr, soweit es sich handelt um

1. Straftaten, durch welche die Rechtsordnung in besonderem Maße verletzt wird (schwere Kriminalität), mit Ausnahme der schweren Umweltkriminalität im Zuständigkeitsbereich der Wasserschutzpolizei,
2. Straftaten oder Ordnungswidrigkeiten, deren Verfolgung das Landeskriminalamt nach § 12 Abs. 5 Satz 1 Nr. 1 bis 3 dieser Verordnung übernehmen kann,
3. die Bekämpfung der Jugendkriminalität, außer den Fällen, deren Aufklärung nicht schwierig und ohne die Einrichtungen der Kriminalpolizei möglich ist,
4. nicht natürliche Todesfälle, außer
   a) tödlichen Verkehrsunfällen innerhalb und außerhalb des öffentlichen Verkehrsraumes,
   b) tödlichen Betriebsunfällen im Zusammenhang mit dem Betrieb von Fahrzeugen mit Ausnahme von Schienen- und Luftfahrzeugen,
   c) tödlichen Unfällen nach § 18 Abs. 1 Nummer 2,
5. die Identifizierung von Leichen unbekannter Personen.

(3) [1]Die Schutzpolizei nimmt die in Abs. 1 bezeichneten Aufgaben wahr, soweit diese nicht nach Abs. 2 der Kriminalpolizei oder nach § 18 der Wasserschutzpolizei obliegen. [2]Unbeschadet des § 8 Abs. 2 hat die Schutzpolizei die unaufschiebbaren Maßnahmen zu treffen, wenn bei Gefahr im Verzug ein rechtzeitiges Tätigwerden des Landeskriminalamtes, der Kriminalpolizei oder der Wasserschutzpolizei nicht rechtzeitig erreichbar erscheint; § 8 Abs. 2 Satz 2 gilt entsprechend.

(4) [1]Die regionalen Polizeipräsidien entscheiden vorbehaltlich der Zuständigkeit des Landeskriminalamts nach § 11 Nummer 4 über Anträge auf Löschung, Sperrung oder Berichtigung der von ihnen in Dateien und Akten gespeicherten personenbezogenen Daten. [2]Sie sind zuständig für den Abruf von Lichtbildern im automatisierten Verfahren nach § 22 a Abs. 2 des Passgesetzes vom 19. April 1986 (BGBl. I S. 537), zuletzt geändert durch Artikel 2 des Gesetzes vom 18. Juni 2009 (BGBl. I S. 1346, 1357), und nach § 25 Abs. 2 des Personalausweisgesetzes vom 18. Juni 2009 (BGBl. I S. 1346).

§§ 24–26 *(aufgehoben)*

DRITTER TEIL

Übertragung von Zuständigkeiten auf Polizeidienststellen anderer Länder und des Bundes

§ 27 Übertragung von Zuständigkeiten auf Polizeidienststellen des Freistaates Bayern. *(hier nicht abgedruckt)*

§ 28 Übertragung von Zuständigkeiten auf Polizeidienststellen des Landes Hessen. *(hier nicht abgedruckt)*

§ 29 Übertragung von Zuständigkeiten auf Polizeidienststellen des Landes Rheinland-Pfalz. *(hier nicht abgedruckt)*

§ 30 Übertragung von Zuständigkeiten auf Polizeidienststellen des Bundes. *(hier nicht abgedruckt)*

VIERTER TEIL

Gemeindliche Vollzugsbedienstete

§ 31 Aufgaben der gemeindlichen Vollzugsbediensteten. (1) [1]Sind gemeindliche Vollzugsbedienstete bestellt, kann ihnen die Ortspolizeibehörde polizeiliche Vollzugsaufgaben übertragen

1. beim Vollzug von Gemeindesatzungen und Polizeiverordnungen der Orts- und Kreispolizeibehörde,
2. im Straßenverkehrsrecht
   a) beim Vollzug der Vorschriften über das Halten und Parken und über die Sorgfaltspflichten beim Ein- und Aussteigen,
   b) beim Vollzug der Vorschriften über das Verbot, Verkehrshindernisse zu bereiten oder Fahrzeuge unbeleuchtet abzustellen,
   c) bei der Überwachung der Verkehrsverbote auf Feld- und Waldwegen sonstigen beschränkt öffentlichen Wegen, Geh- und Sonderwegen sowie tatsächlich-öffentlichen Straßen,

d) bei der Überwachung der Durchfahrtverbote in Fußgängerzonen, in verkehrsberuhigten Bereichen und in Kur- und Erholungsorten,
e) bei der Unterstützung von Verkehrsregelungsmaßnahmen des Polizeivollzugsdienstes bei Umzügen, Prozessionen, Großveranstaltungen und ähnlichen Anlässen,
f) bei der Regelung des Straßenverkehrs durch Zeichen und Weisungen, wenn dies zur Aufrechterhaltung der Sicherheit und Ordnung dringend geboten erscheint und ein Tätigwerden des Polizeivollzugsdienstes nicht abgewartet werden kann,
g) bei der Überwachung der Termine für die Haupt- und Abgasuntersuchung im ruhenden Verkehr,

3. beim Vollzug der Vorschriften über Sondernutzungen an öffentlichen Straßen, über das Reinigen, Räumen und Streuen öffentlicher Straßen und über den Schutz öffentlicher Straßen einschließlich tatsächlich-öffentlicher Straßen,
4. beim Vollzug der Vorschriften über das Meldewesen,
5. beim Vollzug der Vorschriften über das Reisegewerbe und das Marktwesen,
6. im Umweltschutz
   a) beim Vollzug der Vorschriften über unzulässigen Lärm und das unnötige Laufenlassen von Fahrzeugmotoren,
   b) beim Vollzug der Vorschriften über das Verbot des Behandelns, Lagerns oder Ablagerns von Abfällen sowie über die Beseitigung pflanzlicher Abfälle außerhalb dafür zugelassener Anlagen,
   c) beim Vollzug der Vorschriften über Wasserschutzgebiete, über den Schutz der Gewässer und über Gemeingebrauch und Sondernutzung an Gewässern,
7. im Feldschutz
   a) beim Vollzug der Vorschriften zur Bewirtschaftung und Pflege von Grundstücken,
   b) beim Vollzug der Vorschriften über das Betreten der freien Landschaft und geschlossener Rebanbaugebiete,
   c) beim Vollzug der Vorschriften über Schutz und Pflege wildwachsender Pflanzen und wildlebender Tiere in der freien Landschaft,
   d) beim Vollzug der Vorschriften über den Nachweis der Berechtigung zur Ausübung der Jagd und Fischerei,
   e) beim Vollzug von Vorschriften zum Schutz des Eigentums an landwirtschaftlichen und gärtnerischen Grundstücken, Erzeugnissen, Geräten und Einrichtungen in der freien Landschaft und in Gartenanlagen,
   f) bei der Bekämpfung tierischer und pflanzlicher Schädlinge,
   g) beim Vollzug von Vorschriften über den Brandschutz in der freien Landschaft,
8. im Veterinärwesen
   a) beim Vollzug von Vorschriften über die Tierseuchenbekämpfung und die Tierkörperbeseitigung,
   b) beim Vollzug der Vorschriften über den Tierschutz,
   c) bei Maßnahmen gegenüber herrenlosen Tieren,

9. für sonstige Aufgaben
   a) beim Schutz von öffentlichen Grünanlagen, Kinderspielplätzen und anderen dem öffentlichen Nutzen dienenden Anlagen gegen Beschädigung, Verunreinigung und mißbräuchliche Benutzung,
   b) beim Vollzug der Vorschriften über Anschläge und unerlaubtes Plakatieren,
   c) beim Vollzug der Vorschrift über die Belästigung der Allgemeinheit,
   d) beim Vollzug der Vorschriften über den Schutz der Sonn- und Feiertage,
   e) beim Vollzug der Vorschriften über die Sperrzeit und den Ladenschluß,
   f) beim Vollzug der Vorschriften zum Schutz der Jugend in der Öffentlichkeit,
   g) auf dem Gebiet des Sammlungswesens,
   h) beim Vollzug der Vorschriften über das Halten gefährlicher Tiere,
   i) auf dem Gebiet des Gesundheitsschutzes,
   j) beim Vollzug der Vorschriften über die Verhütung von Unfällen und über das Parken auf Privatgrundstücken (§§ 9 und 12 des Landesgesetzes über Ordnungswidrigkeiten).

[2]Die Zuständigkeit des Polizeivollzugsdienstes bleibt unberührt.

(2) Mit Zustimmung des Regierungspräsidiums kann die Ortspolizeibehörde den gemeindlichen Vollzugsbediensteten weitere polizeiliche Vollzugsaufgaben übertragen.

(3) Werden dem gemeindlichen Vollzugsdienst Aufgaben nach den Absätzen 1 und 2 übertragen, so unterrichtet die Ortspolizeibehörde die örtlich zuständige Dienststelle des Polizeivollzugsdienstes über den Umfang der Aufgabenwahrnehmung.

(4) Die Übertragung polizeilicher Vollzugsaufgaben nach Absatz 1 Satz 1 Nr. 2 Buchst. c, Nr. 6 Buchst. b, Nr. 7 Buchst. b, d und f bedarf der Zustimmung der unteren Forstbehörde, soweit sich die Zuständigkeit der gemeindlichen Vollzugsbediensteten auf den Wald erstrecken soll.

§ 32 Öffentliche Bekanntmachung. Die Ortspolizeibehörde macht die Übertragung von polizeilichen Vollzugsaufgaben nach § 31 und deren Widerruf öffentlich bekannt.

FÜNFTER TEIL
Schlußvorschriften

§ 33 Inkrafttreten; Außerkrafttreten von Vorschriften. (1) Diese Verordnung tritt am Tage nach ihrer Verkündung* in Kraft.

(2) Gleichzeitig treten außer Kraft

1. die Erste Verordnung des Innenministeriums zur Durchführung des Polizeigesetzes vom 13. Mai 1969 (GBl. S. 94), zuletzt geändert durch Artikel 10

* *Verkündet am 21. Oktober 1994*

§ 2 des Zweiten Rechtsbereinigungsgesetzes vom 7. Februar 1994 (GBl. S. 73) und

2. die Zweite Verordnung des Innenministeriums zur Durchführung des Polizeigesetzes vom 8. Oktober 1986 (GBl. S. 396), geändert durch Verordnung vom 17. Oktober 1991 (GBl. S. 691).

Landesbauordnung für Baden-Württemberg (LBO)

in der Fassung vom 5. März 2010 (GBl. S. 357, berechtigt S. 416), zuletzt geändert durch Gesetz vom 21. November 2017 (GBl. S. 612)

INHALTSÜBERSICHT

SECHSTER TEIL

Einzelne Räume, Wohnungen und besondere Anlagen

SIEBENTER TEIL

Am Bau Beteiligte, Baurechtsbehörden

ACHTER TEIL

Verwaltungsverfahren, Baulasten

NEUNTER TEIL

Rechtsvorschriften, Ordnungswidrigkeiten, Übergangs- und Schlussvorschriften

ERSTER TEIL

Allgemeine Vorschriften

§ 1 Anwendungsbereich. (1) [1]Dieses Gesetz gilt für bauliche Anlagen und Bauprodukte. [2]Es gilt auch für Grundstücke, andere Anlagen und Einrichtungen, an die in diesem Gesetz oder in Vorschriften aufgrund dieses Gesetzes Anforderungen gestellt werden. [3]Es gilt ferner für Anlagen nach Absatz 2, soweit an sie Anforderungen aufgrund von § 74 gestellt werden.

(2) [1]Dieses Gesetz gilt

1. bei öffentlichen Verkehrsanlagen nur für Gebäude,
2. bei den der Aufsicht der Wasserbehörden unterliegenden Anlagen nur für Gebäude, Überbrückungen, Abwasseranlagen, Wasserbehälter, Pumpwerke, Schachtbrunnen, ortsfeste Behälter für Treibstoffe, Öle und andere wassergefährdende Stoffe sowie für Abwasserleitungen auf Baugrundstücken,
3. bei den der Aufsicht der Bergbehörden unterliegenden Anlagen nur für oberirdische Gebäude,
4. bei Leitungen aller Art nur für solche auf Baugrundstücken.

[2]Es gilt nicht für Kräne und Krananlagen.

§ 2 Begriffe. (1) [1]Bauliche Anlagen sind unmittelbar mit dem Erdboden verbundene, aus Bauprodukten hergestellte Anlagen. [2]Eine Verbindung mit dem Erdboden besteht auch dann, wenn die Anlage durch eigene Schwere auf dem Boden ruht oder wenn die Anlage nach ihrem Verwendungszweck dazu bestimmt ist, überwiegend ortsfest benutzt zu werden. [3]Als bauliche Anlagen gelten auch

1. Aufschüttungen und Abgrabungen,
2. Ausstellungs-, Abstell- und Lagerplätze,
3. Camping-, Wochenend- und Zeltplätze,
4. Sport- und Spielflächen,
5. Freizeit- und Vergnügungsparks,
6. Stellplätze.

(2) Gebäude sind selbstständig benutzbare, überdeckte bauliche Anlagen, die von Menschen betreten werden können und geeignet sind, dem Schutz von Menschen, Tieren oder Sachen zu dienen.

(3) Wohngebäude sind Gebäude, die überwiegend der Wohnnutzung dienen und außer Wohnungen allenfalls Räume für die Berufsausübung freiberuflich oder in ähnlicher Art Tätiger sowie die zugehörigen Garagen und Nebenräume enthalten.

(4) [1]Gebäude werden in folgende Gebäudeklassen eingeteilt:

1. Gebäudeklasse 1:
   freistehende Gebäude mit einer Höhe bis zu 7 m und nicht mehr als zwei Nutzungseinheiten von insgesamt nicht mehr als 400 m^2 und freistehende land- oder forstwirtschaftlich genutzte Gebäude,

2. Gebäudeklasse 2:
   Gebäude mit einer Höhe bis zu 7 m und nicht mehr als zwei Nutzungseinheiten von insgesamt nicht mehr als 400 m^2,
3. Gebäudeklasse 3:
   sonstige Gebäude mit einer Höhe bis zu 7 m,
4. Gebäudeklasse 4:
   Gebäude mit einer Höhe bis zu 13 m und Nutzungseinheiten mit jeweils nicht mehr als 400 m^2,
5. Gebäudeklasse 5:
   sonstige Gebäude einschließlich unterirdischer Gebäude.

[2]Höhe im Sinne des Satzes 1 ist das Maß der Fußbodenoberkante des höchstgelegenen Geschosses, in dem ein Aufenthaltsraum möglich ist, über der Geländeoberfläche im Mittel. [3]Grundflächen von Nutzungseinheiten im Sinne dieses Gesetzes sind die Brutto-Grundflächen; bei der Berechnung der Brutto-Grundflächen nach Satz 1 bleiben Flächen in Kellergeschossen außer Betracht.

(5) [1]Geschosse sind oberirdische Geschosse, wenn ihre Deckenoberkanten im Mittel mehr als 1,4 m über die Geländeoberfläche hinausragen; im Übrigen sind sie Kellergeschosse. [2]Hohlräume zwischen der obersten Decke und der Bedachung, in denen Aufenthaltsräume nicht möglich sind, sind keine Geschosse.

(6) [1]Vollgeschosse sind Geschosse, die mehr als 1,4 m über die im Mittel gemessene Geländeoberfläche hinausragen und, von Oberkante Fußboden bis Oberkante Fußboden der darüber liegenden Decke oder bis Oberkante Dachhaut des darüber liegenden Daches gemessen, mindestens 2,3 m hoch sind. [2]Die im Mittel gemessene Geländeoberfläche ergibt sich aus dem arithmetischen Mittel der Höhenlage der Geländeoberfläche an den Gebäudeecken. [3]Keine Vollgeschosse sind

1. Geschosse, die ausschließlich der Unterbringung von haustechnischen Anlagen und Feuerungsanlagen dienen,
2. oberste Geschosse, bei denen die Höhe von 2,3 m über weniger als drei Viertel der Grundfläche des darunter liegenden Geschosses vorhanden ist.

[4]Hohlräume zwischen der obersten Decke und dem Dach, deren lichte Höhe geringer ist, als sie für Aufenthaltsräume nach § 34 Abs. 1 erforderlich ist, sowie offene Emporen bis zu einer Grundfläche von 20 m^2 bleiben außer Betracht.

(7) Aufenthaltsräume sind Räume, die zum nicht nur vorübergehenden Aufenthalt von Menschen bestimmt oder geeignet sind.

(8) [1]Stellplätze sind Flächen, die dem Abstellen von Kraftfahrzeugen und Fahrrädern außerhalb der öffentlichen Verkehrsflächen dienen. [2]Garagen sind Gebäude oder Gebäudeteile zum Abstellen von Kraftfahrzeugen. [3]Ausstellungs-, Verkaufs-, Werk- und Lagerräume sind keine Stellplätze oder Garagen.

(9) [1]Anlagen der Außenwerbung (Werbeanlagen) sind alle örtlich gebundenen Einrichtungen, die der Ankündigung oder Anpreisung oder als Hinweis auf Gewerbe oder Beruf dienen und vom öffentlichen Verkehrsraum aus sichtbar sind. [2]Hierzu gehören vor allem Schilder, Beschriftungen, Bemalungen, Lichtwerbungen, Schaukästen sowie für Anschläge oder Lichtwerbung bestimmte Säulen, Tafeln und Flächen. [3]Keine Werbeanlagen im Sinne dieses Gesetzes sind

1. Werbeanlagen, die im Zusammenhang mit allgemeinen Wahlen oder Abstimmungen angebracht oder aufgestellt werden, während der Dauer des Wahlkampfes,
2. Werbeanlagen in Form von Anschlägen,
3. Werbeanlagen an Baustellen, soweit sie sich auf das Vorhaben beziehen,
4. Lichtwerbungen an Säulen, Tafeln oder Flächen, die allgemein dafür baurechtlich genehmigt sind,
5. Auslagen und Dekorationen in Schaufenstern und Schaukästen,
6. Werbemittel an Verkaufsstellen für Zeitungen und Zeitschriften.

(10) Bauprodukte sind

1. Produkte, Baustoffe, Bauteile und Anlagen sowie Bausätze gemäß Artikel 2 Nummer 2 der Verordnung (EU) Nr. 305/2011 des Europäischen Parlaments und des Rates vom 9. März 2011 zur Festlegung harmonisierter Bedingungen für die Vermarktung von Bauprodukten und zur Aufhebung der Richtlinie 89/106/EWG des Rates (ABl. L 88 vom 4.4.2011, S. 5, ber. ABl. L 103 vom 12.4.2013, S. 10), die zuletzt durch Delegierte Verordnung (EU) Nr. 574/2014 (ABl. L 159 vom 28.5.2014, S. 41) geändert worden ist, die hergestellt werden, um dauerhaft in bauliche Anlagen eingebaut zu werden,
2. aus Produkten, Baustoffen, Bauteilen sowie Bausätzen gemäß Artikel 2 Nummer 2 der Verordnung (EU) Nr. 305/2011 vorgefertigte Anlagen, die hergestellt werden, um mit dem Erdboden verbunden zu werden,

und deren Verwendung sich auf die Anforderungen nach § 3 Absatz 1 Satz 1 auswirken kann.

(11) Bauart ist das Zusammenfügen von Bauprodukten zu baulichen Anlagen oder Teilen von baulichen Anlagen.

(12) Feuerstätten sind Anlagen oder Einrichtungen, die in oder an Gebäuden ortsfest benutzt werden und dazu bestimmt sind, durch Verbrennung Wärme zu erzeugen.

(13) Es stehen gleich

1. der Errichtung das Herstellen, Aufstellen, Anbringen, Einbauen, Einrichten, Instandhalten, Ändern und die Nutzungsänderung,
2. dem Abbruch das Beseitigen,

soweit nichts anderes bestimmt ist.

(14) Maßgebend sind in den Absätzen 4, 5 und 6 Satz 1 und 3 die Rohbaumaße.

§ 3 Allgemeine Anforderungen. (1) [1]Bauliche Anlagen sowie Grundstücke, andere Anlagen und Einrichtungen im Sinne von § 1 Abs. 1 Satz 2 sind so anzuordnen und zu errichten, dass die öffentliche Sicherheit oder Ordnung, insbesondere Leben, Gesundheit oder die natürlichen Lebensgrundlagen, nicht bedroht werden und dass sie ihrem Zweck entsprechend ohne Missstände benutzbar sind; dabei sind die Grundanforderungen an Bauwerke gemäß Anhang I der Verordnung (EU) Nr. 305/2011 zu berücksichtigen. [2]Für den Abbruch baulicher Anlagen gilt dies entsprechend.

(2) In die Planung von Gebäuden sind die Belange von Personen mit kleinen Kindern, Menschen mit Behinderung und alten Menschen nach Möglichkeit einzubeziehen.

ZWEITER TEIL

Das Grundstück und seine Bebauung

§ 4 Bebauung der Grundstücke. (1) Gebäude dürfen nur errichtet werden, wenn das Grundstück in angemessener Breite an einer befahrbaren öffentlichen Verkehrsfläche liegt oder eine befahrbare, öffentlich-rechtlich gesicherte Zufahrt zu einer befahrbaren öffentlichen Verkehrsfläche hat; bei Wohnwegen kann auf die Befahrbarkeit verzichtet werden, wenn keine Bedenken wegen des Brandschutzes bestehen.

(2) Die Errichtung eines Gebäudes auf mehreren Grundstücken ist zulässig, wenn durch Baulast gesichert ist, dass keine Verhältnisse eintreten können, die den Vorschriften dieses Gesetzes oder den aufgrund dieses Gesetzes erlassenen Vorschriften zuwiderlaufen.

(3) [1]Bauliche Anlagen mit Feuerstätten müssen von Wäldern, Mooren und Heiden mindestens 30 m entfernt sein; die gleiche Entfernung ist mit Gebäuden von Wäldern sowie mit Wäldern von Gebäuden einzuhalten. [2]Dies gilt nicht für Gebäude, die nach den Festsetzungen des Bebauungsplans mit einem geringeren Abstand als nach Satz 1 zulässig sind, sowie für bauliche Änderungen rechtmäßig bestehender baulicher Anlagen. [3]Ausnahmen können zugelassen werden. [4]Größere Abstände können verlangt werden, soweit dies wegen des Brandschutzes oder zur Sicherheit der Gebäude erforderlich ist.

§ 5 Abstandsflächen. (1) [1]Vor den Außenwänden von baulichen Anlagen müssen Abstandsflächen liegen, die von oberirdischen baulichen Anlagen freizuhalten sind. [2]Eine Abstandsfläche ist nicht erforderlich vor Außenwänden an Grundstücksgrenzen, wenn nach planungsrechtlichen Vorschriften

1. an die Grenze gebaut werden muss, es sei denn, die vorhandene Bebauung erfordert eine Abstandsfläche, oder
2. an die Grenze gebaut werden darf und öffentlich-rechtlich gesichert ist, dass auf dem Nachbargrundstück ebenfalls an die Grenze gebaut wird.

[3]Die öffentlich-rechtliche Sicherung ist nicht erforderlich, wenn nach den Festsetzungen einer abweichenden Bauweise unabhängig von der Bebauung auf dem Nachbargrundstück an die Grenze gebaut werden darf.

(2) [1]Die Abstandsflächen müssen auf dem Grundstück selbst liegen. [2]Sie dürfen auch auf öffentlichen Verkehrsflächen, öffentlichen Grünflächen und öffentlichen Wasserflächen liegen, bei beidseitig anbaubaren Flächen jedoch nur bis zu deren Mitte.

(3) [1]Die Abstandsflächen dürfen sich nicht überdecken. [2]Dies gilt nicht für Abstandsflächen von Außenwänden, die in einem Winkel von mehr als 75° zueinander stehen.

(4) [1]Die Tiefe der Abstandsfläche bemisst sich nach der Wandhöhe; sie wird senkrecht zur jeweiligen Wand gemessen. [2]Als Wandhöhe gilt das Maß vom Schnittpunkt der Wand mit der Geländeoberfläche bis zum Schnittpunkt der Wand mit der Dachhaut oder bis zum oberen Abschluss der Wand. [3]Ergeben sich bei einer Wand durch die Geländeoberfläche unterschiedliche Höhen, ist die im Mittel gemessene Wandhöhe maßgebend. [4]Sie ergibt sich aus dem arithmetischen Mittel der Höhenlage an den Eckpunkten der baulichen Anlage; liegen bei einer Wand die Schnittpunkte mit der Dachhaut oder die oberen Abschlüsse verschieden hoch, gilt dies für den jeweiligen Wandabschnitt. [5]Maßgebend ist die tatsächliche Geländeoberfläche nach Ausführung des Bauvorhabens, soweit sie nicht zur Verringerung der Abstandsflächen angelegt wird oder wurde.

(5) Auf die Wandhöhe werden angerechnet

1. die Höhe von Dächern oder Dachaufbauten mit einer Neigung von mehr als 70° voll und von mehr als 45° zu einem Viertel,
2. die Höhe einer Giebelfläche zur Hälfte des Verhältnisses, in dem ihre tatsächliche Fläche zur gedachten Gesamtfläche einer rechteckigen Wand mit denselben Maximalabmessungen steht; die Giebelfläche beginnt an der Horizontalen durch den untersten Schnittpunkt der Wand mit der Dachhaut,
3. bei Windenergieanlagen nur die Höhe bis zur Rotorachse, wobei die Tiefe der Abstandsfläche mindestens der Länge des Rotorradius entsprechen muss.

(6) [1]Bei der Bemessung der Abstandsflächen bleiben außer Betracht

1. untergeordnete Bauteile wie Gesimse, Dachvorsprünge, Eingangs- und Terrassenüberdachungen, wenn sie nicht mehr als 1,5 m vor die Außenwand vortreten,
2. Vorbauten wie Wände, Erker, Balkone, Tür- und Fenstervorbauten, wenn sie nicht breiter als 5 m sind, nicht mehr als 1,5 m vortreten

und von Nachbargrenzen mindestens 2 m entfernt bleiben. [2]Außerdem bleibt die nachträgliche Wärmedämmung eines bestehenden Gebäudes außer Betracht, wenn sie nicht mehr als 0,25 m vor die Außenwand tritt.

(7) [1]Die Tiefe der Abstandsflächen beträgt

1. allgemein 0,4 der Wandhöhe,
2. in Kerngebieten, Dorfgebieten und in besonderen Wohngebieten 0,2 der Wandhöhe,
3. in Gewerbegebieten und in Industriegebieten sowie in Sondergebieten, die nicht der Erholung dienen, 0,125 der Wandhöhe.

[2]Sie darf jedoch 2,5 m, bei Wänden bis 5 m Breite 2 m nicht unterschreiten.

§ 6 Abstandsflächen in Sonderfällen. (1) [1]In den Abstandsflächen baulicher Anlagen sowie ohne eigene Abstandsflächen sind zulässig:

1. Gebäude oder Gebäudeteile, die eine Wandhöhe von nicht mehr als 1 m haben,
2. Garagen, Gewächshäuser und Gebäude ohne Aufenthaltsräume mit einer Wandhöhe bis zu 3 m und einer Wandfläche bis zu 25 m^2,
3. bauliche Anlagen, die keine Gebäude sind, soweit sie nicht höher als 2,5 m sind oder ihre Wandfläche nicht mehr als 25 m^2 beträgt,
4. landwirtschaftliche Gewächshäuser, die nicht unter Nummer 2 fallen, soweit sie mindestens 1 m Abstand zu Nachbargrenzen einhalten.

[2]Für die Ermittlung der Wandhöhe nach Satz 1 Nr. 2 ist der höchste Punkt der Geländeoberfläche zugrunde zu legen. [3]Die Grenzbebauung im Falle des Satzes 1 Nr. 2 darf entlang den einzelnen Nachbargrenzen 9 m und insgesamt 15 m nicht überschreiten.

(2) Werden mit Gebäuden oder Gebäudeteilen nach Absatz 1 dennoch Abstandsflächen eingehalten, so müssen sie gegenüber Nachbargrenzen eine Tiefe von mindestens 0,5 m haben.

(3) [1]Geringere Tiefen der Abstandsflächen sind zuzulassen, wenn

1. in überwiegend bebauten Gebieten die Gestaltung des Straßenbildes oder besondere örtliche Verhältnisse dies erfordern oder
2. Beleuchtung mit Tageslicht sowie Belüftung in ausreichendem Maße gewährleistet bleiben, Gründe des Brandschutzes nicht entgegenstehen und nachbarliche Belange nicht erheblich beeinträchtigt werden.

[2]In den Fällen der Nummer 1 können geringere Tiefen der Abstandsflächen auch verlangt werden.

§ 7 Übernahme von Abständen und Abstandsflächen auf Nachbargrundstücke. [1]Soweit nach diesem Gesetz oder nach Vorschriften aufgrund dieses Gesetzes Abstände und Abstandsflächen auf dem Grundstück selbst liegen müssen, dürfen sie sich ganz oder teilweise auf andere Grundstücke erstrecken, wenn durch Baulast gesichert ist, dass sie nicht überbaut werden und auf die auf diesen Grundstücken erforderlichen Abstandsflächen nicht angerechnet werden. [2]Vorschriften, nach denen in den Abstandsflächen bauliche Anlagen zulässig sind oder ausnahmsweise zugelassen werden können, bleiben unberührt.

§ 8 Teilung von Grundstücken. (1) Durch die Teilung eines Grundstücks, das bebaut oder dessen Bebauung genehmigt ist, dürfen keine Verhältnisse geschaffen werden, die Vorschriften dieses Gesetzes oder aufgrund dieses Gesetzes widersprechen.

(2) [1]Die geplante Teilung eines Grundstücks nach Absatz 1 ist der unteren Baurechtsbehörde zwei Wochen vorher anzuzeigen; § 19 Absatz 1 BauGB gilt entsprechend. [2]Soll bei der Teilung von Vorschriften dieses Gesetzes oder aufgrund dieses Gesetzes abgewichen werden, ist § 56 entsprechend anzuwenden.

§ 9 Nichtüberbaute Flächen der bebauten Grundstücke, Kinderspielplätze. (1) [1]Die nichtüberbauten Flächen der bebauten Grundstücke müssen Grünflächen sein, soweit diese Flächen nicht für eine andere zulässige Verwendung benötigt werden. [2]Ist eine Begrünung oder Bepflanzung der Grundstücke nicht oder nur sehr eingeschränkt möglich, so sind die baulichen Anlagen zu begrünen, soweit ihre Beschaffenheit, Konstruktion und Gestaltung es zulassen und die Maßnahme wirtschaftlich zumutbar ist.

(2) [1]Bei der Errichtung von Gebäuden mit mehr als zwei Wohnungen, die jeweils mindestens zwei Aufenthaltsräume haben, ist auf dem Baugrundstück oder in unmittelbarer Nähe auf einem anderen geeigneten Grundstück, dessen dauerhafte Nutzung für diesen Zweck öffentlich-rechtlich gesichert sein muss, ein ausreichend großer Spielplatz für Kleinkinder anzulegen. [2]Dies gilt nicht, wenn in unmittelbarer Nähe eine Gemeinschaftsanlage geschaffen wird oder vorhanden ist oder wenn die Art der Wohnungen oder die Lage der Gebäude dies nicht erfordern. [3]Die Kinderspielplätze müssen stufenlos erreichbar sein; § 39 Abs. 3 Satz 1 gilt entsprechend. [4]Die Art, Größe und Ausstattung der Kinderspielplätze bestimmt sich nach der Zahl und Größe der Wohnungen auf dem Grundstück. [5]Für bestehende Gebäude nach Satz 1 kann die Anlage von Kinderspielplätzen verlangt werden, wenn hierfür geeignete nichtüberbaute Flächen auf dem Grundstück vorhanden sind oder ohne wesentliche Änderung oder Abbruch baulicher Anlagen geschaffen werden können.

§ 10 Höhenlage des Grundstücks. Bei der Errichtung baulicher Anlagen kann verlangt werden, dass die Oberfläche des Grundstücks erhalten oder ihre Höhenlage verändert wird, um

1. eine Verunstaltung des Straßen-, Orts- oder Landschaftsbildes zu vermeiden oder zu beseitigen,
2. die Oberfläche des Grundstücks der Höhe der Verkehrsfläche oder der Höhe der Nachbargrundstücke anzugleichen oder
3. überschüssigen Bodenaushub zu vermeiden.

DRITTER TEIL

Allgemeine Anforderungen an die Bauausführung

§ 11 Gestaltung. (1) [1]Bauliche Anlagen sind mit ihrer Umgebung so in Einklang zu bringen, dass sie das Straßen-, Orts- oder Landschaftsbild nicht verunstalten oder deren beabsichtigte Gestaltung nicht beeinträchtigen. [2]Auf Kultur- und Naturdenkmale und auf erhaltenswerte Eigenarten der Umgebung ist Rücksicht zu nehmen.

(2) Bauliche Anlagen sind so zu gestalten, dass sie nach Form, Maßstab, Werkstoff, Farbe und Verhältnis der Baumassen und Bauteile zueinander nicht verunstaltet wirken.

(3) Die Absätze 1 und 2 gelten entsprechend für

1. Werbeanlagen, die keine baulichen Anlagen sind,
2. Automaten, die vom öffentlichen Verkehrsraum aus sichtbar sind,
3. andere Anlagen und Grundstücke im Sinne von § 1 Abs. 1 Satz 2.

(4) In reinen Wohngebieten, allgemeinen Wohngebieten und Kleinsiedlungsgebieten sind nur für Anschläge bestimmte Werbeanlagen sowie Werbeanlagen an der Stätte der Leistung zulässig.

§ 12 Baustelle. (1) Baustellen sind so einzurichten, dass die baulichen Anlagen ordnungsgemäß errichtet oder abgebrochen werden können und Gefahren oder vermeidbare erhebliche Belästigungen nicht entstehen.

(2) [1]Bei der Ausführung genehmigungspflichtiger Vorhaben hat der Bauherr an der Baustelle den von der Baurechtsbehörde nach § 59 Abs. 1 erteilten Baufreigabeschein anzubringen. [2]Der Bauherr hat in den Baufreigabeschein Namen, Anschrift und Rufnummer der Unternehmer für die Rohbauarbeiten spätestens bei Baubeginn einzutragen; dies gilt nicht, wenn an der Baustelle ein besonderes Schild angebracht ist, das diese Angaben enthält. [3]Der Baufreigabeschein muss dauerhaft, leicht lesbar und von der öffentlichen Verkehrsfläche aus sichtbar angebracht sein.

(3) Bei Vorhaben im Kenntnisgabeverfahren hat der Bauherr spätestens bei Baubeginn an der Baustelle dauerhaft, leicht lesbar und von der öffentlichen Verkehrsfläche sichtbar anzugeben:
1. die Bezeichnung des Vorhabens,
2. den Namen und die Anschrift des Entwurfsverfassers und des Bauleiters,
3. den Namen, die Anschrift und die Rufnummer der Unternehmer für die Rohbauarbeiten.

(4) Bäume, Hecken und sonstige Bepflanzungen, die aufgrund anderer Rechtsvorschriften zu erhalten sind, müssen während der Bauausführung geschützt werden.

§ 13 Standsicherheit. (1) [1]Bauliche Anlagen müssen sowohl im Ganzen als auch in ihren einzelnen Teilen sowie für sich allein standsicher sein. [2]Die

Standsicherheit muss auch während der Errichtung sowie bei der Durchführung von Abbrucharbeiten gewährleistet sein. [3]Die Standsicherheit anderer baulicher Anlagen und die Tragfähigkeit des Baugrundes der Nachbargrundstücke dürfen nicht gefährdet werden.

(2) Die Verwendung gemeinsamer Bauteile für mehrere bauliche Anlagen ist zulässig, wenn durch Baulast und technisch gesichert ist, dass die gemeinsamen Bauteile beim Abbruch einer der aneinanderstoßenden baulichen Anlagen stehen bleiben können.

§ 14 Schutz baulicher Anlagen. (1) [1]Geräusche, Erschütterungen oder Schwingungen, die von ortsfesten Einrichtungen in einer baulichen Anlage ausgehen, sind so zu dämmen, dass Gefahren sowie erhebliche Nachteile oder Belästigungen nicht entstehen. [2]Gebäude müssen einen ihrer Nutzung entsprechenden Schallschutz haben.

(2) Bauliche Anlagen müssen so angeordnet, beschaffen und gebrauchstauglich sein, dass durch Wasser, Feuchtigkeit, pflanzliche und tierische Schädlinge sowie andere chemische, physikalische oder biologische Einflüsse Gefahren oder unzumutbare Belästigungen bei sachgerechtem Gebrauch nicht entstehen.

(3) Gebäude müssen einen ihrer Nutzung und den klimatischen Verhältnissen entsprechenden Wärmeschutz haben.

§ 15 Brandschutz. (1) Bauliche Anlagen sind so anzuordnen und zu errichten, dass der Entstehung eines Brandes und der Ausbreitung von Feuer und Rauch (Brandausbreitung) vorgebeugt wird und bei einem Brand die Rettung von Menschen und Tieren sowie wirksame Löscharbeiten möglich sind.

(2) Bauliche Anlagen, die besonders blitzgefährdet sind oder bei denen Blitzschlag zu schweren Folgen führen kann, sind mit dauernd wirksamen Blitzschutzanlagen zu versehen.

(3) Jede Nutzungseinheit muss in jedem Geschoss mit Aufenthaltsräumen über mindestens zwei voneinander unabhängige Rettungswege erreichbar sein; beide Rettungswege dürften jedoch innerhalb eines Geschosses über denselben notwendigen Flur führen.

(4) [1]Der erste Rettungsweg muss in Nutzungseinheiten, die nicht zu ebener Erde liegen, über eine notwendige Treppe oder eine flache Rampe führen. [2]Der erste Rettungsweg für einen Aufenthaltsraum darf nicht über einen Raum mit erhöhter Brandgefahr führen.

(5) [1]Der zweite Rettungsweg kann eine weitere notwendige Treppe oder eine mit Rettungsgeräten der Feuerwehr erreichbare Stelle der Nutzungseinheit sein. [2]Ein zweiter Rettungsweg ist nicht erforderlich, wenn die Rettung über einen sicher erreichbaren Treppenraum möglich ist, in den Feuer und Rauch nicht eindringen können (Sicherheitstreppenraum).

(6) Zur Durchführung wirksamer Lösch- und Rettungsarbeiten durch die Feuerwehr müssen geeignete und von öffentlichen Verkehrsflächen erreichbare

Aufstell- und Bewegungsflächen für die erforderlichen Rettungsgeräte vorhanden sein.

(7) [1]Aufenthaltsräume, in denen bestimmungsgemäß Personen schlafen, sowie Rettungswege von solchen Aufenthaltsräumen in derselben Nutzungseinheit sind jeweils mit mindestens einem Rauchwarnmelder auszustatten. [2]Die Rauchwarnmelder müssen so eingebaut oder angebracht werden, dass Brandrauch frühzeitig erkannt und gemeldet wird. [3]Eigentümerinnen und Eigentümer bereits bestehender Gebäude sind verpflichtet, diese bis zum 31. Dezember 2014 entsprechend auszustatten. [4]Die Sicherstellung der Betriebsbereitschaft obliegt den unmittelbaren Besitzern, es sei denn, der Eigentümer übernimmt die Verpflichtung selbst.

(8) Gebäude zur Haltung von Tieren müssen über angemessene Einrichtungen zur Rettung der Tiere im Brandfall verfügen.

§ 16 Verkehrssicherheit. (1) Bauliche Anlagen sowie die dem Verkehr dienenden, nichtüberbauten Flächen von bebauten Grundstücken müssen verkehrssicher sein.

(2) Die Sicherheit und Leichtigkeit des öffentlichen Verkehrs darf durch bauliche Anlagen oder deren Nutzung nicht gefährdet werden.

(3) Umwehrungen müssen so beschaffen und angeordnet sein, dass sie Abstürze verhindern und das Überklettern erschweren.

§ 16a Bauarten. (1) Bauarten dürfen nur angewendet werden, wenn bei ihrer Anwendung die baulichen Anlagen bei ordnungsgemäßer Instandhaltung während einer dem Zweck entsprechenden angemessenen Zeitdauer die Anforderungen dieses Gesetzes oder auf Grund dieses Gesetzes erfüllen und für ihren Anwendungszweck tauglich sind.

(2) [1]Bauarten, die von Technischen Baubestimmungen nach § 73a Absatz 2 Nummer 2 oder 3 Buchstabe a wesentlich abweichen oder für die es allgemein anerkannte Regeln der Technik nicht gibt, dürfen bei der Errichtung, Änderung und Instandhaltung baulicher Anlagen nur angewendet werden, wenn für sie

1. eine allgemeine Bauartgenehmigung durch das Deutsche Institut für Bautechnik oder
2. eine vorhabenbezogene Bauartgenehmigung durch die oberste Baurechtsbehörde

erteilt worden ist. [2]§ 18 Absatz 2 bis 5 gilt entsprechend.

(3) [1]Anstelle einer allgemeinen Bauartgenehmigung genügt ein allgemeines bauaufsichtliches Prüfzeugnis für Bauarten, wenn die Bauart nach allgemein anerkannten Prüfverfahren beurteilt werden kann. [2]In den Technischen Baubestimmungen nach § 73a werden diese Bauarten mit der Angabe der maßgebenden technischen Regeln bekannt gemacht. [3]§ 19 Absatz 2 gilt entsprechend.

(4) Wenn Gefahren im Sinne des § 3 Absatz 1 Satz 1 nicht zu erwarten sind, kann die oberste Baurechtsbehörde im Einzelfall oder für genau be-

grenzte Fälle allgemein festlegen, dass eine Bauartgenehmigung nicht erforderlich ist.

(5) [1]Bauarten bedürfen einer Bestätigung ihrer Übereinstimmung mit den Technischen Baubestimmungen nach § 73a Absatz 2, den allgemeinen Bauartgenehmigungen, den allgemeinen bauaufsichtlichen Prüfzeugnissen für Bauarten oder den vorhabenbezogenen Bauartgenehmigungen. [2]Als Übereinstimmung gilt auch eine Abweichung, die nicht wesentlich ist. [3]§ 21 Absatz 2 gilt für den Anwender der Bauart entsprechend.

(6) [1]Bei Bauarten, deren Anwendung in außergewöhnlichem Maß von der Sachkunde und Erfahrung der damit betrauten Personen oder von einer Ausstattung mit besonderen Vorrichtungen abhängt, kann in der Bauartgenehmigung oder durch Rechtsverordnung der obersten Baurechtsbehörde vorgeschrieben werden, dass der Anwender über solche Fachkräfte und Vorrichtungen verfügt und den Nachweis hierüber gegenüber einer Prüfstelle nach § 24 Satz 1 Nummer 6 zu erbringen hat. [2]In der Rechtsverordnung können Mindestanforderungen an die Ausbildung, die durch Prüfung nachzuweisende Befähigung und die Ausbildungsstätten einschließlich der Anerkennungsvoraussetzungen gestellt werden.

(7) Für Bauarten, die einer außergewöhnlichen Sorgfalt bei Ausführung oder Instandhaltung bedürfen, kann in der Bauartgenehmigung oder durch Rechtsverordnung der obersten Baurechtsbehörde die Überwachung dieser Tätigkeiten durch eine Überwachungsstelle nach § 24 Satz 1 Nummer 5 vorgeschrieben werden.

VIERTER TEIL
Bauprodukte

§ 16b Allgemeine Anforderungen für die Verwendung von Bauprodukten. (1) Bauprodukte dürfen nur verwendet werden, wenn bei ihrer Verwendung die baulichen Anlagen bei ordnungsgemäßer Instandhaltung während einer dem Zweck entsprechenden angemessenen Zeitdauer die Anforderungen dieses Gesetzes oder auf Grund dieses Gesetzes erfüllen und gebrauchstauglich sind.

(2) Bauprodukte, die den in Vorschriften eines anderen Mitgliedstaats der Europäischen Union, eines anderen Vertragsstaats des Abkommens über den Europäischen Wirtschaftsraum oder der Schweiz oder der Türkei genannten technischen Anforderungen entsprechen, dürfen verwendet werden, wenn das geforderte Schutzniveau gemäß § 3 Absatz 1 Satz 1 gleichermaßen dauerhaft erreicht wird.

§ 16c Anforderungen für die Verwendung von CE-gekennzeichneten Bauprodukten. [1]Ein Bauprodukt, das die CE-Kennzeichnung trägt, darf verwendet werden, wenn die erklärten Leistungen den in diesem Gesetz oder auf Grund dieses Gesetzes festgelegten Anforderungen für diese Verwendung entsprechen. [2]Die §§ 17 bis 25 Absatz 1 gelten nicht für Bauprodukte, die die CE-Kennzeichnung auf Grund der Verordnung (EU) Nr. 305/2011 tragen.

§ 17 Verwendbarkeitsnachweise. (1) Ein Verwendbarkeitsnachweis (§§ 18 bis 20) ist für ein Bauprodukt erforderlich, wenn

1. es keine Technische Baubestimmung und keine allgemein anerkannte Regel der Technik gibt,
2. das Bauprodukt von einer Technischen Baubestimmung nach § 73a Absatz 2 Nummer 3 wesentlich abweicht oder
3. eine Verordnung nach § 73 Absatz 7a es vorsieht.

(2) Ein Verwendbarkeitsnachweis ist nicht erforderlich für ein Bauprodukt, das

1. von einer allgemein anerkannten Regel der Technik abweicht oder
2. für die Erfüllung der Anforderungen dieses Gesetzes oder auf Grund dieses Gesetzes nur eine untergeordnete Bedeutung hat.

(3) Die Technischen Baubestimmungen nach § 73a enthalten eine nicht abschließende Liste von Bauprodukten, die keines Verwendbarkeitsnachweises nach Absatz 1 bedürfen.

§ 18 Allgemeine bauaufsichtliche Zulassung. (1) Das Deutsche Institut für Bautechnik erteilt unter den Voraussetzungen des § 17 Absatz 1 eine allgemeine bauaufsichtliche Zulassung für Bauprodukte, wenn deren Verwendbarkeit im Sinne des § 16 b Absatz 1 nachgewiesen ist.

(2) [1]Die zur Begründung des Antrags erforderlichen Unterlagen sind beizufügen. [2]Soweit erforderlich, sind Probestücke vom Antragsteller zur Verfügung zu stellen oder durch Sachverständige, die das Deutsche Institut für Bautechnik bestimmen kann, zu entnehmen oder Probeausführungen unter Aufsicht der Sachverständigen herzustellen. [3]Der Antrag kann zurückgewiesen werden, wenn die Unterlagen unvollständig sind oder erhebliche Mängel aufweisen.

(3) Das Deutsche Institut für Bautechnik kann für die Durchführung der Prüfung die sachverständige Stelle und für Probeausführungen die Ausführungsstelle und Ausführungszeit vorschreiben.

(4) [1]Die allgemeine bauaufsichtliche Zulassung wird widerruflich und für eine bestimmte Frist erteilt, die in der Regel fünf Jahre beträgt. [2]Die Zulassung kann mit Nebenbestimmungen erteilt werden. [3]Sie kann auf schriftlichen Antrag in der Regel um fünf Jahre verlängert werden; § 62 Abs. 2 Satz 2 gilt entsprechend.

(5) [1]Die Zulassung wird unbeschadet der Rechte Dritter erteilt. [2]Das Deutsche Institut für Bautechnik macht die von ihm erteilten allgemeinen bauaufsichtlichen Zulassungen nach Gegenstand und wesentlichem Inhalt öffentlich bekannt. [3]Allgemeine bauaufsichtliche Zulassungen nach dem Recht anderer Bundesländer gelten auch im Land Baden-Württemberg.

§ 19 Allgemeines bauaufsichtliches Prüfzeugnis. (1) [1]Bauprodukte, die nach allgemein anerkannten Prüfverfahren beurteilt werden, bedürfen anstelle einer allgemeinen bauaufsichtlichen Zulassung nur eines allgemeinen bauaufsichtlichen Prüfzeugnisses. [2]Dies wird mit der Angabe der maßgebenden technischen Regeln in den Technischen Baubestimmungen nach § 73a bekanntgemacht.

(2) [1]Ein allgemeines bauaufsichtliches Prüfzeugnis wird von einer Prüfstelle nach § 24 Satz 1 Nummer 1 für Bauprodukte nach Absatz 1 erteilt, wenn deren Verwendbarkeit im Sinne des § 16b Absatz 1 nachgewiesen ist. [2]§ 18 Absatz 2, 4 und 5 gilt entsprechend. [3]Die Anerkennungsbehörde für Stellen nach § 24 Satz 1 Nummer 1 sowie § 73 Absatz 6 Satz 1 Nummer 2 und Satz 2 kann allgemeine bauaufsichtliche Prüfzeugnisse zurücknehmen oder widerrufen; §§ 48 und 49 des Landesverwaltungsverfahrensgesetzes finden Anwendung.

§ 20 Nachweis der Verwendbarkeit von Bauprodukten im Einzelfall. [1]Mit Zustimmung der obersten Baurechtsbehörde dürfen unter den Voraussetzungen des § 17 Absatz 1 im Einzelfall Bauprodukte verwendet werden, wenn ihre Verwendbarkeit im Sinne des § 16b Absatz 1 nachgewiesen ist. [2]Die Zustimmung kann auch für mehrere vergleichbare Fälle erteilt werden. [3]Wenn Gefahren im Sinne des § 3 Absatz 1 Satz 1 nicht zu erwarten sind, kann die oberste Baurechtsbehörde im Einzelfall oder allgemein erklären, dass ihre Zustimmung nicht erforderlich ist.

§ 21 Übereinstimmungsbestätigung. (1) Bauprodukte bedürfen einer Bestätigung ihrer Übereinstimmung mit den Technischen Baubestimmungen nach § 73a Absatz 2, den allgemeinen bauaufsichtlichen Zulassungen, den allgemeinen bauaufsichtlichen Prüfzeugnissen oder den Zustimmungen im Einzelfall; als Übereinstimmung gilt auch eine Abweichung, die nicht wesentlich ist.

(2) Die Bestätigung der Übereinstimmung erfolgt durch Übereinstimmungserklärung des Herstellers (§ 22).

(3) Die Übereinstimmungserklärung hat der Hersteller durch Kennzeichnung der Bauprodukte mit dem Übereinstimmungszeichen (Ü-Zeichen) unter Hinweis auf den Verwendungszweck abzugeben.

(4) Das Ü-Zeichen ist auf dem Bauprodukt, auf einem Beipackzettel oder auf seiner Verpackung oder, wenn dies Schwierigkeiten bereitet, auf dem Lieferschein oder auf einer Anlage zum Lieferschein anzubringen.

(5) Ü-Zeichen aus anderen Bundesländern und aus anderen Staaten gelten auch im Land Baden-Württemberg.

§ 22 Übereinstimmungserklärung des Herstellers. (1) Der Hersteller darf eine Übereinstimmungserklärung nur abgeben, wenn er durch werkseigene Produktionskontrolle sichergestellt hat, dass das von ihm hergestellte Bauprodukt den maßgebenden technischen Regeln, der allgemeinen bauaufsichtlichen Zulassung, dem allgemeinen bauaufsichtlichen Prüfzeugnis oder der Zustimmung im Einzelfall entspricht.

(2) [1]In den Technischen Baubestimmungen nach § 73a, in den allgemeinen bauaufsichtlichen Zulassungen, in den allgemeinen bauaufsichtlichen Prüfzeugnissen oder in den Zustimmungen im Einzelfall kann eine Prüfung der Bauprodukte durch eine Prüfstelle vor Abgabe der Übereinstimmungserklärung vorgeschrieben werden, wenn dies zur Sicherung einer ordnungsgemäßen Herstellung erforderlich ist. [2]In diesen Fällen hat die Prüfstelle das Bauprodukt daraufhin zu überprüfen, ob es den maßgebenden technischen Regeln, der allgemeinen bauaufsichtlichen Zulassung, dem allgemeinen bauaufsichtlichen Prüfzeugnis oder der Zustimmung im Einzelfall entspricht.

(3) [1]In den Technischen Baubestimmungen nach § 73a, in den allgemeinen bauaufsichtlichen Zulassungen oder in den Zustimmungen im Einzelfall kann eine Zertifizierung vor Abgabe der Übereinstimmungserklärung vorgeschrieben werden, wenn dies zum Nachweis einer ordnungsgemäßen Herstellung eines Bauproduktes erforderlich ist. [2]Die oberste Baurechtsbehörde kann im Einzelfall die Verwendung von Bauprodukten ohne Zertifizierung gestatten, wenn nachgewiesen ist, dass diese Bauprodukte den technischen Regeln, Zulassungen, Prüfzeugnissen oder Zustimmungen nach Absatz 1 entsprechen.

(4) Bauprodukte, die nicht in Serie hergestellt werden, bedürfen nur einer Übereinstimmungserklärung nach Absatz 1, sofern nichts anderes bestimmt ist.

§ 23 Zertifizierung. (1) Dem Hersteller ist ein Übereinstimmungszertifikat von einer Zertifizierungsstelle nach § 24 Satz 1 Nummer 3 zu erteilen, wenn das Bauprodukt

1. den Technischen Baubestimmungen nach § 73a Absatz 2, der allgemeinen bauaufsichtlichen Zulassung, dem allgemeinen bauaufsichtlichen Prüfzeugnis oder der Zustimmung im Einzelfall entspricht und
2. einer werkseigenen Produktionskontrolle sowie einer Fremdüberwachung nach Maßgabe des Absatzes 2 unterliegt.

(2) [1]Die Fremdüberwachung ist von Überwachungsstellen nach § 24 Satz 1 Nummer 4 durchzuführen. [2]Die Fremdüberwachung hat regelmäßig zu überprüfen, ob das Bauprodukt den Technischen Baubestimmungen nach § 73a Absatz 2, der allgemeinen bauaufsichtlichen Zulassung, dem allgemeinen bauaufsichtlichen Prüfzeugnis oder der Zustimmung im Einzelfall entspricht.

§ 24 Prüf-, Zertifizierungs- und Überwachungsstellen. [1]Die oberste Baurechtsbehörde kann eine natürliche oder juristische Person als

1. Prüfstelle für die Erteilung allgemeiner bauaufsichtlicher Prüfzeugnisse (§ 19 Absatz 2),
2. Prüfstelle für die Überprüfung von Bauprodukten vor Abgabe der Übereinstimmungserklärung (§ 22 Absatz 2),
3. Zertifizierungsstelle (§ 23 Absatz 1),
4. Überwachungsstelle für die Fremdüberwachung (§ 23 Absatz 2),

5. Überwachungsstelle für die Überwachung nach § 16a Absatz 7 und § 25 Absatz 2 oder
6. Prüfstelle für die Überprüfung nach § 16a Absatz 6 und § 25 Absatz 1

anerkennen, wenn sie oder die bei ihr Beschäftigten nach ihrer Ausbildung, Fachkenntnis, persönlichen Zuverlässigkeit, ihrer Unparteilichkeit und ihren Leistungen die Gewähr dafür bieten, dass diese Aufgaben den öffentlich-rechtlichen Vorschriften entsprechend wahrgenommen werden, und wenn sie über die erforderlichen Vorrichtungen verfügen. [2]Satz 1 ist entsprechend auf Behörden anzuwenden, wenn sie ausreichend mit geeigneten Fachkräften besetzt und mit den erforderlichen Vorrichtungen ausgestattet sind. [3]Die Anerkennung von Prüf-, Zertifizierungs- und Überwachungsstellen anderer Bundesländer gilt auch im Land Baden-Württemberg.

§ 25 Besondere Sachkunde- und Sorgfaltsanforderungen. (1) [1]Bei Bauprodukten, deren Herstellung in außergewöhnlichem Maß von der Sachkunde und Erfahrung der damit betrauten Personen oder von einer Ausstattung mit besonderen Vorrichtungen abhängt, kann in der allgemeinen bauaufsichtlichen Zulassung, in der Zustimmung im Einzelfall oder durch Rechtsverordnung der obersten Baurechtsbehörde bestimmt werden, dass der Hersteller über solche Fachkräfte und Vorrichtungen verfügt und den Nachweis hierüber gegenüber einer Prüfstelle nach § 24 Satz 1 Nummer 6 zu erbringen hat. [2]In der Rechtsverordnung können Mindestanforderungen an die Ausbildung, die durch Prüfung nachzuweisende Befähigung und die Ausbildungsstätten einschließlich der Anerkennungsvoraussetzungen gestellt werden.

(2) Für Bauprodukte, die wegen ihrer besonderen Eigenschaften oder ihres besonderen Verwendungszwecks einer außergewöhnlichen Sorgfalt bei Einbau, Transport, Instandhaltung oder Reinigung bedürfen, kann in der allgemeinen bauaufsichtlichen Zulassung, in der Zustimmung im Einzelfall oder durch Rechtsverordnung der obersten Baurechtsbehörde die Überwachung dieser Tätigkeiten durch eine Überwachungsstelle nach § 24 Satz 1 Nummer 5 vorgeschrieben werden, soweit diese Tätigkeiten nicht bereits durch die Verordnung (EU) Nr. 305/2011 erfasst sind.

FÜNFTER TEIL
Der Bau und seine Teile

§ 26 Allgemeine Anforderungen an das Brandverhalten von Baustoffen und Bauteilen. (1) [1]Baustoffe werden nach den Anforderungen an ihr Brandverhalten unterschieden in

1. nichtbrennbare,
2. schwerentflammbare,
3. normalentflammbare.

[2]Baustoffe, die nicht mindestens normalentflammbar sind (leichtentflammbare Baustoffe), dürfen nicht verwendet werden; dies gilt nicht, wenn sie in Verbindung mit anderen Baustoffen nicht leichtentflammbar sind.

(2) [1]Bauteile werden nach den Anforderungen an ihre Feuerwiderstandsfähigkeit unterschieden in

1. feuerbeständige,
2. hochfeuerhemmende,
3. feuerhemmende;

die Feuerwiderstandsfähigkeit bezieht sich bei tragenden und aussteifenden Bauteilen auf deren Standsicherheit im Brandfall, bei raumabschließenden Bauteilen auf deren Widerstand gegen die Brandausbreitung. [2]Bauteile werden zusätzlich nach dem Brandverhalten ihrer Baustoffe unterschieden in

1. Bauteile aus nichtbrennbaren Baustoffen,
2. Bauteile, deren tragende und aussteifende Teile aus nichtbrennbaren Baustoffen bestehen und die bei raumabschließenden Bauteilen zusätzlich eine in Bauteilebene durchgehende Schicht aus nichtbrennbaren Baustoffen haben,
3. Bauteile, deren tragende und aussteifende Teile aus brennbaren Baustoffen bestehen und die allseitig eine brandschutztechnisch wirksame Bekleidung aus nichtbrennbaren Baustoffen (Brandschutzbekleidung) und Dämmstoffe aus nichtbrennbaren Baustoffen haben,
4. Bauteile aus brennbaren Baustoffen.

[3]Soweit in diesem Gesetz oder in Vorschriften aufgrund dieses Gesetzes nichts anderes bestimmt ist, müssen

1. Bauteile, die feuerbeständig sein müssen, mindestens den Anforderungen des Satzes 2 Nr. 2,
2. Bauteile, die hochfeuerhemmend sein müssen, mindestens den Anforderungen des Satzes 2 Nr. 3

entsprechen.

(3) Abweichend von Absatz 2 Satz 3 sind tragende oder aussteifende sowie raumabschließende Bauteile, die hochfeuerhemmend oder feuerbeständig sein müssen, aus brennbaren Baustoffen zulässig, wenn die geforderte Feuerwiderstandsdauer nachgewiesen wird und die Bauteile so hergestellt und eingebaut werden, dass Feuer und Rauch nicht über Grenzen von Brand- oder Rauchschutzbereichen, insbesondere Geschosstrennungen, hinweg übertragen werden können.

§ 27 Anforderungen an tragende, aussteifende und raumabschließende Bauteile. (1) Tragende und aussteifende Wände und Stützen müssen im Brandfall ausreichend lang standsicher sein.

(2) Außenwände und Außenwandteile wie Brüstungen und Schürzen sind so auszubilden, dass eine Brandausbreitung auf und in diesen Bauteilen ausreichend lang begrenzt ist.

(3) Trennwände müssen als raumabschließende Bauteile von Räumen oder Nutzungseinheiten innerhalb von Geschossen ausreichend lang widerstandsfähig gegen die Brandausbreitung sein.

(4) Brandwände müssen als raumabschließende Bauteile zum Abschluss von Gebäuden (Gebäudeabschlusswand) oder zur Unterteilung von Gebäuden in Brandabschnitte (innere Brandwand) ausreichend lang die Brandausbreitung auf andere Gebäude oder Brandabschnitte verhindern.

(5) Decken und ihre Anschlüsse müssen als tragende und raumabschließende Bauteile zwischen Geschossen im Brandfall ausreichend lang standsicher und widerstandsfähig gegen die Brandausbreitung sein.

(6) Bedachungen müssen gegen eine Brandbeanspruchung von außen durch Flugfeuer und strahlende Wärme ausreichend lang widerstandsfähig sein (harte Bedachung).

§ 28 Anforderungen an Bauteile in Rettungswegen. (1) [1]Jedes nicht zu ebener Erde liegende Geschoss und der benutzbare Dachraum eines Gebäudes müssen über mindestens eine Treppe zugänglich sein (notwendige Treppe). [2]Statt notwendiger Treppen sind Rampen mit flacher Neigung zulässig. [3]Die nutzbare Breite der Treppenläufe und Treppenabsätze notwendiger Treppen muss für den größten zu erwartenden Verkehr ausreichen.

(2) [1]Jede notwendige Treppe muss zur Sicherstellung der Rettungswege aus den Geschossen ins Freie in einem eigenen, durchgehenden Treppenraum liegen (notwendiger Treppenraum). [2]Der Ausgang muss mindestens so breit sein wie die zugehörigen notwendigen Treppen. [3]Notwendige Treppenräume müssen so angeordnet und ausgebildet sein, dass die Nutzung der notwendigen Treppen im Brandfall ausreichend lang möglich ist. [4]Notwendige Treppen sind ohne eigenen Treppenraum zulässig

1. in Gebäuden der Gebäudeklassen 1 und 2,
2. für die Verbindung von höchstens zwei Geschossen innerhalb derselben Nutzungseinheit von insgesamt nicht mehr als 200 m^2, wenn in jedem Geschoss ein anderer Rettungsweg erreicht werden kann,
3. als Außentreppe, wenn ihre Nutzung ausreichend sicher ist und im Brandfall nicht gefährdet werden kann.

(3) Flure, über die Rettungswege aus Aufenthaltsräumen oder aus Nutzungseinheiten mit Aufenthaltsräumen zu Ausgängen in notwendige Treppenräume oder ins Freie führen (notwendige Flure), müssen so angeordnet und ausgebildet sein, dass die Nutzung im Brandfall ausreichend lang möglich ist.

(4) Türen und Fenster, die bei einem Brand der Rettung von Menschen dienen oder der Ausbreitung von Feuer und Rauch entgegenwirken, müssen so beschaffen und angeordnet sein, dass sie den Erfordernissen des Brandschutzes genügen.

§ 29 Aufzugsanlagen. (1) [1]Aufzugsanlagen müssen betriebssicher und brandsicher sein. [2]Sie sind so zu errichten und anzuordnen, dass die Brandweiterleitung ausreichend lange verhindert wird und bei ihrer Benutzung Gefahren oder unzumutbare Belästigungen nicht entstehen.

(2) [1]Gebäude mit einer Höhe nach § 2 Abs. 4 Satz 2 von mehr als 13 m müssen Aufzüge in ausreichender Zahl haben, von denen einer auch zur Aufnahme von Rollstühlen, Krankentragen und Lasten geeignet sein muss. [2]Zur Aufnahme von Rollstühlen bestimmte Aufzüge müssen von Menschen mit Behinderung ohne fremde Hilfe zweckentsprechend genutzt werden können.

§ 30 Lüftungsanlagen. Lüftungsanlagen, raumlufttechnische Anlagen und Warmluftheizungen müssen betriebssicher und brandsicher sein; sie dürfen den ordnungsgemäßen Betrieb von Feuerungsanlagen nicht beeinträchtigen.

§ 31 Leitungsanlagen. [1]Leitungen, Installationsschächte und -kanäle müssen brandsicher sein. [2]Sie sind so zu errichten und anzuordnen, dass die Brandweiterleitung ausreichend lange verhindert wird.

§ 32 Feuerungsanlagen, sonstige Anlagen zur Wärmeerzeugung, Brennstoffversorgung. (1) Feuerstätten und Abgasanlagen (Feuerungsanlagen) müssen betriebssicher und brandsicher sein.

(2) Feuerstätten dürfen in Räumen nur aufgestellt werden, wenn nach der Art der Feuerstätte und nach Lage, Größe, baulicher Beschaffenheit und Nutzung der Räume Gefahren nicht entstehen.

(3) [1]Abgase von Feuerstätten sind durch Abgasleitungen, Schornsteine und Verbindungsstücke (Abgasanlagen) so abzuführen, dass keine Gefahren oder unzumutbaren Belästigungen entstehen. [2]Abgasanlagen sind in solcher Zahl und Lage und so herzustellen, dass die Feuerstätten des Gebäudes ordnungsgemäß angeschlossen werden können. [3]Sie müssen leicht gereinigt werden können.

(4) [1]Behälter und Rohrleitungen für brennbare Gase und Flüssigkeiten müssen betriebssicher und brandsicher sein. [2]Diese Behälter sowie feste Brennstoffe sind so aufzustellen oder zu lagern, dass keine Gefahren oder unzumutbaren Belästigungen entstehen.

(5) Für die Aufstellung von ortsfesten Verbrennungsmotoren, Blockheizkraftwerken, Brennstoffzellen und Verdichtern sowie die Ableitung ihrer Verbrennungsgase gelten die Absätze 1 bis 3 entsprechend.

§ 33 Wasserversorgungs- und Wasserentsorgungsanlagen, Anlagen für Abfallstoffe und Reststoffe. (1) [1]Bauliche Anlagen dürfen nur errichtet werden, wenn die einwandfreie Beseitigung des Abwassers und des Niederschlagswassers dauernd gesichert ist. [2]Das Abwasser ist entsprechend den §§ 55 und 56 des Wasserhaushaltsgesetzes und § 46 des Wassergesetzes für Baden-Württemberg zu entsorgen.

(2) [1]Wasserversorgungsanlagen, Anlagen zur Beseitigung des Abwassers und des Niederschlagswassers sowie Anlagen zur vorübergehenden Aufbewahrung von Abfällen und Reststoffen müssen betriebssicher sein. [2]Sie sind so her-

zustellen und anzuordnen, dass Gefahren sowie erhebliche Nachteile oder Belästigungen, insbesondere durch Geruch oder Geräusch, nicht entstehen.

SECHSTER TEIL

Einzelne Räume, Wohnungen und besondere Anlagen

§ 34 Aufenthaltsräume. (1) Die lichte Höhe muss von Aufenthaltsräumen mindestens betragen:

1. 2,2 m über mindestens der Hälfte ihrer Grundfläche, wenn die Aufenthaltsräume ganz oder überwiegend im Dachraum liegen; dabei bleiben Raumteile mit einer lichten Höhe bis 1,5 m außer Betracht,
2. 2,3 m in allen anderen Fällen.

(2) [1]Aufenthaltsräume müssen ausreichend belüftet werden können; sie müssen unmittelbar ins Freie führende Fenster von solcher Zahl, Lage, Größe und Beschaffenheit haben, dass die Räume ausreichend mit Tageslicht beleuchtet werden können (notwendige Fenster). [2]Das Rohbaumaß der Fensteröffnungen muss mindestens ein Zehntel der Grundfläche des Raumes betragen; Raumteile mit einer lichten Höhe bis 1,5 m bleiben außer Betracht. [3]Ein geringeres Rohbaumaß ist bei geneigten Fenstern sowie bei Oberlichtern zulässig, wenn die ausreichende Beleuchtung mit Tageslicht gewährleistet bleibt.

(3) [1]Aufenthaltsräume, deren Fußboden unter der Geländeoberfläche liegt, sind zulässig, wenn das Gelände mit einer Neigung von höchstens 45° an die Außenwände vor notwendigen Fenstern anschließt. [2]Die Oberkante der Brüstung notwendiger Fenster muss mindestens 1,3 m unter der Decke liegen.

(4) Verglaste Vorbauten und Loggien sind vor notwendigen Fenstern zulässig, wenn eine ausreichende Beleuchtung mit Tageslicht gewährleistet bleibt.

(5) Bei Aufenthaltsräumen, die nicht dem Wohnen dienen, sind Abweichungen von den Anforderungen der Absätze 2 und 3 zuzulassen, wenn Nachteile nicht zu befürchten sind oder durch besondere Einrichtungen ausgeglichen werden können.

§ 35 Wohnungen. (1) [1]In Wohngebäuden mit mehr als zwei Wohnungen müssen die Wohnungen eines Geschosses barrierefrei erreichbar sein. [2]In diesen Wohnungen müssen die Wohn- und Schlafräume, eine Toilette, ein Bad und die Küche oder Kochnische barrierefrei nutzbar und mit dem Rollstuhl zugänglich sein. [3]Die Sätze 1 und 2 gelten nicht, soweit die Anforderungen insbesondere wegen schwieriger Geländeverhältnisse, wegen des Einbaus eines sonst nicht erforderlichen Aufzugs oder wegen ungünstiger vorhandener Bebauung nur mit unverhältnismäßigem Mehraufwand erfüllt werden können.

(2) [1]Jede Wohnung muss eine Küche oder Kochnische haben. [2]Fensterlose Küchen oder Kochnischen sind zulässig, wenn sie für sich lüftbar sind.

(3) [1]Jede Wohnung muss einen eigenen Wasserzähler haben. [2]Dies gilt nicht bei Nutzungsänderungen, wenn die Anforderung nach Satz 1 nur mit unverhältnismäßigem Aufwand erfüllt werden kann.

(4) [1]Für jede Wohnung sind zwei geeignete wettergeschützte Fahrrad-Stellplätze herzustellen (notwendige Fahrrad-Stellplätze), es sei denn, diese sind nach Art, Größe oder Lage der Wohnung nicht oder nicht in dieser Anzahl erforderlich. [2]In Gebäuden mit mehr als zwei Wohnungen müssen zur gemeinschaftlichen Benutzung zur Verfügung stehen

1. möglichst ebenerdig zugängliche oder durch Rampen oder Aufzüge leicht erreichbare Flächen zum Abstellen von Kinderwagen und Gehhilfen,
2. Flächen zum Wäschetrocknen.

(5) Für jede Wohnung muss ein Abstellraum zur Verfügung stehen.

§ 36 Toilettenräume und Bäder. (1) Jede Nutzungseinheit muss mindestens eine Toilette haben.

(2) Toilettenräume und Bäder müssen eine ausreichende Lüftung haben.

§ 37 Stellplätze für Kraftfahrzeuge und Fahrräder, Garagen. (1) [1]Bei der Errichtung von Gebäuden mit Wohnungen ist für jede Wohnung ein geeigneter Stellplatz für Kraftfahrzeuge herzustellen (notwendiger Kfz-Stellplatz). [2]Bei der Errichtung sonstiger baulicher Anlagen und anderer Anlagen, bei denen ein Zu- und Abfahrtsverkehr zu erwarten ist, sind notwendige Kfz-Stellplätze in solcher Zahl herzustellen, dass sie für die ordnungsgemäße Nutzung der Anlagen unter Berücksichtigung des öffentlichen Personennahverkehrs ausreichen. [3]Statt notwendiger Kfz-Stellplätze ist die Herstellung notwendiger Garagen zulässig; nach Maßgabe des Absatzes 8 können Garagen auch verlangt werden. [4]Bis zu einem Viertel der notwendigen Kfz-Stellplätze nach Satz 2 kann durch die Schaffung von Fahrrad-Stellplätzen ersetzt werden. [5]Dabei sind für einen Kfz-Stellplatz vier Fahrrad-Stellplätze herzustellen; eine Anrechnung der so geschaffenen Fahrrad-Stellplätze auf die Verpflichtung nach Absatz 2 erfolgt nicht.

(2) [1]Bei der Errichtung baulicher Anlagen, bei denen ein Zu- und Abfahrtsverkehr mit Fahrrädern zu erwarten ist, sind notwendige Fahrrad-Stellplätze in solcher Zahl herzustellen, dass sie für die ordnungsgemäße Nutzung der Anlagen ausreichen. [2]Notwendige Fahrrad-Stellplätze müssen eine wirksame Diebstahlsicherung ermöglichen und von der öffentlichen Verkehrsfläche ebenerdig, durch Rampen oder durch Aufzüge zugänglich sein.

(3) [1]Bei Änderungen oder Nutzungsänderungen von Anlagen sind Stellplätze oder Garagen in solcher Zahl herzustellen, dass die infolge der Änderung zusätzlich zu erwartenden Kraftfahrzeuge und Fahrräder aufgenommen werden können. [2]Eine Abweichung von dieser Verpflichtung ist zuzulassen bei der Teilung von Wohnungen sowie bei Vorhaben zur Schaffung von zusätzlichem Wohnraum durch Ausbau, Anbau, Nutzungsänderung, Aufstockung oder Änderung des Daches, wenn die Baugenehmigung oder Kennt-

nisgabe für das Gebäude mindestens fünf Jahre zurückliegt und die Herstellung auf dem Baugrundstück nicht oder nur unter großen Schwierigkeiten möglich ist.

(4) [1]Die Baurechtsbehörde kann zulassen, dass notwendige Stellplätze oder Garagen erst innerhalb eines angemessenen Zeitraums nach Fertigstellung der Anlage hergestellt werden. [2]Sie hat die Herstellung auszusetzen, solange und soweit nachweislich ein Bedarf an Stellplätzen oder Garagen nicht besteht und die für die Herstellung erforderlichen Flächen für diesen Zweck durch Baulast gesichert sind.

(5) [1]Die notwendigen Stellplätze oder Garagen sind herzustellen

1. auf dem Baugrundstück,
2. auf einem anderen Grundstück in zumutbarer Entfernung oder
3. mit Zustimmung der Gemeinde auf einem Grundstück in der Gemeinde.

[2]Die Herstellung auf einem anderen als dem Baugrundstück muss für diesen Zweck durch Baulast gesichert sein. [3]Die Baurechtsbehörde kann, wenn Gründe des Verkehrs dies erfordern, mit Zustimmung der Gemeinde bestimmen, ob die Stellplätze oder Garagen auf dem Baugrundstück oder auf einem anderen Grundstück herzustellen sind.

(6) [1]Lassen sich notwendige Kfz-Stellplätze oder Garagen nach Absatz 5 nicht oder nur unter großen Schwierigkeiten herstellen, so kann die Baurechtsbehörde mit Zustimmung der Gemeinde zur Erfüllung der Stellplatzverpflichtung zulassen, dass der Bauherr einen Geldbetrag an die Gemeinde zahlt. [2]Der Geldbetrag muss von der Gemeinde innerhalb eines angemessenen Zeitraums verwendet werden für

1. die Herstellung öffentlicher Parkeinrichtungen, insbesondere an Haltestellen des öffentlichen Personennahverkehrs, oder privater Stellplätze zur Entlastung der öffentlichen Verkehrsflächen,
2. die Modernisierung und Instandhaltung öffentlicher Parkeinrichtungen oder
3. die Herstellung von Parkeinrichtungen für die gemeinschaftliche Nutzung von Kraftfahrzeugen oder
4. bauliche Anlagen, andere Anlagen oder Einrichtungen, die den Bedarf an Parkeinrichtungen verringern, wie Einrichtungen des öffentlichen Personennahverkehrs oder für den Fahrradverkehr.

[3]Die Gemeinde legt die Höhe des Geldbetrages fest.

(7) [1]Absatz 6 gilt nicht für notwendige Kfz-Stellplätze oder Garagen von Wohnungen. [2]Eine Abweichung von der Verpflichtung nach Absatz 1 Satz 1 ist zuzulassen, soweit die Herstellung

1. bei Ausschöpfung aller Möglichkeiten, auch unter Berücksichtigung platzsparender Bauarten der Kfz-Stellplätze oder Garagen, unmöglich oder unzumutbar ist oder
2. auf dem Baugrundstück aufgrund öffentlich-rechtlicher Vorschriften ausgeschlossen ist.

(8) [1]Kfz-Stellplätze und Garagen müssen so angeordnet und hergestellt werden, dass die Anlage von Kinderspielplätzen nach § 9 Abs. 2 nicht gehindert wird. [2]Die Nutzung der Kfz-Stellplätze und Garagen darf die Gesundheit nicht schädigen; sie darf auch das Spielen auf Kinderspielplätzen, das Wohnen und das Arbeiten, die Ruhe und die Erholung in der Umgebung durch Lärm, Abgase oder Gerüche nicht erheblich stören.

(9) Das Abstellen von Wohnwagen und anderen Kraftfahrzeuganhängern in Garagen ist zulässig.

§ 38 Sonderbauten. (1) [1]An Sonderbauten können zur Verwirklichung der allgemeinen Anforderungen nach § 3 Abs. 1 besondere Anforderungen im Einzelfall gestellt werden; Erleichterungen können zugelassen werden, soweit es der Einhaltung von Vorschriften wegen der besonderen Art oder Nutzung baulicher Anlagen oder Räume oder wegen besonderer Anforderungen nicht bedarf. [2]Die besonderen Anforderungen und Erleichterungen können insbesondere betreffen

1. die Abstände von Nachbargrenzen, von anderen baulichen Anlagen auf dem Grundstück, von öffentlichen Verkehrsflächen und von oberirdischen Gewässern,
2. die Anordnung der baulichen Anlagen auf dem Grundstück,
3. die Öffnungen nach öffentlichen Verkehrsflächen und nach angrenzenden Grundstücken,
4. die Bauart und Anordnung aller für die Standsicherheit, Verkehrssicherheit, den Brandschutz, Schallschutz oder Gesundheitsschutz wesentlichen Bauteile und die Verwendung von Baustoffen,
5. die Feuerungsanlagen und Heizräume,
6. die Zahl, Anordnung und Herstellung der Treppen, Treppenräume, Flure, Aufzüge, Ausgänge und Rettungswege,
7. die zulässige Benutzerzahl, Anordnung und Zahl der zulässigen Sitze und Stehplätze bei Versammlungsstätten, Tribünen und Fliegenden Bauten,
8. die Lüftung und Rauchableitung,
9. die Beleuchtung und Energieversorgung,
10. die Wasserversorgung,
11. die Aufbewahrung und Entsorgung von Abwasser sowie von Abfällen zur Beseitigung und zur Verwertung,
12. die Stellplätze und Garagen sowie ihre Zu- und Abfahrten,
13. die Anlage von Fahrradabstellplätzen,
14. die Anlage von Grünstreifen, Baum- und anderen Pflanzungen sowie die Begrünung oder Beseitigung von Halden und Gruben,
15. die Wasserdurchlässigkeit befestigter Flächen,
16. den Betrieb und die Nutzung einschließlich des organisatorischen Brandschutzes und der Bestellung und der Qualifikation eines Brandschutzbeauftragten,
17. Brandschutzanlagen, -einrichtungen und -vorkehrungen einschließlich der Löschwasserrückhaltung,
18. die Zahl der Toiletten für Besucher.

(2) Sonderbauten sind Anlagen und Räume besonderer Art oder Nutzung, die insbesondere einen der nachfolgenden Tatbestände erfüllen:

1. Hochhäuser (Gebäude mit einer Höhe nach § 2 Abs. 4 Satz 2 von mehr als 22 m),
2. Verkaufsstätten, deren Verkaufsräume und Ladenstraßen eine Grundfläche von insgesamt mehr als 400 m^2 haben,
3. bauliche Anlagen und Räume, die überwiegend für gewerbliche Betriebe bestimmt sind, mit einer Grundfläche von insgesamt mehr als 400 m^2,
4. Büro- und Verwaltungsgebäude mit einer Grundfläche von insgesamt mehr als 400 m^2,
5. Schulen, Hochschulen und ähnliche Einrichtungen,
6. Einrichtungen zur Betreuung, Unterbringung oder Pflege von Kindern, Menschen mit Behinderung oder alten Menschen, ausgenommen Tageseinrichtungen für Kinder und Kindertagespflege für nicht mehr als acht Kinder,
7. Versammlungsstätten und Sportstätten,
8. Krankenhäuser und ähnliche Einrichtungen,
9. bauliche Anlagen mit erhöhter Brand-, Explosions-, Strahlen- oder Verkehrsgefahr,
10. bauliche Anlagen und Räume, bei denen im Brandfall mit einer Gefährdung der Umwelt gerechnet werden muss,
11. Fliegende Bauten,
12. Camping-, Wochenend- und Zeltplätze,
13. Gemeinschaftsunterkünfte und Beherbergungsstätten mit mehr als 12 Betten,
14. Freizeit- und Vergnügungsparks,
15. Gaststätten mit mehr als 40 Gastplätzen,
16. Spielhallen,
17. Justizvollzugsanstalten und bauliche Anlagen für den Maßregelvollzug,
18. Regallager mit einer Oberkante Lagerguthöhe von mehr als 7,50 m,
19. bauliche Anlagen mit einer Höhe von mehr als 30 m,
20. Gebäude mit mehr als 1600 m^2 Grundfläche des Geschosses mit der größten Ausdehnung, ausgenommen Wohngebäude.

(3) Als Nachweis dafür, dass diese Anforderungen erfüllt sind, können Bescheinigungen verlangt werden, die bei den Abnahmen vorzulegen sind; ferner können Nachprüfungen und deren Wiederholung in bestimmten Zeitabständen verlangt werden.

§ 39 Barrierefreie Anlagen. (1) Bauliche Anlagen sowie andere Anlagen, die überwiegend von Menschen mit Behinderung oder alten Menschen genutzt werden, wie

1. Einrichtungen zur Frühförderung behinderter Kinder, Sonderschulen, Tages- und Begegnungsstätten, Einrichtungen zur Berufsbildung, Werkstätten, Wohnungen und Heime für Menschen mit Behinderung,

2. Altentagesstätten, Altenbegegnungsstätten, Altenwohnungen, Altenwohnheime, Altenheime und Altenpflegeheime,

sind so herzustellen, dass sie von diesen Personen zweckentsprechend ohne fremde Hilfe genutzt werden können (barrierefreie Anlagen).

(2) Die Anforderungen nach Absatz 1 gelten auch für

1. Gebäude der öffentlichen Verwaltung und Gerichte,
2. Schalter- und Abfertigungsräume der Verkehrs- und Versorgungsbetriebe, der Post- und Telekommunikationsbetriebe sowie der Kreditinstitute,
3. Kirchen und andere Anlagen für den Gottesdienst,
4. Versammlungsstätten,
5. Museen und öffentliche Bibliotheken,
6. Sport-, Spiel- und Erholungsanlagen, Schwimmbäder,
7. Camping- und Zeltplätze mit mehr als 50 Standplätzen,
8. Jugend- und Freizeitstätten,
9. Messe-, Kongress- und Ausstellungsbauten,
10. Krankenhäuser, Kureinrichtungen und Sozialeinrichtungen,
11. Bildungs- und Ausbildungsstätten aller Art, wie Schulen, Hochschulen, Volkshochschulen,
12. Kindertageseinrichtungen und Kinderheime,
13. öffentliche Bedürfnisanstalten,
14. Bürogebäude,
15. Verkaufsstätten und Ladenpassagen,
16. Beherbergungsbetriebe,
17. Gaststätten,
18. Praxen der Heilberufe und der Heilhilfsberufe,
19. Nutzungseinheiten, die in den Nummern 1 bis 18 nicht aufgeführt sind und nicht Wohnzwecken dienen, soweit sie eine Nutzfläche von mehr als 1 200 m^2 haben,

10. allgemein zugängliche Großgaragen sowie Stellplätze und Garagen für Anlagen nach Absatz 1 und Absatz 2 Nr. 1 bis 19.

(3) [1]Bei Anlagen nach Absatz 2 können im Einzelfall Ausnahmen zugelassen werden, soweit die Anforderungen nur mit einem unverhältnismäßigen Mehraufwand erfüllt werden können. [2]Bei Schulen und Kindertageseinrichtungen dürfen Ausnahmen nach Satz 1 nur bei Nutzungsänderungen und baulichen Änderungen zugelassen werden.

§ 40 Gemeinschaftsanlagen. (1) Die Herstellung, die Instandhaltung und die Verwaltung von Gemeinschaftsanlagen, für die in einem Bebauungsplan Flächen festgesetzt sind, obliegen den Eigentümern oder Erbbauberechtigten der Grundstücke, für die diese Anlagen bestimmt sind, sowie dem Bauherrn.

(2) [1]Die Gemeinschaftsanlage muss hergestellt werden, sobald und soweit dies erforderlich ist. [2]Die Baurechtsbehörde kann durch schriftliche Anordnung den Zeitpunkt für die Herstellung bestimmen.

SIEBENTER TEIL

Am Bau Beteiligte, Baurechtsbehörden

§ 41 Grundsatz. [1]Bei der Errichtung oder dem Abbruch einer baulichen Anlage sind der Bauherr und im Rahmen ihres Wirkungskreises die anderen nach den §§ 43 bis 45 am Bau Beteiligten dafür verantwortlich, dass die öffentlich-rechtlichen Vorschriften und die aufgrund dieser Vorschriften erlassenen Anordnungen eingehalten werden. [2]Er hat die zur Erfüllung der Anforderungen dieses Gesetzes oder auf Grund dieses Gesetzes erforderlichen Nachweise und Unterlagen zu den verwendeten Bauprodukten und den angewandten Bauarten bereitzuhalten. [3]Werden Bauprodukte verwendet, die die CE-Kennzeichnung nach der Verordnung (EU) Nr. 305/2011 tragen, ist die Leistungserklärung bereitzuhalten.

§ 42 Bauherr. (1) [1]Der Bauherr hat zur Vorbereitung, Überwachung und Ausführung eines genehmigungspflichtigen oder kenntnisgabepflichtigen Bauvorhabens einen geeigneten Entwurfsverfasser, geeignete Unternehmer und nach Maßgabe des Absatzes 3 einen geeigneten Bauleiter zu bestellen. [2]Dem Bauherrn obliegen die nach den öffentlich-rechtlichen Vorschriften erforderlichen Anzeigen an die Baurechtsbehörde.

(2) [1]Bei Bauarbeiten, die unter Einhaltung des Gesetzes zur Bekämpfung der Schwarzarbeit in Selbst-, Nachbarschafts- oder Gefälligkeitshilfe ausgeführt werden, ist die Bestellung von Unternehmern nicht erforderlich, wenn genügend Fachkräfte mit der nötigen Sachkunde, Erfahrung und Zuverlässigkeit mitwirken. [2]§§ 43 und 45 bleiben unberührt. [3]Kenntnisgabepflichtige Abbrucharbeiten dürfen nicht in Selbst-, Nachbarschafts- oder Gefälligkeitshilfe ausgeführt werden.

(3) Bei der Errichtung von Gebäuden mit Aufenthaltsräumen und bei Bauvorhaben, die technisch besonders schwierig oder besonders umfangreich sind, kann die Baurechtsbehörde die Bestellung eines Bauleiters verlangen.

(4) [1]Genügt eine vom Bauherrn bestellte Person nicht den Anforderungen der §§ 43 bis 45, so kann die Baurechtsbehörde vor und während der Bauausführung verlangen, dass sie durch eine geeignete Person ersetzt wird oder dass geeignete Sachverständige herangezogen werden. [2]Die Baurechtsbehörde kann die Bauarbeiten einstellen, bis geeignete Personen oder Sachverständige bestellt sind.

(5) Die Baurechtsbehörde kann verlangen, dass ihr für bestimmte Arbeiten die Unternehmer benannt werden.

(6) Wechselt der Bauherr, so hat der neue Bauherr dies der Baurechtsbehörde unverzüglich mitzuteilen.

(7) [1]Treten bei einem Vorhaben mehrere Personen als Bauherr auf, so müssen sie auf Verlangen der Baurechtsbehörde einen Vertreter bestellen, der ihr gegenüber die dem Bauherrn nach den öffentlich-rechtlichen Vorschriften ob-

liegenden Verpflichtungen zu erfüllen hat. [2]§ 18 Abs. 1 Sätze 2 und 3 und Abs. 2 des Landesverwaltungsverfahrensgesetzes findet Anwendung.

§ 43 Entwurfsverfasser. (1) [1]Der Entwurfsverfasser ist dafür verantwortlich, dass sein Entwurf den öffentlich-rechtlichen Vorschriften entspricht. [2]Zum Entwurf gehören die Bauvorlagen und die Ausführungsplanung; der Bauherr kann mit der Ausführungsplanung einen anderen Entwurfsverfasser beauftragen.

(2) [1]Hat der Entwurfsverfasser auf einzelnen Fachgebieten nicht die erforderliche Sachkunde und Erfahrung, so hat er den Bauherrn zu veranlassen, geeignete Fachplaner zu bestellen. [2]Diese sind für ihre Beiträge verantwortlich. [3]Der Entwurfsverfasser bleibt dafür verantwortlich, dass die Beiträge der Fachplaner entsprechend den öffentlich-rechtlichen Vorschriften aufeinander abgestimmt werden.

(3) Für die Errichtung von Gebäuden, die der Baugenehmigung oder der Kenntnisgabe bedürfen, darf als Entwurfsverfasser für die Bauvorlagen nur bestellt werden, wer

1. die Berufsbezeichnung „Architektin" oder „Architekt" führen darf,
2. die Berufsbezeichnung „Innenarchitektin" oder „Innenarchitekt" führen darf, jedoch nur für die Gestaltung von Innenräumen und die damit verbundenen baulichen Änderungen von Gebäuden,
3. in die von der Ingenieurkammer Baden-Württemberg geführte Liste der Entwurfsverfasser der Fachrichtung Bauingenieurwesen eingetragen ist; Eintragungen anderer Länder gelten auch im Land Baden-Württemberg.

(4) [1]Für die Errichtung von

1. Wohngebäuden mit einem Vollgeschoss bis zu 150 m^2 Grundfläche,
2. eingeschossigen gewerblichen Gebäuden bis zu 250 m^2 Grundfläche und bis zu 5 m Wandhöhe, gemessen von der Geländeoberfläche bis zum Schnittpunkt von Außenwand und Dachhaut,
3. land- oder forstwirtschaftlich genutzten Gebäuden bis zu zwei Vollgeschossen und bis zu 250 m^2 Grundfläche

dürfen auch Angehörige der Fachrichtung Architektur, Innenarchitektur, Hochbau oder Bauingenieurwesen, die an einer Hochschule, Fachhochschule oder gleichrangigen Bildungseinrichtung das Studium erfolgreich abgeschlossen haben, staatlich geprüfte Technikerinnen oder Techniker der Fachrichtung Bautechnik sowie Personen, die in einem anderen Mitgliedstaat der Europäischen Union oder einem nach dem Recht der Europäischen Gemeinschaften gleichgestellten Staat eine gleichwertige Ausbildung abgeschlossen haben, als Entwurfsverfasser bestellt werden. [2]Das Gleiche gilt für Personen, die die Meisterprüfung des Maurer-, Betonbauer- und Stahlbetonbauer- oder Zimmererhandwerks abgelegt haben und für Personen, die diesen, mit Ausnahme von § 7b der Handwerksordnung, handwerksrechtlich gleichgestellt sind.

(5) Die Absätze 3 und 4 gelten nicht für

1. Vorhaben, die nur aufgrund örtlicher Bauvorschriften kenntnisgabepflichtig sind,

2. Vorhaben, die von Beschäftigten im öffentlichen Dienst für ihren Dienstherrn geplant werden, wenn die Beschäftigten
   a) eine Berufsausbildung nach § 4 des Architektengesetzes haben oder
   b) die Eintragungsvoraussetzungen nach Absatz 6 erfüllen,
3. Garagen bis zu 100 m² Nutzfläche,
4. Behelfsbauten und untergeordnete Gebäude.

(6) [1]In die Liste der Entwurfsverfasser ist auf Antrag von der Ingenieurkammer Baden-Württemberg einzutragen, wer

1. einen berufsqualifizierenden Hochschulabschluss eines Studiums der Fachrichtung Hochbau (Artikel 49 Abs. 1 der Richtlinie 2005/36/EG des Europäischen Parlaments und des Rates vom 7. September 2005 über die Anerkennung von Berufsqualifikationen, ABl. L 255 vom 30. September 2005, S. 22) oder des Bauingenieurwesens nachweist und
2. danach mindestens zwei Jahre auf dem Gebiet der Entwurfsplanung von Gebäuden praktisch tätig gewesen ist.

[2]Dem Antrag sind die zur Beurteilung erforderlichen Unterlagen beizufügen. [3]Die Ingenieurkammer bestätigt unverzüglich den Eingang der Unterlagen und teilt gegebenenfalls mit, welche Unterlagen fehlen. [4]Die Eingangsbestätigung muss folgende Angaben enthalten:

1. die in Satz 5 genannte Frist,
2. die verfügbaren Rechtsbehelfe,
3. die Erklärung, dass der Antrag als genehmigt gilt, wenn über ihn nicht rechtzeitig entschieden wird und
4. im Fall der Nachforderung von Unterlagen die Mitteilung, dass die Frist nach Satz 5 erst beginnt, wenn die Unterlagen vollständig sind.

[5]Über den Antrag ist innerhalb von drei Monaten nach Vorlage der vollständigen Unterlagen zu entscheiden; die Ingenieurkammer kann die Frist gegenüber dem Antragsteller einmal um bis zu zwei Monate verlängern. [6]Die Fristverlängerung und deren Ende sind ausreichend zu begründen und dem Antragsteller vor Ablauf der ursprünglichen Frist mitzuteilen. [7]Der Antrag gilt als genehmigt, wenn über ihn nicht innerhalb der nach Satz 5 maßgeblichen Frist entschieden worden ist.

(7) [1]Personen, die in einem anderen Mitgliedstaat der Europäischen Union oder einem nach dem Recht der Europäischen Gemeinschaften gleichgestellten Staat als Bauvorlageberechtigte niedergelassen sind, sind ohne Eintragung in die Liste nach Absatz 3 Nr. 3 bauvorlageberechtigt, wenn sie

1. eine vergleichbare Berechtigung besitzen und
2. dafür dem Absatz 6 Satz 1 vergleichbare Anforderungen erfüllen mussten.

[2]Sie haben das erstmalige Tätigwerden als Bauvorlageberechtigter vorher der Ingenieurkammer Baden-Württemberg anzuzeigen und dabei

1. eine Bescheinigung darüber, dass sie in einem Mitgliedstaat der Europäischen Union oder einem nach dem Recht der Europäischen Gemeinschaften

gleichgestellten Staat rechtmäßig als Bauvorlageberechtigte niedergelassen sind und ihnen die Ausübung dieser Tätigkeiten zum Zeitpunkt der Vorlage der Bescheinigung nicht, auch nicht vorübergehend, untersagt ist, und
2. einen Nachweis darüber, dass sie im Staat ihrer Niederlassung für die Tätigkeit als Bauvorlageberechtigter mindestens die Voraussetzungen des Absatzes 6 Satz 1 erfüllen mussten,

vorzulegen; sie sind in einem Verzeichnis zu führen.

[3]Die Ingenieurkammer hat auf Antrag zu bestätigen, dass die Anzeige nach Satz 2 erfolgt ist; sie kann das Tätigwerden als Bauvorlageberechtigter untersagen und die Eintragung in dem Verzeichnis nach Satz 2 löschen, wenn die Voraussetzungen des Satzes 1 nicht erfüllt sind.

(8) [1]Personen, die in einem anderen Mitgliedstaat der Europäischen Union oder einem nach dem Recht der Europäischen Gemeinschaften gleichgestellten Staat als Bauvorlageberechtigte niedergelassen sind, ohne im Sinne des Absatzes 7 Satz 1 Nr. 2 vergleichbar zu sein, sind bauvorlageberechtigt, wenn ihnen die Ingenieurkammer bescheinigt hat, dass sie die Anforderungen des Absatzes 6 Satz 1 Nr. 1 und 2 erfüllen; sie sind in einem Verzeichnis zu führen. [2]Die Bescheinigung wird auf Antrag erteilt. [3]Absatz 6 Satz 2 bis 7 ist entsprechend anzuwenden.

(9) [1]Anzeigen und Bescheinigungen nach den Absätzen 7 und 8 sind nicht erforderlich, wenn bereits in einem anderen Land eine Anzeige erfolgt ist oder eine Bescheinigung erteilt wurde; eine weitere Eintragung in die von der Ingenieurkammer geführten Verzeichnisse erfolgt nicht. [2]Verfahren nach den Absätzen 6 bis 8 können über einen Einheitlichen Ansprechpartner im Sinne des Gesetzes über Einheitliche Ansprechpartner für das Land Baden-Württemberg abgewickelt werden; §§ 71a bis 71e des Landesverwaltungsverfahrensgesetzes in der jeweils geltenden Fassung finden Anwendung.

(10) Die oberste Baurechtsbehörde kann Entwurfsverfassern und Fachplanern nach Absatz 2 das Verfassen von Bauvorlagen ganz oder teilweise untersagen, wenn diese wiederholt und unter grober Verletzung ihrer Pflichten nach Absatz 1 und 2 bei der Erstellung von Bauvorlagen bauplanungsrechtliche oder bauordnungsrechtliche Vorschriften nicht beachtet haben.

§ 44 Unternehmer. (1) [1]Jeder Unternehmer ist dafür verantwortlich, dass seine Arbeiten den öffentlich-rechtlichen Vorschriften entsprechend ausgeführt und insoweit auf die Arbeiten anderer Unternehmer abgestimmt werden. [2]Er hat insoweit für die ordnungsgemäße Einrichtung und den sicheren Betrieb der Baustelle, insbesondere die Tauglichkeit und Betriebssicherheit der Gerüste, Geräte und der anderen Baustelleneinrichtungen sowie die Einhaltung der Arbeitsschutzbestimmungen zu sorgen. [3]Er hat die zur Erfüllung der Anforderungen dieses Gesetzes oder auf Grund dieses Gesetzes erforderlichen Nachweise und Unterlagen zu den verwendeten Bauprodukten und den angewandeten Bauarten zu erbringen und auf der Baustelle bereitzuhalten. [4]Bei Bauprodukten, die die CE-Kennzeichnung nach der Verordnung (EU) Nr. 305/2011 tragen, ist die Leistungserklärung bereitzuhalten.

(2) [1]Hat der Unternehmer für einzelne Arbeiten nicht die erforderliche Sachkunde und Erfahrung, so hat er den Bauherrn zu veranlassen, geeignete Fachkräfte zu bestellen. [2]Diese sind für ihre Arbeiten verantwortlich. [3]Der Unternehmer bleibt dafür verantwortlich, dass die Arbeiten der Fachkräfte entsprechend den öffentlich-rechtlichen Vorschriften aufeinander abgestimmt werden.

(3) Der Unternehmer und die Fachkräfte nach Absatz 2 haben auf Verlangen der Baurechtsbehörde für Bauarbeiten, bei denen die Sicherheit der baulichen Anlagen in außergewöhnlichem Maße von einer besonderen Sachkenntnis und Erfahrung oder von einer Ausstattung mit besonderen Einrichtungen abhängt, nachzuweisen, dass sie für diese Bauarbeiten geeignet sind und über die erforderlichen Einrichtungen verfügen.

§ 45 Bauleiter. (1) [1]Der Bauleiter hat darüber zu wachen, dass die Bauausführung den öffentlich-rechtlichen Vorschriften und den Entwürfen des Entwurfsverfassers entspricht. [2]Er hat im Rahmen dieser Aufgabe auf den sicheren bautechnischen Betrieb der Baustelle, insbesondere auf das gefahrlose Ineinandergreifen der Arbeiten der Unternehmer zu achten; die Verantwortlichkeit der Unternehmer bleibt unberührt. [3]Verstöße, denen nicht abgeholfen wird, hat er unverzüglich der Baurechtsbehörde mitzuteilen.

(2) [1]Hat der Bauleiter nicht für alle ihm obliegenden Aufgaben die erforderliche Sachkunde und Erfahrung, hat er den Bauherrn zu veranlassen, geeignete Fachbauleiter zu bestellen. [2]Diese treten insoweit an die Stelle des Bauleiters. [3]Der Bauleiter bleibt für das ordnungsgemäße Ineinandergreifen seiner Tätigkeiten mit denen der Fachbauleiter verantwortlich.

§ 46 Aufbau und Besetzung der Baurechtsbehörden. (1) Baurechtsbehörden sind

1. hinsichtlich der Regelungsgegenstände der §§ 13, 14, 16a bis 25, 48 Absatz 4 sowie des § 68 das Umweltministerium und im Übrigen das Wirtschaftsministerium als oberste Baurechtsbehörden,
2. die Regierungspräsidien als höhere Baurechtsbehörden,
3. die unteren Verwaltungsbehörden und die in Absatz 2 genannten Gemeinden und Verwaltungsgemeinschaften als untere Baurechtsbehörden.

(2) [1]Untere Baurechtsbehörden sind

1. Gemeinden und
2. Verwaltungsgemeinschaften,

wenn sie die Voraussetzungen des Absatzes 4 erfüllen und die höhere Baurechtsbehörde auf Antrag die Erfüllung dieser Voraussetzungen feststellt. [2]Die Zuständigkeit und der Zeitpunkt des Aufgabenübergangs sind im Gesetzblatt bekannt zu machen.

(3) [1]Die Zuständigkeit erlischt im Falle des Absatzes 2 durch Erklärung der Gemeinde oder der Verwaltungsgemeinschaft gegenüber der höheren Bau-

rechtsbehörde. [2]Sie erlischt ferner, wenn die in Absatz 2 Satz 1 genannten Voraussetzungen nicht mehr erfüllt sind und die höhere Baurechtsbehörde dies feststellt. [3]Das Erlöschen und sein Zeitpunkt sind im Gesetzblatt bekannt zu machen.

(4) [1]Die Baurechtsbehörden sind für ihre Aufgaben ausreichend mit geeigneten Fachkräften zu besetzen. [2]Jeder unteren Baurechtsbehörde muss mindestens ein Bauverständiger angehören, der das Studium der Fachrichtung Architektur oder Bauingenieurwesen an einer deutschen Universität oder Fachhochschule oder eine gleichwertige Ausbildung an einer ausländischen Hochschule oder gleichrangigen Lehreinrichtung erfolgreich abgeschlossen hat; die höhere Baurechtsbehörde kann von der Anforderung an die Ausbildung Ausnahmen zulassen. [3]Die Fachkräfte zur Beratung und Unterstützung der Landratsämter als Baurechtsbehörden sind vom Landkreis zu stellen.

§ 47 Aufgaben und Befugnisse der Baurechtsbehörden. (1) [1]Die Baurechtsbehörden haben darauf zu achten, dass die baurechtlichen Vorschriften sowie die anderen öffentlich-rechtlichen Vorschriften über die Errichtung und den Abbruch von Anlagen und Einrichtungen im Sinne des § 1 eingehalten und die aufgrund dieser Vorschriften erlassenen Anordnungen befolgt werden. [2]Sie haben zur Wahrnehmung dieser Aufgaben diejenigen Maßnahmen zu treffen, die nach pflichtgemäßem Ermessen erforderlich sind.

(2) Die Baurechtsbehörden können zur Erfüllung ihrer Aufgaben Sachverständige heranziehen.

(3) [1]Die mit dem Vollzug dieses Gesetzes beauftragten Personen sind berechtigt, in Ausübung ihres Amtes Grundstücke und bauliche Anlagen einschließlich der Wohnungen zu betreten. [2]Das Grundrecht der Unverletzlichkeit der Wohnung (Artikel 13 des Grundgesetzes) wird insoweit eingeschränkt.

(4) [1]Die den Gemeinden und den Verwaltungsgemeinschaften nach § 46 Abs. 2 übertragenen Aufgaben der unteren Baurechtsbehörden sind Pflichtaufgaben nach Weisung. [2]Für die Erhebung von Gebühren und Auslagen gilt das Kommunalabgabengesetz. [3]Abweichend hiervon gelten für die Erhebung von Gebühren und Auslagen für bautechnische Prüfungen die für die staatlichen Behörden maßgebenden Vorschriften.

(5) [1]Die für die Fachaufsicht zuständigen Behörden können den nachgeordneten Baurechtsbehörden unbeschränkt Weisungen erteilen. [2]Leistet eine Baurechtsbehörde einer ihr erteilten Weisung innerhalb der gesetzten Frist keine Folge, so kann an ihrer Stelle jede Fachaufsichtsbehörde die erforderlichen Maßnahmen auf Kosten des Kostenträgers der Baurechtsbehörde treffen. [3]§ 129 Abs. 5 der Gemeindeordnung gilt entsprechend.

§ 48 Sachliche Zuständigkeit. (1) Sachlich zuständig ist die untere Baurechtsbehörde, soweit nichts anderes bestimmt ist.

(2) [1]Anstelle einer Gemeinde als Baurechtsbehörde ist die nächsthöhere Baurechtsbehörde, bei den in § 46 Abs. 2 genannten Gemeinden die untere

Verwaltungsbehörde zuständig, wenn es sich um ein Vorhaben der Gemeinde selbst handelt, gegen das Einwendungen erhoben werden, sowie bei einem Vorhaben, gegen das die Gemeinde als Beteiligte Einwendungen erhoben hat; anstelle einer Verwaltungsgemeinschaft als Baurechtsbehörde ist in diesen Fällen bei Vorhaben sowie bei Einwendungen der Verwaltungsgemeinschaft oder einer Gemeinde, die der Verwaltungsgemeinschaft angehört, die in § 28 Abs. 2 Nr. 1 oder 2 des Gesetzes über kommunale Zusammenarbeit genannte Behörde zuständig. [2]Für die Behandlung des Bauantrags, die Bauüberwachung und die Bauabnahme gilt Absatz 1.

(3) [1]Die Erlaubnis nach den aufgrund des § 34 des Produktsicherheitsgesetzes erlassenen Vorschriften schließt eine Genehmigung oder Zustimmung nach diesem Gesetz ein. [2]Die für die Erlaubnis zuständige Behörde entscheidet im Benehmen mit der Baurechtsbehörde der gleichen Verwaltungsstufe; die Bauüberwachung nach § 66 und die Bauabnahmen nach § 67 obliegen der Baurechtsbehörde.

(4) [1]Bei Anlagen nach § 7 des Atomgesetzes schließt die atomrechtliche Genehmigung eine Genehmigung oder Zustimmung nach diesem Gesetz ein. [2]Im Übrigen ist die oberste Baurechtsbehörde sachlich zuständig für alle baulichen Anlagen auf dem Betriebsgelände. soweit sie nicht im Einzelfall die Zuständigkeit einer nachgeordneten Baurechtsbehörde überträgt

ACHTER TEIL
Verwaltungsverfahren, Baulasten

§ 49 Genehmigungspflichtige Vorhaben. Die Errichtung und der Abbruch baulicher Anlagen sowie der in § 50 aufgeführten anderen Anlagen und Einrichtungen bedürfen der Baugenehmigung, soweit in §§ 50, 51, 69 oder 70 nichts anderes bestimmt ist.

§ 50 Verfahrensfreie Vorhaben. (1) Die Errichtung der Anlagen und Einrichtungen, die im Anhang aufgeführt sind, ist verfahrensfrei.

(2) Die Nutzungsänderung ist verfahrensfrei, wenn

1. für die neue Nutzung keine anderen oder weitergehenden Anforderungen gelten als für die bisherige Nutzung oder
2. durch die neue Nutzung zusätzlicher Wohnraum in Wohngebäuden nach Gebäudeklasse 1 bis 3 im Innenbereich geschaffen wird.

(3) Der Abbruch ist verfahrensfrei bei

1. Anlagen nach Absatz 1,
2. freistehenden Gebäuden der Gebäudeklassen 1 bis 3,
3. sonstigen Anlagen, die keine Gebäude sind, mit einer Höhe bis zu 10 m.

(4) Instandhaltungsarbeiten sind verfahrensfrei.

(5) [1]Verfahrensfreie Vorhaben müssen ebenso wie genehmigungspflichtige Vorhaben den öffentlich-rechtlichen Vorschriften entsprechen. [2]§ 57 findet entsprechende Anwendung.

§ 51 Kenntnisgabeverfahren. (1) [1]Das Kenntnisgabeverfahren kann durchgeführt werden bei der Errichtung von

1. Wohngebäuden,
2. sonstigen Gebäuden der Gebäudeklassen 1 bis 3, ausgenommen Gaststätten,
3. sonstigen baulichen Anlagen, die keine Gebäude sind,
4. Nebengebäuden und Nebenanlagen zu Bauvorhaben nach den Nummern 1 bis 3,

ausgenommen Sonderbauten, soweit die Vorhaben nicht bereits nach § 50 verfahrensfrei sind und die Voraussetzungen des Absatzes 2 vorliegen. [2]Satz 1 gilt nicht für die Errichtung von

1. einem oder mehreren Gebäuden, wenn die Größe der dem Wohnen dienenden Nutzungseinheiten insgesamt mehr als 5.000 m^2 Brutto-Grundfläche beträgt, und
2. baulichen Anlagen, die öffentlich zugänglich sind, wenn dadurch erstmals oder zusätzlich die gleichzeitige Nutzung durch mehr als 100 Personen zu erwarten ist,

wenn sie innerhalb des angemessenen Sicherheitsabstands gemäß § 3 Absatz 5c des Bundes-Immissionsschutzgesetzes (BImSchG) eines Betriebsbereichs im Sinne von § 3 Absatz 5a BImSchG liegen und dem Gebot, einen angemessenen Sicherheitsabstand zu wahren, nicht bereits auf der Ebene der Bauleitplanung Rechnung getragen wurde.

(2) [1]Die Vorhaben nach Absatz 1 müssen liegen

1. innerhalb des Geltungsbereichs eines Bebauungsplans im Sinne des § 30 Abs. 1 BauGB, der nach dem 29. Juni 1961 rechtsverbindlich geworden ist, oder im Geltungsbereich eines Bebauungsplans im Sinne der §§ 12, 30 Abs. 2 BauGB und
2. außerhalb des Geltungsbereichs einer Veränderungssperre im Sinne des § 14 BauGB.

[2]Sie dürfen den Festsetzungen des Bebauungsplans nicht widersprechen.

(3) Beim Abbruch von Anlagen und Einrichtungen wird das Kenntnisgabeverfahren durchgeführt, soweit die Vorhaben nicht bereits nach § 50 Abs. 3 verfahrensfrei sind.

(4) Kenntnisgabepflichtige Vorhaben müssen ebenso wie genehmigungspflichtige Vorhaben den öffentlich-rechtlichen Vorschriften entsprechen.

(5) Der Bauherr kann beantragen, dass bei Vorhaben, die Absatz 1 oder 3 entsprechen, ein Baugenehmigungsverfahren durchgeführt wird.

§ 52 Vereinfachtes Baugenehmigungsverfahren. (1) Das vereinfachte Baugenehmigungsverfahren kann bei Bauvorhaben nach § 51 Absatz 1 Satz 1 durchgeführt werden.

(2) Im vereinfachten Baugenehmigungsverfahren prüft die Baurechtsbehörde

1. die Übereinstimmung mit den Vorschriften über die Zulässigkeit der baulichen Anlagen nach den §§ 14 und 29 bis 38 BauGB,
2. die Übereinstimmung mit den §§ 5 bis 7,
3. andere öffentlich-rechtliche Vorschriften außerhalb dieses Gesetzes und außerhalb von Vorschriften auf Grund dieses Gesetzes,
   a) soweit in diesen Anforderungen an eine Baugenehmigung gestellt werden oder
   b) soweit es sich um Vorhaben im Außenbereich handelt, im Umfang des § 58 Abs. 1 Satz 2.

(3) Auch soweit Absatz 2 keine Prüfung vorsieht, müssen Bauvorhaben im vereinfachten Verfahren den öffentlich-rechtlichen Vorschriften entsprechen.

(4) Über Abweichungen, Ausnahmen und Befreiungen von Vorschriften nach diesem Gesetz oder aufgrund dieses Gesetzes, die nach Absatz 2 nicht geprüft werden, entscheidet die Baurechtsbehörde auf besonderen Antrag im Rahmen des vereinfachten Baugenehmigungsverfahrens.

§ 53 Bauvorlagen und Bauantrag. (1) [1]Alle für die Durchführung des Baugenehmigungsverfahrens oder des Kenntnisgabeverfahrens erforderlichen Unterlagen (Bauvorlagen) und Anträge auf Abweichungen, Ausnahmen und Befreiungen sind bei der Gemeinde einzureichen. [2]Bei genehmigungspflichtigen Vorhaben ist zusammen mit den Bauvorlagen der schriftliche Antrag auf Baugenehmigung (Bauantrag) einzureichen.

(2) [1]Der Bauantrag ist vom Bauherrn und vom Entwurfsverfasser, die Bauvorlagen sind vom Entwurfsverfasser zu unterschreiben. [2]Die von den Fachplanern nach § 43 Abs. 2 erstellten Bauvorlagen müssen von diesen unterschrieben werden.

(3) Die Gemeinde hat den Bauantrag und die Bauvorlagen, wenn sie nicht selbst Baurechtsbehörde ist, unter Zurückbehaltung einer Ausfertigung innerhalb von drei Arbeitstagen an die Baurechtsbehörde weiterzuleiten.

(4) [1]Zum Bauantrag wird die Gemeinde gehört, wenn sie nicht selbst Baurechtsbehörde ist. [2]Soweit es für die Behandlung des Bauantrags notwendig ist, sollen die Stellen gehört werden, deren Aufgabenbereich berührt wird. [3]Ist die Beteiligung einer Stelle nur erforderlich, um das Vorliegen von fachtechnischen Voraussetzungen in öffentlich-rechtlichen Vorschriften zu prüfen, kann die Baurechtsbehörde mit Einverständnis des Bauherrn und auf dessen Kosten dies durch Sachverständige prüfen lassen. [4]Sie kann vom Bauherrn die Bestätigung eines Sachverständigen verlangen, dass die fachtechnischen Voraussetzungen vorliegen.

(5) Im Kenntnisgabeverfahren hat die Gemeinde innerhalb von fünf Arbeitstagen

1. dem Bauherrn den Zeitpunkt des Eingangs der vollständigen Bauvorlagen schriftlich zu bestätigen und
2. die Bauvorlagen, wenn sie nicht selbst Baurechtsbehörde ist, unter Zurückbehaltung einer Ausfertigung an die Baurechtsbehörde weiterzuleiten.

(6) [1]Absatz 5 gilt nicht, wenn die Gemeinde feststellt, dass

1. die Bauvorlagen unvollständig sind,
2. die Erschließung des Vorhabens nicht gesichert ist,
3. eine hindernde Baulast besteht oder
4. das Vorhaben in einem förmlich festgelegten Sanierungsgebiet im Sinne des § 142 BauGB, in einem förmlich festgelegten städtebaulichen Entwicklungsbereich im Sinne des § 165 BauGB oder in einem förmlich festgelegten Gebiet im Sinne des § 171d oder des § 172 BauGB liegt und die hierfür erforderlichen Genehmigungen nicht beantragt worden sind.

[2]Die Gemeinde hat dies dem Bauherrn innerhalb von fünf Arbeitstagen mitzuteilen.

§ 54 Fristen im Genehmigungsverfahren, gemeindliches Einvernehmen.
(1) [1]Die Baurechtsbehörde hat innerhalb von zehn Arbeitstagen nach Eingang den Bauantrag und die Bauvorlagen auf Vollständigkeit zu überprüfen. [2]Sind sie unvollständig oder weisen sie sonstige erhebliche Mängel auf, hat die Baurechtsbehörde dem Bauherrn unverzüglich mitzuteilen, welche Ergänzungen erforderlich sind, und dass ohne Behebung der Mängel innerhalb der dem Bauherrn gesetzten, angemessenen Frist der Bauantrag zurückgewiesen werden kann.

(2) Sobald der Bauantrag und die Bauvorlagen vollständig sind, hat die Baurechtsbehörde unverzüglich

1. dem Bauherrn ihren Eingang und den nach Absatz 5 ermittelten Zeitpunkt der Entscheidung, jeweils mit Datumsangabe, schriftlich mitzuteilen,
2. die Gemeinde und die berührten Stellen nach § 53 Abs. 4 zu hören.

(3) [1]Für die Abgabe der Stellungnahmen setzt die Baurechtsbehörde der Gemeinde und den berührten Stellen eine angemessene Frist; sie darf höchstens einen Monat betragen. [2]Äußern sich die Gemeinde oder die berührten Stellen nicht fristgemäß, kann die Baurechtsbehörde davon ausgehen, dass keine Bedenken bestehen. [3]Bedarf nach Landesrecht die Erteilung der Baugenehmigung des Einvernehmens oder der Zustimmung einer anderen Stelle, so gilt diese als erteilt, wenn sie nicht innerhalb eines Monats nach Eingang des Ersuchens unter Angabe der Gründe verweigert wird.

(4) [1]Hat eine Gemeinde ihr nach § 14 Abs. 2 Satz 2, § 22 Abs. 5 Satz 1, § 36 Abs. 1 Sätze 1 und 2 BauGB erforderliches Einvernehmen rechtswidrig versagt, hat die zuständige Genehmigungsbehörde das fehlende Einvernehmen

nach Maßgabe der Sätze 2 bis 7 zu ersetzen. [2]§ 121 der Gemeindeordnung findet keine Anwendung. [3]Die Genehmigung gilt zugleich als Ersatzvornahme. [4]Sie ist insoweit zu begründen. [5]Widerspruch und Anfechtungsklage haben auch insoweit keine aufschiebende Wirkung, als die Genehmigung als Ersatzvornahme gilt. [6]Die Gemeinde ist vor der Erteilung der Genehmigung anzuhören. [7]Dabei ist ihr Gelegenheit zu geben, binnen angemessener Frist erneut über das gemeindliche Einvernehmen zu entscheiden.

(5) [1]Die Baurechtsbehörde hat über den Bauantrag innerhalb von zwei Monaten, im vereinfachten Baugenehmigungsverfahren und in den Fällen des § 56 Abs. 6 sowie des § 57 Abs. 1 innerhalb eines Monats zu entscheiden. [2]Die Frist nach Satz 1 beginnt, sobald die vollständigen Bauvorlagen und alle für die Entscheidung notwendigen Stellungnahmen und Mitwirkungen vorliegen, spätestens jedoch nach Ablauf der Fristen nach Absatz 3 und nach § 36 Abs. 2 Satz 2 BauGB sowie nach § 12 Absatz 2 Sätze 2 und 3 des Luftverkehrsgesetzes.

(6) Die Fristen nach Absatz 3 dürfen nur ausnahmsweise bis zu einem Monat verlängert werden.

§ 55 Beteiligung der Nachbarn und der Öffentlichkeit. (1) [1]Die Gemeinde benachrichtigt die Eigentümer angrenzender Grundstücke (Angrenzer) innerhalb von fünf Arbeitstagen ab dem Eingang der vollständigen Bauvorlagen von dem Bauvorhaben. [2]Die Benachrichtigung ist nicht erforderlich bei Angrenzern, die

1. eine schriftliche Zustimmungserklärung abgegeben oder die Bauvorlagen unterschrieben haben oder
2. durch das Vorhaben offensichtlich nicht berührt werden.

[3]Die Gemeinde kann auch sonstige Eigentümer benachbarter Grundstücke (sonstige Nachbarn), deren öffentlich-rechtlich geschützte nachbarliche Belange berührt sein können, innerhalb der Frist des Satzes 1 benachrichtigen. [4]Bei Eigentümergemeinschaften nach dem Wohnungseigentumsgesetz genügt die Benachrichtigung des Verwalters.

(2) [1]Einwendungen sind innerhalb von vier Wochen nach Zustellung der Benachrichtigung bei der Gemeinde schriftlich oder zur Niederschrift vorzubringen. [2]Die vom Bauantrag durch Zustellung benachrichtigten Angrenzer und sonstigen Nachbarn werden mit allen Einwendungen ausgeschlossen, die im Rahmen der Beteiligung nicht fristgemäß geltend gemacht worden sind und sich auf von der Baurechtsbehörde zu prüfende öffentlich-rechtliche Vorschriften beziehen (materielle Präklusion). [3]Auf diese Rechtsfolge ist in der Benachrichtigung hinzuweisen. [4]Die Gemeinde leitet die bei ihr eingegangenen Einwendungen zusammen mit ihrer Stellungnahme innerhalb der Frist des § 54 Abs. 3 an die Baurechtsbehörde weiter.

(3) [1]Bei Vorhaben im Kenntnisgabeverfahren gilt Absatz 1 entsprechend. [2]Bedenken können innerhalb von zwei Wochen nach Zugang der Benachrichtigung bei der Gemeinde vorgebracht werden. [3]Die Gemeinde hat sie unverzüglich an die Baurechtsbehörde weiterzuleiten. [4]Für die Behandlung der Beden-

ken gilt § 47 Abs. 1. [5]Die Angrenzer und sonstige Nachbarn werden über das Ergebnis unterrichtet.

(4) Bei der Errichtung von

1. einem oder mehreren Gebäuden, wenn die Größe der dem Wohnen dienenden Nutzungseinheiten insgesamt mehr als 5.000 m^2 Brutto-Grundfläche beträgt,
2. baulichen Anlagen, die öffentlich zugänglich sind, wenn dadurch erstmals oder zusätzlich die gleichzeitige Nutzung durch mehr als 100 Personen zu erwarten ist, und
3. Sonderbauten nach § 38 Absatz 2 Nummer 5, 6, 8, 12, 14 und 17

ist eine Öffentlichkeitsbeteiligung nach § 23b Absatz 2 BImSchG durchzuführen, wenn die Bauvorhaben innerhalb des angemessenen Sicherheitsabstands gemäß § 3 Absatz 5c BImSchG eines Betriebsbereichs im Sinne von § 3 Absatz 5a BImSchG liegen und dem Gebot, einen angemessenen Sicherheitsabstand zu wahren, nicht bereits auf der Ebene der Bauleitplanung in einem öffentlichen Verfahren Rechnung getragen wurde.

§ 56 Abweichungen, Ausnahmen und Befreiungen. (1) Abweichungen von technischen Bauvorschriften sind zuzulassen, wenn auf andere Weise dem Zweck dieser Vorschriften nachweislich entsprochen wird.

(2) Ferner sind Abweichungen von den Vorschriften in den §§ 4 bis 37 dieses Gesetzes oder aufgrund dieses Gesetzes zuzulassen

1. zur Modernisierung von Wohnungen und Wohngebäuden, Teilung von Wohnungen oder Schaffung von zusätzlichem Wohnraum durch Ausbau, Anbau, Nutzungsänderung, Aufstockung oder Änderung des Daches, wenn die Baugenehmigung oder die Kenntnisgabe für die Errichtung des Gebäudes mindestens fünf Jahre zurückliegt,
2. zur Erhaltung und weiteren Nutzung von Kulturdenkmalen,
3. zur Verwirklichung von Vorhaben zur Energieeinsparung und zur Nutzung erneuerbarer Energien,
4. zur praktischen Erprobung neuer Bau- und Wohnformen im Wohnungsbau,

wenn die Abweichungen mit den öffentlichen Belangen vereinbar sind.

(3) Ausnahmen, die in diesem Gesetz oder in Vorschriften aufgrund dieses Gesetzes vorgesehen sind, können zugelassen werden, wenn sie mit den öffentlichen Belangen vereinbar sind und die für die Ausnahmen festgelegten Voraussetzungen vorliegen.

(4) Ferner können Ausnahmen von den Vorschriften in den §§ 4 bis 37 dieses Gesetzes oder aufgrund dieses Gesetzes zugelassen werden

1. bei Gemeinschaftsunterkünften, die der vorübergehenden Unterbringung oder dem vorübergehenden Wohnen dienen,
2. bei baulichen Anlagen, die nach der Art ihrer Ausführung für eine dauernde Nutzung nicht geeignet sind und die für eine begrenzte Zeit aufgestellt werden (Behelfsbauten),

3. bei kleinen, Nebenzwecken dienenden Gebäuden ohne Feuerstätten, wie Geschirrhütten,
4. bei freistehenden anderen Gebäuden, die allenfalls für einen zeitlich begrenzten Aufenthalt bestimmt sind, wie Gartenhäuser, Wochenendhäuser oder Schutzhütten.

(5) [1]Von den Vorschriften in den §§ 4 bis 39 dieses Gesetzes oder aufgrund dieses Gesetzes kann Befreiung erteilt werden, wenn

1. Gründe des allgemeinen Wohls die Abweichung erfordern oder
2. die Einhaltung der Vorschrift im Einzelfall zu einer offenbar nicht beabsichtigten Härte führen würde

und die Abweichung auch unter Würdigung nachbarlicher Interessen mit den öffentlichen Belangen vereinbar ist. [2]Gründe des allgemeinen Wohls liegen auch bei Vorhaben zur Deckung dringenden Wohnbedarfs vor. [3]Bei diesen Vorhaben kann auch in mehreren vergleichbaren Fällen eine Befreiung erteilt werden.

(6) [1]Ist für verfahrensfreie Vorhaben eine Abweichung, Ausnahme oder Befreiung erforderlich, so ist diese schriftlich besonders zu beantragen. [2]§ 54 Abs. 4 findet entsprechende Anwendung.

§ 57 Bauvorbescheid. (1) [1]Vor Einreichen des Bauantrags kann auf schriftlichen Antrag des Bauherrn ein schriftlicher Bescheid zu einzelnen Fragen des Vorhabens erteilt werden (Bauvorbescheid). [2]Der Bauvorbescheid gilt drei Jahre.

(2) § 53 Abs. 1 bis 4, §§ 54, 55 Abs. 1 und 2, § 58 Abs. 1 bis 3 sowie § 62 Abs. 2 gelten entsprechend.

§ 58 Baugenehmigung. (1) [1]Die Baugenehmigung ist zu erteilen, wenn dem genehmigungspflichtigen Vorhaben keine von der Baurechtsbehörde zu prüfenden öffentlich-rechtlichen Vorschriften entgegenstehen. [2]Soweit nicht § 52 Anwendung findet, sind alle öffentlich-rechtlichen Vorschriften zu prüfen, die Anforderungen an das Bauvorhaben enthalten und über deren Einhaltung nicht eine andere Behörde in einem gesonderten Verfahren durch Verwaltungsakt entscheidet. [3]Die Baugenehmigung bedarf der Schriftform; § 3a des Landesverwaltungsverfahrensgesetzes findet keine Anwendung. [4]Erleichterungen, Abweichungen, Ausnahmen und Befreiungen sind ausdrücklich auszusprechen. [5]Die Baugenehmigung ist nur insoweit zu begründen, als sie Abweichungen, Ausnahmen oder Befreiungen von nachbarschützenden Vorschriften enthält und der Nachbar Einwendungen erhoben hat. [6]Eine Ausfertigung der mit Genehmigungsvermerk versehenen Bauvorlagen ist dem Antragsteller mit der Baugenehmigung zuzustellen. [7]Eine Ausfertigung der Baugenehmigung ist auch Angrenzern und sonstigen Nachbarn zuzustellen, deren Einwendungen gegen das Vorhaben nicht entsprochen wird; auszunehmen sind solche Angaben, die wegen berechtigter Interessen der Beteiligten geheim zu halten sind.

(2) Die Baugenehmigung gilt auch für und gegen den Rechtsnachfolger des Bauherrn.

(3) Die Baugenehmigung wird unbeschadet privater Rechte Dritter erteilt.

(4) [1]Behelfsbauten dürfen nur befristet oder widerruflich genehmigt werden. [2]Nach Ablauf der gesetzten Frist oder nach Widerruf ist die Anlage ohne Entschädigung zu beseitigen und ein ordnungsgemäßer Zustand herzustellen.

(5) Die Gemeinde ist, wenn sie nicht Baurechtsbehörde ist, von jeder Baugenehmigung durch Übersendung einer Abschrift des Bescheides und der Pläne zu unterrichten.

(6) [1]Auch nach Erteilung der Baugenehmigung können Anforderungen gestellt werden, um Gefahren für Leben oder Gesundheit oder bei der Genehmigung nicht voraussehbare Gefahren oder erhebliche Nachteile oder Belästigungen von der Allgemeinheit oder den Benutzern der baulichen Anlagen abzuwenden. [2]Bei Gefahr im Verzug kann bis zur Erfüllung dieser Anforderungen die Benutzung der baulichen Anlage eingeschränkt oder untersagt werden.

§ 59 Baubeginn. (1) [1]Mit der Ausführung genehmigungspflichtiger Vorhaben darf erst nach Erteilung des Baufreigabescheins begonnen werden. [2]Der Baufreigabeschein ist zu erteilen, wenn die in der Baugenehmigung für den Baubeginn enthaltenen Auflagen und Bedingungen erfüllt sind. [3]Enthält die Baugenehmigung keine solchen Auflagen oder Bedingungen, so ist der Baufreigabeschein mit der Baugenehmigung zu erteilen. [4]Der Baufreigabeschein muss die Bezeichnung des Bauvorhabens und die Namen und Anschriften des Entwurfsverfassers und des Bauleiters enthalten und ist dem Bauherrn zuzustellen.

(2) Der Bauherr hat den Baubeginn genehmigungspflichtiger Vorhaben und die Wiederaufnahme der Bauarbeiten nach einer Unterbrechung von mehr als sechs Monaten vorher der Baurechtsbehörde schriftlich mitzuteilen.

(3) [1]Vor Baubeginn müssen bei genehmigungspflichtigen Vorhaben Grundriss und Höhenlage der baulichen Anlage auf dem Baugrundstück festgelegt sein. [2]Die Baurechtsbehörde kann verlangen, dass diese Festlegungen durch einen Sachverständigen vorgenommen werden.

(4) Bei Vorhaben im Kenntnisgabeverfahren darf mit der Ausführung begonnen werden

1. bei Vorhaben, denen die Angrenzer schriftlich zugestimmt haben, zwei Wochen,
2. bei sonstigen Vorhaben ein Monat

nach Eingang der vollständigen Bauvorlagen bei der Gemeinde, es sei denn, der Bauherr erhält eine Mitteilung nach § 53 Abs. 6 oder der Baubeginn wird nach § 47 Abs. 1 oder vorläufig aufgrund von § 15 Abs. 1 Satz 2 BauGB untersagt.

(5) Bei Vorhaben im Kenntnisgabeverfahren hat der Bauherr vor Baubeginn

1. die bautechnischen Nachweise von einem Sachverständigen prüfen zu lassen, soweit nichts anderes bestimmt ist; die Prüfung muss vor Baubeginn, spätestens jedoch vor Ausführung der jeweiligen Bauabschnitte abgeschlossen sein,
2. Grundriss und Höhenlage von Gebäuden auf dem Baugrundstück durch einen Sachverständigen festlegen zu lassen, soweit nichts anderes bestimmt ist,
3. dem bevollmächtigten Bezirksschornsteinfeger technische Angaben über Feuerungsanlagen sowie über ortsfeste Blockheizkraftwerke und Verbrennungsmotoren in Gebäuden vorzulegen.

(6) Bei Vorhaben im Kenntnisgabeverfahren innerhalb eines förmlich festgelegten Sanierungsgebietes im Sinne des § 142 BauGB, eines förmlich festgelegten städtebaulichen Entwicklungsbereiches im Sinne des § 165 BauGB oder eines förmlich festgelegten Gebiets im Sinne des § 171d oder § 172 BauGB müssen vor Baubeginn die hierfür erforderlichen Genehmigungen vorliegen.

§ 60 Sicherheitsleistung. (1) Die Baurechtsbehörde kann die Leistung einer Sicherheit verlangen, soweit sie erforderlich ist, um die Erfüllung von Auflagen oder sonstigen Verpflichtungen zu sichern.

(2) Auf Sicherheitsleistungen sind die §§ 232, 234 bis 240 des Bürgerlichen Gesetzbuches anzuwenden.

§ 61 Teilbaugenehmigung. (1) [1]Ist ein Bauantrag eingereicht, so kann der Beginn der Bauarbeiten für die Baugrube und für einzelne Bauteile oder Bauabschnitte auf schriftlichen Antrag schon vor Erteilung der Baugenehmigung schriftlich, aber nicht in elektronischer Form, zugelassen werden, wenn nach dem Stand der Prüfung des Bauantrags gegen die Teilausführung keine Bedenken bestehen (Teilbaugenehmigung). [2]§§ 54, 58 Abs. 1 bis 5 sowie § 59 Abs. 1 bis 3 gelten entsprechend.

(2) In der Baugenehmigung können für die bereits genehmigten Teile des Vorhabens, auch wenn sie schon ausgeführt sind, zusätzliche Anforderungen gestellt werden, wenn sich bei der weiteren Prüfung der Bauvorlagen ergibt, dass die zusätzlichen Anforderungen nach § 3 Abs. 1 Satz 1 erforderlich sind.

§ 62 Geltungsdauer der Baugenehmigung. (1) Die Baugenehmigung und die Teilbaugenehmigung erlöschen, wenn nicht innerhalb von drei Jahren nach Erteilung der Genehmigung mit der Bauausführung begonnen oder wenn sie nach diesem Zeitraum ein Jahr unterbrochen worden ist.

(2) [1]Die Frist nach Absatz 1 kann auf schriftlichen Antrag jeweils bis zu drei Jahren schriftlich verlängert werden. [2]Die Frist kann auch rückwirkend verlängert werden, wenn der Antrag vor Fristablauf bei der Baurechtsbehörde eingegangen ist.

§ 63 Verbot unrechtmäßig gekennzeichneter Bauprodukte. Sind Bauprodukte entgegen § 21 mit dem Ü-Zeichen gekennzeichnet, so kann die Baurechtsbehörde die Verwendung dieser Bauprodukte untersagen und deren Kennzeichnung entwerten oder beseitigen lassen.

§ 64 Einstellung von Arbeiten. (1) [1]Werden Anlagen im Widerspruch zu öffentlich-rechtlichen Vorschriften errichtet oder abgebrochen, so kann die Baurechtsbehörde die Einstellung der Arbeiten anordnen. [2]Dies gilt insbesondere, wenn

1. die Ausführung eines Vorhabens entgegen § 59 begonnen wurde,
2. das Vorhaben ohne die erforderlichen Bauabnahmen (§ 67) oder Nachweise (§ 66 Abs. 2 und 4) oder über die Teilbaugenehmigung (§ 61) hinaus fortgesetzt wurde,
3. bei der Ausführung eines Vorhabens
   a) von der erteilten Baugenehmigung oder Zustimmung,
   b) im Kenntnisgabeverfahren von den eingereichten Bauvorlagen abgewichen wird, es sei denn die Abweichung ist nach § 50 verfahrensfrei,
4. Bauprodukte verwendet werden, die entgegen der Verordnung (EU) Nr. 305/2011 keine CE-Kennzeichenung oder entgegen § 21 kein Ü-Zeichen tragen oder unberechtigt damit gekennzeichnet sind.

[3]Widerspruch und Anfechtungsklage gegen die Anordnung der Einstellung der Arbeiten haben keine aufschiebende Wirkung.

(2) Werden Arbeiten trotz schriftlich oder mündlich verfügter Einstellung fortgesetzt, so kann die Baurechtsbehörde die Baustelle versiegeln und die an der Baustelle vorhandenen Baustoffe, Bauteile, Baugeräte, Baumaschinen und Bauhilfsmittel in amtlichen Gewahrsam nehmen.

§ 65 Abbruchsanordnung und Nutzungsuntersagung. [1]Der teilweise oder vollständige Abbruch einer Anlage, die im Widerspruch zu öffentlich-rechtlichen Vorschriften errichtet wurde, kann angeordnet werden, wenn nicht auf andere Weise rechtmäßige Zustände hergestellt werden können. [2]Werden Anlagen im Widerspruch zu öffentlich-rechtlichen Vorschriften genutzt, so kann diese Nutzung untersagt werden.

§ 66 Bauüberwachung. (1) [1]Die Baurechtsbehörde kann die Ordnungsmäßigkeit der Bauausführung und die ordnungsgemäße Erfüllung der Pflichten der am Bau Beteiligten nach den §§ 42 bis 45 überprüfen. [2]Sie kann verlangen, dass Beginn und Beendigung bestimmter Bauarbeiten angezeigt werden.

(2) [1]Die Ordnungsmäßigkeit der Bauausführung umfasst auch die Tauglichkeit der Gerüste und Absteifungen sowie die Bestimmungen zum Schutze der allgemeinen Sicherheit. [2]Die Baurechtsbehörde und die von ihr Beauftragten können Proben von Bauprodukten, soweit erforderlich auch aus fertigen Bauteilen, entnehmen und prüfen oder prüfen lassen.

(3) [1]Den mit der Überwachung beauftragten Personen ist jederzeit Zutritt zu Baustellen und Betriebsstätten sowie Einblick in Genehmigungen und Zulas-

sungen, Prüfzeugnisse, Übereinstimmungserklärungen, Übereinstimmungszertifikate, Überwachungsnachweise, Zeugnisse und Aufzeichnungen über die Prüfung von Bauprodukten, in die CE-Kennzeichnungen und Leistungserklärungen nach der Verordnung (EU) Nr. 305/2011, in die Bautagebücher und andere vorgeschriebene Aufzeichnungen zu gewähren. [2]Der Bauherr hat die für die Überwachung erforderlichen Arbeitskräfte und Geräte zur Verfügung zu stellen.

(4) Die Baurechtsbehörde kann einen Nachweis darüber verlangen, dass die Grundflächen, Abstände und Höhenlagen der Gebäude eingehalten sind.

(5) Die Baurechtsbehörde soll, soweit sie im Rahmen der Bauüberwachung gegen die Verordnung (EU) Nr. 305/2011 erlangt, diese der für die Marktüberwachung zuständigen Stelle mitteilen.

§ 67 Bauabnahmen, Inbetriebnahme der Feuerungsanlagen. (1) Soweit es bei genehmigungspflichtigen Vorhaben zur Wirksamkeit der Bauüberwachung erforderlich ist, kann in der Baugenehmigung oder der Teilbaugenehmigung, aber auch noch während der Bauausführung die Abnahme

1. bestimmter Bauteile oder Bauarbeiten und
2. der baulichen Anlage nach ihrer Fertigstellung

vorgeschrieben werden.

(2) [1]Schreibt die Baurechtsbehörde eine Abnahme vor, hat der Bauherr rechtzeitig schriftlich mitzuteilen, wann die Voraussetzungen für die Abnahme gegeben sind. [2]Der Bauherr oder die Unternehmer haben auf Verlangen die für die Abnahmen erforderlichen Arbeitskräfte und Geräte zur Verfügung zu stellen.

(3) [1]Bei Beanstandungen kann die Abnahme abgelehnt werden. [2]Über die Abnahme stellt die Baurechtsbehörde auf Verlangen des Bauherrn eine Bescheinigung aus (Abnahmeschein).

(4) [1]Die Baurechtsbehörde kann verlangen, dass bestimmte Bauarbeiten erst nach einer Abnahme durchgeführt oder fortgesetzt werden. [2]Sie kann aus den Gründen des § 3 Abs. 1 auch verlangen, dass eine bauliche Anlage erst nach einer Abnahme in Gebrauch genommen wird.

(5) [1]Bei genehmigungspflichtigen und bei kenntnisgabepflichtigen Vorhaben dürfen die Feuerungsanlagen erst in Betrieb genommen werden, wenn der bevollmächtigte Bezirksschornsteinfeger die Brandsicherheit und die sichere Abführung der Verbrennungsgase bescheinigt hat. [2]Satz 1 gilt für ortsfeste Blockheizkraftwerke und Verbrennungsmotoren in Gebäuden entsprechend.

§ 68 Typenprüfung. (1) [1]Für bauliche Anlagen oder Teile baulicher Anlagen, die in derselben Ausführung an mehreren Stellen errichtet oder verwendet werden sollen, können die Nachweise der Standsicherheit, des Schallschutzes oder der Feuerwiderstandsdauer der Bauteile allgemein geprüft werden (Typenprüfung). [2]Eine Typenprüfung kann auch erteilt werden für bauliche Anlagen, die in unterschiedlicher Ausführung, aber nach einem bestimmten System und aus bestimmten Bauteilen an mehreren Stellen errichtet werden sollen; in der Typenprüfung ist die zulässige Veränderbarkeit festzulegen.

(2) [1]Die Typenprüfung wird auf schriftlichen Antrag von einem Prüfamt für Baustatik durchgeführt. [2]Soweit die Typenprüfung ergibt, dass die Ausführung den öffentlich-rechtlichen Vorschriften entspricht, ist dies durch Bescheid festzustellen. [3]Die Typenprüfung darf nur widerruflich und für eine Frist von bis zu fünf Jahren erteilt oder verlängert werden. [4]§ 62 Abs. 2 Satz 2 gilt entsprechend.

(3) Die in der Typenprüfung entschiedenen Fragen werden von der Baurechtsbehörde nicht mehr geprüft.

(4) Typenprüfungen anderer Bundesländer gelten auch in Baden-Württemberg.

§ 69 Fliegende Bauten. (1) [1]Fliegende Bauten sind bauliche Anlagen, die geeignet und bestimmt sind an verschiedenen Orten, wiederholt aufgestellt und abgebaut zu werden. [2]Baustelleneinrichtungen und Baugerüste gelten nicht als Fliegende Bauten.

(2) [1]Fliegende Bauten bedürfen, bevor sie erstmals aufgestellt und in Gebrauch genommen werden, einer Ausführungsgenehmigung. [2]Dies gilt nicht für unbedeutende Fliegende Bauten, an die besondere Sicherheitsanforderungen nicht gestellt werden, sowie für Fliegende Bauten, die der Landesverteidigung dienen.

(3) [1]Zuständig für die Erteilung der Ausführungsgenehmigung ist die Baurechtsbehörde, in deren Gebiet der Antragsteller seinen Wohnsitz oder seine gewerbliche Niederlassung hat. [2]Hat der Antragsteller weder seinen Wohnsitz noch seine gewerbliche Niederlassung innerhalb der Bundesrepublik Deutschland, so ist die Baurechtsbehörde zuständig, in deren Gebiet der Fliegende Bau erstmals aufgestellt und in Gebrauch genommen werden soll.

(4) [1]Die Ausführungsgenehmigung wird für eine bestimmte Frist erteilt, die fünf Jahre nicht überschreiten soll. [2]Sie kann auf schriftlichen Antrag jeweils bis zu fünf Jahren verlängert werden. [3]§ 62 Abs. 2 Satz 2 gilt entsprechend. [4]Die Ausführungsgenehmigung und deren Verlängerung wird in ein Prüfbuch eingetragen, dem eine Ausfertigung der mit Genehmigungsvermerk versehenen Bauvorlagen beizufügen ist.

(5) [1]Der Inhaber der Ausführungsgenehmigung hat den Wechsel seines Wohnsitzes oder seiner gewerblichen Niederlassung oder die Übertragung eines Fliegenden Baues an Dritte der Behörde, die die Ausführungsgenehmigung erteilt hat, anzuzeigen. [2]Diese hat die Änderungen in das Prüfbuch einzutragen und sie, wenn mit den Änderungen ein Wechsel der Zuständigkeit verbunden ist, der nunmehr zuständigen Behörde mitzuteilen.

(6) [1]Fliegende Bauten, die nach Absatz 2 einer Ausführungsgenehmigung bedürfen, dürfen unbeschadet anderer Vorschriften nur in Gebrauch genommen

werden, wenn ihre Aufstellung der Baurechtsbehörde des Aufstellungsortes unter Vorlage des Prüfbuches angezeigt ist. [2]Die Baurechtsbehörde kann die Inbetriebnahme von einer Gebrauchsabnahme abhängig machen. [3]Das Ergebnis der Abnahme ist in das Prüfbuch einzutragen. [4]Wenn eine Gefährdung im Sinne des § 3 Abs. 1 nicht zu erwarten ist, kann in der Ausführungsgenehmigung bestimmt werden, dass Anzeigen nach Satz 1 nicht erforderlich sind.

(7) [1]Die für die Gebrauchsabnahme zuständige Baurechtsbehörde kann Auflagen machen oder die Aufstellung oder den Gebrauch Fliegender Bauten untersagen, soweit dies nach den örtlichen Verhältnissen oder zur Abwehr von Gefahren erforderlich ist, insbesondere weil

1. die Betriebs- oder Standsicherheit nicht gewährleistet ist,
2. von der Ausführungsgenehmigung abgewichen wird oder
3. die Ausführungsgenehmigung abgelaufen ist.

[2]Wird die Aufstellung oder der Gebrauch wegen Mängeln am Fliegenden Bau untersagt, so ist dies in das Prüfbuch einzutragen; ist die Beseitigung der Mängel innerhalb angemessener Frist nicht zu erwarten, so ist das Prüfbuch einzuziehen und der für die Erteilung der Ausführungsgenehmigung zuständigen Behörde zuzuleiten.

(8) [1]Bei Fliegenden Bauten, die längere Zeit an einem Aufstellungsort betrieben werden, kann die für die Gebrauchsabnahme zuständige Baurechtsbehörde Nachabnahmen durchführen. [2]Das Ergebnis der Nachabnahmen ist in das Prüfbuch einzutragen.

(9) § 47 Abs. 2, § 53 Abs. 1, 2 und 4 sowie § 54 Abs. 1 gelten entsprechend.

(10) Ausführungsgenehmigungen anderer Bundesländer gelten auch in Baden-Württemberg.

§ 70 Zustimmungsverfahren, Vorhaben der Landesverteidigung. (1) [1]An die Stelle der Baugenehmigung tritt die Zustimmung, wenn

1. der Bund, ein Land, eine andere Gebietskörperschaft des öffentlichen Rechts oder eine Kirche Bauherr ist und
2. der Bauherr die Leitung der Entwurfsarbeiten und die Bauüberwachung geeigneten Fachkräften seiner Baubehörde übertragen hat.

[2]Dies gilt entsprechend für Vorhaben Dritter, die in Erfüllung einer staatlichen Baupflicht vom Land durchgeführt werden.

(2) [1]Der Antrag auf Zustimmung ist bei der unteren Baurechtsbehörde einzureichen. [2]Hinsichtlich des Prüfungsumfangs gilt § 52 Abs. 2. [3]§ 52 Abs. 3, § 53 Abs. 1, 2 und 4, § 54 Abs. 1 und 4, § 55 Absatz 1, 2 und 4, §§ 56, 58, 59 Abs. 1 bis 3, §§ 61, 62, 64, 65 sowie § 67 Abs. 5 gelten entsprechend. [4]Die Fachkräfte nach Absatz 1 Satz 1 Nr. 2 sind der Baurechtsbehörde zu benennen. [5]Die bautechnische Prüfung sowie Bauüberwachung und Bauabnahmen finden nicht statt.

(3) [1]Vorhaben, die der Landesverteidigung dienen, bedürfen weder einer Baugenehmigung noch einer Kenntnisgabe nach § 51 noch einer Zustimmung

nach Absatz 1. [2]Sie sind stattdessen der höheren Baurechtsbehörde vor Baubeginn in geeigneter Weise zur Kenntnis zu bringen.

(4) Der Bauherr ist dafür verantwortlich, dass Entwurf und Ausführung von Vorhaben nach den Absätzen 1 und 3 den öffentlich-rechtlichen Vorschriften entsprechen.

§ 71 Übernahme von Baulasten. (1) [1]Durch Erklärung gegenüber der Baurechtsbehörde können Grundstückseigentümer öffentlich-rechtliche Verpflichtungen zu einem ihre Grundstücke betreffenden Tun, Dulden oder Unterlassen übernehmen, die sich nicht schon aus öffentlich-rechtlichen Vorschriften ergeben (Baulasten). [2]Sie sind auch gegenüber dem Rechtsnachfolger wirksam.

(2) Die Erklärung nach Absatz 1 muss vor der Baurechtsbehörde oder vor der Gemeindebehörde abgegeben oder anerkannt werden; sie kann auch in öffentlich beglaubigter Form einer dieser Behörden vorgelegt werden.

(3) [1]Die Baulast erlischt durch schriftlichen Verzicht der Baurechtsbehörde. [2]Der Verzicht ist zu erklären, wenn ein öffentliches Interesse an der Baulast nicht mehr besteht. [3]Vor dem Verzicht sollen der Verpflichtete und die durch die Baulast Begünstigten gehört werden.

§ 72 Baulastenverzeichnis. (1) Die Baulasten sind auf Anordnung der Baurechtsbehörde in ein Verzeichnis einzutragen (Baulastenverzeichnis).

(2) In das Baulastenverzeichnis sind auch einzutragen, soweit ein öffentliches Interesse an der Eintragung besteht,

1. andere baurechtliche, altlastenrechtliche oder bodenschutzrechtliche Verpflichtungen des Grundstückseigentümers zu einem sein Grundstück betreffenden Tun, Dulden oder Unterlassen,
2. Bedingungen, Befristungen und Widerrufsvorbehalte.

(3) Das Baulastenverzeichnis wird von der Gemeinde geführt.

(4) Wer ein berechtigtes Interesse darlegt, kann in das Baulastenverzeichnis Einsicht nehmen und sich Abschriften erteilen lassen.

NEUNTER TEIL

Rechtsvorschriften, Ordnungswidrigkeiten, Übergangs- und Schlussvorschriften

§ 73 Rechtsverordnungen. (1) Zur Verwirklichung der in § 3 Absatz 1 Satz 1, § 16 a Absatz 1 und § 16 b Absatz 1 bezeichneten Anforderungen bezeichneten allgemeinen Anforderungen werden die obersten Baurechtsbehörden ermächtigt, durch Rechtsverordnung Vorschriften zu erlassen über

1. die nähere Bestimmung allgemeiner Anforderungen in den §§ 4 bis 37,
2. besondere Anforderungen oder Erleichterungen, die sich aus der besonderen Art oder Nutzung der baulichen Anlagen und Räume nach § 38 für

ihre Errichtung, Unterhaltung und Nutzung ergeben, sowie über die Anwendung solcher Aufforderungen auf bestehende bauliche Anlagen dieser Art,

3. eine von Zeit zu Zeit zu wiederholende Nachprüfung von Anlagen, die zur Verhütung erheblicher Gefahren oder Nachteile ständig ordnungsgemäß unterhalten werden müssen, und die Erstreckung dieser Nachprüfungspflicht auf bestehende Anlagen,
4. die Anwesenheit fachkundiger Personen beim Betrieb technisch schwieriger baulicher Anlagen und Einrichtungen, wie Bühnenbetriebe und technisch schwierige Fliegende Bauten,
5. den Nachweis der Befähigung der in Nummer 4 genannten Personen.

(2) [1]Die obersten Baurechtsbehörden werden ermächtigt, zum baurechtlichen Verfahren durch Rechtsverordnung Vorschriften zu erlassen über

1. Art, Inhalt, Beschaffenheit und Zahl der Bauvorlagen; dabei kann festgelegt werden, dass bestimmte Bauvorlagen von Sachverständigen oder sachverständigen Stellen zu verfassen sind,
2. die erforderlichen Anträge, Anzeigen, Nachweise und Bescheinigungen,
3. das Verfahren im Einzelnen.

[2]Sie können dabei für verschiedene Arten von Bauvorhaben unterschiedliche Anforderungen und Verfahren festlegen.

(3) Die oberste Baurechtsbehörde wird ermächtigt, durch Rechtsverordnung vorzuschreiben, dass die am Bau Beteiligten (§§ 42 bis 45) zum Nachweis der ordnungsgemäßen Bauausführung Bescheinigungen, Bestätigungen oder Nachweise des Entwurfsverfassers, der Unternehmer, des Bauleiters, von Sachverständigen, Fachplanern oder Behörden über die Einhaltung baurechtlicher Anforderungen vorzulegen haben.

(4) [1]Die Landesregierung wird ermächtigt, zur Vereinfachung, Erleichterung oder Beschleunigung der baurechtlichen Verfahren oder zur Entlastung der Baurechtsbehörde durch Rechtsverordnung Vorschriften zu erlassen über

1. den vollständigen oder teilweisen Wegfall der Prüfung öffentlich-rechtlicher Vorschriften über die technische Beschaffenheit bei bestimmten Arten von Bauvorhaben,
2. die Heranziehung von Sachverständigen oder sachverständigen Stellen,
3. die Übertragung von Prüfaufgaben im Rahmen des baurechtlichen Verfahrens einschließlich der Bauüberwachung und Bauabnahmen sowie die Übertragung sonstiger, der Vorbereitung baurechtlicher Entscheidungen dienenden Aufgaben und Befugnisse der Baurechtsbehörde auf Sachverständige oder sachverständige Stellen.

[2]Sie kann dafür bestimmte Voraussetzungen festlegen, die die Verantwortlichen nach § 43 zu erfüllen haben.

(5) Die obersten Baurechtsbehörden können durch Rechtsverordnung für Sachverständige, die nach diesem Gesetz oder nach Vorschriften aufgrund dieses Gesetzes tätig werden,

1. eine bestimmte Ausbildung, Sachkunde oder Erfahrung vorschreiben,
2. die Befugnisse und Pflichten bestimmen,
3. eine besondere Anerkennung vorschreiben,
4. die Zuständigkeit, das Verfahren und die Voraussetzungen für die Anerkennung, ihren Widerruf, ihre Rücknahme und ihr Erlöschen sowie die Vergütung der Sachverständigen regeln.

(6) [1]Die oberste Baurechtsbehörde wird ermächtigt, durch Rechtsverordnung die Befugnisse auf andere als in diesen Vorschriften aufgeführte Behörden zu übertragen für

1. die Zuständigkeit für die vorhabenbezogene Bauartgenehmigung nach § 16a Absatz 2 Satz 1 Nummer 2 und den Verzicht darauf im Einzelfall nach § 16a Absatz 4 sowie die Entscheidungen über Zustimmungen im Einzelfall (§ 20),
2. die Anerkennung von Prüf-, Zertifizierungs- und Überwachungsstellen (§ 24).

[2]Die Befugnis nach Nummer 2 kann auch auf eine Behörde eines anderen Landes übertragen werden, die der Aufsicht einer obersten Baurechtsbehörde untersteht oder an deren Willensbildung die oberste Baurechtsbehörde mitwirkt.

(7) Die oberste Baurechtsbehörde kann durch Rechtsverordnung

1. das Ü-Zeichen festlegen und zu diesem Zeichen zusätzliche Angaben verlangen,
2. das Anerkennungsverfahren nach § 24, die Voraussetzungen für die Anerkennung, ihren Widerruf und ihr Erlöschen regeln, insbesondere auch Altersgrenzen festlegen, sowie eine ausreichende Haftpflichtversicherung fordern.

(7a) Die oberste Baurechtsbehörde kann durch Rechtsverordnung vorschreiben, dass für bestimmte Bauprodukte und Bauarten, auch soweit sie Anforderungen nach anderen Rechtsvorschriften unterliegen, hinsichtlich dieser Anforderungen § 16a Absatz 2 und §§ 17 bis 25 ganz oder teilweise anwendbar sind, wenn die anderen Rechtsvorschriften dies verlangen oder zulassen.

(8) Die oberste Baurechtsbehörde wird ermächtigt, durch Rechtsverordnung zu bestimmen, dass

1. Ausführungsgenehmigungen für Fliegende Bauten nur durch bestimmte Behörden oder durch von ihr bestimmte Stellen erteilt und die in § 69 Abs. 6 bis 8 genannten Aufgaben der Baurechtsbehörde durch andere Behörden oder Stellen wahrgenommen werden; dabei kann die Vergütung dieser Stellen geregelt werden,
2. die Anforderungen der aufgrund des § 34 des Produktsicherheitsgesetzes und des § 49 Abs. 4 des Energiewirtschaftsgesetzes erlassenen Rechtsverordnungen entsprechend für Anlagen gelten, die nicht gewerblichen Zwecken dienen und nicht im Rahmen wirtschaftlicher Unternehmungen Ver-

wendung finden; sie kann auch die Verfahrensvorschriften dieser Verordnungen für anwendbar erklären oder selbst das Verfahren bestimmen sowie Zuständigkeiten und Gebühren regeln; dabei kann sie auch vorschreiben, dass danach zu erteilende Erlaubnisse die Baugenehmigung oder die Zustimmung nach § 70 einschließlich der zugehörigen Abweichungen, Ausnahmen und Befreiungen einschließen, sowie dass § 35 Abs. 2 des Produktsicherheitsgesetzes insoweit Anwendung findet.

§ 73a Technische Baubestimmungen. (1) [1]Die Anforderungen nach § 3 Absatz 1 Satz 1 können durch Technische Baubestimmungen konkretisiert werden. [2]Die Technischen Baubestimmungen sind zu beachten. [3]Von den in den Technischen Baubestimmungen enthaltenen Planungs-, Bemessungs- und Ausführungsregelungen kann abgewichen werden, wenn mit einer anderen Lösung in gleichem Maße die Anforderungen erfüllt werden und in der Technischen Baubestimmung eine Abweichung nicht ausgeschlossen ist; § 16a Absatz 2 und § 17 Absatz 1 bleiben unberührt.

(2) Die Konkretisierungen können durch Bezugnahmen auf technische Regeln und deren Fundstellen oder auf andere Weise erfolgen, insbesondere in Bezug auf:

1. bestimmte bauliche Anlagen oder ihre Teile,
2. die Planung, Bemessung und Ausführung baulicher Anlagen und ihrer Teile,
3. die Leistung von Bauprodukten in bestimmten baulichen Anlagen oder ihren Teilen, insbesondere
   a) Planung, Bemessung und Ausführung baulicher Anlagen bei Einbau eines Bauprodukts,
   b) Merkmale von Bauprodukten, die sich für einen Verwendungszweck auf die Erfüllung der Anforderungen nach § 3 Absatz 1 Satz 1 auswirken,
   c) Verfahren für die Feststellung der Leistung eines Bauproduktes im Hinblick auf Merkmale, die sich für einen Verwendungszweck auf die Erfüllung der Anforderungen nach § 3 Absatz 1 Satz 1 auswirken,
   d) zulässige oder unzulässige besondere Verwendungszwecke,
   e) die Festlegung von Klassen und Stufen in Bezug auf bestimmte Verwendungszwecke,
   f) die für einen bestimmten Verwendungszweck anzugebende oder erforderliche und anzugebende Leistung in Bezug auf ein Merkmal, das sich für einen Verwendungszweck auf die Erfüllung der Anforderungen nach § 3 Absatz 1 Satz 1 auswirkt, soweit vorgesehen in Klassen und Stufen,
4. die Bauarten und die Bauprodukte, die nur eines allgemeinen bauaufsichtlichen Prüfzeugnisses nach § 16a Absatz 3 oder § 19 Absatz 1 bedürfen,
5. Voraussetzungen zur Abgabe der Übereinstimmungserklärung für ein Bauprodukt nach § 22,
6. die Art, den Inhalt und die Form technischer Dokumentation.

(3) Die Technischen Baubestimmungen sollen nach den Grundanforderungen gemäß Anhang I der Verordnung (EU) Nr. 305/2011 gegliedert sein.

(4) Die Technischen Baubestimmungen enthalten die in § 17 Absatz 3 genannte Liste.

(5) [1]Im gegenseitigen Einvernehmen machen die in § 46 Absatz 1 Nummer 1 bezeichneten obersten Baurechtsbehörden nach Anhörung der beteiligten Kreise zur Durchführung dieses Gesetzes und der auf Grund dieses Gesetzes erlassenen Rechtsverordnungen die Technischen Baubestimmungen nach Absatz 1 als Verwaltungsvorschrift bekannt. [2]Soweit diese Technischen Baubestimmungen einem vom Deutschen Institut für Bautechnik im Einvernehmen mit den obersten Bauaufsichtsbehörden der Länder veröffentlichten Muster einer Verwaltungsvorschrift über Technische Baubestimmungen entsprechen und zu diesem Muster bereits eine Anhörung der beteiligten Kreise durch das Deutsche Institut für Bautechnik erfolgt ist, ist eine Anhörung nach Satz 1 entbehrlich.

§ 74 Örtliche Bauvorschriften. (1) [1]Zur Durchführung baugestalterischer Absichten, zur Erhaltung schützenswerter Bauteile, zum Schutz bestimmter Bauten, Straßen, Plätze oder Ortsteile von geschichtlicher, künstlerischer oder städtebaulicher Bedeutung sowie zum Schutz von Kultur- und Naturdenkmalen können die Gemeinden im Rahmen dieses Gesetzes in bestimmten bebauten oder unbebauten Teilen des Gemeindegebiets durch Satzung örtliche Bauvorschriften erlassen über

1. Anforderungen an die äußere Gestaltung baulicher Anlagen einschließlich Regelungen über Gebäudehöhen und -tiefen sowie über die Begründung,
2. Anforderungen an Werbeanlagen und Automaten; dabei können sich die Vorschriften auch auf deren Art, Größe, Farbe und Anbringungsort sowie auf den Ausschluss bestimmter Werbeanlagen und Automaten beziehen,
3. Anforderungen an die Gestaltung, Bepflanzung und Nutzung der unbebauten Flächen der bebauten Grundstücke und an die Gestaltung der Plätze für bewegliche Abfallbehälter sowie über Notwendigkeit oder Zulässigkeit und über Art, Gestaltung und Höhe von Einfriedungen,
4. die Beschränkung oder den Ausschluss der Verwendung von Außenantennen,
5. die Unzulässigkeit von Niederspannungsfreileitungen in neuen Baugebieten und Sanierungsgebieten,
6. das Erfordernis einer Kenntnisgabe für Vorhaben, die nach § 50 verfahrensfrei sind,
7. andere als die in § 5 Abs. 7 vorgeschriebenen Maße. [2]Die Gemeinden können solche Vorschriften auch erlassen, soweit dies zur Verwirklichung der Festsetzungen einer städtebaulichen Satzung erforderlich ist und eine ausreichende Belichtung gewährleistet ist. [3]Sie können zudem regeln, dass § 5 Abs. 7 keine Anwendung findet, wenn durch die Festsetzungen einer städtebaulichen Satzung Außenwände zugelassen oder vorgeschrieben werden, vor denen Abstandsflächen größerer oder geringerer Tiefe als nach diesen Vorschriften liegen müssten.

[2]Anforderungen nach Satz 1 Nummer 1, die allein zur Durchführung baugestalterischer Absichten gestellt werden, dürfen die Nutzung erneuerbarer Energien nicht ausschließen oder unangemessen beeinträchtigen.

(2) Soweit die Gründe des Verkehrs oder städtebauliche Gründe oder Gründe sparsamer Flächennutzung dies rechtfertigen, können die Gemeinden für das Gemeindegebiet oder für genau abgegrenzte Teile des Gemeindegebiets durch Satzung bestimmen, dass

1. die Stellplatzverpflichtung (§ 37 Abs. 1) eingeschränkt wird,
2. die Stellplatzverpflichtung für Wohnungen (§ 37 Abs. 1) auf bis zu zwei Stellplätze erhöht wird; für diese Stellplätze gilt § 37 entsprechend,
3. die Herstellung von Stellplätzen und Garagen eingeschränkt oder untersagt wird,
4. Stellplätze und Garagen auf anderen Grundstücken als dem Baugrundstück herzustellen sind,
5. Stellplätze und Garagen nur in einer platzsparenden Bauart hergestellt werden dürfen, zum Beispiel mehrgeschossig als kraftbetriebene Hebebühnen oder als automatische Garagen,
6. Abstellplätze für Fahrräder in ausreichender Zahl und geeigneter Beschaffenheit herzustellen sind.

(3) Die Gemeinden können durch Satzung für das Gemeindegebiet oder genau abgegrenzte Teile des Gemeindegebietes bestimmen, dass

1. zur Vermeidung von überschüssigem Bodenaushub die Höhenlage der Grundstücke erhalten oder verändert wird,
2. Anlagen zum Sammeln, Verwenden oder Versickern von Niederschlagswasser oder zum Verwenden von Brauchwasser herzustellen sind, um die Abwasseranlagen zu entlasten, Überschwemmungsgefahren zu vermeiden und den Wasserhaushalt zu schonen, soweit gesundheitliche oder wasserwirtschaftliche Belange nicht beeinträchtigt werden.

(4) Durch Satzung kann für das Gemeindegebiet oder genau abgegrenzte Teile des Gemeindegebiets auch bestimmt werden, dass für bestehende Gebäude unter den Voraussetzungen des § 9 Abs. 2 Kinderspielplätze anzulegen sind.

(5) Anforderungen nach den Absätzen 1 bis 3 können in den örtlichen Bauvorschriften auch in Form zeichnerischer Darstellungen gestellt werden.

(6) [1]Die örtlichen Bauvorschriften werden nach den entsprechend geltenden Vorschriften des § 1 Abs. 3 Satz 2 und Abs. 8, § 3 Abs. 2, des § 4 Abs. 2, des § 9 Abs. 7 und des § 13 BauGB erlassen. [2]§ 10 Abs. 3 BauGB gilt entsprechend mit der Maßgabe, dass die Gemeinde in der Satzung auch einen späteren Zeitpunkt für das Inkrafttreten bestimmen kann.

(7) [1]Werden örtliche Bauvorschriften zusammen mit einem Bebauungsplan oder einer anderen städtebaulichen Satzung nach dem Baugesetzbuch beschlossen, richtet sich das Verfahren für ihren Erlass in vollem Umfang nach den für den Bebauungsplan oder die sonstige städtebauliche Satzung geltenden Vorschriften. [2]Dies gilt für die Änderung, Ergänzung und Aufhebung entsprechend.

§ 75 Ordnungswidrigkeiten. (1) Ordnungswidrig handelt, wer vorsätzlich oder fahrlässig

1. entgegen § 8 Absatz 2 Satz 1 die geplante Teilung eines Grundstücks nicht anzeigt,
2. Bauprodukte entgegen § 21 Absatz 3 ohne das Ü-Zeichen verwendet,
3. Bauarten entgegen § 16a ohne Bauartgenehmigung oder allgemeines bauaufsichtliches Prüfzeugnis für Bauarten anwendet,
4. Bauprodukte mit dem Ü-Zeichen kennzeichnet, ohne dass dafür die Voraussetzungen nach § 21 Absatz 3 vorliegen,
5. als Bauherr entgegen § 42 Absatz 1 Satz 3 die erforderlichen Nachweise und Unterlagen zu den verwendeten Bauprodukten und den angewandten Bauarten nicht bereithält oder entgegen § 42 Abs. 2 Satz 3 kenntnisgabepflichtige Abbrucharbeiten ausführt oder ausführen lässt,
6. als Entwurfsverfasser entgegen § 43 Abs. 2 den Bauherrn nicht veranlasst, geeignete Fachplaner zu bestellen,
7. als Unternehmer entgegen § 44 Absatz 1 Satz 2 nicht für die ordnungsgemäße Einrichtung und den sicheren Betrieb der Baustellen sorgt oder entgegen § 44 Absatz 1 Satz 3 die erforderlichen Nachweise und Unterlagen zu den verwendeten Bauprodukten und den angewandten Bauarten nicht erbringt oder nicht bereithält,
8. als Bauleiter entgegen § 45 Abs. 1 nicht auf das gefahrlose Ineinandergreifen der Arbeiten der Unternehmer achtet,
9. als Bauherr, Unternehmer oder Bauleiter eine nach § 49 genehmigungspflichtige Anlage oder Einrichtung ohne Genehmigung errichtet, benutzt oder von der erteilten Genehmigung abweicht, obwohl es dazu einer Genehmigung bedurft hätte,
10. als Bauherr oder Bauleiter von den im Kenntnisgabeverfahren eingereichten Bauvorlagen abweicht, es sei denn, die Abweichung ist nach § 50 verfahrensfrei,
11. als Bauherr, Unternehmer oder Bauleiter entgegen § 59 Abs. 1 ohne Baufreigabeschein mit der Ausführung eines genehmigungspflichtigen Vorhabens beginnt, oder als Bauherr entgegen § 59 Abs. 2 den Baubeginn oder die Wiederaufnahme von Bauarbeiten nicht oder nicht rechtzeitig mitteilt, entgegen § 59 Abs. 3, 4 oder 5 mit der Bauausführung beginnt, entgegen § 67 Abs. 4 ohne vorherige Abnahme Bauarbeiten durchführt oder fortsetzt oder eine bauliche Anlage in Gebrauch nimmt oder entgegen § 67 Abs. 5 eine Feuerungsanlage in Betrieb nimmt,
12. Fliegende Bauten entgegen § 69 Abs. 2 ohne Ausführungsgenehmigung oder entgegen § 69 Abs. 6 ohne Anzeige und Abnahme in Gebrauch nimmt.

(2) Ordnungswidrig handelt auch, wer wider besseres Wissen

1. unrichtige Angaben macht oder unrichtige Pläne oder Unterlagen vorlegt, um einen nach diesem Gesetz vorgesehenen Verwaltungsakt zu erwirken oder zu verhindern oder
2. eine unrichtige bautechnische Prüfbestätigung nach § 17 Abs. 2 und 3 LBOVVO abgibt.

(3) Ordnungswidrig handelt ferner, wer vorsätzlich oder fahrlässig

1. als Bauherr oder Unternehmer einer vollziehbaren Verfügung nach § 64 Abs. 1 zuwiderhandelt,
2. einer aufgrund dieses Gesetzes ergangenen Rechtsverordnung oder örtlichen Bauvorschrift zuwiderhandelt, wenn die Rechtsverordnung oder örtliche Bauvorschrift für einen bestimmten Tatbestand auf diese Bußgeldvorschrift verweist.

(4) Die Ordnungswidrigkeit kann mit einer Geldbuße bis zu 100 000 Euro geahndet werden.

(5) Gegenstände, auf die sich eine Ordnungswidrigkeit nach Absatz 1 Nr. 1 oder 2 oder Absatz 2 bezieht, können eingezogen werden.

(6) [1]Verwaltungsbehörde im Sinne des § 36 Abs. 1 Nr. 1 des Gesetzes über Ordnungswidrigkeiten ist die untere Baurechtsbehörde. [2]Hat den vollziehenden Verwaltungsakt eine höhere oder oberste Landesbehörde erlassen, so ist diese Behörde zuständig.

§ 76 Bestehende bauliche Anlagen. (1) Werden in diesem Gesetz oder in den aufgrund dieses Gesetzes erlassenen Vorschriften andere Anforderungen als nach dem bisherigen Recht gestellt, so kann verlangt werden, dass rechtmäßig bestehende oder nach genehmigten Bauvorlagen bereits begonnene Anlagen den neuen Vorschriften angepasst werden, wenn Leben oder Gesundheit bedroht sind.

(2) Sollen rechtmäßig bestehende Anlagen wesentlich geändert werden, so kann gefordert werden, dass auch die nicht unmittelbar berührten Teile der Anlage mit diesem Gesetz oder den aufgrund dieses Gesetzes erlassenen Vorschriften in Einklang gebracht werden, wenn

1. die Bauteile, die diesen Vorschriften nicht mehr entsprechen, mit dem beabsichtigten Vorhaben in einem konstruktiven Zusammenhang stehen und
2. die Einhaltung dieser Vorschriften bei den von dem Vorhaben nicht berührten Teilen der Anlage keine unzumutbaren Mehrkosten verursacht.

§ 77 Übergangsvorschriften. (1) [1]Die vor Inkrafttreten dieses Gesetzes eingeleiteten Verfahren sind nach den bisherigen Verfahrensvorschriften weiterzuführen. [2]Die materiellen Vorschriften dieses Gesetzes sind in diesen Verfahren nur insoweit anzuwenden, als sie für den Antragsteller eine günstigere Regelung enthalten als das bisher geltende Recht. [3]§ 76 bleibt unberührt.

(2) Wer bis zum Inkrafttreten dieses Gesetzes als Planverfasser für Bauvorlagen bestellt werden durfte, darf in bisherigem Umfang auch weiterhin als Entwurfsverfasser bestellt werden.

(3) Bis zum Ablauf des 30. November 2017 für Bauarten erteilte allgemeine bauaufsichtliche Zulassungen oder Zustimmungen im Einzelfall gelten als Bauartgenehmigung nach § 16a Absatz 2 fort.

(4) [1]Bestehende Anerkennungen von Prüf-, Überwachungs- und Zertifizierungsstellen bleiben in dem bis zum Ablauf des 30. November 2017 geregelten

Umfang wirksam. [2]Bis zum Ablauf des 30. November 2017 gestellte Anträge auf Anerkennung von Prüf-, Überwachungs- und Zertifizierungsstellen gelten als Anträge nach diesem Gesetz.

§ 78 Außerkrafttreten bisherigen Rechts. (1) Am 1. Januar 1996 treten außer Kraft

1. die Landesbauordnung für Baden-Württemberg (LBO) in der Fassung vom 28. November 1983 (GBl. S. 770, ber. 1984 S. 519), zuletzt geändert durch Artikel 14 der Verordnung vom 23. Juli 1993 (GBl. S. 533) mit Ausnahme der §§ 20 bis 24,
2. die Verordnung des Innenministeriums über den Wegfall der Genehmigungspflicht bei Wohngebäuden und Nebenanlagen (Baufreistellungsverordnung) vom 26. April 1990 (GBl. S. 144), geändert durch Verordnung vom 27. April 1995 (GBl. S. 371),
3. die Verordnung des Innenministeriums über den Wegfall der Genehmigungs- und Anzeigepflicht von Werbeanlagen während des Wahlkampfes (Werbeanlagenverordnung) vom 12. Juni 1969 (GBl. S. 122).

(2) Am Tage nach der Verkündung treten außer Kraft

1. die §§ 20 bis 24 der Landesbauordnung für Baden-Württemberg (LBO) in der Fassung vom 28. November 1983 (GBl. S. 770, ber. 1984 S. 519), zuletzt geändert durch Artikel 14 der Verordnung vom 23. Juli 1993 (GBl. S. 533),
2. die Verordnung des Innenministeriums über prüfzeichenpflichtige Baustoffe, Bauteile und Einrichtungen (Prüfzeichenverordnung) vom 13. Juni 1991 (GBl. S. 483),
3. die Verordnung des Innenministeriums über die Überwachung von Baustoffen und Bauteilen (Überwachungsverordnung) vom 30. September 1985 (GBl. S. 349).

§ 79 Inkrafttreten. [1]Dieses Gesetz tritt am 1. Januar 1996 in Kraft. [2]Abweichend hiervon treten die §§ 17 bis 25, § 77 Abs. 3 bis 8 sowie Vorschriften, die zum Erlass von Rechtsverordnungen oder örtlichen Bauvorschriften ermächtigen, am Tage nach der Veröffentlichung* in Kraft.

---

* *Die Verpflichtung aus der Richtlinie 98/34/EG des Europäischen Parlaments und des Rates vom 22. Juni 1998 über ein Informationsverfahren auf dem Gebiet der Normen und technischen Vorschriften und der Vorschriften für die Dienste der Informationsgesellschaft (ABl. L 204 vom 21. Juli 1998, S. 37), die zuletzt durch die Richtlinie 2009/96/EG vom 20. November 2006 (ABl. L 363 vom 20. Dezember 2006, S. 81) geändert worden ist, sind beachtet worden.*

Anhang (zu § 50 Abs. 1)

Verfahrensfreie Vorhaben

1. Gebäude und Gebäudeteile
   a) Gebäude ohne Aufenthaltsräume, Toiletten oder Feuerstätten, wenn die Gebäude weder Verkaufs- noch Ausstellungszwecken dienen, im Innenbereich bis 40 m^3, im Außenbereich bis 20 m^3 Brutto-Rauminhalt,
   b) Garagen einschließlich überdachter Stellplätze mit einer mittleren Wandhöhe bis zu 3 m und einer Grundfläche bis zu 30 m^2, außer im Außenbereich,
   c) Gebäude ohne Aufenthaltsräume, Toiletten oder Feuerstätten, die einem land- oder forstwirtschaftlichen Betrieb dienen und ausschließlich zur Unterbringung von Ernteerzeugnissen oder Geräten oder zum vorübergehenden Schutz von Menschen und Tieren bestimmt sind, bis 100 m^2 Grundfläche und einer mittleren traufseitigen Wandhöhe bis zu 5 m,
   d) Gewächshäuser bis zu 5 m Höhe, im Außenbereich nur landwirtschaftliche Gewächshäuser,
   e) Wochenendhäuser in Wochenendhausgebieten,
   f) Gartenhäuser in Gartenhausgebieten,
   g) Gartenlauben in Kleingartenanlagen im Sinne des § 1 Abs. 1 des Bundeskleingartengesetzes,
   h) Fahrgastunterstände, die dem öffentlichen Personenverkehr oder der Schülerbeförderung dienen,
   i) Schutzhütten und Grillhütten für Wanderer, wenn die Hütten jedermann zugänglich sind und keine Aufenthaltsräume haben,
   j) Gebäude für die Wasserwirtschaft oder für die öffentliche Versorgung mit Wasser, Elektrizität, Gas, Öl oder Wärme im Innenbereich bis 30 m^2 Grundfläche und bis 5 m Höhe, im Außenbereich bis 20 m^2 Grundfläche und bis 3 m Höhe,
   k) Vorbauten ohne Aufenthaltsräume im Innenbereich bis 40 m^3 Brutto-Rauminhalt,
   l) Terrassenüberdachungen im Innenbereich bis 30 m^2 Grundfläche,
   m) Balkonverglasungen sowie Balkonüberdachungen bis 30 m^2 Grundfläche;
2. tragende und nichttragende Bauteile
   a) Die Änderung tragender oder aussteifender Bauteile innerhalb von Wohngebäuden der Gebäudeklassen 1 und 2,
   b) nichttragende und nichtaussteifende Bauteile innerhalb von baulichen Anlagen,
   c) Öffnungen in Außenwänden und Dächern von Wohngebäuden und Wohnungen,
   d) Außenwandbekleidungen einschließlich Maßnahmen der Wärmedämmung, ausgenommen bei Hochhäusern, Verblendungen und Verputz baulicher Anlagen,
   e) Bedachungen einschließlich Maßnahmen der Wärmedämmung, ausgenommen bei Hochhäusern,

f) sonstige unwesentliche Änderungen an oder in Anlagen oder Einrichtungen;

3. Feuerungs- und andere Energieerzeugungsanlagen
   a) Feuerungsanlagen sowie ortsfeste Blockheizkraftwerke und Verbrennungsmotoren in Gebäuden mit der Maßgabe, dass dem bevollmächtigten Bezirksschornsteinfeger mindestens zehn Tage vor Beginn der Ausführung die erforderlichen technischen Angaben vorgelegt werden und er vor der Inbetriebnahme die Brandsicherheit und die sichere Abführung der Verbrennungsgase bescheinigt,
   b) Wärmepumpen,
   c) Anlagen zur photovoltaischen und thermischen Solarnutzung auf oder an Gebäuden sowie eine damit verbundene Änderung der Nutzung oder der äußeren Gestalt der Gebäude; gebäudeunabhängige Anlagen nur bis 3 m Höhe und einer Gesamtlänge bis zu 9 m,
   d) Windenergieanlagen bis 10 m Höhe;
4. Anlagen der Ver- und Entsorgung
   a) Leitungen aller Art,
   b) Abwasserbehandlungsanlagen für häusliches Schmutzwasser,
   c) Anlagen zur Verteilung von Wärme bei Warmwasser- und Niederdruckdampfheizungen,
   d) bauliche Anlagen, die dem Fernmeldewesen, der öffentlichen Versorgung mit Elektrizität, Gas, Öl oder Wärme dienen, bis 30 m^2 Grundfläche und 5 m Höhe, ausgenommen Gebäude,
   e) bauliche Anlagen, die der Aufsicht der Wasserbehörden unterliegen oder die Abfallentsorgungsanlagen sind, ausgenommen Gebäude,
   f) Be- und Entwässerungsanlagen auf land- oder forstwirtschaftlich genutzten Flächen;
5. Masten, Antennen und ähnliche bauliche Anlagen
   a) Masten und Unterstützungen für
      – Fernsprechleitungen,
      – Leitungen zur Versorgung mit Elektrizität,
      – Seilbahnen,
      – Leitungen sonstiger Verkehrsmittel,
      – Sirenen,
      – Fahnen,
      – Einrichtungen der Brauchtumspflege,
   b) Flutlichtmasten mit einer Höhe bis zu 10 m,
   c) Antennen einschließlich der Masten bis 10 m Höhe und zugehöriger Versorgungseinheiten bis 10 m^3 Brutto-Rauminhalt sowie, soweit sie in, auf oder an einer bestehenden baulichen Anlage errichtet werden, die damit verbundene Nutzungsänderung oder bauliche Änderung der Anlage; für Mobilfunkantennen gilt dies mit der Maßgabe, dass deren Errichtung mindestens acht Wochen vorher der Gemeinde angezeigt wird,
   d) Signalhochbauten der Landesvermessung,
   e) Blitzschutzanlagen;

6. Behälter, Wasserbecken, Fahrsilos
   a) Behälter für verflüssigte Gase mit einem Fassungsvermögen von weniger als 3 t, für nicht verflüssigte Gase mit einem Brutto-Rauminhalt bis zu 6 m^3,
   b) Gärfutterbehälter bis 6 m Höhe und Schnitzelgruben,
   c) Behälter für wassergefährdende Stoffe mit einem Brutto-Rauminhalt bis zu 10 m^3,
   d) sonstige drucklose Behälter mit einem Brutto-Rauminhalt bis zu bis 50 m^3 und 3 m Höhe,
   e) Wasserbecken bis 100 m^3 Beckeninhalt, im Außenbereich nur, wenn sie einer land- oder forstwirtschaftlichen Nutzung dienen,
   f) landwirtschaftliche Fahrsilos, Kompost- und ähnliche Anlagen;
7. Einfriedungen, Stützmauern
   a) Einfriedungen im Innenbereich,
   b) offene Einfriedungen ohne Fundamente und Sockel im Außenbereich, die einem land- oder forstwirtschaftlichen Betrieb dienen,
   c) Stützmauern bis 2 m Höhe;
8. bauliche Anlagen zur Freizeitgestaltung
   a) Wohnwagen, Zelte und bauliche Anlagen, die keine Gebäude sind, auf Camping-, Zelt- und Wochenendplätzen,
   b) Anlagen, die der Gartennutzung, der Gartengestaltung oder der zweckentsprechenden Einrichtung von Gärten dienen, ausgenommen Gebäude und Einfriedungen,
   c) Pergolen, im Außenbereich jedoch nur bis 10 m^2 Grundfläche,
   d) Anlagen, die der zweckentsprechenden Einrichtung von Spiel-, Abenteuerspiel-, Ballspiel- und Sportplätzen, Reit- und Wanderwegen, Trimm- und Lehrpfaden dienen, ausgenommen Gebäude und Tribünen,
   e) Sprungtürme, Sprungschanzen und Rutschbahnen bis 10 m Höhe,
   f) luftgetragene Schwimmbeckenüberdachungen bis 100 m^2 Grundfläche im Innenbereich;
9. Werbeanlagen, Automaten
   a) Werbeanlagen im Innenbereich bis 1 m^2 Ansichtsfläche,
   b) Werbeanlagen in durch Bebauungsplan festgesetzten Gewerbe-, Industrie- und vergleichbaren Sondergebieten an der Stätte der Leistung bis zu 10 m Höhe über der Geländeoberfläche,
   c) vorübergehend angebrachte oder aufgestellte Werbeanlagen im Innenbereich an der Stätte der Leistung oder für zeitlich begrenzte Veranstaltungen,
   d) Automaten;
10. Vorübergehend aufgestellte oder genutzte Anlagen
    a) Gerüste,
    b) Baustelleneinrichtungen einschließlich der Lagerhallen, Schutzhallen und Unterkünfte,
    c) Behelfsbauten, die der Landesverteidigung, dem Katastrophenschutz, der Unfallhilfe oder der Unterbringung Obdachloser dienen und nur vorübergehend aufgestellt werden,

d) Verkaufsstände und andere bauliche Anlagen auf Straßenfesten, Volksfesten und Märkten, ausgenommen Fliegende Bauten,
e) Toilettenwagen,
f) bauliche Anlagen, die für höchstens drei Monate auf genehmigten Messe- oder Ausstellungsgeländen errichtet werden, ausgenommen Fliegende Bauten;

11. sonstige bauliche Anlagen und Teile baulicher Anlagen
a) private Verkehrsanlagen, einschließlich Überbrückungen und Untertunnelungen mit nicht mehr als 5 m lichte Weite oder Durchmesser,
b) Stellplätze bis 50 m^2 Nutzfläche je Grundstück im Innenbereich,
c) Fahrradabstellanlagen,
d) Regale mit einer Höhe bis zu 7,50 m Oberkante Lagergut,
e) selbstständige Aufschüttungen und Abgrabungen bis 2 m Höhe oder Tiefe, im Außenbereich nur, wenn die Aufschüttungen und Abgrabungen nicht mehr als 500 m^2 Fläche haben,
f) Denkmale und Skulpturen sowie Grabsteine, Grabkreuze und Feldkreuze,
g) Brunnenanlagen,
h) Ausstellungs-, Abstell- und Lagerplätze im Innenbereich bis 100 m^2 Nutzfläche,
i) unbefestigte Lager- und Abstellplätze bis 500 m^2 Nutzfläche, die einem land- oder forstwirtschaftlichen Betrieb dienen;

12. nicht aufgeführte Anlagen
a) sonstige untergeordnete oder unbedeutende bauliche Anlagen,
b) Anlagen und Einrichtungen, die mit den in den Nummern 1 bis 11 aufgeführten Anlagen und Einrichtungen vergleichbar sind.

Allgemeine Ausführungsverordnung des Wirtschaftsministeriums zur Landesbauordnung (LBOAVO)

vom 5. Februar 2010 (GBl. S. 24), zuletzt geändert durch Verordnung vom 23. Februar 2017 (GBl. S. 99)

INHALTSÜBERSICHT

Auf Grund von § 73 Abs. 1 Nr. 1 und Abs. 8 Nr. 2 der Landesbauordnung für Baden-Württemberg (LBO) vom 8. August 1995 (GBl. S. 617), zuletzt geändert durch Artikel 1 Nr. 51 des Gesetzes vom 10. November 2009 (GBl. S. 615, 625), wird verordnet:

§ 1 Kinderspielplätze (Zu § 9 Abs. 2 LBO). (1) [1]Kinderspielplätze müssen in geeigneter Lage und von anderen Anlagen, von denen Gefahren oder erhebliche Störungen ausgehen können, ausreichend entfernt oder gegen sie abgeschirmt sein. [2]Sie müssen für Kinder gefahrlos zu erreichen sein.

(2) [1]Die nutzbare Fläche der nach § 9 Abs. 2 LBO erforderlichen Kinderspielplätze muss mindestens 3 m^2 je Wohnung, bei Wohnungen mit mehr als drei Aufenthaltsräumen zusätzlich mindestens 2 m^2 je weiteren Aufenthaltsraum, insgesamt jedoch mindestens 30 m^2 betragen. [2]Diese Spielplätze müssen für Kinder bis zu sechs Jahren geeignet und entsprechend dem Spielbedürfnis dieser Altersgruppe angelegt und ausgestattet sein.

§ 2 Flächen für die Feuerwehr, Löschwasserversorgung (Zu § 15 Abs. 1 und 3 bis 6 LBO). (1) [1]Gebäude, deren zweiter Rettungsweg über Rettungsgeräte der Feuerwehr führt, dürfen nur errichtet werden, wenn Zufahrt oder Zugang und geeignete Aufstellflächen für die erforderlichen Rettungsgeräte vorgesehen werden. [2]Ist für die Personenrettung der Einsatz von Hubrettungsfahrzeugen erforderlich, sind die dafür erforderlichen Aufstell- und Bewegungsflächen vorzusehen. [3]Bei Sonderbauten ist der zweite Rettungsweg über Rettungsgeräte der Feuerwehr nur zulässig, wenn keine Bedenken wegen der Personenrettung bestehen.

(2) [1]Von öffentlichen Verkehrsflächen ist insbesondere für die Feuerwehr ein Zu- oder Durchgang zu rückwärtigen Gebäuden zu schaffen; zu anderen Gebäuden ist er zu schaffen, wenn der zweite Rettungsweg dieser Gebäude über Rettungsgeräte der Feuerwehr führt. [2]Die Zu- oder Durchgänge müssen geradlinig und mindestens 1,25 m, bei Türöffnungen und anderen geringfügigen Einengungen mindestens 1 m breit sein. [3]Die lichte Höhe muss mindestens 2,2 m, bei Türöffnungen und anderen geringfügigen Einengungen mindestens 2 m betragen.

(3) [1]Zu Gebäuden nach Absatz 1, bei denen die Oberkante der zum Anleitern bestimmten Stellen mehr als 8 m über Gelände liegt, ist anstelle eines Zu- oder Durchgangs eine Zu- oder Durchfahrt zu schaffen. [2]Hiervon kann eine Ausnahme zugelassen werden, wenn keine Bedenken wegen des Brandschutzes bestehen. [3]Bei Gebäuden, die ganz oder mit Teilen auf bisher unbebauten Grundstücken mehr als 50 m, auf bereits bebauten Grundstücken mehr als 80 m von einer öffentlichen Verkehrsfläche entfernt sind, sind Zu- oder Durchfahrten zu den vor und hinter den Gebäuden gelegenen Grundstücksteilen und Bewegungsflächen herzustellen, wenn sie aus Gründen des Feuerwehreinsatzes erforderlich sind. [4]Die Zu- oder Durchfahrten müssen mindestens 3 m breit sein und eine lichte Höhe von mindestens 3,5 m haben. [5]Werden die Zu- oder Durchfahrten auf eine Länge von mehr als 12 m beidseitig durch Bauteile begrenzt, so muss die lichte Breite mindestens 3,5 m betragen.

(4) [1]Zu- und Durchgänge, Zu- und Durchfahrten, Aufstellflächen und Bewegungsflächen müssen für die einzusetzenden Rettungsgeräte der Feuerwehr ausreichend befestigt und tragfähig sein; sie sind als solche zu kennzeichnen und ständig frei zu halten; die Kennzeichnung von Zufahrten muss von der öffentlichen Verkehrsfläche aus sichtbar sein. [2]Fahrzeuge dürfen auf den Flächen nach Satz 1 nicht abgestellt werden.

(5) [1]Zur Brandbekämpfung muss eine ausreichende Wassermenge zur Verfügung stehen. [2]§ 3 Feuerwehrgesetz (FwG) in der Fassung vom 10. Februar 1987, zuletzt geändert durch Gesetz vom 10. November 2009, bleibt unberührt.

§ 3 Umwehrungen (Zu § 16 Abs. 3 LBO). (1) In, an und auf baulichen Anlagen sind zu umwehren oder mit Brüstungen zu versehen:

1. Flächen, die im Allgemeinen zum Begehen bestimmt sind und unmittelbar an mehr als 1 m tiefer liegende Flächen angrenzen; dies gilt nicht, wenn die Umwehrung dem Zweck der Flächen widerspricht,
2. nicht begehbare Oberlichte und Glasabdeckungen in Flächen, die im Allgemeinen zum Begehen bestimmt sind, wenn sie weniger als 0,50 m aus diesen Flächen herausragen,

3. Dächer oder Dachteile, die zum auch nur zeitweiligen Aufenthalt von Menschen bestimmt sind,
4. Öffnungen in begehbaren Decken sowie in Dächern oder Dachteilen nach Nummer 3, wenn sie nicht sicher abgedeckt sind,
5. nicht begehbare Glasflächen in Decken sowie in Dächern oder Dachteilen nach Nummer 3, wenn sie weniger als 0,50 m aus diesen Decken oder Dächern herausragen,
6. die freien Seiten von Treppenläufen, Treppenabsätzen und Treppenöffnungen (Treppenaugen), soweit sie an mehr als 1 m tiefer liegende Flächen angrenzen,
7. Lichtschächte und Betriebsschächte, die an Verkehrsflächen liegen, wenn sie nicht verkehrssicher abgedeckt sind.

(2) [1]In Verkehrsflächen liegende Lichtschächte und Betriebsschächte sind in Höhe der Verkehrsfläche verkehrssicher abzudecken. [2]An und in Verkehrsflächen liegende Abdeckungen müssen gegen unbefugtes Abheben gesichert sein. [3]Fenster, die unmittelbar an Treppen liegen und deren Brüstungen unter der notwendigen Umwehrungshöhe liegen, sind zu sichern.

(3) [1]Nach Absatz 1 notwendige Umwehrungen und Fensterbrüstungen müssen mindestens 0,9 m hoch sein. [2]Die Höhe darf auf 0,8 m verringert werden, wenn die Tiefe des oberen Abschlusses der Umwehrung mindestens 0,2 m beträgt. [3]Bei Fensterbrüstungen wird die Höhe von Oberkante Fußboden bis Unterkante lichte Fensteröffnung gemessen.

(4) Der Abstand zwischen den Umwehrungen nach Absatz 1 und den zu sichernden Flächen darf waagerecht gemessen nicht mehr als 6 cm betragen.

(5) [1]Öffnungen in Umwehrungen nach Absatz 1 dürfen bei Flächen, auf denen in der Regel mit der Anwesenheit von Kindern bis zu sechs Jahren gerechnet werden muss,

1. bei horizontaler Anordnung der Brüstungselemente bis zu einer Höhe der Umwehrung von 0,6 m nicht höher als 2 cm, darüber nicht höher als 12 cm sein,
2. bei vertikaler Anordnung der Brüstungselemente nicht breiter als 12 cm sein,
3. bei unregelmäßigen Öffnungen das Überklettern nicht erleichtern und in keiner Richtung größer als 12 cm sein.

[2]Der Abstand dieser Umwehrungen von der zu sichernden Fläche darf senkrecht gemessen nicht mehr als 12 cm betragen. [3]Die Sätze 1 und 2 gelten nicht bei Wohngebäuden der Gebäudeklassen 1 und 2 und bei Wohnungen.

§ 4 Tragende Wände und Stützen (Zu § 27 Abs. 1 LBO). (1) [1]Tragende und aussteifende Wände und Stützen müssen

1. in Gebäuden der Gebäudeklasse 5 feuerbeständig,
2. in Gebäuden der Gebäudeklasse 4 hochfeuerhemmend,
3. in Gebäuden der Gebäudeklassen 2 und 3 feuerhemmend

sein. [2]Soweit die Feuerwehr nicht innerhalb der vorgesehenen Hilfsfrist über die erforderlichen Rettungsgeräte verfügt und kein zweiter baulicher Rettungsweg vorhanden ist, müssen bei Gebäuden der Gebäudeklasse 4 mit mehr als 10 m Höhe im Sinne des § 2 Abs. 4 Satz 2 LBO die tragenden und aussteifenden Wände und Stützen feuerbeständig sein. [3]Die Sätze 1 und 2 gelten

1. für Geschosse im Dachraum nur, wenn darüber noch Aufenthaltsräume möglich sind; § 6 Abs. 3 bleibt unberührt,
2. nicht für Balkone, ausgenommen offene Gänge, die als notwendige Flure dienen.

(2) In Kellergeschossen müssen tragende und aussteifende Wände und Stützen

1. in Gebäuden der Gebäudeklassen 3 bis 5 feuerbeständig,
2. in Gebäuden der Gebäudeklassen 1 und 2 feuerhemmend

sein.

§ 5 Außenwände (Zu § 27 Abs. 2 LBO). (1) [1]Nichttragende Außenwände und nichttragende Teile tragender Außenwände müssen aus nichtbrennbaren Baustoffen bestehen; sie sind unterhalb der Hochhausgrenze aus brennbaren Baustoffen zulässig, wenn sie als raumabschließende Bauteile feuerhemmend sind. [2]Satz 1 gilt nicht für brennbare Fensterprofile und Fugendichtungen sowie brennbare Dämmstoffe in nichtbrennbaren geschlossenen Profilen der Außenwandkonstruktion.

(2) [1]Oberflächen von Außenwänden sowie Außenwandbekleidungen müssen einschließlich der Dämmstoffe und Unterkonstruktionen schwerentflammbar sein. [2]Dämmstoffe zwischen aneinander gebauten Außenwänden müssen den Baustoffanforderungen der jeweiligen Wand entsprechen, mindestens aber schwerentflammbar sein und mit nichtbrennbaren Baustoffen verwahrt sein. [3]Unterkonstruktionen aus normalentflammbaren Baustoffen sind zulässig, wenn eine Brandausbreitung auf und in diesen Bauteilen ausreichend lang begrenzt ist. [4]Oberflächen von Außenwänden sowie Außenwandbekleidungen dürfen im Brandfall nicht brennend abtropfen. [5]Balkonbekleidungen, die über die erforderliche Umwehrungshöhe hinaus hochgeführt werden, müssen schwerentflammbar sein.

(3) Bei Außenwandkonstruktionen mit geschossübergreifenden Hohl- oder Lufträumen wie Doppelfassaden und hinterlüfteten Außenwandbekleidungen sind gegen die Brandausbreitung besondere Vorkehrungen zu treffen.

(4) Die Absätze 1 und 2 gelten nicht für Gebäude der Gebäudeklassen 1 bis 3.

§ 6 Trennwände (Zu § 27 Abs. 3 LBO). (1) Trennwände sind erforderlich

1. zwischen Nutzungseinheiten sowie zwischen Nutzungseinheiten und anders genutzten Räumen, ausgenommen notwendigen Fluren,
2. zum Abschluss von Räumen mit Explosions- oder erhöhter Brandgefahr,
3. zwischen Aufenthaltsräumen und anders genutzten Räumen im Kellergeschoss.

(2) [1]Trennwände nach Absatz 1 Nr. 1 und 3 müssen als raumabschließende Bauteile die Feuerwiderstandsfähigkeit der tragenden und aussteifenden Bauteile des Geschosses haben, jedoch mindestens feuerhemmend sein. [2]Trennwände nach Absatz 1 Nr. 2 müssen als raumabschließende Bauteile feuerbeständig sein.

(3) [1]Die Trennwände nach Absatz 1 sind bis zur Rohdecke, im Dachraum bis unter die Dachhaut zu führen. [2]Werden in Dachräumen Trennwände nur bis zur Rohdecke geführt, ist diese Decke als raumabschließendes Bauteil einschließlich der sie tragenden und aussteifenden Bauteile feuerhemmend herzustellen.

(4) [1]Öffnungen in Trennwänden nach Absatz 1 sind nur zulässig, wenn sie auf die für die Nutzung erforderliche Zahl und Größe beschränkt sind. [2]Sie müssen feuerhemmende und selbstschließende Abschlüsse haben.

(5) Die Absätze 1 bis 4 gelten nicht für Wohngebäude der Gebäudeklassen 1 und 2.

§ 7 Brandwände (Zu § 27 Abs. 4 LBO). (1) Brandwände sind erforderlich

1. als Gebäudeabschlusswand, wenn diese Abschlusswände an oder mit einem Abstand von weniger als 2,50 m gegenüber der Nachbargrenze oder mit einem Abstand von weniger als 5 m zu bestehenden oder baurechtlich zulässigen Gebäuden auf demselben Grundstück errichtet werden, es sei denn, dass ein Abstand von mindestens 5 m zu bestehenden oder nach den baurechtlichen Vorschriften zulässigen künftigen Gebäuden gesichert ist,
2. als innere Brandwand zur Unterteilung ausgedehnter Gebäude in Abständen von nicht mehr als 40 m,
3. als innere Brandwand zur Unterteilung landwirtschaftlich genutzter Gebäude in Brandabschnitte von nicht mehr als 10 000 m^3 Brutto-Rauminhalt, wobei größere Brandabschnitte mit Brandwandabständen bis 60 m möglich sind, wenn die Nutzung des Gebäudes dies erfordert und keine Bedenken wegen des Brandschutzes bestehen,
4. als Gebäudeabschlusswand zwischen Wohngebäuden und angebauten landwirtschaftlich genutzten Gebäuden sowie als innere Brandwand zwischen dem Wohnteil und dem landwirtschaftlich genutzten Teil eines Gebäudes.

(2) Absatz 1 Nummer 1 gilt nicht für

1. Vorbauten nach § 5 Abs. 6 Nr. 2 LBO, soweit ihre seitlichen Wände von dem Nachbargebäude oder der Nachbargrenze einen Abstand einhalten, der ihrer eigenen Ausladung entspricht, mindestens jedoch 1,25 m beträgt,
2. Wände bis 5 m Breite nach § 5 Abs. 7 Satz 2 LBO,
3. Gebäude oder Gebäudeteile, die nach § 6 Abs. 1 LBO in den Abstandsflächen sowie ohne eigene Abstandsflächen zulässig sind und zu Nachbargrenzen Wände ohne Öffnungen haben,

4. Wände, die gemäß § 6 Abs. 3 Nr. 3 LBO die Abstände nicht einhalten, soweit die verwendeten Dämmstoffe nichtbrennbar sind, und
5. Wände, die mit einem Winkel von mehr als 75° zu Nachbargrenzen oder zu bestehenden oder baurechtlich zulässigen Gebäuden stehen, soweit Öffnungen in diesen Wänden zu Nachbargrenzen einen Abstand von 1,25 m beziehungsweise zu Öffnungen von bestehenden oder baurechtlich zulässigen Gebäuden einen Abstand von 2,5 m einhalten.

(3) [1]Brandwände müssen auch unter zusätzlicher mechanischer Beanspruchung feuerbeständig sein und aus nichtbrennbaren Baustoffen bestehen. [2]Anstelle von Brandwänden nach Satz 1 sind zulässig

1. für Gebäude der Gebäudeklasse 4 Wände, die auch unter zusätzlicher mechanischer Beanspruchung hochfeuerhemmend sind,
2. für Gebäude der Gebäudeklassen 1 bis 3 hochfeuerhemmende Wände,
3. für Gebäude der Gebäudeklassen 1 bis 3 Gebäudeabschlusswände ohne Öffnungen, die von innen nach außen die Feuerwiderstandsfähigkeit der tragenden und aussteifenden Teile des Gebäudes, mindestens jedoch feuerhemmender Bauteile, und von außen nach innen die Feuerwiderstandsfähigkeit feuerbeständiger Bauteile haben,
4. in den Fällen des Absatzes 1 Nr. 4 feuerbeständige Wände, wenn der umbaute Raum des landwirtschaftlich genutzten Gebäudes oder Gebäudeteils nicht größer als 2000 m^3 ist.

(4) [1]Brandwände müssen bis zur Bedachung durchgehen und in allen Geschossen übereinander angeordnet sein. [2]Abweichend davon dürfen anstelle innerer Brandwände Wände geschossweise versetzt angeordnet werden, wenn

1. die Wände im Übrigen Absatz 3 Satz 1 entsprechen,
2. die Decken, soweit sie die Verbindung zwischen diesen Wänden herstellen, feuerbeständig sind, aus nichtbrennbaren Baustoffen bestehen und keine Öffnungen haben,
3. die Bauteile, die diese Wände und Decken unterstützen, feuerbeständig sind und aus nichtbrennbaren Baustoffen bestehen,
4. die Außenwände in der Breite des Versatzes in dem Geschoss oberhalb oder unterhalb des Versatzes feuerbeständig sind und
5. Öffnungen in den Außenwänden im Bereich des Versatzes so angeordnet oder andere Vorkehrungen so getroffen sind, dass eine Brandausbreitung in andere Brandabschnitte nicht zu befürchten ist.

[3]Für Wände nach Satz 2 gelten die Absätze 5 bis 9 sinngemäß.

(5) [1]Brandwände sind 0,30 m über die Bedachung zu führen oder in Höhe der Dachhaut mit einer beiderseits 0,50 m auskragenden feuerbeständigen Platte aus nicht brennbaren Baustoffen abzuschließen; darüber dürfen brennbare Teile des Daches nicht hinweggeführt werden. [2]Bei Gebäuden der Gebäudeklassen 1 bis 3 sind Brandwände mindestens bis unter die Dachhaut zu führen. [3]Verbleibende Hohlräume sind vollständig mit nichtbrennbaren Baustoffen auszufüllen.

(6) [1]Müssen Gebäude oder Gebäudeteile, die über Eck zusammenstoßen, durch eine Brandwand getrennt werden, so muss der Abstand dieser Wand von der inneren Ecke mindestens 5 m betragen. [2]Dies gilt nicht, wenn der Winkel der inneren Ecke mehr als 120 Grad beträgt oder mindestens eine Außenwand auf 5 m Länge als öffnungslose feuerbeständige Wand aus nichtbrennbaren Baustoffen ausgebildet ist.

(7) [1]Bauteile mit brennbaren Baustoffen dürfen über Brandwände nicht hinweggeführt werden. [2]Außenwandkonstruktionen, die eine seitliche Brandausbreitung begünstigen können, wie Doppelfassaden oder hinterlüftete Außenwandbekleidungen, dürfen ohne besondere Vorkehrungen über Brandwände nicht hinweggeführt werden. [3]Bauteile dürfen in Brandwände nur soweit eingreifen, dass deren Feuerwiderstandsfähigkeit nicht beeinträchtigt wird; für Leitungen, Leitungsschlitze und Schornsteine gilt dies entsprechend.

(8) [1]Öffnungen in Brandwänden sind unzulässig. [2]Sie sind in inneren Brandwänden nur zulässig, wenn sie auf die für die Nutzung erforderliche Zahl und Größe beschränkt sind; die Öffnungen müssen selbstschließende Abschlüsse in der Feuerwiderstandsfähigkeit der Wand haben.

(9) In inneren Brandwänden sind feuerbeständige Verglasungen nur zulässig, wenn sie auf die für die Nutzung erforderliche Zahl und Größe beschränkt sind.

(10) Die Absätze 4 bis 9 gelten entsprechend auch für Wände, die nach Absatz 3 Satz 2 anstelle von Brandwänden zulässig sind.

§ 8 Decken (Zu § 27 Abs. 5 LBO). (1) [1]Decken und ihre Anschlüsse müssen

1. in Gebäuden der Gebäudeklasse 5 feuerbeständig,
2. in Gebäuden der Gebäudeklasse 4 hochfeuerhemmend,
3. in Gebäuden der Gebäudeklassen 2 und 3 feuerhemmend

sein. [2]Soweit die Feuerwehr nicht innerhalb der vorgesehenen Hilfsfrist über die erforderlichen Rettungsgeräte verfügt und kein zweiter baulicher Rettungsweg vorhanden ist, müssen bei Gebäuden der Gebäudeklasse 4 mit mehr als 10 m Höhe im Sinne des § 2 Abs. 4 Satz 2 LBO die Decken feuerbeständig sein. [3]Die Sätze 1 und 2 gelten

1. für Geschosse im Dachraum nur, wenn darüber Aufenthaltsräume möglich sind; § 6 Abs. 3 bleibt unberührt,
2. nicht für Balkone, ausgenommen offene Gänge, die als notwendige Flure dienen.

(2) [1]Im Kellergeschoss müssen Decken

1. in Gebäuden der Gebäudeklassen 3 bis 5 feuerbeständig,
2. in Gebäuden der Gebäudeklassen 1 und 2 feuerhemmend

sein. [2]Decken müssen feuerbeständig sein

1. unter und über Räumen mit Explosions- oder erhöhter Brandgefahr, ausgenommen in Wohngebäuden der Gebäudeklassen 1 und 2,

2. zwischen dem landwirtschaftlich genutzten Teil und dem Wohnteil eines Gebäudes.

(3) Öffnungen in Decken, für die eine Feuerwiderstandsfähigkeit vorgeschrieben ist, sind nur zulässig

1. in Gebäuden der Gebäudeklassen 1 und 2,
2. innerhalb derselben Nutzungseinheit mit nicht mehr als insgesamt 400 m^2 in nicht mehr als zwei Geschossen,

im Übrigen, wenn sie auf die für die Nutzung erforderliche Zahl und Größe beschränkt sind und Abschlüsse mit der Feuerwiderstandsfähigkeit der Decke haben.

§ 9 Dächer (Zu § 27 Abs. 6 und § 16 LBO). (1) [1]Bedachungen, die die Anforderungen nach § 27 Abs. 6 LBO (harte Bedachung) nicht erfüllen, sind zulässig bei Gebäuden der Gebäudeklassen 1 bis 3, wenn die Gebäude

1. einen Abstand von der Grundstücksgrenze von mindestens 12 m,
2. von Gebäuden auf demselben Grundstück mit harter Bedachung einen Abstand von mindestens 15 m,
3. von Gebäuden auf demselben Grundstück mit Bedachungen, die die Anforderungen nach § 27 Abs. 6 LBO nicht erfüllen, einen Abstand von mindestens 24 m und
4. von Gebäuden auf demselben Grundstück ohne Aufenthaltsräume und ohne Feuerstätten mit nicht mehr als 50 m^3 Brutto-Rauminhalt einen Abstand von mindestens 5 m

einhalten. [2]Soweit Gebäude nach Satz 1 Abstand halten müssen, genügt bei Wohngebäuden der Gebäudeklassen 1 und 2 in den Fällen

1. von Satz 1 Nr. 1 ein Abstand von mindestens 6 m,
2. von Satz 1 Nr. 2 ein Abstand von mindestens 9 m,
3. von Satz 1 Nr. 3 ein Abstand von mindestens 12 m.

(2) § 27 Abs. 6 LBO und Absatz 1 gelten nicht für

1. Gebäude ohne Aufenthaltsräume und ohne Feuerstätten mit nicht mehr als 50 m^3 Brutto-Rauminhalt,
2. lichtdurchlässige Bedachungen aus nichtbrennbaren Baustoffen; brennbare Fugendichtungen und brennbare Dämmstoffe in nichtbrennbaren Profilen sind zulässig,
3. Lichtkuppeln und Oberlichte von Wohngebäuden,
4. Eingangsüberdachungen und Vordächer aus nichtbrennbaren Baustoffen,
5. Eingangsüberdachungen aus brennbaren Baustoffen, wenn die Eingänge nur zu Wohnungen führen.

(3) Abweichend von Absatz 1 sind

1. lichtdurchlässige Teilflächen aus brennbaren Baustoffen in harten Bedachungen und
2. begrünte Bedachungen

zulässig, wenn eine Brandentstehung bei einer Brandbeanspruchung von außen durch Flugfeuer und strahlende Wärme nicht zu befürchten ist oder Vorkehrungen hiergegen getroffen werden.

(4) [1]Dachüberstände, Dachgesimse und Dachaufbauten, lichtdurchlässige Bedachungen, Lichtkuppeln und Oberlichte sind so anzuordnen und herzustellen, dass Feuer nicht auf andere Gebäudeteile und Nachbargrundstücke übertragen werden kann. [2]Von Brandwänden und von Wänden, die anstelle von Brandwänden zulässig sind, müssen mindestens 1,25 m entfernt sein

1. Oberlichte, Lichtkuppeln und Öffnungen in der Bedachung, wenn diese Wände nicht mindestens 30 cm über die Bedachung geführt sind,
2. Dachgauben und ähnliche Dachaufbauten aus brennbaren Baustoffen, wenn sie nicht durch diese Wände gegen Brandübertragung geschützt sind.

(5) [1]Dächer von traufseitig aneinander gebauten Gebäuden müssen als raumabschließende Bauteile für eine Brandbeanspruchung von innen nach außen einschließlich der sie tragenden und aussteifenden Bauteile feuerhemmend sein. [2]Öffnungen in diesen Dachflächen und Fenster in Dachaufbauten müssen waagerecht gemessen mindestens 2 m von der Brandwand oder der Wand, die anstelle der Brandwand zulässig ist, entfernt sein. [3]Bei traufseitig benachbarten Gebäuden müssen Öffnungen in Dachflächen und Fenster in Dachaufbauten 2 m Abstand zur Grenze beziehungsweise 4 m Abstand zu solchen Öffnungen des benachbarten Gebäudes auf demselben Grundstück einhalten.

(6) [1]Dächer, die an Außenwände mit höher liegenden Öffnungen oder ohne Feuerwiderstandsfähigkeit anschließen, müssen innerhalb eines Abstands von 5 m von diesen Wänden als raumabschließende Bauteile für eine Brandbeanspruchung von innen nach außen einschließlich der sie tragenden und aussteifenden Bauteile die Feuerwiderstandsfähigkeit der Decken des Gebäudeteils haben, an den sie angebaut werden. [2]Dies gilt nicht für Anbauten an Wohngebäude der Gebäudeklassen 1 bis 3.

(7) Dächer an Verkehrsflächen und über Eingängen müssen Vorrichtungen zum Schutz gegen das Herabfallen von Schnee und Eis haben, wenn dies die Verkehrssicherheit erfordert.

(8) Für vom Dach aus vorzunehmende Arbeiten sind sicher benutzbare Vorrichtungen anzubringen.

§ 10 Treppen (Zu § 28 Abs. 1 LBO). (1) [1]Einschiebbare Treppen und Rolltreppen sind als notwendige Treppen unzulässig. [2]In Gebäuden der Gebäudeklassen 1 und 2 sind einschiebbare Treppen und Leitern als Zugang zu einem Dachraum ohne Aufenthaltsraum zulässig.

(2) [1]Notwendige Treppen sind in einem Zuge zu allen angeschlossenen Geschossen zu führen; sie müssen mit den Treppen zum Dachraum unmittelbar verbunden sein. [2]Dies gilt nicht für Treppen

1. in Gebäuden der Gebäudeklassen 1 bis 3,
2. nach § 28 Abs. 2 Satz 4 Nr. 2 LBO.

(3) [1]Die tragenden Teile notwendiger Treppen müssen

1. in Gebäuden der Gebäudeklasse 5 feuerhemmend und aus nichtbrennbaren Baustoffen,
2. in Gebäuden der Gebäudeklasse 4 aus nichtbrennbaren Baustoffen,
3. in Gebäuden der Gebäudeklasse 3 aus nichtbrennbaren Baustoffen oder feuerhemmend

sein. [2]Tragende Teile von Außentreppen nach § 28 Abs. 2 Satz 4 Nr. 3 LBO für Gebäude der Gebäudeklassen 3 bis 5 müssen aus nichtbrennbaren Baustoffen bestehen.

(4) [1]Die nutzbare Breite notwendiger Treppen muss mindestens 1 m, bei Treppen in Wohngebäuden der Gebäudeklassen 1 und 2 mindestens 0,8 m betragen. [2]Dies gilt nicht für Treppen in mehrgeschossigen Wohnungen. [3]Für Treppen mit geringer Benutzung können geringere Breiten zugelassen werden.

(5) [1]Treppen müssen mindestens einen festen und griffsicheren Handlauf haben. [2]Dies gilt nicht für Treppen

1. in mehrgeschossigen Wohnungen,
2. in Höhe des Geländes oder mit einer Absturzhöhe von nicht mehr als 1 m,
3. mit nicht mehr als fünf Stufen oder
4. von Anlagen, die nicht umwehrt werden müssen.

(6) [1]Treppenstufen dürfen nicht unmittelbar hinter einer Tür beginnen, die in Richtung der Treppe aufschlägt. [2]Zwischen Treppe und Tür ist in diesen Fällen ein Treppenabsatz anzuordnen, der mindestens so tief sein muss, wie die Tür breit ist.

§ 11 Notwendige Treppenräume, Ausgänge (Zu § 28 Abs. 2 LBO). (1) [1]Von jeder Stelle eines Aufenthaltsraumes sowie eines Kellergeschosses muss mindestens ein Ausgang in einen notwendigen Treppenraum oder ins Freie in höchstens 35 m Entfernung erreichbar sein. [2]Übereinander liegende Kellergeschosse müssen jeweils mindestens zwei Ausgänge in notwendige Treppenräume oder ins Freie haben. [3]Sind mehrere notwendige Treppenräume erforderlich, müssen sie so verteilt sein, dass sie möglichst entgegengesetzt liegen und dass die Rettungswege möglichst kurz sind.

(2) [1]Jeder notwendige Treppenraum muss an einer Außenwand liegen und einen unmittelbaren Ausgang ins Freie haben. [2]Innenliegende notwendige Treppenräume sind zulässig, wenn ihre Nutzung ausreichend lang nicht durch Raucheintritt gefährdet werden kann. [3]Sofern der Ausgang eines notwendigen Treppenraumes nicht unmittelbar ins Freie führt, muss der Raum zwischen dem notwendigen Treppenraum und dem Ausgang ins Freie

1. mindestens so breit sein wie die dazugehörigen Treppenläufe,
2. Wände haben, die die Anforderungen an die Wände des Treppenraumes erfüllen,

3. rauchdichte und selbstschließende Abschlüsse zu notwendigen Fluren haben und
4. ohne Öffnungen zu anderen Räumen, ausgenommen zu notwendigen Fluren, sein.

(3) [1]Die Wände notwendiger Treppenräume müssen als raumabschließende Bauteile

1. in Gebäuden der Gebäudeklasse 5 die Bauart von Brandwänden haben,
2. in Gebäuden der Gebäudeklasse 4 auch unter zusätzlicher mechanischer Beanspruchung hochfeuerhemmend sein und
3. in Gebäuden der Gebäudeklasse 3 feuerhemmend sein.

[2]Dies ist nicht erforderlich für Außenwände von Treppenräumen, die aus nichtbrennbaren Baustoffen bestehen und durch andere an diese Außenwände anschließende Gebäudeteile im Brandfall nicht gefährdet werden können. [3]Der obere Abschluss notwendiger Treppenräume muss als raumabschließendes Bauteil die Feuerwiderstandsfähigkeit der Decken des Gebäudes haben; dies gilt nicht, wenn der obere Abschluss das Dach ist und die Treppenraumwände bis unter die Dachhaut reichen.

(4) In notwendigen Treppenräumen und in Räumen nach Absatz 2 Satz 3 müssen

1. Bekleidungen, Putze, Dämmstoffe, Unterdecken und Einbauten aus nichtbrennbaren Baustoffen bestehen,
2. Wände und Decken aus brennbaren Baustoffen eine Bekleidung aus nichtbrennbaren Baustoffen in ausreichender Dicke haben,
3. Bodenbeläge, ausgenommen Gleitschutzprofile, aus mindestens schwerentflammbaren Baustoffen bestehen.

(5) [1]In notwendigen Treppenräumen und in Räumen nach Absatz 2 Satz 3 müssen Öffnungen

1. zu Räumen und Nutzungseinheiten mit einer Fläche von mehr als 200 m^2, ausgenommen Wohnungen, zu Kellergeschossen, zu nicht ausgebauten Dachräumen, Werkstätten, Läden, Lagerräumen und ähnlichen Räumen mindestens feuerhemmende, rauchdichte und selbstschließende Abschlüsse,
2. zu notwendigen Fluren rauchdichte und selbstschließende Abschlüsse,
3. zu sonstigen Räumen und Nutzungseinheiten, ausgenommen Wohnungen, mindestens dicht- und selbstschließende Abschlüsse und
4. zu Wohnungen mindestens dichtschließende Abschlüsse

haben. [2]Die Feuerschutz- und Rauchschutzabschlüsse dürfen lichtdurchlässige Seitenteile und Oberlichte enthalten, wenn der Abschluss insgesamt die Anforderungen nach Satz 1 erfüllt und nicht breiter als 2,50 m ist. [3]An notwendige Treppenräume dürfen in einem Geschoss nicht mehr als vier Wohnungen oder Nutzungseinheiten vergleichbarer Größe unmittelbar angeschlossen sein.

(6) [1]Notwendige Treppenräume müssen zu beleuchten sein. [2]Innenliegende notwendige Treppenräume müssen in Gebäuden mit einer Höhe nach § 2 Abs. 4 Satz 2 LBO von mehr als 13 m eine Sicherheitsbeleuchtung haben.

(7) [1]Notwendige Treppenräume müssen belüftet werden können. [2]Für an der Außenwand liegende notwendige Treppenräume sind dafür in jedem oberirdischen Geschoss unmittelbar ins Freie führende Fenster mit einem freien Querschnitt von mindestens 0,50 m^2 erforderlich, die geöffnet werden können. [3]Für innenliegende notwendige Treppenräume und notwendige Treppenräume in Gebäuden mit einer Höhe nach § 2 Abs. 4 Satz 2 LBO von mehr als 13 m ist an der obersten Stelle eine Öffnung zur Rauchableitung mit einem freien Querschnitt von mindestens 1 m^2 erforderlich; sie muss vom Erdgeschoss sowie vom obersten Treppenabsatz aus geöffnet werden können.

(8) [1]Sicherheitstreppenräume nach § 15 Abs. 5 Satz 2 LBO müssen folgenden Anforderungen genügen:

1. Sie müssen an einer Außenwand liegen oder vom Gebäude abgesetzt sein und in allen angeschlossenen Geschossen ausschließlich über unmittelbar davor liegende offene Gänge erreichbar sein; diese offenen Gänge müssen im freien Luftstrom liegen.
2. [1]Die Wände müssen auch als Raumabschluss denselben Feuerwiderstand wie tragende Wände haben und aus nichtbrennbaren Baustoffen bestehen. [2]Öffnungen in diesen Wänden müssen ins Freie führen und dichte Abschlüsse aufweisen.
3. Die Treppen müssen aus nichtbrennbaren Baustoffen bestehen.
4. Die Türen müssen rauchdicht und selbstschließend, bei innenliegenden Sicherheitstreppenräumen feuerhemmend und selbstschließend sein.
5. Eine Sicherheitsbeleuchtung muss vorhanden sein.

[2]Innenliegende Sicherheitstreppenräume sind zulässig, wenn durch andere Maßnahmen sichergestellt ist, dass sie ebenso sicher sind wie Sicherheitstreppenräume nach Satz 1.

§ 12 Notwendige Flure, offene Gänge (Zu § 28 Abs. 3 LBO). (1) Notwendige Flure sind nicht erforderlich

1. in Wohngebäuden der Gebäudeklassen 1 und 2,
2. in sonstigen Gebäuden der Gebäudeklassen 1 und 2, ausgenommen in Kellergeschossen,
3. innerhalb von Wohnungen oder innerhalb von Nutzungseinheiten mit nicht mehr als 200 m^2,
4. innerhalb von Nutzungseinheiten, die einer Büro- oder Verwaltungsnutzung dienen, mit nicht mehr als 400 m^2; das gilt auch für Teile größerer Nutzungseinheiten, wenn diese Teile nicht größer als 400 m^2 sind, Trennwände nach § 6 Abs. 1 Nr. 1 haben und jeder Teil unabhängig von anderen Teilen Rettungswege nach § 15 Abs. 3 LBO hat.

(2) [1]Notwendige Flure müssen so breit sein, dass sie für den größten zu erwartenden Verkehr ausreichen, mindestens jedoch 1,25 m. [2]In den Fluren ist eine Folge von weniger als drei Stufen unzulässig. [3]Rampen mit einer Neigung bis zu 6 Prozent sind zulässig.

(3) [1]Notwendige Flure sind durch nichtabschließbare, rauchdichte und selbstschließende Abschlüsse in Rauchabschnitte zu unterteilen. [2]Die Rauchabschnitte sollen nicht länger als 30 m sein. [3]Die Abschlüsse sind bis an die Rohdecke zu führen; sie dürfen bis an die Unterdecke der Flure geführt werden, wenn die Unterdecke feuerhemmend ist. [4]Notwendige Flure mit nur einer Fluchtrichtung, die zu einem Sicherheitstreppenraum führen, dürfen nicht länger als 15 m sein. [5]Die Sätze 1 bis 4 gelten nicht für offene Gänge nach Absatz 5.

(4) [1]Die Wände notwendiger Flure müssen als raumabschließende Bauteile feuerhemmend, in Kellergeschossen, deren tragende und aussteifende Bauteile feuerbeständig sein müssen, feuerbeständig sein. [2]Die Wände sind bis an die Rohdecke zu führen. [3]Sie dürfen bis an die Unterdecke der Flure geführt werden, wenn die Unterdecke feuerhemmend und ein demjenigen nach Satz 1 vergleichbarer Raumabschluss sichergestellt ist. [4]Türen in diesen Wänden müssen dicht schließen; Öffnungen zu Lagerbereichen im Kellergeschoss müssen feuerhemmende und selbstschließende Abschlüsse haben.

(5) [1]Für Wände und Brüstungen notwendiger Flure mit nur einer Fluchtrichtung, die als offene Gänge vor den Außenwänden angeordnet sind, gilt Absatz 4 entsprechend. [2]Fenster sind in diesen Außenwänden ab einer Brüstungshöhe von 1,20 m zulässig.

(6) [1]In notwendigen Fluren sowie in offenen Gängen nach Absatz 5 müssen

1. Bekleidungen, Putze, Unterdecken und Dämmstoffe aus nichtbrennbaren Baustoffen bestehen,
2. Wände und Decken aus brennbaren Baustoffen eine Bekleidung aus nichtbrennbaren Baustoffen in ausreichender Dicke haben und
3. Bodenbeläge aus mindestens schwerentflammbaren Baustoffen bestehen; dies gilt nicht für Gebäude der Gebäudeklasse 3.

[2]Einbauten, Bekleidungen, Unterdecken und Dämmstoffe können aus schwerentflammbaren Baustoffen zugelassen werden, wenn keine Bedenken wegen des Brandschutzes bestehen.

§ 13 Fenster, Türen, sonstige Öffnungen (Zu § 28 Abs. 4 und § 16 LBO).

(1) Können die Fensterflächen nicht gefahrlos vom Erdboden, vom Innern des Gebäudes, von Loggien oder Balkonen aus gereinigt werden, so sind Vorrichtungen wie Aufzüge, Halterungen oder Stangen anzubringen, die eine Reinigung von außen ermöglichen.

(2) [1]Glastüren und andere Glasflächen, die bis zum Fußboden allgemein zugänglicher Verkehrsflächen her abreichen, sind so zu kennzeichnen, dass sie leicht erkannt werden können. [2]Weitere Schutzmaßnahmen sind für größere Glasflächen vorzusehen, wenn dies die Verkehrssicherheit erfordert.

(3) [1]Jedes Kellergeschoss ohne Fenster muss mindestens eine Öffnung ins Freie haben, um eine Rauchableitung zu ermöglichen. [2]Gemeinsame Kellerlichtschächte für übereinander liegende Kellergeschosse sind unzulässig.

(4) [1]Fenster, die als Rettungswege nach § 15 Abs. 5 Satz 1 LBO dienen, müssen im Lichten mindestens 0,90 m breit und 1,20 m hoch sein und nicht höher als 1,20 m über der Fußbodenoberkante angeordnet sein; eine Unterschreitung dieser Maße bis minimal 0,6 m Breite im Lichten und 0,9 m Höhe im Lichten ist im Benehmen mit der für den Brandschutz zuständigen Dienststelle dann möglich, wenn das Rettungsgerät der Feuerwehr die betreffende Öffnung nicht einschränkt. [2]Sie müssen von innen ohne Hilfsmittel vollständig zu öffnen sein. [3]Liegen diese Fenster in Dachschrägen oder Dachaufbauten, so darf ihre Unterkante oder ein davor liegender Austritt von der Traufkante horizontal gemessen nicht mehr als 1,0 m entfernt sein.

§ 14 Aufzugsanlagen (Zu § 29 LBO). (1) [1]Aufzüge im Innern von Gebäuden müssen eigene Fahrschächte haben, um eine Brandausbreitung in andere Geschosse ausreichend lang zu verhindern. [2]In einem Fahrschacht dürfen bis zu drei Aufzüge liegen. [3]Aufzüge ohne eigene Fahrschächte sind zulässig

1. innerhalb eines notwendigen Treppenraumes, ausgenommen in Hochhäusern,
2. innerhalb von Räumen, die Geschosse überbrücken,
3. zur Verbindung von Geschossen, die offen miteinander in Verbindung stehen dürfen,
4. in Gebäuden der Gebäudeklassen 1 und 2;

sie müssen sicher umkleidet sein.

(2) [1]Die Fahrschachtwände müssen als raumabschließende Bauteile

1. in Gebäuden der Gebäudeklasse 5 feuerbeständig und aus nichtbrennbaren Baustoffen,
2. in Gebäuden der Gebäudeklasse 4 hochfeuerhemmend,
3. in Gebäuden der Gebäudeklasse 3 feuerhemmend

sein; Fahrschachtwände aus brennbaren Baustoffen müssen schachtseitig eine Bekleidung aus nichtbrennbaren Baustoffen in ausreichender Dicke haben. [2]Fahrschachttüren und andere Öffnungen in Fahrschachtwänden mit erforderlicher Feuerwiderstandsfähigkeit sind so herzustellen, dass die Anforderungen nach Absatz 1 Satz 1 nicht beeinträchtigt werden.

(3) [1]Fahrschächte müssen zu lüften sein und eine Öffnung zur Rauchableitung mit einem freien Querschnitt von mindestens 2,5 Prozent der Fahrschachtgrundfläche, mindestens jedoch 0,1 m^2 haben. [2]Die Lage der Rauchaustrittsöffnungen muss so gewählt werden, dass der Rauchaustritt durch Windeinfluss nicht beeinträchtigt wird.

(4) [1]Aufzüge nach § 29 Abs. 2 Satz 2 LBO müssen von allen Nutzungseinheiten in dem Gebäude und von der öffentlichen Verkehrsfläche aus stufenlos erreichbar sein. [2]Haltestellen im obersten Geschoss und in den Kellergeschos-

sen sind nicht erforderlich, wenn sie nur unter besonderen Schwierigkeiten hergestellt werden können.

(5) [1]Fahrkörbe zur Aufnahme einer Krankentrage müssen eine nutzbare Grundfläche von mindestens 1,1 m Breite und 2,1 m Tiefe, zur Aufnahme eines Rollstuhls von mindestens 1,1 m Breite und 1,4 m Tiefe haben; Türen müssen eine lichte Durchgangsbreite von mindestens 0,9 m haben. [2]In einem Aufzug für Rollstühle und Krankentragen darf der für Rollstühle nicht erforderliche Teil der Fahrkorbgrundfläche durch eine verschließbare Tür abgesperrt werden. [3]Vor den Aufzügen muss eine ausreichende Bewegungsfläche vorhanden sein.

(6) Aufzüge, die Haltepunkte in mehr als einem Rauchabschnitt haben, müssen über eine Brandfallsteuerung mit Rauchmeldern an mindestens einem Haltepunkt in jedem Rauchabschnitt verfügen.

§ 15 Lüftungsanlagen, raumlufttechnische Anlagen, Warmluftheizungen (Zu § 30 LBO). (1) [1]Lüftungsleitungen sowie deren Bekleidungen und Dämmstoffe müssen aus nichtbrennbaren Baustoffen bestehen; brennbare Baustoffe sind zulässig, wenn ein Beitrag der Lüftungsleitung zur Brandentstehung und Brandweiterleitung nicht zu befürchten ist. [2]Lüftungsleitungen dürfen raumabschließende Bauteile, für die eine Feuerwiderstandsfähigkeit vorgeschrieben ist, nur überbrücken, wenn eine Brandausbreitung ausreichend lang nicht zu befürchten ist oder wenn Vorkehrungen hiergegen getroffen sind.

(2) Lüftungsanlagen sind so herzustellen, dass sie Gerüche und Staub nicht in andere Räume übertragen.

(3) [1]Lüftungsanlagen dürfen nicht in Abgasanlagen eingeführt werden; die gemeinsame Nutzung von Lüftungsleitungen zur Lüftung und zur Ableitung der Abgase von Feuerstätten ist zulässig, wenn keine Bedenken wegen der Betriebssicherheit und des Brandschutzes bestehen. [2]Die Abluft ist ins Freie zu führen. [3]Nicht zur Lüftungsanlage gehörende Einrichtungen sind in Lüftungsleitungen unzulässig.

(4) Die Absätze 1 und 2 gelten nicht

1. für Gebäude der Gebäudeklassen 1 und 2,
2. innerhalb von Wohnungen,
3. innerhalb derselben Nutzungseinheit mit nicht mehr als insgesamt 400 m^2 in nicht mehr als zwei Geschossen.

(5) Für raumlufttechnische Anlagen und Warmluftheizungen gelten die Absätze 1 bis 4 entsprechend.

§ 16 Leitungen, Installationsschächte und -kanäle (Zu § 31 LBO). (1) [1]Leitungen, Installationsschächte und -kanäle dürfen durch raumabschließende Bauteile, für die eine Feuerwiderstandsfähigkeit vorgeschrieben ist, nur hindurchgeführt werden, wenn eine Brandausbreitung ausreichend lang nicht zu befürchten ist oder Vorkehrungen hiergegen getroffen sind. [2]Dies gilt nicht

1. für Gebäude der Gebäudeklassen 1 und 2,
2. innerhalb von Wohnungen,

3. innerhalb derselben Nutzungseinheit mit nicht mehr als insgesamt 400 m^2 in nicht mehr als zwei Geschossen.

(2) In notwendigen Treppenräumen, in Räumen nach § 11 Abs. 2 Satz 3 und in notwendigen Fluren sind Leitungsanlagen nur zulässig, wenn eine Nutzung als Rettungsweg im Brandfall ausreichend lang möglich ist.

(3) Für Installationsschächte und -kanäle gilt § 15 Abs. 1 Satz 1 und Abs. 2 entsprechend.

§ 17 Kleinkläranlagen, Gruben, Anlagen für Abfall- und Reststoffe (Zu § 33 LBO). (1) [1]Kleinkläranlagen und Gruben müssen wasserdicht und ausreichend groß sein. [2]Sie müssen eine dichte und sichere Abdeckung sowie Reinigungs- und Entleerungsöffnungen haben. [3]Diese Öffnungen dürfen nur vom Freien aus zugänglich sein. [4]Die Anlagen sind so zu entlüften, dass Gesundheitsschäden oder unzumutbare Belästigungen nicht entstehen. [5]Die Zuleitungen zu Abwasserentsorgungsanlagen müssen geschlossen, dicht und, soweit erforderlich, zum Reinigen eingerichtet sein. [6]Geschlossene Abwassergruben dürfen nur mit Zustimmung der Wasserbehörde zugelassen werden, wenn keine gesundheitlichen und wasserwirtschaftlichen Bedenken bestehen.

(2) [1]Abgänge aus Toiletten ohne Wasserspülung sind in eigene, geschlossene Gruben einzuleiten. [2]In diese Gruben darf kein Abwasser eingeleitet werden.

(3) [1]Zur vorübergehenden Aufbewahrung fester Abfall- und Reststoffe sind auf dem Grundstück geeignete Plätze für bewegliche Behälter vorzusehen oder geeignete Einrichtungen herzustellen. [2]Ortsfeste Behälter müssen dicht und aus nichtbrennbaren Baustoffen sein. [3]Sie sind außerhalb der Gebäude aufzustellen. [4]Die Anlagen sind so herzustellen und anzuordnen, dass Gefahren sowie erhebliche Nachteile oder Belästigungen, insbesondere durch Geruch oder Geräusch, nicht entstehen. [5]Feste Abfallstoffe dürfen innerhalb von Gebäuden vorübergehend aufbewahrt werden, in Gebäuden der Gebäudeklassen 3 bis 5 jedoch nur, wenn die dafür bestimmten Räume

1. Trennwände und Decken als raumabschließende Bauteile mit der Feuerwiderstandsfähigkeit der tragenden Wände aufweisen,
2. Öffnungen vom Gebäudeinnern zum Aufstellraum mit feuerhemmenden und selbstschließenden Abschlüssen haben,
3. unmittelbar vom Freien entleert werden können und
4. eine ständig wirksame Lüftung haben.

§ 18 Anwendung gewerberechtlicher Vorschriften (Zu § 73 Abs. 8 Nr. 2 LBO). (1) Für Aufzugsanlagen im Sinne des § 1 Abs. 2 Satz 1 Nr. 2 Buchst. a und b der Betriebssicherheitsverordnung (BetrSichV) vom 27. September 2002 (BGBl. I S. 3777), zuletzt geändert durch Artikel 8 der Verordnung vom 18. Dezember 2008 (BGBl. I S. 2768, 2778), die weder gewerblichen noch wirtschaftlichen Zwecken dienen und in deren Gefahrenbereich auch keine Arbeitnehmer beschäftigt werden, gelten die §§ 2, 12, 14 bis 21 und 25 bis 27 BetrSichV entsprechend.

(2) Soweit durch die in Absatz 1 genannten gewerberechtlichen Vorschriften Zuständigkeitsregelungen berührt sind, entscheiden bei Anlagen im Anwendungsbereich der Landesbauordnung die Baurechtsbehörden im Benehmen mit den Gewerbeaufsichtsbehörden.

§ 19 Ordnungswidrigkeiten (Zu § 75 Abs. 3 Nr. 2 LBO). Ordnungswidrig nach § 75 Abs.3 Nr. 2 LBO handelt, wer vorsätzlich oder fahrlässig

1. entgegen § 2 Abs. 2 Satz 2 oder Satz 3 oder Abs. 3 Satz 3 oder Satz 4 Zu- oder Durchgänge oder Zu- oder Durchfahrten für die Feuerwehr durch Einbauten einengt oder
2. entgegen § 2 Abs. 4 die Zu- oder Durchfahrten, Aufstellflächen oder Bewegungsflächen für die Feuerwehr nicht freihält.

§ 20 Inkrafttreten. [1]Diese Verordnung tritt am 1. März 2010 in Kraft. [2]Gleichzeitig tritt die Allgemeine Ausführungsverordnung des Wirtschaftsministeriums zur Landesbauordnung vom 17. November 1995 (GBl. S. 836), zuletzt geändert durch Artikel 69 der Verordnung vom 25. April 2007 (GBl. S. 252, 259), außer Kraft.

Straßengesetz für Baden-Württemberg (Straßengesetz – StrG)

in der Fassung vom 11. Mai 1992 (GBl. S. 329, ber. S. 683), zuletzt geändert durch Gesetz vom 5. Februar 2019 (GBl. S. 25)

INHALTSÜBERSICHT

ERSTER TEIL

Allgemeine Bestimmungen

1. Abschnitt

Öffentliche Straßen und Straßenbaulast

2. Abschnitt

Eigentum an öffentlichen Straßen

3. Abschnitt

Benutzung der öffentlichen Straßen

4. Abschnitt

Anbau an öffentlichen Straßen und Veränderungssperre

5. Abschnitt

Schutz der öffentlichen Straßen

6. Abschnitt

Kreuzungen und Umleitungen

7. Abschnitt

Planung, Planfeststellung, Plangenehmigung, Enteignung und Vorzeitige Besitzeinweisung

8. Abschnitt

Beleuchtung und Reinhaltung der öffentlichen Straßen

ZWEITER TEIL

Träger der Straßenbaulast

DRITTER TEIL

Aufsicht und Zuständigkeiten

1. Abschnitt

Straßenaufsicht und Straßenbaubehörden

2. Abschnitt

Zuständigkeiten nach anderen Gesetzen

VIERTER TEIL

Ordnungswidrigkeiten, Übergangs- und Schlußbestimmungen

1. Abschnitt

2. Abschnitt

Übergangs- und Schlußbestimmungen

ERSTER TEIL

Allgemeine Bestimmungen

1. Abschnitt

Öffentliche Straßen und Straßenbaulast

§ 1 Geltungsbereich. [1]Dieses Gesetz regelt die Rechtsverhältnisse der öffentlichen Straßen. [2]Für Bundesfernstraßen gilt es nur, soweit dies ausdrücklich bestimmt ist.

§ 2 Öffentliche Straßen. (1) Öffentliche Straßen im Sinne dieses Gesetzes sind Straßen, Wege und Plätze, die dem öffentlichen Verkehr gewidmet sind.

(2) Zu den öffentlichen Straßen gehören:
1. der Straßenkörper; das sind insbesondere
   a) der Straßenuntergrund, der Straßenunterbau, die Straßendecke, Dämme, Gräben, Entwässerungsanlagen, Böschungen, Stützmauern, Durchlässe, Lärmschutzanlagen, Brücken und Tunnel;
   b) die Fahrbahnen, Haltestellenbuchten, Gehwege, Radwege, Parkplätze, Trenn-, Seiten-, Rand- und Sicherheitsstreifen sowie Materialbuchten;
2. der Luftraum über dem Straßenkörper;
3. das Zubehör; das sind die Verkehrszeichen und -einrichtungen sowie Verkehrsanlagen aller Art, die der Sicherheit oder Leichtigkeit des Straßenverkehrs oder dem Schutz der Straßenanlieger dienen, und die Bepflanzung auf dem Straßenkörper;
4. die Nebenanlagen; das sind Einrichtungen, die vorwiegend den Aufgaben der Straßenbauverwaltung dienen, wie Straßenmeistereien, Gerätehöfe, Straßenwärterhütten, Lagerplätze und Entnahmestellen.

§ 3 Einteilung. (1) Die Straßen werden nach ihrer Verkehrsbedeutung in folgende Gruppen eingeteilt:
1. Landesstraßen; das sind
   a) Straßen, die untereinander oder zusammen mit Bundesfernstraßen ein Verkehrsnetz bilden und vorwiegend dem durchgehenden Verkehr innerhalb des Landes dienen oder zu dienen bestimmt sind, sowie
   b) Radschnellverbindungen, die eine regionale oder überregionale Verbindungsfunktion erfüllen und für die eine der Verkehrsbedeutung entsprechende Verkehrsnachfrage insbesondere im Alltagsradverkehr gegeben oder zu erwarten ist,
2. Kreisstraßen; das sind
   a) Straßen, die vorwiegend dem überörtlichen Verkehr zwischen benachbarten Kreisen oder innerhalb eines Kreises dienen oder zu dienen bestimmt sind, ferner die für den Anschluss einer Gemeinde an überörtliche Verkehrswege erforderlichen Straßen, sowie
   b) Radschnellverbindungen, die eine nahräumige und gemeindeübergreifende Verbindungsfunktion erfüllen und für die eine der Verkehrsbedeu-

tung entsprechende Verkehrsnachfrage insbesondere im Alltagsradverkehr gegeben oder zu erwarten ist,

3. Gemeindestraßen; das sind
   a) Straßen, die vorwiegend dem Verkehr zwischen benachbarten Gemeinden oder innerhalb der Gemeinden dienen oder zu dienen bestimmt sind, sowie
   b) Radschnellverbindungen, soweit sie nicht Landes- oder Kreisstraßen gemäß Nummer I Buchstabe b oder Nummer 2 Buchstabe b sind.

(2) Die Gemeindestraßen werden wie folgt eingeteilt:

1. Gemeindeverbindungsstraßen; das sind Straßen außerhalb der geschlossenen Ortslage und außerhalb eines in einem Bebauungsplan festgesetzten Baugebiets, die vorwiegend dem Verkehr zwischen benachbarten Gemeinden oder Gemeindeteilen dienen oder zu dienen bestimmt sind, ferner die dem Anschluß an überörtliche Verkehrswege dienenden Straßen, soweit sie nicht nach Absatz 1 Nr. 2 Kreisstraßen sind;
2. Ortsstraßen; das sind Straßen, die vorwiegend dem Verkehr innerhalb der geschlossenen Ortslage oder innerhalb eines in einem Bebauungsplan festgesetzten Baugebiets dienen oder zu dienen bestimmt sind, mit Ausnahme der Ortsdurchfahrten von Bundesstraßen, Landesstraßen und Kreisstraßen;
3. sonstige Straßen, die einem allgemeinen Kraftfahrzeugverkehr dienen oder zu dienen bestimmt sind;
4. beschränkt öffentliche Wege; das sind Wege, die einem auf bestimmte Benutzungsarten oder Benutzungszwecke beschränkten Verkehr dienen oder zu dienen bestimmt sind. [2]Hierzu gehören insbesondere
   a) öffentliche Wege, die der Bewirtschaftung von Feld- und Waldgrundstücken dienen oder zu dienen bestimmt sind (öffentliche Feld- und Waldwege),
   b) Radwege, soweit sie nicht Bestandteil einer anderen öffentlichen Straße oder einer Radschnellverbindung gemäß Absatz 1 Nummer 1 Buchstabe b oder Nummer 2 Buchstabe b sind,
   c) Fußgängerbereiche,
   d) Friedhof-, Kirch- und Schulwege, Wander- und sonstige Fußwege.

(3) Zu den Straßen im Sinne des Absatzes 1 gehören jeweils auch die Gehwege und Radwege mit eigenem Straßenkörper, soweit sie im Zusammenhang mit einer Straße stehen und mit dieser im wesentlichen gleichlaufen.

(4) Eine öffentliche Straße erhält die Eigenschaft als Landesstraße, Kreisstraße oder Gemeindestraße durch Einstufung (§ 5 Abs. 3 Satz 1) oder Umstufung (§ 6 Abs. 1).

(5) Das Verkehrsministerium wird ermächtigt, im Benehmen mit dem Finanzministerium durch Rechtsverordnung den Begriff des Gemeindeteiles im Sinne von Abs. 2 Nr. 1 näher zu bestimmen; es kann dabei auch eine Mindesteinwohnerzahl vorschreiben.

§ 4 Straßennummern, Straßenverzeichnisse. (1) Landesstraßen und Kreisstraßen sind zu numerieren.

(2) [1]Für Landesstraßen, Kreisstraßen und Gemeindeverbindungsstraßen werden Straßenverzeichnisse geführt. [2]In die Verzeichnisse sind insbesondere die Länge der Straße, die Träger der Straßenbaulast sowie die Ortsdurchfahrten aufzunehmen. [3]Das Nähere über das Eintragungsverfahren und den Inhalt der Verzeichnisse kann durch Rechtsverordnung des Ministeriums geregelt werden.

(3) [1]Die Straßenverzeichnisse für Kreisstraßen und Gemeindeverbindungsstraßen in der Baulast der Stadtkreise und Großen Kreisstädte werden vom Regierungspräsidium geführt. [2]Dasselbe gilt für Gemeindeverbindungsstraßen in der Baulast von Gemeinden, die einer Verwaltungsgemeinschaft angehören, die der Rechtsaufsicht des Regierungspräsidiums untersteht. [3]Die Straßenverzeichnisse für die übrigen Kreisstraßen und Gemeindeverbindungsstraßen werden vom Landratsamt als untere Verwaltungsbehörde geführt.

(4) Das Ministerium bestimmt durch Rechtsverordnung die für die Führung der Straßenverzeichnisse für Bundesfernstraßen und Landesstraßen zuständigen Behörden.

(5) [1]Die Einsicht in die Verzeichnisse ist jedem gestattet, der ein berechtigtes Interesse nachweist. [2]Auf Antrag sind gegen Kostenersatz insoweit Auszüge zu erteilen, als Einsicht zu gewähren ist.

§ 5 Widmung. (1) Voraussetzung für die Widmung im Sinne des § 2 Abs. 1 ist, daß der Träger der Straßenbaulast Eigentümer der der Straße dienenden Grundstücke ist oder die Eigentümer und die sonst zur Nutzung dinglich Berechtigten der Widmung zugestimmt haben oder der Träger der Straßenbaulast den Besitz durch Vertrag, durch Einweisung nach § 37 Abs. 1 des Landesenteignungsgesetzes oder in einem sonstigen gesetzlich geregelten Verfahren erlangt hat.

(2) [1]Es sind zuständig für die Widmung von

1. Landesstraßen die höhere Straßenbaubehörde und, wenn die zu widmende Straße sich über mehrere Regierungsbezirke erstreckt, die von der obersten Straßenbaubehörde bestimmte höhere Straßenbaubehörde,
2. Kreisstraßen und Gemeindestraßen sowie in den Fällen, in denen die Gemeinden nach § 43 Abs. 3 und 4 Träger der Straßenbaulast sind, die Straßenbaubehörde.

[2]Soll Träger der Straßenbaulast ein anderer als das Land, ein Landkreis, eine Gemeinde oder ein Zweckverband werden, so ist für die Widmung die Straßenaufsichtsbehörde zuständig.

(3) [1]In der Widmung ist die Gruppe, zu der die Straße gehört (§ 3 Abs. 1), zu bestimmen (Einstufung). [2]Die Widmung kann auf bestimmte Benutzungsarten, Benutzungszwecke, Benutzerkreise oder in sonstiger Weise beschränkt werden.

(4) [1]Die Widmung ist öffentlich bekanntzumachen. [2]Ist für die Widmung das Regierungspräsidium zuständig, erfolgt die Bekanntmachung im Staatsanzeiger.

(5) [1]Die Widmung kann von den nach Absatz 2 zuständigen Behörden nachträglich erweitert oder beschränkt werden, soweit nicht die Straßenverkehrsbehörden ausschließlich zuständig sind. [2]Bei Erweiterungen ist nach den Vorschriften über die Widmung, bei Beschränkungen, ausgenommen in den Fällen des § 14 Abs. 1, nach den Vorschriften über die Einziehung zu verfahren.

(6) [1]Werden Straßen, Wege oder Plätze auf Grund eines förmlichen Verfahrens nach anderen gesetzlichen Vorschriften für den öffentlichen Verkehr angelegt, so gelten sie mit der endgültigen Überlassung für den Verkehr als gewidmet, wenn die Voraussetzungen des Absatzes 1 vorliegen. [2]Die nach Absatz 2 zuständige Behörde bestimmt die Gruppe, zu der die Straße gehört, und beschränkt, soweit erforderlich, die Überlassung für den Verkehr auf bestimmte Benutzungsarten oder Benutzungszwecke. [3]Sie hat diese Verfügungen und den Zeitpunkt der endgültigen Überlassung für den Verkehr öffentlich bekanntzumachen.

(7) [1]Wird eine Straße verbreitert, durch Verkehrsanlagen ergänzt oder unwesentlich verlegt, so werden die neuen Straßenteile durch die Überlassung für den Verkehr gewidmet; einer öffentlichen Bekanntmachung bedarf es nicht. [2]Die neuen Straßenteile dürfen dem Verkehr nur überlassen werden, wenn die Voraussetzungen des Absatzes 1 vorliegen.

(8) Durch privatrechtliche Verfügungen oder durch Verfügungen im Wege der Zwangsvollstreckung über die der Straße dienenden Grundstücke oder Rechte an ihnen wird die Widmung nicht berührt.

§ 6 Umstufung. (1) Ändert sich die Verkehrsbedeutung einer Straße (§ 3 Abs. 1), so ist die Straße in die entsprechende Straßengruppe umzustufen (Aufstufung, Abstufung).

(2) [1]Für die Abstufung von Kreisstraßen und die Aufstufung von Gemeindestraßen zu Kreisstraßen ist das Landratsamt als untere Verwaltungsbehörde zuständig, sofern die gesamte umzuwidmende Straße in dessen Bezirk verläuft. [2]Im Übrigen ist für die Umstufung von Straßen sowie für die Abstufung von Bundesstraßen und die Bestimmung ihrer Straßengruppe die höhere Straßenbaubehörde zuständig; § 5 Abs. 2 Satz 1 Nr. 1 gilt entsprechend, wenn eine Straße sich über mehrere Regierungsbezirke erstreckt.

(3) [1]Die an der Umstufung beteiligten Träger der Straßenbaulast sind vor der Umstufung in mündlicher Verhandlung zu hören. [2]Die Umstufung soll zum Beginn eines Rechnungsjahres wirksam werden.

(4) [1]Die Umstufung und die Bestimmung der Straßengruppe nach Absatz 2 sind öffentlich bekanntzumachen. [2]§ 5 Abs. 4 Satz 2 gilt entsprechend.

§ 7 Einziehung. (1) Eine Straße kann eingezogen werden, wenn sie für den Verkehr entbehrlich ist oder wenn überwiegende Gründe des Wohls der Allgemeinheit die Einziehung erforderlich machen.

(2) [1]Für die Einziehung sind die in § 5 Abs. 2 Satz 1 genannten Behörden zuständig. [2]Ist Träger der Straßenbaulast ein anderer als das Land, ein Landkreis, eine Gemeinde oder ein Zweckverband, so ist die Straßenaufsichtsbehörde für die Einziehung zuständig.

(3) [1]Die Absicht der Einziehung ist den von der Straße berührten Gemeinden mindestens drei Monate vorher mitzuteilen und von diesen auf Kosten des Trägers der Straßenbaulast unverzüglich öffentlich bekanntzumachen. [2]Von der Bekanntmachung kann abgesehen werden, wenn die Straße in den im Planfeststellungsverfahren nach § 73 Abs. 3 Satz 1 des Landesverwaltungsverfahrensgesetzes ausgelegten Plänen als zur Einziehung bestimmt kenntlich gemacht worden ist.

(4) [1]Die Einziehung ist öffentlich bekanntzumachen. [2]§ 5 Abs. 4 Satz 2 gilt entsprechend.

(5) Soll eine Straße auf Grund eines förmlichen Verfahrens nach anderen gesetzlichen Vorschriften dem öffentlichen Verkehr entzogen werden, so gilt sie mit dem Zeitpunkt als eingezogen, in dem sie dem öffentlichen Verkehr entzogen wird; die nach Absatz 2 zuständige Behörde hat diesen Zeitpunkt öffentlich bekanntzumachen.

(6) Wird beim Ausbau oder Umbau einer Straße ein Straßenteil auf Dauer dem Gemeingebrauch entzogen, ohne daß der Zugang zu einem angrenzenden Grundstück beeinträchtigt wird, so bedarf die Einziehung nicht der öffentlichen Bekanntmachung; Absatz 3 ist nicht anzuwenden.

(7) Mit der Einziehung verliert die Straße die Eigenschaft einer öffentli-chen Straße; widerrufliche Sondernutzungen entfallen.

§ 8 Ortsdurchfahrt. (1) [1]Eine Ortsdurchfahrt ist der Teil einer Landesstraße oder einer Kreisstraße, der innerhalb der geschlossenen Ortslage liegt und auch der Erschließung der anliegenden Grundstücke oder der mehrfachen Verknüpfung des Ortsstraßennetzes dient. [2]Geschlossene Ortslage ist der Teil des Gemeindegebiets, der in geschlossener oder offener Bauweise zusammenhängend bebaut ist. [3]Einzelne unbebaute Grundstücke, zur Bebauung ungeeignetes oder ihr entzogenes Gelände oder einseitige Bebauung unterbrechen den Zusammenhang nicht.

(2) [1]Beginn und Ende einer Ortsdurchfahrt sind festzusetzen, wenn eine Landesstraße oder eine Kreisstraße gebaut oder eine Gemeindestraße aufgestuft wird. [2]Bei erheblichen Veränderungen in der Bebauung sind Beginn und Ende der Ortsdurchfahrt neu festzusetzen.

(3) [1]Eine Ortsdurchfahrt kann abweichend von den Vorschriften des Absatzes 1 zugunsten der Gemeinde verkürzt werden, wenn die Länge der Ortsdurchfahrt wegen der Bebauung in einem offensichtlichen Mißverhältnis zur Einwohnerzahl der Gemeinde steht. [2]Die Verkürzung läßt die Anbaubeschränkungen nach den §§ 22 bis 25 und die Verpflichtung nach § 41 unberührt.

(4) Führt die Ortsdurchfahrt über Straßen und Plätze, die erheblich breiter angelegt sind als die anschließende Strecke der Landesstraße oder der Kreisstraße, so ist die seitliche Begrenzung der Ortsdurchfahrt besonders festzusetzen.

(5) [1]Reicht die Ortsdurchfahrt für den Verkehr nicht aus, so kann auf Antrag der Gemeinde eine für die Aufnahme des durchgehenden Verkehrs geeignete Straße als zusätzliche Ortsdurchfahrt festgesetzt werden; zugleich sind Beginn und Ende dieser Ortsdurchfahrt festzusetzen. [2]Die Festsetzung nach Satz 1 Halbsatz 1 ersetzt die Aufstufung; sie ist öffentlich bekanntzumachen. [3]§ 5 Abs. 4 Satz 2 gilt entsprechend.

(6) [1]Zuständig für die Festsetzungen nach den Absätzen 2 bis 5 ist bei Landesstraßen die höhere Straßenbaubehörde, bei Kreisstraßen die Straßenbaubehörde. [2]In den Fällen des Absatzes 4 ist das Einvernehmen mit der Gemeinde erforderlich; kommt ein Einvernehmen nicht zustande, so entscheiden über die Festsetzung die in Satz 1 genannten Behörden.

§ 9 Straßenbaulast. (1) [1]Die Straßenbaulast umfaßt alle mit dem Bau und der Unterhaltung der Straßen zusammenhängenden Aufgaben. [2]Die Träger der Straßenbaulast haben nach ihrer Leistungsfähigkeit die Straßen in einem dem regelmäßigen Verkehrsbedürfnis genügenden und den allgemein anerkannten Regeln des Straßenbaues entsprechenden Zustand zu bauen, zu unterhalten, zu erweitern oder sonst zu verbessern; dabei sind die sonstigen öffentlichen Belange einschließlich des Umweltschutzes sowie die Belange von Menschen mit Behinderungen und anderer Menschen mit Mobilitätsbeeinträchtigung mit dem Ziel, möglichst weitreichende Barrierefreiheit zu erreichen, zu berücksichtigen.

(2) Soweit die Straßenbaulastträger zur Erfüllung ihrer Pflichten nach Absatz 1 unter Berücksichtigung ihrer Leistungsfähigkeit außerstande sind, haben sie auf einen nicht verkehrssicheren Zustand vorbehaltlich anderweitiger Maßnahmen der Straßenverkehrsbehörden durch Verkehrszeichen hinzuweisen; dies gilt nicht für beschränkt öffentliche Wege, soweit der nicht verkehrssichere Zustand des Weges oder die mit der Benutzung des Weges verbundenen besonderen Gefahren für die Benutzer bei Anwendung der verkehrsüblichen Sorgfalt erkennbar sind.

(3) [1]Die Träger der Straßenbaulast sollen über die ihnen nach Absatz 1 obliegenden Aufgaben hinaus in dem für die Aufrechterhaltung des öffentlichen Straßenverkehrs erforderlichen Umfang nach besten Kräften die Straßen bei Schneeanhäufungen räumen und sie bei Schnee- oder Eisglätte bestreuen; ein Rechtsanspruch hierauf besteht nicht. [2]Dabei ist der Einsatz von Auftausalzen und anderen Mitteln, die sich umweltschädlich auswirken können, so gering wie möglich zu halten. [3]§ 41 bleibt unberührt. [4]Von den allgemein anerkannten Regeln des Straßenbaus kann abgewichen werden, wenn den Anforderungen auf andere Weise ebenso wirksam entsprochen wird.

2. Abschnitt
Eigentum an öffentlichen Straßen

§ 10 Eigentum und andere Rechte. (1) [1]Wechselt die Straßenbaulast zwischen dem Land, einem Landkreis oder einer Gemeinde, so geht das Eigentum an der Straße ohne Entschädigung auf den neuen Träger der Straßenbaulast über, wenn es bisher einer dieser Körperschaften zustand; dies gilt nicht für Nebenanlagen. [2]Bestehen zwischen den beteiligten Trägern der Straßenbaulast oder zwischen einem Träger der Straßenbaulast und dem bisherigen Eigentümer Meinungsverschiedenheiten über den Eigentumsübergang oder dessen Umfang, so entscheidet auf Antrag eines Beteiligten die für den neuen Träger der Straßenbaulast zuständige Straßenaufsichtsbehörde, wenn der neue Träger der Straßenbaulast das Land ist, das Regierungspräsidium.

(2) Der bisherige Träger der Straßenbaulast hat dem neuen Träger der Straßenbaulast dafür einzustehen, daß er die Straße in dem durch die Verkehrsbedeutung gebotenen Umfang ordnungsgemäß unterhalten und den notwendigen Grunderwerb durchgeführt hat.

(3) [1]Hat der bisherige Träger der Straßenbaulast für den Bau oder die Änderung der Straße das Eigentum an einem Grundstück erworben, so hat der neue Träger der Straßenbaulast einen Anspruch auf Übertragung des Eigentums. [2]Steht dem bisherigen Träger der Straßenbaulast ein für Zwecke des Satzes 1 erworbener Anspruch auf Übertragung des Eigentums an einem Grundstück zu, so ist er verpflichtet, das Eigentum an dem Grundstück zu erwerben und nach Erwerb auf den neuen Träger der Straßenbaulast zu übertragen. [3]Die Verpflichtungen nach den Sätzen 1 und 2 bestehen nur insoweit, als das Grundstück dauernd für die Straße benötigt wird. [4]Dem bisherigen Träger der Straßenbaulast steht für Verbindlichkeiten, die nach dem Wechsel der Straßenbaulast fällig werden, gegen den neuen Träger der Straßenbaulast ein Anspruch auf Erstattung der Aufwendungen zu. [5]Im übrigen wird das Eigentum ohne Entschädigung übertragen.

(4) [1]Bei einem Wechsel der Straßenbaulast ist der neue Träger der Straßenbaulast verpflichtet, die von dem bisherigen Träger der Straßenbaulast oder mit dessen Zustimmung von einem Dritten im öffentlichen Interesse in der Straße gehaltenen Anlagen, insbesondere für Zwecke der öffentlichen Versorgung oder der Abwasserbeseitigung, im bisherigen Umfang zu dulden. [2]Machen nach einem Wechsel der Straßenbaulast bauliche Maßnahmen an der Straße die Änderung einer Anlage im Sinne des Satzes 1 erforderlich, so haben der Träger der Straßenbaulast und der Inhaber der Anlage die Änderung auf ihre zu gleichen Teilen zu tragenden Kosten gemeinsam vorzunehmen, wenn vor oder nach dem Wechsel der Straßenbaulast nichts anderes vereinbart worden ist. [3]Der neue Träger der Straßenbaulast muß jedoch eine Vereinbarung, die innerhalb der letzten zwei Jahre vor dem Wechsel der Straßenbaulast abgeschlossen worden ist, nicht gegen sich gelten lassen. [4]Im übrigen

gelten § 16 Abs. 3 Sätze 1, 3 bezüglich des Kostenersatzes, Sätze 4 und 5 sowie § 20 entsprechend.

(5) Ist das Eigentum an einer Straße nach Absatz 1 übergegangen, so kann im Falle der Einziehung der Straße der frühere Eigentümer innerhalb eines Jahres nach Eintritt der Unanfechtbarkeit der Einziehung verlangen, daß ihm das Eigentum ohne Entschädigung zurückübertragen wird; er hat jedoch Anlagen im Sinne des Absatz 4 Satz 1, die der bisherige Eigentümer rechtmäßig in der Straße gehalten hat, im bisherigen Umfang zu dulden.

§ 11 Berichtigung der öffentlichen Bücher und Gebührenbefreiung. (1) [1]Beim Übergang des Eigentums an einer Straße nach § 10 Abs. 1 ist der Antrag auf Berichtigung des Grundbuchs von dem neuen Eigentümer zu stellen. [2]Sein Eigentum wird gegenüber dem Grundbuchamt durch eine mit dem Dienstsiegel versehene Bestätigung der für den neuen Eigentümer zuständigen Straßenaufsichtsbehörde nachgewiesen; ist neuer Eigentümer das Land, so erteilt das Regierungspräsidium die Bestätigung. [3]Der neue Eigentümer hat den Eigentumsübergang der zuständigen Vermessungsbehörde zum Zwecke der Berichtigung des Liegenschaftskatasters mitzuteilen.

(2) Für die Eintragung des Eigentumsübergangs in das Grundbuch nach § 10 Abs. 1 oder auf Grund von § 10 Abs. 5 werden Gebühren und Auslagen nach dem Gerichts- und Notarkostengesetz nicht erhoben.

§ 12 Ausübung des Eigentums am Straßengrund und Erwerbspflicht. (1) Ist der Träger der Straßenbaulast nicht Eigentümer der der Straße dienenden Grundstücke, so steht ihm die Ausübung der Rechte und Pflichten des Eigentümers in dem Umfang zu, in dem dies die Aufrechterhaltung des Gemeingebrauchs erfordert.

(2) [1]Der Träger der Straßenbaulast hat das Eigentum an den der Straße dienenden Grundstücken auf Antrag des Eigentümers binnen einer Frist von fünf Jahren nach Antragstellung zu erwerben; dies gilt entsprechend beim Antrag eines sonst zur Nutzung dinglich Berechtigten für den Erwerb seines Rechts. [2]Der Lauf der Frist ist gehemmt, solange der Erwerb durch Umstände verzögert wird, die der Träger der Straßenbaulast nicht zu vertreten hat. [3]Waren bei Inkrafttreten dieses Gesetzes Grundstücke für eine Straße bereits in Anspruch genommen, so beginnt die Frist mit Inkrafttreten dieses Gesetzes.

(3) [1]Kommt innerhalb der Frist nach Absatz 2 Satz 1 eine Einigung nicht zustande oder kann ein dingliches Recht an dem Grundstück durch Rechtsgeschäft nicht übertragen werden, so kann jeder Beteiligte die Entziehung des Rechts im Wege der Enteignung verlangen. [2]Die Entschädigung ist nach den Verhältnissen im Zeitpunkt der Inanspruchnahme des Grundstücks zu bemessen. [3]War das Grundstück schon vor dem 24. Mai 1949 für die Straße in Anspruch genommen, so ist die Entschädigung vom 24. Mai 1949 an zu verzinsen.

(4) Soweit ein dinglich Berechtigter bei der Widmung nicht zu beteiligen ist, hat der Träger der Straßenbaulast das dingliche Recht auf Antrag des Berechtigten binnen einer Frist von fünf Jahren nach Antragstellung abzulösen, sobald und soweit der Berechtigte die Befriedigung aus dem Grundstück verlangen kann.

(5) [1]Eine Erwerbspflicht nach den Absätzen 2 und 3 besteht nicht, wenn und solange dem Träger der Straßenbaulast durch ein dingliches Recht die Verfügungsbefugnis an den der Straße dienenden Grundstücken eingeräumt ist, ferner bei beschränkt öffentlichen Wegen, die bei Inkrafttreten dieses Gesetzes länger als 30 Jahre bestehen. [2]Die Absätze 2 und 3 gelten ferner nicht für Böschungen und Stützmauern, die zugleich für die ordnungsmäßige Nutzung eines angrenzenden Grundstückes notwendig sind.

3. Abschnitt

Benutzung der öffentlichen Straßen

§ 13 Gemeingebrauch. (1) [1]Der Gebrauch der öffentlichen Straßen ist jedermann im Rahmen der Widmung und der Straßenverkehrsvorschriften innerhalb der verkehrsüblichen Grenzen gestattet (Gemeingebrauch). [2]Kein Gemeingebrauch liegt vor, wenn durch die Benutzung einer öffentlichen Straße der Gemeingebrauch anderer unzumutbar beeinträchtigt wird.

(2) Auf die Aufrechterhaltung des Gemeingebrauchs besteht kein Rechtsanspruch.

§ 14 Beschränkung des Gemeingebrauchs, Ersatzweg. (1) Der Gemeingebrauch kann von der Straßenbaubehörde vorbehaltlich anderer Anordnungen der Straßenverkehrsbehörde beschränkt werden, wenn dies zur Durchführung von Straßenbauarbeiten oder wegen des baulichen Zustands zur Vermeidung außerordentlicher Schäden an der Straße notwendig ist.

(2) [1]Die Straßenverkehrsbehörde ist vor der Beschränkung zu hören, es sei denn, daß die Beschränkung unerheblich ist; in dringenden Fällen, in denen eine vorherige Anhörung nicht tunlich ist, ist die Straßenverkehrsbehörde unverzüglich zu benachrichtigen. [2]Die Beschränkung ist durch amtliche Verkehrszeichen kenntlich zu machen.

(3) [1]Macht die dauernde Beschränkung des Gemeingebrauchs an einer Landesstraße oder einer Kreisstraße die Herstellung oder die Verbesserung eines Ersatzweges notwendig, so hat der für den Ersatzweg zuständige Träger der Straßenbaulast gegen den Träger der Straßenbaulast für die Straße, deren Gemeingebrauch beschränkt wurde, einen Anspruch auf Erstattung der Kosten für die Herstellung oder Verbesserung. [2]Er kann statt dessen verlangen, daß der Träger der Straßenbaulast für die Straße, deren Gemeingebrauch beschränkt wurde, die erforderlichen Maßnahmen für ihn durchführt.

§ 15 Rechtsstellung der Straßenanlieger. (1) Eigentümern und Besitzern von Grundstücken, die an einer Straße liegen oder von ihr eine Zufahrt oder einen Zugang haben (Straßenanlieger), steht kein Anspruch darauf zu, daß die Straße nicht geändert oder nicht eingezogen wird.

(2) [1]Werden auf Dauer Zufahrten oder Zugänge durch die Änderung oder die Einziehung von Straßen unterbrochen oder wird ihre Benutzung erheblich erschwert, so hat der Träger der Straßenbaulast einen angemessenen Ersatz zu schaffen oder, soweit dies nicht zumutbar ist, eine angemessene Entschädigung in Geld zu leisten. [2]Mehrere Anliegergrundstücke können durch eine gemeinsame Zufahrt angeschlossen werden, deren Unterhaltung den Anliegern gemeinsam obliegt; § 16 Abs. 3 Satz 1 gilt entsprechend. [3]Die Verpflichtung nach Satz 1 entsteht nicht, wenn die Grundstücke eine anderweitige ausreichende Verbindung zu dem öffentlichen Wegenetz besitzen oder wenn die Zufahrten oder Zugänge auf einer widerruflichen Erlaubnis beruhen.

(3) [1]Werden für längere Zeit Zufahrten oder Zugänge durch Straßenarbeiten unterbrochen oder wird ihre Benutzung erheblich erschwert, ohne daß von Behelfsmaßnahmen eine wesentliche Entlastung ausgeht, und wird dadurch die wirtschaftliche Existenz eines anliegenden Betriebs gefährdet, so kann dessen Inhaber eine Entschädigung in Höhe des Betrags beanspruchen, der erforderlich ist, um das Fortbestehen des Betriebs bei Anspannung der eigenen Kräfte und unter Berücksichtigung der gegebenen Anpassungsmöglichkeiten zu sichern. [2]Der Anspruch richtet sich gegen den, zu dessen Gunsten die Arbeiten im Straßenbereich erfolgen. [3]Absatz 2 Satz 3 gilt entsprechend.

(4) Wird einem Straßenanlieger durch die Änderung einer Straße der Zutritt von Licht oder Luft zu seinem Grundstück dauernd wesentlich beschränkt, so hat der Träger der Straßenbaulast eine angemessene Entschädigung in Geld zu leisten.

§ 16 Sondernutzung. (1) [1]Die Benutzung einer Straße über den Gemeingebrauch hinaus (Sondernutzung) bedarf der Erlaubnis. [2]Die Erlaubnis darf nur auf Zeit oder auf Widerruf erteilt werden. [3]Eine Erlaubnis soll nicht erteilt werden, wenn Menschen mit Behinderungen durch die Sondernutzung in der Ausübung des Gemeingebrauchs erheblich beeinträchtigt werden.

(2) [1]Über die Erteilung der Erlaubnis nach Absatz 1 entscheidet die Straßenbaubehörde nach pflichtgemäßem Ermessen. [2]Ist Träger der Straßenbaulast eine Person des bürgerlichen Rechts, so wird die Erlaubnis von der Straßenaufsichtsbehörde erteilt; diese hat den Träger der Straßenbaulast zu hören.

(3) [1]Der Erlaubnisnehmer hat Anlagen so zu errichten und zu unterhalten, daß sie den Anforderungen der Sicherheit und Ordnung sowie den anerkannten Regeln der Technik genügen. [2]Arbeiten an der Straße bedürfen der Zustimmung der Straßenbaubehörde. [3]Der Erlaubnisnehmer hat auf Verlangen der zuständigen Behörde die Anlagen auf seine Kosten zu ändern und alle Kosten zu ersetzen, die dem Träger der Straßenbaulast durch die Sondernutzung entste-

hen. [4]Hierfür können angemessene Vorschüsse und Sicherheiten verlangt werden. [5]Über die Leistungen nach Satz 3 und 4 entscheidet die für die Erlaubnis zuständige Behörde.

(4) Der Wechsel der Straßenbaulast läßt die Erlaubnis unberührt.

(5) Der Erlaubnisnehmer hat gegen den Träger der Straßenbaulast keinen Ersatzanspruch bei Widerruf der Erlaubnis oder bei Sperrung, Änderung oder Einziehung der Straße.

(6) [1]Ist nach den Vorschriften des Straßenverkehrsrechts eine Erlaubnis für eine übermäßige Straßenbenutzung oder eine Ausnahmegenehmigung erforderlich oder dient die Benutzung einer Anlage, für die eine Baugenehmigung erforderlich ist, so bedarf es keiner Erlaubnis nach Absatz 1. [2]Vor ihrer Entscheidung hat die hierfür zuständige Behörde die sonst für die Sondernutzungserlaubnis zuständige Behörde zu hören. [3]Die von dieser geforderten Bedingungen, Auflagen und Sondernutzungsgebühren sind dem Antragsteller in der Erlaubnis oder Genehmigung aufzuerlegen, soweit Träger der Straßenbaulast eine Gemeinde oder ein Landkreis ist.

(7) [1]Die Gemeinden können durch Satzung bestimmen, daß bestimmte Sondernutzungen an Gemeindestraßen keiner Erlaubnis nach Absatz 1 Satz 1 bedürfen. [2]Sie können die Sondernutzung an Gemeindestraßen durch Satzung abweichend von Absatz 1 Satz 2 und Absatz 5 regeln.

(8) [1]Wird eine Straße ohne die erforderliche Erlaubnis benutzt oder kommt der Erlaubnisnehmer seinen Verpflichtungen nicht nach, so kann die für die Erteilung der Erlaubnis zuständige Behörde die erforderlichen Maßnahmen zur Beendigung der Benutzung oder zur Erfüllung der Verpflichtungen anordnen. [2]Sind solche Anordnungen nicht oder nur unter unverhältnismäßigem Aufwand möglich oder nicht erfolgversprechend, so kann sie den rechtswidrigen Zustand auf Kosten des Pflichtigen beseitigen oder beseitigen lassen.

§ 16a Sondernutzung durch Carsharing. (1) Die ausschließliche Nutzung einer Fläche durch einen oder mehrere Carsharinganbieter gilt als Sondernutzung, für die nach Maßgabe der folgenden Absätze eine Sondernutzungserlaubnis erteilt werden kann.

(2) Im Sinne dieser Vorschrift ist

1. ein Carsharingfahrzeug ein Kraftfahrzeug, das einer unbestimmten Anzahl von Personen auf der Grundlage einer Rahmenvereinbarung und einem die Energiekosten mit einschließenden Zeit- oder Kilometertarif oder Mischformen solcher Tarife angeboten und selbstständig reserviert und genutzt werden kann,
2. ein Carsharinganbieter eine Rechtsperson unabhängig von ihrer Rechtsform, die Carsharingfahrzeuge stationsunabhängig oder stationsbasiert zur Nutzung für eine unbestimmte Anzahl von Personen nach allgemeinen Kriterien anbietet, wobei Mischformen der Angebotsmodelle möglich sind.

(3) [1]Für die Sondernutzung im Sinne des Absatzes 1 können geeignete Flächen einer Ortsdurchfahrt im Zuge einer Landes- oder Kreisstraße sowie an Gemeindestraßen bestimmt werden. [2]Die Flächen sind so zu bestimmen, dass die Funktion der Landes-, Kreis- oder Gemeindestraße und die Belange des öffentlichen Personennahverkehrs nicht beeinträchtigt werden sowie die Anforderungen an die Sicherheit und Leichtigkeit des Verkehrs gewahrt sind.

(4) [1]Die Erteilung der Sondernutzungserlaubnis hat in einem diskriminierungsfreien und transparenten Auswahlverfahren zu erfolgen, das öffentlich bekannt zu machen ist. [2]Die Teilnahme am Auswahlverfahren kann von bestimmten Anforderungen abhängig gemacht werden. [3]Ferner ist festzulegen, wie verfahren wird, wenn pro Fläche mehr als ein Carsharinganbieter einen Antrag auf Sondernutzungserlaubnis stellt.

(5) [1]Die Informationen über das vorgesehene Auswahlverfahren sind ortsüblich bekannt zu machen. [2]Die Bekanntmachung muss alle für die Teilnahme an dem Auswahlverfahren erforderlichen Informationen enthalten, insbesondere Informationen über den vorgesehenen Ablauf des Auswahlverfahrens, mögliche Anforderungen an die zu erbringende Leistung sowie die Mitteilung über die Vorgehensweise hinsichtlich der Auswahl der Carsharinganbieter, wenn pro Fläche mehr als ein Carsharinganbieter einen Antrag auf Sondernutzungserlaubnis stellt. [3]Die Bekanntmachung muss zudem die vorgesehene Dauer der Sondernutzung enthalten.

(6) [1]Die Sondernutzungserlaubnis kann auch mit Auflagen zur Verminderung oder Vermeidung von Umweltbelastungen durch Carsharingfahrzeuge versehen werden. [2]Sie ist befristet auf längstens acht Jahre zu erteilen. [3]Nach Ablauf der Geltungsdauer der Sondernutzungserlaubnis ist eine Verlängerung oder Neuerteilung nur nach Durchführung eines erneuten Auswahlverfahrens nach Absatz 4 möglich. [4]Die Sondernutzungserlaubnis ist zu widerrufen, wenn der Carsharinganbieter die auf Grund von Absatz 5 Satz 2 formulierten Anforderungen nicht mehr erfüllt.

(7) [1]Eine nach den vorstehenden Absätzen erteilte Sondernutzungserlaubnis kann auch die Befugnis verleihen, dass die oder der Sondernutzungsberechtigte geeignete bauliche Vorrichtungen für das Sperren der Fläche für Nichtbevorrechtigte anbringen kann. [2]Die oder der Sondernutzungsberechtigte hat sich bei dem Anbringen geeigneter Fachunternehmen zu bedienen.

(8) § 8 Absatz 1 Satz 1 und 6 und Absatz 2, 2 a und 3 des Bundesfernstraßengesetzes gelten entsprechend.

(9) Gemeinden können die Voraussetzungen für sowie Art und Umfang der Sondernutzung im Rahmen des Carsharing nach Maßgabe dieser Vorschrift durch Satzung regeln.

§ 17 Sondernutzung an Ortsdurchfahrten. [1]In Ortsdurchfahrten entscheidet über Sondernutzungen die Gemeinde. [2]Sie hat die Zustimmung der für die freie Strecke zuständigen Straßenbaubehörde einzuholen, wenn die Sondernutzung sich auf die Fahrbahn erstreckt und geeignet ist, die Sicherheit oder

Leichtigkeit des Verkehrs zu beeinträchtigen. [3]Bei Meinungsverschiedenheiten darüber, ob eine Zustimmung nach Satz 2 erforderlich ist, entscheidet die für die Fahrbahn zuständige Straßenbaubehörde. [4]Ergeht eine solche Entscheidung nachträglich oder ergibt sich nachträglich, daß die Sondernutzung die Sicherheit oder Leichtigkeit des Verkehrs auf der Fahrbahn beeinträchtigt, so hat die Gemeinde die Erlaubnis auf Verlangen der für die Fahrbahn zuständigen Straßenbaubehörde zu widerrufen. [5]Will eine Gemeinde eine Sondernutzung für sich selbst in Anspruch nehmen, so bedarf sie ebenfalls der Zustimmung.

§ 18 Zufahrt und Zugang. (1) [1]Als Sondernutzung gilt auch die Anlage oder die wesentliche Änderung einer Zufahrt oder eines Zugangs zu einer Landesstraße oder Kreisstraße außerhalb der zur Erschließung der anliegenden Grundstücke bestimmten Teile der Ortsdurchfahrt. [2]Eine Änderung im Sinne des Satzes 1 liegt auch vor, wenn eine Zufahrt oder ein Zugang gegenüber bisher einem erheblich größeren oder andersartigen Verkehr dienen soll. [3]Den Zufahrten stehen Anschlüsse nichtöffentlicher Wege gleich, soweit es sich nicht um Anschlüsse von Waldwegen im Sinne des Landeswaldgesetzes handelt.

(2) Einer Erlaubnis nach § 16 Abs. 1 bedarf es nicht,

1. wenn eine Zufahrt oder ein Zugang zu baulichen Anlagen geschaffen oder geändert wird, die dem Verfahren nach § 22 unterliegen,
2. wenn der Bau oder die Änderung einer Zufahrt oder eines Zugangs in einem Flurbereinigungsverfahren durchgeführt wird oder in einem anderen förmlichen Verfahren unanfechtbar angeordnet ist.

§ 19 Sondernutzungsgebühren. (1) [1]Für Sondernutzungen, ausgenommen Zufahrten und Zugänge zu Landesstraßen und Kreisstraßen, können nach Maßgabe des Absatzes 2 Gebühren erhoben werden. [2]Sie stehen dem Träger der Straßenbaulast, bezüglich der Ortsdurchfahrten den Gemeinden zu. [3]Sind mehrere Berechtigte beteiligt, stehen die Gebühren diesen zu gleichen Teilen zu.

(2) [1]Gemeinden und Landkreise können die Erhebung der ihnen zustehenden Sondernutzungsgebühren durch Satzung regeln. [2]Das Ministerium wird ermächtigt, die Erhebung der dem Land zustehenden Sondernutzungsgebühren im Einvernehmen mit dem Finanzministerium durch Rechtsverordnung zu regeln. [3]Die Gebührensätze sind nach Art und Ausmaß der Einwirkung auf die Straße und nach dem wirtschaftlichen Interesse der Gebührenschuldner zu bemessen.

§ 20 Kostentragung in besonderen Fällen. (1) [1]Wenn eine Straße wegen der Art des Gebrauchs durch einen anderen aufwendiger gebaut oder ausgebaut wird, als dies sonst notwendig wäre, so hat der andere dem Träger der Straßenbaulast die Mehrkosten für den Bau und die Unterhaltung zu erstatten. [2]Hierfür können angemessene Vorschüsse und Sicherheiten verlangt werden. [3]Der andere ist vor der Durchführung der Maßnahmen zu hören. [4]§ 16 Abs. 3 Satz 5 gilt entsprechend.

(2) Absatz 1 findet auf Haltestellenbuchten und Wendeplätze für Kraftfahrzeuge, die der Personenbeförderung im Linienverkehr dienen, keine Anwendung.

(3) [1]Die Kosten der Absperrung und Kennzeichnung von Arbeitsstellen sowie anderer durch Arbeitsstellen auf oder neben der Straße veranlaßter Maßnahmen zur Sicherung des Straßenverkehrs trägt der Unternehmer oder der für die Arbeit Verantwortliche. [2]Absatz 1 Satz 2 gilt entsprechend. [3]Über die Leistungen nach Satz 1 entscheidet die Straßenbaubehörde.

§ 21 Sonstige Benutzung. (1) Die Einräumung von Rechten zu einer Benutzung von Straßen, die nicht Gemeingebrauch ist, richtet sich nach bürgerlichem Recht, wenn die Benutzung den Gemeingebrauch nicht beeinträchtigt oder der öffentlichen Versorgung oder der Abwasserbeseitigung dient; § 10 Abs. 4 bleibt unberührt.

(2) Soweit Ortsdurchfahrten nicht in der Straßenbaulast der Gemeinde stehen, hat der Träger der Straßenbaulast die Verlegung von Leitungen, die der öffentlichen Versorgung oder der Abwasserbeseitigung der Gemeinde dienen, auf Antrag der Gemeinde unentgeltlich zu gestatten, wenn die Verlegung in die in seiner Baulast stehenden Straßenteile erforderlich ist.

(3) § 20 bleibt unberührt.

4. Abschnitt

Anbau an öffentlichen Straßen und Veränderungssperre

§ 22 Anbaubeschränkungen. (1) [1]Außerhalb der zur Erschließung der anliegenden Grundstücke bestimmten Teile der Ortsdurchfahrten dürfen

1. Hochbauten jeder Art
   a) längs der Landesstraßen in einer Entfernung bis zu 20 Meter,
   b) längs der Kreisstraßen in einer Entfernung bis zu 15 Meter,
   jeweils gemessen vom äußeren Rand der befestigten, für den Kraftfahrzeugverkehr bestimmten Fahrbahn,
   c) längs von Radschnellverbindungen in einer Entfernung bis zu fünf Meter,
2. bauliche Anlagen, die über Zufahrten oder Zugänge an Landesstraßen oder Kreisstraßen, die im wesentlichen von Einmündungen, höhengleichen Kreuzungen und Zufahrten frei sind, unmittelbar oder mittelbar angeschlossen werden sollen,

nicht errichtet werden. [2]Die untere Verwaltungsbehörde kann im Benehmen mit der Straßenbaubehörde des Trägers der Straßenbaulast, im Falle von Landesstraßen in der Straßenbaulast des Landes mit dem Regierungspräsidium im Einzelfall Ausnahmen von diesem Verbot zulassen, wenn die Durchführung der Vorschrift im Einzelfall zu einer offenbar nicht beabsichtigten Härte führen würde und die Abweichung mit den öffentlichen Belangen vereinbar ist oder wenn Gründe des Wohls der Allgemeinheit die Abweichung erfordern.

(2) [1]Im übrigen bedürfen Baugenehmigungen oder nach anderen Vorschriften notwendige Genehmigungen der Zustimmung der unteren Verwaltungsbehörde, die im Benehmen mit der Straßenbaubehörde des Trägers der Straßenbaulast, im Falle von Landesstraßen in der Straßenbaulast des Landes mit dem Regierungspräsidium entscheidet, wenn außerhalb der zur Erschließung der anliegenden Grundstücke bestimmten Teile der Ortsdurchfahrten

1. bauliche Anlagen
   a) längs der Landesstraßen in einer Entfernung bis zu 40 Meter,
   b) längs der Kreisstraßen in einer Entfernung bis zu 30 Meter,
   c) längs von Radschnellverbindungen in der Baulast des Landes oder eines Kreises in einer Entfernung bis zu 10 Meter

   in den Fällen der Buchstaben a und b jeweils vom äußeren Rand der befestigten, für den Kraftfahrzeugverkehr bestimmten Fahrbahn sowie im Fall des Buchstaben c vom äußeren Rand der befestigten Fahrbahn gemessen, errichtet, erheblich geändert oder anders genutzt werden sollen,
2. wegen der Errichtung oder Änderung von baulichen Anlagen ein Grundstück eine unmittelbare oder mittelbare Zufahrt zu einer Landesstraße oder Kreisstraße erhalten soll oder die Änderung einer bestehenden Zufahrt zu einer solchen Straße erforderlich würde.

[2]Die Zustimmung darf nur versagt oder mit Bedingungen und Auflagen erteilt werden, soweit dies wegen der Sicherheit oder Leichtigkeit des Verkehrs, der Ausbauabsichten oder der Straßenbaugestaltung nötig ist.

(3) Die Belange nach Absatz 2 Satz 2 sind auch zu beachten bei der Entscheidung über Baugenehmigungen oder nach anderen Vorschriften notwendigen Genehmigungen für bauliche Anlagen innerhalb der zur Erschließung der anliegenden Grundstücke bestimmten Teile der Ortsdurchfahrten längs der Landesstraßen und der Kreisstraßen in einer Entfernung bis zu 10 m, gemessen vom äußeren Rand der befestigten, für den Kraftfahrzeugverkehr bestimmten Fahrbahn.

(4) Bedürfen bauliche Anlagen in den Fällen des Absatzes 2 weder einer Baugenehmigung noch einer Genehmigung nach anderen Vorschriften, so tritt an die Stelle der Zustimmung die Genehmigung der unteren Verwaltungsbehörde, die im Benehmen mit der Straßenbaubehörde des Trägers der Straßenbaulast, im Falle von Landesstraßen in der Straßenbaulast des Landes mit dem Regierungspräsidium, entscheidet.

(5) [1]Anlagen der Außenwerbung im Sinne von § 2 Abs. 9 der Landesbauordnung stehen außerhalb der zur Erschließung der anliegenden Grundstücke bestimmten Teile der Ortsdurchfahrten den Hochbauten des Absatzes 1 und den baulichen Anlagen des Absatzes 2 gleich. [2]An Brücken über Landesstraßen und Kreisstraßen außerhalb dieser Teile der Ortsdurchfahrten dürfen Anlagen der Außenwerbung nicht angebracht werden. [3]Anlagen der

Außenwerbung im Sinne dieser Vorschrift und im Sinne von § 9 Abs. 6 des Bundesfernstraßengesetzes sind auch Werbeanlagen in Form von Anschlägen.

(6) Die Absätze 1 bis 4 gelten nicht, soweit das Bauvorhaben den Festsetzungen eines Bebauungsplans entspricht, der mindestens die Begrenzung der Verkehrsflächen sowie die an diesen gelegenen überbaubaren Grundstücksflächen enthält und unter Mitwirkung des Trägers der Straßenbaulast zustandegekommen ist oder dem der Träger der Straßenbaulast nachträglich zugestimmt hat.

(7) [1]Die Gemeinden können durch Satzung bestimmen, daß die Absätze 1 bis 6 für bestimmte Gemeindeverbindungsstraßen entsprechend anzuwenden sind und daß Zufahrten zu solchen Straßen nur mit Zustimmung der Straßenbaubehörde angelegt werden dürfen; für die Zustimmung zur Anlegung einer Zufahrt gilt § 18 Abs. 2 Nr. 2 entsprechend. [2]Die Satzung kann auch geringere Abstände festsetzen. [3]Für die Erteilung von Ausnahmen, Genehmigungen oder Zustimmungen ist die Straßenbaubehörde zuständig.

(8) [1]Als bauliche Anlagen im Sinne dieses Gesetzes gelten auch die in der Landesbauordnung den baulichen Anlagen gleichgestellten Anlagen. [2]Dies gilt nicht für Aufschüttungen und Abgrabungen bis zu einem Meter Höhenunterschied gegenüber dem Gelände.

(9) Die Absätze 1 bis 8 gelten nicht für Anlagen der öffentlichen Versorgung und der Abwasserbeseitigung, welche die Sicht nicht behindern.

§ 23 Anbaubeschränkungen bei geplanten Straßen. Bei geplanten Straßen gelten die Beschränkungen des § 22 von der Auslegung der Pläne nach § 73 Abs. 3 Satz 1 des Landesverwaltungsverfahrensgesetzes oder von dem Zeitpunkt an, zu dem den Betroffenen nach § 73 Abs. 3 Satz 2 des Landesverwaltungsverfahrensgesetzes Gelegenheit gegeben wird, den Plan einzusehen.

§ 24 Entschädigung bei Anbaubeschränkungen. (1) Wird infolge der Anwendung der Bestimmungen der §§ 22 und 23 die bauliche Nutzung eines Grundstücks, auf deren Zulassung bisher ein Rechtsanspruch bestand, ganz oder teilweise aufgehoben, so kann der Eigentümer vom Träger der Straßenbaulast insoweit eine angemessene Entschädigung in Geld verlangen, als seine Vorbereitungen zur baulichen Nutzung des Grundstücks in dem bisher zulässigen Umfang für ihn an Wert verlieren oder eine wesentliche Wertminderung des Grundstücks eintritt.

(2) Im Falle des § 23 entsteht der Anspruch nach Absatz 1 erst, wenn der Plan rechtskräftig festgestellt oder mit der Ausführung begonnen worden ist, spätestens jedoch nach Ablauf von vier Jahren.

§ 25 Freihaltung der Sicht bei Kreuzungen und Einmündungen. (1) Bauliche Anlagen jeder Art dürfen außerhalb der geschlossenen Ortslage und außerhalb eines in einem Bebauungsplan festgesetzten Baugebiets nicht errichtet oder geändert werden, wenn dadurch

1. bei höhengleichen Kreuzungen von Straßen oder bei Straßeneinmündungen,
2. bei höhengleichen Kreuzungen von Straßen mit dem öffentlichen Verkehr dienenden Schienenbahnen

die Sicht behindert und die Verkehrssicherheit beeinträchtigt wird.

(2) Absatz 1 gilt nicht bei Kreuzungen von beschränkt öffentlichen Wegen untereinander.

(3) § 24 gilt entsprechend mit der Maßgabe, daß bei Kreuzungen und Einmündungen von Straßen verschiedener Straßengruppen die Entschädigung vom Träger der Straßenbaulast für die höher eingruppierte Straße zu leisten ist.

§ 26 Veränderungssperre. (1) [1]Von der Auslegung der Pläne im Planfeststellungsverfahren nach § 73 Abs. 3 Satz 1 des Landesverwaltungsverfahrensgesetzes oder von dem Zeitpunkt an, zu dem den Betroffenen nach § 73 Abs. 3 Satz 2 des Landesverwaltungsverfahrensgesetzes Gelegenheit gegeben wird, den Plan einzusehen, dürfen auf den vom Plan betroffenen Flächen bis zu ihrer Übernahme durch den Träger der Straßenbaulast wesentlich wertsteigernde oder den geplanten Straßenbau erheblich erschwerende Veränderungen nicht vorgenommen werden (Veränderungssperre). [2]Veränderungen, die in rechtlich zulässiger Weise vorher begonnen worden sind, Unterhaltungsarbeiten und die Fortführung einer bisher ausgeübten Nutzung werden hiervon nicht berührt.

(2) [1]Dauert die Veränderungssperre länger als vier Jahre, so können die Eigentümer für die dadurch entstehenden Vermögensnachteile vom Träger der Straßenbaulast eine angemessene Entschädigung in Geld verlangen. [2]Sie können ferner die Übernahme der vom Plan betroffenen Flächen verlangen, wenn es ihnen mit Rücksicht auf die Veränderungssperre wirtschaftlich nicht zuzumuten ist, die Grundstücke in der bisherigen oder einer anderen zulässigen Art zu nutzen. [3]Kommt keine Einigung über die Übernahme zustande, so können die Eigentümer die Entziehung des Eigentums an den Flächen verlangen. [4]Im übrigen gilt das Landesenteignungsgesetz.

(3) [1]Zur Sicherung der Planung neuer Landesstraßen und Kreisstraßen kann das Regierungspräsidium Planungsgebiete festlegen; soll sich die Planung auf mehrere Regierungsbezirke erstrecken, so ist das zuständige Regierungspräsidium vom Ministerium zu bestimmen. [2]Für Planungsgebiete gilt Absatz 1 entsprechend. [3]Die Festlegung ist auf höchstens zwei Jahre zu befristen. [4]Die Frist kann, wenn besondere Umstände es erfordern, auf höchstens vier Jahre verlängert werden. [5]Die Festlegung tritt mit Beginn der Auslegung der Pläne im Planfeststellungsverfahren nach § 73 Abs. 3 Satz 1 des Landesverwaltungsverfahrensgesetzes außer Kraft. [6]Ihre Dauer ist auf die Vierjahres-Frist nach Absatz 2 anzurechnen.

(4) [1]Die Festlegung eines Planungsgebiets ist in den Gemeinden, deren Gebiet betroffen wird, auf Kosten des Trägers der Straßenbaulast öffentlich be-

kanntzumachen. [2]Planungsgebiete sind außerdem in Karten kenntlich zu machen, die in den Gemeinden während der Geltungsdauer der Festlegung zur Einsicht auszulegen sind.

(5) Die höhere Straßenbaubehörde kann in den Fällen der Absätze 1 und 3 Ausnahmen von der Veränderungssperre zulassen, wenn überwiegende Belange des Straßenbaues nicht entgegenstehen.

5. Abschnitt

Schutz der öffentlichen Straßen

§ 27 Schutzwaldungen. (1) Waldungen und Gehölze längs der Straße können von der Straßenbaubehörde im Einvernehmen mit der zuständigen unteren Forstbehörde insoweit zu Schutzwaldungen erklärt werden, als dies zum Schutz der Straße vor nachteiligen Einwirkungen der Natur, wie Schneeverwehungen, Steinschlag, Vermurungen, notwendig ist.

(2) [1]Die Schutzwaldungen sind vom Nutzungsberechtigten zu erhalten und den Schutzzwecken entsprechend zu bewirtschaften. [2]Die Überwachung obliegt den unteren Forstbehörden im Benehmen mit der Straßenbaubehörde.

(3) Der Nutzungsberechtigte kann vom Träger der Straßenbaulast insoweit eine angemessene Entschädigung in Geld verlangen, als ihm durch die Verpflichtung nach Absatz 2 Satz 1 Vermögensnachteile entstehen; § 39 bleibt unberührt.

§ 28 Schutzmaßnahmen. (1) [1]Die Eigentümer und Besitzer der der Straße benachbarten Grundstücke haben die zum Schutz der Straße vor nachteiligen Einwirkungen der Natur, wie Schneeverwehungen, Steinschlag, Vermurungen, Überschwemmungen, notwendigen Vorkehrungen zu dulden. [2]Die Straßenbaubehörde hat dem Betroffenen die Durchführung der Maßnahmen mindestens zwei Wochen vorher schriftlich anzuzeigen, es sei denn, daß Gefahr im Verzuge ist. [3]Der Betroffene ist berechtigt, die Maßnahmen im Einvernehmen mit der Straßenbaubehörde selbst durchzuführen.

(2) [1]Anpflanzungen und Zäune sowie Stapel, Haufen oder andere mit dem Grundstück nicht fest verbundene Einrichtungen dürfen nicht angelegt oder unterhalten werden, wenn sie die Sicherheit oder Leichtigkeit des Verkehrs beeinträchtigen. [2]Werden sie entgegen Satz 1 angelegt oder unterhalten, so sind sie auf schriftliches Verlangen der Straßenbaubehörde von dem nach Absatz 1 Verpflichteten binnen angemessener Frist zu beseitigen. [3]Nach Ablauf der Frist kann die Straßenbaubehörde die Anpflanzung oder Einrichtung auf Kosten des Betroffenen beseitigen oder beseitigen lassen. [4]Absatz 1 Satz 2 gilt entsprechend.

(3) [1]Dient ein der Straße benachbartes Grundstück anderen öffentlichen Zwecken, so ist in den Fällen der Absätze 1 und 2 auf seine Zweckbestimmung

Rücksicht zu nehmen. [2]Die Straßenbaubehörde hat über etwa erforderliche Schutzmaßnahmen im Einvernehmen mit der für die Erhaltung der öffentlichen Zweckbestimmung des benachbarten Grundstücks zuständigen Behörde zu entscheiden; kommt das Einvernehmen nicht zustande, so entscheidet das Regierungspräsidium.

(4) [1]Der Betroffene kann in den Fällen des Absatzes 1 Satz 1 und 3 für die entstehenden Vermögensnachteile vom Träger der Straßenbaulast eine angemessene Entschädigung in Geld verlangen. [2]Das gleiche gilt, soweit Anpflanzungen entgegen den Erfordernissen einer ordnungsmäßigen Bewirtschaftung auf Grund von Absatz 2 Satz 1 nicht angelegt oder unterhalten werden dürfen und dem Betroffenen dadurch ein erheblicher Nachteil entsteht. [3]Bei Beseitigung von Einrichtungen im Sinne des Absatzes 2 Satz 1 gilt Satz 1 insoweit, als die Einrichtung beim Inkrafttreten dieses Gesetzes bereits vorhanden war oder die Voraussetzungen für ihre Beseitigung erst später infolge des Neubaues oder Umbaues einer Straße eingetreten sind. [4]§ 39 bleibt unberührt.

6. Abschnitt

Kreuzungen und Umleitungen

§ 29 Kreuzungen und Einmündungen öffentlicher Straßen. (1) [1]Kreuzungen im Sinne dieses Abschnitts sind Überschneidungen öffentlicher Straßen in gleicher Höhe sowie Überführungen und Unterführungen. [2]Einmündungen öffentlicher Straßen stehen den Kreuzungen gleich. [3]Münden mehrere Straßen an einer Stelle in eine andere Straße ein, so gelten diese Einmündungen als Kreuzung aller beteiligten Straßen.

(2) [1]Über den Bau sowie über Änderungen von Kreuzungen wird durch die Planfeststellung entschieden, wenn eine solche nach Maßgabe des § 37 durchgeführt wird. [2]Der Planfeststellungsbeschluß soll zugleich regeln, wer die Kosten für den Bau oder die Änderung der Kreuzung zu tragen und wer die Kreuzung zu unterhalten hat. [3]Die Sätze 1 und 2 gelten nicht, soweit eine Einigung unter den beteiligten Trägern der Straßenbaulast zustande gekommen ist.

(3) Ergänzungen an Kreuzungen sind wie Änderungen zu behandeln.

§ 30 Bau und Änderung von Kreuzungen. (1) [1]Beim Bau einer neuen Kreuzung hat der Träger der Straßenbaulast für die neu hinzugekommene Straße die Kosten der Kreuzung zu tragen. [2]Zu ihnen gehören auch die Kosten der Änderung, die durch die neue Kreuzung an den anderen öffentlichen Straßen unter Berücksichtigung der übersehbaren Verkehrsentwicklung notwendig sind. [3]Die Änderung einer bestehenden Kreuzung ist als neue Kreuzung zu behandeln, wenn ein öffentlicher Weg, der nach der Beschaffenheit seiner Fahrbahn nicht geeignet und nicht dazu bestimmt war, einen allgemeinen

Kraftfahrzeugverkehr aufzunehmen, zu einer diesem Verkehr dienenden Straße ausgebaut wird.

(2) Werden mehrere Straßen gleichzeitig neu angelegt oder an bestehenden Kreuzungen Anschlußstellen neu geschaffen, so haben die Träger der Straßenbaulast die Kosten der Kreuzung im Verhältnis der Fahrbahnbreiten der an der Kreuzung beteiligten Straßenäste zu tragen.

(3) Wird eine höhenungleiche Kreuzung geändert, so fallen die dadurch entstehenden Kosten

1. demjenigen Träger der Straßenbaulast zur Last, der die Änderung verlangt oder hätte verlangen müssen,
2. den beteiligten Trägern der Straßenbaulast zur Last, die die Änderung verlangen oder hätten verlangen müssen, und zwar im Verhältnis der Fahrbahnbreiten der an der Kreuzung beteiligten Straßenäste nach der Änderung.

(4) [1]Wird eine höhengleiche Kreuzung geändert, so gilt für die dadurch entstehenden Kosten der Änderung Absatz 2. [2]Beträgt der durchschnittliche tägliche Verkehr mit Kraftfahrzeugen auf einem der an der Kreuzung beteiligten Straßenäste nicht mehr als 20 vom Hundert des Verkehrs auf anderen beteiligten Straßenästen, so haben die Träger der Straßenbaulast der verkehrsstärkeren Straßenäste im Verhältnis der Fahrbahnbreiten den Anteil der Änderungskosten mitzutragen, der auf den Träger der Straßenbaulast des verkehrsschwächeren Straßenastes entfallen würde.

(5) Bei der Bemessung der Fahrbahnbreiten sind die Rad- und Gehwege, die Trennstreifen und befestigten Seitenstreifen einzubeziehen.

§ 31 Unterhaltung der Straßenkreuzungen. (1) Bei höhengleichen Kreuzungen hat der Träger der Straßenbaulast für die Straße höherer Verkehrsbedeutung (§ 3 Abs. 1) die Kreuzung zu unterhalten.

(2) Bei Über- oder Unterführungen hat der Träger der Straßenbaulast für die Straße höherer Verkehrsbedeutung das Kreuzungsbauwerk zu unterhalten; die übrigen Teile der Kreuzung hat der Träger der Straßenbaulast für die Straße, zu der sie gehören, zu unterhalten.

(3) [1]In den Fällen des § 30 Abs. 1 hat der Träger der Straßenbaulast der neu hinzukommenden Straße dem Träger der Straßenbaulast der vorhandenen Straße die Mehrkosten für die Unterhaltung zu erstatten, die ihm durch die Regelung nach den Absätzen 1 und 2 entstehen. [2]Die Mehrkosten sind auf Verlangen eines Beteiligten abzulösen.

(4) Bei Kreuzungen von Straßen der gleichen Straßengruppe, die in der Baulast verschiedener Träger stehen, hat jeder Träger der Straßenbaulast diejenigen Teile der Kreuzung zu unterhalten, die zu der in seiner Baulast stehenden Straße gehören.

(5) Die Unterhaltung umfaßt die Wiederherstellung und die Erneuerung einer Kreuzung.

(6) Im Falle der Änderung, der Wiederherstellung sowie der Erneuerung einer Kreuzung werden Ausgleichsansprüche über die Kosten der Unterhaltung zwischen den beteiligten Trägern der Straßenbaulast nicht begründet.

(7) Abweichende Vereinbarungen sind zulässig.

§ 32 Kreuzungen mit Gewässern. (1) [1]Werden Straßen neu angelegt oder ausgebaut und müssen dazu Kreuzungen mit Gewässern (Brücken oder Unterführungen) hergestellt oder bestehende Kreuzungen geändert werden, so hat der Träger der Straßenbaulast die dadurch entstehenden Kosten zu tragen. [2]Die Kreuzungsanlagen sind so auszuführen, daß unter Berücksichtigung der übersehbaren Entwicklung der wasserwirtschaftlichen Verhältnisse der Wasserabfluß nicht nachteilig beeinflußt wird.

(2) [1]Werden Gewässer ausgebaut (§ 67 des Wasserhaushaltsgesetzes) und werden dazu Kreuzungen mit Straßen hergestellt oder bestehende Kreuzungen geändert, so hat der Träger des Ausbauvorhabens die dadurch entstehenden Kosten zu tragen. [2]Wird eine neue Kreuzung erforderlich, weil ein Gewässer hergestellt wird, so ist die übersehbare Verkehrsentwicklung auf der Straße zu berücksichtigen. [3]Wird die Herstellung oder Änderung einer Kreuzung erforderlich, weil das Gewässer wesentlich umgestaltet wird, so sind die gegenwärtigen Verkehrsbedürfnisse zu berücksichtigen. [4]Verlangt der Träger der Straßenbaulast weitergehende Änderungen, so hat er die Mehrkosten hierfür zu tragen.

(3) Wird eine Straße neu angelegt und wird gleichzeitig ein Gewässer hergestellt oder aus anderen als straßenbaulichen Gründen wesentlich umgestaltet, so daß eine Kreuzung entsteht, so haben die Träger der Straßenbaulast und der Unternehmer des Gewässerausbaus die Kosten der Kreuzung je zur Hälfte zu tragen.

(4) Werden eine Straße und ein Gewässer gleichzeitig ausgebaut und wird infolgedessen eine bestehende Kreuzungsanlage geändert oder durch einen Neubau ersetzt, so haben der Träger des Gewässerausbaus und der Träger der Straßenbaulast die dadurch entstehenden Kosten für die Kreuzungsanlage in dem Verhältnis zu tragen, in dem die Kosten bei getrennter Durchführung der Maßnahme zueinander stehen würden.

(5) Kommt über die Kreuzungsmaßnahme oder ihre Kosten keine Einigung zustande, so ist darüber durch Planfeststellung zu entscheiden.

§ 33 Unterhaltung der Kreuzungen mit Gewässern. (1) [1]Der Träger der Straßenbaulast hat die Kreuzungsanlage von Straßen und Gewässern auf seine Kosten zu unterhalten, soweit nichts anderes vereinbart oder durch Planfeststellung bestimmt wird. [2]Die Unterhaltungspflicht des Trägers der Straßenbaulast erstreckt sich nicht auf Leitwerke, Leitpfähle, Dalben, Absetzpfähle oder ähnliche Einrichtungen zur Sicherung der Durchfahrt unter Brücken im Zuge von Straßen für die Schiffahrt sowie auf Schiffahrtszeichen. [3]Soweit diese Einrichtungen auf Kosten des Trägers der Straßenbaulast herzustellen waren, hat dieser dem Unterhaltungspflichtigen die Unterhaltungskosten und die Kosten des Betriebs dieser Einrichtungen zu ersetzen oder abzulösen.

(2) [1]Wird im Falle des § 32 Abs. 2 eine neue Kreuzung hergestellt, so hat der Träger des Ausbauvorhabens die Mehrkosten für die Unterhaltung und den Betrieb der Kreuzungsanlage zu erstatten oder abzulösen. [2]Ersparte Unterhaltungskosten für den Fortfall vorhandener Kreuzungsanlagen sind anzurechnen.

(3) Die Absätze 1 und 2 gelten nicht, wenn am 1. Juli 1987 die Tragung der Kosten auf Grund eines bestehenden Rechts anders geregelt ist.

§ 34 Verordnungsermächtigung. (1) Das Ministerium kann durch Rechtsverordnung näher bestimmen

1. den Umfang der Kosten nach §§ 30 und 32;
2. welche Straßenanlagen zur Kreuzungsanlage und welche Teile einer Kreuzung nach § 31 Abs. 2 und 3 zu der einen oder der anderen Straße gehören;
3. welche Anlagen einer Straße oder eines Gewässers zur Kreuzungsanlage nach § 32 gehören;
4. die Berechnung und die Zahlung von Ablösebeträgen nach § 31 Abs. 3 und nach § 33 Abs. 2.

(2) Rechtsverordnungen nach Absatz 1 ergehen im Einvernehmen mit dem Umweltministerium soweit sie Kreuzungen mit Gewässern betreffen.

§ 35 Umleitungen. (1) [1]Bei vorübergehenden Verkehrsbeschränkungen auf einer Straße nach Maßgabe des § 14 Abs. 1 sind die Träger der Straßenbaulast anderer öffentlicher Straßen verpflichtet, die Umleitung des Verkehrs auf ihre Straßen zu dulden und die zur Aufnahme des zusätzlichen Verkehrs erforderlichen Maßnahmen zu treffen. [2]Der Träger der Straßenbaulast für die Umleitungsstrecke kann jedoch verlangen, daß der andere Träger der Straßenbaulast die erforderlichen Maßnahmen für ihn durchführt.

(2) [1]Vor Anordnung der Verkehrsbeschränkung hat die Straßenbaubehörde die Straßenverkehrsbehörde und den Träger der Straßenbaulast für die Umleitungsstrecke zu hören. [2]Dabei ist festzustellen, welche Maßnahmen notwendig sind, um die Umleitungsstrecke für die Aufnahme des zusätzlichen Verkehrs verkehrssicher zu machen. [3]Die notwendigen Mehraufwendungen sind dem Träger der Straßenbaulast für die Umleitungsstrecke zu erstatten. [4]Das gleiche gilt für Aufwendungen, die dieser zur Beseitigung wesentlicher durch die Umleitung verursachter Schäden an der Umleitungsstrecke machen muß.

(3) [1]Muß der Verkehr ganz oder teilweise über private Wege umgeleitet werden, die dem öffentlichen Verkehr dienen, so ist der Eigentümer zur Duldung der Umleitung auf schriftliche Anforderung durch die Straßenbaubehörde ver-

pflichtet. [2]Absatz 2 gilt entsprechend mit der Maßgabe, daß der Träger der Straßenbaulast auf Antrag des Eigentümers an Stelle eines Ersatzes der in Satz 4 genannten Aufwendungen den früheren Zustand des Weges wiederherzustellen hat.

(4) Die Absätze 1 bis 3 gelten entsprechend, wenn eine neue Landesstraße oder Kreisstraße vorübergehend über andere dem öffentlichen Verkehr dienende Straßen oder Wege an das Straßennetz angeschlossen werden soll.

7. Abschnitt

Planung, Planfeststellung, Plangenehmigung, Enteignung und Vorzeitige Besitzeinweisung

§ 36 Planung. [1]Von örtlichen und überörtlichen Planungen, die den Bau oder die Änderung von Straßen zur Folge haben können, sind die Straßenbaubehörden von den Planungsträgern rechtzeitig zu unterrichten. [2]Von Straßenplanungen, die die Änderung von Bauleitplänen zur Folge haben können, sind die für die Bauleitplanung zuständigen Planungsträger von den Straßenbaubehörden rechtzeitig zu unterrichten. [3]Von allen die Raumordnung des Landes beeinflussenden Straßenplanungen ist die höhere Raumordnungsbehörde von den Straßenbaubehörden rechtzeitig zu unterrichten. [4]Weitergehende Rechtsvorschriften bleiben unberührt.

§ 37 Planfeststellung und Plangenehmigung. (1) [1]Landesstraßen dürfen nur gebaut oder geändert werden, wenn der Plan vorher festgestellt ist. [2]Für den Bau oder die Änderung von anderen Straßen und Wegen kann auf Antrag des Trägers der Straßenbaulast ein Planfeststellungsverfahren durchgeführt werden; dies gilt nicht, soweit ein beschränkt öffentlicher Weg in ein Flurbereinigungsverfahren einbezogen ist.

(2) *(aufgehoben)*

(3) [1]Bebauungspläne nach § 9 des Baugesetzbuches (BauGB) ersetzen die Planfeststellung nach Absatz 1. [2]Wird eine Ergänzung notwendig oder soll von Festsetzungen des Bebauungsplans abgewichen werden, ist die Planfeststellung insoweit zusätzlich durchzuführen. [3]In diesen Fällen gelten die §§ 40 und 43 Abs. 1, 2, 4 und 5 sowie § 44 Abs. 1 bis 4 BauGB.

(4) [1]Soweit nach dem Umweltverwaltungsgesetz (UVwG) für den Bau oder die Änderung einer Landes-, Kreis- oder Gemeindestraße eine Umweltverträglichkeitsprüfung (UVP) durchzuführen ist, ist ein Planfeststellungsverfahren durchzuführen; Absatz 3 gilt entsprechend. [2]Die Aufgaben nach § 5 des Gesetzes über die Umweltverträglichkeitsprüfung, auch in Verbindung mit § 7 Absatz 3 UVwG, obliegen der Behörde, die im Falle einer UVP-Pflicht das Zulassungsverfahren nach Satz 1 durchführen würde.

(5) Die von dem Vorhaben berührten öffentlichen und privaten Belange einschließlich des Ergebnisses einer Umweltverträglichkeitsprüfung sind im Rahmen der Abwägung zu berücksichtigen.

(6) Auch wenn für Gemeindeverbindungsstraßen und Kreisstraßen, die nicht UVP-pflichtig sind, von einem Planfeststellungsverfahren nach Absatz 1 Satz 2 abgesehen wird, soll der Träger der Straßenbaulast, soweit erforderlich, landschaftspflegerische Begleitmaßnahmen durchführen.

(7) In der Planfeststellung kann im Rahmen der Gesamtplanung zugleich auch über den Bau, die Änderung oder den Wegfall anderer öffentlicher Straßen entschieden werden.

(8) [1]Anhörungsbehörde, Planfeststellungsbehörde, Plangenehmigungsbehörde und zuständige Behörde für die Entscheidung nach § 74 Abs. 7 LVwVfG ist das Regierungspräsidium. [2]Soll sich der Plan auf mehrere Regierungsbezirke erstrecken, so wird das zuständige Regierungspräsidium von der obersten Straßenbaubehörde bestimmt.

(9) [1]Im Planfeststellungsverfahren sind Einwendungen gegen den Plan nach Ablauf der Einwendungsfrist ausgeschlossen. [2]Hierauf ist in der Bekanntmachung der Auslegung oder bei der Bekanntgabe der Einwendungsfrist hinzuweisen.

§ 38 Planfeststellungsbeschluß. (1) [1]Der Planfeststellungsbeschluß ist dem Träger der Straßenbaulast, den Beteiligten, über deren Einwendungen entschieden worden ist und den Vereinigungen, über deren Stellungnahmen entschieden worden ist, zuzustellen. [2]Im Übrigen bleiben § 74 Abs. 4 LVwVfG sowie die Verfahrensvorschriften über die Bekanntmachung und Auslegung nach dem Umweltverwaltungsgesetz unberührt.

(2) [1]Wird mit der Durchführung des Plans nicht innerhalb von acht Jahren nach Eintritt der Unanfechtbarkeit begonnen, so tritt er außer Kraft, es sei denn, er wird vorher auf Antrag des Trägers der Straßenbaulast von der Planfeststellungsbehörde um höchstens fünf Jahre verlängert. [2]Vor der Entscheidung ist eine auf den Antrag begrenzte Anhörung nach dem für die Planfeststellung vorgeschriebenen Verfahren durchzuführen. [3]Für die Zustellung und Auslegung sowie die Anfechtung der Entscheidung über die Verlängerung sind die Bestimmungen über den Planfeststellungsbeschluß entsprechend anzuwenden.

§ 39 Planfeststellung für Schutzmaßnahmen. [1]Werden wegen Veränderungen auf Grundstücken, die der Straße benachbart sind, Anlagen oder Vorkehrungen zur Sicherung des Verkehrs notwendig, so kann ein Planfeststellungsverfahren durchgeführt werden. [2]Der Träger der Straßenbaulast kann durch Beschluß der Planfeststellungsbehörde zur Durchführung der erforderlichen Maßnahmen verpflichtet werden. [3]Die entstehenden Kosten sind im Planfeststellungsbeschluß den Eigentümern der benachbarten Grundstücke aufzuerlegen, es sei denn, daß die Änderungen durch natürliche Ereignisse oder höhere Gewalt verursacht worden sind. [4]Die Eigentümer können die erforderlichen Maßnahmen im Einvernehmen mit dem Träger der Straßenbaulast auch selbst durchführen.

§ 40 Enteignung. [1]Die Enteignung zugunsten eines Trägers der Straßenbaulast ist zulässig, wenn für das Vorhaben ein Plan gemäß § 37 festgestellt oder genehmigt und dieser vollziehbar ist. [2]Zur Durchführung des Verfahrens über die Höhe der Entschädigung nach § 27 Abs. 3 des Landesenteignungsgesetzes ist die Planfeststellung oder die Plangenehmigung nicht erforderlich.

§ 40a Vorzeitige Besitzeinweisung. (1) [1]Ist der sofortige Beginn von Bauarbeiten geboten und weigert sich der Eigentümer oder Besitzer, den Besitz eines für die Straßenbaumaßnahme benötigten Grundstücks durch Vereinbarung unter Vorbehalt aller Entschädigungsansprüche zu überlassen, so hat die Enteignungsbehörde den Träger der Straßenbaulast auf Antrag nach Feststellung des Planes oder Erteilung der Plangenehmigung in den Besitz einzuweisen. [2]Der Planfeststellungsbeschluß oder die Plangenehmigung müssen vollziehbar sein; weiterer Voraussetzungen bedarf es nicht.

(2) [1]Die Enteignungsbehörde hat spätestens sechs Wochen nach Eingang des Antrages auf Besitzeinweisung mit den Beteiligten mündlich zu verhandeln. [2]Hierzu sind der Träger der Straßenbaulast und die Betroffenen zu laden. [3]Dabei ist den Betroffenen der Antrag auf Besitzeinweisung mitzuteilen. [4]Die Ladungsfrist beträgt drei Wochen. [5]Mit der Ladung sind die Betroffenen aufzufordern, etwaige Einwendungen gegen den Antrag vor der mündlichen Verhandlung bei der Enteignungsbehörde einzureichen. [6]Sie sind außerdem darauf hinzuweisen, daß auch bei Nichterscheinen über den Antrag auf Besitzeinweisung und andere im Verfahren zu erledigende Anträge entschieden werden kann.

(3) [1]Soweit der Zustand des Grundstücks von Bedeutung ist, hat die Enteignungsbehörde diesen bis zum Beginn der mündlichen Verhandlung in einer Niederschrift festzustellen oder durch einen Sachverständigen ermitteln zu lassen. [2]Den Beteiligten ist eine Abschrift der Niederschrift oder des Ermittlungsergebnisses zu übersenden.

(4) [1]Der Beschluß über die Besitzeinweisung soll dem Antragsteller und den Betroffenen spätestens zwei Wochen nach der mündlichen Verhandlung zugestellt werden. [2]Die Besitzeinweisung wird in dem von der Enteignungsbehörde bezeichneten Zeitpunkt wirksam. [3]Dieser Zeitpunkt ist auf Antrag auf höchstens zwei Wochen nach Zustellung der Anordnung über die vorzeitige Besitzeinweisung an den unmittelbaren Besitzer festzusetzen. [4]Durch die Besitzeinweisung wird dem Besitzer der Besitz entzogen und der Träger der Straßenbaulast Besitzer. [5]Der Träger der Straßenbaulast darf auf dem Grundstück das im Antrag auf Besitzeinweisung bezeichnete Bauvorhaben durchführen und die dafür erforderlichen Maßnahmen treffen.

(5) [1]Der Träger der Straßenbaulast hat für die durch die vorzeitige Besitzeinweisung entstehenden Vermögensnachteile Entschädigung zu leisten, soweit

die Nachteile nicht durch die Verzinsung der Geldentschädigung für die Entziehung oder Beschränkung des Eigentums oder eines anderen Rechts ausgeglichen werden. [2]Art und Höhe der Entschädigung sind von der Enteignungsbehörde in einem Beschluß festzusetzen.

8. Abschnitt

Beleuchtung und Reinhaltung der öffentlichen Straßen

§ 41 Beleuchtungs-, Reinigungs-, Räum- und Streupflicht. (1) [1]Den Gemeinden obliegt es im Rahmen des Zumutbaren als öffentlich-rechtliche Pflicht, Straßen innerhalb der geschlossenen Ortslage einschließlich der Ortsdurchfahrten zu beleuchten, zu reinigen, bei Schneeanhäufungen zu räumen sowie bei Schnee- oder Eisglätte zu bestreuen, soweit dies aus polizeilichen Gründen geboten ist; dies gilt auch für Ortsdurchfahrten im Zuge von Bundesstraßen. [2]Dabei ist der Einsatz von Auftausalzen und anderen Mitteln, die sich umweltschädlich auswirken können, so gering wie möglich zu halten. [3]Soweit Ortsdurchfahrten nicht in der Straßenbaulast der Gemeinden stehen, unterstützen die Träger der Straßenbaulast die Gemeinden nach besten Kräften bei der Erfüllung der sich aus Satz 1 ergebenden Verpflichtungen zur Schneeräumung und zum Bestreuen ; Kosten werden von den Gemeinden nicht erhoben.

(2) [1]Die Verpflichtungen nach Absatz 1, ausgenommen die Verpflichtung zur Beleuchtung, können für Gehwege durch Satzung den Straßenanliegern ganz oder teilweise auferlegt werden. [2]Dasselbe gilt für

1. entsprechende Flächen am Rande der Fahrbahn, falls Gehwege auf keiner Straßenseite vorhanden sind,
2. entsprechende, in der Satzung bestimmte Flächen von Fußgängerbereichen oder verkehrsberuhigten Bereichen,
3. gemeinsame Rad- und Gehwege,
4. Friedhof-, Kirch- und Schulwege sowie Wander- und sonstige Fußwege.

[3]Ist nur auf einer Straßenseite ein Gehweg vorhanden, kann durch Satzung auch dem Anlieger der gegenüberliegenden Straßenseite teilweise die Verpflichtung nach Satz 1 auferlegt werden.

(3) [1]Absatz 2 gilt nicht für die Eigentümer des Bettes öffentlicher Gewässer. [2]Für die Unternehmer von Eisenbahnen des öffentlichen Verkehrs und von Straßenbahnen gilt Absatz 2 nur insoweit, als auf den ihren Zwecken dienenden Grundstücken Gebäude stehen, die einen unmittelbaren Zugang zu der Straße haben, oder es sich um Grundstücke handelt, die nicht unmittelbar dem öffentlichen Verkehr dienen.

(4) In der Satzung nach Absatz 2 kann die Verwendung von Auftausalzen und anderen Mitteln, die sich umweltschädlich auswirken können, eingeschränkt oder ausgeschlossen werden.

(5) [1]Wenn die Gemeinde die ihr nach Absatz 1 obliegenden Verpflichtungen, ausgenommen die Verpflichtung zur Beleuchtung, selbst erfüllt, kann sie von den Straßenanliegern insoweit Gebühren erheben, als sie nach Absatz 2 berechtigt ist, ihre Verpflichtungen den Straßenanliegern aufzuerlegen. [2]Für diese Gebühren gelten die Vorschriften über die Benutzungsgebühren entsprechend.

(6) Als Straßenanlieger im Sinne der Absätze 2, 3 und 5 gelten auch die Eigentümer und Besitzer solcher Grundstücke, die von der Straße durch eine im Eigentum der Gemeinde oder des Trägers der Straßenbaulast stehende unbebaute Fläche getrennt sind, wenn der Abstand zwischen Grundstücksgrenze und Straße nicht mehr als 10 Meter, bei besonders breiten Straßen nicht mehr als die Hälfte der Straßenbreite beträgt.

§ 42 Beseitigung von Verunreinigungen und Gegenständen. [1]Wer eine Straße über das übliche Maß hinaus verunreinigt, hat die Verunreinigung ohne Aufforderung unverzüglich zu beseitigen. [2]Werden entgegen dieser Bestimmung oder entgegen den Vorschriften der Straßenverkehrsordnung Gegenstände oder Verunreinigungen von dem hierfür Verantwortlichen nicht unverzüglich beseitigt oder ist dieser zu einer alsbaldigen Beseitigung nicht in der Lage, so kann die Straßenbaubehörde, in den Ortsdurchfahrten die Gemeinde, die Gegenstände auf Kosten des Verantwortlichen beseitigen oder beseitigen lassen.

ZWEITER TEIL
Träger der Straßenbaulast

§ 43 Träger der Straßenbaulast für Landesstraßen und Kreisstraßen. (1) Träger der Straßenbaulast für die Landesstraßen ist das Land.

(2) Träger der Straßenbaulast für die Kreisstraßen sind die Landkreise und die Stadtkreise.

(3) [1]Die Gemeinden mit mehr als 30 000 Einwohnern sind Träger der Straßenbaulast für Ortsdurchfahrten im Zuge von Landesstraßen und Kreisstraßen. [2]Maßgebend ist die bei der jeweils letzten Volkszählung festgestellte Einwohnerzahl. [3]Die Straßenbaulast geht mit Beginn des dritten Rechnungsjahres nach dem Jahr, in dem die Volkszählung stattgefunden hat, auf den neuen Träger über.

(4) Die übrigen Gemeinden sind Träger der Straßenbaulast für Gehwege und Parkplätze in den Ortsdurchfahrten.

(5) [1]Richtet eine Gemeinde eine Abwasseranlage ein, die auch das in einer Ortsdurchfahrt auf der Fahrbahn anfallende Oberflächenwasser aufnimmt, so hat sich der Träger der Straßenbaulast an den Kosten der Herstellung und einer Erneuerung zu beteiligen; für die Inanspruchnahme der Abwasseranlage sind

Gebühren nicht zu erheben. [2]Die Beteiligung bemißt sich nach den Kosten, die dem Träger der Straßenbaulast entstehen würden, wenn er eine eigene Anlage zur Entwässerung der Fahrbahn herstellen oder erneuern würde.

§ 44 Träger der Straßenbaulast für Gemeindestraßen. Träger der Straßenbaulast für die Gemeindestraßen sind die Gemeinden.

§ 45 Straßenbaulast Dritter. (1) [1]Die Straßenbaulast kann abweichend von § 43 Abs. 1 bis 4 und § 44 durch öffentlich-rechtlichen Vertrag einem anderen übertragen werden. [2]§ 43 Abs. 1 bis 4 und § 44 gelten ferner nicht, soweit die Straßenbaulast nach anderen gesetzlichen Vorschriften oder auf Grund von bei Inkrafttreten dieses Gesetzes bestehenden öffentlich-rechtlichen Verpflichtungen einem anderen Träger obliegt oder sie durch Verwaltungsakt einem anderen Träger auferlegt wird.

(2) Bürgerlich-rechtliche Verpflichtungen Dritter zur Erfüllung von Aufgaben, die sich aus der Straßenbaulast ergeben, lassen die Straßenbaulast als solche unberührt.

(3) [1]Der in den § 43 Abs. 1 bis 4 und § 44 bestimmte Träger der Straßenbaulast ist bei gegenwärtiger erheblicher Gefahr für die Verkehrssicherheit auch in den Fällen des Absatzes 1 berechtigt und verpflichtet, auf Kosten des Dritten alle zur Abwendung der Gefahr erforderlichen Maßnahmen zu treffen; dies gilt nicht, wenn die Straßenbaulast auf eine der in § 43 Abs. 1 bis 4 und § 44 genannten Körperschaften oder auf einen Zweckverband übertragen wird. [2]Der Dritte ist tunlichst vorher zu verständigen.

§ 46 Übertragung der Straßenbaulast bei Leistungsunfähigkeit. Erweist sich in den Fällen des § 45 Abs. 1 der andere zur Erfüllung der ihm aus der Straßenbaulast erwachsenden Verpflichtungen auf die Dauer außerstande, so kann die Straßenaufsichtsbehörde, bei Landesstraßen das Regierungspräsidium, die Straßenbaulast entsprechend der Eingruppierung der Straße auf das Land, den Landkreis oder die Gemeinde übertragen, wenn dies aus Gründen des Wohls der Allgemeinheit geboten ist.

§ 47 Unterhaltung der Gehwege an Ortsstraßen und Ortsdurchfahrten. Die Gemeinden können die Unterhaltung von Gehwegen an Ortsstraßen und Ortsdurchfahrten einschließlich der Ortsdurchfahrten im Zuge von Bundesstraßen durch Satzung den Eigentümern oder Erbbauberechtigten der durch die Straße erschlossenen bebauten, bebaubaren oder gewerblich genutzten Grundstücke auferlegen oder von diesen zur Deckung des Aufwands für die Unterhaltung der Gehwege Beiträge erheben; dies gilt nicht, soweit Gehwege zum Parken benutzt werden dürfen.

DRITTER TEIL

Aufsicht und Zuständigkeiten

1. Abschnitt

Straßenaufsicht und Straßenbaubehörden

§ 48 Straßenaufsicht. (1) Die Erfüllung der den Trägern der Straßenbaulast obliegenden Aufgaben aus der Straßenbaulast wird, soweit diese nicht dem Land obliegt, durch die Straßenaufsicht überwacht.

(2) [1]Die Landkreise, die Gemeinden und die Zweckverbände unterliegen nur der Rechtsaufsicht. [2]Dies gilt auch, wenn die Straßenbaulast durch öffentlich-rechtlichen Vertrag nach § 45 Abs. 1 übernommen wird.

(3) [1]Ist ein anderer als das Land oder eine der in Absatz 2 genannten Körperschaften Träger der Straßenbaulast, so ist er bei der Wahrnehmung der sich aus der Straßenbaulast ergebenden Aufgaben in vollem Umfang an die Weisungen der Straßenaufsichtsbehörde gebunden. [2]Kommt er diesen Weisungen innerhalb einer ihm gesetzten angemessenen Frist nicht nach, so kann die Straßenaufsichtsbehörde die notwendigen Maßnahmen auf seine Kosten treffen oder treffen lassen.

§ 49 Straßenaufsichtsbehörden. (1) Straßenaufsichtsbehörden für die Landkreise, die Gemeinden und die Zweckverbände sind die Rechtsaufsichtsbehörden.

(2) Ist ein anderer als das Land oder eine der in Absatz 1 genannten Körperschaften Träger der Straßenbaulast, so sind Straßenaufsichtsbehörden bei Landesstraßen, bei Kreisstraßen und bei Gemeindestraßen in den Stadtkreisen und Großen Kreisstädten die Regierungspräsidien, bei Gemeindestraßen in den übrigen Gemeinden die Landratsämter als untere Verwaltungsbehörden.

§ 50 Straßenbaubehörden. (1) Oberste Straßenbaubehörde ist das Ministerium, für die öffentlichen Feld- und Waldwege das Ministerium für Ländlichen Raum und Verbraucherschutz.

(2) Höhere Straßenbaubehörden sind die Regierungspräsidien.

(3) Straßenbaubehörden sind

1. für die Landesstraßen
   a) die Regierungspräsidien und die unteren Verwaltungsbehörden nach Maßgabe des § 51, soweit dem Land die Straßenbaulast obliegt,
   b) die Gemeinden, soweit den Gemeinden die Straßenbaulast obliegt;
2. für die Kreisstraßen
   a) die Landratsämter, soweit den Landkreisen die Straßenbaulast obliegt,
   b) die Gemeinden, soweit den Gemeinden die Straßenbaulast obliegt;
3. für die Gemeindestraßen die Gemeinden.

(4) Ist ein anderer als das Land, ein Landkreis oder eine Gemeinde Träger der Straßenbaulast, so werden die Aufgaben der Straßenbaubehörde von der Straßenaufsichtsbehörde und, sofern Träger der Straßenbaulast eine Körperschaft, Anstalt oder Stiftung des öffentlichen Rechts ist, von dieser wahrgenommen; § 5 Abs. 2 Satz 2 und § 7 Abs. 2 Satz 2 bleiben unberührt.

(5) [1]Durch Staatsvertrag oder Verwaltungsvereinbarung können der Bau, die Unterhaltung, der Winterdienst, die Verkehrssicherung oder die Verwaltung einzelner Abschnitte von Landes-, Kreis- und Gemeindestraßen auf eine Straßenbaubehörde eines anderen Landes übertragen oder in einem anderen Land von einer Straßenbaubehörde nach Absatz 3 übernommen werden, wenn dies im Interesse einer einheitlichen oder wirtschaftlichen Durchführung nahe der Landesgrenze geboten ist. [2]Eine Verwaltungsvereinbarung wird, wenn das Land Träger der Straßenbaulast ist, von der obersten Straßenbaubehörde oder der von ihr bestimmten Behörde abgeschlossen.

§ 51 Zuständigkeiten der Straßenbaubehörden für Landesstraßen in der Straßenbaulast des Landes, Finanzierung des Straßenbetriebs. (1) Die Regierungspräsidien sind als Straßenbaubehörden nach § 50 Abs. 3 Nr. 1 Buchst. a zuständig für:

1. Bau und bauliche Änderung oder Ergänzung,
2. Unterhaltung durch Instandsetzung oder Erneuerung (Erhaltung) der Straßen und ihrer Bestandteile, soweit in Absatz 2 Nr. 2 bis 4 nichts anderes bestimmt ist.

(2) Die unteren Verwaltungsbehörden sind als Straßenbaubehörden nach § 50 Abs. 3 Nr. 1 Buchst. a zuständig für

1. betriebliche Unterhaltung der Straßen und ihrer Bestandteile einschließlich Wartung, Reinigung, Grünpflege und betriebstechnische Überwachung,

1. a) Unterhaltung von Maßnahmen nach den §§ 15 Absatz 4, 30 Absatz 3, 34 Absatz 5, 44 Absatz 5 Satz 2 und 45 Absatz 7 Satz 2 des Bundesnaturschutzgesetzes (BNatSchG) sowie von Maßnahmen nach § 15 Absatz 1 BNatSchG in Verbindung mit § 15 Absatz 3 des Naturschutzgesetzes,

2. bauliche Unterhaltung der Straßen und ihrer Bestandteile durch Beseitigung örtlich begrenzter Abnutzungen oder Schäden, im Falle von Straßendecken durch kleinflächige Instandsetzungsmaßnahmen, im Interesse der Benutzbarkeit, Funktionsfähigkeit oder Substanzerhaltung,
3. Anbringung, Erneuerung oder Entfernung des Zubehörs an bestehenden Straßen mit Ausnahme des Zubehörs, dessen Herstellung oder Änderung durch Baumaßnahmen am Straßenkörper veranlasst ist, sowie mit Ausnahme der Tunnelbetriebseinrichtungen, Fernwirkanlagen, Strecken- und Netzbeeinflussungsanlagen,
4. Werden Verkehrszeichen oder Verkehrseinrichtungen für eine Veranstaltung nach § 29 Absatz 2 der Straßenverkehrs-Ordnung (StVO) durch die Straßenverkehrsbehörde angeordnet, kann die untere Straßenbaubehörde abweichend von Absatz 2 Nummer 3 der Gemeinde, in der die Veranstal-

tung stattfindet, mit deren Einverständnis die Zuständigkeit für die Beschaffung, Anbringung, Unterhaltung und Entfernung sowie für den Betrieb der Verkehrszeichen und Verkehrseinrichtungen im Sinne des § 45 Absatz 5 Satz 1 StVO übertragen.

5. a) Beschaffung und Unterbringung von Fahrzeugen, Maschinen und Geräten, sowie Unterbringung des Personals und aller Materialien, soweit sie zur Erfüllung der Aufgaben nach diesem Absatz erforderlich sind; die Stadt- und Landkreise tragen die Kosten, die pauschal über den Finanzausgleich abgegolten werden,
   b) Betrieb und Reparatur der Fahrzeuge, Maschinen und Geräte.
6. Winterdienst nach § 9 Abs. 3 und Aufgaben nach § 41 Abs. 1 Satz 3,
7. Erfüllung der Verkehrssicherungspflicht und der verkehrssichernden Aufgaben nach § 9 Abs. 2 sowie Durchführung verkehrssichernder Maßnahmen auf den der Straße benachbarten Grundstücken, sofern der Straßenbaulastträger verpflichtet ist; ausgenommen ist die Verkehrssicherung für die Durchführung von Straßenbaumaßnahmen nach Absatz 1 durch die Regierungspräsidien.

(3) [1]Die Zuständigkeiten nach den Absätzen 1 und 2 umfassen jeweils auch

1. die zur Erfüllung der Aufgaben notwendigen Vorbereitungs-, Planungs-, Ermittlungs-, Kontroll- und Grunderwerbsmaßnahmen, Baustoff- und Bodenuntersuchungen und die Bearbeitung von Straßendaten sowie die Beschaffung der notwendigen Materialien mit der Maßgabe, dass die Regierungspräsidien
   a) für die Entscheidung über die von den unteren Verwaltungsbehörden durchzuführenden Verkehrszählungen und Straßendatenerfassungen,
   b) bei der Kontrolle der Bauwerke an Straßen für die Bauwerksprüfung und die unteren Verwaltungsbehörden für die Bauwerksüberwachung,
   c) für Anordnungen nach § 45 Abs. 2 der Straßenverkehrs-Ordnung im Zusammenhang mit Straßenbaumaßnahmen nach Absatz 1, im Übrigen die unteren Verwaltungsbehörden

   zuständig sind,
2. die auf Grund einer Vereinbarung nach § 50 Abs. 5 der Straßenbaubehörde für Landesstraßen in der Straßenbaulast des Landes übertragenen Aufgaben.

[2]Für Aufgaben nach diesem Gesetz, die dem Land als Träger der Straßenbaulast oder den Straßenbaubehörden für Landesstraßen in der Straßenbaulast des Landes obliegen, sind, soweit nichts anderes bestimmt ist,

   a) die unteren Verwaltungsbehörden nach §§ 16 bis 19 Abs. 1, §§ 27, 28, 42 und 53c, nach § 21 mit Ausnahme der vom Ministerium abzuschließenden Rahmenverträge mit Ver- oder Entsorgungsunternehmen sowie nach § 14 Abs. 1 mit Ausnahme von Anordnungen im Zusammenhang mit Straßenbaumaßnahmen nach Absatz 1,
   b) im Übrigen die Regierungspräsidien

zuständig.

(4) [1]Das Regierungspräsidium kann einer unteren Verwaltungsbehörde Zuständigkeiten nach den Absätzen 2 und 3 für Streckenabschnitte von Landes-

straßen in der Straßenbaulast des Landes in einem benachbarten Bezirk übertragen, soweit dies aus Gründen der Wirtschaftlichkeit, des Betriebsablaufs oder im Interesse der Verkehrssicherheit geboten ist. [2]Sofern die Grenze eines Regierungsbezirks überschritten wird, entscheidet das Ministerium, das insoweit eine einheitliche höhere Straßenbaubehörde bestimmen kann. [3]Die Entscheidung über die Zuständigkeit der unteren Verwaltungsbehörde ergeht jeweils im Einvernehmen mit den beteiligten unteren Verwaltungsbehörden.

(5) [1]Das Regierungspräsidium kann für Maßnahmen in der Zuständigkeit mehrerer Straßenbaubehörden, die wegen Überschneidungen, zur Verringerung von Verkehrsbeeinträchtigungen oder aus wirtschaftlichen Gründen als einheitliche Maßnahme, die auch Bezirksgrenzen überschreiten kann, durchzuführen sind, seine oder die Zuständigkeit einer unteren Verwaltungsbehörde für die Gesamtmaßnahme bestimmen. [2]Sofern sich die Gesamtmaßnahme über mehrere Regierungsbezirke erstreckt, entscheidet das Ministerium. [3]Die Entscheidung ergeht im Einvernehmen mit den beteiligten unteren Verwaltungsbehörden.

(6) [1]Das Regierungspräsidium kann einzelne Aufgaben nach Absatz 1 auf die untere Verwaltungsbehörde übertragen. [2]Die Entscheidung ergeht im Einvernehmen mit der beteiligten unteren Verwaltungsbehörde.

(7) [1]Zur Erfüllung der Aufgaben nach den Absätzen 2 bis 6 werden den Land- und Stadtkreisen, soweit Aufwendungen nicht auf Grund § 11 Abs. 5 des Finanzausgleichsgesetzes abgegolten sind, im Landeshaushalt für diesen Zweck veranschlagte Haushaltsmittel zweckgebunden zur Verfügung gestellt. [2]Die Bereitstellung der Haushaltsmittel erfolgt nach Maßgabe der Vollzugsregelungen zum Staatshaushaltsplan. [3]Die Land- und Stadtkreise erhalten vierteljährlich Abschlagszahlungen. [4]Sie bewirtschaften die Haushaltsmittel nach den für sie geltenden Haushaltsvorschriften. [5]Die Land- und Stadtkreise erstellen am Ende eines jeden Haushaltsjahres Verwendungsnachweise sowie Abrechnungen für die Kostenverteilung des Gemeinschaftsaufwandes nach einheitlichen Grundsätzen.

(8) § 53a bleibt unberührt.

§ 52 Wahrnehmung technischer Aufgaben bei Gemeindestraßen. (1) [1]Die Straßenbaubehörden nach § 50 Abs. 3 Nr. 1 Buchst. a können im Rahmen ihrer Zuständigkeiten nach § 51 Abs. 1 und 2 durch Vereinbarung mit einer Gemeinde die technische Verwaltung von dem allgemeinen Kraftfahrzeugverkehr dienenden Gemeindestraßen übernehmen, soweit dadurch eine Beeinträchtigung ihrer sonstigen Aufgaben nicht zu erwarten ist. [2]Sie nehmen in dem durch die Vereinbarung nach Satz 1 bestimmten Umfang die Aufgaben der Straßenbaubehörde wahr.

(2) Vorschriften, die die Zuständigkeit für die Betreuung beim Bau und bei der Unterhaltung öffentlicher Feld- und Waldwege abweichend von den Vorschriften dieses Gesetzes regeln, bleiben unberührt.

§ 53 Technische Verwaltung der Ortsdurchfahrten. [1]Das Regierungspräsidium kann die technische Verwaltung der Ortsdurchfahrten, soweit diese in der

Straßenbaulast des Bundes oder des Landes stehen, ganz oder teilweise durch Vereinbarung der Gemeinde übertragen, wenn diese die technischen und personellen Voraussetzungen hierfür erfüllt. [2]Der Landkreis kann hinsichtlich Ortsdurchfahrten in seiner Baulast entsprechend verfahren. [3]Die Gemeinden nehmen in dem durch die Vereinbarung bestimmten Umfang die Aufgaben der Straßenbaubehörde wahr.

§ 53a Zuständigkeiten des Regierungspräsidiums Tübingen. (1) Das Regierungspräsidium Tübingen

1. unterstützt das Ministerium durch Bearbeitung allgemeiner Angelegenheiten im Straßenwesen insbesondere betreffend
   a) Straßenunterhaltung einschließlich Betrieb, Erhaltung und Erneuerung,
   b) Umweltschutz,
   c) Verkehrstechnik und
   d) Vermessungs- und Kartenwesen;
2. erfüllt zentral wahrzunehmende Aufgaben im Straßenwesen, insbesondere betreffend
   a) Auswertung von Straßen- und Verkehrsdaten sowie von Leistungsdaten des Autobahnbetriebs und Führung der Straßeninformationssysteme des Landes,
   b) Steuerung der Nutzung der Informations- und Kommunikationstechnik und Mitwirkung bei Bund-Länder-Fachverfahren* im Bereich der Straßen in der Straßenbaulast des Landes oder Bundes,
   c) Verkehrsmanagement einschließlich Planung und Steuerung von Strecken- und Netzbeeinflussungsanlagen, fachlicher* Betrieb der Verkehrsrechnerzentrale im Bereich der Straßen in der Straßenbaulast des Landes oder Bundes und betriebstechnische Überwachung der Tunnel und Fernwirkanlagen an Autobahnen,
   d) Planung von Tunnelbetriebseinrichtungen an Straßen in der Straßenbaulast des Landes oder Bundes,
   e) straßenbautechnische Prüfung von Schwer-und Sondertransporten im Rahmen der Anhörung der Straßenbaulastträger Land oder Bund,
   f) Autobahn-Fernmeldenetz, Datenübertragungsnetze, Betriebsfunk sowie Betrieb der Fernmeldemeisterei der Straßenbauverwaltung des Landes,
   g) Durchführung des Arbeitssicherheitsgesetzes in den für die Unterhaltung der Bundesautobahnen zuständigen Dienststellen und
   h) überbetriebliche Ausbildung der in den Straßenbaubehörden nach § 50 Abs. 3 und § 53b Abs. 2 erforderlichen Straßenwärter und -meister, Fortbildung des Straßenfachpersonals sowie Betrieb des Ausbildungszentrums der Straßenbauverwaltung des Landes.

---

* *Die Änderungen des § 53a treten in Kraft, sobald der technische Betrieb der Informationstechnik der Straßeninformationssysteme, die Softwareentwicklung und der technische Betrieb der Informationstechnik der Verkehrsrechnerzentrale im Bereich der Straßen in der Straßenbaulast des Landes oder Bundes von der BITBW vollständig als Dienstleistung bezogen wurden.*

(2) Im Rahmen der Aufgabenerfüllung nach Absatz 1 Nr. 1 berät das Regierungspräsidium die anderen Straßenbaubehörden für Landes- und Bundesfernstraßen in der Straßenbaulast des Landes oder Bundes und stellt gewonnene Erkenntnisse den Straßenbaubehörden für Straßen in der Straßenbaulast der Land- und Stadtkreise sowie der Gemeinden im Einzelfall zur Verfügung.

(3) Das Nähere wird durch Anordnung des Ministeriums im Einvernehmen mit dem Innenministerium geregelt.

2. Abschnitt

Zuständigkeiten nach anderen Gesetzen

§ 53b Behörden nach dem Bundesfernstraßengesetz. (1) [1]Oberste Landesstraßenbaubehörde ist das Ministerium. [2]Höhere Straßenbaubehörden sind die Regierungspräsidien.

(2) [1]Straßenbaubehörden sind

1. für die Bundesautobahnen die Regierungspräsidien; das Ministerium kann im Einvernehmen mit dem Innenministerium einem Regierungspräsidium Zuständigkeiten der Straßenbaubehörde für einen Autobahnabschnitt in einem benachbarten Regierungsbezirk übertragen, sofern dies für die Aufgabenerledigung zweckmäßig ist, und insoweit dem Regierungspräsidium die Aufgaben der höheren Straßenbaubehörde zuweisen,
2. für die Bundesstraßen
   a) die Regierungspräsidien und die unteren Verwaltungsbehörden nach Maßgabe des Absatzes 3, soweit dem Bund die Straßenbaulast obliegt;
   b) die Gemeinden, soweit den Gemeinden die Straßenbaulast obliegt.

[2]§ 50 Abs. 5 gilt entsprechend.

(3) [1]Für die Zuständigkeit der Straßenbaubehörden nach Absatz 2 Satz 1 Nr. 2 Buchst. a gilt § 51 Abs. 1 und 2, Abs. 3 Satz 1, Abs. 4 bis 6 und 8 entsprechend mit der Maßgabe, dass in § 51 Abs. 2 Nr. 5 und 6 die Angabe »§ 9 Abs. 3« durch die Angabe »§ 3 Abs. 3 des Bundesfernstraßengesetzes (FStrG)« und die Angabe »§ 9 Abs. 2« durch die Angabe »§ 3 Abs. 2 FStrG« ersetzt werden und mit der weiteren Maßgabe, dass die Kostentragungsregelung nach § 51 Abs. 2 Nr. 4 Buchst. a Satz 2 keine Anwendung findet. [2]Für Aufgaben nach dem Bundesfernstraßengesetz, die dem Bund als Träger der Straßenbaulast oder der Straßenbaubehörde für Bundesstraßen in der Straßenbaulast des Bundes obliegen, sind, soweit nichts anderes bestimmt ist,

1. die unteren Verwaltungsbehörden nach § 7 Abs. 3, § 8a Abs. 1 bis 3 und 6, §§ 10 und 11 FStrG, nach § 8 FStrG mit Ausnahme der vom Ministerium nach § 8 Abs. 10 FStrG abzuschließenden Rahmenverträge mit Ver- oder Entsorgungsunternehmen, nach § 7 Abs. 2 FStrG mit Ausnahme von Anordnungen im Zusammenhang mit Straßenbaumaßnahmen nach § 51 Abs. 1 sowie nach § 53c dieses Gesetzes,

2. im Übrigen die Regierungspräsidien

zuständig. [3]Die unteren Verwaltungsbehörden können für Abschnitte von vierstreifigen Bundesstraßen, die mit einer Bundesautobahn verknüpft sind, ihnen nach den Sätzen 1 und 2 obliegende Aufgaben der für die Bundesautobahn zuständigen Straßenbaubehörde mit deren Einvernehmen übertragen.

(4) Die Stadtkreise erfüllen die ihnen nach Absatz 2 Satz 1 Nr. 2 Buchst. a obliegenden Aufgaben im Rahmen der Verwaltung der Bundesfernstraßen durch das Land im Auftrag des Bundes.

(5) [1]Zur Erfüllung der Aufgaben nach Absatz 3 Sätze 1 und 2 werden den unteren Verwaltungsbehörden Haushaltsmittel aus dem Bundeshaushalt zur Bewirtschaftung zugewiesen. [2]Die unteren Verwaltungsbehörden erbringen die Nachweise über die zweckgebundene Bewirtschaftung der Mittel einschließlich der Bundesausgaben für Fahrzeuge und Geräte.

(6) [1]Oberste Straßenaufsichtsbehörde ist das Ministerium. [2]Straßenaufsichtsbehörden sind die Regierungspräsidien.

(7) [1]Das Ministerium wird ermächtigt, durch Rechtsverordnung die Zuständigkeiten der obersten Landesstraßenbaubehörde nach dem Bundesfernstraßengesetz ganz oder teilweise auf nachgeordnete Behörden zu übertragen. [2]In der Rechtsverordnung können weitere Zuständigkeiten bestimmt werden, soweit dies nach dem Bundesfernstraßengesetz zugelassen und nicht der Landesregierung vorbehalten ist.

§ 53c Zuständigkeiten nach dem Telekommunikationsgesetz. [1]Für Entscheidungen und Maßnahmen bei der Benutzung von Straßen nach dem Abschnitt 3, Unterabschnitt 1 des Telekommunikationsgesetzes sind die Straßenbaubehörden nach § 50 Absatz 3 und § 53 b Absatz 2 Satz 1 zuständig. [2]§ 50 Absatz 5 bleibt unberührt.

VIERTER TEIL

Ordnungswidrigkeiten, Übergangs- und Schlußbestimmungen

1. Abschnitt

Ordnungswidrigkeiten

§ 54 (1) Ordnungswidrig handelt, wer

1. vorsätzlich oder fahrlässig entgegen § 16 Abs. 1 ohne Erlaubnis eine Straße benutzt, einer mit der Erlaubnis verbundenen vollziehbaren Auflage oder der Unterhaltungspflicht nach § 16 Abs. 3 Satz 1 zuwiderhandelt,
2. entgegen den §§ 22, 23 oder 25 eine Anlage errichtet oder wesentlich verändert, einer im Rahmen des § 22 Abs. 1 und 2 erteilten vollziehbaren Auflage oder einer auf Grund von § 22 Abs. 7 erlassenen Satzung zuwiderhandelt, soweit die Satzung für einen bestimmten Tatbestand auf diese Bußgeldvorschrift verweist,

3. als Nutzungsberechtigter entgegen § 27 Abs. 2 Satz 1 eine Schutzwaldung nicht erhält oder nicht den Schutzzwecken entsprechend bewirtschaftet,
4. eine von der Straßenbaubehörde nach § 28 Abs. 1 Satz 1 angelegte Einrichtung unbefugt beseitigt oder unbrauchbar macht oder entgegen § 28 Abs. 2 Satz 1 die Sicherheit oder Leichtigkeit des Verkehrs beeinträchtigt,
5. vorsätzlich oder fahrlässig einer Satzung nach § 41 Abs. 2 oder 4 zuwiderhandelt, soweit die Satzung für einen bestimmten Tatbestand auf diese Bußgeldvorschrift verweist,
6. vorsätzlich oder fahrlässig eine von ihm verursachte Verunreinigung im Sinne des § 42 nicht unverzüglich beseitigt.

(2) Die Ordnungswidrigkeit kann mit einer Geldbuße bis zu 500 Euro, in den Fällen des Absatzes 1 Nr. 2 mit einer Geldbuße bis zu 5000 Euro geahndet werden.

(3) Verwaltungsbehörde im Sinne des § 36 Abs. 1 Nr. 1 des Gesetzes über Ordnungswidrigkeiten ist

1. die Gemeinde bei Ordnungswidrigkeiten nach
   a) Absatz 1 Nr. 1, soweit es sich um Gemeindestraßen handelt oder die Gemeinde für die Entscheidung über dic Sondernutzung zuständig ist,
   b) Absatz 1 Nr. 2, soweit es sich um Verstöße gegen eine Satzung handelt,
   c) Absatz 1 Nr. 4, soweit die Gemeinde nach § 28 Abs. 1 und 2 als Straßenbaubehörde zuständig ist,
   d) Absatz 1 Nr. 5 und
   e) Absatz 1 Nr. 6, soweit es sich um Gemeindestraßen oder Ortsdurchfahrten von Kreis- und Landesstraßen handelt,
2. die unteren Verwaltungsbehörden bei sonstigen Ordnungswidrigkeiten nach Absatz 1 Nr. 2,
3. im Übrigen die unteren Verwaltungsbehörden, die Straßenbaubehörden nach § 50 Abs. 3 Nr. 1 Buchst. a sind.

2. Abschnitt

Übergangs- und Schlußbestimmungen

§ 55 Widmung von Feldwegen. [1]Die der Bewirtschaftung von Feldgrundstücken dienenden Wege, die bei Inkrafttreten dieses Gesetzes nicht öffentliche Wege sind, sind von der Gemeinde in angemessener Zeit, wo Flurbereinigungsverfahren zu erwarten sind, nicht vor deren Durchführung, einem beschränkten öffentlichen Verkehr zu widmen, wenn sie nicht nur dem Verkehrsbedürfnis einzelner Grundstückseigentümer dienen oder wenn öffentliche Förderungsmittel für den Bau oder die Unterhaltung solcher Wege verwendet werden. [2]§ 11 Abs. 2 gilt entsprechend.

§ 56 Unterhaltung bestehender Böschungen und Stützmauern. (1) [1]Soweit Böschungen und Stützmauern, die zum Schutz der Straße und zugleich für die ordnungsmäßige Nutzung eines angrenzenden Grundstücks notwendig sind, bei Inkrafttreten dieses Gesetzes nicht im Eigentum des Trägers der Straßenbaulast stehen und dieser zum Erwerb des Eigentums auf Grund von § 12 Abs. 5 nicht verpflichtet ist, sind sie weiterhin von demjenigen zu unterhalten, der bisher zu ihrer Unterhaltung verpflichtet war. [2]Abweichende Vereinbarungen sind zulässig.

(2) [1]Soweit Böschungen öffentlicher Waldwege nach § 62 Abs. 1 Satz 2* vom Eigentumsübergang ausgenommen waren, sind sie von dem Eigentümer zu unterhalten. [2]Absatz 1 Satz 2 gilt entsprechend.

§ 57 Benutzung. (1) [1]Die bei Inkrafttreten dieses Gesetzes bestehenden Rechte und Befugnisse zur Benutzung einer Straße über den Gemeingebrauch hinaus gelten, soweit nicht die Voraussetzungen des § 21 Abs. 1 vorliegen, als Sondernutzungen im Sinne dieses Gesetzes. [2]Die Erlaubnis nach § 16 Abs. 1 Satz 1 gilt als erteilt, solange eine solche Sondernutzung nicht widerrufen oder durch Fristablauf erloschen ist. [3]Nach bisherigem Recht unwiderrufliche und zugleich unbefristete Nutzungsrechte können aus Gründen des Wohls der Allgemeinheit, insbesondere soweit dies zur Erfüllung der Aufgaben des Trägers der Straßenbaulast erforderlich ist, widerrufen werden; dies gilt auch für befristete Nutzungsrechte. [4]Wird in den Fällen des Satzes 3 die Sondernutzung widerrufen, so kann der Betroffene für die dadurch entstehenden Vermögensnachteile vom Träger der Straßenbaulast eine angemessene Entschädigung in Geld verlangen.

(2) [1]Die bei Inkrafttreten dieses Gesetzes bestehenden Zufahrten zu Straßen, die den Merkmalen des § 3 Abs. 1 Nr. 1 und 2 entsprechen, gelten als Sondernutzungen im Sinne dieses Gesetzes, auch wenn für sie nach bisherigem Recht eine Gebrauchserlaubnis oder die Verleihung eines Nutzungsrechts nicht erforderlich war. [2]Absatz 1 Satz 2 bis 4 gilt entsprechend mit der Maßgabe, daß beim Widerruf von nach bisherigem Recht unwiderruflichen Sondernutzungen oder beim vorzeitigen Widerruf befristeter Sondernutzungen eine Entschädigung in Geld nur insoweit verlangt werden kann, als der Träger der Straßenbaulast nicht einen angemessenen Ersatz schafft.

(3) [1]Soweit bei Inkrafttreten dieses Gesetzes die Benutzung von Straßen über den Gemeingebrauch hinaus durch bürgerlich-rechtlichen Vertrag geregelt ist und nicht die Voraussetzungen des § 21 Abs. 1 vorliegen, gelten für diese Benutzung die Vorschriften über Sondernutzungen von dem Zeitpunkt an, zu dem der Träger der Straßenbaulast den Vertrag nach Inkrafttreten dieses Gesetzes erstmals kündigen kann. [2]Absatz 1 Satz 2 gilt entsprechend.

(4) Für Nutzungen an Baumpflanzungen, die nach § 3 Abs. 2 des Gesetzes über die einstweilige Neuregelung des Straßenwesens und der Straßenverwal-

* *Amtliche Anmerkung:* Die Verweisung bezieht sich auf § 62 Abs. 1 Satz 2 des Gesetzes in der Fassung vom 20. März 1964 (GBl. S. 127).

tung vom 26. März 1934 (RGBl. I S. 243) überlassen wurden, gelten die Vorschriften des bürgerlichen Rechts.

§ 58 Unterhaltung von Kreuzungen. Ist die Unterhaltung von Kreuzungen bei Inkrafttreten dieses Gesetzes abweichend von § 31 Abs. 1 bis 5 geregelt, so tritt die Regelung in dem Zeitpunkt außer Kraft, in dem die Kreuzung nach Inkrafttreten dieses Gesetzes in erheblichem Umfang geändert wird.

§ 59 Hoheitliche Wahrnehmung der dienstlichen Obliegenheiten. Die mit dem Bau und der Unterhaltung sowie der Überwachung der Verkehrssicherheit der öffentlichen Straßen einschließlich der Bundesfernstraßen zusammenhängenden Pflichten obliegen den Organen und Bediensteten der damit befaßten Körperschaften und Behörden als Amtspflichten in Ausübung hoheitlicher Tätigkeit.

§ 60 Entschädigung. (1) [1]Soweit der Träger der Straßenbaulast auf Grund dieses Gesetzes oder auf Grund von § 74 Abs. 2 Satz 3 oder § 75 Abs. 2 Satz 4 des Landesverwaltungsverfahrensgesetzes oder auf Grund allgemeiner Rechtsgrundsätze verpflichtet ist, eine Entschädigung in Geld zu leisten, und über die Höhe der Entschädigung keine Einigung zwischen den Betroffenen und dem Träger der Straßenbaulast zustande kommt, entscheidet auf Antrag eines der Beteiligten das Regierungspräsidium. [2]Im übrigen sind die §§ 7 bis 13, 17 bis 36 und 39 bis 41 des Landesenteignungsgesetzes entsprechend anzuwenden.

(2) In den Fällen des § 19a des Bundesfernstraßengesetzes sind die §§ 7 bis 13 des Landesenteignungsgesetzes entsprechend anzuwenden.

§ 61 Straßenstatistik. Die Träger der Straßenbaulast sind verpflichtet, auf Verlangen der obersten Straßenbaubehörde zu statistischen Zwecken Angaben über ihre Straßen und Wege zu machen.

§ 62 Verwaltungsvorschriften. Die oberste Straßenbaubehörde erläßt die Verwaltungsvorschriften zur Durchführung dieses Gesetzes.

§ 63 Zusammenwirken der zuständigen Ministerien. (1) Verwaltungsvorschriften des Ministeriums für Ländlichen Raum und Verbraucherschutz ergehen im Einvernehmen mit dem Ministerium, soweit sie öffentliche Straßen berühren, die nicht Feld- oder Waldwege sind.

(2) Rechtsverordnungen und Verwaltungsvorschriften des Ministeriums ergehen im Einvernehmen mit dem Ministerium für Ländlichen Raum und Verbraucherschutz, soweit sie öffentliche Feld- oder Waldwege berühren.

§ 64 Inkrafttreten*. Soweit dieses Gesetz Ermächtigungen zum Erlaß von Rechts- und Verwaltungsvorschriften enthält, tritt es am Tage nach der Verkündung, im übrigen am 1. Juli 1964 in Kraft.

---

* *Amtliche Anmerkung:* Diese Vorschrift betrifft das Inkrafttreten des Gesetzes in der Fassung vom 20. März 1964 (GBl. S. 127).

Landesenteignungsgesetz (LEntG)

vom 6. April 1982 (GBl. S. 97), zuletzt geändert durch Gesetz vom 14. Dezember 2004 (GBl. S. 884)

INHALTSÜBERSICHT

ERSTER TEIL
Allgemeine Vorschriften

§ 1 Anwendungsbereich. Dieses Gesetz gilt für alle förmlichen Enteignungen, die sich auf Grundstücke beziehen, soweit nicht Bundesrecht anzuwenden ist.

§ 1a Elektronische Kommunikation. Im Enteignungsverfahren und soweit in diesem Gesetz Schriftform angeordnet ist, findet § 3a des Landesverwaltungsverfahrensgesetzes keine Anwendung.

§ 2 Enteignungszweck. Nach diesem Gesetz kann enteignet werden, um

1. Vorhaben zu verwirklichen, für die andere Gesetze die Enteignung ausdrücklich zulassen,
2. andere Vorhaben zu verwirklichen, die dem Wohle der Allgemeinheit dienen, insbesondere um
   a) Einrichtungen für die Jugendhilfe, Gesundheits- und Wohlfahrtspflege sowie Sport- und Freizeiteinrichtungen,
   b) Einrichtungen für Schulen, Hochschulen und andere Zwecke von Kultur, Wissenschaft und Forschung,
   c) Einrichtungen für die öffentliche Versorgung oder Entsorgung,
   d) Einrichtungen, die dem Umweltschutz dienen,
   e) Einrichtungen zur Aufrechterhaltung der öffentlichen Sicherheit und des Strafvollzugs,
   f) Einrichtungen des öffentlichen und nichtöffentlichen Verkehrs

   zu schaffen und zu verändern.

§ 3 Gegenstand der Enteignung. (1) Durch Enteignung können

1. das Eigentum an Grundstücken entzogen oder belastet werden,
2. andere Rechte an Grundstücken entzogen, geändert oder belastet werden,
3. persönliche Rechte entzogen werden, die zum Erwerb, Besitz oder zur Nutzung von Grundstücken berechtigen oder die den Verpflichteten in der Nutzung von Grundstücken beschränken,

4. soweit es in diesem Gesetz vorgesehen ist, Rechtsverhältnisse begründet werden, die persönliche Rechte im Sinne von Nummer 3 gewähren.

(2) Zur vorübergehenden Benutzung von Grundstücken können Rechtsverhältnisse begründet werden, die persönliche Rechte gewähren.

(3) Die für Grundstücke geltenden Vorschriften dieses Gesetzes sind auf Grundstücksteile entsprechend anzuwenden.

(4) Die für das Eigentum an Grundstücken geltenden Vorschriften dieses Gesetzes sind, soweit nichts anderes bestimmt ist, auf grundstücksgleiche Rechte entsprechend anzuwenden.

(5) Die für die Entziehung oder Belastung des Eigentums an Grundstükken geltenden Vorschriften dieses Gesetzes sind auf die Entziehung, Belastung, Änderung oder Begründung der in Absatz 1 Nr. 2 bis 4 bezeichneten Rechte entsprechend anzuwenden.

§ 4 Zulässigkeit der Enteignung. (1) Die Enteignung ist im einzelnen Fall nur zulässig, soweit sie zum Wohle der Allgemeinheit erforderlich ist und der Enteignungszweck auf andere zumutbare Weise nicht erreicht werden kann.

(2) Die Enteignung setzt voraus, daß der Antragsteller sich ernsthaft um den freihändigen Erwerb des Grundstücks zu angemessenen Bedingungen bemüht hat und glaubhaft macht, daß das Grundstück innerhalb angemessener Frist für den Enteignungszweck verwendet wird.

(3) Die Enteignung zu dem Zweck, durch Enteignung entzogene Rechte durch neue Rechte zu ersetzen, ist nur zulässig, soweit der Ersatz im Zweiten und Vierten Teil vorgesehen ist.

§ 5 Umfang der Enteignung. (1) [1]Die Enteignung darf nur in dem Umfang durchgeführt werden, in dem sie zur Verwirklichung des Enteignungszwecks erforderlich ist. [2]Reicht die Belastung eines Grundstücks mit einem Recht zur Verwirklichung des Enteignungszwecks aus, ist die Enteignung hierauf zu beschränken.

(2) [1]Soll ein Grundstück mit einem Erbbaurecht belastet werden, kann der Eigentümer anstelle der Belastung die Entziehung des Eigentums verlangen. [2]Soll ein Grundstück mit einem anderen Recht belastet werden, kann der Eigentümer die Entziehung des Eigentums verlangen, wenn die Belastung für ihn unbillig ist.

(3) Sollen Grundstücksteile oder einzelne von mehreren räumlich oder wirtschaftlich zusammenhängenden Grundstücken enteignet werden, kann der Eigentümer die Ausdehnung der Enteignung auf die ihm verbleibenden Grundstücksteile oder Grundstücke verlangen, soweit er diese nicht mehr in angemessenem Umfang baulich oder wirtschaftlich nutzen kann.

(4) Der Eigentümer kann verlangen, daß die Enteignung auf das Zubehör sowie die nur vorübergehend mit dem Grundstück verbundenen oder in ein Gebäude eingefügten Sachen erstreckt wird, soweit er diese Gegenstände infolge

der Enteignung nicht mehr wirtschaftlich nutzen oder in anderer Weise angemessen verwerten kann.

(5) Ein Verlangen nach den Absätzen 2 bis 4 ist schriftlich oder zur Niederschrift bei der Enteignungsbehörde bis zum Schluß der mündlichen Verhandlung oder, wenn die mündliche Verhandlung auf Grund eines Verzichts der Beteiligten entfällt, spätestens mit der Verzichtserklärung geltend zu machen.

§ 6 Vorarbeiten auf Grundstücken. (1) [1]Die Beauftragten der Enteignungsbehörde und des Trägers des Vorhabens sind befugt, Grundstücke zu betreten, zu vermessen und auf ihnen andere Vorarbeiten vorzunehmen, die notwendig sind, um die Eignung der Grundstücke für Vorhaben, für die enteignet werden kann, beurteilen zu können. [2]Lassen Eigentümer und Besitzer von Grundstücken Vorarbeiten von Beauftragten des Trägers des Vorhabens nicht zu, so entscheidet auf dessen Antrag die Enteignungsbehörde. [3]Die Entscheidung kann befristet, bedingt oder mit Auflagen versehen und von der Leistung einer Sicherheit in Höhe der zu erwartenden Entschädigung nach Absatz 3 abhängig gemacht werden. [4]Eigentümer und Besitzer sind verpflichtet, die in Satz 1 und 2 vorgesehenen Maßnahmen zu dulden. [5]Wohnungen dürfen nur mit Einwilligung des Wohnungsinhabers betreten werden.

(2) [1]Von der Absicht, Vorarbeiten nach Absatz 1 durchzuführen, sind Eigentümer und Besitzer rechtzeitig vor dem Betreten der Grundstücke zu benachrichtigen. [2]Die Benachrichtigung kann durch öffentliche Bekanntmachung erfolgen, soweit die Vorarbeiten auf eine Vielzahl von Grundstücken erstreckt werden müssen oder Eigentümer und Besitzer nicht oder nur unter unverhältnismäßigen Schwierigkeiten ermittelt werden können. [3]Die Bekanntmachung wird von der Gemeinde, in deren Gebiet die Grundstücke liegen, auf Kosten des Trägers des Vorhabens durchgeführt.

(3) [1]Entsteht durch eine Maßnahme nach Absatz 1 dem Eigentümer oder Besitzer ein unmittelbarer Vermögensnachteil, ist dafür von dem Träger des Vorhabens eine angemessene Entschädigung zu leisten. [2]Kommt eine Einigung über die Entschädigung nicht zustande, setzt die Enteignungsbehörde die Entschädigung fest. [3]Die Beteiligten sind vorher zu hören.

ZWEITER TEIL

Entschädigung und Härteausgleich

§ 7 Entschädigungsgrundsätze. (1) Für die Enteignung ist Entschädigung zu leisten.

(2) Die Entschädigung wird gewährt

1. für den durch die Enteignung eintretenden Rechtsverlust,
2. für andere durch die Enteignung eintretende Vermögensnachteile.

(3) [1]Vermögensvorteile, die dem Entschädigungsberechtigten infolge der Enteignung entstehen, sind bei der Festsetzung der Entschädigung zu berücksichtigen. [2]Hat bei der Entstehung eines Vermögensnachteils ein Verschulden des Entschädigungsberechtigten mitgewirkt, ist § 254 des Bürgerlichen Gesetzbuches entsprechend anzuwenden.

(4) [1]Für die Bemessung der Entschädigung ist der Zustand des Grundstücks in dem Zeitpunkt maßgebend, in dem die Enteignungsbehörde über den Enteignungsantrag entscheidet. [2]In den Fällen der vorzeitigen Besitzeinweisung oder der vorzeitigen Besitzüberlassung ist der Zustand in dem Zeitpunkt maßgebend, in dem diese wirksam wird.

§ 8 Entschädigungsberechtigter und Entschädigungsverpflichteter. (1) Die Entschädigung kann verlangen, wer in seinem Recht durch die Enteignung beeinträchtigt wird und dadurch einen Vermögensnachteil erleidet.

(2) Zur Leistung der Entschädigung ist der Enteignungsbegünstigte verpflichtet.

§ 9 Entschädigung für den Rechtsverlust. (1) [1]Die Entschädigung für den durch die Enteignung eintretenden Rechtsverlust bemißt sich nach dem Verkehrswert des Grundstücks oder des sonstigen Gegenstands der Enteignung. [2]Der Verkehrswert wird durch den Preis bestimmt, der im gewöhnlichen Geschäftsverkehr nach den rechtlichen Gegebenheiten und tatsächlichen Eigenschaften, der sonstigen Beschaffenheit und der Lage des Enteignungsgegenstands ohne Rücksicht auf ungewöhnliche oder persönliche Verhältnisse zu erzielen wäre.

(2) Maßgebend ist der Verkehrswert in dem Zeitpunkt, in dem die Enteignungsbehörde über die Entschädigung entscheidet.

(3) Bei der Festsetzung der Entschädigung bleiben unberücksichtigt:

1. Wertsteigerungen eines Grundstücks, die in der Aussicht auf eine Änderung der zulässigen Nutzung eingetreten sind, wenn die Änderung nicht in absehbarer Zeit zu erwarten ist,
2. Wertänderungen, die infolge der bevorstehenden Enteignung eingetreten sind,
3. Werterhöhungen, die nach dem Zeitpunkt eingetreten sind, in dem der Eigentümer zur Vermeidung der Enteignung ein Kauf- oder Tauschangebot des Antragstellers zu angemessenen Bedingungen hätte annehmen können, es sei denn, daß der Eigentümer Kapital oder Arbeit für sie aufgewendet hat,
4. wertsteigernde Veränderungen, die unter Verstoß gegen die Verfügungs- und Veränderungssperre vorgenommen worden sind,
5. rechtsgeschäftliche Vereinbarungen, soweit sie von üblichen Vereinbarungen auffällig abweichen und Tatsachen die Annahme rechtfertigen, daß sie getroffen worden sind, um eine höhere Entschädigungsleistung zu erlangen.

(4) [1]Für bauliche Anlagen, deren entschädigungslose Beseitigung auf Grund öffentlich-rechtlicher Vorschriften gefordert werden kann, ist eine Entschädigung nur zu gewähren, soweit es aus Gründen der Billigkeit geboten ist. [2]Kann die Beseitigung entschädigungslos erst nach Ablauf einer Frist gefordert werden, ist die Entschädigung nach dem Verhältnis der restlichen Frist zu der gesamten Frist zu bemessen.

(5) Wird der Wert des Eigentums an dem Grundstück durch Rechte Dritter gemindert, die an dem Grundstück aufrechterhalten, an einem anderen Grundstück neu begründet oder gesondert entschädigt werden, ist dies bei der Festsetzung der Entschädigung für den Rechtsverlust zu berücksichtigen.

§ 10 Entschädigung für andere Vermögensnachteile. (1) [1]Wegen anderer durch die Enteignung eintretender Vermögensnachteile ist eine Entschädigung nur zu gewähren, soweit diese Vermögensnachteile nicht schon bei der Bemessung der Entschädigung für den Rechtsverlust berücksichtigt sind. [2]Die Entschädigung ist unter gerechter Abwägung der Interessen der Allgemeinheit und der Beteiligten festzusetzen, insbesondere für

1. den vorübergehenden oder dauernden Verlust, den der bisherige Eigentümer in seiner Berufs- oder Erwerbstätigkeit oder in der Erfüllung der ihm wesensgemäß obliegenden Aufgaben erleidet, jedoch nur bis zu dem Betrag des Aufwandes, der erforderlich ist, um ein anderes Grundstück in der gleichen Weise wie das zu enteignende Grundstück zu nutzen,
2. die Wertminderung, die durch die Enteignung eines Grundstücksteils oder einzelner von mehreren räumlich oder wirtschaftlich zusammenhängenden Grundstücken bei den dem Eigentümer verbleibenden Grundstücksteilen oder Grundstücken oder durch die Enteignung des Rechts an einem Grundstück bei einem anderen Grundstück entsteht, soweit die Wertminderung nicht schon bei der Festsetzung der Entschädigung nach Nummer 1 berücksichtigt ist,
3. die notwendigen Aufwendungen für einen durch die Enteignung erforderlich werdenden Umzug.

(2) Im Falle des Absatzes 1 Nr. 2 ist § 9 Abs. 3 Nr. 3 sinngemäß anzuwenden.

§ 11 Behandlung der Rechte der Nebenberechtigten. (1) Rechte an dem zu enteignenden Grundstück sowie persönliche Rechte, die zum Besitz oder zur Nutzung des Grundstücks berechtigen oder den Verpflichteten in der Nutzung des Grundstücks beschränken, können aufrechterhalten werden, soweit dies mit dem Enteignungszweck zu vereinbaren ist.

(2) [1]Als Ersatz für ein Recht an einem Grundstück, das nicht aufrechterhalten wird, kann mit Zustimmung des Rechtsinhabers das Ersatzland oder ein anderes Grundstück des Enteignungsbegünstigten mit einem entsprechenden Recht belastet werden. [2]Als Ersatz für ein persönliches Recht, das nicht aufrechterhalten wird, kann mit Zustimmung des Rechtsinhabers ein Rechtsver-

hältnis begründet werden, das ein Recht gleicher Art in Bezug auf das Ersatzland oder auf ein anderes Grundstück des Enteignungsbegünstigten gewährt. [3]Als Ersatz für dingliche oder persönliche Rechte eines öffentlichen Verkehrsunternehmens, eines Trägers der öffentlichen Versorgung mit Elektrizität, Gas, Wärme oder Wasser oder eines Trägers der öffentlichen Verwertung oder Beseitigung von Abwässern, die auf diese Rechte zur Erfüllung ihrer wesensgemäßen Aufgaben angewiesen sind, sind auf ihren Antrag Rechte gleicher Art am Ersatzland oder an einem anderen Grundstück des Enteignungsbegünstigten zu begründen. [4]Anträge nach Satz 3 müssen vor Beginn der mündlichen Verhandlung schriftlich oder zur Niederschrift der Enteignungsbehörde oder, wenn die mündliche Verhandlung auf Grund eines Verzichts der Beteiligten entfällt, spätestens mit der Verzichtserklärung gestellt werden.

(3) Soweit Rechte nicht aufrechterhalten oder nicht durch neue Rechte ersetzt werden, sind bei der Enteignung eines Grundstücks gesondert zu entschädigen

1. Erbbauberechtigte, Altenteilsberechtigte sowie Inhaber von Dienstbarkeiten und Erwerbsrechten an dem Grundstück,
2. Inhaber von persönlichen Rechten, die zum Besitz oder zur Nutzung des Grundstücks berechtigen, wenn der Berechtigte im Besitz des Grundstücks ist,
3. Inhaber von persönlichen Rechten, die zum Erwerb des Grundstücks berechtigen oder den Verpflichteten in der Nutzung des Grundstücks beschränken.

(4) [1]Berechtigte, deren Rechte nicht aufrechterhalten, nicht durch neue Rechte ersetzt und nicht gesondert entschädigt werden, haben bei der Enteignung eines Grundstücks Anspruch auf Ersatz des Wertes ihres Rechts aus der Geldentschädigung für das Eigentum an dem Grundstück, soweit sich ihr Recht auf dieses erstreckt. [2]Dies gilt entsprechend für die Geldentschädigungen, die für den durch die Enteignung eintretenden Rechtsverlust in anderen Fällen oder nach § 10 Satz 2 Nr. 2 festgesetzt werden.

§ 12 Schuldübergang. (1) [1]Haftet bei einer Hypothek, die aufrechterhalten oder durch ein neues Recht an einem anderen Grundstück ersetzt wird, der von der Enteignung Betroffene zugleich persönlich, übernimmt der Enteignungsbegünstigte die Schuld in Höhe der Hypothek. [2]§§ 415 und 416 des Bürgerlichen Gesetzbuches sind entsprechend anzuwenden; als Veräußerer im Sinne von § 416 ist der von der Enteignung Betroffene anzusehen.

(2) Das gleiche gilt, wenn bei einer Grundschuld oder Rentenschuld, die aufrechterhalten oder durch ein neues Recht an einem anderen Grundstück ersetzt wird, der von der Enteignung Betroffene zugleich persönlich haftet, sofern er spätestens bis zum Schluß der mündlichen Verhandlung oder, wenn die mündliche Verhandlung auf Grund eines Verzichts der Beteiligten entfällt, spätestens mit der Verzichtserklärung die gegen ihn bestehende Forderung unter Angabe ihres Betrages und Grundes angemeldet und auf Verlangen der Enteignungsbehörde oder eines Beteiligten glaubhaft gemacht hat.

§ 13 Entschädigung in Geld. (1) [1]Die Entschädigung ist in einem einmaligen Betrag zu leisten, soweit dieses Gesetz nichts anderes bestimmt. [2]Auf Antrag des Entschädigungsberechtigten kann die Entschädigung in wiederkehrenden Leistungen festgesetzt werden, wenn dies den übrigen Beteiligten zuzumuten ist.

(2) Einmalige Entschädigungsbeträge sind mit zwei vom Hundert über dem jeweiligen Basiszinssatz nach § 247 des Bürgerlichen Gesetzbuchs jährlich von dem Zeitpunkt an zu verzinsen, in dem die Nutzungsmöglichkeit dem von der Enteignung Betroffenen entzogen oder er in ihr beschränkt wird.

(3) Für die Belastung eines Grundstücks mit einem Erbbaurecht ist die Entschädigung in einem Erbbauzins zu leisten.

§ 14 Entschädigung in Land. (1) [1]Die Entschädigung ist auf Antrag des Eigentümers in geeignetem Ersatzland festzusetzen, soweit dieser zur Sicherung seiner Berufs- oder Erwerbstätigkeit oder zur Erfüllung seiner ihm wesensgemäß obliegenden Aufgaben auf Ersatzland angewiesen ist und der Enteignungsbegünstigte

1. über als Ersatzland geeignete Grundstücke verfügt, auf die er nicht mit seiner Berufs- oder Erwerbstätigkeit oder zur Erfüllung der ihm wesensgemäß obliegenden Aufgaben angewiesen ist, oder
2. geeignetes Ersatzland nach pflichtgemäßem Ermessen der Enteignungsbehörde freihändig zu angemessenen Bedingungen und bin nen einer angemessenen Frist beschaffen kann.

[2]Ein Grundstück ist nicht als Ersatzland geeignet, wenn es selbst oder sein Ertrag unmittelbar einem in § 2 genannten Zweck oder in sonstiger Weise der Allgemeinheit in besonderem Maße dient oder zu dienen bestimmt ist. Ein land- oder forstwirtschaftliches Grundstück ist außerdem nicht als Ersatzland geeignet, wenn seine Übertragung auf den Entschädigungsberechtigten zu einer Änderung der bisherigen Nutzungsart oder zu einer nachteiligen Veränderung der Agrarstruktur führen würde.

(2) [1]Unter den Voraussetzungen des Absatzes 1 ist die Entschädigung auf Antrag des Eigentümers auch dann in geeignetem Ersatzland festzusetzen, wenn ein Grundstück enteignet werden soll, das mit einem eigengenutzten Eigenheim oder einer eigengenutzten Kleinsiedlung bebaut ist. [2]Dies gilt nicht, wenn nach öffentlich-rechtlichen Vorschriften der Abbruch des Gebäudes jederzeit entschädigungslos gefordert werden kann.

(3) Die Entschädigung kann auf Antrag in Ersatzland festgesetzt werden, soweit diese Art der Entschädigung unter gerechter Abwägung der Interessen der Allgemeinheit und der Beteiligten angemessen ist und der Enteignungsbegünstigte über nach Absatz 1 geeignete Grundstücke verfügt oder sich solche freihändig zu angemessenen Bedingungen beschaffen kann.

(4) [1]Für die Bewertung des Ersatzlandes ist § 9 entsprechend anzuwenden. [2]Hierbei ist die Werterhöhung zu berücksichtigen, die das übrige Grundvermögen des Betroffenen durch den Erwerb des Ersatzlandes über dessen Wert nach

Satz 1 hinaus erfährt. [3]Hat das Ersatzland einen geringeren Wert als das zu enteignende Grundstück, ist eine dem Wertunterschied entsprechende zusätzliche Geldentschädigung festzusetzen. [4]Hat das Ersatzland einen höheren Wert als das zu enteignende Grundstück, ist festzusetzen, daß der Entschädigungsberechtigte an den Enteignungsbegünstigten eine dem Wertunterschied entsprechende Ausgleichszahlung zu leisten hat. [5]Die Ausgleichszahlung wird mit dem nach § 32 Abs. 3 Satz 1 in der Ausführungsanordnung festgesetzten Tag fällig.

(5) [1]Wird die Entschädigung in Land festgesetzt, sollen dingliche oder persönliche Rechte, soweit sie nicht an dem zu enteignenden Grundstück aufrechterhalten werden, auf Antrag des Rechtsinhabers nach Maßgabe des § 11 Abs. 2 ersetzt werden. [2]Soweit das nicht möglich oder nicht ausreichend ist, sind die Inhaber der Rechte gesondert in Geld zu entschädigen; dies gilt für die in § 11 Abs. 4 bezeichneten Berechtigten nur, soweit ihre Rechte nicht durch eine dem Eigentümer nach Absatz 4 zu gewährende zusätzliche Geldentschädigung gedeckt werden.

(6) [1]Sind Miteigentum, grundstücksgleiche Rechte oder Rechte nach dem Wohnungseigentumsgesetz ebenso zur Sicherung der Berufs- oder Erwerbstätigkeit des Berechtigten oder zur Erfüllung der ihm wesensgemäß obliegenden Aufgaben geeignet, können dem Eigentümer diese Rechte anstelle des Ersatzlandes angeboten werden. [2]Der Eigentümer ist in Geld abzufinden, wenn er die ihm nach Satz 1 angebotene Entschädigung ablehnt. [3]§ 15 bleibt unberührt.

(7) Anträge nach den Absätzen 1 bis 3 und 5 sind schriftlich oder zur Niederschrift der Enteignungsbehörde zu stellen, und zwar in den Fällen der Absätze 1 bis 3 vor Beginn und im Falle des Absatzes 5 bis zum Schluß der mündlichen Verhandlung oder, wenn diese auf Grund eines Verzichts der Beteiligten entfällt, spätestens mit der Verzichtserklärung.

§ 15 Entschädigung durch Gewährung anderer Rechte. (1) [1]Soweit es unter Abwägung der Belange der Beteiligten der Billigkeit entspricht, kann die Entschädigung auf Antrag des Eigentümers ganz oder teilweise in Miteigentum, grundstücksgleichen Rechten, Rechten nach dem Wohnungseigentumsgesetz oder sonstigen Rechten an dem durch die Enteignung zu erwerbenden oder an einem anderen Grundstück des Enteignungbegünstigten festgesetzt werden. [2]Bei Wertunterschieden zwischen den Rechten nach Satz 1 und dem Enteignungsgegenstand ist § 14 Abs. 4 entsprechend anzuwenden.

(2) Der Antrag nach Absatz 1 ist bis zum Schluß der mündlichen Verhandlung oder, wenn die mündliche Verhandlung auf Grund eines Verzichts der Beteiligten entfällt, spätestens mit der Verzichtserklärung schriftlich oder zur Niederschrift der Enteignungsbehörde zu stellen.

§ 16 Härteausgleich. (1) [1]Entstehen einem Mieter, Pächter oder sonstigen Nutzungsberechtigten, dessen Rechtsverhältnis durch eine Enteignung auf Grund dieses Gesetzes oder durch Kündigung oder Vereinbarung im Hinblick auf die bevorstehende Enteignung beendet wird, wirtschaftliche Nachteile, die für ihn eine besondere Härte bedeuten und für die eine Entschädigung nach diesem Gesetz nicht zu leisten ist und die auch nicht durch sonstige Maßnahmen ausgeglichen werden, kann die Enteignungsbehörde auf Antrag einen Ausgleich in Geld festsetzen, soweit dies der Billigkeit entspricht (Härteausgleich). [2]Zur Leistung des Härteausgleichs ist der Enteignungsbegünstigte verpflichtet. [3]Der Härteausgleich kann auch in der Gewährung eines zinsgünstigen Darlehens oder eines Zinszuschusses für ein Darlehen bestehen.

(2) Ein Härteausgleich wird nicht gewährt, soweit der Antragsteller es unterlassen hat, die Nachteile durch zumutbare Maßnahmen abzuwenden.

(3) Der Antrag auf Härteausgleich ist innerhalb eines Jahres nach Beendigung des Rechtsverhältnisses bei der Enteignungsbehörde zu stellen.

DRITTER TEIL

Verfahren

1. Abschnitt

Enteignungsverfahren

§ 17 Enteignungsbehörde. (1) Das Enteignungsverfahren wird vom Regierungspräsidium (Enteignungsbehörde) durchgeführt.

(2) [1]Örtlich zuständig ist die Enteignungsbehörde, in deren Bezirk der Enteignungsgegenstand liegt. [2]Sind mehrere Enteignungsbehörden für ein Vorhaben zuständig und ist es zweckmäßig, das Verfahren einheitlich durchzuführen, so bestimmt die gemeinsame fachlich zuständige Aufsichtsbehörde die zuständige Enteignungsbehörde.

(3) [1]Entscheidungen auf Grund mündlicher Verhandlung trifft ein bei der Enteignungsbehörde gebildeter Ausschuß. [2]Dem Ausschuß gehören ein Bediensteter der Enteignungsbehörde als Vorsitzender sowie zwei ehrenamtliche Beisitzer als weitere Mitglieder an.

(4) [1]Das Regierungspräsidium bestellt die erforderliche Anzahl ehrenamtlicher Beisitzer auf die Dauer von vier Jahren. [2]Die Beisitzer sollen die für ihr Amt erforderliche Eignung und Erfahrung besitzen. [3]Sie erhalten Entschädigung nach dem Gesetz über die Entschädigung der ehrenamtlichen Richter.

§ 18 Enteignungsantrag. (1) Der Antrag auf Durchführung eines Enteignungsverfahrens ist schriftlich bei der Enteignungsbehörde zu stellen.

(2) [1]Der Antragsteller hat die zur Beurteilung des Vorhabens und des Enteignungsantrags erforderlichen Unterlagen einzureichen. [2]Er hat insbesondere den

Enteignungsgegenstand genau zu bezeichnen und soll die Namen und Anschriften der Beteiligten angeben.

§ 19 Beteiligte. (1) [1]In dem Enteignungsverfahren sind Beteiligte

1. der Antragsteller,
2. der Enteignungsbegünstigte,
3. der Eigentümer und diejenigen, für die ein Recht an dem Grundstück oder an einem das Grundstück belastenden Recht im Grundbuch eingetragen oder durch Eintragung gesichert ist oder für die ein Wasserrecht oder eine wasserrechtliche Befugnis im Wasserbuch eingetragen ist,
4. der Inhaber
   a) eines nicht im Grundbuch eingetragenen Rechts an dem Grundstück oder an einem das Grundstück belastenden Recht,
   b) eines Anspruchs mit dem Recht auf Befriedigung aus dem Grundstück,
   c) eines Rechts, das zum Erwerb, Besitz oder zur Nutzung des Grundstücks berechtigt oder die Nutzung des Grundstücks beschränkt,

   auf Grund der Anmeldung seines Rechts bei der Enteignungsbehörde.

[2]Die Enteignungsbehörde soll die Gemeinde auf ihren Antrag als Beteiligte hinzuziehen.

(2) [1]Die Anmeldung nach Absatz 1 Satz 1 Nr. 4 kann bis zum Schluß der mündlichen Verhandlung oder, wenn diese auf Grund eines Verzichts der Beteiligten entfällt, spätestens mit der Verzichtserklärung erfolgen. [2]Bestehen Zweifel an dem angemeldeten Recht, so hat die Enteignungsbehörde dem Anmeldenden unverzüglich eine Frist zur Glaubhaftmachung seines Rechts zu setzen. [3]Nach fruchtlosem Ablauf der Frist ist der Anmeldende bis zur Glaubhaftmachung seines Rechts an dem Enteignungsverfahren nicht mehr zu beteiligen.

(3) [1]Der im Grundbuch eingetragene Gläubiger einer Hypothek, Grundschuld oder Rentenschuld, für die ein Brief erteilt ist, und jeder seiner Rechtsnachfolger hat auf Verlangen der Enteignungsbehörde eine Erklärung darüber abzugeben, ob ein anderer die Hypothek, Grundschuld oder Rentenschuld oder ein Recht daran erworben hat. [2]Die Person des Erwerbers ist dabei zu bezeichnen.

§ 20 Entschädigung statt Wiedereinsetzung. Liegen die Voraussetzungen für die Gewährung der Wiedereinsetzung in den vorigen Stand oder für die Verlängerung einer von der Enteignungsbehörde gesetzten Frist vor, kann die Enteignungsbehörde anstelle einer Entscheidung, die den durch das bisherige Verfahren herbeigeführten neuen Rechtszustand ändern würde, eine Entschädigung festsetzen.

§ 21 Erforschung des Sachverhalts. (1) Zur Ermittlung des Sachverhalts kann die Enteignungsbehörde anordnen, daß

1. Beteiligte persönlich erscheinen,
2. Urkunden und sonstige Unterlagen vorgelegt werden, auf die sich ein Beteiligter berufen hat,
3. Hypotheken-, Grundschuld- und Rentenschuldgläubiger die in ihrem Besitz befindlichen Hypotheken-, Grundschuld- und Rentenschuldbriefe vorlegen.

(2) [1]Im Enteignungsverfahren sind Zeugen zur Aussage und Sachverständige zur Erstattung von Gutachten verpflichtet. [2]Im übrigen ist § 65 des Landesverwaltungsverfahrensgesetzes anzuwenden.

(3) Die Enteignungsbehörde kann die Durchführung des Enteignungsverfahrens davon abhängig machen, daß

1. die Mittel für die Verwirklichung des Vorhabens nachgewiesen werden,
2. Sicherheit bis zur Höhe der zu erwartenden Enteignungsentschädigung geleistet wird,
3. ein für das Vorhaben erforderlicher Planfeststellungsbeschluß oder eine sonst hierfür erforderliche behördliche Entscheidung beigebracht werden.

§ 22 Vorbereitung der mündlichen Verhandlung. (1) [1]Die Enteignungsbehörde soll schon vor der mündlichen Verhandlung alle Anordnungen treffen, die erforderlich sind, um das Verfahren möglichst in einem Verhandlungstermin zu erledigen. [2]Sie soll den Beteiligten sowie den Behörden und Stellen, die Träger öffentlicher Belange sind und deren Aufgabenbereich durch das Vorhaben berührt wird, Gelegenheit zur Äußerung geben.

(2) [1]Die Gemeinde, in deren Gebiet sich der Enteignungsgegenstand befindet, hat das Enteignungsverfahren mindestens zwei Wochen vor dem ersten Termin zur mündlichen Verhandlung auf Kosten des Trägers des Vorhabens öffentlich bekanntzumachen; dies gilt nicht im Fall des § 23 Abs. 2 Nr. 3. [2]Die Bekanntmachung soll enthalten

1. die Angabe des ersten Termins zur mündlichen Verhandlung,
2. die Bezeichnung des Antragstellers und des Enteignungsgegenstandes,
3. den wesentlichen Inhalt des Enteignungsantrags mit dem Hinweis, daß der Antrag mit den ihm beigefügten Unterlagen bei der Enteignungsbehörde oder einer von ihr bestimmten Stelle eingesehen werden kann,
4. die Aufforderung, etwaige Einwendungen gegen den Enteignungsantrag möglichst vor der mündlichen Verhandlung bei der Enteignungsbehörde schriftlich einzureichen oder zur Niederschrift zu erklären,
5. den Hinweis, daß auch bei Nichterscheinen über den Enteignungsantrag und andere im Verfahren zu erledigende Anträge entschieden werden kann,
6. einen Hinweis auf die Verfügungs- und Veränderungssperre und ein etwaiges Planfeststellungsverfahren.

[3]Soweit andere Gesetze eine gesonderte Entscheidung über die Zulässigkeit der Enteignung vorschreiben, darf die Bekanntmachung erst erfolgen, wenn diese Entscheidung getroffen ist.

(3) [1]Zur mündlichen Verhandlung werden die der Enteignungsbehörde bekannten Beteiligten geladen. [2]Die Ladung ist zuzustellen. [3]Die Ladungsfrist beträgt zwei Wochen.

(4) [1]Die Ladung muß den in Absatz 2 Satz 2 bezeichneten Inhalt haben. [2]Die Ladung von Personen, deren Beteiligung auf einem Antrag auf Entschädigung in Land beruht, muß außerdem auch die Bezeichnung des Eigentümers, dessen Entschädigung in Land beantragt ist, und des Grundstücks, für das die Entschädigung in Land gewährt werden soll, enthalten.

(5) Ist im Grundbuch die Anordnung der Zwangsversteigerung oder Zwangsverwaltung eingetragen, gibt die Enteignungsbehörde dem Vollstreckungsgericht von der Einleitung des Enteignungsverfahrens Kenntnis.

§ 23 Mündliche Verhandlung. (1) [1]Die Enteignungsbehörde entscheidet auf Grund mündlicher Verhandlung mit den Beteiligten. [2]Für die mündliche Verhandlung sind §§ 68 und 71 des Landesverwaltungsverfahrensgesetzes entsprechend anzuwenden.

(2) Die Enteignungsbehörde kann ohne mündliche Verhandlung entscheiden, wenn

1. alle Beteiligten auf sie verzichtet haben,
2. die Enteignungsbehörde den Beteiligten mitgeteilt hat, daß sie beabsichtige, ohne mündliche Verhandlung zu entscheiden, und kein Beteiligter innerhalb einer hierfür gesetzten Frist Einwendungen dagegen erhoben hat, oder
3. die Enteignungsbehörde den Enteignungsantrag als aussichtslos abweisen will.

§ 24 Planfeststellung. (1) Erstreckt sich das Vorhaben auf mehrere Grundstücke, kann die Enteignungsbehörde bis zur Bekanntmachung des Enteignungsverfahrens ein Planfeststellungsverfahren einleiten, wenn sie es für sachdienlich hält und eine Planfeststellung nicht in anderen Gesetzen vorgesehen ist.

(2) Auf die Planfeststellung sind die Vorschriften des Landesverwaltungsverfahrensgesetzes mit folgenden Abweichungen anzuwenden:

1. In der Bekanntmachung nach § 73 Abs. 5 des Landesverwaltungsverfahrensgesetzes ist auch auf die Verfügungs- und Veränderungssperre hinzuweisen.
2. Der Planfeststellungsbeschluß ist dem Träger des Vorhabens und denjenigen, über deren Einwendungen entschieden worden ist, zuzustellen.

§ 25 Bindungswirkung des Planfeststellungs- und Plangenehmigungsverfahrens. [1]Ist in einem Planfeststellungsverfahren oder einem Plangenehmigungsverfahren eine für die Beteiligten verbindliche Entscheidung über die Zulässigkeit und die Art der Verwirklichung des Vorhabens getroffen worden, ist diese Entscheidung, wenn sie unanfechtbar oder sofort vollziehbar ist, dem Enteignungsverfahren zugrunde zu legen und für die Enteignungsbehörde bindend. [2]Gegen Maßnahmen nach diesem Gesetz können keine Einwendungen erhoben werden, über die im Planfeststellungsverfahren oder im Plangenehmigungsverfahren der Sache nach entschieden worden ist, die durch die Planfeststellung ausgeschlossen sind, oder die von den Beteiligten im Plangenehmigungsverfahren hätten vorgebracht werden können.

§ 26 Verfügungs- und Veränderungssperre. (1) [1]Von der Bekanntmachung des Enteignungsverfahrens oder vom Beginn der Auslegung des Plans im Planfeststellungsverfahren nach § 24 an dürfen nur mit schriftlicher Genehmigung der Enteignungsbehörde

1. Verfügungen über ein Grundstück und über Rechte an einem Grundstück getroffen oder Vereinbarungen abgeschlossen werden, durch die einem anderen ein Recht zur Nutzung oder Bebauung eines Grundstücks oder Grundstücksteils eingeräumt wird,
2. erhebliche Veränderungen der Erdoberfläche oder wesentlich wertsteigernde sonstige Veränderungen des Grundstücks vorgenommen werden,
3. nicht genehmigungspflichtige, aber wertsteigernde bauliche Anlagen errichtet oder wertsteigernde Änderungen solcher Anlagen vorgenommen werden,
4. genehmigungspflichtige bauliche Anlagen errichtet oder geändert werden.

[2]Die Genehmigung darf nur versagt werden, wenn Grund zu der Annahme besteht, daß das Vorhaben die Enteignung unmöglich machen oder wesentlich erschweren oder den Enteignungszweck gefährden würde.

(2) [1]Sind Vorhaben im Sinne von Absatz 1 Satz 1 zu erwarten, kann die Enteignungsbehörde die Genehmigungspflicht bereits anordnen, sobald der Enteignungsantrag gestellt ist. [2]Die Anordnung ist von der Gemeinde, in deren Gebiet sich der Enteignungsgegenstand befindet, auf Kosten des Trägers des Vorhabens öffentlich bekanntzumachen.

(3) Veränderungen, die vor der Sperre in öffentlich-rechtlich zulässiger Weise begonnen worden sind, Unterhaltungsarbeiten und die Fortführung einer bisher ausgeübten Nutzung werden von der Sperre nicht berührt.

(4) [1]Die Enteignungsbehörde ersucht das Grundbuchamt, die Sperre im Grundbuch einzutragen. [2]Das Grundbuchamt benachrichtigt die Enteignungsbehörde von allen Eintragungen, die nach der Sperre vorgenommen werden.

(5) [1]Wird der Enteignungsantrag abgewiesen oder der Enteignungsbeschluß aufgehoben, hat der Antragsteller dem Betroffenen für alle auf Grund der Sperre entstandenen Vermögensnachteile angemessene Entschädigung zu leisten; das gleiche gilt, wenn die Sperre länger als vier Jahre dauert, für die danach auf Grund der Sperre entstandenen Vermögensnachteile. [2]Die Entschädigung wird durch die Enteignungsbehörde festgesetzt.

§ 27 Einigung. (1) Die Enteignungsbehörde hat auf eine Einigung zwischen den Beteiligten hinzuwirken.

(2) [1]Einigen sich die Beteiligten im Enteignungsverfahren in vollem Umfang oder nur über den Übergang oder die Belastung des Eigentums (Teileinigung), hat die Enteignungsbehörde über die Einigung eine Niederschrift aufzunehmen. [2]Die Niederschrift muß den Erfordernissen des § 29 Abs. 1 entsprechen; sie bedarf der Unterschrift der Beteiligten. [3]Der notariellen Beurkundung bedarf sie nur, soweit Bundesrecht dies vorschreibt. [4]Die Einigung steht einem nicht mehr anfechtbaren Enteignungsbeschluß gleich. [5]Erstreckt sich die Einigung nur auf den Übergang oder die Belastung des Eigentums, hat die Enteignungsbehörde anzuordnen, daß dem Berechtigten eine Vorauszahlung in Höhe der zu erwartenden Entschädigung zu leisten ist, soweit sich aus der Einigung nichts anderes ergibt.

(3) [1]Einigen sich die Beteiligten außerhalb des Enteignungsverfahrens über den Übergang oder die Belastung des Eigentums, wird auf Antrag eines Beteiligten das Enteignungsverfahren zur Festsetzung der Entschädigung durchgeführt. [2]Für das Verfahren gelten die Vorschriften dieses Abschnitts entsprechend; von der Bekanntmachung des Enteignungsverfahrens kann abgesehen werden.

§ 28 Entscheidung der Enteignungsbehörde. (1) Soweit eine Einigung nicht zustandekommt, entscheidet die Enteignungsbehörde durch Beschluß über den Enteignungsantrag, die übrigen Anträge und die erhobenen Einwendungen.

(2) [1]Auf Antrag kann die Enteignungsbehörde vorab über den Übergang oder die Belastung des Eigentums oder über sonstige durch die Enteignung zu bewirkende Rechtsänderungen entscheiden. [2]In diesem Fall hat die Enteignungsbehörde anzuordnen, daß dem Berechtigten eine Vorauszahlung in Höhe der zu erwartenden Entschädigung zu leisten ist.

(3) Gibt die Enteignungsbehörde dem Enteignungsantrag statt, entscheidet sie zugleich

1. darüber, welche Rechte der Nebenberechtigten aufrechterhalten bleiben,
2. darüber, mit welchen Rechten der Enteignungsgegenstand, das Ersatzland oder ein anderes Grundstück belastet werden,
3. darüber, welche Rechtsverhältnisse begründet werden, die persönliche Rechte im Sinne von § 3 Abs. 1 Nr. 3 gewähren,
4. im Falle der Entschädigung in Land über den Eigentumsübergang.

(4) Die Entscheidung der Enteignungsbehörde ist zu begründen, mit einer Belehrung über Zulässigkeit, Form und Frist des Antrags auf gerichtliche Entscheidung zu versehen und zuzustellen.

§ 29 Enteignungsbeschluß. (1) Gibt die Enteignungsbehörde dem Enteignungsantrag statt, muß der Beschluß (Enteignungsbeschluß) bezeichnen

1. die von der Enteignung Betroffenen, den Antragsteller und den Enteignungsbegünstigten,
2. die sonstigen Beteiligten,

3. den Enteignungszweck und die Frist, innerhalb deren der Enteignungsgegenstand zu dem vorgesehenen Zweck zu verwenden ist,
4. den Gegenstand der Enteignung, und zwar
   a) wenn das Eigentum an einem Grundstück Gegenstand der Enteignung ist, das Grundstück nach seiner grundbuchmäßigen Bezeichnung, seiner Größe und den übrigen Angaben des Liegenschaftskatasters; bei einem Grundstücksteil ist zu seiner Bezeichnung auf die für die Abschreibung eines Grundstücksteils nach der Grundbuchordnung erforderlichen Unterlagen Bezug zu nehmen,
   b) wenn ein anderes Recht an einem Grundstück Gegenstand einer selbständigen Enteignung ist, dieses Recht nach seinem Inhalt und seiner grundbuchmäßigen Bezeichnung,
   c) wenn ein persönliches Recht, das zum Erwerb, Besitz oder zur Nutzung eines Grundstücks berechtigt oder den Verpflichteten in der Nutzung eines Grundstücks beschränkt, Gegenstand einer selbständigen Enteignung ist, dieses Recht nach seinem Inhalt und dem Grund seines Bestehens,
   d) die in § 5 Abs. 4 bezeichneten Gegenstände, wenn die Enteignung auf sie ausgedehnt wird,
5. bei der Belastung eines Grundstücks mit einem Recht die Art, den Inhalt sowie den Rang des Rechts, den Berechtigten und das Grundstück,
6. bei der Begründung eines Rechtes im Sinne von Nummer 4 Buchst. c den Inhalt des Rechtsverhältnisses und die daran Beteiligten,
7. die Eigentums- und sonstigen Rechtsverhältnisse vor und nach der Enteignung,
8. die Art und die Höhe der Entschädigung und die Höhe der Ausgleichszahlung nach § 14 Abs. 4 Satz 4 und § 15 Abs. 1 Satz 2 mit der Angabe, von wem und an wen sie zu leisten ist; Geldentschädigungen, aus denen andere von der Enteignung Betroffene nach § 11 Abs. 4 zu entschädigen sind, müssen von den sonstigen Geldentschädigungen getrennt ausgewiesen werden,
9. bei der Entschädigung in Land das Ersatzgrundstück in der in Nummer 4 Buchst. a bezeichneten Weise.

(2) [1]Kann ein Grundstücksteil nicht entsprechend Absatz 1 Nr. 4 Buchst. a bezeichnet werden, kann die Bezeichnung auf Grund fester Merkmale in der Natur oder durch Bezugnahme auf einen Lageplan erfolgen. [2]Wenn das Ergebnis der Vermessung vorliegt, ist der Enteignungsbeschluß durch einen Nachtragsbeschluß zu ergänzen.

(3) Ist im Grundbuch die Anordnung der Zwangsversteigerung oder der Zwangsverwaltung eingetragen, gibt die Enteignungsbehörde dem Vollstreckungsgericht von dem Enteignungsbeschluß Kenntnis.

§ 30 Verwendungsfrist. (1) Die nach § 29 Abs. 1 Nr. 3 bestimmte Frist, innerhalb deren der Enteignungsgegenstand zu dem vorgesehenen Zweck zu verwenden ist, beginnt mit dem Eintritt der Rechtsänderung.

(2) Die Enteignungsbehörde kann die Verwendungsfrist vor ihrem Ablauf auf Antrag verlängern, wenn

1. der Enteignungsbegünstigte nachweist, daß er den Enteignungsgegenstand ohne Verschulden innerhalb der gesetzten Frist nicht zu dem vorgesehenen Zweck verwenden kann, oder
2. vor Ablauf der Frist eine Gesamtrechtsnachfolge stattfindet und der Rechtsnachfolger nachweist, daß er den Enteignungsgegenstand innerhalb der gesetzten Frist nicht zu dem vorgesehenen Zweck verwenden kann.

(3) [1]Der Enteignete ist vor der Entscheidung über die Verlängerung der Verwendungsfrist zu hören. [2]Die Entscheidung ist den Beteiligten des vorangegangenen Enteignungsverfahrens zuzustellen.

§ 31 Verfahren bei der Entschädigung durch Gewährung anderer Rechte. (1) Soll die Entschädigung des Eigentümers eines zu enteignenden Grundstücks nach § 15 festgesetzt werden und ist die Bestellung, Übertragung oder Bewertung eines der dort bezeichneten Rechte im Zeitpunkt des Erlasses des Enteignungsbeschlusses noch nicht möglich, kann die Enteignungsbehörde, wenn es der Eigentümer unter Bezeichnung eines Rechts beantragt, im Enteignungsbeschluß neben der Festsetzung der Entschädigung in Geld dem Enteignungsbegünstigten aufgeben, binnen einer bestimmten Frist dem von der Enteignung Betroffenen ein Recht der bezeichneten Art zu angemessenen Bedingungen anzubieten.

(2) [1]Bietet der Enteignungsbegünstigte innerhalb der bestimmten Frist ein Recht der bezeichneten Art nicht an oder einigt er sich mit dem von der Enteignung Betroffenen nicht, wird ihm ein solches Recht auf Antrag zugunsten des von der Enteignung Betroffenen durch Enteignung entzogen. [2]Die Enteignungsbehörde setzt den Inhalt des Rechts fest, soweit dessen Inhalt durch Vereinbarung bestimmt werden kann. [3]Die Vorschriften dieses Gesetzes über das Verfahren und die Entschädigung sind entsprechend anzuwenden.

(3) Der Antrag nach Absatz 2 kann nur innerhalb von sechs Monaten nach Ablauf der nach Absatz 1 bestimmten Frist gestellt werden.

§ 32 Ausführungsanordnung. (1) Die Enteignungsbehörde ordnet auf Antrag eines Beteiligten die Ausführung

1. des nicht mehr anfechtbaren Enteignungsbeschlusses an, wenn der Entschädigungsverpflichtete die Geldentschädigung, im Fall des § 29 Abs. 2 die im Enteignungsbeschluß in Verbindung mit dem Nachtragsbeschluß festgesetzte Geldentschädigung, gezahlt oder zulässigerweise unter Verzicht auf das Recht der Rücknahme hinterlegt hat,
2. der Teileinigung oder der nicht mehr anfechtbaren Vorabentscheidung über den Übergang oder die Belastung des Eigentums oder über sonstige durch die Enteignung zu bewirkende Rechtsänderungen an, wenn der Entschädi-

gungsverpflichtete die festgesetzte Vorauszahlung gezahlt oder zulässigerweise unter Verzicht auf das Recht der Rücknahme hinterlegt hat.

(2) [1]Die Ausführungsanordnung ist allen Beteiligten zuzustellen, deren Rechtsstellung durch den Enteignungsbeschluß betroffen wird. [2]§ 29 Abs. 3 ist entsprechend anzuwenden.

(3) [1]Mit dem in der Ausführungsanordnung festzusetzenden Tag wird der bisherige Rechtszustand durch den im Enteignungsbeschluß geregelten neuen Rechtszustand ersetzt. [2]Gleichzeitig entstehen die nach § 29 Abs. 1 Nr. 6 begründeten Rechtsverhältnisse; sie gelten von diesem Zeitpunkt an als zwischen den an dem Rechtsverhältnis Beteiligten vereinbart. [3]Die Ausführungsanordnung schließt die Einweisung in den Besitz des enteigneten Grundstücks und des Ersatzlandes zu dem festgesetzten Tag ein. [4]Der bisherige Besitzer kann verpflichtet werden, das enteignete Grundstück notfalls zu räumen.

(4) Die Enteignungsbehörde übersendet dem Grundbuchamt eine von ihr beglaubigte Abschrift des Enteignungsbeschlusses und der Ausführungsanordnung und ersucht es,

1. das Grundbuch entsprechend den eingetretenen Rechtsänderungen zu berichtigen und
2. die im Grundbuch nach § 26 Abs. 4 eingetragene Sperre zu löschen.

§ 33 Hinterlegung. (1) [1]Geldentschädigungen sind unter Verzicht auf das Recht der Rücknahme zu hinterlegen, soweit mehrere Personen als Entschädigungsberechtigte in Betracht kommen und dem Zahlungsverpflichteten eine Einigung über die Auszahlung nicht nachgewiesen ist. [2]Die Hinterlegung erfolgt bei dem Amtsgericht, in dessen Bezirk der Enteignungsgegenstand liegt; § 2 des Gesetzes über die Zwangsversteigerung und die Zwangsverwaltung ist entsprechend anzuwenden.

(2) Andere Rechtsvorschriften, nach denen eine Hinterlegung geboten oder statthaft ist, bleiben unberührt.

§ 34 Verteilungsverfahren. (1) Nach dem Eintritt des neuen Rechtszustands kann jeder Beteiligte sein Recht an der hinterlegten Summe gegen einen Mitbeteiligten, der dieses Recht bestreitet, vor den ordentlichen Gerichten geltend machen oder die Einleitung eines gerichtlichen Verteilungsverfahrens beantragen.

(2) [1]Für das Verteilungsverfahren ist das Amtsgericht zuständig, in dessen Bezirk der Enteignungsgegenstand liegt; § 2 des Gesetzes über die Zwangsversteigerung und die Zwangsverwaltung ist entsprechend anzuwenden. [2]Die Geschäfte des Amtsgerichts im Verteilungsverfahren werden auf den Rechtspfleger übertragen.

(3) Auf das Verteilungsverfahren sind die Vorschriften über die Verteilung des Erlöses im Fall der Zwangsversteigerung mit folgenden Abweichungen entsprechend anzuwenden:

1. Das Verteilungsverfahren ist durch Beschluß zu eröffnen.
2. Die Zustellung des Eröffnungsbeschlusses an den Antragsteller gilt als Beschlagnahme im Sinne des § 13 des Gesetzes über die Zwangsversteigerung und die Zwangsverwaltung; ist das Grundstück schon in einem Zwangsversteigerungs- oder Zwangsverwaltungsverfahren beschlagnahmt, hat es hierbei sein Bewenden.
3. Das Verteilungsgericht hat bei Eröffnung des Verfahrens von Amts wegen das Grundbuchamt um die in § 19 Abs. 2 des Gesetzes über die Zwangsversteigerung und die Zwangsverwaltung bezeichneten Mitteilungen zu ersuchen; in die beglaubigte Abschrift des Grundbuchblatts sind die zur Zeit der Zustellung des Enteignungsbeschlusses an den Enteigneten vorhandenen Eintragungen und die später eingetragenen Veränderungen und Löschungen aufzunehmen.
4. Bei dem Verfahren sind die in § 11 Abs. 4 bezeichneten Entschädigungsberechtigten nach Maßgabe des § 10 des Gesetzes über die Zwangsversteigerung und die Zwangsverwaltung zu berücksichtigen, wegen der Ansprüche auf wiederkehrende Leistungen jedoch nur für die Zeit bis zur Hinterlegung.

§ 35 Aufhebung des Enteignungsbeschlusses. (1) [1]Ist die Ausführungsanordnung noch nicht ergangen und hat der Begünstigte die ihm durch den Enteignungsbeschluß auferlegten Zahlungen nicht innerhalb von zwei Monaten nach dem Zeitpunkt geleistet, in dem der Beschluß unanfechtbar geworden ist, kann die Aufhebung des Enteignungsbeschlusses beantragt werden. [2]Der Antrag ist dem Begünstigten bekanntzugeben. [3]Dem Antrag ist stattzugeben, wenn der Begünstigte die Zahlungen nicht innerhalb eines Monats nach Bekanntgabe des Antrags leistet.

(2) Antragsberechtigt ist jeder Beteiligte, dem eine nichtgezahlte Entschädigung zusteht oder der nach § 11 Abs. 4 aus ihr zu befriedigen ist.

(3) Der Aufhebungsbeschluß ist allen Beteiligten zuzustellen und dem Grundbuchamt abschriftlich mitzuteilen.

(4) [1]Der Begünstigte hat für alle durch den Enteignungsbeschluß entstandenen besonderen Nachteile angemessene Entschädigung zu leisten. [2]Die Enteignungsbehörde setzt die Entschädigung auf Antrag des Betroffenen fest.

§ 36 Vollstreckbare Titel. (1) [1]Die Zwangsvollstreckung nach den Vorschriften der Zivilprozeßordnung über die Vollstreckung von Urteilen in bürgerlichen Rechtsstreitigkeiten findet statt

1. aus der Niederschrift über eine Einigung im Sinne von § 27 Abs. 2 wegen der in ihr bezeichneten Leistungen,
2. aus einem nicht mehr anfechtbaren Enteignungsbeschluß wegen der zu zahlenden Geldentschädigung oder einer Ausgleichszahlung,
3. aus einem Beschluß nach § 6 Abs. 3, § 16 Abs. 1, § 20, § 26 Abs. 5, § 35 Abs. 4 und § 38 Abs. 2 und 3 wegen der darin festgesetzten Leistungen.

[2]Die Zwangsvollstreckung wegen einer Ausgleichszahlung ist erst zulässig, wenn die Ausführungsanordnung wirksam und unanfechtbar geworden ist.

(2) [1]Die vollstreckbare Ausfertigung wird von dem Urkundsbeamten der Geschäftsstelle des Amtsgerichts erteilt, in dessen Bezirk die Enteignungsbehörde ihren Sitz hat und, wenn das Verfahren bei einem Gericht anhängig ist, von dem Urkundsbeamten der Geschäftsstelle des Gerichts. [2]In den Fällen der §§ 731, 767 bis 770, 785, 786 und 791 der Zivilprozeßordnung tritt das Amtsgericht, in dessen Bezirk die Enteignungsbehörde ihren Sitz hat, an die Stelle des Prozeßgerichts.

2. Abschnitt

Vorzeitige Besitzeinweisung

§ 37 Anordnung der vorzeitigen Besitzeinweisung. (1) [1]Die Enteignungsbehörde kann den Träger des Vorhabens, der einen Enteignungsantrag gestellt hat, auf seinen Antrag vorzeitig in den Besitz des Grundstücks einweisen, soweit die sofortige Ausführung des Vorhabens aus Gründen des Wohls der Allgemeinheit dringend geboten ist. [2]Ist für das Vorhaben ein Planfeststellungsbeschluß oder eine sonstige behördliche Entscheidung erforderlich, so ist die Besitzeinweisung nur zulässig, wenn der Planfeststellungsbeschluß oder die sonstige behördliche Entscheidung unanfechtbar oder sofort vollziehbar ist.

(2) [1]Die Besitzeinweisung ergeht auf Grund einer mündlichen Verhandlung. [2]Hierzu sind der Antragsteller, der Eigentümer und der unmittelbare Besitzer zu laden. [3]Die Ladungsfrist beträgt zwei Wochen. [4]In der Ladung ist darauf hinzuweisen, daß auch bei Nichterscheinen über den Antrag entschieden werden kann. [5]Die Entscheidung ist dem Antragsteller, dem Eigentümer und dem unmittelbaren Besitzer zuzustellen. [6]Im übrigen sind §§ 17, 18, 20, § 21 Abs. 1 und 3, § 22 Abs. 2 Satz 3, §§ 23, 25, § 27 Abs. 1 und § 28 Abs. 4 entsprechend anzuwenden.

(3) [1]Die Besitzeinweisung wird in dem von der Enteignungsbehörde bezeichneten Zeitpunkt wirksam. [2]Auf Antrag des unmittelbaren Besitzers ist dieser Zeitpunkt auf mindestens zwei Wochen nach Zustellung des Besitzeinweisungsbeschlusses an ihn festzusetzen, wenn das nach Abwägung der beiderseitigen Interessen gerechtfertigt ist. [3]Der unmittelbare Besitzer ist über das Antragsrecht zu belehren.

(4) Die Enteignungsbehörde kann den Besitzeinweisungsbeschluß befristen, mit Bedingungen und Auflagen versehen und von der Leistung einer Sicherheit in Höhe der zu erwartenden Enteignungsentschädigung abhängig machen.

(5) [1]Die Enteignungsbehörde hat auf Antrag des Antragstellers, des Eigentümers oder des unmittelbaren Besitzers den Zustand des Grundstücks vor der

Besitzeinweisung in einer Niederschrift festzustellen, soweit er für die Besitzeinweisungs- oder Enteignungsentschädigung von Bedeutung ist. [2]Auf das Antragsrecht ist in der Ladung hinzuweisen. [3]Den in Satz 1 bezeichneten Personen ist eine Abschrift der Niederschrift zu übersenden.

§ 38 Wirkung der vorzeitigen Besitzeinweisung. (1) [1]Durch die Besitzeinweisung wird dem bisherigen Besitzer der Besitz entzogen und der Eingewiesene Besitzer. [2]Der Eingewiesene darf auf dem Grundstück das in dem Enteignungsantrag bezeichnete Vorhaben ausführen und die dafür erforderlichen Maßnahmen treffen. [3]Der Eigentümer und der Besitzer können verpflichtet werden, die in Satz 2 genannten Maßnahmen zu dulden und das Grundstück notfalls zu räumen.

(2) [1]Der Eingewiesene hat für die durch die vorzeitige Besitzeinweisung entstehenden Vermögensnachteile angemessene Entschädigung zu leisten, soweit die Nachteile nicht durch die Verzinsung der Geldentschädigung nach § 13 Abs. 2 ausgeglichen werden. [2]Die Entschädigung wird durch die Enteignungsbehörde festgesetzt. [3]Die Entschädigung ist in dem Zeitpunkt fällig, in dem die Besitzeinweisung wirksam wird.

(3) [1]Wird der Enteignungsantrag abgewiesen oder der Enteignungsbeschluß aufgehoben, so ist der Besitzeinweisungsbeschluß aufzuheben und der vorherige Besitzer wieder in den Besitz einzuweisen. [2]Der Eingewiesene hat für alle durch die vorzeitige Besitzeinweisung entstandenen besonderen Nachteile angemessene Entschädigung zu leisten. [3]Die Entschädigung wird durch die Enteignungsbehörde festgesetzt.

3. Abschnitt

Kosten und Aufwendungen

§ 39 Gebühren und Auslagen. (1) Für Amtshandlungen der Enteignungsbehörde werden Gebühren und Auslagen nach dem Landesgebührengesetz erhoben.

(2) Zur Zahlung der Gebühren und Auslagen ist verpflichtet

1. der Entschädigungsverpflichtete, wenn dem Enteignungsantrag,
2. der von der Rückenteignung Betroffene, wenn einem Antrag auf Rückenteignung,
3. der Enteignungsbegünstigte, wenn einem Antrag auf Aufhebung des Enteignungsbeschlusses nach § 35

stattgegeben wird, andernfalls der Antragsteller.

(3) Im Verfahren nach § 16 werden Gebühren und Auslagen nicht erhoben.

§ 40 Aufwendungen der Beteiligten. (1) Aufwendungen der Beteiligten, die zur zweckentsprechenden Rechtsverfolgung oder Rechtsverteidigung notwendig sind, sind von demjenigen zu erstatten, der zur Zahlung der Gebühren für Amtshandlungen der Enteignungsbehörde verpflichtet ist.

(2) [1]Die Enteignungsbehörde setzt auf Antrag den Betrag der zu erstattenden Aufwendungen fest. [2]Aus einem unanfechtbaren Kostenfestsetzungsbeschluß findet die Zwangsvollstreckung nach den Vorschriften der Zivilprozeßordnung über die Vollstreckung von Kostenfestsetzungsbeschlüssen statt. [3]§ 36 Abs. 2 ist entsprechend anzuwenden.

4. Abschnitt

Antrag auf gerichtliche Entscheidung

§ 41 [Antrag auf gerichtliche Entscheidung]. [1]Entscheidungen über Entschädigungen, über Ausgleichszahlungen mit Ausnahme des Härteausgleichs nach § 16 und über die Erstattung von Aufwendungen der Beteiligten können nur durch Antrag auf gerichtliche Entscheidung angefochten werden. [2]Über den Antrag entscheidet das Landgericht, Kammer für Baulandsachen. [3]Die Vorschriften des Dritten Teils des Dritten Kapitels des Baugesetzbuchs über das Verfahren vor den Kammern (Senaten) für Baulandsachen sind entsprechend anzuwenden.

VIERTER TEIL

Rückenteignung

§ 42 Anspruch auf Rückenteignung. (1) Der enteignete frühere Eigentümer kann verlangen, daß das enteignete Grundstück zu seinen Gunsten wieder enteignet wird (Rückenteignung), wenn der Enteignungsbegünstigte oder sein Rechtsnachfolger das Grundstück nicht innerhalb der festgesetzten Frist zu dem Enteignungszweck verwendet oder wenn er den Enteignungszweck vor Ablauf der Frist aufgegeben hat.

(2) Die Rückenteignung kann nicht verlangt werden, wenn

1. der Enteignete das Grundstück selbst im Wege der Enteignung erworben hatte,
2. ein Verfahren zur Enteignung des Grundstücks zu Gunsten eines anderen eingeleitet worden ist und der enteignete frühere Eigentümer nicht glaubhaft macht, daß er das Grundstück binnen angemessener Frist zu dem vorgesehenen Zweck verwenden wird,
3. mit der zweckentsprechenden Verwendung begonnen worden ist oder
4. seit dem Eintritt der Unanfechtbarkeit des Enteignungsbeschlusses 30 Jahre verstrichen sind.

(3) [1]Der Antrag auf Rückenteignung ist spätestens zwei Jahre nach Ablauf der Verwendungsfrist bei der Enteignungsbehörde einzureichen. [2]§ 206 und § 209 des Bürgerlichen Gesetzbuchs sind entsprechend anzuwenden.

(4) Die Enteignungsbehörde kann die Rückenteignung ablehnen, wenn das Grundstück erheblich verändert oder wenn ganz oder überwiegend Entschädigung in Land gewährt worden ist.

(5) [1]Der frühere Inhaber eines Rechts, das durch Enteignung nach den Vorschriften dieses Gesetzes aufgehoben worden ist, kann unter den Voraussetzungen des Absatzes 1 verlangen, daß ein gleiches Recht an dem früher belasteten Grundstück zu seinen Gunsten durch Enteignung wieder begründet wird. [2]Die Vorschriften über die Rückenteignung gelten entsprechend.

(6) Auf das Rückenteignungsverfahren sind die Vorschriften des Dritten Teils entsprechend anzuwenden.

§ 43 Entschädigung für Rückenteignung. [1]Wird dem Antrag auf Rückenteignung stattgegeben, hat der Antragsteller dem von der Rückenteignung Betroffenen Entschädigung für den Rechtsverlust, nicht jedoch für die anderen Vermögensnachteile zu leisten. [2]Die dem Eigentümer zu gewährende Entschädigung darf den bei der ersten Enteignung zugrunde gelegten Verkehrswert des Grundstücks nicht übersteigen, jedoch sind Aufwendungen zu berücksichtigen, die zu einer Werterhöhung des Grundstücks geführt haben. [3]Ist dem Betroffenen bei der ersten Enteignung eine Entschädigung für andere Vermögensnachteile gewährt worden, hat er diese Entschädigung nach den Vorschriften des Bürgerlichen Gesetzbuches über die Herausgabe einer ungerechtfertigten Bereicherung insoweit zurückzugewähren, als die Nachteile infolge der Rückenteignung entfallen. [4]Im übrigen sind §§ 7 bis 13 entsprechend anzuwenden.

FÜNFTER TEIL

Übergangs- und Schlußvorschriften

§ 44 Angemessene Entschädigung. Soweit nach § 6 Abs. 3, § 26 Abs. 5, § 35 Abs. 4 und § 38 Abs. 2 und 3 angemessene Entschädigung zu leisten ist, sind §§ 7 bis 13 entsprechend anzuwenden.

§ 45 Ordnungswidrigkeiten. (1) Ordnungswidrig handelt, wer Pfähle, Pflöcke oder sonstige Markierungszeichen, die Vorarbeiten nach § 6 dienen, entfernt, verändert, unkenntlich macht oder unrichtig setzt.

(2) Die Ordnungswidrigkeit kann mit einer Geldbuße geahndet werden.

(3) Verwaltungsbehörde im Sinne von § 36 Abs. 1 Nr. 1 des Gesetzes über Ordnungswidrigkeiten ist das Regierungspräsidium.

§ 46 Anhängige Verfahren; ehrenamtliche Beisitzer. (1) [1]Die bei Inkrafttreten dieses Gesetzes anhängigen Enteignungsverfahren sind nach den bisher geltenden Vorschriften weiterzuführen. [2]Hat die Enteignungsbehörde die Entschädigung noch nicht festgesetzt, so sind die Vorschriften dieses Gesetzes über die Entschädigung und den Härteausgleich anzuwenden.

(2) Die Amtszeit der erstmals nach diesem Gesetz bestellten ehrenamtlichen Beisitzer endet am 31. Mai 1986.

§ 47 Aufhebung von Rechtsvorschriften. (1) Es werden aufgehoben
1. das bad. Enteignungsgesetz in der Fassung vom 24. Dezember 1908 (GVBl. S. 703), zuletzt geändert durch bad. Gesetz vom 13. August 1934 (GVBl. S. 239),
2. das württ. Gesetz betreffend die Zwangsenteignung von Grundstükken und von Rechten an Grundstücken vom 20. Dezember 1888 (RegBl. S. 446), zuletzt geändert durch württ. Gesetz vom 23. September 1939 (RegBl. S. 124),
3. das preuß. Gesetz über die Enteignung von Grundeigentum vom 11. Juni 1874 (GS. S. 221),
4. das preuß. Gesetz über ein vereinfachtes Enteignungsverfahren vom 26. Juli 1922 (GS. S. 211).

(2) Es werden ferner aufgehoben alle landesrechtlichen Vorschriften über förmliche Enteignungen, die sich auf Grundstücke beziehen, soweit sie diesem Gesetz entsprechen oder widersprechen und nicht die Zulässigkeit der Enteignung regeln.

(3) Soweit in anderen Rechtsvorschriften auf die nach Absatz 1 und 2 außer Kraft tretenden Vorschriften verwiesen wird, treten an ihre Stelle die entsprechenden Vorschriften dieses Gesetzes.

§ 48 Änderung von Gesetzen. *(Hier nicht abgedruckt)*

§ 49 Inkrafttreten. Dieses Gesetz tritt am 1. August 1982 in Kraft.

Stichwortverzeichnis

Fette Zahl = Gesetzesnummer; magere Zahl = § oder Artikel